Sabine von Schorlemer

Globale Telekommunikation und Entwicklungsländer

Die Liberalisierung von Telekommunikationsdiensten in GATT/WTO

 Nomos Verlagsgesellschaft
Baden-Baden

Gedruckt mit Unterstützung der Deutschen Forschungsgemeinschaft.

Die Deutsche Bibliothek – CIP-Einheitsaufnahme

Ein Titeldatensatz für diese Publikation ist bei der
Deutschen Bibliothek erhältlich.

Zugl.: München, Univ., Habil.-Schr., 1997

ISBN 3-7890-6211-1

1. Auflage 2000
© Nomos Verlagsgesellschaft, Baden-Baden 2000. Printed in Germany. Alle Rechte, auch die des Nachdrucks von Auszügen, der photomechanischen Wiedergabe und der Übersetzung, vorbehalten. Gedruckt auf alterungsbeständigem Papier.

Inhaltsverzeichnis

Inhaltsverzeichnis	5
Abkürzungsverzeichnis	11
Vorwort	17
Einleitung	19

1. Kapitel: Anmerkungen zum Thema	23
1. Thematischer Hintergrund	23
a) Begriffsklärung: "Telekommunikationsnetz" und "-dienst"	23
b) Überblick über die Akteurs- und Interessenebenen	28
c) Skizzierung der internationalen Rechtsentwicklung	34
d) Telekommunikation als Gegenstand der Entwicklungsländerforschung	37
e) Das Phänomen der Globalisierung	43
f) Resümee: Neuere Entwicklungstrends	48
2. Handlungs- und Steuerungsebenen	51
a) Der Staat als souveräne Steuerungsinstanz	54
b) Das Steuerungspotential internationaler Organisationen	64
c) Telekommunikation und Regime	71
d) Netzwerkartige Steuerungsmuster (Mesoebene)	75
e) Die völkerrechtliche Handlungsebene	79
3. Der Verlauf der Untersuchung	85
a) Untersuchungsgegenstand und -ziel	85
b) Formulierung von Arbeitshypothesen	87
c) Methodische Ansätze	89

2. Kapitel: Globale Telekommunikation – Anforderungen an die internationale Organisation	91
1. Telekommunikationsdienste als Gegenstand des internationalen Handels	91
a) Die traditionelle Regulierungssituation	91
b) Dogmatische Unsicherheit: Die Handelbarkeit von Dienstleistungen	97
c) Deregulierung, Privatisierung und Liberalisierung als Steuerungsentscheide: Die Rolle des Marktes	102
d) Das Spannungsfeld zwischen technischen und handelsrechtlichen Regelungen	105
e) Die Lückenhaftigkeit multilateraler Normierungen der Handels- und Dienstleistungsfreiheit	109

f) Rekurs auf bilaterales Vertragsrecht – Tendenz zum Bilateralismus?	114
g) Schlußfolgerungen	119

2. Die Telekommunikationsentwicklung der Dritten Welt ... 122
   a) Der Begriff "Dritte Welt" in telekommunikativer Hinsicht ... 122
   b) Die Rückständigkeit der Telekommunikation in der Dritten Welt ... 127
   c) Allgemeine Ursachen der defizitären Telekommunikationsentwicklung ... 132
   d) Chancen und Grenzen einer Süd-Süd-Kooperation ... 144
   e) Die Rolle der Telekommunikation im Entwicklungsprozeß ... 150
   f) Ansätze zur Telekommunikationssektorreform in Entwicklungsländern ... 153
   g) Zwischenergebnis ... 160

3. Probleme der Globalisierung: Telekommunikative Aspekte der "Governance" ... 165
   a) Sicherung des Markt-/Netzzugangs für Anbieter von Telekommunikationsdiensten ... 167
   b) Die Sicherung funktionsfähigen Wettbewerbs ... 169
   c) Die Herstellung von Interoperabilität: Governance durch Standardisierung ... 174
   d) Die Festlegung und Sicherung des Universaldienst-Angebots ... 177
   e) Der Schutz von Privatsphäre und Informationssicherheit ... 184
   f) Die Bewahrung der kulturellen Vielfalt ... 187
   g) Sonstige Regulierungsaspekte ... 188
   h) Schlußfolgerungen: Governance in einer liberalisierten Telekommunikationsumgebung ... 192

3. Kapitel: Verhandlungsabläufe und -strukturen: das "setting" der GATS-Verhandlungen ... 195

1. Die Verhandlungen in der Vorphase der Uruguay Runde ... 195
   a) Mögliche Foren der Dienstleistungs-Liberalisierung ... 196
   b) Die umstrittene GATT-Kompetenz für Dienstleistungen ... 201
   c) Mögliche Ursachen für die Vorbehalte der Entwicklungsländer gegenüber den GATS-Verhandlungen ... 205
   d) Der Einfluß liberalisierungsfreundlicher "epistemischer Gemeinschaften" ... 212
   e) Die Annäherung zwischen "Nord" und "Süd" ... 216
   f) Zwischenergebnis ... 223

2. Die materiellen Verhandlungsgrundsätze: Implikationen für die Entwicklungsländer ... 224
   a) Das Konzept der fortschreitenden Liberalisierung ... 224
   b) Konsensus als Verfahrensgrundsatz ... 225
   c) Der Grundsatz der Transparenz ... 227
   d) Die Globalität der Verhandlungen ... 228
   e) "Single undertaking" bzw. "Paketlösungsansatz" ... 229
   f) Entwicklung als Verhandlungsziel ... 231
   g) Das Reziprozitätselement ... 233

3. Die Verhandlungsmacht der Entwicklungsländer ... 238
   a) Die multilaterale Verhandlungsrunde als "Markt" ... 239
   b) Einflußgrößen der "Bargaining Power" ... 241
   c) Der Aufbau von Verhandlungsmacht: Verhandlungstaktiken der Entwicklungsländer ... 244
   d) Die Funktion der UNCTAD in den Liberalisierungsverhandlungen ... 249

e) Die Stärkung der Verhandlungspositionen der Entwicklungsländer durch
technische Kooperation des GATT 253

4. Kapitel: Materielle Verhandlungspositionen der Entwicklungsländer im
Rahmen der Liberalisierungsverhandlungen 257
1. Verhandlungspositionen hinsichtlich des Anwendungs- und Geltungsbereichs
des GATS 258
   a) Die Wahl der Rechtsform 258
   b) Die Ablehnung sog. "Negativlisten" 260
   c) Der Einschluß von Grunddiensten 261
   d) Die angestrebte Reduktion der Liberalisierungsgeschwindigkeit 262
2. Die Kontroverse um den normativen Kernbestand des GATS 263
   a) Das Festhalten an einer unbedingten Meistbegünstigungsklausel 263
   b) Die Konditionierung des Markt-/Netzzugangs 266
   c) Die Relativierung der Inländerbehandlung 268
   d) Spezielle Vorschläge hinsichtlich der Transparenz 270
3. Die Betonung von Souveränitätsrechten 272
   a) Die Betonung der Grundversorgung 272
   b) Die Stärkung der inländischen Telekommunikationsindustrie 274
   c) Ausnahmebestimmungen des GATS 276
   d) Vorbehalte gegenüber multinationalen Unternehmen 277
   e) Weiter Verhandlungs- und Regelungsspielraum 279
4. Versuche der Perpetuierung des "traditionellen" Telekommunikationsregimes .. 282
   a) Beibehaltung der Tarifgestaltung 283
   b) Die Förderung internationaler verbindlicher Standards 285
   c) Die Sicherung der Stellung der ITU 288
   d) Die Wahrung der Rechte von Fernmeldeverwaltungen (PTOs) 290
   e) Die Stärkung von INTELSAT 291
5. Forderungen nach Verteilungsgerechtigkeit und Partizipation 293
   a) Unmittelbarer Ressourcentransfer 294
   b) Bessere Ausstattung von UN-Entwicklungshilfeprogrammen 295
   c) Beteiligung von Telekommunikationsunternehmen an der Aufbauarbeit in
Entwicklungsländern 296
   d) Ein Recht des Südens auf "finanzielle Sonderregelung"? 297

5. Kapitel: Die Verhandlungsresultate - GATS und die Anlage zur
Telekommunikation 299
1. Das General Agreement on Trade in Services 300
   a) Die Anwendung von GATT-Handelsprinzipien auf den
Dienstleistungssektor 301
   b) Aufbau und Anwendungsbereich des GATS 303
   c) Allgemeine Pflichten (Vorschriften für alle Dienstleistungssektoren) 305
   d) Spezifische Verpflichtungen des GATS (in den Listen konkretisiert) 314
   e) Ausnahmen zum GATS 320
   f) Das Prinzip der fortschreitenden Liberalisierung 322
2. Die Anlage zur Telekommunikation 323

a) Die rechtspolitische Einordnung 324
b) Der Anwendungsbereich der Anlage zur Telekommunikation 326
c) Die Grundpflicht: Zugang zu und Nutzung von Telekommunikationsnetzen
und -diensten (Ziff. 5 a-c) 327
d) Zulässige Einschränkungen des Netzzugangs 329
e) Die Konkretisierung des Transparenzgebots 330
f) Technische Zusammenarbeit 332
g) Zwischenergebnis 333
3. Die nationalen Verpflichtungslisten 333
a) Der Verhandlungsprozeß 334
b) Struktur und Rechtsform der Länderlisten 335
c) Probleme der Evaluierung spezifischer Verpflichtungen 337
d) Die verschobene Anwendung der Meistbegünstigung auf die
Basistelekommunikation 341
e) Zwischenergebnis 344
4. Institutionen 344
a) Die Welthandelsorganisation (WTO) 345
b) Der Welthandelsrat für Dienste 347
c) Die Tätigkeit der Negotiating Group on Basic Telecommunications 349
d) Das WTO-Streitbeilegungssystem – eine neue Chance für die
Entwicklungsländer? 355
e) Die GATS-Folgeverhandlungen als Institution der neuen
Welthandelsordnung 359
5. Strukturelle Defizite 360
a) Einstieg in künftige Liberalisierung 360
b) Verzicht auf generelle Marktzugangsverpflichtung 360
c) Begrenzte Reichweite der Inländerbehandlung 361
d) Ausnahmen zur Meistbegünstigung 362
e) Fazit 364

6. Kapitel: Kritische Würdigung und Perspektiven 365
1. Der GATS-Abschluß: Erste Reaktionen der Entwicklungsländer 365
a) Die Beteiligung der Entwicklungsländer an der Uruguay Runde 365
b) Die Klage über die Kompliziertheit des technischen Regelwerks 367
c) Die unterschiedliche Beurteilung der Marktzugangsregelung 367
d) Der Eindruck von den LDCs als den Verlierern der Uruguay Runde 369
e) Die Sorge vor einer Verengung nationaler Entwicklungsoptionen 371
f) Forderungen nach Sondermaßnahmen für die Entwicklungsländer in der
Post-Uruguay-Phase 372
2. Der Einfluß der Entwicklungsländer auf die Verhandlungsresultate 374
a) Der universelle Anwendungsbereich des GATS 375
b) Die Trennung des GATS vom GATT/WTO-System 376
c) Die Anerkennung der Doppelrolle der Telekommunikation ("dual role") 377
d) Die Trennung der Verpflichtungsebenen (Wahl sog. Positivlisten) 378
e) Vorkehrungen gegen einen "Liberalisierungsautomatismus" 379
f) Der Verzicht auf eine kostenbasierte Tarifierung 381

g) Die Berücksichtigung von Entwicklungsländerbelangen durch das GATS-Regime	383
h) Die Verwirklichung sonstiger Verhandlungspositionen	389
3. Die Bedeutung des GATS-Regimes für den Telekommunikationsdienstehandel der Entwicklungsländer	392
a) Telekomdienste betreffende "commitments" der Entwicklungsländer	393
b) Die Teilnahme der Entwicklungsländer in der Negotiating Group on Basic Telecommunications (NBGT)	396
c) Die Reform der regulatorischen Regime	398
d) Verbesserte Exportmöglichkeiten für Dienstleistungen	400
e) Effizienz- und Produktivitätssteigerungen im Inland	401
f) Die erwartete Zunahme ausländischer Direktinvestitionen	403
g) Beschäftigungseffekte	404
h) Kritische Stimmen zu den weltmarktorientierten Entwicklungsstrategien	407
i) Replik	410
4. Perspektiven	412
a) Von der Weltinformationsgesellschaft zur Weltgesellschaft - Utopie oder rechtspolitisches Desiderat?	412
b) Das Verhältnis GATT/WTO zur Internationalen Fernmeldeunion (ITU)	415
c) Weichenstellungen für die Zukunft der Entwicklungsländer	423
d) Gedanken zur internationalen Solidarität	427
e) Der Weg zu einer wissensbasierten Entwicklungsstrategie	430
f) Ausblick	434
5. Thesenartige Zusammenfassung und rechtspolitische Schlußfolgerungen	435
Literaturverzeichnis	445
I. Dokumente	445
1. GATT	445
2. World Trade Organization	448
3. ITU	448
4. Weitere UN-Organisationen	451
5. Sonstige Gremien und Organe	454
II. Monographien und Lehrbücher	457
III. Herausgeberschaften	467
IV. Artikel und Aufsätze	471

Abkürzungsverzeichnis

Abl.	Amtsblatt der Europäischen Gemeinschaft
ACP	African, Caribbean and Pacific Group of States
Add.	Addendum
AF-RTDC	African Regional Telecommunication Development Conference
AFTA	Asian Free Trade Area
AMRK	Amerikanische Menschenrechtskonvention vom 22.11.1969
APuZ	Aus Politik und Zeitgeschichte
AJIL	American Journal of International Law
Anm.	Anmerkung
ANSI	American National Standards Institute (Amerikanisches Normierungsgremium von internationaler Bedeutung)
APEC	Asian-Pacific Economic Co-operation Forum
APT	Asia-Pacific Telecommunity
ARSP	Archiv für Rechts- und Sozialphilosophie
ASEAN	Association of South East Asian Nations
ASIL	American Society of International Law
ASIS	American Society for Information Science
AT&T	American Telephone and Telegraph
AVR	Archiv für Völkerrecht
BDI	Bundesverband der Deutschen Industrie
BDT	Telecommunication Development Bureau (ITU)
BerDGVR	Berichte der Deutschen Gesellschaft für Völkerrecht
BGBl	Bundesgesetzblatt
BIAC	Business and Industry Advisory Council (Beratender Ausschuß der Wirtschaft bei der OECD)
BISD	Basic Instruments and Selected Documents
BLT	Build-Lease-Transfer
BMFT	Bundesministerium für Forschung und Technologie
BMPF	Bundesministerium für Post- und Fernmeldewesen (ehemaliger Name des Postministeriums)
BMPT	Bundesministerium für Post und Telekommunikation
BOT	Build-Operate Transfer
BR-Drs.	Bundesrats-Drucksache
BTO	Build-Transfer-Operate
C&W	Cable and Wireless
COMESA	Common Market for Eastern and Southern Africa
CADD	Computer-aided design and drafting
CAPAS	Coordinated African Programme of Assistance on Services (Benin, Burundi, Ghana, Guinea, Kenya, Nigeria, Senegal, Tanzania, Uganda, Zimbabwe)
CAMIS	Caribbean Agricultural Marketing Information System
CARICOM	Caribbean Community
CARTIS	Caribbean Trade Information System
CCITT	Consultative Committee for Telegraph and Telephone; Comité Consul-

	tatif International Télégraphique et Téléphonique; Internationaler Beratender Ausschuß für Telefon und Telegrafie
CCIR	International Beratender Ausschuß für den Funkdienst
CENELEC	Comité Européen de Normalisation Electrotechnique
CEPT	Conférence Européenne des Administrations des Postes et des Télécommunications; Europäische Konferenz der Verwaltungen für das Post- und Fernmeldewesen; Conference of Postal and Telecommunications Administrations
CSI	Coalition of Services Industries
CTD	Centre for Telecommunication Development
DBP	Deutsche Bundespost
DIN	Deutsches Institut für Normung e.V.
E+Z	Entwicklung und Zusammenarbeit
ECLA	Economic Commission for Latin America
ECOSOC	Economic and Social Council; Wirtschafts- und Sozialrat der Vereinten Nationen
ECOWAS	Economic Community of West African States
EDI	Electronic Data Interchange
EDIFACT	Electronic Data Interchange for Administration, Commerce and Transport
EDV	Elektronische Datenverarbeitung
EFTA	European Free Trade Association; Europäische Freihandelsassoziation
EG	Europäische Gemeinschaften
EJIL	European Journal of International Law
EMRK	Europäische Konvention zum Schutz der Menschenrechte und Grundfreiheiten vom 5.11.1950
epd	Evangelischer Pressedienst
EPIL	Encyclopedia of Public International Law
ESPRIT	European Strategic Programme on Research and Development in Information Technology
ETSI	European Telecommunications Standards Institute
EU	Europäische Union
EUZW	Europäische Zeitschrift für Wirtschaftsrecht
FCC	Federal Communications Commission, USA
F&E	Forschung und Entwicklung
GA	General Assembly; UN-Generalversammlung
GATT	General Agreement on Tariffs and Trade
GATS	General Agreement on Trade in Services; Allgemeines Übereinkommen über den Handel mit Dienstleistungen
GBT	Group on Basic Telecommunications
G-5	Gruppe der Fünf
G-7	Gruppe der Sieben
G-9	Gruppe der Neun
G-10	Gruppe der Zehn
G-20	Gruppe der Zwanzig
G-77	Gruppe der Siebenundsiebzig
GG	Grundgesetz
GII	Global Information Infrastructure

GMPCS	Global Mobile Personal Communications by Satellite
GNS	Group of Negotiations on Services
GSM	Global System for Mobile Communications (ein digitaler pan-europäischer Standard)
HILJ	Harvard International Law Journal
HKCSI	Hong Kong Coalition of Services
IATA	International Air Transport Association
IBI	Intergovernmental Bureau of Informatics
ICAO	International Civil Aviation Organization
ICJ	International Court of Justice
IEC	Industrial and Engineering Chemistry
IMO	International Maritime Organization
INMARSAT	International Maritime Satellite Organization
INTELSAT	International Telecommunications Satellite Organization; Internationale Fernmeldesatelliten-Organisation
IADP	INTELSAT Assistance and Development Program
INTUG	International Telecommunication Users' Group
IO	International Organization
IP	Internationale Politik
IPLCs	International Private Leased Circuits
ISDN	Integrated Services Digital Network (öffentliches digitales Netz für die Übertragung von Sprach-, Text-, Video- und Grafikdaten)
ISO	International Organization for Standardization
ITO	International Trade Organization
ITR	International Telecommunication Regulations
ITU	International Telecommunication Union
IUED	Institut universitaire d'études du développement
IVANS	International value-added network services
JWTL	Journal of World Trade Law
LAFTA	Latin American Free Trade Association
LEO	Low earth orbit satellites
LDCs	Less Developed Countries: Entwicklungsländer
LLDCs	Least Developed Countries: Gruppe der am wenigsten entwickelten Entwicklungsländer
LIC	Lower Income Countries
LOTIS	Liberalization of Trade in Services
MFN	Most-Favored-Nation Treatment Clause; Meistbegünstigungsklausel
MICs	Middle Income Countries
MTN	Multilateral Trade Negotiations
NAFTA	North American Free Trade Agreement
NBGT	Negotiating Group on Basic Telecommunications
NICs	Newly Industrialized Countries
NII	National Information Infrastructure
OAU	Organization of African Unity
OECD	Organisation for Economic Co-operation and Development; Organisation für wirtschaftliche Zusammenarbeit und Entwicklung
ONP	Open Network Provision
OSI	Open System Interconnection

MAST	Informationssystem on "Measures Affecting Service Trade"
MEO	Middle Earth Orbit Satellites
NAFTA	North American Free Trade Agreement; Nordamerikanische Freihandelszone
NWWO	Neue Weltwirtschaftsordnung
OAS	Organization of American States; Organisation der Amerikanischen Staaten
PATU	Panafrican Telecommunication Union
PADIS	Pan African Documentation and Information System
PC	Personal Computer
PDN	Public Data Network
Prep.Com	Preparatory Committee
PTT	Post-, Telefon- und Telegraphengesellschaften
PTOs	Public Telecommunications Operators; Telefongesellschaften
PVS	Politische Vierteljahresschrift
RCADI	Recueil des Cours de l'Académie de Droit International
RabelsZ	Zeitschrift für ausländisches und internationales Privatrecht, begründet von Ernst Rabel
RASCOM	Regional African Satellite Communication System
Res.	Resolution
RIW	Recht der Internationalen Wirtschaft
SAARC	South Asian Association for Regional Co-operation
SADC	Southern African Development Community
SAFTA	South American Free Trade Area
SELA	Latin American Economic System
START	Computernetz der Reisebüros
SWIFT	Society for Worldwide Interbank Financial Telecommunications
Suppl.	Supplement
TNC	Transnational Corporations; Transnationale Unternehmen
TRIM	Trade related investment measures
TRIP	Trade related aspects of intellectual property rights
UN	United Nations
UNCTAD	United Nations Conference on Trade and Development; UN Konferenz für Handel und Entwicklung
UNCTC	United Nations Centre on Transnational Corporations
UNDP	United Nations Development Programme
UNESCO	United Nations Educational, Scientific and Cultural Organization
US	United States
USTR	Office of the United States Trade Representative
VAM	Verband der Anbieter von Mobilfunkdiensten
VAN	Value added network
VAS	Value added network services
VN	Vereinte Nationen
VTM	Verband der Telekommunikationsnetz- und Mehrwertanbieter
WARC	World Administrative Radio Conference; Weltfunkverwaltungskonferenz
WATTC	World Administrative Telegraph and Telephone Conference
WIK	Wissenschaftliches Institut für Kommunikationsdienste der Deutschen

	Bundespost
WTO	World Trade Organisation; Welthandelsorganisation
WTPF	World Telecommunication Policy Forum
ZaöRV	Zeitschrift für ausländisches und öffentliches Recht und Völkerrecht
ZIB	Zeitschrift für internationale Beziehungen
ZvglRWiss	Zeitschrift für vergleichende Rechtswissenschaft

Vorwort

"Wissen ist Macht" (Francis Bacon)

"Wer Tag für Tag mit Informationen überflutet wird, der verliert den Sinn für das Wesentliche" (Gertrude Stein)

Die Vorarbeiten zu dieser Studie wurden während eines Forschungsaufenthaltes am Institut de Hautes Etudes Internationales, Genf, in den Jahren 1990/91 geleistet. Die Arbeit wurde schließlich im Juli 1997 einstimmig von der Ludwig-Maximilians-Universität München als Habilitationsschrift in den beiden Fachbereichen Internationale Politik und Völkerrecht angenommen. Während des Zeitraums April 1993 bis April 1995, Juli 1996 bis März 1997 wurde sie in großzügiger Weise durch ein Habilitationsstipendium der Deutschen Forschungsgemeinschaft, Bonn, gefördert. Der DFG gebührt ebenso Dank für die Bewilligung eines nicht unerheblichen Druckkostenzuschusses.

Die vorliegende Publikation berücksichtigt im wesentlichen die Ergebnisse der Uruguay Runde (1986-1994) und die Fortführung der WTO-Verhandlungen bis zur schließlich erreichten Einigung im Bereich der Basistelekommunikation (1997). Die in diesem zeitlichen Rahmen ausgehandelten drei Säulen, das *General Agreement on Trade in Services*, der zugehörige *Annex zur Telekommunikation* und die drei Jahre später erfolgte *Verständigung im Bereich der Grunddienste*, legen das für die globale Telekommunikation über das Jahr 2000 hinaus gültige Fundament.

In besonderer Weise zu Dank verpflichtet ist die Verfasserin Professor Dr. Peter J. OPITZ, Geschwister-Scholl-Institut München, der sich von der ersten Stunde an kritisch-konstruktiv für die Arbeit eingesetzt hat und auch während des Habilitationsverfahrens mit großem Engagement zur Seite stand. Ihm verdankt die Autorin in wissenschaftlicher Hinsicht auch die - bereits in früheren Werken erfolgte - Hinwendung zu Fragestellungen der Entwicklungsländer.

Besonderer Dank gebührt des weiteren meinem langjährigen Lehrer und Arbeitgeber Professor Dr. Bruno SIMMA, Institut für Völkerrecht, München, ohne den die Studie nicht in der vorliegenden Form zustande gekommen wäre und der sich ebenfalls für die Annahme als Habilitationsschrift eingesetzt hat.

Konzeptionell maßgeblich waren bereits in einer früheren Phase des Werks die Anregungen von Professor Dr. Ernst-Ulrich PETERSMANN, Genf, und von Professor Dr. Volker RITTBERGER, Tübingen, dem es zu danken ist, daß manche "Anfangs-Hürden" schneller genommen werden konnten. Profitiert hat die Arbeit in einer späteren Phase zweifelsohne von einem direkten Gedankenaustausch mit Professor Friedrich V. KRATOCHWIL, Geschwister-Scholl-Institut München; seine Kenntnis der Telekommunikationsmaterie im Kontext der Globalisierung bestärkte die Verfasserin in mancher ihrer (kritischen) Schlußfolgerungen. 'Spiritus rector' hinter den Kulissen war schließlich Dekan Prof. Dr. Hans WAGNER, München, der sich nach dem überraschenden Tod seines Vorgängers überaus verantwortungsvoll der Habilitation annahm und das Verfahren brillant strukturierte bzw. moderierte.

Nicht in ausreichender Weise gedankt werden kann an dieser Stelle all denjenigen Mitarbeitern von GATT/WTO - allen voran Mario KAKABADSE und Lee TUTHILL -,

UNCTAD und ITU, die über Jahre hinweg zu Auskünften, Tips, Interviews, zur Überlassung von Dokumenten, unveröffentlichten Manuskripten, Einsicht in Dossiers etc., bereit waren.

Die Arbeit ist meinen Eltern gewidmet.

Einleitung

Globale Telekommunikation – die Liberalisierung von Telekomdiensten, dieses Thema ist entwicklungs- und gesellschaftspolitisch hochaktuell, da Telekommunikation als der revolutionäre Wachstumsmarkt der Zukunft[1] angesehen wird. Kaum ein Sujet sorgt für größere visionäre Träume, kaum ein Thema erregt mehr mediale Aufmerksamkeit als die Auswirkungen der technologischen Veränderungen im Kommunikationswesen. Wie ein Experte resümierte:

"Hoffnungen auf neue Möglichkeiten der informativen Selbstbestimmung und Befürchtungen gegenüber erweiterten Überwachungsmöglichkeiten des Staates werden mit den neuen Technologien ebenso verbunden wie erweiterte Konsum- und Unterhaltungsangebote und nicht zuletzt die Hoffnung auf Millionen von neuen Arbeitsplätzen"[2].

Das Thema geriet zudem in den Fokus juristischen Interesses, nachdem im Anschluß an achtjährige Verhandlungen 1994 die GATT-Uruguay Runde in Marrakesch mit der Unterzeichnung des völkerrechtlichen Dienstleistungsabkommens[3] (General Agreement on Trade in Services, kurz GATS), in Verbindung mit der Anlage zur Telekommunikation gekrönt wurde.

Mit der in dieser Studie vorgenommenen Konzentration auf Entwicklungsländer[4] wird allerdings weitgehend neues Terrain betreten[5]. Ob der sich vollziehende Umbruch

---

1 Kritisch allerdings *H. Kubicek/P. Berger*: Was bringt uns die Telekommunikation? ISDN - 66 kritische Antworten (1990), S. 48, die beklagen, daß in offiziellen Dokumenten "Riesensummen" genannt werden, um die Bedeutung des Telekommunikationssektors herauszustellen, daß dabei jedoch manipulativ vorgegangen werde; zu den Diskrepanzen zwischen prognostizierten und tatsächlichen Wachstumsprozessen in der Diskussion um die Informationsgesellschaft auch *J. Becker/D. Salamanca*: Globalisierung, elektronische Netze und der Export von Arbeit, in: APuZ, B 42/97, 10. Oktober 1997, S. 36.

2 *J. Neyer*: Chancen und Gefahren der neuen Kommunikationstechnologien, in: epd-Entwicklungspolitik 14/96, S. 26; wortgleich *J. Neyer*: Die Dritte Welt am Netz, Chancen und Gefahren der neuen Kommunikationstechnologien, in: IP 6/1996, S. 29; zu den Beschäftigungseffekten siehe näher im 6. Kap. 3 g).

3 Zu den Dienstleistungsindustrien des internationalen Handels gehören neben der Telekommunikation auch Datenverarbeitung, Information, Bankwesen, Versicherung, Transport, Konstruktion/ Engineering, Werbung, Film, Fernsehen, Franchising, berufliche Dienste (z.B. Rechnungswesen), Tourismus und Erziehung etc.; allgemein zum Begriff "Dienstleistungen": *J. N. Bhagwati*: Splintering and Disembodiment of Services and Developing Countries, in: World Economy 7 (1984), S. 133-144; *G. P. Sampson/R. H. Snape*: Identifying the Issues in Trade in Services, in: The World Economy 8 (1985), S. 171-182; *J. Nussbaumer*: The Services Economy: Lever to Growth (1987), S. 5 ff.; *J. Nussbaumer*: Services in the Global Market (1987), S. 7 ff.; *R. J. Krommenacker*: Trade-Related Services and GATT, in: JWTL 13 (1979), S. 511; *R. J. Krommenacker*: The Impact of Information Technology on Trade Interdependence, in: JWTL 20 (1986), S. 390 f.; vgl. auch: *S. F. Benz*: Trade Liberalization and the Global Service Economy, in: JWTL 19 (1985), S. 96; *K. Grewlich*: Wirtschaftsvölkerrecht kommunikationstechnisch gestützter Dienstleistungen, in: RIW 34 (1988), S. 694 f.; *H. Hohmann*: Freier Handel mit Kommunikations-Dienstleistungen im Rahmen des GATT-Regelungswerkes, in: ZvglRWiss 90 (1991), S. 188 geht davon aus, daß Hard- und Software "Waren", hingegen das Zurverfügungstellen von Netzen und Datenbanken Dienstleistungen sind; demnach sind sowohl Grund- als auch Mehrwertdienste Dienstleistungen.

4 Das GATT enthält keine Definition eines "Entwicklungslandes"; Art. XVIII:1 nennt jedoch umschreibend Vertragsparteien, deren Wirtschaft nur einen niedrigeren Lebensstandard zuläßt und

in der Weltwirtschaft, insbesondere die Aufwertung der Informationsverarbeitung gegenüber der Materialbearbeitung[6] und die Herausbildung globaler Telekomnetze, sich zum Nutzen der Entwicklungsländer auswirken, ist umstritten. Skeptiker warnen, den ohnehin schon durch die Schuldenlast und Entwicklungsprobleme bedrängten ärmsten Staaten der Welt, die mit ca. 0,4 Prozent nur marginal am Welthandel beteiligt sind[7], würden durch "Globalisierung" und Liberalisierung der Telekommunikationsmärkte neue Probleme aufgebürdet[8]. Andere heben die in der Ge-

---

sich in den Anfangsstadien der Entwicklung befindet. Der Begriff "Entwicklungsland" wird im folgenden unter Verwendung der allgemein üblichen Terminologie untechnisch verwendet, "just as there is no such thing as a typical developing country, so there is no single strategy that is equally applicable to all cases at all times": *H. Hveem*: Selective Dissociation in the Technology Sector, in: *J. G. Ruggie (Hrsg.)*: The Antinomies of Interdependence, National Welfare and the International Division of Labour (1983), S. 307; ähnlich *H. Keppler*: Interessen der Entwicklungsländer bei einer zukünftigen vertraglichen Regelung des internationalen Dienstleistungsaustauschs, in: *H. Sautter (Hrsg.)*: Konsequenzen neuerer handelspolitischer Entwicklungen für die Entwicklungsländer (1990), S. 60, der im Rahmen seiner Analyse von Entwicklungsländerinteressen bei der Regelung des Dienstleistungsverkehrs annimmt, "daß es zwischen den einzelnen Staaten dieser Gruppe (Entwicklungsländer) keine gravierenden Unterschiede gibt, die für den Problembereich Dienste wichtig sein könnten"; zu den im Rahmen der Vereinten Nationen und Weltbank üblichen Kategorisierungen der Gruppe der Entwicklungsländer *D. Nohlen/F. Nuscheler*: "Ende der Dritten Welt?", in: *D. Nohlen/F. Nuscheler (Hrsg.)*: Handbuch der Dritten Welt, Bd. 1, Grundprobleme, Theorien, Strategien (1993), S. 22 ff.; zum Begriff "Dritte Welt" s.u. 2. Kap. 2a). Sprechen das GATS, die Anlage zur Telekommunikation oder andere Übereinkünfte von Marrakesch 1994 von "developing country", so ist es den Staaten freigestellt, sich als solches zu betrachten; spricht das GATS-Regime hingegen von "least-developed countries", dann sind darunter nur solche Staaten zu subsumieren, die von den Vereinten Nationen als solche anerkannt werden (vgl. Art. XI:2 WTO-Übereinkommen 1994); zu den selbsteingestuften Entwicklungsländern der Uruguay Runde gehörten beispielsweise die lateinamerikanischen und karibischen Staaten sowie Rumänien, Türkei, alle afrikanischen Staaten, ausgenommen Südafrika, und asiatische Staaten, ausgenommen Australien, Japan und Neuseeland; eine Abänderung des Selbstwahlsystems würde aller Voraussicht nach zu harten Kämpfen führen, vgl. nur *G. Patterson/E. Patterson*: Objectives of the Uruguay Round, in: *J. M. Finger/A. Olechowski (Hrsg.)*: The Uruguay Round. A Handbook on the Multilateral Trade Negotiations. A World Bank Publication (1987), S. 9; zum System der Selbsteinstufung auch *B. Hindley*: Different and More Favorable Treatment - and Graduation, in: *J. M. Finger/A. Olechowski (Hrsg.)*: The Uruguay Round. A Handbook on the Multilateral Trade Negotiations. A World Bank Publication (1987), S. 73; *F. Roessler*: The Scope, Limits and Function of the GATT Legal System, in: The World Economy 8 (1985), S. 295.

5   Zum Stand der Entwicklungsländerforschung s.u. das 1. Kap. 1 d).

6   *L. Brock*: Historische Ausgliederung? Die Dritte Welt im Umbruch der Weltwirtschaft, in: E+Z 36 (1995), S. 110 faßt dies unter "Tertialisierung der Weltwirtschaft"; zum Ganzen auch *E. A. Caprioli/R. Sorieul*: Le commerce international électronique: vers l'émergence de règles juridiques transnationales, in: JDI 124 (1997), S. 323 ff.

7   Der Anteil der LDC Exporte ist von ca. 0,8 Prozent im Jahre 1980 auf 0,46 Prozent im Jahre 1995 zurückgegangen; 48 Staaten haben weniger als ein Prozent des Welthandels zu verzeichnen (WTO Focus No. 11, June-July 1996, S. 1). Der Vertreter von Bangladesch wies im Treffen des Subcommittee on Trade of Least Developed Countries am 6. Mai 1993 im Namen der übrigen LDCs darauf hin, daß der Anteil der LDCs am Welthandel gefallen ist, während derjenige der Industriestaaten kontinuierlich gestiegen ist, vgl. *Bangladesh Communication* MTN.TNC/W/107, January 1993; eine Besprechung dieser Communication findet sich in: *GATT, Sub-Committee on Trade of Least-Developed Countries*, 6 May 1993, Restricted COM.TD./LLDC/15, 10 June 1993 (limited distribution).

8   So beispielsweise *Carlos Kilian* (Argentinien), Chairman der von der First World Telecommunication Development Conference (WTDC-94) eingerichteten ITU-Study Group 2, auf dem ersten Treffen dieser Institution in Genf (1.-11. Mai 1995) (Infodevelopment, ITU Newsletter 6/95, S. 19).

schichte der Menschheit noch nie dagewesenen, neuen telekommunikativen Potentiale hervor und sehen darin eine Brücke der Entwicklungsländer auf ihrem Weg in das 21. Jahrhundert, in eine bessere, prosperierende Zukunft. In diesem Sinne äußerte sich der ITU-Generaldirektor; er sprach anläßlich der Telecom 95 von grenzenlosen Möglichkeiten, insbesondere für Entwicklungsländer:

> "(...) this new world of telecommunications opens boundless opportunities, particularly for developing countries"[9].

Sowohl das Exportwachstum von Telekomdiensten als auch das Wachstum multinationaler Telekommunikationsunternehmen sind neue Größen in einem internationalen Markt, der bislang durch verhältnismäßig symmetrische, bilaterale Beziehungen gekennzeichnet war[10]. Die Aufgabe des natürlichen Monopols in zahlreichen nationalen Telekommunikationsmärkten, aber auch die Möglichkeit via Satellit verbilligte Telekomdienste zu liefern, führten zu einer Fragmentierung der traditionellen Regelungsstrukturen und verstärkten den Trend hin zu einer Weltdienstleistungsgesellschaft[11].

Zahlreiche Telekommunikationsdienstefirmen betreiben heute eigene spezialisierte Netzwerke[12] im Ausland; der Telekommunikationsmarkt ist von einer nie vorhanden gewesenen Internationalisierungs- und Globalisierungsdynamik gekennzeichnet. Bereits zu Beginn der Liberalisierungsverhandlungen in der GATT-Uruguay Runde wurde ein "phenomenon of expansion" im Bereich des weltweiten Diensteverkaufs durch multinationale Firmen konstatiert[13]. Heutzutage ist Telekommunikation eine Wachstumsbranche mit zweistelligen jährlichen Steigerungsraten, Ende der 90er Jahre soll der Weltmarkt der Telekommunikation bereits größer sein als der Automobilmarkt[14]. Die Telekommunikation ist damit eine der wachstumsträchtigsten Branchen überhaupt:

---

9 *P. Tarjanne*: On the Threshold of Telecom 95, in: ITU Newsletter 8/95, S. 7; auf der anderen Seite gab man in *ITU, Resolution No. 1*, "Special Programme of Assistance for the Least Developed Countries (LLDCs)", World Telecommunication Development Conference, Buenos Aires, 21-29 March 1994, Final Report, S. 29 zu bedenken, daß die Zahl der am wenigsten entwickelten Länder (LDCs) seit der Generalbevollmächtigtenkonferenz in Nizza 1989 kontinuierlich angestiegen sei und bis zum Jahr 2000 auf über 50 Länder ansteigen werde; zum Problem der geringen Beteiligung der Entwicklungsländer an den neuesten Entwicklungen, etwa im Vorfeld der zweiten World Telecommunication Development Conference (WTDC-98) vom 23. März bis 1. April 1998 in Valletta, vgl. *Leonid Androuchko*, Counsellor, ITU-D Study Groups.
10 Zur traditionellen Regulierungssituation s.u. das 2. Kap. 1 a).
11 Kritisch zur Existenz einer "Informations-"/"Dienstleistungsgesellschaft": *P. Seeger*: Die ISDN-Strategie (1990), S. 39; das Aufzeigen von statistischen Verschiebungen zugunsten von "Dienstleistungen" habe für sich genommen "keinen analytischen Erklärungswert"; der Trend zu einer Ausweitung von Dienstleistungen sei kein Indikator einer "Dienstleistungsgesellschaft"; näher zu dieser Problematik im 6. Kap. 4 a).
12 Corporate Networks gab es auch früher schon; zu den Unterschieden zwischen den älteren Corporate Networks und den heute gebräuchlichen vgl. *A. Büllesbach/R. Müller*: Schutz weltweiter Corporate Networks, in: Jahrbuch Telekommunikation und Gesellschaft 4 (1996), S. 187 f.; die Kosten für die Installation und den Unterhalt privater Netze sind hoch; deswegen gingen Firmen dazu über, sog. virtuelle private Netze einzurichten, die - von der Software abgesehen - in Wahrheit Teil des (öffentlichen) Gesamtnetzes sind, aber so betrieben werden, als ob sie private Netze wären.
13 *M. Kakabadse*: International Tade in Services (1987), S. 51; das Wachstum der Dienstleistungen veranschaulichen zwei Abbildungen in: *UNCTAD/The World Bank*: Liberalizing International Transactions in Services. A Handbook (1994), S. 4 und 5.
14 Stiftung Entwicklung und Frieden, *I. Hauchler (Hrsg.):* Globale Trends 1993/94 (1993), S. 361; vgl. dabei das Schaubild (OMSYC/Institut der deutschen Wirtschaft), ebd. S. 361.

"Telecommunications is a significant and fast-growing sector of trade in services with a current world market estimated at US$ 513 billion"[15].

Schon im Jahre 2000 soll Prognosen zufolge[16] der Umsatz im Telekommunikationssektor weltweit 1 Billion US-Dollar erreichen. Insbesondere der Markt der Mehrwertdienste ist den Prognosen zufolge durch hohes Wachstum gekennzeichnet[17]. Analysiert man die Dienstleistungsexporte jedoch nach Länderzugehörigkeit, stellt man fest, daß sich in den 80er Jahren – bis auf Singapur – nur Industriestaaten unter den fünfzehn führenden Exportnationen befanden. Diese stellten nahezu drei Viertel des gesamten Diensteexports[18]. Während das Dienstleistungsvolumen insgesamt weiter zunimmt und Prognosen zufolge Anteile von 60-70 Prozent erreichen wird[19], könnte sich dieser Wandel unter weitgehenden Aussparung der Entwicklungsländer vollziehen. Soweit der Telekommunikationssektor betroffen ist, steht jedenfalls heute schon fest: Der Erfolg der von GATT/WTO[20] eingeleiteten Liberalisierung wird unter anderem davon abhängen, ob es gelingen wird, diejenigen 50 Prozent (nach anderen Schätzungen zwei Drittel) der Weltbevölkerung einzubeziehen, die bislang noch nie (!) ein Telefongespräch geführt haben[21].

---

15 WTO Focus, Newsletter October-November 1995, No. 6, S. 7.
16 Der weltweite Telekommunikationsmarkt soll von einem Umsatz von 650 Mrd. US-Dollar auf ca. 1000 Mrd. US-Dollar zur Jahrtausendwende anwachsen, *P. J. J. Welfens/C. Graack*: Telekommunikationswirtschaft. Deregulierung, Privatisierung und Internationalisierung (1996), S. 10; vgl. auch das Jahrbuch Telekommunikation 4 (1996), S. 65; nach *H. Kubicek/P. Berger*, (Anm. 1), S. 48, handelt es sich bei den Wachstumsprognosen der Telekommunikationsmärkte im wesentlichen um "Wunschvorstellungen der betreffenden Industrie"; außerdem sei zu beachten, daß sich einzelne Systeme gegenseitig Konkurrenz machen (z.B. ISDN und Mobilfunk), ebd. S. 49; die Wachstumsprognosen seien zu überprüfen, verlangt auch *R. Mansell*: The Networked Economy: Unmasking the "Globalisation" Thesis, in: Telematics and Informatics 11 (1994), S. 27.
17 *B. Jäger*: Die Leistungsgüte des Telekommunikations-Übertragungsmonopols in Deutschland auf dem Prüfstand, in: Zeitschrift für Wirtschaftspolitik 43 (1994), S. 302, geht davon aus, daß die Mehrwertdienste in wenigen Jahren nahezu die gegenwärtige Bedeutung der Automobilindustrie erreichen werden, die ca. 6 Prozent zum Sozialprodukt beiträgt; zum Begriff der Mehrwertdienste siehe bereits 1. Kap. 1 a).
18 *M. Kakabadse*, (Anm. 13), S. 28; vgl. auch Tabelle 7, ebd. S. 27.
19 *I. Hauchler (Hrsg.)*: Globale Trends 1993/94 (1993), S. 208.
20 Die dynamische institutionelle Weiterentwicklung, die die GATT-Organisationsstruktur seit ihrem Bestehen erfuhr, mündete schließlich in der zweiten Hälfte des Jahres 1991 in die Aufnahme von Verhandlungen über den Text eines Gründungsvertrages einer Welthandelsorganisation; die vollständige Neuorganisation durch die Errichtung der WTO führte zur Einfügung der bestehenden materiellen GATT-Abkommen in die neu gegründete internationale Organisation; zu Struktur und Aufgaben der WTO siehe 5. Kap. 4.
21 Interessanterweise fand gerade dieses Beispiel – die geringe weltweite Verbreitung der Telefonie – ein breites Echo in den Printmedien, vgl. *P.Parton:* Riding the Information Highway is Essential to Success in 21st Century, in: International Herald Tribune, 17. Mai 1995; von zwei Dritteln der Menschheit, die bis zum heutigen Tag noch nie ein Telefonat getätigt haben, spricht *S. Homer:* Still on Hold in the Developing World, in: The Independent, London 9. Oktober 1995; vgl. auch *K.Lynch:* Telecoms Funding Body Set, in: CommunicationsWeek International, Paris 6. Februar 1995: "some 4 billion of the world's 5 billion people do not have a telephone."

1. Kapitel: Anmerkungen zum Thema

1. Thematischer Hintergrund

Der Nicht-Experte, der sich der Materie "Telekommunikation" nähert, wird mit einer Fülle von technischen Fachbegriffen konfrontiert. Selbst den Handelsexperten von GATT/WTO fällt es heute – nach jahrelanger Behandlung der Telekommunikationsdienste innerhalb dieser Organisation – noch schwer, die "Welt" der Telekomexperten zu verstehen[22].
Im folgenden soll daher eine kurze Einführung in die wichtigsten Begriffe gegeben werden.

a) Begriffsklärung: "Telekommunikationsnetz" und "-dienst"

Telekommunikation erfaßt zahlreiche Aspekte des menschlichen Lebens, eingeschlossen den Funkverkehr von Schiffen und Flugzeugen, Polizeifunk, nachrichtendienstliche Tätigkeit, Kommunikation im Verteidigungswesen, Radar, Luftüberwachung, Gesundheitswesen, Meteorologie, 'early warning-Systeme' im Katastrophenschutz etc.[23]. Kommunikation mit räumlich entfernten Personen kann als eines der grundlegenden menschlichen Bedürfnisse angesehen werden[24]. Telekommunikation ermöglicht über räumliche Distanz hinweg Kommunikation zwischen Menschen, Maschinen und anderen Systemen mit Hilfe von nachrichtentechnischen Übertragungsverfahren[25], und zwar unabhän-

---

22 Zum Verhältnis GATT/WTO zut ITU siehe näher 6. Kap. 4 b).
23 Illustrativ G. *Letellier*: Télécommunications, in: Encyclopedia Universalis 17 (1985), S. 801, der den Ursprung der Telekommunikation auf 1900 datiert; siehe auch die vier weiteren Beiträge von G. Letellier, G. Escarabajal, A. Dupont, P.-Y. Conruyt mit zahlreichen technischen Details und Graphiken zum Themenschwerpunkt "télécommunications", in: Encyclopedia Universalis 17 (1985), S. 802 ff.; einen historischen Überblick über die technischen Innovationsfaktoren der Telekommunikation gibt G. *Krüger*: Telekommunikation, in: Informatik Spektrum 18 (1995), S. 256-262.
24 Zur Bedeutung des Nachrichtenwesens und der Information in wirtschaftsgeschichtlicher Sicht anschaulich W. *Fischer*: Markt- und Informationsnetze in der (neuzeitlichen) Wirtschaftsgeschichte des atlantischen Raums, in: E. *Streißler (Hrsg.)*: Verhandlungen auf der Arbeitstagung der Gesellschaft für Wirtschafts- und Sozialwissenschaften in Graz vom 21.-23. September 1981, Information in der Wirtschaft (1982), S. 337 ff.; R. *Mayntz*: Zur Entwicklung technischer Infrastruktursysteme, in: R. *Mayntz/B. Rosewitz/U. Schimank/R. Stichweh*: Differenzierung und Verselbständigung, Zur Entwicklung gesellschaftlicher Teilsysteme (1988), S. 233.
25 Nach herrschender Ansicht ist Telekommunikation ein technisch vermittelter Nachrichtenaustausch über Entfernungen mit Hilfe von elektromagnetischen Wellen über Kabel, Funk oder Lichtwellen; so definiert die Verfassung der ITU Telekommunikation als jede "transmission, emission or reception of signs, signals, writing, images and sounds or intelligence of any nature by wire, radio, optical or other electromagnetic systems", vgl. Annex, CS/An, 1013, Final Acts of the Plenipotentiary Conference, Nice 1989 (1990), S. 66; wortgleich die Auffassung der Entwicklungsländer in der Uruguay Runde, vgl. Art. 2.1. *Sectoral Annotation of Telecommunication Services, Communication from Cameroon, Egypt, India and Nigeria*, GATT Doc. MTN.GNS/TEL/W/1, 9 July 1990, S. 5; vgl. auch die *International Telecommunication Regulations*, Final Acts of the World Administrative Telegraph and Telephone Conference, Melbourne 1988 (WATTC-88),

gig davon, ob tatsächlich ein Informationsaustausch stattfindet oder nicht[26]. Es steht also kein spezifisches Produkt, sondern eine generelle Transportdienstleistung im Vordergrund. Deren technische Bereitstellung und Erledigung ist konstitutiv für die Telekommunikation[27].

In der deutschen Sprache war ursprünglich der Begriff "Fernmeldewesen" oder auch "Nachrichtentechnik", "Nachrichtenübertragung" gebräuchlich. Die neuere Bezeichnung "Telekommunikation" sollte dazu dienen, moderne nachrichtentechnische Entwicklungen wie Mikroelektronik oder Glasfaserkabel terminologisch zu berücksichtigen, reflektiert also letztlich die stattfindenden tiefgreifenden Technikinnovationen[28].

Mit der Konvergenz von Fernmelde- bzw. Nachrichtentechnik und elektronischer Datenverarbeitung (Stichwort: Telematik)[29] verlor der Begriff "Telekommunikation" an inhaltlicher Schärfe. Vereinzelt hieß es, er sei obsolet geworden; angesichts des enormen technologischen Wandels wäre es möglich, "that the notion of telecommunications could disappear"[30]. Angeregt wurde, im Zuge der neueren Entwicklungen den Telekommunikationsbegriff durch "Informationstransport" zu ersetzen[31].

Telekommunikationsnetze dienen der Übermittlung von Informationen und Nachrichten (Sprache, Bild, Text, Daten etc.) mit Hilfe eines Transportmediums (elektrischer Strom, Funk, Licht etc.). Sie bestehen aus Endgeräten, Anschlußleitungen, Vermittlungseinrichtungen sowie Übertragungseinrichtungen für die verschiedenen Übertragungsmedien, wie Kabel, Richtfunk und Satelliten. Mit anderen Worten: Um Informationen oder Nachrichten von einem Sender zu einem Empfänger übertragen zu können,

---

Art. 2.1; enger die *Anlage zur Telekommunikation*, Art. 3 (a), die Telekommunikation als Übertragung und den Empfang von Signalen auf elektromagnetischem Weg definiert und nichtoptische Übertragungswege, wie z.B. Glasfaser, nicht nennt; damit übereinstimmend *Art. 1310 NAFTA: North-American Free Trade Agreement*, Text prepared September 6, 1992, Chapter Thirteen, Telecommunications: "Telecommunication means the transmission and reception of signals by any electromagnetic means"; vgl. auch das deutsche Telekommunikationsgesetz *(TKG)* vom 25. Juli 1996 (BGBl I S. 1120), § 3 Ziff. 16.

26 Explizit *J. Scherer*: Telekommunikationsrecht und Telekommunikationspolitik (1985), S. 32; unscharf *P. J. J. Welfens/C. Graack*, (Anm. 16), S. 24: "Telekommunikation bedeutet Austausch von Daten über Netze."

27 *R. Werle*: Telekommunikation in der Bundesrepublik. Expansion, Differenzierung, Transformation (1990), S. 349.

28 *D. Müller-Using*: Telekommunikationsrecht, in: *P. Schiwy/W. J. Schütz (Hrsg.):* Medienrecht, Lexikon für Wissenschaft und Praxis (2. Aufl. 1990), S. 319; zum Wandel der Begriffe und dessen Gründen *H. Kubicek/P. Berger*, (Anm. 1), S. 7; *H. Kubicek*: Von der Technikfolgenabschätzung zur Regulierungsforschung, in: Telekommunikation und Gesellschaft, Kritisches Jahrbuch der Telekommunikation (1991), S. 32; vgl. auch Art. 73 Nr. 7 Grundgesetz, der den Begriff "Fernmeldewesen" durch den (jetzt auch in Art. 87 f) GG verwendeten) Begriff der Telekommunikation ersetzte, um dem international üblichen Sprachgebrauch Rechung zu tragen.

29 Telematik ist dabei ein Kunstwort aus Telekommunikation und Informatik, abgeleitet vom französischen "télématique" bzw. "téléinformatique", näher *A. Dupont*: Télécommunications, C. Téléinformatique, in: Encyclopedia Universalis 17 (1985), S. 820; *P.-Y. Conruyt*: Télécommunications, D. Télécommunications audiovisuelles, in: Encyclopedia Universalis 17 (1985), S. 827; *B. Köbele*: Fernmeldewesen und Telematik in ihrer rechtlichen Wechselwirkung (1991); *G. P. Sweeney*: Telematics and Devolopment, in: The Information Society 1 (1981), S. 124.

30 *A. M. Rutkowski*: The ITU at the Cusp of Change, in: Telecommunications Policy 15 (1991), S. 287; ohnehin skeptisch zum Begriff Telekommunikation *J. G. Savage*: The Politics of International Telecommunications Regulation (1989), S. 1: "lacks any clear meaning".

31 Zu diesen Bestrebungen siehe *P. Malanczuk*: Telecommunications, International Regulation, in: *R. Bernhardt (Hrsg.):* EPIL 9 (1986), S. 368.

wird zwischen mindestens zwei Endgeräten über Kabel oder Funk eine Verbindung aufgebaut, auf der Signale übertragen werden können.

Dabei sind die Modalitäten der Übertragung unterschiedlich. Sie können zum Beispiel über internationale Mietleitungen oder internationale Festverbindungen erfolgen, sowie im Rahmen des Telexdienstes, im Rahmen des Telefondienstes mit Hilfe eines Modems oder im Rahmen eines Datenübermittlungsdienstes durch (1) leitungsvermittelte digitale Verbindungen, (2) leitungsvermittelte digitale Satellitenverbindungen und (3) paketvermittelte digitale Verbindungen[32]. Ein Telekommunikationsnetz weist somit ein Netzelement – die physisch existenten Übertragungseinrichtungen – und ein Diensteelement auf: "Letzteres umfaßt die auf den Übertragungswegen angebotenen Übertragungsprotokolle und Anwendungen für den Endverbraucher wie Datenaustausch- und Sprachdienste"[33].

Als Telekommunikationsdienste werden im allgemeinen technisch und rechtlich standardisierte Kommunikationsformen bezeichnet[34]. Einem geflügelten Wort zufolge sind Dienste "anything sold in trade that could not be dropped on your foot"[35]. In technischer Hinsicht ist den Telekomdiensten die Nutzung eines Bildschirms (TV oder PC) als Medium der Kommunikation und für die Rezeption von Inhalten aller Art gemeinsam[36]. In wirtschaftlicher Hinsicht verbindet sie ihre Angebotsorientierung[37]. Ökonomisch gesehen, darauf weisen *Ellger/Kluth* hin, handelt es sich um die Erbringung einer Dienstleistung gegen Entgelt[38] – was an das Allgemeine Dienstleistungsabkommen von

---

32 Vgl. die Darstellung bei *R. Ellger/T.-S. Kluth*: Das Wirtschaftsrecht der Internationalen Telekommunikation in der Bundesrepublik Deutschland (1992), S. 329; zu den einzelnen Netztypologien siehe *T. Königshofen*: Vom Telegraphendraht zum Information Superhighway. Telekommunikations- und Computernetze heute und morgen, in: Recht der Datenverarbeitung 12 (1996), S. 170 ff.

33 *A. Picot/W. Burr*: Ökonomische Vorteile des Netzwettbewerbs in der Telekommunikation, in: Jahrbuch Telekommunikation und Gesellschaft 4 (1996), S. 19; zur Abgrenzung zwischen "facilities", "equipment", "services" und "information" siehe auch *R. G. Pipe*: Telecommunication Services: Considerations for Developing Countries in Uruguay Round Negotiations, in: *UNCTAD (Hrsg.)*: Trade in Services: Sectoral Issues (1989), S. 53/54.

34 *R. Werle*, (Anm. 27), S. 49; nach einer Auflistung des *Department of International Economic and Social Affairs*, Statistical Office of the United Nations, Statistical Papers, series M no. 77, Provisional Central Product Classification, United Nations, 1991 gehören zu den Telekommunikationsdiensten (Ziff. 752) "Public local telephone services, public long distance telephone services, mobile telephone services, shared network services, dedicated network services, data network services, electronic message and information services, television broadcast transmission services, radio broadcast transmission services, interconnection services, integrated telecommunication services sowie paging services, teleconferencing services, mobile maritime services, air-to-ground services".

35 *UNCTAD/The World Bank*: Liberalizing International Transactions in Services. A Handbook (1994), S. 1 m.w.N.

36 *D. Müller-Using/R. Lücke*: Neue Teledienste und alter Rundfunkbegriff, in: Archiv PT 1/95, S. 33.

37 Näher *J. Scherer*, (Anm. 26), S. 36; entsprechend wird in den *International Telecommunication Regulations* der World Administrative Telegraph and Telephone Conference, Melbourne 1988 (WATTC-88), Art. 2.2. ein internationaler Telekommunikationsdienst definiert als: "The *offering* of a telecommunication capability between telecommunication offices or stations of any nature that are in or belong to different countries"; wortgleich: Annex, CS/An, 1012, *Final Acts of the Plenipotentiary Conference*, Nice 1989 (1990), S. 66; dem entspricht auch die Begriffsverwendung des North American Free Trade Agreement bzgl. "public telecommunications transport services", vgl. *NAFTA: North-American Free Trade Agreement*, Text prepared September 6, 1992, Chapter Thirteen, Telecommunications, Article 1301-1310.

38 *R. Ellger/T.-S. Kluth*, (Anm. 32), S. 171; vgl. auch das deutsche Telekommunikationsgesetz (TKG) vom 25. Juli 1996 (BGBl I S. 1120), § 3 Ziff. 18, wonach Telekommunikations-

GATT/WTO anknüpft, welches Telekommunikation als einen von mehreren Dienstleistungssektoren klassifiziert.

Nachdem unter Telekomdiensten über Jahrzehnte hinweg mehr oder minder öffentlich zugängliche Grunddienste wie Telefon und Telex subsumiert worden waren, wurde es im Vorfeld der GATT-Liberalisierungsverhandlungen zunehmend üblich, zwischen Grunddiensten (sog. "basic services")[39] und Mehrwertdiensten (sog. "value added" bzw. "enhanced services")[40] zu differenzieren. Nach allgemeinem Begriffsverständnis gehören zu den Grunddiensten in erster Linie das Telefonwesen sowie allgemein die Übertragung und Vermittlung von Nachrichten ohne deren Bearbeitung; Mehrwertdienste sind hingegen durch eine Bearbeitung und Speicherung von Information, typischerweise mit der Hilfe von Computern, gekennzeichnet und werden überwiegend von privaten Firmen angeboten (z.B. Telefax- und Mailboxdienste, Dienste für den elektronischen Zahlungsverkehr, Videokonferenzen, Kreditkartenverifizierungsdienste etc.).

Mehrwertdienste dienen zum Teil dazu, die Benutzung von bereits angebotenen Telekommunikationsdiensten einfacher und bequemer zu gestalten (etwa im Bereich der Telefonie durch Wahlerleichterungen, Weiterleitung oder Speicherung von Nachrichten, Abrufung von Informationen oder sonstigen Hilfsfunktionen). Mit der Unterscheidung zwischen "basic" (Grund) und "enhanced" (Mehrwert) soll also ausgedrückt werden, daß es über reine Übertragungs- und Vermittlungsleistungen hinaus eine zusätzliche Kategorie von innovativen Zusatzdiensten gibt, die im Wege der Speicherung oder Verarbeitung erstellt werden.

Die Initiative für eine Differenzierung zwischen Grund- und Mehrwertdiensten stammte von amerikanischer Seite. 1981 hatte die Federal Communications Commission (FCC) den Unterschied zwischen "basic"/"enhanced services" offiziell eingeführt[41] und beschloß, die Zuständigkeit über Grunddienste zu behalten, die Mehrtwertdienste hingegen nicht länger zu regulieren. Damit sollte im Verbund mit einigen anderen Staaten[42] eine Deregulierung von Mehrtwertdiensten auf nationaler und internationaler Ebene eingeleitet werden. Dieser amerikanische Vorstoß verursachte erhebliche Unruhe unter privaten amerikanischen Gesellschaften, die befürchteten, daß ausländische Monopolunternehmen daraus einen Vorteil ziehen würden, weil das FCC durch die

---

dienstleistungen "das gewerbliche Angebot von Telekommunikation einschließlich des Angebots von Übertragungswegen für Dritte" definiert werden.

39 *M. Reiterer*: Die erste Ministerkonferenz der WTO: Der Weg nach Singapur in: Aussenwirtschaft 51 (1996), S. 393 spricht von "Grundfernmeldediensten".

40 Zum Schwerpunkt "Mehrwertdienste" informativ die Dokumentation der Fachkonferenz "Value Added Services" am 18. Juli 1986 in München, mit den Beiträgen von *E. M. Noam*, S. 8-54; *J. Bohm*, S. 91-91; *P. Bocker*, S. 126-142; *H. Forner*, S. 115-121; grundsätzlich dazu *R. Werle* (Anm. 27), S. 299; *P. Genschel*: Standards in der Informationstechnik (1995), S. 79; zur Situation des Wettbewerbs auf Mehrwertdienstemärkten in Afrika: *ITU, Telecommunication Development Bureau and the UNCTAD and UN-DDSMS Coordinated African Programme of Assistance on Services* (1996), S. 14, Ziff. 3.5.5.

41 Die Abgrenzung zwischen "basic" und "enhanced services" hatte die Federal Communications Commission in den USA mehrfach, auch bereits in früheren Jahren, beschäftigt, dazu *M. Bothe*: Grenzüberschreitende Telekommunikation, in: *J. Scherer (Hrsg.)*: Telekommunikation und Wirtschaftsrecht (1988), S. 243, speziell Fn. 62; vgl. auch *H. I. de Vlaam*: Liberalization of International Trade in Telecommunications Services, The EU and US Participation in the Game of GATT (Doktorarbeit, Universität Amsterdam, 3. Dezember 1994), S. 33.

42 Zur Position Kanadas in diesem Kontext *A. Lapointe*: Structure of International Telecommunications Markets - a Canadian Perspective, in: Defining International Telecommunications Services Trade - an International Briefing, ITU Headquarters, Geneva, May 3, 1989, S. 17.

Aufgabe seiner Kontrolle über die Mehrwertdienste auch die Möglichkeit verringerte, zugunsten der privaten Gesellschaften zu intervenieren[43]. Auch ausländische PTTs mochten die US-Entscheidung der Deregulierung und Trennung von "basic"/"enhanced services" nicht akzeptieren, da sie darin einen den Fortbestand ihrer (Monopol-)Strukturen gefährdenden Vorstoß der amerikanischen Liberalisierungsphilosophie sahen.

Sowohl die genaue Abgrenzung beider Dienstekategorien als auch der Nutzen einer solchen Vorgehensweise sind bis zum heutigen Tag umstritten[44]. Weltbankexperten zufolge "the distinction between basic and enhanced may well blur in the coming years"[45]. Künftig werde man eher von "global tools"[46] sprechen anstatt von Grund- oder Mehrwertdiensten, denn auf was es ausschließlich ankomme, sei die ungehinderte Teilhabe an Information und Telekommunikationsressourcen in Hinblick auf alle Arten von Hardware, Netzen und Anwendungen. Auf GATT-Ebene sah man ebenfalls keinen großen Nutzen in einer exakten materiellen Abgrenzung zwischen Grund- und Mehrwertdiensten. Die sogenannten Kommunikationsdienste[47], so der Oberbegriff, wurden in fünf Sparten unterteilt:

(A) Communication services
(B) Postal services
(C) Courier services
(D) Telecommunications services
- voice telephone services
- packet-switched data transmission services
- circuit-switched data transmission services
- telex services
- telegraph services

---

[43] G. Feketekuty/J. D. Aronson: Meeting Challenges of the World Information Economy, in: World Economy 7 (1984), S. 75; näher R. Eward: The Deregulation of International Telecommunications (1985), S. 84 ff.

[44] H. Kubicek/P. Berger, (Anm. 1), S. 60 bemängeln, Prognosen für Mehrwertdienste seien "noch unschärfer und ungewisser"; J. Becker/S. Bickel: Datenbanken und Macht, Konfliktfelder und Handlungsräume (1992), S. 47; skeptisch zur Unterscheidung "basic"/"enhanced" auch H. I. M. de Vlaam, (Anm. 41), S. 33; in der Computerwoche EXTRA, Ausgabe Nr. 2, 26. März 1993, S. 9 hieß es unter Hinweis auf die Studie von CAP debis BeCOM, "Telekommunikation in Deutschland", Deutschland sei heute in der glücklichen Lage, eine eindeutige Abgrenzung zwischen dem Monopol- und dem Wettbewerbsbereich definiert zu haben, "so daß auf den schwammigen Begriff Mehrwertdienste nicht mehr zurückgegriffen werden" müsse; J. Aronson/P. F. Cowhey: When Countries Talk, International Trade in Telecommunications Services (1988), S. 70 schlagen aufgrund der genannten Schwierigkeiten vor, lediglich zwischen "infrastructure" und "telecommunication service capabilities" zu unterscheiden.

[45] A. Mody/C. Dahlman: Performance and Potential of Information Technology: An International Perspective (The World Bank, Manuskript ohne Datum), S. 18.

[46] A. M. Rutkowski: A Primer on Telecommunications: For a GATT-GNS Sectoral Annex (Draft Version 2.0., 5 June 1990), S. 2.

[47] Vgl. die "GATT-classification list", abgedruckt in Tabelle 5, Strategic Planning Unit, International Telecommunication Union, "Trade of Telecommunications Services: Implications of a GATT Uruguay Round Agreement for ITU and Member States" (R. G. Pipe, Director, Telecom Services Trade Project, Amsterdam, May 1993), S. 15 bezugnehmend auf die Quelle GATT/ MTN.GNS/W/120, July 10, 1991; die Liste teilt die "coverage" von Verhandlungen in 12 Kategorien ein: 1. Business Services, 2. Communication Services, 3. Construction Services, 4. Distribution Services, 5. Educational Services, 6. Environmental Services, 7. Financial Services, 8. Health Related and Social Services, 9. Tourism and Travel Related Services, 10. Recreational Cultural and Supporting Services, 11. Transport Services, 12. Other Services not included elsewhere.

- facsimile services
- private leased circuit lines
- electronic mail
- voice mail
- online information and database retrieval
- electronic data interchange (EDI)
- enhanced/value-added facsimile services, including store and forward, store and retrieve
- code and protocol conversion
- online information and/or data processing (including transaction processing)
- other

(A) Audiovisual Services
(B) Other.

Daraus läßt sich entnehmen, daß Telekommunikationsdienste prinzipiell von postalischen Diensten (A) und den audiovisuellen Mediendiensten (D) zu unterscheiden sind; eine trennscharfe Unterscheidung zwischen Grund- und Mehrtwertdiensten wurde hingegen nicht vorgenommen. Dem entspricht im übrigen die Einstellung der neu gegründeten Genfer Welthandelsorganisation (WTO). In einem Non-Paper der WTO (1995) heißt es, bis zum heutigen Tag existiere keine klare Definition von "value added" und "basic telecommunications"[48]. Auch die in technischen Fragen als sachverständige Instanz ausgewiesene Internationale Fernmeldeunion (ITU) verwendet diese Unterscheidung nicht, sondern sieht sie eher als nationale Angelegenheit an[49].

Da die Liberalisierungsverhandlungen im Bereich der Grund- bzw. Basistelekommunikation über den formellen Abschluß der Uruguay Runde in Marrakesch (April 1994) in einer eigens geschaffenen Negotiating Group on Basic Telecommunications (NBGT) fortgesetzt wurden[50], sollte man die soeben dargelegten prinzipiellen Unterschiede zwischen Grund- und Mehrtwertnetzen bzw. -diensten jedoch zumindest kennen.

b) Überblick über die Akteurs- und Interessenebenen

An den grenzüberschreitenden Vorgängen der Telekommunikation ist eine Vielzahl von Akteuren beteiligt. Zu den "stakeholders" gehören einer ITU-Studie zufolge "governments, special public entities, state enterprises, state-owned but autonomous corporations, owners/shareholders of mixed and private companies, facility and equipment pro-

---

48 In dem sog. *Non-Paper der WTO* (1995), heißt es pragmatisch: "Generally, basic telecommunications services are considered to include voice telephony, packet and circuit switch data, mobile, paging, and satellite services. Only services which can be differentiated from the 'basic' services are considered value-added services: electronic mail, voice mail, on-line information and database retrieval, data processing, electronic data interchange, etc."

49 Ausdrücklich der *Representative of the ITU, Working Group on Telecommunication Services*, Note on the Meeting of 9-11 July 1990, restricted, GATT Doc. MTN.GNS/TEL/2, 6 August 1990, S. 28, Ziff. 109; der ITU gelangen wenig Fortschritte auf dem Gebiet der Dienstedefinition; so findet sich keine Begriffsklärung in der ITU-Konvention und Verfassung von Nizza (1989) und Genf (1992); kritisch dazu *S. Dell*: Services: National Objectives, in: *P. Robinson/K. P. Sauvant/ V. P. Govitrikar (Hrsg.)*: Electronic Highway for World Trade (1989), S. 64.

50 Näher zur NBGT siehe 5. Kap. 3d) und 4 c).

ducers, employees, the business community, users at large, ranging from the media to user groups (like school systems, associations) and the individual clients"[51].

In vereinfachter Darstellung läßt sich der Akteurszusammenhang wie folgt strukturieren:

(1) Auf der Angebotsseite finden sich Akteure, deren vorrangiges Interesse[52] darin besteht, Telekomdienste zu erbringen. Dabei sind die Erbringer von internationalen Telekomdiensten keine kohärente Gruppe[53]. Zu ihnen gehören:
- die Produzenten (Hersteller und Entwickler) der verschiedenen Systemelemente[54];

---

51 *ITU, CTD*: Restructuring of Telecommunications in Developing Countries, An Empirical Investigation with ITU's Role in Perspective, Geneva, May 1991, S. 16 f.; zu den verschiedenen "Gruppen von Kommunikatoren" siehe auch *J. Scherer*: (Anm. 26), S. 681 ff.

52 "Interesse" (lat.): "dazwischen sein"; kritisch zur "unscharfen Verwendung" des Interessenbegriffs in sozialwissenschaftlichen Analysen *R. Mayntz/F. W. Scharpf*: Der Ansatz des akteurzentrierten Institutionalismus, in: *R. Mayntz/F. W. Scharpf (Hrsg.)*: Gesellschaftliche Selbstregelung und politische Steuerung (1995), S. 54, mit der Schlußfolgerung, heute dominiere "der Bedeutungsgehalt des engen, selbstbezogenen Nutzens"; wie *F. Kratochwil*: On the Notion of Interest in International Relations, in: IO 30 (1982), S. 6 darlegte, "we can think of cases in which it makes sense to distinguish carefully something wanted or desired (..) from the interest involved"; grundlegend *J. Habermas*: Erkenntnis und Interesse (1968); vgl. auch *N. Drake*: Ideas, Interests and Institutionalization, in: IO 44 (1992), S. 37 ff.

53 Die "major players" wurden im Rahmen der Arbeit der Group of Negotiations on Services der Uruguay Runde nach 8 Typen differenziert (vgl. UNCTC, Montreux Workshop, 11-12 November 1989, S. 8 ff.):
1. Typ: "The (former) monopoly carriers"z.B. AT&T, Bell, Ameritech, Pacific Telesis, Bellsouth, British Telecom, Deutsche Bundespost Telekom
2. Typ: "Traditional providers of international telecommunication services"z.B. ITT, Cable & Wireless, INTELSAT, RCA Global Communications und Western Union International
3. Typ: "Large computer companies and telecommunication equipment suppliers"IBM, AT&T, Siemens, IM Ericsson (Schweden) und viele andere Computer- und Gerätehersteller
4. Typ: "Globally active manufacturing companies"General Electric, ISTEL (GB), Dialogue Information Services
5. Typ: Japanische Handelshäusersog. sogo shoha, die umfangreiche Datenerfassungs- und Informationssysteme geschaffen haben, ursprünglich für ihren eigenen internen Gebrauch; z.B. Mitsui
6. Typ: Internationale Bank- und Finanzorganisationendie meisten von ihnen bieten ihren Kunden datenbasierte Dienste an; z.B. Chase Manhattan Bank und die Society for Worldwide Interbank Financial Telecommunication (SWIFT)
7. Typ: Große Verlage ("publishing houses")z.B. McGraw-Hill in USA, Hachette in Frankreich, Elsevier in den Niederlanden, Pergamon in Großbritannien, Bertelsmann in Deutschland
8. Typ: "small niche companies", die spezielle Dienste bieten und spezialisierte Datenbanken aufgebaut haben.

54 Hersteller von Telekommunikationsgeräten und -netzen sind u.a. ITT, Ericsson, Alcatel, Northern Telecom, GEC/Plessey/BT, Siemens, Western Electric; zu den Herstellerinteressen- und -strategien als "Triebkraft und Bestimmungsfaktoren des telekommunikationstechnischen Modernisierungsprozesses in der Bundesrepublik Deutschland" vgl. *A. Gottschalk*: Wem nützt ISDN?, Fernmeldepolitik als Industriepolitik gegen IBM, in: Telekommunikation und Gesellschaft, Kritisches Jahrbuch der Telekommunikation (1991), S. 160-162; *U. Dolata*: Ein staatlich geschützter Irrtum weltmarktorientierter Modernisierungspolitik, in: Telekommunikation und Gesellschaft, Kritisches Jahrbuch der Telekommunikation (1991), S. 182 geht von einer Dominanz der Herstellerinteressen als Motor der Technikentwicklung aus; zur ehemals großen Abhängigkeit der Hersteller von den PTTs, da sie den größten Teil ihrer Produktion auf nationalen Märkten absetzten, *P. Genschel*, (Anm. 40), S. 48.

- die für den Aufbau des Systems und die notwendige Infrastruktur verantwortlichen Systembetreiber (z.B. Netzbetreiber), wobei zunehmend private Träger von Telekommunikationsnetzen und -diensten an die Seite der staatlichen Post- und Fernmeldeverwaltungen treten;
- Informations- und Diensteerbringer, die ihre Informationen und Dienste über zentrale Datenbanken bzw. externe Rechner im Netz offerieren.

Soweit Anbieter eine Monopolposition innehaben, sind ihre Interessen (wenn sie sich nicht zur Lockerung oder Aufgabe des Monopols entschließen), regelmäßig auf eine Festigung der Monopolstellung und eine Beschränkung des Wettbewerbs gerichtet. Zudem erweist sich das Interesse der PTTs an Betriebs- und Planungssicherheit traditionell als groß – sie entwickelten einen "sehr langfristig kalkulierenden und extrem risikoaversen Entscheidungsstil" und tendieren dazu, der Kostenreduktion sowie der Verläßlichkeit von Erträgen Vorrang einzuräumen[55].

Die Gegenspieler der Monopolunternehmen sind vor allem in den Industriestaaten ansässige, große privat geführte Unternehmen, die zwar als Anbieter keine einheitliche Unternehmensstruktur erkennen lassen, jedoch ein hohes Maß an Übereinstimmung aufweisen, soweit es die Fortexistenz der Monopolunternehmen betrifft. Letztere wurden von der Geschäfts- und Industriewelt wiederholt als "increasingly incompatible with the medium and long-term-interests of users and manufacturers" angeprangert[56]. Solange Regierungsmonopole fortbestünden, sei Wettbewerb nur begrenzt möglich, und Konflikte zwischen öffentlichen und privaten Unternehmen seien vorprogrammiert[57]. Aus diesem Grund versuchten verschiedene, die Interessen der Privatwirtschaft vertretende Organisationen, wie z.B. die Internationale Handelskammer, eine klarere Trennung der Zuständigkeitsbereiche zwischen bestehenden Monopolen und dem Privatsektor zu erreichen.

Im Vorfeld der Uruguay Runde, zu Beginn der 80er Jahre, zielten die Interessen der privatwirtschaftlichen Unternehmen[58] insbesondere auf:
- das Aufbrechen von Monopolstellungen, speziell die Trennung der regulativen von der operativen Verantwortlichkeit;
- Kostentransparenz und ein Ende der Quersubventionen[59];
- freien Wettbewerb für Mehrwertdienste, die anders zu behandeln seien als Grunddienste[60];
- den Abbau von Handelshemmnissen, insbesondere eine Behinderung der Information über Marktchancen, Kreditwürdigkeit sowie Transaktionen; damit eng verbunden waren
- die Forderung nach Transparenz[61] und

---

55   *P. Genschel*, (Anm. 40), S. 46.
56   Vgl. nur *E. O. Weiss*: Defining Telecommunications Services Trade, S. 2.
57   *G. Feketekuty/J. D. Aronson*, (Anm. 43), S. 68; seit der Liberalisierung des Telekommunikationsmarktes in Deutschland stieg die Zahl der Diensteanbieter rapide an, vgl. BMPT, Amtsblatt 2/97: waren es am 31. Januar 1991 noch 66 Diensteanbieter, so waren es im Januar 1992 bereits 144, im Januar 1993 228, im Januar 1996 892 und im Januar 1997 bereits 1151 Diensteanbieter.
58   Die Interessen der transnationalen Konzerne sind anschaulich beschrieben bei *R. G. Pipe*, (Anm. 33), S. 84 ff.
59   Näher zu den Quersubventionen s.u. 2. Kap. 3 d); 6. Kap. 2 f).
60   Zur Unterscheidung zwischen Grund- und Mehrwertdiensten vgl. den vorausgegangenen Abschnitt a).
61   Zu den Forderungen nach mehr Transparenz s.u. 4. Kap. 2 d); 5. Kap. 1 c) und 2 e).

- der Wunsch nach einer stärkeren Teilnahme der Industrie bei der Ausarbeitung und Annahme technischer Standards[62];
- eine Verbesserung der Exportchancen, insbesondere des Marktzugangs[63].

Die Interessen auf der Angebotseite sind primär ökonomischer Natur und können deshalb auf abstrakter Ebene als "Interesse an Gewinnmaximierung" begriffen werden[64]. Aufgrund des hohen Aufwandes für Forschung und Entwicklung (F&E)[65] und des Verfalls der Preise für Telematikprodukte[66] sind die wirtschaftlichen Interessen, insbesondere der Hersteller, auf die Erschließung neuer Absatzmärkte gerichtet. Wenngleich der nordamerikanische und der westeuropäische Markt zu den lukrativsten der Welt zählen, benötigen – so eine nicht unumstrittene Sichtweise – die Hersteller von Telekommunikationsgeräten und -netzen zur Amortisation ihrer Investitionen, v.a. in aufwendige Digitaltechniken, auch die Dritte Welt als Absatzmarkt. Wie die Stiftung für Entwicklung und Frieden darlegte, ist "die Amortisierung nur über den Weltmarkt mit Einschluß der armen Länder erreichbar", denn Fernmeldenetze lohnen sich finanziell nur über einen längeren Zeitraum, hohe Anschlußdichten und große Reichweiten. Deswegen "kämpfen die nördlichen Hersteller und die jeweiligen nationalen Postverwaltungen hart noch um den scheinbar kleinsten Fernmeldemarkt in einem Land der Dritten Welt"[67].

Falls Anbieter von netzbasierten Diensten im Ausland aktiv werden wollen, verfolgen sie regelmäßig folgende Ziele:
- ihre Dienste sowohl vom Gaststaat als auch von ausländischen Staaten aus zu erbringen;
- ihre Dienste umfassend zu vermarkten, zumindest wenn keine lokal ansässige Firma dieselben oder ähnliche Dienste anbietet;
- ggfs. eine kommerzielle Präsenz zu etablieren (z.B. im Gaststaat Büros eröffnen, Agenten ernennen, Terminals zu installieren etc.);
- Telekommunikationseinrichtungen im Gaststaat zu leasen, zu errichten oder zu betreiben, soweit dies für die Erbringung von Diensten nötig ist.

---

62 Zur Rolle der Industrie bei der Standardisierung näher im 2. Kap. 3 c).
63 In Übereinstimmung mit der OECD Terminologie wurde unter dem Stichwort "fairer Marktzugang" die Entfernung von tarifären und nicht-tarifären Hindernissen angestrebt, insbesondere jedoch die Gelegenheit, Dienste im Wege einer effektiven Marktpräsenz zu erbringen, vgl. *Business and Industry Advisory Council* (BIAC), Statement on Trade in Telecommunications Network-based Services (Paris, Sept. 1988); zu BIAC *R. Austin*: A View From Industry, in: *J. F. Rada/ R. G. Pipe (Hrsg.):* Communication Regulation and International Business (1984), S. 181; vgl. auch *R. G. Pipe,* (Anm. 33), S. 85.
64 *M. Bothe,* (Anm. 41), S. 223-224; wie Bothe weiter ausführt, besitzen die wirtschaftlichen Interessen "eine freiheitsrechtliche Komponente" in dem Maße, "in dem das Interesse an freiem, unverzerrtem Wettbewerb mit dem Interesse an Gewinnmaximierung übereinstimmt". Das wirtschaftliche Interesse könne aber auch umgekehrt auf eine Beschränkung der Freiheit des Wettbewerbs gerichtet sein.
65 *U. Dolata,* (Anm. 54), S. 184 legte dar, daß zu Beginn der 90er Jahre die kommunikationstechnischen Sparten der deutschen Konzerne zwischen 15 und 20 Prozent ihres Umsatzes für Forschung und Entwicklung verwendeten, und daß der Anteil des F&E-Personals in diesem Bereich zwischen 1979 und 1987 von knapp 11 auf 14,5 Prozent gestiegen ist.
66 Einzelheiten zum Preisverfall bei *W. Pierce/N. Jéquier:* Telecommunications for Development, Synthesis Report of the ITU-OECD Project on the Contribution of Telecommunications to Economic and Social Development (Manuskript ohne Datum), S. 3.
67 Stiftung Entwicklung und Frieden, (Anm. 14), S. 361; zu den Interessen der transnationalen Unternehmen siehe auch *C. Dörrenbächer/O. Fischer:* Telecommunications in the Uruguay Round, in: Intereconomics 25 (1990), S. 185.

(2) Auf der Nachfrageseite finden sich vor allem Anwender und Nutzer von Telekomdiensten, die für den Erhalt derselben Entgelt zu entrichten haben[68]. Dazu zählen neben gewerblichen auch nicht-gewerbliche Anwender, etwa private Haushalte. Die Interessen dieser Gruppen sind *Bothe* zufolge zunächst einmal Freiheitsinteressen im "klassischen, menschenrechtlichen Sinn", wie etwa die Informationsfreiheit oder auch die Presse- und Rundfunkfreiheit[69].

Spezielle Interessen können darüber hinaus auf den Zugang zu Telekommunikationsgerät und -diensten[70] bzw. hinreichend große technische Optionen gerichtet sein: Als Benutzer haben insbesondere Unternehmen ein Interesse am Erhalt von maßgeschneiderten Spezialdienstleistungen, die auf ihre konkreten Telekommunikationsbedürfnisse abgestimmt sind. Wenn ihre Forderung nach sog. "specialized" bzw. "customized services" nicht erfüllt werden, errichten sie in der Regel eigene Netze, sog. Corporate Networks[71]. Der Zwang, staatlicherseits ihren Forderungen zu begegnen, kann groß sein[72], da sie als Benutzer ein prozentual hohes Telekommunikationsvolumen aufweisen[73] und deshalb eine gewisse "bargaining power" gegenüber den nationalen (staatlichen) Telekommunikationsbetreibern besitzen. Häufig gelingt es Großunternehmen überdies, etwa durch Zusammenschluß in Dachverbände[74], gestalterischen Einfluß auf die Kommunikationsstruktur eines Landes zu nehmen.

---

68 "Nutzer" ist dabei untechnisch zu verstehen als jeder, der von Informationen Gebrauch macht; in diesem Sinne auch *J. Scherer*, (Anm. 26), S. 682.
69 *M. Bothe*, (Anm. 41), S. 223.
70 Der Zugang zu Telekommunikationsgerät und -diensten ist für viele Unternehmen ein wichtiger strategischer Aspekt im Bereich des internationalen Handels geworden; näher *G. Feketekuty*: Convergence of Telecommunications and Trade, Implications for the GATT and the ITU, March 8, 1988, S. 3.
71 Unternehmen können entscheiden, das öffentliche Netz zu verlassen und eigene Corporate Networks aufzubauen, wenn ihnen das wirtschaftlich sinnvoll dünkt. Bis 1994 hat die Mehrheit unter den 30 größten deutschen Unternehmen mit dem Aufbau eigener Netze für die interne Sprachkommunikation begonnen, darunter Daimler-Benz, VW/Audi, IBM und Continental, und dies, obwohl bis zum Fall des Monopols der Telekom (1. Januar 1997) noch hohe Gebühren für die Anmietung dauerhafter Standleitungen zwischen den Konzerngesellschaften und den Niederlassungen zu entrichten waren. Mit diesen Corporate Networks hoffte die deutsche Großindustrie erhebliche Kosten einzusparen, vgl. Wirtschaftswoche Nr. 12, 18.3.1994, S. 112; andere Großunternehmen setzten auf private Dienstleister, die mit computerunterstützten Gesprächsumleitungen über Billigländer arbeiten, so u.a. MAN Roland, Degussa, Polaroid und Steigenberger.
72 Zur Drohung von Unternehmen (to) "consider alternatives": *W. K. Chan*: Secretary General Hong Kong Coalition of Service Industries, Trade in Computer Services and the Role of Telecommunications: The Hong-Kong Case. A Report prepared for UNCTAD/UNDP Project RAS/92/034 "Institutional Capacity for Multilateral Trade", UNCTAD/MTN/RAS/CB.19, 4. November 1994, S. 35; vgl. auch *J. Hills*: The Telecommunications Rich and Poor, in: Third World Quarterly 12 (1990), S. 73; anderer Ansicht allerdings *A. Gottschalk*, (Anm. 54), S. 155, der darlegt, daß die Rolle der Anwender bei der Frage nach der Genese neuer Netz- und Dienstangebote entgegen der sonst verbreiteten Ansicht "erheblich zu relativieren ist"; zu den Industrieunternehmen als Nachfragern *P. J. J. Welfens/C. Graack*, (Anm. 16), S. 28.
73 Cowhey schätzte, "typically, less than 5 percent of all users constitute over half of the long distance traffic and about one-fifth of local traffic": *P. F. Cowhey*: The International Telecommunications Regime: The Political Roots of Regimes for High Technology, in: IO 44 (1990), S. 187.
74 Vgl. nur die im Verband der Telekommunikationsnetz- und Mehrwertanbieter (VTM) zusammengeschlossenen privaten Telekom-Konkurrenten in der Bundesrepublik Deutschland, eine Allianz, deren Ziel es primär war, den Fall des Telekom-Netzmonopols zu beschleunigen; vgl. auch den Verband der Anbieter von Mobilfunkdiensten (VAM).

Auch die Qualitätssicherung der Dienste ist ein Anliegen, insbesondere der Endkunden; sie sind in der Regel vor allem an einem kompletten, problemlosen Angebot ("full service") und an schneller Kommunikation interessiert. Eine niedrige Fehlerquote bzw. eine weitgehend fehlerfreie Übertragung sowie die Erfüllung von Sicherheitsstandards sind weitere Anliegen in diesem Kontext. Dabei erweist sich die Übertragungsqualität aufgrund der Überlastung von Telefonnetzen vor allem in Entwicklungsländern als ein Problem[75].

Das Interesse der Nutzer geht schließlich auch dahin, niedrige Tarife für Telekomdienste – ebenso wie für privat geleaste Leitungen –, entrichten zu müssen. Anliegen der Großanwender in Deutschland war es beispielsweise über Jahre hinweg, eine "allfällige"[76] Gebührensenkung zu erreichen.

Zusammenfassend läßt sich feststellen, daß die Großanwender, aber auch die gesellschaftlichen Nutzer, vor allem deswegen auf eine Liberalisierung der Telekommunikation drängen, weil sie hoffen, auf diese Weise bessere Möglichkeiten für anwendungsspezifische Lösungen zu erhalten.

(3) Daneben gibt es Interessen Dritter, die im Regulierungsprozeß ebenfalls zu berücksichtigen sind. Ihre Position kann dadurch charakterisiert werden, daß sie selbst im Prinzip nicht für das Funktionieren und die Fortentwicklung des Telekommunikationssystems relevant sind, dieses System jedoch – aufgrund ihrer sozialen Rolle – für sie relevant ist; im letztgenannten Sinne sind sie "Betroffene":

"Betroffenheit mag dabei sowohl positiv als auch negativ gefaßt sein: Akteure können durch das entstehende System ihre bisherigen Interessen bedroht sehen, andererseits können Akteure das System als Instrument und Möglichkeit sehen, ihre finanziellen Ziele oder ihre Machtinteressen in anderen Bereichen zu fördern"[77].

Zu nennen sind in diesem Kontext Belange des Menschenrechtsschutzes, etwa der Schutz der Intimsphäre, Zugang zu Information, Recht auf Bildung, Menschenwürde, aber auch Verbraucherschutz im weiteren Sinn und Datenschutz[78].

Betrachtet man im Ergebnis die verschiedenen Akteurs- und Interessenebenen, so fällt auf, daß zum Teil eine Kongruenz der Rollen besteht. Ein einziger Akteur kann mehrere Funktionen übernehmen, was in der Folge nicht selten zur Verfolgung parallel gerichteter Interessen durch unterschiedliche Akteure führt. So kann ein Hersteller beispielsweise gleichzeitig Anwender und Anbieter sein[79]. Die Abgrenzung Nutzer/Anbieter kann sich im Einzelfall als schwierig erweisen; zum Beispiel kann eine Verlagsanstalt Datenbankdienste vertreiben, zugleich aber als Nutzer auftreten, indem sie das Informationsangebot anderer Datenbanken benutzt[80]. Erwähnenswert ist in

---

75 Näher das 2. Kap. 2 b).
76 *A. Gottschalk*, (Anm. 54), S. 161.
77 *V. Schneider*: Technikentwicklung zwischen Politik und Markt: Der Fall Bildschirmtext (1989), S. 65.
78 Zur menschenrechtlichen Dimension näher 2. Kap. 1 f); 2. Kap. 3 e).
79 Auch ein Regulator kann gleichzeitig Anwender sein; so war der Systembetreiber Deutsche Bundespost zugleich Anwender und darüber hinaus auch regulierende Kraft, etwa hinsichtlich des BTX-Systems.
80 *M. Bothe*, (Anm. 41), S. 223 nennt darüber hinaus z.B. Forscher, die an Informationen aus ausländischen Datenbanken interessiert sind, oder Interessen von Wirtschaftsunternehmen an Wirtschaftsdaten, Kundendaten, Nachrichten über Transaktionen, sowie das Interesse, Dienste der Datenverarbeitung aus dem Ausland zu erhalten - "und zwar möglichst ungehindert und zu möglichst günstigen Bedingungen."

diesem Kontext des weiteren, daß zu den Benutzern seit einiger Zeit auch Regierungen gehören, sie zählen nicht selten zur größten nationalen Benutzergruppe überhaupt[81].

Daraus ergibt sich zum zweiten ein steter Differenzierungsprozeß unter den Kunden; sie sind dabei, sich aufzuteilen in diejenigen, die die Rolle der "Auftraggeber" übernehmen, und diejenigen, die die eigentlichen "Endnutzer" sind[82].

Ferner ist der Trend erkennbar, daß Computerhersteller und Endnutzer teilweise die Aufgaben von klassischen Netzsystemherstellern und Netzbetreibern übernehmen[83]. Damit treten verschiedene systemrelevante Akteure, die in einem speziellen wirtschaftlichen, politischen und kulturellen Umfeld eingebettet sind, bei der Verfolgung ihrer Interessen in Interaktion. Die daraus resultierenden gegenseitigen Erwartungen und Interessen sind auch unter Steuerungsaspekten[84] in Übereinstimmung zu bringen.

Zwischenergebnis: Das ausgeprägteste Liberalisierungsinteresse dürften im allgemeinen die an preiswerten und qualitativ hochwertigen, global verfügbaren Telekomdiensten interessierten Benutzer haben. Das Interesse der Hersteller ist variabel und hängt u.a. davon ab, ob bei den Endprodukten oder bei den Vorleistungen Importbarrieren abgebaut werden sollen[85]. Das Liberalisierungsinteresse der Politiker und Regulatoren schließlich, richtet sich auf ökonomische Resultate, denn nur diese verschaffen ihnen den notwendigen Rückhalt in der Bevölkerung und vor allem bei den Wählern.

c) Skizzierung der internationalen Rechtsentwicklung

Die internationale Rechtsentwicklung im Bereich der Telekomdienste vermochte mit den technischen Neuerungen, wenn überhaupt, nur zögerlich Schritt zu halten – ein Problem, das sich bis ins letzte Jahrhundert zurückverfolgen läßt. Experten sind sich einig "that the law has significantly lagged behind the technology in the case of services provided"[86].

So lange die durch Monopolstellungen der Post- und Fernmeldeunternehmen geprägten Strukturen der nationalen Telekommunikationsmärkte Bestand hatten[87], tauchten die für das internationale Wirtschaftsrecht typischen Konflikte, wie etwa die extraterritoriale Anwendung nationalen Wettbewerbsrechts oder die Geltung zwingender Normen im Bereich der Telekommunikation, so gut wie nicht auf[88]. Dies änderte sich jedoch durch

---

81 *J. Schmandt/F. Williams/R. H. Wilson (Hrsg.):* Telecommunications Policy and Economic Development, The New State Role (1989), S. 2; *D. Schiller:* Telematics and Government (1982), S. 203 ff.

82 *E. Raubold:* Wem gehört die Netzintelligenz? in: Jahrbuch Telekommunikation und Gesellschaft 4 (1996), S. 15.

83 *E. Raubold,* (Anm. 82), S. 15 zufolge ist es jedoch fraglich, ob diese Hersteller und "Betreiber" von Netzintelligenz in Zukunft noch mit den klassischen Netzsystemherstellern und den Netzbetreibern identisch sein werden; es sei vorstellbar, daß Computerhersteller und Endnutzer deren Aufgaben zumindest teilweise übernehmen werden.

84 Zu den Steuerungsaspekten näher 1. Kap. 2; 2. Kap. 3.

85 Zum Ganzen *L. Hoffmann:* Institutionelle Möglichkeiten einer multilateralen Handelsliberalisierung, in: *H. Sautter (Hrsg.):* Konsequenzen neuer handelspolitischer Entwicklungen für die Entwicklungsländer (1990), S. 43.

86 ITU, CCITT: The International Telegraph and Telephone Consultative Committee, GAS 11, Handbook, Strategy for the Introduction of a Public Data Network in Developing Countries (1987), S. 146.

87 Zum Wandel des Regulierungsumfeldes 2. Kap. 1 a).

88 *R. Ellger/T.-S. Kluth,* (Anm. 32), S. 382; nach *E.-J. Mestmäcker:* Staatliche Souveränität und offene Märkte, in: RabelsZ 52 (1988), S. 206 deutet die extraterritoriale Anwendung nationalen Wirt-

die deregulierungsbedingte Einführung von verstärktem Wettbewerb. Durch die damit verbundene Zurückdrängung der Fernmeldemonopole wurde die grenzüberschreitende Telekommunikation zunehmend Gegenstand des internationalen Wirtschaftsrechts[89]. Spätestens Anfang der 80er Jahre zeichnete sich ab, daß die raschen technologischen Neuerungen den ohnehin nur lückenhaft bestehenden Rechtsrahmen[90] obsolet werden zu lassen drohten; vor einem rechtlichen Vakuum wurde gewarnt:

"Rapid technological development has not only outstripped the existing legal framework. (...) The results are a vast wasteland of misconception and misunderstanding and a growing legal vacuum"[91].

Bis in die 90er Jahre hinein existierte keine internationale Regelung, die kaufmännische und regulatorische Fragen in einer Weise geregelt hätte, die mit einer liberalen Welthandelsordnung übereinstimmte. GATT deckte diese Aspekte nur teilweise ab[92], und die erst mit zeitlicher Verzögerung auf die neueren Entwicklungen im Dienstesektor reagierende ITU[93] vermochte nicht, die Federführung zu übernehmen. Weltweit wurden zwar zahlreiche Datenschutzgesetze, Telekommunikationstarife und -standards ausgearbeitet, jedoch ohne daß es auf internationaler Ebene eine hinreichende auf Abstimmung zielende Koordination gegeben hätte. Dies, so wurde bemängelt, verursache Verwirrung: "the lack of coordination begs confusion and even chaos"[94]. Der Übergang in die post-industrielle Gesellschaft werde behindert, da es einen "array of national and regional/limited international (but no universal) legislations, regulations, rules" gebe[95].

Internationale, mit öffentlichen Netzwerken in Zusammenhang stehende Rechtsprobleme – speziell der für Entwicklungsländer bedeutsame Zugang zu neuen Technologien – seien bisher weitgehend vernachlässigt worden, hieß es auch in einer ITU-Studie aus dem Jahre 1987[96]. Insbesondere die Rechtslage bei den "international connections", einem Hauptthema der GATT-Verhandlungen[97], sei ziemlich "verwirrend", was die ITU-Experten u.a. damit in Verbindung brachten, daß die Netzbetreiber – als Folge überkommener Monopolstrukturen – keine (rechtliche) Verantwortung trügen[98].

Die Gründe, warum es lange Zeit (im Prinzip bis zur Unterzeichnung des GATS im Jahre 1994) nicht zur Ausarbeitung eines universell gültigen Rechtsrahmens kam, sind vielfältiger Natur. Zum Teil mögen gewisse "Berührungsängste" der Branche verant-

---

schaftsrechts auf das "zunehmende Gewicht einzelstaatlicher, international nicht koordinierter Maßnahmen der Wirtschaftspolitik für das Weltwirtschaftssystem" hin; als Beispiel für einen Bereich, in dem nationale Politiken als "weltwirtschaftliche Sekundärkonflikte" in Erscheinung treten, wenn sie einander international widersprechen, nennt er u.a. die Telekommunikation.
89 Explizit *R. Ellger/T.-S. Kluth*, (Anm. 32), S. 382 f.
90 Näher zur Lückenhaftigkeit multilateraler Normierungen der Handels- und Dienstleistungsfreiheit s.u. 2. Kap. 1 e).
91 *J. M. Eger*: The Global Phenomenon of Teleinformatics: An Introduction, in: Cornell International Law Journal 14 (1981), S. 204.
92 Näher zu den Jurisdiktionsproblemen des GATT 3. Kap. 1 b).
93 Zu den Herausforderungen, denen sich die ITU gegenübersieht siehe im 2. Kap. 1 e); 3. Kap. 1 a); 6. Kap. 4 b).
94 *J. M. Eger*, (Anm. 91), S. 204.
95 *K. O. H. A. Hammarskjöld*: Director General, International Institute: Information & Communication, Towards One World, A Paper Presented to the TDR Conference on the International Information Economy, Williamsburg, VA, U.S.A., October 30-November 1, 1985, S. 12.
96 *ITU, CCITT*, (Anm. 86), S. 140.
97 Zu diesem Aspekt in der Anlage zur Telekommunikation siehe 5. Kap. 2.
98 *ITU, CCITT*, (Anm. 86), S. 144.

wortlich sein, da der Computer- und informationsverarbeitende Bereich[99] bislang weitgehend "regelungsfrei" gewesen war und man vor einer Zuständigkeit der Internationalen Fernmeldeunion zurückschreckte, die als von Staatsmonopolen dominiert angesehen wurde. Vor allem industrielle Kreise sahen in universell gültigen Rechtsregeln wettbewerbshindernde Maßnahmen. Derartige Befürchtungen wurden durch die generelle Schwierigkeit, eine "borderline between the telecommunications and data processing sectors" zu definieren[100], gefördert.

Gegen Verrechtlichungstendenzen auf dem Sektor der internationalen Telekommunikationsdienste wurde außerdem vorgebracht, derartige Regelungen seien verfrüht. Da der technologische Fortschritt schnell voranschreite und die Probleme, die sich den internationalen Akteuren stellten, bislang noch wenig klar umrissen seien, sei es sinnvoll, die Entwicklung neuer internationaler Regeln vorerst aufzuschieben[101]. Regulative Bestimmungen könnten zu neuen Rechtsproblemen führen und sich somit als hinderlich bei der Einführung neuer Dienste erweisen, hieß es in westlichen Kreisen. Vertreter der Dritten Welt betonten den Grundsatz der Informationsfreiheit und standen aus diesem Grund der Anwendung internationalen Rechts kritisch gegenüber[102].

Skepsis wurde schließlich unter dem Aspekt der Anpassung an eine veränderte Rechtsumgebung artikuliert; für Länder, die sich an internationale Regeln halten, würden Kosten entstehen – eine Argumentation, die übrigens der ehemalige Direktor der Forschungsabteilung des GATT-Sekretariats, *Tumlir*, dezidiert zurückwies. Internationale Regeln könnten "nicht als teuer bezeichnet werden, nur weil sie die Länder zwingen, die, auch vom nationalen Standpunkt aus, besten politischen Maßnahmen anzuwenden". Im Gegenteil, Regeln erhöhten im allgemeinen die Wohlfahrt, da sie Unsicherheiten beseitigen:

"Internationale Regeln, die bestimmte Politiken verbieten und andere für besondere Situationen vorschreiben, sind eine Vorbedingung für eine wirksame politische Planung eines jeden teilnehmenden Landes (...)"[103].

Die Sorgen vor einer vorzeitigen Regelung seien legitim, doch dürfe dies nicht zu Lethargie führen, vielmehr gelte es, das zu erreichen, was machbar sei[104]. Die Erfahrung in den Entwicklungsländern zeige außerdem, daß rechtliche Probleme nicht unbedingt die Entwicklung neuer Telekomnetze und -dienste behinderten[105].

Letzten Endes setzte sich die Einsicht durch, daß man entsprechende multilaterale Rahmenregelungen und Voraussetzungen werde schaffen müssen um, wie von den führenden Wirtschaftsmächten angestrebt, eine weltweite Harmonisierung des Handels mit gleichzeitiger Öffnung der Märkte herbeizuführen. Die dazu erforderliche internationale Harmonisierung im Bereich der Telekommunikation und des Handels mit Telekomdien-

---

99   Zur Konvergenz von Telekommunikation und Datenverarbeitung s.o. 1. Kap. 1 a).
100 *A. Lapointe*, (Anm. 42), S. 14.
101 *G. Feketekuty/J. D. Aronson*, (Anm. 43), S. 79, mit der Warnung, bei einer verfrühten Regelung sei nicht mehr als eine Einigung auf den kleinsten gemeinsamen Nenner zu erwarten.
102 *A. Kerdoun*: Le droit international et la réalisation des droits de l'homme dans le domaine de l'information et de la communication, in: Revue Algérienne des Relations Internationales 15 (1989), S. 66.
103 *J. Tumlir*: Weltwirtschaftsordnung: Regeln, Kooperation und Souveränität, Kieler Vorträge, gehalten im Institut für Weltwirtschaft an der Universität Kiel (1979), S. 7 f.
104 *G. Feketekuty/J. D. Aronson*, (Anm. 43), S. 79.
105 *ITU, CCITT*, (Anm. 86), S. 146.

sten[106] könne weder national noch durch bilaterale Vereinbarungen[107] im gewünschten Maße erreicht werden[108].

Die Hinwendung führender Wirtschaftsnationen zu internationalen Rechtsfragen der Telekommunikation steht damit im Ergebnis zum einen in Verbindung mit
- dem wachsenden Bedürfnis nach Rechtssicherheit, zum anderen mit
- dem Wunsch, neue Absatzmärkte zu erschließen[109] und eine Marktöffnung zu erreichen.

Man erkannte, daß die Aufrechterhaltung eines Mindestmaßes an internationalem Freihandel sich bei den ökonomisch immer wichtiger werdenden Dienstleistungen noch schwieriger gestaltete als im Warenverkehr. Ein Grund dafür mag die besondere Form der Handelshindernisse sein, die sich im Segment des Dienstleistungshandels finden: es sind dies überwiegend nicht-tarifäre Handelshemmnisse[110], vor allem regulatorische Bestimmungen (z.B. Lizenz- und Genehmigungserfordernisse), die den internationalen Handel mit Telekommunikationsdiensten erschweren. Sie erfordern eine rechtliche Handhabe.

d) Telekommunikation als Gegenstand der Entwicklungsländerforschung

In einer sich funktional immer stärker ausdifferenzierenden Dritten Welt[111] wird es zunehmend schwieriger, einen umfassenden Theorieanspruch aufrechtzuerhalten, der in der Lage ist, die Rahmenbedingungen für Entwicklung hinreichend zu erklären. Dieses entwicklungstheoretische Grundproblem[112] verschärft sich durch die Komplexität, die der sich wandelnden Telekommunikationsumgebung zu eigen ist.

---

106 J. Bhagwati: Services, in: J. M. Finger/A. Olechowski (Hrsg.): The Uruguay Round. A Handbook on the Multilateral Trade Negotiations. A World Bank Publication (1987), S. 208 zieht den Begriff "service transactions" dem Begriff Dienstehandel ("service trade") vor.
107 Näher zu den bilateralen Übereinkünften im 2. Kap. 1 f).
108 So ausdrücklich das von *C. Schwarz-Schilling* herausgegebene "Jahrbuch der Deutschen Bundespost" 37 (1986), S. 89.
109 Zu den Interessen der Unternehmen siehe bereits das 1. Kap. 1 b).
110 Zur Proliferation nicht-tarifärer Handelshemmnisse: *A. B. Zampetti/P. Sauvé*: Die Neuen Dimensionen des Marktzugangs: Ein Überblick, in: OECD Dokumente, Neue Dimensionen des Marktzugangs im Zeichen der wirtschaftlichen Globalisierung (1996), S. 18; zur Regulierung als Hindernis für den grenzüberschreitenden Dienstleistungshandel: *R. Ellger/T.-S. Kluth*, (Anm. 32), S. 209; *T. H. E. Stahl*: Liberalizing International Trade in Services. The Case for Sidestepping the GATT, in: Yale Journal of International Law 19 (1994), S. 405-453; eine Auflistung der nicht-tarifären Handelshemmnisse findet sich auch bei *R. Senti*: GATT-WTO. Die neue Welthandelsordnung nach der Uruguay-Runde (1994), S. 59 f.
111 Näher zum Begriff "Dritte Welt" in telekommunikativer Hinsicht siehe das 2. Kap. 2 a).
112 Zur Krise der Entwicklungstheorie *F. J. Schuurman*: Introduction: Development Theory in the 1990s, in: *F. J. Schuurman (Hrsg.)*: New Directions in Development Theory (1993), S. 1 ff; *G. Hauck*: Modernisierung, Dependencia, Marxismus - was bleibt?, in: Peripherie. Zeitschrift für Politik und Ökonomie in der Dritten Welt 39/40 (1990), S. 68-81; *W. Hein*: Der Umbruch der 80er Jahre - entwicklungstheoretische Herausforderungen, in: Peripherie. Zeitschrift für Politik und

Obgleich es eine umfassende gesellschaftliche Debatte über Chancen und Gefahren der "Informationsgesellschaft" gibt – die Printmedien legen nahezu täglich davon Zeugnis ab –, hinkt die Entwicklungsländerforschung bei der Untersuchung, welche Auswirkungen die strukturellen Veränderungen der Telekommunikationsökonomie auf die Dritte Welt haben und haben werden, zurück. Es sei "erstaunlich", daß die entwicklungspolitische Diskussion bis Mitte der 90er Jahre das Thema noch kaum für sich entdeckt hatte[113] und daß zumindest die deutsche Fachliteratur, von Einzelbeiträgen abgesehen[114], diesem Thema mit Zurückhaltung begegnet[115]. Wie *Neyer* anmerkt, hat es in den großen deutschen entwicklungspolitischen Zeitschriften in den letzten Jahren "nicht einen einzigen Artikel gegeben, der die Auswirkungen von globalen Telekommunikationsprozessen auf die internationale Arbeitsteilung thematisiert hätte"[116] – und das obwohl Telekommunikation ein Politikfeld ist, "dessen Relevanz zweifellos noch weiter zunehmen wird", wie *Grande* hervorhebt[117].

Auf internationaler Ebene setzten zum Thema "Telekomdienste und Entwicklung" verstärkt Forschungsaktivitäten ein, nachdem zu Beginn der 80er Jahre Dienstleistungen auf Anregung der USA hin auf die Tagesordnung des GATT gelangt waren[118]. Binnen kurzem existierte eine Plethora von Arbeiten, die – im weitesten Sinn – die Wirkungen der Telekommunikation im Entwicklungskontext untersuchten. Diese waren jedoch, entweder wegen ihrer allgemeinen Fragestellung[119] oder der Konzentration auf Einzel-

---

Ökonomie in der Dritten Welt 39/40 (1990), S. 176-195; *U. Menzel*: Das Ende der Dritten Welt und das Scheitern der großen Theorie (1992), S. 10 ff.; *A. Boeckh*: Entwicklungstheorien: Eine Rückschau, in: *D. Nohlen/D. Nuscheler (Hrsg.)*: Handbuch der Dritten Welt, Bd. 1: Grundprobleme, Theorien, Strategien (1993), S. 110-130.

113 *J. Neyer*: Chancen und Gefahren der neuen Kommunikationstechnologien, in: epd-Entwicklungspolitik 14/96, S. 26; *J. Neyer*: Die Dritte Welt am Netz, Chancen und Gefahren der neuen Kommunikationstechnologien, in: IP 6/1996, S. 29.

114 Zu nennen wären hier beispielsweise einige Beiträge zu Anfang der 80er Jahre: *J. Meyer-Stamer*: Die Differenzierung der Abhängigkeit: Mikroelektronik und Dritte Welt, in: APuZ, B35/86, 30. August 1986, S. 15-27; *P. Kevenhörster*: Gefährdet die Mikroelektronik die Entwicklungschancen der Dritten Welt?, in: E+Z 8/9 (1984), S. 7 ff.; *C. J. Hamelink*: Informationstechnologie im Nord-Süd-Konflikt, in: *J. Becker; R. Steinweg* (Red.): Massenmedien im Nord-Süd-Konflikt (1984); *G. Junne*: Neue Technologien bedrohen die Exporte der Entwicklungsländer, in: Prokla 60 (1985), S. 3 ff.

115 In neuerer Zeit ist dies allerdings im Begriff, sich zu verändern, vgl. nur *F. Nuscheler*: Globale Telekommunikation: Faszination und Schrecken, in: epd-Entwicklungspolitik 14/96, S. 22-25; *H. F. Spinner*: Wissensregime der Informationsgesellschaft, in: Jahrbuch Telekommunikation und Gesellschaft 5 (1997), S. 66 fordert, es müsse ein Forschungsverband gebildet werden, der sich mit den vernachlässigten konzeptuellen Grundlagen und ordnungspolitischen Rahmenbedingungen der Informationsgesellschaft zu befassen hätte.

116 *J. Neyer*: Entwicklung auf der Infobahn?, in: E+Z 36 (1995), S. 108 nennt dabei "Finanzierung und Entwicklung", "epd-Entwicklungspolitik", "IZW3" und "Peripherie".

117 *E. Grande* in einer Besprechung des Jahrbuchs Telekommunikation und Gesellschaft, in: PVS 37 (1996), S. 156.

118 Zur US-Initiative näher das 3. Kap. 1.

119 Vgl. nur *J. Bortnick*: Information Technology and the Developing World: Opportunities and Obstacles, in: The Information Society Journal 2 (1983), S. 157-170; *R. Narasimhan*: The Socioeconomic Significance of Information Technology to Developing Countries, in: The Information Society Journal 2 (1983), S. 65-79; *K. W. Leeson*: Information Policy: National Strategies, International Effects, in: Telematics and Informatics 1 (1984), S. 395 ff.; *G. P. Sweeney*: Telematics and Development, in: The Information Society Journal 1 (1981), S. 113-132; *G. P. Sweeney*: Information Technology and Development, in: The Information Society Journal 2 (1983), S. 1-3; Studie *OECD/ITU, W. Pierce/N. Jéquier*, (Anm. 66).

aspekte (z.B. Telekommunikation und Fischfang)[120], vor allem aber wegen der Fokussierung auf die Telefonie in der Dritten Welt[121], nur von bedingter Aussagekraft. Bald stand jedoch fest, daß ein prinzipielles Interesse an der Liberalisierung des Dienstleistungshandels, Telekomdienste eingeschlossen, vorhanden war.

Wegweisend im Bereich der Entwicklungsländerforschung waren zweifelsohne einige Untersuchungen der ITU zum Thema Telekommunikation/Entwicklung. So hat eine Studie von *Heather* und *Jequier* aus dem Jahre 1983[122] dargelegt, daß die Investitionen auf dem Gebiet der Telekommunikation sich bedeutsam auf das wirtschaftliche Wachstum und den sozialen Fortschritt auswirken, und zwar in den Ländern des Südens ebenso wie in den Ländern des Nordens. Auf der Basis von 25 untersuchten Fällen wurde gezeigt, daß sich das Prokopfeinkommen um drei Prozent erhöhte, wenn die Anzahl der Telefonzellen um eine pro Hundert Einwohner gesteigert wurde und zwar in einem Zeitraum von fünf Jahren[123]. Außerdem wurde hervorgehoben, daß die makro-ökonomischen Auswirkungen der Investitionen in den ländlichen Gebieten groß, ja "maximal" seien.

Der wohlfahrtschaffende Charakter der Telekommunikationsdienste wurde seit dem Missing Link Report unter der Federführung *Sir Donald Maitlands* 1985, der den Nutzen eines funktionierenden Telekommunikationssystems anschaulich beschrieb[124], nicht mehr ernsthaft in Frage gestellt. Seit in der Folge des Maitland-Berichts nicht nur die ITU, sondern auch die UNCTAD[125], die Entwicklungsländer drängten, Telekommunikation größere Bedeutung einzuräumen und den Zugang zu Informationsnetzen zu ver-

---

120 Vgl. nur *F. Dubret*: Telecommunications and their Impact on the Fishing Industry, ITU, Geneva 1980.
121 *A. Hardy*: The Role of the Telephone in Economic Development, Institute for Communication Research Stanford (1981); *A. Hardy/H. Hudson*: The Role of Telephone in Economic Development: An Empirical Analysis (1981); *H. Hudson/A. Hardy/E. Parker*: Projections of the Impact of Installation of Telephones and Thin-Route Satellite Earth Stations on Rural Development (1981); *A. A Kamal*: A Cost-Benefit Analysis of Rural Telephone Service in Egypt (1981); *S. N. Kaul*: India's Rural Telephone Network, Ministry of Communications New Delhi (1981); *D. G. Clarke/ W. Laufenberg*: The Role of Telecommunications in Economic Development, with Special Reference to Rural Subsaharan Africa, ITU (1981); *B. Lesser/L. Osberg*: The SocioEconomic Development Benefits of Telecommunications (1981); *R. L. Nicelson/G. F. Tustison*: An Earth Station Design for Rural Telecommunications, ITU (1981); *H. Ohlman*: Certain Aspects of Telecommunication-Transport Tradeoffs, ITU (1981); *M. Tyler, et al.*: The Impact of Telecommunications on the Performance of a Sample of Business Enterprises in Kenya, Communications Studies and Planning International (1982); *R. J. Saunders/J. J. B. Warford/B. Wellenius*: Telecommunications and Economic Development (1983).
122 *N. Jequier/H. Hudson*: Les télécommunications au service du développement, principaux résultats; présentation détaillée du Rapport UIT/OCDE (Genève, ITU 1983), document AMC/TEL-DEV/15-F.
123 Ebd. S. 3.
124 *The Missing Link Report*, Report of the Independent Commission for Worldwide Telecommunications Development Geneva, ITU, December 1984; die Resultate dieses Berichts sah Maitland selbst durch die Erfahrungen in den darauffolgenden Jahren weitgehend bestätigt, vgl. *Sir Donald Maitland*: Asia-Pacific Telecommunity, Telecommunications Sector Reform, Summary Report, APT-World Bank Seminar on Telecommunications Sector Reform in the Asia-Pacific Region, 4-6 August 1994, Bangkok (1994), S. 3.
125 Das UNCTAD Cartagena Commitment rief die Regierungen auf, den Telekommunikationssektor zu stärken und den Zugang zu Informationsnetzen zu verbessern, vgl. *A New Partnership for Development: the Cartagena Commitment*, UNCTAD Doc. TD (VIII)/Misc.4 0127E GE.92-50489, February 27, 1992; zur beratenden Funktion der UNCTAD siehe näher 3. Kap. 3 d).

bessern, betrachten mehr und mehr Drittweltstaaten diesen Sektor als entscheidend für ihre Entwicklung.

Eine Linie optimistischer Fortschrittsgläubigkeit setzte sich durch. Das Paradigma – rasche technologische Entwicklung auf dem Telekommunikationssektor gleichbedeutend mit gesellschaftlichem Fortschritt – wurde zur Kernidee einer "postindustriellen" Gesellschaft, die sich als neue Dienstleistungsgesellschaft begriff. Beispielsweise nannten *G. Feketekuty/J. D. Aronson* einige technische Neuerungen wie Fernsehen oder Datenbanken, das Electronic Funds Transfer System (EFTS) oder auch Society for Worldwide Interbank Financial Telecommunications (SWIFT), um sodann, ohne nähere Erläuterung, fortzufahren: "Developments such as these will speed economic growth, create new jobs, spread education, and make more information available to more people"[126]. Optimismus strahlte ebenfalls ein von UNESCO, ITU und UNIDO 1990 gemeinschaftlich verfaßter Bericht aus[127] – um nur einige Beispiele zu nennen. Vor allem die ländlichen Regionen der Entwicklungländer und die mittelständische Industrie würden von den Vorteilen der Telekommunikationsentwicklung profitieren:

> "Telecommunications technologies (..) offer opportunities for meeting many needs in the developing countries, such as improving market mechanisms for small businesses and developing rural areas"[128].

Produktivitätsgewinne wurden in Relation gesetzt zu den Investitionskosten, den Betreiberkosten und dem für den Ausbau eines Telefonnetzes erforderlichen Schuldendienst. Wurden die Ergebnisse positiv bewertet (so wurde etwa im Falle der Philippinen ein Produktivitätsgewinn von 20:1 errechnet)[129], galt dies als exemplarisch für andere Entwicklungsländer. Hervorgehoben wurde, daß der Zustand der Telekommunikationsnetze eines Landes maßgeblich für das wirtschaftliche Wachstum sei[130]. Der konkrete Zusammenhang zwischen Telekommunikation und der Wirtschaftsentwicklung eines (Entwicklungs-)Landes blieb jedoch in den meisten Studien diffus. So hieß es in einem OECD/ITU-Bericht pauschal:

---

126 *G. Feketekuty/J. D. Aronson*: Restrictions on Trade in Communication and Information Services, in: Michigan Yearbook of International Legal Studies, Regulation of Transnational Communications (1984), S. 147.
127 *Economic and Social Council*, Distr. General, UN Doc. E/1990/86, 22 May 1990, International Co-operation in the Field of Informatics, Note by the Secretary-General, Annex "International Co-operation in the Field of Informatics", Report prepared by the United Nations Educational, Scientific and Cultural Organization in Consultation with the International Telecommunication Union and the United Nations Industrial Development Organization", S. 10, Ziff. 43 prognostizierte "economic development and greater well-being in a world in which competition has inescapably to be reckoned with."
128 *Economic and Social Council*, General Discussion of International Economic and Social Policy, Including Regional and Sectoral Developments, "Main Research Findings of the System in Major Global Economic and Social Trends, Policies and Emerging Issues", Distr. general, E/1990/81, 14 June 1990, Punkt IV, Ziff. 108, S. 24.
129 Kritisch *J. Hills*, (Anm. 72), S. 77, in einer Besprechung von C. Jonscher, Telecommunications Investments: Quantifying the Benefits' in INTELSAT, Telecommunications for Development: Exploring New Strategies (1987), S. 46.
130 *ITU*, Asia-Pacific Telecommunications Indicators, Geneva, May 1993, S. IX-XII, zitiert nach *R. G. Pipe*: Services Trade Growth in Asia and the Pacific Through Telecommunications, in: Asia-Pacific Telecommunity, Report of the Seminar on Telecommunications` Support for Trade in Services (APT/SEM/UNCTAD/94), Male, Republic of Maldives, 14-17 May, 1994, Doc. No. TEL-TRADE-23, S. 478; zum Verhältnis Telekommunikation und Entwicklung im 2. Kap. 2 e).

"Good telecommunications are at the same time a cause, a consequence and a manifestation of development: they are one of the many contributing factors to economic growth and industrial expansion, (...) and available data show a close positive correlation between a country's wealth per head and the density of its telecommunications system"[131].

Einige Autoren versuchten, in makro- und mikro-ökonomischen Analysen der Frage nachzugehen, ob Telekommunikation wirtschaftliches Wachstum induziert oder lediglich begleitet; auch hier wurde der Kausalzusammenhang jedoch selten deutlich[132]. Der fehlende Nachweis der konkreten Rolle der Telekommunikation im Entwicklungskontext wurde zwar teilweise eingeräumt, dann jedoch heruntergespielt. So z.B. in folgender US-Publikation:

"The lack of any explicit link between telecommunications and economic policy should not be confused with no link at all, however. On a more subtle level, most states in this study have recognized that their economic welfare is related to an advanced telecommunications infrastructure"[133].

Ein in der Sekundärliteratur mehr oder minder verbreitetes Vorgehen bestand des weiteren darin, sich auf einige zum Teil ältere ITU- und Weltbankstudien zu beziehen und sich diesen inhaltlich anzuschließen. So haben beispielsweise *H. E. Hudson/E. B. Parker* bei der Beantwortung der Frage: "Wie tragen Telekommunikationstechnologien zur ländlichen Entwicklung bei?" auf einige ITU- und Weltbank-Studien verwiesen, bevor sie ihrerseits ohne weitere Begründung schlußfolgerten, "that telecommunications can contribute significantly to socioeconomic development"[134].

Auch die – im allgemeinen als höchste Autorität zitierte – ITU nahm in ihren eigenen Untersuchungen nicht selten auf Publikationen anderer multilateraler Organisationen Bezug[135] und begnügte sich damit, deren Ansicht wiederzugeben. So drohte ein selbstreferentielles System zu entstehen, in dem sich eine Quelle auf eine andere bezog, ohne eigene Nachweise zu erbringen. Der fehlende Beweis eines klaren Zusammenhangs zwischen der wirtschaftlichen Entwicklung eines Landes und seiner Telekommunikationsstruktur war auch den Offiziellen bewußt; der ehemalige ITU-Generalsekretär *Butler* klagte beispielsweise:

"Many research studies have produced evidence that telecommunication assists both national and international trade and generate wealth in their own right. It is generally believed that the telecommunication sector contributes to foreign-exchange earnings

---

131 W. Pierce/N. Jéquier, (Anm. 66), S. 1; zum fehlenden Zusammenhang zwischen Telekommunikation und wirtschaftlicher Entwicklung siehe auch P. L. Mokhtarian: The Information Highway: Just Because We're on it Doesn't Mean We Know Where We're Going, in: World Transport Policy & Practice 2 (1996), S. 24, 26.
132 Kritisch auch C. Jonscher: Telecommunications Investments: Quantifying the Economic Benefits, in: ITU, CCITT, The International Telegraph and Telephone Consultative Committee, Supplement to the Handbook on Rural Telecommunications, Volume IV, Handbook on Economics and Financing of Telecommunication Projects in Developing Countries (1989), S. 43.
133 J. Briesemeister/J. Horrigan: Conclusion: Perspectives on the New State Role, in: J. Schmandt/ F. Willliams/R. H. Wilson (Hrsg.): Telecommunictions Policy and Economic Development, The New State Role (1989), S. 271.
134 H. E. Hudson/E. B. Parker: Information Gaps in Rural America, Telecommunications Policies for Rural Development, in: Telecommunications Policy 14 (1990), S. 197.
135 Vgl. nur ITU, CTD: Restructuring of Telecommunications in Developing Countries, An Empirical Investigation with ITU's Role in Perspective, Geneva, May 1991, S. 14 f.

in other sectors. Surprisingly, however, there has been little research to demonstrate this belief"[136].

Darüber hinaus ist einigen Studien der Vorwurf der Voreingenommenheit nicht zu ersparen. *Hill* kam zu dem Schluß, daß einige wissenschaftliche Untersuchungen hauptsächlich darauf zielten, die Regierungen vom Nutzen der Telekommunikation, speziell des Telefons, zu überzeugen[137]. Zwar liege die Annahme nahe, daß der Ausbau des Telefonsystems in Entwicklungsländern entwicklungsfördernde Wirkung habe, aber der genaue Nachweis sei noch nicht erbracht worden, hieß es schließlich selbstkritisch in einer ITU/OECD Studie Ende der 80er Jahre. Und man gab zu: "Intuition, however, is no substitute for hard data"[138].

Zusammenfassend läßt sich feststellen, daß es längerer Zeit bedurfte, um der Telekommunikation wissenschaftlich, speziell als Gegenstand der Entwicklungsländerforschung, den ihr gebührenden Rang einzuräumen. Als eine Folge dieses Umstandes bereitet es noch heute Schwierigkeiten, den Stand der Telekommunikationsentwicklung in den Entwicklungsländern zutreffend einzuschätzen[139].

Hinzu kommt, daß in den einschlägigen Untersuchungen nicht selten sozio-kulturelle Faktoren vernachlässigt wurden; nur vereinzelt klingt beispielsweise an, daß ein Prozeß sozialen Wandels mit enormen Folgewirkungen für die Bevölkerung stattfindet[140]. Die konkreten sozialen Folgen, insbesondere in unterentwickelten Staaten, wurden, von einigen Ausnahmen abgesehen, nur am Rande behandelt. So hieß es noch 1992 von seiten der ITU, es bestehe ein Forschungsdefizit hinsichtlich "scope and nature of socio-economic aspects"[141].

Insgesamt dominieren empirische Untersuchungsmethoden[142], angereichert mit modernistischen Versatzstücken, die nicht selten die Bevölkerung der Entwicklungsländer weniger als Subjekt denn als Objekt eines (telekommunikativen) Entwicklungsprozesses ansehen. "Alternative", das heißt stärker an dem lokalen Kontext und der Notwen-

---

136 *R. E. Butler*: International Telecommunication Union, Contribution of Telecommunications to the Earnings/Savings of Foreign Exchange in Developing Countries, Geneva, April 1988, Foreword, iii).
137 *J. Hills*, (Anm. 72), S. 77.
138 *W. Pierce/N. Jéquier*, (Anm. 66), S. 3.
139 Ein telekommunikativ relativ weit entwickeltes Land wie Hongkong macht hiervon keine Ausnahme, vgl. *W. K. Chan*, Secretary General Hong Kong Coalition of Service Industries, Trade in Computer Services and the Role of Telecommunications: The Hong Kong Case. A Report prepared for UNCTAD/UNDP Project RAS/92/034 "Institutional Capacity for Multilateral Trade", UNCTAD/MTN/RAS/CB.19, 4 November 1994, S. 27.
140 Die revolutionären Folgen des technologischen Wandels für die sozialen Beziehungen betonen *J. Greenbaum/M. Kyng (Hrsg.):* Design at Work: Cooperative Design of Computers Systems (1991), S. 1 ff.; *V. Mosco/J. Wasko (Hrsg.):* The Political Economy of Information (1988), speziell die Beiträge von *K. Robins/F. Webster*: Cybernetic Capitalism: Information, Technology, Everyday Life, ebd. S. 44-75; *V. Mosco*: The Pay-per Society Computers and Communication in the Information Age (1989), speziell S. 203 ff.; *W. P. Dizard*: The Coming Information Age: An Overview of Technology, Economics, and Politics (1985), S. 148 ff.; *Y. Masuda*: The Information Society as Post-Industrial Society, World Future Society (1981), S. 125 ff.; *J. D. Halloran*: The Social Implications of Technological Innovations in Communication, in: *M. Traber (Hrsg.):* The Myth of the Information Revolution (1986), S. 46 ff.
141 *ITU, CCITT:* GAS 12 Handbook, Strategy for the Introduction of New Non-voice Telecommunication Services in Developing Countries (1992), S. 139; ähnlich *R. Mansell*, (Anm. 16), S. 40.
142 Kritisch insofern *J. Brohman*: Economic and Critical Silences in Development Studies: A Theoretical Critique of Neoliberalism, in: Third World Quarterly 16 (1995), S. 304.

digkeit autochthoner Entwicklung orientierte Entwicklungsmodelle[143], sind kaum zu finden[144]. "Fortschritt" im Sinne einer telekommunikativen Entwicklung wird überwiegend als universeller, von den reichen Staaten des Nordens angeführter, technisch determinierter Prozeß aufgefaßt.

e) Das Phänomen der Globalisierung

Die grenzüberschreitende, weltumspannende Raumwirkung der Telekommunikation fasziniert die Menschheit seit Anbeginn. In der Regel sind die Teilnehmer am internationalen Fernmeldeverkehr in verschiedenen Ländern ansässig, aber auch die Kommunikation mit Teilnehmern in hoheitsfreien Räumen, etwa Funkverkehr mit auf Hoher See befindlichen Schiffen oder mit Astronauten im All, sind ohne Schwierigkeiten möglich.

Bereits Weltraumtechnologie und der Gebrauch von Satelliten haben eine Ära der Telekommunikation mit globaler Dimension eingeläutet[145], die nun durch (1) die Konvergenz von Kommunikationstechnologien und Computertechnologie[146], aber auch (2) neue Informationstechnologien (z.B. On-Line Abfragen, branchenspezifische Datenbanken, Management Informationssysteme, Integrierte Text- und Datenverarbeitung, Clearing Systeme, Materialplanung, elektronische Post, Videokonferenzen, computergestützte Konstruktion (CAD) und Fertigung (CAM), computergestützte Diagnose, Fernerfassung etc.) in technischer Hinsicht weltweit nahezu unbegrenzte Möglichkeiten eröffnet. Telekommunikation nimmt mehr und mehr globale Dimensionen ein, etwa in Gestalt der länderübergreifend operierenden, nicht geo-stationären Satellitensysteme (LEOs)[147], die – auch zum Nutzen der Entwicklungsländer[148] – in naher Zukunft Wirklichkeit werden sollen.

---

143 Zum Problem nachholender Entwicklung siehe 6. Kap. 3 h) und i).
144 In diese Richtung aber: *B. Ingham*: The Meaning of Development: Interactions Between "New" and "Old" Ideas, in: World Development 21 (1993), S. 1803 ff.; *H. J. Wiarda*: Toward a Non-ethnocentric Theory of Development: Alternative Conceptions From the Third World, in: Journal of Developing Areas 17 (1983), S. 433 ff. mit der Forderung, alle westlichen Vorstellungen von Entwicklung zu überprüfen, ebd. S. 447; *R. Stavenhagen*: Ethnodevelopment: A Neglected Dimension in Development Thinking, in: *R. Apthorpe/A. Krähl (Hrsg.)*: Development Studies: Critique and Renewal (1986), S. 71 ff.
145 Explizit *P. Malanczuk*, (Anm. 31), S. 368.
146 Zur Telematikentwicklung siehe bereits das 1. Kap. 1 a).
147 Einer Studie von Euroconsult zufolge soll der Markt für Satellitenstationen bis 2006 auf 46 Mrd. US-Dollar wachsen, vgl. *Satellite Communication Ground Stations Market Survey, Worldwide Prospects* 1997-2006; eine weltraumgestützte globale Kommunikation soll bis zur Jahrtausendwende auf niedrigen Erdumlaufbahnen plaziert, satellitenbasierte Kommunikationsnetze mehrerer Unternehmen ermöglichen, sog. LEOs: "low earth orbit satellites", näher *P. J. J. Welfens/ C. Graack*, (Anm. 16), S. 26 ff.; *D. Wright/S. Taylor*: A Policy and Regulatory Framework for the Mobile Satellite Services, in: Telecommunications Policy 20 (1996), S. 549-555; Einzelheiten zu den spezifischen Charakteristika des LEO-Systems bei *F. Rancy/J.-P. Taisant*: Non-geostationary Satellite Systems, in: ITU News No. 2 (1996), S. 2-4; *T. Foley*: LEO Satellites Projects, Hopes Soar, in: Telecom 95 Daily, 5. Okt. 1995; dabei gingen die ursprünglichen Planungen dahin, zwischen 1998 und 2000 verschiedene Systeme funktionsfähig zu machen, z.B. 66 Satelliten in einer Höhe von 770 km von "Iridium" der Firma Motorola; 48 Satelliten in einer Höhe von 1414 km von "Globalstar"; 12 MEO-Satelliten des Odyssey-Systems in rund 10.000 km Höhe; das Inmarsat "ICO-System" arbeitet ebenfalls mit MEO-Satelliten. Am ambitioniertesten war wohl das "Teledesic-Projekt", das insgesamt 924 Satelliten umfassen sollte, davon 840 aktive und 84 stand-by-Satelliten.

Dies betrifft zum einen das verfügbare Informationsvolumen: Nach der PC-Revolution, durch die die alten Großrechner abgelöst wurden, stehen heute mit der massiven Parallel-Verarbeitung[149] und den in Entwicklung begriffenen synergetischen Computern nahezu unbegrenzte Computerleistungen zur Verfügung. Aber auch in räumlich-geographischer Hinsicht können Teilnehmer in allen Teilen der Welt erreicht werden, z.B. über Mobilfunk, so daß sich von Ubiquität[150] (Allgegenwärtigkeit) der Telekommunikation sprechen läßt. Der Trend zur "direkten und zeitgleichen Kommunikation rund um die Welt" (*Hauchler*) läßt Telekommunikation
- geographisch unabhängig,
- informationsunabhängig sowie
- benutzerunabhängig

werden.

Einer verbreiteten Vorstellung zufolge gehen die Internationalisierung von Wissenschaft und Technik Hand in Hand mit einer Zunahme transnationaler Netze und strategischer Allianzen zwischen Unternehmen, die in globale Märkte vorzudringen beabsichtigten. In der neueren internationalen Telekommunikationsdebatte, wie in einigen anderen Bereichen[151], wurde "Globalisierung" zum Kulminationspunkt eines neuen Denkens stilisiert. Euphorie schwingt mit, wenn vom revolutionären Aufbruch in eine "völlig neue Zeit – in eine neue globale Gesellschaft, eine neue globale Kultur und eine neue globale Wirtschaft" gesprochen wird[152]. Die Deterritorialisierung, zu verstehen als die Aufhebung der nationalstaatlichen Grenzen[153] verbunden mit einem Boom an Auslandsinvestitionen[154] und nahezu unbegrenztem Handel ohne nationale Vorbehalte über die

---

148 Dazu *F. Rancy/J.-P. Taisant*: Non-geostationary Satellite Systems, in: ITU News No. 2 (1996), S. 4.
149 MPP-Rechner (massive parallel processing) der US Firmen IBM, Cray und Convex, aber auch der deutschen Unternehmen Parsytec und Siemens besitzen eine spezielle Software und werden v.a. von Universitäten, Großforschungseinrichtungen und dem Militär eingesetzt; die leistungsfähige Systemarchitektur, die als die wichtigste Neuerung im Großsystembereich seit dreißig Jahren bezeichnet wird, basiert auf dem Konzept des synchronen Parallel-Verarbeitungsverfahrens, bei dem statt einer Reihe von hochkomplizierten Spezialprozessoren fast beliebig viele Mikroprozessoren parallel geschaltet werden.
150 *H. Hudson*: Universal Service in the Information Age, in: Telecommunications Policy 18 (1994), S. 658; *P. Dicken*: Global Shift. The Internationalization of Economic Activity (1992), S. 316 ff.; *M. Featherstone (Hrsg.)*: Global Culture, Nationalism, Globalization and Modernity (1990); *OECD*: The Internationalization of Software and Computer Programmes (1989); vgl. auch das Schaubild "The global communication mosaic" in: *R. Akwule*: Global Telecommunications, The Technology, Administration, and Policies (1992), S. 5.
151 Zu den Globalisierungsprozessen rechnet Senghaas den Welthandel, die Transnationalisierung der Produktion, den Technologietransfer, die Internationalisierung der Forschungs- und Entwicklungsaktivitäten, die Globalisierung der Finanzmärkte und die Internationalisierung der Information, Kommunikation sowie des Transports: *D. Senghaas*: Global Governance. How Could This be Conceived?, in: Loccumer Protokolle 21/93, Auf dem Wege zur Weltinnenpolitik (1994), S. 112; vgl. auch *M. Zürn*: Konfliktlinien nach dem Ende des Ost-West-Gegensatzes - global handeln, lokal kämpfen, in: *K. v. Beyme/C. Offe*: Politische Transformation in der Ära der Transformation, PVS-Sonderheft 26/1995, S. 110.
152 So *H.-D. Genscher*: "Aufbruch ins Informationszeitalter", Rede des Bundesministers des Auswärtigen in Düsseldorf am 23. Mai 1991, in: Presse- und Informationsamt der Bundesregierung, Bulletin Nr. 58, 8. Febr. 1991, S. 461.
153 Vgl. nur *A. B. Zampetti/P. Sauvé*, (Anm. 110), S. 16: Landesgrenzen und geographische Entfernungen seien "weitgehend bedeutungslos."
154 "Globalisierung" sei nirgendwo deutlicher als beim Wachstum der internationalen Finanzmärkte und bei den Auslandsinvestitionen zu erkennen, vgl. *P. Low/J. Nash*: Der schwierige Weg: Zu

herkömmlichen Grenzen hinweg[155], wird hervorgehoben. In einem allgemeinen Sinne wird unter dem Phänomen der Globalisierung die Ausweitung der Reichweite gesellschaftlicher Transaktionen gefaßt, im speziellen Bereich der Telekommunikation wird Globalisierung häufig herangezogen, um zu illustrieren, daß die großen transnationalen Konzerne nicht mehr nur länger Abnehmer von Telekomdiensten sind, sondern weltweit ihre eigenen Mehrwertnetze betreiben[156].

Moderne Telekommunikationstechnologien sind eine entscheidende Voraussetzung für die zu beobachtenden Globalisierungstendenzen[157]. Damit Telekommunikation "global" funktionieren kann, muß die Durchgängigkeit der Dienste[158] durch hinreichende Standardisierung sichergestellt werden. Standardisierung wird daher auch als ein Indikator für den Grad der erreichten telekommunikativen Globalisierung herangezogen[159].

Ein Hindernis gegenüber den Globalisierungsbestrebungen der Unternehmen wird in der "wettbewerbsfeindlichen" Haltung zahlreicher Post- und Fernmeldeunternehmen (PTTs) gesehen, die den auf die Erbringung neuer Dienste gerichteten Aktivitäten sowohl der privaten Satelliten- wie auch der Kabelbetreiber ablehnend gegenüber stünden und primär am Erhalt des Status Quo interessiert seien[160]. Eine derartige handelspolitische Abschottungsstrategie sei jedoch unter globalisierten Produktionsbedingungen "wenig effektiv"[161]. Folglich üben weltweit operierende Unternehmen, vor allem der Industriestaaten, in ihrem Bemühen zur Errichtung grenzüberschreitend "globaler" Märkte einen gewissen Liberalisierungsdruck aus.

"Je mehr die Globalisierung fortschreitet und je mehr die Unternehmen global werden, desto störender wirken nationale Grenzen (...) Und deswegen tendieren Unter-

---

einem freieren Welthandel, in: F+E (September 1994), S. 60; ähnlich *P. Nunnenkamp*: Nach der Uruguay-Runde: Triebkräfte und Sprengsätze für die Weltwirtschaft, in: Zeitschrift für Wirtschaftspolitik 43 (1994), S. 259; *M. Zürn*, (Anm. 151), S. 110.

155 Zur Entgrenzung des Raums: *K. Ohmae*: Die neue Logik der Weltwirtschaft. Zukunftsstrategien der internationalen Konzerne (1992), S. 268; ähnlich *D. Maitland*: "The Missing Link" Revisited, in: Improving Quality of Life in Asia with Information Technology and Telecommunications, Proceedings of the Conference on Improving Quality of Life with Information Technology and Telecommunications, Bangkog, Thailand, October 27-30, 1992, TIDE 2000, Amsterdam (1993), S. 32: "without regard to national boundaries"; grundlegend: *L. Brock/A. Mathias*: Entgrenzung der Staatenwelt. Zur Analyse weltgesellschaftlicher Entwicklungstendenzen, in: ZIB 2 (1995), S. 259-285; zur Erosion des Territorialitätsprinzips siehe auch 1. Kap. 2 a).

156 *R. G. Pipe*, (Anm. 130), S. 481; zu der Unterstützung, die die Unternehmen darin durch das General Agreement on Trade in Services (GATS), speziell die Anlage zur Telekommunikation, erfahren, siehe unten im 5. Kap. 2 a).

157 *A. B. Zampetti/P. Sauvé*, (Anm. 110), S. 16; im Ergebnis ebenso *P. K Tang*: Supercarriers and the Unbundling of Export Controls, in: Telecommunications Policy 18 (1994), S. 509: "communications technologies have been crucial to the development of globalization"; ebenso: *F. Nuscheler*, (Anm. 115), S. 22: "Diese Globalisierung der Ökonomie setzt die Globalisierung der Telekommunikation voraus: Sie ist (...) das Vehikel der Globalisierung"; *D. Messner*: Neue Herausforderungen in der Weltgesellschaft: Konturen eines Konzepts von "Global Governance", in: epd-Entwicklungspolitik 10/11 (1996), d10.

158 Dazu *H. Hultzsch*: Die existierende Informationsgesellschaft - Realität, Chance und Möglichkeiten, in: Informatik Spektrum 18 (1995), S. 76; näher zu den Problemen der Standardisierung in 2. Kap. 3 c).

159 *L. Salter*: The Housework of Capitalism, Standardization in the Communications and Information Technology Sectors, in: International Journal of Political Economy 23 (1993-94), S. 106, S. 129.

160 *P. L. Spector*: Emerging Opportunities in International Telecommunications, in: Telematics, The National Journal of Communications Business and Regulation 4 (1987), S. 3.

161 *P. Nunnenkamp*, (Anm. 154), S. 259.

nehmen dazu, Integrationen voranzutreiben, für Liberalisierung einzutreten, vor allem, sofern sie aus Bereichen kommen, in denen dynamische Bedingungen und wachsende Märkte vorherrschen"[162].

Auf Marktöffnung und Markterweiterung gerichtete Erwägungen der Unternehmen bilden den gedanklichen Hintergrund, der zur Einleitung der Diensteliberalisierung in der GATT-Uruguay Runde führte. Durch die Förderung einer Liberalisierung des Handels, Nicht-Diskriminierung und eine größere Transparenz der Handelspolitiken unterstützen GATT/WTO den weltweit voranschreitenden Globalisierungsprozeß.

Analysiert man die Globalisierungsdebatte näher, stellt man fest, daß Globalisierung im allgemeinen prozeßhaft verstanden wird, nämlich als treibende Kraft in der internationalen Wirtschaft. Sie soll sich auf allen Stufen der Wertschöpfungskette vollziehen – "Globalization concerns all stages of design, development, production, distribution, and consumption of goods and services"[163]. Durch die Schaffung dichter Telekommunikationsnetze würden, so die Vorstellung, immer neue Stufen der Globalisierung, speziell ökonomischer Steuerungsprozesse, vor allem aber von Finanzmärkten und im Bereich des Technologietransfers[164], erreicht. Globalisierung sei daher kein geplanter Vorgang, sondern "the culmination of spontaneous economic reform at the national levels"[165]. Im Kontext globaler Weltstrukturen sieht *Altvater* in der Telekommunikation eine "energetische Basis" und zugleich eine Triebkraft für die allgemeinen Tendenzen der Beschleunigung (Prinzip der Akzeleration) sowie der Ausdehnung und Steigerung (Prinzip der Expansion)[166].

In inhaltlicher Hinsicht bleibt der Begriff der Globalisierung jedoch diffus, zum Teil nicht mehr als bloße Rhetorik. Unter dem Stichwort "Globalisierung" werden vielschichtige Phänomene zusammengefaßt, eine klare Definition fehlt jedoch. Ursache und Wirkung der Globalisierung bleiben unklar, sieht man von dem Minimalkonsens ab, daß Telekommunikation eine Voraussetzung für die Globalisierung der Wirtschaft ist – so begnügen sich die meisten Analysen, Globalisierungstendenzen der modernen Lebenswelt zu beschreiben. Wie *Bertrand* kritisch anmerkt, ist die Erklärung für die "mondialisation" (so der französische Begriff für Globalisierung) losgelöst vom jeweiligen politischen Lager, praktisch immer die gleiche: Es dominiert die Vorstellung, die technisch-ökonomische Entwicklung führe (zwangsläufig) zur Globalisierung[167]; politische Forderungen nach sozialen und ökologischen Mindeststandards verhallen ungehört.

---

162 A. Lemper: Führen die ökonomischen Globalisierungsprozesse den Nationalstaat ad absurdum, in: J. Calließ (Hrsg.): Loccumer Protokolle 21/93, Auf dem Wege zur Weltinnenpolitik. Vom Prinzip der nationalen Souveränität zur Notwendigkeit der Einmischung (1994), S. 51 f.
163 R. Petrella: The Quest for Competitiveness and the Need for Economic Disarmament, in: Politik und Gesellschaft 1/1996, S. 9.
164 W. Hein: Die neue Weltordnung und das Ende des Nationalstaats. Thesen zur globalen Neuordnung politischer Institutionen in kurz- und langfristiger Sicht, in: Nord-Süd aktuell (1993), S. 52.
165 P. D. Sutherland: Consolidating Economic Globalization, Address by Peter D. Sutherland to the Canadian Club, Toronto 21 March 1994, in: NUR 083, 22 March 1994, S. 2: "Globalization of markets is not a planned process. It is the culmination of spontaneous economic reform at the national levels."
166 E. Altvater: Die Ökologie der neuen Welt(un)ordnung, in: Nord-Süd aktuell (1993), S. 74 f.
167 M. Bertrand: Les défis conceptuels de la mondialisation, texte de la leçon inaugurale le 24 octobre 1994 lors de la séance d'ouverture de l'année académique 1994-95 de l'Institution universitaire d'études du développement (IUED), (Genf 1994), S. 2; zur "mondialisation" siehe auch M. S. M. Mahmoud: Mondialisation et souveraineté de l'Etat, in: Journal du droit international 123

In sozialkritischer Perspektive werden Globalisierungsphänomene als primär kapitalistischer Natur angesehen; es gebe einen "Anstieg der kapitalmäßigen Verflechtung mit der Weltwirtschaft, die von den längst multinationalen Konzernen im 'Weltdorf' globale Entscheidungsstrategien verlangt"[168]. Eine "kapitalistische Globalisierung" beobachtet auch *Amin*, er versteht darunter eine wechselseitige Durchdringung der Kapitale: "Das Kapital, das bisher immer national war, tendiert dazu, diese Eigenschaft zu verlieren; an seiner Stelle entsteht (...) ein weltweit herrschendes Kapital"[169].

Im Zuge der Globalisierung habe sich die Marktwirtschaft als Grundidee des Wirtschaftens durchgesetzt, resümierte eine Loccumer Tagung[170]. Die Globalisierung der Wirtschaft sehe so aus, daß "praktisch alle Regionen und Länder der Welt in die kapitalistische, Waren produzierende und konsumierende Marktwirtschaft integriert sind", hieß es in epd-Entwicklungspolitik[171]. Dem leisteten die GATT/WTO-Abkommen Vorschub, denn durch das Allgemeine Handels- und Zollabkommen seien die meisten Handels- und Produktionsschranken beseitigt, durch die Regierungen bisher ihre Ökonomien vor Konkurrenz zu schützen versuchten.

Obwohl das Phänomen der "Globalisierung" – legt man die Verwendung dieses Begriffs in der aktuellen Debatte zugrunde – ein Spezifikum der im Zuge öffentlicher Deregulierung und des raschen technologischen Fortschritts in den 90er Jahren zunehmenden Verflechtung der nationalen Volkswirtschaften zu sein scheint, handelt es sich im Grunde um eine Erscheinung, die sich in Schüben vollziehend bereits in der Vergangenheit gezeigt hat. Der Präsident der International Sociological Association (USA), *Immanuel Wallerstein*, wies auf dem XIII. Weltkongreß der Soziologie in Bielefeld 1994 darauf hin, "Globalisierung" tauge nicht für die Beschreibung einer aktuellen Phase des Weltsystems, sondern es handele sich dabei um ein in der Geschichte des kapitalistischen Weltsystems jahrhundertelang zurückzuverfolgendes Phänomen[172]. Die Jahrzehn-

---

(1996), S. 612 f.; kritisch auch *E. Broadbent*: Globalization of Market Economies, in: NQHR 3 (1995), Part C, Appendix I: Debate on Development, Democracy and Human Rights, S. 302.

168 *A. Heise*: Der Mythos vom "Sachzwang Weltmarkt". Globale Konkurrenz und nationaler Wohlfahrtsstaat, in: Politik und Gesellschaft 1/1996, S. 18; ähnlich *J. Friedrichs*: Globalisierung und grundlegende Annahmen, in: APuZ B 33-34/97, 8. August 1997, S. 3: "weltweite Vernetzung ökonomischer Aktivitäten."

169 *S. Amin*: Die neue kapitalistische Globalisierung. Die Herrschaft des Chaos, in: epd - Entwicklungspolitik 15/94, Dokumentation h); die von Amin verzeichnete "liberale Globalisierung" "wird die Gegensätze reproduzieren und verschärfen und daher de facto die Völker der Peripherie zwingen, die ihnen diktierte Kompradorisierung auf eine Weise zurückzuweisen, die nur sehr massiv und gewaltsam sein kann" (Amin ebd. h); die neue Globalisierung verstärke die "Differenzierungen innerhalb der Peripherie" (ebd. Amin j); vgl. auch *H.-P. Martin/H. Schumann*: Die Globalisierungsfalle. Der Angriff auf Demokratie und Wohlstand (8. Aufl. 1996), speziell S. 193 ff.

170 Vgl. Einführung, *J. Calließ/B. Moltmann (Hrsg.)*: Jenseits der Bipolarität: Aufbruch in eine neue Weltordnung", Einführung, Loccumer Protokolle 9/92, S. 17.

171 *M. Mies*: Bejing und was dann? Frauen in der Globalisierung der Wirtschaft, epd-Entwicklungspolitik 9/95, S. 26, die auch die Übertragung westlicher Lebensformen auf den Süden kritisiert; vgl. auch *D. Diner*: Weltordnungen. Über Geschichte und Wirkung von Recht und Macht (1993), der anhand der Genesis des Weltmarkts "als eines alle mit allen verknüpfenden Mediums" seine Kritik am ökonomistischen Paradigma entwickelt (ebd. S. 12; 23 ff.); *E. Altvater*, (Anm. 166), S. 74 weist darauf hin, daß Märkte zur Globalisierung tendieren: "Vom Prinzip her sind Märkte also expansiv und mithin zerstörerisch...".

172 *I. Wallerstein* zitiert nach epd-Dokumentation 23/24 94, g); vgl. auch *I. Wallerstein*: The Rise and Future Demise of the World Capitalist System, Concepts for Comparative Analysis, in: Comparative Studies in Society and History 16 (1974), S. 387-415; ähnlich *H. Arnold*: Weltinnenpolitik – Weltordnung Vereinte Nationen, in: Loccumer Protokolle 21/93, Auf dem Wege zur Weltinnenpo-

te nach dem Zweiten Weltkrieg seien durch jeweils "spezifische Globalisierungsschübe" charakterisiert, heben *Messner* und *Meyer-Stamer* hervor; die 50er Jahre beispielsweise durch die Expansion des internationalen Handels, die 60er Jahre durch die Globalisierung von Unternehmensaktivitäten, die 70er Jahre durch die Internationalisierung der Kapitalmärkte und die 80er Jahre durch die Ausbildung globaler Produktmärkte[173]. Der Begriff der Globalisierung sei, so merkt auch *Amin* an, "keineswegs völlig neu"[174], habe aber "eine neue Qualität" erreicht. Sieht man die Geschichte der Telekommunikation als einen evolutiven, auf stete Expansion und breite Vernetzung angelegten Prozeß[175], so wirkt dies plausibel.

Im Ergebnis ergeben sich Anzeichen, daß die Globalisierungsdebatte dazu instrumentalisiert wird, Vorbehalte des Südens gegenüber einer Weltmarktintegration abzubauen. Um den Anschluß an weltweiten Fortschritt nicht zu versäumen, so das Credo, müsse im Zuge der Globalisierung die Integration von Ländern und Regionen in den Welthandel erfolgen, auch solcher, die vorher keinen Marktzutritt hatten oder haben wollten.

Ob der Nutzen aus diesen Vorgängen tatsächlich "global" verteilt wird, bleibt offen.

f) Resümee: Neuere Entwicklungstrends

Im Zuge der telekommunikativen Globalisierung gewannen die transnationalen Dienstleistungsunternehmen an Relevanz. Dies sind hierarchisch strukturierte, zentralistisch geleitete, nichtstaatliche Organisationen, die über eine unbestimmte Anzahl von Ländern verteilt in profitorientierter Weise Dienstleistungen erbringen[176]. Solche privaten

---

litik (1994), S. 137, der darauf hinweist, daß die "zunehmende Globalisierung der Probleme" ebenso wie die "zunehmende Bedeutung grenzüberschreitender wirtschaftlicher und gesellschaftlicher Entwicklungen" zwei, seit dem Zweiten Weltkrieg fortdauernd wirksame internationale Entwicklungen sind; *J. Friedrichs*: Globalisierung und grundlegende Annahmen, in: APuZ B 33-34/97, 8. August 1997, S. 4; *D. Brock*: Wirtschaft und Staat im Zeitalter der Globalisierung, in: APuZ B 33-34/97, 8. August 1997, S. 12 f.; *E. Altvater*, (Anm. 166), S. 74 geht davon aus, daß die sich beschleunigende Zirkulation von Waren und Geld sowie die Ausbreitung der Tauschbeziehungen "eine Geschichte der letzten etwa 500 Jahre" ist.

173 So *D. Messner/J. Meyer-Stamer*: Die nationale Basis internationaler Wettbewerbsfähigkeit, in: Nord-Süd-aktuell (1993), S. 98.

174 *S. Amin*, (Anm. 169), Dokumentation h; anderer Ansicht ist wohl *R. Petrella*, (Anm. 163), S. 9, der von "nascent globalization" spricht, und davon, daß "Globalization of the economy is a new phenomenon in relation to the old processes of internationalization and multinationalization".

175 Vgl. nur *F. Thomas*: Korporative Akteure und die Entwicklung des Telefonsystems in Deutschland 1877 bis 1945, in: Technikgeschichte 56 (1989), S. 39-65.

176 So die Definition eines transnationalen Unternehmens bzw. "multinationalen Konzerns" bei *V. Rittberger*: Internationale Organisationen, Politik und Geschichte (2. Aufl. 1995), S. 29; *F. Rigaux*: Transnational Corporations, in: *M. Bedjaoui (Hrsg.):* International Law: Achievements and Prospects (1991), S. 121; dabei wendet Rigaux ein, der Begriff "multinationaler" Konzern sei irreführend, da er den Eindruck erwecke, "that the company or the enterprise has national status in various different countries"; das Problem der Kontrolle multinationaler Unternehmen wird schon länger diskutiert, vor allem mit Blick auf die Abhängigkeit des Sitzstaates und der Regulierungsdefizite, dazu *L. Henkin*: International Law: Politics and Values (1995), S. 159 ff.; vgl. auch *D. Messner*, (Anm. 157), d11; *V. Schneider*: Multinationals in Transition: Global Technical Integration and the Role of Corporate Telecommunications Networks, in: *J. Summerton (Hrsg.):* Changing Large Technical Systems (1994), S. 71-91; den Hintergrund für den steigenden Einfluß privater Telekommunikationsakteure bildet die Rolle der Information, der vielfach die Bedeutung einer strategischen Ressource zukommt, vgl. nur *R. O'Brian/G. K. Helleiner*: The Political Economy of Information in a Changing International Economic Order, in: IO 34 (1980), S. 445-470.

Unternehmen wurden – um im Jargon der Globalisierungsdebatte zu bleiben – "global players". Als die bis zu Anfang der 80er Jahre von einander abgeschotteten Fernmeldemärkte sukzessive für ausländische Anbieter geöffnet wurden, kam es zu völlig neuen Erscheinungsformen von Unternehmensmacht. Zahlreiche Netzbetreiber begannen, sich außerhalb der Grenzen ihres Landes durch Direktinvestitionen, Allianzen, Joint Ventures, Beteiligungen etc. zu engagieren. In dem Maße wie die Handelsbarrieren beseitigt werden, zerfallen nationale Telekommunikationsmärkte in eine Vielzahl von "Nischen-Märkten"; zahlreiche neue Betreiber tauchen auf und versuchen dasjenige Marktsegment zu erobern, das am besten ihrem komparativen Vorteil entspricht.

Mit der Herausbildung eines Weltmarktes der Telekommunikation einher geht seit Mitte der 80er Jahre ein internationaler Verdrängungskampf zwischen den führenden Telekommunikationsproduzenten, die darauf mit zwei verschiedenen Strategien reagierten: zum einen mit Ankäufen und Fusionen, zum anderen mit Kooperationsvorhaben, privaten Joint Ventures und Bildung von Konsortien (etwa im Mobilfunkbereich)[177]. Verschärft wird der Konkurrenzkampf um künftige Märkte durch das Zusammenwachsen von früher separierter Telekommunikations- und Computertechnologie zur "Compunikation"[178] der Zukunft: Klassische Fernmeldeunternehmen dringen in die früher im wesentlichen der Computerindustrie vorbehaltenen Märkte ein und umgekehrt.

Nationale Telefongesellschaften haben Repräsentanzen oder Töchter im Ausland gegründet und sind in vielfältiger Weise, speziell im Bereich des zellularen Mobilfunks und des Betriebs von Festnetzen, im Rahmen internationaler Konsortien[179] in Telekommunikationsmärkten von Drittländern aktiv. Auf diese Weise suchen sie Unternehmensinteressen im Ausland zu vertreten und Dienste in den dem Wettbewerb geöffneten Bereichen zu erbringen. Von den 18 größten Telefongesellschaften waren 1996 bereits alle im Ausland tätig, aber auch vergleichsweise kleine Unternehmen entfalten Aktivitäten im Ausland[180]. Insgesamt umfaßt der Kreis der wichtigsten bisher international tätig gewordenen Telefongesellschaften rund 35 Unternehmen, darunter mehr als 15 der umsatzstärksten Telefongesellschaften der Welt.

Insbesondere im Bereich höher entwickelter Telekomnetze und -dienste (virtuelle private Netze, internationale Mehrwertdienste etc.) wird es für global operierende Unternehmen immer wichtiger, mit einem einzigen Ansprechpartner (one-stop-shopping) und einem einzigen Rechnungsaussteller (one stop-billing) für ihren gesamten Geschäftsbereich zusammenzuarbeiten sowie moderne und kostengünstige End-zu-End Telekommunikationsverbindungen zu allen gewünschten Empfangsorten auf der Welt zu erhalten[181]. Um diesen Anforderungen zu genügen, entstehen strategische Allianzen

---

177 Näher *U. Dolata*, (Anm. 54), S. 184 ff. mit Beispielen für Aufkäufe und Beteiligungen und für Kooperationsprojekte der großen Konzerne untereinander; *R. Werle*, (Anm. 27), S. 304.

178 So der Begriff von *T. Irmer*: Standards für weltweite Telekommunikation - Möglichkeiten und Grenzen, in: *W. Kaiser (Hrsg.)*: Integrierte Telekommunikation/Telematica 86 (1986), S. 12.

179 *G. Warskett*, Bringing the Market into the World, Rupture and Stability in the Emergence of a New Industry, in: International Journal of Political Economy 23 (1993-94), S. 43 f. sieht das "consortium" als die dominante Organisationsform in den neu entstandenen, deregulierten Märkten der Zukunft an; zu der Neugründung von speziell mit Fragen der Standardisierung befaßten Konsortien *L. Salter*, (Anm. 159), S. 127.

180 Vgl. das Schaubild "In internationalen Konsortien aktive Telefongesellschaften" bei *D. Elixmann*: Internationale Konsortien als neue Spieler in einem liberalisierten Telekommunikationsmarkt, in: Jahrbuch Telekommunikation und Gesellschaft 4 (1996), S. 55; zu den Hauptbetätigungsfeldern der internationalen Konsortien, *ders.*: ebd. Jahrbuch Telekommunikation 4 (1996), S. 56 ff.

181 *D. Elixmann*, (Anm. 180), S. 61; zu den Interessen der Unternehmen siehe bereits das 1. Kap. 1 b).

in verwandten Geschäftsbereichen[182], sog. "supercarriers", deren hervorstechendes Charakteristikum ihre gewaltige Marktmacht ist und die danach streben, die "Durchgangsstelle" für tausende grenzüberschreitend arbeitender Firmen zu werden; internationale Unternehmensnetze sollen integriert werden, um den Kunden eine optimale Versorgung mit Telekomdiensten bieten zu können[183].

Derartige grenzüberschreitende Allianzen zielen auf Wettbewerbsvorteile durch einen höheren Integrationsgrad, den sie durch geringere Aufwendungen im Entwicklungs- und Forschungsbereich, stärkere Marktpräsenz, Einfluß in Standardisierungsgremien, Kontrollerwägungen[184] sowie umfassende Marketing- und Vertriebserfahrungen zu erreichen suchen. Aus diesem Grund wird die Größe eines Dienstleistungsunternehmens zu einem Faktor der Wettbewerbsfähigkeit[185] – eine Tatsache, auf die zu Beginn der Uruguay Runde weder das Rechtssystem noch die nationalen Politiker vorbereitet waren. In GATT-Kreisen hieß es,

"(...) in rapidly growing, increasingly internationalised service sectors, the size and scale of a country's firms are significant elements of its competitive position in the world market.(...) These phenomena add a new dimension to international trade in services for which legal systems and national policy makers are not yet prepared"[186].

Transnationale Unternehmen bestreiten in hochentwickelten Ländern bis zu 90 Prozent des Exports, und der Waren- und Dienstleistungsverkehr von Unternehmensteilen untereinander liegt bereits bei 30 bis 40 Prozent aller Im- und Exporte; die 56 größten Unternehmen haben Jahresumsätze zwischen 10 und 100 Milliarden US-Dollar. Solche und ähnliche Zahlen werden angeführt[187], um darzulegen, daß Versuche der Entwicklungsländer, wirtschaftlich souverän zu werden, zum Scheitern verurteilt sind.

Die führenden Konzerne können mit beträchtlichen Gewinnen rechnen, solange sie sich im Innovationswettlauf behaupten können und über die nötige ökonomische und politische Kraft verfügen, weltweit Markt- und Produktionsanteile zu verteidigen[188]. Diese Voraussetzung bringen die Unternehmen von LDCs jedoch in den seltensten Fällen mit sich, – Wettbewerbsnachteile für diejenigen Entwicklungsländer, deren Unternehmen es kaum gelingt, mit den mächtigen westlichen Industrieunternehmen Schritt zu halten, sind daher nicht auszuschließen. Eben diese Sorge war mitursächlich für den Wi-

---

182 Einen Überblick über die strategischen Allianzen im Telekommunikationssektor gibt *C.-A. Michalet*: Strategic Partnerships and the Changing Internationalization Process, in: *L. Mytelka (Hrsg.)*: Strategic Partnerships: States, Firms and International Competition (1991), S. 35-50; vgl. auch *C. A. Bartlett/S. Ghosal*: Managing Across the Borders: The Transnational Solution (1989); *M. S. Scott (Hrsg.)*: The Corporation of the 1990s: Information Technology and Organizational Transformation (1991).
183 *P. K Tang*, (Anm. 157), S. 507.
184 Zum Kontrollaspekt strategischer Allianzen *K. Ducatel/J. Miles*: Internationalization of IT Services and Public Policy Implications (1992), S. 14; *D. Messner/J. Meyer-Stamer*, (Anm. 173), S. 107 sehen den Informationsvorsprung hinsichtlich technischer Neuerungen als wesentlich an.
185 Näher zur Rolle der Wettbewerbsfähigkeit im Kontext von weltmarktorientierten Entwicklungsstrategien im 6. Kap. 3 h).
186 *M. Kakabadse*, (Anm. 13), S. 52.
187 *R. Knieper*: Nationale Souveränität, Versuch über Ende und Anfang einer Weltordnung (1991), S. 86, unter Verweis auf den Bericht des UN-Zentrums für transnationale Unternehmen, "Transnational Corporations in World Development."
188 *U. Dolata*, (Anm. 54), S. 181.

derstand[189] der Entwicklungsländer gegenüber einer Liberalisierung des Dienstleistungshandels in der Uruguay Runde.

2. Handlungs- und Steuerungsebenen

Der zu beobachtende Trend zur globalen Telekommunikation stellt neue rechtspolitische Anforderungen.

Wie *Werle* hervorhebt, kann aus einer politischen Perspektive das System der Telekommunikation als "Objekt von Steuerungsversuchen" betrachtet werden"[190]. Die bisherigen Anbieter von Telekomdiensten – in der Regel die staatlichen Monopole – verlieren kontinuierlich an Bedeutung[191]. Die absehbare Entwicklung hin zu einem Regime der Systemintegratoren[192], die untereinander unmittelbar Interkonnektivität[193] herstellen und so grenzüberschreitend neue Verbindungen schaffen, wirft neue regulative Fragen auf. Es bestehen Zweifel, ob das im Wandel begriffene Telekommunikationsumfeld selbst-regulativ sein wird, denn: "Technology does not abolish negative externalities or market failures"[194].

Dabei ist der bisherige Grad der "Verregelung" gegenüber der Anzahl der "verregelungsbedürftigen Situationen" bis heute gering: *Zürn* zufolge ist die Geschwindigkeit der Internationalisierung von politischer Regulierung weit hinter der Geschwindigkeit der "Internationalisierung der Interaktions- und Austauschprozesse" zurückgeblieben. Die Folge ist ein internationales Steuerungsdefizit mit der Gefahr, daß "die internationalen Beziehungen der politischen Kontrolle entgleiten und mithin die Chancen für die internationale Verregelung in einem dynamischen Prozeß weiter verringert werden"[195]. Auch *Senghaas* geht davon aus, daß Globalisierungstendenzen in zukunftsweisender Perspektive neue Steuerungsfragen aufwerfen. Der Prozeß der Globalisierung erfordere eine koordinierte und konzertierte Politik; es bedürfe dafür "regulatory instruments" vor allem in Hinblick auf die aus der weltweiten Liberalisierung von Märkten resultierenden Spannungen. Die Ergebnisse der Uruguay Runde rechnete *Senghaas* ausdrücklich dazu[196].

Was den Begriff der "Steuerung" angeht, wird in der steuerungstheoretischen Diskussion im allgemeinen keine klare Unterscheidung getroffen zwischen Steuerung, Regulierung, Regelung, rechtlicher Intervention oder auch nur Einflußnahme durch Recht

---

189 Zu den Vorbehalten der Entwicklungsländer gegenüber den Dienstleistungsverhandlungen siehe 3. Kap. 1 c).
190 *R. Werle*, (Anm. 27), S. 69.
191 Zum Wandel der Monopolsituation siehe unten 2. Kap. 1.
192 Den Hintergrund der "systems integrators" beschreibt *E. Noam*: Beyond Liberalization: From the Network of Networks to the System of Systems, in: *W. Hoffmann-Riem/T. Vesting (Hrsg.):* Perspektiven der Informationsgesellschaft (1995), S. 56; zu den Regimen im 1. Kap. 2 c).
193 Zu diesem Begriff näher das 2. Kap. 3 a).
194 *E. Noam*, (Anm. 192), S. 53.
195 *M. Zürn*: Die ungleiche Denationalisierung, in: *J. Calließ/B. Moltmann (Hrsg.):* Jenseits der Bipolarität, Aufbruch in eine "Neue Weltordnung", in: Loccumer Protokolle 9/92 (1992), S. 216; die Strukturen der "global governance", darauf wies auch der Bericht der *Commission on Global Governance* hin, sind noch grundsätzlich unterentwickelt, vgl. Our Global Neighbourhood. The Report of the Commission on Global Governance (1995), deutsche Version "Nachbarschaft in der Einen Welt" (1995).
196 *D. Senghaas*, (Anm. 151), S. 114 f.

bzw. rechtlicher Gestaltung[197]. In einem allgemeinen Wortsinn bezeichnet Regulierung alle staatlichen Eingriffe in den Markt. Enger gefaßt handelt es sich bei Regulierung um Regeln und Vorschriften der staatlichen Aufsicht über private und gemeinwirtschaftliche Unternehmen, die entweder marktbeherrschend sind oder an deren Tätigkeit ein öffentliches Interesse besteht, ferner um Preis- und Tarifregeln für öffentliche Monopolunternehmen, die Güter und Dienste gegen Entgelt am Markt anbieten. "Regulierung" (engl. "regulation") im Telekommunikationssektor bedeutet nach dem Glossar der Weltbank:

> "The process ensuring that public utilities such as common carriers operate in accordance with legal rules. These rules may govern the offering of a service by a carrier and include practices, classifications, and definitions"[198].

Telekommunikationssteuerung bzw. -regulierung[199] strebt an, die Strukturen dieses Systems vor allem im Hinblick auf die institutionellen Regelungsmechanismen und die Leistungserbringung zu beeinflussen[200]. Hierarchische Steuerung kann dabei sowohl durch die Errichtung eines öffentlichen Unternehmens zur Verwaltung des Monopolbereichs erfolgen als auch durch die Überwachung eines privaten Unternehmens durch eine Regulierungsbehörde; des weiteren können Monopollizenzen an private Unternehmen erteilt werden. Die Setzung technischer Standards für Netze und Dienste, die Festlegung von Benutzer- und Zugangsbedingungen, die Ausarbeitung von Gebührenordnungen, aber auch die Etablierung von Marktzutrittsverboten für Wettbewerber sind weitere Formen hierarchischer Steuerung. Als Musterfall für hierarchische Instanzen im Telekommunikationssektor präsentierten sich über Jahrzehnte hinweg staatlich kontrollierte Monopole in der Form nationaler, hierarchisch strukturierter Fernmeldeverwaltungen (PTTs). Allerdings hat die "Steuerbarkeit des politisch-administrativen Systems im Gefolge der Globalisierung der Kapitalmärkte und der Europäisierung der Märkte für Waren und Dienstleistungen seit den siebziger Jahren drastisch abgenommen. Auch in

---

197 Idealtypisch werden drei Formen sozialer Steuerung unterschieden: 1. Steuerung durch den Markt; 2. hierarchische Steuerung durch eine zentrale Instanz; 3. horizontale Steuerung durch Selbstorganisation, vgl. nur *F. W. Scharpf*: Positive und Negative Koordination in Verhandlungssystemen, in: *A. Héritier (Hrsg.)*: Policy-Analyse - Kritik und Neuorientierung, PVS Sonderheft 24 (1993), S. 57-83; *F. W. Scharpf*: Politische Steuerung und politische Institutionen, in: PVS 30 (1989), S. 10-21; *R. Mayntz*: Policy-Netzwerke und die Logik von Verhandlungssystemen, in: *A. Héritier (Hrsg.)*: Policy-Analyse - Kritik und Neuorientierung, PVS Sonderheft 24 (1993), S. 39-56; zum Begriff Steuerung näher *D. Braun*: Steuerungstheorien, in: *R.-O. Schultze/D. Nohlen (Hrsg.)*: Politische Theorien, in: Lexikon der Politik Bd. 1 (1995), S. 611-618; *K.-D. Grüske/ H. C. Recktenwald*: Regulierung, Wörterbuch der Wirtschaft (12. Aufl. 1995), S. 520; zum Begriff auch *G. Stigler*: The Theory of Economic Regulation, in: The Bell Journal of Economics and Management Science 2 (1971), S. 3-21.
198 *P. L. Smith/G. Staple*: Telecommunications Sector Reform in Asia: Toward a New Pragmatism, World Bank Discussion Papers (1994), Glossary, S. 101.
199 Differenzierend zwischen Steuerung und Regulierung *P. Nahamowitz*: Effektivität wirtschaftlicher Steuerung, in: Kritische Justiz 20 (1987), S. 415, Fn. 21; "Regulierung" habe die Konnotation "regulative" (also marktinkonforme) Politik, der weitere Begriff "Steuerung" umfasse auch marktkonforme Maßnahmen.
200 *R. Werle*, (Anm. 27), S. 69; nach *F. Kratochwil*: The Limits of Contract, in: EJIL 5 (1994), S. 476 ist dies der Kern der Auseinandersetzung um eine neue Weltinformations- und Kommunikationsordnung: "the quest for a New Information Order raised the fundamental issue whether information should be treated as a good supplied by private individuals and market mechanisms or as one which is subject to state regulation."

den (...) staatsnahen Sektoren zeigt sich dieser Effekt inzwischen (...) in der Telekommunikation"[201].

Hintergrund der Probleme von Steuerung im hier diskutierten Kontext bildet das im ausgehenden 20. Jahrhundert globale Ausmaße erreichende Telekommunikationssystem in seinen verschiedenen Erscheinungsformen. Telekommunikation ist heute eine "modern trade route"[202]. Mit der Unterzeichnung der Abkommen von Marrakesch 1994 wurde die Erbringung von Telekomdiensten zum ersten Mal der globalen Handelsordnung unterstellt. Ob sich der Übergang von einem heute noch überwiegend monopolistischen national regulierten, vorwiegend bilateral organisierten Telekommunikationssystem[203] zu einer multilateralen, auf Prinzipien des gegenseitigen Vorteils beruhenden Handelsordnung[204] geordnet vollziehen wird, ist auch davon abhängig, inwieweit auf den verschiedenen Handlungs- und Steuerungsebenen eine Verständigung zwischen den beteiligten Akteuren und epistemischen Gemeinschaften[205] stattfinden wird.

Da das internationale System keine regierungsähnliche Steuerungsinstanz besitzt, ist eine gezielte Steuerung des Verhaltens der betroffenen Akteure weitgehend auf Mechanismen der horizontalen Koordination[206] angewiesen. Ansätze zur Steuerung politisch-ökonomischer Sachverhalte finden sich traditionell im Abschluß von Abkommen und Verträgen[207] und in der Bildung internationaler Organisationen[208], die die Beziehungen zwischen den Staaten beeinflussen. Darüber hinaus werden in der neueren Literatur Formen der horizontalen Politikkoordination – speziell Regime[209] und Netzwerke[210] – diskutiert.

Die analytische Klassifikation dieser verschiedenen Ordnungskonzepte gestaltet sich schwierig, da politische Steuerung mit wachsender Unübersichtlichkeit konfrontiert ist. Dies gilt ebenfalls für den starken Wandlungstendenzen unterliegenden Telekommunikationssektor, welcher die regulative Kraft von traditionellen Steuerungsmechanismen auf den Prüfstand stellt. Das betrifft auch, wie der folgende Abschnitt zeigen wird, hierarchische Instanzen der nationalen Ebene.

---

201 R. Mayntz/F. W. Scharpf: Steuerung und Selbstorganisation in staatsnahen Sektoren, in: R. Mayntz/F. W. Scharpf (Hrsg.): Gesellschaftliche Selbstregelung und politische Steuerung (1995), S. 11, Fn. 2.
202 Ausdrücklich der Report of the Fifth Regulatory Colloquium: The Changing Role of Government in an Era of Deregulation, Trade Agreements on Telecommunications: Regulatory Implications, Geneva, 6-8 December 1995, S. 13.
203 Zur Regulierungsstruktur näher das 2. Kap. 1 a).
204 Näher zur Reziprozität im 2. Kap. 1 g); 3. Kap. 2 g); 4. Kap. 2 a); 5. Kap. 5 b).
205 Näher zu den epistemischen Gemeinschaften im GATS-Kontext das 3. Kap. 1 d).
206 B. Kohler-Koch: Die Welt regieren ohne Weltregierung, in: C. Böhret/W. Göttrik (Hrsg.): Regieren im 21. Jahrhundert - Zwischen Globalisierung und Regionalisierung (1993), S. 109 ff.; zu den Mechanismen horizontaler Koordination anstelle hierarchischer Koordination siehe auch F. W. Scharpf: Die Handlungsfähigkeit des Staates am Ende des Zwanzigsten Jahrhunderts, in: PVS 32 (1991), S. 621 ff.
207 Näher das 1. Kap. 2 e).
208 Vgl. das 1. Kap. 2 b).
209 Näher das 1. Kap. 2 c).
210 Netzwerke als Koordinationsmechanismen werden im 1. Kap. 2 d) besprochen.

a) Der Staat als souveräne Steuerungsinstanz

Traditionell obliegt dem Staat die autoritative Regelung sozio-ökonomischer Interaktionen[211]. Die Ökonomie ist zu Anfang der 90er Jahre in ihrer Ausrichtung jedoch global geworden[212], ihre Bezugsgröße ist die Weltwirtschaft. Dies legt ein Überdenken der Rollen und Spielräume traditioneller Akteure, primär der Staaten, nahe. Forderungen wurden erhoben, Marktkräften mehr Spielraum einzuräumen, da der interventionistische Staat nicht vermöge, Entwicklungsrückstände aufzuholen[213]. "Governance" in einer "centerless society"[214] könne nicht länger durch hierarchische Kontrolle verwirklicht werden; anstatt von einer zentralen Autorität (Exekutive oder Legislative) formuliert zu werden, entsteht Politik heutzutage in einem Prozeß, in den eine Vielzahl von öffentlichen und privaten Organisationen eingebunden sind[215].

Die Zeiten, in denen der Staat über die Deutsche Bundespost bzw. Telekom Einfluß auf die Medien-, Technologie-, Industrie-, Struktur- und Regional- oder Sozialpolitik ausüben konnte, seien "endgültig vorbei", begrüßte das Jahrbuch Telekommunikation und Gesellschaft 1996 seine Leser[216]. Wohl bestünden die souveränen Rechte der Staaten – etwa Steuererhebung, Regulierung der Wirtschaft, Abschluß von Handelsverträgen, Festsetzung von Zöllen etc. – formell weiter, de facto aber würden sie immer stärker ausgehöhlt[217]. Aufgrund der "Internationalisierung gesellschaftlicher Transaktionsprozesse" habe ein dramatischer Bedeutungsverlust des Staates stattgefunden, und

---

211 Näher *M. Jänicke*: Vom Staatsversagen zur Politischen Modernisierung? Ein System aus Verlegenheitslösungen sucht eine Form, in: *C. Böhret/G. Wever (Hrsg.)*: Regieren im 21. Jahrhundert. Zwischen Globalisierung und Regionalisierung (1993), S. 63-77; *H. Willke*: Ironie des Staates. Grundlinien einer Staatstheorie polyzentrischer Gesellschaft (1992).
212 Näher zur "Globalisierung" im 1. Kap. 1 e).
213 Andererseits weisen einige Entwicklungstheoretiker auf die Bedeutung staatlicherseits gesetzter Rahmenbedingungen und damit auf die Notwendigkeit eines starken öffentlichen Sektors für die Entfaltung privatwirtschaftlicher Aktivitäten hin; *P. Streeten*: Markets and States: Against Minimalism, in: Journal für Entwicklungspolitik 4 (1994), S. 413-430; *D. Messner*: Die Netzwerkgesellschaft. Wirtschaftliche Entwicklung und internationale Wettbewerbsfähigkeit als Probleme gesellschaftlicher Steuerung (1995).
214 Vgl. *B. Marin*: Introduction, in: *B. Marin (Hrsg.)*: Generalized Political Exchange. Antagonistic Cooperation and Integrated Policy Circuits (1990), S. 14; ähnlich *R. Mayntz/B. Marin*: Introduction: Studying Policy Networks, in: *B. Marin/R. Mayntz (Hrsg.)*: Empirical Evidence and Theoretical Considerations (1991), S. 17: "centerless society".
215 *R. Mayntz*: Modernisierung und die Logik von Netzwerken, in: Journal für Sozialforschung 32 (1992), S. 20.
216 Editorial, Jahrbuch Telekommunikation und Gesellschaft 4 (1996), S. 8.
217 *J. Bayer*, Werte, Weltbilder und Lebensverhältnisse, in: Weltgesellschaft und Weltinnenpolitik, in: Loccumer Protokolle 21/93, Auf dem Wege zur Weltinnenpolitik (1994), S. 46; ähnlich *P. Nunnenkamp*, (Anm. 154), S. 259 f.; *J. Delbrück*: Rechtliche Probleme einer internationalen Medienordnung, in: Internationales Handbuch für Hörfunk und Fernsehen 1996/97 (1996), S. 2 m.w.N. unterstreicht die durch die neuen Kommunikationstechnologien veränderte Stellung der Staaten als souveräne Entscheidungseinheiten; *F. V. Kratochwil*: Globalization and the Disappearance of the "Publics", in: *J.-Y. Chung (Hrsg.)*: Global Governance. The Role of International Institutions in the Changing World (1997), S. 76 ff. hebt den Rückzug des Staates hervor und analysiert das "Verschwinden der Öffentlichkeit" im Globalisierungskontext; von der Privatisierung des Staates spricht auch *S. Picciotto*: Fragmented States and International Rules of Law, in: Social & Legal Studies 6 (1997), S. 261; zu den Schwierigkeiten der Industriepolitik in Zeiten der Globalisierung siehe auch *H. Elsenhans*: Globalisation: Myths and Real Challenges, in: Journal of the Third World Spectrum 4 (1997), S. 7.

zwar sowohl hinsichtlich seiner Binnen- als auch seiner Außenfunktionen[218]. Der Nationalstaat verliere die Kompetenz zur Leistungserfüllung in den Bereichen Sicherheit, Wohlfahrt und Kultur und sei angesichts der Komplexität wirtschaftlicher Entwicklung überfordert[219]. Da die Handlungszusammenhänge, in denen gesellschaftliche Akteure agieren, immer weniger mit den Grenzen eines Nationalstaates übereinstimmten, werde er "gesellschaftlich unterlaufen"[220].

Es finde eine "Steuerung in die Nichtsteuerbarkeit" statt, mahnt *Kubicek*, denn obwohl die Planung und Koordination der Telekommunikationsinfrastruktur wichtiger werde als jemals zuvor, gebe der Staat seine Steuerungsmöglichkeiten "endgültig aus der Hand"[221]; anstatt die Regulierungsstrukturen und -verfahren angesichts neuer Problemstellungen und veränderter Rahmenbedingungen weiterzuentwickeln, begnüge sich die Politik mit "blindem Vertrauen auf Marktkräfte"[222]. Wie der ehemalige UN-Generalsekretär warnte, besteht angesichts der Globalisierungstendenzen die Gefahr, daß die Staaten "unfähiger" werden, die Grundsatzentscheidungen zu kontrollieren, von denen ihre eigene Zukunft abhängt[223]. Obgleich in wachsendem Maße Forderungen an den Nationalstaat gestellt werden, reduziere sich "die Problemlösungskapazität eben dieser Nationalstaaten immer weiter"; wenn es nicht gelänge, adäquate Formen inter- und transnationaler politischer Koordination zu finden, seien "Katastrophen globalen Ausmaßes unvermeidbar"[224].

Verliert der Staat als souveräne Steuerungsinstanz an Bedeutung, sehen *Messner/ Meyer-Stamer*[225] seine verbleibende Funktion darin, künftig nur noch "Schnittstellen- und Interdependenzmanager" zu sein. *Von Beyme* geht sogar davon aus, daß Globalisierung, "subsystemische Regionalisierung und Partikularisierung" den Nationalstaat unter Umständen nicht mehr sinnvoll erscheinen lassen[226].

Solche und ähnliche Annahmen gründen darauf, daß das zwischenstaatliche Souveränitätsgefüge Erschütterungen ausgesetzt ist, die zu einer Schwächung staatlicher Autorität führen – eine Ansicht, die in der Literatur derzeit Konjunktur hat (1), aber im folgenden nicht unwidersprochen bleiben soll (2).

---

218 *M. Zürn*, (Anm. 195), S. 183; vgl. auch *H. I. Schiller*: The Erosion of National Sovereignty by the World Business System, in: *M. Traber (Hrsg.)*: The Myth of the Information Revolution: Social and Ethical Implications of Communication Technology (1986), S. 21 ff.; *G. J. Mulgan*: Communication and Control, Networks and the New Economies of Communication (1991), S. 49 ff.
219 *D. Messner/J. Meyer-Stamer*, (Anm. 173), S. 108; *J. Neyer*: Chancen und Gefahren der neuen Kommunikationstechnologien, in: epd-Entwicklungspolitik 14/96, S. 28; eine Entwicklung des Staates zur Rolle des "guardian" sieht *G. J. Mulgan*, (Anm. 218), S. 261.
220 *M. Zürn*, (Anm. 195), S. 188; die Hinweise der Policy-Forschung auf die Verbreitung nichthierarchischer Regelungsformen würden als "Tendenz zur Entstaatlichung", zumindest aber als Indiz für einen "schwachen Staat" gedeutet, *R. Mayntz*: Politische Steuerung: Aufstieg, Niedergang und Transformation einer Theorie, in: *K. v. Beyme/C. Offe (Hrsg.)*: Politische Theorien in der Ära der Transformation, PVS Sonderheft 26/1995, S. 153.
221 *H. Kubicek*: Keine Zeit zum Lernen? Paradoxien der deutschen Telekommunikationspolitik im Lichte der aktuellen Entwicklung in den USA, in: *W. Hoffmann-Riem/T. Vesting (Hrsg.)*: Perspektiven der Informationsgesellschaft (1995), S. 91.
222 *H. Kubicek*, (Anm. 221), S. 92.
223 *B.-B. Ghali*: "Globalisierung und Demokratie", abgedruckt in epd-Entwicklungspolitik 6/95 Dokumententeil, o ff.
224 *W. Hein*, (Anm. 164), S. 55; die Lösung dieser Probleme verlange eine "neue Weltordnung".
225 *D. Messner/J. Meyer-Stamer*, Staat, Markt und Netzwerke im Entwicklungsprozeß, in: E+Z 36 (1995), S. 133.
226 *K. v. Beyme*: Theorie der Politik im Zeitalter der Transformation, in: *K. v. Beyme/C. Offe (Hrsg.)*: Politische Theorien in der Ära der Transformation, PVS Sonderheft 26/1995, S. 26.

(1) Das Konzept staatlicher Souveränität[227] sei eine anachronistische Organisationsform[228], eine "heilige Kuh"[229], eine bloß "administrative Hülse des Weltmarktes"[230], sogar "a bad word" und "a substitute for thinking and precision"[231]. Von der "Endlichkeit" der nationalen Souveränität spricht *Knieper*[232], eine Erosion der Souveränitätsformel sieht *Luhmann*[233]. Und *Tudyka* mahnt: Der Widerspruch von normativem Anspruch und instrumentellen Möglichkeiten des überkommenen Nationalstaates werde augenfällig[234]. Vielfältige Prozesse der Globalisierung und Transnationalisierung hätten die Souveränität der Nationalstaaten längst ausgehöhlt, das traditionelle Gefüge der internationalen Politik aber halte paradoxerweise weiterhin an der Souveränität als einem Prinzip des internationalen Rechts fest – nicht anders als die Völkerrechtsdoktrin, speziell das Wirtschaftsvölkerrecht, selbst[235].

Ausgehend vom geltenden völkerrechtlichen Souveränitätsbegriff ist die innere Souveränität in erster Linie als Verfassungsautonomie zu verstehen, während die äußere Souveränität dadurch gekennzeichnet ist, daß der Staat ausschließlich dem Völkerrecht und keiner anderen Autoritätsquelle, insbesondere keiner anderen Rechtsordnung, untersteht, also "völkerrechtsunmittelbar" ist[236]. Mitursächlich dafür, daß Souveränität ein Schlüsselbegriff der internationalen Beziehungen wurde, ist die in ihm verbürgte for-

---

227 Grundlegend Jean Bodin, Sechs Bücher über den Staat, eingeleitet und herausgegeben von *P. C. Mayer-Tasch*: Buch I-III (1981), Buch IV-VI (1986).
228 So der Titel eines von *Ernst-Otto Czempiel* bereits im Jahr 1969 veröffentlichten Bandes: Die anachronistische Souveränität. Zum Verhältnis von Innen- und Außenpolitik, Sonderheft 1 der PVS (1969).
229 *F. Nuscheler*: Lern- und Arbeitsbuch Entwicklungspolitik (4. Aufl. 1996), S. 41.
230 *D. Diner*, (Anm. 171), S. 27.
231 *L. Henkin*, (Anm. 176), S. 8; konsequent fordert Henkin die Aufgabe des Souveränitätsbegriffs (ebd. S. 10); von "fuzziness of the term" spricht *F. Kratochwil*: Sovereignty as Dominium: Is There a Right of Humanitarian Intervention?, in: *G. M. Lyons/M. Mastanduno (Hrsg.):* Beyond Westphalia, State Sovereignty and International Intervention (1995), S. 21.
232 *R. Knieper*, (Anm. 187), S. 101.
233 *N. Luhmann*: Gesellschaftsstruktur und Semantik, Studien zur Wissenschaftssoziologie der modernen Gesellschaft, Bd. 4 (1995), S. 101 ff.
234 *K. Tudyka*: Wirtschaftspolitik zwischen Globalisierung und Regionalisierung, in: *J. Calließ/ B. Moltmann (Hrsg.):* Loccumer Protokolle 9/92, Jenseits der Bipolarität: Aufbruch in eine "Neue Weltordnung" (1992), S. 339; vgl. auch *J. E. Thomson*: State Sovereignty in International Relations: Bridging the Gap Between Theory and Empirical Research, in: International Studies Quarterly 39 (1995), S. 213 ff.
235 Kritisch *J. Calließ*, Sammelband Loccumer Protokolle 21/93 (1994), S. 7; *L. Henkin*, (Anm. 176), S. 165; *E.-U. Petersmann*: Internationales Recht und Neue Internationale Weltwirtschaftsordnung, in: AVR 18 (1979/80), S. 28; *A. Bleckmann*: Allgemeine Staats- und Völkerrechtslehre. Vom Kompetenz- zum Kooperationsvölkerrecht (1995), S. 96: "Leitprinzip"; kritisch *P. Allott*: Reconstituting Humanity - New International Law, in: EJIL 2 (1992), S. 247; skeptisch auch *R. Higgins*: Problems and Process, International Law and How We Use It (1995), S. 1: "Consent and sovereignty are constraining factors against which the prescribing, invoking, and applying of international law must operate"; vgl. auch *M. S. M. Mahmoud*, (Anm. 167), S. 619 ff.; vgl. auch *J. E. Thomson*, (Anm. 234), S. 213-233.
236 *K. Ipsen*: Völkerrecht (3. Aufl. 1990), S. 58, Rdnr. 7; *A. Verdross/B. Simma*: Universelles Völkerrecht. Theorie und Praxis (3. Aufl. 1984), S. 226, Rdnr. 382; vgl. auch Fn. 16 ebd.; kritisch zu dieser klassischen völkerrechtlichen Definition *A. Bleckmann*, (Anm. 235), S. 91: "Diese Definitionen übersehen, daß das Souveränitätsprinzip in zahlreiche Unterprinzipien zergliedert ist"; näher *ders*. S. 200 ff.; zum Ganzen *J. Delbrück*: International Communications and National Sovereignty - Means and Scope of National Control Over International Communications, in: Thesaurus Acroasium Bd. XV, Communications (1987), S. 81 ff.

melle Gleichheit, wie *Kratochwil* ausführt, "the equality of autonomous actors"[237], die insbesondere den Entwicklungsländern ein hohes Gut ist[238].

Über Jahrzehnte hinweg bestand weitgehend alleinige Zuständigkeit der Staaten, über die Voraussetzungen und Modalitäten zu entscheiden, unter denen elektronische Informationen auf dem Territorium gesendet und empfangen werden konnten. Diese Staats-Zentriertheit bzw. Staatsnähe der Telekommunikation bewirkte u.a., daß die Zusammenarbeit im Rahmen der ITU[239] und INTELSAT auf Prinzipien basierte, die sich stark am Souveränitätsanspruch der Staaten orientierten. Nur sehr zögerlich, und meist aus Gründen der technischen Notwendigkeit, waren Regierungen bereit, anderen Staaten oder einem internationalen Gremium Kontrollbefugnisse im Kommunikationssektor zu konzedieren[240].

Ausgangspunkt kritischer Reflexionen zum Souveränitätskonzept ist zunächst der zunehmende Einfluß privater Akteure[241]. *Bertrand* konstatierte, der sich vollziehende Wandel habe seit einem Jahrzehnt neue Akteure des Wirtschafts- und des politischen Lebens auf die internationale Szene "geschleudert", Akteure, die vormals "relativement casaniers" gewesen seien[242]. Im Jahre 1968 existierten beispielsweise 7276 multinationale Konzerne, im Jahre 1990 waren es bereits 35.000[243]. In zunehmendem Maße sind substaatliche Akteure – wie Unternehmen und Firmenzusammenschlüsse – Träger transnationaler Beziehungen, sie sind die "eigentlichen Träger der internationalen Austausch-Beziehungen"[244]. Es habe sich bereits "eine wirklich weltumspannende Wirtschaftswelt herausgebildet", in der mächtige multinationale Konzerne ("Multis") die transnationalen Produktions- und Vermarktungsstrukturen "beherrschen" und die Verteilung von Einkommen sowie die Rangordnungen von Nationen bestimmten[245].

Die Ausweitung der transnationalen Organisationen, vor allem die beschriebene Einflußsteigerung der transnationalen Dienstleistungsunternehmen, kann dazu führen, daß diese, so *Rittberger*, "faktisch an die Stelle (...) von nationalstaatlichen Organen

---

237 F. *Kratochwil*: Preface, in: F. *Kratochwil/E. D. Mansfield (Hrsg.)*: International Organization. A Reader (1994), S. xi preface; zur "norm-generative force" der Souveränität vgl. auch F. V. *Kratochwil*: Rules, Norms, and Decisions. On the Conditions of Practical and Legal Reasoning in International Relations and Domestic Affairs (1989), S. 251 f.
238 Kritisch zu dem Umstand, daß Entwicklungsländer der Souveränität große Bedeutung beimessen allerdings R. *Knieper*, (Anm. 187), S. 63; damit würden sie ihre kulturelle Identität zerstören, "ohne dafür mit einer Entwicklung zu kapitalistisch-freien Produktionsverhältnissen belohnt zu werden."
239 Zum überkommenen Souveränitätskonzept, an dem die ITU festhält: J. *Solomon*: The ITU in a Time of Change, in: Telecommunications Policy 15 (1991), S. 373.
240 Explizit P. *Malanczuk*, (Anm. 31), S. 368.
241 Vgl. bereits die Ausführungen unter 1. Kap. 1 f).
242 M. *Bertrand*, (Anm. 167), S. 1; zur Gefahr von Souveränitätseinbußen durch fehlende Kontrolle über multinationale Unternehmen: M. S. M. *Mahmoud*, (Anm. 167), S. 627 f.
243 Vgl. Schaubild 1, in: Stiftung Entwicklung und Frieden, (Anm. 14), S. 25.
244 A. *Lemper*, (Anm. 162), S. 51; vgl. auch C. J. *Hamelink*: Global Communications: Northern Control & Southern Dependence, in: epd-Entwicklungspolitik 14/15 (1995), S. e).
245 F. *Nuscheler*, (Anm. 115), S. 25; vgl. auch E. *Altvater*: Operationsfeld Weltmarkt oder: Vom souveränen Nationalstaat zum nationalen Wettbewerbsstaat, in: Prokla 24 (1994), S. 517-547; E.-O. *Czempiel*: Die Intervention, Politische Notwendigkeit und strategische Möglichkeiten, in: PVS 35 (1994), S. 407 beschreibt den Wandel von der Staatenwelt zur Gesellschaftswelt als Prozeß der Emanzipation gesellschaftlicher Akteure, die nunmehr eigenständig in der internationalen Umwelt agieren; dies trifft seiner Ansicht schon seit längerem für die transnationalen Konzerne zu, neuerdings aber auch für kleinere wirtschaftliche Akteure, wie etwa gesellschaftliche Großverbände.

treten"[246]. Weil Regierungen angesichts der "Oligopolisierung und weltweiten Verflechtung von Medienkonzernen" nur noch wenig zur Steuerung des Kultur- und Informationsangebots beitragen könnten, erodiere ein wesentliches Stück der nationalen Souveränität[247]. Die neuen Akteure begrenzten die Fähigkeit der Regierungen, eine unabhängige Außenpolitik zu führen[248], ohne indes in deren Funktionen hineinzuwachsen. Soweit die Vorherrschaft der Konzerne reiche, herrschten diese, ohne die Verantwortung von Staaten zu übernehmen[249]; ein Machtvakuum drohe zu entstehen. *Slaughter* spricht in diesem Zusammenhang von "disaggregated sovereignty"[250].

(2) Dem ist zunächst zu entgegnen, daß die geführte Debatte weniger aktuell ist, als es den Anschein haben mag. Bereits in der die multinationalen Konzerne betreffenden Diskussion um die Neue Weltwirtschaftsordnung der 70er Jahre wurde das Problem möglicher Souveränitätseinbußen, insbesondere von Entwicklungsstaaten, behandelt[251]. Der Wunsch der Gaststaaten nach permanenter Souveränität über alle Wirtschaftsfragen und -ressourcen kann, dies wurde bereits damals deutlich, mit der Machtfülle der transnationalen Konzerne kollidieren. Diese können im Regelfall nicht nur niedrige Standards bei Löhnen, sozialer Sicherung und im Umweltschutz ausnutzen, sondern auch Steuer- und Kapital- sowie Wettbewerbsvorschriften umgehen bzw. in ihrem Sinne anwenden. Derartige Verhaltensweisen stellen allerdings kein spezielles Problem transnationaler Telekommunikationsunternehmen dar, sondern sind Erscheinungsformen, die ebenso bei anderen Unternehmensgattungen zu beobachten sind.

Des weiteren ist anzumerken, daß heute die Bindungen der transnationalen Konzerne, etwa an das Recht des Gaststaates[252], unstrittig sind, und dieser unerwünschte Auswirkungen in mannigfaltiger Weise steuern kann, unter anderem durch Vorschriften über Joint-Ventures, Preisbildungsvorschriften oder steuer-, arbeits- und genehmigungsrechtliche Bestimmungen[253]. Darüber hinaus wurden für die Unternehmen Verhaltenspflichten wie beispielsweise der United Code of Conduct on Transnational Corporations entwickelt. Aufgrund dieser Gegebenheiten ist "heute allgemein anerkannt, daß multinationale Unternehmen oder transnationale Gesellschaften staatliche Souveränität als Institution nicht in Frage stellen"[254].

---

246 *V. Rittberger*, (Anm. 176), S. 29 mit der Forderung, deshalb müßten die transnationalen Organisationen bei der Analyse eines "sektoralen internationalen Mehrebenen-Entscheidungssystems" berücksichtigt werden.
247 *F. Nuscheler*, (Anm. 115), S. 23; ähnlich *M. S. M. Mahmoud*, (Anm. 167), S. 625 f.
248 *A.-M. Slaughter*: International Law in a World of Liberal States, in: EJIL 6 (1995), S. 513.
249 *R. Petrella*, (Anm. 163), S. 11.
250 *A.-M. Slaughter*, (Anm. 248), S. 513 und S. 534 ff.; für eine Neudefinition der Souveränität *A.-M. Slaughter*, ebd. S. 535: "the norm of sovereignty would have to be constructed so as to constitute and protect political institutions of liberal States in carrying out their individual functions and in checking and balancing one another".
251 Informativ zum damaligen Stand der Diskussion und mit zahlreichen Literaturnachweisen Band 18 der Berichte der Deutschen Gesellschaft für Völkerrecht (1977) mit Beiträgen von *Birk*, *Großfeld*, *Sandrock* und *Wildhaber*.
252 Dessen ungeachtet bleiben die meisten multinationalen Konzerne einer internationalen Konzernstrategie unterstellt; zu den Implikationen: *L. Wildhaber*: Multinationale Unternehmen und Völkerrecht, in: BerDGVR 1978, Internationalrechtliche Probleme multinationaler Kooperationen (1978), S. 16 f. und S. 32 ff.; *E.-U. Petersmann*, (Anm. 235), S. 26.
253 Zum Recht auf Regelung im GATS näher im 5. Kap. 1 d).
254 *K. M. Meessen*: Souveränität, in: *R. Wolfrum (Hrsg.)*: Handbuch Vereinte Nationen (2. Aufl. 1991), S. 790, Rdnr. 7 (Hervorhebung durch die Verf.).

Ein zweiter Argumentationsstrang geht davon aus, daß im Rahmen der Entwicklung zur Weltinformations- bzw. Weltdienstleistungsgesellschaft die Bedeutung von Territorialgrenzen geringer werde, was nach Ansicht einer Reihe von Autoren ebenfalls eine Erosion des Souveränitätsbegriffs fördert. Die veränderbare globale Informationsinfrastruktur führe dazu, daß "territorial borders and substantive borders disintegrate as key paradigms for regulatory governance"[255]. Netzwerkgrenzen – etwa zwischen America Online, CompuServe, EUNet oder Prodigy – ersetzen nationale Grenzen, neue "network communities" entstehen. Die Kunden der verschiedenen Systeme unterwerfen sich verschiedenen Vertrags- und Verhaltensanforderungen. Netze entwickeln politische Charakteristika, die denjenigen von sich-selbst verwaltenden Einheiten nicht unähnlich sind und lassen die Unzulänglichkeit der üblichen regulatorischen Ansätze auf staatlicher Ebene erkennen; die transnationalen Netzwerkakteure besitzen eine Reihe eigener internationaler Verhandlungs- und Entscheidungsgremien (etwa im Rahmen der technischen Standardisierung in der ITU) und sind direkt an Prozessen der Entscheidungsfindung beteiligt.

Im Zuge neuer telekommunikativer Möglichkeiten gewannen die Staatsgrenzen an Durchlässigkeit und der "veil of statehood"[256] wurde ein Stück weit gelüftet. Entsprechend dem völkerrechtlichen Territorialitätsprinzip darf kein Staat im Gebiet eines anderen Staates hoheitlich tätig werden[257]. Um dies sicherzustellen, stehen Staaten grundsätzlich eine Reihe von Abwehrinstrumenten zur Verfügung, etwa das klassische Instrumentarium der Grenzkontrollen. Traditionelle staatliche Kontrollmechanismen können in Zeiten telekommunikativ unbegrenzter Möglichkeiten jedoch nur mehr noch unter Schwierigkeiten eingesetzt werden: "Das Überspringen von Grenzen via Direktinvestitionen und die tendenzielle Verlagerung des Schwerpunkts der internationalen Transaktionen von der Zollstation auf den Bildschirm unterlaufen die überkommenen staatlichen Steuerungsmöglichkeiten"[258]. Investitionen erfolgen heute weitgehend losgelöst

---

255 *J. R. Reidenberg*: Governing Networks and Rule-Making in Cyberspace, in: Emory Law Journal 45 (1996), S. 913; der Bericht der in Genf ansässigen *Kommission für globale Regierungsführung* "Our Global Neighbourhood" vom Januar 1995 sah das traditionelle Souveränitätskonzept in Veränderung begriffen; insbesondere das Element der "territoriality" habe an Bedeutung verloren, (Our Global Neighbourhood. The Report of the Commission on Global Governance (1995) Oxford); deutsche Version "Nachbarschaft in der Einen Welt" (1995), Auszüge veröffentlicht in: epd6/95, S. i ff (Dokumententeil). Diese Einschätzung wird von Autoren wie Diner oder Knieper (s.o. Anm. 187) geteilt; beruhte die völkerrechtliche Ordnung des ius publicum europaneum noch auf einer terranen Ordnung, die den Flächenstaat als genuines Rechtssubjekt der Weltgesellschaft zu ihrem Ausgangspunkt erhob, so müsse heute die "Form des politischen Flächenstaates" durch die "vertikal einwirkende Bewegungsrichtung der Weltwirtschaft als aufgehoben gelten": *D. Diner*, (Anm. 171), S. 27 f.; zum Ganzen auch: *D. Elkins*: Beyond Sovereignty: Territory and Political Economy in the Twenty-First Century (1995).
256 *L. Henkin*, (Anm. 176), S. 280.
257 Zur Bedeutung von Grenzfragen und territorialen Aspekten der Souveränität siehe nur *F. V. Kratochwil*: Peace and Disputed Sovereignty, Reflections on Conflict Over Territory (1985), S. 3 ff; Kratochwil unterscheidet v.a. drei Konfliktformen - "territorial disputes", "positional disputes" und "functional boundary disputes" (ebd. S. 18 f.); zu der territorialen Dimension der Souveränität vgl. auch *M. Koskenniemi*, The Politics of International Law, in: EJIL 1 (1990), S. 16 f.; *J. G. Ruggie*: Continuity and Transformation in the World Polity, in: World Politics 35 (1983), S. 261-285.
258 Stiftung Entwicklung und Frieden, (Anm. 14), S. 216; grenzüberschreitende elektronische Handelsnetze überbrücken große Entfernungen und lassen geographische Grenzen verschwimmen, vgl. nur *P. K Tang*, (Anm. 157), S. 509; zu den aufgrund mangelnder Grenzkontrollen entstehenden Souveränitätsbedenken, vgl. *J. C. Grant*: Global Trade in Services, in: *P. Robinson/K. P. Sau-*

von der territorialen Belegenheit, so daß "territoriale Grenzen" für Investitionsentscheidungen eine vergleichsweise geringe Rolle spielen. Die Souveränität sei faktisch, in der Öffnung zur Weltökonomie, relativiert[259].

Aus diesen – im Kern sicherlich zutreffenden Beobachtungen – sollte nicht vorschnell auf einen veritablen Souveränitätsverlust geschlossen werden; es handelt sich im Prinzip um bereits bekannte Sachzusammenhänge, die unter Souveränitätsaspekten bereits während der 70er Jahre erschöpfend debattiert wurden. Daß es sich auch hier vielfach um eine Neuauflage alter Probleme handelt, die rechtlich gesehen keine umfassende Neubewertung erfordern, verdeutlicht ein Blick auf die Ergebnisse der Funkfrequenzverteilungskonferenz WARC-92 der ITU (2./3. März 1992 in Malaga, Spanien). Deren Beschlüsse hinsichtlich des Mobilfunks via nicht-geostationäre Satelliten erlauben privaten Netzbetreibern (die vorwiegend aus Industrieländern kommen), die Staatsterritorien der Entwicklungsländer in ihrem Interesse zu nutzen. Damit wiederholte sich unter Souveränitätsgesichtspunkten das Problem der Satellitenausstrahlung der 60er Jahre, bei der sich die Dritte Welt stets – allerdings weitgehend erfolglos – um die Verankerung des souveränitätsschonenden Prinzips des "prior-consent" bemüht hatte.

Weder damals noch heute sollte jedoch die Gefahr einer telekommunikationsbedingten Auflösung der territorialen Grenzen, und damit des Fundaments der souveränen Staatlichkeit, überschätzt werden. Dies wurde auch den meisten Entwicklungsländerregierungen im Verlauf der GATT-Liberalisierungsverhandlungen bewußt, weswegen sie Souveränitätsbedenken, die sie im Verlauf der Vorverhandlungen[260] massiv geäußert hatten[261], zunehmend aufgaben. Gerade das grenzüberschreitende "networking" kann die Kontrollmöglichkeiten von Regierungen, den Inhabern der souveränen Staatsgewalt, verbessern. Wie der Chairman of the Board, Viacom Inc., *S. Redstone* betonte: "Just as control and enhancement of telecommunications networks can reinforce governmental control within a nation's border, changes in technology also permit the transcending of national borders"[262]. Hiervon sind auch das Militär oder die Geheimdienste betroffen. Mit anderen Worten: die gestiegene territoriale Durchlässigkeit kann in Teilbereichen durchaus zu einer Stärkung souveräner Staatlichkeit führen.

Gegen die Ansicht, das Territorialitätskriterium sei durch die neueren Entwicklungen "überholt", spricht außerdem, daß die wenigsten Unternehmen im eigentlichen Sinne global sind, sondern fast alle einen lokalen oder regionalen Schwerpunkt besitzen[263]. Selbst wenn die Globalisierung des Telekomdiensthandels umfassende Dimensionen erreicht, bleiben weltweit operierende Betreiber, wie AT&T, Cable and Wireless (C&W) and British Telecommunications (BT), um nur einige zu nennen, immer noch

---

vant/V. P. Govitrikar (Hrsg.): Electronic Highway for World Trade (1989), S. 101; auch die Problematik des Internet sollte in diesem Zusammenhang nicht unerwähnt bleiben: Das weitverbreitete globale Netz Internet ermöglicht eine direkte Verbindung aller Teilnehmer untereinander und führt somit praktisch zur Aufhebung der nationalen Grenzen für die Informationsübertragung - mit bislang nicht näher untersuchten Konsequenzen für die Souveränität.

259   *R. Knieper*, (Anm. 187), S. 178; kritisch zu den Souveränitätserwägungen Kniepers *D. Messner/J. Meyer-Stamer*, (Anm. 173), S. 98.
260   Zu den Vorbehalten der Entwicklungsländer näher das 3. Kap. 1 c).
261   Zu der Souveränität betreffenden materiellen Verhandlungspositionen der Entwicklungsländer s.u. das 4. Kap. 3.
262   Vgl. Chairman of the Board, Viacom Inc., *S. Redstone*: Keynote Address, Symposium: Telecommunications in the 90s - From Wasteland to Global Network, Boston University School of Law, April 2, 1993, in: Boston University International Law Journal 11 (1993), S. 134.
263   Ausdrücklich *A. Lemper*, (Anm. 162), S. 51.

nationale, vom Binnenmarkt abhängige Gesellschaften. Sie sind "still very much dependent on their home market"[264].

Auch Telekommunikationssysteme weisen, obwohl sie schnelle Raumüberwindung ermöglichen, klare territorial- bzw. nationalstaatliche Grenzen auf[265]; die Gestaltung des deutschen Telekommunikationswesens obliegt der Bundesrepublik Deutschland, das französische System unterliegt dem planerischen Ermessen Frankreichs etc. Die nationale Basis bleibt in jedem Fall erhalten – eine Tatsache, die sich auch an der Unterstützung zeigt, die die Unternehmen von ihren Heimatstaaten erhalten[266], etwa staatliche Mittel für Forschung und Entwicklung oder auch öffentliche Aufträge.

Obwohl die nationalen Grenzen in der Informationsgesellschaft an Bedeutung verlieren, bleiben die Staaten die entscheidenden Akteure, um die netzbedingte Regulierung, etwa im Bereich der notwendigen Netzstandardisierung oder der Haftung, zu beeinflussen. Die "home nation", also der Heimatstaat, wird durch die Globalisierungstendenzen nicht weniger wichtig, sondern im Gegenteil, unter Wettbewerbsaspekten wichtiger denn je:

"The role of the home nation seems to be as strong or stronger than ever. While globalization of competition might appear to make the nation less important, instead it seems to make it more so (...) The home nation takes on growing significance because it is the source of the skill and technology that underpin competitive advantages"[267].

Der nationale Industriestandort scheint – folgt man den aktuellen Debatten – eher an Bedeutung zu gewinnen denn zu verlieren.

Schließlich sei eine Anmerkung zum bereits eingangs erwähnten, dritten Argumentationsstrang erlaubt – die Globalisierung sorge für eine Verlagerung bzw. einen Verlust der vom souveränen Staat erbrachten Funktionen, und stelle damit dessen traditionelles Souveränitätsverständnis in Frage. Nach Ansicht des früheren ITU-Generaldirektors *Butler* besteht eines der Hauptprobleme in der Umgehung der nationalen Gesetzgebung durch moderne technologische Entwicklungen, insbesondere elektronischen Datenaustausch[268]. Es sei die Tendenz zu beobachten, daß Unternehmen immer mehr regulative Funktionen, die früher dem Staat vorbehalten waren, übernähmen, denn viele Vorgänge könnten nur global und nurmehr in sehr beschränktem Maße auf der Ebene der Nationalstaaten gelöst werden. Da Unternehmen Aufgaben des Staates übernehmen, werden wesentliche Funktionen des Staates, etwa die Gestaltung der Weltökonomie, quasi "privatisiert"[269]. Als Beispiel läßt sich die Ausarbeitung von Telekommunikationsstandards anführen, bei der nationale Regulierungsbehörden ursprünglich eine große Rolle gespielt haben, mittlerweile jedoch erheblich an Einfluß eingebüßt haben. Daraus resul-

---

264 *H. I. M. de Vlaam*, (Anm. 41), S. 6.
265 *R. Werle*, (Anm. 27), S. 27.
266 *R. Petrella*, (Anm. 163), S. 10.
267 *M. Porter*: The Competitive Advantage of Nations (1990), S. 19.
268 *R. E. Butler*: The International Telecommunication Union and the Formulation of Information Transfer Policy, in: *J. F. Rada/R. G. Pipe (Hrsg.)*: Communication Regulation and International Business, Proceedings of a Workshop held at the International Management Institute (IMI), Geneva, Switzerland, April 1983 (1984), S. 80.
269 *R. Petrella*, (Anm. 163), S. 11; vgl. auch *F. V. Kratochwil*, Globalization and the Disappearance of the "Publics", in: *J.-Y. Chung (Hrsg.)*: Global Governance. The Role of International Institutions in the Changing World (1997), S. 75 ff.

tiert, daß der eigentliche Standardisierungsprozeß sich heute in freiwilligen, stark von der Industrie dominierten Standardisierungsorganisationen vollzieht[270].

In der bloßen Übernahme regulativer Funktionen durch die Wirtschaft liegt jedoch nicht ohne weiteres eine Souveränitätseinbuße. Von einer solchen könnte dann ausgegangen werden, wenn es sich um hoheitliches Handeln eines anderen Staates handelte. Solange die Verfassungsautonomie jedoch nicht berührt ist, führt die im Rahmen der Liberalisierung der Telekommunikationsordnung stattfindende Verlagerung regulativer Kompetenzen vom Staat auf die Industrie nicht zum Souveränitätsverlust. Wie *Meessen* zutreffend hervorhebt, postuliert die Souveränität "keine Absolutheit staatlicher Macht"; das Vorhandensein mächtiger gesellschaftlicher Verbände wird davon nicht ausgeschlossen[271].

Aufgrund veränderter Anforderungen sieht sich der Staat einem anderen Aufgabenprofil gegenüber als früher; daraus jedoch pauschal auf eine Aufgabe staatlich-souveräner Kompetenzen zu schließen, wäre voreilig. Wie *Mayntz* hervorhebt, kann "von einem resignierten Rückzug des Staates" keine Rede sein: "Wir haben es nicht mit einem Rückzug, sondern mit einem Formwandel staatlicher Machtausübung zu tun, durch den sich das Spektrum der nebeneinander existierenden Regelungsformen verbreitert hat"[272].

Man kann davon ausgehen, daß die steigende Verflechtung der Welt über international operierende Konzerne den Einfluß der nationalen Wirtschaftspolitik, beispielsweise auf die Beschäftigungssituation, eher verstärken wird[273]. Die wesentlichen Wettbewerbsbedingungen sind heute territorial gebunden, "Wettbewerbsfähigkeit ist ´man made´, in Grenzen gestalt- und steuerbar, abhängig von leistungsfähigen nationalen Akteuren"(...)[274]. Dies gilt insbesondere für die durch den Aufbau der Telekominfrastruktur verbesserte Wettbewerbsfähigkeit:

"(...) it appears that national sovereignty will be preserved to play a vital role in the decisions on the construction and operation of an international telecommunications system, including both limited joint operations and operations on a global scale (...)"[275].

Im Ergebnis sollte der Gehalt der aktuellen Globalisierungsdebatte, besonders die diskutierten Auswirkungen auf die staatliche Souveränität, nicht zu hoch bewertet werden. Bereits in den 70er Jahren wurde unter dem Eindruck der Wirtschaftskrise sowie sozialer und ökologischer Veränderungen unter dem Etikett der "Unregierbarkeit" die struk-

---

270 Systemkritisch *L. Salter*: Have We Reached the Information Age Yet?, in: International Journal of Political Economy 23 (1993-94), S. 22 m.w.N.; wie *J. Scherer*, (Anm. 26), S. 38 darlegte, verläuft die Standardisierung "in einer nicht nur für Außenstehende schwer durchschaubaren Weise nach Kriterien (industrie-)politischer Opportunität"; näher zu den Problemen der Standardisierung unter Governance-Aspekten im 2. Kap. 3 c).
271 *K. M. Meessen*, (Anm. 254), S. 788.
272 *R. Mayntz*: Politische Steuerung: Aufstieg, Niedergang und Transformation einer Theorie, in: *K. v. Beyme/C. Offe (Hrsg.):* Politische Theorien in der Ära der Transformation, PVS Sonderheft 26/1995, S. 160; skeptisch *F. V. Kratochwil*, (Anm. 269), S. 76.
273 So *J. Betz*: Arbeitslosigkeit und Beschäftigungsstrategien in der Dritten Welt, in: Jahrbuch Dritte Welt (1996), S. 87.
274 D. Messner/J. Meyer-Stamer, (Anm. 173), S. 104.
275 *S. Kageyama*: International Cooperation and National Sovereignty - Unchanged Role of National Sovereignty in the Provision of International Telecommunications Services, in: Case Western Reserve Journal of International Law 16 (1984), S. 285.

turelle Überlastung staatlicher Handlungskapazitäten thematisiert[276]. Soweit hingegen das "Ende des Nationalstaats" evoziert wird, so sei daran erinnert, daß es sich hier im Kern ebenfalls um eine ältere Debatte handelt, die einige historische Vorläufer in der Interdependenzdiskussion besitzt[277].

Es gibt Anzeichen dafür, daß die völkerrechtliche Souveränität – seit Jahren bereits relativ und keineswegs so absolut zu verstehen, wie mancher Kommentator dies anzunehmen scheint – durch die neuesten Telekommunikationsentwicklungen rechtlich, als Institution im Völkerrechtssystem, kaum an Bedeutung verlieren wird. Inwieweit diese Annahme durch die neuen in GATT/WTO abgeschlossenen völkerrechtlichen Abkommen zum Handel mit Telekomdiensten bestätigt wird, mögen die Ausführungen, vor allem in Hinblick auf das souveräne "right to regulate"[278], erhellen.

Die Souveränität ist (und bleibt voraussichtlich) eine wesentliche Grundbedingung für den Verkehr von Rechtssubjekten und als solche ein wichtiges internationales Organisationsprinzip[279]. Dies gilt in besonderem Maße für den Telekommunikationssektor, für den im Anschluß an die Uruguay Runde und während der nächsten Jahre einige wesentliche Grundentscheidungen zu fällen sind[280]. Nicht umsonst betitelte ein Autor seine Ausführungen mit der Überschrift: "Unchanged Role of National Sovereignty in the Provision of International Telecommunications Services"; die Erbringung internationaler Telekomdienste wird auch in Zukunft innerhalb des festgefügten staatlichen Souveränitätsgefüges stattfinden – es sei denn, es kommt zu größeren, nicht vorhersehbaren Wechselfällen:

"International telecommunications services will continue to be greatly affected by national sovereignty unless great political upheavals occur on a worldwide scale"[281].

Eine andere Frage ist, ob ein Festhalten an der völkerrechtlichen Souveränität und souveränen staatlichen Werten (Unabhängigkeit, Unverletzlichkeit der Grenzen, Konsensprinzip etc.) politisch wünschenswert ist, auch unter dem Aspekt der Wohlfahrtsmeh-

---

276 *C. Offe*: Unregierbarkeit, Zur Renaissance konservativer Krisentheorien, in: *J. Habermas (Hrsg.)*: Stichworte zur "Geistigen Situation der Zeit, Bd. 2, Nation und Republik (1979), S. 294-318; vgl. auch *R. Mayntz*: Politische Steuerung und gesellschaftliche Steuerungsprobleme - Anmerkungen zu einem theoretischen Paradigma, in: *T. Ellwein* u.a. *(Hrsg.)*: Jahrbuch für Staats- und Verwaltungswissenschaften 1987, S. 89-110 m.w.N.
277 *R. O. Keohane/J. S. Nye*: Power and Interdependence. World Politics in Transition (1977); *R. J. B. Jones*: Globalization and Interdependence in the International Political Economy (1995), S. 15 ff.; *D. Baldwin*: Interdependence and Power. A Conceptual Analysis, in: IO 34 (1980), mit einem historischen Rückblick, S. 475 ff.; vgl. auch *G. Hauck*: Modernisierung, Dependencia, Marxismus - was bleibt?, in: Peripherie. Zeitschrift für Politik und Ökonomie in der Dritten Welt 39/40 (1990), S. 68-81.
278 Näher das 4. Kap. 3 e); 5. Kap. 1 d); zum souveränen Ermessen der Staaten hinsichtlich der Gewährung von Marktzugang siehe auch das 4. Kap. 2 b); 5 Kap. 1 d); 5. Kap. 5 b).
279 Ausdrücklich *M. Koskenniemi*, (Anm. 257), S. 14: "In some ways, sovereignty doctrine plays a role analogous to that played by individual liberty in legitimation discourse. It explains a critical character of legal subjects and sets down basic conditions within which the relations between legal subjects must be organized"; vgl. auch *D. Senghaas*: Weltinnenpolitik – Ansätze für ein Konzept, in: EA 22 (1992), S. 646; *W. Hein*, (Anm. 164), S. 5; *H.-J. Lauth*: Zwischen nationaler Souveränität und Zentralismus: Föderalismus als Ordnungsprinzip einer "Weltinnenpolitik", in: Jahrbuch für Politik 5 (1995), S. 326; *J. B. Attanasio*: Rapporteur's Overview and Conclusions: of Sovereignty, Globalization, and Courts, in: New York University of International Law and Politics 28 (1996), S. 25: "sovereignty remains the dominant context of world public order".
280 Zu den Anforderungen an die "Governance" vgl. das 2. Kap. 3.
281 *S. Kageyama*, (Anm. 275), S. 285.

rung im internationalen System, dem sich Industriestaaten unter Berufung auf ihre "souveränen" Rechte nur allzu leicht verschließen[282]. Nicht ausgeschlossen ist, daß ein Festhalten an der Souveränität als Institution die Bereitschaft zu einer Politik, die sich an den Werten einer neuen gerechteren Weltinformationsordnung orientiert, behindert[283] – eine Frage, die in den Schlußkapiteln der vorliegenden Untersuchung noch einmal aufgegriffen wird[284].

b) Das Steuerungspotential internationaler Organisationen

Im Unterschied zu Regimen, denen die Akteursqualität im Prinzip abgesprochen wird[285], besitzen internationale Organisationen, wie die im Januar 1995 neu gegründete Welthandelsorganisation (WTO) samt ihren Unterorganen, eine eigene Rechtspersönlichkeit, eine eigene bürokratische Struktur und eigenes Personal. Internationale Organisationen sind grundsätzlich in der Lage, zielgerichtete Aktivitäten zu entfalten. Die Welthandelsorganisation (WTO) wird zum Teil als der wichtigste Regulator in der globalen Wirtschaft angesehen, da sie die Möglichkeit eröffne, sich innerhalb eines regelbasierten Systems zu bewegen.

Im folgenden sei – gewissermaßen als Grundlage für eine Untersuchung des Prozesses der Diensteliberalisierung in der WTO – ein kurzer Überblick über die wesentlichen theoretischen Grundströmungen hinsichtlich des Steuerungspotentials internationaler Organisationen gegeben.

(1) In der realistischen Tradition[286] der internationalen Theorie wird die Fähigkeit internationaler Organisationen zur Steuerung von Vorgängen in einer anarchisch begriffenen Staatenwelt als verhältnismäßig unbedeutend eingeschätzt; im Zentrum realistischen Denkens stehen die Staaten und ihr Streben nach politischer, militärischer und ökonomischer Sicherheit. Internationale Politik ist in erster Linie Machtpolitik, nach *Morgen-*

---

282 *L. Henkin*, (Anm. 176), S. 163; zur Verwirklichung internationaler Gerechtigkeit in der internationalen Politik siehe *P. Rinderle*: Die Idee einer wohlgeordneten Staatengemeinschaft, in: PVS 35 (1994), S. 658-698; vgl. auch *J. Harris*: Order and Justice in "The Anarchical Society", in: International Affairs 69 (1993), S. 725 ff.
283 *F. Nuscheler*, (Anm. 115), S. 41.
284 Vgl. die Ausführungen im 6. Kap. 4 b) und e).
285 *V. Rittberger*: Internationale Organisationen, Theorie der, in: *R. Wolfrum (Hrsg.)*: Handbuch Vereinte Nationen (1991), S. 371, Rz. 31; zum Verhältnis von Regimen und Organisationen auch *V. Rittberger*, (Anm. 176), S. 27 f.; *M. Efinger/V. Rittberger/K. D. Wolf/M. Zürn*: Internationale Regime und internationale Politik, in: *V. Rittberger (Hrsg.)*: Theorien der internationalen Beziehungen, PVS-Sonderheft 21 (1990), S. 267; *M. Zürn*, (Anm. 195), S. 206; vgl. auch *M. Zürn*: Gerechte Regime (1987), S. 19: "Während demnach internationale Regime Regelwerke für angebbare Politikfelder darstellen, zeichnen sich internationale Organisationen u.a. dadurch aus, daß sie Regelwerke erzeugen bzw. zusammen mit ihnen errichtet werden (...)"; näher zu Regimen und internationalen Organisationen *F. Kratochwil*: Regimes and Organizations, in: *F. Kratochwil/ E. D. Mansfield (Hrsg.)*: International Organization. A Reader (1994), Kapitel 4, S. 140 ff.; *F. Kratochwil/J. G. Ruggie*: International Organization: A State of the Art on an Art of the State, in: *F. Kratochwil/ E. D. Mansfield (Hrsg.)*: International Organization. A Reader (1994), S. 39 weisen darauf hin, daß "regimes are conceptual creations not concrete entities"; näher zu Regimen und Telekommunikation siehe unten Abschnitt c) dieses Kapitels.
286 Das Ende dieser Tradition nahen, sieht allerdings *R. Wolf*: Wie weiter mit dem Realismus, in: ZIB 1 (1994), S. 171; kritisch zur realistischen Schule auch *V. Rittberger*, (Anm. 176), S. 76: der Trend einer wachsenden Anzahl internationaler Organisationen bleibt in der realistischen Betrachtung "ein Rätsel".

thau "ein Kampf um Macht"[287] und nicht, wie in der idealistischen Grundannahme, eine sich auf der Basis universeller Moralvorstellungen vollziehende Interessenharmonisierung. Internationale Organisationen sind primär Instrumente staatlicher Machtpolitik – soweit Staaten in internationalen Organisationen mitwirken, benutzen sie diese zur Verfolgung ihrer partikularen Interessen. Die Einflußnahmemöglichkeit internationaler Organisationen ist folglich durch einzelstaatliche Macht- und Gewaltpotentiale begrenzt[288]. Übertragen auf die WTO-Gründung könnten Großmächte[289], wie die USA[290] oder zwischenstaatliche Gemeinschaften, wie die Europäische Union[291], ihre Macht dazu benutzt haben, um eine Organisation nach ihren Vorstellungen zu schaffen.

Die neo-realistische Richtung hat gegenüber dem politischen Realismus durch die analytischen Grundkategorien – System/Entscheidung; Interesse/Macht; Wahrnehmung/Wirklichkeit; Kooperation/Konflikt; Norm/Nutzen – im deutschen Raum durch *Kindermann*[292] und im amerikanischen Raum u.a. durch die Arbeiten von *Krasner/Gilpin*[293] sowie *Waltz*[294] eine bedeutsame Ausdifferenzierung erfahren, die mit der Krise des Multilateralismus zu Beginn der 80er Jahre eine weitere theoretische Verfeinerung fand[295]. Im Unterschied zum klassischen Realismus werden nicht-staatliche Akteure wie internationale Organisationen in das Analysekonzept miteinbezogen und UN-Prinzipien nicht grundsätzlich negiert. Macht wird nicht länger als ein Selbstzweck, sondern als ein nützliches Mittel der Politik angesehen[296]. Die staatzentrierten und machttheoretischen Prämissen des Realismus und damit die Skepsis gegenüber der Anwendung von allgemein sittlichen, universellen Grundsätzen auf staatliches Handeln bleiben aber im wesentlichen gültig. Der neorealistischen Annahme zufolge ist das internationale Staatensystem im Prinzip anarchisch strukturiert, d.h. es gibt keine hierarchische, auf Zwang begründete Ordnung. Vorherrschend ist die Vorstellung vom egoistisch-rationalen Nutzenmaximierer ("homo oeconomicus"). Entsprechend wird das GATT/WTO-System im

---

287 *H. Morgenthau*: Macht und Frieden (1963), S. 69; differenzierend zum Begriff "Macht" i.S. eines Potentials zur Gewalttätigkeit, "Macht" als Kompetenz zur Steuerung sozialer Beziehungen und "Macht" als Herrschaft *U. Albrecht/H. Hummel*: "Macht", in: *V. Rittberger (Hrsg.):* PVS Sonderheft 21/1990, S. 90-109.

288 Die Mitspracherechte der Staaten in der WTO behandeln die Ausführungen zum Konsensprinzip im 3. Kap. 2 b).

289 *U. Albrecht/H. Hummel*, (Anm. 287), S. 91 legten dar, daß in der Machtanalyse nicht mehr jeder Staat als "Macht" betrachtet werde, sondern nur mehr "Großmächte", allenfalls noch "Mittelmächte" und zwischenstaatliche Bündnisse sowie Gemeinschaften.

290 Zur Politik der USA näher 3. Kap. 1.

291 Zur Politik der Europäischen Union in der Gründungsphase der WTO im 3. Kap. 1.

292 Die unter Kindermann entwickelte "Münchener Schule" begreift sich als ein Ansatz des Neorealismus, vgl. *G.-K. Kindermann*: The Munich School of Neorealism in International Politics (1985).

293 *S. D. Krasner*: Defending the National Interest (1978); *R. Gilpin*: U.S. Power and the Multinational Corporation (1975), die in ihrer Argumentation auf das "nationale Interesse" abstellen.

294 *K. N. Waltz*: Theory of International Politics (1979); *K. N. Waltz*: Reflections on "Theory of International Politics": A Response to My Critics, in: *R. O. Keohane (Hrsg.):* Neorealism and its Critics (1986), S. 322-345; *K. N. Waltz*: Realist Thoughts and Neorealist Theory, in: Journal of International Affairs 44 (1990), S. 21-37.

295 *F. Kratochwil/J. G. Ruggie*: International Organization: A State of the Art on the Art of the State, in: IO 40 (1986), S. 753-775; *M. Rochester*: The Rise and Fall of International Organization as Field of Study, in: IO 40 (1986), S. 777-813; *F. Kratochwil*: The Embarassement of Change: Neorealism as the Science of Realpolitik Without Politics, in: Review of International Studies 19 (1993), S. 63 ff.; zum Begriff Multilateralismus siehe auch *F. V. Kratochwil*, (Anm. 269), S. 97 f.

296 *K. Waltz*: Realist Thoughts and Neorealist Theory, in: Journal of International Affairs 44 (1990), S. 36.

Lichte der nationalen, gewinnorientierten Interessen von mächtigen Handelsunternehmen gesehen "and by their concerns about cheating and about relative achievements of gains"[297].

Massiv wirkt demgenüber die Kritik an internationalen Organisationen, wie sie in der neueren konservativen Literatur geübt wird. Sofern internationale Organisationen Steuerungswirkung ausübten, geschehe dies mißbräuchlich oder zumindest mit negativen Folgen für das Staatensystem. Speziell das System der Vereinten Nationen war Gegenstand von Angriffen konservativer Kreise, etwa der Heritage Foundation in den USA[298]; die UNO wurde als eine destabilisierende Kraft in der internationalen Politik gegeißelt[299] – sei es, weil sie in Konflikten parteiisch vermittele, sei es, weil ihre Effizienz durch schlechtes Management leide. Der Vorwurf der Politisierung[300] einiger UN-Organisationen, auch der für Telekommunikation traditionell zuständigen Internationalen Fernmeldeunion (ITU), wurde erhoben. Eine häufig geäußerte Kritik an den Vereinten Nationen ging außerdem dahin, daß sie Unterentwicklung perpetuiere, weil ihr Ansatz gegenüber Marktlösungen voreingenommen sei.

Die neuere "linke" revisionistische Literatur über internationale Organisationen übte ebenfalls Kritik am System der Vereinten Nationen, speziell an den Organisationen der Weltbankgruppe, ohne allerdings die internationalen Organisationen als solche in Frage zu stellen. Im Gegensatz zur konservativen Kritik werden vielmehr Defizite hervorgehoben, darunter in erster Linie Managementfehler und zu Wohlstandseinbußen führende Verteilungsprobleme[301]. Zwar ist auch hier eine Neigung zu dezentralen Strukturen und eine Ablehnung supranationaler Formen von Herrschaft bzw. "Governance" zu erkennen[302], doch im Unterschied zur konservativen Kritik geht man davon aus, daß ein erfolgreiches Wirken internationaler Organisationen grundsätzlich möglich ist. Vorausset-

---

297 *E.-U. Petersmann*: The Transformation of the World Trading System Through the 1994 Agreement Establishing the World Trade Organization, in: EJIL 6 (1995), S. 182.

298 Die *Heritage Foundation* ist ein von konservativen Kräften unterstütztes amerikanisches Forschungsinstitut mit Sitz in Washington; durch eine gezielte Informationspolitik, auch gegenüber Kongreßmitgliedern, und zahlreiche Studien hat die Heritage Foundation wesentlich zu einer kritischen UN-Politik der USA beigetragen, vgl. den Austritt der USA aus der UNESCO am 1. Januar 1985 und das Kassebaum-Amendment, gefolgt vom Sundquist-Amendment und dem Gramm-Rudman-Balanced Budget Act (1985); die Folge war eine Kürzung der amerikanischen Beitragsleistung an die UNO um ca. 50 Prozent.

299 D. J. *Puchala*: American Interests and the United Nations, in: *S. Spiegel (Hrsg.):* At Issue: Politics in the World Arena (1981), S. 426-444; von der UNO gehe eine destabilisierende Wirkung aus; sie werde als Instrument nationaler Politik "benutzt"; auf dieser Linie argumentieren auch *A. Roberts/B. Kingsbury*: The UN's Role in a Divided World, in: *A. Roberts/B. Kingsbury (Hrsg.):* United Nations, Divided World (1988), S. 11.

300 Grundsätzlich zum Problem der Politisierung *F. Kratochwil*, (Anm. 200), S. 476; Kratochwil sieht die Politisierung als ein Indiz dafür, daß Uneinigkeit über die Prioritäten, auch betreffend die Agenda der Entwicklung, besteht; die Politisierung in den UN-Sonderorganisationen, zu denen auch die ITU gehört, wird von Kratochwil als ein Zeichen des schwindenden Konsenses über die gemeinsam verfolgten Ziele interpretiert.

301 *R. Cox*: The Crisis in World Order and the Problem of International Organization in the 1980s, in: International Journal 35 (1980), S. 370 ff.; *I. Abdalla*: The Inadequacy and Loss of Legitimacy of the International Monetary Fund in: Development 22 (Society for International Development (1980)), S. 46-65; vgl. auch *W. Hein*, (Anm. 164), S. 50-59.

302 Interessant in diesem Zusammenhang *J. Hippler Bello*: Editorial Comment, in: AJIL 90 (1996), S. 418, der darauf hinweist, daß eine geringe Bindungswirkung der WTO-Streitbeilegung der Souveränität der Staaten entgegenkomme, und insgesamt die Wirtschaftskooperation fördere; zu Aspekten der Governance siehe näher das 2. Kap. 3.

zung sei allerdings, daß bestimmte Bedingungen erfüllt würden. Prinzipiell besteht eine Reformorientierung.

GATT/WTO bieten sich schließlich auch als Gegenstand ökonomischer Erklärungen für die Entstehung und das Funktionieren gesellschaftlicher Kollektive an. Wie *Petersmann* hervorhebt: "The WTO Agreement also confirms the neoliberal insight that it is possible to go 'beyond anarchy', and even beyond the 'UN system', if the lack of information, communication and trust - which underlies the prisoner's dilemma and the free-riding dilemma of international cooperation - can be overcome"[303].

Den Theorien des rationalen Handelns (rational and public choice) zufolge[304] rührt die Ordnung des internationalen Systems daher, daß souveräne Staaten Regeln für ihr Zusammenleben festlegen und als rationale Akteure ihr Verhalten von diesen Regeln leiten lassen. Handeln wird in erster Linie als rationales – oder zumindest als begrenzt rationales (bounded rationality)[305] – Entscheidungshandeln begriffen und Ereignisse auf intentionale Handlungen individueller und kollektiver Akteure (Individuen, Firmen, Verbände, Staaten, internationale Organisationen) zurückgeführt. Zentrale Steuerung ist

---

303   *E.-U. Petersmann*, (Anm. 297), S. 185; zu dem von Petersmann angesprochenen Problem des Gefangenendilemmas siehe näher im 3. Kap. 3 a); das Problem des Trittbrettfahrens (free-riding) behandelt u.a. das 3. Kap. 2 g); zum Ganzen auch *E.-U. Petersmann*: How to Reform the UN System? Constitutionalism, International Law, and International Organizations, in: LJIL 10 (1997), S. 453 ff.

304   Wichtige Beiträge stammen von Buchanan, vgl. *J. Buchanan/G. Tullock*: The Calcus of Consent (1962); *J. Buchanan*: The Limits of Liberty, Between Anarchy and Leviathan (1975); *K. J. Arrow*: Social Choice and Individual Values (1951); *M. Olson*: Die Logik des kollektiven Handelns. Kollektivgüter und die Theorie der Gruppen (1968); einen guten Überblick über die Grundlinien und Theorien der "Rational Choice" bietet *H. Wiesenthal*: Rational Choice, in: Zeitschrift für Soziologie 16 (1987), S. 434-449; *F. U. Pappi*: Zur Anwendung von Theorien rationalen Handelns in der Politikwissenschaft, in: *K. v. Beyme/C. Offe (Hrsg.):* Politische Theorien in der Ära der Transformation, PVS Sonderheft 26/1995, S. 236-251; eine Bibliographie findet sich bei *E. F. McClennen*: Rational Choice and Public Property, A Critical Survey, in: Social Theory and Practice 9 (1983), S. 335-379; eine Zusammenfassung der "public choice-Analyse" mit Bezug zu Handelsfragen bei *E.-U. Petersmann*: Constitutional Functions and Constitutional Problems of International Economic Law (1991), S. 112 ff.; zur "Theorie endogener Kooperation" innerhalb des Rational Choice-Ansatzes näher *O. Keck*: Rationales Handeln in den internationalen Beziehungen, in: ZIB 2 (1995), S. 5 f.; Kritik am Rational Choice-Ansatz übte u.a. *H. Müller*: Internationale Beziehungen als kommunikatives Handeln. Zur Kritik der utilitaristischen Handlungstheorien, in: ZIB 1 (1994), S. 15-44, mit der Replik von *G. Schneider*: Rational Choice und kommunikatives Handeln, in: ZIB 1 (1994), S. 357-366; kritisch auch *T. Plümper*: Quasi-rationale Akteure und die Funktion internationaler Institutionen, in: ZIB 2 (1995), S. 49-77, der hervorhebt, daß der Rational Choice-Ansatz keineswegs eine homogene Theorie darstellt (ebd. S. 52); vgl. auch auch *J. Elster*: Subversion der Rationalität (1987); *A. Sen*: International Consistency of Choice, in: Econometrica 61 (1993), S. 495-521.

305   Gemäß dem von Simon entwickelten Modell begrenzter Rationalität versuchen Akteure zwar rational zu handeln, sind aber - da nicht "allwissend" und durch die Kapazität des menschlichen Gehirns beschränkt -nur bedingt in der Lage dazu, vgl. *H. Simon*: Bounded Rationality and Organizational Learning, in: Organization Science 2 (1991), S. 125-134; *H. Simon*: Homo Rationalis, Die Vernunft im menschlichen Leben (1993); kritisch zum Erklärungswert der Public und Rational Choice-Ansätze *F. Kratochwil*: Rules, Norms and the Limits of "Rationality", in: ARSP LXXIII (1987), S. 301 ff.; Kratochwil warnt vor dem "unwarranted enthusiasm with which the rational choice approach has been received in the social sciences" (S. 328); skeptisch auch *F. Kratochwil*, (Anm. 237), S. 11 ff.: "rational-choice models are of little help because the criteria of traditional rationality presuppose the independent and fixed valuations of the actors." (S. 11); kritisch auch *N. G. Onuf*: World of Our Making (1989), S. 261 zum Konzept der "bounded rationality": "The term is misleading."

nach dieser Theorie entweder überflüssig oder sogar schädlich; eine institutionell unterstützte Marktlösung sei einem umfassenden Managementsystem (managerial scheme") überlegen[306]. Einen gewissen Erklärungswert besitzt dieser Ansatz dann, wenn versucht wird, das Abweichen der Parteien von den ursprünglichen Satzungszielen einer Organisation – wie evtl. künftig der WTO – zu erklären[307].

(2) In der idealistischen – im Gegensatz zur realistischen bzw. neorealistischen – Tradition der Lehre von den internationalen Organisationen sind Internationale Organisationen weitgehend autonome Handlungsträger, deren Grad an Steuerungsfähigkeit verhältnismäßig hoch ist, da ihnen Mechanismen zur friedlichen Streitbeilegung sowie Sanktionsmechanismen zur Verfügung stünden. Gemeinsame Interessen bewegen Staaten dazu, ihre Kooperationsbeziehungen mit Hilfe von Organisationen zu verstetigen; beispielsweise bewogen die jahrzehntelangen, überwiegend positiven Erfahrungswerte der Parteien mit GATT diese schließlich dazu, ihre Zusammenarbeit innerhalb einer institutionell gekräftigten Nachfolgeorganisation (WTO) auszubauen.

Kennzeichnend für die "idealistische" Sicht ist die Überzeugung, daß das internationale System durch zielstrebiges politisches Handeln in Richtung zivilisatorischen Fortschritts verändert werden kann. Wie *Rittberger* es formuliert: Internationale Organisationen stellen durch die mit ihnen institutionalisierte kollektive Konfliktbehandlung "einen potentiellen Mechanismus zur Transformation der Struktur der internationalen Beziehungen dar"[308]. Dabei vermögen internationale Organisationen im Prinzip auch das Anliegen politisch weniger einflußreicher Staaten nach Ressourcenumverteilung und Abbau von Ungerechtigkeiten aufzugreifen und umzusetzen.

Charakteristisch für technizistisch eingefärbte Integrationstheorien[309] – im Unterschied zum machtorientierten Konkurrenzdenken des Realismus – ist die Betrachtung des durch eine Vielfalt nationaler Außenpolitiken unübersichtlichen Systems aus einer nicht-antagonistischen, auf die Gemeinsamkeit von Interessen abstellenden Perspektive[310]. Insbesondere durch die Zuwendung zu vermeintlich nicht-kontroversen, technischen Fragen – wie etwa der Telekommunikation – soll ein progressiver Zusammenschluß zu immer größeren, die Unübersichtlichkeit des internationalen Systems strukturierenden und letztlich befriedenden Einheiten möglich sein. Die Bewältigung von Aufgaben in unpolitischen, eher technischen Bereichen führe im Wege der Selbstregulie-

---

306 R. *Vaubel*: Coordination or Competition Among National Macro-Economic Policies", in: *F. Machlup/G. Fels/H. Müller-Groeling (Hrsg.)*: Reflections on a Troubled World Economy, Essays in Honour of Herbert Giersch (1985); S. 3 ff.; R. *Vaubel*: A Public Choice Approach to International Organization, in: Public Choice 51 (1986), S. 39-57.
307 E.-U. Petersmann, (Anm. 297), S. 186.
308 V. *Rittberger*: Internationale Organisationen, Theorie der, in: *R. Wolfrum (Hrsg.)*: Handbuch Vereinte Nationen (1991), S. 364, Rz. 5; vgl. auch *P. J. Opitz/M. A. Ferdowsi (Hrsg.)*: Macht und Ohnmacht der Vereinten Nationen. Zur Rolle der Weltorganisation in Drittwelt-Konflikten (1987).
309 Zum "Abbruch" der integrationstheoretischen Debatte in den 70er Jahren und den zukünftigen Aufgaben dieser Disziplin vgl. *J. Bellers/E. Häckel*: Theorien internationaler Integration und internationaler Organisation, in: *V. Rittberger (Hrsg.)*: PVS Sonderheft 21/1990, S. 296-307; zu den "challenges of integration" vgl. *F. Kratochwil*: Regimes and Organizations, in: *F. Kratochwil/ E. D. Mansfield (Hrsg.)*: International Organization. A Reader (1994), Kap. 7, S. 283 ff.
310 Integrationistisches Denken findet sich - neben dem Werk von Immanuel Kant, Zum ewigen Frieden (1795) - bereits in Dante Alighieris Vorstellungen von einer "Weltmonarchie" als der Verkörperung des Reiches Gottes auf Erden mit dem politischen Ziel des Friedens und der Ordnung als Vorbereitung auf das himmlische Ziel des Eingehens in das Reich Gottes; auch Abbé de Saint-Pierres Entwurf eines europäischen Bundes mit Gesandtenkongreß und Gerichtshof sollte die Konfliktregelung erleichtern (Projet pour rendre la paix perpétuelle en Europe, 1713).

rung mehr oder weniger automatisch zur internationalen Organisation; zugleich sollen die aus einer bestimmten gesellschaftlichen Entwicklung resultierenden Probleme eine ihnen gemäße Form der Bearbeitung finden. *Mitrany* sah funktionalistische, mit autonomen Aufgaben und Machtmitteln ausgestattete internationalen Organisationen in der Lage, gemäß der "doctrine of ramification" über funktional begrenzte Problemlösungen hinausgehende, umfassende Lösungen herbeizuführen[311]. Als Beispiel für einen früh vorhandenen "nucleus" einer fruchtbaren internationalen Kooperation nannte *Haas* – neben dem Gesundheitswesen – auch die Telekommunikation[312]. Auch GATT/WTO können als Beispiel für eine fortschreitende Handels- und Wirtschaftsintegration im weltweiten Rahmen angesehen werden. Insbesondere das neue Streitbeilegungssystem[313], aber auch der am Zustandekommen des neuen Dienstleistungsabkommens (GATS) erkennbare "spill-over" "into new areas of global cooperation" reflektieren insofern einen Bewußtseinswandel[314].

Ähnlich wie es der (neo-)funktionalistischen Theorierichtung zu eigen ist, löst sich das der Interdependenztheorie verhaftete Denken[315] von nationalstaatlichen Grenzen und rückt die vielfältigen internationalen Verflechtungen, die einen kollektiven Ansatz erforderlich machen, in den Mittelpunkt der Betrachtung – es sieht sie allerdings weniger in ihrer institutionalisierten Form, sondern begreift sie vielmehr als wechselseitige Abhängigkeitsstrukturen[316]. Dies trifft in hohem Maße für die internationalen Wirtschaftsbeziehungen mit dem zu verzeichnenden Anstieg internationaler Transaktionen von Waren, Kapital, Technologien und, speziell in unserem Kontext relevanten, Dienstleistungen zu. *Kohler-Koch* zufolge führen "die Vielzahl und die Leichtigkeiten der Transaktionen dank der weitgehenden Offenheit der Volkswirtschaften und infolge der technologischen Entwicklungen insbesondere im Bereich von Transport und Kommunikation" dazu, daß "wirtschaftliche, soziale und politische Gegebenheiten in einem Land sich nicht auf dieses beschränken, sondern zu Veränderungen in anderen Ländern innerhalb des Verflechtungsrahmens führen"[317]. Eine Zuspitzung findet diese Vorstellung in der Konzeption des "global village", wo es zusätzlich zur Vernetzung auch zur Verdichtung und Homogenisierung der weltweiten Kommunikation kommen soll.

(3) Als eine Weiterentwicklung der Interdependenzanalyse unter Berücksichtigung neorealistischer Prämissen[318] begreift sich schließlich eine breite Strömung[319] in der Lehre

---

311 *D. Mitrany*: A Working Peace System (1966), S. 125.
312 *E. B. Haas*: Beyond the Nation State, Functionalism and International Organization (1964), S. 488.
313 Zum WTO-Streitbeilegungssystem näher im 5. Kap. 4 d).
314 Von "attitude change" spricht *E.-U. Petersmann*, (Anm. 297), S. 185 in diesem Kontext.
315 *R. O. Keohane/J. S. Nye*: Power and Interdependence. World Politics in Transition (1977); *D. Baldwin*: Interdependence and Power. A Conceptual Analysis, in: IO 34 (1980), S. 473; *B. Kohler-Koch*: Interdependenz, in: *V. Rittberger (Hrsg.):* Theorien der internationalen Beziehungen, in: PVS Sonderheft 21 (1990), S. 110-129; zu Faktoren und Grenzen der Interdependenz aus rechtlicher Sicht *A. Bleckmann*, (Anm. 235), S. 55 ff.; kritisch zur Interdependenztheorie schließlich auch *G. Junne*: Theorien über Konflikte und Kooperation zwischen kapitalistischen Industrieländern, in: *V. Rittberger (Hrsg.):* PVS Sonderheft 21 (1990), S. 354: die Interdependenztheorie habe sich "immer auf eine Reihe von Schlagwörtern beschränkt, wurde aber nicht wirklich zu einem Satz zusammenhängender Hypothesen verdichtet".
316 Kritisch zum Verständnis von Interdependenz i.S. von "wechselseitiger Abhängigkeit" *B. Kohler-Koch*: Interdependenz, in: PVS Sonderheft 21/1993, S. 113.
317 *B. Kohler-Koch*, (Anm. 316), S. 113.
318 Ausdrücklich: *V. Rittberger*, (Anm. 176), S. 78.
319 Habermas spricht von einer Wiederbelebung institutionalistischer Ansätze, die in den letzten Jahren zu beobachten sei, vgl. *J. Habermas*: Faktizität und Geltung (1992), S. 399.

von den internationalen Organisationen und den internationalen Beziehungen, die von der Notwendigkeit und der Möglichkeit internationaler Steuerung mittels Institutionen ausgeht. Dies kann sowohl durch formale Organisationen als auch durch stabile Verhaltensmuster geschehen. Aus einer die "rule of law" betonenden "constitutional perspective"[320] können das Streitbeilegungssystem der WTO, aber auch die Gewähr innerstaatlicher Rechtsmittel – etwa der Zugang zu nationalen Gerichten –, als die Abstimmung zwischen der nationalen und internationalen Ebene prinzipiell verbessernde Einrichtungen angesehen werden.

Vertreter des Neuen Institutionalismus[321] gehen davon aus, daß Institutionen einen wichtigen Beitrag zur dezentralen Kooperation erbringen – eine Ansicht, die in den internationalen Beziehungen durch die Regimeanalyse[322] untermauert wurde. Der klassischen Vorstellung einer anarchischen Staatenwelt wird die Autonomie international bzw. transnational verbindlicher Regelungen entgegengesetzt. Wie *Zürn* hervorhebt, sind internationale Institutionen "notwendig, um die politische Steuerungsfähigkeit angesichts der gesellschaftlichen Globalisierungsprozesse nicht zu verlieren. Solche Institutionen können auch in Abwesenheit einer übergeordneten Zentralinstanz oder einer Hegemonialmacht zustandekommen und erfolgreich sein, wenn bestimmte Rahmenbedingungen vorhanden sind"[323].

Die vertiefte Beschäftigung mit Institutionen hat als Ausgangspunkt die Überzeugung, daß Institutionen einen zentralen, bislang unterschätzten Einfluß auf politische Prozesse, Strukturen und deren Wandel ausüben: "Institutions matter"[324]. Institutionen sind nicht nur Ausdruck "realistischer" Machtstrukturen, sondern die Politik beeinflussende Grössen. Wie *Gehring* ausführte, "selbst wenn Staaten als rationale Egoisten konzipiert werden, die ausschließlich handeln, um nicht nur ihren Nutzen, sondern auch ihren Status zu maximieren, können sie unter günstigen Bedingungen kooperieren. Sobald Möglichkeiten zur Kooperation bestehen, werden Institutionen bedeutsam, sei es

---

320 Näher *E.-U. Petersmann*, (Anm. 297), S. 186 und Table 3, S. 183; als zentrale Elemente der "constitutional theories" hebt Petersmann hervor: "individual liberty"/"dignity"; "legal equality"; "necessity of general-long-term constitutional rules of a higher legal rank for the protection of fundamental individual rights and for limiting abuses of powers in post-constitutional policy processes"; "rule of law"; "separation of powers"; "decentralized spontaneous coordination and satisfaction of individual preferences as constitutional values."
321 Der sog. Neue Institutionalismus besteht aus theoretisch unterschiedlichen Ansätzen, ist aber überwiegend vom methodologischen Individualismus und von rationalistischen Ansätzen geprägt; vgl. nur *J. G. March/J. P. Olson*: The New Institutionalism: Organizational Factors in Political Life, in: American Political Science Review 78 (1984), S. 734-749; *J. G. March/J. P. Olson*: Rediscovering Institutions, The Organizational Basis of Politics (1989); *J. G. March/J. P. Olson*: Popular Sovereignty and the Search for Appropriate Institutions, in: Journal of Public Policy 6 (1986), S. 341-370; *G. J. Ikenberry*: Conclusion: An Institutional Approach to American Foreign Economic Policy, in: IO 42 (1988), S. 219-243; *G. Göhler/R. Schmalz-Bruns*: Perspektiven der Theorie Politischer Institutionen, in: PVS 29 (1988), S. 309-349; *O. Keck*: Der neue Institutionalismus in der Theorie der internationalen Politik, in: PVS 32 (1991), S. 635-653; *M. Zürn*: Interessen und Institutionen in der internationalen Politik. Grundlegung und Anwendung des situationsstrukturellen Ansatzes (1992); *R. O. Keohane*: International Institutions: Two Approaches, in: *ders.*: International Institutions and State Power. Essays in International Relations Theory (1989), S. 166 f.
322 Näher zur Regimeanalyse im folgenden Abschnitt 1. Kap. 2 c.
323 *M. Zürn*, (Anm. 195), S. 226; zum Institutionenbegriff näher *V. Rittberger*, (Anm. 176), S. 24 ff.: Institutionen zeichnen sich seiner Ansicht nach "nicht nur durch regel*mäßiges* sondern vor allem an Normen und Regeln orientiertes regel*gemäßes* Verhalten aus".
324 *V. Rittberger*, (Anm. 176), S. 79.

zur Umsetzung dieser Möglichkeiten, sei es, um bereits bestehende Kooperation zu stabilisieren"[325].

Zu konkretisieren bleibt allerdings die spezifische Wirkung von Institutionen und ihren Einflußmechanismen. Auch die neu gegründete Welthandelsorganisation WTO besitzt, obwohl sie die institutionellen Vorkehrungen des GATT stärkte[326], kein schlagkräftiges Instrumentarium: "no jailhouse, no bail bondsmen, no blue helmets, no truncheons or tear gas"[327]. Wie *Mayntz* hervorhebt, setzen Institutionen nur den Rahmen, innerhalb dessen Akteure handeln; wie dieser Rahmen ausgefüllt wird, hängt u.a. von der politischen Kultur, den Interaktionsorientierungen und auch von der politischen Führung ab[328]. Angesichts der Frage, wie Institutionen kooperationsfördernd auf Staaten wirken[329], unterstreicht *Kratochwil* die Rolle von Sprache und Argumentation: "rules and norms constitute a practice within which certain acts or utterances 'count' as something"[330]. Kommunikation wird zur entscheidenden Variablen – was bereits den Blick auf Verhandlungen als Kooperations- und Koordinationsmechanismus lenkt[331].

c) Telekommunikation und Regime

Die Debatte über Entstehung, Struktur, Wandel und Wirkung von internationalen Regimen in den 80er Jahren kann als Ausdruck der Offenheit der internationalen Beziehungen gegenüber Selbstregelungsmechanismen des Systems und zugleich als Teil eines wiedererstarkten sozialwissenschaftlichen Interesses an Institutionen[332] gesehen werden[333]. Die Einführung der Regimeanalyse zielte im Prinzip darauf, das analytische Vakuum, das hinsichtlich internationaler Steuerung bestand[334], zu verringern: "international regimes were thought to express both the parameters and the perimeters of international governance"[335].

Ausgehend von der Definition *Krasners*[336] werden internationale Regime als norm- und regelgeleitete Formen der internationalen Kooperation zur politischen Bearbeitung

---

325 *T. Gehring*: Der Beitrag von Institutionen zur Förderung der internationalen Zusammenarbeit, in: ZIB 1 (1994), S. 211.
326 Näher zur WTO im 5. Kap. 4.
327 *Editorial Comment*, AJIL 90 (1996), S. 417.
328 *R. Mayntz*, (Anm. 272), S. 149.
329 Vgl. Kratochwils Ausführungen zu den quantifizierbaren Tatsachen in der "*world of observational facts*", die das reale Akteursverhalten spiegeln; diese müssen in ihrer Bedeutung interpretiert werden durch die "*world of intention and meaning*", da sie alleine nicht aussagekräftig sind; schließlich relevant wird die "*world of institutional facts*", da die Handlungen nur durch die ihnen zugrundeliegenden handlungsleitenden Regeln verstanden werden können; auf der Basis dieser Regeln wird der Beitrag von Institutionen verständlich, näher *F. Kratochwil*, (Anm. 237), S. 23 ff.
330 *F. Kratochwil*, (Anm. 237), S. 7; zum Normbegriff näher *F. Kratochwil*, ebd. S. 10.
331 Näher zu den Verhandlungsabläufen und -strukturen im 3. Kap.
332 Zum Neuen Institutionalismus s.o. bereits 1. Kap. 2 b).
333 Kritisch *F. Kratochwil*: Preface, in: *F. Kratochwil/E. D. Mansfield* (Hrsg.): International Organization, A Reader (1994), S. xii: "Interest in international regimes arose, in part, because some scholars found that classical institutional analysis provided an incomplete framework with which to understand the functioning of even formal intergovernmental organization."
334 Allgemein zu Fragen der Steuerung s.o. 1. Kap. vor 1 a).
335 F. Kratochwil/J. G. Ruggie, (Anm. 285), S. 7.
336 *S. D. Krasner*: Structural Causes and Regime Consequences: Regimes as Intervening Variables, in: IO 36 (1982), S. 186; *S. D. Krasner* (Hrsg.): International Regimes (1983), S. 2; diese Definition wurde von Ruggie und anderen als eine Art Standarddefinition verwendet, vgl. *J. G. Ruggie*, Introduction: International Interdependence and National Welfare, in: *J. G. Ruggie*

von Konflikten bzw. für sektorale Verflechtungsprobleme angesehen, die auf der Grundlage von Prinzipien, Normen, Regeln und Entscheidungsverfahren ein gewisses Maß an Dauer und Berechenbarkeit aufweisen, so daß die Erwartungen der Akteure in einem gegebenen Problemfeld sich an ihnen orientieren können. Interpretiert man dabei Normen als Verhaltensmaßstäbe im Sinne von Rechten und Pflichten und Regeln als spezifische Handlungsvorschriften oder -verbote[337], so wird deutlich, daß die normative Basis bei Regimen stärker ausgeprägt ist als bei den weiter unten besprochenen (Telekommunikations-)Netzwerken[338], wo zwar ein bestimmtes Interaktionsniveau zwischen einer Gruppe von Akteuren vorausgesetzt wird, jedoch keine diese Interaktion regulierenden Regeln oder Normen.

Regime als konstitutives Element der 'Global Governance' zielen darauf ab, das Verhalten internationaler Akteure in einem gegebenen Problemfeld – etwa der Telekommunikation – zu steuern. Ohne Rückgriff auf eine hierarchische Autorität[339] soll das Vertrauen in die gemeinsame Regelbeachtung gestärkt werden. Die spezifische Steuerungsfunktion von Regimen[340] liegt somit in der Eingrenzung des zulässigen Handlungsrahmens der relevanten Akteure; auf diese Weise, so *Kratochwil*, "regimes" (....) mediate between conflicting policies and conceptions of the international 'game'"[341]. Dabei sollte der Informationsaspekt hinsichtlich der steuerungsinduzierenden Wirkung, auch von Telekommunikationsregimen, nicht unterschätzt werden. Regime stellen Informationen zur Verfügung, die Verhaltenserwartungen verstärken, und sie reduzieren Transaktionskosten, d.h. Kosten für die Aufrechterhaltung von Kommunikation, indem sie ein festes Procedere zur Verfügung stellen[342]. Das Wissen um die Kosten-Nutzen-Relationen der Handlungsoptionen von nationalstaatlichen Akteuren soll gefördert und zugleich kostenökonomisch "parallelisiert" werden[343].

(Hrsg.): The Antinomies of Interdependence, National Welfare and the International Division of Labour (1983), S. 9, Fn. 17; vgl. auch *M. Efinger/V. Rittberger/K. D. Wolf/M. Zürn*, (Anm. 285), S. 264; *B. Kohler-Koch*: Zur Empirie und Theorie internationaler Regime, in: *dies.*: Regime in den internationalen Beziehungen (1989), S. 18; *M. Zürn*, (Anm. 285), S. 18; näher zur Entstehung von Regimen vgl. *S. Haggard/B. Simmons*: Theories of International Regimes, in: IO 41 (1987), S. 491-517.

337 *S. D. Krasner*, (Anm. 336), S. 2; den nicht unberechtigten Vorwurf einer "indiscriminate aggregation of the most disparate phenomena, such as expectations, informal understandings, explicit rules, higher level norms, decision-making procedures" erhebt *F. Kratochwil*, (Anm. 237), S. 13 f.; kritisch auch *N. G. Onuf*, (Anm. 305), S. 144, Fn. 14, der die "uselessly imprecise definitions offered for principle, norm, rule and decision-making-procedure" kritisiert; *S. Strange*: Wake up, Krasner! The World has Changed, in: Review of International Political Economy 1 (1994), S. 209-214.

338 Die Netzwerke betreffenden theoretischen Ausführungen finden sich im 1. Kap. 2 d).

339 Zum Staat als souveräne Steuerungsinstanz s.o. das 1. Kap. 2 a).

340 Näher zur Steuerungsfunktion: *S. Haggard/B. A. Simmons*: Theories of International Regimes, in: IO 41 (1987), S. 493; *M. Zürn*, (Anm. 195), S. 204; vgl. auch *C. Hüttig*: Grenzüberschreitender Datenverkehr, Ansätze zu einem Regime des internationalen Dienstleistungshandels, in: *B. Kohler-Koch (Hrsg.)*: Regime in den internationalen Beziehungen (1989), S. 207 ff.

341 *F. Kratochwil*: Of Law and Human Action: A Jurisprudential Plea for World Order Perspective in International Legal Studies, in: *R. Falk/F. Kratochwil/S. H. Mendlovitz (Hrsg.)*: International Law: A Contemporative Perspective (1985), S. 639.

342 *M. Zürn*, (Anm. 195), S. 208, Fn. 5; vgl. auch *H. F. Spinner*: Wissensregime der Informationsgesellschaft, in: Jahrbuch Telekommunikation und Gesellschaft 5 (1997), S. 65 ff.

343 *F. Heinze*: Reformperspektiven der Weltorganisation - Versuch einer theoretischen Fundierung, in: Loccumer Protokolle 21/93, Auf dem Wege zur Weltinnenpolitik (1994), S. 162; zur Wirkung von

Die unterhalb der Ebene internationaler Organisationen stattfindende politikfeldspezifische Regimekooperation, deren Regelungsdichte von Materie zu Materie variiert, ergibt sich auf der Basis freiwilliger Vereinbarungen staatlicher, teils auch nichtstaatlicher Akteure (Unternehmen, Nichtregierungsorganisationen etc.)[344]. Ein Beispiel für ein internationales, von zwischenstaatlichen Akteuren errichtetes Regime, das die Regelung des Welthandels betrifft, ist das auf der Pflicht zur Einräumung von Meistbegünstigung, der Pflicht zum Zollabbau und dem Verbot mengenmäßiger Beschränkungen beruhende GATT[345].

In historischer Perspektive wurden außerdem einzelne Entwicklungsstränge der traditionellen Telekommunikationsordnung als "Regime" interpretiert, etwa das von den großen Agenturen Havas, Reuter und Wolff getragene "Nachrichtenkartellregime" des 19. Jahrhunderts oder das "Kabelnetzregime"[346]. Nach 1945 wurde im Rahmen der Internationalen Fernmeldeunion ein orbitales Frequenzzuteilungsregime begründet, das, obwohl es eine im Prinzip effiziente Verwaltung des Frequenzspektrums ermöglichte, infolge der Grundnorm "first come - first serve" zu einer Benachteiligung der Entwicklungsländer führte[347]. Als wichtige Gremien für die Herausbildung von Standardisierungsregimen – ein weiterer Aspekt der Regimeanalyse im Sektor Telekommunikation – wurden über Jahre hinweg das inzwischen aufgelöste International Consultative Committee on Telephone and Telegraph (CCITT) der ITU in Genf, die International Organisation for Standardisation (ISO) sowie die die Interessen der westeuropäischen Postverwaltungen wahrnehmende Conférence Européenne des Administrations des Postes et des Télécommunications (CEPT) angesehen[348].

Geht man in Anlehnung an *Zürn* davon aus, daß ein Bedarf für ein internationales Regime immer dann besteht, wenn eine problematische soziale Situation existiert, in der das unkoordinierte, nur kurzfristigem Eigeninteresse dienende Handeln der Akteure da-

---

	intergouvernementalen Informationssystemen vgl. *E. B. Haas/J. G. Ruggie*: What Message in the Medium of Information Systems, in: International Studies Quarterly 26 (1982).
344	Nichtstaatliche Akteure werden ausdrücklich einbezogen in die Regimeanalyse von *V. Haufler*: Crossing the Boundary between Public and Private: International Regimes and Non-State Actors, in: *V. Rittberger*, with the Assistance of *P. Mayer (Hrsg.)*: Regime Theory and International Relations (Oxford 1993), S. 94 ff.; in diese Richtung *R. B. Woodrow*: Tilting Towards a Trade Regime, in: Telecommunications Policy 15 (1991), S. 323.
345	Näher zu den GATT-spezifischen Prinzipien, Regeln, Normen und Entscheidungsstrukturen: *M. Zürn*: Die ungleichzeitige Denationalisierung, in: *J. Calließ/B. Moltmann (Hrsg.)*: Jenseits der Bipolarität: Aufbruch in eine "Neue Weltordnung" (1992), S. 204; *V. Rittberger*: Internationale Organisationen, Politik und Geschichte (2. Aufl. 1995), S. 51; kritisch zu GATT als Regime *F. Kratochwil/J. G. Ruggie*, (Anm. 285), S. 12: "epistemological tale."
346	*M. Zürn*, (Anm. 285), S. 112; das Kabelnetzregime zu Ende des 19. Jahrhunderts basierte Zürn zufolge auf dem "Prinzip der Ermöglichung der Weltmarktexpansion, welches die Norm der technischen Kooperation der Industrieländer erzeugte und auf Regeln und Entscheidungsprozeduren bauen konnte, die im Rahmen des Internationalen Telegraphenvereins festgelegt wurden"; näher zu Telekommunikationsregimen auch *P. F. Cowhey*, (Anm. 73), S. 170; *R. B. Woodrow*, (Anm. 344), S. 323.
347	Näher *M. Zürn*: Gerechte internationale Regime (1987), S. 130.
348	Wie Becker/Bickel zu Beginn der 90er Jahre feststellten "(...) liegt die Herausbildung von Regimen gegenwärtig noch zum größten Teil in der Hand von Komitees und Konsultativgruppen für technische Standards": *J. Becker/S. Bickel*: Datenbanken und Macht (1992), S. 38; zum "Anbau neuer Strukturen" im internationalen Standardisierungsregime der Telekommunikation näher *P. Genschel*: Variationen des Wandels, Institutionelle Evolution in der Telekommunikation und im Gesundheitswesen, in: PVS 37 (1996), S. 61-68.

zu führen kann, daß am Ende unerwünschte Ergebnisse stehen[349], dann ist die Telekommunikation ipso facto ein wichtiger Gegenstand der Regimeanalyse. Da die Telekommunikationsordnung ein komplexes, aus technischen Normierungen, organisatorischen Maßnahmen und rechtlichen Regeln zusammengesetztes Regelwerk ist, das eine differenzierte, nicht rein auf formelle Kriterien abstellende Betrachtungsweise erfordert, bietet sich Telekommunikation als wichtiger Anwendungsbereich für internationale Regime an. Dies gilt um so mehr, als der rasche technologische Wandel auf dem Telekomsektor ein Maß an regulativer Flexibilität erfordert, das mit den formellen Rechtssetzungsverfahren, z.b. in Form detailliert auszuhandelnder internationaler Verträge, nicht immer erreicht werden kann. Aus verschiedenen Gründen nimmt beispielsweise die Ausarbeitung von internationalen Übereinkünften über Technologie und Standards lange Zeit in Anspruch[350].

In weitgehend "rechtsfreien Räumen", wie sie verschiedene Sektoren der Telekommunikation aufgrund der raschen Innovationen darstellen[351], können sich Regime verhältnismäßig rasch herauskristallisieren. Dies gilt im Prinzip auch für den internationalen Handel mit Telekomdiensten – ein Gebiet, für das GATT (bis zur Eröffnung der Uruguay Runde 1986) im Prinzip nicht zuständig war[352] und das bis zum Abschluß des General Agreement on Trade in Services (GATS) im Jahre 1994 auch nicht Gegenstand anderer multilateraler Übereinkünfte war[353], so daß Regierungen und Unternehmen im Rahmen ihrer eigenen nationalen Gesetzgebung weitgehend rechts- und regelfrei internationalen Handel mit Telekomdiensten betreiben konnten.

Aufgrund der steigenden Zahl von grenzüberschreitenden Transaktionen und der entstehenden transnationalen "virtuellen Welten" steht im Ergebnis zu erwarten, daß sich der regimetheoretische Forschungsschwerpunkt künftig stärker mit Fragen der Entstehung und der Umweltbedingungen von internationalen Netzen, auch Telekommunikationsnetzen, sowie der Entstehung eines Regimes des internationalen Dienstleistungshandels[354] beschäftigt. Kritisch untersucht werden müßte in diesem Kontext, ob die Steuerungswirkung von Regimen im Bereich der grenzüberschreitenden Netze auch angesichts der mächtigen Carrier und Systemintegratoren greifen kann – und welche Folgen dies für die Entwicklungsländer hat. Bei großer Asymmetrie, wie sie im Falle der Herausbildung mächtiger "supercarriers" droht, könnte die Regimeentstehung erschwert sein, denn die Erfahrung zeigt: "Where the distribution of power among states (...) has been highly asymmetrical, international regimes have not been developed"[355].

---

349 *M. Zürn*, (Anm. 195), S. 211.
350 Zur Standardisierung näher 2. Kap. 3 c).
351 Zum "rechtlichem Vakuum" siehe bereits die Ausführungen im 1. Kap. 1 c).
352 Die Probleme der Zuständigkeit des GATT hinsichtlich der Dienstleistungen sind beschrieben im 3. Kap. 1 a).
353 Zur Lückenhaftigkeit der multilateralen Normierungen im Bereich der Handels- und Dienstleistungsfreiheit siehe näher 2. Kap. 1 e).
354 Zu dessen Ansätzen siehe bereits *C. Hüttig*: Grenzüberschreitender Datenverkehr. Ansätze zu einem Regime des internationalen Dienstleistungshandels, in: *B. Kohler-Koch (Hrsg.)*: Regime in den internationalen Beziehungen (1989), S. 203 ff.
355 *P. K Tang*, (Anm. 157), S. 520, Fn. 82; kritisch zu Regimen im Entwicklungsländerkontext *H. I. M. de Vlaam*, (Anm. 41), S. 14, die darauf hinweist, daß Regime im Regelfall von den wirtschaftlich stärkeren Staaten (und nicht den Entwicklungsländern) aufgebaut werden; zu den Chancen, den der Aufbau eines "nicht-hegemonialen Regimes" für Entwicklungsländer eröffnet, siehe *M. Zürn*, (Anm. 347), S. 203.

d) Netzwerkartige Steuerungsmuster (Mesoebene)

Neben die klassischen Steuerungs- und Regulierungsmechanismen treten verstärkt informelle Netzwerke, strategische und "globale" Allianzen[356], "Produktionscluster" sowie korporatistische, von Verbänden[357] geprägte Ordnungen. Es bietet sich mittlerweile das Bild einer "Artenvielfalt staatlicher, halbstaatlicher und nichtstaatlicher, an der Erfüllung öffentlicher Aufgaben beteiligter Organisationen"[358].

Die den Strukturwandel moderner[359] Gesellschaften reflektierende Entstehung von Netzwerken soll sich dabei prozeßhaft, als Folge eines dialektischen Prozesses[360], vollziehen. Das herausragende Merkmal der großen technischen Systeme, wie sie sich im Bereich der Telekommunikation entwickelt haben, ist ihr Netzwerkcharakter – ein Netzwerk von miteinander verbundenen organisatorischen Einheiten mit örtlicher Zuständigkeit[361], den Telekomgesellschaften.

In einem allgemeinen Sinn läßt sich der Netzwerkbegriff als analytisches Instrument auf "eine durch Beziehungen eines bestimmten Typus verbundene Menge von Einheiten"[362] anwenden. In dieser Variante zielt die Netzwerkanalyse als Methode darauf, die Beziehungen zwischen den Einheiten zu erfassen. Schwerpunkt politikwissenschaftlicher Netzwerkanalysen ist jedoch die Forschung zu Policy-Netzwerken, die als neue

---

356   Aktuelles Beispiel: Auf einem internationalen, von ITU, ISO und IEC unterstützten Seminar in Genf, vom 24. bis 26. Januar 1996, zum Thema "Standardisierungsaspekte der 'Global Information Infrastructure (GII)'" schlugen einige Seminarteilnehmer eine "globale Allianz" vor, um die aktuellen nationalen und regionalen Standardisierungsaktivitäten zu harmonisieren (ITU News No. 2/96), S. 1).

357   In einer Untersuchung zur Typologie von Governance-Mechanismen legten *Hollingsworth/Schmitter/Streeck* dar, daß als Träger der Koordination wirtschaftlicher Transaktionen neben Markt, Staat, privaten Unternehmenshierarchien auf Gemeinschaften basierende Netzwerke auch Verbände eine entscheidende Rolle spielen, vgl. *J. R. Hollingsworth/Ph. C. Schmitter/W. Streeck*: Governing Capitalist Economies: Performance and Control of Economic Sectors (1993); die besondere Regulierungsleistungen von Verbänden im Unterschied zu anderen Entscheidungsmechanismen arbeitete *W. Streeck/Ph. C.Schmitter* heraus in: *W. Streeck/Ph. C. Schmitter*: Gemeinschaft, Markt und Staat - und die Verbände? Der mögliche Beitrag von Interessenregierungen zur sozialen Ordnung, in: Journal für Sozialforschung 25 (1985), S. 133-158; zur verbandlichen Übernahme öffentlicher Aufgaben vgl. auch *Ph. C. Schmitter*: Neo-Corporatism and the State, in: *W. Grant (Hrsg.):* The Political Economy of Corporatism (1985), S. 32-62; näher zu den im Bereich Telekommunikation aktiven deutschen Verbänden *R. Werle*: Verbände im Politikfeld Multimedia – Akteure, Rollen, Aufgaben, in: Jahrbuch Telekommunikation und Gesellschaft 4 (1996), S. 212.

358   *G. F. Schuppert*: Markt, Staat, Dritter Sektor - oder noch mehr? Sektorspezifische Steuerungsprobleme ausdifferenzierter Staatlichkeit, in: *Th. Ellwein u.a. (Hrsg.):* Jahrbuch zur Staats- und Verwaltungswissenschaft 3 (1989), S. 49.

359   Die Idee von "Politiknetzwerken" symbolisiere einen Strukturwandel in modernen Gesellschaften und stelle ein "Grundmerkmal gesellschaftlicher Modernisierung" dar, *R. Mayntz*, (Anm. 215), S. 21; inwieweit die Entwicklungsländer, oder zumindest einige von ihnen, in dem von Mayntz vorausgesetzten Sinn strukturell als "modern" gelten können, bleibt offen.

360   Ausdrücklich *R. Mayntz*, (Anm. 359), S. 44.

361   *R. Mayntz*, (Anm. 215), S. 21; kritisch dazu *F. U. Pappi*: Policy-Netze: Erscheinungsform moderner Politiksteuerung oder methodischer Ansatz?, in: PVS 24/1993, S. 89: "Die (...) Telekommunikation als relativ bereichsspezifische Policies in Ehren, politische Entscheidungsbedingungen und die Wichtigkeit von Interessengruppen können nicht nur in solchen Teilbereichen untersucht werden".

362   *F. U. Pappi*, (Anm. 361), S. 88; zum Begriff Netzwerk im allgemeinen Sinne vgl. auch *M. G. Schmidt*: Wörterbuch zur Politik (1995), S. 648.

Formen der "political Governance" angesehen werden[363]. Im speziellen, etwa von *Mayntz/Marin* gebrauchten, Sinne[364] werden Politiknetzwerke folgendermaßen charakterisiert:
(1) in formeller Hinsicht durch
- die Existenz eines überschaubaren Kreises korporativer/kollektiver Akteure;
- die in ihrer Eigenschaft autonom, aber von einander abhängig sind und
- divergierende, jedoch einander berührende Interessen haben;

(2) in funktioneller Hinsicht durch
- die Formulierung und Implementierung von Policy,
- die überwiegend "public" determiniert ist;

(3) in methodischer Hinsicht durch
- das Vorhandensein strategischer Interaktion;
- das Vorherrschen antagonistischer Kooperation oder "mixed-motive games".

Derartige Netzwerke können auf verschiedenen Ebenen figurieren, die sich auch territorial klassifizieren lassen; denkbar sind beispielsweise "internationale", speziell europäische, "nationale", "regionale" und "lokale" Netzwerke. Ähnlich weit gefächert ist ihre Ausrichtung in materieller Hinsicht; Netzwerke können sowohl für die Behandlung makro-ökonomischer Probleme konzipiert sein wie für solche sektoraler bzw. sub-sektoraler Natur; auch "single issues"-Netzwerke sind denkbar.

In der Literatur werden netzwerkartige Steuerungsmuster als Signum erhöhter Komplexität politischer Herrschaft und als geeignetes Mittel der politischen Steuerung[365] im Sinne einer Ordnungsform zwischen den Polen "Markt" und "Hierarchie" diskutiert, wobei konstitutive Elemente derselben aufgegriffen werden. Sieht man Märkte als durch das Nicht-Vorhandensein von struktureller Koppelung zwischen den Elementen gekennzeichnet an, Hierarchie hingegen durch feste Koppelung, dann liegen Netzwerke (per definitionem lose gekoppelt) dazwischen. Aber Netzwerke können laut *Mayntz* "einen qualitativ anderen Typus von Sozialstruktur repräsentieren"[366] und auf diese Weise mehr als "eine Zwischenstation zwischen Markt und Hierarchie" darstellen.

---

363 Zur Geschichte der "policy networks" und ihrer Behandlung in der Literatur ausführlich m.w.N. *P. Kenis/V. Schneider*: Policy Networks and Policy Analysis: Scrutinizing a New Analytical Toolbox, in: *B. Marin/R. Mayntz (Hrsg.)*: Policy Networks. Empirical Evidence and Theoretical Considerations (1991), S. 27 ff.; vgl. auch den Überblick bei *B. Marin/R. Mayntz*: Introduction: Studying Policy Networks, in: *B. Marin/R. Mayntz (Hrsg.)*: Policy Networks. Empirical Evidence and Theoretical Considerations (1991), S. 11-23; *G. Lehmbruch*: The Organization of Society, Administrative Strategies, and Policy Networks: Elements of a Developmental Theory of Interest Systems, in: *R. Czada/A. Windhoff-Héritier (Hrsg.)*: Political Choice: Institutions, Rules and the Limits of Rationality (1991), S. 121-158.

364 *R. Mayntz/B. Marin*: Introduction: Studying Policy Networks, in: *B. Marin; R. Mayntz (Hrsg.)*: Empirical Evidence and Theoretical Considerations (1991), S. 18.

365 Vgl. in diesem Sinne die beiden Beiträge von *Mayntz* und *Scharpf* in PVS 24/1993, die Netzwerke als spezifische Form der politischen Steuerung sehen; demgegenüber kritisch *F. U. Pappi*, (Anm. 361), S. 88, die Konzentration auf die politische Steuerung als "relativ einseitige Auffassung von Politik-Netzwerken" geißelt; *P. Kenis/V. Schneider*: Policy Networks and Policy Analysis: Scrutinizing a New Analytical Toolbox, in: *B. Marin/R. Mayntz (Hrsg.)*: Policy Networks. Empirical Evidence and Theoretical Considerations (1991), S. 25: "The term network is on the way to becoming the new paradigm for the 'architecture of complexity' (compared to hierarchy as the old architectural paradigm of complexity)".

366 *R. Mayntz*: Policy-Netzwerke und die Logik von Verhandlungssystemen, in: PVS Sonderheft 24/1993, S. 44.

Insbesondere in staatsnahen Bereichen wie der Telekommunikation überlappen sich vielfach Formen von Staat/ Markt/ Selbstorganisation. *Mayntz/Scharpf* stellten in ihren Untersuchungen fest, daß sich dort im allgemeinen Elemente aller Governance-Typen in komplexen Mischverhältnissen finden, besonders häufig jedoch Formen der horizontalen Koordination, wie sie in Netzwerken bestehen[367].

Die Netzwerkanalyse stellt in Abkehr von einer schematischen Sicht der Politikgestaltung auf das Zusammenwirken von relativ autonomen, privaten und staatlichen/ organisatorischen Akteuren in einzelnen Politikfeldern ab. Sowohl die Politikformulierung als auch die Implementation wird der Netzwerkanalyse zufolge von einer großen Zahl von öffentlichen und privaten, in vielfältiger Form miteinander verflochtenen und voneinander abhängigen Akteuren beeinflußt. Eines dieser Politikfelder ist die Telekommunikation[368]. Als Beispiel für eine Selbstorganisation der Beteiligten im Telekommunikationssektor nennt *Roßnagel* den Bereich der Sicherungsinfrastruktur. Dort zeichneten sich derzeit kaum staatliche Initiativen ab, für den allgemeinen Rechtsverkehr Dienstleistungen einer Sicherungsinfrastruktur anzubieten; wenn der Gesetzgeber nicht für eine "übergeordnete Koordinierung" Sorge trage, könnten Sicherungsinfrastrukturen nur in Selbstorganisation der Interessierten entstehen. Hierfür bedürfe es koordinierender Absprachen und geeigneter Gremien[369].

Das notwendige Zusammenwirken von öffentlichen und privaten Akteuren soll einer ökonomisch rationalen Verhandlungslogik folgen, nicht jedoch durch eine hierarchische Steuerung "von oben" erfolgen. Damit befinden sich zentral-staatliche Akteure, trotz ihrer grundsätzlich starken Machtposition, nicht länger a priori in einer dominanten Position gegenüber gesellschaftlichen Kräften; das Entstehen von Politiknetzwerken wird insofern auch als ein Indiz für einen 'schwachen' Staat interpretiert[370]. Umgekehrt nutzt der Staat ein bisher brachliegendes Potential, um einen erwünschten Modernisierungs- und Gestaltungsprozeß in Gang zu setzen. Dies kann gerade bei der Liberalisierung von

---

367 *R. Mayntz/F. W. Scharpf*: Der Ansatz des akteurzentrierten Institutionalismus, in: *R. Mayntz/ F. W. Scharpf (Hrsg.)*: Gesellschaftliche Selbstregelung und politische Steuerung (1995), S. 62 ff.

368 Zur Ausdehnung des deutschen Telekommunikations-Policy Network in einem Zeitraum von über hundert Jahren *V. Schneider/R. Werle*: Policy Networks in the German Telecommunications Domain, in: *B. Marin/R. Mayntz (Hrsg.)*: Policy Networks. Empirical Evidence and Theoretical Considerations (1991), S. 97 ff.; näher auch *R. Mayntz/F. W. Scharpf*: Die Entwicklung technischer Infrastruktursysteme zwischen Steuerung und Selbstorganisation, in: *R. Mayntz/ F. W. Scharpf (Hrsg.)*: Gesellschaftliche Selbstregelung und politische Steuerung (1995), S. 97; war das deutsche Telekommunikationssystem ursprünglich "ein stabiles Dreieck" zwischen Deutscher Bundespost, einer kleinen Gruppe von Geräteherstellern und den Deutschen Industrie- und Handelskammer, führte der zu Beginn der 70er Jahre einsetzende rasche technologische Wandel und die Ausweitung des Telekomdiensteangebots schließlich dazu, daß Telekommunikation sich zu einer "policy area" ausweitete. Verstärkt traten Unternehmen und andere, an der Einführung neuer Telekommunikationsdienste interessierte private Akteure, wie Informationsanbieter, in neuen "policy-Netzen" auf. Bedingt durch institutionelle Reformen der deutschen Telekommunikationsordnung (Postreform I, II, III), befassen sich außerdem zunehmend mehr Politiknetzwerke mit Fragen der Telekommunikation, etwa innerhalb der politischen Parteien, Gewerkschaften, Spitzenverbände der Industrie etc.

369 *A. Roßnagel*: Vertrauensinstanzen im elektronischen Rechtsverkehr: neue Spieler, neue Regeln, in: Jahrbuch Telekommunikation und Gesellschaft 4 (1996), S. 175.

370 *R. Mayntz*, (Anm. 215), S. 21; ähnlich *D. Messner/J. Meyer-Stamer*: Staat, Markt und Netzwerke im Entwicklungsprozeß, in: E+Z 36 (1995), S. 133: In solchen Politikfeldern, in denen über die Steuerungsressourcen nicht allein der Staat verfügt, sei die Konstituierung von Netzwerken die "einzige Möglichkeit", Steuerungsleistungen zu erbringen.

Telekommunikationsmärkten und der Einführung neuer Telekomdienste staatlicherseits erwünscht sein.

Als Beispiel dafür, wie sektorale Netzwerke als Verhandlungssysteme fungieren, können auch internationale Standardisierungsgremien der Telekommunikation angeführt werden. In diesen verhandeln Herstellerunternehmen und nationale Telefongesellschaften über technische Standards zur Sicherung der Systemkompatibilität, und versuchen, sich auf eine technisch optimale Lösung zu verständigen, wobei sie sich an sachlichen Kriterien ausrichten.

Durch einen – nicht näher definierten – systemrationalen Output sollen Policy-Netzwerke in der Lage sein, einen Beitrag zur Bewältigung der Herausforderungen gesellschaftlicher Entwicklung zu leisten. Das Potential für kollektive Entscheidungsfindung und Aktion soll im Wege von auf ein gemeinsames Ergebnis zielenden Verhandlungen aktiviert werden, denn "bargaining" und Austausch scheinen die am ehesten geeigneten "Kandidaten" für eine spezifische Netzwerklogik zu sein – "im Unterschied zur Marktlogik des Wettbewerbs und der Logik von Autorität und Gehorsam, die für Hierarchien typisch sind"[371].

Als Stärke des Netzwerk-Ansatzes mag gelten, daß strategie- und länderübergreifend Verhandlungslösungen herausgearbeitet werden können. Ein unmittelbarer Nutzeffekt mag sich überdies für die, eine Beteiligung am politischen Prozeß anstrebenden korporativen Akteure ergeben, sowie ein mittelbarer Nutzeffekt für den Staat, für den sich u.a. neue Möglichkeiten zur Beschaffung von Fachwissen und -informationen eröffnen. Ein möglicher Nachteil von Policy-Netzwerken ist hingegen die (verhandlungsbedingt) zeitaufwendige Strategieformulierung und Entscheidungsfindung:

> "Since the capacity of collective action is very dispersed in networks, the decision-making and strategy formation in a network is thus very time-consuming"[372].

Im Ergebnis wird in optimistischer Sicht angenommen, daß interorganisatorische, als Verhandlungssysteme funktionierende Politiknetzwerke eine mögliche Lösung der für moderne Gesellschaften typischen Koordinationsprobleme bereitstellen. Diese Hoffnung sollte um so mehr Bestand haben, wenn man, wie *Habermas*, die gesamte Lebenswelt als ein "Netzwerk aus kommunikativen Handlungen" ansieht[373].

---

371 R. *Mayntz*, (Anm. 215), S. 25; zum Verhandlungsaspekt vgl. auch P. *Kenis/V. Schneider*: Policy Networks and Policy Analysis: Scrutinizing a New Analytical Toolbox, in: *B. Marin/R. Mayntz (Hrsg.):* Policy Networks. Empirical Evidence and Theoretical Considerations (1991), S. 42; F. W. *Scharpf*: Decision Rules, Decision Styles and Policy Choices, in: Journal of Theoretical Politics 1 (1989), S. 149-176; R. *Mayntz/F. W. Scharpf*: Der Ansatz des akteurzentrierten Institutionalismus, in: *R. Mayntz/F. W. Scharpf (Hrsg.):* Gesellschaftliche Selbstregelung und politische Steuerung (1995), S. 39-72; zu Verhandlungszielen, -foren und dem Verhandlungsprozeß näher C. *Hüttig*: Grenzüberschreitender Datenverkehr. Ansätze zu einem Regime des internationalen Dienstleistungshandels, in: *B. Kohler-Koch (Hrsg.):* Regime in den internationalen Beziehungen (1989), S. 215 ff.

372 P. *Kenis/V. Schneider*: Policy Networks and Policy Analysis: Scrutinizing a New Analytical Toolbox, in: *B. Marin/R. Mayntz (Hrsg.):* Policy Networks. Empirical Evidence and Theoretical Considerations (1991), S. 42

373 *J. Habermas*, (Anm. 319), S. 429.

e) Die völkerrechtliche Handlungsebene

Das internationale System ist horizontal strukturiert, was sich auf mehreren Ebenen ablesen läßt:
- es gibt keine zentrale gesetzgebende Gewalt; ein Weltparlament existiert nicht und Bemühungen der UN-Generalversammlung, durch eine rechtliche Aufwertung ihrer unverbindlichen Resolutionen eine Art "Weltrecht" zu entwickeln, sind zum Scheitern verurteilt[374];
- es gibt auf universeller Ebene keine exekutive Gewalt; wohl besitzt der UN-Sicherheitsrat im Rahmen der Friedenssicherung nach Kap. VII die Befugnis, bindende Entscheidungen zu treffen (Art. 25 UN-Charta)[375], doch ist auch er in hohem Maße auf die freiwillige Mitwirkung der Staaten angewiesen;
- es gibt keine zentrale rechtsprechende Gewalt; der Internationale Gerichtshof besitzt zwar ausgedehnte Zuständigkeiten, doch bedarf es für sein Tätigwerden der freiwilligen Unterwerfung der Staaten; neu geschaffene Gerichtshöfe, wie der Strafgerichtshof für Ex-Jugoslawien oder Ruanda, besitzen nur eine limitierte Zuständigkeit[376].

Die souveränen Staaten sind nicht an Weisungen einer wie auch immer gearteten autorisierten Instanz gebunden, sondern lediglich an die für die Beziehungen zwischen ihnen geltenden Völkerrechtsregeln. *Verdross/Simma* bezeichneten deshalb das Völkerrecht als Koordinationsrecht[377], ein Ausdruck, der sich seit langem eingebürgert hat. Die Staaten sind einander formal ebenbürtig, im diplomatischen Verkehr begegnen sie sich auf einer Stufe. Das sollte nicht darüber hinwegtäuschen, daß wirtschaftlich mächtige Staaten einen größeren Einfluß auf die Gestaltung der internationalen Zusammenarbeit haben als wirtschaftlich vergleichsweise einflußlose Staaten[378].

Auf zahlreichen Sachgebieten haben sich die Staaten zu einem positiven Zusammenwirken verpflichtet. Dazu gehört auch der internationale Handel: Jede ökonomische, auf Austausch gerichtete Betätigung vollzieht sich im Prinzip vor dem Hintergrund eines verbindlichen Rechtssystems, was *Kirchlechner/Herz* zu der diskussionswürdigen Feststellung veranlaßte: "der Handel bedarf des Rechts"[379].

---

374 Resolutionen der Generalversammlung und anderen Beschlüssen der politischen Organe der Vereinten Nationen kommt keine völkerrechtliche Verbindlichkeit zu; Forderungen der Dritten Welt nach einer völkerrechtlichen Verbindlichkeit von mit großer Mehrheit angenommenen Empfehlungen konnten sich nicht durchsetzen, vgl. nur *J. A. Frowein*: The Internal and External Effects of Resolutions by International Organizations, in: ZaöRV 49 (1989), S. 788-790; *K. Dicke*: Völkerrechtspolitik und internationale Rechtsetzung. Grundlagen - Verfahren - Entwicklungstendenzen, in: Zeitschrift für Gesetzgebung 3 (1988), S. 217 ff.; dennoch bestimmt die Generalversammlung die Völkerrechtsentwicklung maßgeblich mit, siehe nur *B. Simma*: Zur völkerrechtlichen Bedeutung von Resolutionen der Generalversammlung der Vereinten Nationen, in: *R. Bernhardt/J. Delbrück/I. v. Münch (Hrsg.)*: Fünftes Deutsch-Polnisches Juristen-Kolloquium Bd. 2 (1981), S. 45; Simma geht davon aus, daß der Inhalt bestimmter Generalversammlungsbeschlüsse durch formlosen Konsens als völkerrechtlich verbindlich anerkannt werden kann, näher ebd. S. 62 ff.
375 Zum Verhältnis zwischen Art. 25 und Art. 27 UN-Charta siehe *B. Simma/S. Brunner*: Art. 27, in: *B. Simma (Hrsg.)*: Charta der Vereinten Nationen. Kommentar (1991), S. 430, Rz. 102.
376 Der auf der Grundlage des Statuts von Rom 1997 gegründete Internationale Strafgerichtshof mit Sitz in Den Haag besitzt hingegen eine umfassende Zuständigkeit.
377 *A. Verdross/B. Simma*, (Anm. 236), S. 33.
378 Näher zur Verhandlungsmacht im 3. Kap. 3.
379 *A. S. Kirchlechner/D. Herz*: Rechtliche Verallgemeinerung in den internationalen Handelsbeziehungen, in: *K. D. Wolf (Hrsg.)*: Internationale Verrechtlichung, Zeitschrift für Rechtspolitologie

In diesem Zusammenhang stellt sich die Frage, welche Rolle das (Völker-)Recht unter diesen Prämissen als Steuerungsmedium spielt und ob es mehr darstellt als nur eine "Form für soziale Beziehungen, derer sich die Akteure bedienen"[380]. Die Meinungen sind geteilt.
(1) Auf der einen Seite ist eine gewisse Renaissance normativer Betrachtungsweisen zu verzeichnen[381]; im Idealfall einer Friedensgemeinschaft führe die Weiterentwicklung völkerrechtlicher Normen zu einem "langfristigen Sozialisierungs- und Bewußtseinsbildungsprozeß, der positive Rückwirkungen auf die Wertekompatibilität von Staaten" habe, da auf diese Weise die "vertikale Struktur des internationalen Systems durchbrochen und ein die Souveränität der Staaten relativierendes Rechtsbewußtsein geschaffen" werde[382]. Rechtsnormen wird nicht nur eine regulative Funktion, sondern auch eine rechtsbegründende zugemessen: Wenn es in der letzten Zeit eine rechtssoziologisch bedeutsame gesamtgesellschaftliche Erfahrung gegeben habe, dann, "in welchem Maße Rechtsnormen konstitutiv sind für die Veränderungen ganzer Gesellschaften und für die Etablierung von Gesellschaften überhaupt"[383].
(2) Von anderer Seite wird hingegen eine Krise des "regulativen"[384] bzw. auch eine Krise des regulatorischen Rechts diagnostiziert, die vor allem aus der "permanenten Steigerung der Komplexität der gesellschaftlichen Lebensverhältnisse (...)" abgeleitet wird[385]. Im Anschluß an *Luhmann* werden die Grenzen der Steuerung auf die Selbstreferentialität sozialer Systeme zurückgeführt. Gemäß dem Konstruktionsprinzip der Theorie der autopoietischen Systeme sind Wirtschaft, Recht und Politik autonome Teilsysteme der Gesellschaft, die aufgrund ihrer selbstreferentiellen Geschlossenheit von außen nicht steuerbar sind und sich daher im Prinzip nur selbst regulieren können. Das Recht bei-

---

(1993), S. 147; die genannten Autoren gehen davon aus, daß der internationale Handel freier wird, je mehr Bereiche durch ein allgemeines Rechtssystem wie GATT geregelt werden; eine Steuerungsfunktion des Rechts könnte man darin sehen, daß das anwendbare Recht vereinfacht wird; *K. F. Röhl/S. Magen*: Die Rolle des Rechts im Prozeß der Globalisierung, in: Zeitschrift für Rechtssoziologie 17 (1996), S. 33 gehen davon aus, daß, wenn es Ansätze zu einem "Weltrecht" gibt, sie sich auf dem Gebiet des internationalen Handels finden lassen müßten.

380 *M. List*: Recht und Moral in der Weltgesellschaft, in: *K. D. Wolf (Hrsg.)*: Internationale Verrechtlichung, Zeitschrift für Rechtspolitologie (1993), S. 45.

381 *J. Köndgen*: Selbstbindung ohne Vertrag (1981); *D. Hart*: Soziale Steuerung durch Vertragsabschlußkontrolle - Alternativen zum Vertragsschluß, in: Kritische Vierteljahresschrift für Gesetzgebung und Rechtswissenschaft 1986, S. 211 ff., geht im Ergebnis von einer sozialregulierenden Funktion des Vertragsrechts aus (ebd. S. 241); *G. Teubner*: Regulatorisches Recht: Chronik eines angekündigten Todes, in: ARSP Beiheft 54 (1990), S. 140-161; *E. J. Mestmäcker*: "Wiederkehr der bürgerlichen Gesellschaft und ihres Rechts", in: Rechtshistorisches Journal 10 (1991), S. 177-184; *E. J. Mestmäcker*: Der Kampf ums Recht in der offenen Gesellschaft, in: Rechtstheorie 20 (1989), S. 273-288; grundlegend auch *K. D. Wolf/M. Zürn*: Macht Recht einen Unterschied? Implikationen und Bedingungen internationaler Verrechtlichung im Gegensatz zu weniger bindenden Formen internationaler Verregelung, in: *K. D. Wolf (Hrsg.)*: Internationale Verrechtlichung, Jahresschrift für Rechtspolitologie (1993), S. 11-28.

382 *M. Zielinski*: Der Idealtypus einer Friedensgemeinschaft Teil II: Die Bedeutung des internationalen Systems, in: Jahrbuch für Politik 5 (1995), S. 122.

383 *H. Rottleuthner*: Grenzen rechtlicher Steuerung - und Grenzen von Theorien darüber, in: ARSP Beiheft, 54, Theoretische Grundlagen der Rechtspolitik (1992), S. 138.

384 *K. Günther*: Der Wandel der Staatsaufgaben und die Krise des regulativen Rechts, in: *D. Grimm (Hrsg.)*: Wachsende Staatsaufgaben - sinkende Steuerungsfähigkeit des Rechts (1990), S. 51 ff.

385 *U. K. Preuß*: Entwicklungsperspektiven der Rechtswissenschaft, in: Kritische Justiz 21 (1988), S. 372; vgl. auch *R. Voigt*: Grenzen rechtlicher Steuerung. Zur Brauchbarkeit des Rechts als Steuerungsinstrument, in: *R. Voigt (Hrsg.)*: Recht als Instrument der Politik (1986), S. 14-34.

spielsweise ist "gehalten, die Autonomie anderer Teilsysteme der Gesellschaft (...) zu respektieren"[386]. In konsequenter Fortführung dieses Gedankens wird die Lenkungs- und Steuerungswirkung von materiellem Recht – in steuerungspessimistischer Perspektive[387] – als defizitär angesehen. Dem autopoietisch geschlossenen Rechtssystem sind "gesamtgesellschaftliche Steuerungsfunktionen" versagt[388]. Das Recht könne die Gesellschaft "allenfalls in einem metaphorischen Sinne regulieren": indem es sich selbst verändert, präsentiert es sich anderen Systemen als eine veränderte Umwelt, auf die diese wiederum in der gleichen indirekten Weise "reagieren" können[389].

Schwächen der Verrechtlichung seien überdies in "desintegrierenden Überregelungen" (evtl. auch telekommunikativen Überstandardisierungen)[390] zu finden, "in denen das Recht gewissermaßen mit der Regulierung zugleich auch den regulierten Sozialbereich zerstört"[391]. Die Zunahme rechtlicher Regulierungen auf allen gesellschaftlich relevanten Gebieten könne, so jedenfalls die Skeptiker, nicht nur soziale Institutionen destabilisieren, sondern auch zu einer Zerstörung von Erwartungssicherheit und "administrativen Beliebigkeiten" führen. In einer "Ökonomisierung" des Rechts spiegele sich seine Auslieferung an materielle Zielsetzungen, "mit der Konsequenz, daß es seine Autonomie und seine eigenen Rationalitätskriterien verfehlt und seinerseits irrelevant wird"[392].

Eine neue "unübersichtliche Vielfalt von Regeln, Verträgen, Abkommen und Resolutionen, Überzeugungen" wird beklagt[393], wobei insbesondere Juristen im Verdacht stehen, "die Regelungsdichte zu erhöhen"[394].

(3) Überträgt man diese Überlegungen auf den Dienstleistungssektor, so läßt sich feststellen, daß im Jahre 1994 – unter der Federführung der GATT-Juristen – mit dem General Agreement on Trade in Services zum ersten Mal eine verbindliche, multilaterale Regelung für den Handel mit Dienstleistungen geschaffen wurde. Die Regelungsdichte

---

386 *N. Luhmann*: Einige Probleme mit "reflexivem Recht", in: Zeitschrift für Rechtssoziologie (1985), S. 2; vgl. auch *N. Luhmann*: Politische Steuerung. Ein Diskussionsbeitrag, in: PVS 30 (1989), S. 8.
387 Zum Teil wird Luhmann als ein "Steuerungspessimist" dargestellt, vgl. *H. Rottleuthner*, (Anm. 383), S. 123; wie Luhmann in einem Interview zugegeben hat, hat er geringes Interesse an Steuerungsfragen, da er die soziologische Beschreibung der Gesellschaft und nicht die Verbesserung dieser Gesellschaft anstrebt: So *N. Luhmann* in einem Interview mit Ingeborg Breuer, FR. 5. Dez. 1992; kritisch zur Rechtssoziologie von Luhmann *J. Habermas*, (Anm. 319), S. 768 ff. und S. 405; kritisch auch *H. Haferkamp*: Autopoeitisches soziales System oder konstruktives soziales Handeln? Zur Ankunft der Handlungstheorie und zur Abweisung empirischer Forschung in Niklas Luhmanns Systemtheorie, in: *H. Haferkamp/M. Schmid (Hrsg.)*: Sinn, Kommunikation und soziale Differenzierung: Beiträge zu Luhmanns Theorie sozialer Systeme (1987), S. 79; Luhmanns Beitrag zur ökonomischen Theoriebildung sei "in ihrer Paradoxie einzigartig", kritisiert *P. Nahamowitz*: Effektivität wirtschaftlicher Steuerung, in: Kritische Justiz 20 (1987), S. 417.
388 *J. Habermas*, (Anm. 319), S. 69.
389 *J. Habermas*, (Anm. 319), S. 69.
390 Dazu näher im 2. Kap. 3 c).
391 *U. K. Preuß*, (Anm. 385), S. 367; *G. Fuchs*: Telekommunikation - Der Weg von nationaler zu internationaler Regulierung, in: *K. D. Wolf (Hrsg.)*: Internationale Verrechtlichung, in: Zeitschrift für Rechtspolitologie (1993), S. 207 weist zutreffend darauf hin, daß es im Prinzip "paradox" anmutet, "daß sowohl auf nationaler wie auf internationaler Ebene Telekommunikation unter den Vorzeichen von Deregulierung und Privatisierung thematisiert werden, während sich effektiv ein Verrechtlichungsprozeß feststellen" lasse.
392 *U. K. Preuß*, (Anm. 385), S. 367.
393 *R. Knieper*, (Anm. 187), S. 194.
394 Vgl. *M. Mai*: Die technologische Provokation. Beiträge zur Technikbewertung in Politik und Wissenschaft (1994), S. 87.

hat sich erhöht –, ob daraus eine "neue Unübersichtlichkeit" resultiert, wie von den Skeptikern grundsätzlich eingewandt, oder im Gegenteil klarere Strukturen, die unter Umständen sogar die Steuerbarkeit des Systems erhöhen[395], mag die spätere Untersuchung zeigen.

Völkerrechtliche Kodifikationsaktivitäten, also schriftliche Festlegungen in möglichst umfassenden Verträgen[396], zeugen prinzipiell von einem steigenden Regelungsbedarf im internationalen System sowie von der zunehmenden Interdependenz der Staaten. Die "Umgießung in Schriftform"[397] spiegelt aber auch die Ablehnung der Dritten Welt gegenüber universellem Völkergewohnheitsrecht, an dessen normativer Entstehung sie nicht mitgewirkt hat, und das aufgrund des konstitutiven Elements der Staatenpraxis eine geringe Elastizität gegenüber sich wandelnden Anforderungen des Staatensystems aufweist[398]. Insofern können völkerrechtliche Verträge, wie das im Zentrum unserer Betrachtungen stehende, 1994 abgeschlossene General Agreement on Trade in Services (GATS), grundsätzlich als Instrumente des Ausgleichs von widerstreitenden Interessen und der Schaffung eines höheren rechtlichen Strukturierungsgrades innerhalb des zwischenstaatlichen Machtsystems angesehen werden.

> "Da es der Völkerrechtsordnung als einer koordinationsrechtlichen Ordnung – im Gegensatz zur innerstaatlichen Subordinationsordnung – an einer verbindlichen Legislativgewalt mangelt, ist vor allem der multilaterale Vertragsschluß der geeignete Weg, Recht zu setzen, das strukturelle Konflikte durch Neuordnung (...) überwinden hilft. Dieses Verfahren ist jedoch an die Bereitschaft der Staaten gebunden, sich entsprechenden vertraglichen Bindungen zu unterwerfen, was den Prozeß des Wandels durch Rechtsetzung wesentlich verzögern, wenn nicht sogar unmöglich machen kann"[399].

Die Frage des "enforcement" im Fall des Vertragsbruchs bleibt jedoch problematisch[400]. Die mangelhafte Durchsetzbarkeit von Völkerrecht, etwa das Fehlen einer zentralen Sanktionsgewalt[401], wird als "Minus" verbucht. Die Frage der Durchsetzung war bzw.

---

395 Theoretisch nimmt die Steuerbarkeit eines Systems mit dem Ausmaß seiner rechtlichen Strukturiertheit zu; das soll, wie eigens hervorgehoben wird, auch für "staatsparasitäre Sektoren" wie die Telekommunikation gelten, vgl. *H. Rottleuthner*, (Anm. 383), S. 138; *H. R. Fabri*: Le règlement des différends dans le cadre de l'Organisation mondiale du commerce, in: Journal de droit international 124 (1997), S. 709 ff. sieht in den neuen Streitbeilegungsmechanismen der WTO eine fortschreitende "conventionnalisation".
396 Zum Begriff der Kodifizierung siehe *J. Delbrück/R. Wolfrum*: Völkerrecht Band I/1: Die Grundlagen. Die Völkerrechtssubjekte (1989), S. 83.
397 *A. Verdross/B. Simma*, (Anm. 236), S. 372.
398 Inwieweit die Entwicklungsländer sich an der Ausarbeitung der neuen vertraglichen Grundlage auf dem Gebiet des Handels mit Telekommunikationsdiensten beteiligt haben, wird Gegenstand der vorliegenden Untersuchung sein, siehe näher im 3. Kapitel.
399 *J. Delbrück*: Friedlicher Wandel, in: *R. Wolfrum (Hrsg.):* Handbuch Vereinte Nationen (1991), S. 199.
400 Zu den Möglichkeiten, die sich den Staaten im Falle einer erheblichen Verletzung eines zwei- oder mehrseitigen Vertrages eröffnen, insbesondere der Option, den Vertrag zu beenden oder zu suspendieren siehe nur *B. Simma*: Reflections on Article 60 of the Vienna Convention on the Law of Treaties and Its Background in General International Law, in: Österreichische Zeitschrift für öffentliches Recht 20 (1970), S. 5 ff.
401 Auf das "Paradox by which the growth and importance of law in the area of transnational law exists side by side with the obvious ineffectiveness of legal prescriptions forbidding the resort to violence" weist Kratochwil hin: *F. Kratochwil*, (Anm. 341), S. 639-651.

ist dabei nicht nur Gegenstand des historischen Positivismusstreits im Völkerrecht[402], sondern auch der Critical Legal Studies[403], die insofern an Fragestellungen der realistischen Schule der internationalen Beziehungen[404] anknüpfen. "Legal Positivism, like so many of the paradigmas constituting social science disciplines, has come to an impasse", konstatiert *Onuf*[405]. Als Hauptdefizit des internationalen Rechts wird die fehlende Zwangsjurisdiktion, also die fehlende "unitarische Machtspitze"[406], gesehen. *Koskenniemi* spricht wegen des Fehlens von "legislative machineries", "compulsory adjudication" und "enforcement procedures" davon, daß das internationale Recht zu defensiv sei: "too apologetic to be taken seriously in the construction of international order"[407]. Und *Kratochwil* läßt keinen Zweifel:

"One of the decisive shortcomings of the international legal order is most obviously its lack of compulsory jurisdiction"[408].

Internationales Recht wird folglich weniger als bindende Ordnungsmacht verstanden, denn in erster Linie als Diskurs, d.h. als Methode der Konversation, die die Staaten anzuwenden beschlossen haben[409]. In "Rules, Norms and Decisions" entwickelt *Kratochwil* eine Art Theorie des kommunikativen Handelns, die darauf angelegt ist, zu zeigen, daß Rechte nur in einer "discursive community" operativ werden[410]. Auf die Frage nach der normativen Kraft von Normen, also danach, inwieweit Normen Verpflichtungen für

---

402 Näher zu den geschichtlichen Zusammenhängen des Positivismusstreits *W. G. Grewe*: Epochen der Völkerrechtsgeschichte (2. Aufl. 1988), S. 591 ff.; *R. Higgins*, (Anm. 235), S. 7 f.
403 Kritisch zum positivistischen Denken im Völkerrecht: *A. Carty*: Critical International Law: Recent Trends in the Theory of International Law, in: EJIL 2 (1991), S. 66; *M. Koskenniemi*: From Apology to Utopia: The Structures of International Legal Argument (1989), S. 98-127; *N. G. Onuf*: Global Law-Making and Legal Thought, in: *N. G. Onuf (Hrsg.)*: Law-Making in the Global Community (1982), S. 1 ff.; *D. Kennedy*: A New Stream of International Law Scholarship, in: Wisconsin International Law Journal 7 (1988), S. 17 ff.; *J. Boyle*: Ideals and Things: International Legal Scholarship and the Prison House of Language, in: HILJ 26 (1985), S. 333-336; vgl. auch *F. V. Kratochwil*, (Anm. 200), S. 489, der die Aktivitäten der "legalists" kritisch beleuchtet; sie würden immer neue Dokumente entwerfen, sich für immer neue Institutionen einsetzen: "Meanwhile legalists are busy at work (...) by drafting new documents and advocating the establishment of new judicial institutions for their 'enforcement'".
404 Zu Liberalismus und Realismus aus Sicht der Critical Legal Studies *A.-M. Slaughter Burley*: International Law and International Relations Theory: A Dual Agenda, in: AJIL 87 (1993), S. 205 ff.; *A.-M. Slaughter*, (Anm. 248), S. 506 ff.
405 *N. G. Onuf*, (Anm. 305), S. 72.
406 *A. Bleckmann*, (Anm. 235), S. 779.
407 *M. Koskenniemi*, (Anm. 257), S. 9.
408 *F. Kratochwil*, (Anm. 237), S. 253.
409 Grundlegend *F. Kratochwil*, (Anm. 237); *N. G. Onuf*: Do Rules Say What They Do? From Ordinary Language to International Law, in: HILJ 26 (1985), S. 391; *N. G. Onuf*, (Anm. 305), S. 99: "speech acts are instances of applied reasoning"; nach *M. Koskenniemi*: From Apology to Utopia: The Structure of International Legal Argument (1989); S. 486 ist die internationale Rechtsdiskussion nichts anders als "a practice of attempting to reach the most acceptable solution, a conversation about what to do, here and now"; *T. Franck*: The Power of Legitimacy Among Nations (1990), S. 39 spricht von "fruit of communications"; vgl. auch *D. Kennedy*, (Anm. 403), S. 49: "it is the very interminability of the conversation which sustains international law's astounding success".
410 *F. V. Kratochwil*, (Anm. 237), S. 172; für *T. Gehring*: Probleme und Prinzipien internationaler Zusammenarbeit, in: APuZ, B 46/92, 6. November 1992, S. 44 ist die Normbildungsphase ein "Kommunikationsprozeß", "durch den für ein abgegrenztes Problemfeld das Beziehungsgeflecht unter den beteiligten Akteuren so verdichtet wird, daß diese auf (kurzfristige) individuelle Vorteile verzichten, um gemeinsame Gewinne erzielen zu können."

Akteure entfalten und damit zur Systemstabilität beitragen, minimieren *Kratochwil/ Ruggie* allerdings die Erwartungen. Einen verläßlichen Ursache-Wirkungszusammenhang im Sinne einer Kausalitätskette gebe es nicht:

> "Norms may 'guide', they may 'inspire', they may 'rationalize' or 'justify' behavior, they may express 'mutual expectations' about behavior, or they may be ignored. But they do not effect cause in the sense that a bullet through the heart causes death or an uncontrolled surge in the money supply causes price inflation"[411].

Die Rolle, die das internationale Recht unter Steuerungsaspekten oder darüber hinaus bei der Schaffung von "world order"[412] spielen kann, bleibt demnach ambivalent. Handelt es sich lediglich um eine Art "Verweissystem", innerhalb dessen Probleme zur Weiterbehandlung an immer neue Instanzen und in immer neue Kontexte transferiert werden?[413] Ist es tatsächlich nur eine Idee, daß Völkerrecht real ist, daß es "has its reality and power"[414]? Oder kommt es zum (aussichtslosen) Kampf gegen Windmühlen, ist der Kampf für eine "international rule of law", wie *Koskenniemi* es bezeichnet, "a fight against politics understood as a matter of furthering subjective desires and leading into an international anarchy"?[415]

Dagegen läßt sich einwenden, Anhänger der Critical Legal Studies müßten angesichts der von ihnen kritisierten Defizite plausibel darlegen, warum das Recht in vielen Fällen freiwillig befolgt werde. *Franck* forderte konsequent

> "a theory that can illuminate more generally the occurrence of voluntary normative compliance (...) in the absence of coercion"[416].

Völkerrecht wurde (insbesondere im Rahmen der Vereinten Nationen) so ausgestaltet, daß es heute faktisch in weiten Teilen durchgesetzt wird. Staaten sind an die Einhaltung völkerrechtlicher Normen gebunden – und sie handeln in einem hohen Prozentsatz aller Fälle danach. Wie *Louis Henkin* zutreffend darlegte: "Almost all nations observe almost all principles of international law and almost all of their obligations almost all of the time"[417]. Der Einwand der fehlenden Durchsetzbarkeit des Völkerrechts scheint mithin überschätzt; die Einhaltung einer Vielzahl von Rechtsnormen beruht weniger auf

---

411   F. *Kratochwil/J. G. Ruggie*: International Organization: A State of the Art on an Art of the State, in: IO 40 (1986), S. 767.
412   Überlegungen zur "Weltgesellschaft" finden sich im Schlußkapitel 6. Kap. 4 a).
413   In diese Richtung *M. Koskenniemi*, (Anm. 257), S. 28, der in dem modernen Völkerrecht "an elaborate framework for deferring substantive resolution elsewhere: into further procedure, interpretation, equity, context, and so on" sieht.
414   So *S. V. Scott*: International Law as Ideology: Theorizing the Relationship Between International Law and International Politics, in: EJIL 5 (1994), S. 325; ähnlich *P. Gabel/P. Harris*: Building Power and Breaking Images: Critical Legal Theory and the Practice of Law, in: *J. Boyle (Hrsg.)*: Critical Legal Studies (1992), S. 374.
415   *M. Koskenniemi*, (Anm. 257), S. 4.
416   *T. Franck*: Legitimacy in the International System, in: AJIL 82 (1988), S. 705; *T. Franck*, (Anm. 409), S. 28; zur Überbetonung der Rolle von Sanktionen siehe auch *K. D. Wolf/M. Zürn*, (Anm. 381), S. 15.
417   *L. Henkin*: How Nations Behave (2. Aufl. 1979), S. 47, zitiert nach A. D'Amato, International Law: Process and Prospects (1995), S. 2; vgl. auch *L. Henkin*, (Anm. 176), S. 48: "states are law-abiding and the international system is orderly"; zur "culture of compliance" *L. Henkin*, International Law: Politics and Values (1995), S. 49 ff.; *T. Franck*: The Power of Legitimacy Among Nations (1990), S. 28 führt die Tatsache, daß in "some arenas rules are usually obeyed" auf einen unterschiedlichen "compliance pull" der Normen zurück; zu den Gründen, warum Rechtsregeln freiwillig befolgt werden, *Franck*, ebd. S. 38.

Zwangsdurchsetzung, als auf der Einsicht, daß ihre Einhaltung "richtig", "gerecht", "nützlich" etc. ist. Das Element der Zwangsdurchsetzung mag hinzutreten, es muß aber nicht: Die Notwendigkeit für "enforcement" verringert sich, wenn politischer Wille zur Regelbeachtung – *D`Amato* spricht von "universal willing compliance"[418] – vorhanden ist.

Die Schwierigkeit der Rechtsbegründung resultiert auch daraus, daß das Verhältnis von geltendem Recht und gesellschaftlicher Wirklichkeit, wandlungsbedingt, überaus komplex geworden ist – dafür kann die Telekommunikationsordnung als exemplarisch angesehen werden. Im Idealfall ist Recht eine verläßliche Ordnung des Zusammenlebens, die an der Idee der Gerechtigkeit orientiert ist und von daher all diejenigen verpflichtet, für die sie gilt. Im minderen Fall präsentiert das völkerrechtliche System zumindest eine Basis für die "rule of law"[419] in den internationalen Beziehungen, wie *Gottlieb* formulierte: "international law is a paradigm in a decentralized power system"[420]. In jedem Fall stellt Völkerrecht, und diese Annahme soll wegweisend für die vorliegende Untersuchung sein, die für die bi- und multilaterale Kooperation einzig universell akzeptierte Ordnungsform dar.

3. Der Verlauf der Untersuchung

Im Rahmen der vorliegenden Studie sollen die Determinanten, Einflußgrößen und Auswirkungen
- einer sich wandelnden Telekommunikationsordnung (Stichwort: Globalisierung, Liberalisierung)
- auf die Entwicklungsländer
- vor dem Hintergrund der Gestaltungsräume internationaler Organisationen (GATT/WTO) und anderer Steuerungsforen

untersucht werden.

a) Untersuchungsgegenstand und -ziel

Anhand der übergeordneten Fragestellung "Globale Telekommunikation und Entwicklungsländer" sollen in insgesamt sechs Kapiteln folgende Fragestellungen näher untersucht werden:
(1) welche Voraussetzungen die Entwicklungsländer in telekommunikativer Hinsicht besitzen (2. Kap. 2.), um auf die fortschreitenden Globalisierungstendenzen (1. Kap. 1.) reagieren zu können;
(2) inwieweit diese Prozesse von ihnen, auch im Rahmen von "arguing" und "bargaining"-Konstellationen beeinflußt und gestaltet wurden bzw. werden (3. und 4. Kap.); und schließlich,

---

418 A. *D'Amato*: International Law: Process and Prospect (1995), S. 6.
419 Vgl. auch *H. H. Fowler*: International Economic Relations and the Rule of Law, in: ASIL Proceedings 61 (1967), S. 239 ff; *K. W. Abbot*: The Trading Nations Dilemma: The Functions of the Law of International Trade, in: HILJ 26 (1985), S. 501.
420 *G. Gottlieb*: The Nature of International Law: Towards a Second Concept of Law, in: *R. Falk/ F. Kratochwil/S. H. Mendlovitz (Hrsg.)*: International Law. A Contemporative Perspective (1985), S. 188.

(3) welche Auswirkungen die technischen und regulatorischen Veränderungen im Telekommunikationssektor in perspektivischer Sicht für die Entwicklung der wirtschaftlich schwächeren Staaten der Welt haben (5. und 6. Kap.).

Wesentlichen Raum nimmt dabei die Analyse des 1994 abgeschlossenen völkerrechtlichen General Agreement on Trade in Services mit der integralen Anlage zur Telekommunikation ein, und zwar sowohl die Entstehungsgeschichte dieses Abkommens (3. Kap.) wie auch die Verhandlungsresultate (5. Kap.). Während der gesamten Untersuchung wird darüber hinaus besonderes Augenmerk auf völkerrechtlichen Implikationen der sich wandelnden Telekommunikationsordnung gerichtet, insbesondere ihre Auswirkungen auf das zwischenstaatliche Souveränitätsgefüge (1. Kap. 2. a); 6. Kap. 4. a)) und die rechtlichen Handlungsspielräume der Staaten.

Zum Untersuchungsgegenstand zählt des weiteren, inwieweit und mit wessen Hilfe es einigen der Entwicklungsländer gelang, eigene materielle Rechtspositionen aufzubauen (4. Kap.), und diese in die offiziellen Liberalisierungsverhandlungen einzubringen (6. Kap. 2.). Dabei wird auf Konzepte der wohlfahrtstheoretischen Verhandlungsdiskussion (mehrebenige Verhandlungssysteme, positive und negative Koordinationsformen, Verhandlungsmacht bzw. -dilemma) ebenso Bezug genommen (3. Kap.) wie auf die von der internationalen Regimetheorie geführte Diskussion über die Wechselwirkung zwischen Verhandlungsprozessen und institutionellen Rahmenbedingungen sowie über als Verhandlungssysteme funktionierende Politiknetzwerke[421].

Gefragt werden soll des weiteren nach den formellen Verhandlungsbedingungen und –grundsätzen, den "Eckpunkten der Verhandlungen", mit denen die Entwicklungsländer in der Uruguay Runde konfrontiert waren (3. Kap. 2.), da sich hieraus Rückschlüsse auf ihre Verhandlungsmacht (3. Kap. 4.) und die Wahl ihrer Verhandlungsstrategien ziehen lassen.

Die Bedeutung des GATS-Regimes für den Telekommunikationsdienstehandel der Entwicklungsländer (6. Kap. 3), aber auch die grundsätzlichen regulatorischen Anforderungen an sie (2. Kap. 3), stellen weitere Untersuchungsschwerpunkte dar.
Technisch-funktionale Zusammenhänge sind insoweit in die Untersuchung eingeschlossen, als dies für ein besseres Verständnis der Zusammenhänge notwendig ist.

Untersuchungsziel dieser Studie sind hingegen nicht medienspezifische Fragen oder auch urheberrechtliche Probleme. Das Recht der grenzüberschreitenden Verbreitung von Fernsehen und Hörfunk als solches und die dafür verwendeten technischen Telekommunikationsmittel, wie Kabel, Satellit und terrestrische Frequenzen, werden vom jeweiligen staatlichen (z.B. deutschen) Telekommunikationsrecht und Multimedia erfaßt. Bei Mediendiensten selbst, etwa Film- und Fernsehprogrammen, Video und Computeranimation handelt es sich nicht um zur Telekommunikation rechnende "Mehrwertdienste", denn, anders als bei diesen, wird zur Herstellung der Mediendienste keine werterhöhende ("value added") Zusatzleistung[422] erbracht. Sie sind "finished products which are merely distributed at their final destination"[423].

Ein wesentliches Ziel der vorliegenden Studie ist die perspektivische Öffnung von einer bislang überwiegend technisch-funktionalen Ebene auf eine breiter angelegte, policy-orientierte Ebene der Telekommunikation. Dies scheint umso notwendiger als es

---

421 Näher bereits das 1. Kap. 2 d).
422 Zum Begriff der Mehrwertdienste siehe näher das 1. Kap. 1 a).
423 *S. Christopherson/S. Ball*: Media Services: Considerations Relevant to Multilateral Trade Negotiations, in: *UNCTAD (Hrsg.):* Trade in Services: Sectoral Issues (1989), S. 251.

"keine adäquate öffentliche Debatte, keinen politischen Gestaltungswillen und wenig Kompetenz zum Thema Infobahn"[424] gibt. Widersprüchliche Interessen und mögliche Risiken der Telekommunikationsentwicklung, insbesondere für die wirtschaftlich schwächeren Staaten, sollen aufgezeigt werden (2. Kap. 3.; 6. Kap. 3. und 4.).

Ein "Diskurs der Telekommunikations-Gestaltung" wird von der Verfasserin als grundsätzlich möglich und mit Blick auf die Zukunft auch als erforderlich angesehen, da durch eine möglichst breit geführte Debatte kostspielige Fehlentwicklungen vermieden, rechtzeitig Handlungsalternativen erschlossen und die Koordination verschiedener Positionen – speziell im Nord-Süd-Verhältnis –, effektiver erfolgen können. Insofern begreift sich die vorliegende Studie als "Mosaikstein" innerhalb der Errichtung eines Bezugrahmens für eine stärker sozialorientierte Telekommunikationsforschung unter Einbeziehung von Steuerungsaspekten.

Die Analyse wird durch die Tatsache erschwert, daß der Dienstleistungshandel, besonders der Handel mit Telekomdiensten, in theoretischer Hinsicht über Jahre hinweg vernachlässigt wurde; deshalb ist eine Lücke entstanden, die erst allmählich geschlossen wird. Der Dienstesektor war das "Stiefkind" sowohl der Wirtschaftstheorie als auch der Politikwissenschaft und der Institutionenforschung[425].

Ziel dieser Studie ist, einen Beitrag zur Schärfung des Problembewußtseins für die mit dem Wandel der Telekommunikationsordnung verbundenen Schwierigkeiten, speziell im Nord-Süd-Kontext, zu leisten. Die öffentliche Diskussion rechtspolitisch anzuregen, erscheint umso notwendiger, da bis Anfang der 90er Jahre – von der breiten Öffentlichkeit unbemerkt und unkommentiert – in einem Maße Tatsachen geschaffen wurden, daß bereits das Schlagwort von der "schweigenden Gesellschaft" geprägt wurde[426]. Nicht vergessen werden sollte, daß die heute vorgenommenen Weichenstellungen für die nächsten Jahrzehnte Gültigkeit besitzen werden. *Aronson* schildert die Situation:

> "This is an exciting time for telecom. Decisions taken in the next few years will shape the future of telecommunications operations, regulation and competition for decades"[427].

b) Formulierung von Arbeitshypothesen

Im Mittelpunkt der vorliegenden Arbeit stehen folgende, die Untersuchung leitende Annahmen, die anhand des vorhandenen Materials überprüft, erhärtet oder gegebenenfalls modifiziert werden sollen:

---

424   N. *Bolz* (Kommunikationswissenschaftler an der Gesamthochschule Essen), in: WirtschaftsWoche Nr. 9, 23. Febr. 1995, S. 79.
425   Ausdrücklich K. P. *Sauvant*: Services and Data Services, in: P. Robinson/K. P. Sauvant/V. P. Govitrikar (Hrsg.): Electronic Highway for World Trade, Issues in Telecommunication and Data Services (1989), S. 8.
426   J. E. *Katz*: Social Aspects of Telecommunications Security Policy, in: Telecommunications Policy 14 (1990), S. 331.
427   J. D. *Aronson*: New Directions in International Telecom, Transnational Data and Communication Report, Dec. 1990, S. 21.

Bilateralismus - Multilateralismus

Ein wesentliches Ziel der Entwicklungsländer bei Aufnahme der GATT-Liberalisierungsverhandlungen im Dienstebereich könnte darin bestanden haben, eine Ausweitung bilateraler Liberalisierungsabkommen, wie sie vor allem die führenden Industrienationen im Vorfeld der GATS-Verhandlungen abgeschlossen hatten[428], zu verhindern, da sie befürchteten, aufgrund ihrer relativ geringen "Attraktivität" als bilaterale Vertragspartner sowie aufgrund ihres geringen "bargaining leverage" gegenüber den Industrienationen ins Hintertreffen zu geraten.

Mit der Errichtung einer multilateralen Handelsordnung für Dienstleistungen, das multilaterale Streitbeilegungssystem eingeschlossen, verbanden zahlreiche Entwicklungsländer die Hoffnung auf eine Stärkung des Multilateralismus. Diese Hoffnung war u.a. verantwortlich dafür, daß sie ihre anfängliche Ablehnung gegenüber einer Behandlung der Dienstleistungsfrage im GATT aufgaben; es ist allerdings fraglich, ob sie sich erfüllte.

Zweifel können insofern bestehen - so die These - als die innerhalb der auszuhandelnden "GATS-commitments" zu wahrende Reziprozität zu einer Neuauflage des Bilateralismus innerhalb des multilateralen WTO-Systems geführt haben könnte.

Souveränität - Globalismus

Es ist heute unbestritten, daß die Telekommunikationsordnung in ihrer Ausrichtung weltumspannend und in diesem Sinne "global" geworden ist, und mit ihr weite Bereiche unserer Lebenswelt (Stichwort: "Globalisierung")[429]. Umstritten sind hingegen die sich daraus ergebenden Schlußfolgerungen; entsprechend einer in der Literatur häufig zu findenden Ansicht, ist eine Erosion des Souveränitätsbegriffs die Folge. Diese Annahme wird kritisch hinterfragt[430].

Die Souveränität als rechtliches Gestaltungsprinzip der internationalen Beziehungen könnte theoretisch ein Hindernis für eine weltumgreifend globale Telekommunikation im Sinne einer "Weltinformationsgesellschaft"/bzw. "Weltgesellschaft"[431] darstellen. So lange Staaten sich etwa ein Recht auf Regelung vorbehalten und keine unmittelbaren, multilateral vereinbarten Marktöffnungsverpflichtungen eingehen[432], können national kartellisierte Telekommunikationsmärkte nur schwer zu einem globalen Markt zusammenwachsen.

Das General Agreement on Trade in Services kann, so die These, als Gratwanderung zwischen den auf eine Marktöffnung ausgerichteten, gemeinschaftlich konsentierten Liberalisierungszielen (vgl. Verhandlungsmandat)[433] auf der einen Seite und staatlichen Souveränitätsvorbehalten auf der anderen Seite[434] gesehen werden. Es ist zu prüfen, inwieweit und mit welchen Folgewirkungen dieses Spannungsverhältnis sichtbaren Ausdruck in den Verhandlungsergebnissen, insbesondere in den spezifischen Verpflich-

---

428 Ausführungen zum zunehmenden bilateralen Vertragsrecht finden sich im 2. Kap. 1 f).
429 Zum Phänomen der Globalisierung siehe bereits das 1. Kap. 1 e).
430 Vgl. auch die Ausführungen im 1. Kap. 2 a).
431 Näher das 6. Kap. 4 a).
432 Zu diesem Befund siehe näher das 5. Kap. 1 d).
433 Das Verhandlungsmandat erläutert das 3. Kap. 2.
434 Zur Betonung von Souveränitätsrechten durch die Entwicklungsländer siehe das 3. Kap. 1 c); 4. Kap. 3.

tungen (Marktzugang und Inländerbehandlung) der Länderlisten ("schedules of commitments")[435] gefunden hat.

Veränderung ohne Wandel

Nichts wird so bleiben wie es ist, und doch bleibt Alles beim Alten – auf diese Weise kann thesenartig die Entwicklung zur globalen, länderübergreifenden Telekommunikation charakterisiert werden. Das internationale System ist zwar aufgrund der Revolutionierung der Telekommunikationstechnologien einigen fundamentalen Veränderungen unterworfen, die entwicklungspolitischen Parameter bleiben jedoch – so eine weitere Arbeitshypothese – weitgehend unverändert (These vom fortgesetzten Entwicklungsdilemma).

Sollten allerdings Anzeichen dafür bestehen, daß die entwicklungspolitischen Grundanforderungen (Infrastruktur, Ausbildung, Entschuldung etc.) in Zeiten der fortgeschrittenen Liberalisierung des Dienstleistungshandels eine (Teil-)Lösung erfahren, wäre dies in Hinblick auf die Entstehung einer wissensbasierten Entwicklungsstrategie mit Blick auf das 21. Jahrhundert[436] als großer Nutzen zu werten.

c) Methodische Ansätze

Diese Studie liegt an der Schnittstelle mehrerer Disziplinen. Neben Fragen des Völkerrechts, der Entwicklungstheorie und -forschung, sowie der Lehre der internationalen Organisationen (speziell der Regimetheorie), werden wirtschaftspolitische, handelspolitische und soziologische Aspekte angesprochen. Unterdisziplinen wie "policy analysis" und "public choice" fügen sich in den analytischen Rahmen ein. Das methodische Vorgehen, also die Verfahrensweise, nach der Denkprozesse und Untersuchungsabläufe durchgeführt werden, betrifft einen komplexen Prozeß – aus diesem Grund scheint eine gewisse Offenheit der methodischen Verfahren zulässig[437].

Wie dargelegt, zielt die vorliegende Studie auf eine systematische Analyse der Tätigkeit einer bedeutenden internationalen Organisation (GATT/WTO) auf dem Sektor der Telekomdienste, der Herausarbeitung der im Zuge einer sich wandelnden Telekommunikationsordnung vorherrschenden Interessenpositionen und der gesellschaftlichen Konfliktlinien, speziell im Verhältnis zwischen den industrialisierten Ländern des Nordens und den wirtschaftlich unterentwickelten Ländern.

Die Konzentration auf GATT/WTO stellt einen auf institutionelle Akteure gerichteten Ansatz dar. Daneben gilt es, die Interaktionen unterschiedlicher individueller, kollektiver sowie korporativer Akteure zu verfolgen: Im Bereich der Telekommunikation sind eine Vielzahl sozialer Kräfte am Werk; es handelt sich um ein "system of actors"[438], welche unterschiedliche wirtschaftliche, technische und politische Interessen besitzen[439].

---

435 Zu den Verpflichtungslisten siehe das 5. Kap. 3.
436 Näher das 6. Kap. 4 e).
437 Wie von Beyme hervorhob, fällt es der herrschenden Lehre immer noch schwer, die "verschiedenen Ansatzhöhen" in ihren jeweiligen Erkenntnisvorteilen gelten zu lassen, *K. v. Beyme*, (Anm. 226), S. 18.
438 *V. Schneider/R. Werle*, (Anm. 368), S. 97.
439 Ausführungen zu den Akteurs- und Interessenebenen enthält das 1. Kap. 1 b).

Entscheidend ist die Annahme, daß diese Akteure absichtsvoll und letztlich in Wahrnehmung eigener oder fremder Interessen handeln, d.h. daß sie reflektieren, ob die zu erwartenden Folgen ihres Handelns ihrer Interessenslage nützen oder schaden werden. Jeder rational handelnde Akteur wird sich für diejenige Handlungsoption entscheiden, die ihm am meisten Nutzen bringt. Telekommunikation ist deshalb auch eine "domain of public policy", in der die verschiedenen Akteure am Entscheidungsprozeß und bei der Mobilisierung von Ressourcen mitwirken, um auf diese Weise wirtschaftliche und soziale Probleme von politischer Relevanz einer Lösung zuzuführen[440].

Im Bestreben, ein möglichst vollständiges Analysekonzept zu erarbeiten, wird neben der akteurzentrierten auch eine strukturorientierte Perspektive zugrundegelegt, die auf eine Berücksichtigung der unterschiedlichen Ordnungsstrukturen soziopolitischer Teilbereiche und der Einbettung der Akteure in ihr gesellschaftliches/technisches Umfeld zielt. Strukturen beschreiben Bedingungen von Handeln und Verhalten, zugleich aber auch Handlungsrestriktionen. Der strukturorientierte Ansatz soll dazu beitragen, zu verstehen, weshalb im Nord-Süd-Kontext bekannte und benannte strukturelle Probleme bis heute der Lösung harren – warum sie, anstatt einer Lösung zugeführt zu werden, auf immer neue Ebenen, in immer neue Gremien und in immer neue Situationskontexte verlagert werden.

Weitere verwendete analytische Kategorien sind neben "Akteur", "Struktur" und "Situationskontext" auch "Systeme". Aufgrund des erforderlichen hohen Kapitaleinsatzes und der Tatsache, daß Telekomdienste in der Regel gegen Entgelt angeboten werden[441], läßt sich das Telekommunikationssystem dem gesellschaftlichen Teilbereich der Wirtschaft zurechnen, wobei auf der Systemebene die Relation von technischer und institutioneller Struktur für das Spektrum der Leistungen und die Form der Leistungserbringung als prägend angesehen wird[442]. Soweit konkrete Beispiele der Telekommunikationsentwicklung, etwa im Rahmen institutioneller Reformen in Entwicklungsländern[443], behandelt werden, erfolgt dies im Rahmen empirisch-analytischer Ansätze. Mit der gebotenen Vorsicht wird anhand der am Einzelfall oder an Einzelfällen identifizierten Spezifika auf allgemeine Regel- oder Gesetzmäßigkeiten gefolgert (induktives Vorgehen).

---

440 *V. Schneider/R. Werle*, (Anm. 368), S. 98.
441 Dazu siehe bereits das 1. Kap. 1 a).
442 *R. Werle*, (Anm. 27), S. 24.
443 Zur Telekommunikationssektorreform in Entwicklungsländern näher das 2. Kap. 2 f) und g).

2. Kapitel: Globale Telekommunikation – Anforderungen an die internationale Organisation[1]

1. Telekommunikationsdienste als Gegenstand des internationalen Handels

Einer verbreiteten Ansicht zufolge wird der Welthandel als wachstumspolitisch erfolgreich und wohlstandsfördernd angesehen: ein freier Welthandel führe insgesamt zu einer Steigerung der Weltproduktion sowie zu einem verbesserten Angebot für die Verbraucher und mehre somit den allgemeinen Wohlstand. Eine liberale Welthandelsordnung soll alle Länder begünstigen, weil offene und wettbewerbsfreundliche Märkte den internationalen Austausch fördern.

Diese liberale und kosmopolitisch fundierte Denkschule läßt sich nicht ohne weiteres auf die Ebene der Telekommunikation transponieren.

a) Die traditionelle Regulierungssituation

Traditionell fand der Fernmeldeverkehr zwischen Staaten durch die Verbindung nationaler Netze statt, Telekommunikation war deshalb, von der grenzüberschreitenden Kooperation in technischen Fragen abgesehen, eine nationale Angelegenheit. Nicht nur (1) der Handel mit Telekommunikationsgeräten endete an nationalen Grenzen, sondern auch (2) der Betrieb von Telekommunikationsnetzen und (3) das Angebot von Telekommunikationsdiensten: "Die ganze Welt der Telekommunikation war national fragmentiert"[2]. Während die Handels- und Wirtschaftsordnung heute zahlreichen Globalisierungsströmungen unterworfen ist[3], war der Weltmarkt der Telekommunikation bis vor kurzem noch national ausgerichtet – dies galt im Prinzip auch in bezug auf die Aktivitäten multinationaler Konzerne. Da die ausländischen Konzernteile weitgehend selbständig und unabhängig voneinander operierten, brachen sie die nationale Fragmentie-

---

[1] Unter "internationaler Organisation" werden im folgenden sowohl die formellen, institutionalisierten Formen der Steuerung als auch die informellen, nicht institutionalisierten verstanden; zum Unterschied zwischen internationalen Organisationen und internationaler Organisation *G. M. Gallarotti*: The Limits of International Organization: Systematic Failure in the Management of International Relations, in: IO 45 (1991), S. 183; *F. Kratochwil*: Preface, in: *F. Kratochwil/E. D. Mansfield (Hrsg.)*: International Organization, A Reader (1994), preface ix; Kratochwil begreift das Studium der "international organization" "as the investigation of the various organizational forms that populate the international arena, rather than as representing merely a subfield of traditional international relations theory" (ebd., ix preface); zu den historischen Linien, denen das Studium der "international organization" folgte, vgl. auch *F. Kratochwil/J. G. Ruggie*: International Organization: A State of the Art on an Art of the State, in: *F. Kratochwil/E. D. Mansfield (Hrsg.)*: International Organization. A Reader (1994), S. 5 ff.; *M. Rochester*: The Rise and Fall of International Organization as a Field of Study, in: IO 40 (1986), S. 753-775; differenzierend zum Begriff "internationale Organisation" *V. Rittberger*: Internationale Organisationen, Politik und Geschichte (2. Aufl. 1995), S. 24: einerseits ein "analytisches Konstrukt", andererseits der "Name für eine bestimmte Klasse zwischenstaatlicher Institutionen."
[2] *P. Genschel*: Standards in der Informationstechnik (1995), S. 49.
[3] Zur Globalisierung näher 1. Kap. 1 e).

rung des Weltmarktes nicht auf, sondern "reproduzierten sie bloß intern"[4]. Direktinvestitionen von nationalen Telefongesellschaften im Ausland, wie sie in neuerer Zeit geschehen[5], waren kaum zu verzeichnen, sieht man einmal von der Errichtung und dem Betrieb von internationalen Kabel- bzw. Satellitenkapazitäten und Maßnahmen zur Verbesserung der Infrastruktur in Entwicklungsländern ab.

Die Aufträge der jeweiligen Post- und Fernmeldeverwaltungen waren den nationalen Herstellern im Telekommunikationssektor zwar über Jahrzehnte hinweg sicher, andererseits waren ihre Exportmöglichkeiten jedoch stark limitiert; Mitte der 70er Jahre etwa wurden noch 90 Prozent der Weltproduktion auf geschlossenen nationalen Märkten gehandelt[6]. Eine Ausnahme bildeten die Entwicklungsländer:

"Nur die Märkte der Entwicklungsländer ohne eigene Produktionskapazitäten waren offen, und die Konkurrenz auf diesen Märkten war groß"[7].

Unabhängig vom Grad ihrer Entwicklung bestanden in fast allen Ländern, Industrie- wie Entwicklungsländern, gleichermaßen weitreichende staatliche, oder wie in den USA[8], private, aber staatlich kontrollierte Telekommunikationsmonopole. Gesonderte, von den Monopolunternehmen unabhängige Telekommunikationseinrichtungen wurden lediglich für das Militär[9] und zum Teil für einige nationale Versorgungsunternehmen (Eisenbahn und Elektrizitätswerke) installiert. Das jeweilige Monopol war in der Regel umfassend und reichte vom Betrieb der Telekommunikationsnetze über das Angebot von Telekommunikationsdiensten bis zum Vertrieb der Endgeräte, die den Benutzern einen Netzzugang und die Inanspruchnahme der Dienste eröffneten.

Ein institutionelles Merkmal praktisch aller nationalen Telekommunikationssysteme während der ersten Hälfte dieses Jahrhunderts war, neben einem hohen Maß an horizontaler und vertikaler Intergration[10], eine starke politische Kontrolle[11]. Noch im Jahre

---

4   *P. Genschel*, (Anm. 2), S. 21; ähnlich: *D. Elixmann*: Internationale Konsortien als neue Spieler in einem liberalisierten Telekommunikationsmarkt, in: Jahrbuch Telekommunikation und Gesellschaft 4 (1996), S. 51; *M. E. Porter*: Der Wettbewerb auf globalen Märkten. Ein Rahmenkonzept, in: *M. E. Porter (Hrsg.):* Globaler Wettbewerb. Strategien der neuen Internationalisierung (1989), S. 17-68.
5   Die aktuelle Entwicklung skizzierte das 1. Kap. 1 f).
6   *P. Genschel*, (Anm. 2), S. 48.
7   *P. Genschel*, (Anm. 2), S. 48.
8   In der Vergangenheit wurden nationale und internationale Telekommunikationsdienste in der Regel von staatlichen Monopolen angeboten; eine Ausnahme bildeten die USA, wo AT&T bis zur Entflechtung als privater Anbieter praktisch eine Monopolstellung hatte; einen historischen Rückblick auf die traditionelle Regelungssituation im anglo-amerikanischen Raum bietet *G. Warskett*: Bringing the Market into the World, Rupture and Stability in the Emergence of a New Industry, in: International Journal of Political Economy 23 (1993-94), S. 29 ff.; vgl. auch *A. Sapir*: Les transactions internationales de services: aspects positifs et normatifs, in: *P. Messerlin/F. Vellas (Hrsg.):* Conflits et négociations dans le commerce international, l'Uruguay Round (1989), S. 244.
9   Dazu *R. G. Pipe*: Telecommunication Services: Considerations for Developing Countries in Uruguay Round Negotiations, in: *UNCTAD (Hrsg.):* Trade in Services: Sectoral Issues (1989), S. 97.
10 Näher *R. Mayntz/F. W. Scharpf*: Die Entwicklung technischer Infrastruktursysteme zwischen Steuerung und Selbstorganisation, in: *R. Mayntz/ W. Scharpf (Hrsg.):* Gesellschaftliche Selbstregelung und politische Steuerung (1995), S. 91; vgl. auch *V. Schneider/R. Werle*: Policy Networks in the German Telecommunications Domain, in: *B. Marin/R. Mayntz (Hrsg.):* Policy Networks. Empirical Evidence and Theoretical Considerations (1991), S. 100; die Netzbetreiber waren in der Regel auch die Anbieter der Dienste und in diesem Sinne also vertikal integriert vgl. *D. Elixmann*, (Anm. 4), S. 51.

1987 sprach sich das Standardisierungsorgan der ITU, CCITT, für die Beibehaltung von staatlichen Monopolstrukturen aus, weil auf diese Weise die Knappheit der technischen Ressourcen (z.B. Frequenzspektrum, Gebrauch des geostationären Orbits, strategisch relevante Territorien) bestmöglich berücksichtigt werden könne[12].

Sofern es grenzüberschreitende Aktivitäten der Anbieter gab, waren diese bis Mitte der 80er Jahre im wesentlichen auf technische und organisatorische Zusammenarbeit ausgerichtet, um den weltweiten Telefon- und Datenverkehr abzuwickeln. Die Organisation einer Zusammenarbeit auf internationaler Ebene erfolgte dabei auf der Basis des Konzepts der "jointly provided services", einer wichtigen Grundnorm der traditionellen Telekommunikationsordnung[13]. Das bedeutete, daß die länderübergreifenden Verbindungseinrichtungen im gemeinsamen Eigentum der Monopolunternehmen standen und in gemeinsamer Verantwortung betrieben wurden; Telekommunikation war, um mit *Haas* zu sprechen, ein "joint and transnational concern"[14]. Einzelheiten der grenzüberschreitenden Erbringung von (Telefon-)Diensten, insbesondere die Festlegung der technischen Voraussetzungen für die Interconnection[15] der nationalen Netze und die Gewinn- bzw. Kostenaufteilung für die gelieferten Telekommunikationsdienste, wurden zwischen den Staaten auf bilateraler Ebene ausgehandelt. Wie *Genschel* anschaulich darlegte:

"Der einzige Kontaktpunkt zwischen den nationalen Telekommunikationssystemen war die Bereitstellung internationaler Kommunikationsverbindungen. Für diese Verbindungen mußten die PTTs Netzübergänge zu den Netzen der Nachbarländer einrichten und in bilateralen Betriebsvereinbarungen festlegen, zu welchen finanziellen, betrieblichen und technischen Bedingungen sie gemeinsam genutzt werden sollten"[16].

Daß dieses System den internationalen Wettbewerb mit Telekommunikationsdiensten behinderte, ist offensichtlich: Theoretisch war jedes Telefongespräch die gemeinsame Angelegenheit von zwei nationalen Telefonsystemen, jedes betrieben von einem Monopolanbieter. Jede Seite investierte, um die Einrichtungen für ihren "Teil" des Anrufs bereitzustellen; zusammen hatten sie ein "einziges" Netzwerk und die Einkünfte wurden geteilt. Weltweites Kommunizieren war im Prinzip nicht anders möglich als durch eine Zusammenschaltung von einzelnen Komponenten der jeweiligen nationalen Telekom-

---

11 Dazu *J. Hills*: Dependency Theory and its Relevance Today: International Institutions in Telecommunications and Structural Power, in: Review of International Studies 20 (1994), S. 180; zum Kontrollelement auch *R. Mayntz/F. W. Scharpf*, (Anm. 10), S. 91; *V. Schneider/R. Werle*, (Anm. 10), S. 100.
12 *ITU, CCITT*: The International Telegraph and Telephone Consultative Committee, GAS 11, Handbook, Strategy for the Introduction of a Public Data Network in Developing Countries, (1987), S. 139.
13 *P. F. Cowhey*: The International Telecommunications Regime: The Political Roots of Regimes for High Technology, in: IO 44 (1990), S. 177; ähnlich *P. F. Cowhey/J. D. Aronson*: The ITU in Transition, in: Telecommunications Policy 15 (1991), S. 299: "The most important commercial norm of the ITU is the concept of a jointly provided service".
14 *E. B. Haas*: Beyond the Nation-State, Functionalism and International Organization (1964), S. 488.
15 Näher zu diesem Begriff in 2. Kap. 3 b).
16 *P. Genschel*, (Anm. 2), S. 49; grenzüberschreitend erfolgten die Dienstleistungen also durch eine "Kooperation der Monopolunternehmen": *M. Bothe*: Grenzüberschreitende Telekommunikation, in: *J. Scherer (Hrsg.)*: Telekommunikation und Wirtschaftsrecht (1988), S. 241.

munikationsnetze[17]. Es handelte sich also um ein "shared monopoly system"[18], das von den internationalen Bestimmungen, vor allem derjenigen der ITU, unterfüttert wurde. Jede Post- und Fernmeldeverwaltung mußte mit ihren Gegenparts in bezug auf die Erbringung internationaler Telekommunikationsdienste handelseinig werden, wobei souveräne, das nationale Telekommunikationssystem betreffende Rechte vorbehalten wurden:

> "The international agreements which allowed national systems to interconnect through international 'gateways' reflected the primacy accorded to national communications. States held sovereignty over their communications network. They decided standards, they set tariffs and they invested in growth of networks and penetration"[19].

Es existierte eine auf bilateralen Handelskartellen basierende, stark regulierte internationale "Oligopolsituation"[20].

Die Telekommunikation war, wie alle großen technischen Systeme während des 19. Jahrhunderts (Eisenbahnen, Elektrizitätsversorgungssysteme, Telegrafen- und Telefonnetze), ursprünglich stark von hierarchischen Formen, insbesondere im Bereich der technischen Koordination geprägt[21], so daß ein "hierarchical model of governance, either by private firms or public administrations" dominierte[22].

Die jahrzehntelange Aufrechterhaltung dieses Systems wurde mit unterschiedlichen Begründungsansätzen legitimiert. Einer der am häufigsten vorgebrachte Gründe war, daß die Telekommunikationsdienste ein "öffentliches Gut" darstellten[23]. Die öffentliche Monopolstruktur wurde mit der Notwendigkeit der Verfolgung sozialer und politischer Ziele begründet, etwa einer ausgewogenen Landesentwicklung, moderaten Tarifstrukturen für die Benutzer, Konsumentenschutz oder der Verfügbarkeit von Diensten für breite Bevölkerungsschichten[24]. Innerhalb der Nachfragerschicht kam es zu Quersubventionierung, da die Tarifgestaltung die privaten Haushalte begünstigte, die Industrie

---

17   R. Ellger/T.-S. Kluth: Das Wirtschaftsrecht der Internationalen Telekommunikation in der Bundesrepublik Deutschland (1992), S. 220.
18   P. F. Cowhey/J. D. Aronson: Global Diplomacy and National Policy Options for Telecommunications, (Manuskript), S. 5.
19   J. Hills, (Anm. 11), S. 180.
20   C. Antonelli: Technological Change and Multinational Growth in International Telecommunications Services, in: Review of Industrial Organization 10 (1995), S. 161; vgl. auch R. Mansell: The Networked Economy: Unmasking the "Globalisation" Thesis, in: Telematics and Informatics 11 (1994), S. 31, der unter "oligopolisation" "the uneven distribution of market power on the supply-side" versteht.
21   P. Genschel, (Anm. 2), S. 14 sieht im hierarchischen Prinzip "ein unerhört erfolgreiches Mittel zur Entwicklung und Ausweitung technischer Systeme"; a.A. R. Werle: Staat und Standards, in: R. Mayntz/F. W. Scharpf (Hrsg.): Gesellschaftliche Selbstregelung und politische Steuerung (1995), S. 281: ein solcher "Hierarch habe nie existiert, auch wenn in bestimmten Subsektoren gelegentlich hegemoniale Zustände herrschten, in denen Koordinationsprobleme nach dem Recht des Stärkeren gelöst wurden".
22   V. Schneider/R. Werle, (Anm. 10), S. 100; G. Fuchs: Telekommunikation - Der Weg von nationaler zu internationaler Regulierung, in: K. D. Wolf (Hrsg.): Internationale Verrechtlichung, in: Zeitschrift für Rechtspolitologie (1993), S. 208 spricht von nationalen hierarchischen Entscheidungsstrukturen des "alten Regimes".
23   Zur "public good"-Konzeption als Rechtfertigung für die Aufrechterhaltung von Monopolstrukturen vgl. nur G. Feketekuty: International Network Competition in Telecommunications, in: P. Robinson/K. P. Sauvant/V. P. Govitrikar (Hrsg.): Electronic Highway for World Trade (1989), S. 271.
24   Die Sicherung des Universaldienst-Angebots behandelt das 2. Kap. 3 d).

hingegen bei Fern- und Auslandsgesprächen hohe Nutzungsgebühren zu entrichten hatte. In Deutschland führte die Post für ihre Monopolkontrollansprüche regelmäßig netztechnische, betriebliche und auch ökonomische Gründe an[25]. Aber auch sicherheitspolitische Belange mögen für das Entstehen bzw. Aufrechterhalten von Monopolstrukturen eine Rolle gespielt haben[26].

Ferner sei die Lieferung von Telekommunikationsdiensten ein natürliches Monopol, da die im Markt nachgefragte Menge von einem einzigen Anbieter zu niedrigeren Kosten produziert werden könne als von einer größeren Zahl von Unternehmen. Die Existenz konkurrierender Anbieter wurde nicht für sinnvoll erachtet, da nur der Monopolanbieter in der Lage sei, die Kosten für die Benutzer niedrig zu halten[27]. Diese würden sich erhöhen, sobald es mehrere Anbieter gäbe[28].

Zu den Vorteilen dieses Systems, in dem *de facto* eine einzige Organisation den gesamten (nationalen) Markt mit Telekommunikationsdiensten versorgte, wurden die relative Stabilität des Systems[29], einfache Abrechnungsverfahren sowie hohe Gewinnmargen der PTTs gezählt: im Prinzip war es jedem Land gestattet, für ausgehende internationale Telefonate beliebig hohe Gebühren in Rechnung zu stellen, so daß sich hohe Gewinnspannen für die monopolistisch geführten Unternehmen ergaben.

---

25 Näher *R. Werle*: Telekommunikation in der Bundesrepublik. Expansion, Differenzierung, Transformation (1990), S. 307.
26 Zur Frage, ob sicherheitspolitische Belange für die Entstehung von Monopolen bedeutsam sind *B. Wellenius u.a.*: Telecommunications. World Bank Experience and Strategy (1993), S. 2; nach *P. F. Cowhey*, (Anm. 13), S. 184, waren es nicht sicherheitspolitische, sondern politische Gründe, die die Regierungen veranlaßten, Monopolstrukturen zu konsolidieren; nur vorgeblich hätten Regierungen Kommunikationssysteme als ein Instrument der Entwicklung und der nationalen Sicherheit geschaffen.
27 Vgl. aber *R. Werle*, (Anm. 25), S. 90; seiner Ansicht lagen in Europa und speziell in Deutschland die von der Theorie des natürlichen Monopols vorausgesetzten Rahmenbedingungen nicht vor.
28 Für die starke Stellung eines einzigen Anbieters auf dem Telekommunikationssektor wurden "Skalenerträge" (*economies of scale* oder Größenvorteile) angeführt, wonach ein Anbieter den Markt zu niedrigeren Kosten, als dies zwei oder mehr Anbieter können, bedient; "economies of scale" entstehen mit zunehmender Größe eines Betriebs oder Wirtschaftszweiges und sind positiv, wenn die Durchschnittskosten sinken, also die Gesamtkosten langsamer steigen als die ausgebrachte Menge; des weiteren wurde verwiesen auf *economies of scope* bzw. Verbundvorteile, wonach es für einen einzelnen Anbieter billiger ist, zwei oder mehr Dienstleistungen gemeinsam zu produzieren und zu liefern, als für getrennte Institutionen; dazu *R. Werle*, (Anm. 25), S. 89; näher zu Größen- und Verbundvorteilen m.w.N. *J. Scherer*: Telekommunikationsrecht und Telekommunikationspolitik (1985), S. 193 ff.; vgl. auch die Weltbankexperten *V. Bishop/A. Mody*: Den Wettbewerb im Bereich der Telekommunikation nutzen, in: F&E (1995), S. 41; *ITU, CCITT*, GAS 12 Handbook, Strategy for the Introduction of New Non-voice Telecommunication Services in Developing Countries" (1992), S 145; *A. Picot/W. Burr*: Ökonomische Vorteile des Netzwettbewerbs in der Telekommunikation, in: Jahrbuch Telekommunikation und Gesellschaft 4 (1996), S. 26; *P. J. J. Welfens/C. Graack*: Telekommunikationswirtschaft. Deregulierung, Privatisierung und Internationalisierung (1996), S.79 ff.
29 Zur Stabilität, insbesondere des deutschen Telekommunikationssystems, vgl. *R. Mayntz/ F. W. Scharpf*: Die Entwicklung technischer Infrastruktursysteme zwischen Steuerung und Selbstorganisation, in: *R. Mayntz/ F. W. Scharpf (Hrsg.)*: Gesellschaftliche Selbstregelung und politische Steuerung (1995), S. 89: "eindrucksvolles Beispiel institutioneller Stabilität"; Einzelheiten zum deutschen Telekommunikationssystem bei *V. Schneider/R. Werle*, (Anm. 10), S. 100 ff.; zur Netzmonopolstruktur in historischer Hinsicht vgl. auch *R. Werle*, (Anm. 25), S. 41 ff.; zu den Stabilitätserwägungen auch für die internationale Ebene *P. Cowhey/J. D. Aronson*, (Anm. 13), S. 299; *G. H. Reynolds*: Speaking with Forked Tongues: Merkantilism, Telecommunications Regulations and International Trade, in: Law and Policy in International Business 21 (1989), S. 131.

Die Hierarchie ist jedoch nur so lange ein leistungsfähiges Organisationsprinzip, wie die Bewältigung längerfristig gleichbleibender und routineförmig bearbeitbarer Aufgaben ansteht[30]. Für zahlreiche nicht-standardisierte komplexe Aufgaben, an deren Bewältigung eine Vielzahl von Akteuren auf unterschiedlichen Ebenen in Politik und Gesellschaft beteiligt sind, erweist sich eine hierarchische Organisationsform hingegen oftmals als dysfunktional[31]. In den letzten Jahren gerieten hierarchische Strukturen, nicht zuletzt aufgrund der komplexer werdenden Akteursinteressen[32], erheblich unter Druck. Das alte Vertrauen in die Effizienz und Effektivität hierarchischer Steuerung schwand und die "Tendenz zur Enthierarchisierung" manifestierte sich in unübersehbarer Weise:

> "Während der letzten zwanzig Jahre hat die hierarchische Prägung von Telekommunikation und Computertechnik (...) stark nachgelassen. Die technische Revolutionierung (...), die Deregulierung der Telekommunikation, die Globalisierung der Märkte und die Verschärfung der internationalen Konkurrenz haben die Kontrollmonopole von Fernmeldeverwaltungen und Hardwareherstellern untergraben"[33].

Mehr und mehr setzte sich die Einsicht durch, daß staatliche Telekommunikationsmonopole nicht optimal arbeiteten. Sie seien ineffizient, insgesamt wenig benutzerfreundlich, kostenintensiv sowie in bezug auf neue Dienste wenig innovativ, folglich gerieten die PTTs als "formidable bastions of government control"[34] zunehmend ins Kreuzfeuer der Kritik. Angesichts der von den führenden Industrienationen, vor allem den USA, angestrebten weltweiten Öffnung der Telekommunikationsmärkte, wurde ihnen im Vorfeld der GATT-Liberalisierungsverhandlungen zu Beginn der 80er Jahre schließlich der Kampf angesagt[35]. Telekommunikationsunternehmen mit ausschließlichen Rechten für die Ein- und Ausfuhr stellten strukturelle Handelshemmnisse dar, weil in dem vom Monopol erfaßten Bereich der Markteintritt potentieller Wettbewerber ausgeschlossen ist[36].

Auch innerhalb der Internationalen Fernmeldeunion (ITU), die die tragende Säule des traditionellen Regulierungssystems verkörpert, unter deren Dach die Post- und Fernmeldeverwaltungen ihre Tätigkeit über Jahre hinweg gemäß der Norm des "jointly

---

30 *H. G. Schmidt*: Wörterbuch zur Politik (1995), S. 402.
31 *P. Genschel*, (Anm. 2), S. 14; in diesem Kontext siehe auch die Beiträge von *A. Benz/ F.W. Scharpf/R. Zintl*: Horizontale Politikverflechtung (1992).
32 Zu den Akteurs- und Interessenebenen siehe bereits das 1. Kap. 1 b).
33 *P. Genschel*, (Anm. 2), S. 15; zu diesem Themenkreis vgl. auch *W. W. Powell*: Neither Market Nor Hierarchy: Network Forms of Organization, in: Research in Organizational Behavior 23 (1990), S. 295 ff.; *G. Teubner*: Die vielköpfige Hydra: Netzwerke als kollektive Akteure höherer Ordnung, in: *W. Krohn/G. Küppers (Hrsg.)*: Die Entstehung von Ordnung, Organisation und Bedeutung (1992), S. 189 ff.; *J. Bond*: Telecommunication is Dead, Long Live Networking, The Effect of the Information Revolution on the Telecom Industry, in: The Information Revolution and the Future of Telecommunications, June 1997, S. 11 ff.
34 Explizit *M. A. Kakabadse*: International Trade in Services: Prospects for Liberalisation in the 1990s (1987), S. 45.
35 Sogar vor einem Zusammenbruch des SWIFT und der Weltluft- und Seetransportsysteme wurde gewarnt, vgl. nur die ganz auf der amerikanischen Linie argumentierenden Liberalisierungsbefürworter *G. Feketekuty/ J. D. Aronson*: Restrictions on Trade in Communication and Information Services, in: Michigan Yearbook of International Legal Studies, Regulation of Transnational Communications (1984), S. 154.
36 Auch in der Bundesrepublik Deutschland waren die Entfaltungsmöglichkeiten der privaten Anbieter durch die Monopolrechte der Deutschen Bundespost beschränkt. Innerstaatlich war jeder Anbieter, sowohl In- als auch Ausländer, vom Markt ausgeschlossen.

provided services"³⁷ koordiniert hatten, erkannte man schließlich – wenngleich erst spät³⁸ – die Schwächen der auf das "natürliche Monopol" gestützten Argumentation³⁹.

b) Dogmatische Unsicherheit: Die Handelbarkeit von Dienstleistungen

Der grenzüberschreitende Handel mit Dienstleistungen galt lange Zeit als subsidiäre, produktionsbezogene Aktivität, die keine vertiefte, eigenständige Analyse erfordere. Der niedrige Internationalisierungsgrad von Dienstleistungen ließ diese außerdem als "primär binnenwirtschaftliches Phänomen" erscheinen⁴⁰. Die Situation zu Beginn der 80er Jahre war von Zweifeln geprägt, ob Bank- und Finanzdienstleistungen, Versicherungen, Werbung, Marktforschung und ähnliche Dienstleistungen, "tradeable", also grundsätzlich geeignet seien, um mit ihnen international Handel zu treiben. Die Frage, wie Dienstleistungen angesichts ihrer steigenden weltwirtschaftlichen Bedeutung zu behandeln seien, bereitete auch den Verhandlungsführern des General Agreement on Trade in Services Probleme:

"Negotiators have had to grapple with such conceptual and practical differences between goods and services trade"⁴¹.

Die klassische Handelstheorie erklärt den Handel zwischen Nationen auf der Basis der komparativen Kostenvorteile und legt dar, warum ein Land, das in der Lage ist, eine Reihe von Gütern und Diensten zu niedrigeren Kosten als ein anderes anzubieten, sich auf diejenigen Güter und Dienste konzentriert, die es mit dem größten Kostenvorteil verkaufen kann. Die Erzeugung anderer Güter, bei denen es einen geringeren Kostenvorteil hat, überläßt es jedoch anderen Ländern, so daß im Ergebnis *beide* einen Vorteil haben. Dem zufolge gewinnt auch der absolut gesehen schwächer ausgestattete Handelspartner durch die internationale Arbeitsteilung, vorausgesetzt, ein ungehinderter, eine effiziente Ressourcenallokation ermöglichender internationaler Güter- und Diensteaustausch findet statt⁴². Angesichts der unübersehbaren Schwäche der Volkswirt-

---

37 Dazu siehe bereits in diesem Abschnitt.
38 Es habe sich um einen "Irrweg" der Ingenieure gehandelt, die lange Zeit verkannt hätten, daß Wettbewerb schon viel früher möglich gewesen wäre; erst als die Ökonomen die Telefonregulierung als unwirtschaftlich kritisierten, wurde eine Wende hin zu mehr Wettbewerb eingeleitet: *P. F. Cowhey*, (Anm. 13), S. 184; zum Niedergang der Theorie von dem natürlichen Monopol: *B. A. Petrazzini*: The Political Economy of Telecommunications Reform in Developing Countries. Privatization and Liberalization in Comparative Perspective (1995), S. 12 f.
39 *ITU, CTD*: Restructuring of Telecommunications in Developing Countries, An Empirical Investigation with ITU's Role in Perspective, Geneva, May 1991, S. 11; in der Studie hieß es, trotz der Diversifizierung von Anwendungen habe es Kostensenkungen gegeben, was zeige, daß die Annahme vom "natürlichen Monopol" sich als falsch erwiesen habe; zu den Reformbestrebungen der ITU und ihrer zukünftigen Rolle vgl. *A. Tegge*: Die Internationale Telekommunikations-Union. Organisation und Funktion einer Weltorganisation im Wandel (1994).
40 *J. Neyer*: Entwicklung auf der Infobahn?, in: E+Z 36 (1995), S. 108.
41 Kommentar der *Strategic Planning Unit*: International Telecommunication Union, Trade of Telecommunications Services: Implications of a GATT Uruguay Round Agreement for ITU and Member States (R. G. Pipe, Director, Telecom Services Trade Project, Amsterdam, May 1993), S. 2 zu den GATS-Verhandlungen.
42 Zur grundsätzlichen Anwendbarkeit der Theorie der komparativen Kostenvorteile auf den Dienstehandel *B. Hindley/A. Smith*: Comparative Advantage and Trade in Services, in: World Economy 7 (1984), S. 369-389; *G. M. Grossmann/C. Shapiro*: Normative Issues Raised by International Trade in Technology Services, in: *R. M. Stern (Hrsg.)*: Trade and Investment in Services: Canada/U.S. Perspectives, Toronto, Ontario, Economic Council (1985), S. 83-113; vgl. auch

schaften der Dritten Welt wurde allerdings die zentrale Annahme der Theorie der komparativen Kostenvorteile, maßgebend sei nicht, was ein Land jeweils am besten produzieren kann, sondern womit es am meisten – durch Tausch – verdient, in Frage gestellt, da die Entwicklungsländer im Dienstebereich überwiegend auf die Rolle von Nettoimporteuren beschränkt sind[43]. Aufgrund einiger Besonderheiten[44] des Handels mit Telekommunikationsdiensten sei die Theorie der komparativen Kostenvorteile auf diesen nur beschränkt anwendbar.

Auch die Anwendbarkeit anderer Grundprinzipien aus Handelstheorie und -recht, wie Meistbegünstigung, Inländerbehandlung und die Reziprozität auf Dienste wurde kontrovers diskutiert und zum Teil in Frage gestellt[45].

Was die Handelbarkeit von Dienstleistungen angeht, so ergaben sich im wesentlichen vier Problemfelder:

(1) Wie bereits beschrieben, schirmte die nationale Regulierungssituation den nationalen Markt verhältnismäßig effektiv gegen die Erbringung von Dienstleistungen aus dem Ausland ab[46]. Zu Zeiten, als Monopolstrukturen noch weitgehend unangefochten bestanden, spielte der Handel mit Telekommunikationsdiensten eine verhältnismäßig geringe Rolle für die Außenwirtschaft. Die international tätigen Telekomdiensterbringer betrachteten sich *nicht* als im internationalen Handel tätig[47], sondern gingen vielmehr davon aus, daß Telekomdienste das Produkt einer gemeinsamen Investition von zwei oder mehr Nationen in die gemeinsame Infrastruktur darstellten.

(2) Eine Antwort auf die Frage, inwieweit Telekomdienste handelbar sind, wurde zudem durch das Fehlen einer universell gültigen Dienstedefinition, insbesondere im Bereich der Mehrwertdienste[48], erschwert. In ihrem Bemühen um Begriffsklarheit mußten

---

J. N. Bhagwati: International Trade in Services and Its Relevance for Economic Development, in: *O. Giarini (Hrsg.)*: The Emerging Service Economy (1987), S. 3-34; *B. Lanvin*: Participation of Developing Countries in a Telecommunication and Data Services Agreement, in: *P. Robinson/ K. P. Sauvant/V. P. Govitrikar (Hrsg.)*: Electronic Highway for World Trade (1989), S. 79; *K. Grewlich*: Der technologische Wettlauf um Märkte, in: Aussenpolitik 42 (1991), S. 384; grundlegend auch *R. Wolfrum*: Das internationale Recht für den Austausch von Waren und Dienstleistungen, in: *R. Schmidt (Hrsg.)*: Öffentliches Wirtschaftsrecht, Besonderer Teil 2 (1996), S. 535-655.

43 Näher *J. N. Bhagwati*: Splintering and Disembodiment of Services and Developing Countries, in: World Economy 7 (1984), S. 133-144.

44 Zu den Besonderheiten des Handels mit Telekommunikationsdiensten auch *J. D. Aronson/G. Feketekuty*: Meeting the Challenges of the World Information Economy, in: The World Economy 7 (1984), S. 63-86; *B. Beer*: Informatics in International Trade, in: JWTL 19 (1985), S. 570-578; *G. Feketekuty/K. Hauser*: A Trade Perspective on International Telecommunication Issues, in: Telematics and Informatics 1 (1984), S. 359-369; *R. B. Woodrow*: Trade in Telecommunication and Data Services, in: *P. Robinson/K. P. Sauvant/V. Govitrikar* (Hrsg.), Electronic Highway for World Trade (1989), S. 32.

45 Zur Anwendbarkeit der GATT-Handelsprinzipien auf den Dienstleistungssektor siehe näher das 5. Kap. 1 a).

46 Zur Regulierungssituation siehe oben das 2. Kap. 1 a).

47 Ausdrücklich *R. B. Woodrow*: Tilting Towards a Trade Regime, in: Telecommunications Policy 15 (1991), S. 325 f.; praktisch wortgleich *R. B. Woodrow*: Sectoral Coverage and Implementation within a Uruguay Round Services Trade Agreement: Paradox and Prognosis, in: *T. Oppermann/J. Molsberger (Hrsg.)*: A New GATT for the Nineties and Europe '92. International Conference held in Tübingen 25-27 July 1990 (1991), S. 233.

48 Zur Definitionsproblematik siehe bereits das 1. Kap. 1 a).

sowohl ITU-Offizielle[49] als auch die Verhandlungsführer der "GATT-Group on Negotiations of Services" (GNS) mehrfach ausweichend konstatieren, es handele sich um einen sehr weiten Begriff. Eine klare Abgrenzung zwischen Telekommunikation in Form von Infrastruktureinrichtungen (Netzen) und Telekommunikationsdiensten bereitete, bedingt durch den raschen technologischen Wandel, in wachsendem Maße Schwierigkeiten[50].

(3) Die Zweifel an der Handelbarkeit von Telekommunikationsdiensten wurzelten schließlich auch in der Natur der Dienste bzw. in vermeintlichen[51] Unterschieden zwischen "Gütern" und "Dienstleistungen". Lange Zeit wurde argumentiert, Dienstleistungen seien unsichtbar ("intangibles", "invisibles") und besäßen als solche einen immateriellen Charakter bzw. eine nicht lager- und stapelfähige, nicht "wäg- und meßbare" Gestalt, so daß sie *nicht* Gegenstand des internationalen Handels sein könnten[52]. Sie seien nur bedeutsam als "input" und ihr Wertschöpfungscharakter nur schwer meßbar. Nur solche Produkte könnten aber grenzüberschreitend zwischen Käufer und Verkäufer gehandelt werden, die, anders als die über elektronische Netze geleiteten Telekommunikationsdienste, an der Grenze überwacht, gemessen und geschätzt werden könnten[53]. Anders als bei Gütern sei bei Diensten zudem eine Qualitätsprüfung vor Gebrauch kaum möglich[54].

---

49 Vgl. nur der frühere ITU-Generalsekretär *R. E. Butler*: The International Telecommunication Union and the Formulation of Information Transfer Policy, in: *J. F. Rada/R. G. Pipe (Hrsg.):*Communication Regulation and International Business, Proceedings of a Workshop held at the International Management Institute (IMI), Geneva, Switzerland, April 1983 (1984), S. 73.
50 Ausdrücklich *R. G. Pipe*, (Anm. 9), S. 54.
51 B. Hoekman: Assessing the General Agreement on Trade in Services, in: World Bank Discussion Papers No. 307, The Uruguay Round and the Developing Economies (1995), S. 329 fordert, endlich die künstliche Unterscheidung zwischen Waren und Dienstleistungen aufzugeben: "eliminating the artificial goods-services distinction".
52 Zur Diskussion um die Natur der Dienstleistungen *S. Schultz*: Dienstleistungen und Entwicklungsländer - Positionen der Dritten Welt zur Einbindung des Dienstleistungshandels in den GATT-Rahmen, in: *H. Sautter (Hrsg.):* Konsequenzen neuerer handelspolitischer Entwicklungen für die Entwicklungsländer (1990), S. 71; *B. Hoekman*: Conceptual and Political Economy Issues in Liberalizing International Transactions in Services, in: Aussenwirtschaft 48 (1993), S. 210; *B. Hoekman/M. Kostecki*: The Political Economy of the World Trading System. From GATT to WTO (1995), S. 128 m.w.N.; *C. Engel*: Is Trade in Services Specific?, in: *T. Oppermann/J. Molsberger (Hrsg.):* A New GATT for the Nineties and Europe '92. International Conference held in Tübingen 25-27 July 1990 (1991), S. 213-219; vgl. auch *W. Drake/K. Nicolaidis*: Ideal, Interests, and Institutionalization: "Trade in Services" and the Uruguay Round, in: IO 46 (1992), S. 44; *H.-D. Smeets/G. Hofner/A. Knorr*: A Multilateral Framework of Principles and Rules for Trade in Services, in: *T. Oppermann/J. Molsberger (Hrsg.):* A New GATT for the Nineties and Europe '92 (1991), S. 191-211 mit einem Hinweis auf die detaillierte Diskussion bei *M. Sindelar*: Das GATT – Handelsordnung für den Dienstleistungsverkehr (Diss. Bayreuth, 1987); zum Begriff der Invisibilisierung, dem Handel mit "unsichtbaren" Leistungen, auch *F. Nuscheler*: Lern- und Arbeitsbuch Entwicklungspolitik (4. Aufl. 1996), S. 28.
53 Ein ITU-Expertenpapier sah den entscheidenden Unterschied zwischen Gütern und Dienstleistungen in der durch den elektronischen Transfer bedingten fehlenden Kontrollmöglichkeit an der Grenze, vgl. *Strategic Planning Unit*, (Anm. 41), S. 40; vgl. auch *R. B. Woodrow*: Telecommunications Services - Why They are Being Considered for a TradeAgreement, Paper anläßlich: "Defining Telecommunications Services Trade - an International Briefing", ITU Headquarters, Geneva, May 3, 1989, S. 1; vgl. auch *R. M. Stern/B. M. Hochmann*: Issues and Data Needs for GATT Negotiations on Services, in: The World Economy 10 (1987), S. 39-60.
54 A. Sapir, (Anm. 8), S. 242; ähnlich *S. Carl*: Consumer Information, Product Quality and Seller Reputation, in: Bell Journal of Economics 13 (1982), S. 20 ff., der davon spricht, daß es unmöglich sei, Dienste vor Gebrauch zu prüfen.

(4) Weiterhin wurde angeführt, Telekommunikationsdienste könnten nicht Teil der Handelsordnung sein, da Handel mit ihnen nicht wirklich "grenzüberschreitend" sei. Die Schwierigkeit, sich den Handel konkret als grenzüberschreitend vorzustellen, wird besonders deutlich, wenn man auf den Kontakt zum Kunden abstellt. Daraus, daß der Ursprungs-Carrier nicht direkt mit den ausländischen Kunden zu tun hatte, wurde gefolgert, der Handel mit Telekommunikationsdiensten vollziehe sich nicht "über die Grenzen hinweg"[55], denn die Versorgung ausländischer Märkte erfolge weniger durch Handel als durch Direktinvestitionen[56]. Bei Telekommunikationsdiensten gebe es überdies kaum eine Notwendigkeit für Hersteller und Verbraucher, bei der Lieferung der Dienste zusammenzuarbeiten: Eine "Interaktion" wie sonst üblich existiere nicht; sie könne allenfalls über die "modes of delivery"[57] konstruiert werden[58].

Die Einführung neuerer Telekommunikationstechnologien und der Diensteboom in den Industriestaaten[59] führten schließlich zu einem konzeptionellen und politischen Umdenken; unter anderem in Weltbankkreisen[60] wurden einige grundlegende Neuüberlegungen hinsichtlich der grenzüberschreitenden Handelbarkeit von Dienstleistungen angestellt. Telekommunikationsdienste wurden im Gegensatz zu früher immer mehr betrachtet als

> "measurable in value; as continuous, rather than ephemeral and temporary, since ongoing buyer-seller relationships were common; as separable and storable in networks and physical media (for example, computer discs and electronic circuitry); as traded between different entities, rather than jointly provided by cartel members; as moving across borders through identifiable delivery paths (via networks or via the movement of suppliers); and above all, as a coherent class of activities subject to similar regulatory NTBs and meriting liberalization under a common set of general trade principles"[61].

Infolgedessen verloren Vorbehalte, Dienste seien aufgrund des fehlenden grenzüberschreitenden Bezugs nicht handelbar, an Gewicht, da es zunehmend private Übertragungseinrichtungen gab, die Märkte von Land zu Land direkt erreichen konnten. Im Rahmen des United Nations Centre on Transnational Corporations (UNCTC), das überwiegend die Förderung privater Netze und Telekommunikationsdiensteangebote betrieb, hatte man deshalb auch wenig Schwierigkeiten, im grenzüberschreitenden Handel die

---

55 *R. G. Pipe*, (Anm. 9), S. 73; ähnlich *R. B. Woodrow*: Sectoral Coverage and Implementation within a Uruguay Round Services Trade Agreement: Paradox and Prognosis, in: *T. Oppermann/J. Molsberger (Hrsg.):* A New GATT for the Nineties and Europe '92 (1991), S. 233.
56 *L. Schomerus*: Die internationale Entwicklung im Bereich der Telekommunikation: Tendenzen, Herausforderungen und Konsequenzen, in: Liberale Texte, Telekommunikation: Neue Herausforderung - neue Anforderungen (1987) S. 12; *J. Neyer*, (Anm. 40), S. 108.
57 Zu den "modes of delivery" siehe näher Art. 1 GATS, dazu im 5. Kap. 1.
58 *B. Hoekman*, (Anm. 52), S. 210: "there is no need for producers and consumers to interact (cooperate) if a service is to be provided. The interaction requirement can be met through a number of what come to be known as "modes of delivery"; ähnlich *M. A. Kakabadse*, (Anm. 34), S. 2; vgl. auch *A. Sapir*, (Anm. 8), S. 247; *G. Sampson/R. Snape*: Identifying the Issues in Trade in Services, in: The World Economy 8 (1985), S. 171-181; zum Kundenkontakt auch *S. Schultz*, (Anm. 52), S. 71.
59 Siehe bereits oben das 1. Kap. 1 e) und d).
60 *J. Neyer*, (Anm. 40), S. 108 unter Hinweis auf *P. A. Messerlin/K. P. Sauvant*: Services in the World Economy (World Bank/UNCTC 1990).
61 *W. Drake/K. Nicolaidis*, (Anm. 52), S. 50.

hauptsächliche Form der Lieferung von Telekommunikationsdiensten zu sehen[62]. Auch die Group on Negotiations in Services ging zu einem frühen Zeitpunkt der Diensteverhandlungen in der Uruguay Runde bereits davon aus, daß die Lieferung von Telekomdiensten ein grenzüberschreitendes Element aufweise. In einer Note des GNS-Sekretariats hieß es:

"The provision of telecommunications services internationally overwhelmingly involves the *cross-border provision of a service* using the public switched network or private lines leased from national telecommunications administrations"[63].

Eine 1988 unter Telekommunikations- und Handelsexperten, Journalisten, Akademikern und anderen Fachleuten durchgeführte Erhebung (*Telecommunications Trade Services Project Survey*) ergab, daß sich vor dem Hintergrund der nationalen Reformen der 80er Jahre in der internationalen Telekommunikationsgemeinde ein erheblicher Meinungswandel vollzogen hatte. Herrschte früher überwiegend Ablehnung, so gaben jetzt immerhin 45 Prozent der Befragten an, daß Grunddienste der Telefonie handelbar seien; dies wurde als "unexpected" kommentiert[64].

Fazit: War die Handelbarkeit von Telekommunikationsdiensten vor dem Abschluß des General Agreement on Trade in Services noch überwiegend angezweifelt worden, so wurde sie später zumindest unter Handels- (weniger unter Telekommunikations)experten[65], akzeptiert. Telekommunikationsdienste werden momentan weniger als aufgrund zwischenstaatlicher Absprachen erbrachte "public services" betrachtet, denn als auf Wettbewerbsbasis und im Rahmen der von der Gastregierung auferlegten Bedingungen von in- oder ausländischen Unternehmen erbrachte kommerzielle Dienste.

Mit der Zunahme datenbankbasierter Mehrwertdienste[66] ist es in den letzten Jahren möglich und üblich geworden, Telekommunikationsdienste international zu handeln. Die "Infobahnen" erlauben die sofortige interaktive und interkontinentale Übertragung von Dienstleistungen, wodurch diese nicht länger örtlich gebunden sind, sondern an unterschiedlichen Orten produziert, gelagert, gehandelt und konsumiert werden können. Die Konzepte der internationalen Arbeitsteilung und der komparativen Kostenvorteile werden auf sie anwendbar.

---

62 Vgl. nur *UNCTC, United Nations Centre on Transnational Corporations*, Workshop for GNS Negotiators on the Activities of Transnational Corporations in Services, 11-12 November 1989, Montreux, Switzerland, Telecommunication Services, Paper 3, S. 14.

63 Note by the GNS Division Secretariat Providing Background for Delegations to Examine Telecommunications Services in the Context of Draft Principles and Rules for the GATS (MTN.GNS/W/52, May 19, 1989), abgedruckt in Strategic Planning Unit, (Anm. 41), S. 51; (Hervorhebung durch die Verf.).

64 *Transnational Data Reporting Service*, Postbox 2039, Washington D.C.; Amsterdam, "Trade in Services and Telecommunications, Questionnaire Results", S. 2; dabei haben "telecom professionals" diese weniger als "handelbar" eingestuft als "trade policy officials", aber nahezu alle Akademiker und Journalisten sowie sonstige Experten sprachen sich zugunsten der Handelbarkeit aus; 62 Prozent der Befragten waren überdies der Ansicht, daß Telekommunikationsdienste in geringerem Maße "handelbar" ("tradeable") sind, wenn sie von einem Monopolunternehmen geliefert werden - gleich ob dieses staatlich oder privat geführt wird (ebd. S. 3).

65 Der ITU-Generaldirektor *P. Tarjanne*, On the Threshold of Telecom 95, in: ITU Newsletter 8/95, S. 7 wies ausdrücklich darauf hin, daß: "Now the tradeability of telecommunications is widely accepted, although perhaps more by trade economists than national administrations."

66 Zum Begriff Mehrwertdienste siehe bereits oben 1. Kap. 1 a).

Künftig sollen Handelsprinzipien auf eine größere Zahl telekommunikativer Aktivitäten Anwendung finden, forderte der ITU-Generaldirektor, eingeschlossen werden sollen
- ausländische Investitionen in den Telekommunikationssektor;
- die Interconnection von privaten Leitungen mit öffentlichen Netzen[67];
- der Gebrauch von mobilen Terminals;
- die unmittelbare Lieferung von Telekommunikationsdiensten von einem Land in ein anderes Land[68].

Inwieweit das GATS diese Forderungen aufgriff, wird in den folgenden Kapiteln zu untersuchen sein.

c) Deregulierung, Privatisierung und Liberalisierung als Steuerungsentscheide: Die Rolle des Marktes

Märkte und Unternehmenshierarchien zählen zu den klassischen Steuerungs- und Regulierungsmechanismen[69]. Ausgangspunkt der Kritik, wie sie der neuere Zweig der institutionellen Ökonomie (Public-Choice-Theory) an der Ausübung hierarchischer Autorität im öffentlichen Sektor übt, ist die informationstheoretische Begrenztheit menschlichen Wissens. Bereits *Carl Menger*[70] hob hervor, daß Informationen über wirtschaftliches Handeln Voraussetzung für rationale Entscheidungen des Individuums sind, daß jedoch die Wissensbasis in praktisch allen Wirtschaftsprozessen unzureichend sei. *Hayek* ging davon aus, daß das insgesamt vorhandene menschliche Wissen "niemals zusammengefaßt oder als Ganzes, sondern häufig immer nur als zerstreute Stücke unvollkommener und häufig widersprechender Kenntnisse" vorhanden sei, mithin der einzelne über einen äußerst geringen Bruchteil der Summe des menschlichen Gesamtwissens verfügt[71]. Aus dem fragmentarischen Charakter individuellen Wissens und den damit verbundenen Schwierigkeiten der Informationsermittlung und -verwertung folgerte *Hayek*, daß eine zentrale Planung von Wirtschaft und Gesellschaft nicht möglich sei. Insbesondere die Informationsgewinnung auf lokaler Ebene und die zeitlich zügige und

---

67 Das Problem der Interconnection behandelt das 2. Kap. 3 b).
68 P. Tarjanne, (Anm. 65), S. 6 ff.; zur Anwendung von GATT-Handelsprinzipien siehe die Ausführungen im 5. Kap. 1 a).
69 Die Dichotomie zwischen Markt und Hierarchie beschreibt aus Sicht der neo-klassischen Institutionentheorie *O. E. Williamson*: Markets and Hierarchies: Analysis and Antitrust Implications. A Study in the Economics of Internal Organization (1975), S. 177 ff.; *O. E. Williamson*: The Economics of Organizations: The Transaction Cost Approach, in: Administrative Science Quarterly 26 (1981), S. 548-577; Williamson sucht darzulegen, daß sich hierarchische Organisation gegenüber dem Austausch auf dem "Markt" als überlegen erweist, weil sie mit geringeren Transaktionskosten verbunden ist: "hierarchy also has advantages in computational and planning respects, in that it facilitates the specialization of decision-making and economizes on communication expense" *O. E. Williamson*: Markets and Hierarchies, S. 254 f.; kritisch zur Dichotomie zwischen horizontalen und vertikalen Organisationsformen *F. Kratochwil*, (Anm. 1), S. x preface: "the simple dichotomy between horizontal and vertical forms of organization (...) may need refinement..."; vgl. auch *L. Cao*: Toward a New Sensibility for International Economic Development, in: Texas International Law Journal 32 (1997), S. 252 ff.
70 *C. Menger*: Grundsätze der Volkswirtschaftslehre, 1. Allgemeiner Teil (1871), S. 30 ff.
71 *F. A. Hayek*: Individualismus und wirtschaftliche Ordnung (1976), S. 103 f.; zur Differenzierung zwischen unbewußtem und bewußtem Wissen *F. A. Hayek*: Die Verwertung des Wissens in der Gesellschaft, in: Individualismus und wirtschaftliche Ordnung (2. Aufl. 1976), Kap. IV, S. 117; näher zu dem von Hayek betonten "konstitutionellen Wissensmangel" *M. Streit*: Dimensionen des Wettbewerbs - Systemwandel aus ordnungsökonomischer Sicht, in: Zeitschrift für Wirtschaftspolitik 44 (1995), S. 117, 126.

sachgerechte Verwertung durch eine zentrale Instanz erwiesen sich als neuralgische Punkte einer hierarchischen Koordination. Allein die weitreichende Dezentralisation in einem marktwirtschaftlichen System erlaube es, das Wissen und die Tatsachenerkenntnis voll zu nutzen; sie sei notwendig, "weil wir nur so erreichen können, daß die Kenntnis der besonderen Umstände von Zeit und Ort ausgenützt wird"[72]. Kein anderer Vorgang ziehe in gleicher Weise alle relevanten Tatsachen in Rechnung wie der Preisbildungsprozeß des Wettbewerbsmarktes[73].

Marktförmige Koordination sollte also - auf der Grundlage von *Hayeks* Reflexionen - idealtypisch über dezentrales, interessengebundenes Handeln einzelner Akteure erfolgen. Strategien der Deregulierung, Privatisierung[74] und Liberalisierung zielen im Prinzip auf eine Zurückdrängung des staatlichen Steuerungsanspruchs. Monetäre Tauschbeziehungen werden ausgebaut und ein markt- und wettbewerbskonformes Modernisierungspotential genutzt. Damit Wettbewerb im Netzbereich der Telekommunikation seine Wirkung entfalten kann, wurde die Modifikation oder Abschaffung bestehender Regulierungsvorschriften als notwendig angesehen, um bisher monopolisierte Märkte für den Wettbewerb zu öffnen. Ansatzpunkt für die Deregulierung waren diejenigen Märkte, auf denen in Zukunft Netzbetreiber, Diensteerbringer und andere Akteure, von einer *invisible hand* gelenkt, tätig sein sollen. Wie *Scherer* zusammenfaßte:

> "Die Verfahren zur Vorbereitung von Planungs-, Errichtungs- und Betriebsentscheidungen und zu ihrer Koordination ergeben sich, den Deregulierungstheorien zufolge, auf den deregulierten Märkten von selbst - sie werden von der unsichtbaren Hand (und nicht länger von Rechtsregeln) gesteuert"[75].

In der Praxis war während der letzten Jahre eine bemerkenswerte Renaissance marktwirtschaftlicher Instrumente auf dem Telekommunikationssektor zu verzeichnen. Die Telekommunikationspolitik der Industriestaaten stand in den ausgehenden 70er Jahren vor der Frage, ob die Planung, die Errichtung und der Betrieb von Telekommunikationsnetzen künftig von Marktmechanismen ("Markt") abhängen oder weiterhin durch staatliche Entscheidungen ("Hierarchie") gelenkt werden sollten. Die politische Entscheidung fiel zunächst in der amerikanischen, aber auch der britischen und japanischen Telekommunikationspolitik zugunsten einer wirtschaftsliberalen Deregulierung. Die Forderung nach einer Deregulierung des Telekommunikationsmarktes wurde auf der

---

72 F. A. *Hayek*, (Anm. 71), S. 112; F. *Machlup*: Würdigung der Werke von Friedrich A. von Hayek (1977) S. 9; Scharpf fordert, das Informationsproblem im Wege einer modularen Organisationsstruktur zu lösen: *F. W. Scharpf*: Does Organization Matter?, Task Structure and Interaction in the Ministerial Bureaucracy, in: Organization and Administrative Sciences 8 (1977), S. 149-168.
73 F. A. *Hayek*, (Anm. 71), S. 140; zur informationspolitischen Überlegenheit marktwirtschaftlicher Systeme (wie dies Hayek stets betont hat) gegenüber planwirtschaftlichen Allokationsverfahren siehe auch *N. Kloten*: Informationsbedarf der Wirtschaftspolitik, in: Verhandlungen auf der Arbeitstagung der Gesellschaft für Wirtschafts- und Sozialwissenschaften in Graz, 21.-23. September 1981, Information in der Wirtschaft (1982), S. 396.
74 Privatisierungen sind nicht notwendigerweise mit den auf mehr Wettbewerb zielenden Strategien der Liberalisierung, Marktöffnung und Deregulierung verbunden; beispielsweise zielte die in Deutschland gem. Art. 143 GG und Art. 87f. GG durchgeführte Postreform II auf eine Organisationsprivatisierung, eine veritable Liberalisierung der Telekommunikationsmärkte war hingegen zum damaligen Zeitpunkt nicht beabsichtigt, vgl. *J. Scherer*: Postreform II: Privatisierung ohne Liberalisierung, in: *W. Hoffmann-Riem/T. Vesting (Hrsg.)*: Perspektiven der Informationsgesellschaft (1959), S. 72 ff.; zur "Deutschen Bundespost zwischen Regulierung und Deregulierung" ebenfalls *J. Scherer*, (Anm. 28), S. 245 ff.
75 *J. Scherer*, (Anm. 28), S. 184.

Basis neoklassischer Annahmen der Nationalökonomie damit begründet, daß eine Aufhebung staatlicher und privater Monopole den freien Wettbewerb fördere[76]. Zu den Vorteilen des Netzwettbewerbs in der Telekommunikation wurden eine stärkere Ausrichtung an den Präferenzen der Nachfrager durch ein vielfältigeres Angebot im Netz- und Dienstebereich, – vor allem durch vermehrte Preis-, Qualitäts- und Serviceoptionen –, ebenso gerechnet wie eine Anregung des technischen Fortschritts.

Statt auf Ge- und Verbote wurde verstärkt auf marktwirtschaftliche Instrumente gesetzt. Gefördert wurde die neue Marktorientierung durch die Entwicklung neuer Technologien wie z.B. Satelliten und Fiberglas, durch die die traditionell starke Stellung der Telekommunikationsindustrie untergraben und Größenvorteile reduziert wurden[77]. Aber auch die bereits erwähnte Konvergenz von Telekommunikation und Computerwesen[78], die für mehr Wettbewerb sorgte, sowie die mit dem Zusammenbruch der osteuropäischen Zentralverwaltungswirtschaften einhergehende Erschütterung des Vertrauens in planungswirtschaftliche Instrumentarien wirkten sich positiv auf die Liberalisierungsbereitschaft aus. Auch in solchen Ländern, die eine staatliche Planungstradition aufwiesen, war eine deutliche Wettbewerbsorientierung zu verzeichnen; lediglich die Entwicklungsländer waren gegenüber Liberalisierungszusagen, deren Auswirkungen ihnen im Hinblick auf die nationalen Entwicklungsziele nicht genügend überschaubar erschienen, zurückhaltend.

Schrittweise wurden hierarchische Strukturen von nicht-hierarchischen Arrangements verdrängt[79], allerdings vollzog sich dieser Wandel von einigen Ausnahmen im Bereich der Triade (USA, Japan, Westeuropa)[80] abgesehen, verhältnismäßig langsam und in den einzelnen Rechtsordnungen durchaus sehr verschieden. Es kam zu einer ab-

---

76 Siehe nur *A. Altshuler*: The Politics of Deregulation, in: *H. Sapolsky/W. R. Neuman/E. Noam/ R. Crane (Hrsg.):* The Telecommunications Revolution: Past, Present and Future (1992), S. 11-17; *R. Eward*: The Deregulation of International Telecommunications (1985), S. 4 ff.; S. 235 ff.; *R. Noll/B. M. Owen*: The Political Economy of Deregulation: Interest Groups in the Regulatory Process (1983); *R. Noll (Hrsg.):* Regulatory Policy and the Social Sciences (1985); *B. M. Owen/ R. Braeutigam*: The Regulation Game: Strategic Use of the Administrative Process (1978); *A. Stone*: Public Service Liberalism: Telecommunications and Transition in Public Policy (1991); *P. E. Teske*: After Divestiture: The Political Economy of State Telecommunications Regulation (1990); *E. Witte*: Restructuring of the Telecommunications System: Report of the Government Commission for Telecommunication (1988).
77 *ITU, CCITT*, (Anm. 28), S. 145.
78 Zur Telematik siehe oben das 1. Kap. 1 a).
79 Beispiel Standardisierung: Früher überwogen hierarchische Formen der Standardisierung, heute die horizontal koordinierte Standardisierung; sie "ist überall dort inzwischen die gängigste Organisationsform der Standardisierung, wo, wie in der internationalen Telekommunikation, hierarchische Instanzen fehlen, die systemweite Standards formulieren und durchsetzen könnten": *R. Mayntz/F. W. Scharpf*, (Anm. 10), S. 93; zum "neuen Regime" der Standardisierung *P. Genschel*: Dynamische Verflechtung in der internationalen Standardisierung, in: *R. Mayntz/ F. W. Scharpf (Hrsg.):* Gesellschaftliche Selbstregulierung und politische Steuerung (1995), S. 237 ff.
80 Beginnend mit dem Aufbrechen von AT&T in USA 1984 haben die USA, Japan und einige westeuropäische Staaten einen Prozeß der Deregulierung in die Wege geleitet, um mehr Wettbewerb, auch von ausländischen Firmen, zuzulassen. Wegen der weitreichenden, zum Teil einschneidenden Maßnahmen (z.B. Einführung von Wettbewerb im Bereich der Basistelekommunikation), wurde der von den USA, GB und Japan verfolgte Reformkurs *big bang* genannt, im Gegensatz zum *little bang*-Reformansatz der übrigen Staaten, Einzelheiten bei *P. F. Cowhey*, (Anm. 13), S. 192 ff.; kritisch dazu *R. B. Woodrow*: Tilting Towards a Trade Regime, in: Telecommunications Policy 15 (1991), S. 324.

gestuften, schrittweisen Liberalisierung, die bei den Endgeräten begann und sich mit den Telefondiensten (leitungsgebunden und Mobiltelefon) und der Infrastruktur (Netze) fortsetzte.

Im Ergebnis stellt die Aufhebung von Netzmonopolen in USA, GB und Japan, aber auch in anderen Staaten, insbesondere Europas[81], einen entscheidenden Wandlungsfaktor für das internationale Telekommunikationsregime dar. In der Folge der Deregulierungspolitiken traten zunehmend private Anbieter auf, die ihre Kommunikationsnetze international zur Verfügung stellten, und zwar zumeist durch Anmietung von Leitungen bei den staatlichen Telekommunikationsbehörden und anschließende Weitervermietung an kommerzielle Nutzer (leased lines). Das Resultat war eine Zunahme des Wettbewerbs, beginnend im Segment der hohe Gewinnmargen ermöglichenden Ferngespräche[82], aber auch auf lokaler Ebene nahm der Wettbewerb zu: Mit der Reduzierung der Quersubventionierung stiegen die lokalen Tarife und privatwirtschaftliche Unternehmen, z.B. Kabelnetzgesellschaften, traten verstärkt in den Wettbewerb ein.

d) Das Spannungsfeld zwischen technischen und handelsrechtlichen Regelungen

Da der Kreis der ITU- und der GATT-Mitgliedstaaten sich zum Teil deckte[83], die Regierungen jedoch hinsichtlich der Frage der Deregulierung und Liberalisierung von Telekommunikationsdiensten zum Teil unterschiedliche Positionen vertraten, geriet die seit Jahrzehnten auf dem Gebiet der Telekommunikation tätige Internationale Fernmeldeorganisation in das Schwerefeld unterschiedlicher Kräfte. Die Auffassungen über den richtigen Umfang der internationalen Regelungen für grenzüberschreitend erbrachte Telekomdienste und damit über die Rolle der ITU divergierten. Die auf eine Behandlung der Dienstefrage im GATT drängenden liberalisierungsorientierten Kräfte waren bestrebt, die Gestaltung grenzüberschreitender Telekommunikationsdienstleistungen dem Spiel des freien Marktes zu überlassen. Sie sprachen sich grundsätzlich für einen geringe Regelungstiefe und -weite der ITU-Bestimmungen aus; andere Staaten hingegen suchten durch eine intensive Regelung die Qualität einer möglichst umfassenden Versorgung der Bevölkerungen mit Telekommunikationsdiensten zu sichern (Stichwort: universelle Dienste)[84] und befürworteten selbst auf dem Gebiet der neuen Mehrwertdienste und der privaten Netze ITU-Regulierungen.

---

81 Unter dem Titel "Europa und die globale Informationsgesellschaft" hat die Europäische Gemeinschaft 1994 ein umfassendes Aktionsprogramm zur Schaffung und Nutzung neuer Informationsstrukturen angekündigt (sog. Bangemann-Bericht); *M. Bangemann u.a.*: Recommendations to the European Council: Europe and the Global Information Society (Brüssel 1994); dieses Programm ging davon aus, daß die technologischen Grundlagen der Informationsgesellschaft von der Privatwirtschaft geschaffen werden; der staatliche Einfluß habe sich auf das Setzen neuer Rahmenbedingungen, insbesondere das Aufbrechen staatlicher Monopole auf dem Telekommunikationssektor (Deregulierung) zu beschränken; ähnlich die sog. *Clinton-Gore-Initiative*: NTIA NII Office: The National Information Infrastructure: Agenda for Action (Washington D.C. USA 1994); zu den Wandlungen in Europa vgl. auch das Dossier "Droit des télécommunications: entre déréglementation et régulation", in: L´actualité juridique droit administratif (AJDA), No. 3, 20 mars 1997.
82 Mit Länderbeispielen *V. Bishop/A. Mody*, (Anm. 28), S. 41.
83 Von den 184 ITU-Mitgliedern waren 114 WTO-Mitglieder (Stand 1995), *Report of the Fifth Regulatory Colloquium*: The Changing Role of Government in an Era of Deregulation, Trade Agreements on Telecommunications: Regulatory Implications, Geneva, 6-8 December 1995, S. 41.
84 Näher zu den universellen Diensten im 2. Kap. 3 d).

Diese unterschiedlichen Vorstellungen traten auch auf der während der GATS-Verhandlungen in Melbourne, Australien, 1988 abgehaltenen Weltverwaltungskonferenz für Telegrafie und Telefon ("WATTC-88")[85] zutage, deren Aufgabe die Schaffung eines neuen Rahmens für Telekommunikationsdienste war. In gewisser Weise stand die ITU mit der WATTC-88 am Scheideweg: Würde es ihr gelingen, diejenigen Industrienationen zufriedenzustellen, die eine Liberalisierung im Rahmen des GATT favorisierten und eine vorsichtige Öffnung der Organisation in Richtung auf eine zunehmend wettbewerbsorientierte Erbringung internationaler Telekommunikationsdienste in die Wege zu leiten, ohne dabei den Gesamtkonsens der Mitgliedstaaten und damit das traditionell kooperative ITU-System zu sprengen? Besonders das Maß der Zulassung von mehr Wettbewerb für Telekommunikationsdienste sorgte für Uneinigkeit; nach ITU-Linie sollte, so schien es zunächst, Wettbewerb nur im Marktsegment der neuen spezialisierten (Mehrwert-)Dienste zugelassen werden[86].

Die verschiedenen Interessen betrafen im Kern die Regelungskompetenz der ITU. Weil es – nach hartem Ringen – im Jahre 1986 einigen Industriestaaten gelungen war, das Thema "Liberalisierung von (Telekommunikations-)Diensten" auf die Agenda des wirtschaftsliberalen GATT zu setzen[87], mochte man eine reformbedingte Ausweitung der ITU-Regelungsbefugnisse nicht hinnehmen. Insbesondere eine Regelungsbefugnis der ITU im Bereich der neuen Mehrwertdienste hätte zu einer politisch unerwünschten

---

85 Mit den auf der WATTC-88 in Melbourne von insgesamt 113 Staaten angenommenen *International Telecommunication Regulations von 1988* (Vollzugsordnung Telekommunikation) wurde der Welt erster Vertrag für internationale integrierte Telekommunikationsdienste geschaffen; geregelt wurde sowohl die Bereitstellung internationaler Telekommunikationsdienste an die Allgemeinheit als auch die Bereitstellung internationaler Telekommunikationseinrichtungen, die die Grundlage der Dienste darstellen. Damit sollte ein Beitrag zur Kompatibilität der Telekommunikationseinrichtungen, zur harmonischen Entwicklung und effizienten Nutzung der technischen Einrichtungen geleistet, aber auch die Effizienz, Nutzung und die Verfügbarkeit internationaler Telekommunikationsdienstleistungen gefördert werden (vgl. *Präambel, Final Acts* of the WATTC-1988). Die neue Vollzugsordnung gilt für *alle* Telekommunikationsdienste, die grenzüberschreitend angeboten werden. Die WATTC-Regeln sind am 1. Juli 1990 in Kraft getreten, nachdem sie von den Mitgliedstaaten und der ITU-Generalbevollmächtigtenkonferenz in Nizza (1989) ratifiziert worden sind, sie ersetzten diejenigen von 1973.

86 Die unterschiedlichen Interessen, insbesondere zwischen einigen "liberalisierungsfreundlichen" und anderen, in puncto Liberalisierung reservierten Staaten lassen sich gut anhand der Auslegung des Mandats für die WATTC-88 (als Resolution 10 den International Telecommunication Regulations der WATTC-88 beigefügt) ablesen. Ausgehend davon, daß das Mandat vorsah, es gelte einen "broad international regulatory framework for *all* existing and foreseen telecommunications services" zu entwickeln, war eine Mehrheit von ITU-Mitgliedern der Ansicht, ITU-Normen und Regeln sollten künftig auf *alle* Telekommunikationsdienste, innovative Mehrwertdienste eingeschlossen, Anwendung finden. Demgegenüber wurde auf der von den USA, GB und Teilen der Geschäftswelt verfolgten Linie argumentiert, die Mandatsresolution spreche davon, daß neue Bestimmungen nur "*to the extent necessary*" ausgearbeitet werden sollten, weswegen Parteien mit anderer Ansicht nicht gezwungen werden könnten, damit konform zu gehen. Der WATTC-Prozeß dürfe sich nicht hinderlich für die angestrebte Institutionalisierung von Freihandelsprinzipien für Telekommunikationsdienste erweisen. Die auf der WATTC-88 zu reformierenden International Telecommunication Regulations könnten jedoch Länder behindern, die eine interne Deregulierung des Telekommunikationssektors betreiben und darüber hinaus die Freiheit einiger Staaten zum Abschluß spezieller bilateraler und ad hoc Abkommen einschränken, näher *W. J. Drake*: WATTC-88, Restructuring the International Telecommunication Regulations, in: Telecommunications Policy (1988), S. 218; *K. Grewlich*: Wirtschaftsvölkerrecht kommunikationstechnisch gestützter Dienstleistungen, in: RIW 34 (1988), S. 698.

87 Näher das 3. Kap. 1.

Beschränkung der Aktivitäten von zahlreichen neuen Diensteanbietern, speziell einigen führenden Unternehmen aus dem amerikanischen Raum, führen können. Die Kontrolle der großen Telefongesellschaften über Netzwerkdesign und -einrichtungen sollte aus diesem Grund nicht weiter verstärkt werden[88].

Die Notwendigkeit einer sinnvollen Abstimmung von handelspolitischen und technischen Regelungen wurde spätestens mit der Konferenz WATTC-88 deutlich, aber auch, wie *Bothe* klarlegte, eine sinnvolle Abgrenzung und Koordination zwischen beiden Organisationen und Regelungskompetenzen. Dies sei "das Gebot der Stunde"[89]. Das Spannungsfeld zwischen technischen und handelsrechtlichen Regelungen trat besonders im Bereich der Standardisierung klar zutage. Die ITU hatte zwar in gewissem Umfang eine handelsfördernde Rolle übernommen, da sie durch die Einführung internationaler Standards und Bestimmungen die Verbindung der Netze zwischen verschiedenen Ländern erleichterte, andererseits kann ein Übermaß technischer Regeln auch handelshemmende Wirkung haben. Insofern besteht aus handelspolitischer Sicht unter Umständen ein Interesse daran, auf technische Regulierungen zu verzichten, soweit sie über das für das Funktionieren des Systems unbedingt Notwendige hinausgehen[90]. In jedem Fall gilt es das richtige Maß zwischen der Schaffung handelsfördernder technischer Rahmenbedingungen, die für die Kompatibilität der Systeme unerläßlich sind, und allzu detaillierten und somit handelshindernden, technischen Regulierungen zu finden.

Sowohl ITU wie GATT/WTO sind funktionelle Organisationen; da sie Themen behandeln, die die staatliche Souveränität berühren können, sind sie von grundsätzlicher Bedeutung für die Mitgliedstaaten[91]. GATT/WTO und ITU unterscheiden sich jedoch verhältnismäßig stark voneinander und nicht nur in Hinblick auf den organisatorischen Aufbau, sondern auch in Hinblick auf Mitgliedschaft, Verfahren, Aktivitäten und Regelungsphilosophie[92]. Anliegen des eine progressive Liberalisierung des Welthandels anstrebenden GATT bzw. seiner Nachfolgeorganisation WTO ist es, daß auf der Grundlage der Gegenseitigkeit Vereinbarungen zum Abbau der Zölle und nicht-tarifärer Handelshemmnisse abgeschlossen werden. Die Hauptaufgaben der ITU, der ältesten internationalen Organisation überhaupt[93], bestehen demgegenüber in folgendem:
- Vereinbarungen über die Nutzung des Frequenzspektrums zu treffen;

---

88   *P. F. Cowhey*: Telecommunications and Foreign Economic Policy, (Manuskript), S. 319.
89   *M. Bothe*, (Anm. 16), S. 251.
90   *M. Bothe*, (Anm. 16), S. 251.
91   Vgl. bereits *R. W. Cox/H. K. Jacobson*: The Anatomy of Influence, Decision-Making in International Organization (1973), S. 2.
92   Bestehende Unterschiede hinsichtlich der Binnenstruktur beider Organisationen können hier nicht weiter vertieft werden; während die ITU in der Form einer zwischenstaatlichen Konvention eine veritable verfassungsmäßige Grundlage ihr eigen nennt, besaß die GATT-Struktur als 'Basis' bis zum Inkrafttreten des WTO-Abkommens am 1. Januar 1995 lediglich einen zwischen Regierungen abgeschlossenen Vertrag, der eine Reihe von Verpflichtungen enthielt und im Falle der Vertragsverletzung/Nichterfüllung Gegenmaßnahmen auslöste. Wegen der in der ITU herrschenden Mehrheitsverhältnisse, aber auch der Befürwortung starker Regierungskontrolle wurde die ITU vor allem von den Entwicklungsländern unterstützt, während GATT lange als "Rich Men's Club" der Industriestaaten galt.
93   Vorläufer der ITU waren der deutsch-österreichische Telegrafenverein von 1850 und der westeuropäische Telegrafenverein von 1855. Die ITU selbst geht auf die durch den Welttelegrafenvertrag am 17. Mai 1865 in Paris durch 20 europäische Länder gegründete Internationale Telegrafen-Union zurück; 1932 erfolgte die Verschmelzung der "International Telegraph Union" und der "International Radiotelegraph Convention".

- die Setzung technischer Standards mit dem Ziel vorzunehmen, die Interkonnektivität und Interoperabilität der nationalen Systeme in technisch-verwaltungsmäßiger Hinsicht herzustellen;
- die rechtlichen Voraussetzungen für eine faire Verteilung der Kosten des internationalen Telekommunikationssystems und für die Verteilung der aus dem Angebot internationaler Telekommunikationsdienste erzielten Einnahmen zu schaffen;
- den Entwicklungsländern bei dem Aufbau von Telekommunikationseinrichtungen zu helfen[94].

Einer verbreiteten Vorstellung nach verfolgt GATT mit dem Ziel des Freihandels bestimmte ordnungspolitische Leitvorstellungen in den Nationalstaaten[95], während ITU ordnungspolitisch gesehen "neutral" ist. Von ordnungspolitischer Neutralität der ITU auszugehen, fällt jedoch schwer, weil mit dem Festhalten an Monopolen als der zentralen Einheit des Telekommunikationswesens über Jahre hinweg zwar keine spezielle Marktstruktur, jedoch eine bestimmte Ordnung des Fernmeldewesens der ITU-Mitgliedstaaten – im Sinne eines Zusammenwirkens nationaler Fernmeldemonopole auf kooperativer Grundlage – festgeschrieben wurde[96]. Ein nennenswerter Wettbewerb sowohl auf den nationalen Märkten als auch für grenzüberschreitende Telekommunikation wurde damit durch das ITU-Regime implizit ausgeschlossen.

Zu den Hauptzielen der Handelsverhandlungen im GATT gehörte die Errichtung fairer und gegenseitig nützlicher Regeln für den Handel zwischen kommerziellen Unternehmen, die gegenseitige Reduzierung von Handelshemmnissen und die Errichtung von Prinzipien und Verfahren, die die handelsverzerrende Wirkung nationaler Regelungen minimieren. Die GATT-Regeln basieren auf der Annahme, daß ein auf Wettbewerb beruhender Handel stets fair und zum gegenseitigen Vorteil ist, und daß staatliche Interventionen auf ein Minimum beschränkt sein sollten. Das GATT System gewährt folglich – innerhalb der von den Handelsvereinbarungen errichteten Grenzen – konkurrierenden ausländischen Unternehmen erheblichen Spielraum (sog. trade policy approach)[97].

Ein Hauptziel der ITU Telekom-Verhandlungen war und ist es hingegen, Grundregeln für die Interconnection der nationalen Telekommunikationsnetze festzulegen, und zwar im Prinzip ungeachtet der Einstellung der beteiligten Staaten zu Fragen der Regulierung/Deregulierung (sog. regulatory approach). Ein Vorteil dieses Ansatzes wurde

---

94   Vgl. Art. 1 der Constitution of the International Telecommunication Union, Final Acts of the Additional Plenipotentiary Conference (Geneva 1992).
95   Zur Frage, ob das GATT einem bestimmten ordnungspolitischen Ansatz verpflichtet oder gegenüber unterschiedlichen ordnungspolitischen Einstellungen neutral ist, siehe *W. Benedek*: Die Rechtsordnung des GATT aus völkerrechtlicher Sicht (1990), S. 90; *Strategic Planning Unit*, (Anm. 41), S. 8; einen "freihändlerischer Ansatz des GATT" sieht *A. v. Bogdandy*: Eine Ordnung für das GATT, in: RIW 1991, S. 56; differenzierend *F. Roessler*: The Scope, Limits and Functions of the GATT Legal System, in: The World Economy 8 (1995), S. 292: "The GATT does not impose on member countries a laissez-faire philosophy"; *S. A. Schirm*: Entwicklung durch Freihandel? Zur politischen Ökonomie regionaler Integration, in: *P. J. Opitz (Hrsg.)*: Grundprobleme der Entwicklungsregionen. Der Süden an der Schwelle zum 21. Jahrhundert (1997), S. 244 geht davon aus, daß Freihandel kein entwicklungspolitisches Konzept zur Verbesserung der Lebensbedingungen einer Gesellschaft ist, sondern lediglich Wirtschaftswachstum stimuliert.
96   Ausdrücklich *R. Ellger/T.-S. Kluth*, (Anm. 17), S. 382; *R. B. Woodrow*, (Anm. 47), S. 329; *J. Savage*: The Politics of International Telecommunications Regulations (1989), S. 14 ff.
97   *G. Feketekuty*, (Anm. 23), S. 283, der die Stärke des "trade-policy approach" sah "in its emphasis on mutual commercial advantage, competition on a market-oriented basis and the reciprocal removal of obstacles to mutually beneficial trade."

darin gesehen, daß auch soziale Interessen berücksichtigt werden können[98], denn anders als im Rahmen von GATT/WTO gilt Telekommunikation nicht als "Ware", sondern als ein öffentliches Nutzgut ("public utility"), das gemeinsam von nationalen Telekommunikationsunternehmen geliefert wird. In der "telecommunication policy perspective" ist somit die Integrität und Effizienz der Telekommunikationsnetze ein prioritäres Anliegen, ebenso wie die Verfolgung wirtschaftlicher, sozialer und nationaler Ziele, denen zu dienen die Telekommunikation traditionell verpflichtet ist[99].

Von einem "Zusammenprall unterschiedlicher Anschauungen", einer "telecommunication-policy perspective" und einer "trade-policy perspective", wurde im Zeitraum vor dem GATS-Abschluß gesprochen[100]. Tatsächlich stellte sich mit Beginn der Uruguay Runde das Problem einer sinnvollen Abstimmung von handelspolitischen und -rechtlichen Aspekten auf der einen Seite und technischen Aspekten auf der anderen. Einfache Antworten schienen kaum möglich, denn die Wahl der Strategien, mit denen man in beiden Politikfeldern seine Ziele zu erreichen suchte, unterschieden sich erheblich. Hielt man von ITU-Seite daran fest, internationale Telekommunikation weiterhin überwiegend im Wege technischer Vereinbarungen und Verwaltungsabkommen zu regeln, drängten die Anhänger der "trade policy perspective" auf umfassende Liberalisierung. Folglich schrieb man, insbesondere von US-Seite, auch den Verhandlungsführern unterschiedliche Aufgaben zu.

Den Telekom-Offiziellen in der ITU komme die Doppelfunktion zu "of acting as guardians of national regulatory objectives in telecommunications and simultaneously acting as guardians of the international telecommunications network as a public utility"[101], die Handels-Offiziellen ("trade officials") hingegen sollten als "guardians of the country's general commercial interest" und gleichzeitig als "guardians of a system of trade rules that permit market-based competition among enterprises from different countries" agieren[102]. Die (ITU-)Telekom-Verantwortlichen seien folglich dafür prädestiniert, kooperative Vereinbarungen zwischen Telekommunikationsunternehmen zu erarbeiten, die für den Handel Verantwortlichen sollten hingegen internationale Wettbewerbsregeln ausarbeiten[103].

e) Die Lückenhaftigkeit multilateraler Normierungen der Handels- und Dienstleistungsfreiheit

In vielen Staaten der Welt waren die Märkte für Dienstleistungen des Fernmeldewesens während der 80er Jahre Monopolen bzw. besonders zugelassenen und staatlich reglementierten Unternehmen vorbehalten. Soweit diese monopolistischen Organisationsformen vorherrschend waren, gab es faktisch keine Dienstleistungsfreiheit; auch ein

---

98 G. *Feketekuty*, (US-Berater): Convergence of Telecommunications and Trade, Implications for the GATT and the ITU, March 8, 1988, S. 8; zum "regulatory approach" auch: G. *Feketekuty*, (Anm. 23), S. 283.
99 Zur traditionellen Regulierungssituation siehe bereits oben das 2. Kap. 1 a).
100 R. B. *Woodrow*, (Anm. 44), S. 23.
101 G. *Feketekuty*: Convergence of Telecommunications and Trade, Implications for the GATT and the ITU, March 8, 1988, S. 8; G. *Feketekuty*, (Anm. 23), S. 283.
102 G. *Feketekuty*: Convergence of Telecommunications and Trade, Implications for the GATT and the ITU, March 8, 1988, S. 7.
103 G. *Feketekuty*, (Anm. 23), S. 284; zum Verhältnis ITU und GATT/WTO heute siehe das 6. Kap. 4 b).

völkerrechtlich allgemein anerkannter Grundsatz der grenzüberschreitenden Dienstleistungsfreiheit existierte nicht.

Die Notwendigkeit zur Erarbeitung eines eigenen völkerrechtlichen Abkommens für den Handel mit Dienstleistungen (GATS) ergab sich aus der Tatsache, daß die auf multilateraler Ebene angestrebte Liberalisierung von Telekommunikationsdienstleistungen nur unzureichend normativ abgesichert war. Dies zeigen die (1) zu Beginn der GATS-Verhandlungen geltenden menschenrechtlichen Normierungen, soweit diese Berührungspunkte zur Telekommunikation besaßen, ebenso wie (2) das Telekommunikationsrecht der Internationalen Fernmeldeunion sowie (3) das GATT-Handelsrecht.

ad 1) Der Handel mit internationalen Telekommunikationsdiensten weist, soweit er die Übermittlung und den Empfang von Nachrichten und Informationen durch natürliche oder juristische Peronen ermöglicht, eine menschenrechtliche Dimension auf. Als Ausgangspunkt dieser Betrachtung bieten sich das Recht auf Informationsfreiheit[104] und völkergewohnheitsrechtliche Überlegungen, etwa zum "ius communicationis"[105]. In bezug auf den freien Handels- und Dienstleistungsverkehr mit Telekommunikationsdiensten läßt sich argumentieren, daß diejenigen Staaten, die sich international bzw. regional vertraglich zur Beachtung der aktiven und passiven Informationsfreiheit verpflichtet haben, auch das Recht der Allgemeinheit anerkannt haben, sich der Telekommunikationsdienste zu bedienen und diese effizient zu nutzen.

Allerdings ist zweifelhaft, inwieweit der Schutz *wirtschaftlicher* Betätigung von diesen Rechten mitumfaßt wird[106]; das Recht auf Informationsfreiheit besteht zudem nicht unbeschränkt, weil Staaten das souveräne Recht in Anspruch nehmen, ihre Telekommunikationssysteme und -einrichtungen in nationaler Eigenverantwortung zu regeln. Die nationale Regelungsbefugnis stellt somit eine Grenze für die Handels- und Dienstleistungsfreiheit mit Telekommunikationsdiensten dar[107]. Die den grenzüberschreitenden

---

104   Ein Vorläufer für das Recht des einzelnen auf freie Informationsvermittlung und freien Informationsempfang fand sich bereits sich in Art. 19 der Allgemeinen Erklärung der Menschenrechte der Vereinten Nationen vom 10. Dez. 1948 (*GA Res. 217 A (III)*), wonach Informationen und Ideen "mit allen Verständigungsmitteln ohne Rücksicht auf Grenzen" gesucht, empfangen und verbreitet werden können; das Recht auf Informationsfreiheit wurde schließlich auch durch Menschenrechtsübereinkommen gesichert, vgl. nur Art. 19 des Internationalen Paktes über bürgerliche und politische Rechte; Art. 10 der EMRK; Art. 13 der AMRK; Art. 9 der Afrikanischen Charta der Rechte der Menschen und Völker. Zum Ganzen *B. Simma*: Grenzüberschreitender Informationsfluß und domaine réservé der Staaten, in BerDGVR 19 (1979), S. 39 ff.; *J. A. Frowein*: Das Problem des grenzüberschreitenden Informationsflusses und des 'domaine réservé, in: BerDGVR 19 (1979), S. 1 ff.; *C. Engel*: Das Völkerrecht des Telekommunikationsvorgangs, in: RabelsZ 49 (1985), S. 103; *R. Wolfrum (Hrsg.)*: Recht auf Information - Schutz vor Information. Menschen- und staatsrechtliche Aspekte (1986), S. 181 ff.; *P. Malanczuk*: Information and Communication, Freedom of, in: EPIL 9 (1986), S. 14-16; *W. Rudolf*: Informationsfreiheit und Satellitenrundfunk im Völkerrecht, in: Festschrift für Zeidler (1987), Bd. II, S. 1869-1883; *K. Grewlich*, (Anm. 86), S. 696 f.; *J. Savage*, (Anm. 96), S. 131 ff.
105   Zum ius communicationis *J. Delbrück*: International Communications and National Sovereignty - Means and Scope of National Control over International Communications, in: Thesaurus Acroasium XV (1987), S. 94; skeptisch im Hinblick auf den völkergewohnheitsrechtlichen Aspekt *M. Bothe*, (Anm. 16), S. 228 m.w.N: anders als im Europarecht gebe es im allgemeinen Völkerrecht keine rechtliche Garantie einer grenzüberschreitenden Dienstleistungsfreiheit, eine solche lasse sich auch nicht aus gewohnheitsrechtlichen Erwägungen, wie einem ius communicationis, ableiten; vgl. auch *R. Austin*: A View From Industry, in: *J. F. Rada/R. G. Pipe (Hrsg.)*: Communication Regulation and International Business (1984), S. 189.
106   Vgl. nur *M. Bothe*, (Anm. 16), S. 228.
107   Zum "right to regulate" näher das 4. Kap. 3 e); 5. Kap. 1 d).

Informationsfluß behindernde staatliche Souveränität spiegelt sich auch in den nationalen Regelungsvorbehalten, wie sie einige völkerrechtlich verbindliche menschenrechtliche Verträge aufweisen[108]. Beschränkungen des freien Dienstleistungsverkehrs sind dementsprechend auch dann möglich, wenn diese den freien Informationsfluß beinträchtigen.

Alles in allem sind die menschenrechtlichen Normierungen, sofern sie die Freiheit des grenzüberschreitenden Datenverkehrs und die Dienstleistungsfreiheit im Bereich Telekommunikation betreffen, in der Praxis nur von untergeordneter Bedeutung. Ähnlich sahen es Experten auf dem 6. *McBride Roundtable on Global Communications*, Honolulu, im Januar 1994, als sie feststellten, daß Menschenrechtsfragen wie das "right to communicate" sowohl in der ITU als auch in GATT/WTO geringen Stellenwert besitzen, und dies, obwohl die Tendenzen, das Recht auf Kommunikation einzuschränken, im Zuge globaler (Tele-)Kommunikation kontinuierlich zunähmen[109].

ad 2) Auch das im Rahmen der Internationalen Fernmeldeunion erarbeitete internationale Telekommunikationsrecht stellte keine tragfähige Grundlage für die auf multilateraler Ebene angestrebte Freiheit des Handels mit Telekommunikationsdiensten dar.

Wie bereits dargelegt, erfolgte im Kreise der ITU-Mitgliedstaaten die Lieferung von Telekommunikationsdiensten, basierend auf dem Konzept der "jointly provided services"[110], in kooperativem Zusammenwirken durch nicht miteinander im Wettbewerb stehende nationale Partner. Soweit multilaterale Vereinbarungen unter dem Dach der ITU zustandekamen, dienten sie primär zur Absicherung bilateraler Absprachen zwischen monopolistischen Unternehmen. Die Koordination geschah überwiegend bilateral zwischen den einzelnen Regierungen, z.B. im Wege sog. Verkehrsabkommen[111], wurde jedoch durch den internationalen "Schirm" erleichtert, den die ITU bildete[112]. Insofern blieb die Multilateralisierung der traditionellen Telekommunikationsordnung begrenzt.

Das vor dem Beginn der Uruguay Runde (1986) geltende Recht der Internationalen Fernmeldeunion war im wesentlichen in dem inzwischen revidierten Internationalen Fernmeldevertrag (der Nairobi Konvention der ITU von 1982)[113], und in unter anderem auf der WARC-Orb I 1985 ausgearbeiteten Vollzugsordnungen für den Telegraphen-, Fernsprech- und Funkverkehr enthalten. Dieses Regelungswerk steckte den fernmeldetechnischen Rahmen für die Erbringung und den Erhalt internationaler Telekommunikationsdienste ab. Um die universelle Nutzung internationaler Telekommunikationsdienste in technischer Hinsicht sicherzustellen, wurden z.B. die ITU-Mitglieder nach Art. 23

---

108 Vgl. etwa Art. 10 Abs. 2 EMRK; Art. 19 Abs. 3 des Internationalen Paktes über bürgerliche und politische Rechte.
109 Vgl. den Bericht von *W. Kleinwächter*: Who Guarantees Communications Rights on Information Superhighways, in: Transnational Data and Communications Report (March/April 1994), S. 6-7; um dieser Tendenz entgegenzuwirken, beschloß man, eine "International Communication Commission" einzurichten, deren Aufgabe es sein soll, den Bericht der Maitland Kommission (ITU 1983) und den McBride Bericht (UNESCO 1980) im Lichte der neuesten Telekommunikationsentwicklungen fortzuschreiben.
110 Zum Konzept der "jointly provided services" siehe bereits oben 2. Kap. 1 a).
111 Verkehrsabkommen regeln die Bedingungen, unter denen die Netzbetreiber sich gegenseitig Zugang zu ihren jeweiligen Netzen gewähren, um grenzüberschreitende Telekommunikationsdienste anzubieten (z.B. technische Schnittstellenbedingungen, Abrechnungsmodalitäten, Arten der zur Verfügung gestellten Telekommunikationsverbindungen etc.); zu den Verkehrsabkommen zwischen den ITU-Mitgliedstaaten anschaulich *R. Ellger/T.-S. Kluth*, (Anm. 17), S. 220 f.
112 *P. F. Cowhey*, (Anm. 13), S. 175: "multilateral umbrella".
113 Die deutsche Fassung der Nairobi Konvention findet sich in: BGBl 1985 II, S. 425.

der Nairobi-Konvention verpflichtet, erforderliche Vorkehrungen zu treffen, insbesondere ihre Anlagen auf dem neuesten technischen Stand zu halten, um eine rasche und ungestörte internationale Telekommunikation zu gewährleisten.

Mit diesen und ähnlichen Vorschriften wurden Kooperationsverpflichtungen der Staaten normiert, mittels derer eine universelle Versorgung mit und eine effektive Nutzung von Telekommunikationsdiensten sichergestellt werden sollte. Eine allgemeine (Handels-) und Dienstleistungsfreiheit im Telekommunikationssektor normierte die Nairobi-Konvention hingegen *nicht*: "Der Vertrag setzt das Bestehen grenzüberschreitender Telekommunikationsdienste voraus, verpflichtet die Mitgliedstaaten der ITU aber nicht zur Gewährung der Dienstleistungsfreiheit für ausländische Diensteanbieter auf dem Gebiet des Fernmeldewesens"[114]. Auch eine Pflicht, grenzüberschreitend Telekommunikationsverbindungen bereitzustellen, fehlte; so war beispielsweise jedes ITU-Mitglied nach Art. 20 des Internationalen Fernmeldevertrags berechtigt, einen internationalen Fernmeldedienst jederzeit einzustellen.

Das Sekundärrecht der ITU ergab nichts Abweichendes[115]. Die genannten Vollzugsordnungen sahen lediglich Zusammenarbeitspflichten der Staaten bzw. staatlich anerkannten Betriebsgesellschaften vor. Ein Wandel sollte sich erst mit der WATTC'88 in Melbourne anbahnen[116].

ad 3) Was schließlich das GATT-Handelsrecht betrifft, so gab es noch zu Beginn der 80er Jahre kaum einen Bezug des GATT zum Bereich Information und Telekommunikation. Da Telekommunikationsdienste traditionell *nicht* als handelbar angesehen wurden[117], wurden sie nicht in das nach dem Zweiten Weltkrieg errichtete GATT-Regime eingeschlossen, sondern verblieben in der Kompetenz anderer Organisationen, wie z.B. der ITU, die weniger markt- als vielmehr norm- und regelungsorientiert ausgerichtet war.

Multilaterale Regeln auf dem Gebiet der Dienstleistungen schienen zur Zeit der Gründung des GATT entbehrlich, zumal ihnen nach dem Zweiten Weltkrieg keine so große Bedeutung zukam, wie dies heute der Fall ist[118]. Die Gesamtheit des GATT zu Beginn der Kodifikationsarbeiten zum Allgemeinen Dienstleistungsabkommen (GATS) – das 1947 geschlossene Allgemeine Zoll- und Handelsabkommen sowie die in der Folgezeit kodifizierten Sonderabkommen – hatten den grenzüberschreitenden *Waren*austausch der Vertragsparteien zum Gegenstand. Der sachliche Geltungsbereich von GATT war auf "products" (Art. I GATT) beschränkt. Auch die GATT-Präambel stellt fest, daß "relations in the field of trade and economic endeavour should be conducted with a view to (...) expanding the production and exchange of *goods* (...)"[119]. Aus diesem Grund war GATT-47 in erster Linie als ein Zollabkommen konzipiert und somit für Dienstleistungen, deren Protektion über nichttarifäre Handelshemmnisse erfolgt, kaum

---

114 R. Ellger/T.-S. Kluth, (Anm. 17), S. 367 m.w.N.
115 Näher M. Bothe, (Anm. 16), S. 231.
116 Näher zur WATTC siehe bereits 2. Kap. 1 d).
117 Zur Frage der Handelbarkeit von Telekommunikationsdiensten siehe bereits oben das 2. Kap. 1 b).
118 Der damalige Dienstleistungshandel betrug knapp zehn Prozent des wertmäßigen Güterhandels, gegenüber rund 30 Prozent heute, R. Senti: Die neue Welthandelsordnung, in: ORDO 45 (1994), S. 308.
119 Vgl. General Agreement on Tariffs and Trade, 30 October 1947, 61 Stat. A3, T.I.A.S. No. 1700, 55 U.N.T.S. 187, Präambel; vgl. auch GATT, Basic Instruments and Selected Documents (BISD), Vol. I, S. 13 (1952).

relevant. Auch die öffentliche Beschaffung im Telekommunikationsbereich wurde nicht vom GATT-Kodex für Regierungskäufe geregelt[120]. Wie *de Vlaam* resümierte:

"Up to the last Round of the GATT, GATT mainly dealt with international trade in goods"[121].

GATT/WTO werden deshalb als Neuling auf dem Telekommunikationssektor angesehen.

Wenngleich das GATT primär die Freiheit des Handels mit Gütern schützte, so bedeutet dies indes nicht, daß es vor Aufnahme der Diensteverhandlungen in der Uruguay Runde völlig bedeutungslos für den Telekommunikationssektor gewesen wäre. Auf den Handel mit Geräten bzw. Endeinrichtungen beispielsweise fand sowohl die Meistbegünstigungsklausel als auch der Grundsatz der Inländerbehandlung und gewisse, die Staatshandelsunternehmen betreffende Vorschriften[122], Anwendung.

Auch *mittelbar* konnte sich das GATT-Vertragswerk auf Vorgänge der grenzüberschreitenden Telekommunikation auswirken, etwa wenn grenzüberschreitende Datenflüsse den Handel mit Gütern begleiteten. Wurden in derartigen Fällen unzulässige Beschränkungen der Datenflüsse vorgenommen, so konnte darin unter Umständen ein unzulässiges Handelshemmnis bzw. eine nicht erlaubte Diskriminierung gesehen werden. Erst kurz vor der die GATT-Runde offiziell eröffnenden Ministerkonferenz von Punta del Este im Jahre 1986 wurde das Thema "Handel mit Dienstleistungen" mit Nachdruck behandelt. Mit der Ausdehnung von zunehmend im globalen Maßstab operierenden Telekommunikationsnetzen war es üblich geworden, mit Telekommunikations- und anderen Dienstleistungen Handel zu treiben, ohne daß damit bedeutsame ausländische Investitionen verknüpft waren[123]. Die faktische Entwicklung des Telekommunikationsdienstesektors hat dazu geführt, daß es zu Diskussionen über die Anwendung des GATT als "Recht der Praktiker" auf Dienstleistungen kam[124].

---

120 Vgl. das Übereinkommen über Regierungskäufe im Rahmen des GATT Agreement on Government Procurement, abgedruckt in Simmonds/Hill, Law and Practice under the GATT (1988), Part II CC) (5), in Kraft seit 1.1.1980; das Agreement on Government Procureme*nt* war bislang anwendbar auf Dienste "incidental to the supply of products", vorausgesetzt der Wert der Dienste überschritt nicht den Produktwert als solches. Auf Dienste selbst fand das Übereinkommen jedoch keine Anwendung: "The Agreement applies to (...) not service contracts per se" (Art. I:1 (a) 2. Satz). Ab 1. Januar 1996 wurden erstmals auch Beschaffungen von Dienstleistungen in den 1979 geschaffenen, zunächst nur für Waren konzipierten Regierungskauf-Kodex für Waren einbezogen. Mit der Neuregelung wird das bislang lediglich für 23 Staaten (incl. EU, Japan, USA) verbindliche Abkommen erweitert, allerdings besteht auch künftig eine Ausnahme für Auftraggeber im Bereich Telekommunikation.
121 *H. I. M. de Vlaam*: Liberalization of International Trade in Telecommunications Services (1994), S. 60.
122 Näher *R. Ellger/T.-S. Kluth*, (Anm. 17), S. 205-206.
123 Schon immer gab es ein gewisses Maß an Handel bei den Transport- und Finanzdiensten; jedoch war, um die meisten Dienste im Ausland zu verkaufen, eine Operationsbasis im Ausland notwendig. Deshalb wurde der Handel mit Transport- und Finanzdiensten gewöhnlich eher unter Investitions- als unter Handelsgesichtspunkten betrachtet, näher *M. A. Kakabadse*: Trade in Services and the Uruguay Round, in: Georgia Journal of International and Comparative Law 19 (1989), S. 384; zur "blurring distinction between trade and foreign direct investment" vgl. auch *M. A. Kakabadse*, (Anm. 34), S. 29.
124 *W. Benedek*, (Anm. 95), S. 24; den Grund, warum die Dienstleistungs- bzw. Handelsfreiheit so wichtig wurde, sieht Bleckmann in dem "durch die Interdependenz der Staaten vorangetriebenen Modell der Freiheit der Verkehrsströme und Meinungen", *A. Bleckmann*: Allgemeine Staats- und Völkerrechtslehre. Vom Kompetenz- zum Kooperationsvölkerrecht (1995), S. 60.

Im Rahmen der Uruguay-Runde sollte nunmehr auch die Freiheit des Dienstleistungsverkehrs in *rechtlicher* Hinsicht abgesichert werden[125].

f) Rekurs auf bilaterales Vertragsrecht – Tendenz zum Bilateralismus?

Im Zeitraum vor dem Zustandekommen des General Agreement on Trade in Services und der dazugehörigen Anlage zur Telekommunikation läßt sich eine Zunahme bilateraler Vereinbarungen im Bereich der Telekommunikationsdienste erkennen. Obwohl es sich im Telekommunikationssektor um weltweite, für eine multilaterale Regelung besonders geeignete Probleme handelt, verfolgten einige hochentwickelte Industriestaaten eine Strategie des Bilateralismus; ein gewisses Maß an "opting out" der westlichen Welt aus dem internationalen System wurde registriert[126]. Die Entwicklungsländer setzten demgegenüber stärker auf zwischenstaatliche Vereinbarungen[127], etwa im Bereich des Standardsetting[128] und der Entwicklungshilfe.

Nachdem das zwischen den USA und Israel am 22. April 1985 abgeschlossene Free Trade Agreement bereits eine nicht-bindende Declaration on Trade in Services[129] enthalten hatte, wurde das erste völkerrechtlich verbindliche bilaterale Übereinkommen zu Fragen der Dienstleistungsfreiheit im Telematikbereich zwischen den USA und Kanada am 2. Januar 1988 abgeschlossen (Canada-US Free Trade Agreement)[130]. Sein Zustandekommen trug dazu bei, daß Telekommunikationsdienste zunehmend als handelbar[131] und als geeignet für den Einschluß in die multilaterale Handelsordnung angesehen wurden. Es wurde von US-Seite sogar die Überlegung angestellt, ob das US-Kanada Freihandelsabkommen als "Modell" für das im GATT-Rahmen zu schließende Dienstleistungsabkommen dienen könne[132]. Dazu wurde kritisch bemerkt, der zwischen USA und Kanada abgeschlossene Vertrag habe hinsichtlich der Dienstleistungsfreiheit wenig

---

125 Vgl. Bericht der Group of Negotiations on Services, in: ILM 26 (1987), S. 856.
126 *R. G. Pipe*, (Anm. 9), S. 106; ähnlich *M. Bothe*, (Anm. 16), S. 249 f.; *E.-U. Petersmann*: Internationales Recht und neue Internationale Wirtschaftsordnung, in: AVR 18 (1979/1980), S. 17, wies darauf hin, daß bereits seit 1945 ein "deutlicher Trend" von bilateralen zu multilateralen Verträgen besteht; *J. M. Grieco*: Cooperation Among Nations: Europe, America and Non-Tariff Barriers in Trade (1990), S. 33 m.w.N.
127 Zu den Gründen der Entwicklungsländer, multilaterale Vereinbarungen vorzuziehen, siehe unten g).
128 Zur Standardisierung siehe das 2. Kap. 3 c).
129 Free Trade Area Agreement zwischen USA und Israel v. 22.4.1985, ILM 24 (1985), S. 653 ff; die Declaration on Trade in Services findet sich ebd. S. 679 ff.; sie verankert einige wichtige Forderungen der USA. Dazu gehören etwa:
 - die Vereinbarung, freien Marktzugang im Handel mit Diensten mit anderen Nationen zu erreichen
 - die Verpflichtung, dafür zu sorgen, daß der Handel mit Diensten vom Prinzip der Inländerbehandlung beherrscht wird
 - die Vereinbarung, für Transparenz, Beratung und "review procedures" zu sorgen.
130 Näher zu diesem Abkommen *R. G. Pipe*, (Anm. 9), S. 79 f.; zu den Abkommen USA-Israel und USA-Kanada, *G. Feketekuty*: International Trade in Services: An Overview and Blueprint for Negotiations (1988), S. 175-187; vgl. auch *P. Clark/P. Burn*: Canada-United States Free Trade Agreement and its Impact on Developing Countries, in: UNCTAD/UNDP Uruguay Round, Further Papers on Selected Issues (1990), S. 262; *T. Kosuge*: Telecommunications, in: *P. Robinson/K. P. Sauvant/V. P. Govitrikar (Hrsg.):* Electronic Highway for World Trade (1989), S. 230 ff.
131 Zur Kontroverse um die Handelbarkeit von Diensten siehe bereits 2. Kap. 1 b).
132 *G. Feketekuty*: Convergence of Telecommunications and Trade, Implications for the GATT and the ITU, March 8, 1988, S. 11; zu derartigen Überlegungen kritisch *R. G. Pipe*, (Anm. 9), S. 80.

Neues gebracht, da es sich bei den Vertragsparteien um zwei benachbarte Staaten handele, die ohnehin sehr ähnliche Regelungsstrukturen aufweisen. Das Abkommen reglementiere deshalb eher den Status Quo, als daß es die Möglichkeiten zur Veränderung der Telekommunikations-Marktstrukturen der beiden Staaten aufzeige[133].

Ein weiteres, im Vorfeld der Uruguay Runde von den USA abgeschlossenes bilaterales Abkommen ist das amerikanisch-britische Arrangement on International Private Leased Circuits (IPLCs) vom 7. Oktober 1988. Das US-Außenministerium maß diesem Übereinkommen große Bedeutung bei und zwar nicht nur für den Datenaustausch zwischen den beiden Staaten, sondern auch für die Verbesserung des Wettbewerbs bei internationalen Mehrwertdiensten. Sein Zustandekommen erfolgte maßgeblich auf Druck der amerikanischen Diensteindustrie im Telekommunikations- und Informationswesen sowie im datenherstellenden Bereich[134]. Daneben führten die USA weitere bilaterale Diensteverhandlungen, unter anderem mit Japan[135], der EU, Hongkong und Korea[136].

Vergleicht man den Inhalt der von den USA und anderen Staaten abgeschlossenen bilateralen Diensteabkommen im Bereich der "international value added network services" (sog. IVANS-Abkommen), stellt man einige Ähnlichkeiten fest. Ihnen gemeinsam ist, daß im allgemeinen die den (bisherigen) Monopolunternehmen vorbehaltenen nationalen bzw. lokalen Grunddienste und Ferngespräche nicht eingeschlossen sind, was jedoch nicht bedeutet, daß diese nicht zu einem späteren Zeitpunkt dereguliert werden sollen.

Eine rechtliche Legitimation erfuhr das bilaterale Vorgehen der Industriestaaten auf der 1988 abgehaltenen Weltverwaltungskonferenz für Telegrafie und Telefon ("WATTC-88") in Melbourne, Australien[137]. Zu den Hauptelementen des "Melbourne Packets" zählte die Akzeptanz sog. Sondervereinbarungen ("special arrangements", Art. 9 der International Telecommunication Regulations (ITR)[138]). Da von einigen Industriestaaten, vor allem von den USA, befürchtet worden war, daß die Unterwerfung der *privaten* Betreiber, die nicht-öffentliche Telekommunikationsdienste anbieten, unter die ursprünglich auf Monopolunternehmen mit Infrastrukturaufgaben zugeschnittenen ITU-Normen den Wettbewerb beeinträchtigen würden, suchte man eine Vorschrift, die es erlaubte, die Anwendbarkeit der ITU-Normen auf bestimmte Betreiber zu beschränken.

---

133 Vgl. *P. Clark/P. Burn*, (Anm. 130), S. 315 ; in diese Richtung argumentiert auch *R. G. Pipe*, (Anm. 9), S. 80.
134 *R. G. Pipe*, (Anm. 9), S. 82.
135 1991 kam es zum Abschluß des US-japanischen "IVAN Services Agreement"; Japan beschritt aus eigener Initiative ebenfalls den bilateralen Weg; zu den Vereinbarungen, die Japan mit anderen Staaten, Deutschland eingeschlossen, getroffen hat *E. Newman*: IVANS: Agreements in the Asia-Pacific Region, in: Telecommunications 28 (1994), S. 17-14; *H. I. M. de Vlaam*, (Anm. 121), S. 75 f.
136 Zu den bilateralen Verhandlungen mit Süd-Korea *C.-B. Yoon*: The Current Status and Future Prospect of the Korean Telecommunications Industry, in: Asia-Pacific Telecommunity, Report of the Seminar on Telecommunications Support for Trade in Services (APT/SEM/UNCTAD/94), Male, Republic of Maldives, 14-17 May, 1994, Doc. No. TELTRADE-20, S. 410.
137 Die WATTC-88 behandelt bereits der Abschnitt in diesem Kapitel d).
138 Die International Telecommunication Regulations ("Vollzugsordnung") ergänzen den Internationalen Fernmeldevertrag und sollen die Ziele der ITU durch die Förderung von Telekommunikationsdiensten erreichen; sie etablieren die allgemeinen, für die Erbringung internationaler Telekommunikationsdienste an die Öffentlichkeit notwendigen Grundsätze (Art. 1.1 ITR), d.h. sie enthalten Regeln für öffentliche Telekommunikationsdienste und -netze, wobei "öffentlich" weit, unter Einschluß der Bevölkerung sowie der "governmental and legal bodies", zu verstehen ist (Art. 1.2 ITR).

Eine solche Vorschrift enthielt Art. 31 des Internationalen Fernmeldevertrags (Nairobi 1982), und nach seinem Vorbild wurde schließlich in Gestalt von Art. 9 eine entsprechende Vorschrift in die zu reformierenden International Telecommunication Regulations aufgenommen[139].

Art. 9 ITR läßt besondere Vereinbarungen ("special arrangements") in Angelegenheiten der Telekommunikation zwischen den Mitgliedstaaten zu, um auf diese Weise spezielle Telekommunikationsbedürfnisse in oder zwischen den Ländern zu befriedigen. Voraussetzung ist, daß die Sondervereinbarungen nicht die Interessen der Mitgliedstaaten in ihrer Gesamtheit berühren (Art. 9.1 Satz 1), und daß sie außerdem technische Schäden an den Netzwerkeinrichtungen dritter Staaten vermeiden (Art. 9.2). Die den Final Acts von Melbourne beigefügte, nicht-bindende Opinion No. 1 enthielt eine Begrenzung bilateraler Sondervereinbarungen[140], wie sie speziell die Entwicklungsländer gefordert hatten[141]. Hintergrund des auf Einschränkung der bilateralen Vereinbarungen zielenden Zusatzes war die Sorge der Entwicklungsländer, angesichts der intensiven Marktaktivitäten eine Umgehung ihrer großen Netzträger ("Common Carriers") und somit künftig Einkommensverluste hinnehmen zu müssen[142].

---

139 Der Internationale Fernmeldevertrag gab den Mitgliedern das Recht, bilaterale Abkommen zu schließen, die nicht den Verpflichtungen der Signatarstaaten entsprachen, vgl. Art. 31 ITC; diese Vorschrift wurde von Japan, GB und den USA für eine Reihe bilateraler Abkommen über internationale VAS angerufen; zur Entstehungsgeschichte von Art. 9: *R. Ellger/T.-S. Kluth*, (Anm. 17), S. 190; *ITU, The International Telecommunication Regulations*: Informal Consultations, Information Paper 12, ITU (Geneva, March 1988), S. 10; *W. J. Drake*, (Anm. 86), S. 229; *P. Cowhey/ J. D. Aronson*, (Anm. 13), S. 306; *W. J. Drake*: The CCITT: Time for Reform?, in: Reforming the Global Network, The 1989 ITU Plenipotentiary Conference, S. 38.
140 Opinion No. 1, "Special Telecommunication Arrangements", abgedruckt in: Final Acts of the World Administrative Telegraph and Telephone Conference, Melbourne 1988, International Telecommunication Regulations (Geneva 1989), S. 98; die Opinion sieht vor, (1) daß spezielle Vereinbarungen in einer Art Regel-Ausnahmeverhältnis nur dann gemacht werden sollen, wenn die Telekommunikationsbedürfnisse (das sind vor allem die Telekommunikationsbedürfnisse der jeweiligen transnationalen Unternehmen) im Rahmen der bestehenden Vereinbarungen nicht befriedigt werden können; daß (2) die Mitgliedstaaten, soweit sie Sondervereinbarungen erlauben, die Wirkungen derselben auf dritte Staaten berücksichtigen, - und, daß sie (3) soweit dies mit nationalem Recht vereinbar ist, alle nachteiligen Wirkungen für die Entwicklung, den Betrieb oder den Gebrauch des internationalen Telekommunikationsnetzes durch einen anderen Mitgliedstaat minimieren.
141 Weiterführende Überlegungen der Entwicklungsländer fanden hingegen keinen Eingang in die bindenden International Telecommunication Regulations (Vollzugsordnung); die Forderung einiger afrikanischer Staaten, derartige Sonderabkommen sollten nicht nur technischen Schaden an den Netzwerkeinrichtungen dritter Staaten, sondern darüber hinaus auch "wirtschaftlichen Schaden" vermeiden, da andernfalls einige Entwicklungsländer von Nachbarstaaten, die Sonderabkommen abschließen, umgangen würden und so Einkommensverluste hinnehmen müßten, wurde zurückgezogen. Man gab sich stattdessen mit einer nicht-bindenden "Opinion" zufrieden, die an die Final Acts der WATTC-88 angefügt wurde; näher zur Haltung der Entwicklungsländer in dieser Frage: *R. B. Woodrow*: Tilting Towards a Trade Regime, in: Telecommunications Policy 15 (1991), S. 331; *L. Raveendran*: WATTC-88, in: Reforming the Global Network, The 1989 ITU Plenipotentiary Conference (1989), S. 26; vgl. die Ablehnung der 'special arrangement Klausel' durch Senegal (Final Protocol (FP-25), Statement No. 25: (Wortlaut): "In signing the Final Acts of the World Administrative Telegraph and Telephone Conference (Melbourne, 1988), the Delegation of the Republic of Senegal formally declares on behalf of its Government that its country will not accept any obligation in connection with the application of any provision relating to the special arrangements contained in the present Regulations."
142 Informal Note GNS 15.2.1989, A Note on WATTC-88 and its Possible Implications for the GNS; in diesem Zusammenhang ist im übrigen auch Art. 1.7 ITR relevant, der das Recht der Mitglied-

Insgesamt wurde ein relativ liberales Regime[143] eingeführt, obwohl es Versuche einiger Drittweltstaaten gab, die bilateralen Sondervereinbarungen auf ein Minimum zurückzuschrauben. Um die wachsenden Kommunikationsbedürfnisse transnationaler Konzerne zu befriedigen, können Staaten von der bilateralen Option Gebrauch machen und spezielle Übereinkommen mit Staaten treffen, die ähnlich wie sie selbst, mehr Wettbewerb bei der Lieferung von Telekommunikationsdiensten wünschen. Die ITU-Mitgliedstaaten erhielten also mit Wirkung für die Zukunft die Möglichkeit, solche Telekommunikationsdienstleistungen international zuzulassen, bei denen die Anbieter und die Telekomdienste selbst *nicht* den Bestimmungen der Vollzugsordnung und auch *nicht* den Standardisierungsempfehlungen der CCITT unterliegen. Diese Regeln, vor allem technische Standards, Betriebs- und Abrechnungsverfahren, hatte man als hinderlich für die Erbringung wettbewerblich angebotener internationaler Telekommunikationsdienste angesehen. Kein Mitgliedstaat sollte künftig mehr verpflichtet sein, jungen Dienstleistungsfirmen die verhältnismäßig strengen ITU-Bestimmungen aufzuerlegen. Die in Art. 9 Final Acts 1988 getroffenen Regelungen ermöglichten somit im Ergebnis die Existenz internationaler Netzwerke, die von privaten Gesellschaften für firmeneigene Zwecke oder durch geschlossene Nutzergruppen betrieben werden.

Das oben genannte Vorgehen der USA, mit anderen High-tech-Staaten bilaterale Dienstleistungsverträge abzuschließen, stieß auf breite Ablehnung"[144]. Selbst von der, prinzipiell Belangen der Liberalisierung gegenüber aufgeschlossenen, britischen Industriellen-Seite hieß es: "The trend to bilateral deals must be checked and sector by sector negotiations opposed"[145]. Auch seitens der Europäischen Gemeinschaft, ansonsten der Lösung eigener Konflikte auf bilateralem Wege nicht abgeneigt[146], wurden Bedenken gegen die bilateralen Vertragsabschlüsse geltend gemacht, etwa in Hinblick auf die Derogation zur Meistbegünstigung[147].

Über die Motive, speziell der USA, den bilateralen Ansatz parallel zu einer im Rahmen der Uruguay Verhandlungen angestrebten[148] multilateralen Normierung der Dienstleistungsfreiheit zu wählen, wurde in der Literatur spekuliert. Die Bilateralismusstrategien der USA müßten "vor dem allgemeinen historischen Hintergrund des wachsenden Hegemon-Verlusts dieser Weltmacht gesehen werden"[149], hieß es. Sicherlich haben strategische Überlegungen, insbesondere die Hoffnung der USA, neue Absatzmärkte zu er-

---

	staaten postuliert, private Betreiber eigens zuzulassen: "right of any Member (...) to require that administrations and private operating agencies (...) be authorized."
143	*W. J. Drake*, (Anm. 86), S. 230, spricht von einem "relatively permissive system"; zur fortgesetzten westlichen Kritik an der ITU trotz dieser grundlegenden Reformansätze siehe näher im 3. Kap. 1 a).
144	Zu den Reaktionen siehe nur *W. Benedek*, (Anm. 95), S. 463; kritisch auch *T. Oppermann/ M. Beise*: GATT-Welthandelsrunde und kein Ende?, in: EA, 1/1993, S. 1.
145	*Liberalisation of Trade in Services Committee* (LOTIS) of the British Invisible Exports Council, February 1986, "International Information Flows", A Report by the LOTIS Committee, S. 7.
146	Ausdrücklich *T. Oppermann/M. Beise*, (Anm. 144), S. 1.
147	Draft, Interim Conclusions of the 113 Committee on Sectorial Negotiating Objectives for Telecommunications and Informations, Brussels, 23 April 1990 (/u/gdw/113/teleconcl), Comité 113, Doc. seance 144/90, S. 2, Ziff. 5 (iii); näher zur Meistbegünstigung 4. Kap. 2 a); 5. Kap. 1 c).
148	Zur GATS-Initiative der USA s.u. 3. Kap. 1.
149	*J. Becker/S. Bickel*: Datenbanken und Macht, Konfliktfelder und Handlungsräume (1992), S. 54; nach *W. Drake/K. Nicolaidis*, (Anm. 52), S. 99 hätten die USA und ihre wirtschaftlichen Verbündeten dieselben Ziele wie in der Uruguay Runde auch auf bilateralem Wege erzielen können; die "piecemeal, bilateral, sectoral basis" habe als echte Alternative zur multilateralen GATT-Runde bestanden.

schließen und für künftige Diensteaktivitäten Standards zu setzen, bei der Anbahnung der bilateralen Vertragsverhandlungen eine wichtige Rolle gespielt[150]. Von US-Seite selbst wurde eingeräumt, es gehe bei den bilateralen Vereinbarungen um die Verfolgung kommerzieller Interessen[151].

Daneben wurde vorgebracht, die bilaterale Vertragsstrategie sei in multilateraler Intention verfolgt worden, "sozusagen als Muster für die in der Uruguay-Runde des GATT anstehenden weltweiten Verhandlungen über die Liberalisierung von Dienstleistungen"[152]. Die amerikanische Seite sei davon ausgegangen, bilaterale Verhandlungen würden einen ersten wichtigen Schritt darstellen, um die Uruguay Runde zu einem Erfolg zu machen: "Bilateral negotiations dominate the first stage"[153].

Es liegen Anzeichen dafür vor, daß die amerikanische Seite in materieller Hinsicht einen Präzedenzfall für später im Rahmen der Uruguay Runde folgende globale Verhandlungen schaffen wollte[154]. Dies ist plausibel so weit es um den von den USA stets geforderten freien Marktzugang geht. Tatsächlich haben, dies wird die Analyse des General Agreement on Trade in Services und der Anlage zur Telekommunikation noch zeigen, einige wichtige Elemente der von den USA bilateral gesetzen Telekommunikationsagenda Eingang in die später auf multilateraler Ebene geführten Genfer GATT-Verhandlungen gefunden[155].

Ein weiteres Motiv für die stark bilateral ausgerichtete Dienstepolitik der USA wurde darin gesehen, daß den USA auf diese Weise eine gute Möglichkeit geboten worden sei, Erfahrungen für die multilateralen Vertragsverhandlungen, auch im Umgang mit Entwicklungsländern, zu sammeln. In diesem Kontext wurden die bereits erwähnten Übereinkommen mit Israel und Kanada genannt[156], in denen einige wesentliche Aspekte der

---

150 Zur Neudefinition amerikanischer Interessen im Zuge der Deregulierung *J. Aronson/P. F. Cowhey*: When Countries Talk, International Trade in Telecommunications Services (1988), S. 32 f.; als Gründe für die Vorliebe der Industriestaaten für bilaterale Abkommen im Telekommunikationssektor nennt *J. Hills*: The Telecommunications Rich and Poor, in: The Third World Quarterly 12 (1990), S. 88: "the global restructuring of the sector, the oversupply of equipment in industrialised countries, their maturing markets and the increased competition between 'national' suppliers for exports"; zur Interessenlage der Akteure näher 1. Kap. 1 b).

151 *G. Feketekuty*, (Anm. 98), S. 7; ähnlich *G. Feketekuty*, (Anm. 23), S. 283; *P. F. Cowhey*: Telecommunications and Foreign Economic Policy (Manuskript), S. 313.

152 *J. Becker/S. Bickel*, (Anm. 149), S. 55.

153 *P. F. Cowhey/J. D. Aronson*, (Anm. 18), S. 7; ähnlich *P. F. Cowhey*: Telecommunications and Foreign Economic Policy (Manuskript), S. 313: "Piecemeal success convinced the United States government systematic reform was desirable"; *H. L. Freeman*: A User's View of International Communications, in: *J. F. Rada/R. G. Pipe (Hrsg.)*: Communication Regulation and International Business (1984), S. 202 sprach die Empfehlung aus, die USA sollten bilaterale Abkommen als ersten Schritt anzusehen, daneben aber ein neues internationales Informationsregime entwickeln.

154 *P. F. Cowhey/J. D. Aronson*, (Anm. 18), S. 7 unter Berufung auf ein Interview mit einem US-Verhandlungsführer: "One of the motives behind the U.S. decision to initiate these negotiations was to set precedents for global negotiations on services that would follow."

155 Ausdrücklich auch das Weltbankpapier *P. Smith/G. Staple*: Telecommunications Sector Reform in Asia: Toward a New Pragmatism, Worldbank Discussion Papers (1994), S. 33.

156 So habe man aus dem Übereinkommen mit Israel den Schluß gezogen, daß die Tourismusbranche geeignet sei, um mit der Liberalisierung zu beginnen, vgl. *P. F. Cowhey/J. D. Aronson*, (Anm. 18), S. 8; zu den mit Kanada und Israel gemachten Erfahrungen *J. D. Aronson/P. F. Cowhey*: When Countries Talk, International Trade in Telecommunications Services (1988), S. 236; *G. Feketekuty*: Convergence of Telecommunications and Trade, Implications for the GATT and the ITU, March 8, 1988, S. 11 nennt in diesem Kontext das amerikanisch-kanadische Abkommen, das als "a useful laboratory for testing concepts that could provide the basis for a multilateral agreement in the GATT" gedient habe.

späteren GATS-Diensteverhandlungen bereits erörtert wurden – ein im Prinzip nicht geringzuschätzender Erfahrungsvorsprung auf seiten der amerikanischen Unterhändler. Wirtschaftlich starke Befürworter von Freihandelspolitiken hatten ein bilaterales Vorgehen unter Umständen auch deswegen vorgezogen, weil sie befürchteten, angesichts der in ihren Ländern bereits weitgehend offenen Märkte nicht mehr in der Lage zu sein, in multilateralen Verhandlungsforen eine starke Verhandlungsposition gegenüber solchen Staaten aufbauen zu können, deren Liberalisierungsgrad erheblich geringer ist. Staaten mit einem bislang nicht oder kaum deregulierten Telekommunikationssystem besäßen, so die Sorge, keinen echten Anreiz mehr für eine weiterreichende nationale Liberalisierung, da sie bereits hinreichend vom Meistbegünstigungssystem profitieren würden[157].

Nicht auszuschließen ist schließlich auch, daß der Druck auf diejenigen Staaten, die einer Behandlung der Dienstleistungsfrage im GATT-Rahmen skeptisch gegenüberstanden, Industrie- wie Entwicklungsländer, erhöht werden sollte. Man wollte erreichen, daß diese (im eigenen Interesse) zur Vermeidung eines wachsenden, den multilateralen Konsens gefährdenden Bilateralismus in die GATT-Verhandlungen einwilligten[158] und diese auch ernsthaft führten. Das einseitige Vorgehen der USA hat insofern eine "allgemeine Erneuerung des Bekenntnisses zum Multilateralismus" zur Folge gehabt[159].

g) Schlußfolgerungen

Die Hintergründe der aufgezeigten Tendenzen zum Bilateralismus zu verstehen, ist deswegen von Belang, weil mit den meisten Entwicklungsländern dieser Welt derartige bilaterale Vereinbarungen *nicht* abgeschlossen wurden, und dies ihrer Marginalisierung in telekommunikativer Hinsicht Vorschub geleistet haben könnte. Ein System bilateraler oder regionaler Handelsabkommen bietet den Entwicklungsländern kaum eine Chance, ihre eigenen handelspolitischen Ziele wirksam auf internationaler Ebene zu vertreten[160]. Bilaterale Abkommen werden zwar auf freiwilliger Basis abgeschlossen, aber *Senti* illustriert, was Freiwilligkeit, zumindest in der Vergangenheit, bedeutete:

"Diese Freiwilligkeit besteht darin, daß ein handelsstarkes Land einem kleinen oder schwachen Land in Briefform mitteilt, was dieses in Zukunft noch liefern darf (...) Die Freiwilligkeit des Abschlusses besteht darin, daß für den kleinen Staat in der Regel gar keine Alternative besteht, und sie hat zur Folge, daß die dadurch ´verfügten´ mengenmäßigen Beschränkungen dem GATT nicht unterstehen. Diese Abkommen sind somit völkerrechtlich nicht anzufechten, widersprechen aber dem Geist des GATT"[161].

Eine Zunahme des Bilateralismus, also ein Geflecht überwiegend bilateraler Verträge, würde zudem leicht die administrativen Kapazitäten der Drittweltstaaten überfordern. Wie das fünfte ´Regulatory Colloquium´ 1995 in Genf ausführte, wäre ein Weltsystem, in dem (hypothetisch) alle Handelsabkommen auf bilateraler Basis abgeschlossen wür-

---

157 Zum Problem des "free-ride" siehe näher das 3. Kap. 2 g); 4. Kap. 2 a); 5. Kap. 1 c) (1).
158 *W. Drake/K. Nicolaidis*, (Anm. 52), S. 57.
159 *W. Benedek*, (Anm. 95), S. 463; ähnlich *H. I. M. de Vlaam*, (Anm. 121), S. 61.
160 *H. Sautter*: Einführung, in: *H. Sautter (Hrsg.)*: Konsequenzen neuerer handelspolitischer Entwicklungen für die Entwicklungsländer (1990), S. 11.
161 *R. Senti*: Die Stellung der Entwicklungsländer im GATT, in: *H. Sautter (Hrsg.)*: Konsequenzen neuerer handelspolitischer Entwicklungen für die Entwicklungsländer (1990), S. 33.

den, eine äußerst schwerfällige Angelegenheit – bis zu 5.000 Verträge müßten von aktiv am internationalen Handel teilnehmenden Staaten überwacht und evtl. nachgebessert werden[162].

Sektorale Reziprozität anstrebende, bilaterale Telekommunikationsvereinbarungen fördern darüber hinaus eine Abkehr vom multilateralen Handelssystem – und dies im Prinzip zu Lasten der wirtschaftlich Schwachen. Entwicklungsländer stellen sich im allgemeinen in einem multilateral ausgehandelten System von Regeln und Verfahrensvorschriften besser als in bilateralen Übereinkünften, in denen häufig diskriminierende Schutzmaßnahmen der Industrieländer durchgesetzt werden[163]; multilaterale Verhandlungen sind "der wirksamste Schutzschild für ökonomisch Schwache"[164]. Während das multilaterale Handelssystem im Wege der Meistbegünstigung Vorsorge gegen eine Diskriminierung zwischen ausländischen Staaten trifft, ist bilateralem Vorgehen – der Alternative zur Meistbegünstigung – ein Element der Diskriminierung immanent. Der neue WTO-Chef warnte:

> (...) bilateralism equals discrimination; and trade relations built on power rather than on rules are the results"[165].

In Gestalt bilateraler Abkommen zeigt sich häufig ein neuer Protektionismus: "die Entwicklung zum Bilateralismus und das Auswuchern neuer Formen des Protektionismus gehen Hand in Hand"[166]. Auch wenn der zu beobachtende Bilateralismus im Bereich des Telekommunikationsdienstehandels den Beteiligten kurzfristige Gewinne ermöglicht, könnten die politischen Kosten längerfristig hoch sein, weil derartige Abkommen nicht im Wege des WTO-Streitbeilegungsmechanismus[167] durchgesetzt werden können. Nur ein effizienter Überwachungsmechanismus bietet jedoch eine gewisse Gewähr für eine Harmonisierung nationaler Handelspolitiken, zumindest eine größere Gewähr als dies "mangels entsprechender wirtschaftlicher Gegenmacht - im Alleingang zu erreichen ist"[168]. Dies ist insbesondere für kleinere und wirtschaftlich schwächere Länder in der Dritten Welt relevant.

Die Tendenz zum bilateralen, Reziprozität einfordernden Vorgehen steht nicht nur im Widerspruch zu den Grundfesten des über 50 Jahre hinweg errichteten multilateralen Handelssystems, sondern auch zur modernen Telekommunikationsentwicklung, die in Überwindung nationaler Grenzen und Telekommunikationsstrukturen globale Ansätze

---

162 ITU, Report of the Fifth Regulatory Colloquium, (Anm. 83), S. 14.
163 *B. Engels*: Das GATT und die Entwicklungsländer - Was brachte die Uruguay-Runde?, in: Jahrbuch Dritte Welt (1995), S. 32; *H. Sautter*, (Anm. 160), S. 12; *J. Hills*, (Anm. 150), S. 88 macht deutlich, daß bilaterale Abmachungen für die Entwicklungsländer nachteilig sind: "Bilateral deals, with their emphasis on favourable financing, place the recipient at a disadvantage. Dependence on one supplier, environmentally unsuitable technology and the lack of training with the package are all potential problems."
164 *S. Schultz*, (Anm. 52), S. 81.
165 *R. Ruggiero*: Growing Complexity in International Economic Relations Demands Broadening and Deepening of the Multilateral Trading System, in: WTO Focus, Newsletter October-November 1995, S. 12; ähnlich *L. Hoffmann*: Institutionelle Möglichkeiten einer multilateralen Handelsliberalisierung, in: *H. Sautter (Hrsg.):* Konsequenzen neuer handelspolitischer Entwicklungen für die Entwicklungsländer (1990), S. 38: "Bilateralismus ist ex definitionen diskriminierend und bedarf daher handelspolitischer Instrumente, die Diskriminierung ermöglichen."
166 *L. Hoffmann*, (Anm. 165), S. 38; *R. Senti*, (Anm. 161), S. 33.
167 Den WTO-Streitbeilegungsmechanismus behandelt das 5. Kap. 4 d).
168 *S. Schultz*, (Anm. 52), S. 74.

erfordert. Wie *Nuscheler* hervorhob, benötigt Global Governance, also Weltinnen- oder -ordnungspolitik, einen handlungsfähigen Multilateralismus[169].
Hier setzt das General Agreement on Trade in Services an. Die Meistbegünstigung, eine zentrale Verpflichtung nicht nur des GATT, sondern auch des GATS[170], verpflichtet die Mitgliedstaaten im grenzüberschreitenden Handel alle Vorteile, Vergünstigungen, Vorrechte und Befreiungen, die einer Vertragspartei gewährt werden, auch allen anderen Vertragsparteien zu gewähren. Das Allgemeine Dienstleistungsabkommen (GATS) stellt konzeptionell einen Ansatz zur Kanalisierung der disparaten bilateralen Tendenzen dar. War es vor der Annahme des GATS zur Norm[171] geworden, bilaterale, Reziprozität suchende Abkommen[172] auszuhandeln, markierte GATS den Übergang zu einer durch multilaterale Verhandlungen erfolgenden Öffnung der nationalen Märkte für den Wettbewerb mit Telekommunikationsdiensten. Multilaterale Verhandlungen, die zur Annahme des GATS notwendig waren, und künftig im Rahmen von Folgeverhandlungen[173] wieder stattfinden werden, bieten den Vorteil, daß sie sich im Prinzip auf die Durchsetzung bestimmter Allgemeininteressen der Völkerrechtsgemeinschaft beschränken, und zugleich Sonderinteressen, die zum eigentlichen Regelungsgegenstand keinen Bezug aufweisen, nicht erlauben. Mit dem GATS wurde der Versuch unternommen, auf multilateraler Ebene eine nicht diskriminierende Behandlung der wirtschaftlich schwächeren Mitglieder sicherzustellen. Zumindest wurde damit begonnen, analog zur Handelsordnung für Waren, ein auf der Meistbegünstigung basierendes multilaterales Handelssytem[174] auch für Dienstleistungen zu errichten.

Dennoch blieb das bilaterale Element unter dem multilateralen Dach des GATS durchaus relevant[175]. Zwar wurde das System der multilateralen Streitbeilegung geschaffen – ein Etappensieg für den Multilateralismus – jedoch konnte die Meistbegünstigung nicht umfassend verwirklicht werden, wie sich im Verlauf der weiteren Untersuchung zeigen wird. Zum einen wurde die Anwendung der Meistbegünstigung bis zum Ende der NBGT Verhandlungen (geplantes Ende im April 1996)[176] hinausgeschoben, zum anderen gibt es zahlreiche Ausnahmen zur Meistbegünstigung[177], so daß die meisten Länder derzeit den Firmen anderer Staaten nur eingeschränkte Marktaktivitäten erlauben. Es gilt daher, wie *Simma* in anderem Zusammenhang forderte, eine Versöhnung vorzunehmen: "a reconciliation of (...) 'natural bilateralism' in international law with those requirements of 'community interest' which modern international experience has shown to be necessary"[178].

---

169 *F. Nuscheler*, (Anm. 52), S. 481 f.
170 Siehe das 5. Kap. 1 c) und d).
171 Ausdrücklich: "norm of international relations in telecommunications": *ITU, Report of the Fifth Regulatory Colloquium*, (Anm. 83), S. 14.
172 Zur Zunahme bilateraler Abkommen siehe das 2. Kap. 1 f).
173 Näher zu den Folgeverhandlungen im Rahmen des GATS im 5. Kap. 4 e).
174 Die Forderungen der Entwicklungsländer nach unbedingter Meistbegünstigung sind dargestellt im 4. Kap. 2 a).
175 Die Reziprozität in den Konzessionsverhandlungen behandelt das 3. Kap. 2 g).
176 Die Verhandlungen wurden über diesen geplanten Zeitpunkt hinaus fortgesetzt, näher 5. Kap. 4 c); zur verschobenen Anwendung der Meistbegünstigung siehe detailliert im 5. Kap. 3 d).
177 Näher im 5. Kap. 1 e).
178 *B. Simma*: International Crimes: Injury and Countermeasures, in: *J. H. H. Weiler/A. Cassese/ M. Spinedi (Hrsg.)*: International Crimes of States (1989), S. 294.

2. Die Telekommunikationsentwicklung der Dritten Welt

Die Kriterien für den Stand der "Telekommunikationsentwicklung" in LDCs sind strittig; das am meisten gebräuchliche Kriterium ist die "*density*", also die Zahl der Telefone auf 100 Einwohner in einem Land. Gegen das Dichtekriterium wird eingewandt, es spiegele nicht die wahren Verhältnisse, speziell die Unterversorgung der ländlichen Regionen in Afrika, wider. Deshalb ziehen manche den Indikator des Zugangs ("accessability") zu Telekommunikationsdiensten vor, also (1) die durchschnittliche Entfernung zum nächsten Telefon und (2) die Zahl der Örtlichkeiten mit mindestens einem Telefon in Relation zur Gesamtzahl der Örtlichkeiten. Allerdings bestehen hier statistische Probleme[179].
Ähnlich umstritten ist der Begriff der Dritten Welt.

a) Der Begriff "Dritte Welt" in telekommunikativer Hinsicht

Bereits Ende der 40er Jahre begann der machtpolitisch und ideologisch tiefe Gräben schlagende Ost-West-Konflikt, die Aufbauarbeit der Vereinten Nationen auf dem Sektor Informations- und Kommunikationspolitik zu behindern[180]. Die Interessen der Entwicklungsländer deckten sich nur zum Teil mit denen des "Ostens" und des "Westens". Wie die UN-Debatten in den 60er und 70er Jahre um das Satellitendirektfernsehen, aber auch um die Neue Weltinformations- und Kommunikationsordnung zeigten, ging es ihnen primär um den Aufbau der lokalen Telekommunikationsinfrastruktur, die Entwicklung ihrer nationalen Informationssysteme sowie um eine gerechte Beteiligung am internationalen Technologietransfer und Informationsaustausch.
Ausgehend von der Dependenztheorie[181] wurde versucht, die Einheit der Dritten Welt zu stärken, was sich in dem zunächst wachsenden Einfluß der G-77 manifestierte; diese Einheit zersplitterte später jedoch. Dazu beigetragen haben mag die selektive US-Handelspolitik[182] ebenso wie die aus Sicht der Dependenzia-Erwägungen von Zentrum

---

179   *Second United Nations Transport and Communication Decade for Africa (1991-2000)* Ziff. 2.3.2.1. abgedruckt als Dokument, Doc. ATDC-90/18-E, S. 261 in: African Telecommunication Development Conference (ATDC-90), Harare, Zimbabwe, 6-11 December 1990, Vol. II (Geneva, March 1991), S. 271: "there are no actual statistics concerning accessability for African countries"; näher ITU Project Officer *W. Brown*: Telecommunication Network Development in Africa. The State of Development and Operation of African Telecommunication Networks, Document No. ATDC.90/1-E, S. 10; Kritik am Telefondichte-Kriterium übt auch Director (Customer Service), Department of Telecommunications, Government of India *A. K. Mittal*: Trade and Telecommunications. Views from India on Sector Opening, in: Asia-Pacific Telecommunity, Report of the Seminar on Telecommunications' Support for Trade in Services (APT/SEM/UNCTAD/94), Male, Republic of Maldives, 14-17 May, 1994, Doc. No. TELTRADE-4, S. 167: "We always cannot be guided by the magic figure of telephone density to be made a target for development."

180   Zum Scheitern der UN-Konferenz zur Informationsfreiheit vom Mai 1948 siehe Final Act of the United Nations Conference on Freedom of Information, Geneva, 21 April 1948, UN Doc. E/CONF.6/79.

181   Zur "klassischen" Argumentation der Dependenztheorie vgl. etwa *A. G. Frank*: The Development of Underdevelopment, in: Monthly Review 9 (1966), S. 17-30; *J. Galtung*: A Structural Theory of Imperialism, in: Journal of Peace Research 2 (1971), S. 81-94; *F. H. Cardosa/E. Faletto*: Dependency and Development in Latin America (1979); zum Verdienst der Dependenzia-Theorie *R. Tetzlaff*: Theorien der Entwicklung der Dritten Welt nach dem Ende der Zweiten (sozialistischen Welt), in: *K. v. Beyme/C. Offe (Hrsg.)*: Politische Theorien in der Ära der Transformation, PVS Sonderheft 26/1995, S. 65.

182   Vgl. Super 301 Clause des 1974 Trade Act.

und Peripherie schwer erklärbaren Wirtschaftserfolge der Schwellenländer (newly industrialised countries, NICs) in Asien – ein Phänomen, das die Entwicklungsstrategen bis heute beschäftigt[183].

Mit Blick auf den Verlauf der Diskussionen läßt sich feststellen, daß Vertreter aus den Entwicklungsländern in den letzten Jahren zunehmend weniger klassenbewußt und ideologisch argumentierten. "Dependenz", also Abhängigkeit vom Weltmarkt oder auch von wirtschaftlich stärkeren Staaten, ist durchaus kein universales Schreckgespenst mehr: sie wird gesehen und zum Teil – insbesondere von den besser entwickelten NICs – als notwendige Größe im Entwicklungsprozeß akzeptiert. Dazu hieß es auf einem Seminar über "Telecommunications Support for Trade in Services" im Jahre 1994:

"(...) development implies greater integration with the global economy and thus greater but not total dependence of the weaker economies on the developed or more advanced developing economies"[184].

Umstritten ist, ob es vor diesem Hintergrund überhaupt noch gerechtfertigt ist, in Fortsetzung der bisherigen Entwicklungsländerterminologie von einer (telekommunikativ) unterentwickelten "Dritten Welt"[185] als eigenständigem Akteur auszugehen.

Bis zu dem Ende der 80er Jahre einsetzenden Wandel in Mittel- und Osteuropa liessen sich hinsichtlich des erreichten Entwicklungsstandes auf dem Telekommunikationssektor drei Teile der Welt unterscheiden:
- die Triade Nordamerika, Westeuropa und Japan, die zusammen nur 15 Prozent der Weltbevölkerung stellten, aber 85 Prozent der elektronischen Ausrüstung, der Ausrüstung der Informatik und der Telekommunikation produzierten und davon 75 Prozent für eigene Zwecke einsetzten[186] ("Erste Welt");
- die osteuropäischen Planwirtschaften ("Zweite Welt");
- die vielfach einer präindustriellen Produktionsweise verhafteten Entwicklungsländer ("Dritte Welt"), innerhalb derer wiederum die Schwellenländer (NICs) über einen deutlichen Entwicklungsvorsprung verfügten.

Es wurde dafür plädiert, auf den Begriff "Dritte Welt" zu verzichten, da dieser ein unrealistisch hohes Maß an gemeinsamen Interessen in der Dritten und Ersten Welt unterstelle. Einer der schärfsten Kritiker der Drittwelt-These ist *Ulrich Menzel*. Er prognostizierte, an die Stelle der "alten Dreiteilung der Welt" werde "eine ganz neue Dreiteilung" treten, bestehend aus (1) der um einige Schwellenländer erweiterten OECD, (2) einigen Ländern mit strategisch wichtigen Rohstoffen, etwa Ölstaaten und (3) einem "armen

---

183 Die positive Entwicklung einiger asiatischer Schwellenländer wie Taiwan, Süd-Korea und Malaysia kommentieren *P. Smith/G. Staple*, (Anm. 155), S. 1, als "dramatic and continuing expansion of the telecommunications sector"; vgl. auch *W. Hein*: Der Umbruch der 80er Jahre – entwicklungstheoretische Herausforderungen, in: Peripherie, Zeitschrift für Politik und Ökonomie in der Dritten Welt 39/40 (1990), S. 177 f.

184 *K. A. Rahman*: Promotion of Telecommunications and Informatics Capabilities for Development and Regional Cooperation, in: Asia-Pacific Telecommunity, Report of the Seminar on Telecommunications` Support for Trade in Services (APT/SEM/UNCTAD/94), Male, Republic of Maldives, 14-17 May, 1994, Doc. No. TELTRADE-12, S. 303.

185 Zu Entstehung und Bedeutungswandel des Dritte Welt-Begriffs *D. Nohlen/F. Nuscheler*: "Ende der Dritten Welt?", in: *D. Nohlen/F. Nuscheler (Hrsg.):* Handbuch der Dritten Welt, Bd. 1, Grundprobleme, Theorien, Strategien (1993), S. 17 ff.; zum Diskussionsstand: *F. Nuscheler*, (Anm. 52), S. 68 ff.; *L. Brock*: Die Dritte Welt in ihrem fünften Jahrzehnt, in: APuZ, B50, S. 13-23.

186 *A. Danzin*: Techniques de l'information et comportements nouveaux de l'homme, in: CADMOS 49 (1990), S. 67 f.

Rest", der für die neue Erste Welt weder von politischem, ökonomischen noch strategischem Interesse ist und aller Voraussicht nach "zwangsweise abgekoppelt" werden wird[187]. Den (ex)kolonialen Schuldkomplex evozierend, wurde außerdem die Aufgabe der Weltenteilung angemahnt, um die Entwicklungsländer aus der "erniedrigenden und falschen Rolle des Fordernden und des Bittstellers zu befreien"[188]. Mit dem Argument, die Einteilung in Welten impliziere eine nachholende, am europäischen Vorbild orientierte Entwicklung und zementiere "gewaltsam einen politisch für manche kommoden Zustand"[189], forderte *Knieper*, die Trennungen in Welten zugunsten der Realität der "einen Welt" aufzulösen.

Die Ansicht vom Ende der Dritten Welt kann für sich reklamieren, daß im Zuge des Systemwandels in Osteuropa die politische Weltkarte so umgestaltet wurde, daß es heute schwer fällt, von einer (mit der Ersten Welt ideologisch verfeindeten) "Zweiten Welt" zu sprechen. Wie *Brock* jedoch ausführt, ist der Begriff der Dritten Welt unabhängig von den Bezeichnungen Erste und Zweite Welt entstanden: "er benennt nicht einen Pol einer ´Dreieinigkeit´ der Weltpolitik, sondern faßt die ehemaligen Kolonien und Halbkolonien Asiens, Afrikas und Lateinamerikas als eine Ländergruppe zusammen, in der sich die Probleme der gesamtgesellschaftlichen Reproduktion und Entwicklung immer noch anders stellen als in den OECD-Ländern"[190]. Die Schlußfolgerung, daß es die Dritte Welt schon deshalb nicht mehr gebe, weil die Zweite sich aufgelöst habe, ist deshalb nicht zwingend.

Für die Beibehaltung des Begriffs "Dritte Welt" sprechen zudem das Selbstverständnis der meisten Dritte-Weltstaaten und ihrer Führer sowie die Größe des Abstandes zwischen denjenigen Staaten, die unzweifelhaft der Ersten Welt der reichen Industrieländer des Nordens angehören, und denen, die nach sozialökonomischen Indikatoren ebenso unzweifelhaft zur Gruppe der Ärmsten zählen. Ferner wurde darauf hingewiesen, daß die Beschwörung des Endes der Dritten Welt in der Praxis der Nord-Süd-Politik dazu diene, die – den Entwicklungsländern im Prinzip nützliche – "multilaterale Verhandlungsebene gegenüber der bilateralen herunterzufahren"[191].

---

187 *U. Menzel*: Antwort an meine Kritiker, in: *J. Calließ/B. Moltmann (Hrsg.):* Einführung, in: Jenseits der Bipolarität: Aufbruch in eine "Neue Weltordnung", Loccumer Protokolle 9/92 (1992), S. 87; praktisch wortgleich (!) Stiftung Entwicklung und Frieden, *I. Hauchler (Hrsg.):* Globale Trends 1993/94 (1993), S. 215; vgl. aber bereits *I. Abdalla*: Heterogenity and Differentiation. The End of Third World, in: Development Dialogue 2 (1978), S. 3-21; *U. Menzel*: Das Ende der "Dritten Welt" und das Scheitern der großen Theorie. Zur Soziologie einer Disziplin in auch selbstkritischer Absicht, in: PVS 32 (1991), S. 4-33; vgl. auch *E. Altvater*: Operationsfeld Weltmarkt oder: Vom souveränen Nationalstaat zum nationalen Wettbewerbsstaat, in: Prokla 24 (1994), S. 526, Fn. 11, der die Auflösung des Begriffs Dritte Welt als "Ausdruck der Dissipation nationalstaatlicher Funktionsräume" sieht; *A. Boeckh*: Entwicklungstheorien: Eine Rückschau, in: *D. Nohlen/F. Nuscheler* (Hrsg.), (Anm. 185), S. 111 führt aus, daß die Dritte Welt nicht nur aufgehört hat, zu existieren, sondern daß es die Dritte Welt "vermutlich nie gegeben hat".
188 So *R. Knieper*: Nationale Souveränität. Versuch über Ende und Anfang einer Weltordnung (1991), S. 21, der einem (fiktiven) Tagebuchauszug eines afrikanischen Politikers zufolge nicht länger von der Entwicklung der "Dritten Welt" sprechen möchte, dann aber diesen Ausdruck selbst verwendet, vgl. nur S. 25, 53.
189 *R. Knieper*, (Anm. 188), S. 24 resp. S. 25; zum Problem der nachholenden Entwicklung siehe auch das 6. Kap. 3 h).
190 *L. Brock*, Umrisse einer neuen Weltordnung. Wie verändert sich die politische Weltkarte?, in: *J. Calließ/ B. Moltmann (Hrsg.):* Einführung, in: Jenseits der Bipolarität: Aufbruch in eine "Neue Weltordnung", Loccumer Protokolle 9/92 (1992), S. 37.
191 *L. Brock*, (Anm. 190), S. 3; zur Nützlichkeit des Multilateralismus für Entwicklungsländer siehe bereits im 2. Kap. 1 g).

Eine Aufgabe des Begriffs "Dritte Welt" wäre allenfalls dann gerechtfertigt, wenn sich die binnenstrukturellen Probleme der "Dritten Welt" geändert hätten. Obgleich nicht auszuschließen ist, daß es unter dem Einfluß der Telekommunikation mittelfristig dazu kommt[192], ist dies bis heute nicht erkennbar. Eine unbestreitbare Gemeinsamkeit der ärmeren Staaten ist weiterhin, auch nach dem Umbruch in Osteuropa, das geringe sozioökonomische Entwicklungsniveau. Das gemeinsame Interesse der Entwicklungsländer an besseren weltwirtschaftlichen Rahmenbedingungen ist zu Beginn der 90er Jahre unverändert aktuell[193]. Auch die wirtschaftliche Kluft zwischen Industrie- und Entwicklungsländern hat in den letzten dreißig Jahren kontinuierlich zugenommen.

Was sich verändert hat, sind nicht die strukturellen Probleme der Entwicklungsländer, sondern vielmehr die Strategienwahl; sie orientiert sich heute stärker am Weltmarkt als jemals in der Geschichte der Menschheit zuvor. Wie deshalb *Brock* forderte, sollte man "statt vom Ende der Dritten Welt besser vom Ende binnenmarktorientierter Entwicklungsstrategien sprechen; denn die Hinwendung zum Weltmarkt zeichnet sich überall als dominante Strategie der Ordnungspolitik ab"[194]. Auch *Tetzlaff* stellt fest,

"(...) das weit verbreitete Gerede vom "Ende der Dritten Welt" (ist) ein unpassender Ausdruck für einen evolutionären Veränderungsprozeß in der kapitalistisch geprägten Weltgesellschaft, der eine weitere Differenzierung der Entwicklungsländer in erfolgreiche Nachholer, langezeit stagnierende Gesellschaften und hoffnungslos zurückgebliebene oder regressive Peripherie-Länder (Staatszerfall) bedeutet"[195].

Behält man den Begriff "Dritte Welt" bei, wofür gute Gründe bestehen[196], darf dies nicht dazu führen, die wachsende Differenzierung innerhalb des Südens[197] zu vernachlässigen. Es gibt sie bis heute nicht, die "Eine Welt"[198], auch nicht – oder gerade nicht – in telekommunikativer Hinsicht. Im Gegenteil: Die wachsende Differenzierung in sozioökonomisch weit abgeschlagene Least Developed Countries auf der einen und leistungsfähige Schwellenländer auf der anderen Seite kann – und führte durch erfolg-

---

192 Die Chancen, die die globale Telekommunikation für die Entwicklungsländer eröffnet, behandelt das 6. Kap. 3 und 4.
193 Stiftung Entwicklung und Frieden, (Anm. 187), S. 36; vgl. auch *P. J. Opitz/M. A. Ferdowsi (Hrsg.)*: Arbeitspapiere zu Poblemen der internationalen Politik und der Entwicklungsländerforschung (1991).
194 *L. Brock*, (Anm. 190), S. 37 f.
195 *R. Tetzlaff*, (Anm. 181), S. 67.
196 Näher *G. Braun*: Nord-Süd-Konflikt und Dritte Welt (5. Aufl. 1994), S. 39, der von zehn gemeinsamen Merkmalen für die "Dritte Welt" ausgeht; für eine Beibehaltung dieses Begriffs, wenngleich nur "(m)angels einer besseren Alternative": *D. Nohlen/F. Nuscheler*, (Anm. 185), S. 30.
197 *B. Korany*: Hierarchy Within the South: In Search of Theory, in: Third World Affairs 1985, S. 90 f.; *D. Nohlen/F. Nuscheler*, (Anm. 185), S. 14 weisen darauf hin, daß hinter dem Begriff Dritte Welt von Anfang an ein "höchst heterogenes Gemisch aus großen und kleinen (...), rohstoffreichen und -armen, ethnisch vielfarbigen und kulturell vielfältigen, sozio-ökonomisch unterschiedlich strukturierten, ungleich entwickelten, innen- und außenpolitisch verschieden orientierten" Staaten stand.
198 So aber der Titel des Berichts der Commission on Global Governance 1995: Nachbarn in Einer Welt (1995); vgl. auch *K. O. H. A. Hammarskjöld*: Director General, International Institute: Information & Communication, Towards One World, A Paper Presented to the TDR Conference on the International Information Economy, Williamsburg, VA, U.S.A., October 30 November 1, 1985; skeptisch hingegen *L. Henkin*: International Law: Politics and Values (1995), S. 280: "But surely we are not one world"; *H.-P. Martin/ H. Schumann*: Die Globalisierungsfalle (1986), S. 39: "Die eine Welt zerfällt".

reiche Entwicklungsanstrengungen in Einzelfällen bereits dazu –, den Kreis der Drittweltstaaten kleiner, in jedem Fall aber weniger homogen[199] werden zu lassen.

Im Telekommunikationssektor sind die Entwicklungsländer als Gruppe bei weitem nicht homogen, und einigen Staaten scheint der Anschluß an die entwickelte (OECD-) Welt zu gelingen. Innerhalb der ITU spricht man von letzteren inzwischen als von "high achievers"; dies sind Länder, die während des letzten Jahrzehntes Telekommunikationswachstumsraten von ca. 15 Prozent erreichten[200] – eine Rate, die als erforderlich angesehen wird, um die Kluft zwischen den telekommunikativ armen und reichen Ländern zu schließen. Über ein Dutzend Staaten erfüllten Mitte der 90er Jahre das 15 Prozent-Kriterium, unter ihnen *Botswana*, das eine der modernsten Telekommunikationsinfrastrukturen Afrikas besitzt (z.B. ein nahezu vollständig erstelltes Glasfibernetz) und zugleich eine Netzwachstumsrate von ca. 20 Prozent pro Jahr aufweist.

Die telekommunikative Vielfalt innerhalb der Gruppe der Entwicklungsländer hat heute bereits einen Punkt erreicht, an dem einige Länder sich dem Status von Industrieländern annähern, während andere auf dem Subsistenzniveau verbleiben oder gar auf dieses zurückfallen[201]. Künftig wird daher, so eine Annahme der Verfasserin, nicht länger die Trennung zwischen Industrie- und Entwicklungsländern sinnvoll sein, sondern zwischen Industrie- und Entwicklungsländern und den 25-30 am wenigsten entwickelten Staaten, die völlig abgekoppelt zu werden drohen. Die Trennungslinie wird aller Voraussicht nach zwischen denjenigen Staaten verlaufen, die ein ausreichendes Entwicklungsniveau und ein Mindestmaß an Wettbewerb aufweisen, und einigen anderen "that have no experience, no regulatory capability, no staff resources and no finances"[202]. Diese Einschätzung soll im folgenden Abschnitt anhand einer Untersuchung des Ist-Zustandes der Telekommunikation in der Dritten Welt überprüft werden.

Zwischenergebnis: Im Rahmen der vorliegenden Untersuchung wird davon ausgegangen, daß "Dritte Welt" ein politischer Sammelbegriff für ca. 125 voneinander recht verschiedene Entwicklungsländer ist, die ökonomisch unterentwickelt sind und die sich ihrem politischen Selbstverständnis nach subjektiv der Gruppe der Blockfreien bzw. der G-77 zugehörig fühlen. Sie sind gespalten in eine Vielzahl von Gruppen mit unterschiedlichen Interessen[203] und unterschiedlichen Rechtskulturen.

Faktisch konstituierte sich die Dritte Welt, verstanden als Fiktion einer homogenen Gruppe von Akteuren, in der Uruguay Runde um bestimmte Regionalmächte, etwa Brasilien, China und Indien[204].

---

199 Ausdrücklich *L. Brock*, (Anm. 190), S. 37; *C. Raghavan*: Recolonization. GATT, the Uruguay Round & the Third World (1990), S. 95 differenziert zwischen "knowledge-rich" Staaten im Norden und "knowledge-poor" Staaten im Süden; *J. Whalley*: The Uruguay Round and Beyond (1989), S. 69 unterscheidet "the large powers on the one hand and the mid-sized and smaller countries on the other"; vgl. auch *C. Dörrenbächer/ O. Fischer*: Telecommunications in the Uruguay Round, in: Intereconomics 25 (1990), S. 192; *J. Bortnick*: Information Technology and the Developing World: Opportunities and Obstacles, in: The Information Society Journal 2 (1983), S. 157 f.; zu den Herausforderungen der Telekommunikationsindustrie in den Schwellenländern vgl. auch *D. Todd*: The World Electronics Industry (1990), S. 245 ff.
200 Vgl. *ITU*: World Telecommunication Development Report (1994).
201 Näher die Ausführungen zum "widening gap" in 2. Kap. 2 b).
202 Interview mit *David Leive*, Vorsitzender des Regulatory Colloquiums der ITU ab 1993.
203 Näher zum Einfluß der G-5 und G-10 sowie einigen anderen Gruppierungen im 3. Kap. 3 und im 4. Kap.
204 Zur Meinungsführerschaft dieser Staaten näher im 3. und 4. Kap.

b) Die Rückständigkeit der Telekommunikation in der Dritten Welt

Die Situation von Entwicklungsländern, die in fast allen Informationsbereichen auf Lieferungen und Dienstleistungen aus dem Ausland – durch hochentwickelte Staaten – angewiesen sind, unterscheidet sich, wie *Rauschning* feststellte, "nicht wesentlich von der Entwicklungslücke in anderen wirtschaftlichen oder technischen Bereichen"[205].

Der ITU World Telecommunication Development Report 1994 zeigte[206], daß der Entwicklungsabstand zwischen Ländern mit hohem und niedrigem Einkommen zwar fortbesteht, sich allerdings, im Vergleich zu früheren Jahren, etwas verengt hat. So haben zum Beispiel diejenigen Länder mit einem Pro-Kopfeinkommen von weniger als 10.000 US-Dollar ihren Anteil von Telefonleitungen von 22 Prozent im Jahre 1983 auf 30 Prozent im Jahr 1992 steigern können. Mit ca. 13 Prozent Zuwachs pro Jahr im Telekommunikationswachstum ist vor allem in Ländern mit niedrigem Einkommen ein Fortschritt zu verzeichnen; dies entspricht etwa dem Dreifachen des durchschnittlichen Wachstums aller Länder. Dennoch ist die Disparität zwischen den telekommunikativ hochentwickelten Industrie- und den Entwicklungsgesellschaften immer noch hoch. Wie der ITU-Generalsekretär den Bericht seines Hauses kommentierte:

"(...) the low-income countries still have less than a 5% share of the global telephone mainlines, whereas they are at home to some 55% of the world's population. This disparity is unacceptable high in economic, social and humanitarian terms and the gap is narrowing too slowly"[207].

Das Wachstum der Telefonnetze hat mit den neuen Telematikanwendungen in keiner Weise Schritt gehalten. Im asiatisch-pazifischen Raum, wo ca. drei Fünftel aller Menschen der Welt leben, gibt es nur ca. ein Fünftel der weltweit verfügbaren Telefonleitungen[208]. Auf annähernd fast drei Milliarden Menschen im dortigen Raum kommen ca. 25 Millionen Leitungen, theoretisch teilen sich über 100 Personen jeweils einen Anschluß[209]. Offiziellen Angaben zufolge warten weltweit ca. 44 Millionen Menschen auf einen Telefonanschluß, die meisten von ihnen in Entwicklungsländern. Dabei wird die

---

205   *D. Rauschning*: Der Zugang zu dem internationalen Informationsverteilungssystem als Forderung des Völkerrechts, in: *R. Wolfrum (Hrsg.)*: Recht auf Information. Schutz vor Information, menschen- und staatsrechtliche Aspekte, Referate und Diskussionsbeiträge eines Symposiums des Instituts für Internationales Recht vom 21. bis 24. November 1984 in Kiel (1986), S. 132.

206   *ITU*: World Telecommunication Development Report 1994; eine Bestandsaufnahme wird erschwert durch statistische Probleme; beispielsweise gab es noch zu Beginn der 90er Jahre kein Verzeichnis der in afrikanischen Ländern vorhandenen Einrichtungen, vgl. *Second United Nations Transport and Communication Decade for Africa (1991-2000)*, (Anm. 179), Ziff. 2.3.2.7., S. 275: "there is no inventory of existing assets"; allgemein zu dieser Dekade vgl. *B. Kebede*: Strategies for Development of Telecommunications in Africa During the Next Decade (1991-2000), Doc. No. ATDC-90/27-E, African Telecommunication Development Conference (ATDC-90), Harare, Zimbabwe, 6-11 December 1990, Vol. II (ITU, Geneva March 1991), S. 471-482.

207   *P. Tarjanne*: The Missing Link, Still Missing?, in: Transnational Data and Communications Report (March/April 1994), S. 11.

208   Chief Trade Policy Section, ESCAP, Thailand, *K. A. Rahman*: Promotion of Telecommunications and Informatics Capabilities for Development and Regional Cooperation, in: Asia-Pacific Telecommunity, Report of the Seminar on Telecommunications' Support for Trade in Services (APT/SEM/UNCTAD/94), Male, Republic of Maldives, 14-17 May, 1994, Doc. No. TELTRADE-12, S. 294 f. mit weiteren Beispielen; *Asia-Pacific Telecommunity*: Telecommunications Sector Reform, Summary Report, APT-World Bank Seminar on Telecommunications Sector Reform in the Asia-Pacific Region, 4-6 August 1994, Bangkok, Thailand 1994, S. 5.

209   *P. Smith/G. Staple*, (Anm. 155), S. 1.

Lage in Afrika südlich der Sahara als am schwierigsten eingeschätzt. Der Umfang der durchschnittlichen Wartelisten beträgt dort ca. 60 Prozent der installierten Anschlüsse – bei einer Wartezeit von vielfach zehn Jahren[210]. Die Dunkelziffer ist weit höher.

Der technologische Rückstand der Entwicklungsländer wurde auf mindestens zwanzig Jahre geschätzt und ihre Situation noch zu Beginn der 90er Jahre als Zustand "technologischen Kolonialismus"[211] charakterisiert. Weltbankexperten faßten die Situation folgendermaßen zusammen:

> "(...) in most LICs public networks are badly congested. Call completion rates are low, often less than 40 percent, and dedicated circuits for business users are expensive and hard to come by"[212].

Die gesamte, in den Entwicklungsländern verfügbare Telekommunikationsinfrastruktur (Telefonleitungen, Mobiltelefone, Faxmaschinen, PCs und Internet-hosts) stellt im weltweiten Vergleich zwischen 10 und 20 Prozent dar, diejenige im südlichen Afrika nur ca. ein Prozent. Die Rückständigkeit der Telekommunikationsinfrastruktur in den Entwicklungsländern macht sich nicht nur in quantitativer, sondern auch in qualitativer Hinsicht, speziell auf dem Gebiet der Mehrwertdienste, bemerkbar. Dort hat sie sich – anders als im Bereich der Grunddienste – sogar verschärft. Soweit Mehrwertdienste (Mobilfunk, Faxdienste, E-mail im Internet etc.) in Entwicklungsländern verfügbar sind, ist dies überwiegend der Fall, weil Benutzer selbst die Investitionen getätigt haben, nicht aber, weil es entsprechende öffentliche Investitionen in die Telekommunikationsinfrastruktur gegeben hätte[213].

Gravierend erscheint in diesem Kontext auch die hohe Fehleranfälligkeit, beispielsweise von Netzinfrastruktureinrichtungen in Afrika. Anläßlich der für die 90er Jahre verabschiedeten Zweiten UN-Transport- und Entwicklungsdekade in Afrika wurde allein im Sektor der lokalen Telefonie eine Fehlerquote von 20 Prozent, im nationalen Bereich von 64 Prozent, und von immerhin 40 Prozent im internationalen Bereich konstatiert[214]. Daß diese enorme Fehlerquote (neben verminderten Einkünften für die Post- und Fernmeldeverwaltungen) negative Auswirkungen auf alle Wirtschaftsbereiche der Entwicklungsländer hat, liegt auf der Hand[215]. Auf die Notwendigkeit einer

---

210 *V. Bishop/A. Mody*, (Anm. 28), S. 39; zum Problem der Wartelisten in Asien vgl. auch: *P. Smith/ G. Staple*, (Anm. 155), S. 1.
211 *M. Bulajic*: Commercial Relations, in: *M. Bedjaoui (Hrsg.):* International Law: Achievements and Prospects (1991), S. 633; vgl. auch *R. Saunders*: Information Policy in the Developing World: The Infrastructure Constraint, in: Telematics and Informatics 1 (1984), S. 371 ff.
212 *P. Smith/G. Staple*, (Anm. 155), S. 1.
213 Ausdrücklich der ITU-Generalsekretär *P. Tarjanne*, (Anm. 207), S. 12; zum zögerlichen Ausbau des Internet in Afrika vgl. *ITU, Telecommunication Development Bureau*: African Telecommunication Indicators (1996), S. 19, S. 43 ff.; *F. Clottes*: The Information Revolution and the Role of Government, in: *The World Bank Group (Hrsg.):* The Information Revolution and the Future of Telecommunications, June 1997, S. 32.
214 Second United Nations Transport and Communication Decade for Africa (1991-2000), (Anm. 179), Ziff. 2.3.2.5., S. 273.
215 Explizit *Second United Nations Transport and Communication Decade for Africa (1991-2000)*, (Anm. 179), Ziff. 2.3.2.5., S. 273; zu den negativen Auswirkungen, etwa auf das Bankwesen in Entwicklungsländern: *J. C. Grant*: Global Trade in Services, in: *P. Robinson/K. P. Sauvant/ V.P. Govitrikar (Hrsg.):* Electronic Highway for World Trade (1989), S. 117; im Grünbuch für Afrika wird eine Fallstudie aufgeführt, die zeigt, daß eine Telekommunikationsbehörde im südlichen Afrika aufgrund von Instandhaltungsproblemen jährlich durchschnittlich 51 Prozent

verbesserten Qualität der Telekommunikationsdienste wies man auch seitens der Weltbank hin. Der Weltentwicklungsbericht, New York 1994, stellte fest, daß zwar die Verfügbarkeit von Infrastruktur (Pro-Kopf-Versorgung) mit dem Pro-Kopf-Bruttoinlandsprodukt korreliere, dies aber nicht für die Effizienz und die Effektivität der Infrastrukturbereitstellung gelte. Ein Zusammenhang zwischen Verfügbarkeit und Leistung sei bei der Telekommunikation in zahlreichen Staaten mit niedrigem und mittlerem Einkommen kaum erkennbar; darüber hinaus gebe es "keine enge Korrelation zwischen der Bereitstellungseffizienz in einem Sektor eines Landes und dem Leistungsergebnis in einem anderen Sektor"[216]. Künftige Überlegungen müßten sich daher stärker auf die Verbesserung der Qualität des Infrastrukturangebotes richten[217].

Nicht in ausreichendem Maße vorhandene und hinreichend funktionierende Telekommunikationseinrichtungen führen vielfach, vor allem in den LLDCs, dazu, daß Modernisierungsvorhaben unterbleiben, die notwendig wären, um eine echte Teilhabe der Entwicklungsländer am Weltdienstehandel[218] zu gewährleisten und den Anschluß an die gegenwärtig viel diskutierte "Informationsgesellschaft" zu erlangen; zum anderen ist, und dies mag im einzelnen Fall noch gravierender sein, sogar die Wartung und Instandhaltung bestehender Netze nicht gewährleistet. Vor allem im afrikanischen Raum sind teure und kostspielige Instandsetzungsarbeiten notwendig, die vielfach nur mit ausländischer Hilfe durchgeführt werden können[219].

Ein spezielles, nicht auf die Entwicklungsländer beschränktes, dort aber besonders deutlich zutage tretendes Problem liegt außerdem in der Unterversorgung ländlicher Regionen mit Telekommunikationsdiensten. Von einem "rural-urban dualism", etwa in China, wird gesprochen: 1988 befanden sich dort 79 Prozent der Telefone in städtischen

---

ihres Umsatzes verlor, vgl. *Telecommunication Development Bureau (BDT), The African Green Paper*: Telecommunication Policies for Africa (1996), S. 23.

216 *G. Ingram/C. Kessides*: Infrastruktur für die Entwicklung, in: F&E (September 1994), S. 19; zum Fehlen von "management performance"-Indikatoren siehe auch *Second United Nations Transport and Communication Decade for Africa (1991-2000)*, (Anm. 179), Ziff. 2.3.2.7., S. 275: "Quantifiable management performance indicators, which would highlight the weak points in service operations and would enable the productivity of the different network components to be strengthened, are not established", vgl. auch ITU Project Officer *W. Brown*, (Anm. 179), S. 29: nötig sei die Entwicklung von "appropriate performance indicators".

217 *G. Ingram/C. Kessides*, (Anm. 216), S. 19.

218 Zu der entsprechenden GATS-Vorschrift "Teilhabe der Entwicklungsländer" siehe 6. Kap. 2 g); von Infrastruktur als "precondition" für den Export von Telekommunikationsdiensten sprach auch der *Representative of India: Working Group on Telecommunication Services*, Group of Negotiations in Services, Note of the Meeting of 10-12 September 1990, Restricted, GATT Doc. MTN.GNS/TEL/3, 12 October 1990, Special Distribution, S. 20, Ziff. 129.

219 Zur Situation im afrikanischen Raum vgl. *ITU, Telecommunication Development Bureau*: African Telecommunication Indicators (1996); die Errichtung sub-regionaler Instandhaltungszentren forderte der Head African Division, BDT, ITU, *Y. Kourouma*: Proposed Telecommunications Development Bureau (BDT) Technical Cooperation Assistance and Assistance Programme for the African Region for the Period 1991-1994, Doc. No. ATDC-90/3-E, African Telecommunication Development Conference (ATDC-90), Harare, Zimbabwe, 6-11 December 1990, Vol. II, ITU, Geneva, March 1991, S. 391; näher zum Problem der Instandhaltung in Entwicklungsländern *ITU, CCITT*: The International Telegraph and Telephone Consultative Committee, Supplement to the Handbook on Rural Telecommunications, Volume IV, Handbook on Economics and Financing of Telecommunication Projects in Developing Countries (1989), S. 7; zum Ganzen auch *M. J. Menou*: Specific Cost-Benefit Aspects in the Design of Information Systems in Less Developed Countries, in: Proceedings of the American Society for Information Science (ASIS), Vol. 10, Innovative Developments in Information Systems: Their Benefits and Costs, S. 145.

Ballungszentren[220]. Insgesamt befinden sich in den Low Income Countries Asiens, so wurde von Weltbankexperten geschätzt, 85-90 Prozent der installierten Leitungen in städtischen Gebieten[221]. Ländliche Gegenden drohen in der "Informationsgesellschaft" endgültig zum investitiven Hinterland zu werden, jedenfalls so lange Investitionen dort wegen des hohen Telekommunikationsverkehrsaufkommens in den urbanen Zentren nicht gewinnbringend sind[222]. Der Gegensatz zwischen ländlichem und städtischem Telekommunikationssystem ist für die Entwicklungsländer ein "heißer politischer Punkt"[223]. Da die aus Landflucht und Migrationsbewegungen in die großen Metropolen resultierenden sozialen Probleme gravierend sind, kann dies innergesellschaftliche Konflikte schüren, "core-peripheral relationship will become conflictual"[224]. Auch aus diesem Grund ist eine stärkere Telekommunikationsentwicklung ländlicher Regionen dringend notwendig. Denn verbesserte Kommunikationsstrukturen auf dem Land könnten die Attraktivität ländlicher Gegenden stärken[225].

Die telekommunikative Situation der Entwicklungsländer wird des weiteren durch eine signifikante Knappheit von Handlungsressourcen, auch in finanzieller Hinsicht[226], gekennzeichnet. Für den Ausbau der Telekommunikationsinfrastruktur sind erhebliche Finanzmittel erforderlich, in den meisten Entwicklungsländern leidet der Telekommunikationssektor jedoch unter genereller Knappheit staatlicher Finanzmittel, vor allem aber an Devisenknappheit[227]. Aufgrund dieser Finanzschwierigkeiten gibt es nur ein langsames Telekommunikationswachstum. "In the case of developing countries enough funds are simply not available"[228] – für die Telekommunikationsentwicklung der Dritten Welt stünden einfach zu wenig Mittel zur Verfügung. Nicht anders äußerte sich der Chef der African Division, BDT, ITU, *Kouruma* über die Situation in Afrika[229].

Ein Grundproblem sehen die LDCs darin, daß sie sich integrierte Systeme, digitale Netze und ähnlich moderne Einrichtungen nicht leisten können[230]; zwar ermöglichen neue Technologien, wie die Digitalisierung, *im Prinzip* das Angebot neuer Telekommu-

---

220 Das Beispiel China analysiert *P. S. Lee*: Dualism of Communications in China, in: Telecommunications Policy 15 (1991), S. 537; zu geringe Investitionen führen zu einer Benachteiligung insbesondere von ländlichen Regionen: *W. Pierce/N. Jéquier*: Telecommunications for Development, Synthesis Report of the ITU-OECD Project on the Contribution of Telecommunications to Economic and Social Development (Manuskript, o. Datum), S. 2.
221 *P. Smith/G. Staple*, (Anm. 155), S. 1.
222 Zum Problem der Investitionen siehe die Ausführungen in 2. Kap. 2 c) und 2. Kap. 3 d).
223 *J. Briesemeister/J. Horrigan*: Conclusion: Perspectives on the New State Role, in: *J. Schmandt/ F. Williams/R. H. Wilson (Hrsg.)*: Telecommunications Policy and Economic Development, The New State Role (1989), S. 277.
224 *P. S. Lee*, (Anm. 220), S. 544.
225 Ausführungen zu den wissensbasierten Entwicklungsstrategien und dem Problem des "brain drain" enthält das 6. Kap. 4 e).
226 Zur Differenzierung der Handlungsressourcen *J. Bortnick*: International Information Flow: The Developing World Perspective, in: Cornell Law Journal 14 (1981), S. 335-337; allgemein zum Problem der Kapitalverfügung *R. Mayntz*: Zur Entwicklung technischer Infrastruktursysteme, in: *R. Mayntz/B. Rosewitz/ U. Schimank/R. Stichweh*: Differenzierung und Verselbständigung, Zur Entwicklung gesellschaftlicher Teilsysteme (1988), S. 246.
227 Asia-Pacific Telecommunity, (Anm. 208), S. 5.
228 Director (Customer Service), Department of Telecommunications, Government of India *A. K. Mittal*, (Anm. 179), S. 158; ebenso *Second United Nations Transport and Communication Decade for Africa (1991-2000)*, (Anm. 179), Ziff. 2.3.2.7., S. 275.
229 *Y. Kourouma*, (Anm. 219), S. 397.
230 *E. Gonzales-Manet*: The ITU's Role: A Developing Country Perspective, in: Reforming the Global Network, The 1989 ITU Plenipotentiary Conference (1989), S. 67.

nikationsdienste, doch ist ihre Verfügbarkeit aufgrund finanzieller Engpässe vielfach nicht gesichert. Viele Entwicklungsländer, insbesondere in Afrika, benutzen noch die alten vor 30 oder mehr Jahren eingeführten Kupferdrähte für das Telefon. Für sie entsteht aufgrund der Ressourcenknappheit vielfach das Dilemma, entweder teure Fiberglaskabel in der Stadt zu legen, um die Anforderungen der überwiegend dort ansässigen Geschäftswelt zu befriedigen[231], oder einfache Telefonverbindungen auf dem Land auszubauen.

Der Finanzbedarf der LDCs resultiert auch aus den Produktionskosten für Dienste. Eine Studie aus dem Bereich der internationalen on-line Datenbanken beispielsweise zeigt[232], daß die Entwicklungsländer hier kaum repräsentiert sind. Dies ist hauptsächlich auf die hohen Herstellungskosten (v.a. Investionen in Hard- und Software), aber auch auf die Unterhaltkosten und die Konkurrenz mit existierenden Produzenten zurückzuführen. Wie UNCTAD-Experten unterstrichen, sind finanzielle Mittel insbesondere für den Ausbau der Mehrwertdienste erforderlich[233].

Weltbankangaben zufolge müßten die Entwicklungsländer in den 90er Jahren zwischen 18-20 Mrd. US-Dollar pro Jahr ausgeben, wenn sie die Nachfrage nach Telefongrunddiensten bis zum Jahr 2000 befriedigen wollten. Das ist drei Mal so viel wie in den 80er und sechs Mal so viel wie in den 70er Jahren. In diesen Schätzungen sind die Investitionskosten für die modernen Mehrwertdienste, wie sie im Geschäftsleben bereits unentbehrlich sind, noch nicht eingeschlossen[234]. Anderen Schätzungen zufolge sind 40 Mrd. US-Dollar pro Jahr nötig, um die Telekommunikationsentwicklung der Dritten Welt langfristig zu sichern[235]. Dabei müßten nach Expertenansicht mindestens die Hälfte der Mittel aus privatwirtschaftlichen Quellen stammen, um die Lücke zwischen den Industriestaaten und den LDCs zu schließen[236].

Selbst für den Ausbau des Telefonwesens bestehen im Ergebnis düstere Perspektiven für die LDCs, denn:

"... the total remains are far too low to enable adaquate telephone services to reach most of the developing world's population even by the end of this century"[237].

---

231 Zu den Ansprüchen der Unternehmen siehe bereits die Ausführungen im 1. Kap. 1 b).
232 Vgl. *J. F. Rada*: Information Technology and Services (Manuskript o. Datum), S. 48.
233 *M. Gibbs/M. Hayashi*: Sectoral Issues and the Multilateral Framework for Trade in Services. An Overview, in: *UNCTAD (Hrsg.):* Trade in Services: Sectoral Issues (1989), S. 9.
234 *World Bank*: Telecommunications Development, Investment Financing and Role of the World Bank, in: ITU, Document PP-89/77 E, Plenipotentiary Conference, Nice 1989, 71-220, S. 2.
235 *Asia-Pacific Telecommunity* (Anm. 208):, S. 4: "(...) finance (...) estimated at US $ 40 billion per annum for developing countries".
236 *Asia-Pacific Telecommunity* (Anm. 208), S. 5; das *ITU Telecommunication Development Bureau* wies darauf hin, daß der öffentliche Sektor (Regierungen, staatliche Stellen und internationale Organisationen) eine zunehmend bescheidenere Funktion bei der Finanzierung des Telekommunikationswesens einnehmen, sie hätten ihre Rolle neu definiert als "guardians, facilitators, and match makers", vgl. *African Regional Telecommunication Development Conference* (AF-RTDC-96), Abidjan (Côte d'Ivoire), 6-10 May 1996, International Telecommunication Union, Documents Vol. II.2., S. 484; es wird dann gerechnet, daß bis zum Ende dieses Jahrzehnts ca. 55 Prozent der erforderlichen Investitionen aus privatwirtschaftlichen Mitteln stammen werden, vgl. *C. A. P. Braga*: Liberalizing Telecommunications and the Role of the World Trade Organization, in: *The World Bank Group (Hrsg.):* The Information Revolution and the Future of Telecommunications, June 1997, S. 26; zu den privatwirtschaftlichen Initiativen im Bereich der Telekommunikationsentwicklung in der Dritten Welt siehe 2. Kap. 2 f).
237 *C. Jonscher*: Telecommunications Investments: Quantifying the Economic Benefits, in: *ITU, CCITT*: The International Telegraph and Telephone Consultative Committee, Supplement to the

Fazit: Betrachtet man die defizitäre Telekommunikationsentwicklung in Entwicklungsländern, so ergibt sich der Eindruck, daß die Diskussion um den offenen Zugang zu Netzen und Märkten, wie sie im Mittelpunkt der GATS-Verhandlungen standen, für viele Entwicklungsländer in praktischer Hinsicht der Grundlage entbehrten, da sie weder das eine noch das andere besitzen. Wie der ITU-Generalsekretär es mit Blick auf die Dritte Welt treffend formulierte: "access to networks and markets cannot be open if they do not exist"[238].

Durch das begrenzte Vorhandensein von allgemein zugänglichen, öffentlichen Netzen kann das Spektrum möglicher Telematikanwendungen in Entwicklungsländern nicht voll genutzt werden. Mangels funktionsfähiger Infrastruktur kann es auch keine Teilhabe, insbesondere der Least Developed Countries, an der "Diensterevolution" geben. Das elektronische Dorf bleibt unter diesen Umständen, trotz neuer Technologien[239], illusionär:

"(...) as long as half of the world's population suffers from a low level of telecommunications development the vision of a global electronic village remains a dream"[240].

c) Allgemeine Ursachen der defizitären Telekommunikationsentwicklung

Eine ganze Reihe von strukturellen Ursachen lassen sich für die defizitäre Telekommunikationsentwicklung der meisten Entwicklungsländer anführen. Im Anschluß an eine innerhalb der ITU getroffene Unterscheidung[241] kann zwischen *internen Faktoren* binnenstruktureller Natur und *externen Faktoren*, also umweltbezogenen Faktoren im weiteren Sinn, unterschieden werden. Beide sind für das schwache Leistungsniveau von Telekommunikationseinrichtungen in der Dritten Welt mitursächlich, aber nur die erstgenannten "internen", meist politischen oder rechtlichen Faktoren, können von den politisch Verantwortlichen unmittelbar beeinflußt werden; zu ihnen gehören beispielsweise eine Regierungspolitik, die Telekommunikation niedrige Priorität einräumt, mangelhafte Planungsverfahren, Fehler auf der Managementebene etc. Zu den nicht oder kaum beeinflußbaren Umweltfaktoren, die die schleppende Telekommunikationsentwicklung der Dritten Welt ebenfalls beeinflussen, zählen u.a. die Verschuldung und ein Rückgang des Umfangs der technischen Zusammenarbeit[242]. Insofern dient die genannte Differenzierung auch dazu, zu erkennen, daß die Verantwortung für die Erbringung effizienter

---

Handbook on Rural Telecommunications, Volume IV, Handbook on Economics and Financing of Telecommunication Projects in Developing Countries (1989), S. 42.

238 *Address by the Secretary-General of the ITU*: "Open Frameworks for Telecommunications in the 90s" (Washington DC, 11, January 1990), Access to Networks and Markets, S. 4.

239 Angesichts der gravierenden Probleme der Telefonnetze gab der zu beobachtende explosionsartige Gebrauch mobiler Telefone in Entwicklungsländern, etwa durch aufstrebende Jungunternehmer, Anlaß zur Hoffnung, daß auf diese Weise, mittels Lizenzierung ausländischer Diensteanbieter, der Aufbau eines funktionsfähigen nationalen Netzes möglich sein wird; *P. Smith/G. Staple*, (Anm. 155), S. 1 erwarten allerdings durch die neuen Technologien keine allzu große Verbesserung der Situation in Entwicklungsländern: "although new cellular telephone services have been licensed in most Asian LICs and MICs, the franchises are limited to a few major cities, and capacity tends to be quickly oversubscribed"; zu den Chancen des "leap frogging" in technologischer Hinsicht siehe unten 6. Kap. 4 e).

240 *P. Tarjanne*, (Anm. 207), S. 12.

241 Vgl. *W. Brown*: Telecommunication Network Development in Africa. The State of Development and Operation of African Telecommunication Networks, Document No. ATDC.90/1-E, S. 21.

242 Dazu näher in diesem Abschnitt.

Telekommunikationsdienste nicht alleine bei der Dritten Welt liegt, sondern daß externe Determinanten ebenfalls eine Rolle spielen.

Zu den allgemeinen Ursachen der defizitären Telekommunikationsentwicklung, die wie bereits ausgeführt, durch eine Rückständigkeit der Infrastruktureinrichtungen und einen schleppenden Grund- sowie Mehrwertdiensteausbau gekennzeichnet ist, gehört vielfach eine Regierungspolitik, die der Telekommunikation über Jahre hinweg einen verhältnismäßig geringen Stellenwert beimaß. Nicht nur die Regierungen der meisten Entwicklungsländer, auch Planungsverantwortliche haben die positive Korrelation zwischen dem Vorhandensein von Telekommunikationseinrichtungen und wirtschaftlicher Prosperität erst relativ spät erkannt[243]. In den Entwicklungsländern war folglich die Einstellung verbreitet, Telekommunikation sei eher "Luxus" denn ökonomische Notwendigkeit, ein Luxus, der erst nach der Erfüllung von Grundbedürfnissen im Bereich landwirtschaftlicher Produktion, Gesundheit, Elektrizität, Transport und Bildung befriedigt werden könne. Offizielle aus den Entwicklungsländern wurden mit folgenden Äußerungen zitiert[244]: "telephones are a luxury"; "my country has a superb postal system and does not need First World telecoms" und: "technology is a First World trap to perpetuate dependence". Als typisch für den geringen Stellenwert in der nationalen Entwicklungsplanung können Äußerungen eines "Information Science Consultant" in den 70er Jahren angesehen werden:

"If one compares the advantages of information systems, taken independently, with those of other possible investments in LDC where almost everything needs to be done, one would certainly be tempted to give them the lowest priority (...) When you dramatically lack doctors, will you use a single one for reviewing literature. The answer is certainly 'no'"[245].

Der Umstand, daß die Telekommunikationsentwicklung in der Dritten Welt über Jahre hinweg eine geringe Priorität genoß, erklärt sich auch daraus, daß die positiven Auswir-

---

243 Ausdrücklich *T. McPhail/B. McPhail*, The International Politics of Telecommunications: Resolving the North-South Dilemma, in: International Journal 12 (1987), Canadian Institute of International Affairs, "The Politics of International Telecommunications", S. 291; *M. S. Snow/M. Jussawala*: Telecommunications Economics and International Regulatory Policy (1985), An Annotated Bibliography, S. 169; dies sei auch heute noch der Fall, hob *ITU, Resolution No. 1*, "Special Programme of Assistance for the Least Developed Countries (LLDCs)", World Telecommunication Development Conference, Buenos Aires, 21-29 March 1994, Final Report, S. 30 hervor: "priority given in many LDCs to the development of telecommunications (...) is insufficient"; näher zur Rolle der Telekommunikation im Entwicklungsprozeß 2. Kap. 2 e); es sei die Erfahrung des CTD der ITU "that telecommunications has traditionally been given low priority in the plans of a number of countries, particularly developing countries", so *D. Westendoerpf*: Telecommunications Development, Restructuring and the Role of the CTD, in: *R. G. Pipe (Hrsg.):* Eastern Europe: Information and Communications, Technology Challenges (TIDE 2000 Club Telecommunication, Information and InterDependent Economies in the 21st Century (1990), S. 338; vgl. auch *P. L. Smith/G. Staple*, (Anm. 155), S. 1; wie die *Second United Nations Transport and Communication Decade for Africa (1991-2000)*, (Anm. 179), S. 271 für die LDCs Afrikas feststellte, "telecommunications generally do not rank among the top-most national priorities"; ähnlich *W. Pierce/N. Jéquier*, (Anm. 220), S. 1: "planning priorities tend to favour sectors other than telecommunications"; *M. I. Ayish*: International Communication in the 1990s: Implications for the Third World, in: International Affairs 68 (1992), S. 505.
244 Unter Wiedergabe der folgenden Zitate *I. S. Farkas-Conn*: Policies, Practices and Prejudices, Human Aspects of Information and Technology Transfer, in: *E. V. Smith; S. Keenan (Hrsg.):* Information, Communications and Technology Transfer (1987), S. 369.
245 *M. J. Menou*, (Anm. 219), S. 146.

kungen von Investitionen im Telekommunikationssektor schwer quantifizierbar und damit für auf Wahlerfolge bedachte Regierungen schwer "nachweisbar" sind. Die Darlegung des Nutzens von Telekommunikationsinvestitionen ist, im Vergleich zu Investitionen in andere Infrastrukturbereiche, kompliziert[246]. Des zweifellos möglichen direkten und im Einzelfall sogar noch größeren *indirekten* Nutzens[247] von Telekommunikationsinvestitionen waren sich die Entscheidungsträger außerdem lange Zeit nicht bewußt.

Auch die Koordination und Planung[248] der nationalen Telekommunikationsentwicklung ließ zu wünschen übrig. Soweit Investitionen im Bereich neuer Telekommunikationsdienste getätigt wurden, fanden diese selten im Rahmen kontinuierlicher Jahresplanungen statt, sondern "tend towards the *ad hoc* - high one year, insignificant for several subsequent years"[249]. Als in Afrika das bisher analoge Telekommunikationsnetz digitalisiert wurde, geschah dies überwiegend ohne vorausschauende Planung, so daß es (1) Probleme zwischen analogen Netzen und digitalen Einrichtungen gab und (2) hohe Kosten entstanden[250]. Wie eine Studie über Benin, Afrika, zeigte, erfolgten die gesamten bis 1985 dort getätigten Infrastrukturmaßnahmen – ein internationales Telefonzentrum und eine Erdstation für Satellitenkommunikation eingeschlossen - durch einen "process of trial and error" und auf *ad hoc*-Basis –, mit dem Ergebnis, daß dieses System schließlich grundlegende Defekte aufwies[251]. Erst ein mit Hilfe von UNDP und ITU entwickelter sog. ´master plan´ im Jahre 1985 begann, die Telekommunikationsentwicklung des Landes zu koordinieren.

---

246 W. Pierce/N. Jéquier, (Anm. 220), S. 1; V.-Y. Ghebali: Télécommunications et développement: Mission impossible?, in: Revue française d'Administration Publique, No. 52, Octobre-Décembre 1989, Télécommunications: La nouvelle donne, S. 682; J. Hills, (Anm. 150), S. 75; zum Ganzen auch R. White/J. McDonnell: Priorities for National Communication Policy in the Third World, in: The Information Society 2 (1983), S. 5 ff.

247 Zum indirekten Nutzen siehe W. Pierce/N. Jéquier, (Anm. 220), S. 2 f.; R. G. Pipe: Services Trade Growth in Asia and the Pacific Through Telecommunications, in: Asia-Pacific Telecommunity, Report of the Seminar on Telecommunications` Support for Trade in Services (APT/SEM/UNCTAD/94), Male, Republic of Maldives, 14-17 May, 1994, Doc. No. TELTRADE-23, S. 478 m.w.N.; H. E. Hudson/E. B. Parker: Information Gaps in Rural America, Telecommunications Policies for Rural Development, in: Telecommunications Policy 14 (1990), S. 196; näher zu den erhofften Entwicklungsvorteilen im 6. Kap. 3 e)-j).

248 Zu den häufigsten Planungsdefiziten in Afrika wurden gerechnet:
- the lack of short and long-term telecommunication development plans
- the lack of planning units in many administrations
- projects are not always properly supervised or plans updated
- lack of specialized planning personnel
so die *Second United Nations Transport and Communication Decade for Africa (1991-2000)*, (Anm. 179), Ziff. 2.3.2.10, ebd. S. 277 f.: zum Erfordernis des "long-term planning" vgl. auch T. Kosuge: Telecommunications, in: P. Robinson/K. P. Sauvant/V. P. Govitrikar (Hrsg.): Electronic Highway for World Trade (1989), S. 223.

249 W. Brown: Telecommunication Network Development in Africa. The State of Development and Operation of African Telecommunication Networks, Document No. ATDC.90/1-E, S. 23; vgl. auch *ITU, Telecommunication Development Bureau*: African Telecommunication Indicators (1996), S. 30 f.

250 *Second United Nations Transport and Communication Decade for Africa (1991-2000)*, (Anm. 179), Ziff. 2.3.2.4 ebd. S. 272; zum Fehlen einer "network digitization strategy" vgl. auch Head African Division, BDT, ITU, Y. Kourouma, (Anm. 219), S. 391 f.

251 Näher G. D. Adadja: Benin's Experience in Improvement of the Telecommunication Network and Telecommunication Services, Doc. No. ATDC-90/14-E, African Telecommunication Development Conference (ATDC-90), Harare, Zimbabwe, 6-11 December 1990, Vol. II, ITU, (Geneva, March 1991), S. 194.

Die 1991 vorgelegte Studie der ITU Restructuring of Telecommunications in Developing Countries[252] wies als Hindernisse für die effiziente Entwicklung des Telekommunikationssektors in Entwicklungsländern entsprechend unzureichende Vorbereitungen im Vorfeld von Investitionen, "rigid plans", also eine starre, wenig flexible Telekommunikationsplanung, sowie Verzögerungen bei der Implementierung von Programmen aus. Soweit sog. "master plans" (s.o.) mit Hilfe von ITU entwickelt worden waren, gerieten diese zum Teil in Vergessenheit[253]. Wie die Afrikanische Entwicklungsbank kritisierte, würden die Telekommunikationsverwaltungen Unterstützungsanträge für ländliche Entwicklungsprojekte schlecht vorbereiten[254]. Die Telekommunikationsverwaltungen benötigten mehr Unterstützung bei der Vorbereitung und Koordinierung derartiger Projekte, hieß es[255].

Eine der wichtigsten binnenstrukturellen Ursachen für die defizitäre Telekommunikationsentwicklung der Dritten Welt scheint auf der Managementebene zu liegen. Die interne Organisation der Telekommunikationsunternehmen ähnelt häufig eher derjenigen eines Beamtenapparates als der im Geschäftsleben üblichen. Eine ITU-Untersuchung über Entwicklungshemmnisse auf dem Telekommunikationssektor der Entwicklungsländer unterstrich die fehlende Verantwortung des in Entwicklungsländern ansässigen Managements für die Betriebsergebnisse, aber auch das Fehlen von Leistungsanreizen und Fortbildungsmaßnahmen für das in Telekommunikationsunternehmen beschäftigte Personal. Stattdessen fänden sich häufig "Mittelmäßigkeit", übertriebene Sicherheitsbedenken, Formalismus sowie eine "paperwork mentality"[256]. Es handele sich praktisch in allen afrikanischen Staaten um einen "administrative type of management system", innerhalb dessen man vor allem bemüht sei, die einzelnen Telekommunikationsvorgänge vorschriftsgemäß ablaufen zu lassen[257].

Wie eine Studie der Weltbank mit dem Titel Telecommunications, World Bank Experience and Strategy ergab, liegen die Schwächen der staatlichen Telekommunikationsunternehmen sowohl in der Organisationsstruktur, dem Finanzmanagement[258] und

---

252 *ITU, CTD*, (Anm. 39), S. 9.
253 *Y. Kourouma*, (Anm. 219), S. 398.
254 Director, Infrastructure and Industry Department, Southern Region, African Development Bank, *K. Apety*: Reflections on Investment, Doc. No. ATDC-90/5-E, African Telecommunication Development Conference (ATDC-90), S. 100; vgl. aber *A. Mody/C. Dahlman*: Performance and Potential of Information Technology: An International Perspective, The World Bank, S. 14, die anführen, gewisse Managementprobleme seien nicht typisch für diesen Kontinent: "To some extent, the problem is generic and not africa specific".
255 *K. Apety*, (Anm. 254), S. 100; andererseits wird auf die Grenzen von Planungsvorgaben "von außen" hingewiesen; aufgrund der Heterogenität der Dritten Welt sei es schwierig, wenn nicht unmöglich, einheitliche Planungskriterien für die Errichtung von Telekommunikationssystemen aufzustellen: *T. McPhail/B. McPhail*, (Anm. 243), S. 297.
256 *ITU, CTD*, (Anm. 39), S. 17.
257 *S. Samake*: Human Resource Management in African Telecommunications Development, Doc. No. ATDC-90/20-E, (1991), S. 354 f.; vgl. auch *Asia-Pacific Telecommunity*: Telecommunications Sector Reform, Summary Report, APT-World Bank Seminar on Telecommunications Sector Reform in the Asia-Pacific Region, 4-6 August 1994, Bangkok, Thailand (1994), S. 5; zum Vorwurf, daß Arbeitsvorgänge lediglich verwaltet würden auch: ITU Project Officer *W. Brown*, Telecommunication Network Development in Africa, The State of Development and Operation of African Telecommunication Networks, Document No. ATDC.90/1-E, S. 28.
258 Vgl. auch *P. Smith/G. Staple*: World Bank Discussion Paper No. 232, 24.3.94; zur "serve it or loose it"-Policy der Weltbank gegenüber den Monopolen siehe auch *African Regional Telecommunication Development Conference* (AF-RTDC-96), Abidjan (Côte d'Ivoire), 6-10 May 1996, International Telecommunication Union, Documents Vol. II.2., S. 480; vor allem eine Verbesserung

der Buchhaltung als auch in den eingesetzten Informationssystemen und der Beschaffungspraxis. Insbesondere wurden kritisiert
- fehlende Finanz- und Verwaltungsautonomie;
- fehlende Anreize zur Kostenbegrenzung und zur Verbesserung der Kundendienste;
- Tarife, die die Kostenstrukturen nicht adäquat reflektieren[259].

Dies führe in den Entwicklungsländern regelmäßig zu hohen Betriebskosten, zögerlichen Reaktionen auf eine sich ändernde Nachfrage und begrenzte Projektvorbereitungs- bzw. -durchführungskapazitäten. Von anderer Seite wurden zusätzlich fehlende Zielvorgaben und fehlende "management performance indicators"[260] beklagt, aber auch interne Kommunikationsprobleme in den Telekommunikationsbehörden. Eine der Hauptschwächen sei, daß "(c)hannels for the circulation of information are not clearly established"[261]. Mit anderen Worten - wenn die Managementfunktionen der Telekommunikationsunternehmen nicht verbessert würden, werde die Telekommunikation in den LDCs nicht in der Lage sein, deren Entwicklungsprozeß zu unterstützen[262].

Aus den genannten Untersuchungen geht hervor, daß offenbar über Jahre hinweg der Stellenwert des Bildungs- und Wissensstandes ("menschliche Ressourcen") bei der Telekommunikationsentwicklung unterschätzt wurde. Von ITU-Seite beobachtete man, daß der schlechte Zustand der Netze "is frequently due to a *lack of (...) of qualified staff*"[263]. Im afrikanischen Raum fließen ca. 10 Prozent der Gesamtinvestitionen des Telekommunikationssektors in den Bereich der menschlichen Ressourcen[264]. Die LDCs investieren prozentual weniger für Ausbildungszwecke durch die eigenen Telekommunikationsverwaltungen als die Industriestaaten, und dies, obwohl ihr Anteil aufgrund der schlechten schulischen und universitären Ausbildung an sich proportional höher sein müßte.

---

des Finanzmanagements der Betreibergesellschaften sei nötig, forderte auch *ITU, CCITT*, (Anm. 219), S. 7.
259 *B. Wellenius u.a.*, (Anm. 26), S. 3.
260 *Second United Nations Transport and Communication Decade for Africa (1991-2000)*, (Anm. 179), Ziff. 2.3.2.7., ebd. S. 275; ähnlich: Head African Division, BDT, ITU, *Y. Kourouma*, (Anm. 219), S. 398:
- No quantifiable management performance indicators
- the targets to be achieved by the agency are not set.
261 Head African Division, BDT, ITU, *Y. Kourouma*, (Anm. 219), S. 398; wie am Beispiel der Telekommunikationsverwaltung OPTT in Togo dargelegt wurde, existiert vielfach "no structure for assembling, processing and disseminating information", siehe *S. Samake*, (Anm. 257), S. 359.
262 Speziell für Afrika, ITU Project Officer *W. Brown*, Telecommunication Network Development in Africa, The State of Development and Operation of African Telecommunication Networks, Document No. ATDC.90/1-E, S. 29; ähnlich die *Second United Nations Transport and Communication Decade for Africa (1991-2000)*, S. 275; zur Rolle der Telekommunikation im Entwicklungsprozeß siehe unten 2. Kap. 2 e).
263 *ITU, CTD*, (Anm. 39), S. 17; zum Problem der menschlichen Ressourcen siehe auch *Telecommunication Development Bureau (BDT)*: The African Green Paper, Telecommunication Policies for Africa (1996), S. 23.
264 *J. Ernberg*: ITU, Development and Management of Human Resources in Africa, Doc. ATDC-90/19-E, (1991) S. 335; folglich forderten Experten, die Regierungen müßten sich um eine Reform des Bildungswesens bemühen vgl. *F. Clottes*, (Anm. 213), S. 34 f.

Nur einer kleinen Gruppe von Entwicklungsländern, wie beispielsweise Indien[265], gelang es, eigenes industrielles Fachwissen auf nationaler Ebene aufzubauen. Auch in Hongkong, einem telekommunikativ verhältnismäßig weit entwickeltem Schwellenland, wird noch über das Fehlen menschlicher Ressourcen geklagt[266]. In afrikanischen Staaten fehlt es, angesichts der Gesamtsituation wenig erstaunlich, ebenfalls an ausreichendem Fachwissen[267]; es gebe zu wenig qualifiziertes Personal, stellte man zu Beginn der Zweiten Afrikanischen Transport- und Kommunikationsentwicklungsdekade fest[268]. Infolgedessen seien die Entscheidungsmechanismen schwerfällig, die Produktivität gering und das Arbeitsklima schlecht – von einem eigentlichen "human resource management" in Afrika könne jedenfalls nicht gesprochen werden[269].

Ein weiteres Hindernis für die Telekommunikationsentwicklung in zahlreichen Drittweltstaaten ist die zum Teil überaus starke Einmischung der Politik in Telekommunikationsangelegenheiten: "In many States, ideological and political concerns take precedence over economic efficiency"[270]. Politische Einflußnahme erschwert es den zuständigen Stellen in der Dritten Welt als kommerzielle, marktorientierte Unternehmen aufzutreten. Die ITU/UNDP Studie Human Resources Development and Institutional Development for Telecommunication Service Management in African Countries South of the Sahara[271], aber auch andere Studien, haben verschiedene Ebenen aufgezeigt, auf denen exzessive politische Kontrollen die Telekommunikationsorganisationen in Entwicklungsländern behindern. Häufig findet sich ein "multiples Kontrollsystem", an dem üblicherweise das neben dem für die Gehälter und die Rekrutierung des Personals zuständigen Arbeitsministerium und dem die Finanzkontrolle ausübenden Finanzministerium, auch das PTT-Ministerium, die Staatsbank und zumindest eine weitere Stelle beteiligt

---

265 *M. Gibbs/M. Hayashi*, (Anm. 233), S. 12 unter Verweis auf S. Srivastava, Computer Software and Data Processing Export Potential in: Services and Development Potential: The Indian Context (UN Publ. UNCTAD/ITP/22)).
266 *C. W. Kwan*: Telecommunications and Trade in Computer Services - The Hong Kong Case, in: Asia-Pacific Telecommunity, Report of the Seminar on Telecommunications` Support for Trade in Services (APT/SEM/UNCTAD/94), Male, Republic of Maldives, 14-17 May, 1994, Doc. No. TELTRADE-22, S. 447; vgl. auch *W. K. Chan*: Secretary General Hong Kong Coalition of Service Industries, Trade in Computer Services and the Role of Telecommunications: The Hong-Kong Case. A Report prepared for UNCTAD/UNDP Project RAS/92/034 "Institutional Capacity for Multilateral Trade", UNCTAD/MTN/RAS/CB.19, 4 November 1994, S. 33; generell zur Knappheit an menschlichen Ressourcen in Asien *C.-B. Yoon*: IT&T as Tools for Social and Economic Development, in: Improving Quality of Life in Asia with Information Technology and Telecommunications, Proceedings of the Conference on Improving Quality of Life with Information Technology and Telecommunications, Bangkog, Thailand, October 27-30, 1992, TIDE 2000, Amsterdam (1993), S. 27: "In East Asia there is a serious shortage of trained engineers, operators, managers and other staff to operate and maintain equipment, which retards the speedy improvement and expansion of both IT and telecommunications."
267 Zu den zahlreichen Defiziten im Bereich menschlicher Ressourcen der LDCs in Afrika siehe nur *J. Ernberg*: (ITU) Development and Management of Human Resources in Africa, (Anm. 264), S. 336 ff.; ITU Project Officer *W. Brown*: Telecommunication Network Development in Africa. The State of Development and Operation of African Telecommunication Networks, Document No. ATDC.90/1-E, S. 24.
268 Second United Nations Transport and Communication Decade for Africa (1991-2000), (Anm. 179), Ziff. 2.3.2.7., ebd. S. 275.
269 *S. Samake*, (Anm. 257), S. 350; ähnlich Head African Division, BDT, ITU, *Y. Kourouma*, (Anm. 219), S. 398.
270 *S. Samake*, (Anm. 257), S. 363; vgl. auch *B. Wellenius u.a.*, (Anm. 26), S. 3.
271 UNDP/ITU Project RAF/89/027, ITU, Geneva, May 1990.

sind[272]. Die Verantwortung für effizientes Telekommunikationsmanagement liegt somit vielfach nicht bei den an sich zuständigen Telekommunikationsexperten, sondern auf höherer politischer Ebene – wo sie *de facto* nicht oder nur unzulänglich wahrgenommen wird.

In manchen Ländern werden die Probleme zusätzlich durch politische Instabilität, die abschreckende Wirkung auf potentielle Investoren ausüben kann[273], oder Korruption verstärkt. So gab es etwa in Thailand Hinweise darauf, daß es wegen einer Interessenkollision zwischen den Leitern von Unternehmen und mehreren Mitgliedern des früheren thailändischen Kabinetts nicht zur geplanten Installation von 5 Millionen Telefonleitungen quer durch das ganze Land gekommen ist[274].

Neben den genannten Faktoren, schlechtes Management der Telekommunikationsunternehmen und verfehlte Regierungspolitik, ist mit Sicherheit auch ein niedriges Investitionsvolumen ursächlich für die zögerliche Telekommunikationsentwicklung in der Dritten Welt[275]. Obwohl das Gesamtinvestitionsvolumen im Bereich Telekommunikation in den Entwicklungsländern während der Zeitspanne von 1973 bis 1993 um ca. 10-12 Prozent pro Jahr auf insgesamt 11 Milliarden US-Dollar zu Ende der 80er Jahre angestiegen ist, entsprachen diese Beträge nur durchschnittlich 0,4-0,6 Prozent des Bruttosozialprodukts (GNP)[276]. Lediglich Staaten, denen eine rasche Modernisierung ihrer Wirtschaft gelang, investierten einen größeren Prozentsatz des Bruttosozialprodukts in die Telekommunikation (z.B. Singapur 1,1 Prozent; Malaysia 2,3 Prozent)[277]. Der zur Verfügung stehende Anteil für die Finanzierung des Telekommunikationssektors in den Industriestaaten fällt demgegenüber wesentlich höher aus. Wie die ITU errechnet hat:

"During the past decade industrialized nations have spent approximately one twelfth of gross fixed capital formation on the construction of telecommunications facilities. Developing nations are not making investments of comparable magnitude, either in absolute terms or as a fraction of their total capital spending"[278].

---

272 Einzelheiten bei *W. Brown*, (Anm. 179), S. 30; vgl. auch Abb. 17 ebd. S. 34.
273 Zur Erschwerung der Telekommunikationsentwicklung durch politische Faktoren (wie die internationale Isolation und das US-Embargo im Falle Kubas) näher *E. M. Roche/M. J. Blaine*: The Faustian Bargain: How Cuba is Financing a New Telecommunications Infrastructure, in: Prometheus 13 (1995), S. 75-77.
274 *R. Werly*: Journal de Genève, 6. 8. 1991, S. 2, 2. Spa.; zu Begriff und Formen der Korruption in den Entwicklungsländern näher *A. Morice*: Corruption, Loi et Societé: Quelques Propositions, in: Revue Tiers-Monde XXXVI (1995), S. 41 ff.; von "extensive corruption of telephone company personnel" in der Dritten Welt spricht *B. Wellenius*, (Anm. 26), S. 4; zum diskutierten Einschluß des Themas "Einfluß von Korruption und Bestechung auf den internationalen Handel" in die WTO-Agenda siehe Focus Newsletter, WTO Nr. 9, March-April 1996, S. 4.
275 Bereits der *Missing Link Bericht* hat auf das Problem wie der fehlenden Investitionen als einem der Hauptgründe für den Zustand des Telekommunikatikonssektors in den Entwicklungsländern hingewiesen. In den 80er Jahren erhielten die 42 LLDCs gerade noch 0,1 Prozent der Direktinvestitionen aus den OECD-Ländern": *F. Nuscheler*, (Anm. 52), S. 488; vgl. auch *R. Akwule*: Global Telecommunications, The Technology, Administration, and Policies (1992), S. 12 ff.
276 *B. Wellenius*, (Anm. 26), S. 2, mit der Anmerkung in Fn. 6, diese Zahlen seien internationalen Statistiken über das Wachstum von Telefonverbindungen sowie den durchschnittlichen Investitionskosten von Weltbankprojekten entnommen.
277 *B. Wellenius*, (Anm. 26), S. 2.
278 *C. Jonscher*, (Anm. 237), S. 42.

Die Gründe für das geringe Investitionsvolumen der Entwicklungsländer auf dem Telekommunikationssektor sind mannigfaltig und variieren von Land zu Land. Es gibt allerdings, wie eingangs erwähnt, einige gemeinsame Grundzüge, die im folgenden skizziert werden:

(1) Allgemeiner Kapital- und Devisenmangel der öffentlichen Hand

Weltbankökonomen erkannten, daß die Kapitalanforderungen im Bereich der Telekommunikation die den Entwicklungsländern zur Verfügung stehenden Möglichkeiten übersteigen: "Overall (...) the sector's capital requirements exceeded what governments could allocate to it"[279]. Nach eher vorsichtigen Schätzungen müssen ca. 60 Prozent der Investitionskosten im Telekommunikationssektor[280], nach anderer Ansicht sogar 80 Prozent[281] in Devisen aufgebracht werden. Wie ein für Afrika zuständiger Projektleiter der ITU das Problem der meisten Entwicklungsländer darlegte: "(...) their economies are too weak to provide huge investments in foreign exchange needed for the high technology telecommunication networks"[282].

Das kritische Devisenbeschaffungsproblem resultiert u.a. daraus, daß die aus dem Telekommunikationsbereich stammenden Einnahmen der Entwicklungsländer überwiegend nicht in Devisen, sondern in nationaler Währung erzielt werden. Auch die häufig zu beobachtende ineffiziente Gebührenerhebung für von staatlicher Seite gelieferte Telekommunikationsdienste mag im Einzelfall zum Kapitalmangel beitragen[283]. Ein zusätzliches Problem besteht in dem Einkommensverlust, der staatlichen Monopolunternehmen in Entwicklungsländern durch Netzumgehung seitens privater Gesellschaften entstehen kann – und zunehmend entsteht. Durch die Zunahme des Marktwettbewerbs, vor allem durch die Errichtung privater Netze, sinken die Einnahmen der öffentlichen Hand.

(2) Die Verwendung von Telekommunikationsgewinnen zu Lasten von Reinvestitionen

Der aus Telekommunikationsnetzen in städtischen Ballungsräumen stammende Gewinn wird häufig im Wege von Quersubventionen in andere Haushaltsbereiche, bevorzugt das Postwesen, transferiert. Dadurch unterbleiben dringend notwendige Re-Investitionen in den Telekommunikationssektor und der Ausbau der Telekommunikationskapazitäten, speziell in ländlichen Regionen, schreitet nur langsam voran[284]. Ein Grund, weshalb verhältnismäßig wenig in lokale Netze (re-)investiert wird, mag in neuerer Zeit

---

279 B. Wellenius, (Anm. 26), S. 3.
280 V.-Y. Ghebali: Télécommunications et développement: Mission impossible?, in: Revue française d'Administration Publique, No. 52, Octobre-Décembre 1989, Télécommunications: La nouvelle donne, S. 682.
281 J. Hills, (Anm. 150), S. 79.
282 W. Brown: Telecommunication Network Development in Africa. The State of Development and Operation of African Telecommunication Networks, Document No. ATDC.90/1-E, S. 23.
283 Ausdrücklich Second United Nations Transport and Communication Decade for Africa (1991-2000), (Anm. 179), Ziff. 2.3.2.7. ebd. S. 275; näher zu den Managementproblemen siehe bereits oben.
284 J. Hills, (Anm. 150), S. 79 stellte bei insgesamt 40 beobachteten Staaten "insufficient reinvestment to enable expansion of the network" fest; vgl. auch die Studie von Saunders et al.: Telecommunications and Economic Development and Co-operation, S. 13, 280, die am Beispiel Indiens zeigt, daß 50 Prozent des Gewinns der Telekommunikation zum allgemeinen Haushalt transferiert werden und weitere 30 Prozent abfließen, um die Postdienste zu subventionieren.

auch darin liegen, daß private Carriers vielfach keine Verpflichtung zum Ausbau des nationalen Netzes haben[285].

(3) Mangelnder Zugang der Betreiberunternehmen zu Kapitalquellen

Die Finanznöte der Dritten Welt[286] führen dazu, daß die Telekommunikationseinrichtungen in Entwicklungsländern kaum durch privates Kapital finanziert werden können. Eine zu dünne Kapitaldecke erlaubt den in Entwicklungsländern ansässigen Telekommunikationsunternehmen vielfach nicht die zum Erhalt der Konkurrenzfähigkeit notwendigen Investitionen. Eine Studie der ITU aus dem Jahre 1991 kritisierte den mangelhaften Zugang zu Finanzierungsquellen als eines der gravierendsten Entwicklungshindernisse für die Telekommunikation in Entwicklungsländern[287]. Anzustreben sei eine größere Autonomie in finanzieller Hinsicht.

(4) Miteinander konkurrierende Anforderungen

Wie bereits dargelegt, erschwert die Knappheit finanzieller Ressourcen den Regierungen von Entwicklungsländern vielfach eine Entscheidung zu Lasten anderer Haushaltsbereiche in einen so kapitalintensiven Bereich wie Telekommunikation zu investieren. Um das geringe Telekommunikationsinvestitionsvolumen in Entwicklungsländern zu vergrößern, wurde daher vorgeschlagen, daß ein bestimmter, *a priori* festgelegter Prozentsatz eines jeden Haushaltsbereichs dem Ausbau der Telekommunikationsdienste gewidmet sein solle[288].

(5) Restriktionen externer Mittelzuflüsse

Die Bedeutung externer Mittelzuflüsse für die Telekommunikationsentwicklung der Dritten Welt ist allgemein groß, im Falle der afrikanischen Staaten sogar sehr groß: dort hängt die Telekommunikationsentwicklung nahezu ausschließlich vom Zustrom auswärtiger Hilfe, in Form von Krediten oder (verlorenen) Zuschüssen, ab. Kaum eine nationale Telekommunikationsverwaltung ist in der Lage, sich selbst zu finanzieren[289].

---

285 Näher 2. Kap. 3 g).
286 Zum zunehmenden Verschuldungsproblem der Entwicklungsländer (1982 ca. 800 Milliarden Dollar; 1992 bereits ca. 1500 Milliarden Dollar) siehe nur die Ausführungen des Direktors des Deutschen Instituts für Entwicklungspolitik, Berlin *H.-H. Taake*: Die Integration der Entwicklungsländer in die Weltwirtschaft, in: EA 8/1994, S. 228; wenn nur ein Tag der aufgrund der hohen Verschuldung der Entwicklungsländer fälligen Zinszahlungen entsprechend verwendet würde, könnten 50.000 Telefonlinien installiert werden; mit dem Betrag der während einer Woche fälligen Zinszahlungen könnte man das gesamte INTELSAT Satellitensystem (Stand 1986) finanzieren, so *W. Richter*: Economic Justification for Telecommunications Investment in Developing Countries, Doc. No. ATD-90/8-E, African Telecommunication Development Conference (ATD-90), Harare, Zimbabwe, 6-11 December 1990, Vol. II, ITU, Geneva, March 1991, S. 121; grundsätzlich zum Verschuldungsproblem der Entwicklungsländer *J. Betz*: Ressourcentransfer und externe Verschuldung, in: *P. J. Opitz (Hrsg.)*: Grundprobleme der Entwicklungsregionen. Der Süden an der Schwelle zum 21. Jahrhundert (1997), S. 206 ff.
287 *ITU, CTD*, (Anm. 39), S. 17: "No access to potential capital investments and other financial sources"; ähnlich *M. Gibbs/M. Hayashi*, (Anm. 233), S. 9.
288 *W. Brown*: Telecommunication Network Development in Africa. The State of Development and Operation of African Telecommunication Networks, Document No. ATDC.90/1-E, S. 8.
289 Ausdrücklich *S. Samake*: Human Resource Management in African Telecommunications Development, Doc. No. ATDC-90/20-E, (1991), S. 364; zur Abhängigkeit von ausländischer Hilfe am Beispiel Kenias *J. Kamotho*: Kenya Government's Policy on Investment, Doc. No. ATDC-90/4-E, (1991) S. 92.

Als externe Mittelzuflüsse in den 70er Jahren erhöht wurden, gab es nachweisbare Effekte, z.B. ein Wachstum der Telekommunikationsdienste von 15 Prozent in Brasilien und Costa Rica[290]. Die Verschlechterung der weltwirtschaftlichen Lage und eine restriktivere internationale Kreditpolitik zu Beginn der frühen 80er Jahre hemmten jedoch weitere Investitionen, was letztlich zu einer schlechteren Dienstequalität auch in denjenigen Staaten führte, die in den Jahren zuvor relativ große Fortschritte erzielt hatten.

In diesem Zusammenhang gerät die Weltbank in den Blickpunkt der Analyse. Sie liefert einen Teil der notwendigen Devisen für die Schaffung von Telekommunikationsinfrastrukturen in städtischen und ländlichen Gebieten der Entwicklungsländer und unterstützt seit etwa Mitte der 60er Jahre die Telekommunikationsentwicklung der Dritten Welt. Weltbank und IDA haben von den 60er Jahren bis 1993 ca. 5 Milliarden US-Dollar für 120 Telekommunikationsinvestitionsprojekte in insgesamt 54 Entwicklungsländern ausgegeben[291], zugleich hat die International Finance Corporation (IFC) private Unternehmen finanziell unterstützt, z.B. Mobilfunkgesellschaften in Lateinamerika und Osteuropa.

In der Regel erfolgte nur eine anteilige Finanzierung durch die Weltbank in Höhe von ca. 15-50 Prozent der Gesamtprojektkosten, der Durchschnittswert lag bei etwa ca. 20 Prozent[292]. Auch wurden die Mittel im allgemeinen nur über einen begrenzten Zeitraum hinweg gewährt, und zwar zwischen drei und fünf Jahren. Daneben wurde in der Vergangenheit verstärkt eine *mittelbare* Förderung der Telekommunikation im Rahmen anderer Wirtschaftsförderungsmaßnahmen vorgenommen, z.T. in Form von Restrukturierungshilfen für öffentliche Unternehmen oder "policy adjustment loans". Nach Schätzungen enthalten 20 Prozent aller Weltbankdarlehen und -kredite, speziell im Bereich des Transportwesens, der Landwirtschaft und der ländlichen Entwicklung sowie für Energie, Bevölkerung und Gesundheit, eine "Telekommunikationskomponente"[293]. Damit ist die Weltbank die wichtigste internationale Finanzierungsquelle für Telekommunikationsprojekte in Entwicklungsländern.

Diese Angaben dürfen nicht darüber hinwegtäuschen, daß sowohl die von den Industriestaaten im Rahmen der Entwicklungshilfe[294] als auch die von den internationalen Banken den Entwicklungsländern gewährte materielle Unterstützung insgesamt gering ist. Wie eine Aufstellung der Weltbank über die Finanzierung der Telekommunikations-

---

290 So *B. Wellenius u.a.*, (Anm. 26), S. 3.
291 *B. Wellenius u.a.*, (Anm. 26), S. 5; von 1962-1982 hat die Bank zusammen mit IDA mehr als 2 Milliarden 600 Millionen Dollar gegeben, was 92 Krediten und "prêts" für TK an 42 Länder entspricht, *V.-Y. Ghebali*: Télécommunications et développement, Problèmes politiques et sociaux No. 576, S. 53: "Cela ne représente même pas 3 % par an de l'ensemble des sommes prêtées par la Banque sur la même période"; höher die Angaben zum Investitionsvolumen der Weltbank im Schaubild Nr. 1: "Annual Telecommunications Investment in the Developing World", in: *World Bank*: "Telecommunications Development, Investment Financing and Role of the World Bank", in: ITU, Document PP-89/77 E, Plenipotentiary Conference, Nice 1989, 71-220, S. 8: für die 1970er Jahre: 3,000 US $ million; 1980er Jahre: 6,000 US $ million; 1990er Jahre geplant: 18,000-20,000 US $ million.
292 *B. Wellenius u.a.*, (Anm. 26), S. 5.
293 *B. Wellenius u.a.*, (Anm. 26), S. 5; *World Bank*, (Anm. 234), S. 4 weist ausdrücklich auf die Bedeutung der durch die Weltbank erfolgenden Telekommunikationsförderung auf anderen Wirtschaftsgebieten hin.
294 Kritisch hierzu *V.-Y. Ghebali*: Télécommunications et développement, Problèmes politiques et sociaux No. 576, S. 8: "Les pays industrialisés omettent souvent les télécommunications dans leurs programmes d'aide, estimant qu'il s'agit d'un luxe plus que d'un support pour les projets en matière d'agriculture, de santé et d'éducation."

investitionen in den Entwicklungsländern zeigt, bleiben die Entwicklungsländer in dieser Hinsicht weitgehend auf sich selbst gestellt. Insgesamt 60 Prozent der Mittel stammen aus nationalen Einnahmen, 25 Prozent rühren aus wirtschaftlichen und bilateralen Beziehungen und jeweils fünf Prozent werden von Regierungsseite bzw. ebenso viel von privater Seite aufgebracht. Es bleiben also im Ergebnis nur fünf Prozent, die auf multilateraler Ebene, etwa durch die Weltbank, die regionalen Entwicklungsbanken, UNDP und regionale Entwicklungsfonds finanziert werden[295].

Auch das Ausleihvolumen der multilateralen Geberinstitutionen ist – proportional zu ihrem eigenen Gesamtausleihvolumen – gering. Nach Schätzungen wiesen die Weltbank und andere multilaterale "investment agencies"[296] bis Ende der 80er Jahre nur rund zwei Prozent[297] ihres Budgets für den Telekommunikationssektor aus, ein Prozentsatz, der nicht ausreichen wird, um die Entwicklungsländer bis zum Ende dieses Jahrtausends allein mit Telefonen zu versorgen. Lediglich die Afrikanische Entwicklungsbank schnitt etwas besser ab; sie hat zwischen 1972 und 1985 insgesamt 27 Telekommunikationsprojekte im Wert von 251 Millionen US-Dollar finanziert[298], und damit über Jahre hinweg ca. 3-5 Prozent[299] ihres Gesamtausleihvolumens für den Telekommunikationssektor bereitgestellt, vor allem für die Instandhaltung bestehender Telekommunikationseinrichtungen, den Ausbau von Netzwerken und die Ausbildung von Fachkräften.

Gravierend macht sich für die Telekommunikationsentwicklung der LDCs bemerkbar, daß während der letzten Jahre erhebliche Mittelkürzungen seitens der multilateralen Geberorganisationen vorgenommen wurden. Was die den LDCs zur Verfügung gestellten Ressourcen bilateraler und multilateraler Geber insgesamt betrifft, so haben diese "in absolute and in real terms" abgenommen[300]. In einem während der Diensteverhandlungen in der Uruguay Runde verfaßten Memorandum wurde darauf hingewiesen, daß die Entwicklungsländer während der 80er Jahre eine drastische Abnahme der Kapitalzuflüsse aller Art zu verzeichnen hatten, was ihnen Schwierigkeiten beim Erwerb moderner Technologien bereitet habe[301]. Betrachtet man beispielsweise die UNDP, neben der Weltbank eine weitere multilaterale Finanzierungsinstitution, so zeigt sich hier ein steter Rückgang des Finanzierungsanteils, der letztlich zu einer Zersplitterung auf über 100 Projekte der Telekommunikation führte[302]. Seit 1993 mußte UNDP erneut erhebliche Einschnitte bei den UNDP-geförderten Telekommunikationsprojekten vornehmen[303].

---

295 Vgl. Schaubild Nr. 2: Financing of Telecommunications Investment in the Developing World, in: *World Bank*, (Anm. 234), S. 9.
296 Einen Überblick über die multilateralen Finanzierungsorganisationen gibt *ITU, CCITT*, (Anm. 219).
297 *C. Jonscher*, (Anm. 237), S. 42; der Weltbankanteil selbst betrug dabei ca. ein Prozent: *J. C. Grant*, (Anm. 215), S. 115; auf 1,5 Prozent beziffert die ITU den Weltbankanteil, vgl. *ITU, CTD*, (Anm. 39), S. 16.
298 *J. Hills*, (Anm. 150), S. 80; zur Krise der Afrikanischen Entwicklungsbank allerdings *R. Hofmeier*: Bemühungen um Konfliktregulierung und Defizite bei der wirtschaftlichen Zusammenarbeit, in: Jahrbuch Dritte Welt (1996), S. 275-276.
299 *ITU, CTD*, (Anm. 39), S. 16.
300 *ITU, Resolution No. 1*, Special Programme of Assistance for the Least Developed Countries (LLDCs), World Telecommunication Development Conference, Buenos Aires, 21-29 March 1994, Final Report, S. 30.
301 *General Agreement on Tariffs and Trade*, Memorandum from M. Marconini to G. P. Sampson, Geneva, 3 February 1989.
302 *J. Hills*, (Anm. 150), S. 79 f. unter Hinweis auf J. Williamson, Africa Telecom 1986; ITU Examines Telecom Disparity Between Countries Telephony, 27 October 1986, S. 60-62: "The UNDP channelled an average of over $ 25 million annually to telecommunications projects in 1980-82,

Erschwerend hinzu kommt, daß die Weltbank von der direkten Finanzierung einzelner Projekte zunehmend Abstand nahm und dafür stärker eine "Beraterrolle"[304] in Sachen Telekommunikation eingenommen hat. Ein Wandel der Schwerpunktsetzung war zu beobachten[305]. Die Bank sieht sich eigenen Angaben zufolge verstärkt als "Katalysator" für die Mobilisierung anderer Hilfsquellen und bei der Unterstützung von institutionellen sowie regulatorischen Reformen[306]. Statt die, für die am wenigsten entwickelten Länder so wesentlichen, Infrastrukturprojekte im Telekommunikationsbereich vorrangig zu unterstützen, konzentriert sich die Weltbank heute verstärkt auf den Bereich der Anwendungen moderner Informationstechnologien. Dazu gehören Fern-Lernen, Überwachungssysteme im Umweltbereich, Regierungsinformationssysteme und spezielle Systeme/Netze für kleine und mittlere Unternehmen. In finanzieller Hinsicht wurde die Weltbank auf dem Gebiet der Telekommunikation zu einem "*prêteur en dernier ressort*"[307], d.h. sie engagiert sich im Prinzip nur dann direkt auf einem Gebiet, wenn andere finanzielle oder technische Hilfe nicht erhältlich ist und auch nur dann, wenn das Fehlen von Investitionen eindeutig nachteilige Auswirkungen auf die wirtschaftliche und soziale Entwicklung eines Landes hat. In einigen Fällen trägt die Weltbank durch die im Rahmen sog. Ko-Finanzierungsabkommen vorgenommenen Projektevaluierungen außerdem dazu bei, zusätzliche Gelder zu mobilisieren[308] – allerdings mit dem Ergebnis, daß inzwischen bis zu 90 Prozent der Projektmittel aus anderen Finanzquellen stammen[309].

Zwischenergebnis: Die paradoxe Situation ist entstanden, daß die Bedeutung der Telekommunikation für den Entwicklungsprozeß der Entwicklungsländer von den multilateralen Geberinstitutionen zwar anerkannt, andererseits aber die Finanzhilfe nicht konsequent ausgeweitet wird. An der ungenügenden Mittelzuweisung wird sich nach Einschätzung der ITU auch in Zukunft wenig ändern[310]. Anstelle von aus der öffentlichen Entwicklungsplanung stammenden Mittel sollen Investitionen des privatwirtschaftlichen Sektors für die notwendige Finanzierung der Entwicklung sorgen – die Entwicklungsfinanzierung durch Staat und internationale Organisationen wird im Idealfall von grenzüberschreitenden, wachstumsorientierten Unternehmensgeflechten übernommen. Der Markt soll Motor des Wachstums und zugleich Mittel zur Überwindung der Unter-

---

but between 1982-85 its annual expenditure dropped to $20 million annually. The $ 21 million channelled through the UNDP in 1985 represented about one-third of one per cent of the total amount invested in public telecommunications services in developing countries - and these funds were divided between one hundred projects"; die Abnahme der UNDP-Mittel für die Telekommunikationsentwicklung der LDCs kritisierte auch *ITU, Resolution No. 1*, Special Programme of Assistance for the Least Developed Countries (LDCs), World Telecommunication Development Conference, Buenos Aires, 21-29 March 1994, Final Report, S. 30.
303 Inside-Info, ITU Newsletter 7/95, S. 6.
304 *J. Hills*, (Anm. 150), S. 83: "role of consultant".
305 *B. Wellenius u.a.*, (Anm. 26), S. 5; zu den unterschiedlichen Schwerpunktsetzungen siehe auch: *World Bank*, (Anm. 234), S. 4.
306 *World Bank*, (Anm. 234), S. 4.
307 *V.-Y. Ghebali*, (Anm. 291), S. 53.
308 Näher zum "World bank cofinancing" *C. F. Bergsten/W. R. Cline/J. Williamson*: Bank Lending to Developing Countries. The Policy Alternatives, Institute for International Economics (1985), S. 39; zu den "co-financing arrangements" der Weltbank vgl. auch *ITU, CTD*, (Anm. 39), S. 16.
309 *ITU, CTD*, (Anm. 39), S. 16; die Weltbank räumte in diesem Zusammenhang ein, daß die stärkere Betonung des "Ko-Finanzierungsaspekts" es ihr ermöglicht habe, die eigenen Gesamtprojektkosten beträchtlich abzusenken, vgl. *World Bank*, (Anm. 234), S. 4.
310 *ITU, CTD*, (Anm. 39), S. 15.

entwicklung sein. Diese Einstellung, ablesbar etwa auch an der vierten von der UNO ausgerufenen Entwicklungsdekade (Res. GV 45/129), kommt einem Sieg des liberalen Credos über frühere, stärker planungsorientierte Vorstellungen einer "Neuen Weltwirtschaftsordnung" gleich.

Festzuhalten ist, daß funktionsfähige Telekommunikationsstrukturen in der Dritten Welt – losgelöst von den Modalitäten ihrer Finanzierung – in jedem Fall eine Grundvoraussetzung sind, um an der von dem General Agreement on Trade in Services *(GATS)* eingeleiteten Liberalisierung des Welthandels mitwirken und an den daraus möglicherweise resultierenden Vorteilen teilhaben zu können.

d) Chancen und Grenzen einer Süd-Süd-Kooperation

Unter Süd-Süd-Kooperation wird der von der Gruppe 77 und den Blockfreien unternommene Versuch verstanden, die Kooperation *zwischen* den Entwicklungsländern zu verstärken. Den in den Nord-Süd-Beziehungen existierenden Ungleichgewichten soll im Wege einer Strategie der "collective self-reliance"[311], also einer Intensivierung der wirtschaftlichen, politischen, wissenschaftlich-technischen und kulturellen Beziehungen der Entwicklungsländer begegnet werden. Ziel ist im wesentlichen der "Aufbau einer Gegenmacht gegenüber den Industrieländern auf dem Weltmarkt"[312]. Dies vermöchten die Entwicklungsländer nicht zuletzt aufgrund der zunehmenden Internationalisierung der Produktion[313], aber auch wegen der Heterogenität der Entwicklungsgesellschaften untereinander[314] und den damit verbundenen Verständigungsschwierigkeiten bislang nicht zu verwirklichen. Alle Experimente mit "kollektiver self-reliance" seien gescheitert[315], faßt *Senghaas* die Situation zusammen.

Selbst wenn es nicht gelang, auf der Süd-Süd-Ebene einen vollwertigen Ersatz für die Beziehungen zwischen Industrie- und Entwicklungsländern zu entwickeln, gibt es im Bereich der Telekommunikation einige vielversprechende regionale Ansätze[316], die

---

311 Näher *J. Galtung*: Self-reliance (hrsg. von *M. Ferdowsi*) (1983), S. 15 ff.; *V. Matthies*: Süd-Süd-Beziehungen, Zur Kommunikation, Kooperation und Solidarität zwischen Entwicklungsländern (1982); *K. M. Kahn*: Self-reliance als nationale und kollektive Entwicklungsstrategie (1980); *M. Ul Haq*: Beyond the Slogan of South-South Cooperation, in: World Development 8 (1980), S. 743 ff.; *E. Parsan*: South-South Trade, Options and Development (1990); *G. Simonis*: Autozentrierte Entwicklung und kapitalistisches Weltsystem - Zur Kritik der Theorie der abhängigen Reproduktion, in: Peripherie Nr. 5/6 (1981), S. 32-48; Bericht der *Süd-Kommission* (sog. Nyere-Bericht): "The Challenge to the South" (1990); zum Nutzen einer partiellen Dissoziationsstrategie *H. Hveem*: Selective Dissociation in the Technology Sector, in: *J. G. Ruggie (Hrsg.):* The Antinomies of Interdependence, National Welfare and the International Division of Labour (1983), S. 273-316.
312 *K. Bodemer*: Süd-Süd-Beziehungen, in: Pipers Wörterbuch der Politik (hrsg. von *D. Nohlen*), Bd. 6 (1987), S. 570.
313 Darin sieht Bodemer "das insgesamt wohl schwerwiegendste Hemmnis" für eine Verwirklichung der Süd-Süd-Kooperation: *K. Bodemer* ebd. (Anm. 312), S. 574; *J. Whalley*, (Anm. 199), S. 42 sieht hingegen als Schwierigkeit für den Süd-Süd Handel, daß die Produkte der Entwicklungsländer zu ähnlich und die Märkte zu klein sind.
314 Zur Heterogenität der Dritten Welt siehe bereits oben das 2. Kap. 2 a).
315 *D. Senghaas*, Global Governance. How Could this be Conceived?, in: Loccumer Protokolle 21/93, Auf dem Wege zur Weltinnenpolitik (1994), S. 109; *S. A. Schirm*, (Anm. 95), S. 242 spricht von einer "Regionalisierung der Unterentwicklung."
316 In *Economic and Social Council*, Distr. General, UN Doc. E/19980/86, 22 May 1990, International Co-operation in the Field of Informatics, Note by the Secretary-General, Annex "International Co-operation in the Field of Informatics", Report prepared by the United Nations Educational,

Süd-Süd-Kooperation *komplementär* zur Nord-Süd-Achse auszubauen. Da diese Kooperationsformen unter Umständen einen wichtigen Baustein für die Telekommunikationsentwicklung der Dritten Welt darstellen, sollen sie im folgenden anhand von Beispielen im afrikanischen Kontinent kurz geschildert werden.

Ausgangspunkt der Süd-Süd-Kooperation ist die Überlegung, daß sich die strukturellen Bedingungen zwischen Entwicklungsländern stärker ähneln als diejenigen zwischen Nord und Süd, und daß der Austausch von Waren und Diensten zwischen Ländern einer Region ihrer Entwicklung förderlich ist. Die Chancen einer intensivierten Süd-Süd-Kooperation auf dem Telekommunikationssektor liegen zum einen in der besseren Ressourcennutzung in der Region und zum anderen in der Möglichkeit, Telekommunikationsbedürfnisse (Kundenanforderungen, Qualitätsstandards der Telekommunikationsdienste, Gerätespezifikationen etc.) auf den lokalen/regionalen Kontext hin auszurichten[317].

Der politische Rahmen für eine Süd-Süd-Zusammenarbeit in Afrika wird durch die Organization of African Unity (OAU) gebildet, die den Entschluß faßte, bis zum Jahr 2000 eine "African Economic Community" zu errichten. Wie das African Green Paper *(1994)* ausführte[318], soll ein afrikaweites Telekommunikationsnetz die Errichtung der afrikanischen Wirtschaftsgemeinschaft erleichtern; daneben soll ein regionaler Markt für Telekommunikationsgeräte und -dienste geschaffen werden. Die Anfänge dieser Bemühungen lassen sich über dreißig Jahre zurückverfolgen. Als verschiedene afrikanische Staaten Anfang der 60er Jahre ihre Unabhängigkeit erlangten, entstand 1962 die Idee, ein kontinentweites, panafrikanisches Netzwerk einzurichten. Es sollte alle nationalen Netze miteinander verbinden sowie alle Arten von Kommunikationseinrichtungen zur Verfügung stellen, und zwar von einer mit in anderen Teilen der Welt vergleichbaren Qualität.

Der "General Plan" für die Verwirklichung eines "Pan African Telecommunication Network" (PANAFTEL) wurde 1967 durch das "Telecommunication Plan Committee

---

Scientific and Cultural Organization in Consultation with the International Telecommunication Union and the United Nations Industrial Development Organization, S. 3, Ziff. 4 heißt es: "... cooperation with, and *among* the less developed countries is of great urgency if they are also to profit from the contribution of informatics to their development"; positiv zu den Chancen einer Süd-Süd-Kooperation auch *UNCTAD*, Trade and Development Report 1988, "Technological Issues in Information Services", Annex 5, S. 261; einen allgemeinen Überblick über Süd-Süd-Initiativen im Bereich des Dienstehandels gibt *L. Abugattas*: Services as an Element of Cooperation and Integration among Developing Countries: Implications for the Uruguay Round of Multilateral Trade Negotiations (1989), S. 431 ff. (z.B. Quito-Deklaration 1984; ASEAN Deklaration Bridgetown 1985 etc.); für den regionalen Ansatz auch *M. I. Ayish*: International Communication in the 1990s: Implications for the Third World, in: International Affairs 68 (1992), S. 509; zu den Problemen der Telekommunikationsentwicklung im Wege der Zusammenarbeit von Regionalorganisationen im afrikanischen Raum vgl. *African Regional Telecommunication Development Conference* (AF-RTDC-96), Abidjan (Côte d´Ivoire), 6-10 May 1996, International Telecommunication Union, Documents Vol. II.1, S. 253 ff., Doc. 23-E, 11 April 1996.

317 Näher *T. Ras-Work*: Revised Modalities of Providing Technical Cooperation (Doc. ATDC-90/23-E, African Telecommunication Development Conference (ATDC-90), Harare, Zimbabwe, 6-11 December 1990, Vol. II, ITU, Geneva, March 1991, S. 416.

318 Die African Regional Telecommunication Development Conference (Harare, 1990) hatte die African Information and Telecommunications Policy Study Group mit der Ausarbeitung des Grünbuchs beauftragt (vgl. Res. ATDC-90/No.1); im Mai 1996 wurde dieses vorgelegt: *Telecommunication Development Bureau (BDT)*: The African Green Paper, Telecommunication Policies for Africa (1996); zum Inhalt des Grünbuchs vgl. auch *ITU, Telecommunication Development Bureau*: African Telecommunication Indicators (1996), S. 15, S. 39.

of Africa" ausgearbeitet[319], allerdings kam es bei der Entwicklung des PANAFTEL Netzwerkes zu nicht unerheblichen Schwierigkeiten[320]. So ergaben sich Verzögerungen bei der Fertigstellung von Teilprojekten und damit verbunden (insbesondere in der Anfangszeit) Ungewißheit über den Fortgang des Gesamtvorhabens: "The project approval phase was extremely long"[321]. Nicht immer konnten alle Wünsche der nationalen Telekommunikationsverwaltungen berücksichtigt werden, einzelne Streckenabschnitte im PANAFTEL-Netz fehlten, die Qualität der Dienste und Netzstrukturen ließ zu wünschen übrig, und Haushalts- und Personalprobleme kamen hinzu. Besonders gravierend machte sich jedoch bemerkbar, daß es über Jahre hinweg zu einer Unterauslastung des PANAFTEL-Netzes kam, was schließlich zum Vorwurf führte, die Einkünfte der Telekommunikationsverwaltungen stünden in keinem Verhältnis zu den getätigten Investitionen.

Eine Bestandsaufnahme der ITU ergab allerdings, daß ein wesentlicher Grund dafür, daß PANAFTEL nicht optimal genutzt wurde, in der fehlenden Zusammenarbeit der nationalen Stellen lag. So versäumte man beispielsweise, sog. "routing plans" zu implementieren oder zur Vermeidung von punktuellen Netzüberlastungen Verkehrsvorhersagen des PANAFTEL zu berücksichtigen. Die ITU kam zu dem Schluß, es gebe ein "lack of commitment coupled with an absence of feedback on performance from administrations"[322]. Vor allem politischer Wille fehle, stellte selbstkritisch auch das PANAFTEL Coordination Committee in Addis Abeba, Oktober 1988, fest[323].

Trotz dieser für die Süd-Süd-Kooperation generell nicht ganz unüblichen Abstimmungsschwierigkeiten unter den Beteiligten umfaßte PANAFTEL zu Anfang der 90er Jahre 39.000 Kilometer Länge und 39 "international telephone switching centres" sowie

---

319 Das Anfang der 60er Jahre entwickelte Konzept zu PANAFTEL gewann durch eine Reihe von Beschlüssen der Economic Commission of Africa in Zusammenarbeit mit der OAU und ITU sowie finanzieller Unterstützung durch UNDP und durch die Ergebnisse einiger weiterer Konferenzen (1982-1987) Gestalt; Einzelheiten zur Entstehung des PANAFTEL: *Pan-African Telecommunication Union*, Technical Cooperation Needs, Doc. ATDC-90/24-E, in: African Telecommunication Development Conference (ATDC-90), Harare, Zimbabwe, 6-11 December 1990, Vol. II, ITU, Geneva, March 1991, S. 420.
320 Vgl. dazu: *I. Girman*: The PANAFTEL Project, Doc. ATDC-90/15-E, African Telecommunication Development Conference (ATDC-90), Harare, Zimbabwe, 6-11 December 1990, Vol. II, ITU, Geneva, March (1991), S. 201-240; vgl. auch *E. N`Zengou*: Contributions of Project RAF/87/085 (PANAFTEL - Rehabilitation and Maintenance) To the Improvement of Networks and Services, Coordinator, Project RAF/87/085, Doc. ATDC-90/15-E, African Telecommunication Development Conference (ATDC-90), Harare, Zimbabwe, 6-11 December 1990, Vol. II, ITU, Geneva, March 1991, S. 221-240; zu den Bemühungen des Ausbaus von PANAFTEL im einzelnen vgl. auch *Pan-African Telecommunication Union*: Technical Cooperation Needs, Doc. ATDC-90/24-E, in: African Telecommunication Development Conference (ATDC-90), Harare, Zimbabwe, 6-11 December 1990, Vol. II, ITU, Geneva, March 1991, S. 423-424; Revitalization of PANAFTEL Project (Agenda Item 2.4), *African Regional Telecommunication Development Conference* (AF-RTDC-96), Abidjan, Côte d'Ivoire, 6-10 May 1996, International Telecommunication Union, Documents Vol. II.1, S. 31 ff.; S. 83 ff.; S. 231 ff.
321 So *PANAFTEL*: Project No. RAF/87/011, PANAFTEL- Operation and Extension, abgedruckt in: Doc. ATDC-90/18-E, S. 261 in: African Telecommunication Development Conference (ATDC-90), Harare, Zimbabwe, 6-11 December 1990, Vol. II, ITU, Geneva, March 1991, S. 261, Ziff. 2.5.1.1.
322 *I. Girman*, (Anm. 320), S. 209.
323 *Pan-African Telecommunication Union*: Technical Cooperation Needs, Doc. ATDC-90/24-E, in: African Telecommunication Development Conference (ATDC-90), Harare, Zimbabwe, 6-11 December 1990, Vol. II, ITU, Geneva, March 1991, S. 423.

8000 Kilometer Unterwasserkabel vor der westafrikanischen Küste. Über vierzig der insgesamt 45 teilnehmenden Staaten haben außerdem Erdstationen für Satellitenkommunikation installiert. Im Jahre 1992 wurde PANAFTEL vom Telecommunication Development Bureau (BDT) der ITU übernommen und vollendet. Bereits heute jedoch stellen sich aufgrund der Entwicklung von der analogen zur digitalen Technik Modernisierungsprobleme für das Netz, die nur mit erheblichem finanziellen Aufwand gelöst werden können[324]. Hier zeigen sich im Prinzip die Grenzen einer Süd-Süd-Kooperation, der es nur schwerlich zu gelingen vermag, mit den technologisch fortschrittlichen Industriestaaten Schritt zu halten und auf dem neuesten technologischen Stand zu bleiben[325].

Erwähnt sei als eine weitere spezifisch afrikanische Einrichtung zur Verbesserung der Infrastruktur schließlich auch das Regional African Satellite Communication System (RASCOM)[326]. Das RASCOM Projekt zielt auf die effiziente Bereitstellung von Telekommunikationsmitteln unter Benutzung geeigneter Technologien, darin eingeschlossen ein regionales afrikanisches Satellitensystem. Dieses soll in die bestehende und/oder geplante nationale Netzarchitektur integriert werden, um die sozio-ökonomische Entwicklung Afrikas zu fördern. Von den veranschlagten Kosten für RASCOM sollen bis zu 1,3 Milliarden US-Dollar von der Afrikanischen Entwicklungsbank übernommen werden[327]. RASCOM, dessen Hauptaufgabe es ist, ländliche und entlegene Gebiete mit Telekommunikationsdiensten zu versorgen, hat inzwischen seine Tätigkeit aufgenommen[328].

Schließlich führte der Wunsch, eine kontinentale Institution zu besitzen, die die Telekommunikationsentwicklung in Afrika koordiniert, im Dezember 1977 zur Gründung der Pan-African Telecommunication Union (PATU), einer OAU-Institution[329]. Die Gründung dieser Organisation hatte zum Ziel, auf dem afrikanischen Kontinent, also "vor Ort", ein technisches Organ zu errichten, das für die Koordination und Förderung der Telekommunikationsentwicklung zuständig ist. Seit seiner Gründung hat PATU an

---

324 Näher ITU News 1/96, S. 16.
325 Das Problem der nachholenden Entwicklung wird im 6. Kap. 3 h) und i) angesprochen.
326 Auf Veranlassung der auf einer Konferenz in Kairo 1983 gefaßten Resolution (*Kairo Resolution* ECA/UNTACDA/Res. 83/26) und einer in Harare 1986 angenommenen Resolution (ECA/ UNTACDA/Res. 86/65) wurde eine "Feasibility Study" betreffend RASCOM durchgeführt und damit der Grundstein für diese Einrichtung gelegt; zu den Einzelheiten der RASCOM Studie vgl. *A. O. Taylor*: Information Document on the Feasibility Study of the Regional African Satellite Communication System (RASCOM), Doc. No., ATDC-90/17-E, African Telecommunication Development Conference (ATDC-90), Harare, Zimbabwe, 6-11 December 1990, Vol. II, ITU, Geneva, March 1991, S. 241-249; näher zur Unterzeichnung der "RASCOM Constitution" auf der Ministerkonferenz in Abidjan, 25-27 May 1992: *ITU*: Report on the Activities of the International Telecommunication Union in 1991 (1992), S. 60.
327 *K. Apety*, (Anm. 254), S. 98.
328 ITU News 1/96, S. 16; RASCOM ist es gelungen, für seine Mitglieder 14 Prozent Abschlag für die Anmietung von Transpondern bei INTELSAT auszuhandeln, vgl. *ITU, Telecommunications Development Bureau and the UNCTAD and UN-DDSMS Coordination African Programme of Assistance on Services*: The Development of Telecommunications in Africa and the *General Agreement on Trade in Services*, Geneva (1996), S. 47; zur aktuellen Entwicklung von RASCOM siehe *ITU, Telecommunication Development Bureau*: African Regional Telecommunication Development Conference (AF-RTDC-96), Abidjan (Côte d´Ivoire), 6-10 May 1996, International Telecommunication Union, Documents Vol. II.1, S. 271 ff, Doc. 26-E, 11 April 1996.
329 Näher zu dieser Organisation: *Pan-African Telecommunication Union*: Technical Cooperation Needs, Doc. ATDC-90/24-E, S. 261 in: African Telecommunication Development Conference (ATDC-90), Harare, Zimbabwe, 6-11 December 1990, Vol. II, ITU, Geneva, March 1991, S. 419-430.

den Aktivitäten des PANAFTEL Coordination Committee[330] aktiv teilgenommen, das seinerseits für die Entwicklung der Telekommunikation in Afrika verantwortlich ist, und arbeitet darüber hinaus mit einer Vielzahl von Organisationen zusammen (z.B. OAU, UNDP, ECA, ITU, UNESCO, UNIDO, INTELSAT, INMARSAT, PAPU, URTNA, UAPT, UAR, BASE etc.). Anfang 1990 waren bereits 44 afrikanische Staaten Mitglied in der PATU.

Das Hauptziel von PATU ist es, die Entwicklung und den Betrieb der regionalen Telekommunikationsnetze zu koordinieren. Es soll "foster and maintain cooperation among its Member States for the improvement, development, expansion and rational use of telecommunications networks and services"[331]. Dazu dienen Standardisierungen, die Harmonisierung von Tarifstrukturen und der geplante Abschluß eines Betreiberabkommens ("Telecommunication Operation Agreement") zwischen den Telekommunikationsverwaltungen der Mitglieder, aber auch die Errichtung multinationaler Ausbildungszentren. Bemühungen um den Aufbau einer afrikanischen "telecommunication equipment industry", wie sie im Rahmen eines PATU/UNIDO Projektes vorgesehen waren[332], scheiterten allerdings zunächst an finanziellen Schwierigkeiten[333].

Fazit: Vor dem Hintergrund dieser und ähnlicher Aktivitäten[334] werden die Chancen der Süd-Süd-Kooperation seitens der Telekommunikationsexperten nicht gering eingeschätzt. Auch die Pan-African Telecommunication Union äußerte sich zuversichtlich:

"regional self-reliance through technical cooperation will be the order of the day in the long run"[335].

---

330 Das PANAFTEL Coordination Committee ist seinerseits zusammengesetzt aus Vertretern von OAU, ECA, ADB, PATU and ITU.
331 *Pan-African Telecommunication Union*: Technical Cooperation Needs, Doc. ATDC-90/24-E, S. 261, in: African Telecommunication Development Conference (ATDC-90), Harare, Zimbabwe, 6-11 December 1990, Vol. II, ITU, Geneva, March 1991, S. 421; vgl. auch African Regional Telecommunication Development Conference (AF-RTDC-96), Abidjan (Côte d'Ivoire), 6-10 May 1996, International Telecommunication Union, Documents Vol. II.1, S. 259, Doc. 24-E, 11 April 1996.
332 Das PATU/UNIDO Programm sah u.a. vor eine
 - feasability study
 - promoters' meeting
 - donors' conference for the mobilization of funds
 - training programme in industrial engineering, production and management of industrial projects; näher *Pan-African Telecommunication Union*: Technical Cooperation Needs, Doc. ATDC-90/24-E, S. 261, in: African Telecommunication Development Conference (ATDC-90), Harare, Zimbabwe, 6-11 December 1990, Vol. II, ITU, Geneva, March 1991, S. 420; der Industrialisierungsgrad Afrikas im Bereich des Informations- bzw. Kommunikationswesens liegt bei lediglich einem Prozent, vgl. *ITU, Telecommunication Development Bureau*: African Regional Telecommunication Development Conference (AF-RTDC-96), Abidjan (Côte d'Ivoire), 6-10 May 1996, International Telecommunication Union, Documents Vol. II.2., S. 481.
333 Allgemein zum Problem der Zahlungsrückstände der Mitglieder: *Pan-African Telecommunication Union*: Technical Cooperation Needs, Doc. ATDC-90/24-E, in: African Telecommunication Development Conference (ATDC-90), Harare, Zimbabwe, 6-11 December 1990, Vol. II, ITU, Geneva, March 1991, S. 426.
334 Einige weitere kleinere Projekte im afrikanischen Raum (z.B. die Kagera Basin Organization) skizziert ITU, Telecommunications Development Bureau and the UNCTAD and UN-DDSMS Coordination African Programme of Assistance on Services, (Anm. 328), S. 47.

Früher sei die Süd-Süd Kooperation ein reines Lippenbekenntnis gewesen; heute jedoch sei sie wirklich möglich geworden, weil mehr kompetente Personen mit entsprechendem Fachwissen sich dafür einsetzten[336], und weil die Entwicklungsländer zunehmend weniger homogen seien[337]. Folglich gebe es verstärkt Ansätze für einen Handel zwischen ihnen: "There are now greater complementarities to be exploited, particularly by the NICs of the South in sectors like (...) services"[338].

Die Hoffnung wurde geäußert, es werde auf diese Weise gelingen, einen Ausgleich für das nach wie vor schwierige Nord-Süd-Verhältnis zu finden. Für die 90er Jahre wurde die Prognose aufgestellt, die Süd-Süd-Kooperation werde immer wichtiger und den self-reliance Bemühungen werde zudem Schubkraft verliehen durch die "ambiguities in GATT's Uruguay Round"[339]. Auch sei es wichtig, die Süd-Süd-Kooperation in anderen Regionen (Lateinamerika, Asien)[340] zu verbessern, denn, wie es von ITU-Seite hieß:

"The potential of the so-called South South cooperation is yet untapped"[341].

Ob diesen Vorsätzen zur Stärkung der Süd-Süd Kooperation Taten folgen, die über das hinausgehen, was im Rahmen der Süd-Süd Zusammenarbeit in den 70er und 80er Jahren geleistet werden konnte, muß die Zukunft zeigen. Fest steht jedenfalls, daß eine auf die südliche Achse gestützte Telekommunikationsentwicklung in jedem Fall ein wesentliches Element für eine Ausweitung des Telekommunikationsdiensthandels in den Regionen darstellt und deshalb die Bemühungen von GATT/WTO unterstützen könnte[342].

---

335 *Pan-African Telecommunication Union*: Technical Cooperation Needs, Doc. ATDC-90/24-E, in: African Telecommunication Development Conference (ATDC-90), Harare, Zimbabwe, 6-11 December 1990, Vol. II, ITU, Geneva, March 1991, S. 427.
336 *T. Ras-Work*, (Anm. 317), S. 416.
337 Zur wachsenden Homogenität innerhalb der Dritten Welt siehe bereits den vorangegangenen Abschnitt 2. Kap. 2 d).
338 *T. M. Shaw*: The South in the "New World (Dis)Order": Towards a Political Economy of Third World Foreign Policy in the 1990s, in: Third World Quarterly 15 (1994), S. 28.
339 *T. M. Shaw*, ebd. (Anm. 338), S. 28.
340 Auch im asiatisch-pazifischen Raum spielt die Süd-Süd-Kooperation eine Rolle; die Statistiken über den internationalen Telefonverkehr belegen, daß die "trading links" innerhalb der Region zunehmen; die innerhalb der Region getätigten Anrufe stellen bereits über 50 Prozent des Gesamtgesprächaufkommens dar, das entspricht in etwa der Verteilung in der Europäischen Union, näher *R. G. Pipe*: Services Trade Growth in Asia and the Pacific Through Telecommunications, in: Asia-Pacific Telecommunity, Report of the Seminar on Telecommunications` Support for Trade in Services (APT/SEM/UNCTAD/94), Male, Republic of Maldives, 14-17 May, 1994, Doc. No. TELTRADE-23, S. 475; Pipe folgert, die Telekommunikation spiele dabei eine große Rolle; vor allem durch die Verlegung von Unterwasserkabeln, etwa zwischen Hongkong, Japan, und Korea, sei ein neues Identitätsgefühl entstanden: "new sense of regional identity"; vgl. auch *Asia-Pacific Telecommunity*: Telecommunications Sector Reform, Summary Report, APT-World Bank Seminar on Telecommunications Sector Reform in the Asia-Pacific Region, 4-6 August 1994, Bangkok, Thailand (1994), S. 6: "huge potential for close collaboration among the various players"; zur South Asian Association for Regional Co-operation (SAARC), speziell dem "Committee on Communication" vgl. *Y. K. Silwal*: Secretary-General SAARC, Annex 8, APT/UNCTAD Seminar on Telecommunications' Support for Trade in Services, 14-17 May 1994, Male, Republic of Maldives (1994), S. 69-74.
341 *T. Ras-Work*, (Anm. 317), S. 416.
342 Art. V GATS "Wirtschaftliche Integration" sieht vor, daß das GATS die Mitglieder nicht daran hindert, Vertragspartei einer Übereinkunft zu sein, die den Handel mit Dienstleistungen zwischen oder unter den Vertragsparteien liberalisiert, vorausgesetzt, daß annähernd der ganze Handel erfaßt ist. Es kann also auch künftig bi- oder auch multilaterale Abkommen auf der Basis der

e) Die Rolle der Telekommunikation im Entwicklungsprozeß

Eine entscheidende Voraussetzung für den kommerziellen Ausbau des Dienstleistungssektors in Entwicklungsländern[343] ist das Vorhandensein moderner Kommunikationseinrichtungen:

"High-tech telecommunications (telecom) systems are the gatekeepers of global trade and production"[344].

Bereits seit den 60er Jahren wird die Telekommunikationsinfrastruktur[345], also Telekommunikationsnetze und die zum Betrieb erforderlichen technischen Einrichtungen (z.B. Übermittlungsdienste) sowie Endgeräte, zunehmend als ein Faktor des Wirtschaftswachstums angesehen. Der Aufbau von Telekommunikationseinrichtungen spielt volkswirtschaftlich gesehen eine ähnliche Rolle wie ehemals der Straßen- und Eisenbahnbau, der Betrieb gut funktionierender Telekommunikationsnetze im Dienstleistungsbereich ist ähnlich entscheidend für die Wettbewerbsfähigkeit eines Landes wie die Unterhaltung gut funktionierender Häfen, Eisen- und Autobahnen[346]. Anders als beim Transport von Gütern, die beispielsweise per Schiff, Bahn, Flugzeug oder LKW vorangebracht werden können, gibt es bei der Übermittlung von Telekommunikationsdiensten allerdings nur einen *einzigen* Weg – den über vorhandene Telekommunika-

---

Gegenseitigkeit (Zollunion und Freihandelszonen) geben, aufgrund derer die intern gewährten Handelsvorteile ausnahmsweise nicht im Wege der Meistbegünstigung an Drittstaaten weitergegeben werden.

343 Die Entwicklung der Dienstleistungen wird traditionell mit dem Fisher-Clark Dreisektorenmodell erklärt (*Allan G. B. Fisher*: The Clash of Progress and Security (1935); *Colin Clark*: The Conditions of Economic Progress (1940)); zur "internen Dienstleistungsproduktion" der Entwicklungsländer vgl. *H. Keppler*: Interessen der Entwicklungsländer bei einer zukünftigen vertraglichen Regelung des internationalen Dienstleistungsaustauschs, in: *H. Sautter (Hrsg.):* Konsequenzen neuerer handelspolitischer Entwicklungen für die Entwicklungsländer (1990), S. 50 ff.; zur Rolle der Information als Produktionsfaktor *P. J. J. Welfens/C. Graack*, (Anm. 28), S. 34 ff.; siehe auch die im 2. Kap. 2 b) angegebene Literatur (Handelbarkeit mit Dienstleistungen); vgl. auch *R. Narasimhan*: The Socioeconomic Significance of Information Technology to Developing Countries, in: The Information Society Journal 2 (1983), S. 65 ff.

344 *B. A. Petrazzini*, (Anm. 38), S. 2.

345 Gebräuchlich ist die volkswirtschaftliche Unterscheidung in 1. institutionelle Infrastruktur (alle Einrichtungen, Normen und Verfahren eines Gemeinwesens); 2. sachliche Infrastruktur (alle öffentlichen Anlagen und Ausrüstungen, die Grundlage der Marktwirtschaft sind) und 3. personale Infrastruktur (alle geistigen, manuellen und unternehmerischen Fähigkeiten), *K.-D. Grüske/ H.-C. Recktenwald*: Wörterbuch der Wirtschaft (12. Aufl. 1995), S. 284 m.w.N.; Mayntz rechnet Telekommunikation zu "Infrastruktursystemen", "weil ihre hauptsächliche Funktion darin besteht, zahlreiche spezifische Aktivitäten zu *ermöglichen*, etwa die (...) symbolisch-kommunikative Raumüberwindung zu bestimmten Zwecken": *R. Mayntz*, (Anm. 226), S. 232; *ITU, Regulatory Colloquium*: No. 1, The Changing Role of Government in an Era of Telecommunications Deregulation (1993), S. viii b bezeichnete Telekommunikation daher auch als *enabling technology*; ähnlich *H. Hudson*: Universal Service in the Information Age, in: Telecommunications Policy 18 (1994), S. 659: "Telecommunication infrastructure provides a *means* of transmitting and sharing information, thus making the benefits of information widely available."

346 *G. H. Reynolds*, (Anm. 29), S. 133; *M. Castells*: Hochtechnologie, Weltmarktentwicklung und strukturelle Transformation, in: Prokla 71 (1988), S. 123; vgl. auch *S. Schultz*, (Anm. 52), S. 75; allerdings gibt es auch Stimmen, die die Rolle der Telekommunikationsinfrastruktur geringer einschätzen als gemeinhin angenommen; vgl. nur *H. Kubicek/P. Berger*: Was bringt uns die Telekommunikation?, ISDN - 66 kritische Antworten (1990), S. 51; grundlegend *P. J. J. Welfens/ C. Graack*, (Anm. 28), S. 20 f.

tionsinfrastruktureinrichtungen. Sowohl die Produktion als auch die Lieferung von Dienstleistungen ist aufgrund ihres immateriellen Charakters[347] in besonders hohem Maße abhängig von der vorhandenen Infrastruktur[348].

Am prägnantesten, wenngleich verkürzt, wird die Rolle der Telekommunikation im Entwicklungsprozeß durch ein gedankliches Konstrukt wiedergegeben, das sich im Rahmen der Dienstleistungs-Diskussion im GATT entwickelt hat[349]. Danach ist in strategischer Hinsicht von einer "doppelten" Rolle ("dual role") der Telekommunikation auszugehen: Telekommunikation ist durch die breite Verfügbarmachung von Netzen
- einerseits Grundlage für die Erbringung anderer Dienstleistungen (z.B. Versicherungs- und Bankdienstleistungen)[350] und somit das "zentrale Nervensystem" für die gesamten Geschäftsaktivitäten eines Landes;
- andererseits selbst ein Dienstleistungssektor.

Die Existenz einer "dualen Struktur" von Telekommunikation – als Infrastruktur und eigenständigem Dienstleistungsbereich – wurde, soweit eine klare Trennung überhaupt möglich ist[351], von der Literatur aufgegriffen[352].

Aufgrund des der Telekommunikation eigenen "doppelten" Potentials war der Lieberalisierungsdruck auf den Telekommunikationssektor in der Uruguay Runde naturgemäß besonders groß, evtl. sogar größer als bei allen anderen Dienstleistungsbereichen, da eine adäquate Telekommunikationsinfrastruktur die grundlegende Voraussetzung für das Angebot jeglicher Dienstleistungen ist, seien es Bank-, Versicherungs-, Transport-, Finanz- oder andere Dienstleistungen. Wie Weltbankexperten außerdem unterstrichen, bürdet eine unbefriedigte Nachfrage nach Telekommunikationsdiensten den Unternehmen und Haushalten erhebliche Kosten auf[353].

Ein effizientes Infrastruktursystem soll auch eine Rolle für die Versorgung der Bevölkerung und somit letztlich für die Armutsverringerung spielen[354]. Gerade die Ärmsten der Armen, also sozial Schwache in den ländlichen Regionen der Entwicklungsländer, sollen relativ gesehen am stärksten vom Vorhandensein von Telekommunikationseinrichtungen profitieren. Wie im Rahmen eines ITU-Projektes erforscht wurde, beträgt

---

347 Zum immateriellen Charakter der Dienstleistungen siehe bereits das 2. Kap. 1 b).
348 Explizit: *M. Gibbs/M. Hayashi*, (Anm. 233), S. 10.
349 Bereits der sog. *Dunkel Text* sprach von "*dual role* as a distinct sector of economic activity and as the underlying transport means for other economic activities", vgl. *General Agreement on Trade in Services*, Annex on Telecommunications (prepared by GATT Director Arthur Dunkel and distributed on December 20, 1991, (GATT/MTN.TNC/W/FA), (= Annex IV, Strategic Planning Unit, ITU, Trade of Telecommunications Services: Implications of a GATT/Uruguay Round Agreement for ITU and Member States, Rdnr. 1.1., *R. G. Pipe*, Geneva, May 1993, S. 57); diese Auffassung fand auch Eingang in das Schlußdokument, GATS, Anlage zur Telekommunikation, Ziff. 1.
350 In diesem Kontext wurde der Begriff der "intermediate services" geprägt; im Jahre 1988 machten 60 Prozent der Befragten in Antworten auf einen Fragebogen ("Telecommunication Services Trade Project") deutlich, daß sie Telekommunikationsdienste als "intermediate", andere Dienstleistungen unterstützende Dienste ansahen: näher *R. G. Pipe*: International Views on the Tradeability of Telecommunications, in: *P. Robinson/K. P. Sauvant/V. P. Govitrikar (Hrsg.):* Electronic Highway for World Trade (1989), S. 125.
351 Zweifelnd *R. G. Pipe*, (Anm. 9), S. 54.
352 Vgl. nur *W. Drake/K. Nicolaidis*, (Anm. 52), S. 38; vgl. auch: *R. B. Woodrow*: Tilting Towards a Trade Regime, in: Telecommunications Policy 15 (1991), S. 326; *R. G. Pipe*, (Anm. 9), S. 54.
353 *V. Bishop/A. Mody*, (Anm. 28), S. 39; vgl. auch *J. D. Aronson/P. F. Cowhey*: When Countries Talk, International Trade in Telecommunications Services (1988), S. 4 ff.
354 *G. Ingram/C. Kessides*, (Anm. 216), S. 18 (beide waren Verfasser des Weltentwicklungsberichts der Weltbank 1994, Ingram außerdem Leiter des Research Advisory Stabes der Weltbank).

der wirtschaftliche Nutzen nur eines Telefonanrufs in den ländlichen Gebieten der Entwicklungsländer etwa einen Dollar pro Anruf; je entlegener eine Region ist, desto bedeutsamer ist der Beitrag jedes einzelnen Telefons zum Bruttosozialprodukt[355]. Eine weitere ITU-Studie über die Finanzierung von ländlichen Telekommunikationsprojekten hat aufgezeigt, daß ein einziges, innerhalb eines Tagesmarsches für die Dorfbewohner erreichbares Telefon für diese "untold positive economic benefits" hat[356]. Die Einrichtung von Telefonen in verschiedenen asiatischen Dörfern führte zu Preissteigerungen für die Produkte der Bauern von bis zu 30 Prozent[357]. Wie ein Mitarbeiter des Sekretariats der Group on Negotiations in Services unterstrich:

> "Thus, an efficient and well-managed (...) telecommunications sector and public administration are all vital for growth and development"[358].

Ein funktionsfähiges Infrastruktursystem soll des weiteren maßgeblich für die Produktivität der Entwicklungsländer sein, und zwar durch die Senkung der Produktionskosten[359]. In Untersuchungen wurde nachgewiesen, daß sowohl die Quantität (Anschlüsse pro Kopf) als auch die Qualität von Telekommunikationsdiensten entscheidend für Exportchancen sind[360].

Zwar ist Telekommunikation nicht für *alle* Wirtschaftsaktivitäten gleichermaßen relevant; jedoch sind Länder, die moderne Telekomdienste besitzen, insgesamt im Vorteil[361]. Ohne zuverlässig funktionierende Telekommunikationseinrichtungen in Entwicklungsländern sind keine Investitionen von ausländischen Unternehmen zu erwarten. Keinen Zweifel ließ der Telekommunikationsexperte der UNCTAD, *Pipe*, hieran:

> "Information-communication-intensive TNCs cannot operate in or import to developing countries which have insufficient telecommunications capabilities (...). Without adequate delivery systems, TNCs which could contribute to countries may be discouraged from entering these markets"[362].

Zusammenfassend läßt sich feststellen, daß die effiziente Versorgung mit Diensten insgesamt als ein "entscheidender Input"[363] im Entwicklungsprozeß gesehen wird. Aufgrund der zentralen Rolle, die der Telekommunikation nach Ansicht von Experten im Entwicklungsprozeß zukommt, sieht sich die Dritte Welt neuen entwicklungspolitischen Anforderungen gegenüber. Um wettbewerbsfähig zu werden/ bzw. zu bleiben[364], müs-

---

355 ITU Project Manager *W. Richter*, (Anm. 286), S. 132.
356 Näher *ITU, CCITT*, (Anm. 219), S. 3; mehr Klärung hinsichtlich des Zusammenhangs zwischen Telekommunikation und Entwicklung versprechen die beiden gemäß ITU, Resolution No. 2 eingesetzten Study Groups, vgl. World Telecommunication Development Conference, Buenos Aires, 21-29 March 1994, Final Report, S. 33-51.
357 Einzelheiten zu dieser Weltbankstudie finden sich in *ITU, CCITT*, (Anm. 219), S. 3.
358 *M. A. Kakabadse*, (Anm. 34), S. 23.
359 Zur Effizienz- und Produktivitätssteigerung siehe näher das 6. Kap. 3 e).
360 Dazu siehe unten 6. Kap. 3 d).
361 Ausdrücklich: *A. Mody/C. Dahlman*, (Anm. 254), S. 17.
362 *R. G. Pipe*, (Anm. 9), S. 66; *A. Mody/C. Dahlman*, (Anm. 254), S. 15: "Countries lacking an ability to use IT effectively could risk being left out of international trade and investment flows."
363 *UNCTAD/The World Bank*: Liberalizing International Transactions in Services. A Handbook (1994), S. 8.
364 Zur Relevanz des Wettbewerbskriteriums kritisch das 6. Kap. 3 h) und i).

sen Investitionen in bislang noch nie dagewesenem Ausmaß getätigt werden[365]. Wie *Neyer* es formulierte:

"Die binnengesellschaftlichen Anforderungen für internationale Wettbewerbsfähigkeit werden in der informationsdominierten Weltwirtschaft daher immer höher: Ohne das Vorhandensein einer grundlegenden telekommunikativen Infrastruktur, einer breiten Schicht von Arbeitnehmern mit Kenntnissen im Umgang mit Datenbanken und Software sowie mit englischen Sprachkenntnissen können die entwicklungsspezifischen Chancen der neuen Weltwirtschaft kaum genutzt werden; die Alternative ist vielmehr ein erhöhter Marginalisierungsdruck"[366].

Die wohlfahrtschaffende Wirkung der Telekommunikation für den Entwicklungsprozeß ist somit – und dies wird sich im Verlauf der weiteren Untersuchung bestätigen – von gewissen Grundvoraussetzungen abhängig: "Zwar ist die Telekommunikation eine Voraussetzung für Entwicklung, aber umgekehrt erfordert die Nutzung und Entwicklung der Telekommunikation auch ein gewisses Maß an Wohlstand"[367]. Insbesondere Vertreter aus Entwicklungsländern wiesen bei den Vorarbeiten zum General Agreement on Trade in Services immer wieder darauf hin, daß die rückständigen Infrastruktureinrichtungen ihrer Staaten[368] für den geringen Anteil am Welthandel verantwortlich seien. So stellten die Delegationen von Kamerun, Ägypten, Indien und Nigeria während der Uruguay Runde fest:

"The very limited share of developing countries in international trade in telecommunications services can largely be attributed to the inadequacies of their telecommunications infrastructures..."[369].

f) Ansätze zur Telekommunikationssektorreform in Entwicklungsländern

In zahlreichen Staaten lag die Telekommunikation vor Beginn der GATT- Liberalisierungsverhandlungen in den Händen staatlicher Stellen; Auslandsinvestitionen waren vielfach nicht erlaubt. Noch zu Beginn der 90er Jahre gab es ITU-Angaben zufolge in Entwicklungsländern häufig nur einen einzigen Anbieter internationaler Dienste[370]. Heute besteht allerdings durch die Errichtung von (weiterhin) in staatlichem Eigentum stehenden, jedoch institutionell getrennten Unternehmen ("separate agencies"; "state enterprises"; "corporations") mit unterschiedlichen Graden finanzieller und verwaltungsmässiger Autonomie eine Tendenz hin zu mehr Diversität. Als Beispiele lassen

---

365 Die erforderlichen Investitionen in den Telekommunikationssektor der Entwicklungsländer behandelt das 2. Kap. 2 c).
366 *J. Neyer*, (Anm. 40), S. 109.
367 *H.-J. Michalski*: Deregulierung der Telekommunikation in Entwicklungsländern, in: Blätter für deutsche und internationale Politik (1995), S. 1137.
368 Zur Rückständigkeit der Telekommunikation in den Entwicklungsländern siehe 2. Kap. 2 e).
369 *Working Group on Telecommunication Services*: Communication from Cameroon, Egypt, India and Nigeria, Sectoral Annotation on Telecommunication Services; MTN.GNS/TEL/W/1, 9 July 1.
370 *ITU, CDT*: Restructuring of Telecommunications in Developing Countries (1991), S. 8; von insgesamt 78 Antworten auf eine der genannten Untersuchung zugrundeliegenden Erhebung ("Questionnaire on provision and use of international telecommunication services") berichteten 43 Staaten, davon 37 Entwicklungsländer, die Verwaltung sei der einzige internationale Diensteanbieter. Nur vier Entwicklungsländer berichteten von "outright or extensive private operations alongside the public service configurations": ebd. S. 5.

sich Staaten nennen wie Angola, Bahamas, Gambia, Honduras, Indien, Kenya, Marokko, Nigeria, Pakistan, Senegal, Swaziland, Tansania, Thailand, Uganda[371].

Bereits seit Mitte der 80er Jahre hatte im Zuge der großen Strukturanpassungsprogramme eine steigende Anzahl von Entwicklungsländerregierungen die Notwendigkeit einer Reform[372] (auch) des Telekommunikationssektors erkannt. Die Einsicht in die Begrenztheit der Monopole[373] verschaffte sich Raum. Einige demokratisch gewählte Regierungen suchten außerdem auf die Unzufriedenheit der Bevölkerung mit dem staatlichen Dienste-Angebot, aber auch auf Korruptionsfälle innerhalb der Telefongesellschaften[374] mit einer Ausweitung des Telekommunikationsdiensteangebots, zu reagieren.

Die meisten Modernisierungsvorhaben in der Dritten Welt zielen auf eine Verbesserung der nationalen Netzstruktur, speziell auf den Anschluß ländlicher Kunden, und die Einführung neuer digitaler Einrichtungen[375]. Zu den Schwerpunkten der Telekommunikationssektorreformen in den Entwicklungsländern zählen Restrukturierungsvorhaben der nationalen Telefongesellschaften, entweder auf Managementebene[376] und/oder durch eine umfassende Privatisierung der Unternehmen[377], also durch eine vollständige oder teilweise Reduzierung des Staatsanteils.

---

371 *ITU, CTD*, (Anm. 39), S. 8; daneben gab es einige in gemischtem (öffentlich/privatem) Eigentum stehende Unternehmen, etwa in Argentinien, Bahrain, Barbados, Zentralafrikanische Republik, Äquatorialguinea, Fidschi, Indonesien, Israel, Jordanien, Malaysia, Peru, Sri Lanka, Trinidad und Tobago; des weiteren einige ganz oder hauptsächlich private Betreiber ("totally or mainly private companies"), etwa in Chile, Guatemala, Mexiko, Philippinen, später auch in Singapur, Sudan und Venezuela.

372 Privatisierung, Liberalisierung und Deregulierung - die drei wichtigsten Reformaspekte -, sind keinesfalls gleichzusetzen; während Deregulierung den Abbau staatlicher Eingriffe in das Wirtschaftsgeschehen bedeutet, steht Privatisierung für die Rückführung öffentlicher Unternehmen in Privateigentum; unter Liberalisierung wird im allgemeinen der Abbau handelspolitischer Beschränkungen in der Außenwirtschaft eines Landes verstanden.

373 Zur Erosion der Vorstellungen vom "natürlichen Monopol" siehe bereits das 2. Kap. 1 a).

374 Zum Problem der Korruption vgl. bereits das 2. Kap. 2 c).

375 Als Ziele für die 90er Jahre wurden beispielsweise von Benin genannt:
- further network digitization (for switching and transmission)
- extension of rural telephony
- enhanced quality of services and commercial management
Vgl. *G. D. Adadja*: Benin's Experience in Improvement of the Telecommunication Network and Telecommunication Services", Doc. No. ATDC-90/14-E, African Telecommunication Development Conference (ATDC-90), Harare, Zimbabwe, 6-11 December 1990, Vol. II, ITU, Geneva, March 1991, S. 194.

376 Die Probleme auf der Managementebene skizziert das 2. Kap. 2 c).

377 Zu dem Problem, daß Privatisierungen in der Dritten Welt häufig dazu führen, daß die profitablen Staatsbetriebe von ausländischen Privatinvestoren "zu Schleuderpreisen" gekauft, unrentable Betriebe hingegen geschlossen oder vom Entwicklungsstaat weitergeführt werden, *F. Nuscheler*, (Anm. 52), S. 486; das Auslandskapital gewinnt vielfach die Kontrolle über die Telekommunikation der Entwicklungsländer, kritisiert *H.-J. Michalski*, (Anm. 367), S. 1137, und mit der Privatisierung gäben die betreffenden Entwicklungsländer zudem Gestaltungsmöglichkeiten aus der Hand, was sich gravierend auswirkt, wenn, wie vielfach der Fall, die Privatunternehmen kein Interesse an der Erbringung universeller, flächendeckender Dienste haben; zum Problem des Universaldienste-Angebots siehe bereits das 2. Kap. 3 d); Einzelheiten zu den Problemen der Privatisierung bei *B. A. Petrazzini*, (Anm. 38), S. 21 ff.; *V. Bhaskar*: Privatization in Developing Countries: Theoretical Issues and the Experience of Bangladesh, in: UNCTAD Review No. 4 (1993), S. 86 ff; *J. Kay/D. Thompson*: Privatization: A Policy in Search of a Rationale, in: Economic Journal No. 96 (1986), S. 18-32; *R. Vaubel*: Privatisierung als wettbewerbspolitische Aufgabe, in: ORDO 42 (1991), S. 271 m.w.N.; *S. H. Hanke/S. J. K. Walters*: Privatization and Public Choice: Lessons for the LDCs, in: *D. J. Gayle/J. N. Goodrich (Hrsg.):* Privatization and Deregulation in Global

Die konkreten Reformstrukturen sind von Entwicklungsland zu Entwicklungsland verschieden[378]; dennoch gibt es einige gemeinsame Grundzüge. Zu ihnen gehören
- die organisatorische Trennung der Betreiber- von den Regulierungsfunktionen, damit verbunden
- die Zurückführung der Regierungsverantwortung auf allgemeine politische und regulatorische Aufgaben;
- die Zulassung von mehr Wettbewerb, speziell
- die stärkere Beteiligung des privaten Sektors.

Die Restrukturierung der staatlichen Telekommunikationsverwaltungen in den Entwicklungsländern vollzog sich im allgemeinen in mehreren Phasen[379]; gleiches gilt für die Marktliberalisierung, die sich in Entwicklungsländern, ähnlich wie zuvor in den OECD-Staaten, typischerweise im Wege mehrerer Etappen vollzog. Die Öffnung des Ausrüstungsmarkts führte über die Öffnung des Mehrwertdienstesektors hin zur Öffnung des Marktes für satellitenbasierte und drahtlose Dienste – ein Ansatz, der als inkrementalistisch und angesichts der großen Nachfrage nach modernen Telekommunikationsdiensten als zu langsam kritisiert wurde[380]. Dabei sollte nicht übersehen werden, daß die Geschwindigkeit, mit der Telekommunikationssektorreformen in der Dritten Welt durchgeführt werden können, und das Ausmaß derselben von den jeweiligen wirtschaftlichen und politischen Rahmenbedingungen abhängt und folglich zwischen den einzelnen Ländern variiert.

Die Reformen nahmen ihren Ausgang in Lateinamerika[381]: Die Privatisierung der staatlichen Telekommunikationsunternehmen wurde in Chile 1987, in Argentinien 1990, in Mexiko 1990 und in Venezuela 1991 beendet, während sie zur Zeit des Abschlusses des GATS (1993) in Bolivien, Kolumbien, Ecuador, Panama, Peru und

---

Perspective (1990), S. 97-108; *G. J. Ikenberry*: The International Spread of Privatization Policies: Inducements, Learning and "Policy Bandwagoning", in: *E. N. Suleiman/J. Waterbury (Hrsg.):* The Political Economy of Public Sector Reform and Privatization (1990), S. 88-110; *W. T. Gormley, Jr.*: The Privatization Controversy, in: *W. T. Gormley Jr. (Hrsg.):* Privatization and Its Alternatives (1991), S. 3-16, speziell S. 6 f.; *H. B. Feigenbaum/J. R. Henig*: The Political Underpinnings of Privatization, in: World Politics 46 (1994), S. 185-208; *B. Lesser*: When Government Fails, Will the Market do Better? The Privatization/Market Liberalization Movement in Developing Countries, in: Canadian Journal of Development Studies 12 (1991), S. 159-172.

378   *B. A. Petrazzini*, (Anm. 38), S. 4 weist darauf hin, daß die LDCs im einzelnen recht unterschiedliche Reformansätze im Telekommunikationssektor verfolgen: "a complex and diverse variety of combinations"; zu den verschiedenen Konnotationen des Konzepts der Privatisierung in der ʼpublic policy discussionʼ siehe *P. Starr*: The Case for Scepticism, in: *W. T. Gormley, Jr. (Hrsg.):* Privatization and Its Alternatives (1991), S. 25-36, speziell S. 26.

379   Vier Phasen nennt *R. G. Pipe*: Services Trade Growth in Asia and the Pacific Through Telecommunications, in: Asia-Pacific Telecommunity, Report of the Seminar on Telecommunicationsʼ Support for Trade in Services (APT/SEM/UNCTAD/94), Male, Republic of Maldives, 14-17 May, 1994, Doc. No. TELTRADE-23, S. 484: (1) existing state enterprise is under close supervision of a government department; (2) creation of a state-owned corporation with a high degree of management and financial independence as well as commercial orientation; (3) mixed-ownership company, where the government sells up to 49% of the shares to a few large investors, a foreign telephone company or open trading on the stock exchange; (4) mostly or wholly owned by private entrepreneurs; zum Ganzen auch *V. Bishop/A. Mody*, (Anm. 28), S. 40; *D. Westendoerpf*, (Anm. 243), S. 339.

380   *P. L. Smith/G. Staple*, (Anm. 155), S. xvi.

381   Alle Angaben bei *B. Wellenius u.a.*, (Anm. 26), S. 4.

Uruguay noch in vollem Gange war. In Brasilien, Nicaragua und anderen Staaten bestanden erst Ansätze zur Reform[382].

Die Reformen gingen in Asien insgesamt langsamer und in begrenzterem Ausmaß vonstatten[383]; in Indonesien konnte zum Beispiel das ehrgeizige Ziel eines Ausbaus um eine Million zusätzlicher Verbindungen zunächst nicht einmal zur Hälfte umgesetzt werden[384]. In Malaysia wurde 1990 eine partielle Privatisierung durchgeführt[385] und zu einer Dezentralisierung der Betreiberfunktionen kam es in Indien (1985)[386] sowie in ausgedehntem Umfang in China[387]. Eine Reorganisation der Telekommunikationsstrukturen wurde außerdem 1990 in Sri Lanka und Fidji in Angriff genommen.

In den afrikanischen Staaten der Subsahara finden sich vorerst nur Bemühungen, die Leistungen der staatlich geführten Telekommunikationsunternehmen zu verbessern. Zwar haben sich einige afrikanische Regierungen mit dem Aufbau veränderter Strukturen, "joint ventures" eingeschlossen, und der Einführung von mehr Wettbewerb befaßt, aber "most governments still hesitate to consider broader reforms and privatization", wie die Weltbank feststellte[388]. Soweit es einige organisatorische Reformen in den LDCs Afrikas gegeben hat, war deren Erfolg durchweg beschränkt[389].

Die Gründe für die langsame Reformgeschwindigkeit, etwa in den LDCs Afrikas sind unter anderem zurückzuführen auf:
- die insgesamt begrenzten Ressourcen der afrikanischen Staaten;
- die fehlenden Fähigkeiten, notwendige Reformprogramme vorzubereiten und zu implementieren[390];
- die insgesamt kleinen Märkte;
- die großen sozialen Bedürfnisse und mehrere miteinander konkurrierende Nachfragearten[391];
- eine unsichere Wirtschaftspolitik, und damit verbunden,
- einen Zustand der Rechtsunsicherheit, der ausländischen Investoren wenig attraktive Standortbedingungen bietet.

Trotz dieser Probleme gibt es "neoliberale Lichtblicke", etwa positive Unternehmensberichte von lokal ansässigen Firmen im Mobilfunkbereich[392]. Hinzu kommt, daß einige

---

382 Allgemein zur Privatisierung in Lateinamerika und den karibischen Staaten: *D. Webb*: Privatization in Latin America and the Caribbean: Legal Issues, in: ASIL, Proceedings of the 87th Annual Meeting, Washington D.C., March 31-April 3, 1993; vgl. auch: *R. A. Porrata-Doria, Jr.*: Privatization of Public Enterprises in Latin America, in: ASIL, Proceedings of the 87th Annual Meeting, Washington D.C., March 31-April 3, 1993; einige Privatisierungsvorhaben in Lateinamerika erläutert *H.-J. Michalski*, (Anm. 367), S. 1136.
383 Laut *P. L. Smith/G. Staple*, (Anm. 155), S. 5, Fn. 3, nimmt die Reformgeschwindigkeit im asiatisch-pazifischen Raum weiter zu; vgl. auch *B. Wellenius u.a.*, (Anm. 26), S. 4.
384 *J. Hills*, (Anm. 150), S. 82.
385 Vgl. die Übersicht über die Reformen in *B. Wellenius u.a.*, (Anm. 26), S. 4 f.
386 Einzelheiten in: *H. Lantzke/A. Mody/R. Bruce*: Telecommunications Reform in India: An International Perspective. An Informal Discussion Paper (January 27, 1992).
387 In China wurde 1994 die Einrichtung eines zweiten Telefonnetzes beschlossen; *H.-J. Michalski*, (Anm. 367), S. 1136.
388 *B. Wellenius*, (Anm. 26), S. 4.
389 *W. Brown*: Telecommunication Network Development in Africa. The State of Development and Operation of African Telecommunication Networks, Document No. ATDC.90/1-E, S. 31.
390 Zu den Planungsdefiziten in den Entwicklungsländern siehe bereits das 2. Kap. 2 c).
391 Dazu siehe bereits das 2. Kap. 2 c).
392 Näher *B. Wellenius u.a.*, (Anm. 26), S. 4.

afrikanische Regionalorganisationen[393] sich inzwischen mit der Restrukturierung des Telekommunikationswesens befassen; insgesamt gesehen gibt es also trotz beträchtlicher Anlaufschwierigkeiten auch in einigen LDCs Afrikas ernstzunehmende, die Telekommunikation betreffende Reformansätze.

Die staatlichen Reformbemühungen werden durch einige neuere Inititiativen zur Telekommunikationsentwicklung auf privatwirtschaftlicher Basis ergänzt. Der Weg zur umfassenden Telekommunikationsentwicklung in der Dritten Welt soll in Zukunft über privatwirtschaftliche Initiativen geebnet werden[394]. Speziell den Staaten im afrikanischen Raum wurde empfohlen, über einige Build-Transfer-Konzepte[395] hinaus den Zufluß von privatwirtschaftlichem Kapital zu fördern[396] – dies scheint umso dringlicher, da das 1990 in Paris ins Leben gerufene "Programme of Action for LDCs" weitgehend scheiterte[397].

Der Plan von "Africa One" – von der Grundidee keineswegs völlig neu[398] – sieht beispielsweise vor, mit ca. 35.000 Kilometer submariner Glasfaserkabel bis 1999 (so der Projektentwurf von AT&T) den afrikanischen Kontinent ringförmig zu umspannen und

---

393 Zu Initiativen im Rahmen der Organization of African Unity (OAU) siehe bereits das 2. Kap. 2 d).
394 Auch das in Genf vom 21.-23. Oktober 1996 zusammengetretene *ITU World Telecommunication Policy Forum*, das mit Res. 2 der Kyoto Konferenz 1992 ins Leben gerufen worden war, hob die Bedeutung privater Investitionen hervor, vgl. *Final Report by the Chairman*: Policy and Regulatory Issues Raised by the Introduction of Global Mobile Personal Communications by Satellite (GMPCS), International Telecommunication Union, World Telecommunication Policy Forum (WTPF-96), 21-23 October 1996, 22 December 1996, Part II, Opinion No. 1, The Role of GMPCS in the Globalization of Telecommunication, Ziff. a); zur "Wiederentdeckung der Dritten Welt durch das Privatkapital" *F. Nuscheler*, (Anm. 52), S. 484 ff.
395 Ein Build-Transfer Scheme ist ein Investitionsszenarium, in dem ein Investor die Telekommunikationseinrichtungen erstellt und, nachdem er seine Investitionskosten durch eigenes Betreiben oder Leasing amortisiert hat, das Eigentum an diesen Einrichtungen auf die PTO oder das zuständige Telekommunikationsministerium des Landes überträgt; dieses Modell läßt sich verschiedenartig durchführen, etwa durch BOT (Build-Operate-Transfer), oder BTO (Build-Transfer-Operate) oder BLT (Build-Lease Transfer); mit am erfolgreichsten erwies sich dieses Finanzierungskonzept in Thailand, wo durch BOT 3 Millionen neue Leitungen zum Landesnetz hinzukamen; ITU, Telecommunication Development Bureau and the UNCTAD and UN-DDSMS Coordinated African Programme of Assistance on Services, (Anm. 328), S. 44.
396 ITU, Telecommunication Development Bureau and the UNCTAD and UN-DDSMS Coordinated African Programme of Assistance on Services, (Anm. 328), S. x, Recommendation no. 1; Einzelheiten ebd. S. 29 f.
397 Im Herbst 1995 versuchten die Mitglieder der "High Level Intergovernmental Mid-term Review" das Programm zu retten; bereits der Vorgänger, das *"Special New Programme of Action" (1980-1990)*, war ein Mißerfolg. Das Problem, damals wie heute, ist die sich unter der Schuldenlast und dem Rückgang der offiziellen Entwicklungshilfe zunehmend verschlechternde Situation der LDCs, von wenigen Ausnahmen wie Bangladesch, Benin, Kambodscha, Äquatorialguinea, Laos, Malediven, Mosambique, Myanmar, Sao Tomé und Principe, Uganda abgesehen (näher ITU News 1/96, S. 22).
398 Die Idee eines submarinen Kabelnetzes für Afrika war auch Gegenstand eines früheren Projekts, des "Pan-African Telecommunication Network" (PANAFTEL); zu PANAFTEL siehe näher 2. Kap. 2 d). Das Africa One-Projekt machte Fortschritte, als im August 1995 ein informelles Treffen zwischen AT&T, dem Telecommunications Development Bureau (BDT), der Pan-Afrikanischen Telecommunication Union (PATU) und der Regional African Satellite Communication Organization (RASCOM) stattfand. Eine der Hauptherausforderungen wurde darin gesehen, bestehende Regionalprojekte, wie etwa PANAFTEL und existierende Satellitensysteme, zu einem Ganzen zu integrieren, vgl. ITU News 1/96, S. 16.

auf diese Weise 41 afrikanische Küstenstaaten und Inseln miteinander zu verbinden[399]. Über diese Anschlußleitungen soll eine möglichst breite Palette von Telekommunikationsdiensten angeboten werden: neben den Standarddiensten (Sprach-, Daten- und Faxübermittlung) auch Mehrwertdienste (elektronische Post, elektronischer Dokumentenaustausch, computerunterstütztes Entwerfen (CAD) und Video-Konferenzen). Ein wesentlicher Vorteil von Africa One liegt in den geplanten Direktverbindungen der Staaten untereinander. Noch heute können sich nur wenige afrikanische Staaten untereinander direkt anwählen. Der intraregionale Telefonverkehr wird bisher üblicherweise *via* Satellit über Europa abgewickelt, wodurch teurere Verbindungen entstehen[400].

Die Gesamtkosten von Africa One werden auf ca. 2,3 Mrd. US-Dollar (ursprünglich 2,6 Mrd.) geschätzt; eine Investition, die sich nach 5-6 Jahren amortisiert haben soll. Das Africa One Projekt soll kommerziell lohnend sein, zumal künftig – aufgrund der Verfügbarkeit von Glasfaser – mit einer Zunahme von Multimediaanwendungen und des Telekommunikationsverkehrs gerechnet wird.

Das Africa One-Projekt wurde von den afrikanischen Staaten auf einem beratenden Treffen in Tunis, im November 1995, begrüßt, denn sie sahen darin eine Chance, die Kommunikationslücke zwischen den entwickelten Staaten und einem beträchtlichen Teil der Entwicklungsländer zu schließen[401]. Offen bleibt allerdings, was mit denjenigen LDCs geschieht, die über eine geringere Nachfrage verfügen und damit unter marktwirtschaftlichen Aspekten für die Africa One-Investoren weniger interessant sind. Länder ohne Küstenzugang sollen, so sieht die derzeitige Planung aus, erst in einer zweiten Phase über Satellit Zugang zu Africa One erhalten – die Gefahr ihrer Marginalisierung ist folglich nicht von der Hand zu weisen.

Eine weitere Initiative auf privatwirtschaftlicher Basis stellt das auf den Maitland Bericht "The Missing Link" zurückgehende WorldTel dar. Dieses ist eine multinationale Organisation, ein "cross-breed between a public sector's entity (the ITU) and the private sector"[402]. WorldTel soll privates Kapital für die Telekommunikationsentwicklung in

---

399 Vgl. Schaubild "Africa One", in: ITU/News 1/96, S. 15; zu den neueren Entwicklung in Afrika siehe *African Regional Telecommunication Development Conference* (AF-RTDC-96), Abidjan (Côte d'Ivoire), 6-10 May 1996, International Telecommunication Union, Documents Vol. II.1, S. 50 ff.

400 Nach Schätzungen entstehen für die afrikanischen Staaten deshalb jährlich Mehrkosten in Höhe von 300 bis 400 Millionen US-Dollar, vgl. Interview mit *Y. Kourouma*: Head, Africa Division, Telecommunication Development Bureau, Sept. 1997; internationale Anrufe kosten ca. 10 US-Dollar pro Minute, um ein E-Mail Dienst in Sambia, um ein weiteres Beispiel zu nennen, hat pro Jahr ca. 150.000 US-Dollar für den Internet-Zugang zu entrichten, der in den USA nicht mehr als 5000 US-Dollar kosten würde, *D. Menaker*: The Last Frontier, in: Business Week, 18 September 1995.

401 Aufgrund einer Empfehlung des Consultative Meeting of African Countries Members of the ITU in Tunis, 20. bis 21. November 1995 wurde das Africa ONE Coordination Committee geschaffen, das inzwischen die Unterzeichnung eines "Memorandum of Understanding" durch 26 afrikanische Staaten erreicht hat.

402 Angekündigt wurde WorldTel auf einer Pressekonferenz in Genf, Januar 1995; die ITU reagierte mit WorldTel auf Privatisierung, Globalisierung und Wettbewerb, vgl. *P. Tarjanne*, Telecom 95 Daily, 3 October 1995; näher *T. Ras-Work*, ITU Gave Birth to Healthy Child, in: ITU Newsletter 8/95, S. 13; vgl. auch WorldTel Takes a New Look at Financing LDC Telecoms, in: Global Telecoms Business (London); April/May 1995; InfoDevelopment "WorldTel Launched", in: ITU Newsletter 2/95, S. 17-19; vereinzelt hieß es, ITU habe WorldTel geschaffen; dies entspricht nicht den Tatsachen, wie die ITU Council Resolution 1081 (1995) klarstellt; dort heißt es lediglich der Rat "unanimously *welcomes* the establishment of WorldTEL as a commercial transnational funding and development entity".

der Dritten Welt gewinnen, speziell für LDCs mit einer Telefondichte von weniger als einem Prozent[403] oder einer durchschnittlichen Wartedauer auf Telefondienste von mehr als fünf Jahren. Auf diese Weise soll den ärmsten Staaten geholfen werden, zumindest ein die wichtigsten Grunddienste abdeckendes Telefonnetz aufzubauen.

Auch WorldTel ist ein kommerzielles Unternehmen, das gewinnorientiert arbeiten soll. Die Gewinne müssen hoch genug sein (geschätzt werden 20-25 Prozent)[404], damit die Investitionen sich amortisieren. Folglich reagierten die Entwicklungsländer zum Teil zögerlich. Nicht ohne Skepsis kommentierte der International Relations Manager der Tanzania Telecommunications Co., *Charles Kazuka*, das neue Projekt WorldTel mit den Worten: "We've had so many promises in the past"[405]. Angesichts der gewinnorientierten Konzeption von WorldTel liegt ein Risiko auch in der (voraussichtlich) selektiven Auswahl der Projektpartner. Ohne entsprechend breite politische und finanzielle Unterstützung dürfte das Projekt nur geringe Chancen haben.

Die unter der Federführung des Center for Strategic and International Studies, Washington, gegründete Global Information Infrastructure Commission, der ca. dreißig Führungskräfte aus der Industrie angehören, ist eine weitere privatwirtschaftliche Initiative, die die Entwicklungsländer auf den sog. "Information-Highway" bringen soll. Das vorerst für drei Jahre erteilte Mandat hat folgende Ziele:
- providing a framework for marshalling private-sector leadership across industries and sectors;
- strengthening the links and cooperation between a variety of national in-formation infrastructure task forces and industry groups;
- facilitating forums, research and policy recommendations;
- promoting demonstration projects and programmes utilising telecommunications and information services in support of key areas such as education, health care and the environment[406].

Mit diesem Programm wird die Hoffnung verbunden, daß das unternehmerische Potential der Entwicklungsländer gestärkt und der Ausbau von Informationstechnologiesystemen in den Entwicklungsländern vorangetrieben wird, so daß diese zügig in die "globale Informationsstruktur" integriert werden. Unterstützt werden diese Bemühungen durch eine Reihe von ITU-Veranstaltungen zum Schwerpunkt privatwirtschaftliche Telekommunikationsinvestitionen in der Dritten Welt[407].

---

403 Das sind z.B. alle CAPAS-Staaten, ausgenommen Zimbabwe: ITU, Telecommunication Development Bureau and the UNCTAD and UN-DDSMS Coordinated African Programme of Assistance on Services, (Anm. 328), S. 44.
404 ITU/Newsletter 8/95, S. 14.
405 Zitiert bei *D. Rocks*: Africa Starts to Find its Way in Telecoms, in: Telecom 95 Daily, 6 October 1995.
406 Vice President, Finance and Private Sector Development, *J.-F. Rischard*: The Emerging Global Tele-economy, A New Golden Age in Which 4bn People Have a Serious Chance to Catch Up?, in: Intermedia, April, May 1995; dieses Papier von Rischard wurde bei der Initiierung der Global Information Infrastructure Commission am 24. Februar 1995 in Brüssel vorgestellt.
407 Die erste dieser Veranstaltungen fand 1986 in Afrika statt: Ziel des vom Telecommunication Development Bureau (BDT) unter Mitwirkung der Weltbank, des Internationalen Währungsfonds und der Afrikanischen sowie Westafrikanischen Entwicklungsbank veranstalteten "African Telecommunications Finance Colloquium" vom 25. bis 29. März 1996 in Abidjan war es "to offer an excellent opportunity to interested international corporations and local enterprises to establish and strengthen contacts with African finance executives and telecommunications-decision-makers towards joint schemes of partnership, or new ventures offering value-added services", *African*

Das intraregional ausgerichtete SPACECOM ("Space Communications Technology Applications") ist ebenfalls mit Unterstützung der Industrie zustandegekommen; unter anderem wurde es gesponsort von Alcatel, Asia Pacific Telecommunity, COMSAT World Systems, ESA, Eutelsat, Globalstar, Iridium, INDOSAT, INMARSAT, INTELSAT, NEC Corporation, Inc. KDD, US Department of State, UNESCO, ESL und World Space. Das mit dem Buenos Aires Action Plan initiierte Projekt, das die Telekommunikationsentwicklung in ländlichen und entlegenen Teilen der Dritten Welt vorantreiben soll, gewann auf der 1994 in Buenos Aires abgehaltenen World Telecommunication Development Conference (WTDC) Gestalt und ist trotz hoher Kosten als weitere Chance zur Vertiefung der Süd-Süd Kooperation zu sehen[408].

Im Ergebnis lassen sich einige Ansätze zur Telekommunikationssektorreform in der Dritten Welt verzeichnen, die darauf hoffen lassen, daß es den weniger entwickelten Staaten dieser Welt gelingen wird, den Anschluß[409] an die telekommunikativ hochentwickelten Industrieländer zu erlangen.

g) Zwischenergebnis

Was die Folgen der Globalisierung[410] angeht, so bestehen hinsichtlich der im Zuge des Ausbaus zur Weltdienstleistungsgesellschaft entstehenden Wohlfahrtseffekte unterschiedliche Annahmen. Die Wirkungen der Globalisierungsprozesse auf mikro- wie auf makro-ökonomischer Ebene sind vielfältig und insgesamt wenig erforscht: "neither of the spheres has been fully explored so far, and major research efforts will be called in the future"[411]

Die Erwartung, daß die telekommunikativ gestützte Globalisierung der Märkte zu neuem Wohlstand führe, basiert u.a. auf der Annahme, daß es gelingen wird, ein globales Telekommunikationssystem zu etablieren, das alle Informationsbedürfnisse der Anbieter und Kunden zufriedenstellt. Angesichts der im GATS vorgesehenen Marktöffnung[412], die auch künftig ganz im souveränen staatlichen Ermessen liegt, wird diese Annahme kritisch zu hinterfragen sein.

Auch ist der Zusammenhang zwischen dem technologischen Wandel, dem Netzausbau und den damit verbundenen Wettbewerbsvorteilen wissenschaftlich nicht eindeutig

---

Telecommunications Finance Colloquium: Towards Bridging the Investment Gap, in: ITU News 2/96, S. 10.

408 SPACECOM soll "a model of partnership for bringing space technology to rural development" sein, vgl. die Projektbeschreibung in: *Telecommunication Development Bureau*, SPACECOM Project: A New Model of Partnership to Promote the Introduction of Pilot Projects in Developing Countries Based on Application of Modern Satellite Communications in Combination with Terrestrial Wireless Technologies, in: African Regional Telecommunication Development Conference (AF-RTDC-96), Abidjan (Côte d'Ivoire), 6-10 May 1996, International Telecommunication Union, Documents Vol. II.1, Document 36-E, 17 April 1996; zu Chancen und Problemen der Süd-Süd Achse in der Telekommunikation siehe bereits oben 2. Kap. 2 d).

409 Zu den Problemen nachholender Entwicklung siehe jedoch das 6. Kap. 3 i).

410 Zu den Globalisierungstendenzen näher das 1. Kap. 1 e).

411 *J. M. Katz*: Market Failure and Technological Policy, in: CEPAL-Review 50 (1993), S. 90; für *F. V. Kratochwil*: Globalization and the Disappearance of the "Publics", in: *J.-Y. Chung (Hrsg.)*: Global Governance. The Role of International Institutions in the Changing World (1997), S. 76 steht heute schon fest, daß die Globalisierung "may not have the beneficial effects that some suppose."

412 Das GATS enthält keine unmittelbare Marktöffnungsverpflichtung, vgl. die Ausführungen im 5. Kap. 1 d); 5. Kap. 5b); 6. Kap. 2 d).

geklärt. Wie *Mansell* mit Blick auf die 'mainstream globalisation literature' bemängelt: "the social, cultural, political and economic implications of the configuration of inter- and intrafirm networks and their linkages with consumers are mystified within an unspecified process of institutional and technological change"[413]. Konflikte und Widersprüche des Wandlungsprozesses wurden bislang kaum weiter vertieft[414].

Optimistischen Annahmen zufolge soll es zu neuen Formen der Integration und auf diese Weise zu einer neuen internationalen Arbeitsteilung sowie zur (Neu)Verteilung des Reichtums kommen[415]. Weltbankexperten äußern sich zuversichtlich, daß die Globalisierung der Telekommunikationsdienste in der Perspektive zu komparativen Vorteilen für die Entwicklungsländer führe:

"(...) telecommunication services will become *globalized*. (...) Developing nations, where wages are relatively low and job opportunities for educated workers insufficient, have much to gain from this process; they may perhaps even enjoy a comparative advantage relative to developed countries"[416].

Als gegenläufige Tendenzen werden (ähnlich vage wie das Phänomen der Globalisierung selbst) Tendenzen der Fragmentierung[417], aber auch der Diversifizierung[418] und Peripherisierung gesehen. Während ein immer dichter geknüpftes technologisches und ökonomisches Netz die Welt umspanne, vollziehe sich ein Prozeß der gesellschaftlichen Ausdifferenzierung und die Weltwirtschaft werde im Zuge der weltmarktorientierten,

---

413 *R. Mansell*, (Anm. 20), S. 31.
414 Siehe in diesem Kontext das 6. Kap. 3 h) und i).
415 Vgl. nur *A. Danzin*: Techniques de l'information et comportements nouveaux de l'homme, in: CADMOS 49 (1990), S. 70; *P. L. Spector*: Emerging Opportunities in International Telecommunications, in: Telematics, The National Journal of Communications Business and Regulation 4 (1987), S. 2 f.
416 *P. Smith/G. Staple*, (Anm. 155), S. 37.
417 *W. Hein*: Globale Vergesellschaftung, in: Peripherie Nr. 42/1991, S. 74-93; *D. Senghaas*: Zwischen Globalisierung und Fragmentierung - ein Beitrag zur Weltordnungsdebatte, in: Blätter für deutsche und internationale Politik Nr. 1 (1993), S. 50-59; *R. Knieper*: Staat und Nationalstaat, Thesen gegen eine fragwürdige Identität, in: PROKLA, Zeitschrift für kritische Sozialwissenschaft Nr. 90 (1993), S. 65-71; *D. Senghaas*: Weltordnung, aber welche? Weltökonomie und denationalisierte Staatlichkeit in der Perspektive Rolf Kniepers, in: Blätter für deutsche und internationale Politik Nr. 9 (1992), S. 1069-1077; *G. Schweigler*: "Internationale" Politik. Herausforderung für Wirtschaft und Gesellschaft, in: Internationale Politik 11/1996, S. 25; *J. H. Dunning*: The Global Economy, Domestic Governance, Strategies and Transnational Corporations: Interactions and Policy Implications, in: Transnational Corporations 1 (3) 1992, S. 7-45; vgl. auch *F. Nuscheler*: Globale Telekommunikation: Faszination und Schrecken, in: epd-Entwicklungspolitik 14/96, S. 24; *S. Picciotto*: Fragmented States and International Rules of Law, in: Social & Legal Studies 6 (1997), S. 259 ff.
418 Wie Noam anschaulich belegt, ist die Entwicklungsvision von den monopolistischen Carriers, die die gesamte Telekommunikationsinfrastruktur in einer überschau- und kontrollierbarer Weise zusammenfassen würden ("integrated single superpipe"), nicht eingetreten; stattdessen erfolgte eine weitere Diversifizierung der Netzumgebung: *E. Noam*: Beyond Liberalization: From the Network of Networks to the System of Systems, in: *W. Hoffmann-Riem/T. Vesting (Hrsg.)*: Perspektiven der Informationsgesellschaft (1995), S. 49; *E. Noam*: Network Tipping and the Tragedy of the Common Network: A Theory for the Formation and Breakdown of Public Telecommunications Systems, in: Communications & Strategies No. 1 (1991), S. 43-72; die gegenläufigen Entwicklungen zur Globalisierung skizzieren *K. F. Röhl/S. Magen*: Die Rolle des Rechts im Prozeß der Globalisierung, in: Zeitschrift für Rechtssoziologie 17 (1996), S. 2 mit Partikularisierung, Differenzierung, Fragmentierung, Dezentralisierung und Durcheinander.

neoliberalen Entwicklungsstrategien weniger durch zunehmende Vereinheitlichung, als vielmehr durch fortschreitende Differenzierung und Ungleichgewichte geprägt.

"Die Ungleichzeitigkeit und Ungleichheit wirtschaftlicher Entwicklung wird zu einem immer größeren Problem der internationalen Beziehungen. Es zeichnet sich ab, daß sich die Zentren wirtschaftlichen Wohlergehens in den Industriestaaten konsolidieren, während die Marginalisierung des Restes der Welt zunimmt. (...) Statt (kapitalistischer) Vereinheitlichung erfolgt in Wirklichkeit Fraktionierung"[419].

Kritik regt sich an der Globalisierungsthese, der zufolge durch Internationalisierung Wohlstandsmehrung entsteht. Es wird bezweifelt, ob die prognostizierten globalisierungsbedingten Wohlfahrtseffekte tatsächlich eintreten[420]. Vor der Gefahr einer sich weitenden Kluft zwischen Armen und Reichen warnt der im Januar 1995 vorgelegte Bericht "Our Global Neighbourhood" der Genfer Kommission für globale Regierungsführung angesichts wachsender Globalisierung. Eine immer wohlhabendere Welt koexistiere Seite an Seite mit einer marginalisierten globalen Unterklasse[421]. Der "Bericht über die menschliche Entwicklung 1996" des UN-Entwicklungsprogramms (UNDP) zeigt, daß die ärmsten 20 Prozent in den vergangenen 30 Jahren einen Rückgang ihres Anteils am Welteinkommen von 2,3 Prozent auf 1,4 Prozent erlebten, wodurch sich das Verhältnis der Einkommensanteile der Reichsten und der Ärmsten verdoppelte (von 30:1 auf 61:1).

Die Statistiken für den Bereich der Telekommunikation sehen nicht besser aus. Laut ITU[422] werde sich die Kluft nicht nur im Hardware-Bereich, sondern auch im Bereich der Telekommunikationsdienste zwischen den Industriestaaten und den Entwicklungsländern (eine kleinere Gruppe von Schwellenländern eingeschlossen) in Asien[423] und Lateinamerika ausweiten, wenn es nicht zu entscheidenden Korrekturen kommt. "Telecommunications may unintentionally perpetuate the development gaps" hieß es in der

---

419 *M. Bonder/B. Röttger*: Eine Welt für alle? Überlegungen zu Ideologie und Realität von Fraktionierung und Vereinheitlichung im globalen Kapitalismus, in: Nord-Süd aktuell (1993), S. 68 f.; ähnlich *J. Calließ/B. Moltmann (Hrsg.)*: Einführung, in: Jenseits der Bipolarität: Aufbruch in eine "Neue Weltordnung", Loccumer Protokolle 9/92 (1992), S. 21; *M. Castells*, (Anm. 346), S. 136 sieht die Gefahr funktionaler und sozialer Gegensätze auch zwischen Regionen desselben Landes; zur Ungleichgewichtigkeit der weltwirtschaftlichen Macht- und Austauschbeziehungen vgl. auch *W. R. Vogt*: Weltgesellschaft und Weltinnenpolitik, in: Loccumer Protokolle 21/93, Auf dem Wege zur Weltinnenpolitik (1994), S. 21 f.; *Stiftung Entwicklung und Frieden*, (Anm. 187), S. 15; vgl. auch *H. A. Watson*: Globalization, New Regionalization, Restructuring, and the NAFTA: Implications for the Signatories and the Caribbean, in: Caribbean Studies 29 (1996), S. 41, der in der NAFTA eine regionale Antwort auf den Globalisierungsprozeß sieht.
420 Zu den möglichen Auswirkungen des GATS-Regimes auf die Entwicklungsländer siehe das 6. Kap. 3.
421 Vgl. Our Global Neighbourhood. The Report of the Commission on Global Governance (1995), deutsche Version "Nachbarschaft in der Einen Welt" (Friedrich Ebert Stiftung 1995), Auszüge veröffentlicht in: epd 6/95, S. i ff. (Dokumententeil).
422 *ITU, CTD*, (Anm. 39), S. 14; als mitursächlich für die wachsende Kluft wird auch das rasche Bevölkerungswachstum in den Entwicklungsländern angesehen, das zur Unterversorgung der Bevölkerung mit Telekommunikationsdiensten mitbeiträgt, näher *ITU Project Officer W. Brown*: Telecommunication Network Development in Africa. The State of Development and Operation of African Telecommunication Networks, Doc. No. ATDC.90/1-E, S. 26.
423 Zum Beispiel Korea: *C.-B. Yoon*, (Anm. 136), S. 412: "(...) it is believed that the technologies related to the basic telecommunications service market is approximately two to four years behind the level of the developed countries. In the advanced telecommunications service market, the gap is more apparent (...) four to eight years behind that of the level of industrialized countries."

Buenos Aires Declaration on Global Telecommunication Development for the 21st Century"[424]. Ein inoffizielles Papier, das dem GNS-Sekretariat zugänglich gemacht wurde, zeigte am Beispiel der lateinamerikanischen und afrikanischen Märkte, daß diese Regionen auch künftig aller Voraussicht nach eine geringe Rolle im internationalen Dienstehandel spielen werden – bei abnehmender Tendenz. Es hieß dort:

"Differences in the amounts of investment in data transmission and satellites are even greater when considering the total telecommunications markets. The combined Latin American and African market represented 5 per cent of that of North America and Europe in 1980. The market includes telex, telegraphic and data transmission equipment. In 1990 the predicted figure is just over 4 per cent. This expresses the level of development and the structural weakness of developing countries. Furthermore it might imply that they will have a *very small role to play* in the internationalisation of transportable services."[425]

Nachdem sich bereits der Vorsprung der Industriestaaten auf dem Gebiet der Wirtschaft, der Technologie und des Managements seit Ausrufung der ersten UN-Entwicklungsdekaden als unaufholbar erwiesen hatte, wuchs auch die Kluft zwischen Industrie- und Entwicklungsstaaten auf dem Sektor der Telekommunikation kontinuierlich, und zwar sogar schneller als auf anderen Gebieten[426]. Es gibt Anzeichen dafür, daß die im Nord-Süd-Verhältnis bestehenden Unterschiede in der Verfügbarkeit von Telekommunikationsnetzen und -diensten aufgrund der sich vollziehenden globalen Ausweitung von Märkten nicht ohne weiteres behoben werden können[427]. Auch nach dem gegen Ende der 80er Jahre in den ost- und mitteleuropäischen Staaten einsetzenden Wandel bleibt die wirtschaftliche Führungsmacht der westlichen Staaten unangefochten, so daß die Unterschiede in der Verfügbarkeit der Telekommunikationsnetze fortbestehen, obwohl die Ausdehnung der Weltmärkte für Dienstleistungen in den 80er Jahren voranschritt[428]. Die neueren Entwicklungen schienen die Disparitäten zwischen Nord und Süd sogar eher zu vergrößern:

---

424 *Buenos Aires Declaration on Global Telecommunication Development for the 21st Century*, World Telecommunication Development Conference, Buenos Aires, 21-29 March 1994, S. 7, Ziff. 9 (b).
425 *J. F. Rada*, (Anm. 232), S. 58; (Hervorhebung durch die Verf.).
426 Vgl. bereits *M. T. Pavlidou*: The Widening Information Gap, in: *R. G. Pipe/A. A. M. Veenhuis (Hrsg.)*: National Planning for Informatics in Developing Countries, Preceedings of the IBI International Symposium, Baghdad, 2-6 November 1975 (1986), S. 158.
427 *P. Lusweti*: Shaping the Future of Telecommunications, in: ITU Newsletter 3/94, S. 5: "The failure to narrow the gap provides a hard lesson in the need for timely, and perhaps, more comprehensive planning of development strategies by countries that are victims of the "still missing link"; *J. Hills*, (Anm. 150), S. 71; Stiftung Entwicklung und Frieden, (Anm. 187), S. 364: "ungleiche Entwicklung zwischen schnell wachsenden High-Tech-Wohlstandsinseln und verarmenden Regionen in der Dritten Welt mit technisch rückständigem Fernmeldenetz"; *J. Neyer*: Chancen und Gefahren der neuen Kommunikationstechnologien, in: epd-Entwicklungspolitik 14/96, S. 29 f. zufolge läßt die Entstofflichung der Weltwirtschaft einen Konzentrationsprozeß im Bereich der Infrastrukturen des Welthandels erwarten, "der die Asymmetrien zwischen Nord und Süd weiter verschärfen wird": zum weiter "verarmenden 'Rest', der mehr oder weniger sich selbst überlassen, sozusagen zwangsweise abgekoppelt wird": *A. Boeckh*, (Anm. 187), S. 154; *L. Abugattas*, (Anm. 316), S. 434: "A services revolution is taking place in the North, and a widening service gap is emerging between developed and developing countries"; *H.-J. Michalski*, (Anm. 367), S. 1137 geht davon aus, daß trotz der gegenwärtigen Privatisierungswelle in den Entwicklungsländern "die Zunahme des Telefonversorgungsgrades in nächster Zeit gegen Null gehen" dürfte, jedenfalls aber eine "riesige Lücke" gegenüber den entwickelten Ländern bestehen bleibt.
428 *R. Mansell*, (Anm. 20), S. 29.

"There is a growing gap between developing and advanced countries in terms of the material base and infrastructure to support 'information-intensive' services and industries. Worldwide, there is an extremely uneven distribution of the systems and infrastructure necessary to increase the productivity of production and services, as well as the capacities for transportation and development of new services"[429].

Auf dem Telekommunikationssektor wurde – ähnlich wie auf ökonomischem Gebiet – die Differenzierung zwischen den "have" und "have-nots", den Wissenden und den Informationshabenichtsen, zum geflügelten Wort[430]. Von einigen, nicht näher spezifizierten militärischen Implikationen, dem Bezug elektronischer Konsumgüter für die Oberschicht und der Anbindung leitender Stellen an ein globales Telekommunikationsnetz abgesehen, gehe die technologische Revolution an den meisten Ländern der Dritten Welt vorbei[431].

Diese These scheint sich zu bestätigen, vergegenwärtigt man sich die niedrige Zahl von Radio- und von Fernsehgeräten und vor allem die unterschiedliche Telefondichte: Die industrialisierten/entwickelten Nationen, die weniger als 15 Prozent der Weltbevölkerung stellen, besaßen zu Beginn der 90er Jahre ca. 85 Prozent der verfügbaren Telefone. Die Entwicklungsländer hingegen besitzen heute weniger als 10 Prozent aller verfügbaren Telefone[432].

Trotz der weltweiten Globalisierung der Märkte sind die Grunddienste weiterhin auf die Märkte der Industriestaaten konzentriert, und zwar nach Schätzungen mit ca. 90 Prozent des Gesamttelekommunikationsvolumens[433] – weniger als 10 Prozent allen Telefon-, Telex- und Telefax-Verkehrs findet zwischen den Entwicklungsländern statt[434]. Die Konzentration von Mehrwertdiensten (VANs) in der westlichen Welt soll sogar noch höher sein[435]. Dies liegt nahe, weil hierfür nicht nur Telefone und Leitungen benötigt werden, sondern zusätzlich Computer, Terminals und Modems. Vor Abschluß des Allgemeinen Dienstleistungsabkommens befanden sich ca. 95 Prozent der weltweit verfügbaren Computer in den Industriestaaten, im Vergleich dazu nur 3,3 Prozent in Lateinamerika, 1,6 Prozent in Asien und weniger als 0,5 Prozent in Afrika[436]. Im Sommer 1995 verfügten 96 Länder über internationale Internet-Verbindungen, wobei sich die überwiegende Mehrheit der Internet-Hosts[437] in USA und Europa befindet: "Weite Teile

---

429   *J. F. Rada*, (Anm. 232), S. 58.
430   *T. McPhail/B. McPhail*, (Anm. 243), S. 290; kritisch *D. Weirich*: Das globale Dorf, Chancen und Risiken der künftig weltweiten Informationsfreiheit, in: Internationale Politik 11/1996, S. 32 f.
431   *M. Castells*, (Anm. 346), S. 136.
432   *C. J. Hamelink*: Global Communications: Northern Control & Southern Dependence, in: epd-Entwicklungspolitik 14/15 (1995), S. e.
433   *UNCTC*, (Anm. 62), S. 4.
434   *C. J. Hamelink*, (Anm. 432), S. f.; zur Süd-Süd-Kooperation siehe bereits oben 2. Kap. 2 e).
435   *UNCTC*, (Anm. 62), S. 4; im Bereich der Datenbanken sieht es nicht besser aus, vgl. nur *R. G. Pipe*: Services Trade Growth in Asia and the Pacific Through Telecommunications, in: Asia-Pacific Telecommunity, Report of the Seminar on Telecommunications' Support for Trade in Services (APT/SEM/UNCTAD/94), Male, Republic of Maldives, 14-17 May, 1994, Doc. No. TELTRADE-23, S. 488.
436   *Economic and Social Council*, Distr. General, UN Doc. E/1990/86, 22 May 1990, International Co-operation in the Field of Informatics, Note by the Secretary-General, Annex "International Co-operation in the Field of Informatics", Report prepared by the United Nations Educational, Scientific and Cultural Organization in Consultation with the International Telecommunication Union and the United Nations Industrial Development Organization, S. 8, Ziff. 28.
437   Das Internet verbindet Computer miteinander, wobei mittels einer gemeinsamen Norm jeder Internet-Host mit jedem anderen kommunizieren kann; Internet-Hosts fungieren als Server für eine

Afrikas und einzelne Gebiete Südostasiens sind dagegen noch 'weiße' Flecken auf der Weltkarte der Internet-Konnektivität"[438]; Ende 1997 befanden sich ITU-Angaben zufolge 97 Prozent der Internet-Nutzer in "high income countries"[439].

Da von dem Rückstand zwischen Industrie- und einigen Entwicklungsländern nicht nur Infrastruktureinrichtungen, sondern in noch stärkerem Maß Grund- und Mehrwertdienste betroffen sind, droht die "Diensterevolution" im Norden die Entwicklungsländer weiter ins Abseits zu stellen. Ihre Absicht, im Wege einer durch GATT/WTO geförderten Marktöffnung Entwicklungsvorteile zu erzielen, scheint problematisch. Wie ein Experte die Situation der LDCs resümiert:

> "Whether the goals of lower-income countries can be realized cannot be confidently predicted"[440].

3. Probleme der Globalisierung: Telekommunikative Aspekte der "Governance"

Es liegen Anzeichen dafür vor, daß in einzelnen Bereichen verstärkt Formen der Governance[441] erforderlich sind, damit der eingeleitete Liberalisierungsprozeß erfolgreich verläuft[442]. In der Umbruchphase zur Weltmarktorientierung und im Zuge der Liberali-

---

ganze Reihe von Telekommunikationsdiensten wie E-Mail, Netnews, Internet-Relay, Chat, Internet-Phone, Telnet, File Transfer oder World Wide Web (www).

438 *U. Hoffmann*: "Request for Comments": Das Internet und seine Gemeinde, in: Jahrbuch Telekommunikation und Gesellschaft 4 (1996), S. 105; detailliert *B. Humbaire*: L'Internet et l'Afrique: ressources et documentaires, in: Afrique contemporaine Nr. 182 (1997), S. 48, der 15 afrikanische Staaten aufzählt, in denen lediglich einige tausend Personen über INTERNET-Zugang verfügen; siehe auch http://demiurge.wn.apc.org:80/africa/

439 *P. Lusweti*: Editorial, in: ITU News 9/97, S. 1; ähnlich *C. A. P. Braga/C. Fink*: The Private Sector and the Internet, in: *The World Bank Group (Hrsg.):* The Information Revolution and the Future of Telecommunications, June 1997, S. 30; *J. Becker/D. Salamanca*: Globalisierung, elektronische Netze und der Export von Arbeit, in: APuZ, B 42/97, 10. Oktober 1997, S. 38 betonen, die "allermeisten Internet-Nutzer sind und bleiben Amerikaner".

440 *R. G. Pipe*: Services Trade Growth in Asia and the Pacific Through Telecommunications, in: Asia-Pacific Telecommunity, Report of the Seminar on Telecommunications' Support for Trade in Services (APT/SEM/UNCTAD/94), Male, Republic of Maldives, 14-17 May, 1994, Doc. No. TEL-TRADE-23, S. 482; als "*low income countries*" (US$ 610 oder weniger) gelten Bangladesch; Bhutan; Kambodscha; China, Indien, Indonesien, Volksrepublik Laos, Myanmar, Nepal, Pakistan, Sri Lanka und Vietnam; als "*lower middle income countries*" (US$ 610-2.465) gelten Malaysia; Philippinen, Thailand; die Republik Korea wird als *"upper middle income country"* eingestuft (so die Einteilung bei: *P. L. Smith/G. Staple*, (Anm. 155), S. IX.

441 Governance (engl. Steuerung, Regelung, Regulierungsmechanismus) ist ein in die deutsche Wissenschaftssprache übernommener Begriff, dem u.a. die Bedeutung von autoritativer Steuerung "mit oder ohne Regierung" zukommt, vgl. *J. N. Rosenau/E.-O. Czempiel*: Governance without Government: Order and Change in World Politics (1992); näher zu den Handlungs- und Steuerungsebenen siehe bereits 1. Kap. 2.

442 *ITU, Regulatory Colloquium No. 1*: The Changing Role of Government in an Era of Telecommunications Deregulation (1993), S. viii: "Experience suggests that certain forms of regulation are necessary if the potential benefits of telecommunications are to be fully realized"; *L. Henkin*, (Anm. 198), S. 166 beobachtet selbst in marktwirtschaftlichen Systemen "substantial regulation in the public interest"; innerhalb von GATT/WTO selbst wurden Mechanismen entwickelt "of regulating the regulation of trade", so *I. Araki/G. Marceau*: GATT/WTO and Managing International Trade Relations, in: *J.-Y. Chung (Hrsg.):* Global Governance. The Role of International Institutions in the Changing World (1997), S. 250; vgl. auch *R. Petrella*: The Quest for Competitiveness and the Need for Economic Disarmament, in: Politik und Gesellschaft 1/1996, S. 11; *E. Ste-*

sierung ist es von großer Bedeutung, neue Regulierungsmechanismen aufzubauen[443]; neuere steuerungstheoretische Konzepte sind zu entwickeln, um die "klassische Dichotomie Markt versus Staat" zu überwinden[444]. Veränderte Marktbedingungen verlangten nach einer "Neuregulierung des Sektors" – keinesfalls verschwinde der staatliche Regulierungsbedarf[445].

Entgegen der traditionellen Sichtweise, die Wettbewerb als Antipode zu Regulierung ansah ("trade versus regulation"), mehren sich die Stimmen, die eine Regulierung als erforderlich betrachten, um einen effizienten Wettbewerbsmarkt zu schaffen:

> "(...) perhaps the ultimate paradox is that, if you genuinely do want to try and create a liberalised, privatised and competitive market, it probably means introducing a very high degree of regulation (...) to achieve it"[446].

Re-Regulierung sei die "Systemantwort" auf eine neue Situation, in der sich nunmehr der Staat, die Telekommunikations- und die datenverarbeitende Industrie auf ein neues Regelwerk einigen müßten[447]. Einen wachsenden "Bedarf an internationalen Regulierungen von Problemfeldern im Bereich der internationalen Kommunikationspolitik" konstatiert *Zürn*[448]. Die Zulassung von Wettbewerb mache Regulierung nicht überflüssig:

> "(...) competition need not by itself reduce the demand for regulation. The transition process of liberalization as well as new competitive market sectors as such may call for new and other forms of regulatory control"[449].

Die Regulatoren sehen sich einer raschem Wandel unterworfenen, dynamischen Telekommunikationsumgebung gegenüber. Ihre Aufgabe ist nicht selten, die akzeptablen

---

vers/C. Wilkinson: "Appropriate Regulation" for Communication and Information Services, in: *P. Robinson/K. P. Sauvant/V. P. Govitrikar (Hrsg.)*: Electronic Highway for World Trade (1989), S. 156: insbesondere durch das Fehlen regulativer Bestimmungen könnten handelsverzerrende Wirkungen entstehen (ebd. S. 156); das deutsche Telekommunikationsgesetz *(TKG)* vom 25. Juli 1996 (BGBl I S. 1120), § 2 Abs. 2 erwähnt als Ziele der Regulierung die Wahrung der Nutzerinteressen, die Sicherstellung eines chancengleichen Wettbewerbs sowie unter flächendeckender Grundversorgung, die Förderung von Telekommunikationsdiensten bei öffentlichen Einrichtungen und die Wahrung der öffentlichen Sicherheitsinteressen; näher *R. Doll*: Das neue Telekommunikationsgesetz, in: Jahrbuch Telekommunikation und Gesellschaft 5 (1997), S. 350 ff.

443 *D. Messner/J. Meyer-Stamer*: Staat, Markt und Netzwerke im Entwicklungsprozeß, in: E+Z 36 (1995), S. 131; die Autoren nennen z.B. effiziente Steuerverwaltungen, Marktinformationssysteme, soziale Sicherungssysteme; *H. I. M. de Vlaam*, (Anm. 121), S. 37 fordert statt bislang "reaktiver", nationaler eine "proaktive", internationale Entscheidungsfindung.

444 *D. Messner/J. Meyer-Stamer*, (Anm. 443), S. 132; zur Dichotomie zwischen Staat und Markt siehe bereits 2. Kap. 1 c).

445 *M. Latzer*: Manuskript zum Vortrag, Paradigmenwechsel in der Telekommunikationspolitik (1993), S. 12; vgl. auch *E. Grande*: Entlastung des Staates durch Liberalisierung und Privatisierung? Zum Funktionswandel des Staates im Telekommunikationsbereich, in: *R. Voigt (Hrsg.)*: Abschied vom Staat - Rückkehr zum Staat (1993), S. 387, der im Bereich der Telekommunikation von der Wendung des Leistungsstaats zum Regulierungsstaat spricht.

446 *R. Winsbury*: Why Liberalisation is Not a Universal Panacea, in: Intermedia, London, June/July 1995, S. 28 unter Hinweis auf Großbritanniens Regulierungsbehörde Oftel; zu den Aufgaben der französischen Regulierungsbehörde ART siehe *B. Lasserre*: L´Autorité de régulation des télécommunications (ART), Dossier "Droit des télécommunications: entre déréglementation et régulation", in: L´actualité juridique droit administratif (AJDA), No. 3, 20 mars 1997, S. 224-228.

447 *J. Becker/S. Bickel*, (Anm. 149), S. 50.

448 *M. Zürn*: Gerechte internationale Regime (1987), S. 145.

449 *E. Stevers/C. Wilkinson*, (Anm. 442), S. 156.

Grenzen dieses Wandels zu bestimmen – sie werden auf diese Weise zu "gatekeepers of the transformation of the telecommunication market"[450]. Während die Regulatoren früher überwiegend mit Fragen der Preisgestaltung und der Quersubventionen für Telefondienste befaßt waren, hat sich das Regulierungsspektrum heute erheblich ausgewietet. Parallel dazu nahm der den Regulatoren zur Bewältigung ihrer komplexen Aufgaben verbleibende Ermessensspielraum kontinuierlich ab; dazu trägt auch der Umstand bei, daß die Genfer Welthandelsorganisation (WTO) Grundsätze für die Regulierung von Grunddiensten erarbeitete ("basic telecommunications", vgl. 5. Kap. 4. Abschn. c).

Der folgende Abschnitt will versuchen, überblicksmäßig einige Fragen der "Governance" aufzugreifen, um auf diese Weise den Rahmen der Liberalisierungs-/Regulierungsdebatte weiter einzugrenzen. Dies scheint erforderlich, um die im General Agreement on Trade in Services und der Anlage zur Telekommunikation getroffenen Regelungen angemessen zu würdigen und in der Konsequenz die rechtspolitischen Erfordernisse der "Post-Uruguay Phase" zutreffend einschätzen zu können.

a) Sicherung des Markt-/Netzzugangs für Anbieter von Telekommunikationsdiensten

Als Ausgangspunkt von Überlegungen zu telekommunikativen Aspekten der "Governance" bietet sich das zentrale Anliegen des GATS und der Anlage zur Telekommunikation, den Markt- und Netzzugang zu sichern, an. Das GATT-Sekretariat der Group on Negotiations in Services sah eine grundlegende Voraussetzung für den Telekommunikationsdienstehandel in dem zu schaffenden adäquaten Zugang der Unternehmen zu privaten und öffentlichen Netzen. Wo diese Kapazität fehle, würden Diensteanbieter vom Marktzugang abgehalten bzw. sie würden gezwungen, alternative Strategien zu entwickeln – etwa das öffentliche Netz zu umgehen[451].

Der "Netzzugang" ist ein verhältnismäßig neuer Aspekt des Marktzugangs. Da häufig – nicht immer[452] – der Zugang zum Markt für ausländische Diensterbringer mit dem Zugang zum Netz korreliert, wird bereits von "*networked markets*" gesprochen[453], das heißt der Zugang zum Markt und der Zugang zum Netzwerk sind in bestimmten Bereichen ein und dasselbe:

---

450 P. *Smith*: What the Transformation of Telecommunications Markets Means for Regulation, in: *The World Bank Group (Hrsg.):* The Information Revolution and the Future of Telecommunications, June 1997, S. 16.
451 Note by the *GNS Division Secretariat*, (Anm. 63), S. 53.
452 Beispielsweise stehen einige Netze, wie die Computerreservierungssysteme SWIFT und SITA, nur bestimmten Benutzergruppen offen; in diesen Fällen existiert kein effektiver Marktzugang, *UNCTC*, (Anm. 62), S. 23; gegen eine Gleichsetzung von Markt - mit Netzzugang auch R. G. *Pipe*, (Anm. 9), S. 94; das deutsche Telekommunikationsgesetz (TKG) vom 25. Juli 1996 (BGBl I S. 1120) § 3 Ziff. 9 definiert Netzzugang "als die physische und logische Verbindung von Endeinrichtungen oder sonstigen Einrichtungen mit einem Telekommunikationsnetz oder Teilen desselben sowie die physische und logische Verbindung eines Telekommunikationsnetzes mit einem anderen Telekommunikationsnetz oder Teilen desselben zum Zwecke des Zugriffs auf Funktionen dieses Telekommunikationsnetzes oder auf die darüber erbrachten Telekommunikationsdienstleistungen"; vgl. auch die Verordnung über besondere Netzzugänge (Netzzugangsverordnung - NZV) vom 23. Oktober 1996 (BGBl I S. 1568).
453 A. *Bressand*: Access to Networks and Services Trade: The Uruguay Round and Beyond, in: *UNCTAD (Hrsg.):* Trade in Services: Sectoral Isssues (1989), S. 216 mit Beispielen.

"access to networks is viewed as access to local markets in order to export, i.e. networks are considered in their function as export media"[454].

Ein effizienter und möglichst kostengünstiger Zugang zu Telekommunikationsnetzen und Diensten ist eine wesentliche Voraussetzung für die geschäftlichen Tätigkeiten von Dienstleistungsunternehmen, die nicht selbst Träger der Infrastruktur eines Übertragungsnetzes sind. Dort wo ein funktionierendes Telekommunikationssystem besteht, bedarf es für die Einführung/das Angebot zusätzlicher Dienste nicht unbedingt großer Direktinvestitionen. Im allgemeinen kommt es zur Lieferung von Diensten im Wege grenzüberschreitenden Handels, ohne daß der Anbieter selbst im Gaststaat präsent ist. Ausländischen Anbietern soll das Recht zukommen, sich vom Ausland aus in öffentliche Telefon- oder Mietleitungsnetze einzuwählen.

"Non-establishment" ist ein verhältnismäßig neues, innerhalb der Diskussion um den Handel mit Telekommunikationsdiensten entwickeltes Konzept – um im Elektronikzeitalter Geschäfte zu führen, sind lokales Personal und lokale Einrichtungen vor Ort nicht mehr unbedingt notwendig. Das Personal eines in einem einzigen Land ansässigen Unternehmens kann die Kunden in mehreren anderen Ländern über vorhandene Telekommunikationsverbindungen bedienen, und Kundenservice kann in mehreren Städten zugleich angeboten werden. Folglich ist "non-establishment" gerade für Dienstleistungsindustrien in höchstem Maße interessant geworden:

> "The advent of time- and distance insensitive communications, coupled with falling prices for international telecommunications, is making non-establishment highly attractive to service industries"[455].

In zahlreichen Entwicklungsländern, in denen eine grundlegende Verbesserung des Telekommunikationssystems notwendig ist[456], sind unter Umständen jedoch Direktinvestitionen auf dem Gebiet der Infrastruktur unvermeidbar. In Fällen, in denen bestehende Netze ungenügend, etwa zu alt und/oder leistungsschwach sind, beanspruchen Diensteerbringer in dieser Hinsicht vielfach ein Recht auf die Errichtung von eigenen Netzen ("right to establish networks")[457]. Netzzugang soll daher auch das Recht auf Errichtung privater Netze umfassen[458]. Dahinter steht der Gedanke, daß es ohne das Recht, eigene, auf spezielle Kundenbedürfnisse zugeschnittene Netze zu errichten, nicht zu einem weltweit reibungslosen Handel mit Dienstleistungen kommen wird: "The rationale is

---

454   *A. Bressand*, (Anm. 453), S. 230.
455   *R. G. Pipe*, (Anm. 9), S. 94; die nicht-niedergelassenen Unternehmen brauchen nicht in die örtliche Wirtschaft zu investieren, sie schaffen keine Arbeitsplätze und zahlen keine örtlichen Steuern, wohl aber erhöhen sich die nationalen Telefoneinkünfte bei dieser Art des "offshore business"; *K. Grewlich*, (Anm. 86), S. 698; zum Unterschied zwischen "right of establishment" und "non-establishment" vgl. auch *C. Dörrenbächer/O. Fischer*: Handel mit informationsintensiven Dienstleistungen: neue Perspektiven für die internationale Arbeitsteilung und Handelspolitik, in: Vierteljahresberichte 122 (1990), S. 397; *C. Dörrenbächer/ O. Fischer*: Telecommunications in the Uruguay Round, in: Intereconomics 25 (1990), S. 187.
456   Zur Rückständigkeit der Infrastruktureinrichtungen siehe das 2. Kap. 2 b).
457   Vgl. auch die Definition des OECD Trade Committee, die davon ausging, daß Marktzugang einschließt: "access to national distribution systems for the services concerned and access to local commercial presence as required", *OECD*: Elements of a Conceptual Framework for Trade in Services, Trade Committee (1987).
458   Ausdrücklich: *A. Bressand*, (Anm. 453), S. 223.

(...) that without the right to create specialized networks, the international service network is meaningless"[459].

Für ein weites Marktzugangskonzept für Telekomdienste (unter Einschluß aller Formen des Netzzugangs) sprachen sich im Rahmen der GATS-Kodifikation die – an neuen Märkten interessierten – westlichen Industrien aus: Es solle "the right to choose the equipment and the right to connect equipment" miteinschließen[460], ebenso die nicht-diskriminierende Verfügbarkeit von Mietleitungen, sowie die Möglichkeit, frei werdende Kapazitäten derselben weiterzuverkaufen und eine freie Technologiewahl, darüber hinaus (wesentlich umstrittener) das Recht, firmeneigene Standards und Protokolle zu verwenden[461].

Mit anderen Worten: Die Regulatoren sollen den Unternehmen in telekommunikativer Hinsicht ein relativ ungehindertes Betätigungsfeld eröffnen.

Außerdem sollte das Marktzugangskonzept eine Neudefinition der nationalen, die Netzarchitektur betreffenden Rechte umfassen[462]. Und schließlich:

"(...) market access would require significant international oversight of national policies concerning pricing, servicing of customers, and rights of administrative appeal in the domestic market"[463].

Ohne Zweifel wird mit der progressiven Marktliberalisierung und dem Auftreten neuer Wettbewerber die Relevanz nichtdiskriminierenden Markt-/Netzzugangs in Zukunft wachsen. Im folgenden sollen deshalb einige der sich im weiteren Kontext ergebenden technischen, ökonomischen und rechtlichen Fragestellungen angesprochen werden.

b) Die Sicherung funktionsfähigen Wettbewerbs

Neben der Öffnung der Märkte sind flankierende Maßnahmen zum Schutz des Wettbewerbs notwendig. Die Enquête-Kommission des Deutschen Bundestages "Zukunft der Medien in Wirtschaft und Gesellschaft - Deutschlands Weg in die Informationsgesellschaft" untersuchte als eines der Felder, auf denen nationaler und internationaler Handlungsbedarf besteht, die Schaffung eines angemessenen ordnungspolitischen und rechtlichen Rahmens für die "Sicherung eines funktionsfähigen Wettbewerbs zur Vermeidung einer marktbeherrschenden Stellung einzelner Unternehmen und eines ungehinderten Zugangs zu den neuen Informations- und Kommunikationstechnologien"[464].

---

459 P. F. Cowhey, (Anm. 13), S. 194.
460 Vgl. nur E. O. Weiss: "Defining Telecommunications Services Trade", S. 3; einen weiten Marktzugangsbegriff verwendet auch *Liberalisation of Trade in Services Committee (LOTIS) of the British Invisible Exports Council*, February 1986, "International Information Flows", A Report by the LOTIS Committee, S. 25 f.
461 P. Sauvé (Economic Affairs Officer, GNS, GATT): On the Sectoral Testing, 15 February 1990, S. 5; zur Rolle von Standards s.u. Abschnitt c).
462 P. F. Cowhey, (Anm. 13), S. 194.
463 P. F. Cowhey, (Anm. 13), S. 194 mit Beispiel.
464 S. Mosdorf: Neue Informationstechnologien nutzen, den Standort Deutschland stärken - Bundestag setzt Enquête-Kommission "Zukunft der Medien in Wirtschaft und Gesellschaft - Deutschlands Weg in die Informationsgesellschaft" ein, in: Jahrbuch Telekommunikation und Gesellschaft 4 (1996), S. 301-304, speziell S. 303.

Streben mehrere Wettbewerber – von außen oder innerhalb des Marktes – den Zugang zum Netz des etablierten Anbieters an (Interkonnektivität)[465], kann dessen dominante Marktposition zu einem Problem werden. Ohne Netzzusammenschaltung, also ohne Nutzung der Ortsnetze des dominanten Betreibers, kann kein Wettbewerb in der Fläche stattfinden[466].

Ein Thema der Governance-Debatte im Kontext des Markt- bzw. Netzzugangs war und ist folglich die Begrenzung des (potentiellen) Anti-Wettbewerbsverhaltens von Netzbetreibern, meist öffentlichen Monopolunternehmen, die im Bereich der Basisdienste (ohne die wiederum häufig die Lieferung von Mehrwertdiensten nicht möglich ist) eine marktbeherrschende Stellung besitzen. Befürchtet wird, noch bestehende staatliche oder staatlich geführte Monopolunternehmen können unter Ausnutzung ihrer Marktmacht in deregulierten Bereichen tätig werden:

> "Soweit ein Monopol für bestimmte Dienstleistungen nicht besteht, können teilweise die Monopolunternehmen sich außerhalb ihres Monopols am Wettbewerb beteiligen. Hier haben die freien Wettbewerber ein Interesse daran, daß dies nicht unter sachwidriger Ausnutzung der Monopolstellung (...) geschieht"[467].

Wie Weltbankexperten sich äußerten: "Of crucial importance are such factors as (...) regulatory safeguards to deter the dominant carrier from using its market power to operate in ways that do not serve the public interest"[468]. Ein mit regulatorischen Fragen im Rahmen des neuen WTO-Regimes befaßtes Kolloquium stellte im Ergebnis fest, daß zu den Aufgaben der nationalen Regulatoren die Überwachung der PTOs gehöre:

> "Where the incumbent PTO retains either a monopoly or a dominant market share, supervising it may be a major mission, or even the major mission for the regulator"[469].

---

465 Der Begriff "Interkonnektivität" oder auch "Interconnection" ist sehr umfassend, da er technische und rechtliche Aspekte ebenso berührt wie solche der Verrechnungspreise; in seiner Grundbedeutung läßt Interconnection sich als "Zusammenschaltung" oder auch "Mitbenutzung" wiedergeben, vgl. *Editorial*: Jahrbuch Telekommunikation und Gesellschaft 4 (1996), S. 10; zu den technischen Aspekten der Interkonnektivität vgl. *D. Becker*: Die technische Realisierung von Interkonnektivität, in: Jahrbuch Telekommunikation und Gesellschaft 4 (1996), speziell S. 153 ff.; dabei unterscheidet Becker Interkonnektivität im Bereich des Anschluß- und des Verbindungsnetzes sowie im Dienstebereich selbst; eine reibungslose Verbindung von Telekommunikationsnetzen gewinnt durch die Liberalisierung neue Aktualität, wie beispielsweise die Zusammenschaltung des Telekom-Festnetzes mit dem D-2-Mobilfunknetz zeigt, im Zuge dessen die auf beiden Seiten bereitzustellenden Leistungen (Zusammenschaltungspunkte, Netzkapazitäten, Mietleitungen, Zugang zu Hilfs- und Zusatzdiensten etc.) ausgehandelt wurden; vgl. auch *C. Hüttig*: Grenzüberschreitender Datenverkehr. Ansätze zu einem Regime des internationalen Dienstleistungshandels, in: *B. Kohler-Koch (Hrsg.)*: Regime in den internationalen Beziehungen (1989), S. 206; *D. Encaoua/L. Flochel*: Interconnexion de réseaux, qualité et concurrence, in: Révue économique no. 3 (1996), S. 467 ff.

466 P. J. J. Welfens/C. Graack, (Anm. 28), S. 78.

467 *M. Bothe*, (Anm. 16), S. 249.

468 *P. L. Smith/G. Staple*, (Anm. 155), S. 2.

469 *ITU, Regulatory Colloquium No. 1* (Anm. 442), S. ix: Such control may be exercised for varying ends, eg:
- Achieving the maximum rate of reduction of prices compatible with the desired levels of service quality
- Enforcing "universal service" obligations

Eine Art Schutzregulierung zur Sicherung fairen und funktionsfähigen Wettbewerbs wird außerdem zur Verhinderung privater Unternehmensmacht, also eines "Privatmonopols", als erforderlich angesehen. Die einstigen Monopole wurden in den seltensten Fällen zugunsten kleinerer wirtschaftlicher Einheiten, sondern in aller Regel durch mächtige, zum Teil marktbeherrschende[470] Konzerne abgelöst. Nur vereinzelt ist eine Verlagerung des Schwergewichts von den großen Netzträgern zu kleineren Package-Firmen ("systems integrators"), die für jeden Kunden aus dem großen Multimedia-Katalog ein individuelles Angebot entwickeln, zu beobachten. In der Regel entstanden größere Einheiten, die ähnliche Begrenzungen der Dienstleistungsfreiheit mit sich bringen können wie zuvor die Monopolunternehmen[471].

Wird ein Monopol, wie etwa das der Deutschen Bundespost, nur privatisiert, nicht aber aufgehoben, dann stellt dies letztlich keine echte Liberalisierung dar; es besteht grundsätzlich die Gefahr, daß öffentliche Monopole durch Privatmonopole abgelöst werden[472]. Deren Markteinfluß ist beträchtlich, und zwar oft zum Nachteil kleinerer Unternehmen oder von Marktneulingen.

Restriktive Geschäftspraktiken[473] sind daher im Dienstesektor verhältnismäßig oft anzutreffen: "The incidence of restrictive business practices in the services sector is high"[474]. Derartige Maßnahmen haben nicht nur auf den Zugang zu einem Markt, sondern auch auf die Preisgestaltung Auswirkungen[475]; wie *Scherer* darlegte, wird "der

---

- Preventing anti-competitive behavior (e.g. predatory pricing) designed to suppress competitive entry.

470 Zur Frage, wann ein Unternehmen als marktbeherrschend angesehen wird, und damit besonderer Regulierung unterworfen werden kann (z.b. der Preisregulierung lizenzierter Dienste oder der Universaldiensteverpflichtung), war in Deutschland ursprünglich vorgesehen, daß ein Telekommunikationsunternehmen mit einem Marktanteil von 25% oder mehr marktbeherrschenden Unternehmen nach den Regeln des Gesetzes gegen Wettbewerbsbeschränkungen gleichgestellt wird; der Entwurf für ein Telekommunikationsgesetz (*BMPT (Hrsg.): Referentenentwurf für ein Telekommunikationsgesetz*, Bonn, Stand 27.07.1995), der am 27. Juli 1995 vorgestellt wurde, wich allerdings von der 25-Prozent-Regel ab und verwies lediglich auf § 22 des Gesetzes gegen Wettbewerbsbeschränkungen; so auch § 32 des geltenden Telekommunikationsgesetzes (TKG) vom 25. Juli 1996 (BGBl I S. 1120); ob ein Unternehmen eine beherrschende Stellung im Sinne von Art. 86 EGV einnimmt, hängt nach der Rechtssprechung des EuGH davon ab, ob es eine wirtschaftliche Machtstellung hat, mittels derer es die Aufrechterhaltung eines wirksamen Wettbewerbs auf dem relevanten Markt verhindern kann und sich gegenüber den Wettbewerbern und den Abnehmern gegenüber in einem nennenswerten Umfang unabhängig zu verhalten vermag, vgl. EuGH Slg. 1978, 207 - United Brands.
471 *M. Bothe*, (Anm. 16), S. 241 spricht in diesem Zusammenhang von Oligopolen.
472 Ausdrücklich *M. Bangemann*: Ein Mehr an Demokratie für die neuen Technologien, in: Die LIBERALE 3-4/95, S. 9, in seinem Kommentar zu den G-7 Prinzipien von 1995.
473 Unter restriktiven Geschäftspraktiken werden verstanden "measures adopted by enterprises to artificially increase market power, to attain a dominant position of market power (DPMP), and/or to abuse its position of dominance by raising prices and excluding new entrants": *P. Brusick/M. Gibbs/M. Mashayekhi*: Anti-Competitive Practices in the Services Sector, in: United Nations Conference on Trade and Development, Uruguay Round: Further Papers on Selected Issues, UNCTAD/UNDP MTN Technical Assistance Project for Developing Countries in the Asia-Pacific Region (1990), S. 130.
474 *D. Nayyar*: Towards a Possible Multilateral Framework for Trade in Services: Some Issues and Concepts", in: *UNCTAD*: Technology, Trade Policy and Uruguay Round (1990), S. 123; ähnlich *B. Lanvin*, (Anm. 42), S. 87.
475 Beispiel: Die European Conference of Postal and Telecommunications Administrations (CEPT) hat im April 1989 ihre "Recommendations on the General Principles for the Lease of International Telecommunication Circuit and the Establishment of Private International Networks" revidiert;

Monopolist (...) nämlich versuchen, durch Ausnutzung seiner Marktmacht das von ihm angebotene Produkt künstlich zu verknappen, um über einen höheren Preis seinen Gewinn zu vergrößern. Um dies zu verhindern, muß nach der traditionellen ökonomischen Theorie des Marktversagens der Staat 'regulierend' eingreifen"[476].

Auch nach größeren Privatisierungsvorhaben in der Dritten Welt stellt sich häufig weiterhin das Problem der Monopolmacht[477], zumal in den seltensten Fällen ein rechtlicher Rahmen zur Begrenzung der Monopolmacht und Sicherung funktionsfähigen Wettbewerbs geschaffen wurde. So hieß es im Anschluß an die durchgeführte Restrukturierung und Modernisierung des koreanischen Telekommunikationssektors (selbst-)kritisch:

"(...) the government does not have effective mechanisms to monitor and discipline anticompetitive behaviour. This problem is compounded by the fact that incumbent firms are able to cross-subsidize their activities, hence potentially stifling competition. As conflicts between various telecommunications firms grow, the need for a regulatory body (...) becomes more urgent"[478].

Veränderte Marktbedingungen verlangen vielfach nach einer Neuregulierung des Sektors, speziell der Wettbewerbsbedingungen, um so die unterschiedliche Marktmacht einzelner Anbieter oder auch "privater Monopole" berücksichtigen zu können. Eine wesentliche Aufgabe der staatlichen Regulierung sollte es daher sein, die neu in den Markt eintretenden Anbieter vor der verbleibenden Marktmacht des ehemaligen Monopolanbieters zu schützen und ihnen den Eintritt in den Markt zu erleichtern[479]. Auch Weltbankexperten sahen einen wesentlichen Regulierungsbedarf darin, neuen Diensteerbringern Zugang zu verschaffen: "New service providers are unlikely to obtain interconnection terms from the incumbent operator without regulatory aid. Regulation is thus essential (...)"[480]. Die Erfahrung in Neuseeland, Mexiko und USA zeige, daß es ohne Regulierung nicht gehe: "the 'no regulation' option is illusory". Denn:

" (...) new service suppliers are likely to be stillborn unless they can interconnect their facilities with the incumbent carrier's network on reasonable terms. Without regulatory intervention, interconnection has proven to be unsatisfactory. Further, absent regulatory oversight, either the dominant carrier or the ministry responsible for the carrier become the de facto rule maker for the sector, often to the disadvantage of would-be competitors and comsumers"[481].

---

unter anderem sah die Neuregelung einen Zuschlag (surcharge) von 30 Prozent für die Benutzung von Mietleitungen vor. Nachdem die EG-Kommission zwei Beschwerden erhalten hatte, untersuchte sie die Angelegenheit und stellte fest, daß diese Empfehlung einer Preisabsprache gleichkomme und daß sie fairen Wettbewerb beschränke, so daß eine Verletzung von Art. 85 (1) des Römischen Vertrags vorliege (ATTR, Vol. 58, No. 1447, 1. April 1990, S. 22).

476 *J. Scherer*, (Anm. 28), S. 187.
477 Ausdrücklich *V. Bhaskar*: Privatization in Developing Countries: Theoretical Issues and the Experience of Bangladesh in: UNCTAD Review No. 4 (1993), S. 90; zum Problem der Privatisierung in der Dritten Welt siehe bereits das 2. Kap. 2 f).
478 *C.-B. Yoon*, (Anm. 136), S. 419.
479 Vgl. nur in Deutschland: *BMPT*: Eckpunkte eines künftigen Regulierungsrahmens im Telekommunikationsbereich, in: Amtsblatt Nr. 7/95 des BMPT, S. 525 ff.; Einzelheiten zum Eckpunkte-Papier bei *R. Doll*: Wirtschafts- und ordnungspolitische Entscheidungen im Bereich der Telekommunikation in Deutschland 1995, in: Jahrbuch Telekommunikation und Gesellschaft 4 (1996), S. 366 ff.
480 *P. Smith/G. Staple*, (Anm. 155), S. x.
481 *P. Smith/G. Staple*, (Anm. 155), S. xv und xvi.

Interkonnektivität wird damit die "wohl wichtigste Spielregel auf einem Wettbewerbsmarkt der Telekommunikation", durch die sich dieser – darauf wird zu Recht hingewiesen – gleichzeitig von nahezu allen anderen Märkten unterscheidet[482]. Ohne Interkonnektivität – kein Wettbewerb, so könnte die Kurzformel lauten: "Without interconnection, competition in basic switched services by a new operator would be impossible"[483].

Je asymmetrischer die Situation[484], desto notwendiger seien direkte regulatorische Eingriffe, um zu gewährleisten, daß der etablierte Anbieter seine Marktmacht nicht in diskriminierender Weise gegenüber kleinen und mittleren Unternehmen, die neu auf den Markt treten, ausspielt. Die Gefahr, daß der marktbeherrschende Netzbetreiber beispielsweise pauschale Standard-Angebote formuliert, durch die Wettbewerber zur Abnahme von Diensten gezwungen werden, kann im Prinzip nur mittels einer Genehmigungspflicht durch den Regulierer ausgeschaltet werden [485].

Wie *Noam* hervorhebt, geschieht Interkonnektivität nicht von selbst, sondern bedarf gewisser "interconnection arrangements" oder aber, falls diese nicht zum gewünschten Erfolg führen, der Regulierung[486]. Der marktbeherrschende Anbieter müsse im Wege des Ausgleichs einer ungleichen, nur ihn, nicht aber seine Konkurrenten betreffenden Regulierung unterworfen werden, etwa dergestalt, daß er seine Netze zu besonders günstigen Konditionen, eventuell sogar zu nicht kostendeckenden Tarifen, mit den Netzen seiner Konkurrenten zu verbinden hat (sog. "Interconnection-Regulierung")[487]. Denkbar sei auch, daß der marktbeherrschende Anbieter von der Regulierungsinstanz dazu gezwungen wird, nach dem Vorbild des Open Network Provision-Konzepts der Europäischen Union[488] seine Netze für Diensteanbieter zu öffnen, die über keine eigene Netzinfrastruktur verfügen, oder daß der dominante Anbieter trotz Marktöffnung weiterhin einer Preisregulierung unterworfen wird[489]. Eine der Forderungen von Weltbankexperten ging dahin, exzessive Preisgestaltungen zu unterbinden[490].

---

482 *Editorial*, Jahrbuch Telekommunikation und Gesellschaft 4 (1996), S. 10.
483 *H. I. M. de Vlaam*, (Anm. 121), S. 32.
484 Ickenroth geht davon aus, daß früher die Interconnection-Verhandlungen aufgrund der gleichgearteten Interessenlage beider Parteien in der Regel unproblematisch, ihre Beziehungen reziprok und weitgehend symmetrisch, d.h. die Verkehrsströme quantitativ gleich waren, während heute eine in bezug auf die Verkehrsströme asymmetrische Situation zu entstehen droht, *B. Ickenroth*: Ökonomische und regulatorische Aspekte von Interconnection, in: Jahrbuch Telekommunikation und Gesellschaft 4 (1996), S. 164.
485 *B. Ickenroth*, (Anm. 484), S. 166.
486 *E. M. Noam*: Beyond Liberalization II: The Impending Doom of Common Carriage, in: Telecommunications Policy 18 (1994), S. 451.
487 *A. Picot/W. Burr*: Ökonomische Vorteile des Netzwettbewerbs in der Telekommunikation, in: Jahrbuch Telekommunikation und Gesellschaft 4 (1966), S. 30.
488 Die Bestandteile des Grundkonzeptes des Universaldienstes sind festgelegt in der *Richtlinie 95/62/EG zur Einführung des offenen Netzzugangs (ONP) beim Sprachtelefondienst* (ABl.Nr. L 32 vom 30.12.1995).
489 *A. Picot/W. Burr*, (Anm. 487), S. 30; *A. E. Kahn/W. E. Shew*: Current Issues in Telecommunications Regulation: Pricing, in: Yale Journal on Regulation 4 (1987), S. 191-256.
490 *A. Mody/C. Dahlman*, (Anm. 254), S. 20; die hier angesprochene Price Cap-Regulierung, die anläßlich der Regulierung von British Telecom in Großbritannien (1984) eingeführt wurde, erweist sich hauptsächlich im Bereich der *nicht* dem Wettbewerb unterliegenden Telekommunikationsdienste als effektiv, weniger im Bereich der dem Wettbewerb unterliegenden Mehrwertdienste, vgl. *OECD*: Price Caps for Telecommunications. Policies and Experiences, Information Computer Communications Policy 37 (1995), S. 5.

Dabei wird der Hoffnung Ausdruck verliehen, daß nur vorübergehender Regulierungsbedarf besteht. Nach *Ickenroth* wird in dem Maße, in dem der Liberalisierungsprozeß zu symmetrischen Beziehungen führt, der Bedarf an regulatorischen Eingriffen geringer werden; langfristiges Ziel der Regulierungspolitik sollte es sein, sich im Ergebnis überflüssig zu machen[491].

Zusammenfassend läßt sich feststellen, daß die im Kontext von Markt-/Netzzugang am häufigsten genannten, regulierungsbedürftigen Punkte sich beziehen auf:
- ein – wie auch immer im einzelnen ausgestaltetes – Recht auf Interconnection mit dem Netz des etablierten Anbieters;
- die Festlegung von Interconnection-Preisen auf der Basis überprüfbarer Kostenstandards;
- sowie die Schaffung eines diskriminierungsfreien Zugangs der Endnutzer zu den verschiedenen Netzen.

Warum solche und ähnliche Aspekte nur zum Teil[492] während der Kodifikationsarbeiten von GATT/WTO zum Allgemeinen Dienstleistungsabkommen und der Anlage zur Telekommunkation berücksichtigt wurden, soll an späterer Stelle untersucht werden.

c) Die Herstellung von Interoperabilität: Governance durch Standardisierung

Standards sind ein regulatives Mittel, um weltweit Interoperabilität zu sichern[493], und somit ebenfalls unter Governance-Aspekten relevant. Nur über eine Harmonisierung der Angebotspalette für Telekommunikationsdienste zur Sprach-, Text-, Daten- und Bildkommunikation ist zu erreichen, daß Anbieter und Nutzer von Telekommunikationsdiensten in die Lage versetzt werden, den für ihre jeweilige Anwendungs- und Nutzungsart optimalen Telekommunikationsdienst auszuwählen.

Die Bedeutung der Standards liegt nicht allein im technischen Bereich[494], sondern ist auch unternehmensstrategisch begründet. Wie aus der wirtschaftswissenschaftlichen Forschung bekannt, erfordern sich schnell wandelnde und bezüglich der Margen zuneh-

---

491 B. *Ickenroth*, (Anm. 484), S. 164.
492 Interconnection wird lediglich in der *Anlage zur Telekommunikation* behandelt (vgl. Ziff. 5 b(ii); Ziff. 5 (f) (v)); vgl. aber auch die Arbeiten der NBGT, dazu näher in 5. Kap. 4 c); den am meisten umstrittenen Aspekt - die Zusammenschaltung öffentlicher Netze - regelt das GATS jedoch nicht; ein Grund für diese Lücke mag darin liegen, daß man geglaubt hatte, die Zusammenschaltung öffentlicher Netze sei von Ziff. 5 (a) der Anlage abgedeckt: in diese Richtung *ITU, Report of the Fifth Regulatory Colloquium*, (Anm. 83), S. 51; auch die Frage der Tarifierung wurde (vorerst) nicht angegangen, siehe dazu näher im 6. Kap. 2 f.
493 P. *Genschel*: Dynamische Verflechtung in der internationalen Standardisierung, in: *R. Mayntz/ F. W. Scharpf (Hrsg.)*: Gesellschaftliche Selbstregulierung und politische Steuerung (1995), S. 233-265; bereits 1987 wurde geschätzt, daß es weltweit eine Million verschiedene Standards gebe, die Firmenstandards nicht mit gerechnet, A. A. *Tunis*, in: *E. V. Smith/S. Keenan (Hrsg.)*: Information, Communications and Technology Transfer, Proceedings of the Forty-third FID Congress held in Montreal, Québec, Canada, 14-18 September 1986, S. 317; bei großtechnischen Systemen, wie der Telekommunikation, sieht Mayntz einen "Zwang zur Standardisierung" als Voraussetzung der Systemintegration: *R. Mayntz*, (Anm. 226), S. 250; dies *ITU, Regulatory Colloquium No. 1*, (Anm. 442), S. xi sah technische Standards als einen wesentlichen Regulierungsaspekt an; vgl. auch *J. Savage*, (Anm. 96), S. 167 ff.; *UNCTAD/The World Bank*, (Anm. 363), S. 123 zeichnete in Box VI.2 die Nachteile fehlender Standardisierung nach.
494 Zu den technischen Lösungsansätzen bei der Herstellung von Interoperabilität *T. R. Spacek*: Wieviel Interoperabilität braucht eine Nationale Informations-Infrastruktur?, in: Jahrbuch Telekommunikation und Gesellschaft 4 (1996), S. 144 ff.

mend engere Märkte von den Unternehmen immer kürzere Reaktionszeiten auf der Basis möglichst exakter Daten; die Kommunikation muß daher auch über Unternehmensgrenzen hinweg zwischen unabhängigen Partnern reibungslos und effizient erfolgen – das bedeutet, sie erfordert offene Kommunikationsstandards[495].

Eine unzulängliche Standardisierung kann sich als Engpaß für internationale Handelsnetze erweisen[496]. Um eine Ausweitung des Handels unter gleichzeitiger Marktöffnung herbeizuführen, wie dies von den führenden Industrienationen angestrebt wird, bedarf es im Prinzip der weltweiten Anwendung einheitlicher Telekommunikationsstandards und Schnittstellenbedingungen, die zwischen Fernmeldeverwaltungen bzw. den nationalen Betriebsgesellschaften, Herstellern und Nutzern zu vereinbaren sind. Unterschiedliche nationale Standards sind unter dem Aspekt des Netzschutzes, der Betriebssicherheit und betriebswirtschaftlicher Kostennachteile kontraproduktiv; vor allem aber behindern sie Innovationen[497] von Telekommunikationsgeräten, -diensten und Anwendungen.

Nur eine zeitgerechte[498] Standardisierung fördert innovatives Verhalten und unterstützt daher die Markterweiterung. Den Herstellern drohen ansonsten verzögerungsbedingte Verkaufseinbußen, Einkommensverluste sowie eine geringe Geschäftsexpansion. Für das einzelne Land können Standardisierungsbeschlüsse Exportchancen begründen oder vernichten.

Hatten zur Zeit der Blüte von Post- und Fernmeldemonopolen internationale Telekommunikationsstandards noch eine verhältnismäßig geringe politische und ökonomische Bedeutung, da der internationale Verkehr und damit der Bedarf an internationaler Abstimmung marginal war, so steigt in Zeiten, in denen die Netze global werden, der Koordinierungsbedarf. Alleingänge einzelner Betreiber sind in einem weltweit durchgängigen Netz wenig sinnvoll[499]. War die Durchgängigkeit von Netzen und Diensten früher also ein relativ untergeordnetes Problem, da es sich nur an wenigen Netzübergängen (zwischen den Netzen verschiedener Länder) stellte, hat sich mit der Multiplikation von teils privaten und teils öffentlichen Netzen die Zahl der Netzübergänge, an

---

495 *H. Schellhaas/E. Rösch/G. Dieterle*: Open Systems Interconnection, Technologien und Standards für die 90er, in: PC Woche, 8. April 1991, S. 22; *G. Fuchs*: Telekommunikation - Der Weg von nationaler zu internationaler Regulierung, in: *K. D. Wolf (Hrsg.)*: Internationale Verrechtlichung, in: Zeitschrift für Rechtspolitologie (1993), S. 212 ff.
496 *UNCTC* (Anm. 62), S. 15: "certain bottleneck".
497 Zum innovationsfördernden Charakter von Standards (str.) siehe nur *I. M. Lifchus*: Standards and Innovation: The Hidden Synergy, in: *J. Miller (Hrsg.)*: Telecommunications and Equity, Policy Research Issues (1986), S. 179 m.w.N.
498 *V. Schneider*: Technikentwicklung zwischen Politik und Markt: Der Fall Bildschirmtext (1989), S. 247 weist zutreffend darauf hin, daß eine zeitgerechte Standardisierung Probleme aufweist; wird ein zu fortschrittlicher Standard gesetzt, kann die technische Leistungsfähigkeit der Akteure überfordert werden; wird ein relativ konservativer Standard gesetzt, kann dieser rasch veralten; in diesem Kontext siehe auch *A. M. Rutkowski*: The ITU at the Cusp of Change, in: Telecommunications Policy 15 (1991), S. 291; das Fehlen eines neuen Standards zum verbesserten Empfang aus dem Internet, habe das Weihnachtsgeschäft 1997 verdorben, klagte Thomas Kaltenbach von PC Online, vgl. SZ 23. Dez. 1997, S. 11; erst im Januar 1998 verhandelte die ITU in Genf über den neuen Vpcm-Standard.
499 Ausdrücklich *H. Hultzsch*: Die existierende Informationsgesellschaft - Realität, Chance und Möglichkeiten, in: Informatik Spektrum 18 (1995), S. 75; auch die Deutsche Telekom als Netzbetreiber habe sich daher stets um eine möglichst weitgehende Standardisierung bemüht und von nationalen Alleingängen abgesehen; dies zeige sich nicht nur an der Beteiligung in internationalen Standardisierungsgremien, sondern auch an den implementierten Standards, wie GSM beim Mobilfunk, ISDN, ATM etc.

denen Interoperabilität erforderlich ist, erheblich erhöht. Damit entwickelte sich die Interoperabilität zu einem universellen Problem.

Andererseits kann eine übermäßige Standardisierung auch ihrerseits als Wettbewerbshindernis wirken: Wiederholt wurden von der Industrie Standards als nicht-tarifäre Handelshemmnisse kritisiert[500]. Diese Kritik galt vor allem staatlicherseits gesetzten Standards; sie könnten ausländische Firmen diskriminieren und als indirektes Handelshemmnis wirken. Bei entsprechender Handhabung könnten sie zur Marktabschottung eingesetzt werden. Standards seien somit unter Umständen ein Mittel "to maintain an international cartel"[501].

Es sollte jedoch nicht übersehen werden, daß auch die von den Unternehmen gesetzten Standards wettbewerbshindernde Wirkung entfalten können. Sog. "proprietary-standards", also firmeneigene Standards, die auf verschiedenen Märkten unabhängig von den internationalen Standards existieren, können den Wettbewerb begrenzen und den Marktzugang für Dienste von ausländischen Anbietern behindern[502]. Gefordert wurde deswegen, ein multilaterales Dienstleistungsabkommen wie das GATS müsse die Frage der Firmenstandards berücksichtigen:

> "The question of proprietary standards needs to be addressed by a framework agreement on services, if it is to prevent this from operating as a barrier to undistorted trade in services"[503].

Von Unternehmen immer häufiger strategisch eingesetzte de facto-Standards, also solche Standards, die (wie im Falle der Videorecorder), von einer Firma entwickelt, aber von einer Vielzahl anderer Beteiligter übernommen werden, können ebenfalls die Öffnung von Märkten erschweren[504]. Da sie einerseits die Produktbindung der Kunden erhöhen, andererseits ihre Änderung aber im Belieben der Unternehmen steht, können de facto-Standards Marktzutrittsschranken für (potentielle) Konkurrenten errichten. Wettbewerber können im Prinzip nur dann in das Marktgeschehen eingreifen, wenn es ihnen

---

500 Kritisch zum industriepolitischen Einfluß im Standardisierungsprozeß *L. Salter*: Have we Reached the Information Age Yet?, in: International Journal of Political Economy 23 (1993-94), S. 21; *L. Salter*: The Housework of Capitalism, Standardization in the Communications and Information Technology Sectors, in: International Journal of Political Economy 23 (1993-94), S. 123; vgl. auch *J. Scherer*, (Anm. 28), S. 38; *G. Wallenstein*: Setting Global Telecommunication Standards. The Players and the Process (1990).

501 *A. Lapointe*: Structure of International Telecommunications Markets - a Canadian Perspective, Paper "Defining Telecommunications Services Trade - an International Briefing", ITU Headquarters, Geneva, May 3, 1989, S. 12; Beispiele auch bei *G. Feketekuty/J. D. Aronson*: Restrictions on Trade in Communication and Information Services, in: Michigan Yearbook of International Legal Studies, Regulation of Transnational Communications (1984), S. 149; ähnliche Überlegungen gelten für die Verwaltung des Frequenzspektrums, vgl. nur *Report of the Fifth Regulatory Colloquium*, (Anm. 83), S. 32.

502 *A. Lapointe*, (Anm. 501), S. 13 sprach daher die Empfehlung aus, "A country may insist on the utilisation of non-proprietary international standards."

503 P. Brusick/M. Gibbs/M. Mashayekhi, (Anm. 473), S. 150.

504 *L. Eicher*: Technical Regulations and Standards, in: *J. M. Finger/A. Olechowski (Hrsg.):* The Uruguay Round. A Handbook on the Multilateral Trade Negotiations. A World Bank Publication (1987), S. 137-142 stellt aufgrund Deregulierung und Privatisierung eine Verschiebung "of the trade related standards issues toward the private sector" fest; letztlich entscheidet hier der Markt über den endgültigen Standard, eventuell zum Nachteil von Verbraucher und Industrie, vgl. auch *H. Hultzsch*, (Anm. 499), S. 76; warnend zum Gebrauch von de facto Standards: *Address by the Secretary-General of the ITU*: Open Frameworks for Telecommunications in the 90s, Washington DC, 11 January 1990: Access to Networks and Markets, S. 5.

gelingt, zu den Einrichtungen der marktführenden Unternehmen kompatible Geräte und Dienste anzubieten. Derartige Standardisierungen seien Ausdruck einer neuen Regulierungsform, die in höchstem Maße mit der Ideologie des freien Marktes und den Liberalisierungspolitiken korreliere: Wesentliche staatliche Regulierungsfunktionen würden im Wege der Standardisierung privatisiert, kritisierte *Salter*[505].

Zusammenfassend läßt sich feststellen, daß Standards die Chancengleichheit im Wettbewerb zwischen den Herstellern von Netzkomponenten und Endeinrichtungen, aber auch zwischen den Anbietern von Telekommunikationsdiensten beeinflussen. Angesichts dieser Tatsache läßt sich das prinzipielle Interesse von GATT/WTO[506] an Fortschritten der Standardisierung erklären: Unterschiedliche nationale Standards konterkarieren letztlich Bestrebungen der WTO, den freien Welthandel zu sichern; weltweit offene Standards erhöhen hingegen die Chancen auf einen freien und fairen Wettbewerb, da sie einer Segmentierung von Märkten entgegenwirken.

Dem für die Liberalisierungsverhandlungen von Telekomdiensten verantwortlichen GNS-Sekretariat zufolge wird die Relevanz der Interoperabilität – neben der Interkonnektivität[507] – wegen der steigenden Zahl von Teilnehmern im internationalen Telekommunikationssystem immer größer[508]. In Zeiten wachsender Wettbewerbsorientierung, in denen mehrere Diensteerbringer miteinander um lukrative Kunden ringen, wird es für den Benutzer künftig entscheidend sein, ob das Netz *seines* Service Providers mit anderen Netzen verbunden und "durchgängig" ist; andernfalls droht ihm der Verbleib auf einer "elektronischen Insel"[509].

Vermutlich werden die Marktkräfte künftig nicht immer ausreichen, um für ausreichend Konvergenz und technische Interoperabilität zu sorgen, deshalb wird ein Bedarf für (Re)-Regulierung gesehen[510]. Die wachsende internationale Integration durch weltweiten Handel zwingt die Regulatoren und anderen Beteiligten dazu, zunehmend nicht nur tarifären, sondern auch nicht-tarifären Handelshemmnissen, wie administrativen Hindernissen und technischen Standards, Beachtung zu schenken. Die Standardisierung wird künftig voraussichtlich eines der wesentlichen Politikfelder der Governance sein.

d) Die Festlegung und Sicherung des Universaldienst-Angebots

Zu den unbedingt klärungsbedürftigen regulativen Fragen der Zukunft gehört die Sicherstellung eines Universaldienst-Angebots[511], darin wird auch innerhalb der Europä-

---

505 *L. Salter*: Have we Reached the Information Age Yet?, in: International Journal of Political Economy 23 (1993-94), S. 23.
506 Zum Verhältnis zwischen der für die Standardisierung grundsätzlich zuständigen ITU und GATT/WTO siehe das 6. Kap. 4 b).
507 Dazu siehe bereits diesen Abschnitt oben b).
508 Explizit: Note by the GNS Division Secretariat Providing Background for Delegations to Examine Telecommunications Services in the Context of Draft Principles and Rules for the GATS (MTN.GNS/W/52, May 19, 1989), abgedruckt in *Strategic Planning Unit*, (Anm. 41) S. 51.
509 *H. Hudson*, (Anm. 345), S. 660.
510 *E. M. Noam*: Beyond Liberalization, From the Network of Networks to the System of Systems, in: Telecommunications Policy 18 (1994), S. 290; vgl. auch *H. Kubicek*: Keine Zeit zum Lernen? Paradoxien der deutschen Telekommunikationspolitik im Lichte der aktuellen Entwicklung in den USA, in: *W. Hoffmann-Riem/T. Vesting (Hrsg.):* Perspektiven der Informationsgesellschaft (1995), S. 93.
511 Der Begriff des Universal Service geht auf den amerikanischen Communications Act von 1934 zurück; es gibt keine einheitliche Definition für diesen Begriff, vgl. aber das Glossary, World Bank Discussion Paper 1994, bei *P. L. Smith/G. Staple*, (Anm. 155), S. 102; die EG-Kommission de-

ischen Union kein Zweifel gelassen[512]. Angesichts der herausgehobenen Rolle, die der Telekommunikation für die Entwicklung einer modernen Volkswirtschaft beigemessen wird, besteht im Prinzip in jedem Land, Industrie- wie Entwicklungsland gleichermassen, Einigkeit darüber, daß universelle Dienste gewährleistet werden müssen. Jeder Benutzer, der dies wünscht, soll Zugang zu Telekommunikationseinrichtungen und einem bestimmten Angebot von erschwinglichen Telekommunikationsdiensten erhalten, egal an welchem Ort er sich befindet (benutzer- und ortsunabhängige Grundversorgung).

"Wesentliche Merkmale des Universaldienstes sind, daß jedem Nutzer ein meistens einheitlich tarifierter[513], gleichberechtigter Zugang zu flächendeckend angebotenen Basisdiensten der Telekommunikation garantiert wird und niemand aufgrund hoher Versorgungskosten von diesem Dienst ausgeschlossen werden soll"[514].

Die der Telekommunikationserbringung immanente Sozialpflichtigkeit wird insbesondere[515] seitens der Entwicklungsländer betont[516]. Als typisch mag die Äußerung des

---

finiert in ihrem *Grünbuch von 1994* den "universellen Dienst" als "Zugang zu einem definierten Mindestdienst von spezifizierter Qualität für alle Benutzer überall und, im Lichte der jeweiligen nationalen Bedingungen, zu einem angemessenen Preis (Europäische Kommission, Grünbuch, über die Liberalisierung der Telekommunikatikonsinfrastruktur und der Kabelfernsehnetze: Teil II - Ein gemeinsames Konzept zur Bereitstellung einer Infrastruktur der Telekommunikation in der Europäischen Union (1994), S. 159; zum Begriff auch *OECD*: Universal Service Obligations in a Competitive Telecommunications Environment, Information Computer Communications Policy Bd. 38 (1995), S. 13; vgl. auch das *deutsche Telekommunikationsgesetz (TKG)* vom 25. Juli 1996 (BGBl I S. 1120) § 17 Abs. 1 und die *Telekommunikations-Universaldienstleistungsverordnung (TUDLV)*, abgedruckt in: *K.-D. Scheuerle (Hrsg.)*: Telekommunikationsrecht (1997), S. 83; *G. Moine*: Le service universel: contenu, financement, opérateurs, Dossier "Droit des télécommunications: entre déréglementation et régulation", in: L´actualité juridique droit administratif (AJDA), No. 3, 20 mars 1997, S. 247 gibt folgende Definition: "un ensemble minimal de services mis à la disposition des citoyens"; zum Ganzen *J. Hills*: Universal Service: Liberalization and Privatization of Telecommunications, in: Telecommunications Policy 13 (1989), S. 129-144.

512 Vgl. nur *Europäische Gemeinschaften*: Stellungnahme des Wirtschafts- und Sozialausschusses zu folgender Vorlage: "Europas Weg in die Informationsgesellschaft: Ein Aktionsplan" (Mitteilung der Kommission an den Rat und das Europäische Parlament sowie an den Wirtschafts- und Sozialausschuß und den Ausschuß der Regionen) (Dok. KOM (94) 347 endg.); in der Stellungnahme des *Europäischen Gemeinschaften*: Stellungnahme des Wirtschafts- und Sozialausschusses zum Grünbuch über "Leben und Arbeiten in der Informationsgesellschaft: im Vordergrund der Mensch", (Dok. KOM(96) 389 endg.), (Dok. CES 456/97), Berichterstatter Roger Burnel, wiederholte man bereits 1995 geäußerte Bedenken, daß der Inhalt des Universaldienstes derzeit noch bruchstückhaft abgegrenzt ist, so daß eine ordnungsgemäße Liberalisierung der Telekommunikationsinfrastrukturen derzeit noch nicht möglich sei.

513 Auf die Kaufkraft der jeweiligen Benutzergruppe stellt hingegen ab *H. Hudson*, (Anm. 345), S. 662; näher zur Tarifierung *OECD*, (Anm. 511), S. 26; die Kommission stellte in der "Mitteilung der Kommission an den Rat, das Europäische Parlament, den Wirtschafts- und Sozialausschuß und den Ausschuß der Regionen: der Universaldienst in der Telekommunikation im Hinblick auf ein vollständig liberalisiertes Umfeld - ein Grundpfeiler der Informationsgesellschaft" (Dok.KOM (96) 73 endg.) klar, daß die Tariferhöhungen für Benutzer in ländlichen Gebieten nicht dazu benutzt werden dürften, Einnahmeverluste aufgrund von Preissenkungen anderswo auszugleichen, und daß die Tarifunterschiede zwischen städtischen und ländlichen Gebieten nicht zu unerschwinglichen Preisen führen dürften.

514 *A. Picot/W. Burr*, (Anm. 487), S. 31.

515 Jahrzehntelang wurde es auch in Deutschland als eine staatliche Aufgabe der Daseinsvorsorge angesehen, Infrastruktur und die erforderlichen Einrichtungen zu schaffen, um Universaldienste anzubieten; in sozialpolitischer Hinsicht wurde das Ziel verfolgt, einem möglichst großen Teil der Bevölkerung Telekommunikationsangebote sowie (direkt oder indirekt) die dafür erforderlichen Mittel zur Verfügung zu stellen.

Direktors des Customer Service, Department of Telecommunications, Government of India, aus dem Jahre 1994 gelten. Telekommunikation sei für die Staatsmonopole "a social commitment", denn die Monopole "have obligation to provide universal accessability to services as early as possible irrespective of profitability and to bridge the regional imbalances within their territorial jurisdiction"[517]. Und das Genfer Regulierungskolloquium von 1993 war der Ansicht, daß es zur Aufgabe der Regulatoren gehöre:

> "Achieving progress towards social goals concerning 'universal service'. Such goals are generally designed to ensure that, as far as possible, no geographic area or social group is deprived of access to telecommunications service on reasonable terms"[518].

In Zeiten zunehmenden Marktwettbewerbs gewinnt die Frage der Sicherung des Universaldienst-Angebots aufgrund der damit verbundenen Aspekte redistributiver Gerechtigkeit sowie geo- und sozialpolitischer Implikationen neue Aktualität. Zu den offenen und derzeit vor allem in den USA diskutierten Fragen des Universaldienste-Konzepts gehören zum Beispiel folgende Aspekte:
- wie kann "universal service" unter den neuen Wettbewerbsbedingungen sichergestellt werden;
- wieviel kostet dies und wer soll dafür aufkommen;
- welche Dienste sollen eingeschlossen sein.

Mit Hilfe einer öffentlich verankerten Universaldienst*verpflichtung* soll verhindert werden, daß die neuen Netzanbieter oder der bisherige Monopolanbieter sich auf lukrative Gebiete in den Ballungszentren konzentrieren, so daß unter Wettbewerbsbedingungen eine flächendeckende Versorgung mit Telekommunikationsdiensten nicht mehr gewährleistet wäre. Vorausgesetzt, daß die Regelung nicht-diskriminierend erfolgt, können im Prinzip auch ausländischen Unternehmen (neuen Betreibern oder Service Providern) Universaldienstverpflichtungen auferlegt werden. Sind diese Verpflichtungen hingegen diskriminierend oder unangemessen, kann es sich um die Verweigerung des Marktzugangs handeln[519] – eine Entscheidung, die gegebenenfalls durch das WTO-Streitbeilegungssystem[520] geklärt werden müßte.

Die vom zuständigen Regulator zur Sicherung eines Universaldienst-Angebots zu treffende erforderliche ökonomisch-rechtliche Grundentscheidung muß vor allem Antworten auf vier Fragen geben: Erstens muß eine Regelung getroffen werden, *wer* künftig zum Angebot flächendeckender universeller Dienste verpflichtet sein soll; zweitens muß geklärt werden, *zu welchen Bedingungen* diese Verpflichtung entstehen soll (Modalitäten der Finanzierung); drittens gilt es zu hinterfragen, *welchen Inhalt* das universelle Dienste-Konzept mit Wirkung für die Zukunft haben soll; viertens sollte eine Antwort gefunden werden, welche *Anforderungen an den zukünftigen Regulator* gestellt werden sollen.

ad 1) Im Rahmen der nationalen Öffnung der Telekommunikationsmärkte ist neu darüber zu befinden, wer künftig zum flächendeckenden Angebot universeller Dienste ver-

---

516 Zur Haltung der Entwicklungsländer in der Uruguay Runde näher das 4. Kap.
517 Director (Customer Service), Department of Telecommunications, Government of India *A. K. Mittal*, (Anm. 179), S. 155 f.
518 ITU, Regulatory Colloquium No. 1, (Anm. 442), S. viii f.
519 Art. VI: GATS sieht vor, daß in Sektoren, in denen Marktzugangsverpflichtungen übernommen werden, alle Maßnahmen, die den Handel mit Dienstleistungen betreffen, "angemessen, objektiv und unparteiisch" angewendet werden, näher siehe das 5. Kap. 1 d).
520 Näher zum WTO-Streitbeilegungsverfahren im 5. Kap. 4 d).

pflichtet sein soll; es ist vor allem darüber zu entscheiden, ob künftig nur sog. "Vollcarrier" (Komplettanbieter) zugelassen werden oder auch regional tätige Firmen und sog. Nischenanbieter. Diese regulative Entscheidung hat mit Blick auf die Aufrechterhaltung eines flächendeckenden Angebots universeller Dienste unter Umständen gravierende Konsequenzen für den Verbraucher. Die große Abhängigkeit der Benutzer beim Erhalt von universellen Diensten durch ein einzelnes Unternehmen, das vielleicht sogar noch eine marktbeherrschende Stellung einnimmt[521], kann dazu führen, daß dieses Unternehmen sich wenig dafür einsetzen wird, unprofitable Gebiete, wie ländliche Regionen, optimal mit Telekommunikationsdiensten zu versorgen. Damit aber besteht theoretisch die Gefahr der informationstechnischen Abkoppelung ganzer Landesteile, – "elektronische Ghettos" könnten entstehen. Wie *Hudson* hervorhebt:

"Yet even if networks are connected, there is still a danger of creating electronic ghettos, low-profit regions such as inner cities and rural areas, that carriers and service providers may have little incentive to serve or upgrade"[522].

ad 2) Die Finanzierung des Universaldienste-Angebots wurde ursprünglich durch Quersubventionen innerhalb eines Monopolregimes gewährleistet[523]. Gewinne des marktbeherrschenden Monopolunternehmens, insbesondere aus dem Sektor der Ferngespräche, wurden u.a. zur Unterstützung der Endverbraucher, speziell der Privathaushalte und der Verbraucher auf dem Lande, eingesetzt. Die für den Benutzer entstehenden Kosten für die Inanspruchnahme von Telekommunikationsdiensten wurden damit landesweit annähernd egalisiert, obwohl das Zurverfügungstellen von Kommunikationsmitteln auf dem Land wegen der höheren Investitionen an sich teurer ist[524]. Aus politischen Gründen entschied man sich für das "average cost pricing"[525].

---

521 Der vom Postministerium Anfang 1995 präsentierte Rahmen für die Liberalisierung sah eine möglichst weitreichende Öffnung des deutschen Fernmeldemarktes nach dem Wegfall des Sprach- und des Netzmonopols vor. Die Zahl der Lizenzen für potentielle Anbieter sollte nicht begrenzt, zum Angebot eines flächendeckenden Universaldienstes sollten nur "marktbeherrschende" Firmen verpflichtet werden; die Kritik, v.a. der Oppositionspartei, richtete sich primär dagegen, daß allein die Telekom AG reguliert und mit Infrastrukturaufgaben belastet werde; dies widerspreche fairem Wettbewerb; vorgeschlagen wurde deshalb eine abgestufte flächendeckende Versorgung als Pflicht für *alle* Lizenzteilnehmer.
522 *H. Hudson*, (Anm. 345), S. 662.
523 In Quersubventionen sieht die ITU eines der wichtigsten Entwicklungshemmnisse für den Aufbau eines Telekommunikationssystems, speziell in Entwicklungsländern: *ITU, CTD*, (Anm. 39), S. 17; näher *P. J. J. Welfens/C. Graack*, (Anm. 28), S. 47 ff.; zur Problematik der Quersubventionen siehe auch *D. Encaoua/L. Flochel*: La tarification: du monopole à la concurrence régulée, Dossier "Droit des télécommunications: entre déréglementation et régulation, in: L'actualité juridique droit administratif (AJDA) no. 3, 20 mars 1997, S. 254 ff.
524 Für Entwicklungsländer, in denen die Nutzung von Telekommunikationseinrichtungen häufig einer kleinen Elite vorbehalten bleibt, ist gerade in ländlichen Gebieten eine mangelnde Nutzerdichte charakteristisch. Die ländliche Bevölkerung sorgt für einen verhältnismäßig kleinen Teil an den Einnahmen der Telefongesellschaften, d.h. die Nachfrageelastizität ist für ländliche Benutzer insgesamt gering. Folglich haben private Anbieter von Telekommunikations- und Informationstechnologie in ländlichen Gebieten mit einer langen und i.d.R. verlustreichen Investitionsphase zu rechnen; zum Ganzen *S. Hansen/D. Cleevely/S. Wadsworth/H. Bailey/O. Bakewell*: Telecommunications in Rural Europe, Economic Implications, in: Telecommunications Policy 14 (1990), S. 208.
525 Zu den hinter diesem System stehenden politischen Erwägungen vgl. *P. F. Cowhey*, (Anm. 13), S. 184; das "uniform national pricing of services" behandelt: *OECD*, Telecommunication Infrastructure. The Benefits of Competition, Information Computer Communications Policy 35 (1995),

Das Vordringen des Wettbewerbs hat jedoch die Möglichkeit der Mittelbeschaffung im Wege interner Subventionen eingeschränkt[526]. Das System der "Zugangsgebühren" (access charges) als Quelle der Subventionen ist im Zusammenbruch begriffen[527], was vor allem die Entwicklungsländer trifft. Voraussetzung für diese Art Gebühren war stets die Existenz *"des"* öffentlichen Netzes. Künftig wird es jedoch in verstärktem Maße alternative Übertragungswege, auch solche privater Anbieter, geben. Damit aber greift das traditionelle Konzept der Zugangsgebühren ins Leere. Dies wirft wiederum die Frage nach der Finanzierung auf – ein Problem, das durch die "Beschwörung von Wettbewerb"[528] allein nicht gelöst wird.

Alternative Wege zur Finanzierung des universellen Dienste-Angebots rücken in den Blickpunkt der Analyse. Anstelle der Quersubventionen soll das Konzept der gezielten Subventionen ("targeted subsidies") treten; so sieht das System "Lifeline" ermäßigte monatliche Raten für Bezieher niedriger Einkommen vor, "Linkup" hingegen verminderte Installationskosten[529]. Vorgeschlagen werden des weiteren eine "communications sales tax" oder "value-added tax"; die auf diese Weise eingenommenen Finanzmittel könnten in einen Universaldienstefonds eingehen, kraft dessen bestimmte Dienste oder Benutzergruppen unterstützt würden[530]. Ein wesentlicher Vorteil dieses – in Deutschland ursprünglich geplanten, aber nicht verwirklichten Systems[531] – liegt in der Transparenz: "Such a system would replace the present hidden tax system and would make it accountable"[532].

S. 20; zu den Versuchen, in der Uruguay Runde das Gegenstück dazu, eine kostenbasierte Tarifierung, einzuführen, siehe das 6. Kap. 2 f).

526 Explizit *OECD*, (Anm. 511), S. 5, S. 14; hinsichtlich der Finanzierung legt die Entschließung des Rates vom 7. Februar 1994 über die Grundsätze des Universaldienstes im Bereich der Telekommunikation (94/C 48/01) allerdings fest, daß der Universaldienst auch über "interne Transfers, Zugangsgebühren oder andere Mechanismen" unter Einhaltung der Wettbewerbsregeln finanziert werden darf, falls er nur unter Verlust oder zu Kostenbedingungen erbracht werden kann, die außerhalb des Rahmens der üblichen kommerziellen Bedingungen fallen.

527 *B. L. Egan/S. S. Wildman*: Funding the Public Telecommunications Infrastructure, in: Telematics and Informatics 11 (1994), S. 203; *E. M. Noam*, (Anm. 510), S. 290; der *Report of the Fifth Regulatory Colloquium*, (Anm. 83), S. 44 kam zu dem Ergebnis: "the present revenues enjoyed by developing countries through the accounting rate system are under threat."

528 *E. M. Noam*: Zur Reform des Universaldienstes, in: Jahrbuch Telekommunikation und Gesellschaft 4 (1996), S. 236.

529 Einzelheiten in *OECD* (Anm. 511): Universal Service Obligations in a Competitive Telecommunications Environment, Information Computer Communications Policy Bd. 38 (1995), S. 89 f.; vgl. auch den "High Cost Fund" in USA - näher dazu *H. Hudson*, (Anm. 345), S. 662; denkbar sind auch Höchstpreise für Anschlußgebühren, kostenlose Notrufnummern, eine einkommensabhängige Zahl freier Einheiten etc.

530 Näher zum Universaldienstfonds: *E. Noam*, (Anm. 418), S. 54; *E. M. Noam*, (Anm. 510), S. 290; zum Vorschlag eines "universal service fund" vgl. auch *C. R. Blackman*: Comment: Universal Service: Obligation or Opportunity?, in: Telecommunications Policy 19 (1995), S. 174; *B. Ickenroth* (Anm. 484), S. 167: Ökonomische und regulatorische Aspekte von Interconnection, in: Jahrbuch Telekommunikation und Gesellschaft 4 (1996), S. 167.

531 Weil ein ursprünglich vorgesehener Universaldienstfonds gestrichen wurde, wurde am deutschen Reformentwurf von der Fraktion Bündnis 90/Die Grünen Kritik geübt, vgl. *M. Kiper*: Die Informationsgesellschaft ökologisch, sozial und demokratisch gestalten!, in: Jahrbuch Telekommunikation und Gesellschaft 4 (1996), S. 228; vgl. auch Universaldienst: Positionen der britischen Regulierungsbehörde OFTEL - Office of Telecommunications, in: Jahrbuch Telekommunikation und Gesellschaft 4 (1996), S. 243-252, speziell S. 249 f.

532 *E. M. Noam*: Beyond Liberalization, From the Network of Networks to the System of Systems, in: Telecommunications Policy 18 (1994), S. 290.

Diskutiert wird als weitere Möglichkeit – neben gezielten Subventionen und einer Fondslösung – das "franchising or auctioning" von universellen Diensteverpflichtungen. Diese könnten im Bedarfsfall offiziell ausgeschrieben werden, den Zuschlag erhielte der kostengünstigste Anbieter[533]. Der Vorteil dieses Ansatzes liegt in der Transparenz des angewandten Verfahrens sowie darin, daß der Anteil der Subventionen für eine flächendeckende Versorgung abgesenkt werden könnten[534]. Daneben erleichtert das System der Ausschreibung den Marktzugang und macht sich die Expertise des Betreibers hinsichtlich der Kosten zunutze, es "exploits operator's own valuations of the costs, revenues and other benefits of providing universal service instead of imposing an external costing method"[535].

ad 3) Unter Governance Aspekten ist daneben auch der materielle Gehalt der Universaldienst-Verpflichtung relevant. Eine Entscheidung ist notwendig, ob der Status quo festgeschrieben oder ob ein dynamisches Konzept entwickelt werden soll, das nicht nur ein Mindestangebot an Telekommunikationsdiensten umfaßt, sondern eine Fortschreibung in Richtung auf technisch mögliche, gesellschaftlich gewünschte Telekommunikationsdienste. Es stellt sich entsprechend die Frage, ob die Definition des Grunddienstes entsprechend dem "private-good Modell"[536] auf dem Stand von heute festgelegt werden, oder in dynamischer Sichtweise – dem auf gesamtgesellschaftliche Ziele abstellenden "public good-Modell" folgend – dem jeweiligen technologischen Stand angepaßt werden soll.

Historisch gesehen hat ein "universeller Dienst" das Recht aller Bürger umfaßt, Zugang zum Telefon zu haben. Wie bereits weiter oben ausgeführt, ist in den meisten Entwicklungsländern die Telefonie das vorrangige Anliegen. Vielfach wird das Konzept der universellen Dienste daher statisch interpretiert, "universell" bleibt nach wie vor auf die Bezugsgröße des individuellen Haushalts bezogen. Dies hat zur Konsequenz, daß auch in Zukunft landesweit jeder Haushalt Anspruch auf Zugang zu Basistelekommunikationseinrichtungen, primär Telefon, haben soll. Ein solches auf die Sicherung des Status quo hinauslaufendes Konzept wird, vor allem im Hinblick auf die Entwicklungsländer, auch im Rahmen der ITU vertreten[537].

---

533 Näher *C. R. Blackmann*: Comment: Universal Service: Obligation or Opportunity?, in: Telecommunications Policy 19 (1995), S. 174; näher zur Regelung in Deutschland *K.-D. Scheurle*: Was versteht man künftig in Deutschland unter Universal Service und wie soll er von wem festgelegt werden?, in: Jahrbuch Telekommunikation und Gesellschaft 4 (1996) S. 220; *A. Börnsen*: Zur Diskussion des neuen Telekommunikationsgesetzes - Liberalisierung und Universal Services: Widerspruch oder Zukunftsperspektive, in: Jahrbuch Telekommunikation und Gesellschaft 4 (1996), S. 225; vgl. auch die in §§ 20, 21 des *deutschen Telekommunikationsgesetzes (TKG)* vom 25. Juli 1996 (BGBl I S. 1120) vorgesehene Regelung.
534 *P. J. J. Welfen; C. Graack*, (Anm. 28), S. 84 sprechen von einem "subventionsminimierenden Versteigerungssystem".
535 *C. R. Blackman*, (Anm. 530), S. 174.
536 Zur Unterscheidung zwischen dem auf den direkten Nutzen des Kunden eines Telefonnetzes abstellenden "private good model" und dem den gesamtgesellschaftlichen Nutzen betonenden "public good model" näher *OECD*, (Anm. 511), S. 29 ff.
537 So sind die Autoren der ITU-Studie "The Changing Role of Government in the Era of Deregulation, Universal Service and Innovation: Fostering Linked Goals Through Regulatory Policy" (ITU, Geneva 1994) davon ausgegangen, unter dem Ziel des universellen Dienstes sei zu verstehen, daß jede Person Zugang zu den *Telefon*diensten des landesweiten öffentlichen Telefonnetzes habe sollte: *M. Tyler/W. Letwin/C. Roe*: Universal Service and Innovation in Telecommunication Services, in: Telecommunications Policy 19 (1994), S. 4, Fn. 1.

Von anderer Seite wird die Universaldiensteverpflichtung mit Blick auf das 21. Jahrhundert dynamisch interpretiert, angelegt auf Erweiterung: "a moving target"[538]. Man müsse sich bürgernah zeigen und sich an den zur Verfügung stehenden Kapazitäten orientieren – entsprechend wird die Partizipation weiter Teile der Bevölkerung am gesellschaftlichen Leben angestrebt[539] und Billigkeitserwägungen werden evoziert[540]. Die Bevölkerung habe nicht nur ein Interesse an der einfachen Anbindung an das öffentliche Netz oder an dem kostengünstigen Angebot von Grunddiensten, vielmehr müsse das künftige Universaldienstangebot die gesellschaftlichen Vorteile berücksichtigen, die ein im "public interest" liegender allgemeiner Zugang zu Erziehungs- und Sozialdiensten eröffnet[541].

Eine Ausweitung des Universaldienste-Angebots solle sich, wie *Noam* vorschlägt, daran orientieren, ob

- die Nachfrage am Markt ergeben hat, daß eine substantielle Mehrheit der Bevölkerung den Dienst angenommen hat, ob
- ein substantieller Teil der restlichen Bevölkerung den Dienst ebenfalls in Anspruch nehmen möchte, der Preis jedoch eine größere Belastung darstellt, bzw. ob
- positive Externalitäten bestehen, d.h. "die Nutzung des Dienstes durch A auch B zugutekommt"[542].

In den USA wird einer dynamischen Interpretation folgend bereits diskutiert, ob auch der Zugang zu den Breitbanddiensten des "information superhighways" künftig vom Universaldienste-Angebot umfaßt sein soll[543]. Bereits 1992 hatte das Department of Public Utilities in Massachusetts den ISDN-Anschluß als Basisdienst anerkannt[544]. Zudem wurden in den USA bereits Maßnahmen ergriffen, um das Kabelangebot zu einem Universaldienst auszubauen[545]. Dabei wird aller Voraussicht nach der politische Druck sich verstärken, innovative Dienste auf breiter Basis verfügbar zu machen[546].

---

538 *H. Hudson*, (Anm. 345), S. 660.
539 Ein "multileveled definition of access", also ein Zugang unter Einbeziehung der Gemeinden (communities) und Träger im sozialen sowie erzieherischen Bereich, sei notwendig: *H. Hudson*, (Anm. 345), S. 660 f.; vgl. auch *M. Kiper*, (Anm. 531), S. 228.
540 Zum Gedanken der "equity" im Rahmen des Universaldienste-Konzepts: *B. L. Egan/S. S. Wildman*: Funding the Public Telecommunications Infrastructure, in: Telematics and Informatics 11 (1994), S. 195; *H. I. M. de Vlaam*, (Anm. 121), S. 21, Fn. 50; kritisch zum equity-Konzept *J. Briesemeister/J. Horrigan*, (Anm. 223), S. 268; *OECD*, (Anm. 511), S. 35: "equity is an ambiguous concept"; *J. M. Katz*, (Anm. 411), S. 89.
541 Näher *H. Hudson*, (Anm. 345), S. 666.
542 *E. M. Noam*: Zur Reform des Universaldienstes, in: Jahrbuch Telekommunikation und Gesellschaft 4 (1996), S. 237.
543 *C. R. Blackman*: Comment: Universal Service: Obligation or Opportunity?, in: Telecommunications Policy 19 (1995), S. 171; zum demokratischen Verständnis des Universal Service in den USA vgl. *H. Kubicek*, (Anm. 510), S. 973; auch *P. J. J. Welfens/C. Graack*, (Anm. 28), S. 79 sprechen von der Nutzung breitbandiger Multimedia-Mindestdienste als Teil des Universaldienstangebots einer künftigen Informationsgesellschaft.
544 Einzelheiten in *OECD*, (Anm. 511), S. 52 f.
545 Chairman of the Federal Communications Commission *R. E. Hundt*: Reform der Regulierung, in: Jahrbuch Telekommunikation und Gesellschaft 4 (1996), S. 233.
546 Näher *A. Blau*: Ein Drahtseilakt in einer hochgradig verdrahteten Welt – Universal Service und der Telecommunications Act von 1996, in: Jahrbuch Telekommunikation und Gesellschaft 5 (1997), S. 257 ff.; auch die EU-Kommission sprach sich für eine dynamische Gestaltung des Universaldienst-Angebots aus, um künftige Modifizierungen zu ermöglichen, vgl. "Mitteilung der Kommission an den Rat, das Europäische Parlament, den Wirtschafts- und Sozialausschuß und den Ausschuß der Regionen: der Universaldienst in der Telekommunikation im Hinblick auf ein voll-

Sinnvoll dürfte es im Ergebnis sein, zu einer länderabhängigen, insgesamt jedoch dynamischen Bestimmung der Universaldienstverpflichtung zu gelangen. Das universelle Dienste-Konzept hat in verschiedenen Phasen der Netzentwicklung eine jeweils andere Bedeutung und eine andere Ausrichtung. Eine "Phasen-Modell", wie *Blackman* es entwickelte[547], ist hilfreich, um zu erkennen, daß das Universaldienste-Konzept unter Governance-Gesichtspunkten zum einen in Relation zum jeweiligen Entwicklungsstand eines Landes, oder auch einer Region, und zum anderen vor dem Hintergrund der jeweiligen wirtschaftlichen, sozialen und politischen Ziele gesehen werden muß. Dies ist insbesondere für Entwicklungsländer bedeutsam.

ad 4) In dem Kontext einer Festlegung und Sicherung des Universaldienst-Angebots ergeben sich des weiteren neue Regulierungsanforderungen hinsichtlich der Frage, wer für die Regulierung der Universaldienstverpflichtung zuständig sein soll[548] und in welchem Ausmaß den Regulatoren Kontroll- bzw. Überwachungsfunktionen zuwachsen[549]. Die Schaffung eines Regelungsorgans auf regionaler Ebene, für das sich der europäische Wirtschafts- und Sozialausschuß ausgesprochen hat[550], könnte dazu beitragen, daß die weitere Entwicklung des Universaldienstkonzepts harmonisch verläuft.

e) Der Schutz von Privatsphäre und Informationssicherheit

In regulativer Hinsicht gilt es in Zukunft einen stabilen rechtlichen Rahmen insbesondere für den Schutz der Privatsphäre, den Rechtsschutz und die Informationssicherheit zu schaffen. In den Empfehlungen der Industrie zum G-7 Treffen in Brüssel im Februar 1995 hieß es:

---

ständig liberalisiertes Umfeld - ein Grundpfeiler der Informationsgesellschaft" (Dok.KOM (96) 73 endg.).

547 *C. R. Blackman*: Comment: Universal Service: Obligation or Opportunity?, in: Telecommunications Policy 19 (1995), S. 172; in einer ersten Phase der Netzerrichtung komme es besonders darauf an, technische Lösungen für die Verbindung der großen Zentren zu finden, in einer zweiten Phase des Netzwachstums müsse versucht werden, Dienste in allen Regionen zu gleichen Bedingungen anzubieten; schließlich gilt es in einer weiteren dritten Phase, zur Stimulierung der Nachfrage auf dem Massenmarkt die Gebühren niedrig zu halten, und in einer weiteren Phase der "Sättigung" schließlich sollten soziale Ziele, etwa die Befriedigung spezieller gesellschaftlicher Bedürfnisse, stärker gewichtet werden.

548 Was den letztgenannten Punkt angeht, so wies Art. 87 f des Entwurfs eines Gesetzes zur Änderung des Grundgesetzes, (BR-DRs. 114/94) dem Bund die Aufgabe zu, nach Maßgabe eines zustimmungsbedürftigen Bundesgesetzes sicherzustellen, daß im Bereich des Postwesens und der Telekommunikation flächendeckend angemessene und ausreichende Dienstleistungen erbracht werden; näher *J. Scherer*, (Anm. 75), S. 74; näher zu § 17 des Telekommunikationsgesetzes und zum Entwurf einer Universaldienstverordnung *K.-D. Scheurle*: Was versteht man künftig in Deutschland unter Universal Service und wie soll er von wem festgelegt werden?, in: Jahrbuch Telekommunikation und Gesellschaft 4 (1996), S. 218-220; aktuell zur Universal-Diensteproblematik in Deutschland *P. J. J. Welfens/C. Graack*, (Anm. 28), S. 15 f.

549 Kritik an der deutschen Linie übte *M. Kiper*, (Anm. 531), S. 228: durch die Schwächung der Regulierungsbehörde zu einer obersten Bundesbehörde im Geschäftsbereich des Bundesministers für Wirtschaft sei "eine neue Spielwiese geschaffen, aber der Durchmarsch der großen Player in der TK-Branche (...) geebnet."

550 Vgl. die *Stellungnahme des Wirtschafts- und Sozialausschusses* zu der "Mitteilung der Kommission an den Rat, das Europäische Parlament, den Wirtschafts- und Sozialausschuß und den Ausschuß der Regionen: der Universaldienst in der Telekommunikation im Hinblick auf ein vollständig liberalisiertes Umfeld - ein Grundpfeiler der Informationsgesellschaft" (Dok.KOM (96) 73 endg.), Dok. CES 1075/96, Berichterstatter *Alexander-Michael von Schwerin*.

"Die außerordentlichen Vorteile der informationstechnischen Revolution werden nicht voll zur Geltung kommen, wenn nicht wirksame Regeln zum Schutz der Privatsphäre und als Vertrauensbasis für eine geschäftliche Beziehung geschaffen werden"[551].

Technische Anforderungen ergeben sich u.a. im Hinblick auf die Netzsicherheit, die Sicherstellung der Vertraulichkeit von Daten, die Authentifizierung der Netzteilnehmer, eine gesicherte Zugriffskontrolle sowie eine Integritätsprüfung und die Dokumentation von Netzaktivitäten (z.B. Protokollierung von Dateizugriffen und Netzverwaltertätigkeiten)[552].

Wie der Wirtschafts- und Sozialausschuß der Europäischen Union hervorhob, sind bei der Errichtung und dem Betrieb von neuen Kommunikations- und Informationsnetzen (Datenautobahnen) nicht nur technische und wirtschaftliche Aufgabenstellungen zu sehen, sondern es komme ebenso darauf an,

- eine informationelle Grundversorgung der Bürger zu gewährleisten und eine Diskriminierung beim Zugang zu neuen Systemen und Diensten auszuschliessen;
- eine ausreichende Informationsvielfalt sicherzustellen;
- dem besonderen Schutz kultureller und demokratischer Werte Rechnung zu tragen;
- den Schutz personenbezogener Daten und deren informationstechnischer Sicherheit zu gewährleisten sowie den Mißbrauch wirtschaftlicher Macht zu politischen Zwecken auszuschließen[553].

Aus diesen Gründen sollen "Verkehrsordnungen für Datenautobahnen" erlassen werden; die Aufstellung klarer und fester Regeln soll einen weltweiten Informationsaustausch ermöglichen und gleichzeitig dem Schutz der Privatsphäre, der Sicherheit und den geistigen Eigentumsrechten Rechnung tragen[554].

In der Tat sind die Datensicherheitsrisiken vielfältig. Zu den Gefahren für vernetzte Systeme zählen u.a der Verlust der Vertraulichkeit oder unbefugte Kenntnisnahme von Informationen, Verlust der Integrität oder unbefugte Modifikation von Informationen, Verlust der Verfügbarkeit oder unbefugte Beeinträchtigung der Funktionalität sowie

---

551 Globale Informations-Infrastruktur (GII), EUROBIT, Empfehlungen der Industrie zum G-7-Treffen, Brüssel 25./26. Febr. 1995, Ziff. 2; zur Neuregelung des Datenschutzes in Deutschland vgl. die *Verordnung über den Datenschutz für Unternehmen, die Telekommunikationsdienstleistungen erbringen* (Telekommunikationsdiensteunternehmen – Datenschutzverordnung – TDSV) vom 12. Juli 1996 (BGBl I S. 92); siehe auch *J. Rieß*: Neuregelung des Telekommunikationsdatenschutzes, in: Recht der Datenverarbeitung 12 (1996), S. 109 ff.

552 Zu den technischen Aspekten in diesem Kontext: *R. Schläger*: Datenschutz in Netzen, in: Datenschutz und Sicherheit (1995), S. 271-272.

553 *Europäische Gemeinschaften*: Stellungnahme des Wirtschafts- und Sozialausschusses zu folgender Vorlage: "Europas Weg in die Informationsgesellschaft: Ein Aktionsplan" (Mitteilung der Kommission an den Rat und das Europäische Parlament sowie an den Wirtschafts- und Sozialausschuß und den Ausschuß der Regionen) (Dok. KOM (94) 347 endg.).

554 *Europäische Gemeinschaften*, ebd., (Dok. KOM (94) 347 endg.); zu den mit Netzen in Zusammenhang stehenden Rechtsproblemen, speziell der Erhaltung der Informationsfreiheit, des Schutzes der Privatsphäre der Bürger und der Datensicherheit: *ITU, CCITT*: The International Telegraph and Telephone Consultative Committee, GAS 11, Handbook, Strategy for the Introduction of a Public Data Network in Developing Countries (1987), S. 141 f.; vgl. auch *J.-W. Jacob*: Datenschutz in einer multilateralen Welt, in: Recht der Datenverarbeitung 12 (1996), S. 1-4, speziell zu den notwendigen "Verkehrsregeln auf dem Information Highway", ebd. S. 3; *K. Grewlich*: Wirtschaftsvölkerrecht kommunikationstechnisch gestützter Dienstleistungen, in: RIW 34 (1988), S. 699.

Einbußen der Verläßlichkeit – die Gefahr von "Net-Wars", die von Netzkombattanten durch die Infiltration von Computernetzen oder Dateien geführt werden, ist staatlichen Stellen längst bekannt[555]. Im einzelnen ergibt sich das Risiko des Abhörens bei der Vernetzung von Rechnern, des weiteren die Gefahr, daß Paßwörter und personenbezogene Daten in falsche Hände geraten, die Gefahr der "Maskerade", wenn Benutzer die Rolle anderer Benutzer annehmen und sich Zugriffsrechte erschleichen, oder aber die Gefahr des Mißbrauchs personenbezogener Daten durch Netzverwalter[556].

Sicherheitsdienste (sog. Security Services) sollen den genannten Mißbrauchsgefahren entgegenwirken; zu ihnen gehören etwa Mechanismen der Verschlüsselung, der Zugriffs- und Integritätskontrolle, Authentizität, Routing Control oder Notariatsmechanismen[557] sowie die "digitale Signatur"[558]. Wie *Roßnagel* hervorhebt, haben die künftigen Sicherungsinfrastrukturen für offene Telekommunikation einen "hohen rechtlichen Regelungs- und Gestaltungsbedarf"; die rechtzeitige Erfüllung dieser neuen Anforderungen wird über die Verbreitung offener Telekooperation entscheiden[559].

Die Grenzen für regulative Eingriffe in den Fernmeldeverkehr zum Schutz von Privatsphäre und Informationssicherheit – vor allem staatlicherseits – sind bis zum heutigen Tage nicht eindeutig definiert. Folglich ist die Gefahr der Überregulierung, etwa bei der Kontrolle sog. newsgroups in Computernetzen[560] oder der Überwachung des Fernmeldeverkehrs durch die Nachrichtendienste, ebenso gegeben wie "die Gefahr

---

555 *D. Weirich*: Das globale Dorf, Chancen und Risiken der künftig weltweiten Informationsfreiheit, in: Internationale Politik 11/1996, S. 30; *M. E. Bowman*: Is International Law Ready for the Information Age?, in: Fordham International Law Journal 19 (1996), S. 1946 warnt sogar vor einem elektronischen Pearl Harbor; *A. Büllesbach/R. Müller*: Schutz weltweiter Corporate Networks, in: Jahrbuch Telekommunikation und Gesellschaft 4 (1996), S. 188 f. unterscheiden zwischen *passiven* Angriffen auf vernetzte Systeme (z.B. durch Abhören) und *aktiven* Angriffen (z.B. Replay, Delay, denial of service oder Vortäuschung einer falschen Identität); zu den einzelnen Bedrohungsszenarien siehe auch *T. Königshofen*: Vom Telegraphendraht zum Information Superhighway-Telekommunikation - und Computernetze heute und morgen, in: Recht der Datenverarbeitung 12 (1996), S. 173 ff.; vgl. auch die *Verordnung zur Sicherstellung der Post- und Telekommunikationsversorgung durch Schutzvorkehrungen und Maßnahmen des Zivilschutzes* (Post- und Telekommunikations-Zivilschutzverordnung – PTZSV) vom 23. Oktober 1996 (BGBl I S. 1539).
556 Näher *R. Schläger*, (Anm. 552), S. 271.
557 Einzelheiten bei *A. Büllesbach/R. Müller*, (Anm. 555), S. 190; vgl. auch *J. Bizer*: Schutz der Vertraulichkeit in der Telekommunikation, in: Kritische Justiz 28 (1995), S. 450-465 zur Rechtslage in Deutschland hinsichtlich des Vertraulichkeitsschutzes, insbesondere den Problemen der Verschlüsselung (kryptographische Verfahren) und der Lizenzierung; ebenfalls zum Funktionieren öffentlicher Schlüsselsysteme *A. Roßnagel*: Institutionell-organisatorische Gestaltung informationstechnischer Sicherungsinfrastrukturen, in: Datenschutz und Datensicherheit 5 (1995), S. 259 ff.; vgl. auch *V. Hammer*: Die Sicherungsinfrastruktur für offene Telekooperation (1995).
558 Die digitale Signatur ist eine verschlüsselte Kurzfassung eines elektronischen Dokuments mittels derer die Identität des Ausstellers und die Unversehrtheit des Dokuments nachgewiesen werden kann, *A. Roßnagel*: Vertrauensinstanzen im elektronischen Rechtsverkehr: neue Spieler, neue Regeln, in: Jahrbuch Telekommunikation und Gesellschaft 4 (1996), S. 171 mit weiteren Einzelheiten, etwa zur Entschlüsselung, Roßnagel ebd.
559 *A. Roßnagel*, (Anm. 557), S. 259-269; zur Klärung der "Grundsatzfrage", inwieweit die künftige Sicherungsinfrastruktur eine öffentliche oder eine private Aufgabe sein soll, vgl. *Roßnagel* ebd.; vgl. auch *M. E. Bowman*, (Anm.555), S. 1945 fordert "a reasonably common international security architecture".
560 Beispiele für strafrechtlich verbotene Informationen im Netz sind etwa Kinderpornographie, Nazi-Propaganda und die Verletzung von Urheberrechten.

des Zuwenig", zum Beispiel bei der Sicherung des allgemeinen Netzzugangs zur Verwirklichung des Grundrechts auf freie Meinungsäußerung[561].

Die Diskussion um Pro[562] und Contra[563] von Eingriffsrechten in die Nutzung des INTERNET legt beredtes Zeugnis von den Schwierigkeiten ab, im Bereich des Schutzes von Privatsphäre und Informationssicherheit angemessene Formen der "Governance" zu finden.

f) Die Bewahrung der kulturellen Vielfalt

Die durch westliche Unternehmen forcierte Globalisierung der Märkte vermag einer weltweiten kulturellen Einebnung Vorschub zu leisten, deren Folgen heute noch nicht absehbar sind. Dies gilt in besonderer Weise für die Dritte Welt. *Tetzlaff* spricht von einem "irreversiblen realen Trend zur Homogenisierung der Dritte-Welt-Gesellschaften durch Globalisierung der Märkte und der Kommunikation"[564]. Gerade die an Kultur und Traditionen reichen Länder des Südens vermögen der uniformen, standardisierten High Tech-Kultur wenig oder nichts entgegenzusetzen. Das hilflose Ringen darum, anstelle

---

561 *Editorial*: Jahrbuch Telekommunikation und Gesellschaft 4 (1996), S. 8.
562 Singapurs Informationsminister, George Yeo, hat die Benutzer von INTERNET in seinem Lande aufgerufen, auf sozialwidriges Verhalten im INTERNET zu achten und dieses zu melden, näher *L. Brock*: Historische Ausgliederung? Die Dritte Welt im Umbruch der Weltwirtschaft, in: E+Z 36 (1995), S. 111; *S. Ernst*: Internet und Recht, in: Jus Heft 6 (1997), S. 776 ff.; dezidiert für Eingriffe ins INTERNET auch *C. Russ*: Urheberrecht und digitale Revolution: Wer definiert die neuen Spielregeln?, in: Jahrbuch Telekommunikation und Gesellschaft 4 (1996), S. 179; es müsse dafür Sorge getragen werden, daß der Zugang zu digitalen Netzen nur über eine Betreiberfirma möglich ist, die für den Inhalt der ihrem Netz zugehörigen Datenbanken auch Verantwortung trägt; Foren und Datenbanken, die keiner Betreiberfirma zugeordnet werden könnten, sollten verboten oder gelöscht werden; *Bertelsmann AG*: Ordnungspolitik für Internet und On-Line Dienste, 8. März 1996, S. 11 formuliert als Grundregel Nr. 1: "Die Verantwortung für Inhalte, die über das Internet via World Wide Web, News Groups oder E-Mail verbreitet werden, liegen beim jeweiligen Anbieter. Er ist verpflichtet, seine Angebote mit einem Herkunftsnachweis (Impressum) zu versehen, der zugleich sein Copyright schützt"; zum Ganzen auch *H. Garstka*: Datenschutz bei Telekommunikation und Medien, in: Jahrbuch für Telekommunikatikon und Gesellschaft 5 (1997), S. 409-416; *ders.*: Keine sensiblen Daten ins Internet, in: SZ, 23. Dez. 1997, S. 11; *I. Scheithauer*: Gilt für Metzger im Internet das Lebensmittelrecht?, in: FR, 22. Mai 1996; *N. Hablützel*: Die Neue Weltordnung der Internetprovider, in: TAZ 10. Okt. 1996; differenziert *A. Kur*: Internet Domain Names, in: Computer und Recht 12 (1996), 325-331; zu den regelungsbedürftigen Mißständen ebd. S. 325 f.
563 Die liberale Gegenposition bezieht *M. Kiper/A. K. A. Gruhler*, (Anm. 531), S. 228: "... wir brauchen keine Sondergesetze für die Datenautobahn"(...) "Wir brauchen Meinungsfreiheit im Internet"; im Januar 1997 fanden sich elf Wissenschaftler, Unternehmer, Politiker und Multimedia-Experten auf der Wartburg in Eisenach zusammen und haben eine "*Charta der Informations- und Kommunikationsfreiheit*" verabschiedet, in der sie jegliche Zensuren im INTERNET und in kommerziellen Computernetzen ablehnen. Notfalls sollen die Rechte der Netzbenutzer im Wege einer Netzgerichtsbarkeit durchgesetzt werden; grundlegend auch *J. Abbate*: The Internet Challenge: Conflict and Compromise in Computer Networking, in: *J. Summerton (Hrsg.)*: Changing Large Technical Systems (1994), S. 193 ff.; vgl. auch das "Special Internet" mit Beiträgen von *Kahin, Peters, Zitterbart, Klein, Grimm, Breiter, Klau, Pater, Schmidt*, in: Jahrbuch Telekommunikation und Gesellschaft 5 (1997), S. 170 ff.
564 *R. Tetzlaff*, (Anm. 181), S. 64; vgl. auch *R. Axtmann*: Kulturelle Globalisierung, kollektive Identität und demokratischer Nationalstaat, in: Leviathan 23 (1995), S. 87-101; optimistischer *M. Castells*, (Anm. 346), S. 139 f.

des Englischen auch andere Landessprachen in die Computerwelt einzubringen[565], zeigt, wie wenig eigene Impulse die Dritte Welt dem medialen Kulturimport geben kann. Die Bewahrung der kulturellen Vielfalt dieser Welt müßte mit dem Blick auf zukünftige Generationen an sich eines der Hauptanliegen der Entscheidungsträger von heute sein. *Nuscheler* sieht den Schwerpunkt der internationalen Governance entsprechend hier. Er kann sich nicht vorstellen, daß:

> "(...) ein so wichtiger Bereich wie die Telekommunikation ohne Regelungen auskommen kann, die auch die Interessen der Rezipienten stärker berücksichtigen. Die Bewahrung der kulturellen Vielfalt der Menschheit ist die Aufgabe von Global Governance; sie kann nicht einfach den Marktkräften überlassen werden, weil dann nur eine kommerzialisierte Allerweltskultur herauskommen kann. Hier ist eine *Weltordnungspolitik* gefragt (...)"[566].

Die in Paris ansässige UNESCO ist seit Jahren bemüht, im Wege von Programmen das kulturelle Erbe der Entwicklungsregionen zu bewahren, und kann sich dennoch des Vorwurfs der "Folklorisierung" nicht ganz erwehren. Sie ist "gefordert"[567] und doch, angesichts der unaufhaltsamen telekommunikativen Entwicklungen hin zu einer Computer- und TV-Kultur, zugleich überfordert. Auch die von einigen Staaten unternommenen Versuche, kulturelle Abschottungsstrategien zu verfolgen, erweisen sich als problematisch[568]; weiterführende Überlegungen sind notwendig.

g) Sonstige Regulierungsaspekte

Ohne Anspruch auf Vollständigkeit zu erheben, seien im folgenden noch einige weitere regulierungsrelevante Aspekte im Bereich der Telekommunikation genannt.

(1) Aufbau der Netzinfrastruktur

Der Zusammenbruch der Monopolstrukturen führte zu einem Rückzug des Staates aus dem Telekommunikationssektor[569]. Der Aufbau der teuren Netzinfrastruktur, bisher von staatlichen Monopolisten übernommen, erweist sich deshalb heute in Ländern mit niedrigem Einkommen, wie den LDCs und den jungen osteuropäischen Staaten, als Problem[570].

---

565 Informativ in dieser Hinsicht *A. Azzedine*: A Case for the Reform of Arabic Printing, in: *R. G. Pipe/A. A. M. Veenhuis* (Hrsg.), (Anm. 426), S. 462-466; *B. Grassmugg*: Adapted Technology - A Policy Approach for Developing Countries, ebd. S. 57-60; *A. M. F. Hussain*: New Areas for Development of Arabic Charcters and Use of Arabic Language in Informatics, ebd. S. 467-482; zu den Problemen, die die neuen Technologien in Hinblick auf die kulturelle Identität von Entwicklungsgesellschaften mit sich bringen, *J. Hanson/U. Narula*: New Communication Technologies in Developing Countries (1990), S. 13 ff.; zum Zusammenhang zwischen Kultur und Entwicklung näher: *G. Braun/J. Rösel*: Kultur und Entwicklung, in: *D. Nohlen/F. Nuscheler (Hrsg.)*, (Anm. 185), S. 250-268.
566 Ausdrücklich *F. Nuscheler*, (Anm. 417), S. 25.
567 *F. Nuscheler*, (Anm. 417), S. 25.
568 Zu den Versuchen von diktatorischen Regimen wie China, Myanmar, Singapur und Indonesien, das Satelliten-TV zu verbieten: *F. Nuscheler*, (Anm. 417), S. 23.
569 Ausdrücklich *UNCTAD*: Recommendations and Guidelines for Trade Efficiency, United Nations International Symposium on Trade Efficiency, UN-Doc. TD/SYMP.TE/2 (1994), S. 103; zur Rolle des Staates als souveräner Steuerungsinstanz siehe bereits das 1. Kap. 2 a).
570 Zu den Problemen dieser beiden Gruppen *M. Jussawala*: Is the Communications Link Still Missing?, in: *R. G. Pipe (Hrsg.):* Eastern Europe: Information and Communication. Technology Chal-

"Explicit government action" wird angemahnt, damit Entwicklungsländer die infrastrukturellen Voraussetzungen dafür schaffen können, sich in die Weltmärkte zu integrieren[571]. In einem makro-ökonomisch so bedeutsamen Bereich wie der Informationsinfrastruktur dürften staatliche Interventionen nicht einfach unterbleiben:

> "(...) State intervention cannot be wholly absent. The high degree of solvency of this sector should not obscure the fact that it is an infrastructural sector of prime importance for economic development and that any wrong headed policy of governments levies can only reduce its contribution to the country's economic development, and particularly to the development of trade flows, both internal and external"[572].

Eine intervenierende, steuernde Rolle des Staates wird bei der Telekommunikationsentwicklung, speziell beim Aufbau der Infrastruktur, gefordert: "the 'visible hand' of the Government still has a valuable role to play in development activities"[573].

Das mit regulatorischen Fragen im Rahmen des neuen WTO-Regimes befaßte Genfer Kolloquium im Jahre 1993 zählte zu den vorrangigen Aufgaben der nationalen Telekom-Regulatoren:

> "In some countries (especially developing countries) a pressing need to accelerate investment in expanding and upgrading the public network infrastructure may mean that creating favorable conditions for this is a *key responsibility* of the regulator"[574].

Governance-Aspekte werden aller Voraussicht nach im Bereich der Infrastruktur künftig eine vitale Rolle spielen, und zwar auch mit Blick auf knappe Ressourcen wie z.B. Frequenzen und Wegerechte[575].

(2) Verbraucher- und Konsumentenschutz

Ein prinzipielles Problem, das durch die Zunahme privater Netzwerke entsteht, liegt darin, daß ihre Betreiber vielfach bestehende Regelwerke umgehen[576]; vor allem die drastische Zunahme drahtloser Netze wirft neue Regulierungserfordernisse auf, etwa im Bereich der Zugangs- und Abrechnungsmodi[577].

---

lenges, TIDE 2000 Club, Telecommunications, Information and InterDependent Economies in the 21st Century (1990), S. 84 f.; *E. M. Noam*, (Anm. 510), S. 291 warnt vor einem "disinvestment in networks", und einer Wiederkehr der Monopole: "re-establishment of monopoly, or oligopolistic pricing"; warnend auch *H. Kubicek*, (Anm. 510), S. 93: Die deutsche Regierungskoalition habe sich "blind" dem Netz- und Sprach-Monopol verschrieben: "Woher danach das Geld für den Aufbau der neuen Infrastruktur kommen soll, interessiert anscheinend nicht."

571 *J. M. Katz*, (Anm. 411), S. 84.
572 *UNCTAD* (Anm. 569), S. 103.
573 *J. M. Katz*, (Anm. 411), S. 84.
574 *ITU, Regulatory Colloquium No. 1*, (Anm. 442), S. x (Hervorhebung durch die Verf.); ähnlich *D. L. Weisman*, The Proliferation of Private Networks and Its Implications for Regulatory Reform, in: Federal Communications Law Journal 41, S. 367.
575 Zu den im Bereich der Frequenzen und Wegerechte notwendigen Regulierungen *P. J. J. Welfens/C. Graack*, (Anm. 28), S. 77.
576 Details bei *D. L. Weisman*, (Anm. 574), S. 345; Weisman appelliert daher an die Politiker, dem Problem der privaten Netze (in USA) besser Rechnung zu tragen (ebd. S. 345).
577 Näher *R. Frieden*: Universal Personal Communications in the New Telecommunications World Order, Access to Wireline Networks, in: Telecommunications Policy 19 (1995), S. 43; vgl. auch *ITU, Regulatory Colloquium No. 1*, (Anm. 442), S. ix: "Assuring technical preconditions for effective operation, e.g., controlling and updating the numbering plan, or defining technical and financial conditions for interconnection of different carriers' networks."

Angesichts einer neuen telekommunikativen Unübersichtlichkeit (Vielzahl von Service Providern, Vielzahl von Systemen und Netzen etc.) erhält der Verbraucher- und Konsumentenschutz neuen Stellenwert. Es gilt zu verhindern, daß in einer zunehmend heterogenen Telekommunikationslandschaft wenig erfahrene Kunden über Preise und Charakteristika der angebotenen Telekommunikationsdienste irregeleitet und Verbraucher geschädigt werden. Zu den Aufgaben der nationalen Telekom-Regulatoren gehört es vorrangig, die Nutzerinteressen zu schützen und potentielle Beschwerden zu berücksichtigen[578]. Regulierung als Wettbewerbskontrolle sei zu wenig – Dienstleistungsqualität müsse auch Jugend- und Verbraucherschutz umfassen, forderte *Kubicek*[579].

Eine Möglichkeit zum Schutz der Verbraucher vor dominanten Anbietern besteht beispielsweise im sog. Höchstpreissystem, das die zulässige Preiswachstumsrate festsetzt und das bereits in Entwicklungsländern angewendet wird. Im allgemeinen entspricht diese Rate der allgemeinen Preissteigerungsrate einer Volkswirtschaft, vermindert um den Prozentsatz, um den das Produktivitätswachstum in der Telekommunikation das der übrigen Wirtschaft übertrifft[580].

Als Ergebnis ist festzuhalten, daß die Produkt- und Dienstequalität[581] in Folge zunehmenden Wettbewerbs möglicherweise in Frage steht und neue Formen regulatorischer Kontrolle gefordert sind.

(3) Schaffung von Transparenz und Rechtssicherheit

Der Bestand an Durchführungsbestimmungen und Verwaltungsvorschriften auf dem Telekommunikationssektor ist enorm. Zu Beginn der 90er Jahre fanden sich unzählige Tarife, Bedingungen für das Diensteangebot und technische Beschreibungen von zulässigem Gerät sowie ca. 20.000 Schriftseiten technischer Standards[582]. Die Standards sind sogar noch umfangreicher, da sie von den einzelnen Staaten oft modifiziert werden[583].

Um auszuschließen, daß ausländische Marktkonkurrenten durch ein Geflecht nationaler Regelungen in ihren Geschäftsaktivitäten behindert werden, wird die Transparenz des Regelungsprozesses verlangt. Transparenzerfordernisse sollen den Netzzugang für den Anbieter kalkulierbar machen[584]. Für den Bereich der Telekommunikationsdienste wurde gefordert, daß die einschlägigen Bestimmungen allen Beteiligten verfügbar gemacht werden müssen, und daß inbesondere diejenigen Bestimmungen, die ausländische Wettbewerber behindern, offengelegt werden:

---

578 ITU, Regulatory Colloquium No. 1, (Anm. 442), S. ix.
579 H. Kubicek, (Anm. 510), S. 94; vgl. in diesem Kontext das Grünbuch der Kommission der Europäischen Gemeinschaften über den Jugendschutz und den Schutz der Menschenwürde in den audiovisuellen und den Informationsdiensten (Dok.KOM(96) 483 endg.).
580 Näher *V. Bishop/A. Mody*, (Anm. 28), S. 42.
581 Zum Begriff der "Qualität" und den Möglichkeiten, diese zu messen vgl. *B. Bauer*: Quality and Quality Regulation of Reserved Telecommunication Services, Wissenschaftliches Institut für Kommunikationsdienste, Diskussionsbeitrag Nr. 75, Bad Honnef, Dezember 1991, S. 2-6; zu Haftungsproblemen für fehlerhafte Telekommunikationseinrichtungen *J. C. Grant*, (Anm. 215), S. 118.
582 Vgl. die von ITU/CCITT herausgegebenen Empfehlungen in der Form der "Red Book series".
583 Allerdings werden gerade die internationalen Standards als weitgehend transparent eingeschätzt, da sie einen verhältnismäßig offenen Konsultationsprozeß innerhalb der Internationalen Fernmeldeunion durchlaufen, so *R. G. Pipe*, (Anm. 9), S. 89.
584 Briefing von *P. Sauvé* (Anm. 461), S. 3.

"(...) regulations must be available to all and regulations to restrict foreign competitors must be plainly declared"[585].

Seitens der Industrie hieß es wiederholt, es würden umfassende Informationen über technische Normen, Standards und Zulassungserfordernisse benötigt, um in- und ausländischen Herstellern und Diensteerbringern einen Wettbewerb auf fairer Basis zu erlauben[586]. Veröffentlicht werden sollten nach Möglichkeit alle Regeln, Gesetze und Verwaltungspraktiken; auch ihre Veränderungen sollten notifiziert werden[587]. Die neuen Transparenzbestimmungen sollten dabei auch, so hieß es innerhalb der Group of Negotiations on Services, auf die regulatorischen Organe Anwendung finden[588].

Vor diesem Hintergrund erhält das Transparenzgebot in regulativer Hinsicht eine spezielle Bedeutung für die Liberalisierung der Telekomdienste, da es die strukturellen Marktunterschiede offenlegt.

(4) Ordnung internationaler Bezüge

Schließlich ist die Ordnung der internationalen Bezüge ein weiterer Aspekt der Governance.

Eine wesentliche Schwierigkeit beim Ausbau der Handels- und Dienstleistungsfreiheit sieht *Mestmäcker* in gegensätzlichen Prioritäten der nationalen Politiken[589]. Die Entwicklung hin zu individueller, unkoordinierter nationaler Gesetzgebung sei unbefriedigend, heißt es von anderer Seite, da sie zu Fragmentierung und Komplikationen führe[590]. Spannungen resultieren vor allem aus dem souveränen Regelungsanspruch nationaler Akteure:

"Domestic telecoms are wholly within the sovereignty of states, and can be organised according to national preferences. In international telecoms, these different preferen-

---

585 P. F. Cowhey/J. D. Aronson, (Anm. 18), S. 20.
586 *E. O. Weiss*: Director Administration Europe, Data General, Paris, for Business and Industry Advisory Committee to OECD, "Defining Telecommunications Services Trade", S. 4; *Liberalisation of Trade in Services Committee (LOTIS)* of the British Invisible Exports Council, February 1986, International Information Flows, A Report by the LOTIS Committee, S. 26: Unter das Prinzip der "Transparenz" will die britische Industrie auch "fair administration of domestic regulations" und "due process in the administration of standards" subsumieren (LOTIS ebd. S. 26); zu den Schwierigkeiten der Firmen, die einen neuen Dienst einführen, speziell zum Fehlen von Marktinformationen: *G. Warskett*, (Anm. 8), S. 34; *H. I. M. de Vlaam*, (Anm. 121), S. 36; siehe näher die Ausführungen zu Art. VI:4 GATS im 5. Kap. 1 d).
587 Außerdem wurde verlangt: "prior notification/consultation; cross-notification, national enquiry points", vgl. Briefing von *P. Sauvé* (Anm. 461), S. 3.
588 *P. Sauvé*, (Anm. 461), ebd. S. 3.
589 *E.-J. Mestmäcker*: Staatliche Souveränität und offene Märkte, Konflikte bei der extraterritorialen Anwendung von Wirtschaftsrecht, in: RabelsZ 52 (1988), S. 209.
590 *K. O. H. A. Hammarskjöld* (Director General, International Institute: Information & Communication): Towards One World, A Paper Presented to the TDR Conference on the International Information Economy, Williamsburg, VA, U.S.A., October 30-November 1, 1985, S. 6; eine Stellungnahme des *Wirtschafts- und Sozialausschusses* zum "Vorschlag für eine Richtlinie des Europäischen Parlaments und des Rates über die Zusammenschaltung in der Telekommunikation zur Gewährleistung des Universaldienstes und der Interoperabilität durch Anwendung der Grundsätze für einen offenen Netzzugang" (ONP, Dok. KOM (95) 379 endg.-95/0207 COD); Dok. CES 249/96-95/0207 COD), Berichterstatter *Bernardo Hernandez Bataller*, forderte, es müsse sichergestellt werden, "daß die Unterschiede zwischen den einzelstaatlichen Regelungen von einem gemeinsamen europäischen Rahmen ausgehend, minimal sind".

ces have to be respected, and provision of services is therefore subject to bilateral or multilateral agreements"[591].

Der Koordinierungsbedarf könnte kaum größer sein, stellte auch der Generalsekretär der ITU, *Pekka Tarjanne*, im Jahre 1990 fest und sprach von einer Situation des "Chaos"[592], das aus den vielen unterschiedlichen nationalen und regionalen Entwicklungen der Telekommunikation in den 80er Jahre herrühre. Auch die 90er Jahre sind von einander überschneidenden Aktivitäten auf mehreren Ebenen geprägt[593].

Zu einer Harmonisierung im Telekommunikationssektor auf überregionaler Ebene tragen europaweit die Arbeit der EG-Kommission sowie des Normungsinstituts ETSI bei, weltweit sind es die ITU-Regulierungen. Auch das GATT/WTO-Abkommen über den Handel mit Dienstleistungen vermag im Prinzip zu einer Harmonisierung von Vorschriften im Telekommunikationsdienstesektor beitragen[594].

h) Schlußfolgerungen: Governance in einer liberalisierten Telekommunikationsumgebung

Im Anschluß an die im vorangegangenen Kapitel gemachten Ausführungen lassen sich gedanklich drei Phasen der Governance in der Telekommunikation unterscheiden.

In einer ersten Phase ging es darum, die Grundversorgung der Bevölkerung zu sichern[595], insbesondere eine Kontrolle der Preisfestsetzung durch örtliche Monopole zu erreichen ("Konzept der public utility"). Zahlreiche Entwicklungsländer, dies ergab sich aus obigen Ausführungen[596], sind noch heute mit dieser Aufgabe befaßt.

In den Industriestaaten hingegen verlagerte sich mit dem Entstehen neuer technischer Möglichkeiten und einer Vergrößerung des Dienstespektrums seit den 60er Jahren der Regulierungsschwerpunkt hin zu einer zweiten Phase der Förderung von Innovationen durch mehr Wettbewerb, Dezentralisierung und Liberalisierung. Die in Deutschland durchgeführte Postreform I und II weisen in diese Richtung, auch wenn letztere im wesentlichen nur eine "organisationsrechtliche Umgestaltung"[597] war. In der Übergangsphase hin zu mehr Wettbewerb sah man Regulierung im Prinzip als überflüssig an und suchte die Regelungsintensität zu verringern. Die Bemühungen der Staatengemeinschaft – und darauf ist auch das Hauptaugenmerk des General Agreement on Trade in Services (GATS) i.V. mit der Telekommunikationsanlage gerichtet – zielten auf beschleunigte technologische Entwicklungen und die Beseitigung von regulativen, administrativen,

---

591 C. Hobson: How Telecommunications Services Are Provided, Paper anläßlich: Defining International Telecommunications Services Trade - an International Briefing, ITU Headquarters, Geneva, May 3, 1989, S. 2.
592 *Address by the Secretary-General of the ITU*: Open Frameworks for Telecommunications in the 90s, Washington DC., 11 January 1990, Access to Networks and Markets, S. 1 f.
593 Address by the Secretary-General of the ITU, (Anm. 592), S. 5.
594 Zu den Wirkungen des WTO-Streitbeilegungssystems auf die regulatorischen Praktiken siehe das 5. Kap. 4 d); eine Harmonisierung unterschiedlicher Vorschriften gehörte jedoch nicht zu den für die Ausarbeitung maßgeblichen Verhandlungszielen; zum Verhandlungsmandat näher das 3. Kap. 1 e).
595 Zur Sicherung des Universaldienst-Angebots siehe bereits das 3. Kap. 3 c).
596 Vgl. die Ausführungen zur Telekommunikationsentwicklung der Dritten Welt im 2. Kap. 2.
597 Kritisch *J. Scherer*, (Anm. 74), S. 73; zur Gesetzesbegründung der Bundesregierung, BR-Drs. 115/94, S. 105; *E. Grande*: Vom Monopol zum Wettbewerb? Die neokonservative Reform der Telekommunikation in Großbritannien und der Bundesrepublik Deutschland (1989).

politischen sowie finanziellen Restriktionen für den Telekommunikationsdienstehandel (Stichwort: Interkonnektivität, Interoperabilität, Transparenz)[598].

In telekommunikativ hoch entwickelten Staaten wie den USA zeichnet sich inzwischen eine dritte Phase ab. Aufgrund der Fülle von Telekommunikations- und Informationsdiensten ergeben sich neue Koordinationserfordernisse und zugleich gewinnt das ursprüngliche Ziel, die Frage der Grundversorgung, eine neue Relevanz[599]. Die zentrale Frage, die man sich in vorausschauend planerischer Perspektive eines "social-engineering" heute stellen muß – und darin liegt eine der Hauptanforderungen an die internationale Organisation – lautet, um mit *Noam* zu sprechen: "After competition, what?"[600] Die Herstellung von Wettbewerbsbedingungen für Telekommunikation, wie GATS sie anstrebt, ist der "einfache Teil"; "dealing with the consequences will be the next and more difficult challenge"[601]. "Wettbewerb oder Chaos"[602], das scheinen, provokant zugespitzt, die Optionen für die Regulatoren zu sein.

In einem liberalisierten Umfeld lassen sich im wesentlichen zwei Regulierungsanlässe differenzieren:
- zum einen die Verfolgung von *public policy goals*; hierzu zählen etwa der Aufbau einer effizienten Telekommunikationsinfrastruktur und die Aufrechterhaltung eines erschwinglichen Telefongrunddienstes für alle[603];
- zum anderen *Marktversagen*; hier sind Interventionen der Regulatoren um Markt- bzw. Netzzugang oder Maßnahmen gegen einen Mißbrauch der Marktmacht zu nennen; die Sicherung fairer Wettbewerbsbedingungen gehört zu diesem Themenkreis[604].

Die erstgenannte Kategorie ist für Entwicklungsländer besonders bedeutsam, da dort, wie bereits dargelegt[605], die Entwicklungen auf dem Telekommunikationsdienstesektor schleppend verlaufen. Durch raschen Netzausbau soll das policy-Ziel einer landesweit universellen Verfügbarkeit von Diensten verwirklicht werden.

Dieses Ziel kann, dies ergab sich aus der Vielfalt der dargestellten Probleme (s.o. 2. Kap. Abschn. 3), nicht allein Marktkräften überlassen werden, sondern bedarf der ergänzend eingesetzten konsequenten Strukturpolitik und sozialer Ausgleichsmaßnahmen. Seit Ende der 80er Jahre gibt es einen wachsenden Konsens in der Politischen Ökonomie darüber, daß Ressourcen nicht so sehr von der "invisible hand" des Marktes als vielmehr von Institutionen zugeteilt werden sollen. Damit die wirtschaftliche Libera-

---

598 Näher zu diesen Aspekten bei der Analyse der Verhandlungsresultate das 5. Kap. 1 und 2.
599 Vgl. die Ausführungen zur dynamischen Interpretation des Universaldienst-Angebots im 2. Kap. 3 d).
600 *E. M. Noam*, (Anm. 510), S. 286.
601 *E. M. Noam*, (Anm. 510), S. 59.
602 Vgl. den Bericht zur gleichlautenden Konferenz von *D. Gillick*: Competition or Chaos?, Conference Report, 5th International Conference on Telecommunications Policy and Regulations, London 24-25 May 1994, in: Telecommunications Policy 19 (1995), S. 73-80.
603 *ITU, Telecommunication Development Bureau and the UNCTAD and UN-DDSMS Coordinated African Programme of Assistance on Services*, (Anm. 328), S. 39 sieht ein "effective regulatory framework" als notwendig für die Verfolgung nationaler Politikziele, wie universelle Dienste, an.
604 *ITU*, Regulatory Colloquium No.1, (Anm. 442), S. 9; vgl. auch *OECD*: Neue Dimensionen des Marktzugangs im Zeichen der wirtschaftlichen Globalisierung (1996); ITU, Telecommunication Development Bureau and the UNCTAD and UN-DDSMS Coordinated African Programme of Assistance on Services, (Anm. 328), S. 39 zählt zu den Regulierungsnotwendigkeiten den Umstand, daß der Markt unvollkommen ist: "the market is imperfect".
605 Zur Situation der Dritten Welt in telekommunikativer Hinsicht siehe das 2. Kap. 2.

lisierung nicht zu neuem Verdrängungswettbewerb und Periphisierungsdruck führt und auf dieser Linie das Entwicklungsgefälle weiter verschärft, bedarf es der Organisation:

"Ohne politisch organisierte Maßnahmen wird in einer liberalen Weltwirtschaftsordnung das Wohlstandsgefälle zwischen den beteiligten Gesellschaften kaum nachhaltig vermindert werden können. Liberale Handels- und Währungsbeziehungen fördern zwar die Erreichung des Wohlstandsziels Wachstum der Nutzenerzeugung, verfehlen aber zumeist das Ziel der Gerechtigkeit der Nutzenverteilung"[606].

Es beginnt sich die Einsicht durchzusetzen, daß im Zuge der Liberalisierung die Verstärkung mancher Regulierungen erforderlich ist: "a strengthening of some regulations may be necessary"[607]. Eine "korrigierende Regulierung", die das "Recht des Stärkeren" verhindert[608] bzw. eine Regulierung, die eine sozial verträgliche Ökonomie gewährleistet[609], sollten nicht fehlen. Dies gilt insbesondere im Hinblick auf die zunehmende (Markt-)Macht von weltweit tätigen Telekommunikationsanbietern. Wie es von OECD-Seite hieß:

"Nachdem sich die Unternehmen von den Begrenzungen durch Zeit, Raum und Ressourcen befreit haben, finden sie auch Mittel und Wege, um sich dem Zugriff nationaler Reglementierungen zu entziehen. (...) Wir benötigen jetzt ein Regelwerk, das die Regierungen in die Lage versetzt, eine demokratische Aufsicht über die Funktionen des globalen Marktes auszuüben"[1].

Welche konkreten Lösungen das General Agreement on Trade in Services i.V. mit der Anlage zur Telekommunikation unter den Gesichtspunkten der Governance für die in diesem Abschnitt skizzierten Probleme bereit hält, wird Gegenstand der folgenden Untersuchung sein.

---

606 *V. Rittberger*, (Anm. 1), S. 209.
607 *UNCTAD/The World Bank*: Liberalizing International Transactions in Services. A Handbook (1994), S. vi; *G. Fuchs*: Telekommunikation - Der Weg von nationaler zu internationaler Regulierung, in: *K. D. Wolf (Hrsg.)*: Internationale Verrechtlichung, in: Zeitschrift für Rechtspolitologie (1993), S. 222: "Die weltweite Deregulierung in Verbindung mit ökonomischen und technologischen Veränderungen hat eine neuen, weltweiten Informationsmarkt mit entsprechendem, neuartigen Regulierungsbedarf geschaffen."
608 *J. Calließ/B. Moltmann (Hrsg.)*: Einführung, in: Jenseits der Bipolarität: Aufbruch in eine "Neue Weltordnung", Loccumer Protokolle 9/92 (1992), S. 17.
609 *K. Tudyka*: Wirtschaftspolitik zwischen Globalisierung und Regionalisierung, in: *J. Calließ/ B. Moltmann (Hrsg.)*: Loccumer Protokolle 9/92, Jenseits der Bipolarität: Aufbruch in eine "Neue Weltordnung" (1992), S. 351; vgl. auch die *NGO-Stellungnahme für das 3. Vorbereitungstreffen zum Weltsozialgipfel*: "Eckpunkte für den Weltsozialgipfel", in: Dokumentation, epd-Entwicklungspolitik 1/95, b), Ziff. 6: "Governments (...) should guide and moderate the operation of market forces, require fairness and honesty in business activities, provide adequate public infrastructure, and invest heavily in human resources (...)".
610 *M. Hart*: Der nächste Schritt: Aushandlung von Regeln für eine globale Wirtschaft, in: OECD Dokumente, Neue Dimensionen des Marktzugangs im Zeichen der wirtschaftlichen Globalisierung (1996), S. 275.

3. Kapitel: Verhandlungsabläufe und -strukturen: das "setting" der GATS-Verhandlungen

Die auf das umfangreichste multilaterale Handelsabkommen der Geschichte zielende Verhandlungsrunde des GATT – "ein gigantisches Unterfangen", wie angemerkt wurde[1] – ist insofern ein Novum, als hier zum ersten Mal Dienstleistungen in den GATT-Verhandlungsrahmen einbezogen wurden. Telekommunikation war dabei einer von 20 "service items", der von der Group of Negotiations on Services (GNS) behandelt wurde. Ziel der Liberalisierung des Dienstleistungshandels war es, den Dienstleistungen durch multilaterale Vereinbarungen zum Abbau von Handelshindernissen auf der einen und der Öffnung von Dienstleistungsmärkten auf der anderen Seite zu einer größeren Rolle im Welthandel zu verhelfen.

1. Die Verhandlungen in der Vorphase der Uruguay Runde

Bereits der Internationale Gerichtshof (IGH) hatte konstatiert, daß die *Eröffnung* von Verhandlungen oft den entscheidenden Schritt zum Abschluß eines Übereinkommens darstellt[2]. In der Vorphase von Verhandlungen sind häufig sowohl substantielle Probleme, etwa konfligierende Strategien oder Wirtschaftsinteressen, zu überwinden, als auch solche psychologischer Art: "attitudes, fears, preconceptions, suspicions, and distrusts of people and their leaders"[3]. Bereits in der Vorphase der Verhandlungen befinden sich die Verhandlungsführer vielfach in einem "two-level game"[4], da ein doppelter Druck auf ihnen lastet: es gilt, zum einen den internationalen Verhandlungsführern anderer Staaten am Verhandlungstisch Paroli zu bieten und zum anderen die nationale Ebene (Regierung, Parlament, Sprecher führender Wirtschaftsverbände und andere Interessengruppen etc.) einzubinden. Die Bereitschaft eines Staates, sich auf Verhandlungen einzulassen, hängt deshalb immer auch von seiner innenpolitischer Situation ab.

Der Eintritt in Verhandlungen kann direkte Auswirkungen auf die innenpolitisch relevanten Interessenkoalitionen haben[5]; nicht zuletzt aus diesem Grund gestalteten sich die Vorverhandlungen der Uruguay Runde hinsichtlich der Dienstleistungen in besonderer Weise langwierig und komplex. Es galt das Problemfeld abzugrenzen, Verhandlungsthemen zu definieren, Einzelaspekte zu konkretisieren, die Verhandlungsgrundsätze[6] herauszukristallisieren etc. Den Teilnehmern, insbesondere den verhandlungsstrategisch Schwächeren unter ihnen, war dabei wohl bewußt, daß die Eröffnung einer

---

1   *D. Scheffler*: Juristische Aspekte der Subventionsproblematik im GATT, in: RIW 5/1993, S. 401.
2   International Status of South-West Africa, *International Court of Justice*, 1950, 11 July, S. 188 (Advisory Opinion): "the opening of (...) negotiations is often a decisive step toward the conclusion of an agreement."
3   *M. A. Rogoff*: The Obligation to Negotiate in International Law: Rules and Realities, in: Michigan Journal of International Law 16 (1994), S. 150.
4   Vgl. *R. D. Putnam*: Diplomacy and Domestic Politics: The Logic of Two-Level Games, in: IO 42 (1988), S. 427, 434.
5   Näher *J. Sebenius*: Negotiation Arithmetics: Adding and Subtracting Issues and Parties, in: IO 37 (1983), S. 281-316.
6   Ausführlich zu den Verhandlungsgrundsätzen im 3. Kap. 2.

neuen Verhandlungsebene unmittelbar Folgen für das Machtgleichgewicht zwischen ihnen haben würde. Aus diesem Grund maßen sie der Wahl des Verhandlungsforums – eine der am meisten umstrittenen Fragen der Vorverhandlungen – große Bedeutung zu.

a) Mögliche Foren der Dienstleistungs-Liberalisierung

Vor allem OECD, ITU und GATT wurden in den 80er Jahren als geeignete Kanndidaten[7] für eine fortschreitende Dienstleistungsliberalisierung genannt, und daneben – aus dem Lager der Entwicklungsländer – UNCTAD[8].

(1) Für die in Paris ansässige Organization for Economic Co-operation and Development (OECD) wurde ins Feld geführt, daß die Liberalisierung des Waren- und Dienstleistungshandels seit über 20 Jahren zu ihren wichtigsten Zielen zähle[9]. Außerdem hatte OECD eine Reihe von Studien durchgeführt, sowohl solche allgemeiner als auch solche sektor-spezifischer Art, und wenngleich die meisten dieser Untersuchungen sich auf die OECD-Länder bezogen, gab es doch einige, die Entwicklungsländer einschlossen[10].

Obwohl die OECD also einige Erfahrung auf dem Gebiet der Liberalisierung des Dienstleistungshandels vorweisen konnte, sprach doch manches gegen sie als mögliches Forum für eine Liberalisierung von Dienstleistungen. Dazu zählte
- die beschränkte Mitgliederzahl – ein Liberalisierungsprozeß müsse die Entwicklungsländer einschließen, denn "limiting the scope of service liberalization talks to OECD countries would also limit potential markets"[11];
- die nicht bindende Natur der OECD-Codes – wichtige OECD Codes im Dienstleistungsbereich (z.B. der Code of Liberalization of Invisible Operations und der Code of Liberalization of Capital Movements) sind rechtlich nicht bindend;
- die fehlende Organisationseffizienz – Skepsis wurde geäußert, ob die OECD dynamisch genug sei, weltweit verbindliche Liberalisierungsmaßnahmen ins Werk zu setzen.

OECD biete sich an als Forum für Konsensfindung im Bereich des Dienstleistungshandels – für die eigentlichen Liberalisierungsaufgaben sei jedoch eine bedeutsamere Organisation nötig – "something more substantial"[12].

---

7   Schließlich soll nicht unerwähnt bleiben, daß die UN-Wirtschaftskommission Europa (ECE) ebenfalls einen Bezug zum Dienstehandel aufweist; aber, wie Ewing spöttisch anmerkte: "Much of the ECE's work on trade may be likened to a man who has had himself carefully and elaborately bound up in strong string and then invite his friends to work out how best to untie him", *A. F. Ewing*: Why Freer Trade in Services is in the Interest of Developing Countries, in: JWTL 19 (1985), S. 155.

8   Zur Präferenz von UNCTAD seitens der LDCs *A. Koekoek/J. de Leeuw*: The Applicability of GATT to International Trade in Services, in: Aussenwirtschaft 42 (1987), S. 78; *S. Schultz*: Dienstleistungen und Entwicklungsländer - Positionen der Dritten Welt zur Einbindung des Dienstleistungshandels in den GATT-Rahmen, in: *H. Sautter (Hrsg.)*: Konsequenzen neuerer handelspolitischer Entwicklungen für die Entwicklungsländer (1990), S. 77.

9   *S. F. Benz*: Trade Liberalization and the Global Service Economy, in: JWTL 19 (1985), S. 107 f.

10 Vgl. *OECD*: Trade in Services and Developing Countries (Paris 1989); vgl. auch die Abschnitte "developing country concerns" in OECD, Trade in Information, Computer and Communication Services (1990), S. 33 f. und 54 ff.; allgemein zu den OECD Analysen *S. A. Devos*: Services Trade and the OECD, in: Journal of Japanese Trade and Industry 4 (1984), S. 16-19.

11 *T. G. Berg*: Trade in Services: Toward a "Development Round" of GATT Negotiations Benefitting Both Developing and Industrialized States, in: HILJ 28 (1987), S. 14.

(2) Daneben gab es Vorschläge, mit speziellen Diensten befaßte Organisationen, etwa die Internationale Fernmeldeunion (ITU) im Bereich der Telekommunikationsdienste, mit den Liberalisierungsverhandlungen zu betrauen. Allerdings bestanden Zweifel, ob die "monopolnahe" Struktur[13] dieser Organisation zu einer Handelsliberalisierung führen würde oder ob es bei bloßer technischer Vereinheitlichung bliebe. Tatsächlich zielten die bestehenden Dienstleistungsübereinkünfte der ITU[14] überwiegend auf technische Normierungen, nicht aber auf die Liberalisierung des Handels mit den Diensten. Folglich wurde der Vorwurf laut: "the ITU has largely confined its activities to more technical questions and may lack a feel for (...) trade policies"[15].

Aufgrund dieser technischen Ausrichtung der ITU wurde zudem der Verpflichtungsgrad der Mitglieder als gering angesehen; die ITU stellte für einige nicht mehr dar "than a set of technical rules representing a low level of commitment by its participants"[16]. Mit dem raschen technologischen Wandel und dem wachsenden Einfluß privatwirtschaftlicher, nicht-staatlicher Akteure schrumpfe das Engagement der ITU-Mitgliedstaaten weiter[17], was zu einer Schwächung der ITU führe. *Kratochwil* faßte es folgendermaßen zusammen:

> "Change came from two sources: one from the increasingly eroding consensus that telecommunications indeed represented natural monopolies, a doubt powerfully reinforced by the emerging notion that 'services' should be treated like 'goods'; and, two, from the new technologies of satellite and digital transmission that made it possible to bypass the switches linking national networks. Both elements ushered in the end of the old telecommunications regime and upset the merely 'technical' mission of the ITU"[18].

Hinzu kamen, neben finanziellen Engpässen[19], organisatorische Defizite des ITU-Telekommunikationsregimes, etwa eine fehlende Abstimmung der ITU-Organe unterein-

---

12 *S. F. Benz,* (Anm. 9), S. 113; kritisch auch *A. F. Ewing:* (Anm. 7), S. 154: "OECD is a consultative rather than a negotiating body."

13 Lange Zeit war die ITU "a venue for the regulated public carrier and spectrum management communities", so *A. M. Rutkowski:* The ITU at the Cusp of Change, in: Telecommunications Policy 15 (1991), S. 297; ähnlich *P. Cowhey/J. D. Aronson:* The ITU in Transition, in: Telecommunications Policy 15 (1991), S. 299; zur ursprünglichen, von der ITU geprägten monopolistischen Regulierungssituation siehe bereits das 2. Kap. 1 a) und d).

14 Verschiedene bereits existierende Diensteübereinkünfte im Bereich der Telekommunikation, etwa solche des International Telephone and Telegraph Consultative Committee, des International Radio Consultative Committee oder des International Frequency Registration Board, wurden während der Uruguay Runde als *"horizontal arrangements"* bezeichnet; vgl. die Zusammenfassung dieser Übereinkünfte in: *Summary of Objectives:* Coverage and Main Features of Existing International Disciplines and Arrangements Relevant to Trade in Services, GATT Doc. No. MTN.GNS/W/16 (Aug. 6, 1987).

15 *E. Stevers/C. Wilkinson:* "Appropriate Regulation" for Communication and Information Services, in: *P. Robinson/K. P. Sauvant/V. P. Govitrikar (Hrsg.):* Electronic Highway for World Trade (1989), S. 179.

16 *P. F. Cowhey:* The International Telecommunications Regime: The Political Roots of Regimes for High Technology, in: IO 44 (1990), S. 176.

17 Ausdrücklich *J. M. McDonell:* Changing the Rules, in: Reforming the Global Network, The 1989 ITU Plenipotentiary Conference (1989), S. 4 f.; ähnlich *P. Cowhey/J. D. Aronson,* (Anm. 13), S. 298.

18 *F. Kratochwil:* The Limits of Contract, in: EJIL 5 (1994), S. 475.

19 Kritisch zu den fehlenden finanziellen Ressourcen der ITU *V.-Y. Ghebali:* L'UIT après les décisions de la Conférence des plénipotentiares de Nice (1989), in: International Geneva Yearbook 4

ander[20]. Aus Sicht der Liberalisierungsbefürworter, allen voran den USA, war es deshalb naheliegend, eine so wesentliche Frage wie die Liberalisierung des Welthandels nicht in die Hände der eher regel-, denn marktorientierten Internationalen Fernmeldeunion zu legen. Das Fehlen eines bindenden Streiterledigungssystems[21] galt ebenfalls als "minus" – insbesondere gegenüber GATT. Aufgrund dieses Mangels sei klar, daß die ITU als Organisation nur eine geringe Rolle bei der Liberalisierung von Telekommunikationsdiensten spielen würde; in einem GATT-internen inoffiziellen Papier vom 22. Februar 1990 hieß es:

> "... the lack of a binding dispute settlement mechanism within the ITU framework is viewed as hampering the Union's ability to enforce a rules-based system aimed at multilateral liberaliziation in the sector"[22].

Auch die Zusammenarbeit der ITU mit Führungskräften der Industrie wurde als unzulänglich kritisiert, denn diese seien innerhalb der ITU unterrepräsentiert, so daß die ITU von den neuesten Entwicklungen auf dem Gebiet der Privatisierung und Liberalisierung überholt werde. Das sei auch bedeutsam für die Entwicklungszusammenarbeit, denn hier könne ohne eine enge Zusammenarbeit mit dem Privatsektor so gut wie nichts erreicht werden[23]. In Zeiten der raschen Innovation und des "global networking" seien die schwerfälligen ITU-Verhandlungen nicht mehr in der Lage, mit den Geschäftspraktiken Schritt zu halten und die alte Delegiertenstruktur werde zur Last. Wenn die ITU wieterhin der "old guard of state-owned PTTs" diene, würden sich, so die Prognose, die privaten Betreiber und Provider stärker auf regionale Strukturen oder bilaterale Verbindungen[24] verlassen, so daß der Verfall der ITU, auch in finanzieller Hinsicht, beschleunigt würde[25].

Derlei Einwände werden der Arbeit der ITU nicht gerecht, denn sie übersehen, daß sie in den letzten Jahren einige beachtliche Reformerfolge vor allem im organisatorischen Bereich aufzuweisen hat, und daß es ihr auch gelang, nicht-staatliche Organisationen stärker in die Arbeit einzubeziehen[26]. Sie steht dabei – aufgrund der überwiegend

---

      (1990), S. 56; ebenfalls *V.-Y. Ghebali*: Télécommunications et développement: Mission impossible?, in: Revue française d'administration publique, No. 52, Octobre-Décembre 1989, Télécommunications: La nouvelle donne, S. 687.

20   Zu den aufgrund der föderalen Struktur bestehenden Koordinationsdefiziten innerhalb der ITU *G. A. Codding/D. Gallegos*: The ITU's 'Federal' Structure, in: Telecommunications Policy 15 (1991), S. 357 ff.; die zahlreichen selbständigen Ausschüsse wurden von ihnen als "miniature international organizations" bezeichnet (ebd. S. 354); *V.-Y. Ghebali*, (Anm. 19), S. 52; *W. J. Drake*: The CCITT: Time for Reform?, in: Reforming the Global Network, The 1989 ITU Plenipotentiary Conference, S. 29; der Föderalismus spiele eine entscheidende politische Rolle, denn durch die zahlreichen Ämter, die innerhalb der einzelnen Organe zu vergeben seien, sei die aktive Mitarbeit einer relativ großen Zahl von Staaten gewährleistet: *G. A. Codding*: The ITU Structure, in: The 1989 ITU Plenipotentiary Conference, Reforming the Global Network (1989), S. 23.

21   Vgl. aber das "Optional Protocol on the Compulsory Settlement of Disputes Relating to the Constitution and the Convention of the ITU and the Administrative Regulations" (Geneva 1992).

22   *Memorandum from Gary P. Sampson to Mr. M. G. Mathur*: Trade in Telecommunications Services, (GATT, 22 February 1990), S. 4, Ziff. 12.

23   *J. Solomon*: The ITU in a Time of Change, in: Telecommunications Policy 15 (1991), S. 375; zu den privatwirtschaftlichen Initiativen in den Entwicklungsländern siehe bereits 2. Kap. 2 f).

24   Zur Zunahme bilateraler Vereinbarungen siehe bereits das 2. Kap. 1 f).

25   Ausdrücklich *J. Savage*: The High-Level Committee and the ITU in the 21st Century, in: Telecommunications Policy 15 (1991), S. 370.

26   Positiv auch *G. A. Codding/D. Gallegos*, (Anm. 20), S. 359: "The ITU was the first international organization to effectively involve non-governmental entities as official participants in its work";

technischen Materie, die sie behandelt – allerdings weniger im Rampenlicht der Öffentlichkeit als vergleichbare Institutionen: im Gegensatz zu GATT sind "politics of the Union (...) not the stuff of newspaper headlines"[27]. Insgesamt vermochte die ITU, den besonders in westlichen Kreisen erhobenen Vorwurf, "sie passe ihr Regelungssystem nur zögerlich an die durch die Liberalisierung der Telekommunikation in wichtigen Staaten geschaffenen neuen Strukturen an"[28], jedoch nicht auszuräumen. Dabei hätte es aufgrund der hohen technischen Sachkompetenz innerhalb der ITU[29] an sich nahe gelegen, sie innerhalb des UN-Systems mit Fragen des Ausbaus der Telekommunikationsdienstemärkte zu betrauen.

Die Tatsache, daß im Ergebnis nicht die ITU als das für die Liberalisierung der Telekommunikationsdienste geeignete Forum gewählt wurde, hing auch mit den bei der ITU während der 80er Jahre verstärkt zutage getretenen strukturellen Mängeln zusammen. Diese trugen dazu bei, daß bereits während der Vorverhandlungen der Uruguay Runde die ITU nur als eine von mehreren auf dem Gebiet der Telekommunikation tätigen Organisationen angesehen wurde und "no longer on top of the pyramid, but part of a geodesy of organizations - all representing different communities that comprise today's complex telecommunications universe"[30].

(3) Ferner hatte es den Vorschlag gegeben, die United Nations Conference on Trade and Development (UNCTAD) mit den Diensteverhandlungen zu betrauen. Seit seiner Gründung als Forum für handelsbezogene Entwicklungsfragen im Jahre 1964 hatte UNCTAD stets, wenn auch in geringerem Umfang, Fragen des Dienstleistungshandels behandelt. Zum Beispiel hatte UNCTAD den LDCs technische Hilfe in bezug auf das Versicherungswesen geleistet, und ihre Probleme im Bereich des Lufttransports untersucht oder auch Softwareprobleme im Rahmen von Technologietransferprogrammen behandelt. Wenngleich es nie zur Ausarbeitung allgemein gültiger Handelskonzepte für Dienstleistungen kam, hat UNCTAD sich also bereits länger mit dem Thema befaßt als GATT selbst.

Die Entwicklungsländer taten einen wichtigen Schritt, als sie während UNCTAD VI, Belgrad, im Jahre 1983 die Frage der Dienstleistungen vor die UNCTAD brachten[31]. Auf dieser Konferenz einigte man sich im Rahmen des Arbeitsprogramms darauf, die Rolle der Dienstleistungen im Entwicklungsprozeß zu untersuchen, und das UNCTAD-Sekretariat wurde gebeten, Studien über die Rolle von Dienstleistungen im Entwicklungsprozeß zu erstellen. Ein Jahr später, 1984, lagen bereits einige sektorbegleitende

---

zur Strukturreform der ITU siehe auch Nord-Süd aktuell, "Strukturreform der ITU tritt in Kraft" (1994), S. 371-372.

27   *J. G. Savage*: The Politics of International Telecommunications Regulation (1989), S. 6; ähnlich S. 231.
28   Stellvertretend: *R. Ellger/T.-S. Kluth*: Das Wirtschaftsrecht der internationalen Telekommunikation in der Bundesrepublik Deutschland (1992), S. 215; ähnlich *J. D. Aronson/P. F. Cowhey*: When Countries Talk, International Trade in Telecommunications Services (1988), S. 45; vgl. aber *B. Tchikaya*: La première conférence mondiale pour le développement des télécommunications. La transcription juridique du développement au sein de l'U.I.T., in: Revue générale de droit international public 99 (1995), S. 77-93.
29   Technologisches Wissen im Zusammenhang mit Fragen der Telekommunikation ist bis heute ein Problem in GATT/WTO, siehe das 6. Kap. 4 b).
30   *A. M. Rutkowski*, (Anm. 13), S. 297.
31   Bereits zuvor wurde die Frage, wie die Dienste künftig zu behandeln seien, von den afrikanischen, asiatischen und lateinamerikanischen Staaten auf dem 5. "Ministerial Meeting" der Gruppe 77 in Buenos Aires (März/April 1983) zur Sprache gebracht, zur sog. "Buenos Aires Plattform" vgl. UNCTAD Doc. TD/285.

Papiere³² sowie eine allgemeine Studie über Dienstleistungen mit dem Titel Services and the Development Process³³ vor, in denen einige wichtige entwicklungsländerspezifische Probleme aufgegriffen wurden. Es wurde darauf hingewiesen, daß Dienstleistungen in entwickelten Staaten eine andere Rolle spielen als in wirtschaftlich schwachen Staaten; auch die dominante Position der transnationalen Unternehmen wurde hervorgehoben. Der Zugang zu den Märkten der Entwicklungsländer solle durch entsprechenden Technologietransfer, den Gebrauch von Informationssystemen und Zugang zu ausländischen Märkten ausgeglichen werden. Schließlich gelangte die genannte UNCTAD-Studie zu dem Ergebnis, daß weitere Untersuchungen sinnvoll seien; allerdings sollte der Untersuchungsschwerpunkt weniger auf dem Dienstleistungshandel selbst als allgemein auf dem Beitrag der Dienste zum Entwicklungsprozeß liegen³⁴.

Bedenken der Industriestaaten machten indes deutlich, daß die Mechanismen des UNCTAD-Verhandlungsprozesses nicht den gewünschten, auf Marktprinzipien basierenden Liberalisierungserfolg bringen würden. UNCTAD sei überdies parteiisch – und zwar zugunsten der Entwicklungsländer:

"(...) UNCTAD seems unlikely to be an effective negotiating forum for other kinds of services, if for no other reason than that in the absence of a third world secretariat, it has inevitably become identified with the interests of one party, the developing countries"³⁵.

(4) Folglich konzentrierte sich die erste Fühlungsnahme zu Beginn der 80er Jahre auf die Frage, ob eine Dienstleistungsvereinbarung unter den Auspizien des GATT vorgenommen werden sollte oder ob es dafür einer "independent legal structure parallel to the GATT"³⁶ bedürfe. GATT schien vielen ein geeignetes Forum zu sein, weil zum Kreise seiner Mitglieder Industriestaaten ebenso gehörten wie eine Reihe von Entwicklungsländern, weil es eine rechtlich bindende Übereinkunft darstelle und ferner wirksam gegen Rechtsverstöße vorgehen könne. Es sei daher möglich und sinnvoll, die bestehenden GATT-Strukturen auf Dienstleistungen auszudehnen³⁷. Bereits in Tokio wurden

---

32 Vgl. "Technology in the Context of Services and the Development Process", UNCTAD, TD/B/1012; "Shipping in the Context of Services and the Development Process", UNCTAD, TD/B/1013; "Insurance in the Context of Services and the Development Process", UNCTAD, TD/B/1014; "International Trade and Foreign Direct Investment in Data Services: Transborder Data Flows in the Context of Services and the Development Process", UNCTAD TD/B/1016.

33 Services and the Development Process. Study by the UNCTAD Secretariat - TD/B/1008, August 1984; zu dieser Studie ausführlich *A. F. Ewing*, (Anm. 12), S. 147 ff.; *M. Gibbs*: Continuing the International Debate on Services, in: JWTL 19 (1985), S. 201 f.

34 Services and the Development Process, Study by the UNCTAD Secretariat- TD/B/1008, August 1984, S. 64.

35 *A. F. Ewing*, (Anm. 7), S. 159; inwieweit die Rolle von UNCTAD während der GATS-Kodifikationsarbeiten unterstützend wirkte, analysiert das 3. Kap. 3 d).

36 Näher zu dieser Frage *P. Gold*: Legal Problems in Expanding the Scope of GATT to Include Trade in Services, in: International Trade Law Journal 7 (1982-83), S. 303; vgl. auch *P. Gold*: Liberalization of International Trade in the Service Sector: Threshold Problems and a Proposed Framework under the GATT, in: Fordham International Law Journal 5 (1981-82), S. 371-409; *F. Roessler*: The Scope, Limits and Function of the GATT Legal System, in: The World Economy 8 (1985), S. 287-298; *E. M. Whitford*: A Rainy Day for the GATT Umbrella: Trade Negotiations on Services, in: North Carolina Journal of International Law and Commercial Regulation 14 (1989), S. 121-133.

37 Vgl. nur *S. F. Benz*, (Anm. 9), S. 113; *A. F. Ewing*, (Anm. 7), S. 158; skeptisch und im Ergebnis anders *J. Aronson/P. F. Cowhey*, (Anm. 28), S. 35: "There is no inherent economic reason why the

erstmals auch nicht-tarifäre Handelshemmnisse behandelt und eine Reihe von Dienstleistungen betreffende Kodizes ausgearbeitet[38]. Darin wurde ein Fortschritt gesehen "as it represents that the course of the GATT can be altered and adapted to changes in the international economy"[39].

Auch der sog. Leutwiler Bericht aus dem Jahre 1983[40] zeigte sich einer Aufnahme des Dienstleistungshandels als Verhandlungsgegenstand der Uruguay Runde zugeneigt, nicht anders als die GATT-Organisation selbst: Innerhalb des GATT war schon relativ früh Entschiedenheit erkennbar, den Handel mit Dienstleistungen ("trade in services") zu einer GATT-Domäne auszubauen. Bereits im März 1980 trat die GATT Consultative Group of Eighteen[41] zusammen und schlug vor, daß der Dienstehandel ein "proper concern of the GATT" sein sollte[42].

Als ein Nachteil des GATT als Verhandlungsforum wurden allerdings die mangelnde Erfahrung mit Standards und Netzarchitektur[43] sowie die Tatsache gesehen, daß GATT für die Behandlung der Dienstefrage in institutioneller Hinsicht zunächst unvorbereitet war[44]; aus diesem Grund wurde die Kompetenz des GATT für Dienstleistungen vor allem von den Entwicklungsländern bestritten.

b) Die umstrittene GATT-Kompetenz für Dienstleistungen

Weil Telekommunikationsdienste traditionell *nicht* als Teil des Handels begriffen wurden[45], waren sie im Prinzip[46] auch nicht in das nach dem Zweiten Weltkrieg errichtete

---

GATT should govern telecommunication services"; zur Zuständigkeit des GATT näher im nächsten Abschnitt.
38 Vgl. den Government Procurement Code oder auch den Subsidies Code.
39 *S. F. Benz,* (Anm. 9), S. 114.
40 Im November 1983 wurden sieben Persönlichkeiten vom GATT-Generaldirektor beauftragt, eine unabhängige Studie zu erstellen und über Probleme des Welthandelssystems zu berichten, unter ihnen Fritz Leutwiler (Ch), US-Senator Bill Bradley, Guy Ladreit de Lacharrière (F) und John Croome (GB); die Empfehlungen samt Kommentar der Sieben im sog. Leutwiler Bericht sind abgedruckt in: JWTL 19 (1985), S. 301 ff.; Empfehlung 11 lautet: "Governments should be ready to examine ways and means of expanding trade in services, and to explore whether multilateral rules can appriately be devised for this sector. If multilateral rules are not developed for services, discriminatory bilateral or regional rules are likely to result. Progress however on trade in goods must in no circumstances be sacrificed to trade in services".
41 Mandat der 18 Vertragsparteien war es, Wege zur Verbesserung des GATT Systems zu prüfen, vgl. das Mandat der Consultative Group of Eighteen adopted on 22 November 1979, GATT Doc. No. L/4869, reprinted in GATT, BISD 26th Supp., S. 289-290 (1978-79).
42 Vgl. *Report of the Consultative Group of Eighteen to the Council of Representatives,* GATT Doc. No. l/5210, reprinted in GATT, BISD 28th Supp. (1980-1981) (ebd. S. 74); die "G-7" empfahl, daß unter Einschluß der Entwicklungsländer und Less Developed Countries ein multilaterales System entwickelt werden solle, (GATT, Trade Policies for a Better Future: Proposals for Action 10 (März 1985), S. 45-46); ohne ein solches System würden "discriminatory bilateral and regional rules" zunehmen.
43 Vgl. nur *P. F. Cowhey:* Telecommunications and Foreign Economic Policy, (Manuskript), S. 331 f.
44 Von "institutional unpreparedness" sprechen *E. Stevers/C. Wilkinson,* (Anm. 15), S. 179; *J. D. Aronson/ P. F. Cowhey,* (Anm. 28), S. 35 weisen darauf hin, daß es keine "inherent economic reason" dafür gebe "why the GATT should govern telecommunications services"; GATT sei "not perfectly suited for such responsibilities" (ebd. S. 45).
45 Zur Handelbarkeit von Telekommunikationsdiensten siehe bereits das 2. Kap. 1 b).
46 Vgl. jedoch Art. IV GATT, spezielle Bestimmungen über cinematographische Filme, sowie Art. V GATT, näher *W. v. Dewitz:* The Legal and Economic Problems of Making GATT Rules

GATT-Regime eingeschlossen, "nobody thought this constituted trade, so services were left out of the GATT regime (...)"[47]. Nach dem Willen seiner Gründerväter besaß GATT keine Jurisdiktion für Telekommunikation; folglich entzog sich dieser Bereich auch dem gestaltenden Einfluß durch die nationalen Handelsministerien.

Die zu Beginn der 80er Jahre entbrannte Kontroverse über die Anwendbarkeit des GATT auf Dienstleistungen – Telekommunikationsdienste eingeschlossen – bezog sich im Grundsatz auf die Fragen,
- ob Dienstleistungen als "Waren" i.S. des GATT angesehen werden konnten, GATT also unmittelbar auf Dienstleistungen angewendet werden könnte (1. Alt.), oder ob
- die Behandlung der Dienstleistungsfrage durch GATT zumindest als Funktion seiner "implied powers" möglich sein würde (2. Alt.) bzw. ob
- eine neue Kompetenzgrundlage von GATT/WTO für Dienstleistungen geschaffen werden müßte (3. Alt.), damit die GATT-Handelsprinzipien und –normen auf sie anwendbar würden.

ad 1) Angesichts der steigenden Bedeutung des Dienstleistungshandels und der diesbezüglichen Handelshindernisse wurde die Anwendung des bestehenden GATT-Übereinkommens auf den grenzüberschreitenden Handel mit Dienstleistungen erwogen[48], so daß Dienstleistungen von den für Waren geltenden GATT-Regelungen mitumfaßt sein könnten.

Für diese Ansicht wurde der offene Wortlaut des GATT-Abkommens ins Feld geführt, sowie die Tatsache, daß bei den Vorläufern des GATT, der Havanna-Charta und den Statuten der Internationalen Handelsorganisation (International Trade Organisation (ITO)), von "goods" – anstelle des weiteren Begriffs "products" – die Rede war, was möglicherweise darauf schließen lasse, daß das GATT-Übereinkommen auf den internationalen Handel mit Dienstleistungen ausgedehnt werden sollte[49]. Außerdem werde es wegen des relativ hohen "Diensteanteils" am Warenhandel zunehmend schwieriger, zwischen Waren und Dienstleistungen, also zwischen "goods" und "services", zu unterscheiden[50]; auch aus diesem Grunde könnte man geneigt sein, das GATT auf den verflochtenen Gesamtbereich (Waren samt Dienstleistungen) anzuwenden.

Applicable to Telecommunications Services, in: *E.-J. Mestmäcker (Hrsg.):* The Law and Economics of Transborder Telecommunications. A Symposium (1987), S. 319; *R. K. Shelp*: Beyond Industrialization: Ascendancy of the Global Service Economy (1981), S. 148 geht davon aus, daß die GATT-Geschichte zeige, daß Dienste nicht von vornherein aus GATT ausgeschlossen sein sollten; ähnlich *A. F. Ewing*, (Anm. 7), S. 155; *A. Koekkoek/J. de Leeuw*, (Anm. 8), S. 69 gehen der Frage nach, inwieweit die ursprünglich geplante International Trade Organisation (ITO) Dienste behandeln sollte.

47 *W. Drake/K. Nicolaidis*: Ideal, Interests, and Institutionalization: "Trade in Services" and the Uruguay Round, in: IO 46 (1992), S. 44; *B. Hoekman/M. Kostecki*: The Political Economy of the World Trading System. From GATT to WTO (1995), S. 15 sind der Ansicht, Dienstleistungen seien bis in die Uruguay Runde hinein eine Materie gewesen "on which the GATT had very little to say."

48 Vgl. nur *F. Roessler*: The Competence of GATT, in: JWTL 21 (1987), S. 3.

49 *R. Ellger/T.-S. Kluth*, (Anm. 28), S. 203.

50 In einer Untersuchung zum Verhältnis Waren/Dienstleistungen machte Abugas vier Modalitäten aus, wie Dienstleistungen an dem Warenhandel beteiligt sein können, vgl. *L. Abugattas*: Services as an Element of Co-operation and Integration Among Developing Countries: Implications for the Uruguay Round of Multilateral Trade Negotiations, in: *UNCTAD (Hrsg.):* Trade in Services: Sectoral Issues (1989), S. 434; zur unscharfen Trennlinie zwischen Waren und Dienstleistungen und den daraus folgenden rechtspolitischen Schlußfolgerungen siehe auch das 6. Kap. 5.

Dennoch entspricht es der herrschenden Meinung und auch der ständigen Praxis[51] der Mitgliedstaaten, das GATT ausschließlich auf den Handel mit Waren anzuwenden. Für dieses Ergebnis spricht aus Sicht der Telekommunikation auch, daß es (anders als bei Waren) bei einer ganzen Reihe von Dienstleistungen ein einziges Verteilungssystem, nämlich die öffentlich bereit gestellte Telekommunikationsinfrastruktur, gibt. Diese Unterschiede könnten gegen die diskutierte *einheitliche* Anwendung des GATT auf den Gesamtbereich des Waren- und Dienstleistungshandels sprechen.

ad 2) Eine Anwendung des GATT-Abkommens auf Telekommunikationsdienste wäre gegebenenfalls unter Rückgriff auf die implied powers-Lehre denkbar. Wie der IGH in einem Gutachten über den Ersatz für im Dienste der Vereinten Nationen erlittene Schäden ausgeführt hat: "Under international law, the Organization must be deemed to have those powers which, though not expressly provided in the Charter, are conferred upon it by necessary implication as being essential to the performance of its duties"[52]. Aus den vertraglich festgeschriebenen GATT-Kompetenzen könnten gegebenenfalls weitere Rechte hergeleitet werden, die zur Erfüllung der Aufgaben des GATT erforderlich sind – theoretisch auch solche, die die Behandlung von Telekommunikationsdiensten betreffen.

Voraussetzung dafür, daß GATT diese Zuständigkeit erhielte, wäre, daß sie zur Erfüllung seiner im Gründungsdokument niedergelegten Funktionen und Zwecke benötigt würden. Grenzüberschreitende Dienstleistungstransaktionen gewannen im Verlauf der 80er Jahre zunehmend an Bedeutung, so daß eine Behandlung dieser Frage durch die zentrale Handelsorganisation unumgänglich schien, wollte diese ihrem Ziel der Wohlfahrtssicherung durch Freihandel auch in Zukunft genügen. Dies könnte für eine Zuständigkeit des GATT in der Dienstleistungsfrage kraft "implied powers" sprechen; da GATT jedoch im Gründungsjahr 1947 *keine* Aufgaben im Bereich der Dienstleistungen zugewiesen wurden, läßt sich schwerlich argumentieren, diese Frage sei "essential to the performance of its duties", wie der IGH es formuliert hatte.

ad 3) Da GATT für die grenzüberschreitende Erbringung von Telekommunikationsdienstleistungen keine unmittelbare Bedeutung erlangt hatte, weil seine Regelungen auf den Dienstleistungshandel nicht anwendbar waren, kam im Prinzip eine Erweiterung der GATT-Kompetenz durch eine eigenständige Rechtsgrundlage in Betracht.

In der Ministerial Declaration von 1982[53] wurde empfohlen, daß die Vertragsparteien eine "national examination of the issues" vornehmen sollten (Ziff.1), und sich darüber anschließend "inter alia" in Organisationen wie GATT austauschen sollten (Ziff. 2). Die Ergebnisse dieser Sondierungen sollten "along with the information and comments provided by the relevant organizations" auf einer für 1984 vorgesehenen Sitzung überprüft werden, und schließlich sei darüber zu entscheiden, "whether any multilateral action in these matters is appropriate and desirable" (Ziff. 3).

Dieses Vorgehen löste verschiedene Kontroversen aus, inbesondere über das Verhältnis zwischen GATT und anderen Organisationen[54]; von seiten der Entwicklungslän-

---

51 Näher *R. Ellger/T.-S. Kluth*, (Anm. 28), S. 203 f. m.w.N.
52 ICJ Reports 1949, S. 182.
53 *Ministerial Declaration*, Adopted on November 29, 1982, GATT Doc. No. L/5424, reprinted in GATT, BISD 29th Supp. S. 9, 21 (1982).
54 Strittig war inbesondere, ob die in Ziff. 2 erwähnten anderen Organisationen ebenfalls die Angelegenheiten zu prüfen hätten, bevor man eine endgültige Entscheidung gem. Ziff. 3 fällte; strittig war des weiteren, ob die Erwähnung des GATT in Ziff. 2 diesem eine hervorgehobene Stellung sichern sollte.

der wurde eine GATT-Zuständigkeit in der Dienstleistungsfrage abgelehnt. Die Ministerial Declaration von 1982 sehe keine Prüfung dieses Sujets durch GATT vor, sondern lediglich Untersuchungen durch die nationalen Regierungen. Die Rolle des GATT liege gegenwärtig lediglich in "the compilation and distribution of information on this subject which the individual contracting party may wish to share with other contracting parties through GATT"[55]. Noch sei nicht entschieden, ob multilaterales Handeln überhaupt wünschenswert sei, und die GATT-Zuständigkeit sei keineswegs gesichert.

Obwohl die LDCs formell dem Deklarationstext ihre Zustimmung nicht versagt hatten, opponierten sie in der Folge dagegen, GATT auf den Dienstleistungshandel anzuwenden, denn aus ihrer Sicht war GATT kein geeignetes Forum, die Dienstleistungsfrage zu behandeln. Diese Haltung führte schließlich zu einem Boykott der im Anschluß an die Ministerial Declaration stattfindenden informellen Treffen[56]. Zwar signalisierten sie schließlich die Bereitschaft, an den von den USA geförderten informellen Konsultationen teilzunehmen, doch warnte der Sprecher der Informal Group of Developing Countries gleichzeitig, diese dürften inhaltlich nicht über die Ministerial Declaration von 1982 hinausgehen[57].

Auch die Umsetzung dessen, was in der Erklärung von 1982 vorgesehen war, wurde nicht ernsthaft vorangetrieben. Aufgrund ihrer großen Skepsis, Dienste im multilateralen Rahmen zu behandeln, haben die Entwicklungsländer von der dort ausgesprochenen Empfehlung, nationale Studien auf dem Dienstesektor durchzuführen[58], zunächst keinen Gebrauch gemacht: Die 13 (später 18) erstellten Studien, die dem GATT in Reaktion auf die Ministerial Declaration von 1982 vorgelegt wurden, stammten von den USA, Kanada, Japan, der EG, Großbritannien, der Bundesrepublik Deutschland, Belgien, den Niederlanden, Italien, Schweiz, Dänemark, Schweden und Norwegen – nicht aber aus der Dritten Welt. Aus diesem Grund haben v.a. Brasilien und Indien später immer wieder auf die Notwendigkeit weiterer Studien und Untersuchungen hingewiesen[59].

Weitere Versuche, die Dienstleistungs-Initiative innerhalb des GATT abzublocken, gab es hinsichtlich der Frage der Einrichtung einer Working Party on Trade in Services, wie sie die USA auf dem GATT Council of Ministers im November 1984 vorgeschlagen hatten[60]. Indien, unterstützt von Argentinien, Ägypten und Kuba, stellte fest, ein solcher Schritt sei angesichts der noch abzuhaltenden "informellen" Konsultationen voreilig; vor allem sei es zu früh, das GATT-Sekretariat damit zu befassen[61]. Auf der Sitzung des Rates vom 17.-19. Juli 1985 erkannte Indien schließlich die Fortschritte an, die auf dem Gebiet des Informationsaustausches hinsichtlich der nationalen Dienstleistungsstudien erzielt worden waren, stellte aber fest, daß es voreilig sei, daraus schon

---

55 L. D. *Bhagirath*: The GATT Ministerial Meeting 1982, in: JWTL 18 (1994), S. 13.
56 A. *Koekoek/J. de Leeuw*: The Applicability of GATT to International Trade in Services, in: Aussenwirtschaft 42 (1987), S. 78.
57 Vgl. die Äußerung des Sprechers der *Informal Group of Developing Countries*: GATT, Minutes of meeting, GATT Doc. No. C/M/165, 14 February 1983, S. 9.
58 Vgl. *Ministerial Declaration*, Adopted on November 29, 1982, GATT Doc. No. L/5424, reprinted in GATT, BISD 29th Supp., S. 9, 21 (1982), Ziff. 1.
59 Vgl. GATT Services: Minutes of the Meeting held 17 October 1985, GATT Doc. No. MDF/26, 16 December 1985, *Statement of India*, unterstützt von Argentinien, Brasilien, Ägypten, Pakistan, Uruguay und Jugoslawien mit der Begründung "there was not even a common understanding on the issues raised in the analytical summary of national examinations prepared by the secretariat."
60 Minutes of the meeting, GATT Doc. C/M/183, 10 December 1984, S. 42.
61 Minutes of the meeting, GATT. Doc. No. C/M/183, 10 December 1984, S. 43.

Schlüsse zu ziehen, solange die Informationen noch unvollständig seien[62]. Die übrigen vertragsschließenden Parteien aus der Dritten Welt stimmten dem zu. Das Verhältnis zwischen den USA und den Entwicklungsländern spitzte sich in der Folgezeit zu. Die Entwicklungsländer waren der Ansicht, es sei unvernünftig, die Zuständigkeit des GATT zu erweitern, wo doch schon jetzt Schwierigkeiten im Bereich des Warenhandels bestünden. Die USA hingegen drohten damit, GATT den Rücken zu kehren, wenn der Dienstleistungshandel nicht zum Verhandlungsgegenstand gemacht würde. Eine Art Kompromiß wurde 1985 erzielt, als die Parteien übereinkamen, auf ihrem nächsten Treffen darüber zu entscheiden, "whether a plan to formulate multilateral rules on services was *appropriate and desirable*"[63]. Auf der 40. Sitzung der Vertragsschließenden Parteien 1985 beschlossen sie schließlich, auf einer informellen Basis die Ergebnisse der nationalen Untersuchungen zu überprüfen und auf der nächsten regulären Sitzung darüber zu entscheiden, ob ein multilaterales Vorgehen in dieser Angelegenheit generell wünschenswert sei[64].

Im Ergebnis hatten schließlich die Befürworter einer GATT-Zuständigkeit auch für den Welthandel mit Dienstleistungen Erfolg und die von den Industrieländern eingeschlagene Linie setzte sich durch. Die Punta del Este-Deklaration (1986)[65] stellte zunächst die Liberalisierungsverhandlungen des GATT über Dienstleistungen auf eine gesicherte Grundlage, und mit dem Abschluß der Uruguay Verhandlungsrunde kam es in der Form des GATS und der Neugründung der Welthandelsorganisation (WTO) im Jahre 1994/95 zur Erweiterung der Kompetenz des GATT auch für Dienstleistungen.

c) Mögliche Ursachen für die Vorbehalte der Entwicklungsländer gegenüber den GATS-Verhandlungen

Die Vorbehalte der Entwicklungsländer gegenüber den GATS-Verhandlungen dürften nur zum Teil mit der aus den Anfangszeiten des GATT herrührenden Perzeption dieser Organisation als eines nicht-universellen "Rich Men's Club"[66] zu tun gehabt haben, da

---

62 Minutes of the meeting, GATT Doc. No. C/M/194, 22 November 1985, S. 16.
63 So der Wortlaut des Kompromisses, GATT, GATT Activities 1984 (1985), S. 15.
64 Decisions and Reports: Services, GATT Doc. No. l/5762, reprinted in GATT, BISD 31st Supp., S. 15 (1983-1984).
65 Obwohl die Ministererklärung von Punta del Este 1986 vorsah, daß die Verhandlungen auf die Errichtung eines "framework" hinsichtlich des Dienstehandels zielen sollten, bestand zu Beginn der Verhandlungen noch keine Einigkeit darüber, inwieweit ein solches Rahmenabkommen in die Zuständigkeit des GATT – oder einer anderen Organisation – fallen würde; in der Punta del Este-Erklärung wurde schließlich festgehalten, daß das zu erarbeitende multilaterale Regelwerk über den internationalen Handel mit Dienstleistungen auf Arbeiten bereits existierender Organisationen aufbauen solle, z.B. ICAO, IATA, IMO, aber auch ITU, INTELSAT, UNCTAD und OECD; näher zur Punta del Este-Erklärung s.u. das 3. Kap. 2.
66 Aufgrund der Ausnahmegenehmigung des GATT vom 25.6.1971 haben 1971/72 die neun EWG-Länder, die skandinavischen Länder, Österreich, die Schweiz, Japan und Neuseeland Allgemeine Präferenzsysteme für Entwicklungsländer eingeführt. Schließlich wurde im Rahmen der Tokio-Runde auf der Basis der sog. "Enabling Clause" die Möglichkeit eröffnet, auch ohne Erteilung eines "Waivers" Sonderbestimmungen für Entwicklungsländer zu erlassen. Dennoch wurde GATT in entwicklungspolitischer Hinsicht als "Rich Men's Club" kritisiert; näher in diesem Kontext *G. Curzon/V. Courzon*: GATT, The Traders Club, in: *R. W. Cox/H. K. Jacobsen (Hrsg.)*: The Anatomy of Influence. Decision Making in International Organizations (1974), S. 298 ff.; *J. Whalley*: The Uruguay Round and Beyond (1989) S. 23; *K. Ipsen/U. Haltern*: Reform des Welthandelssystems? (1991), S. 46.

GATT bereits zahlreiche Entwicklungsländer zu seinen Mitgliedern zählte – bei steigender Tendenz. Auch die Tatsache, daß die GATT-Dienstleistungsinitiative von einem der reichsten Industriestaaten, nämlich den USA, ausging[67], vermag nur zum Teil[68] ihre Skepsis zu erklären.

Wichtiger als Vorbehalte politischer Natur dürfte indes das eigene Grundverständnis der Entwicklungsländer von Telekommunikation gewesen sein, das aus ihrer Sicht nur schwerlich mit der marktorientierten GATT-Ordnung kompatibel war. Telekommunikation wurde traditionell als nationale Ressource zur Landesentwicklung betrachtet, wie eine Vertreterin des algerischen "Commissariat National à l'Informatique" es formulierte, als eine "public resource"[69]. In verhältnismäßig vielen Entwicklungsländern waren (und sind)[70] Telekommunikationseinrichtungen und -dienste für weite Teile der Bevölkerung nicht verfügbar oder unzuverlässig. Folglich wurde die öffentliche Versorgungsfunktion und das Entwicklungspotential der Telekommunikationsdienste auf nationaler Ebene in den Vordergrund gestellt, und weniger das ihnen innewohnende Handelspotential.

Telekommunikation war für viele eine vom Staat bereitzuhaltende, öffentliche Einrichtung, vergleichbar mit Wasserversorgung oder Gesundheitswesen[71]. In einer während der Liberalisierungsverhandlungen im GATT veröffentlichten Stellungnahme von Kamerun, Ägypten, Indien und Nigeria hieß es dementsprechend:

"(...) in developing countries the role of telecommunications continues to be that of a *basic public utility*, rather than a private commercial sector"[72].

Telekommunikation wurde von praktisch allen Entwicklungsländern traditionell als hoheitliche Aufgabe angesehen. Sie beurteilten einen freien Wettbewerb mit Skepsis und

---

67 Zum Vorstoß der USA *G. Feketekuty/J. D. Aronson*: Restrictions on Trade in Communication and Information Services, in: Michigan Yearbook of International Legal Studies, Regulation of Transnational Communications (1984), S. 158; *J. Aronson/P. F. Cowhey*, (Anm. 28), S. 39 ff.; *T. G. Berg*, (Anm. 11), S. 2f.; *R. M. Frieden*: Can the FCC's Carrier Concept Gain International Acceptance, in: Telematics, The International Journal of Communications Business and Regulation 6 (1989), S. 8-15; Einzelheiten zu den von den USA verfolgten Zielen hinsichtlich der Liberalisierung des Dienstehandels: *S. Dell*: Services: National Objectives, in: *P. Robinson/K. P. Sauvant/V. P. Govitrikar (Hrsg.)*: Electronic Highway for World Trade (1989), S. 45-50; *C. Raghavan*: Recolonization. GATT, the Uruguay Round & the Third World (1990), S. 69 ff.

68 In diese Richtung aber *B. Lanvin*: Participation of Developing Countries in a Telecommunication and Data Services Agreement, in: *P. Robinson/K. P. Sauvant/V. P. Govitrikar (Hrsg.)*: Electronic Highway for World Trade (1989), S. 72; zum Teil unterstellten die Entwicklungsländer den USA, daß diese eine Liberalisierung nur deswegen anstrebten, um neue Absatzmärkte für ihre mächtigen Unternehmen zu finden: *W. Drake/K. Nicolaidis*, (Anm. 47), S. 52.

69 *Ms. Bouzaher*: Directrice des Etudes et des Equipments, Commissariat National à l'Informatique, Algiers, Algeria, Procurement Policy for Informatics, in: *R. G. Pipe/A. A. M. Veenhuis (Hrsg.)*: National Planning for Informatics in Developing Countries, Proceedings of the IBI International Symposium, Baghdad, 2-6 November 1975 (1986), S. 113.

70 Zu den schlecht entwickelten Telekommunikationsstrukturen in der Dritten Welt siehe die Ausführungen in 2. Kap. 2 b).

71 *R. G. Pipe*: Telecommunication Services: Considerations for Developing Countries in Uruguay Round Negotiations, in: *UNCTAD (Hrsg.)*: Trade in Services: Sectoral Issues (1989), S. 97; *J. Bhagwati*: Services, in: *J. M. Finger/A. Olechowski (Hrsg.)*: The Uruguay Round. A Handbook on the Multilateral Trade Negotiations. A World Bank Publication (1987), S. 210.

72 *Working Group on Telecommunication Services*: Communication From Cameroon, Egypt, India and Nigeria, Sectoral Annotation on Telecommunication Services; MTN.GNS/TEL/W/1, 9 July 1990, S. 2.

erachteten ihn allenfalls für neu eingeführte Mehrwertdienste als wünschenswert. Wie Kamerun, Indien und Nigeria klarstellten: "Certain telecommunications services, in particular enhanced services, may be the subject of negotiated market access commitments"[73]. Nur hier erklärten sich Entwicklungsländer überhaupt bereit, über Marktzugangsbedingungen zu verhandeln.

Die Vorbehalte der Entwicklungsländer gegenüber den GATS-Verhandlungen erklärten sich auch aus der unterschiedlichen Interessenlage zwischen "Nord" und "Süd". Diejenigen Staaten, die in den 80er Jahren einseitige Deregulierungen des Telekommunikationsmarktes vorgenommen und diesen für ausländische Anbieter geöffnet hatten, entwickelten naturgemäß ein größeres Interesse an einer Marktöffnung ihrer ausländischen Handelspartner[74]. Während die Industriestaaten auf eine Liberalisierung von überwiegend kapitalintensiven Diensten drängten, in denen sie die Führung besaßen, strebten die Entwicklungsländer den Abbau technologiebedingter Abhängigkeit und den Einschluß der (devisenträchtigen) Arbeitskräftefrage[75] in den Liberalisierungsverhandlungen an. Die Handelsliberalisierung dürfe sich nicht auf solche Sektoren – wie Telekommunikation – beschränken, wo die Industriestaaten den Entwicklungsländern klar überlegen seien; arbeitsintensive Dienste müßten ebenfalls auf der Agenda stehen. Sollte es zu einem Niederlassungsrecht für Unternehmen ("right of establishment") kommen, dann müsse dieses ebenfalls für "labor services" gelten, auch wenn die Industriestaaten sich dem unter Berufung auf ihre Einwanderungsbestimmungen widersetzen sollten.

Die Liberalisierung des Dienstleistungshandels sollte, dies war ein weiterer Konfliktpunkt zwischen Nord und Süd, unter Einschluß von Direktinvestitionen[76] erfolgen. Die Industriestaaten brachten zwei Konzepte in die Uruguay Runde ein, zum einen das des klassischen *right of establishment* (Niederlassungsrecht) und zum anderen ein neues

---

73 Working Group on Telecommunication Services, (Anm. 72), S. 3.
74 Näher zur Reziprozitätsproblematik s.u. das 2. Kap. 2 g).
75 Näher *J. N. Bhagwati*: Trade in Services and the Multilateral Trade Negotiations, in: The World Bank Economy Review 1 (1987), S. 549-569, S. 555; *C. Dörrenbächer/O. Fischer*: Telecommunications in the Uruguay Round, in: Intereconomics 25 (1990), S. 191; *A. J. Conford*, Some Notes on Proposed New International Regimes for Foreign Investment and Services, in: UNCTAD Review 1 (1989), S. 25; zum "labor movement" aus Sicht der Entwicklungsländer *K. P. Sauvant*: Services and Data Services, in: *P. Robinson/K. P. Sauvant/V. P. Govitrikar (Hrsg.):* Electronic Highway for World Trade, Issues in Telecommunication and Data Services (1989), S. 9; *S. Dell*, (Anm. 67), S. 60; vgl. auch *S. Reza*: "New Issues" in the Uruguay Round: The LDC Perspectives, in: Journal of Economics and International Relations 4 (1991), S. 29; *A. Sapir*: North-South Issues in Trade in Services, in: The World Economy 8 (1985), S. 27 ff.; *J. Whalley*, (Anm. 66), S. 63; zur Bedeutung der arbeitsintensiven Produktion in der Dritten Welt jüngst *R. E. Thiel*: Globalisierung und Entwicklung bilden doch keine Gegensätze, in: Das Parlament 46. Jg., 8. Nov. 1996, S.1.
76 Zum Ganzen *S. Ostry/M. Gestrin*: Foreign Direct Investment, Technology Transfer and the Innovation-Network Model, in: *UNCTAD (Hrsg.):* Division on Transnational Corporations and Development, Transnational Corporations, Vol. 2 (December 1993), S. 15; *M. A. Kakabadse*: International Trade in Services: Prospects for Liberalisation in the 1990s (1987), S. 29 legt dar, "Trade in services means both: (a) the supply of services across borders and (b) their provision by some local presence of a non-national or foreign-owned or controlled enterprise. It is important to keep this distinction in mind ..."; vgl. auch *W. v. Dewitz*, (Anm. 46), S. 321; *S. K. B. Asante*: International Law and Investments, in: *M. Bedjaoui (Hrsg.):* International Law: Achievements and Prospects (1991), S. 681; zur Unterscheidung zwischen "Handel" ("which is the movement of services across borders as if they were goods") und "Investitionen" (which raises questions concerning the right of foreigners to establish a presence to provide services in a host country"): *J. C. Grant*: Global Trade in Services, in: *P. Robinson/K. P. Sauvant/V. P. Govitrikar (Hrsg.):* Electronic Highway for World Trade (1989), S. 103.

right of presence (Präsenzrecht). Letzteres ist insbesondere für den Bereich der Telekommunikation bedeutsam, da es unter anderem ein "right to deliver"; "right to sell a service"; "right to connect"; "right to receive services from suppliers abroad"; "right to plug in necessary equipment to the national telecommunication network" umfaßt[77]. Das Präsenzrecht ist Ausdruck davon, daß für einige Dienstleistungen heute bereits weltweite Kommunikationsverbindungen die Funktion eines "neuen Trägers" übernehmen und die Dienste nicht länger an Menschen, Waren oder Kapital gebunden sind; der Einsatz neuer Telekommunikationstechniken kann die Gründung von voll ausgebauten Niederlassungen zum Angebot von Diensten in Teilbereichen überflüssig machen.

Die Entwicklungsländer hingegen wünschten eine Trennungslinie zwischen ausländischen Direktinvestitionen und Dienstehandel. Sie sahen in der geplanten Ausweitung der Niederlassungs- und Präsenzrechte multinationaler Konzerne eine (potentielle) Beeinträchtigung ihrer Befugnis, die Bedingungen ausländischer Investitionen festzulegen[78]. Zudem beurteilten sie die eigenen Chancen, ihrerseits eine Präsenz in ausländischen Märkten zu erlangen, als ungleich geringer – "much more limited than those open to the developed countries"[79].

In nahezu allen Dienstesektoren dominierten die entwickelten Industriestaaten-Ökonomien[80], und zwar sowohl hinsichtlich der komparativen Kostenvorteile als auch aufgrund ihrer finanziellen Möglichkeiten, des Wissensniveaus, des Zugangs zu und der Beherrschung von Telekommunikations- und Informationstechnologien, der Fähigkeit "Dienste-Pakete" anzubieten, der Größe des heimischen Marktes, sowie ihrer Größenvorteile ("economies of scale") und der von den Regierungen der Industriestaaten eingesetzten Mittel im Bereich Forschung und Entwicklung. Wie der Botschafter und Permanent Representative of India beim GATT darlegte, fürchteten die Entwicklungsländer, die bestehenden Ungleichgewichte zwischen Nord und Süd würden durch eine Anwendung der GATT-Prinzipien mit Wirkung für die Zukunft festgeschrieben:

> "The basic concern of developing countries in services negotiations stemmed from the fact that service sectors of their economies were underdeveloped or relatively weak with (...). Furthermore, (...) there were fears among developing countries that the application of the GATT paradigm for the GATS framework would be inappriate and, in the best of circumstances, would freeze the current inequities in the

---

77 *K. P. Sauvant*: Trade in Data Services: The International Context, in: Telecommunication Policy 10 (1987) S. 282-298; *K. P. Sauvant*, (Anm. 75), S. 10; zu diesen beiden Konzepten vgl. auch *V. N. Balasubramanyam*: International Trade in Services, The Issue of Market Presence and Right of Establishment, in: *P. Robinson/K. P. Sauvant/V. P. Govitrikar (Hrsg.):* Electronic Highway for World Trade (1989), S. 132 ff.
78 Näher zu dem von den Entwicklungsländern geforderten Regelungsspielraum s.u. 4. Kap. 3e).
79 *V. N. Balasubramanyam*, (Anm. 77), S. 152.
80 Zur Überlegenheit der Industriestaaten *M. Gibbs/M. Hayashi*: Sectoral Issues and the Multilateral Framework for Trade in Services: An Overview, in: *UNCTAD (Hrsg.):* Trade in Services: Sectoral Issues (1989), S. 14: "In virtually all service sectors, developed-country firms would seem dominant"; zur strukturellen Ungleichheit näher *J. Schott/J. Mazza*: Trade in Services and Developing Countries, in: JWTL 20 (1986), S. 253-273; S. 261; *B. Balassa/C. Michalapoulos*: Liberalizing Trade Between Developed and Developing Countries, in: JWTL 20 (1986), S. 8-10; *M. Gibbs/M. Mashayekhi*: Cooperation for Development, in: JWTL 22 (1988), S. 91 f; *T. G. Berg*, (Anm. 11), S. 6; auch auf der Generalbevollmächtigtenkonferenz von Nizza (1989) seien sich die LDCs der "striking imbalance between themselves and industrial nations that exists in access to and use of information technology" bewußt geworden, *E. Gonzales-Manet*: The ITU's Role: A Developing Country Perspective, in: Reforming the Global Network, The 1989 ITU Plenipotentiary Conference (1989), S. 67.

Services area between developed and developing countries which were variously assessed as between 70 to 80:30 to 20"[81].

In der Uruguay Runde müsse das Ziel wirtschaftlicher Entwicklung vorrangig verfolgt werden, forderten Brasilien, Indien, aber auch Argentinien und Mexiko[82]. Zum Teil fragte man sich ferner, ob es nicht drängendere, im Rahmen des Welthandelssystems zu lösende Probleme gebe als das der Dienstleistungen. So wurde darauf verwiesen, daß GATT bislang nicht einmal alte Probleme, etwa im Bereich Landwirtschaft und Textilien, habe lösen können. Der Einschluß des Dienstehandels in eine neue GATT-Runde würde vom Protektionismus der Industriestaaten auf dem Gebiet der Landwirtschaft und Produktion (manufacturing) ablenken und die längst fälligen Zugeständnisse der Industriestaaten im Warenbereich würden benutzt, um in der Dienstleistungsfrage ungebührlichen Druck auf die Entwicklungsländer auszuüben[83].

Unter den Vertretern des Südens herrschte außerdem die Furcht, es könne zu einer Liberalisierung ohne echte Entwicklungs- bzw. Marktvorteile kommen. Der indische Vertreter in der GNS Working Group äußerte beispielsweise Sorge, daß "access and use of telecommunication services should not result in de facto liberalization without actual market access concessions in that sector(...)"[84]. Den USA warf er vor, sie suchten "total liberalization of telecommunications as a mode of delivery without exchange of concessions"[85].

Zur ablehnenden Haltung der Entwicklungsländer gegenüber der Behandlung der Dienstleistungsfrage im GATT mag eine gewisse Unsicherheit gegenüber einer so komplexen Materie wie den Dienstleistungen beigetragen haben. Anders als in den OECD-Staaten, die sich seit Jahren mit Dienstleistungen befaßt hatten[86], wurde in den Entwicklungsländern ein Wissensmangel konstatiert. Man verspürte das Bedürfnis, die Auswirkungen des Dienstleistungshandels auf die wirtschaftliche Entwicklung näher zu untersuchen, denn "the role of services in development is still not well understood"[87]. Die LDCs fühlten sich zudem schlecht informiert über die Dienstleistungsinitiative der USA:

---

81 So der *Ambassador and Permanent Representative of India to GATT*: Annex p, APT/UNCTAD Seminar on Telecommunications' Support for Trade in Services, 14-17 May 1994, Male, Republic of Maldives (1994), S. 86.
82 Näher zu den Entwürfen der Drittweltstaaten im 4. Kap.
83 *M. Rom*: Some Early Reflections on the Uruguay Round Agreement as Seen from the Viewpoint of a Developing Country, in: JWTL 28 (1994), S. 23; *A. J. Conford*, (Anm. 75), S. 25; *S. Dell*, (Anm. 67), S. 56; zu den Sorgen der Entwicklungsländer vor taktischen "issue linkages" des Nordens *W. Drake/K. Nicolaidis*: Ideal, Interests, and Institutionalization: "Trade in Services" and the Uruguay Round, in: IO 46 (1992), S. 57; *H. Hauser/K.-U. Schanz*: Das neue GATT (1995), S. 193 f.; *S. Schultz*, (Anm. 8), S. 81; *J. Whalley*, (Anm. 66), S. 24.
84 *Representative of India*: Working Group on Telecommunication Services, Note on the Meeting of 5-6 June 1990, Group of Negotiations on Services, Restricted, MTN.GNS/TEL/1, 27 June 1990, Special Distribution, S. 13.
85 *Representative of India*, (Anm. 84), S. 14.
86 Zu den Erfahrungen der OECD auf dem Dienstleistungssektor siehe bereits das 3. Kap. 1 a).
87 *A. J. Conford*, (Anm. 75), S. 25; *F. Gurry*: Institutional Aspects, in: *P. Robinson/K. P. Sauvant/ V. P. Govitrikar* (Hrsg.): Electronic Highway for World Trade (1989), S. 200; *S. Dell*, (Anm. 67), S. 45; *C. Raghavan*: (Publisher's Note), Recolonization. GATT, the Uruguay Round & the Third World (1990), S. 17; *J. Whalley*, (Anm. 66), S. 24; *Y. Berthelot*: Plus d'obligations, moins d'incertitudes: les pays au développement et l'Uruguay Round, in: Politique Etrangère (1993), S. 356.

"... the LDC policymakers were not familiar with the conceptual claims being made; and the U.S. government had failed to convey views to them"[88].

In Ermangelung klarer Konzeptionen für die Diensteliberalisierung sowie eines Nachweises dafür, daß geöffnete Telekommunikationsmärkte tatsächlich die nationale Wirtschaftsentwicklung fördern[89], sahen die Entwicklungsländer für sich selbst eher Wettbewerbsnachteile als Wettbewerbsvorteile. Sie zeigten sich zögerlich gegenüber den Dienstleistungsverhandlungen, weil sie sich in verschiedenen Dienstesektoren selbst als nicht wettbewerbsfähig einstuften. Von den Vertretern Kameruns, Ägyptens, Indiens und Nigerias wurde beispielsweise während der GATS-Kodifikationsarbeiten neben den transnationalen Benutzern die dominante Position der kommerziellen Dienste-Betreiber in den Industriestaaten für den geringen Diensteanteil der Entwicklungsländer am Weltdienstehandel verantwortlich gemacht.

"The very limited share of developing countries in international trade in telecommunications services can largely be attributed to (...) the dominant position in the world market of developed country commercial operators and transnational users"[90].

Die Entwicklungsländer fürchteten, daß eine Liberalisierung zu einer marktbeherrschenden Position der Diensteanbieter aus Industriestaaten auf ihren Märkten führen würde. Eine Öffnung der Grenzen käme einer "invitation to foreign multinationals to dominate their domestic services sector" gleich[91]. Insbesondere Indien argumentierte, daß die Dienstleistungsindustrie "culturally sensitive" sei und daß die eigenen Unternehmen Zeit benötigten, um sich zu entwickeln, bevor sie dem Druck ausländischen Wettbewerbs standhalten könnten[92]. Die rasche Öffnung der Märkte würde, so die Sorge, nicht nur die Abhängigkeit von ausländischen Diensteerbringern vergrößern und Zahlungsbilanzungleichgewichte verschärfen, sondern auch den Aufbau der "infant industries"[93] verzögern. Dahinter stand der Gedanke, daß Industriezweige, die, wie die Telekommu-

---

88 W. Drake/K. Nicolaidis, (Anm. 47), S. 52.
89 Den Stand der Entwicklungsländerforschung skizziert das 1. Kap. 1d); zur Rolle der Telekommunikation im Entwicklungsprozeß näher im 2. Kap. e).
90 *Working Group on Telecommunication Services*: Communication From Cameroon, Egypt, India and Nigeria, Sectoral Annotation on Telecommunication Services; MTN.GNS/TEL/W/1, 9 July 1990, S. 2.
91 *J. C. Grant*, (Anm. 76), S. 110; zu den Sorgen der Entwicklungsländer vor einer Übermacht der Konzerne auch: *C. Dörrenbächer/O. Fischer*, (Anm. 75), S. 187.
92 Zu den materiellen Verhandlungspositionen näher im 4. Kap.
93 *Strategic Planning Unit, International Telecommunication Union*: Trade of Telecommunications Services: Implications of a GATT Uruguay Round Agreement for ITU and Member States (*R. G. Pipe*, Director, Telecom Services Trade Project, Amsterdam, May 1993), S. 13; *H. Hohmann*: Freier Handel mit Kommunikations-Dienstleistungen im Rahmen des GATT-Regelungswerkes, in: ZvglRWiss 90 (1991), S. 192; zu den Schwierigkeiten der "local data-processing firms (...) to emerge and grow": *United Nations Centre on Transnational Corporations*: Workshop for GNS Negotiators on the Activities of Transnational Corporations in Services, 11-12 November 1989, Hotel Eurotel Riviera, Montreux, Switzerland, Telecommunication Services, Paper 3, S. 22; *J. Hills*: The Telecommunications Rich and Poor, in: Third World Quarterly 12 (1990), S. 73; *S. Reza*, (Anm. 75), S. 27; zum "infant industry-Argument" näher: UNCTAD/The World Bank: Liberalizing International Transactions in Services. *A Handbook* (1994), S. 45 f.; *R. Cooper*: Why Liberalization Meets Resistance, in: *J. M. Finger/A. Olechowski (Hrsg.)*: The Uruguay Round. A Handbook on the Multilateral Trade Negotiations. A World Bank Publication (1987), S. 23 f.; *B. Hindley*: Service Sector Protection: Considerations for Developing Countries, in: World Bank Economic Review 2 (1988), S. 205-224; *C. Dörrenbächer/O. Fischer*, (Anm. 75), S. 187.

nikationsindustrie in der Dritten Welt, noch in den Kinderschuhen stecken, in ihrer Aufbauphase staatlichen Schutz vor globalem Wettbewerb benötigen, um ihre Wettbewerbsfähigkeit entwickeln zu können.

Die Regierungen in Entwicklungsländern scheuten außerdem liberalisierungsbedingte finanzielle Einbußen im Bereich des Telefons und der Telegrafie. In Ländern, in denen die Einkünfte aus dem Betrieb des Netzes in der Regel von einigen wenigen großen Firmen und ihren internationalen Wählverbindungen abhängen, ist deren Abkehr vom Netz gravierend, sogar "potentially disastrous"[94]. Sollte es (künftig) infolge der Liberalisierung möglich sein, Wettbewerb an dem öffentlichen Netz vorbei zu betreiben, könnten sich, so die Befürchtung, die staatlichen Einnahmen aus der Telefonie drastisch verringern.

Nicht auszuschließen ist außerdem, daß einige in der Vergangenheit gemachte Erfahrungen mit dem GATT die Vorbehalte der Entwicklungsländer verstärkten. Hierzu zählen die Tatsachen, daß sie von wichtigen Sitzungen der Tokio-Runde ausgeschlossen wurden oder daß sie mit einem fest geschnürten Verhandlungspaket konfrontiert worden waren, das sie nur akzeptieren oder ablehnen konnten[95].

Festzuhalten ist indes, daß die Interessenlage der Entwicklungsländer nicht homogen war. In einigen dieser Staaten hatte sich der Dienstleistungssektor enorm entwickelt, so daß sie aus diesem Grund mehr und mehr an einer Liberalisierung interessiert waren[96]; andere hatten zunehmend mehr sachliche Befürchtungen. Zum Teil flackerten Reminiszenzen aus der in den 70er Jahren geführten Debatte um die Neue Weltwirtschaftsordnung wieder auf: Bedenken der Beeinträchtigung der Souveränität[97], der nationalen Sicherheit[98], die Vorherrschaft der "Multis"[99], Dependenz[100], – dies waren alles Topoi, die man bereits aus früheren Zusammenhängen kannte. Das "Ausbeutungsszenarium", wie es einige Entwicklungsländervertreter seit den 70er Jahren vor Augen hatten, bezog sich u.a auf die Dominanz ausländischen Kapitals, eine ausländische Überwachung der Informationsressourcen, die Verdrängung einheimischer Arbeitskräfte und schließlich eine technologische Abhängigkeit großen Ausmaßes, da sich die Entwicklungsländer

---

94 J. Hills, (Anm. 93), S. 73.
95 Näher S. Schultz, (Anm. 8), S. 71.
96 P.-T. Stoll: Die WTO: Neue Welthandelsorganisation, neue Welthandelsordnung, in: ZaöRV 52 (1994), S. 322; C. Dörrenbächer/O. Fischer, (Anm. 75), S. 188.
97 Zur Betonung der souveränen Rechte durch den Süden siehe die Ausführungen im 4. Kap. 3.
98 Ein Diskussionspapier der Weltbank, das, wie eigens betont wurde "reflects a considerable degree of consensus" unter den Weltbankexperten (ebd. iii, Foreword), geht allerdings davon aus, daß nationale Sicherheitsbedenken, speziell der afrikanischen LDCs, heute weniger als Hemmschuh wirken als früher: B. Wellenius: Telecommunications. World Bank Experience and Strategy (1993), S. 21, Fn. 10.
99 A. F. Ewing, (Anm. 7), S. 156 spricht von "(e)motions generated by the activities of large multilateral corporations", die die Dienstleistungsdebatte kompliziert hätten.
100 Insbesondere im afrikanischen Raum wurde der Vorwurf erhoben, die Technologieproduzenten würden durch ein klares "Profitdenken" bzw. eine Gewinnmotivation geleitet, das ein Interesse am bestehenden System der Abhängigkeiten erkennen lasse, N. M. Adeyemi: (National Institute for Policy and Strategic Studies, Bukuru, Plateau State, Nigeria) Information and Technology Transfer from the Advanced to Third World Countries of the West African Subregion, in: E. V. Smith/ S. Keenan (Hrsg.): Information, Communications and Technology Transfer (1987), S. 435; C. J. Hamelink: Global Communications: Northern Control & Southern Dependence, in: epd-Entwicklungspolitik 14/15 (1995), S. d: "increasing their *dependence* on the North which exercises the dominant control over the management of such information."

den Aufbau eigener kostspieliger Systeme nicht leisten könnten[101]. Manche LDCs befürchteten vor dem Hintergrund des Scheiterns der Bemühungen um eine Neue Weltwirtschaftsordnung einer zweiten Woge der "Unterjochung durch den imperialistischen Norden" ausgesetzt zu sein.

Diese und ähnliche Gründe dürften mitursächlich für die Vorbehalte der Entwicklungsländer gegenüber einer Behandlung der Dienstleistungsfrage in und durch GATT gewesen sein.

d) Der Einfluß liberalisierungsfreundlicher "epistemischer Gemeinschaften"

Um skeptischen Regierungen die Chancen, die ein umfassender Dienstleistungshandel auch für ihre Länder mit sich bringt, zu verdeutlichen, bedurfte es einiger Überzeugungsarbeit, vor allem aber der Vermittlung von Information und Wissen[102] über das relativ neue Gebiet des Dienstleistungshandels.

Nachdem im Anschluß an die Tokio Runde einige Regierungen der Ansicht waren, daß Diensteverhandlungen besser in einer reformierten ITU, der UNCTAD oder verwandten Institutionen[103] aufgehoben wären, und zudem aufgrund einiger bilateraler Fortschritte[104] die längerfristige Unterstützung der USA für das multilaterale GATT-Handelssystem durchaus nicht feststand, schien die Wahl des GATT als Verhandlungsforum fraglich. Daß die Entscheidung schließlich positiv ausfiel und die Diensteverhandlungen unter dem GATT-Dach stattfinden konnten, wird entscheidend dem Einfluß einer GATT-nahen epistemischen Gemeinschaft[105] zugeschrieben. Einer sorgfältig recherchierten Studie von *Drake/Nicolaidis* zufolge hat sich in den Jahren vor dem

---

101 Grundlegend *R. G. Pipe*: Technological Independence Through Informatics Alliances, in: *R. G. Pipe/A. A. M. Veenhuis (Hrsg.)*: National Planning for Informatics in Developing Countries, Proceedings of the IBI International Symposium, Baghdad, 2-6 November 1975 (1976), S. 52 f.; *C. Raghavan*, (Anm. 67), S. 24 spricht von "economic colonialism".

102 Die Interessenformulierung und Interessendefinition von Akteuren ist abhängig von dem den Entscheidungsträgern zur Verfügung stehenden Wissen, etwa über technische Zusammenhänge; verschiedene Autoren thematisieren in ihren Untersuchungen die Rolle von Lernen, Wissen und Wissensvermittlungsinstanzen, den sog. 'epistemic communities' vgl. *E. B. Haas*: When Knowledge is Power: Three Models of Change in International Organisations (1990), S. 9; *E. B. Haas*: Reason and Change in International Life: Justifying a Hypothesis, in: Journal of International Affairs 44 (1990), S. 209-240; vgl. auch *E. Adler*: Cognitive Evolution: A Dynamic Approach for the Study of International Relations and Their Progress, in: *E. Adler/B. Crawford (Hrsg.)*:Progress in Postwar International Relations (1991), S. 43-88; vgl. auch *P. Haas (Hrsg.)*: Sonderheft IO 46 (1992), "Knowledge, Power, and International Policy Coordination", wo eine empirische Untersuchung der Anwendung des Konzepts der "epistemic communities" erfolgt; von "advocacy coalitions" spricht *P. A. Sabatier*: Knowledge, Policy-Oriented Learning, and Policy Change, in: Knowledge: Creation, Diffusion, Utilization 8 (1987), S. 649-692.

103 Zu den möglichen Dienstleistungsforen siehe bereits oben 3. Kap. 1 a).

104 Die bilateralen Übereinkünfte behandelt das 2. Kap. 1 f).

105 *P. Haas*: Epistemic Communities and International Policy Coordination, in: IO 46 (1992), S. 2 verwendet den Begriff "epistemic community" im Sinne eines "network of knowledge-based experts", d.h. ein Netzwerk von Experten mit Fachwissen in spezifischen Problemfeldern, die ein hohes Maß an wissenschaftlich-technischem Wissen erfordern; unter "epistemic community" versteht Cowhey: "a group involved in a coordination game. Its members are united in rejecting some alternative vision of the world, and this common attitude eases coordination problems": *P. F. Cowhey*, (Anm. 16), S. 172; ein weiteres Begriffsverständnis als Haas und Cowhey legt *J. G. Ruggie*: International Responses to Technology: Concepts and Trends, in: International Relations, in: IO 29 (1975), S. 557-584 zugrunde; *ders.*: Territoriality and Beyond: Problemizing Modernity in International Relations, in: IO 47 (1993), S. 139-174.

offiziellen Beginn der neuen Verhandlungsrunde ein GATT-naher Expertenzirkel ("epistemic community")[106] herausgebildet, in dem die an Fragen des Dienstehandels interessierten Kreise (Funktionäre, Politiker, Vertreter der Industrie, Lobbyisten von Unternehmen und einige Akademiker) mitwirkten. Sie stellten der genannten Studie zufolge eine Gruppe mit gemeinsamen Anschauungen dar: "a group of experts with shared causal and principles beliefs, shared validity tests, and a common policy project"[107]. Was die Projektziele dieses Zirkels betrifft, so lassen sich zwei Ebenen differenzieren: zum einen wurde der Einschluß des Dienstehandels in die Uruguay Runde angestrebt; GATT sollte das entscheidende Forum für Diensteverhandlungen werden. Zum anderen sollten die Widerstände der Entwicklungsländer abgebaut werden, um sie schließlich an den Genfer Verhandlungstisch zu bringen.

Innerhalb des vergleichsweise kleinen, heterogenen Zirkels dominierten während der 70er und zu Beginn der 80er Jahre Experten aus dem anglo-amerikanischen Rechtskreis. Sie sahen in Dienstetransaktionen "Handel" und befürworteten eine umfassende Liberalisierung desselben. Angehörige aus Drittweltstaaten waren so gut wie nicht vertreten, – folglich richtete der Expertenzirkel zunächst auch thematisch wenig Augenmerk auf Entwicklungsländerbelange im Kontext der angestrebten Liberalisierung. Die Probleme, welche eine Dienstleistungsliberalisierung für Staaten der Dritten Welt mit sich bringt, wurden ausgespart[108].

In einer ersten Phase (1972-1982) suchten Experten vor allem Klarheit über die Natur der "services" zu gewinnen[109]. Unter Ausräumung ursprünglich bestehender Zweifel[110] wurde bald die Ansicht vertreten, daß Dienste meßbar und lagerfähig seien, und daß es mithin grundsätzlich möglich sei, sie zum Gegenstand von Liberalisierungsverhandlungen zu machen.

Mit der Fortsetzung der Diskussionen wurde der Kreis der interessierten Experten breiter; Analysanden kamen von Akademien, Forschungsinstituten, Handelsgesellschaften, Beratungsfirmen, 'business associations' sowie aus Regierungskreisen einer wachsenden Zahl von Ländern. Zahlreiche Veröffentlichungen beschäftigten sich nunmehr allgemein mit Fragen des Dienstehandels und der neu entstehenden "Dienste-Wirtschaft"[111]; andere waren speziell den Fragen der Telekommunikationsdienste[112] gewidmet.

---

106   Nach Ansicht der Autoren ist "a new grouping, broader and more intellectually and professionally diverse than the traditional policy profession", entstanden, "a focal point around which experts have converged from various directions", *W. Drake/K. Nicolaidis*, (Anm. 47), S. 40.
107   W. Drake/K. Nicolaidis, (Anm. 47), S.38
108   Das Fehlen von Entwicklungsländerstudien im Dienstekontext führte nach Ansicht von *Drake/Nicolaidis*, (Anm. 47), S. 98 beinahe zwangsläufig zu einer Härtung der Vorurteile des Südens gegenüber den Absichten der USA und der exportorientierten multinationalen Konzerne.
109   Zu nennen sind etwa Veröffentlichungen von: *R. Krommenacker* (Economic Affairs Officer, Trade Policy Department GATT): Trade Related Services and the GATT, in: JWTL 13 (1979), S. 510-522; *A. Sapir*: Trade in Services, Policy Issues for the Eighties, in: Columbia Journal of World Business 17 (1982), S. 77-83; *M. Cohen/T. Morante*: Elimination of Nontariff Barriers to Trade in Services, Recommendations for Future Negotiations, in: Law and Policy in International Business 13 (1981), S. 495-519.
110   Zur dogmatischen Unsicherheit bei der Handelbarkeit von Diensten siehe bereits das 2. Kap. 1 b).
111   *S. Benz*: Trade Liberalization and the Global Service Economy, in: JWTL 19 (1985), S. 95-120; *I. D. Canton*: Learning to Love the Service Economy, in: Harvard Business Review 62 (1984), S. 89-97; *H. P. Gray*: A Negotiating Strategy for Trade in Services, in: JWTL 17 (1983), S. 377-388; *B. Hindley/A. Smith*: Comparative Advantage and Trade in Services, in: The World Economy 7 (1984), S. 369-390; *H. B. Malmgren*: Negotiating International Rules for Trade in Ser-

Der Konsens der Experten schien groß; einige Grundannahmen, wie z.B. die Handelbarkeit von Diensten, wurden bald nicht mehr in Frage gestellt. Vielmehr war man sich einig in dem Bestreben, den Dienstleistungskomplex möglichst rasch auf die Agenda des GATT zu bringen. Diese Konvergenz der Ansichten wurde dadurch gestärkt, daß sowohl im öffentlichen als auch im privaten Sektor neue Koalitionen geschmiedet wurden und sich zunehmend mehr Organisationen aktiv der Dienstefrage annahmen. Auf nationaler Ebene wurden zum Teil interministerielle Arbeitsgruppen eingerichtet, und das OECD Trading Committee entwarf ein "model framework agreement of trade principles" mit dem Titel "Elements of a Conceptual Framework for Trade in Services" (März 1987). In den USA wurde die Coalition of Services Industries eingerichtet, ergänzt durch neue Bündnisse (z.B. die Conference of Services Industries).

Ein weiteres Beispiel für eine Organisation im angelsächsischen Raum, die sich energisch der Dienstleistungsfrage annahm, ist das 1982 gegründete Liberalization of Trade in Services Committee (LOTIS) in Großbritannien[113]. LOTIS stand unter anderem in Kontakt mit der "International Trade Policy Division" des Handels- und Industrieministeriums sowie mit GATT, OECD, UNCTAD und EG, und es entwickelte weltweit Verbindungen zu nationalen Ausschüssen. Die dezidierte Liberalisierungslinie dieser Industriellenvereinigung läßt sich in einigen Berichten gut erkennen[114]. So hieß es 1986, im Jahr der Eröffnung der Uruguay Runde, LOTIS sei der Ansicht, das Ziel der Liberalisierung liege zwar im breiten Interesse der britischen Industrie, jedoch könnten *alle* Länder dieser Welt aus dem Weltdienstehandel und dem damit verknüpften Ausbau der Weltwirtschaft profitieren:

"LOTIS believes that it is in the braod interests of British services in the private sector to pursue the aim of liberalisation: all countries could share in the stimulation of world trade in goods and services and benefit from an expansion of the world eco-

---

vices, in: The World Economy 8 (1985), S. 11-26; *J. J. Schott*: Protectionist Threat to Trade and Investment in Services, in: The World Economy 6 (1983), S. 195-214; *S. Schultz*: Trade in Services: Its Treatment in International Forums and the Problems Ahead, in: Intereconomy Nov.-Dec. 1984, S. 267-273.

112 Vgl. beispielsweise *J. D. Aronson/G. Feketekuty*: Meeting the Challenges of the World Information Economy, in: The World Economy 7 (1984), S. 63-86; *B. Beer:* Informatics in International Trade, in: JWTL 19 (1985), S. 570-578; *W. P. Dizard*: U.S. Competitiveness in International Information Trade, in: The Information Society 2 (1984), S. 179-216; *G. Feketekuty/K. Hauser*: A Trade Perspective on International Telecommunication Issues, in: Telematics and Informatics 1 (1984), s. 359-369.

113 Vgl. bereits die Organisation der englischen Industrie, der British Invisible Exports Council, der 1968 zunächst als "Committee on Invisible Exports" gegründet wurde, um die Interessen der führenden britischen Dienstleistungsunternehmen im internationalen Handel zu vertreten. Als der Druck auf GATT zunahm, Dienste in den internationalen Verhandlungen zu behandeln, wurde 1982 LOTIS gegründet. Zu den Mitgliedern von LOTIS gehören u.a. Banken, Berater, Versicherungsgesellschaften, Broker, Lloyds sowie Schiffahrtsgesellschaften; das Sekretariat von LOTIS wird von der Bank of England wahrgenommen.

114 Berichte von LOTIS sind erhältlich bei: BIE, 14 Austin Friars, London 2 HE tel 01-6128 3161; dabei hatte LOTIS klar erkannt, daß die Zustimmung der Entwicklungsländer eine wesentliche Voraussetzung für einen Einschluß der Informationsdienste in die internationalen Liberalisierungsverhandlungen darstellte; nur durch eine Sichtbarmachung der für sie entstehenden Vorteile könne ein Sinneswandel der Dritten Welt erreicht werden, vgl. *Liberalisation of Trade in Services Committee* (LOTIS) of the British Invisible Exports Council, February 1986, International Information Flows, A Report by the LOTIS Committee, S. 34.

nomy. Greater freedoms would lead to benefits for the users of services through greater competition and increased choice"[115].

Auch die Aktivitäten von unabhängigen Forschungsinstituten nahmen zu: Das Trade Policy Research Centre in London und das Atwater Institute in Montreal hielten einige bedeutsame Veranstaltungen ab. Konferenzen fanden unter anderem in Ditchley Park nahe Oxford, Bellagio in Norditalien und Winston House bei Steyning statt; bei fast allen Veranstaltungen ging es darum, Koalitionen aufzubauen, Pläne zu koordinieren, Ländervergleiche zu erstellen und die Konsensfindung über die künftige Arbeit von OECD, aber vor allem GATT, voranzutreiben. Diese Form der inhaltlichen Zusammenarbeit wäre nicht weiter bemerkenswert, gäbe es nicht einige interessante personelle Bezüge[116]. Dem von *Orio Giarini* mitbegründeten Services World Forum, das verschiedene hochkarätige Treffen veranstaltete und Publikationen herausbrachte[117], gehörten unter anderem *Geza Feketekuty* vom Office of the United States Trade Representative (USTR) als Vize-Präsident an[118], ebenso *Jacques Nusbaumer*, der zugleich ein führender Kopf der Diensteaktivitäten im GATT-Sekretariat war; zu den weiteren Mitgliedern des Services World Forum zählten *Claude Barfield* des American Enterprise Institute, *Albert Bressand*, der 1985 Promethée mit Sitz in Paris gegründet hat; *Murray Gibbs* und *Bruno Lanvin*, welche die Chief Researchers für Dienstleistungen im UNCTAD-Sekretariat waren; *Mario Kakabadse* und *Raymond Krommenacker* des GATT-Sekretariats; und schließlich *Juan Rada*, Direktor der IMEDE in Lausanne, sowie *John Richardson*, Head of Services der EG-Kommission. In einem einzigen Forum fanden sich Persönlichkeiten aus einflußreichen westlichen "think tanks" vereinigt, die über die GATT-Sekretariatsangehörigen eine indirekte, durch die Regelmäßigkeit der Treffen jedoch quasi institutionalisierte Anbindung an GATT besaßen.

Ab 1984/1985 wurde dem Zusammenhang Entwicklung bzw. Ausbau des Dienstleistungshandels vermehrt Aufmerksamkeit gewidmet, dies schlug sich in einer neuen Welle von Publikationen nieder[119].

Festzuhalten ist im Ergebnis, daß es eine Reihe von Aktivitäten gab, die einer Behandlung der Dienstleistungen im GATT den Weg bereiteten. Damit die Regierungen,

---

115 *Liberalisation of Trade in Services Committee* (LOTIS) of the British Invisible Exports Council, February 1986, International Information Flows, A Report by the LOTIS Committee, S. 8.
116 Vgl. *W. Drake/K. Nicolaidis*, (Anm. 47), S. 61, Fn. 41.
117 Vgl. nur *O. Giarini/W. R. Stahel*: The Limits to Certainty: Facing Risks in the New Service Economy (1987); *O. Giarini (Hrsg.):* The Emerging Services Economy (1987).
118 Vgl. auch *G. Feketekuty*: International Trade in Services: An Overview and Blueprint for Negotiations (1988).
119 Zu nennen sind etwa Beiträge von *J. Bhagwati* (Professor der Columbia Universität mit hohem Renommee in der Dritten Welt und Berater des GATT Services Secretary General): Splintering and Disembodiement of Services and Developing Countries, in: The World Economy 7 (1984), S. 133-144; *J. Bhagwati*: Why are Services Cheaper in the Poor Countries, in: Economic Journal 94 (1984), S. 279-286; *J. Rada* (Direktor der Management Schule IMEDE in Lausanne, Advanced Technologies and Development); *A. F. Ewing*: Why Freer Trade in Services is in the Interest of Developing Countries, in: JWTL 19 (1985), S. 147-169; *T. Atinc* u.a.: International Transactions in Services and Economic Development, in: Trade and Development 5 (1984), S. 141-214; *M. Gibbs*: Continuing the International Debate on Services, in: JWTL 19 (1985), S. 199-218; *A. Sapir*: North-South-Issues in Trade in Services, in: The World Economy 8 (1985), S. 27-42; *J. J. Schott/J. Mazza*: Trade in Services and Developing Countries, in: JWTL 20 (1986), S. 253-273; *R. Shelp* u.a.: Services Industries and Economic Development: Case Studies in Technology (1984); *D. I. Riddle*: Services Led-Growth: The Role of the Service Sector in World Development (1987); *OECD*: Trade in Services and Developing Countries (1989).

insbesondere die Regierungen der Dritten Welt, ihre ablehnende Haltung aufgaben, bedurfte es neuer Konzepte, die "von außen" an sie herangetragen wurden, es bedurfte der Information und – ganz wesentlich – eines Forums, um die neuen Konzepte und Ideen zu diskutieren. An dieser Stelle scheint tatsächlich das Wirken einer Art epistemischen Gemeinschaft, wie sie *Drake* und *Nicolaidis* in ihrer Untersuchung aufzuzeigen suchten, hilfreich gewesen zu sein: Verhandlungsführer in Sachen Telekommunikationsdienste und "Meinungsmacher" in Sachen Dienstleistungshandel kamen an einem Tisch zusammen, und zwar zu einem Zeitpunkt, als die politisch Verantwortlichen noch höchst unsicher über die Handlungsoptionen waren. Regierungen gewannen auf diese Wiese eine erkenntnistheoretische Basis[120], auf der es ihnen möglich war, ihre nationalen Interessen zu definieren und in ernsthafte Formen multilateraler Kooperation einzutreten.

e) Die Annäherung zwischen "Nord" und "Süd"[121]

Japan war das erste Land, das sich dem Vorstoß der USA, multilaterale Dienstleistungsverhandlungen im GATT zu führen, anschloß, gefolgt von Großbritannien, Kanada, Frankreich und der Schweiz. Im März 1985 hatten die EU-Handelsminister ihre Unterstützung für eine neue Handelsrunde unter Einschluß von Dienstleistungen angekündigt.

Anders der Süden: Eine Reihe von Entwicklungsländern, zunächst unter der Führung von Indien und Brasilien, standen einer neuen GATT-Verhandlungsrunde skeptisch gegenüber. Sie erkannten keine langfristigen Vorteile durch eine Liberalisierung des Dienstleistungssektors und fürchteten im Gegenteil, binnen Kürze Konzessionen eingehen zu müssen, ohne zuvor eigene Wettbewerbspositionen aufgebaut zu haben[122]. Die Blockadebestrebungen der entschiedenen Verhandlungsgegner[123] gingen so weit, daß man noch kurz vor Verhandlungsbeginn die Frage der Dienstleistungen aus dem GATT-Rahmen auszublenden suchte. So legte Brasilien im eigenen Namen sowie im Namen von Ägypten, Argentinien, Indien, Kuba, Nicaragua, Nigeria, Peru, Tansania und Jugoslawien eine Draft Ministerial Declaration auf der Sitzung des Preparatory Committee[124] am 16. Juli 1986 vor, in dem die Dienstleistungen mit keinem Wort erwähnt wurden[125].

---

120 Zur Rolle der wissenschaftlichen Politikberatung durch Experten im Stadium der Programmformulierung, z.B. durch Rückgriff auf Expertengremien, -beiräte oder "Consultants" im Rahmen der Vereinten Nationen, *V. Rittberger:* Internationale Organisationen, Politik und Geschichte (2. Aufl. 1995), S. 109; vgl. auch *V. v. Prittwitz*: Verhandeln im Beziehungsspektrum eindimensionaler und mehrdimensionaler Kommunikation, in: *V. v. Prittwitz (Hrsg.):* Verhandeln und Argumentieren (1996), S. 52.
121 Der Verlauf der Vorverhandlungen erlaube es nicht, von einer "*Nord/Süd-Konfrontation*" zu sprechen meint *B. Engels*: Das GATT und die Entwicklungsländer - Was brachte die Uruguay-Runde?, in: Jahrbuch Dritte Welt (1995), S. 36, obgleich die Vorverhandlungen "zahlreiche und teils heftige Kontroversen" mit sich brachten; ebenso *B. Engels*: Was bedeutet Marrakesch für Entwicklungsländer?, in: Nord-Süd aktuell (1994), S. 58; skeptischer: *T. G. Berg*, (Anm. 11), S. 2; *C. Raghavan*, (Anm. 67), S. 103 geht davon aus, daß es "considerable North-South differences" innerhalb der GNS gegeben habe.
122 Zu den Vorbehalten der Entwicklungsländer siehe bereits das 3. Kap. 1 c).
123 Zur G-10 siehe näher in diesem Abschnitt unten.
124 Auf der Jahrestagung des GATT im November 1985 wurde einstimmig beschlossen, einen Vorbereitungsausschuß ("Preparatory Committee") einzusetzen, um bis Juli 1986 Empfehlungen für eine Tagesordnung und die Verfahren der neuen GATT-Runde auszuarbeiten, die dann von der *Ministerkonferenz in Punta del Este,* September 1986, beschlossen werden sollten. Das Preparatory Committee wurde von den GATT-Vertragsparteien im Herbst 1985 eingerichtet; aufgrund des Wi-

Wie und mit welchen Mitteln die Bedenken der Entwicklungsländer gegenüber einer Behandlung der Dienstleistungen in der neuen Handelsrunde ausgeräumt wurden, soll im folgenden dargestellt werden. Auf dieser Grundlage können die von den Entwicklungsländern im Verlauf der offiziellen GATS-Verhandlungen eingebrachten materiellen Verhandlungspositionen[126] besser eingeordnet werden.

(1) Zum einen dürften einige GATT-externe Faktoren verantwortlich dafür gewesen sein, daß es trotz anfänglich erheblicher Widerstände schließlich zu den Dienstleistungsverhandlungen kam. Die Deregulierung zunächst der Telekommunikationsmärkte in den USA während der 70er und 80er Jahre, der zahlreiche andere Staaten folgten, führte weltweit zu einer neuen Wettbewerbs- und Marktorientierung. Auch den Entwicklungsländern wurde klar, daß ihnen angesichts der Schwäche ihrer nationalen Dienstleistungsindustrien nur der Import von Dienstleistungen bliebe, wollten sie nicht an Wettbewerbsfähigkeit einbüßen.

Die Unterschiede zwischen bis dato reglementierten Telekommunikationsdiensten, angeboten durch ein Monopol, und den nicht-reglementierten Computerdiensten, angeboten meist durch miteinander konkurrierende Firmen, verflachten und ein weites Feld neuer Anwendungen öffnete sich. Da Monopolunternehmen gewandelte Bedürfnisse zunehmend schwerer befriedigen konnten[127], gewann die Frage des nationalen Wettbewerbs und damit die Notwendigkeit einer koordinierten Handelspolitik an Bedeutung. Internationale Handelsvereinbarungen wurden zunehmend als notwendig erkannt – damit rückte GATT fast zwangsläufig in den Mittelpunkt des Interesses.

(2) Zum zweiten mögen die Inaussichtstellung fortgesetzten unilateralen Vorgehens der USA, aber auch weitere bilaterale Vertragsinitiativen[128] als "Druckmittel" gewirkt haben. Die Nachteile bilateraler Dienstleistungsabkommen, etwa die Abhängigkeit von einem Vertragspartner, wurden zunehmend auch seitens der Entwicklungsländer erkannt. Würden die Liberalisierungsverhandlungen der Industriestaaten künftig unter den Auspizien des GATT geführt, dann verbliebe den Entwicklungsländern zumindest der Beitritt zu einem späteren Zeitpunkt, wenn nicht sogar, wie letztlich im Falle des General Agrrement on Trade in Services, die Möglichkeit einer umfassenden Teilnahme in einem multilateralen Forum.

(3) Nicht unterschätzt werden sollte auch der Einfluß zahlreicher "liberalisierungsfreundlicher" Abhandlungen[129]. Dienstleistungen, aber auch der Telekommunikation als solcher, wurde vermehrt wohlfahrtsschaffender Charakter zugeschrieben. Beispielsweise führte der bereits erwähnte GATT-nahe Expertenzirkel, der zum Teil engen Kontakt auch zu GATT-Mitarbeitern hatte, einige allgemeine Untersuchungen zum Zusammenhang Dienstleistungen/Entwicklung durch, die fast durchweg zu positiven Resultaten

---

derstandes insbesondere von Indien und Brasilien, konnten Dienstleistungen allerdings nicht offiziell in das Mandat des Preparatory Committee aufgenommen werden; auch die Vorbereitung einer Entwurfsdeklaration kam nur langsam voran.

125   Der Entwurf sah vor (Originalzitat): "aims of liberalization and elimination of distortions should be pursued through a round of multilateral trade negotiations in the area of trade in goods" *(Preparatory Committee, Draft Ministerial Declaration,* GATT Doc. No. PREP.COM (86)W/41 (June 23, 1986), S. 3); vgl. auch *Preparatory Committee, Draft Ministerial Declaration,* GATT Doc. No. PREP.COM(86)W/41/Rev.1 (16 July 1986), S. 3.
126   Dazu näher im 4. Kap.
127   Siehe bereits das 2. Kap. 1.
128   Der verstärkte Rekurs auf bilaterales Vertragsrecht während der Vorverhandlungen der Uruguay Runde wird dargestellt im 2. Kap. 1 f).
129   Dazu siehe bereits oben das 3. Kap. 1 d).

für unterentwickelte Staaten kamen[130]. Innerhalb der Studien herrschte weitgehend Übereinstimmung, daß Liberalisierung zu Wachstum führe, und manche LDCs große komparative Vorteile auf einigen Industriezweigen erzielen würden; liberalisierungskritische Töne fehlten beinahe völlig. Überwiegend wurde die Grundannahme – "Dienste unterliegen dem Handel und dieser wirkt sich positiv auf die Wirtschaftsentwicklung aller Staaten aus" – nicht in Frage gestellt.

(4) Ein weiterer Faktor, der dazu beitrug, daß es schließlich zu einer Einigung zwischen "Nord" und „Süd" hinsichtlich der Aufnahme von Verhandlungen über Dienstleistungen im GATT kam, beruht in der durch großes Verhandlungsgeschick[131] herbeigeführten Zersplitterung der Gruppe der 77. Von wenigen Ausnahmen abgesehen, hatte sich die G 77 zunächst geschlossen in ihrer Ablehnung des US-Vorschlags gezeigt, im Rahmen der Uruguay Runde Diensteverhandlungen aufzunehmen. Mit der Zeit jedoch vertraten einige Staaten, v.a. Brasilien, Indien, Ägypten und Jugoslawien, eine deutlich ablehnendere Haltung gegenüber den Dienstleistungsverhandlungen als etwa einige asiatische Schwellenländer oder auch einige Länder Lateinamerikas[132], die das Handelspotential der Dienstleistungen bereits erkannt hatten. Die von den USA angedrohten Handelssanktionen[133], die auf einige Länder starken Eindruck hinterließen, mögen den Dissens innerhalb der G-77 zudem gefördert haben.

Zu einem Auseinanderbrechen der ursprünglichen Entwicklungsländerkoalition, das besonders gut zu beobachten war in dem im November 1985 von den GATT-Vertragsstaaten eingerichteten Preparatory Committee, welches die Vorarbeiten für eine neue multilaterale Handelsrunde (1986) leisten sollte[134], mag schließlich auch beigetragen haben, daß es der G-77 in materieller Hinsicht nicht gelang, eine überzeugende Gegenposition aufzubauen.

Ferner hängt die Zersplitterung der G-77 auch damit zusammen, daß das Verhältnis der Mehrheit der LDCs zu denjenigen Staaten, denen – wie Indien oder Brasilien – zunächst die Meinungsführerschaft in der Dienstleistungsfrage zugekommen war, sich zunehmend verschlechterte. Mit der Zeit keimte der Verdacht, den genannten Ländern ginge es in Wahrheit weniger um die Drittweltsolidarität als vielmehr um die Wahrung eigener Interessen und um die Erlangung regionalen Einflusses[135]. Das Mißtrauen gegenüber der Meinungsführerschaft der 'hardliner' wuchs[136].

So mußte schon bald, spätestens seit 1985, zwischen einer "gemäßigten" Mehrheit und einer "radikalen" Minderheit innerhalb der G-77 unterschieden werden. Dem

---

130 Vgl. bereits die oben im 3. Kap. 1 d). genannte Literatur zum Sachzusammenhang Telekommunikation/Entwicklung.
131 Von "energetic and relentless diplomacy" spricht *J. Bhagwati*, (Anm. 71), S. 207 in diesem Kontext.
132 Näher *R. B. Woodrow*: Tilting Towards a Trade Regime, in: Telecommunications Policy 15 (1991), S. 326; zu den Positionen der Entwicklungsländer näher im 4. Kapitel.
133 Näher *J. Hills*: Dependency Theory and its Relevance Today: International Institutions in Telecommunications and Structural Power, in: Review of International Studies 20 (1994), S. 185; *J. D. Aronson/P. F. Cowhey*, (Anm. 28), S. 43; die Zersplitterung der Dritten Welt war durchaus von den USA beabsichtigt: "The final task was to divide the developing countries in services" (ebd. S. 44); kritisch *C. Raghavan*, (Anm. 67), S. 75 ff.
134 Einzelheiten bei *A. Koekkoek/L. de Leeuw*, (Anm. 8), S. 79.
135 Als Indiz dafür wurden die zum Teil umfassenden Technologieabkommen herangezogen, die Länder wie Brasilien und Indien, aber auch Mexiko, mit den "major suppliers" ausgehandelt haben; zum Inhalt dieser Abkommen vgl. UNCTAD, Trade and Development Report 1988: "Technological Issues in Information Services", Annex 5, S. 261.
136 W. Drake/K. Nicolaidis, (Anm. 47), S. 66.

gemäßigten Lager konnte die Mehrheit der LDCs zugerechnet werden; sie besaßen meist keine entschieden befürwortende oder ablehnende Haltung hinsichtlich der Diensteverhandlungen, vermochten aber auch nicht die Vorteile der Liberalisierung für ihre Länder zu erkennen. Der "radikalen", auch als G-10 bezeichneten Staatengruppe gehörten Brasilien, Indien, Argentinien, Kuba, Ägypten, Nicaragua, Nigeria, Peru, Tansania und das ehemalige Jugoslawien an. Mexiko nahm, wegen seines späten Eintritts in das GATT, nur in geringem Umfang an den Dienstleistungsverhandlungen teil. So gab es zu Beginn der Uruguay Runde nur noch eine Kerngruppe, die weiterhin als "staunch foes of services" galten[137], also als starke Gegner der Diensteverhandlungen im GATT.

(5) Die bisher analysierten Faktoren alleine – wirtschaftliche Gründe, drohender Bilateralismus, liberalisierungsfreundliche Abhandlungen und eine Zersplitterung der G-77 – hätten den Einschluß der Dienste in die Uruguay Runde vermutlich nicht zu bewirken vermocht. Die anfängliche Skepsis einiger Industrie- und zahlreicher Entwicklungsländer war zu groß. Erst der Vermittlung einiger kleinerer und als gemäßigt geltender Staaten wie der Schweiz oder auch Kolumbien und der Europäischen Gemeinschaft[138], war es zuzuschreiben, daß die ablehnenden Kräfte in eine Minderheitenposition gerieten und eine Koalition gemäßigter Kräfte zustande kam.

Um die Interessenartikulation intern besser zu organisieren, fanden sich Industriestaaten aus der wohlhabenden European Free Trade Association (EFTA), geführt von der Schweiz, in der sog. G-9 zusammen. Ihr Selbstverständnis ging dahin, neutrale Vermittler zu sein, mit deren Hilfe die LDCs ihre Sondierungen weiter vornehmen sollten. Gemeinsam mit der G-20, einer Gruppe gemäßigter Drittweltstaaten, stellte die G-9 eine Staatengruppe dar, die den Verhandlungen nicht abgeneigt war und deswegen auch als "friends of negotiations" firmierte. Seit Ende Juni 1986 gab es regelmäßig informelle Treffen der G-20 und der G-9, die von dem Vorsitzenden *Felipe Jaramillo* koordiniert wurden. Da der aus Kolumbien stammende Vorsitzende der informellen Verhandlungsgruppe (sog. "Jaramillo-Group") einen guten Ruf als Kenner der Handelsmaterie besaß, entwickelten einige Entwicklungsländerregierungen Vertrauen und begannen, aktiv an den Vorverhandlungen teilzunehmen. Mit den zu verzeichnenden Fortschritten fanden es andere Entwicklungsländer im Gegenzug schwierig, ihre radikal ablehnenden Positionen beizubehalten. So wurde im Juli 1986 ein Nord-Süd (schweizerisch-kolumbianischer) Entwurf, der sog. "café au lait-Draft" vorgelegt[139], in dem Industriestaaten Seite an Seite mit Entwicklungsländern eine multilaterale Diensteliberalisierung mit angemessener Berücksichtigung von Entwicklungsbelangen forderten.

---

137 So *P. F. Cowhey/J. D. Aronson*: Global Diplomacy and National Policy Options for Telecommunications, (Manuskript), S. 18.
138 Die Europäische Gemeinschaft nahm in der Kontroverse um die Aufnahme von Dienstleistungen als Verhandlungspunkt der Uruguay Runde z. T. ebenfalls eine vermittelnde Position zwischen den USA als stärkstem Diensteliberalisierungsbefürworter und den zögerlich reagierenden Entwicklungsländern ein.
139 Gefordert wurden Verhandlungen "to establish a multilateral framework of principles and rules for trade in services". Sobald ein solcher Rahmen errichtet sei, sollten die Vertragsschließenden Parteien beschließen, wie dieser in das GATT System integriert werden solle, vgl. *Preparatory Committee, Draft Ministerial Declaration*, Revision, GATT Doc. No. PREP. COM((6)W/47/Rev.2, July 30, 1986, S. 8; zahlreiche Länder unterstützen diesen Entwurf, so z.B. Chile, Israel, Kanada, Österreich, Mexiko, Neuseeland, Norwegen, Österreich, USA, Korea, Polen, Hongkong, Rumänien, Ungarn, USA, Türkei, Tschechoslowakei; auch wenn diese Staaten nicht in allen Punkten mit dem Entwurf übereinstimmten, sahen sie ihn als notwendigen Kompromiß für einen erfolgreichen Start der nächsten GATT-Verhandlungsrunde an.

(6) Eine wesentliche Bedingung dafür, daß die skizzierte Annäherung zwischen "Nord" und "Süd" schließlich in eine Aufnahme der Vertragsverhandlungen mündete, war die Einigung auf den sog. two track approach[140]. Die Entwicklungsländer willigten in eine Einbeziehung der Dienste in die Verhandlungen der Uruguay Runde nicht zuletzt deswegen ein, weil man übereinkam, über Waren und Dienstleistungen in rechtlich getrennten Gremien zu verhandeln.

Vor allem Brasilien und Indien[141] hatten darauf bestanden, daß die Verhandlungen über Dienstleistungen *außerhalb* des GATT stattfinden müßten und daß die Verhandlungsergebnisse allenfalls am Ende der Verhandlungen durch eine souveräne Entscheidung der Vertragsparteien eingeschlossen werden könnten. Ohne die Lösung komplizierter juristischer Probleme in Angriff zu nehmen, verlegten sich die Verfasser der Punta del Este-Erklärung 1986 auf praktische Schritte: eine Eröffnung der Diensteverhandlungen *per se* schien ihnen – angesichts der skizzierten Kontroversen verständlich – bereits ein Gewinn zu sein. Obwohl Verhandlungen über Dienstleistungen im GATT stattfanden, sollte es sich dabei nicht um "GATT-Verhandlungen" als solche handeln. Über das Verhältnis der im Dienstesektor erzielten Ergebnisse zu den bestehenden GATT-Abkommen und zu GATT als Organisation würde erst zu Ende der Verhandlungsrunde entschieden werden. Diese formellen Eckpunkte wurden in Teil II der Ministererklärung von Punta del Este niedergelegt[142]. Wörtlich hieß es:

"Ministers also decided, as part of the Multilateral Trade Negotiations, to launch negotiations on trade in services. Negotiations in this area shall aim to establish a multilateral framework of principles and rules for trade in services, including elaboration of possible disciplines for individual sectors, with a view to expansion of such trade under conditions of transparency and progressive liberalization and as a means of promoting economic growth of all trading partners and the development of developing countries. Such framework shall respect the policy objectives of national laws

---

140 Zum "two-track approach" *A. Koekkoek/L. de Leeuw*, (Anm. 8), S. 80; *R. B. Woodrow*, (Anm. 132), S. 327; *S. Dell*, (Anm. 67), S. 55; *W. Drake/K. Nicolaidis*, (Anm. 47), S. 68; *J. Bhagwati*, (Anm. 71), S. 208; *K. Nicolaidis*: Learning While Negotiating: How Services Got on the Uruguay Round Agenda, in: *A. Bressand/K. Nicoloaidis*: Strategic Trends in Services, S. 161-181; *G. Winham*: The Prenegotiation Phase of the Uruguay Round, in: International Journal 44 (1989), S. 299; *J. B. Richardson*: What Really Happened at Punta del Este, in: *D. Riddle (Hrsg.):* Toward an International Service and Information Economy (1987), S. 202-213; *P. S. Randhawa*: Punta del Este and After: Negotiations on Trade in Services and the Uruguay Round, in: JWTL 21 (1987), S. 163-171; *J. Aronson/P. F. Cowhey*, (Anm. 28), S. 42 f.; *C. Raghavan*, (Anm. 67), S. 36 f., S. 102; zum "twin track approach" vgl. schließlich auch *J. Whalley*, (Anm. 66), S. 40; "two track system" wurde früher als Bezeichnung dafür verwendet, daß die Handelsprobleme dem GATT überlassen wurden, die Finanzprobleme hingegen der Weltbankgruppe: vgl. *F. Roessler:* The Rationale for Reciprocity in Trade Negotiations Under Floating Currencies, in: Kyklos 31 (1978), S. 270.
141 Die Auseinandersetzungen zwischen USA und Indien, unterstützt von Brasilien, Argentinien und Kolumbien, hielten noch auf dem Junitreffen des Preparatory Committee (1986) an. Der US-Vertreter hatte festgestellt, daß es, wenn GATT sich nicht dem Dienstehandel zuwende, zu wachsender Disziplinlosigkeit kommen würde (Preparatory Committee - Record of Discussions - Discussions of 23-26 June, GATT Doc. No. PREP.COM (86)SR/8 (13 August 1986), S. 1). Der Vertreter Indiens widersprach energisch, denn es habe noch keine Beschlußfassung hinsichtlich der "desirabilty und "appropriateness" (dazu näher s.o. Ministerial Declaration 1982) gegeben, Preparatory Committee - Record of Discussions - Discussions of 23-26 June, GATT Doc. No. PREP.COM (86)SR/8, 13 August 1986, S. 2.
142 *Ministerial Declaration on the Uruguay Round*, GATT Doc. No. MIN. DEC, September 20, 1986.

and regulations applying to services and shall take into account the work of relevant international organizations. GATT procedures and practices shall apply to these negotiations. A Group of Negotiations on Services is established to deal with these matters. Participation in the negotiations under this Part of the Declaration will be open to the same countries as under Part I. GATT secretariat support will be provided, with technical support from other organizations as decided by the Group of Negotiations on Services. The Group of Negotiations on Services shall report to the Trade Negotiations Committee."

Während also der erste Teil (Part I) des am 20. Sept. 1986 in Form einer Ministererklärung angenommenen Mandats sich auf die Verhandlungen über den Handel mit Waren bezog und als beschlußfassendes Organ die Vertragsschließenden Teile des GATT nannte, betrifft der hier einschlägige Teil II den Handel mit Dienstleistungen. Es sollte die Aushandlung eines multilateralen "Rahmens" angestrebt werden, kombiniert mit der Möglichkeit einer sektorenspezifischen Regelung[143].

Damit wurde ein konkretisierungsfähiger, aber auch konkretisierungsbedürftiger Zielhorizont vorgegeben. Man verständigte sich darauf, daß entsprechend den GATT-Verfahrensregeln zwar Verhandlungen über Dienstleistungen stattfinden sollten, allerdings in einem gesonderten Ausschuß. So kam es zur Gründung der Verhandlungsgruppe für den Warenhandel (Group of Negotiations on Goods, GNG) die für alle Bereiche, ausgenommen den Dienstleistungssektor, verantwortlich war, sowie der Group of Negotiations on Services, verbunden durch das Trade Negotiating Committee (TNC)[144].

In gewisser Weise ist die Punta del Este-Erklärung aussagekräftiger hinsichtlich dessen was sie *nicht*, als hinsichtlich dessen, was sie aussagt, denn sie ließ zum Beispiel die Zuständigkeit des GATT für Dienstleistungen weiterhin offen. Dem Wortlaut nach kam kein Beschluß der Vertragsschließenden Teile zustande, sondern einer der anwesenden Minister ("Ministers (...) decided"). Dies hängt auch damit zusammen, daß nach Ansicht der Entwicklungsländer das GATT als Rechtsgrundlage für die Behandlung von Dienstleistungen nicht ausreichte[145] – die Aufnahme von Verhandlungen wurde also ermöglicht, ohne daß die GATT-Kompetenz präjudiziert wurde.

Offen gelassen wurde auch die zwischen "Nord" und "Süd" umstrittene Frage, inwieweit die Verhandlungsergebnisse der Uruguay Runde in das GATT integriert werden sollten. Zum Zeitpunkt der Eröffnung der Uruguay Runde im Jahre 1986 wurde zudem noch keinerlei Aussage getroffen, in welche Rechtsform die Verhandlungsergebnisse eines Tages schließlich gegossen würden. Der Schlußparagraph der Punta del Este-Erklärung besagte lediglich, daß die Minister in Kenntnis der Verhandlungsergebnisse über deren internationale Umsetzung in einer Sondersitzung der GATT-Vertragsparteien entscheiden werden[146]. Die Frage, ob und in welcher Form die Ergebnisse der Uruguay Runde in das GATT integriert würden, wurde nicht verhandelt. Insbesondere

---

143 In der Punta del Este-Erklärung, Teil II, ist die Rede von "multilateral framework of principles and rules (...), including elaboration of possible disciplines for individual sectors."
144 Das für die Gesamtverhandlungen verantwortliche Trade Negotiating Committee (TNC) war ein übergeordnetes Verhandlungsgremium mit Koordinationsaufgaben, das mindestens halbjährlich tagen und den Fortgang der Verhandlungen überwachen sollte.
145 Explizit *P.-T. Stoll*, (Anm. 96), S. 247.
146 In Teil II, "Implementation of Results under Part I and II" hieß es: "When the results of the Multilateral Trade Negotiations in all areas have been established, Ministers meeting also on the occasion of a Special session of Contracting Parties shall decide regarding the international implementation of the respective results."

im Falle einer – aus damaliger Sicht denkbaren – Integration der Verhandlungsergebnisse in GATT[147] hätte gem. Art. XXIII Abs. 2 GATT das Zurückziehen von Handelskonzessionen als eine Retorsionsmaßnahme erfolgen können, wenn es zum Verstoß gegen Verpflichtungen im Bereich der Dienstleistungen gekommen wäre, was auf starken Widerstand insbesondere der Entwicklungsländer stieß.

Darüber hinaus fällt auf, daß die Punta del Este-Erklärung keinen Bezug auf einige grundlegende GATT-Prinzipien (Meistbegünstigung, Inländerbehandlung etc.) nimmt, jedoch einige Details zu Verhandlungsgrundsätzen enthält, die mitbestimmend waren für den Einfluß, den die Entwicklungsländer bei der Ausarbeitung des Rahmenabkommens (General Agreement on Trade in Services) in der Uruguay Runde ausübten. Dazu gehört – neben dem Konsensusprinzip, dem Grundsatz der Transparenz, und der Globalität – u.a. auch das Konzept der fortschreitenden Liberalisierung[148].

Im Ergebnis wurde ein diplomatischer Formelkompromiß geschaffen, der, wie *Dolzer* ausführte, "(was) not tailored to the specific interests of one group"[149]. Es wurde ganz im Sinne der Entwicklungsländer akzeptiert, daß die Einbeziehung der Dienstleistungen an sich noch keine Anerkennung der Dienstleistungen als Teil des GATT bedeute, und darüber hinaus sollte Liberalisierung als ein Mittel des Wachstums und der Entwicklung der Staaten des Südens vorangetrieben werden[150]. Wenngleich sie nicht den Einschluß der Dienstleistungen als solches in die Verhandlungsagenda verhindern konnten, hatten die Entwicklungsländer zumindest erreicht, daß Dienste auf einer getrennten "Schiene" verhandelt würden, um so nach Möglichkeit "cross-issue linkages" zwischen den traditionellen GATT-Fragen und den Dienstleistungen zu verhindern[151].

Die Liberalisierungsbefürworter, überwiegend aus den Industriestaaten, waren ebenfalls mit dem Erreichten zufrieden, und zwar aus zwei Gründen: Zum einen hatte das Trade Negotiating Committee die Kompetenz erlangt, alle Verhandlungen zu überwachen, Dienstleistungen eingeschlossen; zum anderen fanden zumindest die GATT-Verfahren und -Regeln auf die Dienstleistungsverhandlungen Anwendung.

Festzuhalten ist, daß die Wahl eines "two track procedure" in der Ministererklärung von Punta del Este, das heißt die Aufnahme von zwei verschiedenen, aber parallel verlaufenden Verhandlungen über Waren und Dienstleistungen (wobei letztere, wie bereits dargelegt, rechtlich gesehen außerhalb des GATT blieben), kombiniert mit der formalen Autonomie der Group of Negotiations on Services, den Entwicklungsländern die Einwilligung in die Aufnahme der Dienstleistungsverhandlungen erleichterte.

---

147 Durch die Offenheit der Punta del Este-Erklärung ergaben sich zum damaligen Zeitpunkt theoretisch fünf Möglichkeiten zur Verabschiedung der Verhandlungsergebnisse, näher *C. Bail*: Das Profil einer neuen Welthandelsordnung: Was bringt die Uruguay Runde? - Teil 2, in: EuZW 14/1990, S. 474 f.
148 Einzelheiten zu den Verhandlungsgrundsätzen finden sich in 3. Kap. 3.
149 *R. Dolzer*: The Philosophy of the Declaration of Punta del Este, in: *T. Oppermann/J. Molsberger (Hrsg.)*: A New GATT for the Nineties and Europe '92. International Conference held in Tübingen 25-27 July 1990 (1991), S. 35; zum Kompromißcharakter der Punta del Este-Erklärung vgl. auch *H. Hauser/K.-U. Schanz*: Das neue GATT (1995), S. 195; UNCTAD Report of the Secretariat: The Outcome of the Uruguay Round: An Initial Assessment, Supporting Papers to the Trade and Development Report (1994), S. 146; *R. B. Woodrow*: Sectoral Coverage and Implementation within a Uruguay Round Services Trade Agreement: Paradox and Prognosis, in: *T. Oppermann/ J. Molsberger (Hrsg.)*: A New GATT for the Nineties and Europe '92, S. 223 m.w.N.
150 Näher zur Entwicklung der Entwicklungsländer als Verhandlungsziel im 3. Kap. 2 f).
151 *B. Hoekman; M. Kostecki*, (Anm. 47), S. 138; zur Punta del Este-Erklärung vgl. auch *H. I. M. de Vlaam*: Liberalization of International Trade in Telecommunications Services (1994), S. 63.

f) Zwischenergebnis

Die Vorverhandlungen der Uruguay Runde brachten eine Annäherung grundsätzlich gegensätzlicher Verhandlungspositionen, etwa hinsichtlich der Frage, *ob* überhaupt eine Befassung mit Dienstleistungen stattfinden sollte. Eine Klärung, *wie* diese aussehen sollte, brachten sie allerdings nicht.

Zu Beginn der Uruguay Runde bedurfte unter anderem die Definition der Dienstleistungen einer Klärung; da grenzüberschreitende Informationsflüsse bislang nicht als Handel eingestuft wurden, mußten sowohl neue Indikatoren als auch eine neue Terminologie gefunden werden.

Ein weiterer Streitpunkt bezog sich auf die Reichweite des Rahmenabkommens. Sollte die Übereinkunft alle Dienstesektoren einschließen, darunter auch Telekommunikation, oder nur einige, mit der Erwartung, daß diese in künftigen Verhandlungen einbezogen würden?

Uneinigkeit bestand des weiteren hinsichtlich des grundsätzlichen Aufbaus des Abkommens: Würde das General Agreement in Trade in Services ähnlich wie GATT strukturiert sein und, falls ja, würden die GATT-Prinzipien über Warenhandel dann für die Dienstleistungen geeignet sein?

Wie sollten bereits bestehende Dienstleistungsübereinkünfte behandelt werden?[152]
Weitere offene Fragen bezogen sich auf die Geschwindigkeit, mit der man auf der Verpflichtungsebene vorgehen sollte. Sollte es Ausnahmen zu den Verpflichtungen geben, und würden Möglichkeiten von Querverbindungen ("cross-linkages") oder Ausgleichsmaßnahmen mit dem Warensektor bestehen?

Entscheidend für die Entwicklungsländer war schließlich die Frage, wie die in der Punta del Este-Erklärung vorgesehene Teilhabe des Südens am Welthandel[153] konkret umgesetzt werden sollte, und wie ihre speziellen Bedürfnisse berücksichtigt werden könnten.

Offen war zum damaligen Zeitpunkt des weiteren, inwieweit die GATT-Verfahren für Dienstleistungen geeignet sind, z.B. die GATT-Verhandlungstechniken, die Beschlußverfahren und Streitbeilegungsmechanismen.

Ebenfalls zu den noch zu klärenden Punkten zählten die Auswirkungen eines Liberalisierungsabkommens auf die nationale Politik und inländische Unternehmen. Nicht ausgeschlossen war, daß die Annahme von "commitments" durch die einzelnen Vertragsparteien zu Verwaltungs- und regulatorischen Problemen führen würde.

Zusätzlich mußte eine Antwort gefunden werden,
- ob eine Deregulierung des Dienstesektors die Netzintegrität gefährden würde;
- inwieweit eine Quersubventionierung der Dienste künftig ausgeschlossen sein würde;
- wie es um den Verbraucherschutz, aber auch den Schutz der Anbieter[154] stünde.

Auf der internationalen Ebene galt es zudem, Probleme der Zuständigkeitsabgrenzung zwischen den einzelnen mit Diensten befaßten internationalen Organisationen zu lösen, insbesondere zwischen GATT und der traditionell auf dem Gebiet der Telekommunika-

---

152 Von US-Seite hieß es, es müsse von den GATT-Verhandlungsführern sichergestellt werden, daß "GATT agreements take precedence over other international arrangements", *J. D. Aronson/ P. F. Cowhey*, (Anm. 28), S. 235.
153 Zu diesem Verhandlungsgrundsatz siehe näher 3. Kap. 2 f).
154 Dazu siehe bereits oben das 2. Kap. 3 g).

tionsdienste tätigen Internationalen Fernmeldeunion (Jurisdiktionsprobleme GATT/ ITU)[155].

Um die vorhandenen einzelnen Informationsbruchstücke zu einem wohlgeordneten Ganzen zusammenzufügen, mußte ein kohärenter konzeptioneller Rahmen ausgearbeitet werden.

2. Die materiellen Verhandlungsgrundsätze: Implikationen für die Entwicklungsländer

Für den Erfolg von Verhandlungen ist die Bindung der Teilnehmer an vereinbarte Verfahren ein wesentlicher Faktor. Ein institutionelles Arrangement, das bestehende Machtstrukturen zwischen den Verhandlungsteilnehmern relativiert, ist erforderlich, so daß alle relevanten Positionen und Argumente auf möglichst gleichberechtigter Ebene in den Verhandlungsprozeß einbezogen werden können. Vor allem mit der Annahme der Punta del Este-Erklärung in Uruguay 1986 unternahmen die Teilnehmer der GATT Verhandlungsrunde[156] den Versuch, verhandlungsleitende und konfliktmindernde prozedurale Prinzipien zu entwickeln.

a) Das Konzept der fortschreitenden Liberalisierung

Richtungsweisend für die gesamten Verhandlungen über die Dienstleistungen war die Aussage der *Punta del Este-Erklärung*, diese sollten stattfinden "with a view to expansion of such trade under conditions of (...) *progressive liberalization*"[157]. Mit dem Abschluß des Dienstleistungs-Rahmenabkommens sollte die Liberalisierung[158] des Weltdienstleistungshandels und somit eine Marktöffnung vorangebracht werden.

Hauptziel der Verhandlungen war es, eine Ausweitung des Dienstleistungshandels durch Liberalisierung zu erreichen. Nicht genannt wurden andere denkbare Ziele, darunter die Harmonisierung von nationalen, den Dienstleistungshandel betreffenden Bestimmungen, die Lösung jurisdiktioneller Konflikte bei grenzüberschreitenden Zuständigkeiten oder auch eine gerechte Teilhabe aller Staaten am Weltdienstleistungshandel, die im Interesse vor allem der Entwicklungsländer gelegen hätte. UNCTAD gab deswegen zu bedenken:

> "Trade liberalization is not, of course, the only factor affecting economic performance. Moreover, countries vary in their resource endowment, initial level of deve-

---

155 Dazu näher das 6. Kap. 4 b).
156 Im wesentlichen haben die Minister die in Punta del Este angenommenen Verhandlungsziele zwei Jahre später auf der Halbzeitbilanz in Montreal (5.-9. Dezember 1988) bestätigt, vgl. *Montreal Ministerial Declaration*, Ziff. 1, Satz 1: "Ministers reaffirm the objectives for negotiations on trade in services agreed at Punta del Este".
157 Ministerial Declaration on the Uruguay Round, Punta del Este (1986), Teil II, 2. Abs.; vgl. auch Montreal Ministerial Declaration, Ziff. 7 b).
158 Unter den Begriff "trade liberalization" subsumiert *UNCTAD:* The Least Developed Countries 1993-1994 Report, Doc. TD/B/40(2)/11, UNCTAD/LDC 1993, (1994), S. 54:
 - greater reliance on markets for channelling investment and other resources into the tradeables sector
 - lessening dependence on direct and indirect controls in foreign trade.

lopment, export capacity and initial degree of openness, as well as in the timing and pace of their liberalization"[159].

Um die Vorbehalte der um ihre Wettbewerbsfähigkeit fürchtenden Entwicklungsländer gegenüber einer solch stark wachstumsorientierten Vorgabe ("Liberalisierung") zu dämpfen, wurde hinzugefügt, das Ziel der Liberalisierung solle fortschreitend (engl. "progressive") verwirklicht werden und als Mittel der Entwicklung von Drittweltstaaten dienen: "as a means of promoting (...) the development of developing countries"[160].

Mit der Vorstellung, daß die Handelsausweitung auf das Konzept der progressiven Liberalisierung zu stützen sei, wurde implizit der traditionellen, am Status Quo der Monopole festhaltenden Regulierung der internationalen Telekommunikationsdienste eine Absage erteilt; wie *Scheele* es formulierte: "management is rejected"[161]. Fragen wie der nicht-diskriminierende Zugang zu Telekommunikationsdiensten, Transparenz, Interkonnektivität und ähnliches mehr mußten in den neu eröffneten Verhandlungen unter dem Blickwinkel einer wachstumsorientierten, fortschreitenden Liberalisierung Beachtung finden[162].

b) Konsensus als Verfahrensgrundsatz

Im Rahmen des GATT ist üblich – und davon hat die Uruguay Runde keine Ausnahme gemacht – das Vorgehen im Wege des Konsensus[163], und zwar auch im Hinblick auf Verfahrensfragen.

Kommt es auf der Grundlage des Mehrheitsgrundsatzes zu Abstimmungen, spiegeln diese vielfach nicht das wahre Machtverhältnis der Staaten, da mächtige Staaten auch "nur" eine Stimme besitzen. Folglich bestand "some fear of voting", und die GATT-Praxis ging seit Jahren dahin, formale Abstimmungen zu vermeiden[164]; ausgenommen waren Kernbereiche wie Waivers, Fragen der Mitgliedschaft und ähnliches. Mit der Zunahme des Einflusses der Dritten Welt (die Zahl der Entwicklungsländer im GATT stieg seit Jahren kontinuierlich an) gab es deshalb eine Art "shift towards conciliation and away from majority voting"[165].

Inhaltlich bedeutet Konsensus, daß Beschlüsse von der Zustimmung aller am Abstimmungsverfahren Beteiligten abhängig gemacht werden, wodurch jeder der Anwe-

---

159 *UNCTAD*, The Least Developed Countries 1993-1994 Report, Doc. TD/B/40(2)/11, UNCTAD/ LDC 1993, (1994), S. 55.
160 Die enge Bezugnahme auf Entwicklungsländerbelange im Kontext der fortschreitenden Liberalisierung wird noch deutlicher in der *Montreal Ministerial Declaration*, Ziff. 7 b), Satz 3, wo es hieß, es gelte "a progressively higher level of liberalization taking due account of the level of development of individual signatories" zu erreichen.
161 *J. Scheele*: Telecommunications Services, the Uruguay Round and the European Communities, S. 152.
162 Näher zu den diesbezüglichen Regelungen im 5. Kap.
163 Grundlegend *A. Verdross/B. Simma*: Universelles Völkerrecht (3. Aufl. 1984), S. 90 f., Rdnr. 122; *H. Ballreich*: Wesen und Wirkung des Konsensus im Völkerrecht, in: Festschrift für Hermann Mosler (1983), S. 22 f.
164 *J. H. Jackson*: Restructuring the GATT System (1990), S. 22; *J. H. Jackson*: World Trade and the Law of the GATT (1969), S. 123; zum Konsens im GATT vgl. auch *W. Benedek*: Die Rechtsordnung des GATT aus völkerrechtlicher Sicht (1990), S. 140; *B. Hoekman/M. Kostecki*, (Anm. 47), S. 40.
165 *G. Gottlieb*: Global Bargaining: The Legal and Diplomatic Framework, in: *R. Falk/F. Kratochwil/S. H. Mendlovitz (Hrsg.):* International Law. A Contemporary Perspective (1985), S. 211.

senden eine Art "Vetorecht" erhält, da seine Gegenstimme im Prinzip den Entscheidungsprozeß blockieren kann. Die Anwendung des Konsensus als Verfahrensgrundsatz ist jedoch nicht mit Einstimmigkeit ("unanimity") gleichzusetzen. Sie bedeutet lediglich, daß die Anwesenden sich nicht aktiv gegen einen Verhandlungspunkt aussprechen; die Stimmen der Abwesenden oder derjenigen, die nicht mitwirken, werden nicht berücksichtigt.

Welches sind die Implikationen dieses Verfahrensgrundsatzes für die an der Uruguay Runde beteiligten Entwicklungsländer? Profitierten sie von seiner Anwendung – auf den ersten Blick mag es so scheinen.

Die Kommunikation unter den Teilnehmern am Entscheidungsverfahren wird ebenso gefördert wie die schrittweise Bildung gemeinsamer Erwartungen[166]. Ein "Gewinn an demokratischer Beteiligung" läßt sich ausmachen, da auch wirtschaftlich schwächeren Staaten, wie Entwicklungsländern, eine "gewisse Verhinderungsmacht" zukommt und somit auch deren Interessen berücksichtigt werden[167]. Wie *Benedek* hervorhebt, ist dies um so mehr von Bedeutung, als die kleineren Staaten beim Aushandeln von Kompromissen in den informellen Gruppen oft nicht repräsentiert sind[168]. Durch das bereits im Vorfeld einer Beschlußfassung greifende, auf Dialog und Verständigung gerichtete Konsensusprinzip werden praktisch alle Verhandlungsteilnehmer, ungeachtet von im Detail widerstreitenden Interessen, in die Verhandlungsmaschinerie eingebunden. Das Konsensuserfordernis kann auf diese Weise den "negotiating leverage" kleinerer Staaten im Verhandlungsprozeß erhöhen –, vorausgesetzt die jeweilige Verhandlungsdelegation versteht es, ihren Einfluß hinreichend geltend zu machen[169]. Alle Staaten werden, losgelöst von ihrer Wirtschaftsmacht, Teil des auf eine Beschlußfassung zielenden Verhandlungsprozesses und gezwungen, durch Kompromißbereitschaft und gütliches Einvernehmen Lösungen für Konflikte zu suchen.

Jedoch darf vom Vorliegen eines Konsensus im Verfahren "nicht ohne weiteres auf einen sachlichen Konsens, auf positive Zustimmung der Staaten zum Verhandlungsergebnis geschlossen werden"[170]. Blickt man hinter die Kulissen, wird klar, daß nur die wirtschaftlich starken Staaten sich eine Verweigerung des Konsensus auf Dauer leisten können. Bereits die GATT-Erfahrungen zeigten, daß der Druck auf diejenigen Staaten, die einen Konsens verhindern, so groß ist, daß sich im Prinzip nur die Staaten der Triade[171] einen prononcierten Widerstand erlauben können. Zwar werden formal alle Beteiligten gleichbehandelt, doch spiegeln die auf die Erreichung von Übereinstimmung zielenden Verhandlungen, von denen die Teilnehmer wissen, daß sie im Falle ihres Scheiterns zu einer formellen Abstimmung führen können, nicht selten die Machtstrukturen wider: "The outcome may be a vote, in which case the voting structure will in fact influence the negotiations towards a consensus"[172].

Konsensusregeln vermögen nur dann zur Zufriedenheit aller Teilnehmer zu wirken, wenn die mächtigen Staaten politisch bereit sind, ihnen Wirkung zu verschaffen. Sie

---

166 *T. Gehring*: Probleme und Prinzipien internationaler Zusammenarbeit, in: APuZ, B 46/92, 6. November 1992, S. 44.
167 *W. Benedek*: Die Rechtsordnung des GATT aus völkerrechtlicher Sicht (1990), S. 233.
168 *W. Benedek*, (Anm. 164), S. 233; näher zu dem Einfluß der Entwicklungsländer auf das Verhandlungsgeschehen in 3. Kap. 3.
169 Ausdrücklich *B. Hoekman/M. Kostecki*, (Anm. 47), S. 39; skeptisch *J. Hills*, (Anm. 133), S. 186.
170 *A. Verdross/B. Simma*, (Anm. 163), S. 91, Rdnr. 122.
171 USA, Japan, Europäische Union.
172 *J. H. Jackson*: Restructuring the GATT System (1990), S. 23.

scheitern hingegen "when a majority is determined to use its voting power to adopt an instrument, or when a minority is reluctant to continue a process of negotiations under the threat of a reversion to naked voting power"[173].

Daneben besitzt das Konsensusprinzip einige strukturelle Nachteile. Hierzu zählen zum Beispiel mögliche Verzögerungen in der Entscheidungsfindung, da die Beschlußfassung solange hinausgeschoben wird, bis der Vorsitzende einen Konsensus feststellt; dies liegt unter Umständen nicht im Interesse der Staaten der Dritten Welt, setzt man voraus, daß sie an einer effizienten Handelsrunde interessiert sind. Auch mag das Konsensusprinzip im Einzelfall konservative Tendenzen stärken[174], weil ein auf Änderung zielender Vorschlag nur angenommen werden kann, wenn er von niemandem, auch nicht einem einzelnen Staat oder einer Minderheit, abgeblockt wird. Auch dies mag im Einzelfall den Interessen der Entwicklungsländer zuwiderlaufen, etwa soweit es ihnen in reformerischer Absicht darum geht, Mosaiksteine einer *Neuen* Weltwirtschafts- und Handelsordnung zusammenzufügen.

c) Der Grundsatz der Transparenz

Die zur Annahme des Allgemeinen Dienstleistungsabkommens führenden Verhandlungen sollten ferner dem Grundsatz der Transparenz genügen; die Punta del Este-Erklärung legte in Teil II ausdrücklich fest, daß die Verhandlungen "under conditions of transparency" stattfinden sollten. Wie *Dolzer* darlegte, betrifft das Transparenzerfordernis sowohl den Stil der Verhandlungen als auch "benefits and costs of the rules adopted"[175]. Das bedeutet beispielsweise im Bereich der Verhandlungen über die Liberalisierung von Telekommunikationsdiensten, daß die Verhandlungen für alle zugänglich, in diesem Sinne "öffentlich", zu führen sind. Damit sollte eine Lehre aus der Tokio-Runde gezogen werden, bei der sich die großen Handelsnationen mehrfach zu geschlossenen Verhandlungen zurückgezogen und anschließend die übrigen Beteiligten vor ein "fait accompli" gestellt hatten[176]. Keinesfalls sollten die Resultate auf einer "take it or leave it"-Basis präsentiert werden[177], wie es partiell in der Tokio Runde der Fall war.

Um dem Transparenzgrundsatz zu genügen, hatten Unterausschüsse – wie etwa die Group of Negotiations on Services – regelmäßig den bestehenden Berichtspflichten[178] nachzukommen. Auch die Durchführung einer halbzeitigen Überprüfungskonferenz (*"midterm review"*) in Montreal 1988, die ein Novum in der Geschichte des GATT darstellte, ist unter dem Blickwinkel der Transparenz zu sehen.

Eine "übermäßige Konzentration auf Konsultationen im Rahmen geschlossener Gruppen" zu vermeiden suchend[179], impliziert der Grundsatz der Transparenz für die

---

173 *G. Gottlieb*, (Anm. 165), S. 216.
174 *B. Hoekman/M. Kostecki*, (Anm. 47), S. 40.
175 *R. Dolzer*, (Anm. 149), S. 37.
176 *P.-T. Stoll*, (Anm. 96), S. 248; zu den in der Tokio Runde gemachten negativen Erfahrungen vgl. auch: *R. Dolzer*, (Anm. 149), S. 37; *K. Ipsen/U. Haltern*: Reform des Welthandelssystems? (1991), S. 47.
177 *C. Bail*: Das Profil einer neuen Welthandelsordnung: Was bringt die Uruguay Runde? - Teil 1, in: EuZW 14 (1990), S. 436.
178 Die Group of Negotiations on Services ist gem. Teil II der *Punta del Este-Erklärung*, letzter Satz verpflichtet, regelmäßig dem Trade Negotiating Committee zu berichten; Teil II der Punta del Este-Erklärung ist abgedruckt oben im 3. Kap. 1 e).
179 *S. Schultz*, (Anm. 8), S. 73.

Entwicklungsländer, daß sie nicht etwa aufgrund fehlender Informationen über einzelne Verhandlungsstränge oder Verhandlungselemente marginalisiert werden dürfen. Das Transparenzgebot stellt somit einen gewissen Vorteil für die Entwicklungsländer dar, denn es bietet vor allem den wirtschaftlich und politisch Schwächeren von ihnen eine Chance, gleichberechtigt an den Verhandlungen teilzunehmen. Der Grundsatz der Transparenz sollte ihnen, ähnlich wie der im nächsten Abschnitt erwähnte Grundsatz der Globalität, dazu verhelfen, in vollem Umfang an den Dienstleistungsverhandlungen im GATT teilnehmen zu können.

d) Die Globalität der Verhandlungen

Zugleich wurde mit der Punta del Este-Erklärung die Globalität der Verhandlungen garantiert. Teil II Abschnitt 3 sah ausdrücklich vor, daß "Participation in the negotiation under this Part of the Declaration will be open to the same countries as under Part I"[180]. Damit sollten *alle* Staaten – Industriestaaten, Schwellenländer und LDCs – gleichberechtigt an den Verhandlungen teilnehmen. Wie *Stoll* ausführte:

"Die damit eingeleiteten Verhandlungen standen allen Vertragsschließenden Parteien, den Staaten, die dem GATT vorläufig beigetreten sind, sowie denjenigen, die das GATT auf einer de facto-Basis anwenden, offen (...). In eingeschränktem Umfang konnten sich auch Staaten beteiligen, die den Vertragsschließenden Parteien ihre Absicht notifiziert hatten, dem GATT beizutreten"[181].

Daß die gleichberechtigte Teilnahme aller Staaten keine Selbstverständlichkeit war, zeigten Überlegungen in der Zeit vor dem offiziellen Verhandlungsbeginn. Damals war vorgeschlagen worden, eine Art GATT-Plus oder ein General Agreement of Free Trade einzurichten, das auf die OECD und gleichgesinnte Staaten beschränkt sein sollte. Auf diese Weise wollte man eine weitere Erosion des GATT-Regelwerkes durch die den Entwicklungsländern gewährte präferentielle Behandlung verhindern und die Handelsordnung in begrenzterem Umfang, auf der Basis einer strengen Gegenseitigkeit, weiterentwickeln[182]. Wäre es dazu gekommen, so wäre eine globale Teilnahme aller Staaten, unter Einschluß des Südens, nicht länger möglich gewesen. Insofern verbürgte sich die

---

180 Teil F a) sah vor, "Negotiations will be open to:
(i) all contracting parties,
(ii) countries having acceded provisionally,
(iii) countries applying the GATT on a de facto basis having announced not later than 30 April 1987, their intention to accede the GATT and to participate in the negotiations,
(iv) countries that have already informed the Contracting Parties, at a regular meeting of the Council of Representatives, of their intention to negotiate the terms of their membership as a contracting party, and
(v) developing countries that have, by 30 April 1987, initiated procedures for accession to the GATT, with the intention of negotiating the terms of their accession during the course of the negotiations."
181 *P.-T. Stoll*, (Anm. 96), S. 247.
182 Zu diesen Vorschlägen *W. Benedek*: The Future of Multilateralism in the GATT Legal Order - Selective versus Global Approaches, in: *T. Oppermann/J. Molsberger (Hrsg.)*: A New GATT for the Nineties and Europe '92. International Conference held in Tübingen 25-27 July 1990 (1991), S. 400 unter Verweis auf *G. Curzon/ V. Curzon*: Defusing Conflict between Traders and NonTraders, in: The World Economy 9 (1986), S. 19-38; zum "new reciprocity movement" in den USA zu Beginn der 80er Jahre *W. R. Cline*: A New Approach to World Trade Policy? (1982), S. 7 ff.; näher zur Reziprozität unten in Abschnitt g).

Punta del Este-Erklärung mit dem Grundsatz der Globalität der Verhandlungen in gewisser Weise dafür, daß solche auf selektiven Multilateralismus zielende, die Entwicklungsländer diskriminierenden Vorschläge sich nicht durchzusetzen vermochten.

e) "Single undertaking" bzw. "Paketlösungsansatz"

Die Wahl einer "two track procedure", das heißt die Aufnahme von zwei organisatorisch verschiedenen, aber parallel verlaufenden Verhandlungen über Waren und Dienste[183], stieß auf Widerstand der USA. Den amerikanischen Unterhändlern war es noch in letzter Minute gelungen, durchzusetzen, daß die beiden Verhandlungsprozesse Teile eines "single undertaking" sind[184]. Der Grundsatz des "single undertaking" sieht vor, daß die Verhandlungsteilergebnisse zu einem Gesamtpaket geschnürt werden sollen, dessen Annahme geschlossen zu erfolgen hat (sog. Paketlösung); auch von einem "all-or-nothing approach" war die Rede[185]. Um angesichts der neu in GATT eingeführten Einzelthemen, wie z.B. geistige Eigentumsrechte oder Dienstleistungen, eine gewisse Stringenz zu wahren, sollten alle Themen gebündelt und als Ganzes verhandelt bzw. beschlossen werden. Auf diese Weise wurde eine Einheit zwischen dem Verhandlungsprozeß und den Verhandlungsresultaten geschaffen[186]. Die ausgehandelten Verpflichtungen wurden allgemein verbindlich, und die der neu gegründeten Welthandelsorganisation (WTO) beitretenden Staaten mußten alle Beschlüsse der Uruguay Runde als für sich bindend akzeptieren[187].

Sinn und Zweck dieses Verhandlungsgrundsatzes war es, zu "verhüten, daß einzelne Fragmente je nach Interessenlage der beteiligten Staaten aus den Verhandlungen herausgelöst oder isoliert zu einem Ergebnis zusammengeführt würden"[188]. Eine Vertragsmitgliedschaft "à la carte", wie sie noch in der Tokio Runde praktiziert worden war[189],

---

183 Das "two track procedure" beschreibt das 3. Kap. 1 e).
184 Vgl. Teil I, B (ii), General Principles Governing Negotiations: "The launching, the conduct and the implementation of the outcome of the negotiations shall be treated as parts of a single undertaking"; vgl. aber abweichend Teil I, B, (ii), 2. und 3. Satz.
185 *R. Hudec*: Discussion, in: ASIL, What's Needed for the GATT After the Uruguay Round? (Berichterstatter: Matthew Schaefer), Proceedings of the 86th Annual Meeting, Washington D.C., April 1-4, 1992, S. 85; kritisch dazu *T. Oppermann/M. Beise*: GATT-Welthandelsrunde und kein Ende?, in: EA 1/1993, S. 2: "Die engagierte Zielsetzung eines grundlegend zu reformierenden Welthandelssystems nach dem 'Alles-oder-nichts-Prinzip' ('Package') hat notwendigerweise ihre Tücken"; zur Tendenz, auch in der Phase nach Abschluß des GATS Paketlösungen zu favorisieren, siehe *M. C. E. J. Bronckers*: Les télécommunications et l'Organisation mondiale du commerce, Dossier "Droit des télécommunications: entre déréglementation et régulation, in: L'actualité juridique droit administratif (AJDA) no. 3, 20 mars 1997, S. 267; zum Nutzen derartiger "package deals" im Kontext einer UN-Reform siehe *E.-U. Petersmann*: How to Reform the UN System? Constitutionalism, International Law, and International Organizations, in: LJIL 10 (1997), S. 453 f.
186 Vgl. auch Art. XI, XII, XIV des WTO-Übereinkommens.
187 Zu den in der WTO geltenden Neuerungen *E.-U. Petersmann*: The Transformation of the World Trading System Through the 1994 Agreement Establishing the World Trade Organization, in: EJIL 6 (1995), S. 186 vgl. auch *C. Hamilton/J. Whalley*: Evaluating the Impacts of the Uruguay Round Results on Developing Countries, in: The World Economy 18 (1995), S. 39.
188 *P.-T. Stoll*, (Anm. 96), S. 249; Skepsis hinsichtlich des 'single-package approach' äußert *R. Hudec*, (Anm. 185), S. 85.
189 Zum "à la carte approach" der Tokio Runde *J. H. Jackson*: in: ASIL, What's Needed for the GATT After the Uruguay Round? (Berichterstatter: Matthew Schaefer), Proceedings of the 86th Annual Meeting, Washington D.C., April 1-4, 1992, S. 71; *B. Hoekman/M. Kostecki*, (Anm. 47), S. 18 f.;

sollte von vorneherein ausgeschlossen werden. Damals war es durch die im Belieben der Parteien stehende Annahme verschiedener Kodizes, sog. "mini-GATTs"[190], zu einer nicht unerheblichen Fragmentierung der Welthandelsordnung gekommen, so daß zum Beispiel von 100 Vertragsstaaten nur etwa 40 den technischen GATT Standards Code akzeptiert hatten[191]. Um eine derartige Spaltung der GATT-Rechte und Pflichten seitens der Vertragsparteien künftig zu vermeiden, hatten die Verhandlungsführer nunmehr beschlossen, daß in der neuen Verhandlungsrunde die Teilnehmer entscheiden müßten, ob sie, von marginalen Ausnahmen abgesehen, alle Ergebnisse akzeptieren wollten. Mit anderen Worten: Die gesamte Verhandlungsrunde stand unter einer Art "Vorbehalt", der lautete, Teilergebnisse werden erst dann gültig, wenn eine Gesamteinigung erreicht wird.

Die Wahl des Paketlösungsansatzes hatte zweifache Implikationen. Zum einen mußten die Fortschritte im Bereich Waren und Dienste parallel verlaufen und auch etwaige Verhandlungsstillstände und -rückschläge mußten gemeinsam überwunden werden; zum anderen wurde die Frage der miteinander verbundenen Handelskonzessionen im Waren- und Dienstleistungsbereich neu aufgeworfen[192]. Sowohl funktionale als auch faktische Verknüpfungen wurden somit möglich, letztere beispielsweise dann, wenn bei der Aushandlung eines ausgewogenen Pakets jeder Partner einigen Punkten zustimmte, vorausgesetzt, daß Übereinstimmung auf anderen Gebieten erzielt wurde[193].

Eine Folge des gewählten Paketlösungsansatzes war die zunächst als Fehlschlag eingestufte Vertagung der Ergebnisse auf der Halbzeitprüfung, 5.-9. Dezember 1988, im kanadischen Montreal[194]. Zwar konnte man sich in 11 von 15 Verhandlungsbereichen einigen, aber da vier Bereiche offen blieben (Textilien, Landwirtschaft, geistiges Eigentum und Schutzklausel), wurden die erzielten Resultate zunächst einmal "eingefroren". Erst die Fortsetzung der Mid Term Review in Genf, April 1989, wo Kompromisse für die noch offenen Bereiche gefunden wurden, erlaubten insgesamt – getreu dem Grundsatz des "single undertaking" –, die Annahme einer Zwischenbilanz und die Verabschiedung von Richtlinien für die gesamten 15 Themenbereiche der Runde.

Was aber bedeutete der Grundsatz des "single undertaking" für die Entwicklungsländer? Er sollte, so *Engels*, einen "Interessenausgleich unter den Beteiligten mit ihren un-

---

G. Koopmann/H.-E. Scharrer: Vom GATT zur WTO, Der internationale Handel nach der Uruguay Runde des GATT (Januar 1995), S. 3; von "balcanization" des heterogenen GATT-Systems sprach in diesem Zusammenhang *J. H. Jackson*: The Birth of GATT-MTN System: A Constitutional Appraisal, Law and Policy in International Business 12 (1980), S. 21-58.

190 *W. Benedek*, (Anm. 182), S. 402; bis zur Uruguay Runde waren einige wesentliche Abkommen nur für ratifizierungswillige Staaten verbindlich; in der vorangegangenen Tokio-Runde wurden eine Reihe von Kodizes (etwa zum Anti-dumping, zu den Subventionen, technischen Handelshindernissen und zum öffentlichen Auftragswesen) vereinbart, die jeweils nur für eine Minderheit der GATT-Mitglieder galten. Dies trifft heute nur noch für die vier plurilateralen Abkommen zu (Handel mit zivilen Luftfahrzeugen, Abkommen über Milch und Rindfleisch sowie Vereinbarung über das öffentliche Beschaffungswesen).

191 *J. H. Jackson*, (Anm. 189), S. 71.

192 *W. Drake/K. Nicolaidis*, (Anm. 47), S. 69.

193 Zu der Tatsache, daß einige Agrarproduzenten ihre Zustimmung in einigen Gebieten von einer Paketlösung für die Landwirtschaft abhängig gemacht haben: *H. B. Kunz/C. Boonekamp*: Was steht in der Uruguay-Runde auf dem Spiel? in: F+E (Juni 1991), S. 12.

194 Obwohl es zu derartigen Verzögerungen kam, sei es "verhandlungstaktisch klug" gewesen, die 15 Bereiche der Uruguay Runde nur als Gesamtpaket verabschieden zu wollen, *B. May*: Die Uruguay Runde (1994), S. 79.

terschiedlichen und zum Teil sehr einseitigen Interessen" erleichtern[195]. Die Auswirkung dieses Grundsatzes auf die Entwicklungsländer wurde als "quite dramatic"[196] bewertet, vor allem in seiner Konsequenz für die wirtschaftlich schwächeren unter ihnen, denn seine Anwendung führe zu einem Opfer der am wenigsten entwickelten Länder: "a major sacrifice on the part of the least developed countries"[197]. Tatsächlich haben die ärmsten Staaten der Welt im Laufe dieser multilateralen Verhandlungsrunde Verpflichtungen akzeptiert, die vor ein paar Jahren noch undenkbar gewesen wären[198].

Wie *Scharpf* für die Koppelung von jeweils konsensfähigen Maßnahmen anmerkte, ist man bereit, "manche Kröte zu schlucken", wenn nur sichergestellt ist, daß die andere Seite gleichwertige Opfer bringen muß[199]. Wohlfahrtsverluste können allerdings dann nicht ausgeschlossen werden, wenn der Inhaber einer Veto-Position das jeweilige Koppelgeschäft einseitig definieren kann[200]. Da der Verlauf der Dienstleistungsverhandlungen maßgeblich von dem Liberalisierungselan und -willen einiger wirtschaftlich überlegener Industriestaaten getragen wurde, sahen sich die Entwicklungsländer einer Reihe von Forderungen gegenüber – darunter auch solchen, deren Akzeptanz sie gerne vermieden hätten[201]. Daß ihnen dies nicht oder nur eingeschränkt gelang (z.B. in bezug auf die Niederlassungsfreiheit ausländischer Unternehmen)[202], dazu hat der sie umfassend verpflichtende Paketlösungsansatz beigetragen, der ihnen keine Auswahl aus einem "Menü" unterschiedlicher Themen ließ.

f) Entwicklung als Verhandlungsziel

An dem für die Erarbeitung des GATS einschlägigen Teil II der Punta del Este-Erklärung fällt auf, daß er keine Sonderbehandlung von LDCs vorsieht[203]; man hat sich lediglich darauf verständigt, daß das Rahmenabkommen sowohl wirtschaftliches Wachstum aller Handelspartner als auch die Entwicklung der Entwicklungsländer fördern solle[204]. Die Verhandlungen sollten "as a means of promoting economic growth of all

---

195 B. Engels: Das GATT und die Entwicklungsländer - Was brachte die Uruguay-Runde?, in: Jahrbuch Dritte Welt (1995), S. 36.
196 J. H. Jackson, (Anm. 189), S. 71.
197 UNCTAD: The Outcome of the Uruguay Round: An Initial Assessment, Supporting Papers to the Trade and Development Report 1994, S. 23; ein Beispiel das UNCTAD nennt: "(...) acceptance of the general obligations in GATS, including the establishment of schedules on initial commitments on services as a condition for obtaining original membership in the WTO".
198 Vgl. die Kommentierung im 5. und 6. Kapitel.
199 F. W. Scharpf: Einführung: Zur Theorie von Verhandlungssystemen, in: A. Benz/F. W. Scharpf/ R. Zintl: Horizontale Politikverflechtung. Zur Theorie von Verhandlungssystemen (1992), S. 71.
200 F. W. Scharpf, (Anm. 199), S. 75.
201 Näher zu den Entwicklungsländerpositionen im folgenden 4. Kap.
202 Eine kritische Würdigung des Einflusses, den die Entwicklungsländer auf die Verhandlungsresultate gehabt haben, enthält das 6. Kap. 2.
203 Vgl. aber den für Waren gültigen Teil, Ministerial Declaration on the Uruguay Round, Part I(B)(iv), in: BISD, 33rd Suppl. (1987), S. 21; näher dazu B. Hindley: Different and More Favorable Treatment - and Graduation, in: J. M. Finger/A. Olechowski (Hrsg.): The Uruguay Round. A Handbook on the Multilateral Trade Negotiations. A World Bank Publication (Washington D.C. 1987), S. 67-74; deswegen wurde unmittelbar nach Annahme der Punta del Este-Erklärung die Empfehlung ausgesprochen, die LDCs "should insist that preferential treatment for LDC services industries must be incorporated": A. Koekkoek/L. de Leeuw, (Anm. 8), S. 82.
204 Zu erinnern ist daran, daß die Charta der ursprünglich geplanten Internationalen Handelsorganisation (ITO) die Entwicklung der Entwicklungsländer erwähnt hatte, daß dies aber in den Zielsetzungen des GATT-Vertrags keine Entsprechung gefunden hatte; die Hauptziele des GATT sind die

parties and development of developing countries" geführt werden (Teil II, 2. Abschnitt, S. 1).

Diese Passage der Punta del Este-Erklärung war Anlaß für Uneinigkeit zwischen Nord und Süd. Die Entwicklungsländer waren der Ansicht, daß das Ziel der Entwicklung *vorrangig* zu verfolgen sei, und daß der Handel diesem Ziel in gewissem Sinn zu dienen habe[205]. Aus diesem Grund legten sie auch Wert darauf, daß die Anerkennung nationaler Politikziele erfolgte[206].

Einzelheiten blieben jedoch strittig. Bedeutete die Fixierung des Entwicklungsziels auch, daß die geführten Verhandlungen einen Prozeß in die Wege leiten müßten, der die Exportchancen der Entwicklungländer aktiv fördert, den Technologietransfer vorantreibt, oder ihnen wenigstens Zeit für eine Anpassung an die veränderten Umstände gibt, damit die LDCs von der Dienstleistungsliberalisierung profitieren? Oder sollten die Verhandlungsführer lediglich daran erinnert werden, daß das Ziel ihrer Bemühungen die Förderung von Wirtschaftswachstum und Entwicklung zu sein habe, wie ein US-Berater anläßlich der Beurteilung des Verhandlungszieles "Entwicklung der Entwicklungsländer" meinte[207]?

Um Entwicklung als integralen Bestandteil des auszuarbeitenden Rahmenwerkes zu berücksichtigen, galt es Antworten darauf zu finden, ob es in den verschiedenen Sektoren eine Anerkennung der unterschiedlichen Stärken und Schwächen der Entwicklungsländer geben müsse, ob der Verhandlungsgrundsatz des weiteren impliziert, daß die Entwicklungsländer ihre Importe betreffenden Liberalisierungszusagen ("commitments")[208] in einer entwicklungsfördernden Weise definieren sollten bzw. ob den strukturellen Hindernissen des Diensteexports aus den Entwicklungsländern besondere Aufmerksamkeit gewährt werden sollte[209].

Angesichts der Offenheit des Wortlautes und der unterschiedlichen Interpretationsmöglichkeiten ging ein wesentliches Bestreben der Entwicklungsländer im Rahmen der Verhandlungen zur Liberalisierung der Telekommunikationsdienste dahin, diejenige Passage der Punta del Este-Erklärung von 1986, die sich auf Entwicklungsnotwendigkeiten bezog, in konkrete Maßnahmen umzusetzen. Kernfragen waren:
- erstens, wie sichergestellt werden könne, daß Entwicklungsländer, die wettbewerbsfähige Dienstleistungssektoren besitzen, von diesen durch Export profitieren können;

Erhöhung des Lebensstandards, die Verwirklichung der Vollbeschäftigung, die volle Erschließung der Hilfsquellen und die Steigerung der Produktion.

205 Näher *W. Drake/K. Nicolaidis*, (Anm. 47), S. 69; *C. Raghavan*, (Anm. 67), S. 111 und S. 243 ff.

206 In Abschnitt 2, Teil II der Punta del Este-Erklärung (1986) hieß es, das Rahmenabkommen "shall respect the policy objectives of national laws and regulations applying to services"; in der Montreal Ministerial Declaration (1988) Ziff. 7 b) war die Rede von "due respect for national policy objectives", dazu *A. Koekkoek/ L. de Leeuw*, (Anm. 8), S. 81; *R. Dolzer*, (Anm. 149), S. 38: "Obviously, this formula left room for negotiating positions ranging from a high priority emphasis for new rules to a position starting out from the undesirability, in principle, of international rules on services"; vgl. auch *R. G. Pipe*, (Anm. 71), S. 91.

207 *G. Feketekuty*, (US-Berater) Convergence of Telecommunications and Trade, Implications for the GATT and the ITU, March 8 1988, S. 5.

208 Zu den nationalen Verpflichtungslisten und den eingegangenen "commitments" siehe das 5. Kap. 3.

209 Zu dem die nationalen Verpflichtungslisten betreffenden Verhandlungsprozeß siehe die Darstellung im 5. Kap. 3 a) und den folgenden Abschnitten ebd.

- zweitens, wie die Liberalisierung von Dienstleistungsimporten der Wirtschaftsentwicklung des Südens zuträglich sein kann.

Diese und andere Fragen galt es während der GATS-Kodifikationsarbeiten zu klären.

g) Das Reziprozitätselement

Ein wesentliches Element der Vertragsverhandlungen war das Prinzip der Reziprozität[210], das zwar nicht ausdrücklich normiert oder definiert[211] wurde, aber gleichwohl eine große Relevanz für die Funktionsweise der Welthandelsordnung besitzt. Reziprozität wird häufig als ein kooperationsförderndes Instrument gesehen, als "appropriate standard of behavior which can produce cooperation among sovereign states"[212].

Im wortgetreuen Sinn bedeutet reziprokes Vorgehen, Abhängigmachen der eigenen Handlung von der Handlung eines anderen. Reziprozität oder Gegenseitigkeit im GATT impliziert, daß die Vertragsparteien aufeinander bezogene Handlungspartner sind, die gegenseitige Einschätzungen und Erwartungen hegen; die Regierungen erwarten entsprechend (anders als bei einseitigen Handelszugeständnissen) einen "ausgewogenen" Abbau der Handelsschranken. In seiner Zielrichtung beinhaltet das Prinzip der Reziprozität eine möglichst weitgehende Ausgewogenheit von Leistung und Gegenleistung und, damit verbunden, eine Stabilisierung von Austauschprozessen: "GATT is based on the idea of a balance of advantages"[213].

---

210 Grundlegend *B. Simma*: Das Reziprozitätslement im Zustandekommen völkerrechtlicher Verträge, Gedanken zu einem Bauprinzip der internationalen Rechtsbeziehungen (1972); *M. Virally*: Le principe de réciprocité dans le droit international contemporain, in: RCADI 1967 (III), S. 122; *E. Decaux*: La réciprocité en droit international (1980), S. 202: "le GATT réalise la pleine réciprocité des concessions entre parties contractantes"; *R. O'Keohane*: Reciprocity in International Relations, in: IO 40 (1986), S. 1-27; *L. A. Winters*: Reciprocity, in: *J. M. Finger/A. Olechowski (Hrsg.)*: The Uruguay Round. A Handbook on the Multilateral Trade Negotiations. A World Bank Publication (1987), S. 45-51; zur Ausweitung des Gegenseitigkeitsprinzips hinsichtlich "der Leistungen und Gegenleistungen aller Staaten der Welt in ihrem Verkehr untereinander": *A. Bleckmann*, Allgemeine Staats- und Völkerrechtslehre. Vom Kompetenz- zum Kooperationsvölkerrecht (1995), S. 792; zur Reziprozität als "Liberalisierungsinstrument" *B. Hoekman/M. Kostecki*, (Anm. 47), S. 24; vgl. auch *R. Senti*: GATT-WTO. Die neue Welthandelsordnung nach der Uruguay-Runde (1994), S. 51 ff.; *E. Westreicher*: Der Grundsatz der Gegenseitigkeit in den Handelsbeziehungen unter besonderer Berücksichtigung des GATT, der Vereinten Nationen und der EWG-AKP-Beziehungen (1984); *F. Roessler*: The Rationale for Reciprocity in Trade Negotiations Under Floating Currencies, in: Kyklos 31 (1978), S. 258-274; *F. Roessler*, (Anm. 36), S. 295 f.

211 1955 machte Brasilien einen Vorschlag, daß die Vertragsparteien Regeln für das "measurement of concessions" ausarbeiten sollten, ein Vorschlag, der abgelehnt wurde, so daß noch heute eine Definition der Reziprozität fehlt, *F. Roessler*: The Rationale for Reciprocity in Trade Negotiations Under Floating Currencies, in: Kyklos 31 (1978), S. 268; zum Fehlen einer Definition von Reziprozität im GATT auch *L. A. Winters*: The Road to Uruguay, in: The Economic Journal 100 (1990), S. 1289; "contingency" und "equivalence" sieht *R. O. Keohane*: Reciprocity in International Relations, in: IO 40 (1986), S. 5 f. als die beiden wesentlichen Merkmale der Reziprozität an; Senti differenziert innerhalb des GATT/WTO-Systems zwischen (1) einer politischen Reziprozität, die sich auf die Verhandlungsweise bezieht, und (2) einer rechtlichen Reziprozität, die sich auf die Liberalisierungszusagen bezieht: *R. Senti*, (Anm. 210), S. 51; vgl. auch Art. XIX GATS, wonach die Verhandlungen auf "der Grundlage des gegenseitigen Nutzens" stattfinden und ein "insgesamt ausgeglichenes Verhältnis von Rechten und Pflichten" garantieren sollen.

212 *R. O. Keohane*, (Anm. 211), S. 1; in diesem Sinne auch *R. Axelrod*: The Evolution of Cooperation (1984), S. 136 ff.

213 *W. v. Dewitz*, (Anm. 46), S. 324; ähnlich *B. Hoekman/M. Kostecki*, (Anm. 47), S. 27; *J. Whalley*, (Anm. 66), S. 25; *O. Long*: Law and its Limitations in the GATT Multilateral Trade System

Verhandlungen wohnt das Streben nach Reziprozität gewissermaßen als "natürliches" Element inne:

> "Negotiations, almost by definition, are about reciprocity. They entail the search for mutually acceptable outcomes when action by one party without reciprocal action by the other would be unacceptable. (...) negotiations involve the reciprocal exchange of concessions that neither party would wish to make in isolation."[214]

Dies zeigte sich – übertragen auf die Ebene der GATS-Verhandlungen – besonders deutlich im Kontext der spezifischen Verpflichtungen ("commitments"), die zunächst im wesentlichen bilateral verhandelt wurden; zwei Vertragspartner legen einander Listen mit ersten Anfragen ("requests") und Angeboten ("offers") vor. Die Verhandlungen konzentrieren sich in diesem frühen Stadium darauf, im bilateralen Wege (also der "natürlichsten" und unmittelbarsten Form der Reziprozitätssuche) einen ausgewogenen Austausch von Konzessionen zu erzielen und da mehrere Staaten dies parallel zueinander taten, entstand ein Netz bilateraler Verhandlungselemente, welches wiederum eine multilaterale Dimension erhielt, wenn und so weit die unbedingte Meistbegünstigungsklausel ihre Wirkung entfaltete. Durch sie kam es im Prinzip zur Verbreitung der bilateral ausgehandelten Konzessionen; insofern wird die rechtliche Reziprozität durch das Prinzip der Meistbegünstigung "aufgehoben"[215].

Kritik wurde allerdings geübt, da das im Warensektor übliche bilaterale Aushandeln von Konzessionen als Verhandlungstechnik viel zu komplex für den Dienstleistungsbereich sei. Ein stärker regelgestütztes Vorgehen wäre unter Umständen besser geeignet gewesen als der in der Uruguay Runde gewählte Ansatz[216]. Angesichts der Komplexität der Dienstleistungsmaterie wurde bezweifelt, daß das Festhalten an der Reziprozität geeignet sei, um im Rahmen der Uruguay Runde zu substantiellen Ergebnissen zu gelangen:

> "The application of principles like MFN and reciprocity is likely to slow down the liberalization process (...), since existing differences in restrictiveness and in perception of appropriateness make general concessions extremely hard to achieve. The political sensitivity to development in the communication and information sector make this particularly likely with regard to this sector"[217].

(1987), S. 11 "balance in (...) efforts to liberalize"; vgl. GATT Art. XXVIII bis: 1, wonach Verhandlungen über Zölle, nicht-tarifäre Handelshemmnisse sowie spätere Neuordnungen des GATT auf der "Grundlage der Gegenseitigkeit" zu führen sind ("negotiations on a reciprocal and mutually advantageous basis"); mit Zustimmung zu Teil IV des GATT haben die Industriestaaten auf entsprechende Gegenleistungen von seiten der Entwicklungsländer verzichtet (Art. XXVI:8).

214 *L. A. Winters*, (Anm. 210), S. 45.
215 *R. Senti*, (Anm. 210), S. 51; während bei der unbedingten Meistbegünstigung Zugeständnisse, die dritten Staaten gemacht werden, dem Vertragspartner ohne weiteres zugute kommen, liegt es im Wesen der Reziprozität, daß die Dritten eingeräumten Vorteile dem Partner nur dann zugebilligt werden, wenn er seinerseits auch Zugeständnisse macht, d.h. bei der Reziprozität wird keine Vergünstigung ohne entsprechende Gegenleistung gewährt.
216 *C. Bail*: What's Needed for the GATT After the Uruguay Round, Remarks, in: ASIL, Proceedings of the 86th Annual Meeting, Washington D.C., April 1-4, 1992, S. 73.
217 *E. Stevers/C. Wilkinson*, (Anm. 15), S. 166; Kritik an dem bestehenden GATT-System der Meistbegünstigung und Reziprozität äußert auch *V. Curzon Price*: Treating Protection as a Pollution Problem or How to Prevent GATT's Retreat from Multilateralism, in: *T.Oppermann/J. Molsberger (Hrsg.)*: A New GATT for the Nineties and Europe '92. International Conference held in Tübingen 25-27 July 1990 (1991), S. 22: "(...) the combination of the principles of MFN and reciprocity

Die Orientierung am Gegenseitigkeitsgrundsatz fällt im Bereich der nicht-tarifären Handelshemmnisse, wie sie vor allem im Dienstleistungsbereich vorherrschen, tatsächlich schwerer als im Bereich der tarifären Handelshemmnisse, da es Mühe bereitet, einen "gemeinsamen Nenner" für die verschiedenen Offerten zu finden, und 'cross-issue-linkages'[218] eine größere Bedeutung zukommt. Auch die Evaluierung der zugestandenen Konzessionen fällt schwerer als im Bereich der tarifären Handelshemmnisse, da es schwierig ist, den Wert der von der Gegenseite eingebrachten Vorschläge und Angebote einzuschätzen. Da ein Verhandlungs- und Evaluierungsmaß (Metrik) zunächst fehlte [219], wußten die Verhandlungsführer vielfach nicht, ob sie, und in welcher Phase der Verhandlungen, Reziprozität erreicht hatten. Auch bei der Einigung über die allgemeinen Rechtsregeln, wie sie das General Agreement on Trade in Services enthält[220], war dies der Fall[221].

Das Reziprozitätselement erlangte eine aktuelle Bedeutung im Kontext der GATS-Kodifikationsarbeiten, da ein wesentliches Ziel darin lag, strengere Reziprozitätserwägungen als in der Vergangenheit[222] durchzusetzen. Dies hing mit der im GATT entstandenen Situation des "Trittbrettfahrer"-Problems" (free riding) zusammen[223] – eine Situation, in der man den Entwicklungsländern vorwarf, von einem Gut, konkret den GATT-(Meistbegünstigungs-)Regeln zu profitieren[224], ohne ihrerseits – etwa durch substantielle Konzessionen – zur Bereitstellung dieses Guts beizutragen oder seine Nutzung mitzufinanzieren. Free-riding "is (...) the manner in which the smaller trading countries often choose to sit on the sidelines and gather windfall benefits from negotiations between the main trading powers without themselves contributing much in exchange"[225].

---

leads to rapidly diminishing returns from the traditional trade bargaining process, as principal actors become more and more reluctant to cut deeply into their remaining protection while habitual free-riders see no reason why they should alter their attitudes."

218 *B. Hoekman/M. Kostecki*, (Anm. 47), S. 76: *H. B. Kunz/C. Boonekamp*, (Anm. 193), S. 11; *W. v. Dewitz*, (Anm. 46), S. 324.
219 Zu diesen Schwierigkeiten siehe näher die Ausführungen in 5. Kap. 3 a).
220 Zu den allgemeinen Verpflichtungen des GATS siehe 5. Kap. 1 c).
221 B. Hoekman/M. Kostecki, (Anm. 47), S. 77.
222 Ein Rückblick auf die Rolle der Reziprozität im GATT gibt *L. A. Winters*, (Anm. 210), S. 46 ff.; vgl. auch *R. E. Baldwin: Multilateral Liberalization, in: J. M. Finger/A. Olechowski (Hrsg.):* The Uruguay Round (1987), S. 41 ff.
223 In der Theorie der öffentlichen Güter wird das Problem diskutiert, daß die rationale Wahl einer bestimmten Option zugleich kollektiv unerwünschte oder schädliche Wirkungen haben kann, z.B. die Entscheidung, den Aufwand für die Erstellung eines öffentlichen Gutes nicht mitzutragen, weil der Individualnutzen im Falle des unentgeltlichen Konsums des öffentlichen Gutes größer ist, grundlegend *M. Olson:* Die Logik des kollektiven Handelns (1988); vgl. auch *M. Olson:* An Approach to Public Policy that Transcends Outdated Ideologies, IIM/LMP 83-27, Wissenschaftszentrum Berlin (1983), S. 10.
224 Aus Sicht der USA war die Meistbegünstigungsregel viel zu idealistisch: "far too idealistic in a world ruled by mercantilism: it asks free-riders to jump on board. (...) why should we give something for nothing", meinte aus US-Sicht *V. Curzon Price:* Treating Protection as a Pollution Problem or How to Prevent GATT's Retreat from Multilateralism, in: *T.Oppermann/J. Molsberger (Hrsg.):* A New GATT for the Nineties and Europe '92. International Conference held in Tübingen 25-27 July 1990 (1991), S. 31; vgl. auch *R. E. Baldwin*, (Anm. 222), S. 39.
225 *E. Piontek:* The Principles of Equality and Reciprocity in International Economic Law - Mere Concept or Legal Reality?, in: *H. Fox (Hrsg.):* International Economic Law and Developing States (1988), S. 99.

Mit der erstmaligen Behandlung von Dienstleistungen in GATT gewann das Trittbrettfahrer-Problem an Brisanz. Durch den Umstand, daß eine Reihe von Staaten in einer ganzen Anzahl von Sektoren, wie auch der Telekommunikation, den Marktzugang bereits intern dereguliert hatten, ergab sich die Frage, wie man die gegenüber einer Marktöffnung zögerlichen Länder zur Liberalisierung des Marktzugangs bewegen könne. Von Mitgliedstaaten, die ihre eigenen Märkte weitgehend liberalisiert und für ausländische Anbieter geöffnet haben, könne nicht erwartet werden, daß sie auf Dauer daran festhielten, wenn andere Mitgliedstaaten nicht ebenfalls zu einer Marktöffnung bereit seien, da "die gedeihliche Entwicklung des Dienstleistungshandels im Rahmen eines multilateralen Übereinkommens wie des GATS jedenfalls annähernde Reziprozität bei der Öffnung der Dienstleistungsmärkte" voraussetze[226].

Im Gegensatz zu früher, als sich die Verhandlungen allein auf äquivalente und ausgeglichene Konzessionen bezogen (s.o. "balance of advantages"), ohne dabei das Marktzugangsniveau eines Staates in Frage zu stellen, forderten die Parteien jetzt von ihren Handelspartnern die gleichen Marktzutrittbedingungen, die sie selbst gewährten. Die Reziprozität der Verhandlungen bezog sich somit nicht länger allgemein auf das jeweilige Verhandlungszugeständnis, sondern konkret auf die Gleichheit des Marktzutritts.

Im US-Kongreß gab es eine Reihe eingebrachter Gesetzesentwürfe, in denen von den größeren Handelspartnern der USA reziproke Behandlung, vor allem "symmetrischer" Marktzugang, eingefordert wurde[227]. Die Meistbegünstigungsklausel sollte vom Ausmaß des Marktzugangs abhängig gemacht werden (sog. bedingte Meistbegünstigung)[228], den die Partner gewähren[229]: "under the conditional most-favoured-nation principle under which each nation extends its reduction in important protection only to countries that make equivalent cuts in protection on its exports to these countries"[230]. Die US-Politik hatte über Jahre hinweg darauf gezielt, ein Gesamtgleichgewicht zwischen der Verringerung der Handelshindernisse durch die USA auf der einen Seite und den Liberalisierungsangeboten der anderen Handelspartner zu finden, und zwar auf der

---

226 *R. Ellger/T.-S. Kluth*, (Anm. 28), S. 212.
227 Die hier angesprochene Reziprozität im Sinne von Marktzutritt und fairem Handel ist eine neue Auslegung des bisherigen Reziprozitätsbegriffes, *R. Senti*: Die Stellung der Entwicklungsländer im GATT, in: *H. Sautter (Hrsg.):* Konsequenzen neuerer handelspolitischer Entwicklungen für die Entwicklungsländer (1990), S. 29; allgemein zum Reziprozitätsverständnis der USA: *P. L. Spector*: Emerging Opportunities in International Telecommunications, in: Telematics, The National Journal of Communications Business and Regulation 4 (1987), S. 4; zum US-Verständnis von Reziprozität vgl. auch *R. O. Keohane*, (Anm. 211), S. 3 f.; S. 15 ff.; kritisch: *W. R. Cline*, (Anm. 182), 35 f: "Such action, which may be called 'aggressive reciprocity' (as opposed to 'passive' reciprocity whereby new concessions are not granted in the absence of reciprocal liberalization), would run a serious risk of counterretaliation, with increased protection and reduced welfare on all sides".
228 *R. O. Keohane*, (Anm. 211), S. 3 f.; S. 17 bezeichnet die bedingte Meistbegünstigungsklausel als "an American invention"; er warnte jedoch (ebd. S. 19): "The failure of the conditional MFN clause should make us cautious about specific reciprocity. Often such reciprocity can contribute to cooperation; but in complex multilateral situations perhaps involving domestic politics as well as international relations, it results may frustrate those who seek stable, beneficial agreements"; vgl. auch *R. E. Baldwin*, (Anm. 222), S. 40; die Entwicklungsländer forderten demgegenüber ein Festhalten an einer unbedingten Meistbegünstigungsklausel, siehe das 4. Kap. 2 a).
229 Dies wurde von anderen Staaten abgelehnt, da es ein Grundprinzip des GATT verletze; zur Spannung zwischen Meistbegünstigung und Reziprozität: *L. A. Winters*: The Road to Uruguay, in: The Economic Journal 100 (1990), S. 1289.
230 *R. E. Baldwin*, (Anm. 222), S. 40.

Basis der gesamten Produkte. Reziprozität sollte sich entsprechend nicht länger auf allgemeine Austauschprozesse in den Handelsverhandlungen richten, sondern sich ergebnisorientiert und *konkret* im Sinne eines "quid pro quo" auf das bilaterale Schutzniveau einer Reihe bestimmter Dienstleistungen beziehen, zumeist aus Sektoren, in denen die USA sich als wettbewerbsfähig einstuften.

Reziprozität wurde somit verstärkt als ein Instrument zur Durchsetzung der eigenen Handelsinteressen gesehen, mittels dessen von den Partnern eine sektorielle Marktöffnung bei denjenigen Produkten gefordert wurde, bei denen die internationale Wettbewerbsfähigkeit der eigenen Produzenten gewährleistet war. Damit geriet Reziprozität zu einer "handelspolitischen Waffe, die sich auch gegen Entwicklungsländer richtet"[231]; *Bhagwati* sah die Forderung nach voller Reziprozität als ein "inevitable return to the original symmetric conception of the world trading order" an[232]. Die Entwicklungsländer hätten dem gegenüber wenig in der Hand, denn es gelte das Recht des Stärkeren: "the strong prevail over the weak"[233]. Die Länder, die sich solchen, als "aggressive Reziprozität"[234] empfundenen Forderungen gegenübersahen, gerieten außerdem in eine mißliche Situation, da sie ihren eigenen Meistbegünstigungsverpflichtungen anderen Staaten gegenüber nachkommen mußten:

"(...) the new reciprocity would force the complying foreign countries into a position of either defaulting on its own MFN obligations to third parties or else making a new unilateral concession available to all - thereby discarding a bargaining chip for future negotiations"[235].

Festzuhalten ist, daß Reziprozitätsansprüche nicht losgelöst von der Verhandlungsmacht der Staaten gesehen werden können. Kleine Staaten, hauptsächlich Entwicklungsländer, haben im allgemeinen wenig in die Wagschale zu werfen, so daß Reziprozität als Verhandlungsgrundsatz schwächere Staaten häufig benachteiligt. Ein ungebührlicher Druck der mächtigen Handelsnationen kann entstehen:

"The principle of reciprocity tends to focus bargaining (...) to the countries in a position to bargain. Since the developing countries have in general only small markets to offer, they are at a disadvantage in trade negotiations based on the reciprocity principle. The developing countries have therefore fought this principle"[236].

In dem von Brasilien, Chile, Kolumbien, Kuba, Honduras, Jamaica, Nicaragua, Mexiko, Peru, Trinidad und Tobago sowie Uruguay 1990 eingebrachten GATS-Entwurf hieß es folglich in Abweichung von den US-Vorstellungen einer aggressiven Reziprozität, das Prinzip der "relativen" Reziprozität solle auf die Diensteverhandlungen angewendet werden, speziell auch im Bereich der von Entwicklungsländern zu übernehmenden Marktzugangsverpflichtungen. Das bedeutete, daß die von den Entwicklungsländern

---

231 Explizit *H. Sautter*: Einführung, in: *H. Sautter (Hrsg.):* Konsequenzen neuerer handelspolitischer Entwicklungen für die Entwicklungsländer (1990), S. 8.
232 *J. Bhagwati*, (Anm. 71), S. 213.
233 *J. Bhagwati*, (Anm. 71), S. 215.
234 Engels weist darauf hin, daß die Wurzeln der "aggressiven" Reziprozität, die "unfaire" Handelspartner mit Strafaktionen in die Knie zwingen soll, in die 60er Jahre zurückgehen: *B. Engels*: Was bedeutet Marrakesch für Entwicklungsländer?, in: Nord-Süd aktuell (1994), S. 56; vgl. auch *R. Senti*, (Anm. 210), S. 53.
235 *W. R. Cline*, (Anm. 182), S. 9.
236 *F. Roessler*: The Rationale for Reciprocity in Trade Negotiations Under Floating Currencies, in: Kyklos 31 (1978), S. 269; ähnlich *R. E. Baldwin*, (Anm. 222), S. 40.

übernommenen Marktzugangsverpflichtungen in keinem Fall unvereinbar mit ihren Entwicklungs-, Handels- und Finanzbedürfnissen sein sollten:

"market access commitments assumed by developing countries (...) are not expected nor will be required to make contributions that are inconsistent with their individual development, trade and financial needs (...)"[237].

Ferner sollten die Entwicklungsländer Zugeständnisse in denjenigen Bereichen erhalten, in denen sie komparative Vorteile besitzen[238].

Fazit: Während die Entwicklungsländer also in Anlehnung an Forderungen der Neuen Weltwirtschaftsordnung eine Abkehr von strenger Gegenseitigkeit zugunsten partizipatorischer Elemente reklamierten, da sie in dem Gegenseitigkeitsprinzip zunehmend ein zu ihren Lasten funktionierendes Instrument des reichen Nordens sahen[239], wurde von US-Seite zu Beginn der 80er Jahre eine radikale, auf äquivalenten Marktzugang für eine Reihe bestimmter Produkte zielende, "aggressive" Reziprozität eingefordert[240].

Da die Industriestaaten mit der Behandlung der neuen Themen, zu denen auch Dienstleistungen gehörten, auf eine verstärkte Übernahme rechtlicher Verpflichtungen seitens der Entwicklungsländer drängten, wurde das GATT-Verhandlungsklima durch unterschiedliche Reziprozitätsvorstellungen belastet. Wie *Welfens/Graack* zusammenfaßten, führte das gegenseitige Angreifen bisher geschützter nationaler Märkte zu Reziprozitätsproblemen, die bi- und multilateral gelöst werden müssen[241]. Zu welchen Lösungen die Vertragsverhandlungen im einzelnen führten, wird die weitere Untersuchung zeigen.

3. Die Verhandlungsmacht der Entwicklungsländer

Die Verhandlungsmacht der Entwicklungsländer in den GATS-Kodifikationsarbeiten wurde von einigen Kritikern gering, sogar äußerst gering eingeschätzt. Die "individual bargaining positions and capacity to retaliate on the part of the developing countries" seien schwach ausgeprägt gewesen[242] und auch auf dem Telekommunikationssektor seien die Entwicklungsländer von den Industriestaaten überstimmt oder aber ignoriert worden:

---

237 GATT Doc. MTN.GNS/W/95, 26 February 1990, Art. 1:7 (a).
238 Ebd. GATT Doc.MTN.GNS/W/95, 26 February 1990, Art. 1: 7 (a): "shall obtain concessions with respect to modes of delivery where they enjoy comparative advantage".
239 In diesem Kontext siehe *G. de Lacharrière*: Commerce Extérieure et sous-développement, in: AFDI (1965), S. 6; *R. Preiswerk*: La réciprocité dans les négotiations entre pays à systèmes sociaux ou à niveaux économiques différents (1965), in: JDI 1965, S. 5-40; *E. Piontek*, (Anm. 225), S. 86 spricht von *"participatory reciprocity"*; *L. D. Bhagirath*, (Anm. 55), S. 5; *H. Sautter*: Einführung, in: *H. Sautter (Hrsg.):* Konsequenzen neuerer handelspolitischer Entwicklungen für die Entwicklungsländer (1990), S. 7; *R. Senti*: Die Stellung der Entwicklungsländer im GATT, in: *H. Sautter (Hrsg.):* Konsequenzen neuerer handelspolitischer Entwicklungen für die Entwicklungsländer (1990), S. 28.
240 Näher *W. R. Cline*, (Anm. 182), S. 7 ff.
241 *P. J. J. Welfens/C. Graack*: Telekommunikationswirtschaft. Deregulierung, Privatisierung und Internationalisierung (1996), S. 25 f.
242 *S. Reza*, (Anm. 75), S. 40; ähnlich *C. Raghavan*, (Anm. 67), S. 64: "ignored or sought to be overawed by arguments"; optimistischer hingegen *J. Whalley*, (Anm. 66), S. 66: "growing, even if still small, bargaining power."

"Not only in telecommunications but in the equally crucial area of trade developing countries have been overruled by industrialized countries or have been ignored in the trade talks"[243].

Es gilt zu untersuchen, ob dies zutrifft[244] bzw. welches die Gründe dafür waren.

a) Die multilaterale Verhandlungsrunde als "Markt"

Durch den Austausch von Marktzugangs-Verpflichtungen auf der Grundlage der Gegenseitigkeit[245] ähnelt eine multilaterale Verhandlungsrunde einem Markt:

"(...) the GATT negotiations are a bazaar (...). Everyone in the bazaar trades in market access and each is simultaneously a buyer in the market for export opportunities and a seller of access to the home market"[246].

Märkte im allgemeinen Sinn sind Begegnungsstätten, an denen die Marktteilnehmer – Anbieter und Nachfrager, Käufer und Verkäufer, Produzenten und Konsumenten – zum Tausch von handelbaren Gütern oder Dienstleistungen zusammenkommen. Sie stellen neben den bereits erwähnten Foren der Hierarchie, der Netzwerke und Verträge[247] eine grundlegende Form der Koordination dar.

"Markt" bezeichnet zugleich den besonderen Vorgang und die institutionellen Rahmenbedingungen eines stattfindenden politischen Tauschs zwischen den über verschiedene Interessen und Handlungsabsichten verfügenden Marktteilnehmern, wobei es in einem funktionierenden Markt über die freie Preisbildung zum Ausgleich von Angebot und Nachfrage und zur Erfüllung der Interessen der Marktteilnehmer kommt. In der Uruguay Runde traten Staaten zusammen und schlossen nach zum Teil langwierigen Verhandlungen Tauschgeschäfte ab: GATT-Verhandlungen können *Hoekman/Kostecki* zufolge als "multi-issue barter exchanges" gesehen werden, das heißt als ein Tauschhandel, bei dem die Teilnehmer Anfragen formulieren, in denen sie angeben, was sie sich unter Liberalisierungsaspekten von den übrigen Parteien erhoffen, sowie Angebote, in denen sie angeben, was sie ihrerseits zu liberalisieren bereit sind. Wie auf Märkten typisch, versuchen die Verhandlungsführer im Wege des Austauschs, so viel wie möglich zu erhalten:

"As in any type of market situation, every trader (negotiator) will attempt to get as much as possible in exchange for as little as necessary"[248].

---

243 *M. Jussawala*: Is the Communications Link Still Missing?, in: *R. G. Pipe (Hrsg.)*: Eastern Europe: Information and Communication. Technology Challenges, TIDE 2000 Club, Telecommunications, Information and InterDependent Economies in the 21st Century (1990), S. 84; ähnlich *J. Hills*, (Anm. 133), S. 186.
244 Positivere Einschätzungen über die Beteiligung der Entwicklungsländer an den GATS-Kodifikationsarbeiten sind unten im 6. Kap. 1 a) dargestellt.
245 Zur Reziprozität näher im vorangegangenen Abschnitt.
246 *M. Finger/P. Holmes*: Unilateral Liberalization and the MTNs, in: *J. M. Finger/A. Olechowski (Hrsg.)*: The Uruguay Round. A Handbook on the Multilateral Trade Negotiations. A World Bank Publication (1987), S. 57.
247 Zu den Handlungs- und Steuerungsebenen siehe bereits das 1. Kap. 2.
248 *B. Hoekman/M. Kostecki*, (Anm. 47), S. 77; drei Probleme im ("barter") Verhandlungsgeschäft können den Autoren zufolge entstehen (ebd. S. 60):
- kein Angebot: "the market (total supply) may not offer any goods a trader is interested in obtaining";

Die Marktsituation innerhalb der Uruguay Runde stellte sich als eine komplizierte politische Gemengelage dar: Die wirtschaftlich schwachen Staaten leisteten Widerstand gegen das von den ca. 10-15 mächtigen Industriestaaten angestrebte Ziel der offenen Dienstleistungsmärkte. Die Sorge vor der wachsenden Konkurrenz gegenüber den eigenen, im Staatsbesitz stehenden Dienstleistungsunternehmen, waren dabei ebenso maßgeblich wie der Einwand, die neuen Regelungen trügen der Verschuldung, der internationalen Mobilität von Arbeitskräften und dem Technologietransfer zu wenig Rechnung. Diese Länder, aber auch Schwellenländer wie etwa Korea, sprachen sich folglich wiederholt für "flexible Regelungen" aus, um die bestehenden Entwicklungsunterschiede berücksichtigen zu können[249], während die Industriestaaten im allgemeinen den Einschluß aller Dienste (horizontaler Ansatz) und verhältnismäßig strenge Marktzugangsregelungen bei weitgehender Reduktion von Vorbehalten und Ausnahmen favorisierten.

Auf einem freien Markt herrscht Kontrahierungsfreiheit, das heißt den Regierungen steht es theoretisch frei, Verträge wie das General Agreement on Trade in Services abzuschließen oder nicht. Auch der Inhalt der Verträge unterliegt dem freien Spiel der (Verhandlungs-)Kraft, dem "free bargaining" – die Verhandlungen zielen im Prinzip darauf, ein ausgewogenes Ergebnis zu erzielen[250]. Dennoch gibt es oft "Sackgassen" und Blockaden; die multilateralen Verhandlungsrunden von GATT/WTO sind nichts anderes als Bemühungen, die Spielregeln zu formulieren, sie sind marktähnliche Koordinierungsversuche. Die in ihnen stattfindenden Tauschverhandlungen senken die Kosten des Koordinationsprozesses, wenn es mit ihrer Hilfe gelingt, die Entscheidungsfindung auf der Handlungsebene zu vermeiden.

Oft werden weitere Konzessionen für die Zukunft in Aussicht gestellt, denn die Verhandlungsergebnisse sind keineswegs immer pareto-optimal[251]; sie sind nicht immer so formuliert, daß sich kein Individuum besser stellen ließe, ohne daß ein anderes schlechter gestellt wird. Zum Teil entstehen Situationen des Gefangenendilemma[252], also Situa-

---

- kein Tauschinteresse: "a trader who has something another wants has no interest in what the other has to offer, but is interested in the goods of a third party";
- "it may not be possible to equate trader's marginal valuations of goods".

249 Zum geforderten Regelungs- und Gestaltungsspielraum s.u. das 4. Kap. 3 e).
250 Zu den Modellen politischer Entscheidungsprozesse *V. Rittberger*, (Anm. 120), S. 118 ff.; er differenziert zwischen Entscheidungsfindung durch 1. Interessengruppenauseinandersetzung; 2. Mehrheitsentscheidung; 3. rationale Wahlhandlung, 4. routinisierten innerorganisatorischen Entscheidungsablauf und 5. bürokratischen Aushandlungsprozeß; bei den GATS-Dienstleistungsverhandlungen lassen sich - phasenbedingt - mehrere Elemente feststellen, die am ehesten als Mischform von 1., 2. und 5. charakterisiert werden können; als Typen des Bargaining in den multilateralen Handelsrunden des GATT nennt *H. R. Nau*: Bargaining in the Uruguay Round, in: *J. M. Finger/A. Olechowski (Hrsg.)*: The Uruguay Round. A Handbook on the Multilateral Trade Negotiations. A World Bank Publication (1987), S. 75 ff: "product-by-product"; "sector-by-sector"; "barrier-by-barrier"; "across-the board" und schließlich bei den Dienstleistungsverhandlungen in der Uruguay Runde "framework-approach" (d.h. Rahmenverhandlungen und sektorielle Verhandlungen).
251 Explizit *B. Hoekman/M. Kostecki*, (Anm. 47), S. 78 unter Verweis auf *R. Baldwin*: Toward More Efficient Procedures for Multilateral Trade Negotiations, in: Aussenwirtschaft 41 (1986), S. 379-394.
252 Dazu *B. Hoekman/M. Kostecki*, (Anm. 47), S. 57, vgl. auch Box 3.1. "The prisoner's dilemma in trade policy", ebd. S. 58; *R. Pahre*: Multilateral Cooperation in an Interated Prisoner's Dilemma, in: The Journal of Conflict Resolution 38 (1994), S. 326-354; siehe auch die Beiträge von *F. Kratochwil* (S. 443-474) und *J. Goldstein* (S. 201-233) in: *J. G. Ruggie (Hrsg.)*: Multilateralism Matters: The Theory and Practice of an Institutional Form (1993); *J. A. C. Conybeare*: Public

tionen, in denen ein normwidrig handelnder Nutzenmaximierer in Ungewißheit ist, ob nicht auch die anderen mit Normverletzungen reagieren werden und sich dadurch die Gesamtsituation für alle verschlechtern wird. Das Gefangenendilemma kann dann vermieden werden, wenn verbindliche Vereinbarungen getroffen werden, evtl. auch härtere Normen, Kontrollen und Sanktionen. Auf diese Weise könnte den in einer "Zwangslage" befindlichen Beteiligten, die entscheiden müssen, ob sie zu ihrem eigenen Nutzen für eine individuelle oder eine kollektive Rationalität optieren sollen, quasi der Weg zu einer kollektiv verträglichen Lösung gewiesen werden.

In der Praxis differiert die Marktmacht der Staaten, weshalb mächtige Staaten sich im freien Spiel der Kräfte günstigere Verhandlungs- bzw. Vertragsbedingungen zu verschaffen vermögen als schwächere Staaten. Übereinkünfte internationaler Organisationen können, wie *Rittberger* hervorhebt, nur selten strengen Gerechtigkeitskriterien genügen; dennoch sind sie "meist gerechter als die Entscheidungen, die im Rahmen der Anarchie der Staatenwelt zustande kommen. Dort kann der Starke die Interessen des Schwachen schlicht ignorieren"[253].

Übertragen auf GATT/WTO bedeutet dies, daß auch die multilateralen Handelsverhandlungen im GATT den ökonomisch schwächeren unter ihnen nutzen können, vorausgesetzt, es gelingt diesen, ihre Interessen einzubringen.

b) Einflußgrößen der "Bargaining Power"

Wenn von der (fehlenden) Verhandlungsmacht ("Bargaining Power") der Entwicklungsländer die Rede ist, wird vielfach nicht näher hinterfragt, auf welchen Kriterien diese beruht. Eine Erklärung setzt die Kenntnis der Einflußgrößen der "Bargaining Power" voraus, um zu erklären, warum das Pendel in den Verhandlungen vielfach zulasten der wirtschaftlich Schwächeren ausschlägt.

Das augenfälligste Kriterium für die Verhandlungsmacht ist (1) die numerische Überlegenheit: Da in GATT/WTO keine Stimmengewichtung herrscht und im Prinzip der Grundsatz "ein Staat – eine Stimme"[254] gilt, könnte es für den Verhandlungsverlauf durchaus relevant sein, daß das Übergewicht der Entwicklungsländer gegenüber den Industriestaaten an eine Zwei-Drittel Mehrheit grenzte[255].

Als weiteres Kriterium ist jedoch auch (2) der Anteil am Welthandel von Bedeutung, ein Kriterium, das den Entwicklungsländern eine weit schwächere Position zuweist. Vom Welthandel entfallen auf die Entwicklungsländer nur knapp 15, auf die Industriestaaten hingegen rund 70 Prozent[256].

Goods, Prisoner's Dilemmas, and the International Political Economy, in: International Studies Quarterly 28 (1984), S. 5-22.

253   *V. Rittberger*, (Anm. 120), S. 125.
254   Zur Anwendung des Konsensusprinzips vgl. bereits 3. Kap. 2 c); nur in der Theorie gelte, daß alle Staaten gleich seien: *C. Raghavan*, (Anm. 67), S. 64.
255   Im September 1989, zum Höhepunkt der Verhandlungen, waren von den gesamten Vertragsstaaten im GATT (97) 25 Industriestaaten und 57 Entwicklungsländer ("developing") sowie neun "advanced developing" und sechs "non-market economies", vgl. Schaubild *J. H. Jackson*: Restructuring the GATT System (1990), S. 24; zur Zeit der GATT-Gründung waren von den 23 GATT-Gründungsstaaten 11 Entwicklungsländer, am Ende der Uruguay Runde waren hingegen von den 125 Teilnehmerstaaten mehr als 90 Entwicklungsländer.
256   *R. Senti*: Die Stellung der Entwicklungsländer im GATT, in: *H. Sautter (Hrsg.)*: Konsequenzen neuerer handelspolitischer Entwicklungen für die Entwicklungsländer (1990), S. 19; vgl. auch die Angaben im Einleitungskapitel.

Auch die (3) absolute Marktgröße wird als ein Faktor genannt, der für den Einfluß eines Staates innerhalb des WTO-Verhandlungssystems mitursächlich ist[257], wobei diese Größe nicht statisch zu sehen ist[258]. Die Ausgangslage der LDCs war hier zum Teil denkbar schlecht; wie der Sprecher Ägyptens in einer der ersten Sitzungen der Working Group on Telecommunications hervorhob, konnte sein Staat an den Verhandlungen über den Export von Telekomdiensten aufgrund der Schwäche des Telekommunikationssektors seines Landes nicht teilnehmen. Anderen Staaten erging es ähnlich[259].

Keine[260] bzw. nur eine untergeordnete Rolle soll spielen, welche Handelspolitik von den Regierungen verfolgt wird, ob sie etwa, wie der Westen, eine freihändlerische Linie befürworten oder nicht. Da Macht jedoch in der Durchsetzung der eigenen Interessen besteht[261], wurde die Linie des Westens mit Nachdruck verfolgt.

Dies hängt mit einem weiteren wichtigen Kriterium zusammen, nämlich mit der (4) Organisationsfähigkeit der Staaten. Darunter ist generell die Fähigkeit einer Gruppe zu verstehen, sich kollektiv zu organisieren und ihre Interessen zu vertreten; aufgrund struktureller Probleme verfügen Entwicklungsländer im allgemeinen über einen geringeren Grad der Organisationsfähigkeit als Industriestaaten. Hier kommt die aus der Entwicklungsländerdiskussion bekannte Ressourcenproblematik ins Spiel:

"(...) jenseits der formalen Gleichheit der Staaten existiert eine faktische Ungleichheit in den internationalen Beziehungen, die sich auch in den Einflußchancen staatlicher Delegationen und Vertretungen auf die Politik in internationalen Organisationen widerspiegelt (...) Die Möglichkeit, die eigenen Interessen auch gegen den Willen anderer Akteure durchzusetzen, beruht demnach auf Macht, die wir als Verfügungsgewalt über bestimmte zum Handeln befähigende Ressourcen verstanden wissen wollen[262]".

Für die im GATT erkennbare unterschiedliche "Bargaining Power" zwischen Nord und Süd war außerdem die unterschiedliche Sachkenntnis und Erfahrung der Verhandlungsführer auf dem relativ neuen Gebiet der Dienstleistungen mitursächlich[263]. Da die

---

257 *B. Hoekman/M. Kostecki*, (Anm. 47), S. 41; *J. Whalley*, (Anm. 66), S. 12 stellt darauf ab, daß die Entwicklungsländer "economically small" seien und deshalb "their leverage in global negotiation is correspondingly limited"; ITU, *Telecommunication Development Bureau and the UNCTAD and UN-DDSMS Coordinated African Programme of Assistance on Services*, The Development of Telecommunications in Africa and the Working Group on Trade in Services (1996), S. 33: "small economies" werden für die "relatively weak negotiating position" der meisten afrikanischen Staaten verantwortlich gemacht.

258 *P. K Tang*: Supercarriers and the Unbundling of Export Controls, in: Telecommunications Policy 18 (1994), S. 521, Fn. 82 weist darauf hin, daß die Verhandlungsmacht auch vom Erwerb neuer Ressourcen (z.B. Telekommunikationstechnologien) abhängt.

259 *Representative of Egypt: Working Group on Telecommunication Services*, Note of the Meeting of 9-11 July 1990, GATT Doc. MTN. GNS/TEL/2, 6 August 1990, Special Distribution, S. 40, Ziff. 166.

260 Ausdrücklich *B. Hoekman/M. Kostecki*, (Anm. 47), S. 41: "A country's trade-policy stance is irrelevant".

261 *J. Schwartländer*: "Macht", in: Handbuch philosophischer Grundbegriffe Bd.3 (1973), S. 872; von "negotiations based on power" spricht *C. Raghavan*, (Anm. 67), S. 60.

262 *V. Rittberger*, (Anm. 120), S. 105.

263 Zum Teil wurde die "hinhaltende Gesprächsstrategie" der Entwicklungsländer auf mangelndes Wissen über Dienstleistungen in der nationalen Handelsordnung zurückgeführt, vgl. *H. Keppler*: Interessen der Entwicklungsländer bei einer zukünftigen vertraglichen Regelung des internationalen Dienstleistungsaustauschs, in: *H. Sautter (Hrsg.)*: Konsequenzen neuerer handelspolitischer Entwicklungen für die Entwicklungsländer (1990), S. 49; *T. Gehring*, (Anm. 166), S. 44 geht davon aus, daß die Akteure weniger dezidierte Positionen zu einzelnen Fragen vertreten, "je kom-

GATT-Verhandlungen im allgemeinen hinter geschlossenen Türen – und ohne Präsenz der Nichtregierungsorganisationen oder öffentlicher Interessengruppen – stattfinden, kann auf deren "Know How" schwerlich zurückgegriffen werden[264]. Der Verhandlungsprozeß mochte manchen Entwicklungsländervertretern daher wenig transparent erscheinen, da die Weichenstellungen vielfach im sog. "green room process" vorgenommen wurden[265].

Zudem wirkte auch die Größe der Delegation – um eine weitere für die Organisationsfähigkeit konstitutive Ressource zu nennen – im Prinzip zugunsten der Industrieländer, da diese über "die besser ausgebildeten und besser informierten, da spezialisierten Diplomaten sowie das größere problemfeldspezifische Fachwissen"[266] verfügten, die Entwicklungsländer hingegen häufig von der Komplexität der Regelungsmaterie überfordert schienen[267]. Entwicklungsländerdelegationen sahen sich zugleich vor mehrere Probleme gestellt: zum Teil mangelte es ihnen an Fachwissen; hinzu kamen finanzielle Probleme in Form der Kosten, um ihre Delegationen am Sitz von GATT/WTO in Genf zu unterhalten oder die anfallenden Reisekosten zu übernehmen. Überdies gestaltete sich die Kommunikation zwischen den Vertretern der Delegationen und den Hauptstädten des Südens schwierig. Diese Faktoren erschwerten es den Entwicklungsländervertretern, während der Verhandlungen geschlossen, kompetent und in Sachfragen miteinander abgestimmt aufzutreten.

Mitursächlich für die geringe Verhandlungsmacht war neben der fehlenden Organisationsfähigkeit der Entwicklungsländer in den Vertragsverhandlungen sicherlich auch ein geringeres Maß an Konfliktfähigkeit, also die Fähigkeit "glaubhaft mit der Nichterbringung systemrelevanter Leistungen zu drohen, oder die Leistungserbringung zu verweigern"[268]. Ist die Konfliktfähigkeit niedrig, wird auch der politische Einfluß auf andere meist unwesentlich sein; während die USA in den Verhandlungen selbstbewußt, auch unter Einsatz von Sanktionsdrohungen agierten (z.B. "Super 301 der US-Handelsgesetzgebung"), hatten die Entwicklungsländer auf der Verhandlungsebene ein weit geringe-

---

plexer die Themenpalette und je vielfältiger der Teilnehmerkreis" ist; zum Erfahrungsvorsprung amerikanischer Verhandlungsführer gegenüber anderen Delegationen, vor allem der Dritten Welt, siehe bereits die Ausführungen im 2. Kap. 1 f).

264 Die Teilnahme an den Verhandlungen erfolgte auf Einladung, wobei der Selektionsprozeß wenig transparent erscheint.
265 Kritisch *C. Raghavan*, (Anm. 67), S. 299; der "green room" ist das Verhandlungszimmer des WTO-Vorsitzenden, benannt nach der Farbe seiner Wände; der Begriff steht sinnbildlich dafür, daß die Verhandlungen nicht für alle Parteien gleichermaßen offenstehen.
266 *V. Rittberger*, (Anm. 120), S. 105.
267 Zu entsprechenden Klagen der Entwicklungsländervertreter siehe das 6. Kap. 1 b).
268 *M. G. Schmidt*: Wörterbuch zur Politik (1995), S. 496; *M. Olson*: Die Logik des kollektiven Handelns (1969); es ist strittig, inwieweit hier militärisch-ökonomische Ressourcen eine Rolle spielen: Rittberger zufolge werden "große und militärisch wie ökonomisch starke Staaten eher dazu in der Lage sein, die Politik internationaler Organisationen zu beeinflussen als kleine, schwache Staaten", *V. Rittberger*, (Anm. 120), S. 105 f.; Gehring gibt jedoch zu bedenken, daß ein Verhandlungsteilnehmer sich nicht auf alle Machtpotentiale, die ihm auf der Handlungsebene zur Verfügung stehen, in gleicher Weise stützen könne: die traditionellen Machtquellen der Staaten im internationalen System, etwa wirtschaftliche und militärische Macht, sind seiner Ansicht nach "nur insoweit nutzbar, wie sie in reale Verhandlungsmacht überführt werden können": *T. Gehring*: Arguing und Bargaining in internationalen Verhandlungen, in: *V. v. Prittwitz (Hrsg.)*: Verhandeln und Argumentieren. Dialog, Interessen und Macht in der Umweltpolitik (1996), S. 212; zu den Drohungen der Verhandlungsführer "to refer to their coercive power - their possibility to levy costs on the opposing negotiator" näher *C. K. W. De Dreu*: Coercive Power and Concession Making in Bilateral Negotiation, in: The Journal of Conflict Resolution 39 (1995), S. 646-670.

res Machtpotential. Sie hätten zwar von der Exit-Option[269] Gebrauch machen können, die multilateralen Verhandlungen also verlassen und auf die Handlungsebene zurückkehren können, diese Drohung schien jedoch angesichts der allgemeinen Vorteile, die ihnen aus multilateralen (an Stelle von bilateralen) Verhandlungen erwuchsen[270], sowie aufgrund fehlender Handlungsalternativen außerhalb des GATT-Verhandlungsrahmens wenig glaubhaft. Die Exit-Position hätte im Prinzip nur dann zum Ausbau einer Machtposition benutzt werden können, wenn die übrigen Teilnehmer den Verbleib der rückzugswilligen Entwicklungsländer in der aktuellen Verhandlungsrunde für notwendig befunden hätten.

Demgegenüber ist das Verhandlungspotential mächtiger Staaten größer, da sie im allgemeinen über mehrere Handlungsoptionen verfügen und so in geringerem Maße auf internationale Organisationen angewiesen sind: "sowohl ihre Abhängigkeit als auch ihre Verwundbarkeit ist geringer"[271].

c) Der Aufbau von Verhandlungsmacht: Verhandlungstaktiken der Entwicklungsländer

Neben allgemeinen und nicht unüblichen Verhandlungstaktiken[272], wie etwa
- die Liberalisierung vor allem jener Dienstleistungssektoren vorzuschlagen, bei denen die Staaten eigene Wettbewerbsvorteile zu besitzen glauben,
- "Verknüpfungen ("linkages")[273] vorzunehmen,
- "side-payments" anzubieten, also anderen Staaten Entschädigung im Austausch für Konzessionen auf anderen Gebieten vorzuschlagen[274],

---

269 *A. O. Hirschmann*: Exit, Voice, and Loyalty. Responses to Decline in Firms, Organizations and States (1970); *R. Fisher/W. Uri*: Getting to Yes. Negotiating Agreement Without Giving In (1981); *J. Whalley*: The Uruguay Round and Beyond (1989), S. 66 weist darauf hin, daß aufgrund der gestiegenen Bedeutung einiger Entwicklungsländermärkte "threats not to participate become more effective"; für *F. W. Scharpf*: Verhandlungssysteme: Verteilungskonflikte und Pathologien der politischen Steuerung, in: *M. G. Schmidt (Hrsg.): Staatstätigkeit*. Internationale und historisch vergleichende Studien in: PVS Sonderheft 19 (1988), S. 70 bestimmt sich die Verhandlungsmacht in einer konkreten Situation "nach der relativen Unattraktivität der Optionen, die jeder Seite nach einem Abbruch der Verhandlungen verbleiben würde".
270 Zu den Vorteilen des Multilateralismus für die Entwicklungsländer gegenüber bilateralem Vorgehen vgl. bereits das 2. Kap. 1 f).
271 *V. Rittberger*, (Anm. 120), S. 106.
272 Grundlegend zu den "bargaining tactics": *J. M. Grieco*: Cooperation Among Nations: Anarchy and the Limits of Cooperation: A Realist Critique of the Newest Liberal Institutionalism, in: IO 42 (1988), S. 485-507; *R. Powell*: Absolute and Relative Gains in International Relations Theory, in: American Political Science Review 85 (1991), S. 1303-1320; *D. Snidal*: Relative Gains and the Pattern of International Cooperation, in: American Political Science Review 85 (1991), S. 701-726; *F. W. Scharpf*: Koordination durch Verhandlungssysteme. Analytische Konzepte und institutionelle Lösungen, in: *A. Benz/F. W. Scharpf/R. Zintl*: Horizontale Politikverflechtung. Zur Theorie von Verhandlungssystemen (1992), S. 51-96; *R. Baldwin*: Toward More Efficient Procedures for Multilateral Trade Negotiations, in: Aussenwirtschaft 41 (1986), S. 379-394.
273 Näher dazu *R. D. Tollison/T. D. Willett*: An Economic Theory of Mutually Advantageous Issue Linkages in International Negotiations, in: IO 33 (1979), S. 425-449, die von einer "mutual benefit rationale" (S. 426) ausgehen; *A. Stein*: The Politics of Linkage, in: World Politics 32 (1980), S. 281-316; *J. K. Sebenius*, (Anm. 5), S. 281-316; *M. D. McGinnis*: Issue Linkage and the Evolution of International Cooperation, in: Journal of Conflict Resolution 30 (1986), S. 141-170; *E. Haas*: Why Collaborate? Issue Linkage and International Regimes, in: World Politics 32 (1980), S. 351-405.
274 *R. D. Tollison/T. D. Willett*, (Anm. 273), S. 435; dazu *J. K. Sebenius*, (Anm. 5), S. 295 f.; zur Rolle von "side-payments" als innerstaatliche Bargaining-Taktik, *H. R. Friman*: Side-Payments versus

- oder auch auf Ausgleichsmaßnahmen ("retaliation") zu setzen[275], verfolgten die Entwicklungsländer in den Dienstleistungsverhandlungen einige besondere Taktiken, um gezielt ihre Verhandlungsmacht auszubauen.
Dazu zählte zunächst die Taktik der Blockade, wie sie die G-10[276] in den Jahren vor dem offiziellen Verhandlungsbeginn ausgeübt hat. Damals versuchte ein kleiner, aber streitbarer Kreis von Entwicklungsländern, die übrigen Akteure am Eintritt in die Verhandlungen zu hindern, es ging ihnen darum, den Verhandlungsbeginn zu verzögern. Doch auch innerhalb der Verhandlungen wurde die Verweigerungshaltung, wenn auch weniger ausgeprägt, von einigen Staaten fortgesetzt. Es ist anzunehmen, daß den Entwicklungsländern wohl bewußt war, daß eine Möglichkeit, ihren Verhandlungspositionen Gehör zu verschaffen, in der Anwendung von Taktiken bestand, die den (zeitlich genau festgelegten[277]) Verhandlungsabschluß unwahrscheinlicher machen oder doch zumindest verzögern würden.

Dieser ursprünglichen Blockadepolitik folgte später eine nach mehr Präsenz strebende Taktik. Wie in der Punta del Este-Deklaration vorgesehen, wurde 1986 die Group of Negotiations on Services gegründet, deren Vorsitzender Botschafter *Felipe Jaramillo* aus Kolumbien war. Die Teilnahme in der GNS war offen für alle an der Uruguay Runde mitwirkenden Staaten. Um den Entwicklungsländern die Vorteile einer Liberalisierung näher vor Augen zu führen, aber auch um ihr Mißtrauen gegenüber GATT-Diensteverhandlungen abzubauen, suchte man sie – insbesondere nach der offiziellen Eröffnung der Uruguay Runde –, stärker in die direkten Verhandlungen einzubinden. So strebten die Entwicklungsländer schließlich auch innerhalb der GNS nach einer verbesserten Partizipation[278].

Damit in Verbindung stand die von einigen Staaten individuell verfolgte Taktik, ihre Verhandlungsmacht durch die Annahme von Sprecherfunktionen aufzuwerten. Vor allem Brasilien und Indien übten auf diese Weise einen nicht unerheblichen Einfluß aus, da sie verschiedentlich[279] im Namen mehrerer Entwicklungsländer sprachen.

Weitere Einflußmöglichkeiten erschließen sich kleineren Staaten häufig dann, wenn sie in Konflikten Dritter vermittelnde Funktionen übernehmen[280]. Der bereits zitierte "café au lait"-Entwurf, an dem einige gemäßigte Staaten der Dritten Welt, aber auch Industrieländer mitwirkten, und der eine Brücke zu den die Verhandlungen radikal ablehnenden Staaten zu schlagen versuchte, ist in diesem Kontext zu erwähnen[281].

Eine weitere Taktik, um gezielt die Verhandlungsmacht auszubauen, besteht im Rahmen der multilateralen Diplomatie darin, Koalitionen mit gleichgesinnten Staaten einzugehen. Aus diesem Grund wurde den Entwicklungsländern im GATT empfohlen, gemeinsame Verhandlungspositionen zu erarbeiten und in Gruppen gemeinsam aufzutreten:

Security Cards: Domestic Bargaining Tactics in International Economic Negotiations, in: IO 47 (1993), S. 387-410 m.w.N.
275 Allgemein zur "retaliatory power" der Entwicklungsländer *J. Whalley*, (Anm. 66), S. 69: "If the retaliation is well targeted to key electoral interest in the object country, even small countries can be effective in using retaliation to engage the attention and interests of support groups."
276 Zu dieser Gruppe siehe bereits in 3. Kap. 1 c).
277 Geplant war ursprünglich das Verhandlungsende für Dezember 1990.
278 Näher *W. Drake; K. Nicolaidis*, (Anm. 47), S. 70.
279 Siehe näher im 4. Kapitel.
280 *V. Rittberger*, (Anm. 120), S. 106 unter Hinweis auf H. K. Jacobson: Networks of Interdependence. International Organisations and the Global Political System (2. Aufl. 1984).
281 Zu diesem Entwurf näher im 3. Kap. 1 e).

"(...) collectively they become a force to reckon with, particularly since an enlarged market is vitally important for the dynamic expansion of all the new areas. The developed countries would not logically want to ignore the growing market in the developing world and would therefore be prepared to make 'reasonable' concession"[282].

Koalitionen sind darüber hinaus auch ein Mittel, dem Freifahrer-Problem zu begegnen und Transaktionskosten – also die Kosten der Ausarbeitung einer vertraglichen Vereinbarung – zu reduzieren. Der Ausschluß von Teilnehmern aus einer Koalitionsarbeit kann überdies ein Anreiz für die übrigen Teilnehmer zur aktiven Mitarbeit sein – insofern ist Koalitionsbildung für Nord und Süd politisch gesehen gleichermaßen interessant.

Soweit es die Koalitionsbildung betrifft, bestehen für die Entwicklungsländer in praktischer Hinsicht grundsätzlich zwei Möglichkeiten: entweder sie können untereinander, also auf der Süd-Süd-Ebene, Koalitionen suchen, oder sie können sich der von einem verhandlungsstrategisch mächtigeren Industriestaat geführten Koalition anschließen. Dabei lassen die in den Verhandlungsprozeß eingebrachten Entwürfe der Dritten Welt[283] den Schluß zu, daß die Entwicklungsländer, so weit sie sich organisierten[284], die erste Variante, also Süd-Süd-Koalitionen, vorzogen.

Entsprechend einer von *Hamilton/Whalley* vorgenommenen Unterscheidung[285] lassen sich anhand der jeweiligen Ziele vier verschiedene Arten von Koalitionen ausmachen: (1) agenda-moving coalition, (2) proposal-making coalition, (3) blocking coalition und (4) negotiating coalition. Besonders die erstgenannten drei[286] spielten eine Rolle in den GATT-Dienstleistungsverhandlungen.

In den um eine Gestaltung der Tagesordnung bemühten Koalitionen ("agenda moving-coalitions") finden sich Staaten zusammen, deren Anliegen es ist, daß bestimmte

---

282 S. *Reza*, (Anm. 75), S. 40; *C. Raghavan*, (Anm. 67), S. 294 betonte den "need for Third World unity"; *J. Whalley*, (Anm. 66), S. 66; zur Gruppenbildung als besonderer Form der Diplomatie ("parity diplomacy") neben der traditionellen, auf bilateralen Kontakten basierenden Diplomatie vgl. auch die Beiträge von *N. Schofield* (S. 245 ff.); *S. J. Brams/P. C. Fishburn* (S. 301 ff.) und *A. Mintz* (S. 335 ff.) in: *G. Doron/I. Sened (Hrsg.)*: Political Bargaining, Special Issue, Journal of Theoretical Politics 7 (1995); vgl. auch die Empfehlung von ITU, Telecommunication Development Bureau and the UNCTAD and UN-DDSMS Coordinated African Programme of Assistance on Services (Anm. 257), S. 33 an die afrikanischen Staaten in der WTO, als Gruppe aufzutreten oder "join up with other developing regions", wie beispielsweise die African-Caribbean Pacific group".
283 Die Entwürfe der Entwicklungsländer sind dargestellt im 4. Kap.
284 Es gibt Anzeichen dafür, daß insbesondere die afrikanischen Staaten an den Verhandlungen kaum teilnahmen und deswegen keine Koalitionen bildeten, vgl. *C. Hamilton/J. Whalley*: Coalitions in the Uruguay Round, in: Weltwirtschaftliches Archiv 125 (1989), S. 547, Fn. 2; die geringe Teilnahme Schwarzafrikas in der Uruguay Runde unterstreicht auch *P. Witt*: Vom GATT zur WTO, in: Nord-Süd-Aktuell (1994), S. 55; generell skeptisch beurteilt *C. Raghavan*, (Anm. 67), S. 61 die Zusammenarbeit der LDCs in der Uruguay Runde, was er auch darauf zurückführt, daß man nicht mit der Unterstützung der ehemals sozialistischen Staaten habe rechnen können; außerdem habe es "continued and concerted efforts" gegeben, Koalitionsbildungen der Entwicklungsländer zu verhindern (ebd. S. 282).
285 *C. Hamilton/J. Whalley*, (Anm. 284), S. 549.
286 Ein größeres Maß an Abstimmung und Kohäsion erfordert die Bildung von echten Verhandlungskoalitionen ("negotiating coalitions"), da diese eine veritable Einigung in materiellen Fragen voraussetzen; hinzu kommt, daß diese Art von Koalitionen einen gemeinsamen Verhandlungsführer erforderlich machen, der autorisiert ist, im Namen der übrigen zu sprechen; *C. Hamilton/J. Whalley*, (Anm. 284), S. 555.

Verhandlungspunkte entweder auf die Agenda kommen oder aber ausgeklammert werden. Sie sind verhältnismäßig einfach zu schmieden und bieten den Staaten den Vorteil, daß ihr Anliegen mehr Nachdruck erhält. In der Frühphase der GATS-Verhandlungen, also noch vor der offiziellen Eröffnung der Uruguay Runde in Punta del Este 1986, standen sich die beiden folgenden Gruppen gegenüber: zum einen die Koalition der kleineren und mittleren entwickelten Staaten (EFTA, Kanada, Australien, Neuseeland) im Verbund mit einer Reihe von mittleren marktorientierten Entwicklungsländern (Kolumbien, Uruguay, Zaire, Indonesien, Thailand und Malaysia), die entschlossen auf eine Eröffnung der Uruguay Runde hinwirkten, und auf der anderen Seite eine Gruppe von "hardlinern" – Entwicklungsländer also, die entschieden gegen einen Einschluß der Dienstleistungsfrage in die GATT-Verhandlungen opponierten (sog. G-10: Brasilien, Indien, Ägypten, Jugoslawien, Peru, Nicaragua, Kuba, Nigeria, Tansania, Argentinien)[287]. Anliegen der G-10 war es, die Dienstleistungsverhandlungen von der GATT-Agenda fernzuhalten, zumindest aber eine Trennung der Dienstleistungs- von den Warenverhandlungen vorzunehmen, sowie Sonder- und Präferenzvereinbarungen zugunsten der Dritten Welt zu erreichen. Dabei waren die Bemühungen der "agenda-moving coalitions" zum Teil erfolgreich: man hatte, wie bereits dargelegt, zwar die Dienstleistungsverhandlungen nicht gänzlich verhindern können, zumindest aber eine Verständigung auf den "two track approach" erreicht[288].

Zugleich verkörperte die G-10 den dritten genannten Koalitionstyp der "blocking coalition", da es ihr gelang, den Verhandlungsbeginn hinauszuzögern. Allerdings löste sich die relativ erfolgreiche G-10 nach dem formellen Verhandlungsbeginn auf, und die Entwicklungsländer begannen – von gewissen Ausnahmen abgesehen –, ihre Interessen gesondert wahrzunehmen.

Nachdem die Agenda der neuen Verhandlungsrunde festgelegt war, schlossen sich einige Staaten zusammen, um gemeinsame Vorschläge vorzulegen (sog. "proposal-making coalitions"). Diese betrafen vor allem die Rechtsform und konkrete Gestalt des künftigen Rahmenabkommens für die Dienstleistungen, also den Entwurf von Rechtsregeln in einem verhältnismäßig neuen Rechtsgebiet[289]. Auch diese Koalitionen waren relativ leicht zu bilden, da es lediglich galt, gemeinsame Interessenfelder abzustecken, nicht aber, Zugeständnisse auszuhandeln. Für Entwicklungsländer bot diese Art von Koalitionen den Vorteil, daß sie in einer technisch komplexen Materie, in der sie sich verhältnismäßig wenig zu Hause fühlten, nicht unbedingt eigene Entwurfsvorstellungen formulieren mußten, und dennoch ihre Ansichten zu vertreten wußten.

Im Ergebnis ist festzuhalten, daß es – ausgenommen die Blockadekoalition in der Anfangszeit – nur wenige starre Blockformationen gab, sondern vielmehr eine pluralistische und ergebnisorientierte Teilnahme der Entwicklungsländer, die in Sachfragen zusammenarbeiteten, so weit es ihnen sinnvoll erschien. Daß dies zu einer Schwächung der die Gesamtinteressen der Dritten Welt vertretenden G-77 führte, war unvermeidbar. Es schien, also ob die Gemeinsamkeiten der Entwicklungsländerinteressen abgenommen hätten:

---

287 Der Nukleus der G-10 war die aus Argentinien, Brasilien, Indien, Ägypten und Jugoslawien bestehende G-5 gewesen; näher zur G-5: *C. Hamilton/J. Whalley*, (Anm. 284), S. 551.
288 Näher zum "two track approach" bereits im 3. Kap. 1 e).
289 Eine Analyse der wichtigsten Entwicklungsländervorschläge enthält das 4. Kap.

"The bloc-wide approach often associated with developing countries in global negotiations has become less evident given the bargaining format of GATT"[290].

Ein weiteres Instrument zum Aufbau von Verhandlungsmacht stellte das Lobbying privatwirtschaftlicher Vereinigungen dar; diese können agieren, um die Verhandlungsmacht der jeweiligen Regierungen zu stärken. Die Rolle von Lobbies und Interessengruppen (z.B. Spitzenverbände der Industrie, Gewerkschaften, Verbraucherverbände) ist als politische Unterstützungsleistung prinzipiell wichtig in Verhandlungen, aber auch bereits in den Vorverhandlungen. Eine wesentliche Funktion der Lobbies besteht darin, daß sie die in Verhandlungen befindliche Regierung über die politischen Kosten informieren, welche die Einnahme einer bestimmten Verhandlungsposition impliziert[291]. Im Bereich des GATT agierten eine Reihe von Industriellenvereinigungen[292], deren Anliegen es war, Zugang zu ausländischen Märkten zu erhalten. Ihr Einfluß war so groß, daß man bereits "signs of an internal erosion of sovereignty of governments resulting from (...) grants of privileges to organised groups" sah und GATT als "part of the domestic constitutional order of each contracting party" betrachtete[293].

Ein Beispiel ist die Hong Kong Coalition of Services Industries (HKCSI): Innerhalb der HKCSI hatte sich im Jahre 1990 erstmals ein für Fragen der Liberalisierung von Telekomdiensten zuständiges Organ, das Information Services Committee, unter dem Vorsitz eines Vertreters von Hongkong Telecom, gebildet[294]. Unter anderem war es Aufgabe dieses Zusammenschlusses, die privatwirtschaftlichen Interessen in die offizielle, in Genf vertretene Verhandlungsposition Hongkongs einzubringen[295].

Dabei nutzte HKCSI zwei Kanäle, um seinen Einfluß in den GATS-Verhandlungen geltend zu machen. Zum einen wandte man sich direkt an die eigene Regierung, zum anderen kooperierte man mit den übrigen internationalen Coalitions of Services Industries (CSIs)[296] und baute so eine Art weltweites Netzwerk auf. Seit 1990 hatte HKCSI eine enge, wenngleich informelle Arbeitsbeziehung mit dem "Trade Department" der Regierung Hongkongs unterhalten, dem die offizielle Vertretung bei GATT zukam. Ein Regierungsvertreter wurde zu den meisten Sitzungen des HKCSI geladen, um dort von den Fortschritten im GATT zu berichten und umgekehrt lieferte das HKCSI der Regierung Hongkongs regelmäßig Positionspapiere und sektorielle Listen, um bei der For-

---

290 *J. Whalley*, (Anm. 66), S. 10; auch *C. Häberli*: Das GATT und die Entwicklungsländer, in: *T. Cottier (Hrsg.)*: GATT-Uruguay Round (1995), S. 137 weist darauf hin, daß die Entwicklungsländer - von der Gruppe der am wenigsten entwickelten Länder und einigen politischen Stellungnahmen abgesehen - in den Substanzverhandlungen selten als Gruppe auftraten.
291 *B. Hoekman/M. Kostecki*, (Anm. 47), S. 63; *B. A. Petrazzini*: The Political Economy of Telecommunications Reform in Developing Countries. Privatization and Liberalization in Comparative Perspective (1995), S. 7, 36 f.
292 Allgemein zu den von Interessenvertretungen aus Industrie und Handel geleisteten Inputs für das politische System internationaler Organisationen *V. Rittberger*, (Anm. 120), S. 115.
293 *F. Roessler*, (Anm. 36), S. 297 f.
294 Einzelheiten bei *W. K. Chan*: Trade in Computer Services and the Role of Telecommunications. The Hong Kong Case, Hong Kong Coalition of Services (1994), S. 32.
295 *W. K. Chan*, (Anm. 294), S. 33; vgl. wortgleich auch *W. K. Chan*: Secretary General Hong Kong Coalition of Service Industries, Trade in Computer Services and the Role of Telecommunications: The Hong-Kong Case. A Report prepared for UNCTAD/UNDP Project RAS/92/034 "Institutional Capacity for Multilateral Trade", UNCTAD/MTN/RAS/CB.19, 4 November 1994, S. 30.
296 Zum CSI network gehörten CSI Argentinien; CSI Australien; Service Exporter's Committee of Canada; European Community Services Group; European Services Industries Forum; Hong Kong Coalition of Services; New Zealand CSI; South Asia Service Industries Forum; British Invisibles; USCSI.

mulierung einer Verhandlungsposition im GATT behilflich zu sein. Zur gleichen Zeit bildete man eine lockere Allianz mit den übrigen CSIs (ca. zehn), die sich mindestens einmal im Jahr traf. Diese und ähnliche Aktivitäten wurden als "very useful in harmonising the private sector's commercial objectives with the government's negotiating objectives" eingestuft[297].

Auch hier vermochte man eine allerdings eine gewisse Unterlegenheit gegenüber der "Organisationsfähigkeit"[298] westlicher Industriellenvereinigungen nicht zu leugnen, denn obwohl man die internationale Telekommunikationspolitik aktiv mitgestaltet hatte, sah man noch "einen langen Weg" vor sich, bevor man einen mit den westlichen Lobbies vergleichbaren Einfluß erreicht haben würde[299].

d) Die Funktion der UNCTAD[300] in den Liberalisierungsverhandlungen

Der Aufbau von Verhandlungsmacht ist immer auch ein Problem der Information. Hier sahen die Entwicklungsländer ernsthafte Nachteile für sich, vor allem mit Blick auf eine Asymmetrie im Zugang zu Regulierungen betreffenden Informationen[301]. Dies führe zu einer Benachteiligung auf der Verhandlungsebene, speziell zu einer Reduktion ihres Verhandlungsspielraums, da es ihnen erschwert sei, "requests" zu formulieren und den Wert von Angeboten anderer Parteien ("offers") einzuschätzen[302].

Wie bereits erwähnt, gab es zum Zeitpunkt der Eröffnung der Uruguay Runde erst wenige Entwicklungsländerstudien[303], und auch heute ist die Informationslage schwach, "available data on trade in services are weak (...)"[304]. Soweit Untersuchungen zum damaligen Zeitpunkt existierten, stammten sie primär aus dem Umfeld der Befürworter des weltweiten Dienstleistungshandels[305], eigene Studien der Entwicklungsländer oder solche von liberalisierungskritischen Forschern waren rar.

Aus diesem Grund blieb die Zurückhaltung der meisten Entwicklungsländer gegenüber einer Liberalisierung von Dienstleistungen, Telekomdienste eingeschlossen, auf schwachem intellektuellen Fundament fortbestehen, ohne daß es ihnen im Gegenzug gelungen wäre, substantielle Positionen in den GATT-Vorverhandlungen aufzubauen – man beschränkte sich in der Folge meist auf formale Ablehnung. Da es in der Vorphase der Verhandlungen keinen breit angelegten Diskurs über das Für und Wider des Dienst-

---

297 *W. K. Chan*, (Anm. 294), S. 33.
298 Zu diesem Begriff siehe bereits oben.
299 *W. K. Chan*, (Anm. 294), S. 33.
300 Nicht verschwiegen werden soll, daß auch andere internationale Organisationen, wie der Internationale Währungsfonds, die Weltbank, das International Trade Centre und UNDP den Entwicklungsländern durch "Technical Assistance Programmes" im Dienstleistungsbereich Unterstützung gewähren, näher *UNCTAD/The World Bank*: Liberalizing International Transactions in Services. A Handbook (1994), S. 157 ff.
301 *U. Kumar*: Accessing Information on Service Regulations: UNCTAD's MAST Database, in: Asia-Pacific Telecommunity, Report of the Seminar on Telecommunications' Support for Trade in Services (APT/SEM/UNCTAD/94), Male, Republic of Maldives, 14-17 May, 1994, Doc. No. TELTRADE-19, S. 380.
302 *U. Kumar*, (Anm. 301), S. 380.
303 Einen Überblick über den Stand der Entwicklungsländerforschung gibt das 1. Kap. 1 d).
304 *B. Hoekman/M. Kostecki*, (Anm. 47), S. 129.
305 Siehe bereits das 3. Kap. 1 d); *C. Raghavan*, (Anm. 67), S. 27 erklärt das Fehlen von Stellungnahmen aus der Dritten Welt damit, daß dort ein Überlebenskampf herrsche, der internationale Aspekte wenig vordringlich erscheinen lasse, aber auch damit, daß die Medien der Dritten Welt von den liberalisierungswilligen Staaten abhängig seien.

leistungshandels gab, versäumte man einige wichtige Gelegenheiten zur Abstimmung mit den übrigen Entwicklungsländern. Das "einigende Band" für eine Kooperation in Sachfragen wurde nicht fest geschmiedet – ein Umstand, der im übrigen auch den weiteren Verlauf der Uruguay Runde beeinflußt hat.

UNCTAD hatte es sich zum Ziel gesetzt, während und im Anschluß an die Liberalisierungsverhandlungen zum GATS einige wichtige Funktionen auszuüben. Dazu gehörten:

- Politikanalysen;
- zwischenstaatliche (intergouvernementale) Beratungen;
- die Förderung von Konsensbildung;
- Verhandlungen;
- technische Hilfe.

UNCTADs Beistand wurde und wird von den Entwicklungsländern regelmäßig in Anspruch genommen, nicht nur im Vorfeld und während der Liberalisierungsverhandlungen, sondern auch *ex post*, bei der Einschätzung der im General Agreement on Trade in Services (GATS) erzielten Ergebnisse[306]. Man half ihnen bei der Formulierung von Handels- und Entwicklungspolitiken unter Einschluß der Dienstleistungen, bei der Exportförderung und allgemein bei den Verhandlungen über diese Exporte behindernde Handelshemmnisse[307].

Nachdem das internationale Interesse am Dienstehandel Anfang der 80er Jahre zugenommen hatte, erhielt das UNCTAD-Sekretariat durch die Sitzung des 30. Trade and Development Board im März 1985 ein breiteres Mandat. Das Sekretariat sollte nunmehr auch definitorische und konzeptionelle Fragen des Dienstesektors klären, und entsprechende Statistiken zur Verfügung stellen. Insgesamt sollte eine detailliertere Einschätzung von Entwicklungsfragen möglich werden und einzelnen Staaten, die eigene Studien zu erstellen beabsichtigten, sollte Unterstützung gewährt werden.

In der Folgezeit wurden weitere Untersuchungen über die Rolle von Dienstleistungen in der Weltwirtschaft allgemein und speziell in der Wirtschaft einiger Entwicklungsländer durchgeführt. 1992 erhielt schließlich das UNCTAD Standing Committee on Developing Service Sectors den Auftrag "information on measures, including laws and regulations, affecting the access of services and service suppliers to world markets, including a study of the possibility of setting up a computerized database in this regard,

---

306 So enthielt der Text der *Entwurfsresolution der G-77*: UNCTAD, Trade and Development Board Committee on Transfer of Technology, Eighth Session, Geneva, 22 April 1991, Transfer and Development of Technology in a Changing World Environment: The Challenges of the 1990s, Draft Resolution submitted by Mexico on behalf of the States Members of the Group of 77, Distr. Limited, UN DOc. TD/B/C.6/L.103, 24 April 1991 (withdrawn) die Aufforderung an UNCTAD, eine Studie durchzuführen:
"In that respect, that study should cover the implications of the integration schemes among developed countries; the possible outcome of Uruguay Round and of economic changes in individual countries of Eastern Europe for the technological transformation of developing countries." (Entwurfsresolution der Gruppe 77, UN Doc. TD/B/C.6/LO.103, S. 4, Ziff. 10).

307 *M. Gibbs*: Work on Fostering Competitive Services Sector in Developing Countries under UNCTAD Committee on Developing Services Sector, in: Asia-Pacific Telecommunity, Report of the Seminar on Telecommunications` Support for Trade in Services (APT/SEM/UNCTAD/94), Male, Republic of Maldives, 14-17 May, 1994, Doc. No. TELTRADE-30, S. 551-560; zur Unterstützung der Entwicklungsländer durch UNCTAD auch *B. Lanvin*, (Anm. 68), S. 92; *wie UNCTAD/The World Bank*: Liberalizing International Transactions in Services. A Handbook (1994), S. 156 es formulierte: "Technical-assistance programmes are one avenue through which know-how and technological capabilities can be transferred to developing countries."

with a view to enhancing the service exports of developing countries" zu sammeln und zu verbreiten[308]. Im Einklang mit diesem Mandat des Standing Committee wurde 1993 eine Datenbank, das heißt ein Informationssystem "on measures affecting service trade" (MAST), entwickelt[309], das nicht nur den weiteren GATT/WTO-Verhandlungsprozeß unterstützen sollte, sondern auch generell privatwirtschaftliche Unternehmen; es sollte ihnen behilflich sein, die regulatorischen Situationen in verschiedenen Staaten zu vergleichen und auf diese Weise Marktzutrittshindernisse zu überwinden.

Das jahrelange Wirken von UNCTAD im Zuge des fortschreitenden Diensteliberalisierungsprozesses war für die Entwicklungsländer von Bedeutung, weil sie auf diese Weise auf wertvolle Informationen und das Fachwissen einer UN-Organisation zurückgreifen konnten, die aufgrund ihrer entwicklungspolitischen Zielsetzung ihr Vertrauen genoß und zugleich über langjährige Erfahrung mit Dienstleistungen verfügte. UNCTADs Beitrag läßt sich als wichtig und konstruktiv charakterisieren. Unter anderem veranstaltete das UNCTAD-Sekretariat mehrere Seminare, auf denen Akademiker aus der Dritten Welt mit westlichen Forschungsinstituten sowie Firmen zusammengebracht wurden; es koordinierte seine Aktivitäten mit der GNS Gruppe und startete ein technisches Hilfsprogramm, um den LDCs zu helfen. Auch wurden UNCTAD-Analysen erstellt und unter den Entwicklungsländern verteilt[310].

Wie sich anhand einiger Veröffentlichungen in der (UNCTAD) Zeitschrift "Trade and Development" und mancher Arbeitspapiere ablesen läßt, teilte UNCTAD zunächst die Skepsis der Entwicklungsländer – der Begriff "international trade in services" wurde kritisch hinterfragt und Zweifel an der Anwendbarkeit von Handelskonzepten wurden geäußert. Selbst da, wo man Dienstetransaktionen als Handel ansehen könnte, sei dies doch eher als Ausnahme zur Regel der "services delivery via FDI", also ausländischen Direktinvestitionen, anzusehen, hieß es[311].

Immer wieder schimmerten in den UNCTAD-Stellungnahmen der frühen Dienstleistungsdiskussion (bis 1984/1985) Zweifel an der Handelbarkeit von Diensten und der GATT-Zuständigkeit für diese Fragen durch. Eine enge Fassung des Dienstleistungskonzepts wurde befürwortet und UNCTAD griff die Sorge der Entwicklungsländer vor multinationalen Konzernen[312] auf.

Als Verhandlungstaktik wurde den Entwicklungsländern zum Teil empfohlen, keinen zu großen Ehrgeiz bei der Ausarbeitung des Rahmenabkommens zu entwickeln. Es sei ausreichend, wenn das "initial framework" zunächst einmal eine Definition des Dienstleistungshandels enthielte, und daneben die Zusage, auch künftig Liberalisierungsver-

---

308 Mandat des UNCTAD "Standing Committee on Developing Service Sectors" zitiert nach APT/ SEM/UNCTAD/94, Male, Republic of Maldives, 14-17 May, 1994, Doc. No. TELTRADE-19, S. 381.
309 *U. Kumar*, (Anm. 301), S. 381 mit weiteren Einzelheiten zu MAST und der Weiterentwicklung dieses Systems, ebd. *Kumar* S. 382 ff.
310 Vgl. nur *M. Gibbs/M. Hayashi*, (Anm. 80), S. 1-48; *P. Brusick/M. Gibbs/M. Mashayekki*: Anti-Competitive Practices in the Services Sector, in: UNCTAD, Uruguay Round: Further Papers on Selected Issues (1990), S. 129-56; vgl. nur die in Zusammenarbeit mit UNDP erstellte Studie UNCTAD/UNDP Interregional Project "Support to the Uruguay Round of Multilateral Trade Negotiations", Telecommunications in the Framework Agreement on Trade in Services – Considerations for Developing Countries, Report Prepared by *R. G. Pipe*, UN Doc. Restricted, UNCTAD/ MTN/INT/CB.22, May 1991.
311 *UNCTAD:* International Trade in Goods and Services: Protectionism and Structural Adjustment, TD/B/1008 (1985).
312 Näher zu diesen Befürchtungen im 3. Kap. 1 c) und im 4. Kap. 3 d).

handlungen zu führen, sowie eine Transparenzbestimmung[313]. Darüber hinaus könnten spezielle Marktzugangsverpflichtungen als "initial payment" angeboten werden; eine Ausnahmeklausel (ähnlich Art. XX und XXI GATT) und "safeguard mechanisms" wären in jedem Fall notwendig[314].

Für seine "liberalisierungskritischen" Stellungnahmen war das UNCTAD-Sekretariat mehrfach von westlicher Seite getadelt worden. So hat beispielsweise der Vertreter der EG im "Trade and Development Board Committee on Transfer of Technology", *Jean-Louis Tordeur,* festgestellt, daß

> "the Community had on various occasions disagreed with the secretariat's views on the implications for developing countries of liberalization in the services sector"[315].

Die kritische Einschätzung, der "Pessimismus" des UNCTAD-Sekretariats, "sa vision pessimiste", "singulièrement dépourvue de nuances", wurde angegriffen[316].

Es ist nicht auszuschließen, daß diese und ähnliche Kritik auf fruchtbaren Boden fielen, denn allmählich zeichnete sich in mehreren UNCTAD-Studien und Untersuchungen eine liberalisierungsfreundlichere Linie ab. Die meisten der zu Ende der 80er Jahre veröffentlichten UNCTAD-Untersuchungen waren deutlich optimistischer und hoben die "interlinkages" zwischen dem Dienstesektor und anderen produktiven Wirtschaftssektoren hervor und unterstrichen, daß von Telekomdiensten eine entwicklungsfördernde Wirkung ausgehe. Aus diesem Grund dürfe man sie nicht aus dem Diensteabkommen der Uruguay-Runde ausschließen:

> "Telecommunications is an important tool in the development process; therefore its coverage under a service agreement could contribute to economic growth and to the development of developing countries"[317].

Man versuchte, Berührungsängste von Verantwortlichen der Entwicklungsländer hinsichtlich des Themas "Dienstleistungshandel" sukzessive mit dem Argument abzubauen, daß eine Liberalisierung des Weltdienstehandels zu einer Beschleunigung der technologischen Entwicklung, besserem Zugang zu eingesetzten technologischen Produktionsmitteln und einer besseren Exportunterstützung[318] führe.

Entscheidend für die Teilhabe der Entwicklungsländer am Weltdienstleistungshandel sei es, die Entwicklungsunterschiede zu berücksichtigen und den einheimischen Dienst-

---

313 *M. Gibbs/M. Hayashi,* (Anm. 80), S. 47 f.
314 *M. Gibbs/M. Hayashi,* (Anm. 80), S. 48.
315 *Representative of the European Economic Community:* in: *UNCTAD (Hrsg.):* Trade and Development Board Committee on Transfer of Technology, Rapporteur: Mr. Jean-Louis Tordeur (Belgium), Draft Report on Transfer of Technology on its Eighths Session, held at the Palais des Nations, Geneva, April 1991, Distr. Limited, UN Doc. TD/B/C.6/L.104/Add.1, 29 April 1991, S. 6, Ziff. 21.
316 Déclaration de la Présidence au nom de la Communauté économique Européenne et de ses Etats membres à la commission sur le transfert de technologie de la CNUCED (8ème session, Genève, 22 au 30 avril 1991), Genève, le 23 avril 1991, S. 4.
317 *R. G. Pipe,* (Anm. 71), S. 105.
318 *UNCTAD, Trade and Development Board,* Committee on Transfer of Technology, Eighth Session, Geneva, 22 April 1991, Transfer and Development of Technology in a Challenging World Environment: The Challenges of the 1990s, Report by the UNCTAD Secretariat, Distr. general, UN Doc. TD/B/C.6/153, 25 January 1991, S. 12.

leistungssektor zu stärken[319]. Dabei setzte man in UNCTAD stärker als in GATT auf eine Politik der "incentives"[320], also auf Steuererleichterungen oder finanzielle Hilfen.

Als Ergebnis der Uruguay Runde versprach man sich "a wide range of activities encompassing (...) telecommunications"[321]. Ob die LDCs allerdings in gleichem Maße von der Liberalisierung des Dienstleistungshandels profitieren würden wie die übrigen, wirtschaftlich stärker entwickelten Staaten, wurde von UNCTAD-Seite weiterhin, auch nach Fertigstellung des General Agreement on Trade in Services und der Anlage zur Telekommunikation, in Frage gestellt:

"(...) considerable doubts remain whether the liberalization of trade in services would lead, over the foreseeable future, to a significant enlargement of LCDs' participation in the burgeoning services trade"[322].

e) Die Stärkung der Verhandlungspositionen der Entwicklungsländer durch technische Kooperation des GATT

Die technische Kompliziertheit der Telekommunikationsdienste, aber auch terminologische Unklarheiten haben zu der defensiven Haltung der Entwicklungsländer in der Frauge des Handels mit Dienstleistungen sowie zur grundsätzlichen Skepsis der Dritten Welt gegenüber einer internationalen Übereinkunft beigetragen. Ein spezielles Problem sahen die Entwicklungsländer darin, "to evaluate the impact of different trade scenarios on their own domestic economies in the absence of reliable and consistent basic economic data"[323]. Folglich maßen sie einer handelsbezogenen Unterstützung große Bedeutung bei, denn es lag ihnen sehr an der Erhellung einiger für sie unklarer Fragen. Aufgrund der Komplexität der Verhandlungen, insbesondere der auszuhandelnden "commitments", kam der den Entwicklungsländern von GATT gewährten technischen Kooperation ein besonderer Stellenwert zu.

Da innerhalb des GATT Interesse an einem Verhandlungserfolg bestand, zeigte man sich bereits während der laufenden Verhandlungen, aber auch in der Post-Uruguay Phase bereit, im Wege technischer Kooperation[324] den Kenntnis- und Wissensstand der für Fragen des (Telekom-)Dienstehandels Verantwortlichen zu verbessern. Anläßlich der Annahme der Punta del Este-Deklaration am 20. September 1986 gab der Vorsitzende des Ministertreffens eine Erklärung ab[325], in der festgehalten wurde, daß die Entwicklungsländer technische Hilfe benötigten, um in vollem Umfang an den GATT-Verhandlungen teilzunehmen. Diese technische Hilfe sollte durch das entsprechend erweiterte GATT-Sekretariat zur Verfügung gestellt werden.

---

319 UNCTAD, Trade and Development Board, (Anm. 318), S. 12.
320 Die Linie von UNCTAD gegenüber GATT grenzen ab *M. Gibbs/M. Hayashi*, (Anm. 80), S. 13.
321 *R. G. Pipe*: Telecommunications Services: Considerations for Developing Countries in Uruguay Round Negotiations, prepared for UNCTAD, May 1989, S. 113.
322 *UNCTAD:* The Least Developed Countries 1992 Report, prepared by the UNCTAD Secretariat, TD/B/39 (2)/10, UNCTAD/LDC(1992), 1993, S. 114.
323 *B. Lanvin*, (Anm. 68), S. 90.
324 Ein "summary of technical cooperation activities carried out by GATT in favour of least-developed countries" ist enthalten in Section III, COM.TD/LLDC/W/51/Add.1.
325 Basic Instruments and Selected Documents, 33rd Supplement, GATT 1987, S. 19 ff.

Das Committee on Trade and Development hat in der Folge periodisch das technische Kooperationsprogramm des GATT-Sekretariats überprüft[326], welches um größtmögliche Flexibilität bemüht war und sich nach den Prioritäten der jeweiligen Verhandlungsphase richtete. So zielte die technische Kooperation gegen Ende der Uruguay Runde (seit etwa 1992) verstärkt auf eine Unterstützung der Entwicklungsländer bei der Vorbereitung ihrer Angebote hinsichtlich Marktzugang und Dienstleistungen. Das Sub-Committee on Trade of Least-Developed Countries wiederum hatte es übernommen, diejenigen Aspekte der Uruguay Runde, die für LDCs von besonderer Bedeutung waren, regelmäßig zu überwachen[327].

Inhaltlich gesehen waren die folgenden Aktivitäten hilfreich für die Entwicklungsländer:

(1) Die Verbesserung des Informationsniveaus

Auf Ersuchen wurden den Delegationen von Entwicklungsländern Einzelheiten über nicht-tarifäre Maßnahmen und Informationen, die sie für Konsultationen und Verhandlungen benötigten, zugänglich gemacht. Des weiteren wurden Informationen geliefert, um den Entwicklungsländern zu helfen, die Marktzugangsangebote anderer Staaten besser einschätzen zu können[328].

Auf Anfrage wurden für die Delegationen der Entwicklungsländer auch Hintergrundberichte über spezielle Aspekte vorbereitet, wobei besondere Aufmerksamkeit den Anforderungen der LDCs an technische Hilfe ("technical assistance requirements") geschenkt wurde.

Im Vorfeld des Abschlusses der Uruguay Runde wurden schließlich auch Delegationen aus den Entwicklungsländern hinsichtlich des Fortgangs der Verhandlungen beraten und wissensmäßig auf den aktuellen Stand gebracht.

(2) Missionen und Seminare

Von Oktober 1992 bis Oktober 1993 hatten 37 Seminare zur Verbesserung der technischen Kooperation in den Hauptstädten der Entwicklungsländer stattgefunden, um den Offiziellen bei der Vorbereitung der Konzessionen behilflich zu sein[329]. Auch hier wurde den Bedürfnissen der LDCs und der kleineren, vor allem der afrikanischen Entwicklungsländer, Rechnung getragen. Im Laufe des Jahres 1993 gab es insgesamt 12 Seminare im Rahmen der technischen Kooperation in Entwicklungsländern, um den Entwurf der WTO-Schlußakte zu erklären und ihnen bei der Vorbereitung ihrer ersten Angebote zu helfen.

---

326   So hat das Committee on Trade and Development beispielsweise auf seiner 73. Sitzung im November 1992 das Programm des GATT-Sekretariats auf der Grundlage von COM.TD/W/499 überprüft; vgl. auch GATT, *Committee on Trade and Development*, Seventy-Sixth Session, 16 and 23 November 1993, Restricted, COM.TD/W/507, 25 October 1993, Limited Distribution, Annotated Provisional Agenda, Ziff. 2.
327   *GATT, Subcommittee on Trade of Least Developed Countries*, 6 May 1993, Note on Proceedings of the Fourteenth Meeting, Prepared by the Secretariat, Restricted, COM.TD/LLDC/15, 10 June 1993 (Distr. limited).
328   *GATT, Committee on Trade and Development*, Seventy-sixth Session, 16 and 23 November 1993, Technical Cooperation with Developing Countries in the Context of the Uruguay Round, Restricted, COM.TD/W/505, 26 Oct. 1993 (Distr. limited), Ziff. 4.
329   GATT, Committee on Trade and Development, (Anm. 328), Ziff. 5.

Ein speziell der WTO-Streitbeilegung[330] gewidmetes Seminar ("Dispute Settlement Course") fand im Juli 1993 in Genf statt. Es wurde gemeinsam von der Technical Cooperation Division und der Legal Affairs Division organisiert und in seinem Verlauf gab es auch eine Simulationsübung.

Die Technical Cooperation Division organisierte außerdem in verschiedenen Ländern Afrikas, Asiens und Lateinamerikas eine Reihe allgemeiner Seminare über GATT und die Uruguay Runde; einige dieser Seminare wurden für Länder veranstaltet, die einen GATT-Beitritt erwogen[331].

Auch regionale Workshops fanden statt. Beispielsweise wurde ein von der japanischen Regierung finanzierter "Workshop on the Uruguay Round Negotiations" im Februar 1993 für die asiatischen Entwicklungsländer in Bangkok organisiert[332]. Ziel solcher Veranstaltungen war es, die Offiziellen in den Hauptstädten des Südens über die Entwicklungen in den verschiedenen Bereichen der Dienstleistungsverhandlungen zu informieren.

(3) Instruktionen an Delegierte und Offizielle

Ein wesentliches Element des Technical Assistance Programme des GATT-Sekretariats war auch das "Briefen" von Delegationen und "visiting officials" aus Entwicklungsländern. Dabei gab es zwei verschiedene Arten; zum einen wurden individuelle Briefings für einzelne Delegationen veranstaltet, wobei entweder allgemein über den Fortschritt der Uruguay Runde oder über Gebiete von speziellem Interesse informiert wurde; zum anderen gab es regelrechte "Briefing-Sitzungen" für mehrere Delegationen. So fand zum Beispiel im Dezember 1992 eine vom GATT-Sekretariat organisierte Veranstaltung über die Uruguay Runde für ACP-Staaten aus dem afrikanischen, karibischen und pazifischen Raum statt, die von Offiziellen aus insgesamt 45 Staaten besucht wurde. Finanziert wurde diese Veranstaltung von der Europäischen Gemeinschaft und den nicht der ACP angehörenden GATT-Staaten[333].

Zu erwähnen ist zudem eine auf Ersuchen der damals den GATT-Beitritt erwägenden saudiarabischen Regierung für saudische Offizielle abgehaltene Sitzung, die im Juli 1993 in Genf stattfand.

---

330 Die WTO-Streitbeilegung behandelt das 5. Kap. 4 d).
331 Zur "Technical Cooperation and Training Division" innerhalb des GATT Sekretariats, vgl. auch *Strategic Planning Unit* (Anm. 93), S. 12. In den ersten beiden Jahren ihres Bestehens hat die WTO insgesamt 203 technische Kooperationsprojekte durchgeführt; der ordentliche Haushaltsbetrag für die technische Kooperation beträgt 550.000 US Dollar, für Ausbildungszwecke („Training") 850.000 US Dollar (Stand 1998).
332 Ca. 40 senior and middle-level officers aus 18 asiatischen Entwicklungsländern nahmen daran teil, vgl. *GATT, Committee on Trade and Development*, Seventy-sixth Session, 16 and 23 November 1993, Technical Cooperation with Developing Countries in the Context of the Uruguay Round, Restricted, COM.TD/W/505, 26 Oct. 1993 (Distr. limited), Ziff. 8.
333 *GATT, Committee on Trade and Development*, Seventy-Sixth Session, 16 and 23 November 1993, Technical Cooperation with Developing Countries in the Context of the Uruguay Round, Restricted, COM.TD/W/505, 26 Oct. 1993 (Limited Distribution), Ziff. 10; allgemein zu den Trade Policy Training Courses: *Strategic Planning Unit, International Telecommunication Union*, (Anm. 93), S. 12.

(4) Mitwirkung des GATT an regionalen Informationsprojekten

UNCTAD hatte in Zusammenarbeit mit UNDP einige Projekte zur technischen Kooperation aufgelegt, die in Bezug zur Uruguay Runde standen. An einigen dieser Projekte wirkte GATT mit. Dazu gehören:

- Im asiatischen und pazifischen Raum das Projekt über Institutional Capacities for Multilateral Trade (RAS/92/034), das den Entwicklungsländern in der späten Phase der Uruguay Runde technische Hilfe leisten und ihnen bei der Implementierung der Ergebnisse behilflich sein soll. Das Projekt weist auch Bezüge zum Dienstleistungshandel auf[334].
- Im lateinamerikanischen Raum das UNDP-UNCTAD Projekt (RLA//92/012), LATINTRADE, bei dem es sich um einen Zusammenschluß regionaler und subregionaler Institutionen, eingeschlossen die OAS, die Inter-American Development Bank sowie das Latin American Economic System (SELA) handelt. LATINTRADE behandelt Implementationsfragen nach Abschluß der Uruguay Runde ebenso wie allgemeine Aspekte des Dienstleistungshandels[335].
- Das im zentralamerikanischen Raum angesiedelte Projekt CAM/90/008, welches in Zusammenarbeit mit ECLAC und in Verbindung mit SIECA durchgeführt wird, hat den zentralamerikanischen Staaten sowohl bei der Teilnahme an der Uruguay Runde geholfen als auch hinsichtlich eines GATT-/WTO-Beitritts.
- In Afrika das Projekt RAF/87/157, welches den afrikanischen Staaten Unterstützung bei der Teilnahme an der Uruguay Runde gewährt; allerdings gab es aufgrund von Mittelkürzungen bei UNCTAD kein mit dem asiatisch-pazifischen und lateinamerikanischen Raum vergleichbares Programm.

Diese und ähnliche Aktivitäten, wie sie von GATT entfaltet wurden, sollten die Verhandlungspositionen der verhandlungstechnisch schwächeren Entwicklungsländer stärken. Zusammenfassend läßt sich davon ausgehen, daß sie insbesondere von den kleineren und am wenigsten entwickelten Staaten als ein nützlicher Beitrag empfunden wurden, um an den Verhandlungen über die Liberalisierung der Telekomdienste teilnehmen zu können.

---

334 *Communication from UNCTAD*, Technical Assistance to Developing Countries in the Context of the Uruguay Round, Restricted, COM.TD/W/508, 15 November 1993, (Distr. limited), S. 2.
335 *Communication from UNCTAD*, (Anm. 334), S. 2.

4. Kapitel: Materielle Verhandlungspositionen der Entwicklungsländer im Rahmen der Liberalisierungsverhandlungen

Gemäß dem im September 1986 in Punta del Este, Uruguay, beschlossenen Verhandlungsmandat hatten die Dienstleistungsverhandlungen im wesentlichen drei Ziele:
- die Schaffung eines multilateralen Rahmens von Grundsätzen und Regeln für den internationalen Dienstleistungshandel;
- die Ausweitung des Dienstleistungshandels unter Bedingungen der Transparenz und der fortschreitenden Liberalisierung;
- die Förderung des Wirtschaftswachstums aller Handelspartner und die Entwicklung der Entwicklungsländer.

Die Liberalisierungsverhandlungen im GATT basieren im Prinzip auf der neoklassischen Außenhandelstheorie, die davon ausgeht, daß der ungehinderte internationale Warenaustausch durch die Nutzung komparativer Kostenvorteile den Wohlstand aller am Handel beteiligten Länder mehrt[1]. Für eine erfolgreiche Liberalisierung des Dienstehandels, die auch von greifbarem Nutzen für die Entwicklungsländer sein sollte, wurden einige zusätzliche, politische Konditionen genannt. Folgende Aspekte sollten in den Dienstleistungsverhandlungen berücksichtigt werden[2]:
- Lösungen müßten im breiteren Kontext der Verschuldungskrise und der infrastrukturellen Entwicklung gesehen werden;
- für gelernte und ungelernte Arbeitskräfte der Entwicklungsländer müsse Zugang zu ausländischen Märkten geschaffen werden;
- der Nutzen der allmählichen Liberalisierung des Dienstleistungshandels dürfe nicht nur einer Reihe von Firmen in Industriestaaten zugute kommen;
- es dürfe keine neuen diskriminierenden Maßnahmen oder eine Unterminierung der unbedingten Meistbegünstigungsklausel geben;
- kompensatorische Maßnahmen würden notwendig, um Firmen aus Entwicklungsländern dabei zu helfen, ihre Wettbewerbspositionen zu verbessern.

Worauf die materiellen Forderungen der Entwicklungsländer im einzelnen gerichtet waren, sucht der folgende Abschnitt zu erhellen. Als Grundlage der Untersuchung

---

1   Eine erhebliche Abweichung zwischen der Handelsliberalisierungstheorie und der Praxis der Industriestaaten verzeichnete allerdings eine von OECD und Weltbank gemeinsam verfaßte Studie; die OECD Staaten würden zwar allesamt die Liberalisierung als Wirtschaftsideologie gutheißen, aber ihre Handelspraktiken würden in die entgegengesetzte Richtung zeigen; hingegen hätten zahlreiche Entwicklungsländer, die früher protektionistische Maßnahmen befürwortet hätten, weitreichende Reformen durchgeführt: *J. Goldin/O. Knudsen/D. van der Mensbrugghe*: Trade Liberalisation: Global Economic Implications, OECD, Paris; World Bank, Washington (1993), S. 21; ähnlich *B. A. Petrazzini*: The Political Economy of Telecommunications Reform in Developing Countries. Privatization and Liberalization in Comparative Perspective (1995), S. 1; zum Ganzen auch *M. Wolf*: Why Trade Liberalization is a Good Idea, in: *J. M. Finger/A. Olechowski (Hrsg.)*: The Uruguay Round. A Handbook on the Multilateral Trade Negotiations. A World Bank Publication (1987), S. 14 ff.; *S. A. Schirm*: Entwicklung durch Freihandel? Zur politischen Ökonomie regionaler Integration, in: *P. J. Opitz (Hrsg.)*: Grundprobleme der Entwicklungsregionen, der Süden an der Schwelle zum 21. Jahrhundert (1997), S. 240 ff.

2   Im folgenden *M. Gibbs/M. Hayashi*: Sectoral Issues and the Multilateral Framework for Trade in Services: An Overview, in: *UNCTAD (Hrsg.)*: Trade in Services: Sectoral Issues (1989), S. 46 f.

wurden im wesentlichen – von einzelnen Stellungnahmen[3] abgesehen –, die von verschiedenen Entwicklungsländergruppen ausgearbeiteten Entwürfe herangezogen[4].

1. Verhandlungspositionen hinsichtlich des Anwendungs- und Geltungsbereichs des GATS

Wie ein Beobachter der Uruguay Runde feststellte, waren die Herausforderungen der Uruguay Runde für die Teilnehmerstaaten "gewaltig" und die Interessenunterschiede zwischen den Industrie- und Entwicklungsländern, aber auch innerhalb einzelner Gruppen, "riesengroß"[5].

Zunächst einmal war die Rechtsform für die Regelung des Dienstleistungshandels umstritten.

a) Die Wahl der Rechtsform

Das Verhandlungsmandat sah die Schaffung eines multilateralen Rahmens ("multilateral framework") von Grundsätzen und Regeln für den internationalen Dienstleistungshandel vor. Würde es dazu kommen, also zu einer Regelung des Dienstleistungshandels nach dem "umbrella Prinzip"[6], dann hätte dies, so die Sorge der Entwicklungsländer, unter Umständen zur Folge, daß die Lösung der konkreten Probleme bilateralen Verhandlungen vorbehalten bliebe. Auf der bilateralen Ebene sind die Entwicklungsländer jedoch, nicht zuletzt wegen ihres geringen Handelsvolumens, die schwächeren Verhandlungspartner[7]. 81 Prozent der 1988 durch einen Fragebogen befragten Experten erachtete ein multilaterales Diensteabkommen längerfristig als wünschenswert, allerdings waren 57 Prozent der Ansicht, bilaterale Abkommen seien rascher auszuarbeiten[8]. 45 Prozent der 1988 befragten Experten favorisierten ein breites GATT-Rahmen-

---

3 Erwähnung findet im folgenden zum Beispiel die *Communication from Peru*, Elements of a Framework Agreement on Trade in Services, GATT Doc. MTN.GNS/W/84, 20 November 1989, Special Distribution; zu den Kernelementen eines *Vorschlags von Argentinien* gehörte die Forderung nach Anerkennung eines Sonderstatus für Entwicklungsländer; außerdem wurde gefordert, transnationale Unternehmen sollten zum Transfer von Technologie und Wissen in Entwicklungsländer veranlaßt werden.

4 Im einzelnen handelt es sich um
1. einen Vorschlag von Kamerun, Ägypten, Indien, Nigeria, Annex on Telecommunications Mode of Delivery, GATT Doc. MTN.GNS/Tel/W/2 (9 July 1990);
2. einen Vorschlag von Kamerun, Ägypten, Indien und Nigeria, Sectoral Annotation on Telecommunications Services, GATT Doc. MTN.GNS/TEL/W/1 (9 July 1990);
3. einen Vorschlag von Brasilien, Chile, Kolumbien, Kuba, Honduras, Jamaica, Nicaragua, Mexiko, Peru, Trinidad und Tobago, Uruguay, GATT Doc. MTN. GNS/W/95 (26 February 1990) sowie
4. einen Vorschlag von Kamerun, China, Ägypten, Indien, Kenia, Nigeria und Tansania, GATT Doc. MTN.GNS/W/101 (4 May 1990).

5 *B. May*: Die Uruguay-Runde. Verhandlungsmarathon verhindert trilateralen Handelskrieg, Forschungsinstitut der Deutschen Gesellschaft für Auswärtige Politik (1994), S. 2.

6 *R. Senti*: Die Stellung der Entwicklungsländer im GATT, in: *H. Sautter (Hrsg.):* Konsequenzen neuerer handelspolitischer Entwicklungen für die Entwicklungsländer (1990), S. 35.

7 Siehe bereits oben das 2. Kap. 1 f) und das 3. Kap. 3. Abschnitt.

8 *Transnational Data Reporting Service*, Postbox 2039, Washington D.C.; Amsterdam, Trade in Services and Telecommunications, Questionnaire Results, October 1988, S. 3: Einzelheiten zu den Modalitäten dieser Befragung finden sich im 2. Kap. 1 b).

abkommen stärker als – nach dem Vorbild der Tokio-Runde – sektorspezifische Kodizes ("specific sector-by-sector codes"). 26 Prozent befürworteten einen sektoriellen Ansatz ("sectoral approach")[9].

Einige Länder, darunter vor allem diejenigen Entwicklungsländer, die Liberalisierungsverhandlungen im GATT abgelehnt hatten[10], schlugen zunächst vor, einen GATT Code on Services auszuarbeiten. Dieses rechtlich verbindliche Instrument hätte den Entwicklungsländern die Möglichkeit eröffnet, am Ende der Verhandlungen auf freiwilliger Basis beitreten zu können, ohne im Falle des Nicht-Beitritts Nachteile befürchten zu müssen[11].

Erst im September 1989, also drei Jahre nach Verhandlungsbeginn, haben praktisch alle Teilnehmer, die LDCs eingeschlossen, zugestimmt, ein allgemeines Rahmenübereinkommen (GATS) auszuarbeiten, und zwar losgelöst von GATT: "separate from, but in tandem with, the GATT"[12]. Zum einen sollte es dabei kein Junktim zwischen Konzessionen im Waren- und Konzessionen im Dienstehandel geben, um auszuschließen, daß erstere von Fortschritten im Dienstleistungssektor abhängig gemacht würden, zum anderen sollten Vergeltungsmaßnahmen ("cross-retaliation") zwischen dem Waren- und Dienstleistungssektor vermieden werden.

Einige Entwicklungsländer lehnten längere Zeit die Ausarbeitung einer eigenen Anlage zur Telekommunikation ab. Vor allem Chile[13], aber auch einige andere Entwicklungsländer, widersetzten sich dieser Idee. Hier bahnte sich jedoch ein Wandel an: Die meisten Entwicklungsländer hoben den Unterschied zwischen Telekommunikation als Übertragungsmodus für andere Dienste – ihnen als der wesentliche Aspekt erscheinend[14] – und dem Telekommunikationssektor als solchem hervor ("dual role")[15]. Es

---

9 Transnational Data Reporting Service, (Anm. 8), S. 3.
10 Zum Widerstand insbesondere der G-10 vgl. bereits die Ausführungen im 3. Kap. 1 c).
11 Grundsätzlich zum "Codes Approach" im GATT: *R. Stern/B. Hoekman*: The Codes Approach, in: *J. M. Finger/A. Olechowski (Hrsg.):* The Uruguay Round. A Handbook on the Multilateral Trade Negotiations, A World Bank Publication (1987), S. 59-66.
12 News of the Uruguay Round, NUR 031, 16 October 1989, S. 14.
13 *Sectoral Ad Hoc Working Group*: Note on the Meeting of 22 October to 5 November 1990, GATT Doc. No. MTN GNS/W/111 (November 12 1990).
14 Die LDCs haben stets die Bedeutung der Telekommunikation als "mode of delivery" hervorgehoben; vgl. nur Nigeria: "telecommunications had a growing importance as mode of delivery" (*Working Group on Telecommunication in Services*, Note on the Meeting of 9-11 July 1990, GATT Doc. MTN.GNS/TEL/2, 6 August 1990, Special Distribution, S. 11, Ziff. 41).
15 In der *Explanatory Note*, Communication from Cameroon, Egypt, India and Nigeria, GATT Doc. MTN.GNS/TEL/W/2, 9 July 1990, Ziff. 1, S. 2, hieß es einleitend, es solle differenziert werden zwischen: "horizontal mode of delivery role of telecommunications services for suppliers of other services, from aspects relating to market access for suppliers of the telecommunications services themselves"; die *Sectoral Annotation on Telecommunication Services* betonte in Art. 1.1.2, Zweck sei es "to distinguish issues relating to access to markets for telecommunication service exporters from the role of telecommunications as a mode of delivery for international trade in services" (ebd. Art. 1.1.2. GATT Doc. MTN.GNS/TEL/W/1, 9 July 1990, Special Distribution; anderer Ansicht zeigte sich *Schweden im Namen der nordischen Staaten*: Working Group on Telecommunication Services, Note on the Meeting of 5-6 June 1990, Group of Negotiations on Services, Restricted, GATT Doc. MTN.GNS/TEL/1, 27 June 1990, Special Distribution, S. 10, Ziff. 38, da es schwierig sei "to make a clear distinction between mode of delivery and telecommunications services"; ähnlich skeptisch *Representative of Sweden*, *Working Group on Telecommunication Services*, Group of Negotiations on Services, Note of the Meeting of 10-12 September 1990, Restricted, GATT Doc. MTN.GNS/TEL/3, 12 October 1990, Special Distribution, S. 1, Ziff. 4; zum Doppelcharakter der Telekommunikation ("dual role") siehe bereits das 2. Kap. 2 e).

gelte zwischen der Telekommunikation als Kommunikationsmedium für andere wirtschaftliche Tätigkeiten ("mode of delivery") und den sektoriellen Besonderheiten der Telekommunikationsdienste zu differenzieren. Die erstgenannte Frage ("mode of delivery") müsse vom Rahmenabkommen selbst behandelt werden, zusammen mit der Frage der Inländerbehandlung und des Marktzugangs, nicht aber als Teil der Anlage. Spezifische Besonderheiten sollten hingegen der Anlage überlassen bleiben: "most other issues related to sectoral peculiarities (...) be addressed in an annex"[16]. Der indische Delegierte erinnerte in diesem Zusammenhang daran, daß es das von der Group of Negotiations on Services der Working Group erteilte Mandat sei, "to see to what extent the general principles evolving in the framework needed to be elaborated upon or interpreted"[17]. Man könne schneller vorankommen, wenn man sich auf dieses Mandat konzentriere und die Abkommensteile trenne.

Damit war der Weg zu einer Behandlung der Telekommunikationsdienste in einer eigenen Anlage vorgezeichnet.

b) Die Ablehnung sog. "Negativlisten"

Im Oktober 1989 haben sich die USA[18] dafür ausgesprochen, die Verhandlungen auf der Basis negativer Listen fortzusetzen. Danach wären grundsätzlich *alle* Dienste in das GATS-Rahmenabkommen eingeschlossen worden, es sei denn, man hätte gewisse Vorbehalte und Ausnahmen in "Negativlisten" eigens erwähnt. Die Parteien wären entsprechend verpflichtet gewesen, in allen zum Zeitpunkt des Inkrafttretens nicht explizit ausgeschlossenen Sektoren substantielle Konzessionen zu machen bzw. Verpflichtungen einzugehen.

Zahlreiche Staaten, inbesondere die am wenigsten entwickelten, sprachen sich jedoch gegen derartige negative Listen aus, da sie befürchteten, auf diese Weise zu Konzessionen in jedem Sektor gezwungen zu werden. Sie befürworteten stattdessen sog. positive Listen. Danach wären im Prinzip ebenfalls alle Dienste in das GATS-Rahmenabkommen eingeschlossen worden, aber die Parteien hätten eigene Verhandlungen über Marktzugangsverpflichtungen führen können. Wenn sie zu der Überzeugung gelangen sollten, daß ihre inländische Telekomindustrie gefährdet wäre, hätten sie auf diese Weise nach eigenem Ermessen bestimmte Sektoren vom ausländischen Wettbewerb ausnehmen können. Der Vorschlag von Positivlisten, die den Regulatoren in Entwicklungsländern ein höheres Maß an Ermessensfreiheit hinsichtlich der zu fällenden Liberalisierungsentscheidungen einräumte, war beispielsweise in einem von sieben aus Asien und Afrika stammenden Staaten ausgearbeiteten Entwurf ("afro-asiatischer Entwurf") enthalten[19]. Auch Peru hatte gefordert, zu Verhandlungsbeginn müsse jeder Teilnehmer

---

16 *Representative of India*, Working Group on Telecommunication Services, Note on the Meeting of 5-6 June 1990, Group of Negotiations on Services, Restricted, GATT Doc. MTN.GNS/TEL/1, 27 June 1990, Special Distribution, S. 18.
17 *Representative of India*, (Anm. 16), S. 18.
18 Vgl. *United States Submission of 23 March 1990*; der genaue Inhalt ist wiedergegeben bei *UNCTAD*, Report of the Secretariat, The Outcome of the Uruguay Round: An Initial Assessment (1994), S. 148-149, Fn. 202.
19 Draft *A Multilateral Framework of Principles and Rules for Trade in Services*, Cameroon, China, Egypt, India, Kenya, Nigeria, and Tanzania, GATT Doc. MTN. GNS/W/101, 4 May 1990, Art. 2: "Une liste des services qui constitueraient la sphère du services faisant ou pouvant faire l'objet d'échanges commerciaux figure (...) à l'annexe I du Cadre" (= Annexe I, "Liste exemplative de secteurs").

"a list of sectors, sub-sectors and transactions (a positive list)" vorlegen, über die man bereit sei, zu verhandeln[20].

Die USA und die EG führten dagegen an, positive Listen würden den Parteien die Macht eines Vetos über die Anwendung des GATS geben. Da es den USA und anderen Befürwortern dieser Position jedoch nicht gelang, genügend Unterstützung zu erhalten (vor allem Neuseeland und Kanada sprachen sich dagegen aus), blieb die Frage des Anwendungsbereichs des Allgemeinen Rahmenabkommens noch bis zum im Juli 1990 stattfindenden Treffen des Trade Negotiating Committee (TNC) offen. Bedenken wurden schließlich laut, der US-Ansatz führe zu einer Art "cumbersome 'telephone book'" voller nationaler Ausnahmen[21].

Die dargestellte Meinungsverschiedenheit erklärte sich aus einer unterschiedlichen Verhandlungsstrategie; die USA strebten eine umfassende, zügige Liberalisierung an, während die meisten übrigen Staaten auf eine selektive, allmähliche Liberalisierung setzten. Entsprechend dem in Punta del Este angenommenen Verhandlungsgrundsatz der "fortschreitenden Liberalisierung"[22] gewann allerdings die afro-asiatische Linie an Einfluß –, mit dem Ergebnis, daß die Struktur des afro-asiatischen Vertragsentwurfs das General Agreement on Trade in Services in dieser Frage beträchtlich ("considerably") beeinflußt hat[23]. Die anglo-amerikanische "hard-line vision"[24] mußte hingegen zurückstecken.

Einen entscheidenden Schritt in Richtung hin zu dem von den Entwicklungsländern geförderten Positivlistenansatz vollzog die Group of Negotiations on Services (GNS) mit der Entscheidung, daß Inländerbehandlung und Marktzugang als spezielle Verpflichtungen verhandelbar sein würden und somit nicht zu den allgemein anwendbaren GATS-Verpflichtungen rechneten. Eine Vertragspartei wurde folglich nur zu einer Liberalisierung der in ihrer (Positiv-) Liste ausgehandelten Dienste verpflichtet[25].

c) Der Einschluß von Grunddiensten

Eine weitere umstrittene Frage betraf den Einschluß von Grunddiensten in das GATS. Das 1989 durchgeführte sektorielle Testen[26] auf dem Telekommunikationssektor hat als Konsequenz ergeben, daß innerhalb des Telekommunikationsdienstesektors zwei verschiedene Gebiete differenziert wurden: die Grunddienste auf der einen und die Mehrwertdienste auf der anderen Seite[27]. Es zeichnete sich ab, daß die Grunddienste den schwierigeren Verhandlungsgegenstand darstellen würden, weil in vielen Ländern die

---

20 *Communication from Peru*, Elements of a Framework Agreement on Trade in Services, GATT Doc. MTN.GNS/W/84, 20 November 1989, Special Distribution, Ziff. III, S. 2.
21 *W. Drake/K. Nicolaidis*: Ideal, Interests, and Institutionalization: "Trade in Services" and the Uruguay Round, in: IO 46 (1992), S. 85.
22 Zu den Verhandlungsgrundsätzen siehe bereits das 3. Kap. 2.
23 *UNCTAD*: Report of the Secretariat, The Outcome of the Uruguay Round: An Initial Assessment (1994), S. 148.
24 *W. Drake/K. Nicolaidis*, (Anm. 21), S. 86.
25 Näher zu dem ausgehandelten System im 5. Kap.; den Einfluß der Entwicklungsländer auf die Verhandlungsresultate skizziert das 6. Kap. 2.
26 Zum sektoriellen Testen siehe näher das 5. Kap. 1 a).
27 Zu dieser Unterscheidung siehe bereits einleitend das 1. Kap. 1 a).

Basistelekommunikation – anders als die neuen, dynamischen Mehrwertdienste – noch stark reguliert war bzw. auch heute noch ist[28].

Die Entwicklungsländer machten ihre Ablehnung deutlich, spezielle Verpflichtungen im Bereich der Grunddienste zu übernehmen, solange andere Staaten nicht bereit seien, ihnen entgegenzukommen und zum Beispiel Arbeitskräfte ebenfalls unter dem Dienstleistungsaspekt zu behandeln[29]. Diese Verhandlungsposition erschien ihnen aufgrund des Vorhandenseins billiger Arbeitskräfte in der Dritten Welt bedeutsam.

Die Haltung der Entwicklungsländer, Grunddienste vorerst nicht zu liberalisieren, korrelierte zum damaligen Zeitpunkt mit den Ansichten derjenigen Industriestaaten, in denen Telekommonopolstrukturen existierten. Sie entsprach letztlich auch dem im GATS gefundenen Ergebnis, wonach Grunddienste von den allgemeinen Liberalisierungsverpflichtungen des GATS-Rahmenabkommens vorerst ausgenommen wurden[30].

d) Die angestrebte Reduktion der Liberalisierungsgeschwindigkeit

Den Entwicklungsländern lag während der gesamten Kodifikationsarbeiten daran, das Liberalisierungstempo zu drosseln, und zwar aus zwei Gründen: Sie wollten Zeit gewinnen für den Aufbau eigener Telekomindustrien und sie wollten sich in die komplexe Verhandlungsthematik einarbeiten. Die Montreal Ministerial Declaration von 1988 kam ihnen insofern entgegen, als diese eine Aufforderung zu einer allmählich fortschreitenden Liberalisierung enthielt. In ihr hieß es, daß künftige, auf einen höheren Liberalisierungsgrad zielende Liberalisierungsverhandlungen den Entwicklungsstand der Unterzeichnerstaaten berücksichtigen sollten[31].

In der Folgezeit bestand jedoch noch wenig Klarheit hinsichtlich der Frage, welche Verpflichtungen von den Entwicklungsländern sofort und welche "fortschreitend" zu übernehmen seien. Die lateinamerikanischen und karibischen Staaten sprachen sich für eine Liste von "initial market access commitments" entsprechend dem jeweiligen Entwicklungsstand aus, die alle drei Jahre neu verhandelt werden sollte[32]. Dabei wurde deutlich gemacht, daß Entwicklungsländerbelange prioritär behandelt werden solten: "in the course of negotiations the sectors and modes of delivery of services of interest to developing countries shall be given priority"[33].

Auch Kanada und die nordischen Staaten sprachen sich für eine flexible Lösung aus. Einzelnen Drittweltstaaten sollte die Möglichkeit eröffnet werden, weniger Dienstetypen zu liberalisieren und den Marktzugang in Übereinstimmung mit ihrem Entwicklungsstand zu gewähren. Die Position der Europäischen Gemeinschaft ging dahin,

---

28 Die langwierigen Verhandlungen im Bereich der Basistelekommunikation schildert das 5. Kap. 3 d) und 4 c).
29 Vgl. Report by the Chairman of the Sectoral Ad Hoc Working Group to the GNS, GATT Doc. No. MTN.GNS W/110 (November 6, 1990), S. 1.
30 Die Verhandlungen zur Basistelekommunikation wurden über das offizielle Ende der Uruguay Runde hinaus fortgesetzt, vgl. das 5. Kap. 3 d) und 4c).
31 *Montreal Minsterial Declaration*, Ziff. 7 (b), Uruguay Round Mid Term Review, Results adopted by the Trade Negotiations Committee in Montreal (5-9 December 1988) and Geneva (5-8 April 1989), abgedruckt als Appendix II in: *UNCTAD (Hrsg.): Trade in Services: Sectoral Issues* (N.Y. 1989), S. 479-483.
32 *Communication from Brazil, Chile, Columbia, Cuba, Honduras, Jamaica, Nicaragua, Mexico, Peru, Trinidad and Tobago, and Urug*uay, Structure of a Multilateral Framework for Trade in Services, GATT Doc. No. MTN. GNS/W/95 (February 26, 1990), Art. 15.
33 Ebd. Art 15:1, 4. S.

einzelne Prinzipien, wie etwa Transparenz, sofort zu implementieren, hingegen andere Prinzipien, wie die Inländerbehandlung, im Zuge der fortschreitenden Liberalisierung allmählich zu verwirklichen[34].

Andere Staaten, z.B. Österreich[35] und die USA[36], unterstrichen die Notwendigkeit, daß in Sektoren, in denen Abweichungen und Ausnahmen zu den allgemeinen GATS-Verpflichtungen zugelassen würden, nach dem Inkrafttreten des Abkommens umfassend nachverhandelt werden müsse. Die von den Entwicklungsländern angestrebte Reduktion der Liberalisierungsgeschwindigkeit sollte also so gering wie möglich ausfallen.

2. Die Kontroverse um den normativen Kernbestand des GATS

Den Entwicklungsländern war hinsichtlich des normativen Kernbestandes des Allgemeinen Rahmenabkommens (GATS) sowohl an größtmöglicher Flexibilität[37] als auch daran gelegen, daß die verschiedenen Entwicklungsniveaus der Parteien berücksichtigt würden.
Umstritten war insbesondere der Grundsatz der Meistbegünstigung.

a) Das Festhalten an einer unbedingten Meistbegünstigungsklausel

Die Mid Term Review in Montreal 1988 enthielt die Feststellung, daß das multilaterale Rahmenabkommen eine Bestimmung zur Meistbegünstigung/Nichtdiskriminierung enthalten solle[38]. Es erwähnte allerdings nicht, inwieweit eventuell Ausnahmen oder Abweichungen zur Meistbegünstigungsverpflichtung erlaubt sein sollten.

Die Verhandlungen zeigten, daß der Mehrzahl der Entwicklungsländer an einer unbedingten Meistbegünstigungsklausel gelegen war. Im Entwurf der lateinamerikanischen Staaten[39] hieß es, zu den Grundprinzipien des Rahmenabkommens sei das "unconditional most-favoured-nation treatment" zu rechnen. Dieser Auffassung entsprachen inhaltlich der Vorschlag von Kamerun, China, Ägypten, Indien, Kenia, Nigeria und Tansania aus dem Jahre 1990[40] sowie einzelne Stellungnahmen[41]. Danach sollten alle vertraglichen Vorteile bedingungslos an die GATT-Vertragsparteien weiterzugeben sein; sollten Vorteile nicht multilateralisiert werden, müßte entweder ein Ausnahme-

---

34 *Communiction from the European Communities*, The Basis for the Progressive Liberalization Process, GATT Doc. No. MTN.GNS/W/66 (July 20, 1989), S. 1-3.
35 *Communication from Austria*, GATT Doc. No. MTN.GNS/W/79 (October 24, 1989), S. 2-4.
36 GATT Doc. No. MTN.GNS/W/75 (October 17, 1989), Art. 25, S. 18.
37 *Communication from Peru*, Elements of a Framework Agreement on Trade in Services, GATT. Doc. MTN.GNS/W/84, 20 November 1989, Special Distribution, Ziff. III, S. 2.
38 *Mid Term Review*, GATT Doc. No. MTN.TNC/11, 21 April 1989, Ziff. 7 (d).
39 Communication from Brazil, Chile, Columbia, Cuba, Honduras, Jamaica, Nicaragua, Mexico, Peru, Trinidad and Tobago, and Uruguay (Anm. 32), Art. 1:3 i.V. Art. 4.
40 GATT Doc. MTN.GNS/W/101, 4 mai 1990, Art. 6.
41 Der Delegierte Chiles betonte während der Debatte in der *Working Group on Telecommunications*, "that his delegation favoured the unconditional application of the m.fn. principle to all service sectors" und zeigte sich "deeply concerned by the numerous calls for sectoral exceptions or derogations..." (*Working Group on Telecommunication Services*, Group of Negotiations on Services, Note on the Meeting of 15-17 October 1990, Restricted GATT Doc. TN.GNS/TEL/4, 30 November 1990, Special Distribution, S. 7, Ziff. 26).

tatbestand⁴² vorliegen oder es bedürfte zumindest einer Ausnahmegenehmigung (waiver).

Für die Einführung einer unbedingten Meistbegünstigungsklausel spricht, daß auf diese Weise Zugeständnisse auch kleineren Staaten zugute kommen und Machtunterschiede zwischen den Staaten sich weniger stark auswirken⁴³. Daneben wurde ins Feld geführt, daß die unbedingte Meistbegünstigung ein fundamentaler Eckpfeiler des insgesamt als erfolgreich angesehenen GATT-Systems war (Art. I GATT) und auch bis zur Tokio Runde stets uneingeschränkt, d.h. "unbedingt" respektiert wurde. Da die "Stärke des GATT" über Jahrzehnte hinweg in der Meistbegünstigung lag, sollte davon nicht ohne Grund abgewichen werden⁴⁴.

Ließe man individuelle Ausnahmen zur Meistbegünstigung zu, so die Sorge der Entwicklungsländer, würde dies einer Stärkung des Reziprozitätselements⁴⁵ gleichkommen und einem gewissen Bilateralismus Vorschub leisten⁴⁶. Die durch die Aushandlung der Meistbegünstigung entstehenden begrenzten Rechtsübereinkünfte zwischen "gleichgesinnten" Staaten⁴⁷ seien außerdem im Prinzip nicht mit dem in der Ministerial Declaration von Punta del Este, Teil II, formulierten Ziel des "multilateralen" Rahmenabkommens⁴⁸ vereinbar.

In Erwiderung der Entwicklungsländerforderungen nach einer unbedingten Meistbegünstigungsklausel wünschten die USA zunächst eine Ausnahme von der Meistbegünstigungsverpflichtung für den Bereich der Grunddienste⁴⁹, um schließlich im November 1990 die komplette Streichung der Meistbegünstigungsklausel aus dem GATS-

---

42 Einer der möglichen Ausnahmetatbestände kann eine Präferenzvereinbarung zwischen Staaten sein. Die lateinamerikanischen Staaten forderten, daß die LDCs auf regionaler, subregionaler oder intra-regionaler Basis Abkommen und Präferenzvereinbarungen mit anderen Entwicklungsländern schließen dürften: *Communication from Brazil, Chile, Columbia, Cuba, Honduras, Jamaica, Nicaragua, Mexico, Peru, Trinidad and Tobago, and Uruguay*, (Anm. 32), S. 7-8; Art. 5 "Free Trade Agreements in Services and Preferential Arrangements among Developing Countries"; ähnlich *Communication from Peru*, Elements of a Framework Agreement in Trade in Services, GATT Doc. No. MTN.GNS/W/84, 20 November 1989, Ziff. IV S. 4. Unter der Voraussetzung, daß dies nicht zu neuen Barrieren im Dienstehandel führe, würde hier also keine Weitergabe von Handelsvorteilen unter Anwendung der Meistbegünstigungsverpflichtung seitens der in den Präferenzabkommen zusammengeschlossenen Entwicklungsländern gegenüber Dritten erfolgen; damit wurde versucht, dem Grundsatz der Sonderbehandlung der wirtschaftlich weniger entwickelten Staaten im Kernbereich des neuen Dienstleistungsabkommens Raum zu verschaffen.
43 *P.-T. Stoll*: Freihandel und Verfassung. Einzelstaatliche Gewährleistung und die konstitutionelle Funktion der Welthandelsordnung (GATT/WTO), in: ZaöRV 57 (1997), S. 120 m.w.N.
44 *W. Benedek*: Die Rechtsordnung des GATT aus völkerrechtlicher Sicht (1990), S. 449; *M. Gibbs/M. Mahayekhi*: Elements of a Multilateral Framework of Principles and Rules for Trade in Services, in: *UNCTAD (Hrsg.):* Uruguay Round, Papers on Selected Issues (1989), S. 109.
45 Zur Reziprozität vgl. bereits die Ausführungen im 3. Kap. 2 g).
46 *D. Nayyar*: Towards a Possible Multilateral Framework for Trade in Services: Some Issues and Concepts, in: *UNCTAD (Hrsg.):* Technology, Trade Policy and the Uruguay Round, Proceedings of the Round Table on Technology and Trade Policy, held at Delphi, Greece, from 22 to 24 April 1989 (1990), S. 137.
47 *M. Gibbs/M. Mahayekhi*, (Anm. 44), S. 109.
48 Die Punta del Este-Erklärung ist abgedruckt oben im 3. Kap. 1 e).
49 Uruguay Round Negotiations May Postpone Market Access Talks on Services, 8 Inside U.S. Trade, Nov. 9, 1990, S. 5-6; zur US-Haltung auch *H. I. M. de Vlaam*: Liberalization of International Trade in Telecommunications Services (1994), S. 65; generell zur US-Handelspolitik in dieser Zeit: *W. R. Cline*: "Reciprocity": A New Approach to World Trade Policy?" (1982), S. 7 ff.

Entwurf[50] zu verlangen. Die Beibehaltung der Meistbegünstigungsklausel berge die Gefahr, daß ausländische Diensteerbringer ihre starke Stellung ausnutzen würden, um auf dem (bereits weitgehend liberalisierten) US-Markt zu konkurrieren, ohne ihrerseits eine Marktöffnung vorzunehmen.

Die Vorbehalte gegenüber einer unbedingten Meistbegünstigungspflicht basierten auf der Furcht, daß Länder, deren Märkte nicht über die gleiche Offenheit wie der weitgehend deregulierte US-Telekommunikationsmarkt verfügten, von einem "free ride" profitieren würden[51]: Länder, wie die USA wären gezwungen, den Zugang zu ihrem Dienstleistungsmarkt auch weiterhin offenzuhalten, während die Staaten mit weniger offenen Märkten keinen Anreiz für eine umfassende Liberalisierung derselben hätten und damit den auf ausländische Märkte drängenden US-Unternehmen kein wirtschaftliches Betätigungsfeld böten.

Auf der Brüsseler Konferenz im Dezember 1990 legte die US-Seite schließlich dar, daß die Meistbegünstigung künftig auf alle Dienstesektoren anwendbar sein solle, allerdings nur unter der Voraussetzung, daß die Parteien ausreichende Marktöffnungsverpflichtungen und Verpflichtungen zur Inländerbehandlung eingingen. Gegen diese neue Form der Reziprozität[52] regte sich in einigen Delegationen heftiger Widerspruch. Der Vorschlag der USA, die Meistbegünstigungsklausel vom Ausmaß des Marktzugangs abhängig zu machen, den die Partner gewährten, verletze ein Grundprinzip des GATT[53].

Da das zentrale Element der unbedingten Meistbegünstigung gerade darin liegt, daß "keine direkte Reziprozität"[54] verlangt wird und die Vorteile aus jedem neuen Handelsvertrag bedingungslos an alle GATT-Vertragsparteien weiterzugeben sind, hofften wirtschaftlich schwächere Staaten demgegenüber, durch die Anwendung dieses Prinzips gegenüber von ihnen als dominant empfundenen Wirtschaftsmächten zu profitieren. Die absolut geltende Meistbegünstigung gewähre zumindest Chancengleichheit: "at least equal opportunity to unequal trade partners"[55]. Insofern sahen einige Entwicklungsländer und kleinere Industrieländer in der unbedingten Anwendung der Meistbegünstigungsklausel eine gewisse Schutzfunktion. Wie es in einer UNCTAD-Studie hieß:

"In a world of unequal trading partners, it (MFN) has two principal advantages: first, the strong cannot discriminate against the weak, and, second, trade liberalization or

---

50 U.S. Insistence that MFN be Eliminated from GATS Services Agreement, Daily Rep. Exec. (BNA), No. 277, Nov. 26, 1990, A-8; A-9.
51 Die Ansicht, daß das free-riding-Problem in der öffentlichen Meinung, zum Teil auch von US-Seite, einen höheren Stellenwert zugeschrieben bekam, als aus wissenschaftlicher Sicht begründet, vertritt *V. Curzon-Price*: Treating Protection as a Pollution Problem or How to Prevent GATT's Retreat from Multilateralism, in: *T. Oppermann/J. Molsberger (Hrsg.):* A New GATT for the Nineties and Europe '92. International Conference held in Tübingen 25-27 July 1990 (1991), S. 21 f., mit der Schlußfolgerung: "These 'free-riders' hurt only themselves (...)"; zum Problem des free-riding generell im Kontext der UN-Reform siehe *E.-U. Petersmann*: How to Reform the UN System? Constitutionalism, International Law, and International Organizations, in: LJIL 10 (1997), S. 451.
52 Zur "new reciprocity" siehe bereits oben 3. Kap. 2 g).
53 Vgl. nur *H. B. Junz/C. Boonekamp*: Was steht in der Uruguay-Runde auf dem Spiel? in: F+E (Juni 1991), S. 15 und die oben im 3. Kap. 2 g) bzgl. "aggressiver Reziprozität" angegebene Literatur.
54 *W. Benedek*, (Anm. 44), S. 448.
55 *D. Nayyar*, (Anm. 46), S. 137.

concessions negotiated among two or a few powerful developed countries are multilateralized for the benefit of all others in the system"[56].

Den wohl entscheidenden Vorteil einer unbedingten Meistbegünstigungsklausel im GATS dürften die Entwicklungsländer darin gesehen haben, daß diese im Prinzip unabhängig vom Grad der Liberalisierung gilt:

"MFN guarantees to each member that it stands to benefit, free-of-charge so to speak, and in a non-discriminatory way, from any trade concession that any member makes to any other country at all"[57].

Da zahlreiche WTO-Mitglieder, vor allem die USA, Japan und die Staaten der Europäischen Union, bereits verhältnismäßig offene Telekommunikationsmärkte besassen, hofften die Entwicklungsländer, über die unbedingte Meistbegünstigung bessere Exportchancen zu erhalten, auch ohne nennenswerte Verpflichtungen ("commitments") hinsichtlich Marktzugang und Inländerbehandlung eingehen zu müssen.

b) Die Konditionierung des Markt-/Netzzugangs[58]

Die Liberalisierungsverhandlungen zeigten, daß es den Entwicklungsländern darum ging, in dem neu auszuhandelnden Dienstleistungsübereinkommen für eine möglichst angemessene Berücksichtigung des unterschiedlichen Entwicklungsstandes zu sorgen. In dem von Brasilien, Chile, Kolumbien, Kuba, Honduras, Jamaica, Nicaragua, Mexiko, Peru, Trinidad und Tobago sowie Uruguay 1990 eingebrachten GATS-Entwurf hieß es, das Prinzip der "relativen" Reziprozität solle auf die Diensteverhandlungen angewendet werden, speziell auch im Bereich der von Entwicklungsländern zu übernehmenden Marktzugangsverpflichtungen[59]. Peru führte konkret aus, was darunter verstanden wurde:

"Relative reciprocity implies that participants should not expect developing countries to grant concessions which are inconsistent with their development, financial and trade needs. The contributions of countries should be in proportion to their respective levels of development"[60].

Insbesondere die zu erbringenden "initial market access commitments" sollten, abhängig vom Entwicklungsniveau der individuellen Parteien, unterschiedlich ausfallen können[61]. Von den Entwicklungsländern könne nicht erwartet werden, daß sie Zugeständnisse machten, die mit ihrem Entwicklungsstand sowie ihren Handels- und Finanzbedürfnissen nicht vereinbar seien[62]. Einzelnen Entwicklungsländern solle vielmehr die

---

56 D. *Nayyar*, (Anm. 46), S. 137.
57 *ITU, Report of the Fifth Regulatory Colloquium*: The Changing Role of Government in an Era of Deregulation, "Trade Agreements on Telecommunications: Regulatory Implications", Briefing Report No. 5, Geneva, 6-8 December 1995, S. 14.
58 Zum Verhältnis Markt-/Netzzugang siehe näher 2. Kap. 3 a).
59 GATT Doc.MTN.GNS/W/95, 26 February 1990, Art. 1:7 (a).
60 *Communication from Peru*, Elements of a Framework Agreement on Trade in Services, GATT. Doc. MTN.GNS/W/84, 20 November 1989, Special Distribution, S. 4, Ziff. IV.
61 Communication from Brazil, Chile, Columbia, Cuba, Honduras, Jamaica, Nicaragua, Mexico, Peru, Trinidad and Tobago, and Uruguay, (Anm. 32), Art. 15:1: "(...) may differ depending on the development situation of individual Parties."
62 GATT Doc.MTN.GNS/W/95, 26 February 1990, Art. 1:7 (a).

Möglichkeit eröffnet werden, den Marktzugang in Übereinstimmung mit ihrer Entwicklungssituation auszudehnen[63].

Schließlich machte man keinen Hehl daraus, daß Marktzugang von den Entwicklungsländern gegebenenfalls nur dann gewährt würde, wenn im Gegenzug die ausländischen Diensteerbringer einige auf die Stärkung der Exportkapazität der Entwicklungsländer gerichtete Bedingungen erfüllten:

"The granting of access by developing countries to their services markets may be subject to requirements that foreign service suppliers undertake certain obligations aimed at promoting the supply capacity of developing countries service industries (...)"[64].

Auch von den Entwicklungsländern wurde also die Einführung eines neuen "offensiven" Reziprozitätselements erwogen[65]. Zu den Verpflichtungen, die ausländischen Diensteerbringern auferlegt werden sollten, um die Wettbewerbsfähigkeit der Entwicklungsländer zu stärken[66], rechnete man u.a.
- Investitionsbedingungen sowie "domestic financing of the trade balance";
- Ausbildungsmaßnahmen;
- Technologietransfer;
- Exportentwicklung und -förderung;
- die Verbesserung des Zugangs zu Informationsnetzen in Industriestaaten.

Ebenfalls auf eine Inpflichtnahme der ausländischen Dienstleistungserbringer zielte ein afro-asiatischer Entwurf[67] sowie schließlich der ebenfalls weitreichende Entwurf Kameruns, Ägyptens, Indiens und Nigerias. Er sah vor, daß "developing countries may impose *obligations on foreign suppliers* of telecommunications services with respect to transfer of technology, training, provisions of telecommunications equipment on concessional terms, etc., location of data resources and data processing facilities"[68].

Das auf Konditionierung des Markt- bzw. Netzzugangs gerichtete Vorgehen der Entwicklungsländer, das schließlich in Art. XVI GATS seinen Niederschlag[69], der beim Aushandeln des Marktzugangs "Beschränkungen" und "Bedingungen" zuläßt, stellte eine nicht unumstrittene Besonderheit dar. Der indische Vertreter beim GATT sah darin ein gravierendes Abweichen von der GATT-Logik ("a major departure from the GATT

---

63 GATT Doc.MTN.GNS/W/95, 26 February 1990, Art. 1:7 (b): "Individual developing countries shall have the appropriate flexibility for (...) progressively extending market access in line with their development situation".
64 GATT Doc.MTN.GNS/W/95, 26 February 1990, Art.1:7 (f).
65 Zur "neuen" aggressiven Reziprozität der USA siehe bereits 3. Kap. 2 g).
66 Art. 13:4, GATT Doc. MTN.GNS/W/95; in der *Communication from Peru*, Elements of a Framework Agreement on Trade in Services, GATT. Doc. MTN.GNS/W/84, 20 November 1989, Special Distribution, S. 5, Ziff. V wurden zusätzlich genannt: Respekt für die Wettbewerbsbestimmungen (e) und "request for a percentage of the earnings of economic operators be reinvested in the country for the development of the national services infrastructure and for scientific and technological research" (d); zu dem letztgenannten Vorschlag näher s.u. Abschnitt. 5.
67 Der afro-asiatische Vorschlag (GATT Doc. MTN.GNS/W/101, 4 mai 1990) nennt in Art. 8:2 hinsichtlich der wachsenden Teilnahme der Entwicklungsländer: "des conditions suivantes: limitations ou prescriptions concernant le type de présence commerciale (...) accès à la technologie; information au sujet des operations commerciales au niveau mondial; et fourniture de ressources financières".
68 *Communication from Cameroun, Egypt, India and Nigeria*, GATT Doc. MTN.GNS/TEL/W/1, 9 July 1990 Sectoral Annotation, Art. 9:4.
69 Eine Analyse von Art. XVI GATS enthält das 5. Kap. 1 d).

paradigm"), wonach Marktzugang eine fundamentale Verpflichtung darstelle; im Wege der Verhandlungen würde es den Entwicklungsländern theoretisch möglich, so die Hoffnung, eine ganze Reihe von entwicklungspolitischen Petita einzubringen: "to take care of a host of concerns about a particular service sector or sub-sector by attaching to it suitable conditions"[70].

Ob es den Staaten der Dritten Welt gelang, von der Konditionierung des Markt- bzw. Netzzugangs tatsächlich zu profitieren, mag die weitere Untersuchung zeigen[71].

c) Die Relativierung der Inländerbehandlung

Die Inländerbehandlung nimmt eine herausgehobene Stellung im Telekommunikationssektor ein, da Telekomdienste im allgemeinen stark reguliert sind[72] und von wenigen marktmächtigen Unternehmen erbracht werden. Staaten mit Exportinteressen, denen es um eine gute Marktposition auf ausländischen Märkten geht, wie zum Beispiel die USA[73], forderten während der GATS-Verhandlungen eine uneingeschränkte Inländerbehandlung beim Zugang zu ausländischen Märkten. Ausländische Unternehmen sollten also im gleichen Maß in den jeweiligen Binnenmärkten Dienstleistungen erbringen können wie inländische.

Gegen eine uneingeschränkte Anwendung der Inländerbehandlung wurde eingewandt, daß auf diese Weise die Dienstleistungsfirmen der Entwicklungsländer nicht hinreichend Unterstützung erfahren würden, um ihre Geschäftsaktivitäten erfolgreich auszubauen[74]. Inländerbehandlung, so forderten Kamerun, China, Ägypten, Indien, Nigeria und Tansania, könne allenfalls als ein längerfristiges Ziel gesehen werden, nicht aber als ein sofort wirksames Recht[75]. Aus diesem Grund solle die Inländerbehandlung zusammen mit den Marktzutrittsbedingungen lediglich Gegenstand künftiger Verhandlungen sein.

---

70 So der *Ambassador and Permanent Representative of India to GATT*, Annex p, APT/UNCTAD Seminar on Telecommunications' Support for Trade in Services, 14/17 May1994, Male, Republic of Maldives (1994), S. 89.
71 Zu den Ergebnissen, die die ausgehandelten Konzessionen für die Entwicklungsländer mit sich brachten, näher im 6. Kap. 3 b).
72 Die Regulierungssituation beschreibt das 2. Kap. 1 a).
73 *Communication from the United States*, Agreement on Trade in Services, GATT Doc. No.MTN.GNS/W/75 (October 17, 1989), S. 11-12; zur US-Vorstellung *H. Keppler*: Interessen der Entwicklungsländer bei einer zukünftigen vertraglichen Regelung des internationalen Dienstleistungsaustauschs, in: *H. Sautter (Hrsg.)*: Konsequenzen neuerer handelspolitischer Entwicklungen für die Entwicklungsländer (1990), S. 65.
74 *UNCTAD, Trade and Development Board*: Committee on Transfer of Technology, Eighth Session, Geneva, 22 April 1991, Transfer and Development of Technology in a Challenging World Environment: The Challenges of the 1990s, Report by the UNCTADs Secretariat, Distr. general, UN Doc. TD/B/C.6/153, 25 January 1991, S. 12.
75 *Communication de Cameroun, de la Chine, de l'Egypte, de l'Inde, du Kenya, du Nigeria et de la Tanzanie*, GATT Doc. MTN.GNS/W/101, 4 mai 1990, Art. 15:1; praktisch wortgleich *Communication from Peru*, Elements of a Framework Agreement on Trade in Services, MTN.GNS/W/84, 20 November 1989, Special Distribution, V. S. 4: "National treatment (...) is a long-term objective, not an automatic right."

"*Après* que l'accès au marché aura été offert par voie de négociation, sous réserve des conditions d'admission et d'exercice des activités, le traitement national pourra être accordé"[76].

Die LDCs waren überwiegend der Ansicht, daß hier zu ihren Gunsten eine Sonderbehandlung Anwendung finden müsse; besonders wichtig sei, daß die Inländerbehandlung in keinem Fall ihrer Entwicklung zuwiderlaufe. Deswegen solle es auch möglich sein, daß die Entwicklungsländer in Abweichung vom Grundsatz der Inländerbehandlung vorübergehend ihren inländischen Diensteanbietern eine *günstigere* Behandlung als den ausländischen gewährten, vorausgesetzt, dies stelle keine (willkürliche) Diskriminierung derselben dar[77].

Weiter sah der Vierstaatenentwurf Kameruns, Ägyptens, Indiens und Nigerias vor, Inländerbehandlung sei zu gewähren, sofern nichts anderes vorgesehen ist ("except as provided for in article 10")[78]. Dies bedeutete, daß – ähnlich wie beim Marktzugang – die Auferlegung bestimmter Bedingungen auf ausländische Diensteerbringer möglich sein sollte, vorgesehen war u.a die Leistung von Finanz- und Technologiehilfe zur Verbesserung der Telekommunikationsinfrastruktur[79]. Auf diese Weise hoffte man, einige entwicklungsinduzierende Zusagen der multinationalen Konzerne zu erlangen.

Der 1990 eingebrachte Vorschlag einiger lateinamerikanisch/karibischer Staaten ging dahin, daß es den LDCs zumindest möglich sein müsse, Exportsubventionen und Programme für die Förderung der einheimischen (Produktions- bzw. Liefer-)Kapazitäten von der Inländerbehandlung auszunehmen:

> "Government procurement and domestic subsidies affecting services or suppliers thereof for which a Party has undertaken a market access commitment may be excepted from national treatment. However, in the case of developed countries they shall bind the levels of protection granted through these instruments"[80].

Die Relativierung der Inländerbehandlung würde, so die Hoffnung der Entwicklungsländer, letztlich der Stärkung der LDCs dienen.

---

76 Communication de Cameroun, de la Chine, de l'Egypte, de l'Inde, du Kenya, du Nigeria et de la Tanzanie, GATT. Doc. MTN.GNS/W/101, 4 mai 1990, Art. 15:1.
77 *Communication from Peru*, Elements of a Framework Agreement in Trade in Services, GATT Doc. No. MTN.GNS/W 84 (20 November 1989), S. 4, Ziff. V mit dem Argument: "National treatment should be equitable."
78 Working Group on Telecommunication Services, *Communication from Cameroon, Egypt, India and Nigeria*, GATT. Doc. MTN.GNS/TEL/W/2, 9 July 1990, S. 3, Art. 5.
79 Art. 10 sah vor: "Parties agree that:
(a) developing countries Parties may oblige foreign suppliers of services to provide financial resources and technical assistance aimed at the general improvement of such infrastructure to ensure that all suppliers are able to deliver services through access to the telecommunications and
(b) developing countries may make access to their public telecommunications networks for service suppliers of other parties conditional upon such foreign suppliers providing access to national service exporters via their telecommunications network", vgl. Working Group on Telecommunication Services, *Communication from Cameroon, Egypt, India and Nigeria*, GATT Doc. MTN.GNS/TEL/W/2, 9 July 1990, S. 4.
80 Vgl. Art. 13:3 GATT. Doc. MTN/GNS/W/95, Communication from Brazil, Chile, Columbia, Cuba, Honduras, Jamaica, Nicaragua, Mexico, Peru, Trinidad and Tobago, and Uruguay, (Anm. 32), S. 11-12.

d) Spezielle Vorschläge hinsichtlich der Transparenz

Dem im Rahmen der Vorarbeiten zum Allgemeinen Dienstleistungsabkommen verhandelten Transparenzgebot – der Information über die den Dienstleistungshandel betreffenden Gesetze, Verwaltungsrichtlinien oder andere Vorschriften – kam aus Sicht der Dritten Welt ein besonderer Stellenwert zu. Entwicklungsländer beklagten aufgrund unzulänglicher Kenntnis der Dienstleistungsbestimmungen anderer Staaten vielfach einen Informationsnachteil gegenüber der entwickelten "OECD-Welt"[81] und die daraus resultierenden Schwierigkeiten für exportwillige Dienstleistungsunternehmen ihrer Länder. Korea forderte daher: "The text of any telecommunications regulation shall be made publicly available and be interpreted in a clear and consistent fashion"[82].

Andere Entwicklungsländervorschläge zielten darüber hinaus auf die Einrichtung eines Verzeichnisses von internationalen VAS-Netzen, das deren Merkmale und die Zugangsmöglichkeiten auf einer online-Basis für Post- und Fernmeldeverwaltungen sowie für Benutzer in den Entwicklungsländern beschreibt[83]. Auch die Einrichtung einer Art Informations-Registers, das speziell den Entwicklungsländern zugänglich gemacht werden sollte, wurde vorgeschlagen[84].

Peru forderte, daß Betreiber, die Marktzugang erhalten hätten, regelmäßig Informationen liefern sollten: "provide regular information on their structure, policies, activities and operations"[85]. Auch die im GATS schließlich verwirklichte Einrichtung von Auskunftsstellen[86] geht auf einen Entwicklungsländervorschlag zurück, wenngleich dieser wesentlich detailliertere Bestimmungen enthalten hatte als der schließlich normierte GATS-Artikel[87]. Auskunftsstellen in den Industriestaaten schienen ein geeignetes Mittel

---

81   U. Kumar, Accessing Information on Service Regulations: UNCTAD's MAST Database, in: Asia-Pacific Telecommunity, Report of the Seminar on Telecommunications' Support for Trade in Services (APT/SEM/UNCTAD/94), Male, Republic of Maldives, 14-17 May, 1994, Doc. No. TELTRADE-19, S. 380.

82   *Communication from Korea*, The Korean Position Paper for the Telecommunications Services Negotiations, Restricted, GATT. Doc. MTN.GNS/W/103, June 1990, Special Distribution, S. 5.

83   Ein "directory" von internationalen VAS-Netzwerken "describing their technical and service features, and accessability on an online basis to PTOs and telecommunications users in the territories of developing countries Parties" sah Art. 5.1.1., Sectoral Annotation of Telecommunication Services, *Communication from Cameroon, Egypt, India and Nigeria*, GATT. Doc. MTN.GNS/TEL/W/1, 9 July 1990, S. 7, vor.

84   Ein "register of automated information systems on telecommunications and information technologies and know-how, operated by commercial and non-commercial entities": Art. 5.2. Sectoral Annotation of Telecommunication Services, *Communication from Cameroon, Egypt, India and Nigeria*, GATT. Doc. MTN.GNS/TEL/W/1, 9 July 1990, S. 7.

85   *Communication from Peru*, Elements of a Framework Agreement on Trade in Services, GATT Doc. MTN.GNS/W/84, 20 November 1989, Special Distribution, Ziff. IV, S. 3 (e).

86   Zu den in GATS Art. X vorgesehenen Auskunftsstellen siehe das 5. Kap. 1 a).

87   Der Vorschlag zur technischen Zusammenarbeit (Art. 9 "Technical Cooperation") von *Brazil, Chile, Columbia, Cuba, Honduras, Jamaica, Nicaragua, Mexico, Peru, Trinidad and Tobago and Uruguay*, (Anm. 32) hatte vorgesehen, daß die Industriestaaten
(a) Establish enquiry points, to provide exporters from developing countries with commercial information;
(b) Establish contact points to assist developing country exporters with questions relating to registration, recognition of professional qualification, completion or obtaining such qualifications in cases of lack thereof;
(c) Establish contact points to provide the developing countries with information on the availability of services technology and respond to requests for such information;

zu sein, um die Informationslage für exportwillige Firmen in der Dritten Welt zu verbessern[88].

Bereits während der Verhandlungen war allerdings absehbar, daß die Verankerung eines generellen Transparenzgebots ungleich größere Belastungen für Entwicklungsländer bringen würde als für Industriestaaten. Während beispielsweise die USA dem Gebot einer Transparenz der Regelungsprozesse verhältnismäßig gut genügen[89], mangelt es zahlreichen Entwicklungsländern an einer entsprechenden Tradition. Ein umfassendes Transparenzgebot, so wurde gewarnt, könnte zum Teil erhebliche Verpflichtungen für die Entwicklungsländer bringen:

"Developing countries could encounter significant difficulties in agreeing to make available extensive details relating to the current basis of all laws, regulations and administrative guidelines as well as international agreements in telecommunications services"[90].

Kuba[91], aber auch Marokko[92] und Peru[93], um einige zu nennen, hatten bereits während der Verhandlungen in der Working Group on Telecommunicationss Services auf die Schwierigkeiten der Entwicklungsländer bei der Implementierung der Transparenzbestimmung des General Agreement on Trade in Services und der Anlage zur Telekommunikation hingewiesen. Für die Entwicklungsländer gelte in besonderen Maße, daß die Verwaltungslast der Transparenzbestimmungen gering gehalten werden müsse. Deshalb wurde der Vorschlag gemacht, die Pflicht zur Information flexibel zu halten: "A rule of reasonable availability and flexibility in information disclosure is a possible alternative"[94].

(d) Promote the exchange of information regarding research on the service economy and trade in services, as well as the applications of such research;
(e) Provide the developing countries with technical assistance for the improvement of their statistics on trade in services. Zu den "enquiry points" siehe auch *Communication from Peru*, Elements of a Framework Agreement on Trade in Services, GATT. Doc. MTN.GNS/W/84, 20. November 1989, Special Distribution, S. 3, Ziff. IV (c).

88 Vgl. die *Stellungnahme des ägyptischen Vertreters* in der Sitzung der Working Group on Telecommunications am 9. Juli 1990; *Working Group on Telecommunication Services*, Note on the Meeting of 9-11 July 1990, Restricted, GATT Doc. MTN.GNS/TEL/2, 6 August 1990, S. 1, Ziff. 2.
89 Näher *M. Bothe*: Grenzüberschreitende Telekommunikation, in: *J. Scherer (Hrsg.):* Telekommunikation und Wirtschaftsrecht (1988), S. 247.
90 *R. G. Pipe*: Telecommunications Services: Considerations for Developing Countries in Uruguay Round Negotiations, in: *UNCTAD (Hrsg.):* Trade in Services: Sectoral Issues (1989), S. 104.
91 *Representative of Cuba*: Working Group on Telecommunication Services, Note on the Meeting of 9-11 July 1990, Restricted GATT Doc. MTN.GNS/TEL/2, 6 August 1990, S. 3, Ziff. 12.
92 *Representative of Marocco*, Working Group on Telecommunication Services, Group of Negotiations on Services, Note of the Meeting of 10-12 September 1990, Restricted, GATT Doc. MTN.GNS/TEL/3, 12 October 1990, Special Distribution, S. 4, Ziff. 24.
93 *Communication from Peru*, Elements of a Framework Agreement on Trade in Services, GATT Doc. MTN.GNS/W/84, 20 November 1989, Special Distribution, Ziff. IV, S. 3 (d) zum Stichwort "Transparency": "every effort should be made to keep the notification system within acceptable dimensions so that it does not become unmanageable."
94 *R. G. Pipe*, (Anm. 90), S. 104.

3. Die Betonung von Souveränitätsrechten

Das Grundverständnis der Entwicklungsländer betreffend Telekommunikation war lange Zeit von politischen Vorbehalten geprägt. Zahlreiche dieser Vorbehalte waren der Debatte um die Neue Weltinformations- und Kommunikationsordnung in den 70er Jahren entlehnt. Dazu gehörte in besonderem Maß die Sorge vor einer Beeinträchtigung der nationalen Souveränität, etwa in Gestalt einer Abhängigkeit von weltweit operierenden Konzernen[95], sowie die Furcht davor, daß die modernen Technologien, speziell Satelliten, nationale Grenzen nicht respektierten, oder daß eine Beeinträchtigung der kulturellen Identität die Folge wäre[96].

War während der Vorverhandlungen, aber auch noch zu Beginn der Verhandlungen vielfach eine inhaltliche Nähe der Entwicklungsländer zu den sozialistischen Staaten zu spüren, sollte sich das spätestens zur Zeit des Aufbruchs in Osteuropa Ende der 80er Jahre, also während der laufenden Kodifikationsarbeiten, ändern. Seitdem sind einige Verkrustungen ideologischer Natur aufgebrochen, und die Diskussion um die Erneuerung der Telekommunikationsordnung vermochte, so scheint es, alten Ballast abzuwerfen. Dennoch waren die Entwicklungsländer weiterhin in Sorge, in entwicklungspolitisch zentralen und ideologisch[97] sensiblen Sektoren wie der Telekommunikation nationale Interessen und ihnen notwendig erscheinende Handlungsspielräume aufgeben zu müssen – ohne im Gegenzug konkrete Vorteile aus den Liberalisierungsverhandlungen zu ziehen.

Wiederholt berufen sich Entwicklungsländer auf souveräne Rechte, um ihren Verhandlungspositionen Nachdruck zu verleihen. "La souveraineté de l'espace économique national" war eine Art Leitmotiv, das in der Präambel eines von Kamerun, China, Ägypten, Indien, Kenia, Nigeria und Tansania vorgelegten GATS-Entwurfs Widerhall fand[98]. Die souveräne Freiheit der Parteien bei der Einführung von Technologien und sonstigen Produkten wurde unterstrichen[99], ebenso das souveräne Recht auf eine telekommunikative Grundversorgung, der Schutz der inländischen Telekomindustrie, das Recht, Ausnahmebestimmungen zu behalten oder einzuführen.

Welche rechtliche Gestalt diese Forderungen im Rahmen der Kodifikationsarbeiten zum GATS gewannen, dem soll im folgenden Abschnitt nachgegangen werden.

a) Die Betonung der Grundversorgung

Den Entwicklungsländern war die Rückständigkeit ihrer Telekommunikationsinfrastruktur während der Ausarbeitung des Allgemeinen Dienstleistungsübereinkommens wohl bewußt. So wiesen Kamerun, Ägypten, Indien und Nigeria in einer Explanatory Note aus dem Jahre 1990 darauf hin, daß die meisten Industriestaaten eine hohe Tele-

---

95 Zu den Reminiszensen der NWWO siehe bereits das 3. Kap. 1 c).
96 Das Problem der kulturellen Vielfalt erwähnt das 2. Kap. 3 f).
97 Die Telekommunikationspolitik Kubas, speziell die "ideological convictions" beschreiben *E. M. Roche/M. J. Blaine*: The Faustian Bargain: How Cuba is Financing a New Telecommunications Infrastructure, in: Prometheus 13 (1995), S. 88.
98 GATT Doc. MTN. GNS/W/101, 4 mai 1990, Präambel Abschnitt 8.
99 Working Group on Telecommunication Services, *Communication from Cameroon, Egypt, India and Nigeria*, GATT Doc. MTN.GNS/TEL/W/2, 9 July 1990, S. 4: "Nothing in this annex shall require Parties to introduce technologies, equipment and processes which they do not deem appropriate or necessary."

kommunikationsdichte erreicht hätten und in ihren Staaten ein weites Dienstespektrum für private und kommerzielle Nutzer zur Verfügung stünde; in Entwicklungsländern hingegen seien Telekomdienste nicht universell verfügbar und oft unzuverlässig[100]. Die Regierungen unterstrichen, daß Telekommunikation ein Kernelement der nationalen Infrastruktur sei: "Telecommunication is a fundamental infrastructure"[101]. Aus diesem Grund habe Telekommunikation in Entwicklungsländern eher den Stellenwert einer grundlegenden "basic public utility" als eines privaten, kommerziellen Sektors[102].

Die Grundversorgung der Bevölkerung mit Telekommunikationsdiensten, so ein Anliegen der Dritten Welt, dürfe nicht durch neue Marktzugangs-Verpflichtungen gefährdet werden; es müsse vielmehr sichergestellt werden, daß Liberalisierung nicht mit den "public service functions" der Telekommunikation in Widerspruch gerate[103]. Damit wurde die öffentliche Funktion von Diensten ebenso unterstrichen wie die Gemeinwohlorientierung der Telekommunikation insgesamt.

Um die nationale Grundversorgung mit öffentlichen Telekomdiensten in Entwicklungsländern sicherzustellen, wurde eine Art "Vorrangregelung" postuliert: Sollte ein Engpaß auf dem Gebiet der Telekommunikationsdienste entstehen, sollten die Entwicklungsländer ermächtigt werden, die inländische Telekommunikationsversorgung zu bevorzugen:

"In cases where developing countries Parties determine that an undercapacity exists in their domestic and international public telecommunications services, they may allocate such capacity so as to favour public telecommunications services and domestic service suppliers"[104].

Deutlich gemacht wurde der Anspruch auf die Verfügbarkeit der nationalen Ressource "Telekommunikation" beispielsweise auch durch den Ermessensspielraum, den die Entwicklungsländer sich bei der Definition dessen zumaßen, was zum Bereich der Grunddienste zählen sollte. Zu den "public telecommunications services", so der Ausdruck für Basisdienste, sollten Telefon, Telegraf, Telex und "basic data services" sowie andere Telekommunikationsdienste gehören, die eine Partei aus wirtschaftlichen Gründen oder

---

100 *Communication from Cameroon, Egypt, India and Nigeria*, Sectoral Annotation on Telecommunication Services; GATT. Doc. MTN.GNS/TEL/W/1, 9 July 1990, S. 4, Vorlage einer Sectoral Annotation on Telecommunications Services, Explanatory Note S. 2.
101 Explanatory Note, *Communication from Cameroon, Egypt, India and Nigeria*, Sectoral Annotation on Telecommunication Services; GATT-Doc. MTN GNS/TEL/W/1, 9 July 1990, S. 2, Ziff. 1; ähnlich UNCTAD/UNDP Interregional Project "Support to the Uruguay Round of Multilateral Trade Negotiations", Telecommunications in the Framework Agreement on Trade in Services - Considerations for Developing Countries, Report Prepared by R. *G. Pipe*, UN Doc. Restricted, UNCTAD/MTN/INT/CB.22, May 1991, S.1.
102 GATT. Doc. MTN.GNS/TEL/W/1, S. 2, Ziff. 1 Explanatory Note.
103 GATT Doc. MTN.GNS/TEL/W/1, S. 4, *Communication from Cameroon, Egypt, India and Nigeria*, Sectoral Annotation on Teleommunication Services, MTN.GNS/TEL/W/1, 9 July 1990, Art. 1.1.1.: Zweck der Annotation sei es, "to ensure that market access concessions for telecommunication services do not conflict with the public service objectives and functions of telecommunications"; vgl. auch *ITU, Telecommunication Development Bureau and the UNCTAD and UN-DDSMS Coordinated African Programme of Assistance on Services:* The Development of Telecommunications in Africa and the General Agreement on Trade in Services (1996), S. x, Recommendation no. 2.
104 *Communication from Cameroon, Egypt, India and Nigeria*, Annex on Telecommunications Mode of Delivery, GATT Doc. MTN.GNS/TEL/W/2, 9 July 1990, Art. 10 (b).

aus Gründen der öffentlichen Sicherheit als öffentliche Telekommunikationsdienste bezeichnet:

"(...) which a Party would designate as public telecommunications services, where it decides that such services shall be offered to the general public pursuant to national policy objectives of universal service, economic development and national security"[105].

Das *subjektive* Element, also der Wille der Regulatoren, sollte nach Ansicht der Entwicklungsländer bei der Frage, was zu den öffentlich verfügbaren Grunddiensten gehört bzw. nicht gehört, entscheidend sein. Damit suchten die Entwicklungsländer aufgrund eigenverantwortlicher Entscheidung zu definieren, welche Bereiche für mehr Wettbewerb geöffnet werden sollten[106].

b) Die Stärkung der inländischen Telekommunikationsindustrie

Die Entwicklungsländer haben während der Liberalisierungsverhandlungen deutlich gemacht, daß sie nicht nur Schutzklauseln in dem multilateralen Rahmenabkommen wünschten, die es ihnen ermöglichten, bei Zahlungsbilanzstörungen oder externen Zahlungsschwierigkeiten Beschränkungen für den Handel mit Dienstleistungen einzuführen, sondern auch, um gegen nachteilige Handelswirkungen vorzugehen. Dazu rechneten sie etwa die Auswirkungen von Eigentumskonzentrationen, marktbeherrschende Stellungen von Unternehmen und restriktive Geschäftspraktiken. Aber auch an die Verwendung von Schutzklauseln zum Schutz der "infant industries", zur Schaffung neuer Dienstesektoren oder zur Lösung struktureller Probleme wurde gedacht[107].

Wie bereits dargelegt, ging das Interesse verschiedener Staaten während der Verhandlungen dahin, den bereits begonnenen Aufbau einer eigenen Telekomindustrie wieter voranzutreiben und sie nicht durch die im General Agreement on Trade in Services und der Anlage zur Telekommunikation gegebenen Liberalisierungszusagen in Gefahr zu bringen. Zu Beginn der Verhandlungen legte Indien die praktisch während der gesamten Verhandlungsrunde von zahlreichen Staaten geteilte Verhandlungsposition dar: "that service industries in the LDCs need protection from foreign competition; that service industries in the LDCs need to first undergo a period of deregulation before liberalization of the markets can occur; and that LDCs must be

---

105 Art. 2.2., Sectoral Annotation of Telecommunication Services, *Communication from Cameroon, Egypt, India and Nigeria*, GATT. Doc. MTN.GNS/TEL/W/1, 9 July 1990, S. 5; praktisch wortgleich Art. 17:2 *Communication from Cameroon, Egypt, India and Nigeria*, MTN.GNS/TEL/W/2, 9 July 1990.

106 Im Ergebnis räumt die Anlage zur Telekommunikation den Vertragsparteien ein Definitionsrecht der im afro-asiatischen Vorschlag genannten Art ein; Ziff. 3 (b) legt fest, ein öffentlicher Telekommunikationsdienst ist "jede Art von Telekommunikationsdienst, der nach dem ausdrücklichen oder tatsächlichen Willen des Mitglieds der Öffentlichkeit allgemein angeboten werden muß."

107 Der *Vertreter Indiens* betonte unter Verweis auf GATT Doc. MTN.GNS/W/101; MTN.GNS/TEL/W/1 und MTN.GNS/TEL/W/2, daß es Meinung der LDCs sei, "developing countries could apply safeguard measures to promote creation of certain service sectors, sub-sectors, or activities and to correct structural problems related to technological changes and trade imbalances" (vgl. *Representative of India, Working Group on Telecommunication Services*, Note of the Meeting of 9-11 July 1990, GATT Doc. MTN. GNS/TEL/2, 6 August 1990, Special Distribution, S. 41, Ziff. 168).

allowed to determine the rate at which they will provide market access to their service sectors without fear of retaliation from the developed countries"[108].

Korea forderte ebenfalls ein gewisses Maß an Protektionismus[109] zugunsten der inländischen Telekomunternehmen. Es sei wesentlich, daß beim Öffnen des Telekommunikationsmarktes nationalen "infrastructure service providers" vor einem Eindringen ausländischer Anbieter Schutz gewährt werde. Zum Beispiel sollte es Mehrwertdienste-Anbietern verboten werden, einfache Übertragungsdienste, wie zum Beispiel Telefon oder Telex, anzubieten, wenn dieses Angebot von einem inländischen Provider abgedeckt ist[110]. Begründet wurde dies mit der Schutzbedürftigkeit koreanischer Telekomunternehmen:

"Korea believes this approach is warranted by the need *to protect the ability of the infrastructure service provider* to further develop the infrastructure and to foster universal service"[111].

Anderen Ländern mit weiter vorangeschrittenen Netzen sollte es freistehen, einen stärkeren Wettbewerb zuzulassen; dies dürfe aber nicht vom Allgemeinen Dienstleistungsübereinkommen vorgeschrieben werden. Das Hauptanliegen Koreas war es eigenem Bekunden zufolge, die finanzielle Lebensfähigkeit ("viability") der für die Lieferung universeller Dienste zuständigen Infrastrukturanbieter zu sichern[112].

Um eine Stärkung des Dienstleistungsniveaus in den Entwicklungsländern zu erreichen ("domestic performance"), sah Ägypten während der Verhandlungen in der Working Group on Telecommunications vor allem drei Wege: erstens Präferenzen für nationale Diensteerbringer, zweitens Unterstützung der jeweiligen Regierung zugunsten nationaler Diensteerbringer, und drittens die Sicherung eines Minimums nationaler Dienstleistungserzeugung[113]. Darüber hinaus wurde gefordert, die Industriestaaten möchten ihrerseits von Exportsubventionen oder anderen Hilfsmaßnahmen für ihre Exportindustrie Abstand nehmen:

---

108 Statement of India (informelles Papier, zitiert nach T. P. Stewart, S. 74, Fn. 247, Manuskript.
109 *V. Rittberger*: Internationale Organisationen, Politik und Geschichte (2. Aufl. 1995), S. 49 weist darauf hin, daß "selbst unter der Annahme des gegenseitigen und kollektiven Vorteils einer liberalen Weltwirtschaftsordnung" für Staaten stets ein gewisser Anreiz existiert, die eigene Wirtschaft vor ausländischen Konkurrenzunternehmen zu schützen, jedenfalls "solange die Hoffnung besteht, daß Gegenmaßnahmen anderer Staaten ausbleiben."
110 *Representative of Korea*, Working Group on Telecommunication Services, Note on the Meeting of 5-6 June 1990, Group of Negotiations on Services, Restricted, GATT. Doc. MTN.GNS/TEL/1, 27 June 1990, Special Distribution, S. 4; vgl. auch *Explanatory Notes for the Korean Paper, Communication from Korea*, The Korean Position Paper for the Telecommunication Services Negotiations, Restricted, GATT. Doc. MTN.GNS/W/103, June 1990, Special Distribution, S. 8.
111 *Explanatory Notes for the Korean Paper*, Communication from Korea, The Korean Position Paper for the Telecommunications Services Negotiations, Restricted, GATT Doc. TN.GNS/W/103, June 1990, Special Distribution, S. 8.
112 *Representative of Korea*, Working Group on Telecommunication Services, Note on the Meeting of 5-6 June 1990, Group of Negotiations on Services, Restricted, GATT. Doc. MTN.GNS/TEL/1, 27 June 1990, Special Distribution, S. 18; zu den universellen Diensten siehe bereits das 2. Kap. 3 d.
113 *Representative of Egypt, Working Group on Telecommunication Services*, Note of the Meeting of 9-11 July 1990, GATT Doc. MTN. GNS/TEL/2, 6 August 1990, Special Distribution, S. 40, vgl. dazu MTN.GNS/TEL/W/1, Art. 9, und MTN.GNS/TEL/W/2, Art. 9-12.

"Les pays développés Parties au présent cadre n'accorderont pas de subventions ou autre forme d'aide aux exportations de services ou aux fournisseurs de services"[114].

Umgekehrt sollte es den Entwicklungsländern erlaubt sein, Stützungsmaßnahmen zugunsten ihrer inländischen Telekomunternehmen zu ergreifen. Die Entwicklungsländer sollten durch das GATS nicht daran gehindert werden, "d'offrir des incitations pour renforcer leur capacité de fournir des services, dans le pays et à l'exportation, ni de prendre les mesures nécessaires pour garantir un niveau minimal de production nationale"[115].

Im Ergebnis wurde die Freiheit der Entwicklungsländer reklamiert, ihren nationalen Diensteanbietern nach Belieben Vorzugsbehandlung ("traitement préférentiel"), hauptsächlich finanzielle oder nicht-finanzielle Fördermaßnahmen, zu gewähren[116].

c) Ausnahmebestimmungen des GATS

Auch die allgemeinen Ausnahmebestimmungen des GATS waren längere Zeit Anlaß für Friktionen zwischen Nord und Süd. Verschiedene GATS-Entwürfe aus dem Kreise der wirtschaftlich schwach entwickelten Staaten ließen erkennen, daß diesen an einem wesentlich breiteren Ausnahmebereich gelegen war als den Industriestaaten, die eine umfassende Ausweitung des weltweiten Handels mit Dienstleistungen – ohne Ausnahmen und Schlupflöcher – anstrebten.

Neben dem Schutz der "public morals" und der "safety" wurde gefordert, es müßten auch Maßnahmen zum Schutz von "cultural and social values" möglich sein[117].

Darüber hinaus wurde von einem kleineren Kreis von Entwicklungsländern eine Art "umfassender Entwicklungsvorbehalt" angebracht. Kamerun, China, Ägypten, Indien, Kenia, Nigeria und Tansania forderten, es sollten auch künftig grundsätzlich Maßnahmen möglich sein, die für die Entwicklung der Entwicklungsländer nötig sind: "nécessaires au développement des pays en développement"[118].

Hatte der Draft Multilateral Framework for Trade in Services (sog. Juli-Entwurf)[119] noch die Ausnahmebestimmungen zu "cultural values" enthalten, so fanden diese Entwicklungsländerforderungen keinen Eingang in die endgültigen GATS-Vertragsbestimmungen; lediglich der Schutz der "öffentlichen Moral" und die Aufrechterhaltung von

---

114 Communication du Cameroun, de la Chine, de l'Egypte, de l'Inde, du Kenya, du Nigeria et de la Tanzanie GATT Doc. MTN.GNS/W/101, 4 mai 1990, Art. 13:4, S. 1.
115 Communication du Cameroun, de la Chine, de l'Egypte, de l'Inde, du Kenya, du Nigeria et de la Tanzanie, MTN.GNS/W/101, 4 mai 1990, Art. 8.5. ("Participation croissante des pays en développement").
116 Art. 13:1 S. 2 ("Règlement de la concurrence"), GATT Doc. MTN.GNS/W/101, 4 mai 1990; vgl. auch *Representative of India, Working Group on Telecommunication Services*, Note of the Meeting of 9-11 July 1990, GATT Doc. MTN. GNS/TEL/2, 6 August 1990, Special Distribution, S. 41, Ziff. 168: "developing countries should be free to provide incentives to strenghten their domestic service capacities with a view to securing a minimum level of domestic operations."
117 Communication from Brazil, Chile, Colombia, Cuba, Honduras, Jamaica, Nicaragua, Mexico, Peru, Trinidad and Tobago and Uruguay (Anm. 32), Art. 8:1 (a) Exceptions; wortgleich Art. 10 a) des Entwurfs von Kamerun, Ägypten, China, Indien, Kenia, Nigeria und Tansania, GATT Doc. MTN.GNS/W/101, 4 May 1990; die Montreal Ministerial Declaration von 1988 (Anm. 31) hatte ebenfalls vorgesehen, daß "exceptions" möglich sein sollten "based on (...) cultural policy objectives."
118 GATT Doc. MTN.GNS/W/101, Art. 10 d).
119 *Draft Multilateral Framework for Trade in Services*, GATT Doc. No. MTN.GNS/35, July 23, 1990, S. 11.

öffentlicher Ordnung wurden erwähnt. Daß der letztgenannte Ausnahmetatbestand allerdings – entsprechend der von den Industriestaaten vertretenen restriktiven Sichtweise – nur äußerst selten vorliegen dürfte, verdeutlicht eine Anmerkung im GATS-Text selbst. Dort hieß es: "Die Ausnahmeregelung in bezug auf die öffentliche Ordnung kann nur in Anspruch genommen werden, wenn eine wirkliche, ausreichend schwerwiegende Bedrohung der Grundwerte der Gesellschaft vorliegt"[120].

Aufschluß bietet zudem die Diskussion um den Datenschutz im Rahmen des General Agreement und der Anlage zur Telekommunikation, denn auch hier war evident, daß den Entwicklungsländern vorrangig an der Wahrung ihrer souveräner Rechte gelegen war. In Anlehnung an die UNO-Debatte um den "transborder flow of information" während der 70er Jahre betonten sie die Notwendigkeit des Schutzes der Geheimhaltung internationaler, also grenzüberschreitender Informationen. Den Parteien sollten deswegen Maßnahmen gestattet werden, um die "security, confidentiality and privacy of international messages, in whatever form" vor unzulässiger Enthüllung, Veränderung oder Löschung sicherzustellen. Auch sollten sie dafür Sorge tragen, daß die PTOs, also die mit ausschließlichen Rechten zur Lieferung von öffentlichen Telekommunikations-netzen und -diensten ausgestatteten, im öffentlichen oder privaten Eigentum stehenden Organisationen[121], die ITU-Bestimmungen über die Geheimhaltung von internationalen Nachrichten beachten[122].

d) Vorbehalte gegenüber multinationalen Unternehmen

Den insgesamt niedrigen Anteil der Entwicklungsländer am internationalen Handel mit Telekommunikationsdiensten erklärten sich Verantwortliche aus Entwicklungsländern zum einen mit der dort vorhandenen unzulänglichen Infrastruktur[123], zum anderen mit der dominanten Stellung der Telekommunikationsbetreiber und grenzüberschreitenden Nutzer in den Industriestaaten[124]. Auch die Präambel des bereits mehrfach erwähnten afro-asiatischen GATS-Entwurfs spricht davon, daß die Parteien sich der "position dominante des fournisseurs des pays développés" bewußt seien[125].

So war bald erkennbar, daß eine weitere Stärkung der marktführenden Unternehmen im Zuge des von GATT initiierten Liberalisierungsprozesses für die Entwicklungsländer nicht akzeptabel sein würde. UNCTAD-Experten warnten:

„(...) it would seem both inequitable and a waste of resources to undertake major international negotiations to liberalize trade in service sectors, if such liberalization would only serve to strengthen the position of already dominant firms from a limited

---

120 Art. XIV GATS.
121 So die Definition in dem einschlägigen Entwuf, Art. 2.4, *Cameroon, Egypt, India and Nigeria*, Sectoral Annotation on Telecommunication Services (GATT Doc. MTN.GNS/TEL/W/1, 9 July 1990).
122 Art. 6.1. *Sectoral Annotation on Telecommunication Services*, GATT. Doc. MTN.GNS/TEL/W/1, 9 July 1990 ("secrecy of international messages").
123 Zu den Problemen der Telekommunikationsinfrastruktur in Entwicklungsländern siehe bereits das 2. Kap. 2 b).
124 Ausdrücklich die *Communication from Cameroon, Egypt, India and Nigeria*, Sectoral Annotation on Telecommunication Services, GATT. Doc. MTN.GNS/TEL/W/1, 9 July 1990, S. 4, Explanatory Note S. 2, Ziff. 2.
125 GATT. Doc. MTN.GNS/W/101, 4 May 1990, Präambel Abschnitt 6.

number of countries and to increase the rent such firms are already gaining from trade in the sector concerned"[126].

Verhandlungen zur Liberalisierung von Telekommunikationsdiensten müßten stattdessen darauf gerichtet sein, Eigentumskonzentrationen marktbeherrschender Unternehmen zu verringern[127]. Öffentliche Monopole dürften nicht durch private abgelöst werden. Kamerun, Ägypten, Indien und Nigeria griffen diese Anregung auf und verfolgten eine härtere Linie gegen marktbeherrschende Unternehmen:

"Parties shall determine whether a dominant market position is held by any telecommunications services operator or user, and shall take such steps, individually or jointly, as may be necessary to *eliminate anti-competitive practices* which are found to distort international trade in telecommunications services"[128].

Da für Entwicklungsländer das Problem der restriktiven Geschäftspraktiken besonders gravierend ist[129], haben diese darauf gedrängt, in einem multilateralen Rahmen sicherzustellen, daß diese nicht eventuell ihnen entstehende Vorteile aus fortschreitender Liberalisierung gefährden. In dem GATS-Entwurf "Structure of a Multilateral Framework for Trade in Services" hätten sich die Parteien – wäre es nach der Dritten Welt gegangen – verpflichtet, gegen Antiwettbewerbsverhalten von Diensteerbringern vorzugehen:

"Parties commit themselves to implement both at the national and international levels, those multilateral agreements and understandings aimed at securing competitive markets and at curtailing or eliminating anticompetitive behavior by suppliers of services"[130].

Art. 7[131] enthielt außerdem eine Wettbewerbsregel ("Regulation of competition"). Unter der Voraussetzung, daß Gesetze und Regulierungen der genannten Art notifiziert und periodisch multilateralen Überprüfungen unterzogen werden, sollten sich die Parteien verpflichten:

"Parties shall adopt and enforce such laws and regulations as may be necessary to prevent service suppliers of any origin from engaging in unfair trade, creating market distortions, acquiring undue market domination or otherwise obstructing competition, or frustrating effective remedies, provided that such laws and regulations do not constitute arbitrary and unjustifiable barriers to trade."

---

126 *M. Gibbs/M. Hayashi*, (Anm. 2), S. 16.
127 *M. Gibbs/M. Hayashi*, (Anm. 2), S. 16.
128 Art. 8.3., Sectoral Annotation of Telecommunication Services, *Communication from Cameroon, Egypt, India and Nigeria*, GATT. Doc. MTN.GNS/TEL/W/1, 9 July 1990, S. 9; vgl. auch das *non-paper von Korea*, das eine Bestimmung über "anti-competitive behavior" enthält; dazu der *Representative of Korea, Working Group on Telecommunication Services*, Note of the Meeting of 9-11 July 1990, GATT Doc. MTN. GNS/TEL/2, 6 August 1990, Special Distribution, S. 40, Ziff. 165.
129 *P. Brusick/M. Gibbs/M. Mashayekhi*: Anti-Competitive Practices in the Services Sector, in: UNCTAD (Hrsg.): Uruguay Round: Further Papers on Selected Issues, UNCTAD/UNDP MTN Technical Assistance Project for Developing Countries in the Asia-Pacific Region (1990), S. 130: "For developing countries not only is the detection and control of RBPs technically more difficult, but RPPs (...) have a potentially greater impact on their trade"; ähnlich *M. Gibbs/M. Mashayekhi*, (Anm. 44), S. 122.
130 Communication from Brazil, Chile, Colombia, Cuba, Honduras, Jamaica, Nicaragua, Mexico, Peru, Trinidad and Tobago and Uruguay, (Anm. 32), Art. 1:9 "Principles and Commitments".
131 Ebd. GATT Doc. MTN.GNS/W/95.

Des weiteren hatte Art. 7:3 desselben Entwurfs vorgesehen, daß alle Vertragsparteien folgendes entwickeln sollten:

"(i) international standards and disciplines for the control of anticompetitive service supplier's behavior; and

(ii) endeavor to agree upon multilateral disciplines and enforcement mechanisms in respect of these standards".

Nach Ansicht der Entwicklungsländer sollte eine Liberalisierung des Dienstehandels also in stärkerem Maße – als im General Agreement on Trade in Services und der Anlage zur Telekommunikation vorgesehen[132] – Wettbewerbsaspekte berücksichtigen.

e) Weiter Verhandlungs- und Regelungsspielraum

Während des gesamten Verlaufs der Diensteverhandlungen läßt sich beobachten, daß die Entwicklungsländer unter Inanspruchnahme souveräner Rechte einen weiten Verhandlungs-, aber auch Regelungsspielraum anstrebten. Einzelne Entwicklungsländer sollten die Möglichkeit eingeräumt bekommen, weniger Dienste einer Liberalisierung zugänglich zu machen als andere Staaten. "Flexibilität" statt Gleichbehandlung sollte gewährt werden:

"Individual developing countries shall have the appropriate flexibility for opening fewer sectors or liberalizing fewer types of transactions"[133].

Korea betonte auf der ersten Sitzung der Working Group on Telecommunication Services, es sei das souveräne Recht jedes Staates, den für mehr Wettbewerb geöffneten Dienstleistungssektor zu bestimmen[134]. Der Delegierte Marokkos hob hervor, er sehe in dem GATS-Entwurf kein rechtliches Hindernis, das es verbiete, Dienste vom Wettbewerb auszunehmen – "to reserve on all or part of a given service"[135].

Um eine größtmögliche Flexibilität beizubehalten, sollten sowohl die Marktzugangsverpflichtungen als auch die Inländerbehandlung in Form von "commitments" eigens ausgehandelt werden – und nicht etwa (was auch möglich und in der GATT-Tradition "logisch" gewesen wäre) als allgemeine GATS-Verpflichtung normiert werden. Jedes Entwicklungsland sollte diejenigen Dienstleistungssektoren auswählen können, für die es konkrete Verpflichtungen übernehmen wollte (individuelle Liste von sektoralen Liberalisierungsverpflichtungen). Außerdem sollte jedes Entwicklungsland die Liste durch individuell vorzunehmende Beschränkungen und Bedingungen konkretisieren können[136]. Auf diese Weise hoffte man in der Lage zu sein, den Entwicklungsproblemen Rechnung tragende Regelungen aushandeln zu können. Im lateinamerikanisch-

---

132 Zu den im GATS normierten Regelungen siehe das 5. Kap. 1; 6. Kap. 2 h).
133 Art. 1: 7 (b) Communication from Brazil, Chile, Columbia, Cuba, Honduras, Jamaica, Nicaragua, Mexico, Peru, Trinidad and Tobago and Uruguay, (Anm. 32).
134 *Explanatory Notes for the Korean Paper*, Communication from Korea, The Korean Position Paper for the Telecommunications Services Negotiations, Restricted, GATT Doc. MTN.GNS/W/103, June 1990, Special Distribution, S. 8; praktisch wortgleich: *Representative of Korea*, Working Group on Telecommunication Services, Note on the Meeting of 5-6 June 1990, Group of Negotiations on Services, Restricted, MTN.GNS/TEL/1, 27 June 1990, Special Distribution, S. 4.
135 *Representative of Marocco*, *Working Group on Telecommunication Services*, Group of Negotiations on Services, Note of the Meeting of 10-12 September 1990, Restricted, GATT Doc. MTN.GNS/TEL/3, 12 October 1990, Special Distribution, S. 2, Ziff. 7.
136 Das Listensystem wird näher im 5. Kap. 3 beschrieben.

karibischen Entwurf hieß es dementsprechend: "The commitments may relate to (...) the levels of protection, or the gradual application of disciplines and rules specified under this Chapter"[137].

Auch der souveräne Regelungsspielraum der Entwicklungsländer sollte unangetastet bleiben[138]. Für die Entwicklungsländer[139] hatte mit den Liberalisierungsverhandlungen eine "Gratwanderung" begonnen zwischen dem, was sie als angemessene nationale Regulierung ansahen (vor allem in bezug auf die Verfolgung von Gemeinwohlzielen), und dem, was in der Konsequenz der eingeleiteten Liberalisierungsmaßnahmen auf internationaler Ebene als ein internationales Handelshemmnis angesehen wurde:

> "Developing countries are being confronted with these economic and increasingly trade-related challenges. The lines separating appropriate national regulation of telecommunication services from excessive constraints on international commerce and trade are becoming increasingly blurred"[140].

Staatliche Regulierungen können als nicht-tarifäre Handelshemmnisse den Handel mit Telekommunikationsdiensten behindern. Dennoch muß respektiert werden, daß einzelne Regierungen im Wege von nationalen Regulierungen zum Teil spezielle wirtschaftspolitische[141] Ziele in einzelnen Dienstleistungssektoren verfolgen. Es galt folglich im Rahmen des GATS, aber auch künftig innerhalb der WTO[142], geeignete Wege zu finden, um *unnötig* handelsbeschränkende Regulierungen zu unterbinden.

Bereits Paragraph 7 h der Uruguay-Round Mid-term Review von 1988/89 hatte das Recht zur Einführung neuer Regulierungen anerkannt, vorausgesetzt, dies sei mit den GATS-Verpflichtungen vereinbar. So ergab sich während der GATS-Verhandlungen eine Diskussion um das Recht der Entwicklungsländer, neue Bestimmungen zu erlas-

---

137 Art. 12, Communication from Brazil, Chile, Columbia, Cuba, Honduras, Jamaica, Nicaragua, Mexico, Peru, Trinidad and Tobago and Uruguay, (Anm. 32).

138 Ein "right to regulate" der Entwicklungsländer solle in Übereinstimmung mit den Resultaten von Montreal normiert werden, forderte *L. Abugattas*: Services as an Element of Co-operation and Integration Among Developing Countries: Implications for the Uruguay Round of Multilateral Trade Negotiations, in: *UNCTAD (Hrsg.)*: Trade in Services: Sectoral Issues (1989), S. 474; *C. Raghavan*: Recolonization. GATT, The Uruguay Round & the Third World (1990), S. 252; zum Problem der Angemessenheit von Regulierungen: *E. Stevers/C. Wilkinson*: "Appropriate Regulation" for Communication and Information Services, in: *P. Robinson/K. P. Sauvant/V. P. Govitrikar (Hrsg.)*: Electronic Highway for World Trade (1989), S. 157 f.; zu den Gefahren einer Überregulierung *M. Streit*: Dimensionen des Wettbewerbs - Systemwandel aus ordnungsökonomischer Sicht, in: Zeitschrift für Wirtschaftspolitik 44 (1995), S. 126; *H. Brian*: L'accord général sur le commerce des services, in: Politique Etrangère (1993), S. 336.

139 Zwar erachteten auch die Industrieländer Regulierungen prinzipiell als zulässig, sie suchten jedoch eine Grenze zwischen "angemessener" (einen effektiven Marktzugang und Inländerbehandlung ausländischer Diensterbringer gewährleistenden) und "nicht-angemessener" Regulierung zu ziehen.

140 *R. G. Pipe*, (Anm. 90), S. 64.

141 Die angestrebte nationale Regulierung kann aus vielerlei Motiven erfolgen; speziell im Bereich der Telekommunikation sind zu nennen soziale Wohlfahrtsüberlegungen, Verbraucherschutz und das Anliegen, durch Regulierung die Monopolmacht der PTOs zu verringern; der bereits erwähnte Schutz der inländischen Telekommunikationsindustrie mag ebenfalls ein Gegenstand nationaler Regulierung sein; zu Aspekten der Governance siehe bereits das 2. Kap. 3 d).

142 *E.-U. Petersmann*: The Transformation of the World Trading System Through the 1994 Agreement Establishing the World Trade Organization, in: EJIL 6 (1995), S. 177 geht davon aus, daß die zukünftige Entwicklung des GATT/WTO-Rechts entscheidend geprägt werden wird "by the economic objective of limiting abuses of trade policy instruments (e.g. anti-dumping duties) in favour of optional *domestic policy instruments* (e.g. competition rules)".

sen. Die nationalen Gesetze und "policy objectives" müßten respektiert werden, verlangte Peru; keinesfalls dürfe die mögliche Liberalisierung zu einer Erosion geltender Vorschriften – "dismantling or deregulation of existing national laws" – führen[143]. Zahlreiche Entwicklungsländer sahen eine verstärkte Reglementierung als nötig an. Die Industriestaaten hätten in früheren Zeiten ihrerseits alle Dienstesektoren, auch die weit entwickelten High Tech-Sektoren reguliert, die Entwicklungsländer hingegen nur die Basisbereiche. Deswegen sei es inakzeptabel, diese "asymmetrische Situation" festzuschreiben, etwa durch ein "standstill on regulations". Wie der indische Delegierte hervorhob, sei es nicht "fair", die regulative Situation der "Entwicklungsländer auf dem derzeitigen Stand "einzufrieren"; sie müßten Flexibilität besitzen, dort regelnd tätig zu werden, wo Bestimmungen fehlten[144].

Folglich sei das Recht zur Einführung neuer Vorschriften von ganz besonderer Wichtigkeit für die Entwicklungsländer. Die übrigen Vertragsparteien sollten diesen Umstand anerkennen: "que les pays en développement (...) pourront avoir tout particulièrement besoin d'exercer ce droit"[145].

Die Berücksichtigung ihrer nationalen Politikziele festzuschreiben, schien den Entwicklungsländern ebenfalls vordringlich. Die lateinamerikanischen und karibischen Staaten schlugen vor, daß die Vertragsparteien des GATS, hauptsächlich die LDCs, das Recht haben sollten, "to regulate the provision of services within their territories in order to implement national policy objectives, including the introduction of new regulations consistent with the objectives, principles and disciplines under the Framework"[146]. Denn: "The policy objectives of national laws and regulations applying to trade in services shall be respected"[147].

Das "Recht auf Regelung" sollte nach dem Willen der Entwicklungsländer also zwei Facetten haben: zum einen sollten Entwicklungsländer weiterhin das Recht besitzen, in Übereinstimmung mit nationalen Politikzielen die Erbringung von Diensten innerhalb ihres Staatsterritoriums zu regulieren, und zum anderen sollte ihnen die Einführung neuer, mit dem GATT-Rahmenabkommen vereinbarer Bestimmungen unbenommen bleiben.

So gerieten die nationalen Telekommunikationsregulierungen der Entwicklungsländer zu einem wichtigen Verhandlungsgegenstand. Da sie die Nutzungskonditionen der

---

143 *Communication from Peru*: Elements of a Framework Agreement on Trade in Services, GATT Doc. MTN.GNS/W/84, 20 November 1989, Special Distribution, Ziff. I, S. 2; zum Ganzen auch D. *Nayyar*, (Anm. 46), S. 122.
144 Representative of India, Working Group on Telecommunication Services, Note of the Meeting of 9-11 July 1990, GATT Doc. MTN. GNS/TEL/2, 6 August 1990, Special Distribution, S. 41, Ziff. 168; ITU, Telecommunication Development Bureau and the UNCTAD and UN-DDSMS Coordinated African Programme of Assistance on Services (Anm. 103), S. 23; das Regulierungsniveau in den Entwicklungsländern sei verhältnismäßig niedrig betont C. Engel: Is Trade in Services Specific, in: T. Oppermann/J. Molsberger (Hrsg.): A New GATT for the Nineties and Europe '92. International Conference held in Tübingen 25-27 July 1990 (1991), S. 216; ähnlich H. Keppler, (Anm. 73), S. 59.
145 Art. 11, S. 3, des afro-asiatischen Vorschlags GATT Doc. MTN.GNS/W/101, 4 mai 1990.
146 *Communication from Brazil, Chile, Columbia, Cuba, Honduras, Jamaica, Nicaragua, Mexico, Peru, Trinidad and Tobago, and Uruguay*, (Anm. 32), S. 6, Art. 1:11; vgl. auch ebd. MTN.GNS/W/95, Art. 1:6: "The policy objectives of national laws and regulations applying to trade in services shall be respected"; ähnlich der *afro-asiatische Vorschlag*, GATT Doc. MTN.GNS/W/101, Art. 11.
147 Art. 1:6 Communication from Brazil, Chile, Columbia, Cuba, Honduras, Jamaica, Nicaragua, Mexico, Peru, Trinidad and Tobago and Uruguay, (Anm. 32).

jeweiligen Telekommunikationsinfrastruktur festschreiben und die Einrichtung neuer Telekommunikationsinstallationen reglementieren, entscheiden sie letztlich auch über die Zulassung ausländischer Anbieter. Deswegen wurden sie, insbesondere von den mächtigen Handelsnationen, als potentielle Hemmnisse des internationalen Dienstleistungsaustauschs angesehen.

Art. VI des Dunkel-Entwurfs von 1991 zur "Innerstaatlichen Regelung", der unmittelbar Eingang in die endgültige GATS-Version fand, suchte schließlich sicherzustellen, daß nationale Bestimmungen in einer fairen und nicht-diskriminierenden Weise angewendet würden[148].

4. Versuche der Perpetuierung des "traditionellen" Telekommunikationsregimes

Um das Funktionieren globaler Telekommunikation sicherzustellen, ist die Zusammenarbeit zwischen nationalen Netzbetreibern und Diensteerbringern nötig. Kooperationsbedarf ergibt sich etwa hinsichtlich der
- Ausarbeitung und Anwendung von Tarifgrundsätzen für die Nutzung der Netze und Telekomdienste;
- Vereinbarung von Betriebsverfahren nach einheitlichen Prinzipien zwischen den Telekommunikationsdiensteerbringern;
- Einigung auf eine Reihe technischer Standards.

Mit diesen Aufgaben sind mehrere internationale Organisationen befaßt, z.B. CEPT, EUTELSAT, INMARSAT, die EU, vor allem aber die ITU und INTELSAT.

Manche der während der GATS-Verhandlungen von Entwicklungsländern eingenommenen Verhandlungspositionen ließen eine Neigung erkennen, die künftige Regelung solcher Fragen in den Händen von über Jahrzehnte hinweg mit diesen Aufgaben betrauten und "bewährten" Institutionen zu belassen.

Insbesondere fanden sich Vorschläge, die auf eine Wahrung der Rechte der Internationalen Fernmeldeunion (ITU) und der in ihr versammelten Fernmeldeverwaltungen (PTOs) sowie von INTELSAT hinausliefen. Diese Vorschläge sind deswegen interessant, weil das Allgemeine Dienstleistungabkommen (GATS) mit der Anlage zur Telekommunikation entweder keine oder – mit Ausnahme zur Internationalen Fernmeldeunion[149] – keine detaillierten Regelungen hierüber enthält.

---

148 Zur endgültigen Lösung im GATS siehe das 5. Kap. d); den Einfluß der Entwicklungsländer auf das Verhandlungsergebnis in dieser Frage analysiert das 6. Kap. 2 h).

149 Art. XXVI GATS sieht lediglich vor, daß der Allgemeine Rat "geeignete Vorkehrungen" für Konsultationen und Kooperation mit den Vereinten Nationen und ihren Sonderorganisationen (also ITU eingeschlossen) sowie mit sonstigen mit Dienstleistungen befaßten zwischenstaatlichen Organisationen trifft; darüber hinaus erkennen die Mitglieder die Rolle an, die zwischenstaatliche und nichtstaatliche Organisationen und Übereinkünfte, "insbesondere die Internationale Fernmeldeunion", bei der Gewährleistung eines effizienten Betriebs inländischer und weltweiter Telekommunikationsdienste spielen (Ziff. 7 b) der *Anlage zur Telekommunikation*; in Ziff. 7 a) des Telekommunikationsanlage schließlich erkennen die Mitgliedstaaten die Bedeutung internationaler Standards für die globale Kompatibilität und Interoperabilität der Telekommunikationsnetze an und verpflichten sich, solche Standardisierungsaktivitäten im Rahmen von ISO und ITU zu unterstützen. Für die Implementierung der Anlage zur Telekommunikation sollen "gegebenenfalls geeignete Vorkehrungen für Konsultationen" - auch mit der ITU - getroffen werden (Ziff. 7 b), S. 2 der Anlage zur Telekommunikation; grundsätzlich zum Verhältnis WTO/ITU siehe die Ausführungen im 6. Kap. 4 b).

a) Beibehaltung der Tarifgestaltung

Das bestehende Tarif- und Abrechnungssystem ("accounting rates system") hatte über Jahre hinweg *im Prinzip* die Entwicklungsländer begünstigt. Das Grundprinzip bestand, vereinfacht ausgedrückt[150], darin, die Kosten für die Übertragung einer internationalen Nachricht auf bilateraler Basis und im Verhältnis von 50:50 zu teilen, wobei der Sender den Empfänger bezahlte. Obwohl die USA als einer der umsatzstärksten Staaten im Bereich der Telefonie auf diese Weise Milliarden von Dollars[151] an Empfängerstaaten in Europa, aber auch Übersee transferierte, wurde dieses System bis in die 90er Jahre hinein nicht ernsthaft in Frage gestellt. Zwar empfahl die Internationale Fernmeldeunion verschiedentlich, die "accouning rates" den Kosten anzugleichen[152], dazu kam es jedoch nicht. Schließlich wendete die USA das Blatt zu ihren Gunsten: 1990 hat die Federal Communications Commission (FCC), die oberste regulatorische Telekommunikationsbehörde der USA, in Zusammenarbeit mit dem State Department einen Vorstoß unternommen, ein neues Abrechnungssystem einzuführen; dies gelang schließlich 1992 in Form einer neuen internationalen Vereinbarung[153].

Weitergehenden Bemühungen der USA und anderer Staaten, internationale Tarife kostenbasiert auszugestalten, nämlich so, daß sie die Kosten der Zurverfügungstellung der internationalen Übertragungsleistung reflektieren, nicht aber die Aufwendungen der Gegenseite – etwa die Kapitalkosten für die Infrastruktur[154] –, blieb vorerst der Erfolg versagt. Ein US-Vorschlag, der in Richtung einer kostenbasierten Tarifierung gezielt hatte und der zudem eine allgemeine Bestimmung enthielt, daß die Höhe des Preises von Telekomdiensten nicht die aus den Marktzugangskonzessionen resultierenden Vorteile zunichte machen dürfe, konnte sich im GATT nicht durchsetzen.

Die Gegenargumentation der Entwicklungsländer ging dahin[155], daß eine kostenorientierte Tarifierung die der Telekommunikation innewohnende soziale Komponente außer Acht lassen würde. Ländliche Bewohner profitierten über Jahre hinweg davon, daß im ganzen Land – ungeachtet der Auslastung und der geographischen Distanz –

---

150 Nähere Ausführungen zum Grundprinzip der "jointly provided international services" finden sich bei *R. G. Pipe*, (Anm. 90), S. 72.
151 Von "billions of dollars" spricht *J. Hills*: Dependency Theory and its Relevance Today: International Institutions in Telecommunications and Structural Power, in: Review of International Studies 20 (1994), S. 181; kritisch zum alten Abrechnungssystem *P. F. Cowhey*: The International Telecommunications Regime: The Political Roots of Regimes for High Technology, in: IO 44 (1990), S. 178: "Together, these rules made international telephone service *phenomenally profitable*"; ähnlich: *P. Cowhey/J. D. Aronson*: The ITU in Transition, in: Telecommunications Policy 15 (1991), S. 299: "These practices made international telecommunications services *extremely profitable*", (Hervorhebung durch die Verfasserin).
152 Auf der WATTC-Konferenz der ITU in Melbourne 1988 wurde eine Resolution angenommen, die vorsah, daß für den Fall, daß es zu einer Verteilung der "accounting rates" abweichend vom 50:50 Modell käme, die frei werdenden Mittel den Entwicklungsländern zugute kommen sollten, vgl. Res. 3 der *Final Acts of the World Administrative Telegraph and Telephone Conference, Melbourne, 1988*, "Apportionment of Revenues in Providing International Telecommunication Services"; näher zu dieser Konferenz bereits im 2. Kap. 1 d).
153 Näher *J. Hills*, (Anm. 151), S. 181 f.
154 Ein kostenbasierter Tarif reflektiert damit für den Kunden die tatsächlichen Kosten.
155 Allerdings ist hinsichtlich dieser Position "Bewegung" zu erkennen; wie *ITU, Telecommunication Development Bureau and the UNCTAD and UN-DDSMS Coordinated African Programme of Assistance on Services* (Anm. 103), S. 8, Ziff. 2.4.6. hervorhebt, "there is a concern on the part of governments of African countries about undertaking a degree of tariff-rebalancing without jeopardizing other objectives."

"Durchschnittstarife" zugrundegelegt wurden. Falls, wie im Rahmen der Liberalisierungsverhandlungen wiederholt gefordert, kostenbasierte Tarife durch die Betreiberunternehmen zugrundegelegt würden, verschöben sich die Tarife zugunsten der nutzerdichten, urbanen Zentren, und zuungunsten der ländlichen Regionen.

Die politisch Verantwortlichen hoben das Interesse an einer ausgewogenen Landesentwicklung und der Integration verschiedener Landes- und Bevölkerungsteile hervor. Jugoslawien und Indien betonten in den GATS-Verhandlungen "the necessity for pricing policies to take into account the developmental, regional and other socio-economic policy objectives which countries often pursued in the telecommunications areas"[156]. In sozialer Hinsicht sei es bedenklich, zu verlangen, die Landbevölkerung solle für gleiche oder sogar qualitativ schlechtere Dienste einen höheren Preis bezahlen als Stadtbewohner[157].

"Problems involve national social objectives such as the desire to guarantee affordable communication services to infrequent or dispersed residential users, even at the cost of forcing major users to stay in the system and to pay higher rates than might be justified on purely economic grounds"[158].

Ferner sei die Zurverfügungstellung von Leitungen für die Entwicklungsländer – im Verhältnis gesehen – ungleich kostenintensiver als für die Industriestaaten. Käme es zur kostenbasierten Tarifierung, würden die reichsten Unternehmen der Welt quasi unentgeltlich die Telekommunikationsinfrastruktur benutzen, ohne an die Ärmsten (Entwicklungsländer) Beiträge dafür zu entrichten. Staaten wie Singapur, Korea und Mexiko, aber auch Schweden im Namen der nordischen Staaten, hoben außerdem die Schwierigkeiten hervor, die es bereite, die Tarife auf der Basis des Kostenprinzips zu berechnen[159].

---

156 *Working Group on Telecommunication Services, Group of Negotiations on Services*, Note of the Meeting of 10-12 September 1990, Restricted, GATT Doc. MTN.GNS/TEL/3, 12 October 1990, Special Distribution, S. 14, Ziff. 86; daß es wichtig ist, die ländliche Bevölkerung durch die Einführung moderner Telekommunikationseinrichtungen zu integrieren, darauf wies ausdrücklich auch die 2. UN-Entwicklungsdekade für Transport und Kommunikation in Afrika (1991-2000) hin: "(...) introducing telecommunications in rural areas is essential if local populations are to be integrated in their country's social and economic development" (*Second United Nations Transport and Communication Decade for Africa* (1991-2000), Doc. ATDC-90/18-E, S. 261, in: African Telecommunication Development Conference (ATDC-90), Harare, Zimbabwe, 6-11 December 1990, Vol. II, ITU, Geneva, March 1991, S. 272.
157 *J. Briesemeister/J. Horrigan*: Conclusion: Perspectives on the New State Role, in: *J. Schmandt/ F. Williams/R. H. Wilson (Hrsg.):* Telecommunictions Policy and Economic Development, The New State Role (1989), S. 277; *J. Hills*: The Telecommunications Rich and Poor, in: Third World Quarterly 12 (1990), S. 81; zur Kritik an kostenbasierter Tarifierung, insbesondere der drohenden Benachteiligung einkommensschwacher Schichten: *L. J. Perl*: The Consequences of Cost-Based Telephone Pricing, in: *J. Miller (Hrsg.):* Telecommunications and Equity, Policy Research Issues (1986), S. 231 ff.
158 *G. Feketekuty/J. D. Aronson*: Meeting Challenges of the World Information Economy, in: World Economy 7 (1984), S. 73.
159 So sei es verfehlt, die Preisgestaltung in die Telekommunikationsanlage aufzunehmen, selbst wenn man das Prinzip der kostenbasierten Tarifierung im Grundsatz befürworte, vgl. die Diskussion in der *Working Group on Telecommunications in Services*, Note on the Meeting of 9-11 July 1990, GATT Doc. MTN.GNS/TEL/2, 6 August 1990, Special Distribution, S. 13 ff., Ziff. 46, 48, 49, 57; vgl. auch die Fortsetzung der Diskussion um die Tarifierung in: *Working Group on Telecommunication Services*, Group of Negotiations on Services, Note of the Meeting of 10-12 September 1990, Restricted, MTN.GNS/TEL/3, 12 October 1990, Special Distribution, S. 14 ff.; näher zum

Insgesamt wurde in den Diskussionen der Working Group on Telecommunication Services auch in dieser Frage der Gegensatz zwischen den Staaten mit weitgehend liberalisierten Telekommunikationsmärkten und anderen Staaten, speziell den eine freie Regulierung befürwortenden Entwicklungsländern, deutlich. Wie eingangs in Form einer Arbeitshypothese dargelegt, kann das General Agreement on Trade in Services als "Gratwanderung" zwischen den Liberalisierungszielen und staatlichen Souveränitäts-vorbehalten einiger Staaten angesehen werden[160]. Obwohl die auf eine umfassende Liberalisierung drängenden USA versuchten, ein neues Abrechnungssystem in der Anlage zur Telekommunikation zu verankern[161], setzte sich schließlich die Linie derjenigen Staaten durch, die (wie Chile, Jugoslawien, aber auch Indien) wenig Sinn in einer solchen, ihre nationalen Befugnisse beeinträchtigenden Regelung sahen[162]. Auch Kanada war der Ansicht, daß die Tarifierung in erster Linie eine nationale Angelegenheit sei[163]. Außerdem sei es nicht Sinn und Zweck der Telekommunikationsanlage, Pflichten zu normieren, die im Rahmenabkommen selbst nicht vorgesehen waren[164].

b) Die Förderung internationaler verbindlicher Standards

Die Entwicklungsländer, dies zeigten die Liberalisierungsverhandlungen im GATT, maßen der durch die Anwendung universeller technischer Standards voranschreitenden, globalen "Interoperabilität"[165] große Bedeutung zu, vor allem da sie sich Zugang zu den weltweiten Informationsnetzen und -diensten erhofften[166]. Sie betonten daher stets die Bedeutung allgemeingültiger internationaler Standards, die für alle Staaten weltweit einheitlich gelten.

Die von internationalen Organisationen ausgearbeiteten internationalen Standards werden jedoch zunehmend von den Unternehmensstandards einiger mächtiger Firmen und global arbeitender Konsortien verdrängt. Dies stellt die Entwicklungsländer vor neue Partizipationsprobleme, denn in den neuen, mit Fragen der Standardisierung befaßten privatwirtschaftlichen Konsortien[167] nehmen sie im allgemeinen nicht teil. Und

---

Problem der Tarifierung in den Entwicklungsländern *R. Akwule*: Global Telecommunications. The Technology, Administration, and Policies (1992), S. 130 f.
160 Vgl. die Ausführungen im 1. Kap. 3 b).
161 *Representative of the United States, Working Group on Telecommunication Services*, Group of Negotiations on Services, Note of the Meeting of 10-12 September 1990, Restricted, GATT Doc. MTN.GNS/TEL/3, 12 October 1990, Special Distribution, S. 14, Ziff. 85.
162 *Working Group on Telecommunication Services*, Group of Negotiations on Services, Note of the Meeting of 10-12 September 1990, Restricted, GATT Doc. MTN.GNS/TEL/3, 12 October 1990, Special Distribution, S. 14, Ziff. 86.
163 "A national policy issue": *Representative of Canada, Working Group on Telecommunication Services*, Group of Negotiations on Services, Note of the Meeting of 10-12 September 1990, Restricted, GATT Doc. MTN.GNS/TEL/3, 12 October 1990, Special Distribution, S. 14, Ziff. 88.
164 *Representative of India, Working Group on Telecommunication Services*, Group of Negotiations on Services, Note of the Meeting of 10-12 September 1990, Restricted, GATT Doc. MTN.GNS/TEL/3, 12 October 1990, Special Distribution, S. 15, Ziff. 93.
165 Zur Interoperabilität unter Goverance Aspekten siehe bereits das 2. Kap. 3 c).
166 *Communication from Cameroon, Egypt, India and Nigeria*, Sectoral Annotation on Telecommunication Services; GATT Doc. MTN.GNS/TEL/W/1, 9 July 1990, S. 4, Explanatory Note S. 2, Ziff. 4: "Global connectivity resulting from implementation of universal technical standards is vital to permitting access by developing countries to information network and services throughout the world."
167 Zu den "global players" siehe bereits 1. Kap. 1 e) und f).

selbst in denjenigen Standardisierungsorganisationen, in denen sie formal Mitglieder sind, werden sie zunehmend zu Außenseitern[168]. Hierzu tragen zweifelsohne die finanziellen Erfordernisse bei, welche für eine wirksame Teilnahme an den auf verschiedenen Ebenen stattfindenden Standardisierungsprozessen Voraussetzung sind[169]. Ein von Kamerun, Ägypten, Indien und Nigeria eingebrachter Entwurf der Working Group on Telecommunication Services betonte deshalb die Dringlichkeit der Beibehaltung internationaler Standards – "the urgency of maintaining international standards especially for developing countries which have had little direct involvement in standards-making in the ITU, ISO or at a regional level"[170].

Ein Wildwuchs von Standards hätte Analysen zufolge insbesondere für Entwicklungsländer verheerende Konsequenzen[171], deshalb gelte es, eine starke Ausbreitung einzelner Standards zu vermeiden: "to avoid a proliferation of unique standards created by equipment manufacturers, telecommunications services operators or users", forderte die afrikanische Entwicklungsländergruppe[172].

Die Vertragsparteien sollten auch keine privaten Firmenstandards im Bereich der von der Anlage zur Telekommunikation erfaßten (Grund-)dienste zulassen[173]. Wenn es nach den genannten Entwicklungsländern gegangen wäre, hätte dies eine Einschränkung von Unternehmensstandards mit Wirkung für die Zukunft zur Folge gehabt.

Eine Alternative zu einer weiteren Proliferation von Standards, aber auch zu der steigenden Zahl unternehmenseigener Standards, sah man in entwicklungsländernahen Kreisen in den von der Internationalen Fernmeldeunion gesetzten Standards. Man hob seitens der Dritten Welt die Bedeutung der ITU-Standards ausdrücklich hervor[174]. Da

---

168 Näher L. *Salter*: The Housework of Capitalism, Standardization in the Communications and Information Technology Sectors, in: International Journal of Political Economy 23 (1993-94), S. 127 f.

169 Zur Frage der Organisationsfähigkeit als Kriterium der Verhandlungsmacht siehe bereits oben das 3. Kap. 3 b).

170 *Working Group on Telecommunication Services, Communication from Cameroon, Egypt, India and Nigeria*, Sectoral Annotation on Telecommunication Services; GATT Doc. MTN. GNS/TEL/W/1, 9 July 1990, S. 2.

171 *A. Lapointe*: Structure of International Telecommunications Markets - a Canadian Perspective, Paper, Defining Telecommunications Services Trade - an International Briefing, ITU Headquarters, Geneva, May 3, 1989, S. 12; vgl. auch *M. Gibbs/M. Hayashi*, (Anm. 2), S. 24; *R. G. Pipe*, (Anm. 90), S. 56.

172 Art. 1.1.5, *Communication from Cameroon, Egypt, India and Nigeria*, Sectoral Annotation of Telecommunication Services, GATT Doc. MTN.GNS/TEL/W/1, 9 July 1990, S. 4.

173 *Communication from Cameroon, Egypt, India and Nigeria*, Sectoral Annotation on Telecommunication Services, GATT Doc. MTN.GNS/TEL/W/1, 9 July 1990, Art. 4:2: "Parties agree not to employ private, proprietary standards in their public telecommunications services covered by the Annotation"; differenzierend der *Representative of Mexico*, Group on Telecommunication Services, Group of Negotiations on Services, Note of the Meeting of 10-12 September 1990, Restricted, GATT Doc. MTN.GNS/TEL/3, 12 October 1990, Special Distribution, S. 11, Ziff. 70: "that the coexistence of mandatory and proprietary standards was worth considering, noting that in due time many services tended to become universalized and thus subject to internationally-agreed standards"; nach Ansicht des US-Vertreters im GATT könnten internationale und firmeneigene Standards gemeinsam Verwendung finden, erstere v.a. für den Bereich der Basistelekommunikation, letztere für die Mehrwertdienste, vgl. *Representative of the United States*, in: Working Group on Telecommunication Services, Note on the Meeting of 5-6 June 1990, Group of Negotiations on Services, Restricted, GATT Doc. MTN.GNS/TEL/1, 27 June 1990, Special Distribution, S. 5, Ziff.24:3: "standards and proprietary protocols could co-exist."

174 *Communication from Cameroon, Egypt, India and Nigeria*, Sectoral Annotation on Telecommunication Services, GATT Doc. MTN.GNS/TEL/W/1, 9 July 1990, S. 4, Explanatory Note S. 2,

der rasche technologische Wandel zu einer Diversifikation von Diensten, Hardware und Anwendungen führe, sei es wichtig, allgemein gültige, internationale Standards für Entwicklungsländer beizubehalten, zumal die Dritte Welt nur in geringem Umfang in die Standardisierungsprozesse involviert sei[175].

Es bestand allerdings Uneinigkeit darüber, ob die internationalen Standards, wie zum Teil befürwortet, "mandatory character" haben sollten, also verbindlicher Natur sein sollten. Die USA stellten klar, daß sie "mandatory standards" prinzipiell ablehnten –, ausgenommen, es gehe darum, technische Lösungen für die Kompatibilität von Hardware zu finden[176]. Die Entwicklungsländer, aber zum Beispiel auch Polen[177], hoben hingegen hervor, daß spezielle, in Entwicklungsländern bestehende Gegebenheiten verbindliche Standards für öffentliche Netze notwendig machen könnten[178]. Wie der Delegierte Mexikos betonte, sei aufgrund der Besonderheiten des Telekommunikationssektors eine strengere Standardisierung als auf anderen Gebieten erforderlich[179].

Derartige Versuche, so grundlegende und innerhalb der ITU seit Jahren umstrittene Fragen, wie die Verbindlichkeit von Standards, in die GATS-Verhandlungen hineinzutragen, stießen auf Widerstand. Der indische Delegierte zeigte sich beispielsweise skeptisch, ob die Frage der Standards überhaupt in der Anlage zur Telekommunikation aufgegriffen werden solle; seine Delegation sei: "not yet fully convinced that telecommunications standards had to be covered in an annex"[180]. Und der schwedische Delegierte lehnte dies im Namen der nordischen Staaten rundheraus ab: Standards sollten hier nicht verhandelt werden[181].

Im Ergebnis signalisierte die Anlage zur Telekommunikation die Zustimmung der Parteien, internationale, für die globale Kompatibilität und Interoperabilität von Tele-

---

Ziff. 4; vgl. auch die diesbezügliche *Explanatory Note*; ähnlich die *Stellungnahme der Europäischen Gemeinschaft* in der Sitzung der Working Group on Telecommication Services: "international standards should be promoted" (*Working Group on Telecommunication Services*, Note on the Meeting of 9-11 July 1990, Restricted GATT Doc. MTN.GNS/TEL/2, 6 August 1990, S. 4, Ziff. 20); vgl. auch Art. 4.1., *Communication from Cameroon, Egypt, India and Nigeria*, Sectoral Annotation of Telecommunication Services, MTN.GNS/TEL/W/1, 9 July 1990, S. 7.

175 *Communication from Cameroon, Egypt, India and Nigeria*, Sectoral Annotation on Telecommunication Services; GATT Doc. MTN.GNS/TEL/W/1, 9 July 1990, S. 4, *Explanatory Note*, S. 2-3, Ziff. 4.

176 *Representative of the United States*, Group on Telecommunications Services, Group of Negotiations on Services, Note of the Meeting of 10-12 September 1990, Restricted, GATT Doc. MTN.GNS/TEL/3, 12 October 1990, Special Distribution, S. 9, Ziff. 63: "the attachment of equipment to the network and the establishment of a physical interface as part of an attachment".

177 *Representative of Poland*, Group on Telecommunications Services, Group of Negotiations on Services, Note of the Meeting of 10-12 September 1990, Restricted, GATT Doc. MTN.GNS/ TEL/3, 12 October 1990, Special Distribution, S. 10, Ziff. 65: "there was nonetheless a need for mandatory standards in regard to public networks".

178 *Representative of India*, Group on Telecommunications Services, Group of Negotiations on Services, Note of the Meeting of 10-12 September 1990, Restricted, GATT Doc. MTN.GNS/TEL/3, 12 October 1990, Special Distribution, S. 10, Ziff. 67.

179 *Representative of Mexico*, Group on Telecommunications Services, Group of Negotiations on Services, Note of the Meeting of 10-12 September 1990, Restricted, MTN/GNS/TEL/3, 12 October 1990, Special Distribution, S. 11, Ziff. 70.

180 *Representative of India*, *Working Group on Telecommunication Services*, Group of Negotiations on Services, Note of the Meeting of 10-12 September 1990, Restricted, GATT Doc. MTN.GNS/TEL/3, 12 October 1990, Special Distribution, S. 13, Ziff. 83.

181 Vgl. die Äußerung des *schwedischen Delegierten* in der *Working Group on Telecommunication Services*, Note on the Meeting of 9-11 July 1990, Restricted GATT Doc. MTN.GNS/TEL/2, 6 August 1990, S. 4, Ziff. 22.

kommunikationsnetzen und -diensten bedeutsame Standards im Rahmen internationaler Organisationen zu fördern[182]. Allerdings beschränkte man sich im wesentlichen darauf, auf die Tätigkeit der anderen internationalen Organisationen zu verweisen und eine Kooperation mit GATT/WTO in Aussicht zu stellen.

Weiterführende Regelungen, die von den Entwicklungsländern vorgeschlagen worden waren (z.B. betreffend die Verhinderung der Proliferation von Standards oder des restriktiven Gebrauchs von Firmenstandards) unterblieben jedoch. Dies ist wohl auch darauf zurückzuführen, daß dieser Aspekt nicht unmittelbar in die GATT/WTO-Kompetenz bzw. das Verhandlungsmandat der Group of Negotiations on Services fiel.

c) Die Sicherung der Stellung der ITU

Während der Verhandlungen zu GATS und der dazugehörigen Anlage entstand, wie bereits erwähnt, zum Teil der Eindruck, daß den Entwicklungsländern weniger an der Ausarbeitung einer *neuen* Ordnung zur Liberalisierung des Telekommunikationsdienstehandels gelegen sei als an der Beibehaltung des traditionellen Telekommunikationsregimes[183]. Genährt wurde dieser Eindruck durch verschiedene Passagen in Entwicklungsländerentwürfen, die im Prinzip eine Festigung der Stellung der ITU mit Wirkung für die Zukunft zur Folge hatten[184].

Während Peru ganz allgemein forderte, die Annahme des GATS-Rahmenabkommens solle andere internationale Rechtsübereinkommen nicht beeinträchtigen[185], hieß es zum Beispiel in dem auch von anderen Entwicklungsländern unterstützten[186] Vierstaaten-Entwurf Kameruns, Ägyptens, Indiens und Nigerias, die von der ITU gesetzten Standards sollten gefördert werden, um die Kompatibilität und Interoperabilität von Telekommunikationsdiensten sicherzustellen[187]. Der Delegierte Indiens betonte, seine Delegation befürworte die Vorstellung, daß ITU und andere technische Organe für die Entwicklung von Standards verantwortlich sind[188].

Marokko vertrat die Meinung, daß die Anlage zur Telekommunikation generell die in der ITU gefundenen Schlußfolgerungen und Resultate berücksichtigen solle, da die Internationale Fernmeldeunion die Bedeutung der Telekommunikation für die Entwicklung der Länder zutreffend anerkannt habe[189]. Ein anderer Delegierter forderte, die für den Telekommunikationsdienstehandel einschlägigen "Prinzipien" und "Bedingungen"

---

182 Ziff. 7 (b) der Anlage zur Telekommunikation; näher zu dieser Anlage im 5. Kap. 2.
183 Die frühere Regulierungssituation schildert das 2. Kap. 1 a).
184 Diese Linie läßt sich bis zum heutigen Tag verfolgen, vgl. Recommendation No. 8 zur Rolle der ITU, ITU, Telecommunication Development Bureau and the UNCTAD and UN-DDSMS Coordinated African Programme of Assistance on Services (Anm. 103), S. xi.
185 *Communication from Peru*, Elements of a Framework Agreement on Trade in Services, GATT Doc. MTN.GNS/W/84, 20 November 1989, Special Distribution, Ziff. I, S. 2.
186 Ausdrücklich unterstützend der *Representative of Zimbabwe*, in: Working Group on Telecommunication Services, Note on the Meeting of 5-6 June 1990, Group of Negotiations on Services, Restricted, GATT Doc. MTN.GNS/TEL/1, 27 June 1990, Special Distribution, S. 9, Ziff. 34.
187 *Explanatory Note*, GATT Doc. MTN.GNS/TEL/W/1, S. 2, Ziff. 4; zu dieser Frage siehe bereits im vorangegangenen Abschnitt.
188 *Representative of India*, Group on Telecommunications Services, Group of Negotiations on Services, Note of the Meeting of 10-12 September 1990, Restricted, GATT Doc. MTN.GNS/TEL/3, 12 October 1990, Special Distribution, S. 10, Ziff. 67.
189 *Representative of Morocco*, Working Group on Telecommunication Services, Group of Negotiations on Services, Note of the Meeting of 10-12 September 1990, Restricted, GATT Doc. MTN.GNS/TEL/3, 12 October 1990, Special Distribution, S. 21, Ziff. 133.

der ITU sollten von der Working Group on Telecommunication Services in ihrer Arbeit zugrundegelegt werden[190].

Die Parteien sollten außerdem geeignete Maßnahmen treffen, damit Post- und Fernmeldeverwaltungen den Verpflichtungen der ITU Verfassung und Konvention hinsichtlich der Geheimhaltung von Nachrichten genügen ("secrecy of messages") bzw. dafür Sorge tragen, daß Telekombetreiber die entsprechenden Verpflichtungen einhielten[191]. Hier wurde also, im Gegensatz zu der endgültigen Fassung des Allgemeinen Dienstleistungsabkommens[192], ein weiteres Mal auf die normsetzende Tätigkeit der ITU verwiesen.

In die Richtung einer Stärkung der ITU wies schließlich eine Vorschrift, die auf eine bessere Finanzausstattung von Entwicklungsprogrammen der ITU zielte. Die GATS-Parteien sollten:

" (...) support ITU programmes for assisting developing countries to improve their telecommunications infrastructures including those of the Telecommunications Development Bureau (TDB) and the Centre for Telecommunication Development (CTD)"[193].

Die Telekommunikationsinfrastruktur derjenigen Entwicklungsländer, die Vertragspartei des GATS würden, sollte durch die genannten ITU-Organe verbessert werden[194].

Schließlich wurde generell gefordert, ITU-Rechte und Pflichten sollten künftig unberührt bleiben[195] und das neu zu gründende GATS-Organ[196] solle Konsultationen mit der ITU aufnehmen, um die Umsetzung der Anlage zur Telekommunikation zu behandeln. Zusätzlich erwähnte der Entwicklungsländervorschlag in diesem Kontext die Verantwortlichkeit des CCITT, und zwar in Hinblick auf technische Fragen, wie Standards, Nutzungsbedingungen und Tarifierung[197].

Damit fanden die drei für die Telekommunikationsentwicklung in LDCs wichtigsten ITU-Institutionen der damaligen Zeit – das Telecommunications Development Bureau (TDB), das Centre for Telecommunication Development (CTD) und das Standardisierungsorgan CCITT – in den Entwicklungsländerentwürfen zum Allgemeinen Dienstleistungsabkommen Erwähnung. Daß auf diese Weise eine "duplication of efforts", also eine Doppelarbeit von GATT/WTO und ITU[198] zumindest nicht ausgeschlossen war, mußte im Prinzip auch den Entwicklungsländern einsichtig sein.

---

190 *Representative of Yugoslavia, Working Group on Telecommunication Services*, Group of Negotiations on Services, Note of the Meeting of 10-12 September 1990, Restricted, GATT Doc. MTN.GNS/TEL/3, 12 October 1990, Special Distribution, S. 22, Ziff. 140.
191 Art. 6.1 GATT Doc. MTN.GNS/TEL/W1, 9 July 1990.
192 Die Datenschutzregelungen im GATS analysiert das 5. Kap. 1 e).
193 Art. 9.2. GATT Doc. MTN.GNS/TEL/W/1, 9 July 1990.
194 Demgegenüber befürwortete Ziff. 6 (a) der Anlage zur Telekommunikation ("Technische Zusammenarbeit") im Ergebnis lediglich die größtmögliche Beteiligung entwickelter Länder an Entwicklungsprogrammen der ITU; näher zu dieser Regelung das 6. Kap. 2 g).
195 Art. 10 ebd. GATT Doc. MTN.GNS/TEL/W/1, 9 July 1990.
196 Der Entwurf spricht von "International Trade in Services Organization", gemeint ist wohl der Rat für den Handel mit Dienstleistungen.
197 Art. 10, *Communication from Cameroon, Egypt, India and Nigeria*, Sectoral Annotation of Telecommunication Services, GATT Doc. MTN.GNS/TEL/W/1, 9 July 1990, S. 11.
198 Zur Gefahr der "duplication of efforts" zwischen GATT und ITU, allerdings mit Blick auf die Transparenzvorschrift des GATS: *Representative of Singapore, Working Group on Telecommunication Services*, Group of Negotiations on Services, Note of the Meeting of 10-12 Septem-

d) Die Wahrung der Rechte von Fernmeldeverwaltungen (PTOs)

Eine weitere bemerkenswerte Verhandlungsposition läßt sich hinsichtlich der Wahrung der Rechte der Fernmeldeunternehmen (PTOs) ausmachen. Ähnlich wie bezüglich der Stellung der ITU, so schien manchen Entwicklungsländern auch in bezug auf die Stellung der PTOs an einer Zementierung des Status quo gelegen. Dies mag zum Teil auch mit einer generellen Ungewißheit bzw. Skepsis der Entwicklungsländer ob der zu erwartenden Liberalisierungseffekte in Zusammenhang gestanden haben[199] – jedenfalls scheute man die Einführung marktwirtschaftlicher Prinzipien im Telekommunikationssektor:

"The restructuring of social and economic institutions in the Third World should in no way imply the introduction of free-market economies in the telecommunications sector. (...) telecommunications deregulation, privatization and competition is not the answer"[200].

Der im Juli 1990 vorgelegte Vierstaatenentwurf von Kamerun, Ägypten, Indien und Nigeria[201] ließ das Bemühen erkennen, die Vorrechte der PTOs zu sichern. Ein quasi liberalisierungsfester "Vorbehaltsbereich" zugunsten der PTOs wurde skizziert; von der Anwendung der Anlage zur Telekommunikation sollten ausdrücklich bilaterale Vereinbarungen zwischen den PTOs ausgenommen werden:

"The joint bilateral cooperative agreements between PTOs which involve provision of services, standardization, accounting rates and settlement procedures, are excluded from this Annotation" (Art. 3.3.).

Es ist offensichtlich, daß die den Post- und Fernmeldeverwaltungen aus Entwicklungsländersicht zugeschriebenen Aufgaben umfassend und vielfältig waren. Fast mochte es scheinen, daß die PTOs eine Art "Trutzburg" im Liberalisierungsgefecht sein sollten, denn die sozio-ökonomische Landesentwicklung sollte ihnen ebenso obliegen wie die Verteidigung der nationalen Sicherheit und Souveränität. Ihre Aufgabe sei es:

" (...) to promote and defend national social and economic development, national security and sovereignty"[202].

Bei der Liberalisierung der Mehrwertdienste müsse der von den PTOs übernommenen öffentlichen Versorgungsfunktion, speziell im Hinblick auf das Ziel universeller Dienste[203], voller Respekt gezollt werden[204].

---

ber 1990, Restricted, GATT Doc. MTN.GNS/TEL/3, 12 October 1990, Special Distribution, S. 8, Ziff. 58; generell zur Gefahr der Doppelarbeit zwischen ITU und GATT/WTO im 6. Kap. 4 b).

199 Die Unsicherheit der Entwicklungsländer hinsichtlich der Liberalisierungswirkungen beschreibt das 3. Kap. 1 c).
200 *M. I. Ayish*: International Communication in the 1990s: Implications for the Third World, in: International Affairs 68 (1992), S. 506.
201 GATT Doc. MTN.GNS/TEL/W/1, 9 July 1990.
202 Art. 1.1.1., *Communication from Cameroon, Egypt, India and Nigeria*, Sectoral Annotation on Telecommunication Services, GATT-Doc. MTN.GNS/TEL/W/1, 9 July 1990.
203 Zur Sicherung universeller Dienste unter Governance-Aspekten siehe bereits im 2. Kap. 3 d).
204 Art. 8.1, Sectoral Annotation of Telecommunication Services, *Communication from Cameroon, Egypt, India and Nigeria*, GATT-Doc. MTN.GNS/TEL/W/1, 9 July 1990, S. 10; vgl. in diesem Zusammenhang Art. 5 (e) (i) der Anlage zur Telekommunikation, wonach Bedingungen bzgl. Zugang und Gebrauch der öffentlichen Telekommunikationsnetze und -dienste zulässig sind, soweit sie der Sicherung der Grundversorgung dienen.

Damit wurde der Versuch unternommen, die Wahrnehmung öffentlicher, im nationalen Interesse liegender Funktionen ausschließlich durch die PTOs, und zwar mit Wirkung für die Zukunft fortzuschreiben. Als Indiz hierfür kann auch eine von Kamerun, Ägypten, Indien und Nigeria vorgeschlagene Vorschrift gelten, die den PTOs weitgehende Kontrollrechte hinsichtlich (privater) Telekommunikationsdiensteerbringer und Benutzer einräumte. Mit den Mitteln der Lizenzierung und in Zusammenarbeit mit aufsichtsführenden Behörden sollten die PTOs dafür sorgen, daß die Telekommunikationsdienstebetreiber und Benutzer sich streng ("strictly") an die ihnen in den Listen zugestandenen Geschäftsbedingungen hielten[205].

Was die Arbeit von den in Entwicklungsländern ansässigen PTOs betrifft, so schlug man enge Formen der Zusammenarbeit mit den Betreibern in Industriestaaten vor; grundsätzlich sollten die Industriestaaten die interregionale, die regionale und die subregionale Zusammenarbeit zwischen Entwicklungsländern unterstützen[206]. In diesem Kontext wurden auch Joint-venture-Vereinbarungen zwischen Fernmeldeverwaltungen der Entwicklungsländer und öffentlichen oder privaten Betreibern in den Industriestaaten genannt, mittels derer der Marktzugang für Telekommunikationsdienste verbessert werden sollte"[207].

Eine Vorschrift nach dem Vorbild von Art. VIII GATS, die sicherzustellen sucht, daß Monopole und ausschließliche Diensteanbieter ihre Monopolsituation nicht mißbrauchen, fehlt hingegen in den genannten Entwicklungsländerentwürfen, denn in diesen strebte man weniger nach einer den Wirkungsbereich einengenden Kontrolle der Monopolunternehmen als danach, den ihnen vorbehaltenen Wirkungsbereich auch mit Wirkung für die Zukunft zu sichern.

e) Die Stärkung von INTELSAT

Wie bereits am Beispiel der ITU aufgezeigt[208], war den Entwicklungsländern grundsätzlich an der Beibehaltung von bestehenden Vereinbarungen internationaler Organisationen gelegen, in denen sie entweder eine starke Stellung besaßen und/oder von deren Tätigkeit sie sich in entwicklungspolitischer Hinsicht Vorteile versprachen. Das GATS und die Anlage zur Telekommunikation sollten die Rechte dieser Organisationen respektieren. Zu den relevanten internationalen Organisationen kann auch die internationale Satellitenorganisation INTELSAT[209] gerechnet werden.

---

205 Working Group on Telecommunication Services, *Communication from Cameroon, Egypt, India and Nigeria*, GATT Doc. MTN.GNS/TEL/W/2, 9 July 1990, S. 5, Art. 13: "Public telecommunications organizations may (...) ensure that telecommunications services operators and users conform strictly to the conditions under which they are authorized to conduct business...".
206 Vgl. insofern Ziff. 6 b) der Anlage zur Telekommunikation, wonach die Mitglieder die Zusammenarbeit im Bereich der Telekommunikation unter den Entwicklungsländern auf internationaler, regionaler und subregionaler Ebene "fördern und unterstützen" sollen.
207 Art. 5.4.3. GATT Doc. MTN.GNS/TEL/W/1, 9 July 1990.
208 Vgl. der vorangehende Abschnitt c).
209 Am 20. August 1971 wurde *der Vertrag über die Internationale Satellitenorganisation* INTELSAT mit Sitz in Washington abgeschlossen (BGBl 1973 II, S. 249, in Kraft für die Bundesrepublik Deutschland seit dem 2. Juli 1973); Aufgabe von INTELSAT ist die Zurverfügungstellung der für weltweite Satellitenkommunikation erforderlichen Weltraumsegmente auf kommerzieller Basis, um in allen Gebieten der Welt internationale öffentliche Telekommunikationsdienste von hoher Qualität und Zuverlässigkeit erhältlich zu machen. Darüber hinaus kann INTELSAT Satelliten für nationale Telekommunikationsdienste in Mitgliedstaaten oder für internationale Dienste zwischen Mitgliedstaaten bereitstellen, falls diese INTELSAT darum ersuchen; zur Entstehungsgeschichte

Ein aus dem Einsatz von Satellitentechnologie resultierender Vorteil besteht darin, daß unter Umgehung lokaler Telefonsysteme die Nachfrage nach internationalen Diensten besser befriedigt werden kann. Dies kann positive Auswirkungen auch für die Volkswirtschaften der Entwicklungsländer haben; Chancen ergeben sich etwa aus der Schaffung von speziellen Telekom-Handelszonen oder sog. Teleports[210].
Da die Präambel i.V. Art. XIV lit e) des INTELSAT-Übereinkommens von einem einzigen kommerziellen Satelliten-Fernmeldedienst ausgeht[211], wurde im Bereich der von Satelliten erbrachten Telekommunikationsdienste praktisch ein Monopol gegründet. Ein Problem, das sich seit einigen Jahren für INTELSAT stellt, ist die deregulierungsbedingte Einrichtung der von INTELSAT unabhängigen privaten Satellitensysteme (v.a. in den USA[212]), die anders als INTELSAT nicht als "non-profit carrier" arbeiten; an dieses Problem knüpften die Entwicklungsländer argumentativ in den GATS-Verhandlungen an.
Inzwischen gibt es durch private Satellitensysteme eine harte Konkurrenz für INTELSAT, zu der Intersputnik, Arabsat, Eutelsat, die Schaffung von Inmarsat, Cable and Wireless Asia Satellite und Pan American Satellite etc. gehören[213]. Durch diese Entwicklung, so wurde befürchtet, komme es zu Kostensteigerungen mit nachteiligen Konsequenzen für die Entwicklungsländer. Wenn die privaten Satellitensysteme nur die lukrativsten Verbindungen ausnutzten, würden sich die Einnahmen von INTELSAT im Bereich dieser Verbindungen verringern, was letztlich zu einer Tariferhöhung für andere Verbindungen führen würde – dort nämlich, wo in erster Linie die weniger reichen Staaten die Benutzer sind. Einer Studie zufolge könnte diese Konkurrenz den INTELSAT-Benutzerverkehr bis zu 97 Prozent verringern, was zu einer Preiserhöhung um ca. 1000 Prozent im Jahre 2003 führen würde[214].
Selbst wenn man die Resultate dieser Studie anhand neuerer Entwicklungen überprüfen müßte, so ist doch das Problem nicht von der Hand zu weisen, daß die veränderte Gesamtsituation Auswirkungen auf das Preisgefüge bei INTELSAT hat. Längerfristig könnte insbesondere das Prinzip der Einheitstarife unhaltbar werden, wonach die Benutzung von Leitungen in entlegenen Entwicklungsregionen genauso kostengünstig ist, wie etwa die von stark frequentierten atlantischen Leitungen. Die Folge wären Preissteige-

---

und Organisation von INTELSAT vgl. *R. A. Gershon*: Global Cooperation in an Era of Deregulation, in: Telecommunications Policy 14 (1990), S. 249-251; *M. S. Snow*: Evaluating Intelsat's Performance and Prospects, Conceptual Paradigms and Empirical Investigations, in: Telecommunications Policy 14 (1990), S. 16-19.
210 Mit Länderbeispielen *R. G. Pipe*, (Anm. 90), S. 96.
211 INTELSAT-Vertrag, (Anm. 209), S. 249.
212 Näher *M. Zürn*: Gerechte internationale Regime (1987), S. 190 m.w.N.; *K.-U. Schrogl*: "Weltraumvorteile" - Ein neuer Aspekt globaler Politik, in: Aussenpolitik 42 (1991), S. 373 ff.
213 Der Druck insbesondere auf die Preispolitik des INTELSAT wird - neben der Konkurrenz durch private Satellitensysteme - im übrigen verschärft durch die Entwicklung subozeanischer Fiberglaskabel, etwa durch TAT 8 auf der amerikanisch-europäischen Route, sowie TAT 9, auch PTAT im Pazifik; dies gilt als die größte Bedrohung von INTELSAT, denn Fiberglas ist der Satellitenübertragung in technischer Hinsicht überlegen, verfügt z.B. über eine größere Bandbreite und Immunität der elektromagnetischen Interferenz, bietet eine größere Übertragungsgeschwindigkeit und den Vorteil niedrigerer Kosten.
214 Zitat S. 9, Fn. 4 bei *V.-Y. Ghebali*: Télécommunications et développement, Problèmes politiques et sociaux No. 576, in einer Besprechung von *T. L. McPhail/B. McPhail*: The International Politics of Telecommunications: Resolving the North-South Dilemma (1987).

rungen, die dazu führen würden, daß globale Telekommunikation für die vom INTELSAT-System abhängigen Entwicklungsländer teurer würde[215].

Die Befürchtung, daß das Betreiben von privaten Satellitensystemen zu Lasten von INTELSAT und der Entwicklungländer gehe, wurde auch in der Uruguay Runde artikuliert; LDCs forderten deshalb in der Uruguay Runde, es sei Übereinstimmung ("conformity") mit den bestehenden Abkommen und Disziplinen von INTELSAT zu wahren[216]. Das Betreiben separater Satellitensysteme dürfe außerdem das INTELSAT-System nicht gefährden, und wirtschaftlicher sowie technischer Schaden sei zu vermeiden:

"Parties shall (...) support the integrity of the INTELSAT system from economic and technical harm with respect to separate satellite systems"[217].

Des weiteren sollten die langjährigen, weltweiten Preispolitiken des INTELSAT unangetastet bleiben[218].

In diesem Zusammenhang ist eine weitere im Verlauf der Diskussion innerhalb der Working Group on Telecommunication vorgebrachte Forderung der Entwicklungsländer zu sehen, welche die technische Zusammenarbeit mit den Entwicklungsländern betrifft. Die Vertragsparteien sollten die Entwicklungshilfeprogramme des INTELSAT respektieren[219].

5. Forderungen nach Verteilungsgerechtigkeit und Partizipation

Forderungen der Entwicklungsländer nach Verteilungsgerechtigkeit[220] und Partizipation – auch im materiellen Sinne –, waren eng verbunden mit der während der 70er Jahre im Rahmen der "Neuen Weltinformations- und Kommunikationsordnung" geführten Dis-

---

215 R. A. *Gershon*: Global Cooperation in an Era of Deregulation, in: Telecommunications Policy 14 (1990), S. 251; kritisch bereits *J. Meyer-Stamer*: Die Differenzierung der Abhängigkeit: Mikroelektronik und Dritte Welt, in: APuZ, B35/86, 30. August 1986, S. 24; es wurde auch befürchtet, daß die wachsende Konkurrenz die Nachfrage nach geostationären Plätzen und Frequenzen erhöhen würde, was die Zukunftschancen der Entwicklungsländer verringere; von westlicher Seite hieß es hingegen, diese Befürchtungen seien unbegründet, im Gegenteil, es sei wahrscheinlich, daß sich INTELSAT zunehmend den Märkten der Dritten Welt zuwende.
216 Art. 1.1.4., *Communication from Cameroon, Egypt, India and Nigeria*, Sectoral Annotation on Telecommunication Services, GATT Doc. MTN.GNS/TEL/W/1, 9 July 1990: "to ensure conformity with (...) INTELSAT, INTERSPUTNIK, INMARSAT, and regional satellite and other relevant treaty bodies".
217 Art. 5.3.1., *Communication from Cameroon, Egypt, India and Nigeria*, GATT Doc. MTN.GNS/TEL/W/1, 9 July 1990, S. 8.
218 Art. 5.3.2., Sectoral Annotation of Telecommunication Services, *Communication from Cameroon, Egypt, India and Nigeria*, GATT-Doc. MTN.GNS/TEL/W/1, 9 July 1990, S. 8: "Parties shall (..) respect the long-standing worldwide pricing policies(...) of the INTELSAT system".
219 Sectoral Annotation of Telecommunication Services, *Communication from Cameroon, Egypt, India and Nigeria*, GATT Doc. MTN.GNS/TEL/W/1, 9 July 1990, S. 8, Art. 5.3.2.; anders als bei der ITU ist die Zusammenarbeit mit den Entwicklungsländern auf dem Gebiet der Telekommunikation zwar nicht die Hauptaufgabe von INTELSAT, doch gibt es einige Projekte auf diesem Gebiet (z.B. Project Access 1988 in Taiwan; Project SHARE 1984; VISTA; INTELSAT Assistance and Development Program (IADP), etc.)
220 Vgl. *Statement on Behalf of the States Members of the United Nations that are Members of the Group of 77*, zitiert nach Economic and Social Council, International Co-operation in the Field of Informatics, Distr. General, UN Doc. E/1990/110, 24 July 1990, Report of the First Committee, S. 3, Ziff. 8.

kussion um eine souveräne staatliche Kontrolle des Informationsaustausches. Dies betrifft eine adäquate Finanzierungshilfe der Industriestaaten für Infrastrukturmaßnahmen in der Dritten Welt ebenso wie vermehrte Direktinvestitionen vor Ort; Verteilungsgerechtigkeit wurde schließlich auch in Hinblick auf einen adäquaten Technologietransfer diskutiert.

a) Unmittelbarer Ressourcentransfer

Ausgehend von der im Rahmen der Uruguay Runde unbestrittenen Tatsache, daß der Telekommunikationssektor, vor allem die Infrastruktureinrichtungen in weiten Teilen der Welt, rückständig ist, und daß ohne entsprechende Telekommunikationsinfrastruktur ein Ausbau des Dienstehandels aber schwerlich möglich ist[221], lag den Vertretern der wirtschaftlich weniger entwickelten Staaten daran, *konkrete* Hilfe[222] beim Aufbau dieser Telekommunikationseinrichtungen zu erlangen. Wesentlich erschien ihnen vor allem, eine bindende Zusage über finanzielle Förderungsmaßnahmen zu erlangen. Die Forderungen von Brasilien, Chile, Kolumbien, Kuba, Honduras, Jamaica, Nicaragua, Mexiko, Peru, Trinidad und Tobago sowie Uruguay entsprachen einer weitverbreiteten Ansicht:

> "(...) appropriate necessary provisions and financial resources shall be made available for technical assistance for developing countries in relation to matters covered by the Framework"[223].

Verschiedene Schwellenländer, wie etwa Korea, hoben zusätzlich die Bedeutung von Technologietransfer hervor[224]. Der Vertreter Indiens legte während der Verhandlungen in der Working Group on Telecommunication dar, daß:

> "(...) transfer of technology was the only effective way to ensure the increasing participation of developing countries, not only in telecommunications, but in the general framework as well"[225].

Dabei versuchte man im Wege eines "tit-for-tat", zum Teil ein Entgegenkommen in den Fragen der Tarifierung[226] und der Standards[227] von Zugeständnissen der Industriestaaten in puncto Technologietransfer abhängig zu machen[228].

---

221 Zur Rolle der Telekommunikation im Entwicklungsprozeß siehe das 2. Kap. 2 und das 6. Kap. 3 e)-h).
222 "Concrete" und "specific measures" mahnten die *Representatives of Jamaica, Cuba, Zimbabwe, Brazil* an, vgl. *Working Group on Telecommunication Services*, Group of Negotiations on Services, Note of the Meeting of 10-12 September 1990, Restricted, GATT Doc. MTN.GNS/TEL/3, 12 October 1990, Special Distribution, S. 22, Ziff. 142.
223 Communication from Brazil, Chile, Columbia, Cuba, Honduras, Jamaica, Nicaragua, Mexico, Peru, Trinidad and Tobago and Uruguay, (Anm. 32), Art. 1:7 (h).
224 Communication from the Republic of Korea on the Structure of General Agreement on Trade in Services (October 25, 1989) (informelles Papier).
225 *Representative of India, Working Group on Telecommunication Services*, Note of the Meeting of 9-11 July 1990, GATT Doc. MTN. GNS/TEL/2, 6 August 1990, Special Distribution, S. 41, Ziff. 168.
226 Zur Tarifierung siehe bereits oben im Kap. 4 a).
227 Die Entwicklungsländer suchten unter anderem die Flut von firmeneigenen Standards der Unternehmen aus den Industriestaaten einzudämmen, siehe bereits oben das 4. Kap. 4 b).
228 In diese Richtung *Representative of India, Working Group on Telecommunication Services*, Note of the Meeting of 9-11 July 1990, GATT Doc. MTN. GNS/TEL/2, 6 August 1990, Special Distribution, S. 42, Ziff. 170.

Eine verhältnismäßig weitreichende Forderung erhoben die lateinamerikanischen und karibischen Staaten: Sie verlangten, im GATS solle eine unmittelbar *bindende* Pflicht der entwickelten Staaten normiert werden, aufgrund derer es Entwicklungsländern möglich sein würde, Finanzmittel zum Aufbau ihrer Telekommunikationsinfrastruktur in Anspruch zu nehmen[229]. Voraussetzungen dafür wurden nicht genannt. Es sollte ein "specific request", also ein simples Ersuchen, genügen, um diese Mittel, entweder auf bilateraler oder multilateraler Grundlage, abzurufen. Auf diese Weise hätte die Achse der bi- und multilateralen Zusammenarbeit zwischen Nord und Süd eine wesentliche Stärkung erfahren.

Auch in der Sectoral Annotation of Telecommunication Services, ausgearbeitet von Kamerun, Ägypten, Indien und Nigeria, wurde eine bindende Pflicht der Parteien zur Verbesserung der Infrastruktur ins Auge gefaßt:

"Parties agree to allocate financial and human resources to expeditiously assist developing countries in introducing a wide range of improvements in their telecommunications infrastructures leading to better and more widely accessible services"[230].

Ein von Peru vorgelegter Vorschlag, der eine Reinvestition von Gewinnen in die Entwicklungsländer vorsah, zielte ebenfalls auf einen unmittelbaren Ressourcentransfer: Ein gewisser Prozentsatz der von den ausländischen Diensteanbietern erzielten Einnahmen sollte in die Wirtschaft eines Entwicklungslandes zurückfließen, um dort die Infrastruktur und die technologische sowie wissenschaftliche Forschung zu verbessern[231].

Auch die Lösung der Verschuldungskrise wurde angemahnt; die Gläubiger sollten künftig Abstand nehmen vom Eintreiben ihrer Forderungen:

"Les pays développés Parties au présent Cadre prendront dûment en considération, dans le processus de négociation, les contraintes financières qui peuvent exister dans les pays en développement en raison de la situation de la dette extérieure, et arrêteront des mesures concrètes à cet égard"[232].

b) Bessere Ausstattung von UN-Entwicklungshilfeprogrammen

Neben der angestrebten *unmittelbaren* Unterstützung durch die Industriestaaten, auch von Unternehmensseite[233], gab es eine auf die Stärkung der offiziellen, multilateralen Entwicklungszusammenarbeit gerichtete Verhandlungsposition, um auf diese Weise den

---

229 Art. 1:7 (j), Communication from Brazil, Chile, Columbia, Cuba, Honduras, Jamaica, Nicaragua, Mexico, Peru, Trinidad and Tobago and Uruguay, (Anm. 32); der Wortlaut lautete "commit themselves", nicht etwa "may commit" oder "should commit".
230 Art. 9.1., Sectoral Annotation of Telecommunication Services, *Communication from Cameroon, Egypt, India and Nigeria*, MTN.GNS/TEL/W/1, 9 July 1990, S. 10.
231 *Communication from Peru*, Elements of a Framework Agreement in Trade in Services, GATT Doc. No. MTN.GNS/W 84 (November 20, 1989), S. 5, V (d); ähnlich der Telekomminister Zimbabwes, der forderte: "The profits generated from international services should be ploughed back into the networks of the developing countries": *W. P. Mangwende*, Minister von Zimbabwe (zitiert nach *A. Morant*, Asiatelecom Shows the Future and How to Get There", in: Telephone Engineer & Management, Geneva IL (USA), 1 May 1989, (Teleclippings ITU No. 852, 2 June 1989, S. 3).
232 GATT Doc. MTN.GNS/W/101, 4 mai 1990, Art. 8:7 ("Participation croissante des pays en développement").
233 Dazu näher im nächsten Abschnitt c).

Aufbau nationaler Telekominfrastruktureinrichtungen in der Dritten Welt voranzutreiben.

Wie bereits dargelegt, geht von der Finanzierungspolitik der Weltbank ein entscheidender Einfluß auf die Telekommunikationsentwicklung der Dritten Welt aus[234]; ähnlich bedeutsam ist das Geberverhalten der UNDP. Es ist deshalb verständlich, daß verlangt wurde, diese Organisationen möchten den Telekommunikationsbedürfnissen der Entwicklungsländer Priorität einräumen. Auch die ITU-Entwicklungshilfeprogramme sollten, wie bereits erwähnt, von den Vertragsparteien unterstützt werden, um auf diese Weise die Infrastruktur in den Entwicklungsländern zu verbessern[235].

Konkret hieß das: neben Finanzleistungen in Form von Beiträgen an die Programme des Trade Development Board (TDB) bzw. des Centre of Telecommunication Development (CTD) sollten auch Sachleistungen ("materials", "equipment", "technology") transferiert werden, daneben "training" und "know-how." Offenbar stellte man sich vor, die ITU würde derartige Kooperationszusagen aufgreifen und die Ressourcen an geeignete Empfänger weiterleiten[236].

Auf diese Weise hoffte man, die Kluft zwischen der Telekommunikationsentwicklung in den Industrie- und den am wenigsten entwickelten Ländern würde verringert.

c) Beteiligung von Telekommunikationsunternehmen an der Aufbauarbeit in Entwicklungsländern

Einen weiteren Adressaten für ihre Forderung nach breiter Unterstützung sahen einige Entwicklungsländer in ausländischen Telekommunikationsunternehmen – aus diesem Grund wurden "private entities" ausdrücklich im Rahmen der zu verstärkenden ITU-Entwicklungshilfearbeit angesprochen[237]. Wie der Vertreter Marokkos in der Debatte der Working Group on Telecommunication Services hervorhob, sollte die Anlage zur Telekommunikation außerdem die Notwendigkeit unterstreichen, daß der private Sektor künftig effektiv an der Telekommunikationsentwicklung teilnimmt, sei es im Wege bilateraler Abkommen oder unter den Auspizien der ITU[238].

Insbesondere die ausländischen Betreibergesellschaften sollten einen praktischen Beitrag dazu leisten, daß der Bau neuer bzw. die Verbesserung der bestehenden Netzfazilitäten in Entwicklungsländern möglich wird. Sie sollten die dafür erforderlichen Einrichtungen auf einer "lease-back basis" spenden ("donate"), damit es gelänge, Dienste und Fazilitäten in Entwicklungsländern schneller betriebsbereit zu machen[239].

Auch sollten die privaten Unternehmen spezielle Abkommen mit PTOs schließen, "to build, operate and transfer (BOT) facilities", die dringend in solchen Ländern ge-

---

234 Zum Einfluß der Weltbank siehe bereits das 2. Kap. 2 c).
235 *Communication from Cameroon, Egypt, India and Nigeria*, Art. 9.2. GATT Doc. MTN.GNS/TEL/W/1, 9 July 1990.
236 Dieser Eindruck entstand jedenfalls, hieß es doch: "Such support (...) will be channelled to qualified recipients" (Art. 9.2. ebd. letzter Hs.).
237 Art. 9.2., Sectoral Annotation of Telecommunication Services, *Communication from Cameroon, Egypt, India and Nigeria*, GATT Doc. MTN.GNS/TEL/W/1, 9 July 1990, S. 10: "Such support may be provided both by public agencies and *private entities* (...)".
238 *Representative of Marocco, Working Group on Telecommunication Services*, Group of Negotiations on Services, Note of the Meeting of 10-12 September 1990, Restricted, GATT Doc. MTN.GNS/TEL/3, 12 October 1990, Special Distribution, S. 21, Ziff. 133; und S. 22, Ziff. 141.
239 GATT Doc. MTN.GNS/TEL/W/2, 9 July 1990, Art. 9.2.

braucht würden[240]. Wie die erforderliche Bereitschaft der einzelnen, rechtlich autonomen Unternehmensführungen im Ausland dafür zu gewinnen sei, führte der Entwurf jedoch nicht aus.

Wie bereits erwähnt, wurde auch vorgeschlagen, den Entwicklungsländern solle es gestattet sein, den ausländischen Diensteanbietern spezielle Pflichten aufzuerlegen, zum Beispiel in Hinblick auf Technologietransfer, Ausbildung, Speicherung des Datenmaterials etc.[241]. Auf diese Weise sollte die Wettbewerbsfähigkeit der Entwicklungsländer mit Hilfe der Industrie verbessert werden; diesem Vorstoß ähnelte der Vierstaatenvorschlag aus dem Jahre 1990[242].

d) Ein Recht des Südens auf "finanzielle Sonderregelung"?

Um den Ausbau des eigenen Telekommunikationssektors sowie darauf aufbauend den Telekommunikationsdienstehandel zu beschleunigen, beanspruchten einige Entwicklungsländer schließlich finanzielle Sonderregelungen. Die verschiedenen Vorschläge bezogen sich auf unterschiedliche Sachverhalte, hatten aber eines gemeinsam: in ihrer Ausrichtung bevorzugten sie einseitig die wirtschaftlich weniger entwickelten Staaten.

So ersann man etwa eine spezielle Gebührenregelung für Benutzer, um den Ausbau und den Erhalt von Netzwerkfazilitäten zu sicherzustellen[243]. Oder man forderte das Recht, auch in Zukunft (staatlich reglementierte) Tarife und Preisgestaltungen beibehalten zu können, und zwar mit der Begründung, daß diese eine wesentliche Quelle der volkswirtschaftlichen Einnahmen in Entwicklungsländern darstellten. Auch die Anwendung eigener steuerlicher Maßnahmen solle, ungeachtet der eingegangenen Liberalisierungsverpflichtungen, nicht als unvereinbar mit der Anlage zur Telekommunikation angesehen werden[244].

Daneben sollten nicht näher definierte finanzielle Anreize ("incitations financières") zulässig bleiben, von denen nationale Dienstleistungserbringer in der Dritten Welt profitierten[245].

---

240 GATT Doc. MTN.GNS/TEL/W/2, 9 July 1990, Art. 9.3.
241 Art. 9.4., *Communication from Cameroon, Egypt, India and Nigeria*, GATT Doc. MTN.GNS/TEL/W/1, 9 July 1990.
242 GATT Doc. MTN.GNS/TEL/W/2, 9 July 1990; hinsichtlich der Infrastrukturförderung sah Art. 10 vor: "Parties agree that: (a) developing countries may oblige foreign suppliers of services to provide financial resources and technical assistance aimed at the general improvement of such infrastructure (...)".
243 Art. 9.1., GATT Doc. MTN.GNS/TEL/W/2, 9 July 1990: "Parties endorse and encourage the construction of new and/or improvement of existing network facilities, which can be furthered *inter alia* by: (...) agreements between PTOs and users whereby a user or group of users are charged for specific undertakings necessary to provide particular services".
244 Working Group on Telecommunication Services, *Communication from Cameroon, Egypt, India and Nigeria*, GATT Doc. MTN.GNS/TEL/W/2, 9 July 1990, S. 5: "Parties recognize that tariffs and other charges on telecommunications services are an essential source of income for developing countries to finance the improvement of their telecommunications infrastructures, and that the maintenance of differential tariffs and other fiscal measures applied to public telecommunications services, telecommunications services operators and users shall not be deemed inconsistent with the provisions of this Annex."
245 Art. 13:1 S. 2 "Règlement de la concurrence", GATT Doc. MTN.GNS/W/101, 4 mai 1990, *Communication from Brazil, Chile, Columbia, Cuba, Honduras, Jamaica, Nicaragua, Mexico, Peru, Trinidad and Tobago and Uruguay*, (Anm. 32): "Les dispositions du présent paragraphe ne s'appliqueront pas à la flexibilité laissée aux pays en développement Parties au présent Cadre au sujet du traitement préférentiel des fournisseurs de services nationaux ni aux *incitations finan-*

Ein weiterer Aspekt, der grosso modo unter dem Aspekt "finanzieller Sonderregelung" des Südens subsumiert werden kann, betrifft neben der Zulässigkeit von Quersubventionen[246] den Bereich der Exportsubventionen. Wie bereits erwähnt, sollten beim Inkrafttreten des GATS Industriestaaten keine neuen Subventionen oder andere Formen der Unterstützung an Diensteexporte oder die betreffenden Lieferanten mehr gewähren dürfen, noch sollte es ihnen gestattet sein, die bisher schon gewährten Subventionen auszuweiten. Innerhalb einiger Jahre[247] sollten solche Subventionen oder Unterstützungsleistungen abgebaut werden[248].

Den Entwicklungsländern sollte hingegen gestattet werden, Telekommunikationsdiensteexporte zu subventionieren, und zwar in Übereinstimmung mit ihren Entwicklungsbedürfnissen und den Grundsätzen des GATS[249]. Die einzige Verfahrenspflicht, die ihnen auferlegt werden sollte, bestand darin, Subventions- und Unterstützungsprogramme, die Auswirkungen auf den Dienstehandel haben, zu notifizieren – es blieb jedoch offen, wem gegenüber. Außerdem sollen geeignete multilaterale Überwachungsmechanismen eingerichtet werden[250].

Das bedeutet im Ergebnis, einige Entwicklungsländer forderten ein Zurückschrauben der Exportsubventionen auf der Seite der Industriestaaten, während sie sich selbst große Flexibilität beim Einsatz dieser Instrumente zugestanden wissen wollten. Insbesondere sollte es LDCs möglich sein, Exportsubvention auch in Zukunft einzusetzen, um Entwicklungsziele zu erreichen[251].

Chine, de l'Egypte, de l'Inde, du Kenya, du Nigeria et de la Tanzanie, GATT Doc. MTN.GNS/W/101, 4 mai 1990, Art. 8:5.

246 Quersubventionen sollten den Entwicklungsländern - aber nur diesen - gestattet sein, um ihnen zu einer verbesserten Teilnahme am Weltdienstehandel zu verhelfen. Voraussetzung sei allerdings, daß diese Maßnahmen nicht vorsätzlich darauf zielten, den Dienstehandel zu verzerren oder zu beschränken, Art. 9.3., Sectoral Annotation of Telecommunication Services, *Communication from Cameroon, Egypt, India and Nigeria*, GATT Doc. MTN.GNS/TEL/W/1, 9 July 1990, S. 11.

247 Die genaue Frist ist im Entwurfstext offengelassen.

248 *Communication from Brazil et al.* (Anm. 32), Art. 10 Export subsidies.

249 Art. 10.2. GATT Doc. MTN.GNS./W/95, 26 February 1990: "Developing countries Parties to the Framework may subsidize exports of services in a manner consistent with their development needs and consistent with the objectives and principles of the Framework".

250 Art. 10, Communication from Brazil, Chile, Columbia, Cuba, Honduras, Jamaica, Nicaragua, Mexico, Peru, Trinidad and Tobago and Uruguay, (Anm. 32); vgl. auch Communication du Cameroun, de la Chine, de l'Egypte, de l'Inde, du Kenya, du Nigeria et de la Tanzanie, GATT Doc. MTN.GNS/W/101, 4 mai 1990, Art. 13:4, S. 2.

251 Zu Art. XV GATS siehe näher die Analyse im 5. Kap.

5. Kapitel: Die Verhandlungsresultate - GATS und die Anlage zur Telekommunikation

Am 16. Dezember 1993 wurden die Verhandlungen in Genf formell beendet. Am 15. April 1994 fand die feierliche Unterzeichnung der Schlußakte (Final Act) durch 111 Staatenvertreter[1] und des Übereinkommens zur Errichtung der Welthandelsorganisation (Agreement Establishing the World Trade Organization) statt. Das WTO-Übereinkommen stellt mit insgesamt 16 Artikeln die rechtliche und organisatorische Grundlage für eine neue Welthandelsordnung dar[2].

Ein wesentliches Element der neuen Rechtsordnung ist – neben dem teilweise revidierten und durch zwölf multilaterale Verträge ergänzten Zoll- und Handelsabkommen (GATT) und dem Agreement on Trade-Related Aspects of Intellectual Property Rights (TRIPS) – das General Agreement on Trade in Services (GATS)[3].

Daneben enthält Teil III des Final Act mit seinen Erklärungen und Entscheidungen der Minister einige ergänzende Regelungen zu dem WTO-Abkommen und seinen dazugehörigen Übereinkünften. Zu ihnen zählt auch die Decision on Measures in Favour of Least-Developed Countries (LLDCs), in der den am wenigsten entwickelten Staaten über die in den einzelnen Regelungen enthaltenen Vorzugsbestimmungen hinaus wietere Vorrechte eingeräumt werden[4]. In Nr. 2 der Schlußakte von Marrakesch kamen die

---

1 Nicht unterzeichnet haben 14 Staaten; dazu zählten Burkina Faso, Dominika, Gambia, Grenada, Haiti, Lesotho, die Malediven, St. Kitts and Nevis, St. Vinzent und die Grenadinen, Sierra Leone, der Tschad, Togo, Ruanda und Swaziland, vgl. GATT Doc. NUR 086 vom 18. April 1994.
2 Das WTO-Abkommen samt Anhängen wurde von 104 Staaten in Marrakesch angenommen, ausgenommen die USA, Australien, Burundi, Indien, Japan, Korea. Die Annahme des WTO-Übereinkommens stand allen Teilnehmern der Uruguay Runde offen, vorausgesetzt, sie erwarben die ursprüngliche Mitgliedschaft in der WTO (Nr. 4 der Schlußakte i.V. mit Art. XIV des WTO-Übereinkommens); ursprüngliche Mitglieder wiederum konnten alle Vertragsstaaten des GATT von 1947 sowie die Europäische Union werden, d.h. alle Länder, die bisher noch nicht dem GATT 1947 angehörten, mußten diesem spätestens bis zum Inkrafttreten des WTO-Übereinkommens beitreten. Das Inkrafttreten des WTO-Übereinkommens ist gem. Art. XIV:1 S. 3 WTO-Abkommen durch Beschluß der Minister auf der Grundlage von Nr. 3 der Schlußakte am 1. Januar 1995 erfolgt.
3 Diese drei multilateralen Übereinkommen sind für alle Teilnehmerstaaten der WTO verbindlich; daneben existieren vier sog. plurilaterale Abkommen (Vertrag über die zivilen Luftfahrzeughandel, Milch, Rindfleisch, und das öffentliche Beschaffungswesen), die für die sie jeweils ratifizierenden Staaten verbindlich sind.
4 *Decision on Measures in Favour of Least-Developed Countries*, abgedruckt als Part III der "Ministerial Decisions and Declarations", in: ILM Vol. XXX. No. 1, III, January 1995, S. 138-140. Die Minister beschlossen, daß die LLDCs nur solche Verpflichtungen und Konzessionen übernehmen sollten "to the extent consistent with their individual development, financial and trade needs" (Ziff.1, S. 1); außerdem wurde ihnen eine zeitliche Verlängerung von einem Jahr für die Abgabe der Listen zugestanden (Ziff. 1, S. 2); auch wurde übereinstimmend erklärt, die Ergebnisse der Uruguay Runde sollten zugunsten der LLDCs "in a flexible and supportive manner" angewendet werden (Ziff 2 (iii)); was die von den LLDCs gewünschte technische Zusammenarbeit angeht, so sieht die Erklärung vor, daß die LLDCs "shall be accorded substantially increased technical assistance in the development, strengthening and diversification of their production bases including those of *services*" (Ziff. 2 (v)); mit Blick auf die Zukunft kamen die Minister überein, "to

111 unterzeichnenden Staaten darin überein, die Ministererklärungen und Entscheidungen anzunehmen. Mit dem neuen völkerrechtlichen Vertragswerk, dem General Agreement on Trade in Services (GATS) sowie der Telekommunikationsanlage wurde dem Netz der GATT-Verträge nicht nur ein neues Abkommen hinzugefügt, sondern es wurde vielmehr – zumindest ansatzweise – ein neues Koordinierungs- und Steuerungsinstrumentarium[5] für das immer wichtiger werdende Rechtsgebiet der Dienstleistungen geschaffen.

1. Das General Agreement on Trade in Services

Das General Agreement on Trade in Services (GATS) zielt darauf, ein weites Spektrum von Verkaufsmöglichkeiten für Dienste in ausländischen Märkten zu eröffnen, und zwar unabhängig davon, ob sie über die Grenzen hinweg erbracht oder im einheimischen Markt an ausländische Konsumenten verkauft werden, oder ob Firmen im Ausland investieren oder Arbeitskräfte auf ausländische Märkte drängen. Diese unterschiedlichen Sachverhalte in einem *einzigen* Dienstleistungsabkommen zu integrieren, erforderte unbestrittenermaßen großes Verhandlungsgeschick – zudem handelte es sich um den ersten Versuch überhaupt, ein multilaterales Abkommen über den Handel mit Dienstleistungen zu erzielen. Dabei war ein gewisser Optimismus bei den Verhandlungsführern in bezug auf den Telekommunikationssektor erkennbar; man ging davon aus, daß dieser von der Liberalisierung, besonders der grenzüberschreitenden Lieferungsform, profitieren werde. Weil die Telekommunikation so wichtig für den Dienstleistungshandel insgesamt sei[6], werde sie zum "big winner"[7].

Zu den bei Beginn der Uruguay Runde klärungsbedürftigen Fragen gehörte der Geltungsbereich des künftigen Dienstleistungsabkommens, da für eine Anzahl von Sektoren bereits bilaterale Abkommen bestanden[8] und andere Sektoren, wie etwa in den meisten Staaten die Telekommunikation, Staatsmonopolen vorbehalten waren. Auch die umstrittene Frage des Niederlassungsrechtes (etwa das Recht von Unternehmen, in ausländischen Märkten eine Filiale zu gründen) mußte eine angemessene Regelung finden. Eine neue Definition des Dienstleistungshandels würde aller Voraussicht nach nötig werden, nicht zuletzt, um zu vermeiden, daß der neue Rahmenvertrag "möglicherweise einige zweideutige Formulierungen des GATT aufweisen wird"[9]. Ob im Konfliktfall Vergeltungsmaßnahmen innerhalb der Dienstleistungssektoren oder auch zwischen dem Dienstleistungs- und dem Warenbereich zulässig sein sollten, mußte ebenfalls entschieden werden. Zudem war im Prinzip eine Folgeabschätzung erforderlich, denn es war absehbar, daß eine GATS-Einigung zu signifikanten Deregulierungen auf nationaler Ebene führen würde.

---

continue to seek positive measures", die die Ausweitung der Handelschancen dieser Länder begünstigen.
5   Zur völkerrechtlichen Handlungs- und Steuerungsebene siehe bereits das 1. Kap. 2 e).
6   Die Bedeutung, welche die Telekommunikation für den Dienstleistungshandel einnimmt, beschreiben das 2. Kap. 2 e) und das 6. Kap. 3).
7   *Strategic Planning Unit*, International Telecommunication Union, Trade of Telecommunications Services: Implications of a GATT Uruguay Round Agreement for ITU and Member States (R. G. Pipe, Director, Telecom Services Trade Project, Amsterdam, May 1993), S. 2.
8   Näher zu den einschlägigen bilateralen Abkommen im 2. Kap. 1 f).
9   *H. B. Junz/C. Boonekamp*: Was steht in der Uruguay-Runde auf dem Spiel? in: F+E (Juni 1991), S. 14.

Entscheidend schien jedoch generell die Beantwortung der Frage, inwieweit es möglich sein würde, die GATT-Handelsprinzipien auf den neuen Dienstleistungssektor zu übertragen.

a) Die Anwendung von GATT-Handelsprinzipien auf den Dienstleistungssektor

Ein wichtiger Unterschied zwischen dem Waren- und dem Dienstleistungshandel liegt in den Instrumenten des Schutzes: Während beim Warenverkehr das Hauptaugenmerk auf Grenzmaßnahmen (wie z.b. Zöllen) liegt, spielen im Dienstleistungshandel inländische Regulierungen eine zentrale Rolle; hierzu gehören Beschränkungen bei der Vornahme von Direktinvestitionen oder die Abfassung von diskriminierenden Verwaltungs- oder sonstigen Vorschriften. Damit greifen Liberalisierungsschritte im Dienstleistungshandel prinzipiell stärker in die wirtschaftspolitische Souveränität der WTO-Mitglieder ein als Liberalisierungsmaßnahmen zum Abbau tarifärer Handelshemmnisse[10]. Das staatliche Engagement hinsichtlich der Bereitstellung von Dienstleistungen und ihres internationalen Austausches ist in diesem Sektor stärker ausgeprägt als im Warenbereich[11]. Zu den wichtigen Aspekten gehören unter anderem die Beschäftigungspolitik, Zahlungsbilanzerwägungen, "infant-industry-Politik", Verbraucherschutz, Belange der nationalen Sicherheit, sowie der Wunsch nach Wahrung sozialer und kultureller Eigenheiten.

Angesichts dieser Unterschiede war es sowohl noch zu Beginn als auch noch während der konkreten GATS-Verhandlungen unklar, ob aufgrund der Besonderheiten des Austausches mit Dienstleistungen eine Anwendung von GATT-Handelsprinzipien auf den Dienstleistungssektor möglich sein würde. Diese Unklarheit bezog sich zum Beispiel auf das Prinzip der Transparenz von Regulierungseingriffen, das Prinzip der unbedingten Meistbegünstigung und das Prinzip der Inländerbehandlung.

Aufgrund der Fülle offener Fragen und der unterschiedlichen Regulierungsanforderungen im Dienstleistungsbereich wurde zunehmend deutlich, daß der bestehende GATT Rahmen wohl nicht vollständig auf Dienste angewendet werden konnte, wie man es insbesondere auf US-Seite ursprünglich gehofft hatte. Vielmehr galt es, neue Wege zu beschreiten, und die Notwendigkeit eines eigenen Abkommens, des späteren General Agreement on Trade in Services *(GATS)*, zeichnete sich am Horizont ab:

"Services liberalization would have to be a ´progressive´ process of socioregulatory adjustment over time, rather than an immediate eliminiation of barriers. While the GATT organization was the appropriate venue for negotiations, the GATT regime did not suffice. What was required was a separate treaty that could be linked to the existing GATT in a yet undefined manner"[12].

Um während der laufenden Verhandlungen Klarheit über die grundsätzliche Anwendbarkeit der allgemeinen Handelsprinzipien und -bestimmungen auf so unterschiedliche Materien wie Telekommunikationsdienste, Finanzdienstleistungen, Transportdienste etc. zu erlangen, beschloß man, eine sektorielle Überprüfung (sectoral testing) durchzu-

---

10 H. *Hauser*/K.-U. *Schanz*: Das neue GATT (2. Aufl. 1995), S. 196.
11 S. *Schultz*: Dienstleistungen und Entwicklungsländer - Positionen der Dritten Welt zur Einbindung des Dienstleistungshandels in den GATT-Rahmen, in: H. *Sautter (Hrsg.)*: Konsequenzen neuerer handelspolitischer Entwicklungen für die Entwicklungsländer (1990), S. 70.
12 W. *Drake*/K. *Nicolaidis*: Ideal, Interests, and Institutionalization: "Trade in Services" and the Uruguay Round, in: IO 46 (1992), S. 63.

führen[13] und eine Liste mit 13 Sektoren und über hundert Subsektoren wurde erstellt. Man wählte sechs Industrien und ging von der Arbeitsthese aus, daß ausschließlich dann, wenn es notwendig sein würde, GATT-Prinzipien zu konkretisieren oder zu modifizieren, "sectoral annexes" ausgearbeitet werden sollten.

Fragen, die im Verlauf der sektoriellen Überprüfung im Telekommunikationssektor zur Sprache kamen, betrafen
- die Unterscheidung zwischen Grund- und Mehrwertdiensten;
- die Möglichkeit, unternehmensinterne Kommunikation von multinationalen Konzernen zum "Handel" zu rechnen;
- den Daten- und Persönlichkeitsschutz;
- die Verbindung zwischen Dienstehandel und Hardware;
- die Unzulänglichkeit der Inländerbehandlung im Licht der nationalen Monopole sowie
- die von den Entwicklungsländern geforderte Arbeitskräftemobilität.

Als Folge der sektoriellen Überprüfung, während derer eine Flut von Papieren im Umlauf war, wurden die allgemeinen GATT-Grundprinzipien in einem schärferen Licht gesehen; insbesondere die Regierungen gewannen Klarheit über die spezifischen Besonderheiten der einzelnen Sektoren und Untersektoren. Insgesamt hatte man die Notwendigkeit von Modifikationen und Ausnahmen zu den allgemeinen, im GATS normierten Handelsprinzipien für Telekommunikationsdienste erkannt, und aus diesem Grund entschied man sich für eine eigene Anlage zur Telekommunikation.

Geplant war, bis Juli 1990 den multilateralen Rahmenentwurf so abzuschließen, daß genügend Zeit für detaillierte Arbeiten an den "sectoral annotations" bliebe, zu denen unter anderem die Telekommunikation gehörte. Dabei einigte man sich in der GNS darüber, daß diese "shall be multilaterally agreed, form an integral part of the framework, and be reviewed every ... years"[14]. Über die mit den Anlagen ("annexes") bzw. "sectoral annotations" verfolgte konkrete Zielsetzung bestand allerdings noch Uneinigkeit.

Als ein wesentliches Ergebnis der Dienstleistungsverhandlungen muß die Entscheidung für einen *neuen* Rahmenvertrag gelten, der gleichrangig neben das bisherige GATT-System als neue Ordnung für den Dienstleistungshandel trat, in dem jedoch die "alten" GATT-Prinzipien (Gebote der Inländerbehandlung, Meistbegünstigung und Transparenz) verankert wurden. Auf diese Weise beschritt man – der Dynamik der Dienstleistungsentwicklung entsprechend – "Neuland", ohne jedoch "Bewährtes" preiszugeben.

---

13 Die *Montreal Ministerial Declaration 1988* (Mid Term Review, GATT Doc. No. MTN.TNC/11, April 21, 1989) forderte "a process of examining the implications and applicability of concepts, principles and rules for particular sectors and specific transactions", vgl. Trade Negotiating Committee, Mid Term Meeting S. 41; zum sektoriellen Testen vgl. auch GATT Doc. MTN.GNS/23, July 11, 1989; Einzelheiten, insbesondere zum Einfluß der Experten auf die sektorielle Überprüfung, *W. Drake/K. Nicolaidis*, (Anm. 12), S. 80.

14 Zitiert nach *Working Group on Telecommunication Services*, Note on the Meeting of 5-6 June 1990, Group of Negotiations on Services, Restricted, GATT Doc. MTN.GNS/TEL/1, 27 June 1990, Special Distribution, S. 3.

b) Aufbau und Anwendungsbereich des GATS

Die Verhandlungsteilnehmer entschieden sich für ein relativ weitgespanntes, auf Vertrauen und Kooperationswilligkeit der Staaten bauendes[15] Rahmenabkommen sowie sektorale Einzelvereinbarungen. Das General Agreement on Trade in Services *(GATS)* umfaßt insgesamt drei Säulen multilateraler Bestimmungen. Es besteht

- aus dem, den Handel mit Dienstleistungen regelnden völkerrechtlichen Rahmenübereinkommen, das in insgesamt 29 Artikeln die allgemeinen Regeln des Handels mit allen Arten von Dienstleistungen enthält;
- aus einer Reihe von Anlagen, die spezielle Bestimmungen für bestimmte Dienstleistungen vorsehen; unter anderem wird in einer Anlage zur Telekommunikaton die Anwendung der Grundsätze des GATS auf einzelne Dienstleistungen im Bereich der Telekommunikation konkretisiert;
- aus einer auf einem "exchange of offers and requests" basierenden Liste besonderer Verpflichtungen (List of Schedules of Specific Commitments).

Eine Besonderheit des GATS besteht darin, daß es zwischen "allgemeinen" und "speziellen" Verpflichtungen der Vertragsparteien differenziert. Beide, sowohl die allgemeinen wie die speziellen Verpflichtungen, wurden mit dem Zeitpunkt der Unterzeichnung des Übereinkommens übernommen. Die "allgemeinen Verpflichtungen" (Teil II) sind auf eine umfassende Umsetzung der Handelsbestimmungen in die Praxis gerichtet, während die "spezifischen Verpflichtungen" (Teil III) besondere und weiterreichende Verpflichtungen sind, die, wie Marktzugang und Inländerbehandlung, individuell in Form von Länderlisten ("schedules") eingegangen werden. Jede an der Unterzeichnung des GATS interessierte Partei mußte ein Minimum an Verpflichtungen in ihrem "schedule of specific commitments" vorlegen; diese Listen wurden dann in ihrer Gesamtheit Teil der Anlagen des GATS-Übereinkommens und bildeten auf diese Weise einen integralen Bestandteil desselben[16].

Eingeschlossen in den sachlichen Anwendungsbereich werden gem. Art. I:3 GATS Dienstleistungen jeder Art und auf allen Sektoren. Ausgenommen sind durch Regierungsstellen "in Ausübung hoheitlicher Gewalt" erbrachte Dienste[17], die nicht zu kommerziellen Zwecken und nicht auf Wettbewerbsbasis erbracht werden. Da gerade in Entwicklungsländern ein Großteil der (Telekommunikations-)Dienste hoheitlich erbracht wird, wurden Zweifel am Sinn einer solchen – einen gewissen Anteil von Dienstleistungen ausklammernden – Vorschrift geäußert:

---

15 *A.-M. Slaughter*: International Law in a World of Liberal States, in: EJIL 6 (1995), S. 530 sieht generell in einer Rahmenvereinbarung über zwischenstaatliche Zusammenarbeit ein Indiz für Vertrauen und Kooperationswilligkeit der Teilnehmer: "The generality of such agreements is (...) an indicator of trust and cooperation".
16 Vgl. Art. XXIX GATS; zu den Erfordernissen des Scheduling siehe näher *Group of Negotiations on Services*, Scheduling of Initial Commitments in Trade in Services: Explanatory Note, GATT Doc. MTN.GNS/W/164, 3 September 1993, Special Distribution; Group of Negotiations on Services, Scheduling of Initial Commitments in Trade in Services: Explanatory Note, Addendum, GATT Doc. MTN.GNS/W/164/Add.1, 30 November 1993, Special Distribution; *Group on Basic Telecommunications*, Note by the Chairman, Revision, Notes for the Scheduling Basic Telecom Services Commitments, GATT Doc. S/GBT/W/2/Rev.1, 16 January 1997.
17 Vgl. bereits *Final Draft*, GATT Doc. MTN/TNC/W 35. Rev.1, Article I, 3 (b): "except services supplied in the exercise of governmental functions."

"For developing countries this exception may have considerable significance, because many services are provided to fulfill governmental obligations. Post and telecommunications are governmental functions in most developing countries; therefore, if a clear-cut exception were provided in the scope of the agreement this would situate the role of telecommunications largely if not wholy in some countries"[18].

Das Abkommen findet darüber hinaus Anwendung auf "Maßnahmen der Mitglieder", die den Dienstleistungshandel beeinträchtigen (Art. I:1 GATS). Dazu gehören Maßnahmen zentraler, regionaler oder örtlicher Regierungen ebenso wie solche nichtstaatlicher Stellen in Ausübung ihnen übertragener Befugnisse; dabei liegt eine "Maßnahme" unabhängig davon vor, ob sie in Form eines Gesetzes, einer Vorschrift, einer Regel, eines Verfahrens, eines Beschlusses, eines Verwaltungshandelns oder in sonstiger Form getroffen wird.

Die Mitgliedstaaten müssen gem. Art. I: 3 a) GATS Maßnahmen ergreifen, damit die Anwendung des GATS durch regionale und lokale Regierungen und Behörden sowie nichtstaatliche Stellen sichergestellt wird. Bei der Erfüllung der von ihm übernommenen GATS-Verpflichtungen trifft jedes Mitglied die ihm dafür zur Verfügung stehenden angemessenen Maßnahmen.

Im Ergebnis ist der Anwendungsbereich des GATS umfassend, da praktisch kein kommerzieller Sektor ausgeschlossen wurde[19] und das Abkommen auf *alle* Maßnahmen, die den Dienstehandel berühren, Anwendung findet – seien sie nationalen, regionalen oder lokalen Ursprungs. Mit der erkennbar weiten Begriffsbestimmung der in Frage kommenden "Maßnahmen" sollte jede Form der Beschränkung des Dienstleistungshandels, also auch des Handels der in der Anlage zur Telekommunikation näher definierten Telekommunikationsdienste, erfaßt werden. Damit hat sich der in den Verhandlungen umstrittene umfassende Regelungsanspruch durchgesetzt[20], wenngleich, wie noch zu sehen sein wird, eine Reihe von Sonderregelungen Eingang in die für einzelne Sektoren ausgearbeiteten Anlagen zum Übereinkommen gefunden haben.

Was die vor und während der Uruguay Runde umstrittene Definition des Dienstleistungshandels angeht, so entschieden sich die Verfasser des GATS für eine vage Terminologie. Entsprechend dem Verständnis des Warenhandels im GATT ist unter "Handel mit Dienstleistungen" zunächst einmal die von einem Territorium eines Mitgliedstaates ausgehende und auf dem Territorium eines anderen Mitgliedstaates erbrachte Dienstleistung anzusehen (Art. I:2 (a) GATS). Anders als etwa GATT deckt das Dienstleistungsabkommen aber nicht nur den grenzüberschreitenden Handel ab, sondern nennt in Art. I:2 GATS drei weitere Modalitäten, die den Spezifikationen des Dienstleistungshandels entsprechen. Als Dienstleistungshandel gilt demzufolge (Art. I GATS):

---

18 *UNCTAD/UNDP Interregional Project*: Support to the Uruguay Round of Multilateral Trade Negotiations, Telecommunications in the Framework Agreement on Trade in Services – Considerations for Developing Countries, Report Prepared by G. Russel Pipe, UN Doc. Restricted, UNCTAD/MTN/INT/CB.22, May 1991, S. 3.
19 Zur Nichteinbeziehung der "Kulturindustrien" in das Dienstleistungsabkommen siehe aber *M. J. Hahn*: Eine kulturelle Bereichsausnahme im Recht der WTO?, in: ZaöRV 56 (1996), S. 315 ff., speziell Abschnitt B. II ebd.
20 *C. Raghavan*: Recolonization, GATT, the Uruguay Round & the Third World (1990), S. 110 hatte das Bestreben der Industrienationen, zu einem umfassenden Anwendungsbereich des GATS zu gelangen, als Bemühung gegeißelt, die sektorspezifischen Abkommen (etwa von ITU oder ICAO) ins Hintertreffen geraten zu lassen.

- zwischenstaatlicher Handel, also grenzüberschreitend erbrachte Dienstleistungen (z.B. per Telefon, Modem, Computer);
- im Inland geleistete Dienste an Ausländer;
- Dienste, die die Niederlassung des Anbieters im Erbringungsland erfordern (z.b. Eröffnung einer Filiale eines Telekommunikationsunternehmens);
- im Ausland geleistete persönliche Dienste von Inländern (z.b. Beratungsdienste von Service Providern).

Gegenstand des Dienstleistungsabkommens ist somit das direkte Angebot von Diensten aus dem Gebiet eines Vertragspartners nach dem Gebiet eines anderen Vertragspartners sowie das Angebot von Diensten über einen "Mittler" (*Senti*)[21] oder das Angebot von Diensten über eigene Zweigniederlassungen, Filialen und Agenturen.

Für Telekommunikation ist hauptsächlich die in Art. I:2 a) genannte erste Variante (grenzüberschreitende Lieferung eines Dienstes) relevant. Darüber hinaus sind im Falle der Niederlassung von Zweigstellen eines Unternehmens im Ausland Telekommunikationsverbindungen zur Konzernzentrale wichtig; auch für den Aufenthalt von natürlichen Personen, die sich im Ausland aufhalten, können Telekommunikationsverbindungen zum Heimatstaat von Bedeutung sein.

Festzuhalten ist, daß die Verfasser des GATS nicht zu einer präzisen Definition des Dienstleistungshandels gelangten. Stattdessen umschrieb man den Begriff Dienstleistungen und beschränkte sich auf eine Charakterisierung der Liefermodalitäten ("modes of delivery"). Diese Vorgehensweise wurde als Nachteil für die Dritte Welt gesehen[22]. Tatsächlich wurde im Ergebnis das umstrittene Niederlassungsrecht multinationaler Konzerne in der Dritten Welt von dem zugrundegelegten, weiten Handelsbegriff umfaßt (s.o. Art. 1:2) – ein Ergebnis, das von den Überlegungen der Entwicklungsländer während der Vorverhandlungen[23] deutlich abweicht.

c) Allgemeine Pflichten (Vorschriften für alle Dienstleistungssektoren)

Die Grundpflichten und Grundprinzipien von Teil II des General Agreement on Trade in Services sind allgemeine Liberalisierungsvorschriften. Darüber hinaus gelten spezielle Grundpflichten und Grundprinzipien, sofern die Staaten entsprechende Zugeständnisse machen[24].

Grundlegend für die neue Handelsordnung der Dienstleistungen ist zunächst die allgemeine Pflicht der Meistbegünstigung.

---

21 *R. Senti*: Die neue Welthandelsordnung, in: ORDO 45 (1994), S. 308; *R. Senti*, GATT-WTO, Die neue Welthandelsordnung nach der Uruguay-Runde (1994), S. 103.
22 *C. Raghavan*, (Anm. 20), S. 108 f. warnte die Dritte Welt, ein Abkommen ohne eine konkrete Definition des Begriffs "trade in services" abzuschließen, denn dies könne dazu führen, daß "they would find themselves unable to prevent modification of the mandate in subsequent rounds of negotiations, and would be compelled to deal with 'investment' and 'right of establishment' and other issues, not related to trade but to production".
23 Zu den Bedenken der Entwicklungsländer siehe oben im 3. Kap. 1 c).
24 *P.-T. Stoll*: Die WTO: Neue Welthandelsorganisation, neue Welthandelsordnung. Ergebnisse der Uruguay-Runde des GATT, in: ZaöRV 53 (1994), S. 324 spricht insofern von einer "gestuften Regelung"; zu den Möglichkeiten der Zugeständnisse siehe im nächsten Abschnitt d).

(1) Meistbegünstigung (Art. II)

Zu den am stärksten diskutierten Fragen der Kodifikationsarbeiten gehörte die unbedingte[25] bzw. bedingte[26] Anwendbarkeit des GATT-Prinzips der Meistbegünstigung. Die von den Entwicklungsländern erhobene Forderung, im Rahmen einer unbedingten Meistbegünstigungsklausel *alle* Vorteile und Privilegien auf *alle* anderen ausländischen Marktteilnehmer anzuwenden[27], stieß im Bereich der Telekomdienste auf diverse Schwierigkeiten.

Zum einen stellten sich Probleme technischer Natur: Der trotz anhaltender Standardisierungsbemühungen[28] hohe Spezialisierungsgrad der Telekommunikation, die Ausdifferenzierung im Bereich des Telekommunikationsdienstangebots sowie der Trend, Dienste immer stärker auf den individuellen Kundenbedarf auszurichten ("customization"), führten dazu, daß bei der Erbringung von Telekommunikationsdiensten häufig spezielle Konditionen und Konzessionen ausgehandelt werden. In der Folge erschien eine Anwendung der *unbedingten*, alle Vorteile undifferenziert auf alle übrigen Beteiligten ausdehnende Meistbegünstigung problematisch. Hinzu traten Befürchtungen, die technische Unversehrtheit des Netzes könne bei der Anwendung der unbedingten Meistbegünstigung gefährdet werden[29].

Zum anderen wurden politische Schwierigkeiten bei der Implementierung einer umfassenden, "unbedingten" Meistbegünstigungsregelung befürchtet, da in deregulierten Märkten im Prinzip keine Kontrolle der Mitgliedstaaten besteht, mittels derer die Anwendung der Meistbegünstigung sichergestellt werden kann. Diejenigen Staaten – wie die USA und Großbritannien – in denen der Deregulierungsprozeß weit fortgeschritten sei, könnten nicht die Befolgung der Meistbegünstigung erzwingen.

Des weiteren wurden Probleme rechtlicher Natur gesehen, insbesondere die Vereinbarkeit der unbedingten Meistbegünstigungsklausel mit bestehenden Dienstleistungsabkommen und vertraglichen Verpflichtungen, z.B. auf bilateraler, regionaler und multilateraler Ebene:

> "The provision of international telecommunications services, arranged under bilateral, regional and multilateral agreements, may be largely unsuited to the type of compliance envisioned in an MFN provision"[30].

Da internationale Telekommunikation im wesentlichen auf der Verbindung nationaler Netzwerke basiert[31], mußte dem Verhältnis zwischen dem künftigen Dienstleistungs-

---

25 Entsprechend der Meistbegünstigungsklausel soll kein anderes Land besser gestellt werden als der Vertragspartner; damit erhalten alle vertragsschließenden Staaten die gleiche Stellung wie das meistbegünstigte Land. Die *unbedingte* Meistbegünstigungsklausel besagt, daß alle Vergünstigungen, auch die früher eingeräumten, dem Partner gewährt werden.
26 Die bedingte oder auch reziproke Meistbegünstigung bedeutet, daß der Handelspartner X nur dann die Vorteile genießt, die Y dem Z eingeräumt hat, wenn X auch dem Y Vergünstigungen einräumt.
27 Zu den Forderungen der Entwicklungsländer siehe bereits das 4. Kap. 2 a).
28 Die Rolle der Standardisierung beschreibt das 2. Kap. 3 c).
29 Zu diesbezüglichen Bedenken: *W. Drake/K. Nicolaidis*, (Anm. 12), S. 63.
30 *R. G. Pipe*: Telecommunications Services: Considerations for Developing Countries in Uruguay Round Negotiations, in: *UNCTAD (Hrsg.):* Trade in Services: Sectoral Issues (1989), S. 93; nach der Ansicht von *P. Sauvé*: On the Sectoral Testing, S. 5 in einem Briefing geäußerten Ansicht handelt es sich um einen "very complex issue in view of the regulatory asymmetries prevailing worldwide"; die existierenden bilateralen Abkommen im Telekommunikationssektor erschwerten den Gebrauch der MFN-Klausel.
31 Näher siehe oben das 2. Kap. 1 a).

abkommen und bereits bestehenden Vertragsverpflichtungen Beachtung geschenkt werden. Der Eintritt in eine Vereinbarung, in der eine Meistbegünstigungsklausel existiert, könnte lange vorhandene zwischenstaatliche oder private Vertragsbeziehungen stören. Deshalb müßten, so der Ratschlag von UNCTAD an die Adresse der Entwicklungsländer, nationale Behörden, die mit der Implementierung des Dienstleistungsabkommens (GATS) betraut würden, diesem Aspekt entsprechend besondere Bedeutung beimessen[32].

Im Ergebnis schien es vor Abschluß des GATS so, als ob die Anwendung der unbedingten Meistbegünstigungsklausel für die Telekommunikationsdienste nicht geeignet sei. Aus diesem Grund wurde für den Bereich der Telekommunikation die *bedingte* Meistbegünstigungsklausel empfohlen[33].

Dessen ungeachtet sieht Art. II GATS im Ergebnis eine unbedingte, ohne Gegenleistung zu gewährende Meistbegünstigung vor, d.h. jedes GATS-Mitglied gewährt hinsichtlich aller Maßnahmen, die unter dieses Übereinkommen fallen, den Dienstleistungen und Dienstleistungserbringern eines anderen Mitglieds sofort und bedingungslos eine Behandlung, die nicht weniger günstig ist als diejenige, die es den gleichen Dienstleistungen oder Dienstleistungserbringern eines anderen Landes gewährt – die Diskriminierung ausländischer Dienstleistungsanbieter untereinander ist grundsätzlich verboten. Alle Vorteile, Begünstigungen, Befreiungen und Rechte, die die Mitglieder im Dienstleistungshandel einem anderen Land zugestehen, sind ebenso unverzüglich und bedingungslos für gleiche Dienste allen anderen WTO-Mitgliedstaaten zu gewähren.

In der Anwendung auf Telekommunikationsdienste bedeutet dies, daß Regierungen verpflichtet sind, sicherzustellen, daß Telekommunikationsbehörden und andere Stellen ausländischen Dienstleistungserbringern gleiche Behandlung gewähren. Auf alle Parteien sind die selben, für die Lieferung von Telekommunikationsdiensten geltenden Regeln und Bestimmungen anzuwenden.

Beispiel: ein deutsches Telekommunikationsunternehmen darf in seiner Geschäftstätigkeit in Großbritannien nicht stärkeren Restriktionen unterworfen werden als ein französisches Unternehmen.

Einschränkend sind jedoch drei Anmerkungen zu machen.

Erstens verbietet die normierte Pflicht, die Zulassung von Dienstleistungen und Dienstleistern aus anderen Mitgliedstaaten nicht-diskriminierend zu behandeln, nicht, *inländische* Dienstleistungen zum Nachteil konkurrierender, aus dem Ausland stammender Dienstleistungen zu behandeln. Insofern erlangt ein anderes, weiter unten behandeltes Prinzip, die sog. Inländerbehandlung, Bedeutung[34].

Zweitens sorgt die Meistbegünstigungsklausel, wie sie im GATS niedergelegt wurde, nicht notwendigerweise für einen erleichterten Marktzugang, sondern sie gewährleistet lediglich Nichtdiskriminierung zwischen ausländischen Anbietern. Hat beispielsweise ein Mitgliedstaat für einen bestimmten Dienstleistungssektor ein rechtlich geschütztes Monopol begründet, so darf sich kein anderer, weder In- noch Ausländer, in diesem

---

32 *R. G. Pipe*, (Anm. 30), S. 93.
33 *R. G. Pipe*, (Anm. 30), S. 104; *P. Sauvé*: On the Sectoral Testing, S. 6 meinte: "A number of special conditions appear necessary if MFN is to be applied to telecommunications services"; eventuell eröffne sich hier ein "possible scope for a conditional m.f.n. sectoral agreement in telecommunications."
34 Zur Inländerbehandlung siehe das 5. Kap. 1 d).

dem Monopol vorbehaltenen Geschäftsbereich betätigen[35]. Übertragen auf die Telekommunikation bedeutet dies: Wenn in einem Staat kein ausländischer Erbringer von Telekommunikationsdiensten zugelassen ist, dann bleibt die Meistbegünstigungsklausel des GATS praktisch ohne Wirkung.

Zum dritten ermöglicht eine spezielle Anlage zu Artikel II individuelle Abweichungen vom Gebot der Meistbegünstigung[36]; diese Ausnahmen unterliegen nach spätestens fünf Jahren einer multilateralen Überprüfung durch den GATS-Rat und dürfen für maximal zehn Jahre in Anspruch genommen werden[37].

(2) Transparenz (Art. III)[38]

Um die zum Teil recht komplizierten nationalen und internationalen (Telekommunikations-)Bestimmungen auch im Interesse der Rechtssicherheit im internationalen Handel überschaubar zu halten, enthält Art. III GATS einige Publikations- und Notifizierungspflichten, die auf eine größere Transparenz der auf den grenzüberschreitenden Dienstleistungshandel anwendbaren rechtlichen Rahmenbedingungen zielen.

Bereits während der GATS-Verhandlungen bestand weitgehend Einigkeit über die Notwendigkeit einer Vorschrift, die die Veröffentlichung und Mitteilung von Gesetzen, Verordnungen, Allgemeinverfügungen und evtl. sogar Urteilen zum Gegenstand hat[39]. Die schließlich gefundene Lösung besteht darin, alle Staaten[40] zunächst einmal zu verpflichten, alle nationalen Maßnahmen und internationalen Übereinkommen, an denen der jeweilige Staat beteiligt ist, spätestens bei ihrem Inkrafttreten "umgehend" zu veröffentlichen (Art. III:1) –, ausgenommen in Notsituationen.

Darüber hinaus hat jeder Staat die Pflicht, den Rat für den Handel mit Dienstleistungen mindestens einmal jährlich über die Einführung neuer bzw. die Veränderung bestehender Gesetze, sonstiger Vorschriften und Verwaltungsrichtlinien, die den Dienstleistungshandel wesentlich berühren, zu informieren (Art. III:3 GATS). Bemerkenswert ist im übrigen eine Art Notifikationsrecht Dritter: Ein Staat kann dem Rat von Maßnahmen anderer Staaten Kunde geben, die seiner Ansicht nach die Wirkungsweise des GATS berühren (Art. III:5 GATS).

Neben dem Rat für den Handel mit Dienstleistungen[41], der institutionell in die Transparenzbestimmung des GATS eingebunden wird, ist die Gründung sog. Auskunftsstel-

---

35 R. Ellger/T.-S. Kluth: Das Wirtschaftsrecht der Internationalen Telekommunikation in der Bundesrepublik Deutschland (1992), S. 213.
36 Vgl. den "Anhang über Artikel II-Ausnahmen".
37 Die Ausnahmen zur Meistbegünstigung sind im 5. Kap. 1 e) dargestellt und eine kritische Würdigung findet sich im 5. Kap. 5d).
38 Auf eine Verbesserung der Transparenz zielt im übrigen auch Art. VI GATS zur internen Regulierung (näher 5. Kap. 1 d) und die 1989 neu geschaffene Praxis, die Handelspolitiken der Mitgliedstaaten regelmäßig zu überprüfen.
39 *Working Group on Telecommunication Services*, Note on the Meeting of 5-6 June 1990, Group of Negotiations on Services, Restricted, GATT Doc. MTN.GNS/TEL/1, 27 June 1990, Special Distribution, S. 3; vgl. auch Art. X GATS; die Transparenzvorschrift im Entwurf für ein multilateralen Rahmenabkommen, GATT Doc. MTN GNS/35 vom 23.7.1990, kommentiert *C. Bail*: Das Profil einer neuen Welthandelsordnung: Was bringt die Uruguay Runde? - Teil 2, in: EuZW 15 (1990), S. 471.
40 In dem Entwurf von 1992 hatte es noch geheißen, dies gelte für "all relevant measures of general application, whether made effective by national or sub-national government bodies or by a *non-governmental regulatory entity*", eine Wendung, die sich im Schlußtext nicht mehr findet.
41 Näher zu diesem Organ im 5. Kap. 4 b).

len vorgesehen. Ihre Tätigkeit ist im Zusammenhang mit der in Art. III:4 S. 1 normierten Auskunftspflicht der Staaten zu sehen: Jeder Mitgliedstaat soll auf Ersuchen eines anderen Staates "umgehend" Auskünfte hinsichtlich der die Durchführung des GATS betreffenden Maßnahmen oder internationaler Abkommen erteilen. Um solche telekommunikationsspezifischen Informationen der gewünschten Art liefern zu können, sollen die genannten Institutionen eingerichtet werden.

Eine Grenze für die insgesamt weitreichenden Transparenzpflichten umreißt Art. III bis GATS: Danach sind vertrauliche Informationen von dem Transparenzgebot ausgenommen, also solche, deren Öffentlichmachung die Durchsetzung von Gesetzen behindern, in anderer Weise den öffentlichen Interessen widersprechen oder aber legitime kommerzielle Interessen einzelner Unternehmen beeinträchtigen würden.

Speziell für Entwicklungsländer bzw. solche Länder, die in der Vergangenheit die in Art. III GATS vorgesehenen Informationen den in- und ausländischen Kunden nicht in hinreichendem Ausmaß zur Verfügung gestellt haben, wurden Schwierigkeiten bei der Erfüllung dieser Vorschrift vorausgesagt[42]. Wie UNCTAD befürchtete, könnte es Schwierigkeiten für Entwicklungsländer bei der Bearbeitung und Weiterleitung solchermaßen erhaltener Informationen geben, denn vielfach fehlte es den LDCs an den geeigneten Verwaltungsstrukturen und institutionellen Einrichtungen[43].

Nicht zuletzt um den Entwicklungsländern in praktischer Hinsicht entgegenzukommen, wird ihnen ein größerer zeitlicher Spielraum zur Einrichtung der Auskunftsstellen gewährt als den übrigen Staaten[44].

(3) Regeln zur freiwilligen Anerkennung von Standards und Qualifikationen (Art. VII)

Die Anerkennung von ausländischen Standards und Qualitätsanforderungen geschieht nach der im GATS vorgesehenen Lösung entweder einseitig oder gegenseitig, jedoch immer auf freiwilliger Basis[45].

Falls bilaterale Abkommen zur gegenseitigen Anerkennung bestehen, soll interessierten WTO-Mitgliedern die Möglichkeit zum Beitritt oder zur Aushandlung ähnlicher Abkommen geboten werden (Art. VII:2 S. 1). Eine Anerkennung darf in keinem Fall auf eine Weise gewährt werden, in der sie ein Mittel zur Diskriminierung oder eine verdeckte Handelsbeschränkung darstellen würde.

(4) Monopole und Dienstleistungserbringer mit ausschließlichen Rechten (Art. VIII)

Da in zahlreichen Staaten Telekom-Monopole existierten (und weiterhin existieren werden), die sich gegenseitig Souveränität zusicherten, trat bei den GATS-Liberalisierungsverhandlungen ein Spannungsverhältnis zwischen den Liberalisierungszielen einerseits

---

42 Strategic Planning Unit, (Anm. 7), S. 24.
43 *UNCTAD, Report by the Secretariat*: The Outcome of the Uruguay Round: An Initial Assessment, Supporting Papers to the Trade and Development Report (1994), S. 156: vgl. aber die Studie von *ITU, Telecommunication Development Bureau and the UNCTAD and UN-DDSMS Coordinated African Programme of Assistance on Services*, The Development of Telecommunications in Africa and the *General Agreement on Trade in Services* (1996), S. 22 betreffend die CAPAS-Länder, in der man davon ausgeht, daß diese die Publikationspflichten "easily" erfüllen können.
44 Art. III: 4 S. 3 GATS; grundsätzlich sollten solche Auskunftsstellen innerhalb von zwei Jahren nach Inkrafttreten des WTO-Übereinkommens eingerichtet werden; für einzelne Entwicklungsländer können jedoch "entsprechend flexible Lösungen" vereinbart werden; allgemein zur Sonderbehandlung der Entwicklungsländer siehe die Ausführungen zur Reziprozität im 3. Kap. 2 g).
45 Näher *P.-T. Stoll*, (Anm. 24), S. 325 f.

und angestammten Souveränitätsrechten andererseits zutage[46]. Eine Fülle von Fragen wurde aufgeworfen, etwa die, wie sich in Ländern, deren Infrastruktur- und Kommunikationssysteme regulativ unterschiedlich ausgestaltet sind, der Wettbewerb fördern läßt. Betrachtet man die im GATS gefundene normative Lösung, so ist festzustellen, daß dieses Vertragswerk auch in Zukunft vom Fortbestehen von Monopolstrukturen ausgeht[47]. Da es sinnvoll sein kann, im Bereich der Telekommunikation ein natürliches Monopol aufrechtzuerhalten (dies gilt u.a. bei der Versorgung von Privatkunden in kleineren Städten oder in ländlichen Regionen, deren Nachfrage so gering ist, daß nur ein einziger Anbieter Chancen hat, Betriebsgrößenvorteile in seinen Netzen auszuschöpfen und Kostenvorteile zu erzielen[48]), wurde in der Uruguay Runde keine Einschränkung für die *Zulässigkeit* von Monopolen ausgehandelt. In Art. VIII:4 GATS heißt es lediglich, wenn ein Mitgliedstaat nach Inkrafttreten des WTO-Übereinkommens Monopolrechte in einem den besonderen Verpflichtungen unterliegenden Bereich gewähre, dann sei dies dem Rat für Handel mit Dienstleistungen spätestens nach drei Monaten zu notifizieren[49].

Hintergrund der Grundvorschrift Artikel VIII GATS über Dienstleistungsmonopole war die Sorge der Vertragsparteien, daß ein Unternehmen mit alleinigem Recht zur Erbringung von (Telekommunikations-)Diensten, seine Monopolrechte nicht entsprechend den wesentlichen GATS-Verpflichtungen ausübt. Aus diesem Grund soll jede Partei sicherstellen, daß ein Anbietermonopol auf ihrem Territorium:
- die Meistbegünstigungsklausel des GATS (Art. VIII:1) und
- die speziellen, nach Teil III und IV GATS eingegangenen Verpflichtungen beachtet (Art. VIII:1, letzter Hs.).

Nimmt ein Monopolunternehmen oder ausschließlicher Dienstleistungserbringer außerhalb des Monopolwirkungsbereichs entweder direkt oder durch ein verbundenes Unternehmen am Wettbewerb teil, so haben die Mitgliedstaaten darüber hinaus sicherzustellen, daß
- die Monopolstellung im Wettbewerb nicht mißbräuchlich ausgenutzt wird (Art. VIII:2).

Dies gilt auch für Fälle, in denen ein Mitgliedstaat für einen Dienstleistungsmarkt nur eine kleine Anzahl von Dienstleistungserbringern zuläßt und den Wettbewerb erheblich beschränkt.

---

46 Zur in diesem Kontext formulierten Arbeitshypothese siehe das Einführungskapitel 1. Kap. 3 b).
47 Ähnlich Art. 1305 Abs. 1 *North-American Free Trade Agreement*, Text prepared September 6, 1992, Chapter Thirteen, Telecommunications.
48 Explizit *A. Picot/W. Burr*: Ökonomische Vorteile des Netzwettbewerbs in der Telekommunikation, in: Jahrbuch Telekommunikation und Gesellschaft 4 (1996), S. 26; zur Problematik der universellen Dienste siehe bereits das 2. Kap. 3 d).
49 Die Reaktion des Rates darauf bleibt offen, ebenso wie die Frage, unter welchen Voraussetzungen künftig die Errichtung eines Monopols zulässig sein soll; daneben nennt Art. XVI:2 GATS eine Reihe von Marktzugangshemmnissen, die nur dann beibehalten werden dürfen, wenn sie in der Liste aufgeführt werden; zu ihnen gehören u.a. Beschränkungen der Zahl zugelassener Anbieter in Form von Monopolen. Dies führte im Prinzip dazu, daß keine klare Trennlinie zwischen einem legitimen "monopolfesten Bereich" für die Fernmeldeverwaltungen oder ausschließlichen Diensteanbieter und den für private Unternehmen offen stehenden Märkten gezogen wurde.

Auf diese Weise wird ein Mindestmaß an Fairness bzw. ein "level playing field"[50] zwischen Monopolisten und Privatunternehmen angestrebt. Den Mitgliedstaaten obliegt die wettbewerbsrechtliche Verantwortung für die Regulierung inländischer Dienstleistungsmonopole, inbesondere die Beachtung der Bestimmungen und Verpflichtungen im Rahmen des GATS. Falls ein Anzeichen für einen Verstoß gegen eine der drei genannten Pflichten (Meistbegünstigung, spezifische Verpflichtung oder Mißbrauch der Monopolsituation unter Marktbedingungen) eines Monopolunternehmens oder ausschließlichen Dienstleistungserbringers vorliegt, kann der Rat für den Handel mit Dienstleistungen auf Ersuchen eines Mitgliedstaates den betreffenden Mitgliedstaat auffordern, spezielle Informationen über diese Operationen zu liefern (Art. VIII:3 GATS).

(5) Geschäftspraktiken (Art. IX)

Gemäß Art. IX:1 GATS erkennen die Mitgliedstaaten an, daß wettbewerbsbeschränkende Geschäftspraktiken[51] von Dienstleistungsunternehmen, etwa Kartelle oder anderweitig abgestimmte Verhaltensweisen, Handelshemmnisse verursachen können. Damit sollte der Tatsache Rechnung getragen werden, daß wettbewerbshinderndes Verhalten von Privatunternehmen (nicht minder als das von Monopolen) im nationalen Markt den Erfolg von neu auf dem Markt operierenden Unternehmen gefährden kann.

Kommt es dennoch zu wettbewerbsbeschränkenden Verhaltensweisen, sieht Art. IX:2 S. 1 eine auf die Eliminierung dieser Praktiken gerichtete Konsultationspflicht zwischen den Mitgliedstaaten vor: Jedes Mitglied nimmt auf Antrag eines anderen Mitgliedes Konsultationen mit dem Ziel auf, wettbewerbshindernde Geschäftspraktiken zu beseitigen. Dabei kann es auf der Grundlage des bestehenden nationalen Rechts und gegebenenfalls einer Vereinbarung über die Wahrung der Vertraulichkeit auch zur Weitergabe vertraulicher Informationen kommen.

(6) Öffentliches Beschaffungswesen (Art. XIII)

Eine weitere allgemeine, auch für Telekommunikationsdienste relevante Bestimmung, enthält Art. XIII über das öffentliche Beschaffungswesen. Gemäß Art. XIII:1 GATS sind Beschaffungen vom Meistbegünstigungsprinzip und den für besondere Konzessionen geltenden Regelungen für den Marktzugang (Art. XVI) sowie von der Inländerbehandlung (Art. XVII) ausgenommen, soweit sie für staatliche Zwecke beschafft werden und nicht zum kommerziellen Wiederverkauf oder zur Nutzung bei der Erbringung von Dienstleistungen im kommerziellen Rahmen bestimmt sind.

Die Bestimmungen der Artikel II (Meistbegünstigung), Art. XVI (Marktzugang) und Art. XVII (Inländerbehandlung) sind danach *nicht* auf für die Beschaffung von Regierungsstellen einschlägige Gesetze, Bestimmungen und sonstige Erfordernisse anwendbar.

Im Ergebnis fand keine multilaterale Liberalisierung der öffentlichen Beschaffung von (Telekommunikations-)Diensten statt; dies ist erstaunlich, da das Auftragsvolumen

---

50 Strategic Planning Unit, (Anm. 7), S. 25; ebenso ITU, Telecommunication Development Bureau and the UNCTAD and UN-DDSMS Coordinated African Programme of Assistance on Services (Anm. 43), S. 23.
51 Bereits die *Havanna Charta* hatte Klauseln gegen restriktive Geschäftspraktiken vorgesehen; zur umstrittenen Kompetenz des GATT zur Regelung der restriktiven Geschäftspraktiken vgl. *W. Benedek*: Die Rechtsordnung des GATT aus völkerrechtlicher Sicht (1990), S. 273; zu den diesbezüglichen Forderungen der Entwicklungsländer siehe bereits das 4. Kap. 3 d).

der öffentlichen Beschaffung keineswegs gering ausfällt[52]. Doch weder GATS noch die dazugehörige Anlage regeln die öffentliche Beschaffung von Telekommunikationsdiensten. So wird der Anwendungsbereich des GATS deutlich eingeschränkt:

"The MFN, national treatment and market access obligations do not extend to government procurement of services. This greatly reduces the coverage of the GATS, as procurement typically represents a significant share of total demand for many services"[53].

Auch die im GATS für Regierungskäufe getroffene Beschaffungsregelung kann daher im Ergebnis als ein Beispiel für die Spannung zwischen gemeinschaftlichen Liberalisierungszielen auf der einen und staatlicher Souveränität auf der anderen Seite gesehen werden. Mit Blick auf die Zukunft sieht Art. XIII:2 lediglich vor, daß innerhalb von zwei Jahren nach dem Inkrafttreten des WTO-Übereinkommens multilaterale Verhandlungen über das Beschaffungswesen im Bereich der Dienstleistungen, eingeschlossen die Telekommunikationsdienste, begonnen werden.

Was mit dem GATS nicht gelang – die Einbeziehung von Telekommunikation – scheiterte im übrigen auch im revidierten Regierungskäufekodex[54], denn auch hier gelang (noch) keine multilaterale[55] Liberalisierung der öffentlichen Beschaffungen von Telekommunikationsdiensten.

---

52 Aufgrund der wirtschaftspolitischen Bedeutung des öffentlichen Auftragswesens bildet die Liberalisierung desselben auch einen Schwerpunkt der Europäischen Union, vgl. die Richtlinie zur Koordinierung der Auftragsvergabe durch Auftraggeber im Telekommunikationssektor (*Richtlinie 93/37/EWG des Rates, AblEG 1993 Nr. L 199*, S. 84).

53 B. *Hoekman/M. Kostecki*: The Political Economy of the World Trading System. From GATT to WTO (1995), S. 134.

54 Ab 1. Januar 1996 wurden erstmals auch Beschaffungen von Dienstleistungen in den 1979 geschaffenen, zunächst nur für Waren konzipierten Regierungskäufe-Kodex für Waren einbezogen. Das "*Agreement on Government Procurement*" war bislang anwendbar auf Dienste "incidental to the supply of products", vorausgesetzt der Wert der Dienste überschritt nicht den Produktwert als solchen. Auf Dienste selbst fand das Übereinkommen jedoch keine Anwendung: "The Agreement applies to (...) not service contracts per se", Art. I:1 (a) 2. Satz. Mit der Neuregelung wird das bislang lediglich für 23 Staaten (incl. EU, Japan, USA) verbindliche Abkommen erweitert; allerdings besteht auch künftig eine Ausnahme für Auftraggeber in den Bereichen Telekommunikation, Verkehr, Elektrizitäts- und Wasserversorgung.

55 Eine (naheliegende) Reaktion der USA darauf war die Rückkehr zum "Bilateralismus": mit einem der wichtigsten Handelpartner, Japan, vereinbarte man am 1. Oktober 1994 ein "*Telecommunications Procurement Agreement*"; darin hat die japanische Regierung sich gegenüber den USA bereiterklärt, die entsprechenden Stellen in Japan aufzufordern, mit den USA ausgehandelten "measures" und "guidelines" zur verbesserten Teilnahme von US-Firmen beim Ankauf von Telekommunikationsprodukten und -diensten anzuwenden, vgl. *Japan-United States: Exchange of Letters Containing Telecommunications Procurement Agreement*, October 1, 1994, in: ILM 34 (1995), S. 125 ff.; das "Agreement" enthält (1) den Austausch eines Briefwechsels zwischen Japan und den USA, (2) des weiteren "Measures on Japan Public Sector Procurement of Telecommunications Products and Services", angenommen von der japanischen Regierung am 29. März 1994; (3) Operational Guidelines, die die Maßnahmen ergänzen und konkretisieren sowie (4) "detailed data collection requirements". Damit suchten die USA dem Problem zu begegnen, daß, obwohl Japan Mitglied im GATT *Government Procurement Code* ist, der Zugang zum japanischen Markt nur erschwert möglich ist. Aufgrund dieser besonderen Schwierigkeiten vereinbarte man u.a. die Information im Beschaffungsprozeß zu verbessern und die Auswahlkriterien verstärkt an technischen Spezifikationen zu orientieren; außerdem soll ein unabhängiges "review board" zur Überprüfung von Beschwerden ausländischer Firmen eingerichtet werden. Die japanische Regierung hat eingewilligt, Gelder für den Ankauf ausländischer Telekommunikationsprodukte und -dienste bereitzustellen.

(7) Subventionen (Art. XV)

Subventionen stellen ein gewichtiges nicht-tarifäres Handelshemmnis dar. Sie sind ein verbreitetes Instrument, mit dem die Staaten die Marktchancen ihrer Volkswirtschaften zu verbessern suchen. Die Mitgliedstaaten erkennen deshalb prinzipiell die handelverzerrende Rolle von Subventionen an (Art. XV:1, S.1 GATS) und sind aus diesem Grund bereit, in Subventionsverhandlungen einzutreten.

Die Eckpfeiler der künftigen Subventionsverhandlungen wurden bereits umrissen: Zunächst einmal sollen diese sich mit der Frage der Zweckmäßigkeit von Ausgleichsverfahren befassen. Darüber hinaus sollen sie die Rolle von Subventionen für die Entwicklungsprogramme von Staaten der Dritten Welt sowie das Bedürfnis der Entwicklungsländer nach "Flexibilität" anerkennen (Art. XV:1 S. 4 GATS). Es steht zu erwarten, daß auch die Frage der Quersubventionierung in Entwicklungsländern nach dieser Vorschrift angegangen werden wird; um die Voraussetzungen des Art. XV GATS zu erfüllen, müssen in die bestehenden Gesetze unter Umständen Vorschriften eingeführt werden, die Quersubventionierung in Wettbewerbsbereichen verbieten[56]. Schließlich kam man überein, daß zum Zwecke der Subventionsverhandlungen Informationen darüber ausgetauscht werden sollen, welche Subventionen die Mitglieder an ihre inländischen Dienstleistungserbringer gewähren.

Wenn ein Mitgliedstaat sich durch eine Subvention eines anderen Mitgliedes beeinträchtigt sieht, kann er das subventionierende Land um Konsultation ersuchen (Art. XV:2 GATS). Ein solches Ersuchen soll wohlwollend behandelt werden; eine Pflicht, darüber zu verhandeln, etwa in Form einer Einlassungspflicht (*pactum de negotiando*), ist jedoch nicht vorgesehen.

Damit blieb das GATS hinter den im GATT für den Warenhandel gefundenen Regelungen (z.B. Art. XVI GATT oder dem GATT-Subventionskodex von 1979 für Warenhandel) zurück. Erst das Arbeitsprogramm der WTO bestimmt, wie und in welchem Zeitrahmen solche Verhandlungen über "multilateral disciplines" erfolgen sollen. Dieses Verhandlungsresultat wirft mehr Fragen auf, als es beantwortet:

Zum einen fehlt eine hinreichend klare Normierung, die Aufschluß darüber gäbe, zu welchen Zwecken subventioniert werden darf (z.B. um die Grundversorgung mit Telekommunikationsdiensten zu gewährleisten oder aus Gründen der nationalen Sicherheit, aus kulturellen Günden etc.).

Zum anderen bleibt die Frage nach der Rechtsfolge offen. Das GATS sieht vor, daß Ausgleichsverfahren in den Verhandlungen mit angesprochen werden. Die Möglichkeit, im Bereich der Dienstleistungen einseitige "countervailing measures" zu ergreifen, ist jedoch, nicht zuletzt aufgrund der im Warenhandel gemachten Erfahrungen, mit Skepsis zu beurteilen[57].

Hinzu kommt, daß die Entwicklungsländer zögerten, hoch subventionierte Dienstesektoren in ihre nationalen Verpflichtungslisten aufzunehmen[58]. Vor diesem Hinter-

---

56 ITU, Telecommunication Development Bureau and the UNCTAD and UN-DDSMS Coordinated African Programme of Assistance on Services (Anm. 43), S. 24; Strategic Planning Unit, (Anm. 7), S. 25.
57 Vgl. nur UNCTAD, Report by the Secretariat, (Anm. 43), S. 165.
58 Ausdrücklich UNCTAD, *Report by the Secretariat*, (Anm. 43), S. 165; *Ambassador and Permanent Representative of India to GATT*, Annex p, APT/UNCTAD Seminar on Telecommunications' Support for Trade in Services, 14-17 May 1994, Male, Republic of Maldives (1994), S. 92.

grund könnte die künftig erforderliche Ausarbeitung einer klaren Subventionsregelung[59] im Bereich der Telekommunikationsdienste auch die Bereitschaft der Entwicklungsländer zur Selbstverpflichtung hinsichtlich Marktzugang und Inländerbehandlung fördern.

d) Spezifische Verpflichtungen des GATS (in den Listen konkretisiert)

In Teil III enthält das GATS einige auf die in den Listen gebundenen Sektoren beschränkte "spezifische Verpflichtungen." Dazu gehören der Marktzugang, die Inländerbehandlung und das Recht der innerstaatlichen Regulierung.

Die Besonderheit der von GATS vorgesehenen spezifischen Verpflichtungen, besteht darin, daß die Mitgliedstaaten in einzelnen Dienstleistungssektoren bestimmte, über die allgemeinen Vorschriften des GATS hinausgehende Maßnahmen zur Förderung des Dienstleistungshandels eingehen können, zum Beispiel im Hinblick auf die Öffnung der Märkte und die Einräumung der Inländerbehandlung von ausländischen Dienstleistern. Dabei steht es den Parteien frei, die Einzelheiten zu gestalten, beispielsweise bleibt es den einzelnen Mitgliedstaaten überlassen, auf welchen Marktsektoren sie den Zugang für ausländische Diensteanbieter erleichtern. Das heißt, sie entscheiden, ob und in welchen Bereichen (der Telekommunikation) sie ausländische Diensteerbringer zulassen. Damit ist die Gültigkeit der GATS-Regeln sektor- und länderspezifisch:

"Die Vertragsparteien bleiben nicht nur die Souveräne ihrer Politiken. Es liegt auch in ihrer Hand, welche Dienstleistungen und welche Art der Regulierungen sie in der Zukunft zur Liberalisierung 'freigeben' werden. Dabei müssen sie sich zu einer Positivliste von Sektoren und einer Negativliste von Maßnahmen durchringen. Erstere listet diejenigen Dienstleistungsbereiche auf, die den Liberalisierungsverpflichtungen unterworfen werden; letztere spezifiziert für diese Bereiche diejenigen Regulierungen, die der GATT-Disziplin nicht unterworfen werden"[60].

(1) Marktzugang Art. XVI

Die konkreten Marktzugangsverpflichtungen sind Gegenstand der länderspezifischen Konzessionslisten. Für Staaten, die sich zur Marktöffnung verpflichtet haben, ist es künftig grundsätzlich verboten, Maßnahmen zu treffen, die zur Behinderung ausländischer Unternehmen im Inland führen würden. Hindernisse für die Tätigkeit der ausländischen Dienstleistungserbringer müssen aufgehoben werden – es sei denn, sie sind in den spezifischen Verpflichtungen vorgesehen. Zu den im Prinzip untersagten Maßnahmen gehören folgende Beschränkungen des Marktzugangs:
- Beschränkungen in quantitativer Hinsicht (z.B. in Hinblick auf die Anzahl der Anbieter (lit. a), wertmäßige Begrenzung der Dienstleistungsimporte (lit. b), die

---

59   Näher *T. Collins-Williams/G. Salembier*: International Disciplines on Subsidies, the GATT, the WTO and the Future Agenda, in: JWTL 30 (1996), S. 5-17.

60   *R. J. Langhammer*: Nach dem Ende der Uruguay-Runde: Das GATT am Ende?, Kieler Diskussionsbeiträge 228 (1994), S. 11; *J. H. Jackson*: From GATT to the World Trade Organization: Implications for the World Trading System, in: *T. Cottier* (Hrsg.): GATT-Uruguay-Round (1995), S. 39 weist im Zusammenhang mit dem Vorwurf, die WTO-Satzung stelle eine "important intrusion on national sovereignty" darauf hin, die WTO besitze nicht mehr Macht als das frühere GATT.

Anzahl der Diensteoperationen (lit. c) und die Festlegung von Arbeitskräftequoten, die in einem bestimmten Dienstleistungsbereich tätig sein dürfen (lit. d);
- Beschränkungen durch Vorschriften über die rechtliche Form von Gesellschaften und Joint Ventures (lit. e);
- Beschränkungen durch Vorschriften über die erlaubte Kapitalbeteiligung und Investitionshöhe (lit. f).

In den in einigen Listen eingetragenen und liberalisierten Sektoren dürfen somit vorbehaltlich anderslautender Spezifikationen keine Beschränkung der Zahl der Dienstleistungserbringer oder quantitative Beschränkungen der Dienstleistungsgeschäfte (hinsichtlich Gesamtwert, Gesamtzahl der Dienstleistungen, Gesamtvolumen) vorgenommen werden, ebenso keine Verknüpfung der Niederlassungsbewilligung mit der Wahl einer bestimmten Rechtsform oder auch Höchstgrenzen ausländischer Kapitalbeteiligungen an Investitionsprojekten[61].

Übertragen auf den Telekommunikationsdienstesektor bedeutet dies: Sofern hier Marktzugangsverpflichtungen eingegangen werden, gehören zu den Maßnahmen, die eine Partei grundsätzlich nicht annehmen oder beibehalten darf, Einschränkungen hinsichtlich der Zahl der Diensteanbieter, des Gesamtwertes der Telekommunikations-Geschäftsvorgänge, der Anzahl der Telekommunikationsdienste-Operationen sowie Begrenzungen der Gesamtzahl der im Telekomsektor Beschäftigten und des weiteren Maßnahmen, die spezielle Rechtsformen von Telekommunikationsunternehmen oder die Beteiligung ausländischen Kapitals limitieren.

Insbesondere Ziff. a) "Begrenzung der Zahl der Diensteanbieter" ist für die Telekommunikation relevant, denn eine solche nur noch in den durch spezifische Verpflichtungen vereinbarten Sonderfällen zulässige Begrenzung, umfaßt auch Quoten, die Gewährung von Monopolen oder die Erteilung von Exklusivrechten und Zuteilungen aufgrund eines Bedürfnisnachweises. Beispielsweise muß die Begrenzung der Anzahl von Mobilfunkbetreibern[62], oder auch die Begrenzung von Providern im Telefonsektor, wie vor allem noch in afrikanischen Staaten anzutreffen[63], unter diesem Aspekt überprüft werden.

Die Mitgliedstaaten sind also verpflichtet, den in bestimmten Sektoren zugestandenen Marktzugang zu gewährleisten, und, sofern nicht ausdrücklich etwas anderes vereinbart wurde, einzelne Beschränkungen zu unterlassen bzw. abzuschaffen.

(2) Inländerbehandlung Art. XVII

Die zweite der in Teil III GATS genannten speziellen Verpflichtungen betrifft die Inländerbehandlung. Das die Gleichbehandlung inländischer und ausländischer Diensteerbringer im Inland erfordernde Prinzip der Inländerbehandlung ist ein wesentlicher Grundsatz internationaler Wirtschaftsbeziehungen[64], der auch für die Freiheit des

---

61 Zu privatwirtschaftlichen Investitionen in Entwicklungsländern siehe bereits das 2. Kap. 2 f).
62 Die derzeitige Situation beschreiben *P. J. J. Welfens/C. Graack*: Telekommunikationswirtschaft (1996), S. 167 ff.
63 Im afrikanischen Raum gibt es vielfach eine Begrenzung der Zahl der "cellular radio operators", ebenso Begrenzungen der Zahl der Provider im Bereich der Telefonie oder des von einem ausländischen Unternehmen beschäftigten Personals; auch Begrenzungen des Kapitals und der Rechtsformen sind häufig anzutreffen: näher *ITU, Telecommunication Development Bureau and the UNCTAD and UN-DDSMS Coordinated African Programme of Assistance on Services* (Anm. 43), S. 25.
64 Vgl. bereits Art. III GATT.

Handels mit Dienstleistungen bedeutsam ist. Seine Verwirklichung war vor allem eine Forderung der USA[65]. Nach der im GATS gefundenen Lösung gilt die Inländerbehandlung jedoch nicht unmittelbar, sondern hängt von den vereinbarten speziellen Verpflichtungen ab; sie wird gemäß Art. XVII nicht allgemein gewährt, sondern nur im Zusammenhang mit konkreten Marktzugangserleichterungen[66].

Neben dem Marktzugang können die Mitgliedstaaten also auch das Prinzip der Inländerbehandlung zum Gegenstand besonderer, über die allgemeinen GATS-Grundsätze hinausgehenden Verpflichtungen machen. Geschieht dies, erfordert es – übertragen auf den Telekommunikationssektor – eine gleiche Behandlung ausländischer und inländischer Unternehmen, und zwar hinsichtlich aller relevanten Gesetze oder sonstiger Vorschriften und Verwaltungspraktiken. Die Inländergleichbehandlung ergänzt also den Meistbegünstigungsgrundsatz und den Grundsatz der Nichtdiskriminierung, damit diese durch nicht-tarifäre Maßnahmen im nationalen Bereich – etwa unterschiedliche Abgaben – nicht unterlaufen werden. Kommt es zu einem entsprechenden "commitment", so darf der ausländische Anbieter von Telekomdiensten nicht in eine Situation geraten, in der er seine Leistungen zu ungünstigeren Bedingungen in einem Mitgliedstaat anbieten muß als der einheimische Anbieter.

Eng verbunden mit dem Grundsatz der Inländerbehandlung ist die Frage der Transparenz, denn eine Voraussetzung für die Beurteilung der Frage, ob ausländischen Anbietern Inländerbehandlung zuteil wird oder nicht, ist die Kenntnis der jeweiligen Gesetze, Bestimmungen und Verwaltungspraktiken, aber auch die Kenntnis anwendbarer Standards, Veränderungen in den Zugangsbedingungen, den Lieferbedingungen und ähnliches mehr. Dieses Wissen ist sowohl für verbundene Unternehmen wie für grenzüberschreitende Händler bedeutsam[67].

Art. XVII:2 i.V. 3 GATS stellt klar, daß nicht entscheidend ist, ob eine formelle Gleich- oder Ungleichbehandlung vorliegt, maßgeblich ist vielmehr die tatsächliche Gleichbehandlung. Nach Abs. 2 können die Mitgliedstaaten ihre Verpflichtung zur Inländerbehandlung nämlich sowohl durch eine formelle Gleichbehandlung, als auch durch eine unterschiedliche Behandlung erfüllen. In materieller Hinsicht jedoch gilt es, gleiche Wettbewerbsbedingungen zu schaffen:

> "Eine formal identische oder formal unterschiedliche Behandlung gilt dann als weniger günstig, wenn sie die Wettbewerbsbedingungen zugunsten von Dienstleistungen oder Dienstleistungserbringern des Mitglieds gegenüber gleichen Dienstleistungen oder Dienstleistungserbringern eines anderen Mitglieds verändert" (Art. XVII:3 GATS).

---

65 Die Entwicklungsländer favorisierten demgegenüber eine Relativierung der Inländerbehandlung, siehe das 4. Kap. 2 c).

66 Die *Montreal Declaration* (1988) sah "national treatment" als ein der Bestimmung über "effective market access" innewohnendes Element an und bestimmte, daß "national treatment means that the service exports and/or imports of any signatory are accorded in the market of any other signatory, in respect of all laws, regulations and administrative practices, treatment no less favourable than that accorded to services or service providers in the same market"; auf die Notwendigkeit einer Trennung stellen jedoch ab *M. Gibbs/M. Hayashi*: Sectoral Issues and the Multilateral Framework for Trade in Services: An Overview, in: *UNCTAD (Hrsg.):* Trade in Services: Sectoral Issues (1989) S. 29.

67 *United Nations Centre on Transnational Corporations,* Workshop for GNS Negotiators on the Activities of Transnational Corporations in Services, 11-12 November 1989, Hotel Eurotel Riviera, Montreux, Switzerland, Telecommunication Services, Paper 3.

Das in Abs. 3 genannte materielle Kriterium fragt also danach, "ob eine Maßnahme die Wettbewerbsbedingungen zugunsten der einheimischen Dienstleistungen und Anbieter im Verhältnis zu denjenigen aus den anderen Mitgliedstaaten verändert"[68]. Eine unterschiedliche Behandlung in- und ausländischer Erbringer von Telekomdiensten wird entsprechend möglich sein, soweit sie im Resultat zu einer materiellen Gleichstellung führt.

Anläßlich des auf gleiche Wettbewerbschancen zielenden Gleichstellungskriteriums wurden Interpretationsschwierigkeiten und Konflikte gesehen; diese Bestimmung "could give rise to many disputes as regards its interpretation"[69]. Ein Mitgliedstaat könne das Konzept der Chancengleichheit dazu benutzen, den Marktzugang für Anbieter seines Staates auszuweiten, und schließlich sei es "potentially capable of leading to far-reaching intrusions into countries' domestic policies"[70].

(3) Zusätzliche Verpflichtungen (Art. XVIII)

Die dritte der besonderen Verpflichtungen des Teil III GATS – neben Marktzugang und Inländerbehandlung – betrifft "additional commitments". Dies bedeutet, daß es den Mitgliedstaaten freisteht, weitere Bestimmungen hinsichtlich Qualifikation, Standards oder Zulassungskriterien auszuhandeln und in die Länderliste einzufügen. Art. XVIII sieht vor, daß die Mitgliedstaaten in bezug auf solche, den Handel mit Dienstleistungen beeinträchtigende Maßnahmen, die bislang nicht in den Listen aufgeführt wurden, weitere Verpflichtungen aushandeln können. Damit sollen die Vertragsparteien ermutigt werden, auch in Bereichen, in denen interne Regulierungen Handelshemmnisse für ausländische Diensteerbringer darstellen (z.B. Lizenzerfordernisse), zusätzliche Liberalisierungsschritte in die Wege zu leiten[71].

Der Anwendungsbereich der "commitments" wurde auf diese Weise potentiell verbreitert, allerdings blieb diese Möglichkeit wenig konkret und damit – bis zum Abschluß der Uruguay Runde in Marrakesch 1994 – auch zum großen Teil ungenutzt[72]. Lediglich in den prolongierten Verhandlungen zur Basistelekommunikation erhielt Art. XVIII GATS neue Aktualität, denn den Verhandlungsführern in der NBGT wurde bewußt, daß, um faire Wettbewerbsbedingungen zu errichten, nicht allein die Übernahme von Marktzugangsverpflichtungen genügt, sondern auch ein effektives regulatorisches Regime nötig ist[73]: "Market access is the key, but once committed, it is also important to assure that such market access in fact is available by appropriate safeguards in the national telecom regulatory regime (...). Market access without such regulatory safeguards may be ineffective in practice"[74]. Solche, das inländische regulatorische Regime betreffende Verpflichtungen können in Form zusätzlicher "commitments" übernommen werden[75] und können Politik und Institutionen des Regulierungsverfahrens ebenso be-

---

68 *P.-T. Stoll*, (Anm. 24), S. 327.
69 UNCTAD, Report by the Secretariat, (Anm. 43), S. 167.
70 UNCTAD, Report by the Secretariat, (Anm. 43), S. 167.
71 *L. Altinger/A. Enders*: The Scope and Depth of GATS Commitments (Manuskript 1995), S. 3.
72 Näher zu dem Inhalt der Länderlisten im 5. Kap. 3.
73 Bereits im 2. Kap. 3 a) wird die Frage des Marktzugangs unter Governance Aspekten behandelt.
74 *Report of the Fifth Regulatory Colloquium*: The Changing Role of Government in an Era of Deregulation, Trade Agreements on Telecommunications: Regulatory Implications, Geneva, 6-8 December 1995, S. 48.
75 Die Verhandlungen der Negotiating Group on Basic Telecommunications (NBGT) werden im 5. Kap. 4 c) dargestellt.

treffen wie Einzelheiten des Verfahrens. Wie das 5. Regulatorische Kolloquium in Genf, das sich mit der Frage der im Bereich der Basistelekommunikation möglichen "additional commitments" befaßte, ausführte, können darin folgende Bereiche eingeschlossen werden:

1) regulatory institutions: for example, whether the regulator is independent of the incumbent telecommunications operator and national industrial interests;
2) regulatory processes: for example, whether there are measures ensuring that the decision-making process is known, and is non-discriminatory;
3) substantive regulatory policies: for example, policies concerning interconnection[76].

(4) Richtlinien für die interne Regulierungstätigkeit (Art. VI).

Da der wirtschaftliche Sektor der Telekommunikationsdienste im allgemeinen durch einen hohen Grad staatlicher Regulierung gekennzeichnet ist und sich dieser Regulierungsgrad als Hindernis für den grenzüberschreitenden Handel mit Telekommunikationsdiensten erweisen kann, unterwirft Art. VI GATS (die "good governance clause", wie sie von einer WTO-Sekretariatsangehörigen genannt wurde[77]), die Zulässigkeit innerstaatlicher Regulierung des Dienstleistungssektors gewissen Beschränkungen und gewährt Verfahrensgarantien bei eventuell entstehenden Schwierigkeiten in der Praxis.

Sofern ein Land spezifische, in den Länderlisten verankerte Verpflichtungen übernommen hat, ist es gehalten, interne Maßnahmen "vernünftig, objektiv und unparteiisch" anzuwenden (Art. VI:1). Zu diesen internen Maßnahmen zählen insbesondere solche hinsichtlich des Kaufs, der Bezahlung oder der Benutzung eines Telekommunikationsdienstes, aber auch Bestimmungen hinsichtlich des Zugangs zu Diensten und ihres Gebrauchs. Damit trafen die Verfasser des GATS eine differenzierte Regelung: Zum einen gaben sie zu erkennen, daß die Verfolgung innerstaatlicher Regulierungsziele ein durchaus berechtigtes Anliegen sein kann, zum anderen forderten sie eine sachgerechte Handhabung ("angemessen, objektiv, unparteiisch"[78]) aller Reglementierungen, die Auswirkungen auf den Handel mit Dienstleistungen zeitigen können.

Der allgemeine Verfahrensgrundsatz in Abs. 1, der die Anforderungen an die nationale Regulierung konkretisiert, wird außerdem durch eine Art Verwaltungs- bzw. Rechtsweggarantie ergänzt: Jedes Mitglied verschafft betroffenen Dienstleistungserbringern Zugang zu eigens dafür zu errichtenden gerichtlichen und außergerichtlichen Instanzen, die, soweit dies mit der Verfassung und Rechtsordnung des betreffenden Landes vereinbar ist, Verwaltungsentscheidungen mit Auswirkungen auf den Dienstleistungshandel überprüfen und gegebenenfalls Abhilfe schaffen (Art. VI:2). Damit haben die Mitgliedstaaten den Anbietern von Telekommunikationsdiensten Rechtsmittel gegenüber Verwaltungsentscheidungen einzuräumen, und zwar auf der Grundlage innerstaatlichen Rechts. Die genannten Instanzen und Verfahren sollen in jedem Fall eine objektive und unparteiische Prüfung vornehmen; hierfür Sorge zu tragen, ist die Aufgabe der Mitgliedstaaten.

---

76 Report of the Fifth Regulatory Colloquium, (Anm. 74), S. 28.
77 L. Tuthill: Users Rights?, The Multilateral Rules on Access to Telecommunications, in: Telecommunications Policy 20 (1996), S. 91.
78 ITU, Telecommunication Development Bureau and the UNCTAD and UN-DDSMS Coordinated African Programme of Assistance on Services (Anm. 43), S. 23 wies darauf hin, daß das Kriterium der Unparteilichkeit Probleme bereite "in countries where the Public Telecommunication Operator has a regulatory role, such as licensing, evaluating licensing proposals or approving equipment for public telecommunication services."

Sofern eine Dienstleistung Gegenstand einer länderspezifischen Verpflichtung ist, besteht für jedes WTO-Mitglied überdies die Verpflichtung, für eine zügige und transparente Abwicklung von Bewilligungsverfahren im Zusammenhang mit der Erbringung dieser Dienstleistungen zu sorgen. Gemäß Art. VI:3 wird ein ausländischer Dienstleistungserbringer über den Stand seines Genehmigungsverfahrens auf dem laufenden gehalten. In Bereichen, in denen ein Mitgliedstaat besondere Verpflichtungen eingegangen ist, soll eine Ausweitung des Dienstehandels also nicht durch langwierige Genehmigungsverfahren verzögert werden, da ausländische Telekommunikationsfirmen ansonsten vom Markt ferngehalten werden könnten. Setzt die Lieferung eines Telekommunikationsdienstes eine Genehmigung voraus (zum Beispiel für den Mobilfunk), dann müssen die zuständigen Behörden dem Antragsteller innerhalb eines angemessenen Zeitraums eine Genehmigung erteilen oder ihn abschlägig bescheiden. Auf Anfrage des Antragstellers müssen sie überdies unverzüglich eine Mitteilung über den Stand der Genehmigungsverfahren machen:

"This article obliges MPTs and/or telecommunications administrations to expeditiously decide applications of foreign entrants into their market, whether providing telecommunications (...) or other services"[79].

Um zu verhindern, daß die Genehmigungserfordernisse staatlicherseits die Liberalisierungsverpflichtungen zunichte machen, erarbeitet der Rat für den Handel mit Dienstleistungen außerdem gemäß Art. VI:4 GATS Disziplinen, die sicherstellen, daß solche Maßnahmen objektiven und transparenten Kriterien entsprechen, verhältnismäßig sind und nicht die Erbringung der Dienstleistung an sich beschränken[80]. So soll beispielsweise sichergestellt werden, daß die Anforderungen an Eignung, Standards und Zulassung[81] auf objektiven und transparenten Kriterien beruhen – etwa der Fähigkeit, einen Dienst auch wirklich liefern zu können (lit a). Darüberhinaus sollen die Anforderungen nicht strenger sein als zur Sicherstellung der Qualität eines Dienstes tatsächlich notwendig (lit b). Schließlich dürfen Zulassungsverfahren ihrerseits nicht selbst ein Hindernis für die Lieferung eines Dienstes darstellen (lit. c).

Im Ergebnis wählte GATS hinsichtlich der Qualifikationserfordernisse, Standards und Zulassungsvoraussetzungen den Ansatz, diese weiterhin als legitime inländische Maßnahmen anzusehen, es sei denn, sie stellten unnötige Handelshemmnisse dar. Die souveränen Rechte der Mitgliedstaaten blieben weitgehend unangetastet – eine Forderung, die insbesondere die Entwicklungsländer erhoben hatten[82]. Eine gewisse Einschränkung mußten sie lediglich insofern akzeptieren, als, wie dargelegt,

---

79   Strategic Planning Unit, (Anm. 7), S. 24.
80   Die USA haben im übrigen die Ansicht vertreten, daß, wenn Firmen der Zugang zu Frequenzen verweigert würde, die erforderlich sind, um globale Dienste zu erbringen, dies Art. IV:4 GATS verletzen würde, vgl. *Inside U.S. Trade - September 27, 1996.*
81   Als eine der größten Herausforderungen der Zukunft von WTO/GATT bezeichnete Petersmann die Frage, in welchen Maße die WTO "should (...) aim at further harmonization or mutual recognition of technical regulations and standards", *E.-U. Petersmann*: The Transformation of the World Trading System Through the 1994 Agreement Establishing the World Trade Organization, in: EJIL 6 (1995), S. 178.
82   Siehe bereits das 4. Kap. 3 e); vgl. auch *Preamble, Constitution of the International Telecommunication Union,* Final Acts of the Plenipotentiary Conference, Nice 1989 (1990), S. 1, in der Vertragsstaaten ihre souveränen Rechte betonen: "fully recognizing the sovereign right of each State to regulate its telecommunication".

- bei Konzessionen eine Bindung an gewisse Anforderungen der nationalen Regulierung erfolgt und
- ausländischen Dienstleistungsanbietern geeignete Verwaltungs- und Rechtsweggarantien gewährt werden müssen.

e) Ausnahmen zum GATS

Das GATS enthält eine Reihe von allgemeinen Ausnahmen. Nach Art. XIV ist es den Staaten nicht verwehrt, Maßnahmen zum Schutz bestimmter Rechtsgüter[83] zu treffen, vorausgesetzt, sie werden nicht in einer Weise angewendet, die ein Mittel zu willkürlicher oder unbefugter Diskriminierung oder eine verdeckte Handelsbeschränkung darstellen würde. Unter dieser Voraussetzung sind jedoch bestimmte staatliche Maßnahmen weiterhin zulässig, etwa Maßnahmen zum Schutz der Persönlichkeit bei der Verarbeitung und Weitergabe personenbezogener Daten und zum Schutz der Vertraulichkeit persönlicher Aufzeichnungen und Konten (Art. XIV:c) (ii)). Das bedeutet: "privacy", so der englische Originaltext, kann auf nationaler Ebene speziell geregelt werden, zum Beispiel im Wege von Geheimhaltungspflichten[84]. Dies ist insbesondere für den Handel mit Telekommunikationsdiensten bedeutsam.

Darüber hinaus enthält der GATS-Text auch Ausnahmen zur Meistbegünstigung. Insofern war das Drängen der das "Trittbrettfahrerverhalten" einiger Staaten kritisierenden Industriekreise nach sektoraler Rezprozität[85] erfolgreich. Wie *Hoekman/Kostecki* erinnern:

"The need for an annex on MFN exemptions arose from concerns on the part of some industries that MFN allowed competitors located in countries with relatively restrictive policies to benefit from their sheltered markets while enjoying a free-ride in less restrictive export markets. This concern was expressed vividly in GATS discussions on (...) telecommunications, prompting industry representatives in relatively open countries to lobby for MFN exemption as a way to force sectoral reciprocity"[86].

Die Wirkung einer Ausnahme zur Meistbegünstigung in Bereichen, in denen spezifische Verpflichtungen übernommen wurden, besteht darin, daß das Land, auf das die Ausnahme Anwendung findet, eine *günstigere* Behandlung erfährt als alle anderen Mitglieder: "Where commitments are entered, therefore, the effect of an MFN exemption can only be to permit more favourable treatment to be given to the country to which the

---

83 Zu nennen sind (1) der Schutz der öffentlichen Ordnung; (2) Lebens- und Gesundheitsschutz; (3) Zahlungsbilanzprobleme; (4) Integration; (5) Abweichungen von der Meistbegünstigung (befristet, in den Listen konkretisiert und multilateral kontrolliert). Relevant werden könnte auch der Vorbehalt der Sicherheitsinteressen in Art. XIV *bis*: Danach soll nichts in dem Abkommen so ausgelegt werden, daß ein Mitgliedstaat Informationen offenlegen muß, die er als wesentlich für seine Sicherheitsinteressen betrachtet (Art. XIV:1 a)) bzw. keine GATS-Bestimmung soll so ausgelegt werden, daß sie eine Partei hindert, Maßnahmen zu ergreifen, die sie als wesentlich für ihre Sicherheitsinteressen erachtet (Art. XVI *bis*: 1 b)); in jedem Fall soll der Rat für den Handel mit Dienstleistungen von den Sicherheitsausnahmen und ihrer Beendigung benachrichtigt werden.
84 Zu den Problemen des Datenschutzes und der Informationssicherheit siehe bereits das 2. Kap. 3 e).
85 Näher zur Reziprozitätsproblematik siehe bereits das 3. Kap. 2 g).
86 *B. Hoekman/M. Kostecki*, (Anm. 53), S. 132.

exemption applies than is given to all other members"[87]. In Bereichen, in denen keine spezifischen Verpflichtungen übernommen wurden, kann eine Ausnahme zur Meistbegünstigung hingegen auch zu einer weniger günstigen Behandlung führen[88].

Typologisch lassen sich zwei Ausnahmeregelungen zur Meistbegünstigungspflicht differenzieren[89].

(1) Der erste Typ ist eine individuell geltende, zeitlich begrenzte Meistbegünstigungsausnahme. Art. II:2 GATS sieht vor, daß ein Mitglied eine Maßnahme, die mit der unbedingten Meistbegünstigungspflicht nicht vereinbar ist, unter der Voraussetzung aufrechterhalten kann, daß sie in der Anlage zu Ausnahmen zur Meistbegünstigung aufgeführt ist und die Bedingungen dieser Anlage erfüllt. Die genannte Anlage, auf die verwiesen wird, spezifiziert die Bedingungen, unter denen ein Mitgliedstaat von der Meistbegünstigungspflicht nach Art. I:1 GATS ausgenommen ist. Danach konnte *bis* zum Inkrafttreten des GATS eine nicht-veröffentlichte Liste der von der Meistbegünstigung ausgenommenen Sektoren erstellt werden. Voraussetzung dafür war, daß die Mitglieder Information bereitstellten hinsichtlich

- der Beschreibung der diskriminierenden Maßnahme, der Behandlung, die nicht vereinbar mit Art. II:1 (MFN) des GATS ist;
- der geplanten Dauer der Ausnahmeregelung und
- der Gründe für ihre Notwendigkeit.

Soweit dies befolgt wurde, konnte eine Ausnahmeregelung zur Meistbegünstigung Teil des GATS und in der Anlage aufgelistet werden.

Nach Inkrafttreten des GATS können Ausnahmen nur noch durch Billigung einer Dreiviertelmehrheit der WTO Ministerkonferenz in Form einer Ausnahmegenehmigung ("waiver") nach Art. IX:3 des WTO-Übereinkommens gewährt werden. Der Rat für den Handel mit Dienstleistungen soll alle Ausnahmen, die für mehr als fünf Jahre gewährt wurden, überprüfen. Die erste dieser Überprüfungen ("reviews") findet vor Ablauf von fünf Jahren nach Inkrafttreten des WTO-Übereinkommens statt, also vor dem Jahr 2000. Es soll dabei vor allem untersucht werden, ob die Bedingungen für die Gewährung der Ausnahme noch vorliegen. Im Prinzip sollen die Ausnahmen nicht länger als zehn Jahre dauern, und in jedem Fall sollen sie Gegenstand künftiger Handelsliberalisierungsrunden sein[90].

Zunächst hatten die Entwicklungsländer, im Gegensatz zu den Industriestaaten, bis zum Stichtag 15. Dezember 1993 fast keine Ausnahmen benannt. Wäre es dabei geblieben, hätte für sie die Meistbegünstigungsverpflichtung des GATS praktisch ausnahms-

---

87 General Agreement on Trade in Services: Guide to Reading the Schedules of Specific Commitments and the List of Article II (MFN) Exemptions (Non-Paper, 1994), S. 4.
88 General Agreement on Trade in Services: Guide to Reading the Schedules of Specific Commitments and the List of Article II (MFN) Exemptions, S. 4: "Where there are no commitments, however, an MFN exemption may also permit less favourable treatment to be given".
89 Ein während der langwierigen Verhandlungen zur Meistbegünstigung vom GATT-Sekretariat vorgelegtes informelles Papier vom Juli 1991 listete drei mögliche Techniken für die Implementierung von MFN-Ausnahmen auf. Danach wurde es im Prinzip als möglich erachtet, die Ausnahmen zur Meistbegünstigung in den GATS-Text selbst oder in einen (einen integralen Bestandteil des GATS bildenden) Anhang aufzunehmen; eine zweite Möglichkeit sah man in der Zulassung einseitiger Vorbehalte bei Unterzeichnung des GATS, und schließlich erwog man die Erteilung von Ausnahmegenehmigungen nach Inkrafttreten des Übereinkommens, *Exemptions From the Most-favored-Nation Treatment Clause (MFN) of the General Agreement on Trade in Services (GATS (July 17, 1991)*, Informal Note Prepared by the Secretariat, S. 4.
90 Ausführungen zu Art. 19 GATS enthält das 5. Kap. 4 e).

los gegolten – ein Ergebnis, das so nicht gewollt war. Von der Anmeldung derartiger individueller, temporärer Ausnahmen zur Meistbegünstigung haben inzwischen praktisch *alle* Teilnehmer, die Liberalisierungsangebote vorgelegt haben, Gebrauch gemacht, und zwar auch im Sektor der Telekommunikation[91].

(2) Neben der individuellen Ausnahmen zur Meistbegünstigung der eben beschriebenen Art finden sich sog. "horizontale Ausnahmeregelungen". Art. II:3 GATS sieht vor, daß die GATS-Bestimmungen nicht so auszulegen sind, daß einem Mitglied das Recht versagt wird, "angrenzenden Ländern Vorteile zu gewähren oder einzuräumen, um, beschränkt auf unmittelbare Grenzgebiete, den Austausch von örtlich erbrachten und genutzten Dienstleistungen zu erleichtern". Beispielsweise[92] stellt Art. V GATS betreffend der Abkommen zur wirtschaftlichen Integration[93] sicher, daß Mitgliedstaaten von Zollunionen und Freihandelszonen die intern gewährten Handelsvorteile ausnahmsweise nicht im Wege der Meistbegünstigung an Drittstaaten weiterreichen müssen. Vom Prinzip der Meistbegünstigung darf also abgewichen werden, wenn diese Freihandelsräume annähernd den gesamten Handel der daran beteiligten Staaten erfassen und nicht zu Lasten Dritter gehen, wie dies bei der Schaffung von Zollfreiräumen in den unmittelbaren Grenzgebieten, in denen die gleichen Produkte sowohl produziert als auch konsumiert werden[94], der Fall ist.

Ein Grund für die solchermaßen konzipierten "horizontalen" Ausnahmen mag darin liegen, daß die Vorteile derartiger Abkommen aufgrund ihres spezifischen Inhalts schwerlich automatisch auf andere Länder erstreckt werden können. Zollunionen und Freihandelszonen "stellen strukturelle Bereiche eines erhöhten Verpflichtungsstandes der betreffenden Mitgliedstaaten untereinander dar", sie sind deshalb im GATT akzeptiert und von der Meistbegünstigung ausgenommen[95]. Das gängige, im Bereich des Warenhandels angeführte Argument für die Nichtanwendung der Meistbegünstigungsverpflichtung im Bereich "struktureller Ausnahmen" lautet, durch den höheren Verpflichtungsgrad innerhalb der gleichgesinnten Staaten entstünden "Wohlfahrtseffekte" für außenstehende Staaten[96].

Insofern erhoffte man sich – übertragen auf die Dienstleistungen – eine Art "spillover-Effekt", der eintritt, ohne daß eine Verpflichtung zur Meistbegünstigung bestünde. Außerdem galten Präferenzabkommen als "second-best alternatives to advance trade liberalization"[97].

f) Das Prinzip der fortschreitenden Liberalisierung

Der mit "progressive liberalization" überschriebene Teil IV GATS enthält Vorschriften über das künftige Aushandeln von spezifischen Verpflichtungen (Art. XIX), den

---

91 *L. Altinger/A. Enders*, (Anm. 71), S. 14.
92 Eine weitere horizontale Ausnahme zur Meistbegünstigung findet sich für die gegenseitige Anerkennung von Qualifikationsnormen und -kriterien für die Zulassung von Dienstleistungsanbietern (Art. VII GATS), dazu siehe bereits oben das 5. Kap. 1 c).
93 Vorbild: GATT Art. XXIV.
94 *R. Senti*: GATT-WTO. Die neue Welthandelsordnung nach der Uruguay-Runde (1994), S. 104.
95 *W. Benedek*, (Anm. 51), S. 438.
96 *W. Benedek*, (Anm. 51), S. 438 unter Verweis auf J. Viner, The Customs Union Issue.
97 *UNCTAD/The World Bank*: Liberalizing International Transactions in Services, A Handbook (1994), S. 153.

Anforderungen an ihren Inhalt und die Abänderungsmöglichkeiten von Listen (Art. XXI).

Ein wesentliches Ergebnis der GATS-Verhandlungen ist der vereinbarte kontinuierliche Abbau der in den Listen geltend gemachten Marktzugangsvorbehalte[98]. Ähnlich wie die GATT-Verhandlungsrunden für Waren, sollen in regelmäßigen Abständen, spätestens jedoch fünf Jahre nach Inkrafttreten des WTO-Abkommens, Verhandlungsrunden über Konzessionen im Dienstleistungsbereich stattfinden. Denkbar sind Verhandlungen, die den Abbau von Marktzutrittsschranken, die Anwendung des Grundsatzes der Inländerbehandlung, aber auch zusätzliche Verpflichtungen zur Herstellung gleicher Wettbewerbsbedingungen zum Gegenstand haben.

Diese auf einen höheren Grad der Liberalisierung bzw. einen höheren Verpflichtungsgrad der einzelnen Mitglieder zielenden Verhandlungen, für die eigene Richtlinien und Verfahren zu etablieren sind[99], können grundsätzlich im bi-, pluri- oder multilateralen Rahmen erfolgen (Art. XIX:4). Damit wird deutlich, daß die bislang erreichten Ergebnisse im Bereich des Telekommunikationsdienstehandels noch keineswegs den Schlußstein im Gesamtgefüge des GATS-"Dombaus" darstellen.

Dabei ist der Verlauf der künftigen Verhandlungen abhängig vom Inhalt der Konzessionslisten. In welchem Umfang im *Post*-Uruguay-Prozeß die Liberalisierung durch Durchführung weiterer Liberalisierungsverhandlungen voranschreitet, hängt maßgeblich von den zum Zeitpunkt des Inkrafttretens des GATS eingegangenen "spezifischen Verpflichtungen" ab. "Fortschreitende Liberalisierung" bedeutet also in erster Linie die Verbesserung des bereits erreichten Niveaus des Marktzugangs und der im Markt herrschenden Wettbewerbsbedingungen.

Was den Telekommunikationssektor betrifft, so wurden bisher die Grunddienste in den meisten Listen nicht aufgeführt, sondern lediglich einige Mehrwertdienste (VAN) und Informationsdienste[100]. Folglich sind bereits Bemühungen angelaufen, auch die Grunddienste in die Länderlisten aufzunehmen und insoweit bestehende Beschränkungen der Meistbegünstigung zu entfernen.

2. Die Anlage zur Telekommunikation

Es war im Verlauf der Uruguay Runde nicht gelungen, den Bereich der Basistelekommunikation in die internationale Handelsordnung des GATS einzubeziehen, da zahlreiche Staaten nicht bereit waren, sofort Liberalisierungsverpflichtungen zu übernehmen. Aus diesem Grund kam man überein, in diesem Sektor nachzuverhandeln[101], bzw. auch Sonderregelungen in einem Annex, der späteren Anlage zur Telekommunikation, zu verabschieden, um den besonderen Gegebenheiten der Telekommunikation Rechnung zu tragen.

---

98 Zu den Möglichkeiten einer kontinuierlichen Verbesserung des Marktzugangs rechnen grundsätzlich u.a. der Abbau mengenmässiger Beschränkungen, Bedürfnisklauseln, Exklusivrechte und Nationalitätsvorbehalte: *H. Hauser/K.-U.Schanz*, (Anm. 10), S. 203.
99 Art. XIX: 3 GATS.
100 Näher zum Inhalt der Listen das 5. Kap. 3.
101 Die Tätigkeit der *Negotiating Group on Basic Telecommunications* skizzierte das 5. Kap. 4 c) und 3 d).

Die Anlage zur Telekommunikation, die ein fester Bestandteil des GATS ist[102], sieht vor, daß Dienstleistungserbringern im Rahmen der Zugeständnisse in den Länderlisten nichtdiskriminierender Zugang zu nationalen öffentlichen Telekommunikationsnetzen und -diensten zu ermöglichen ist. Einschränkende Maßnahmen, etwa zum Zwecke der öffentlichen und technischen Sicherheit, sind erlaubt.

a) Die rechtspolitische Einordnung

Die Idee, eine eigene Anlage zur Telekommunikation auszuarbeiten, wurde von den USA aufgeworfen. Der US-Annex, Access to and Use of Services of Public Telecommunications Transport Networks vom 27. Februar 1990[103] spiegelte den Glauben der US-Regierung, daß die Anwendung der horizontalen Bestimmungen des Rahmenübereinkommens aller Wahrscheinlichkeit nicht ausreichten, um die Besonderheiten der Telekommunikation als "mode of delivery" abzudecken, aber auch ungenügend waren, um die für die Anbieter von Diensten (und Waren) so wichtige Rechtssicherheit hinsichtlich Netzzugang und Benutzungsbedingungen zu schaffen. Auf diese Weise sah man die Fähigkeit zur Liberalisierung vieler Waren- und Dienstleistungsströme herabgesetzt.

Unter Anerkennung der Besonderheiten des Telekommunikationsdienstesektors, insbesondere unter Anerkennung der doppelten Rolle, die der Telekommunikation als eigenem Wirtschaftsbereich und als Transportmittel für andere Dienste zukommt[104], begannen die Parteien den Annex mit dem Anliegen auszuarbeiten, die im GATS enthaltenen Vorschriften über den Zugang und Gebrauch von Netzwerken und Diensten ausführlicher zu behandeln und, so weit nötig, zu ergänzen. Aus diesem Grund enthält

---

102 Art. XXXV GATS.
103 Im Mittelpunkt der Debatte stand der von den USA vorgelegte Annex vom 27. Februar 1990: *Communication from the United States, Annex: Access to and the Use of Public Telecommunications Transport Services,* GATT Doc. No. MTN.GNS/W/97 (23 March, 1990); die Reaktionen darauf waren gemischt: Der Vertreter Ungarns fragte kritisch, ob der von den USA vorgelegte Annex-Entwurf ein Annex im Sinne der Verhandlungen in der Group of Negotiations on Services sei, "or whether it was an annex relating to access to a specific mode of delivery, especially in view of the references to obligations irrespective of whether or not telecommunications transport services were covered by the framework agreement": *Representative of Hungary,* Working Group on Telecommunication Services, Note on the Meeting of 5-6 June 1990, Group of Negotiations on Services, Restricted, GATT Doc. MTN.GNS/TEL/1, 27 June 1990, Special Distribution, S. 17; die Anmerkung Schwedens ging dahin (1990), daß der Annex "should cover only those types of services that could not be subjected to free trade": *Representative of Sweden,* Working Group on Telecommunication Services, Note on the Meeting of 5-6 June 1990, Group of Negotiations on Services, Restricted, GATT Doc. MTN.GNS/TEL/1, 27 June 1990, Special Distribution, S. 17; der Vertreter der EG äußerte sich schließlich dahingehend, daß die Telekommunikationsanlage zwei Ziele verfolgen solle; zum einen den Zugang zu den Märkten, zum anderen Zugang und Gebrauch des öffentlichen Netzes: *Representative of the European Communities,* Working Group on Telecommunication Services, Note on the Meeting of 5-6 June 1990, Group of Negotiations on Services, Restricted, GATT Doc. MTN.GNS/TEL/1, 27 June 1990, Special Distribution, S. 17.
104 Zur doppelten Rolle der Telekommunikation siehe bereits das 2. Kap. 2 e); wie u.a. der Vertreter Indiens im GATT kritisierte, hatte der genannte US-Vorschlag keine hinreichend klare Unterscheidung zwischen der Rolle des Telekommunikationssektors als eigener Wirtschaftsaktivität und als Transportmittel für andere Dienste getroffen, *Ambassador and Permanent Representative of India to GATT,* Annex 9, APT/UNCTAD Seminar on Telecommunications' Support for Trade in Services, 14-17 May 1994, Male, Republic of Maldives (1994), S. 98; zu den diesbezüglichen Vorstellungen der Entwicklungsländer siehe näher das 4. Kap. 1 a).

die Anlage zur Telekommunikation Definitionen und bestimmte Sonderregelungen, die die Regelungen des allgemeinen GATS-Abkommens modifizieren. Eine wesentliche Funktion besteht ferner darin, die im GATS normierten Handelsverpflichtungen näher zu erläutern; insofern kommt ihnen interpretatorische Kraft zu.

Ein Unterschied zu anderen Anhängen des GATS ist darin zu sehen, daß in der Anlage zur Telekommunikation weniger die Maßnahmen betreffend die Diensteerbringung selbst behandelt werden (z.B. Lieferung eines bestimmten Telekommunikationsdienstes), sondern vielmehr der rechtliche Rahmen für diejenigen Bestimmungen abgesteckt wird, welche die Regulatoren für Netzbetreiber und Anbieter von Grunddiensten erlassen sollen.

Der freie Zugang einer Partei zum Telekommunikationssystem einer anderen Vertragspartei sollte gesichert werden, und zwar zu kostengerechten und nichtdiskriminierenden Bedingungen. Geplant war eine Ergänzung der horizontalen GATS-Regeln in vier Punkten, die ausgehandelt werden sollten. Zu ihnen zählten[105]:
- die Bedingungen für den Zugang privater Unternehmen zu öffentlichen Netzen;
- die Benutzung dieser Netze durch private Dienstleistungserbringer;
- die Zusammenschaltung von Netzen untereinander;
- sowie die Bedingungen für den Anschluß von End- oder sonstigen Geräten (z.B. Terminals).

Die mit der Nutzung des öffentlichen Telekommunikationssystems verbundenen Auflagen sollten nicht über das hinausgehen, was zur Aufrechterhaltung des Systems in organisatorischer und technischer Hinsicht erforderlich war. Insgesamt gereichte diese Zielsetzung den Benutzern, vor allem großen Konzernen, zum Vorteil, weswegen die Anlage zur Telekommunikation vereinzelt auch "users' bill of rights" genannt wurde[106].

Entgegen den früher üblichen Beschränkungen von ausländischen Direktinvestitionen und Regulierungshindernissen sollte der direkte Zugang zum öffentlichen Netz ausländischen Dienstleistungsunternehmen verbesserte Tätigkeitsmöglichkeiten eröffnen. Insbesondere aus der Sicht neuer Marktteilnehmer stellt die Zusammenschaltung ("Interconnection") mit dem Netz des etablierten Anbieters eine wesentliche Voraussetzung für wirksamen Wettbewerb dar. Die Erfahrung zeigt, daß – kommt eine Zusammenschaltung nicht zustande – ein neuer Wettbewerber gezwungen ist, eigenständig ein separates zweites Netz aufzubauen, um "end-to-end-services" anbieten zu können. Durch die hohen Kosten, die eine solche, für den effektiven Marktzutritt erforderliche Lösung (sog. "by-pass") birgt, wird er möglicherweise vom Marktzutritt abgehalten.

---

105 *Memorandum from Mr. Gary P. Sampson to Mr. M. G. Mathur*: Trade in Telecommunications Services, GATT, 22 February 1990, S. 3, Ziff. 7; vgl. auch *United States Telecommunications Annex Proposal*, GATT Doc. MTN.GNS/W/97, 1 June 1990, Ziff. 3.6.2., S. 5.

106 *R. G. Pipe*: Services Trade Growth in Asia and the Pacific Through Telecommunications, in: Asia-Pacific Telecommunity, Report of the Seminar on Telecommunications` Support for Trade in Services (APT/SEM/UNCTAD/94), Male, Republic of Maldives, 14-17 May, 1994, Doc. No. TELTRADE-23, S. 490; aus Sicht von Weltbankexperten stellt die Anlage zur Telekommunikation "the first effort to develop multilaterally international trade rules for telecommunication services to meet the need of the overall business community" dar: *P. Smith/G. Staple*: Telecommunications Sector Reform in Asia: Toward a New Pragmatism, Worldbank Discussion Papers (1994), S. 34; ähnlich *Report of the Fifth Regulatory Colloquium*, (Anm. 74), S. 59: "the beneficiaries of the disciplines in the Annex will be firms"; vgl. auch *L. Tuthill*, (Anm. 77), S. 89 ff.

Den Verhandlungsführern war durchaus bewußt, daß Telekommunikation durch ihre Transportfunktion[107] über den Telekommunikationsmarkt hinaus wirtschaftliche Bedeutung besitzt, eben diesem Umstand suchten sie durch die spezifische Gestaltung der Anlage Rechnung zu tragen. Durch die Wahl einer generell-abstrakten, alle liberalisierten Sektoren einschließenden Regelung sollten nicht nur die Erbringer von Grund- und Mehrwertdiensten ein größeres Maß an Rechtssicherheit erlangen, sondern auch die Erbringer *anderer* Dienstleistungen. Dies bedeutet, wie das Regulatory Colloquium in Genf 1995 hervorgehoben hat:

"All services (and not only telecommunication services) listed in a Member's schedule of commitments benefit from the rules which are elaborated in the annex on telecommunications"[108].

Über den erleichterten Zugang zu ausländischen Telekommunikationsnetzen sollen für weltweit operierende Unternehmen, so Sinn und Zweck der Anlage zur Telekommunikation, ausländische Märkte einfacher erschließbar sein.

b) Der Anwendungsbereich der Anlage zur Telekommunikation

Gemäß Ziff. 2 findet die Anlage zur Telekommunikation auf alle Maßnahmen eines Mitgliedstaates Anwendung, die den Zugang zu öffentlichen "Telekommunikationsnetzen" und -"diensten" sowie deren Nutzung betreffen. Dazu zählen alle der Öffentlichkeit angebotenen Grunddienste wie Telegraphie, Telefonie, Telex und inhaltlich nicht veränderte Datentransmissionen sowie die entsprechende Infrastruktur. Wie eine interpretatorische Note feststellt, ist dieser Absatz so zu verstehen, daß jedes Mitglied durch die erforderlichen Maßnahmen sicherstellt, daß die aus dieser Anlage fließenden Verpflichtungen in bezug auf Anbieter öffentlicher Telekommunikationsnetze und -dienste eingehalten werden[109].

Keine Anwendung findet die Anlage auf Maßnahmen, die im Zusammenhang mit Kabel-, Rundfunk- oder Fernsehprogrammen stehen[110]. Man war der Ansicht, daß die handelsbezogenen Aspekte der Massenmedien eine größere Nähe zu kulturellen Angelegenheiten aufweisen als zu dem elektronischen System, auf das sie gestützt sind, und außerdem war während der Uruguay Runde bereits eine andere Verhandlungsgruppe mit den Massenmedien befaßt[111]. Damit bleiben von der Telekommunikationsliberali-

---

107 Dazu siehe bereits die Ausführungen im 1. Kap. 1 a) und 2. Kap. 2 e).
108 Report of the Fifth Regulatory Colloquium, (Anm. 74), S. 59.
109 Note 1 zu Ziff. 2 a); vgl. bereits den sog. "Dunkel-Entwurf": General Agreement on Trade in Services, Annex on Telecommunications, prepared by GATT Director Arthur Dunkel and distributed on December 20, 1991, (GATT/MTN.TNC/W/FA): "(t)his paragraph is understood to mean that each Member shall ensure that the obligations of this Annex are applied with respect to suppliers of public telecommunications transport networks and services by whatever measures are necessary".
110 Vgl. Ziff. 2 b); vgl. auch das *North-American Free Trade Agreement*, Text prepared September 6, 1992, Chapter Thirteen, Telecommunications, Article 1301 enthält eine mit Art. 2 des Anhangs praktisch identische Bestimmung mit Ausnahme Ziff b) und c).
111 Näher *S. Christopherson/S. Ball*: Media Services: Considerations Relevant to Multilateral Trade Negotiations, in: *UNCTAD (Hrsg.): Trade in Services: Sectoral Issues* (1989), S. 249 ff.; *R. Mayntz*: Zur Entwicklung technischer Infrastruktursysteme, in: *R. Mayntz/B. Rosewitz/U. Schimank/R. Stichweh*: Differenzierung und Verselbständigung, Zur Entwicklung gesellschaftlicher Teilsysteme (1988), S. 233 geht davon aus, daß Rundfunk und Fernsehen Massenkommunika-

sierung alle Maßnahmen ausgeklammert, welche die Verbreitung von Radio- und Fernsehprogrammen betreffen. Auch Grund-, Mobil- und Satellitendienste werden in der Anlage nicht eigens erwähnt, obgleich letztere immer bedeutsamer werden[112].

Dennoch ist der Anwendungsbereich der Anlage zur Telekommunikation weit gefaßt, sogar weiter, als es die Diskussionen um ihre Entstehung ursprünglich hätten vermuten lassen; innerhalb der Telecommunications Working Group herrschte nämlich zunächst Uneinigkeit, ob die Anlage auf Dienste beschränkt, oder ob sie auf die Netzinfrastruktur ausgedehnt werden solle. Schließlich gewann man die Einsicht, daß Telekommunikationsdienste wie Sprache, Daten und Facsimile etc. nicht ohne die dazugehörige Infrastruktur erbracht werden können. Aus diesem Grund beschloß man, neben Diensten auch die öffentlichen Telekommunikations*netze* in die Verhandlungen einzuschließen.

Es kam also im Verlauf der Verhandlungen zu einer Erweiterung des Anwendungsbereichs. Die Folgen betrafen vor allem die Betreiber von öffentlichen Telekommunikationsnetzen: Sie sind wesentlich stärker von der Anlage zur Telekommunikation betroffen, als dies ursprünglich erkennbar war.

Wichtig ist zudem, daran zu erinnern, daß die Bestimmungen der Anlage generelle Gültigkeit besitzen, sobald ein Mitglied hinsichtlich spezieller Dienstleistungen 'commitments' übernommen hat. Es ist daher nicht notwendig, die Modalitäten des Zugangs für eine in der Länderliste vereinbarte Form der Dienstleistungserbringung neu auszuhandeln:

"(...) the rationale behind the Annex is that its obligations are triggered in full by listing of a service in a schedule so that the terms of access and use for the supply of any scheduled service do not need to be renegotiated for each and every individual commitment"[113].

c) Die Grundpflicht: Zugang zu und Nutzung von Telekommunikationsnetzen und -diensten (Ziff. 5 a-c)

Ziff. 5 der Anlage zur Telekommunikation enthält eine Spezialvorschrift über den Marktzugang, früher als das "right to plug in" diskutiert – also das Recht, Mehrwertdienste direkt über das öffentliche Telekommunikationsnetz an die Kunden im Importstaat zu liefern. Danach umfaßt der Marktzugang auch den Zugang zu entsprechenden Informationsnetzen[114].

Hintergrund für die von Art. XVI GATS vorgenommene Konkretisierung des Marktzugangs ist, daß der Zugang zu den öffentlichen Telekommunikationsnetzen eine Grundvoraussetzung für die Tätigkeit praktisch *aller* Anbieter von Dienstleistungen ist.

---

tionssysteme sind, die ihre Benutzer mit einem "Konsumgut" versorgen und schon deswegen nicht zu Infrastruktursystemen wie der Telekommunikation zählen.
112 *H. I. M. de Vlaam*: Liberalization of International Trade in Telecommunications Services (1994), S. 89; das bedeutet jedoch nach Auskunft des GATS-Sekretariats nicht, daß die Anlage keine Anwendung auf sie findet. Die USA haben im Rahmen der fortgesetzten Verhandlungen zur Basistelekommunikation die Frage aufgeworfen, ob das GATS auch die zwei kraft Vertrag errichteten Satellitenbetreiber INMARSAT und INTELSAT abdecken würde, vgl. *Inside U.S. Trade, September 27, 1996*; näher zu den Verhandlungen im Bereich der Basistelekommunikation im 5. Kap. 4 c).
113 *L. Tuthill*, (Anm. 77), S. 94.
114 Zum Verhältnis Markt-/Netzzugang siehe bereits oben das 2. Kap. 3 a).

Daher soll jedes Mitglied des GATS Dienstleistungserbringern aus anderen Mitgliedstaaten den Zugang zu und die Nutzung von öffentlichen Telekommunikationsnetzen zu "angemessenen" und "nicht-diskriminierenden"[115] Bedingungen gewähren (Ziff. 5 a)[116], soweit diese eine in den Länderlisten aufgeführte Dienstleistung erbringen. Auf diese Weise wird der Rolle der Telekommunikation als wichtiges Kommunikationsmedium für andere wirtschaftliche Tätigkeiten Rechnung getragen.

Beispiel: Viele Länderlisten enthalten Finanz-, Versicherungs-, Luftverkehrs- oder auch Werbungsdienstleistungen, für die gemäß dieser Bestimmung der Zugang zu Telekommunikationsnetzen und -diensten gewährt werden muß, soweit dieser für die grenzüberschreitende oder innerstaatliche Kommunikation benötigt wird.

Die hier skizzierte Grundpflicht umfaßt auch die Möglichkeit für ausländische Dienstleistungserbringer, ihre Dienste über Mietleitungen anzubieten. Jedem Dienstleistungserbringer ist das Recht auf private Mietleitungen einzuräumen. Insbesondere soll jeder Dienstleistungserbringer bei Bedarf die Genehmigung für Tätigkeiten erhalten, die etwa den Ankauf, die Anmietung und den Anschluß von End- und sonstigen Geräten an das öffentliche Netz, die Zusammenschaltung von Mietleitungen untereinander sowie die Zusammenschaltung von Mietleitungen an öffentliche Netze betreffen (Ziff. 5 b) (i), (ii) – eine Befugnis, die einige Entwicklungsländer hatten verhindern wollen[117].

Was die Pflicht der Mitgliedstaaten angeht, ausländischen Diensteanbietern eine Möglichkeit zu geben, ihre Dienste über Mietleitungen anzubieten (Art. 5 b), steht zu befürchten, daß Entwicklungsländern erhebliche zusätzliche Kosten entstehen. Zusätzliche Schwierigkeiten werden auch insofern gesehen, als die Entwicklungsländer aufgrund der in der Telekommunikationsanlage getroffenen Regelung kaum mehr die Kontrolle über ihr Telekommunikationsnetz wahren können[118]: Wie dargelegt, werden den Diensteerbringern eine ganze Reihe von Aktivitäten auf dem Territorium (der Entwicklungsländer) ausdrücklich erlaubt, etwa der freie Kauf und die freie Gerätebenutzung oder die Zusammenschaltung von Mietleitungen untereinander –, Tätigkeiten also, die privatwirtschaftlicher Natur sind und sich der staatlichen Aufsicht entziehen.

Darüber hinaus garantieren die Mitgliedstaaten, daß ausländische Dienstleistungserbringer die öffentlichen Telekommunikationsnetze und -dienste auch für unternehmensinterne Kommunikationen sowie für den Zugang zu Informationen in Datenbanken nut-

---

115 Die dazugehörige interpretative Note stellt den Bezug zum GATS her und präzisiert, daß der Begriff "nicht-diskriminierend" sich auf Meistbegünstigung und Inländerbehandlung im Sinne des Übereinkommens bezieht und in der für diesen Sektor üblichen Auslegungsform verwendet wird als "Bedingungen, die nicht weniger günstig sind als diejenigen, die einem anderen Nutzer von gleichen öffentlichen Telekommunikationsnetzen oder -diensten unter gleichen Umständen eingeräumt werden"; ähnlich auch *NAFTA: North-American Free Trade Agreement*, Text prepared September 6, 1992, Chapter Thirteen, Telecommunications, Article 1302 Abs. 8: "For purposes of this Article 'non-discriminatory' means on terms and conditions no less favourable than those accorded to any other customer or user of like public telecommunications transport networks or services in like circumstances".

116 Ziff. 5 a); wortgleich bereits der *Dunkel-Entwurf von 1991* (Anm. 109) und der *Entwurf vom 28. April 1992*.

117 Eine Gruppe von Entwicklungsländern, neben Indien bestehend aus Ägypten, Kamerun und Nigeria, hatte einen Entwurf "Telecommunications Mode of Delivery" vorgelegt (GATT Doc. MTN.GNS/TEL/W/2, 9 July 1990), in dem gefordert wurde: "This annex does not extend to the resale or sharing of public telecommunication services, and nothing in this Annex or in the Framework shall prevent Parties from ensuring that users of leased lines do not bypass the public telecommunications network by interconnection with third parties" (Art. 14, S. 5 ebd.).

118 *UNCTAD, Report by the Secretariat*, (Anm. 43), S. 174 in einem Kommentar zu Art. 5 b).

zen können (Ziff. 5 c). Das in der Anlage gefundene Ergebnis bedeutet, daß die Grundpflicht des Netz- und Dienstezugangs – außerhalb des Kundengeschäftes – auch für den Telekommunikationsverkehr gilt, durch den Konzerne intern oder mit ihren Tochterunternehmen, Zweigstellen und verbundenen Unternehmen kommunizieren (sog. unternehmensinterner Kommunikationsverkehr). Da die Mitgliedstaaten zu garantieren haben, daß die öffentlichen Telekommunikationsnetze durch die ausländischen Diensteerbringer für Datentransfers frei zu nutzen sind, ist den Entwicklungsländern eine Möglichkeit genommen, auf die sie im Rahmen früherer Diskussionen um den 'transborder data flow' immer großen Wert gelegt haben: sie können den nationalen Wissens- und Informationsstock, etwa durch nationale Datenbanken oder die Kopie aller ins Ausland übertragener Daten, nicht länger ausbauen und unter Ausschluß der Rechte anderer erweitern. Wie UNCTAD die in der Anlage zur Telekommunikation gefundene Regelung kommentierte:

> "Paragraph 5 (c) on cross-border data flows could mean that developing countries would not be able to apply measures to strengthen their store of knowledge, e.g. by ensuring use of local data-bases or the copying of all data sent abroad"[119].

d) Zulässige Einschränkungen des Netzzugangs

Die soeben skizzierte Grundpflicht, ausländischen Dienstleistungserbringern Zugang zu öffentlichen Netzen und Diensten zu gewähren, findet allerdings gewisse Einschränkungen.

Beim Zusammenschalten von Netzen konkurrierender Netzbetreiber sind bestimmte Risiken erkennbar, denn das Telekommunikationsnetz eines Betreibers könnte, beispielsweise durch Fehlfunktion oder durch unzureichende Sicherungsmaßnahmen gegenüber Störern, über die Netzgrenze hinweg Störungen im Netz eines ausländischen Betreibers verursachen[120]. Aus diesem Grund werden von den nationalen Regulatoren vielfach Sicherungsmaßnahmen für die Netzzusammenschaltung als erforderlich angesehen; das heißt, der Zugang kann gegebenenfalls beschränkt werden, wenn die Sicherheit des Netzbetriebs, und besonders in Katastrophenfällen, die Aufrechterhaltung der Netzintegrität, die Interoperabilität der Dienstleistungen und der Datenschutz nicht zu gewährleisten sind[121].

Ausdrücklich erlaubt sind in der Anlage zur Telekommunikation Einschränkungen des Netzzugangs in der Form von Maßnahmen zum Schutz der Sicherheit und Vertraulichkeit von Informationen, vorausgesetzt, diese Maßnahmen werden nicht willkürlich oder diskriminierend angewendet oder stellen ein verdecktes Handelshemmnis dar. Ansonsten ist, sofern Einschränkungen vorgenommen werden, jeder Mitgliedstaat gehalten, darauf zu achten, daß nur solche Bedingungen auferlegt werden, die wirklich erforderlich sind. Erlaubt sind etwa folgende Beschränkungen (Ziff. 5 e):
- um Telekommunikationsnetze und -dienste allgemein der Öffentlichkeit zugänglich zu machen oder

---

119 UNCTAD, Report by the Secretariat, (Anm. 43), S. 174.
120 Vgl. nur *D. Becker*: Die technische Realisierung von Interkonnektivität, in: Jahrbuch Telekommunikation und Gesellschaft 4 (1996), S. 152.
121 Vgl. EU 1995/10: *Richtlinienentwurf zur Änderung der Richtlinie 90/388*, in: ABlEG Nr. C 263, 10.10.1995), zitiert nach *D. Becker*, (Anm. 120), S. 152.

- um die technische Unversehrtheit öffentlicher Telekommunikationsnetze und -dienste zu schützen und
- um sicherzustellen, daß ausländische Diensteanbieter nur die in den Länderlisten aufgeführten Dienste erbringen.

Mit der letztgenannten Variante wird an Ziff. 2 c) angeknüpft, wo klargestellt wird, daß es aufgrund der Telekommunikationsanlage keine Rechte auf Lieferung von entweder nicht in den Länderlisten zugelassenen Telekommunikationsdiensten oder von nicht der Öffentlichkeit angebotenen Diensten geben soll.

Den Verfassern der Anlage zur Telekommunikation gelang es somit, drei relativ klar formulierte, eindeutige Fallgruppen auszuarbeiten. Nur, um die Grundversorgung der Öffentlichkeit sicherzustellen, Schaden vom öffentlichen Netzwerk abzuwenden oder die Lieferung von nicht vereinbarten Diensten im eigenen Hoheitsgebiet zu unterbinden, darf ein Mitgliedstaat beschränkend tätig werden. Im Umkehrschluß bedeutet dies für den Kunden, daß er in allen übrigen Fällen ein Recht hat, Telekommunikationsdienste und die Benutzung des öffentlichen Netzes nachzufragen. Damit verändert sich die traditionelle Beziehung zwischen Betreiber und Kunde grundlegend[122]. Der Kunde bekommt ein Spektrum von Nachfrageoptionen eröffnet, wie es bislang noch nie der Fall war.

Welche Form die gemäß Ziff. 5 e) zulässigen Beschränkungen annehmen können, konkretisiert Ziff. 5 f). So ist eine Beschränkung des reinen Weiterverkaufs von Netzkapazität, z.B. bei internationalen Mietleitungen, ebenso zulässig wie die Verpflichtung zur Verwendung spezifischer technischer Schnittstellen, eine bestimmte Typzulassung von End- und sonstigen Geräten oder auch Notifizierungs-, Registrierungs- und Zulassungserfordernisse.

Die Anlage zur Telekommunikation trifft außerdem eine spezielle Regelung für Entwicklungsländer: Ihnen werden *zusätzliche* Möglichkeiten der Einschränkung des Netzgebrauchs und -zugangs eröffnet (Ziff. 5 g). Bereits der sog. Dunkel-Entwurf, übernommen vom Sekretariatsentwurf vom 28. April 1992, entsprach der endgültigen Fassung[123]. Danach kann ein Entwicklungsland (ungeachtet Ziff. 5 e) und f)) abhängig von seinem Entwicklungsstand angemessene Zugangsbedingungen auferlegen, die nötig sind, um seine Telekommunikationsinfrastruktur und -kapazität im Inland zu stärken und seine Beteiligung am internationalen Handel mit Telekommunikationsdiensten zu verbessern. Diese Bedingungen müssen im einzelnen ausgehandelt[124] und in der jeweiligen Länderliste aufgeführt werden.

Gemäß dieser Sonderbestimmung dürfen Entwicklungsländer den Gebrauch und den Zugang zur Telekommunikation ihres Landes begrenzen, um das Telekommunikationswesen ihres Landes zu stärken.

e) Die Konkretisierung des Transparenzgebots

Die Anlage zur Telekommunikation enthält einige weitere, das GATS konkretisierende oder auch in Teilen modifizierende Bestimmungen, etwa hinsichtlich der Transparenz. Bei der Ausarbeitung der allgemeinen Rahmenvorschrift zur Transparenz im GATS[125]

---

122 Strategic Planning Unit, (Anm. 7), S. 35.
123 General Agreement on Trade in Services, Draft (Anm. 109), Ziff. 5 (g).
124 Die Verhandlungsmacht der Entwicklungsländer behandelt ausführlich das 3. Kap. 3.
125 Zur Transparenzvorschrift des GATS Art. III siehe bereits das 5. Kap. 1 c).

kristallisierte sich das unterschiedliche regulatorische Ausgangsniveau der Staaten als problematisch heraus. Insbesondere in Ländern mit PTOs als herrschender Organisationsform – wie in den meisten Entwicklungsländern[126] – wurde aufgrund der Monopolsituation bislang eine (die Investitionen ausländischer Unternehmen erleichternde) Transparenz der inländischen Vorschriften als unnötig angesehen. In Ländern mit fortgeschrittener Deregulierung, etwa in Großbritannien und den USA, gab es demgegenüber bereits eine ganze Reihe von Verfahren, die den Anforderungen an die Transparenz genügten.

Ein weiteres telekommunikationsspezifisches Problem war die Geltung des Transparenzgebots für private Anbieter. Wenn ein multilateraler Rahmen geschaffen würde, der Transparenzanforderungen genügen sollte, so wie die Montreal Erklärung (1988) es vorsah, dann wäre es nötig geworden, sowohl private Betreiber als auch Telefongesellschaften[127] einzubeziehen:

"A GNS framework agreement embracing transparency, to be as comprehensive as indicated in the Montreal text, would have to be applied to private operators as well as to PTOs"[128].

Eine derartige GATS-Bestimmung hätte dann auf alle, also auch auf die privaten Anbieter, Anwendung gefunden. Dies stieß auf Widerstand, da die meisten Länder keine Kontrolle über ihre privatwirtschaftlich geführten Unternehmen haben und diese nicht zwingen können, zum Beispiel ihre firmeneigenen Systeminformationen zu veröffentlichen:

"In some countries, governments have partial or no control over certain commercial services, and there may be resistance by companies to divulge proprietary details of systems service products"[129].

Echter Transparenz, die multilateral vereinbart werden kann, steht somit unter Umständen das Privateigentum der Betreibergesellschaften gegenüber, über das die Regierungen im allgemeinen keinen Einfluß haben.

Unter Verfolgung des in Ziff. 1 der Anlage zur Telekommunikation dargelegten Ziels, das GATS nötigenfalls zu ergänzen, bestimmt Ziff. 4 der Anlage unter Präzisierung von Artikel III GATS (Transparenz)[130] daher schließlich, daß lediglich "*maßgebliche*" Informationen über Bedingungen, die den Zugang zu öffentlichen Telekommunikationsnetzen und -diensten sowie deren Nutzung betreffen, öffentlich zugänglich gemacht werden sollen. Dazu gehören zum Beispiel Informationen hinsichtlich der Tarife, der Spezifikationen technischer Schnittstellen, Informationen über Standardisierungsgremien, Bedingungen für den Anschluß von End- und anderen Geräten, sowie auch Registrierungs- und Lizenzierungskriterien[131].

---

126 Die Situation in den Entwicklungsländern schildert das 2. Kap. 2 a) und folgende Abschnitte.
127 Vor allem den USA lag daran, die PTOs einzubeziehen, vgl. *United States Telecommunications Annex Proposal* (GATT Doc. MTN.GNS/W/97), 1 June 1990, Art. 12, S. 1.
128 *R. G. Pipe*, (Anm. 30), S. 89.
129 *R. G. Pipe*, (Anm. 30), S. 89.
130 Die Transparenzvorschrift des GATS behandelt das 5. Kap. 1 c).
131 Praktisch wortgleich der *Dunkel-Entwurf: General Agreement on Trade in Services*, (Anm. 109) und der Text vom *28. April 1992*; ähnlich auch Article 1306 NAFTA (*NAFTA: North-American Free Trade Agreement*, Text prepared September 6, 1992, Chapter Thirteen, Telecommunications, Article 1301-1310), der zu "Transparency" vorsieht:

Somit wurde im Ergebnis die Transparenzvorschrift des GATS auf technische Spezifikationen für Telekommunikationsnetze und -dienste zugeschnitten[132], ohne daß die Anforderungen überdehnt wurden.

f) Technische Zusammenarbeit

In Ziff. 6 der Telekommunikationsanlage findet sich eine Vorschrift zur technischen Zusammenarbeit, deren Ausarbeitung insbesondere die Entwicklungsländer große Bedeutung beigemessen hatten. Die Mitglieder erkennen die grundlegende Tatsache an, daß eine effiziente, fortschrittliche Telekommunikationsinfrastruktur in den Entwicklungsländern für die Ausweitung des Handels mit Dienstleistungen wesentlich ist[133]. Aus diesem Grund – so wird deklariert – "unterstützen und fördern" sie eine größtmögliche Beteiligung der Industrie- und Entwicklungsländer sowie ihrer Anbieter von öffentlichen Telekommunikationsnetzen und -diensten an den Entwicklungsprogrammen internationaler Organisationen (z.B. ITU, UNDP, Weltbank).

Diese Form der Nord-Süd-Kooperation im Rahmen internationaler Organisationen soll durch eine Süd-Süd-Kooperation ergänzt werden: Gemäß Ziff. 6 b) werden die GATS-Mitglieder eine Kooperation der Entwicklungsländer untereinander (Süd-Süd) auf internationaler, regionaler und subregionaler Ebene ermutigen und unterstützen[134].

Es fällt auf, daß es sich bei der Vorschrift, welche die technische Kooperation normiert, um eine vage, rechtlich in keinem Punkt verbindliche Vorschrift handelt[135]. Dies gilt in gleichem Maße für Ziff. 6 c) der Anlage zur Telekommunikation: Auch hier wird lediglich *empfohlen*, die Mitgliedstaaten sollten, "soweit durchführbar", den Entwicklungsländern Informationen zur Verfügung stellen, um sie bei der Stärkung des inländischen Telekommunikationssektors zu unterstützen. Davon abgesehen, daß zweifelhaft ist, inwieweit bloße Information den Erfordernissen technischer Zusammenarbeit genügt, wird auch hier keine verbindliche Pflicht der Industriestaaten gegenüber den Entwicklungsländern postuliert.

Ähnlich zurückhaltend bleibt auch die Diktion beim Technologietransfer. Die GATS-Mitglieder werden die Möglichkeiten der am wenigsten entwickelten Staaten prüfen, "ausländische Anbieter von Telekommunikationsdiensten zu ermutigen, den

---

"Further to Article 1802, each Party shall make publicly available its measures relating to access to and use of public telecommunications transport networks or services, including measures relating to:
(a) tariffs and other terms and conditions of service;
(b) specification of technical interfaces with such networks or services;
(c) information on bodies responsible for the preparation and adoption of standards-related measures affecting such access and use;
(d) conditions applying to attachment of terminal or other equipment to the public telecommunications transport network; and
(e) notification, permit, registration or licensing requirements."

132 *P.-T. Stoll*, (Anm. 24), S. 332 spricht davon, daß der Anwendungsbereich des Abkommens auf technische Spezifikationen für Informationsnetzwerke und Dienstleistungen erweitert wurde.
133 Zur Rolle der Infrastruktur siehe bereits das 2. Kap. 2 b) und c).
134 Ansätze der Süd-Süd-Kooperation greift das 2. Kap. 2 d) auf.
135 Weitergehend hingegen *Art. 1309 NAFTA*; dort heißt es zu "Technical Cooperation": "To encourage the development of interoperable telecommunications transport services infrastructure, the Parties shall cooperate in the exchange of technical information, the development of government-to-government training programmes and other related activities. In implementing *this obligation* the Parties shall give special emphasis to existing exchange programmes."

Technologietransfer, die Ausbildung und sonstige Tätigkeiten zu unterstützen", die der Telekommunikationsentwicklung und der Ausweitung des Telekommunikationsdienstehandels des Südens zuträglich sind[136].

Die Bestimmung zum Technologietransfer ist also vage formuliert, so daß auf ihrer Grundlage kaum Leistungen eingefordert werden könnten.

g) Zwischenergebnis

Wie sich aus der Entstehungsgeschichte ergibt, bestanden die ursprünglichen, mit der Ausarbeitung der Telekommunikationsanlage verbundenen Ziele darin, Firmen einen kostenbasierten, transparenten, fairen und im Prinzip unbegrenzten Zugang zu öffentlichen Netzen zu eröffnen, und gleichzeitig eine begrenzte Liberalisierung für Grunddienste zu verwirklichen.

Es wurden jedoch im Laufe der Verhandlungen eine Reihe von Bedingungen und Vorbehalten formuliert. Einige Regierungen fürchteten, daß ein umfassendes Dienstleistungsabkommen ihre gerade aufblühenden Telekommunikationsindustrien gefährden würde[137], andere befürchteten eine Umgehung der Monopole oder ausschließlichen Diensteanbieter ihres Landes und damit verbunden Einkommensverluste.

Ingesamt wurde in die Anlage zur Telekommunikation eine Anzahl von Konditionen eingefügt, welche die Regulatoren für den Netzzugang und -gebrauch auferlegen können. Schließlich wurde sogar das Prinzip der kostenbasierten Tarifierung ("cost-based pricing")[138] in Frage gestellt, ein Aspekt, an dem man lange Zeit festgehalten hatte, und der dennoch keinen Eingang in die Telekommunikationsanlage in ihrer endgültigen Form fand.

Im Ergebnis manifestierte sich innerhalb des GATT eine Tendenz, die Liberalisierung vorerst "einzufrieren". Das Anliegen der Regulatoren, Systemstabilität und die Grundversorgung der Bevölkerung unter "Governance" Aspekten nicht nur zu sehen[139], sondern auch zu sichern, mußte, dies zeichnete sich im Laufe der Verhandlungen immer klarer ab, mit den Unternehmensinteressen an ungehindertem Markt-/Netzzugang zum Ausgleich gebracht werden. Dieses Spannungsverhältnis spiegelt sich im Vertragstext; das Regulatorische Kolloquium vom Dezember 1995 in Genf stellte fest:

"(...) the annex obligations strike a fragile balance between the need of users for fair terms of access and the needs of the regulators and public telecommunications operators to maintain a system that works and that meets universal service objectives"[140].

3. Die nationalen Verpflichtungslisten

Die Verpflichtungen in Teil III GATS entstehen – anders, als etwa die Pflicht zur Meistbegünstigung –, nicht unmittelbar durch das Übereinkommen, sondern durch bilaterale Verhandlungen. Im Rahmen der spezifischen Verpflichtungen verpflichten sich

---

136 Ziff. 6 d) der Anlage zur Telekommunikation.
137 Zu den diesbezüglichen Entwicklungsländerpositionen siehe das 4. Kap. 3 b).
138 Zum Prinzip der kostenbasierten Tarifierung näher im 4. Kap. 4 a); 6. Kap. 2 f).
139 Die telekommunikativen Aspekte der "Governance" behandelt bereits das 2. Kap. 3; die Grundversorgung der Bevölkerung als Problem skizziert Abschnitt d) ebd.
140 Report of the Fifth Regulatory Colloquium, (Anm. 74), S. 60.

die Mitgliedstaaten beispielsweise, im Telekommunikationssektor besondere, über die allgemeinen Vorschriften des GATS hinausgehende Maßnahmen zur Förderung des Telekomdienstehandels zu treffen, z.B. im Hinblick auf die Öffnung der Märkte und die tatsächliche Gleichbehandlung von ausländischen und inländischen Telekomunternehmen.

Zum Abschluß in Marrakesch am 15. April 1994 lagen Verpflichtungslisten von 96 Teilnehmern vor, die Europäische Union eingeschlossen.

a) Der Verhandlungsprozeß

Bereits während der laufenden Uruguay-Verhandlungen hat praktisch jedes Land einen Grundstock erster Marktzutritts- und Inländerverpflichtungen übernommen; dies war auch erforderlich, um überhaupt das Dienstleistungsabkommen (GATS) unterzeichnen zu können. Alle Länder, die Mitglied der WTO werden wollten, mußten nationale Verpflichtungslisten ("schedules") vorlegen, die bei Inkrafttreten des GATS 1994 wirksam und sodann integraler Bestandteil sowohl des GATS wie auch der Schlußakte wurden.

Den Angeboten einzelner Mitgliedstaaten standen dabei Anträge und Bitten anderer Parteien nach Marktöffnung gegenüber: Zum Beispiel konnte Staat A Zugang zum Markt der zivilen Luftfahrt anbieten, während Staat B Zugang zum nationalen Telekommunikationsmarkt offerierte. Es bestand also die Möglichkeit zu dem GATT-üblichen "cross-sectoral trading"[141].

Beim Aushandeln der ersten Angebote („initial commitments") gab es jedoch einige Schwierigkeiten, denn ein Problem bestand darin, daß diese zunächst weitgehend unter Ausklammerung des Telekommunikationssektors eingegangen wurden. Mehrere Parteien hatten nationale Verpflichtungslisten (schedules) unter Aussparung der Telekomdienste eingereicht. So gab es im Dezember 1992 erst 37 die Telekommunikation betreffende "initial commitments"[142].

Sucht man nach den Gründen für diesen Umstand, so bestand offenbar eine gewisse Unsicherheit der Parteien, *welche* Dienste sinnvollerweise angeboten werden sollten. Da das GATS ein völlig neues Abkommen darstellte, besaßen die Parteien keine Erfahrung bei der Ausarbeitung von Konzessionslisten im Dienstleistungssektor; technische Irrtümer waren die Folge[143]. Auch ein taktisches Kalkül, das darin bestand, abzuwarten, bis andere Mitgliedstaaten ihr Angebot machten, kann vermutet werden[144].

Ein weiteres Problem bestand darin, daß zahlreiche Parteien entweder keine spezifischen Verpflichtungen hinsichtlich der Grunddienste übernahmen[145] oder aber Ange-

---

141 *Strategic Planning Unit*, (Anm. 7), S. 39, vgl. die Aufstellung ebd. S. 40.
142 'Initial commitments' betreffend *Grunddienste* wurden beispielsweise abgegeben von Australien, Chile, teilweise den EG-Staaten, Finnland, Island, Neuseeland, Sri Lanka, Ungarn, Mexiko, Philippinen und Schweden; 'initial commitments' hinsichtlich *VAS/enhanced services* gaben ab (ausschließlich) Argentinien, Australien, Kanada, Kolumbien, Kuba, Tschechische Republik, Hongkong, Indien, Indonesien, Israel, Japan, Korea, Malaysia, Marokko, Nigeria, Norwegen, Peru, Polen, Rumänien, Senegal, Slowakei, Schweiz, Thailand, Tunesien, Türkei, USA, Venezuela und Jugoslawien.
143 L. *Altinger/A. Enders*, (Anm. 71), S. 6.
144 Strategic Planning Unit, (Anm. 7), S. 39.
145 Bis November 1994 hatten 52 Staaten commitments im Bereich der "value-added" Dienste gemacht, während es nicht einmal die Hälfte (21) im Bereich der Grunddienste waren: vgl. Table III.1, Commitments within sub-sectors, abgedruckt in: *GATT-Secretariat*, The Results of the

bote, welche die Grunddienste ursprünglich eingeschlossen hatten, wieder zurückzogen[146], weil man sich darauf verständigt hatte, die Verhandlungen über Basisdienste für weitere zwei Jahre – bis April 1996 – fortzusetzen. Erst zu diesem Zeitpunkt sollten die aus den Folgeverhandlungen neu hervorgegangenen "commitments" im Bereich der Basistelekommunikation den betreffenden Verpflichtungslisten (schedules) hinzugefügt werden.

b) Struktur und Rechtsform der Länderlisten

Die Mitgliedstaaten konnten zunächst einmal diejenigen Dienstleistungssektoren auswählen, für die sie konkrete Verpflichtungen übernehmen wollten; zum Beispiel konnte im Bereich der Telekommunikation eine individuelle Liste von sektoralen Liberalisierungsverpflichtungen erstellt werden.

Weiterhin konnte jeder Mitgliedstaat die Liste durch individuelle Beschränkungen, Bedingungen oder auch Zusagen konkretisieren (Art. XX:1 a)-e) GATS). Die in Teil III GATS aufgeführten Artikel finden also nur Anwendung, wenn eine Partei Telekomdienste auf ihre Länderliste setzt. Sie erlauben damit eine flexible Gestaltung der Verpflichtungen: Eine Partei muß sich im konkreten Fall entschließen, über Telekomdienste zu verhandeln und spezielle Verpflichtungen einzugehen.

Art. XX GATS betrifft den Inhalt der Listen. Werden beispielsweise im Telekommunikationssektor besondere Verpflichtungen eingegangen, so soll die Liste Angaben zu allen Beschränkungen, Bedingungen und Vorbehalten enthalten:
- für den Marktzugang i.S. von Art. XVI GATS;
- für die Inländerbehandlung i.S. von Art. XVII GATS sowie
- hinsichtlich der gem. XVIII eingegangenen zusätzlichen Verpflichtungen, etwa Normen oder Zulassungsfragen betreffend.

Auch soll das Datum für das Inkrafttreten der übernommenen Verpflichtungen sowie ein zeitlicher Rahmen für ihre Umsetzung angegeben werden (Art. XX (d) und (e) GATS).

Fast immer wird in den Konzessionslisten außerdem nach horizontalen, auf alle Sektoren anwendbaren "commitments"[147] und nach sektor-spezifischen "commitments" unterschieden, die auf einen speziellen Dienst oder bestimmte Aktivitäten (z.B. Telekommunikation) anwendbar sind. Findet sich in den Verpflichtungslisten der Eintrag *"none"*, so bedeutet dies, daß es keine Beschränkungen gibt[148], während der Eintrag *"unbound"* bedeutet, daß für diesen "mode" keinerlei Verpflichtung eingegangen wurde; im letztgenannten Fall will ein Mitgliedstaat sich vorbehalten, in einem bestimmten

---

Uruguay Round of Multilateral Trade Negotiations, Market Access for Goods and Services, Geneva, November 1994, S. 41.

146 *UNCTAD Report by the Secretariat*, (Anm. 43), S. 175; bereits 48 Teilnehmer hatten commitments hinsichtlich der VAS-Dienste gemacht; davon bezogen sich die meisten der Angebote auch auf die Telekommunikationsgrunddienste. Als jedoch klar wurde, daß die Verhandlungen über Grunddienste auch nach Abschluß der Uruguay Runde weitergehen würden, wurden die meisten dieser die Grunddienste betreffenden Angebote wieder zurückgezogen.

147 Bis 1991 wurden alleine 161 Diensteaktivitäten in den Listen aufgeführt, vgl. *Group of Negotiations on Services*, Services Sectoral Classification List, Note by the Secretariat, GATT Doc. MTN.GNS/W/120, 10 July 1991.

148 Zu prüfen ist jedoch, ob horizontale Beschränkungen bestehen, die sich aus der ersten Spalte ergeben, vgl. General Agreement on Trade in Services: Guide to Reading the Schedules of Specific Commitments and the List of Article II (MFN) Exemptions (Non-Paper, 1994), S. 3.

Bereich mit Marktzugang oder Inländerbehandlung nicht vereinbare Maßnahmen einzuführen oder beizubehalten[149]. Wenn aus technischen Gründen kein commitment eingegangen wurde, dann findet sich die Eintragung "*unbound**".

Die nationalen Konzessionslisten entsprechen weitgehend einem Standardformat, das die vergleichende Analyse erleichtern soll. Danach enthält jede Verpflichtungsliste vier Spalten:

- 1. Spalte: "Sector- or sub-sector column"

Diese spezifiziert den Sektor oder Subsektor, der Gegenstand der spezifischen Verpflichtung ist. Den Mitgliedstaaten steht es frei, je nach Ausgang der Verhandlungen mit anderen Teilnehmern, bestimmte Sektoren, Subsektoren oder Aktivitäten auszumachen, die sie in ihren Länderlisten aufführen. Nur für diese Bereiche gelten die spezifischen Verpflichtungen. In der Regel findet die "GATT Secretariat Classification" Anwendung, die 12 Sektoren nennt; dabei ist Telekommunikation (Punkt "C.") ein Subsektor von Nr. 2 "Communication Services".

- 2. Spalte: "Market access column"

Diese Spalte enthält die Begrenzungen des Marktzugangs; Art. XVI:2 GATS nennt, wie bereits dargelegt[150], sechs mögliche Beschränkungsformen für den Marktzugang, davon vier quantitative, eine die Rechtsform und eine den Prozentsatz ausländischer Beteiligung betreffende. Theoretisch fallen alle Marktzugangsrestriktionen in die sechs genannten Kategorien.

- 3. Spalte: "National treatment column"

Diese enthält Begrenzungen für die Inländerbehandlung; ein Mitglied, das solche unter die Inländerbehandlung zu subsumierende Beschränkungen aufrechterhalten will, muß diese in der dritten Spalte seiner Liste nennen.

- 4. Spalte: "Additional commitments column"

Hier wird Raum für zusätzliche, freiwillig einzugehende Verpflichtungen gewährt, etwa hinsichtlich "Interconnection, anti-competitive safeguards, licensing, type approval, numbering and other procedures, pricing related measures, rights of way", etc.[151]. Während eine Abänderung oder Rücknahme von spezifischen Verpflichtungen nur unter erschwerten Bedingungen möglich ist (vgl. Art. XXI GATS)[152], können die "commitments" jederzeit positiv verbessert werden.

---

149 Näher *GATT-Secretariat*, (Anm. 145), S. 43 ff.; General Agreement on Trade in Services: Guide to Reading the Schedules of Specific Commitments and the List of Article II (MFN) Exemptions (Non-Paper, 1994), S. 3.
150 Siehe bereits die Ausführungen im 5. Kap. 1 d) (1).
151 So die Aufzählung zu "additional commitments" in: *Report of the Fifth Regulatory Colloquium* (Anm. 74), S. 58.
152 Verpflichtungen in einem bestimmten Sektor können nur dann rückgängig gemacht werden, wenn dafür Ausgleichsmaßnahmen in anderen Sektoren gewährt werden; außerdem können die ersten Abänderungen erst drei Jahre nach Inkrafttreten des GATS (1997) gemacht werden. Falls keine Einigung erzielt wird, kann die Angelegenheit einem Schiedsverfahren unterworfen werden, mit der Folge, daß bei Zuwiderhandlung der Ergebnisse des Schiedsverfahrens, das betroffene Mitglied "im wesentlichen gleichwertige Vergünstigungen in Übereinstimmung mit dem Ergebnis ändern oder zurücknehmen kann" ("retaliatory action"); der wesentliche Vorteil dieser Regelung ist aus Sicht des GATT-Sekretariats die daraus resultierende Rechtssicherheit, *GATT-Secretariat*, (Anm. 145), S. 40; daneben dürfte die erschwerte Abweichung vom erreichten Liberalisierungsgrad die Regierungen gegen protektionistische Ersuchen nationaler Firmen schützen und auf diese Wiese das Investitionsklima fördern; *L. Henkin*: International Law: Politics and Values (1995), S. 153 erinnert daran, daß die im GATT mögliche Rücknahme von Konzessionen "at a defined price" als Abweichung vom Grundsatz des *pacta sunt servanda* gesehen werden kann.

Für jeden angebotenen Dienstesektor oder Subsektor muß die nationale Verpflichtungsliste hinsichtlich aller vier Lieferungsmodalitäten[153] diejenigen Begrenzungen für Marktzugang und Inländerbehandlung angeben, die aufrechterhalten werden; theoretisch wurden also acht Eintragungen vorgenommen.

Die dem Teil III GATS zugrundeliegende Annahme geht dahin, daß die Parteien aus eigenem Antrieb in denjenigen Bereichen Liberalisierung suchen werden, in denen sie komparative Vorteile besitzen, und daß sie dort Konzessionen gewähren, wo Liberalisierung ihnen am besten mit ihren wirtschaftlichen, sozialen und entwicklungspolitischen Interessen verträglich zu sein scheint. Dieser Ansatz birgt, ähnlich wie im GATT, den Vorteil, daß durch die individuelle Möglichkeit der Staaten, sich einzelnen Sektoren zuzuwenden, in denen ihnen Liberalisierungsfortschritte möglich scheinen, die rechtliche *Gesamt*struktur des Vertragswerks sukzessive gefestigt wird. Die in den einzelnen Länderlisten eingegangenen Liberalisierungsverpflichtungen gelten gemäß dem Grundsatz der Meistbegünstigung nämlich für alle GATS-Mitglieder: "It is a basic principle of the Agreement that specific commitments are applied on an MFN basis"[154].

Darüber hinaus sollen, bleibt man beim Beispiel der Telekomdienste, die Parteien im Wege der übernommenen Verpflichtungen für Übereinstimmung zwischen den regulatorischen Telekomregimen ihres Landes und den Listen sorgen[155]. Im Prinzip sind alle gegen die übernommenen Liberalisierungsverpflichtungen verstoßenden nationalen Maßnahmen abzuschaffen oder es ist zumindest mit den anderen Mitgliedern über ihre zeitlich begrenzte Beibehaltung zu verhandeln.

Ein Listeneintrag bedeutet ein Signal an die Geschäftswelt; er zeigt, daß erstens die Erbringung von Diensten auf der Grundlage der in den Listen spezifizierten Bedingungen möglich ist, zweitens keine neuen Beschränkungen des Marktzugangs zu erwarten sind ("*standstill commitment*") und drittens künftig eine Liberalisierung von bisher noch nicht liberalisierten Marktsegmenten zu erwarten ist ("*rollback commitment*"). Die Wirkung der nationalen Verpflichtungslisten besteht also primär darin, daß eine Regierung Gewähr für das spezifizierte Marktzugangsniveau und die Inländerbehandlung übernimmt und keine neuen Maßnahmen ergreift, die dem zuwiderlaufen. Ähnlich wie im Bereich der GATT-Zollbindungen entsteht eine Art Garantie für die ausländischen Unternehmen, daß wesentliche Geschäftsvoraussetzungen (die Bedingungen des Marktzugangs und der Tätigkeit im Markt) nicht zu ihrem Nachteil verändert werden.

c) Probleme der Evaluierung spezifischer Verpflichtungen

Eine Regierung könnte sich theoretisch verpflichten, alle wettbewerbshindernden Maßnahmen, zum Beispiel im Bereich des Diensteimports oder der Niederlassung ausländischer Konzerne, zu beseitigen. In diesem Fall böte sich ausländischen Telekomunternehmen ein offenes Markt- und Handelsregime, und es gäbe weder den Marktzugang noch die Inländerbehandlung betreffende Beschränkungen. Dieser "Idealfall" existiert in der Praxis aber noch nicht.

---

153 Den Begriff Handel mit Dienstleistungen behandelt das 2. Kap 1 b) und das 5. Kap. 1 b).
154 General Agreement on Trade in Services: Guide to Reading the Schedules of Specific Commitments and the List of Article II (MFN) Exemptions (Non-Paper, 1994), S. 4.
155 *Strategic Planning Unit*, (Anm. 7), S. 3: "These commitments will bind Parties to ensure that national regulatory regimes in respect of the sectors or subsectors to which they apply are consistent with the schedules".

Zum Abschluß in Marrakesch am 15. April 1994 lagen Verpflichtungslisten von 96 Teilnehmern vor[156]. Ausgenommen waren Grunddienste der Telekommunikation, da diese, als ein besonderer, staatlicher Souveränität unterstehender Bereich, noch nicht durch das Allgemeine Dienstleistungsabkommen und die Anlage zur Telekommunikation liberalisiert wurden, sondern zunächst noch Gegenstand eines weiteren, bis April 1996 anberaumten Verhandlungsprogramms der WTO waren. Im Bereich der "Communications", innerhalb derer Telekommunikation als ein Untersektor figuriert, existierten zum Zeitpunkt des Inkrafttretens des GATS im Bereich der "cross-border" Modalität 73 "no limits", 10 "limits" und 16 Einträge mit "unbound"[157].

Es ist kein einfaches Unterfangen, die Reichweite der eingegangenen spezifischen Verpflichtungen zu evaluieren, da diese einen recht unterschiedlichen Wert besitzen und eine uneinheitliche Terminologie verwendet wurde. Auch sektorspezifische Angaben darüber, welche restriktiven Maßnahmen weiterhin aufrechterhalten werden, fehlen[158].

Um zum Beispiel das Niveau des Markzugangs in einer bestimmten Länderliste zu bestimmen, ist es im Prinzip notwendig,
- das Spektrum der in jedem Dienstesektor erfaßten Aktivitäten und
- die für die vier einzelnen Liefermodalitäten[159] geltenden Begrenzungen des Marktzugangs bzw. der Inländerbehandlung zu untersuchen;
- zusätzlich muß dort, wo eine Ausnahmeliste zur Meistbegünstigung besteht, diese begutachtet werden, um einschätzen zu können, inwieweit ein Land einem oder mehreren anderen Handelspartnern gegenüber Präferenzbehandlung gewährt oder Handelspartner diskriminiert.

Bei den betreffenden staatlichen Maßnahmen geht es nicht wie bei Waren um Zollbestimmungen, sondern in der Regel um Schutzmaßnahmen gegen Importe in der Form diskriminierender Bestimmungen oder um Handelsschranken. Die Wirkung der Aufhebung solcher Maßnahmen kann folglich nur schwer bemessen werden.

Ein grundlegendes Problem, das sich bei der vergleichenden Untersuchung verschiedener Verpflichtungslisten des weiteren ergibt, ist die (zumindest in den "initial commitments") verwendete wenig präzise Terminologie. Da es Aufgabe jeder einzelnen Partei ist, die Sektoren bzw. Subsektoren zu beschreiben, die sie einbeziehen wollen, ist der Gestaltungsspielraum der einzelnen Mitglieder groß; folglich wurden die Begriffe auch zum Teil höchst unterschiedlich verwendet. Ein Blick auf in einem frühen Stadium verfaßte Listen zeigt, daß beispielsweise Grunddienste als "basic carriage services" (Australien), "voice telephone, telegraph and telex" (Tschechische Republik) und "public telecommunications transport services and networks" (Finnland) beschrieben wur-

---

156 57 WTO-Staaten erklärten sich bis 1995 bereit, ihre Telekommunikationsmärkte für mehr Wettbewerb zu öffnen, vgl. *Report of the Fifth Regulatory Colloquium*, (Anm. 74), S. 15.
157 Näher *GATT-Secretariat*, (Anm. 145), S. 43 ff.
158 Kritisch insofern *B. Hoekman*: Assessing the *General Agreement on Trade in Services*, in: World Bank Discussion Papers No. 307, The Uruguay Round and the Developing Economies (1995), S. 338; grundsätzlich zu den Problemen der Evaluierung von eingegangenen "commitments": *UNCTAD, Report by the Secretariat*, (Anm. 43), S. 182; *C. Hamilton/J. Whalley*: Evaluating the Impacts of the Uruguay Round Results on Developing Countries, in: The World Economy 18 (1995), S. 38; *T. Noyelle*: Business Services and the Uruguay-Round Negotiations on Trade in Services, in: *UNCTAD (Hrsg.)*: Trade in Services: Sectoral Issues (1989), S. 326; vgl. aber *D. Brown/A. V. Deardorff/A. K. Fox/R. M. Stern*: Computational Analysis of Goods and Services Liberalization in the Uruguay Round, in: World Bank Discussion Papers No. 307, The Uruguay Round and the Developing Economies (1995), S. 365 ff.; speziell S. 369.
159 Die Liefermodalitäten beschreibt Art. 1:2 GATS, dazu näher bereits das 5. Kap. 1 b).

den. Mehrwertdienste, also "value-added services", waren zu verorten unter dem Stichwort "electronic mail", "voice mail", "online information", "database retrieval", "EDI", "enhanced/value-added facsimile services", "code and protocol conversion", "online data processing", "computer time sharing" sowie "videotex"[160].

Auch Entwicklungsländer blieben von derartigen terminologischen Schwierigkeiten nicht verschont. Die zwölf Listen von asiatisch-pazifischen Staaten, um nur ein Beispiel zu nennen, "also illustrate the lack of precision or consistency of terminology used to describe the various services in the subsector"[161]. Diese mangelnde Präzision ist allerdings nicht typisch für den Telekommunikationssektor, sondern stärker oder schwächer, in allen Sektoren anzutreffen.

Ein anderes Problem der Evaluierung spezifischer Verpflichtungen ergibt sich aus dem Fehlen von statistischem Material, denn für die Schätzung der Importe in einzelnen Dienstesektoren unter den verschiedenen Erbringungsformen sind umfassende Daten und Informationen erforderlich, die vielfach nicht vorhanden sind.

"A meaningful assessment would also require appropriate disaggregated statistical data on services trade through all modes of supply and a study of the impact of the barriers to entry. Given that disaggregated statistical data on production, trade and foreign direct investment (...) are not available (...) and that objective criteria to weigh offers are lacking, only a very general and qualitative analysis of specific commitments can be undertaken at this stage"[162].

Im Dienstleistungssektor fehlte beispielsweise, um eine systematische Kategorisierung vorzunehmen, ein Äquivalent für die im Bereich der Waren gültige internationale Nomenklatur für "Tariffs on Goods"[163], obwohl es entsprechende Vorschläge von Drittweltstaaten während der Uruguay Runde gegeben hatte: die Communication from Brazil, Chile, Columbia, Cuba, Honduras, Jamaica, Nicaragua, Mexico, Peru, Trinidad and Tobago, and Uruguay in Art. 11 mit der Überschrift "Statistics, Nomenclature and Origine" hatte vorgesehen:

"Within three years of the entry into force of the Framework, parties agree to:

(a) develop a common statistical base on trade in services, for which purpose they commit themselves to furnish all the necessary data and seek the cooperation of other relevant international and regional organizations

(b) develop and adopt a comprehensive nomenclature of services sectors and subsectoral activities to which the framework applies (...)

(c) develop criteria concerning the origin of traded services to be applied in the contexts of this framework"[164].

Diese verhältnismäßig weitreichenden Vorschläge wurden jedoch nicht weiter verfolgt, so daß die qualitative Darstellung der commitments für Dienste in den GATS-Listen schwieriger ist als für Zollverpflichtungen im Bereich der Waren.

---

160 Im Laufe der Verhandlungen kam es allerdings zu etwas mehr terminologischer Klarheit.
161 *R. G. Pipe*, (Anm. 106), S. 496.
162 UNCTAD, Report by the Secretariat, (Anm. 43), S. 182.
163 Nur die wenigsten Staaten hielten sich offenbar an die "UN-Provisional Central Product Classification List" (1991), vgl. nur *H. I. M. de Vlaam*, (Anm. 112), S. 87.
164 Communication from Brazil, Chile, Columbia, Cuba, Honduras, Jamaica, Nicaragua, Mexico, Peru, Trinidad and Tobago and Uruguay (GATT Doc. MTN.GNS/W/95), 26 February 1990, Structure of a Multilateral Framework for Trade in Services.

Sowohl das GATT/WTO-Sekretariat als auch UNCTAD haben sich bemüht, Kriterien für eine erleichterte Evaluierung der eingegangenen Verpflichtungen aufzustellen. Danach sollen folgende Faktoren berücksichtigt werden:
(1) Erstens sei die "sector-coverage", ("i.e. the sectors, sub-sectors or activities included in the schedule") zu berücksichtigen. Was die speziell im Sektor Telekommunikation eingegangenen "commitments" betrifft, haben dort, wie bereits ausgeführt, bis November 1994 52 Staaten Verpflichtungen im Bereich der Mehrwertdienste übernommen, während es 21 im Bereich der Grunddienste waren[165].
(2) Zweitens muß die (Verpflichtungs-)Tiefe eines bestimmten commitment ("i.e. whether or not it is subject to limitations") als Beurteilungskriterium herangezogen werden, d.h. es ist zu überprüfen, inwieweit Beschränkungen zu Marktzugang und Inländerbehandlung geschaffen wurden. In gewisser Weise liefern die "gaps in market access and national treatment (...)" "the key to an analysis of the depth of commitments"[166].
(3) Der dritte für eine Evaluierung eingegangener commitments wesentliche Faktor ist, ob Ausnahmen zur Meistbegünstigung existieren bzw. wie sie zu beurteilen sind[167]. Jede Liste muß die von einem Staat gewählten Ausnahme-Maßnahmen ebenso aufführen wie ihren Anwendungsbereich und die Gründe, warum sie benötigt werden. Im allgemeinen wird jedes Land darum ersucht, fünf Angaben zu machen[168].
Bis November 1994 waren 61 solcher Ausnahme-Listen dem GATS beigefügt worden[169]. Es zeigte sich, daß MFN-Ausnahmen besonders häufig im Bereich von Sektoren anzutreffen waren, die im allgemeinen auf bilateralem Wege geregelt wurden, v.a. beim See- und Landtransport oder auch im audiovisuellen Sektor. Im Telekommunikationssektor kam es zu einer zeitlich verschobenen Anwendung der Meistbegünstigung[170].
(4) Außerdem wurde von UNCTAD-Seite darauf gedrängt, bei der Evaluierung der eingegangenen Verpflichtungen das nationale Regulierungsumfeld zu berücksichtigen, etwa unter dem Aspekt, ob zur Umsetzung der übernommenen spezifischen Liberalisierungszusagen schon Implementierungsgesetze erlassen worden sind[171].
Trotz der von GATT/WTO und UNCTAD genannten Evaluierungskriterien bleibt die Bewertung der spezifischen Verpflichtungen im Bereich Marktzugang und Inländerbehandlung weiterhin ein schwieriges Unterfangen[172]. Das neu etablierte GATS-System erschwert die Orientierung und Transparenz bleibt eine Wunschvorstellung. Selbst Experten fällt es schwer, das Geflecht der spezifischen Verpflichtungen zu durchdringen,

---

165 Vgl. Table III.1, Commitments within sub-sectors, abgedruckt in: *GATT-Secretariat*, (Anm. 145), S. 41; den Unterschied zwischen Grund- und Mehrtwertdiensten erläutert bereits das 1. Kap. 1 a).
166 *L. Altinger/A. Enders*, (Anm. 71), S. 6.
167 Zur Problematik der Ausnahmen zur Meistbegünstigung siehe bereits das 5. Kap. 1 e) und das 5. Kap. 5 d).
168 General Agreement on Trade in Services: Guide to Reading the Schedules of Specific Commitments and the List of Article II (MFN) Exemptions (Non-Paper, 1994), S. 4: "five types of information for each exemption":
(i) description of the sector or sectors in which the exemption applies
(ii) description of the measure, indicating why it is inconsistent with article II
(iii) the country or countries to which the measures applies
(iv) the intended duration of the exemption
(v) the conditions creating the need for the exemption.
169 *GATT-Secretariat*, (Anm. 145), S. 46.
170 Einzelheiten im 5. Kap. 3 d).
171 UNCTAD, Report by the Secretariat, (Anm. 43), S. 182.
172 In welchem Umfang von den Entwicklungsländern "commitments" übernommen wurden, wird im 6. Kap. 3 a) dargestellt.

da im Prinzip – angesichts von 155 sich nicht überschneidenden Dienstleistungsbereichen und verschiedenen Erbringungsformen – maximal 620 commitments pro Land möglich sind. Da die spezifischen Verpflichtungen für Inländerbehandlung und Marktzugang getrennt abgegeben werden, ergibt dies 1240 mögliche Eintragungen pro Mitglied. 97 Prozent aller Mitglieder haben Länderlisten (schedules of commitments) abgegeben.

Fazit: Alles in allem handelt es sich um ein kompliziertes Format der Länderverpflichtungen. Ein wesentliches Problem ihrer Evaluierung besteht darin, daß Informationen über Bereiche fehlen, in denen *keine* commitments abgegeben wurden; dies ist umso bedenklicher, als dies häufig die sensibelsten Bereiche sind, "where restrictions and discriminatory practices abound"[173].

d) Die verschobene Anwendung der Meistbegünstigung auf die Basistelekommunikation

Bereits 1990 zeichnete sich in den Verhandlungen zum GATS-Rahmenabkommen ab, daß die USA nicht bereit waren, im Bereich der Grunddienste ("basic telecommunications services") Meistbegünstigung zu gewähren. Schließlich brachte die Delegierte der USA diesen Aspekt in der Working Group on Telecommunication Services offen zur Sprache. Mit dem Argument, es existiere eine "highly asymmetrical situation between the US basic telecommunications market and that in most of the rest of the world"[174] wurde deutlich gemacht, daß die USA die Aufnahme einer zeitlich befristeten Abweichung ("derogation") von der Meistbegünstigung in ihrer Länderliste anstrebten.

Die dabei vorgebrachten Argumente vermochten jedoch schwerlich zu überzeugen; im wesentlichen beschränkte sich die US-Seite darauf, *politische* Gründe gegen die multilaterale "Weitergabe" von Handelsvorteilen geltend zu machen. Als die Federal Communications Commission (FCC) in den frühen 80er Jahren den US-Markt für alle, auch ausländische Diensterbringer geöffnet hat, habe man nicht an die regulatorischen Auswirkungen gedacht, die es haben könnte, wenn ausländische Unternehmen auf dem US-Markt tätig würden. Unternehmen aus jedem Mitgliedsland der Welt bekämen nach der Unterzeichnung des General Agreement on Trade in Services sofortigen Zugang zum US-Basistelekommunikationsmarkt. Dies sei, von einem politischen Standpunkt aus betrachtet, "total inakzeptabel":

"M.f.n. would place the US in a situation where it would receive no market access commitments from any nation while its market was frozen open to any country which signed the agreement. (...) the leverage of access to the US market would be lost since countries would be guaranteed access to the US market without having to move away from their traditional monopoly situations in regard to basic services"[175].

Die USA wollten den Bereich der Basistelekommunikation von der Meistbegünstigung ausgenommen wissen, da amerikaweit der Grunddienstebereich schon längst privatisiert sei, während andere Staaten, hauptsächlich solche der Dritten Welt, diesen Sektor noch den Post- und Fernmeldeverwaltungen vorbehielten. Folglich würde die Ausdehnung

---

173 B. Hoekman: Assessing the *General Agreement on Trade in Services*, in: World Bank Discussion Papers No. 307, The Uruguay Round and the Developing Economies (1995), S. 327 f.

174 *Representative of the United States, Working Group on Telecommunication Services*, Group of Negotiations in Services, Note on the Meeting of 15-17 October 1990, Restricted GATT Doc. MTN.GNS/TEL/4, 30 November 1990, Special Distribution, S. 3, Ziff. 16.

175 Representative of the United States, (Anm. 174), Ziff. 16.

von Konzessionen auf der Basis der Meistbegünstigungsklausel die USA der Möglichkeit berauben, mit solchen Ländern über den Marktzugang zu verhandeln. Von der Anwendung der Meistbegünstigung seien also schädliche Auswirkungen für die USA zu befürchten[176]. Hier spiegelt sich das bereits mehrfach erwähnte Anliegen der führenden Wirtschaftsmacht, die handelspolitischen Beziehungen im Telekommunikatikionssektor bilateral, auf der Basis reziproker Vorteilsgewährung, zu gestalten. *Rechtliche* Gründe vermochte man hingegen nicht anzuführen. Mit dem Argument, die Meistbegünstigung erweise sich in dem speziellen Fall der Basistelekommunikation als "trade-restrictive" schien man zur Aufgabe eines der wichtigsten Handelsprinzipien des gesamten GATT-Systems bereit.

Zur Erinnerung: eine vollständige Ausnahme zur Meistbegünstigung, wäre sie im Bereich der Basistelekommunikationsverhandlungen akzeptiert worden, hätte dazu geführt, daß diese in eine Vielzahl bilateraler "deals" aufgesplittert worden wären, was den Gesamterfolg der Dienstleistungsliberalisierung unter Umständen in Frage gestellt hätte:

> "Typically, an MFN exemption would permit a regulator to use reciprocity (for example, an assessment of the degree of market access in the country of origin of the applicant) as a basis for decisions whether or not to permit a firm to supply a particular telecommunications service. If regulators were to desire to apply such 'reciprocity test', an MFN exemption by major players would certainly cause the NBGT negotiations to unravel, thereby subjecting global telecommunications liberalization to a series of costly, non-uniform, and unpredictable bilateral deals which would lack consistence (...)"[177].

Die US-Pläne stießen folglich auf starke Kritik und juristische Bedenken gegen die vorgeschlagene US-Konstruktion einer Derogation zur Meistbegünstigung kamen zur Sprache[178]. Die USA versuchten offenbar, sich auch in Zukunft das Recht vorzubehalten, reziproke und selektive Abmachungen im Bereich der Telekommunikation zu treffen[179]. Dabei gehe man offenbar fälschlich von der Annahme aus, daß Marktzugang automatisch ausgedehnt werden müsse, sobald ein Land das GATS unterzeichne[180]; auch die Europäische Gemeinschaft vermochte keine stichhaltigen Gründe ("valid reasons") in der US-Argumentation zu erkennen[181].

---

176 Representative of the United States, (Anm. 174), Ziff. 16.
177 Report of the Fifth Regulatory Colloquium, (Anm. 74), S. 23.
178 Vor allem der Delegierte Australiens kritisierte dies und betonte: "The concept of a derogation in a national schedule was new to his delegation"; weiter unterstrich er, daß "the only derogations that were currently being envisaged were ones that were multilaterally agreed and either part of a sectoral annex/annotation or drafted at footnotes to Article II of the framework", vgl. *Representative of Australia, Working Group on Telecommunication Services*, Group of Negotiations in Services, Note on the Meeting of 15-17 October 1990, Restricted GATT Doc. MTN.GNS/TEL/4, 30 November 1990, Special Distribution, S. 6, Ziff. 22; vgl. auch ebd. S. 7, Ziff. 27.
179 Representative of Australia, (Anm. 178), Ziff. 17.
180 Wie bereits dargelegt, werden die Marktzugangsverpflichtungen unter den Parteien ausgehandelt und sind nicht automatisch, etwa mit Ratifikation des GATS zu übernehmen, siehe bereits das 5. Kap. 1 d).
181 *Representative of the European Communities, Working Group on Telecommunication Services*, Group of Negotiations in Services, Note on the Meeting of 15-17 October 1990, Restricted GATT Doc. MTN.GNS/TEL/4, 30 November 1990, Special Distribution, S. 5, Ziff. 18; vgl. auch die Kritik Schwedens im *Namen der nordischen Staaten*, ebd. S. 6, Fn. 24: werde die Meistbegünstigung aufgegeben, dann sei die einzige Alternative "bilateral reciprocity".

Schließlich verständigte man sich im Jahre 1994 auf die Anlage zu Verhandlungen über Basistelekommunikation, die die im Bereich des Marktzugangs und der Inländerbehandlung künftig zu führenden Verhandlungen betrifft. Dabei wurde vorgesehen, daß Artikel II GATS (Meistbegünstigung) und die dazugehörige Anlage zu Ausnahmen von Artikel II erst am Tag eines Ministerbeschlusses oder am Tag des Schlußberichts der Negotiating Group on Basic Telecommunications (30. April 1996 spätestens) in Kraft treten sollten. Diese Regelung sollte allerdings keine Anwendung auf eine spezifische Verpflichtung aus dem Bereich der Basistelekommunikation finden, die bereits in der Liste eines Mitglieds aufgeführt waren. Dies war im fraglichen Zeitraum jedoch nur selten der Fall[182].

Damit kam es zu einer verzögerten Anwendung der allgemeinen Meistbegünstigungsverpflichtung des GATS, weil die Verhandlungen im Bereich der Basistelekommunikation – auch nach Abschluß der Uruguay Runde in Marrakesch 1994 – zunächst noch fortdauerten. Weil hier eine partielle Verlängerung der Dienstleistungsverhandlungen stattfand, wurde die Anwendung der Meistbegünstigungsverpflichtung verschoben.

Bis zu dem späteren Implementierungstermin sollte jedoch kein Teilnehmer eine die Grunddienste betreffende, mit der Meistbegünstigung unvereinbare ("MFN-inconsistent") Maßnahme in einer Weise anwenden, durch die seine Verhandlungsposition verbessert und sein Einfluß gestärkt würde (Ziff. 7 Decision on Negotiations on Basic Telecommunications 1994). Dies lief auf eine Art Stillhaltevereinbarung hinaus, die jedoch nicht für kommerzielle Abkommen ("commercial arrangements") im Bereich der Grunddienste sowie Regierungsabkommen gelten sollte[183].

Jeder Teilnehmer konnte im übrigen jede Handlung oder jedes Unterlassen, das er als wesentlich für die Verwirklichung dieser ab 15. April gültigen Stillhaltevereinbarung erachtete, der für die Umsetzung zuständigen Negotiating Group on Basic Telecommunications notifizieren[184].

Im Ergebnis waren damit bis zum Abschluß der Verhandlungen zur Basistelekommunikation die Ausnahmen zur Meistbegünstigung nicht anwendbar –, selbst dann nicht, wenn sie in der die Meistbegünstigung betreffende Ausnahmeliste (MFN exemption list) aufgeführt wurden[185]. Daraus wurde gefolgert, die MFN-Ausnahmen seien in erster Linie ein "bargaining chip", also Verhandlungsinstrument gewesen, und dies vor allen Dingen dort, wo die Verhandlungen nach dem offiziellen Ende der Verhandlungs-

---

182 Zum Rückzug der Basisdienste aus den Länderlisten siehe bereits oben Anm. 146.
183 Der Wortlaut von Ziff. 7 *Decision on Negotiations on Basic Telecomunications*, April 1994, in: GATS, The *General Agreement on Trade in Services* and Related Instruments, S. 45, lautet: "Commencing immediately and continuing until the implementation date to be determined under paragraph 5, it is understood that no participant shall apply any measure affecting trade in basic telecommunications in such a manner as would improve its negotiating position and leverage. It is understood that this provision shall not prevent the pursuit of commercial and governmental arrangements regarding the provision of basic telecommunications services."
184 Ziff. 8, *Ministerial Decision on Negotiations on Basic Telecommunications*, ebd. S. 45: "The implementation of paragraph 7 shall be subject to surveillance in the NGBT. Any participant may bring to the attention of the NGBT any action or omission which it believes to be relevant to the fulfilment of paragraph 7. Such notifications shall be deemed to have been submitted to the NGBT upon their receipt by the Secretariat."
185 UNCTAD, Report by the Secretariat, (Anm. 43), S. 176.

runde fortgesetzt wurden, wie etwa im Bereich der Computerreservierungssysteme in der Basistelekommunikation[186].

e) Zwischenergebnis

Der im Rahmen des GATS beschrittene Weg, nationale Listen auszuhandeln, hat insgesamt wenig überzeugende Liberalisierungsfortschritte mit sich gebracht, denn praktisch alle übernommenen spezifischen Verpflichtungen sind im besten Fall Standstill-commitments.

Es ist "eher der bestehende Liberalisierungsstand konsolidiert" als eine echte Verbesserung des Marktzugangs geschaffen worden; entsprechend gering dürften "auch die Handelseffekte zunächst ausfallen"[187].

Im Ergebnis haben die Diskussionen um die spezifischen Verpflichtungen in erster Linie die noch bestehenden Handelshemmnisse für ausländische Diensterbringer aufgezeigt und darüber hinaus die Lücken im Geflecht staatlicher "commitments".

4. Institutionen

Als eine folgenreiche Entscheidung – auch für die Entwicklungsländer – dürfte sich die Neugründung der Welthandelsorganisation (World Trade Organization (WTO)) Anfang Januar 1995 erweisen. Von westlicher Seite wurde dies als eine Bereitschaft der Entwicklungsländer gesehen, die "Spielregeln" künftig besser zu befolgen:

"With the establishment of the WTO (...), most developing countries signalled a greater willingness to abide the rules of the game"[188].

Welche Auswirkungen die Existenz einer neuen, für Fragen des Handels und der Wirtschaft zuständigen internationalen Organisation mitsamt ihren Unterorganen tatsächlich auf die Entwicklungsländer hat, ist schwierig zu beurteilen, und zwar deshalb, weil "the effects of system changes are not additive with one another"[189]. Absehbar ist nach Expertenansicht allenfalls, daß mit der Gründung der WTO die künftigen Handelsrunden eine stärkere Konzentration auf nicht-tarifäre Handelshemmnisse und nationale Politiken vornehmen werden. Daraus zu folgern, daß die WTO-Verhandlungen künftig Nullsummenspiele sein werden, bei denen einige Länder verlieren, während die Verhandlungsrunden früher – im Rahmen der Zollreduktionen – überwiegend "positive sum games" waren, bei denen alle Länder gewannen[190], erscheint jedoch verfrüht.

---

186 L. *Altinger/A. Enders*, (Anm. 71), S. 15.
187 G. *Koopmann/H.-E. Scharrer*: Vom GATT zur WTO, Der internationale Handel nach der Uruguay Runde des GATT (Januar 1995), S. 9.
188 B. *Hoekman/M. Kostecki*, (Anm. 53), S. 10; vgl. auch P. *Witt*: Vom GATT zur WTO, in: Nord-Süd aktuell (1994), S. 51 ff.
189 J. *Whalley*: Developing Countries and System Strengthening in the Uruguay Round, World Bank Discussion Papers No. 307, The Uruguay Round and the Developing Countries (1995), S. 320.
190 So B. *Hoekman/M. Kostecki*, (Anm. 53), S. 32.

a) Die Welthandelsorganisation (WTO)

Sieht man, wie etwa *Bleckmann*[191], die gleichzeitige Multilateralisierung und Institutionalisierung der internationalen Beziehungen als "typisch" für den Übergang vom Kompetenz- zum Kooperationsvölkerrecht an, dann stellen der Abschluß des multilateralen Dienstleistungsabkommens (GATS) und die zeitgleiche Gründung einer neuen, für Welthandelsfragen zuständigen Institution (WTO) und ihrer Organe, Meilensteine auf dem Weg zur weltweiten Kooperation dar. Die das GATT ablösende neue Organisation WTO ist ein weiteres Glied in einer langen Kette von Organisationsgründungen des ausgehenden Jahrhunderts und als solche auch ein "visible feature of the longer-term tendency for skills to specialize", die *Onuf* allgemein als Zeichen der Moderne interpretierte[192].

Folgt man hinsichtlich der Entstehungsbedingungen internationaler Organisationen situationsstrukturellen Analyseansätzen der "collective choice", könnten die Strukturen der internationalen Wirtschafts- und Handelsbeziehungen eine gewisse Nachfrage nach internationalen Organisationen erzeugt haben, da internationale Organisationen aus dieser Perspektive als "Antworten auf problematische kollektive Situationen" ins Leben gerufen werden[193]. *Rittberger* erklärt den "Bedarf" an internationalen Organisationen im Bereich der Weltwirtschaft, der letztlich in die Gründung der WTO mündete, aus der Spannung von "Souveränitätsbedingung" und "Interdependenzbedingung", bzw. aus der Spannung zwischen der nationalstaatlich organisierten Wirtschaftspolitik und einem die Staatsgrenzen transzendierenden Weltmarkt[194] – Bedingungen, die im einzelnen mit den obigen Befunden zur Globalisierung übereinstimmen[195].

Betrachtet man die Entstehungsgeschichte der Welthandelsorganisation hingegen entsprechend dem machtstrukturellen Analyseansatz der hegemonialen Stabilität, wonach internationale Organisationen nur dann entstehen, wenn eine überlegene Macht existiert, die fähig und willens ist, die Gründung einer internationalen Organisation voranzutreiben, und die außerdem weitgehend die Gründungskosten übernimmt[196], wird der Blick auf die Initiative zur "Multilateral Trade Organisation" – so die ursprüngliche Bezeichnung der WTO in der Gründungsphase – gelenkt, und man wird, ohne die Hegemonialüberlegungen im einzelnen zu vertiefen, feststellen, daß die Gründungsinitiative maßgeblich von der wirtschaftlich und organisatorisch in vielerlei Hinsicht überlegenen Europäischen Union ausging[197]. Die innerhalb der EG-Kommission entwickelten Vorstellungen wurden zunächst vom italienischen Handelsminister *Ruggiero*, dem späteren WTO-Generaldirektor, und von der kanadischen Regierung aufgegriffen. Im Juli 1990 unterbreitete die EG dann förmlich den Vorschlag zur Errichtung einer multilateralen

---

191 A. *Bleckmann*: Allgemeine Staats- und Völkerrechtslehre. Vom Kompetenz- zum Kooperationsvölkerrecht (1995), S. 762.
192 N. G. *Onuf*: World of Our Making (1989), S. 234.
193 Zu den Entstehungsbedingungen internationaler Organisationen V. *Rittberger*: Internationale Organisationen, Politik und Geschichte (2. Aufl. 1995), S. 34 ff.
194 V. *Rittberger*, (Anm. 193), S. 49.
195 Die Grundzüge der Globalisierung umreißt das 1. Kap. 1 e).
196 V. *Rittberger*, (Anm. 193), S. 35.
197 Die Genesis der MTO beschreibt C. *Bail*, in: ASIL, What's Needed for the GATT After the Uruguay Round? (Berichterstatter: Matthew Schaefer), Proceedings of the 86th Annual Meeting, Washington D.C., April 1-4, 1992, S. 74; Bail hat als Rechtsberater der Europäischen Gemeinschaft sechs Jahre bei der Uruguay Runde in Genf verbracht (1985-1991) und in dieser Zeit an dem von der EG formulierten Vorschlag zur Gründung der MTO mitgewirkt.

Handelsorganisation (MTO) im Rahmen der Verhandlungsgruppe FOGs[198]. Der europäische Vorschlag sah den Abschluß einer Konvention überwiegend organisatorischer Natur vor, die im wesentlichen Bestimmungen zur Mitgliedschaft und Organisationsstruktur der neuen Institution enthalten sollte, des weiteren ein gemeinsames Streitbeilegungsverfahren, die Schaffung eines Sekretariats und Bestimmungen über die Rechtsperson, Privilegien sowie Immunitäten.

Die Reaktion der USA auf den EG-Vorschlag, der die Neugründung einer "Multilateral Trade Organisation" vorsah, war zunächst zurückhaltend[199]. Es wurde jedoch in wissenschaftlichen Zirkeln darauf hingewiesen, daß die geplante MTO als "vehicle" für einen Einschluß der Schwellenländer in das GATT-Handelssystem fungieren könne und somit im Interesse der USA läge – ein Argument, das vielleicht auch die offizielle Seite überzeugt hat:

"(...) an important consideration that might rescue the MTO concept is the level of commitment from the developing countries. The argument will be made on Capitol Hill that, because the Uruguay Round does not affect trade with Japan at all and because Europe and the United States have more or less a balance in trade, the United States must obtain substantial commitments from the advanced developing countries. If the MTO serves as the vehicle for meaningfully incorporating the 400 to 500 million people in these countries into the trading system (i.e. if it binds their import duties, eliminates balance of payments restrictions and so forth), then I think there is a colorable argument for the MTO"[200].

Die Entwicklungsländer ihrerseits zeigten sich skeptisch; sie befürchteten vor allem eine Schwächung der UNCTAD[201]. Nach längeren Verhandlungen wuchs jedoch die Überzeugung, daß ein institutionell starkes GATT-/WTO System die Interessen der kleinen und wirtschaftlich schwächeren Staaten besser wahren würde. Insbesondere hoffte der Süden, eine neugegründete, für den Welthandel zuständige Organisation würde den Entwicklungsbelangen der Dritten Welt höhere Priorität einräumen, v.a. im Bereich der technischen Hilfe[202], als dies bislang im GATT der Fall gewesen war.

Im Ergebnis wurde fast 50 Jahre nach Gründung des Allgemeinen Zoll- und Handelsabkommens (GATT) ein neuer "Schirm" über den wachsenden Welthandel gespannt und das 1948 in Kraft getretene GATT, das im Jahre 1995 für eine gewisse

---

198 Vgl. GATT Doc. MTN GNG/NG14/W/42, 9 July 1990.
199 Zur Reaktion der USA vgl. auch: *W. Drake/K. Nicolaidis*, (Anm. 12), S. 95; *C. Bail*, (Anm. 197), S. 75; zur traditionell eher zögerlichen Haltung der Staaten in Hinblick auf institutionelle Sicherungen *F. Gurry*: Institutional Aspects, in: *P. Robinson/K. P. Sauvant/V. P. Govitrikar (Hrsg.)*: Electronic Highway for World Trade (1989), S. 197.
200 *J. M. Lang*: Discussion, in: ASIL, What's Needed for the GATT After the Uruguay Round? (Berichterstatter: Matthew Schaefer), Proceedings of the 86th Annual Meeting, Washington D.C., April 1-4, 1992, S. 86.
201 Die Aussicht auf eine MTO schien zunächst die Frage nach der Zukunft von UNCTAD aufzuwerfen; vgl. *Implications of Current Proposals for an International Trade Organization*, UNCTAD, MTN.RAF CB7, January 1991; im Ergebnis bestätigten sich die diesbezüglichen Befürchtungen der LDCs (vorerst) jedoch nicht; WTO-Generaldirektor *Renato Ruggiero* unterstrich, daß "UNCTAD and WTO would work closely towards assisting least-developing countries, and African countries in particular" (WTO Focus, Newsletter October-November 1996, No. 6, S. 5).
202 Ausdrücklich *Strategic Planning Unit*, (Anm. 7), S. 28.

Übergangsfrist parallel zur WTO bestanden hatte, existiert seit dem 31. Dezember 1995 nicht mehr[203].

Oberstes Organ der WTO ist die aus Vertretern der Mitgliedstaaten bestehende, alle zwei Jahre auf Ministerebene zusammentretende Ministerkonferenz[204]; ob sie tatsächlich in der Lage sein wird, die vorgesehenen permanenten Verhandlungen effizient zu führen, bleibt abzuwarten[205]. Ihr untersteht der Allgemeine Rat, der allen Mitgliedstaaten offensteht, und die Arbeit zwischen den Sitzungen der Ministerkonferenz bewältigen soll. Zu den Hauptaufgaben des vom Generaldirektor geführten Sekretariats zählen die Vorbereitung und Durchführung von Verhandlungen, die Beratung der Mitgliedstaaten, die Analyse der Entwicklung des Welthandels sowie die Organisation des Schiedsverfahrens. Speziell der Dienstleistungsbereich verfügt über einen neuen Rat für den Handel mit Dienstleistungen[206]. Ein neuer Ausschuß zur Telekommunikation ("Committee on Telecommunications") soll die Umsetzung der Anlage zur Telekommunikation überwachen und dem Rat für den Handel mit Dienstleistungen über Telekommunikationsangelegenheiten berichten. Auf diese Weise erhalten die Teilnehmer ein Diskussionsforum, um potentielle, bei der Implementierung entstehende Probleme einer Lösung zuzuführen und Klagen über mögliche Pflichtverletzungen vorzubringen.

Zu den auch für die Entwicklungsländer wichtigen Aufgaben der WTO gehören:
- Verhandlungen im Anwendungsbereich der bestehenden Handelsabkommen (z.B. GATS) und gegebenenfalls Verhandlungen über neue Bereiche[207];
- die Verwaltung aller Abkommen (GATS mit der Anlage zur Telekommunikation eingeschlossen) durch gemeinsame WTO-eigene Organe;
- die Überprüfung der Handelspolitiken und die
- effektive Streitschlichtung bei Handelskonflikten.

Innerhalb der WTO existiert keine Stimmengewichtung gemäß der Handels- oder Beitragsanteile und die bisherige GATT-Praxis, die Entscheidungen im gegenseitigen Einvernehmen zu treffen, wurde beibehalten[208]. Ob es der Welthandelsorganisation tatsächlich gelingen mag, entsprechend ihren Statuten eine formale Gleichbehandlung ihrer Mitglieder, also eine gleichmäßige Behandlung insbesondere von Industrie- und Entwicklungsnationen sicherzustellen, wird von ihrer Durchsetzungsfähigkeit gegenüber den einflußreichen, verhandlungsmächtigen Handelsnationen abhängen.

b) Der Welthandelsrat für Dienste

Mit Abschluß der GATS-Kodifikationsarbeiten kam es zur Neugründung des unter dem Dach der Welthandelsorganisation (WTO) angesiedelten, auch mit Fragen der Libe-

---

203 Zu den organisatorischen Aspekten des Übergangs von GATT zur WTO: *P. M. Moore*: The Decision Bridging the GATT 1947 and the WTO Agreement, in: AJIL 90 (1996), S. 317-328; das Abkommen zur Errichtung der Welthandelsorganisation (WTO) trat am 1. Januar 1995 in Kraft; zum Zeitpunkt des Inkrafttretens gehörten der WTO bereits 81 Mitglieder an, die zusammen mehr als neun Zehntel des Welthandels repräsentierten: *W. Benedek*: Die neue Welthandelsorganisation (WTO) und ihre internationale Stellung, in: VN 43 (1995), S. 13.
204 Vgl. das Organigramm in *B. Hoekman/M. Kostecki*, (Anm. 53), S. 39 und *R. Senti*, (Anm. 94), S. 26; zur ersten Ministerkonferenz der WTO in Singapur kommentiert *M. Reiterer*: Die erste Ministerkonferenz der WTO: Der Weg nach Singapur in: Aussenwirtschaft 51 (1996), S. 383 ff.
205 Skeptisch *J. Whalley*, (Anm. 189), S. 319.
206 Näher zum Rat für den Handel mit Dienstleistungen im nächsten Abschnitt b).
207 Zur Öffnungsklausel näher *P.-T. Stoll*, (Anm. 24), S. 258.
208 Vgl. Art. IX Abs. 1 *WTO-Abkommen*; zum Konsensprinzip siehe bereits das 3. Kap. 2 b).

ralisierung von Telekomdiensten betrauten Rats für den Handel mit Dienstleistungen[209]. Auf dem Treffen des Allgemeinen Rats am 13. Dezember 1995 wurde Botschafter *Bautista* (Philippinen) zum Vorsitzenden gewählt. Die Aufgabe des Rats ist die Verwirklichung der Vertragsvereinbarungen. Art. XXIV:1 GATS sieht vor, daß der für alle Mitgliedstaaten offene Rat all diejenigen Funktionen wahrnehmen soll, die ihm zur Erleichterung der Anwendung des GATS und zur Förderung seiner Ziele zugewiesen werden; dabei besitzt er das Recht, eigene Unterorgane zu gründen[210].

Genehmigungsvoraussetzungen der Mitglieder sollen Liberalisierungsverpflichtungen nicht zunichte machen; aus diesem Grund besteht eine wichtige Funktion des Rats darin, mit Hilfe von neu eingesetzten Gremien Disziplinen zu erarbeiten, um sicherzustellen, daß Maßnahmen der Mitglieder, die Qualifikationserfordernisse, Standards und Zulassungserfordernisse betreffen, keine unnötigen Handelshemmnisse darstellen. Diese sollen auf objektiven und transparenten Kriterien beruhen, verhältnismäßig sein und nach Möglichkeit nicht die Erbringung der Dienstleistung selbst beschränken (Art. VI:4 GATS)[211].

Die technische Hilfe für Entwicklungsländer wird vom Rat für den Handel mit Dienstleistungen bewilligt, auf multilateraler Ebene jedoch vom WTO-Sekretariat[212] geleistet (Art. XXV:2 GATS). Damit hat der Rat neben den Aufgaben, die auch den besonderen Ratsorganen zukommen, eine besondere Entscheidungskompetenz im Bereich der technischen Hilfe[213].

Es fehlt ihm jedoch, anders als dem im Rahmen des Agreement on Trade-Related Aspects of Intellectual Property Rights eingesetzten sektoriellen Organ (TRIPS-Rat), die Befugnis, Konsultationen und Kooperationsvereinbarungen mit anderen UN-Organen und Sonderorganisationen (wie etwa der Internationalen Fernmeldeunion (ITU)[214]) zu treffen. Diese Befugnis bleibt dem Allgemeinen Rat der WTO überlassen (Art. XXVI)[215].

---

209 Einer 1988 unter Experten durchgeführten Umfrage zufolge waren nur 12 Prozent der Ansicht, es bedürfe eines neuen "inter-governmental body to administer a services agreement"; die Ergebnisse der Befragung sind besprochen von *R. G. Pipe*: International Views on the Tradeability of Telecommunications, in: *P. Robinson/K. P. Sauvant/V. P. Govitrikar (Hrsg.):* Electronic Highway for World Trade (1989), S. 126 ff.
210 Die *Decision on Institutional Arrangement for the General Agreement on Trade in Services* enthält Empfehlungen an den Rat für Dienstleistungen und nähere Bestimmungen über die von ihm zu gründenden Nebenorgane.
211 Näher siehe das 5. Kap. 1 d).
212 Zur technischen Kooperation des GATT-Sekretariats siehe bereits die Ausführungen im 3. Kap. 3 e).
213 *P.-T. Stoll*, (Anm. 24), S. 330.
214 Zum Verhältnis WTO/Internationale Fernmeldeunion siehe näher das 6. Kap. 4 b).
215 Ein früherer GATS-Entwurf vom 28. April 1992 hatte noch vorgesehen, daß die Ministerkonferenz in dieser Hinsicht tätig werden solle; der entsprechende Text Art. XXVII (Draft 1992) lautet: "The *Ministerial Conference* shall make appropriate arrangements for consultation and cooperation with the United Nations and its specialized agencies as well as with other intergovernmental organizations concerned with services"; insofern kam es zu einer Änderung der Zuständigkeit.

c) Die Tätigkeit der Negotiating Group on Basic Telecommunications

Im April 1994 beschlossen die Minister in der Decision on Negotiations on Basic Telecommunications, innerhalb des GATS Verhandlungen auf freiwilliger Basis mit dem Zweck zu beginnen, eine fortschreitende Liberalisierung des Handels mit "telecommunications transport networks and services" ("basic telecommunications") herbeizuführen[216] - einem Markt mit einem geschätzten Umfang von 513 Mrd. US-Dollar (1994)[217]. Die Liberalisierung der Basistelekommunikation wurde in der Folge Gegenstand eines bis April 1996 anberaumten Verhandlungsprogramms der neu gegründeten WTO.

Die Liberalisierungsverhandlungen im Bereich der Basistelekommunikation waren umfassend und schlossen explizit keinen Grunddienst *a priori* aus. Um das Verhandlungsmandat wahrzunehmen, wurde eine allen Regierungen offenstehende Negotiating Group on Basic Telecommunications (NGBT) gegründet. Im April 1994 waren bereits folgende Staaten Mitglieder: Australien, Österreich, Kanada, Zypern, Chile, die EU und ihre Mitgliedstaaten, Finnland, Hongkong, Ungarn, Japan, Korea, Mexiko, Neuseeland, Norwegen, Slowakische Republik, Schweden, Schweiz, Türkei und USA. Vorsitzender war der Brite *Neil MacMillan*. Insgesamt haben 53 Regierungen, die Europäische Union und ihre Mitgliedstaaten eingeschlossen, in vollem Umfang an den Verhandlungen teilgenommen; weitere 24 Regierungen nahmen als Beobachter teil (1996).

Dabei blieb man in bezug auf die telekommunikative Stärke der teilnehmenden Nationen weitgehend "unter sich": die 38 Teilnehmer (die Europäische Union als ein Teilnehmer gerechnet) vereinigen auf sich 93 Prozent der globalen Einkünfte aus der Telekommunikation, sie nennen 82 Prozent der weltweiten Telefonleitungen ihr eigen, von ihnen stammen 89 Prozent der Gesamtinvestitionen und sie wickeln 84 Prozent des internationalen Telecom-Verkehrs ab[218]. Zu den nach Indikatoren "führenden" Entwicklungsländern innerhalb der NBGT gehören die Republik Korea (Telekominvestitionen), Brasilien (Telekominvestitionen), Hongkong (internationaler Telefonverkehr) und Singapur (internationaler Telefonverkehr), aber auch Mexiko (Leitungen, Investitionen und internationaler Verkehr), Argentinien (Einkommen und Investitionen), Indien (Anzahl von Telefonleitungen) sowie die Türkei (Anzahl von Telefonleitungen).

Die Negotiating Group on Basic Telecommunications führte bis Anfang 1995 einen Informationsaustausch über die nationalen Telekommunikationsordnungen durch. Ein Fragebogen, der Klärung über die die Basistelekommunikation betreffenden Marktstrukturen, die Wettbewerbsbedingungen und die diesbezügliche Regulierungssituation

---

216 Vgl. *Decision on Negotiations on Basic Telecommunications*, (Anm. 183), Ziff. 1; für den Nutzer sollen diese Verhandlungen zu mehr Wettbewerb und zu einer Preissenkung führen, vgl. *Non-Attributable Background Note for the Press, What Can Telecommunications Service Providers and Users Expect from a Successful Conclusion to the WTO's Negotiations on Basic Telecommunications*, 30 April 1996.
217 WTO Focus Newsletter, No. 11, June-July 1996, S. 9.
218 Non-Attributable Background Paper for Media, *Data on Telecommunications Markets of Participants in the WTO Negotiations on Basic Telecommunications*, 24 April 1996, S. 1; aus dem Schaubild 2 bei *C. A. P. Braga*: Liberalizing Telecommunications and the Role of the World Trade Organization, in: *The World Bank Group (Hrsg.):* The Information Revolution and the Future of Telecommunications, June 1997, S. 24, geht hervor, daß die nicht an den Verhandlungen in der NBGT teilnehmenden Staaten lediglich über 8,56 Prozent des Weltmarktes der Telekommunikation verfügen.

bringen sollte, wurde erstellt und von den Regierungen bearbeitet[219]. Nach seiner Auswertung begann man, die in regulatorischer Hinsicht, auch unter Aspekten der "Governance"[220] relevanten Fragen zu identifizieren; hierbei ging es vor allem um diejenigen nicht-tarifären Hindernisse, die einer Regelung bedurften, um effektiven Marktzugang im Bereich der Basistelekommunikation zu erlangen.

Die NBGT erstattete periodisch Bericht über die Verhandlungsfortschritte. Ein Ergebnis der 1992 begonnenen NBGT-Verhandlungen war ein informelles "Model-Schedule" für alle die Basistelekommunikation betreffenden Verpflichtungen; es sollte technische Aspekte klären und als Leitfaden für künftige Verhandlungen dienen[221]. Dabei stellte sich heraus, daß – um alle Begrenzungen im Bereich der Basistelekommunikation wirklich zu erfassen –, die Listeneintragungen um "Unterkategorien" zu ergänzen seien, etwa hinsichtlich des geographischen Anwendungsbereichs der Dienste (local, long distance, international), der eingesetzten Technologie (wire oder radio-based), der Übertragungsmodalitäten (resale, facilities-based) oder des Endgebrauchs (öffentlich, nicht-öffentlich). Die Teilnehmer an diesen informellen Verhandlungen nahmen an, daß durch Hinzufügen dieser Kategorien die Grunddienste adäquat beschrieben werden könnten und damit der beste Weg gefunden sei, die Voraussetzungen von Artikel XVI GATS (Marktzugang) und XVII GATS (Inländerbehandlung) auf die Basistelekommunikation anwendbar zu machen[222].

Allerdings beantwortete das "Model-Schedule" keineswegs alle Fragen[223]. Diskussionsbedarf ergab sich u.a. hinsichtlich der Anforderungen an die innerstaatliche Regelung (Art. VI GATS) im speziellen Bereich der Basistelekommunikation, dies betraf etwa nationale Maßnahmen der Lizenzierung, der Typengenehmigung, der Standards, der Unabhängigkeit der Regulierungsstellen, der Frequenzen und Numbering, der Transparenz, der Tarife und Abrechnungsregeln, sowie der Wegerechte und universellen Dienste. Einige dieser Fragen wurden bereits gemäß Art. IV:4 GATS von dem vom Rat für den Handel mit Dienstleistungen angenommenen Arbeitsprogramm behandelt.

Des weiteren war unklar, ob, soweit "andere Maßnahmen"[224] im Model-Schedule unter der Rubrik *additional commitments*[225] enthalten waren, diese nicht schon hinlänglich von GATS (z.B. GATS Artikel III, VI, VIII, IX) oder durch die Anlage zur Telekommunikation erfaßt wären. Ungelöst war zunächst auch die Behandlung der internationalen Betreiberabkommen, insbesondere, ob es sich dabei um "Regierungsmaßnahmen"[226] oder um kommerzielle Übereinkommen handelt, auf die das GATS anwendbar ist.

---

219 WTO, *Communication From the European Communities and Their Member States*, Response to Questionnaire on Basic Telecommunications, Revision, WTO, S/NBGT/W/3/Add.15/Rev.1, 27 March 1995.
220 Einzelheiten zu den unter Governance-Aspekten wesentlichen Fragen enthält das 2. Kap. 3.
221 Details zum Model Schedule enthält: ITU, Telecommunication Development Bureau and the UNCTAD and UN-DDSMS Coordinated African Programme of Assistance on Services (Anm. 43), S. 27 f.; vgl. auch UNCTAD, Report by the Secretariat, (Anm. 43), S. 175.
222 Das Problem der Anwendbarkeit von GATT-Handelsprinzipien auf Dienstleistungen behandelt bereits das 2. Kap. 1 b) und das 5. Kap. 1 a).
223 Näher zu den offenen Fragen: *UNCTAD, Report by the Secretariat*, (Anm. 43), S. 175.
224 Zu diesen Maßnahmen gehören u.a. Verfahrensvoraussetzungen für Lizenzierung, Zuweisung von Radiofrequenzen, Typengenehmigung und Interconnection, Tarifbestimmungen etc.
225 Die Möglichkeit zusätzlicher spezifischer Verpflichtungen behandelt das 5. Kap. 1 d); vgl. auch *Report of the Fifth Regulatory Colloquium*, (Anm. 74), S. 27.
226 Regierungsmaßnahmen bleiben außerhalb des Anwendungsbereich des GATS, vgl. Art. I:3 (b) GATS; dazu näher bereits im 5. Kap. 1 a).

Die NBGT-Verhandlungen betrafen des weiteren Wege, Marktmißbrauch vorzubeugen, denn, wie Generaldirektor *Ruggiero* auf der Telecom '95 hervorhob: "The benefits would be severely constrained if it were to remain possible for dominant operators to dictate prices and control access to the infrastructure that is so critical to effective global communications"[227]. Mit einem noch zu konkretisierenden Schutz gegen wettbewerbshindernde Maßnahmen sollte sichergestellt werden, daß Monopole oder Anbieter von Grunddiensten mit vorherrschender Marktposition ihre Postion nicht ungebührlich ausnutzen, da dies ausländische Wettbewerber bei der Lieferung von vereinbarten Netz- und Dienstekapazitäten behindern kann. Darüber hinaus kam das Verhältnis zwischen dem Agreement on Technical Barriers to Trade und Maßnahmen zur Sprache, die die Standardisierung von Basisdiensten betreffen. Schließlich galt es allgemein, die Anforderungen an die nationalen Verpflichtungslisten im Bereich der Basistelekommunikation zu klären und terminologische Klarheit hinsichtlich des Begriffs Basistelekommunikation zu schaffen[228].

Man verständigte sich schließlich darauf, mit den "draft offers" spätestens am 1. Juli 1995 zu beginnen, und traf bereits im Mai die ersten Vorbereitungen dazu. Im Sommer 1995 hatten die Teilnehmer schließlich begonnen, schriftliche Entwürfe ihrer Telekom-Offerten zirkulieren zu lassen, so daß bis Dezember 1995 vierzehn "draft offers" vorlagen. Zwar ging man davon aus, daß dies nur erste Angebote waren, die weiterer Vertiefung und Ausarbeitung – abhängig auch vom Angebot anderer Parteien – bedurften[229], jedoch führte dieses etwas magere Ergebnis der Konzessionsverhandlungen zu eindringlichen Aufforderungen, mehr und verbesserte Liberalisierungsangebote abzugeben:

"(...) we need more participants, more offers and better offers"[230].

In der Schlußphase der Verhandlungen war aufgrund des Stockens der im multilateralen Kreise erzielten Fortschritte eine deutliche Tendenz zum Bilateralismus erkennbar, denn die NBGT hatte eingewilligt, daß in jeder Woche, in der ein formelles Treffen statt-

---

227 Rede Ruggieros auf der Telecom 95, in: WTO-Focus, August-September 1995 No. 5, S. 8.
228 Dabei wählte man einen pragmatischen Ansatz, indem man beschloß, die nationalen Unterschiede nicht weiter zu beachten und über *alle* öffentlichen Telekomdienste zu verhandeln, die ohne Mehrwert übertragen werden; außerdem sollten Mietleitungen, ebenso wie Netze eingeschlossen sein; folglich würden Marktzugangsverpflichtungen, die auf dem Niederlassungsrecht von Unternehmen beruhen (einer der vier zulässigen Erbringungsformen des GATS), auch das Recht der Unternehmen umfassen, ihre eigenen Telekomnetze und Infrastruktureinrichtungen zu besitzen; das Recht auf Niederlassung von Unternehmen gehörte zu den am meisten umstrittenen Punkten, siehe bereits 3. Kap. 1 c) und 4. Kap. 3 b); zu der im Rahmen des *General Agreement on Trade in Services* gewählten pragmatischen Linie siehe auch die Schlußbemerkungen im 6. Kap. 5.
229 "(...) subject to further negotiation and *conditional* upon the quality of other offers resulting from negotiations" hieß es in WTO Focus, Newsletter October-November 1996, Vol. 6, S. 7; auch hier spiegelt sich das reziproke Vorgehen der Parteien; zum Problem der Reziprozität näher das 3. Kap. 2 g) und das 5. Kap. 1 c).
230 WTO Focus Newsletter, March-April No. 9, S. 3; zum Inhalt der einzelnen Angebote: WTO Focus, Newsletter October-November 1996, No. 6, S. 6; kritisiert wurden vor allem die Philippinen und die Türkei, weil sie "meaningless offers" abgegeben hätten, sowie Argentinien, Kolumbien, Indien, Indonesien, Malaysia, Südafrika und Thailand, weil sie noch kein Angebot gemacht hatten, vgl. WTO Telecom Services Talks, *Press Backgrounder on Critical Mass and Other Country Offers*, Summary (1996).

fand[231], auch bilaterale Verhandlungen über Fragen der Telekommunikation erfolgen sollten. Die bilateralen Gesprächsrunden begannen im Februar 1995 und wurden mit verhältnismäßig großer Intensität geführt. So hatten beispielsweise die USA während einer einzigen Woche im Herbst 1995 26 bilaterale Gespräche geführt, gegenüber 17 der EU, 12 von Neuseeland und 14 von Japan. Dabei machte die US-Seite keinen Hehl daraus, daß es ihr in erster Linie – in Fortsetzung der aggressiven Reziprozität früherer Jahre[232] – um Marktzugang für im Ausland operierende US-Unternehmen ging. Die bilateralen Gespräche, so wurde betont, "would not be meaningful if they did not deal with market-access issues"[233].

Auch die übrigen Teilnehmer machten praktisch während der gesamten Verhandlungen deutlich, daß ihre Angebote von der Qualität und dem Ausmaß der commitments der anderen Parteien abhingen[234] – ein erneuter Hinweis also auf die für die gesamten Diensteverhandlungen in GATT/WTO typische, auf qualitative Zugeständnisse drängende, sektorielle Reziprozität. 31 Teilnehmer wirkten an der entscheidenden Schlußphase mit (November 1995), wobei diese 31 Teilnehmer über 90 Prozent des Welteinkommens der Telekommunikation repräsentierten[235]. Dies führte dazu, daß die Entwicklungsländer, soweit sie an den Verhandlungen teilnahmen, unter "very heavy pressure to offer even more market access to developed countries" gerieten[236].

Am 30. April 1996 legte die NBGT schließlich den sog. Schlußbericht vor[237]. Von den aus den NBGT-Verhandlungen resultierenden Verpflichtungen (zum damaligen Zeitpunkt lagen Angebote von 34 Regierungen vor, wobei die EU wie üblich als ein Mitgliedstaat rechnete[238]), betrafen 32 den Marktzugang in der Telefonie ("voice telephony"), 31 bezogen sich auf Datentransmissionsdienste, 28 gewährten Zugang im Mobilfunkbereich, 27 waren auf Wettbewerb für Dienste bei privaten Mietleitungen (private leased circuit services) gerichtet, 16 betrafen Satellitendienste[239] und die meisten Teilnehmer (30 von 34) entwarfen außerdem Angebote für "regulatorische Disziplinen" (z.B. Wettbewerbsschutzklauseln, Interconnection, Lizenzierung, Unabhängigkeit der

---

231 In der Schlußphase erhöhte sich die Tagungsfrequenz; kurz vor dem geplanten Ende der Verhandlungen am 30. April 1996 fanden mehrere Treffen statt; allein im April 1996 gab es Treffen am 17., 25. und 30. des Monats.
232 Die Reziprozitätsproblematik wurde bereits an mehreren Stellen dieser Studie behandelt; vgl. nur das 3. Kap. 2 g); siehe auch das 5. Kap. 5 b).
233 WTO Focus, Newsletter October-November 1996, No. 6, S. 6.
234 Vgl. nur *Negotiating Group on Basic Telecommunications*, Report of the Negotiating Group on Basic Telecommunications, Restricted, S/NBGT/18, 30 April 1996, S. 1.
235 WTO Focus, Newsletter October-November 1996, No. 6, S. 7.
236 UNCTAD, Report by the Secretariat, (Anm. 43), S. 184.
237 Damit wurde ein Kompromiß zwischen denjenigen Teilnehmern gefunden, die ursprünglich einen Verhandlungszeitraum von nur 18 Monaten und solchen, die mindestens drei Jahre gefordert hatten.
238 Argentinien, Australien, Brasilien, Kanada, Chile, Kolumbien, Elfenbeinküste, Tschechische Republik, Dominikanische Republik, Ecuador, EU, Hongkong, Ungarn, Island, Indien, Israel, Japan, Korea, Mauritius, Mexiko, Marokko, Neuseeland, Norwegen, Pakistan, Peru, Philippinen, Polen, Singapur, Schweiz, Slowakische Republik, Thailand, Türkei, USA und Venezuela; hingegen waren Barbados, Kuba, Ägypten, Tunesien und Zypern Teilnehmer an den Verhandlungen, gaben aber keine Angebote ab.
239 Informal Summary of NBGT Basic Telecommunications Offers, 2 May 1996.

Regulatoren); die letztgenannten, regulatorische Fragen betreffenden Angebote, wurden in der Regel auf das inoffizielle "Reference Paper" gestützt[240].

Anders als ursprünglich geplant, war die Nachverhandlungsphase jedoch noch nicht beendet. Am 1. Mai 1996 haben sich die Teilnehmer der NBGT auf einen Vorschlag von Generaldirektor *Rugggiero* verständigt, die Liberalisierungsangebote (er nannte sie "substantial offers") aufrechtzuerhalten, sie jedoch erneut zu überprüfen und materiell zu erweitern. Dabei plädierte *Ruggiero* für eine größere Flexibilität in den Verhandlungen[241]. Als Datum für die Implementierung der Ergebnisse dieser neu anberaumten Verhandlungen wurde nunmehr der 1. Januar 1998 festgelegt[242], wobei die fertiggestellten Commitments den übrigen während der Uruguay Runde ausgearbeiteten Verpflichtungslisten beigefügt werden sollen.

Diese Entscheidung, Monate nach dem geplanten Abschluß der NBGT-Verhandlungen eine erneute Einigung über verbindliche Liberalisierungszusagen anzustreben (Stichdatum: 15. Februar 1997), kam einem Mißerfolg gleich: Das ursprüngliche Verhandlungsziel, bis April 1996 substantielle Angebote vorliegen zu haben, deren Annahme die Liberalisierung der Basistelekommunikation energisch einleiten sollte, wurde nicht erreicht. Im Ergebnis fehlten am 30. April 1996 Angebote von Kolumbien, Indonesien, Malaysia und Südafrika. Diejenigen Angebote, die als verbesserungswürdig eingestuft wurden, stammten von Argentinien, Australien, Belgien, Brasilien, Kanada, Chile, Tschechische Republik, Dominikanische Republik, Ecuador, Frankreich, Griechenland, Hongkong, Ungarn, Island, Indien, Irland, Israel, Elfenbeinküste, Italien, Japan, Korea, Mauritius, Mexiko, Marokko, Pakistan, Peru, Philippinen, Polen, Portugal, Singapur, Slowakische Republik, Spanien, Schweiz, Thailand, Türkei und Venezuela[243].

Für die verschobene Einigung im Bereich der Basistelekommunikation dürfte zum einen die bereits verschiedentlich erwähnte Sorge der US-Regierung mitursächlich gewesen sein, Telekommunikationsmonopole anderer Staaten würden Vorteil aus den relativ niedrigen US-Tarifen auf internationalen Routen ziehen, ohne ihrerseits den US-Carriern eine entsprechend günstige Behandlung angedeihen zu lassen[244]. So wurde

---

240 Siehe den Abdruck des *Reference Papers* in: ILM 36 (1997), S. 367 ff.; in einigen Angeboten wurde der gesamte Text als "additional commitment" ohne eine Abänderung übernommen, in anderen wurde er abgeändert; zum Vorgehen im einzelnen *WTO, Negotiations on Basic Telecommunications* (Background Paper Mai 1996), S. 3; vor allem die USA hatten auf eine gemeinsame Vereinbarung von regulatorischen Prinzipien gedrängt; *U.S. Trade Representative Mickey Kantor* sagte, "a successful agreement must also include commitments to adopt Procompetitive Regulatory Principles - that is, commitments that assure new entrants in foreign markets have a chance to compete with entrenched monopolies", *Inside U.S. Trade, March 15, 1996*.
241 WTO Focus No. 11, June-July 1996, S. 9.
242 *Negotiating Group on Basic Telecommunications*, Report of the Negotiating Group on Basic Telecommunications, Restricted, S/NBGT/18, 30 April 1996, S. 1.
243 Vgl. Attachment, USTR Outlines Country-Specific WTO Telecom Offers, 3 May 1996.
244 Die USA waren der Ansicht, das Problem liege in den hohen "accounting rates", die von der Internationalen Fernmeldeunion festgelegt werden; diese seien "extremely inflated", was dazu Anreiz geben, das System zu verlassen, um billigere Dienste vom Territorium der USA aus anzubieten: *Inside U.S. Trade - March 1, 1996*; um Abhilfe zu schaffen, hatte die US-Seite vorgeschlagen, "ex-ante safeguards"-Mechanismen einzuführen, die es den regulatorischen Behörden erlauben würden, eine Lizenz zurückzuhalten, wenn eine ausländische Firma den Wettbewerb zu verzerren drohe (*Inside U.S. Trade, April 26, 1996; Inside U.S. Trade, April 19, 1996*); die EU hat demgegenüber eine Selbstverpflichtung für Monopolbetreiber vorgeschlagen ("self-discipline for monopoly operators"), vgl. *Inside U.S. Trade, September 27, 1996*; zu weiteren Lösungsvorschlägen, etwa das accounting rate system außer Kraft zu setzen, da es ohnehin nur die Entwicklungs-

betont, daß es keine "critical mass of high quality offers" anderer Teilnehmer in der NBGT gegeben habe[245]. Zum anderen leisteten US-Konsortien, die eine neue Generation von Satellitendiensten planen[246], erheblichen Widerstand: sie befürchteten ihre kapitalintensiven Systeme seien nicht rentabel, wenn andere Staaten ihre Märkte nicht für den Wettbewerb öffneten.

Die Stillhalteverpflichtung, auf die die NBGT-Mitglieder sich bis zur endgültigen Einigung verständigt hatten, sah vor, daß die Mitglieder bis zum Inkrafttreten der neuen Übereinkunft "shall not take measures which would be inconsistent with their undertakings resulting from these negotiations" und verhinderte auf diese Weise zunächst einen Rückfall auf das Niveau *ex ante*.

Im Juli 1996 wurde mit der Group on Basic Telecommunications (GBT*)* ein neues Organ eingesetzt, das die NBGT ablösen und an den Rat für den Handel mit Dienstleistungen berichten sollte. Die neuen Verhandlungen begannen im Juli 1996; bereits auf der im Dezember 1996 in Singapur stattfindenden ersten WTO-Ministerkonferenz hatten verschiedene Länder verbesserte Angebote vorgelegt, was auch als Signal für einen erfolgreichen Abschluß der Verhandlungen gewertet wurde. Anfang 1997 schien die "kritische Masse" von Angeboten erreicht und am 15. Februar 1997 wurden die Telekommunikationsverhandlungen erfolgreich abgeschlossen. 69 WTO-Mitglieder übernahmen zu diesem Zeitpunkt Verpflichtungen[247]; 32 der ursprünglich 34 im April 1996 vorgelegten Angebote wurden materiell verbessert; die entsprechenden Schedules wurden am 1. Januar 1998 verbindlich. Immerhin 55 Staaten hatten die wettbewerbsförderlichen Regeln des Reference-Paper in ihrer Gesamtheit angenommen.

Im Vergleich zu dem im April 1994 erreichten Liberalisierungsstand – damals entsprachen die meisten der eingegangenen Verpflichtungen dem Status Quo – ist davon auszugehen, daß das schließlich herbeigeführte Ergebnis der Verhandlungen im Bereich der Basistelekommunikation zu einer neuen Liberalisierungsdynamik führt. Von der genannten Einigung sind 90 Prozent des Weltmarktes für Telekommunikation betroffen[248].

---

länder begünstige, *Inside U.S. Trade - March 1, 1996*; zur Bedeutung des geltenden Tarifierungssystems und den Reformplänen siehe die Ausführungen im 5. Kap. 4 a).

245 Office of the United States Trade Representative, Executive Office of the President, Washington D.C., April 30, 1996, *Statement of Ambassador Charlene Barshefsky*, Basic Telecom Negotiations, April 30, 1996; ebenso *M. Bergsman*, Special Report, Inside U.S. Trade, April 30, 1996; nur zehn der 53 Angebote seien für die USA akzeptabel gewesen, vgl. *Inside U.S. Trade – May 3, 1996* (genannt wurden diejenigen von Österreich, Dänemark, Finnland, Deutschland, Luxemburg, Niederlande, Neuseeland, Norwegen, Schweden, Großbritannien); positiv zur US-Haltung *E. Olbeter*: Holding Firm on Telecoms, in: Journal of Commerce, 7 May 1996: "The United States was right to block a deal"; der Vorsitzende der Federal Communications Commission, *Reed Hundt*, betonte am 11. Oktober 1996 erneut, daß die WTO-Verhandlungen nicht erfolgreich zu Ende gebracht würden, wenn die asiatischen Staaten ihre Angebote nicht verbesserten, vgl. *International Trade Reporter, 16 October 1996.*

246 Zu den Konsortien, die die "Global Mobile Personal Communications by Satellite" planen, gehören u.a. Iridium, GlobalStar, ICO, Inmarsat, Odyssee; die US-Satelliten Provider beklagten, daß zu wenige Staaten Angebote im Satellitenbereich vorgelegt hätten, vgl. Inside U.S. Trade – May 3, 1996.

247 Die Schedules befinden sich als Annex zum *Report of the Group on Basic Telecommunications (GBT)*, WTO Doc. S/GBT/4 (February 15, 1997), in: ILM 36 (1997), S. 369; der Bericht sieht vor, daß diese Schedules als 4. Protokoll dem GATS beigefügt und diejenigen vom 30. April 1996 ersetzen.

248 *C. A. P. Braga*, (Anm. 218), S. 24.

d) Das WTO-Streitbeilegungssystem – eine neue Chance für die Entwicklungsländer?

Intensive internationale Wirtschaftsbeziehungen erfordern funktionell eine Grundlage ausreichender Rechtssicherheit. Streitbeilegung erfüllt insofern eine doppelte Funktion: zum einen erhält sie die Ordnung und die Glaubwürdigkeit des bestehenden Systems und verringert die Notwendigkeit einseitigen Handelns, zum anderen schreibt sie dieses System "through the definition of the range of acceptable norms and practices" fort[249].

Zwar schaffte das Allgemeine Dienstleistungsabkommen (GATS) mit der Anlage zur Telekommunikation eine erste Basis für erfolgreiche Wirtschaft- und Handelsbeziehungen im neuen Bereich der Dienstleistungen, die GATS-Normen und Regeln bieten jedoch noch keine Gewähr für normgerechtes bzw. regelorientiertes Verhalten der Staaten. Es besteht, wie *Rittberger* es allgemein in bezug auf GATT-Normen formulierte, auch nach ihrer Konkretisierung ein "Interpretationsspielraum" und somit ein "Rest zwischenstaatlichen Mißtrauens in den internationalen Handelsbeziehungen"[250]. Letztlich hängt die Durchsetzbarkeit des multilateralen Normengefüges, aber auch das darin gesetzte Vertrauen der Parteien[251], maßgeblich von der institutionellen Ausgestaltung ab.

Zunächst einmal sieht Art. XXII: 1 GATS eine allgemeine Konsultationspflicht der Mitgliedstaaten für alle Fragen vor, die sich aus der Anwendung des GATS ergeben[252]. Falls sich keine zufriedenstellende Lösung finden läßt, kann auf Ersuchen eines Mitgliedstaates die Konsultation auf die Ebene entweder des Rats für den Handel mit Dienstleistungen[253] oder des Streitbeilegungsgremiums gebracht werden (Art. XXII:2 GATS). Wenn ein Mitgliedstaat darüber hinaus der Ansicht ist, daß ein anderes Mitglied des GATS seine Pflichten oder spezifischen Verpflichtungen nicht erfüllt, kann die Angelegenheit im Rahmen der Vereinbarung über Streitbeilegung bereinigt werden (Art XXIII:1 GATS). Das Streitbeilegungsgremium kann in der Folge die Anwendung der GATS-Pflichten und der spezifischen Verpflichtungen gemäß Artikel 22 der Vereinbarung über Streitbeilegung aussetzen, wenn es zu der Auffassung gelangt, daß die "Umstände ernst genug sind", um diesen Schritt zu rechtfertigen (Art. XXIII: 2 GATS). Einzelheiten, etwa hinsichtlich der Zusammensetzung der Panels, enthält die Decision on Certain Dispute Settlement Procedures for the General Agreement on Trade in Services[254].

---

249   *K. P. Sauvant*: Services and Data Services, in: *P. Robinson/K. P. Sauvant/V. P. Govitrikar (Hrsg.):* Electronic Highway for World Trade, Issues in Telecommunication and Data Services (1989), S. 10; *W. J. Aceves*: Lost Sovereignty? The Implications of the Uruguay Round Agreements, in: Fordham International Law Journal 19 (1995), S. 473; zum WTO-Streitbeilegungsverfahren detailliert *R. Senti*, (Anm. 94), S. 33 f.; die Entstehung des WTO-Streitbeilegungssystems sehen *Hoekman/Kostecki* als Folge des "diminished giant syndrome of the USA" an: *B. Hoekman/M. Kostecki*, (Anm. 53), S. 11; zum Ganzen auch *P. T. B. Kohona*: Dispute Resolution under the World Trade Organization, in: JWTL 28 (1994), S. 33 ff.
250   *V. Rittberger*, (Anm. 193), S. 189.
251   Dazu *F. Gurry*, (Anm. 199), S. 197.
252   Art. XXII:1 GATS sieht vor, daß jedes Mitglied die Möglichkeit von Konsultationen "wohlwollend prüfen" wird.
253   Zu diesem Organ siehe bereits oben das 5. Kap. 4 b).
254   Die Decision on Certain Dispute Settlement Procedures for the General Agreement on Trade in Services, in: GATS, The General Agreement on Trade in Services and Related Instruments (April 1994), S. 39, lautet
"Ministers decide to recommend that the Council for Trade in Services at its first meeting adopt the decision set out below.
The Council for Trade in Services,

Das neue Streitbeilegungsorgan ist zuständig für die Abwicklung grundsätzlich aller Streitbeilegungsverfahren in allen Sektoren. Dadurch ist gewährleistet, daß die Streitbeilegungspanels und die neu geschaffene Berufungsinstanz unter Berücksichtigung aller einschlägiger Vorschriften des gesamten Vertragswerkes entscheiden können. Eine Aufsplitterung, wie sie in der Vergangenheit existierte (forum shopping), ist deshalb in Zukunft ausgeschlossen[255].

Damit wurde nach dem Vorbild der auf Güter anwendbaren GATT-Streitschlichtung erstmals ein verbindlicher Streitbeilegungsmechanismus für den Dienstleistungssektor, den Telekomdienstehandel eingeschlossen, verankert. Aufgrund des erforderlichen Willens der Mitglieder, Abstriche an ihrer Souveränität hinzunehmen und sich einem verbindlichen Streitbeilegungsverfahren anzuschließen, wurde die Verständigung auf ein Streitbeilegungsverfahren grundsätzlich auch als eine Art "Lackmus-Test" charakterisiert[256], nämlich als eine Probe für die Ernsthaftigkeit, mit der die Mitglieder das normative Regelwerk beurteilen bzw. bereit sind, seine Implementierung zu fördern. Diesen ersten Test dürften die Mitglieder, Industrie- wie Entwicklungsstaaten, mit der Annahme eines zentralen WTO-Streitbeilegungsmechanismus bestanden haben.

Fraglich ist, inwieweit sich nun aus dem neuen Streitbeilegungssystem ein *konkreter* Nutzen für die Entwicklungsländer ergibt. Als vorteilhaft mag sich die in Art. 27 Dispute Settlement Understanding (DSU) vorgesehene Regelung erweisen, daß die Entwicklungsländer den Beistand eines Rechtsexperten anfordern können, damit dieser ihnen in einem Rechtsstreit beisteht; das WTO-Sekretariat "shall make available a quali-

---

Taking into account the specific nature of the obligations and specific commitments of the Agreement, and of trade in services, with respect to dispute settlements under Articles XXII and XXIII,
Decides as follows:
1. A roster of panellists shall be established to assist in the selection of panellists.
2. To this end, members may suggest names of individuals possessing the qualifications referred to in paragraph 3 for inclusion on the roster, and shall provide a curriculum vitae of their qualifications including, if applicable, indication of sector-specific expertise.
3. Panels shall be composed of well-qualified governmental and/or non-governmental individuals who have experience in issues related to the General Agreement on Trade in Services and/or trade in services, including associated regulatory matters. Panellists shall serve in their individual capacities and not as representatives of any government or organisation.
4. Panels for disputes regarding sectoral matters shall have the necessary expertise relevant to the specific services sectors which the dispute concerns.
5. The Secretariat shall maintain the roster and shall develop procedures for its administration in consultation with the Chairman of the Council."
Vgl. auch die Rules of Conduct for the Understanding on Rules and Procedures Concerning the Settlement of Disputes, 3 December 1997, in: ILM 36 (1997), S. 477-484.

255 Hintergrund für das neue zentral verwaltete, einheitliche Streitbeilegungsverfahren waren Erfahrungen mit den Kodizes der vorhergegangenen Tokio-Runde, dazu näher *B. Jansen*: Die neue Welthandelsorganisation (World Trade Organization - WTO, in: EuZW 1994, S. 334; näher zur Möglichkeit, Entscheidungen des Streitschlichtungspanels bei einer Berufungsinstanz anzufechten und damit ein zweitinstanzliches Urteil zu erlangen: *A. R. Ziegler*: Erste Erfahrungen mit der Berufungsinstanz der WTO. Anmerkungen zum WTO-Streitschlichtungsverfahren "United States - Standards for Reformulated and Conventional Gasoline", in: Aussenwirtschaft 51 (1996), S. 417-432; vgl. auch *E.-U. Petersmann*: The Dispute Settlement System of the World Trade Organization and the Evolution of the GATT Dispute Settlement System Since 1948, in: Common Market Law Review 31 (1994), S. 1157 ff.; *N. Komuro*: The WTO Dispute Settlement Mechanism Coverage and Procedures at the WTO Understanding, in: JWTL 29 (1995), S. 5-95; *A. Porges*: The New Dispute Settlement: From the GATT to the WTO, in: LJIL 8 (1995), S. 115 ff.

256 *K. P. Sauvant*, (Anm. 249), S. 11.

fied legal expert from the WTO technical cooperation services to any developing country Member which so requests". Es ist darüber hinaus absehbar, daß das GATS und die Verpflichtungslisten i.v. mit dem Dispute Settlement Understanding (DSU) "will have a major impact on the work of national telecommunications regulators"[257], denn die Panels werden in der Lage sein, die Arbeit der nationalen Regulatoren zu überprüfen. Dies kann zu einer Veränderung der regulatorischen Praktiken auch in Entwicklungsländern führen. Auch wird davon ausgegangen, daß die ʹbargaining powerʹ, die die Entwicklungsländer gegenüber den ʹmajor playersʹ besitzen, sich erhöht – ein Einfluß der neuen Streitbeilegungsmechanismen auf die regulatorische Situation in den (Entwicklungs-)Ländern steht also zu erwarten[258].

Den Entwicklungsländern lag außerdem stets an einer Festigung der multilateralen GATT-Regeln gegenüber bi- oder unilateralem Vorgehen[259], insofern mag man in dem neuen Streitbeilegungssystem einen Gewinn an Rechtssicherheit und mittelbar auch einen Vorteil für sie sehen[260]. Von indischer Seite war zu hören, daß das verbesserte Streitbeilegungssystem ein "major gain" darstelle, da es einen wirksamen Mechanismus gegen unilateralen Druck biete[261]. Und Brasilien hob in einer Sitzung des Dispute Settlement Body (DSB) am 20. Mai 1996 hervor, alle Parteien seien "Gewinner" aufgrund der Stärkung des WTO Streitbeilegungssystems[262]. Mit dem neuen Verfahren zur Streitschlichtung würden "vor allem die Interessen der kleineren Staaten wirksamer gegen unilaterale Vorgehensweisen geschützt", was ein großer Fortschritt für die Entwicklungsländer, aber auch für das Welthandelssystem insgesamt sei[263].

Tatsächlich erscheint die neue, aktuelle Regelung, etwa die Umkehrung des Konsensprinzips[264], bei der Streitschlichtung ein Gewinn für die Entwicklungsländer zu sein, denn das Verfahren kann nicht mehr, wie früher zum Teil geschehen, von einer Seite blockiert werden. Beispielsweise werden die Panelberichte automatisch von der Organisation angenommen, falls es keine Einigung gibt, den Bericht abzulehnen; wird Klage eingereicht, dann setzt diese das Verfahren in Gang. Auch die Rechtsfolgenseite mag im Einzelfall im Interesse der Entwicklungsländer liegen: befolgt der betroffene Staat die Empfehlungen nicht, so können die Handelspartner Kompensation verlangen und gegebenenfalls Vergeltungsmaßnahmen in einem beliebigen Sektor ergreifen. Mit

---

257 *Report of the Fifth Regulatory Colloquium*, (Anm. 74), S. 20; näher zum Understanding on Rules and Procedures Governing the Settlement of Disputes: *J. H. Jackson*, (Anm. 60), S. 41.
258 *D. P. Steger*: WTO Dispute Settlement: Revitalization of Multilateralism After the Uruguay Round, in: LJIL 9 (1996), S. 333; zu Fragen der ʹGovernanceʹ siehe bereits das 2. Kap. 3.
259 Vgl. bereits die Ausführungen zur Relevanz der Ebenen des Bi- und des Multilateralismus im 2. Kap. 1 f).
260 *C. Hamilton/J. Whalley*, (Anm. 158), S. 46; *J. Whalley*: The Uruguay Round and Beyond (1989) S. 68; *B. Hoekman/M. Kostecki*, (Anm. 53), S. 31; *F. V. Kratochwil*, Globalization and the Disappearance of the "Publics", in: *J.-Y. Chung (Hrsg.)*: Global Governance. The Role of International Institutions in the Changing World (1997), S. 115 f. spricht von "greater clarity" und "stability of expectations"; vgl. auch der WTO Deputy Director General *W. Lavorel*: The World Trade Organization: Looking Ahead, in: ASIL, Proceedings of the 91st Annual Meeting, April 9-12 1997, Washington, S. 23.
261 *Ambassador and Permanent Representative of India to GATT*, Annex 9, APT/UNCTAD Seminar on Telecommunications' Support for Trade in Services, 14-17 May 1994, Male, Republic of Maldives (1994), S. 82.
262 WTO Focus No. 11, June-July 1996, S. 2.
263 *B. May*: Die Uruguay Runde (1994), S. 79.
264 Schiedssprüche können in Zukunft nur noch im Konsens abgelehnt werden, ebenso kann das Urteil der neuen Berufungsinstanz nur mit den Stimmen *aller* WTO-Mitglieder zurückgewiesen werden.

anderen Worten: Wenn es in einem Handelsstreit keine vergleichbaren Dienste gibt, gegen die ein Staat sich richten könnte, dann kann ein Land auch Vergeltungsmaßnahmen gegen Güter des Verletzerstaates ergreifen ("Quervergeltung")[265].

Andererseits ist zum Schutz der Interessen schwächerer Mitglieder keine neutrale Instanz zur Feststellung von Verstößen gegen die GATS-Regeln geschaffen worden. Die Initiative dazu, ob ein Verstoß festgestellt oder auch Vergeltungsmaßnahmen angewendet werden sollen, bleibt nach wie vor den betroffenen Mitgliedstaaten überlassen – einen allgemeinen Rechtsdurchsetzungsanspruch dergestalt, daß ein Mitgliedstaat den Verstoß von Bestimmungen rügen kann, ohne selbst davon betroffen zu sein, gibt es nicht; Voraussetzung ist grundsätzlich, daß die Rechtsdurchsetzung sich in der "Interessenlage eines einzelnen Staates widerspiegelt"[266]. Auch die WTO-Organe besitzen insofern kein Initiativrecht[267], von dem die Entwicklungsländer unter Umständen hätten profitieren können. Sie sind auch künftig nicht gegen den Umstand gefeit, daß für die Einleitung eines Verfahrens die unterschiedliche Machtsituation zwischen den Streitparteien eine maßgebliche Größe ist, etwa wenn es sich bei einer der Streitparteien um einen für die Entwicklungskooperation bedeutsamen Partner handelt oder sonstige Abhängigkeiten (Export-Import, Verschuldung) für die andere Streitpartei existieren.

Die Ansichten der Experten angesichts des neuen WTO-Streitbeilegungssystems gehen auseinander. Die neue Organisation der Streitschlichtung im WTO-System stelle einen "qualitativen Sprung" in Richtung einer wirksameren Überwachung der Einhaltung der GATT-/WTO-Regeln und der Herstellung von Transparenz bei Streitschlichtungsverfahren dar, meinte der Direktor des Deutschen Instituts für Entwicklungspolitik, Berlin, *Taake*[268]. *Stoll* sieht in den Streitbeilegungsverfahren der WTO einen "disziplinierenden 'konstitutionellen' Kontrolldruck"[269]. Nicht weit genug geht der Mechanismus hingegen *Donges*; es werde zwar die Welthandelsordnung institutionell fortentwickelt, doch seien die Sanktionsmöglichkeiten bei Regelverstößen nach wie vor wenig abschreckend. Das Problem der bilateralen Streitschlichtung, die von den Vereinigten Staaten und der Europäischen Union bevorzugt werde[270], sei ungelöst; schließlich würden den Bürgern, die sich von protektionistischen Praktiken nachteilig betroffen fühlten, keine einklagbaren Rechte eingeräumt[271].

Ob die schwachen Sanktionsmöglichkeiten der Organisation, ihre fehlenden Initiativrechte auf dem Sektor der Streitbeilegung sowie die Tatsache, daß schließlich auch private Unternehmen kein "legal standing" im Rahmen der Streitbeilegung besitzen[272], gra-

---

265 *G. Koopmann/H.-E. Scharrer*, (Anm. 187), S. 5; *B. May*, (Anm. 263), S. 101; zur "cross-retaliation" siehe auch *C. Hamilton/J. Whalley*, (Anm. 158), S. 39; *B. Hoekman/M. Kostecki*, (Anm. 53), S. 134; *J. J. Schott*, assisted by *J. W. Buurman*: The Uruguay Round. An Assessment (1994), S. 111.
266 *P.-T. Stoll*: Freihandel und Verfassung. Einzelstaatliche Gewährleistung und die konstitutionelle Funktion der Welthandelsordnung (GATT/WTO), in: ZaöRV 57 (1997), S. 133 m.w.N.
267 *B. Jansen*, (Anm. 255), S. 335.
268 *H.-H. Taake*: Die Integration der Entwicklungsländer in die Weltwirtschaft, in: EA 8/1994, S. 227.
269 *P.-T. Stoll*, (Anm. 266), S. 124.
270 Den Konflikt zwischen "ausufernder bilateraler und relativ bescheidener multilateraler Streitschlichtung" habe auch das neue Regelwerk nicht zugunsten des GATT gelöst, wie die Post Uruguay Phase zeige, so auch *R. J. Langhammer*, (Anm. 60), S. 13; vgl. auch *C. Raghavan*, (Anm. 20), S. 246.
271 *J. B. Donges*: Nach der Uruguay-Runde: Alte und neue Bedrohungen für den freien Handel, in: Zeitschrift für Wirtschaftspolitik 44 (1995), S. 211.
272 Zur Möglichkeit der Geltendmachung von Bestimmungen der WTO-Rechtsordnung durch einzelne siehe *P.-T. Stoll*, (Anm. 266), S. 136 ff.

vierene Nachteile sind, muß die Zukunft zeigen. Entscheidend für den Erfolg der WTO-Streitbeilegungsverfahren wird in jedem Fall die Bereitschaft der Vertragsparteien sein, intensiven Gebrauch von den Instrumenten der multilateralen Streitbeilegung auch im Bereich des Handels mit Telekomdiensten zu machen[273].

Insofern sind die ersten Anzeichen dafür, daß die Entwicklungsländer an dem System der WTO-Streitschlichtung aktiver teilnehmen als früher im GATT[274], positiv zu werten, auch wenn die Telekommunikation davon bislang nicht betroffen ist.

e) Die GATS-Folgeverhandlungen als Institution der neuen Welthandelsordnung

Art. 19 GATS schreibt vor, daß nicht später als fünf Jahre nach Gründung der WTO sukzessive und periodische Verhandlungsrunden mit dem Ziel zu eröffnen sind, den Liberalisierungsstand progressiv zu erhöhen. Damit werden, wie bisher im GATT-System recht erfolgreich geschehen, Verhandlungsrunden als Mittel zur fortschreitenden Liberalisierung[275] institutionalisiert.

Ob allerdings die in Aussicht genommenen Folgeverhandlungen zu konkreten Fortschritten und damit auch zu Vorteilen für die Entwicklungsländer führen werden, ist offen. Befürchtet wird insbesondere, "daß die unter bestimmten Bedingungen erlaubte Ausnahme von der Meistbegünstigung zu einer lang anhaltenden Abschottung von Sektoren führt" und sich als "Spaltpilz" zwischen den Handelspartnern erweist[276]. Auch eine umfassende Umsetzung der Inländerbehandlung sei "bis auf weiteres" nicht zu erwarten"[277], heißt es.

---

273 Zu dem Umstand, daß das Streitbeilegungssystem der ITU seit seinem Bestehen 1947 kein einziges Mal zur Anwendung kam: *M. C. E. J. Bronckers*: Les télécommunications et l'Organisation mondiale du commerce, Dossier "Droit des télécommunications: entre déréglementation et régulation", in: L'actualité juridique droit administratif (AJDA) no. 3, 20 mars 1997, S. 269; die USA suchten mit dem "World Dispute Settlement Review Commission Act" von 1995 bereits darauf hinzuwirken, daß alle Streitentscheidungen der WTO auf "substantive and procedural fairness" untersucht würden, näher *A. D. Herman*: The WTO Dispute Settlement Review Commission: An Unwise Extension of Extrajudicial Roles, in: Hastings Law Journal 47 (1996), S. 1635 ff.

274 Vgl. bereits *R. Ruggiero*: Overview of WTO's First Year, in: WTO Focus Newsletter, December 1995, No. 7, S. 6; WTO-Focus, Newsletter March-April 1996, No. 9, S. 1; in der Liste "*The First 100 Disputes Brought to the WTO*" vom August 1997 finden sich Venezuela, Brasilien, Peru, Chile, Guatemala, Honduras, Mexiko, Thailand, Indien, Korea, Philippinen, Costa Rica, Uruguay, Ecuador, Guatemala, Honduras, Argentinien, Malaysia, Pakistan und Kolumbien auf der Klägerseite; dabei wurde das GATS jedoch nur höchst selten in der Streitschlichtung angerufen, zum Vergleich (Stand August 1997): SPS/TBT: 20; TRIPS: 10; Landwirtschaft: 9; Textilien: 9; TRIMS: 9; GATS: 4.

275 Zu dem Grundsatz der fortschreitenden Liberalisierung vgl. bereits das 3. Kap. 2 a); 4. Kap. 1 d) und 6. Kap. 2 e); die rechtspolitischen Schlußfolgerungen behandelt das 6. Kap. 5; eine Zeittafel für die innerhalb der WTO bis zum Jahre 2000 geplanten Verhandlungen gibt *J. J. Schott*, (Anm. 265), S. 35 f.; am 1. Januar 2000 sollen Verhandlungen beginnen, um das allgemeine Verpflichtungsniveau der specific commitments zu erhöhen (Art. XIX GATS) und die Ausnahmen nach Art. II (MFN) zu überprüfen.

276 G. Koopmann/H.-E. Scharrer, (Anm. 187), S. 13.

277 *G. Koopmann/H.-E. Scharrer*, (Anm. 187), S. 13; die genannten Autoren schlagen daher die Aushandlung sektorspezifischer Kodizes vor, die nur für die jeweiligen Unterzeichnerstaaten gelten; längerfristig könnten diese Kodizes dann in für alle WTO-Mitglieder verbindliche Bestimmungen überführt werden.

5. Strukturelle Defizite

a) Einstieg in künftige Liberalisierung

Kaum jemand hätte nach dem Widerstand einiger Staaten, vornehmlich aus der Dritten Welt, gegen eine Aufnahme von Dienstleistungsverhandlungen im Jahr des offiziellen Verhandlungsbeginns, 1986, vorausgesagt, daß diese Verhandlungen nicht nur jahrelang geführt, sondern sogar von einem völkerrechtlichen Abkommen, dem General Agreement on Trade in Services samt Anlagen, gekrönt würden. Die Beendigung der Kodifikationsarbeiten ist ein "Erfolg" und als solcher unbestritten; er darf jedoch nicht den Blick verstellen auf das, was wirklich erreicht wurde.

GATS ist lediglich als Einstieg in künftige Liberalisierungsbemühungen anzusehen, als "a point of departure for future multilateral efforts"[278]. Eine grundlegende Schwäche des GATS sind die Ausnahmen zur Meistbegünstigung und die begrenzte Zahl allgemeiner Verpflichtungen (Teil II). Viele der traditionellen Handelsprinzipien, wie Marktzugang und Inländerbehandlung, finden nur Anwendung, wenn freiwillig spezifische Verpflichtungen übernommen werden. Dies bedeutet, daß im GATS-Kontext die bilateral ausgehandelten Verpflichtungslisten der jeweiligen Länder viel wichtiger sind als unter dem GATT, da sie letztlich die Marktzugangschancen konkretisieren. Hier aber gibt es die deutlichsten Defizite, die nachfolgend dargelegt werden sollen.

b) Verzicht auf generelle Marktzugangsverpflichtung

Obgleich es unbestritten ist, daß die Öffnung der Dienstleistungsmärkte für den Zugang ausländischer Anbieter eine Grundvoraussetzung für einen entwickelten internationalen Dienstleistungshandel ist, enthält das GATS keine allgemeine Pflicht zur Marktöffnung.

Die Regeln über den Marktzugang gelten im Prinzip nur im Rahmen der speziellen Verpflichtungen, die einzelne Mitgliedstaaten übernommen haben. Das bedeutet, daß die in Teil III GATS aufgeführten Artikel nur Anwendung finden, wenn eine Partei sich entschließt, über die Telekommunikationsdienste zu verhandeln und spezielle Verpflichtungen einzugehen.

Mit der getroffenen Regelung wurde, so mag es scheinen, auf ein wirksames Mittel zur Öffnung der (Telekommunikations-)Märkte verzichtet. Zwar hatten sich einzelne Staaten, auch die Europäische Gemeinschaft, für eine unmittelbare Anwendbarkeit der Marktzugangsbestimmungen eingesetzt, die Entwicklungsländer haben jedoch gegenüber der Verankerung von Marktzugangsverpflichtungen im Rahmenabkommen Widerstand geleistet[279]. Den Ausschlag gab schließlich die Haltung der USA. Hatten sie zunächst unmittelbar anwendbare Marktzugangsregelungen befürwortet, so griffen sie später die Verhandlungsposition der Entwicklungsländer auf. Ihnen schien die Ausge-

---

278 *UNCTAD/The World Bank*: Liberalizing International Transactions in Services. A Handbook (1994), S. vii; *R. J. Langhammer*, (Anm. 60), S. 11; *T. Nguyen/C. Perroni/R. Wigle*: A Uruguay Round Success, in: The World Economy 18 (1995), S. 25; *G. Koopmann/H.-E. Scharrer*, (Anm. 187), S. 3; *J. B. Donges*, (Anm. 271), S. 210; *I. Araki/G. Marceau*: GATT/WTO and Managing International Trade Relations, in: *J.-Y. Chung (Hrsg.)*: Global Governance. The Role of International Institutions in the Changing World (1997), S. 236: "starting point for the future liberalization."
279 Vgl. die Ausführungen im 4. Kap. 2 b).

staltung des Marktzugangs als allgemeine multilaterale Verpflichtung des GATS entbehrlich zu sein, da sie aufgrund ihrer Marktmacht und Führungsstärke traditionell gute Resultate im Wege bilateraler Verhandlungen erzielten. So kam es schließlich dazu, daß der Marktzugang nicht als allgemein verbindliche, multilaterale Pflicht aller Vertragsparteien statuiert wurde, sondern als Verhandlungs- und Gestaltungsoption – eine im Wege bilateraler Verhandlungen zu vereinbarende Verpflichtung.

Zahlreiche Entwicklungsländer verbanden mit dem erfolgreichen Abschluß der Dienstleistungsverhandlungen die Hoffnung auf eine Stärkung des Multilateralismus. Es wurde allerdings im Rahmen der eingangs formulierten Arbeitshypothese[280] bezweifelt, ob diese Hoffnung sich erfüllen würde.

Wie sich aus der vorliegenden Untersuchung ergibt, waren diese Zweifel berechtigt. In der Uruguay Runde kam eine absolute, auf das Marktzutrittsniveau abstellende Reziprozität[281] zur Anwendung. Grund dafür waren sektorale Konzessionsverhandlungen, in denen die "major players" jedes Industrielandes ihre Exportchancen zu verbessern suchten und Druck auf die Verhandlungsführer ausübten, um von den übrigen Verhandlungsteilnehmern reziproke Marktöffnungszusagen zu erhalten. Dies hatte zur Folge, daß sektorübergreifende "trade offs" weitgehend unterblieben und die *gesamt*ökonomische Perspektive stark verkürzt wurde. Die innerhalb des Prozesses der Aushandlung spezifischer "commitments" angewandte Reziprozität[282] hat zu einer erneuten Stärkung des Bilateralismus innerhalb des multilateralen GATT-/WTO-Systems geführt; letztlich stehen sich die Parteien in einem auf unmittelbare Vorteilserlangung zielenden "do-ut-des-Verhältnis" gegenüber.

An diese Tatsache knüpfen sich verschiedene Folgeprobleme: zum einen – dies wird später noch zu sehen sein – haben die eingegangenen Marktzugangsverpflichtungen für Dienstleistungen insgesamt nur mäßige Ergebnisse erbracht und im wesentlichen den Status Quo festgeschrieben. Entsprechend gering, so ist zu vermuten, dürften "auch die Handelseffekte zunächst ausfallen"[283].

Zum anderen besteht die Gefahr, daß die getroffene GATS-Regelung längerfristig für ein unterschiedliches Liberalisierungsniveau sorgt, indem einige Staaten spezifische Verpflichtungen übernehmen, während andere das nicht tun. In zahlreichen Staaten ist der zugestandene Liberalisierungsgrad überdies gering.

c) Begrenzte Reichweite der Inländerbehandlung

Auch die Inländerbehandlung gilt nur für die in den Länderlisten aufgeführten Dienste, was bedeutet, daß sie erst dann Anwendung findet, *nachdem* der Marktzugang – also die Genehmigung, im Territorium Geschäftsaktivitäten aufzunehmen oder Telekommunikationsdienste über die Grenze hinweg in das Territorium hinein zu erbringen – gewährt wurde. Erst, wenn Unternehmen Zugang zum Markt oder zumindest, wie *Engel* es formulierte, ein "landing right", "i.e. right to hand (...) signals over to the domestic pro-

---

280 Die Bildung von Arbeitshypothesen findet sich im 1. Kap. 3 b).
281 Zu den gewandelten Reziprozitätsvorstellungen siehe bereits die Ausführungen im 3. Kap. 2 g).
282 Einzelheiten zum Procedere des Aushandelns enthält das 3. Kap. 2 und das 5. Kap. 3 a).
283 G. Koopmann/H.-E. Scharrer, (Anm. 187), S. 9.

vider at the border line"[284], erhalten haben, stellt sich die Frage der fairen und gerechten Behandlung, also der Inländerbehandlung.

In bezug auf die Telekommunikationsmärkte besteht jedoch die größte Schwierigkeit in dem Zutritt von neu auf ausländische Märkte drängenden Firmen. Das Problem der diskriminierenden Behandlung nach Geschäftsbeginn – und damit die Inländerbehandlung – scheint entsprechend von untergeordneter Bedeutung zu sein. Den Marktzugangsregelungen (Art. XVI) kommt, zumindest im Telekomdienstehandel, im Prinzip größere Bedeutung zu.

Selbst da, wo Inländerbehandlung bereits Anwendung findet, kann es vorkommen, daß der Marktzugang verweigert oder zumindest behindert wird, etwa aufgrund komplexer Standardisierungsverfahren oder anderer Regulierungshindernisse[285]. Voraussetzung einer Inländerbehandlung ist daher ein bereits funktionierender Wettbewerb[286].

Aus Sicht zahlreicher Entwicklungsländer, die, wie bereits ausgeführt, Telekommunikation vielfach als "basic public utility" sehen und deshalb an den eine Grundversorgung garantierenden Monopolstrukturen festhalten, kommt dem "handelsorientierten" Grundsatz der Inländerbehandlung eher geringer Stellenwert zu. Sobald eine Partei für einen bestimmten Dienstleistungssektor ein rechtlich geschütztes Monopol begründet hat, darf sich kein anderer (weder In- noch Ausländer) in dem durch das Monopol ausbedungenen Geschäftsbereich betätigen. Bei fortbestehender Monopolsituation, wie insbesondere im Bereich der Telekommunikation in der Dritten Welt üblich, zeitigt das Prinzip der Inländerbehandlung also nur begrenzte Wirkung.

Zum anderen, auch dies zeigt den schwach ausgeprägten Verpflichtungscharakter des GATS, bietet der Grundsatz der Inländerbehandlung im Prinzip nur Schutz gegen Formen *staatlicher* Diskriminierungen. Gerade im Bereich der Telekommunikation, wo in zunehmendem Maße auch Basistelekommunikation in der Regie privater Unternehmen erbracht wird, muß dies als Manko gesehen werden.

Angesichts dieser Umstände wurde vor Abschluß des General Agreement on Trade in Services verschiedentlich gefordert, man solle sich (statt auf die Verankerung des Grundsatzes der Inländerbehandlung im Bereich des Handels mit Telekommunikationsdiensten) auf alternative Regelungen für Monopole konzentrieren, zum Beispiel auf "faire Betriebspraktiken für Monopole"[287].

d) Ausnahmen zur Meistbegünstigung

Nicht auszuschließen ist ferner, daß die verabschiedeten horizontalen Ausnahmegenehmigungen zur Meistbegünstigung den Liberalisierungserfolg des GATS in Frage stellen.

---

284 C. Engel: Is Trade in Services Specific?, in: *T. Oppermann/J. Molsberger (Hrsg.):* A New GATT for the Nineties and Europe '92. International Conference held in Tübingen 25-27 July 1990 (1991), S. 217.

285 Überwiegend behindern, wie verschiedentlich ausgeführt, nicht-tarifäre Handelshemmnisse, wie etwa innerstaatliche Regulierungen, den Handel mit Telekomdiensten.

286 R. G. Pipe, (Anm. 30), S. 92; *M. Bothe:* Grenzüberschreitende Telekommunikation, in: *J. Scherer (Hrsg.):* Telekommunikation und Wirtschaftsrecht (1988), S. 244; Stoll sieht Inländerbehandlung nach Art. VII folglich als entscheidendes Ordnungsprinzip für das Stadium der fortgeschrittenen Liberalisierung an: *P.-T. Stoll*, „Die WTO: Neue Welthandelsorganisation, neue Welthandelsordnung. Ergebnisse der Uruguay Runde des GATT, in ZaöRV 53 (1994), S. 327.

287 R. G. Pipe, (Anm. 30), S. 104; *Pipe* forderte außerdem, es sollten Vorschriften formuliert werden, "which govern the behaviour of state-sanctioned monopolies vis-à-vis domestic or foreign providers of specialized services" (ebd. S. 92).

Durch sie sollten bilaterale und plurilaterale, auf der Grundlage der Gegenseitigkeit zustandekommende Übereinkünfte möglich bleiben. Damit aber

"... wird die Entwicklung des Welthandels und damit die Arbeit der WTO künftig in hohem Maße von der Gratwanderung zwischen dem hehren Postulat des unbeschränkten Freihandels und dem aus nationaler bzw. regionaler Sicht für notwendig erachteten Protektionismus geprägt sein. So zeigt der jüngste 'Boom' bei der Bildung von regionalen Freihandelszonen im asiatisch-pazifischen Raum und in Amerika einerseits zwar den globalen Vormarsch der Freihandelsidee an. Andererseits birgt diese 'Regionalisierung' des Welthandels - wegen der für Präferenzzonen zulässigen Abkehr vom zentralen Prinzip der Meistbegünstigung - aber auch die Gefahr eines wachsenden Protektionismus zwischen den Handelsblöcken"[288].

Auch die individuellen Ausnahmen zur Meistbegünstigung, sei es in der Form von sog. Negativlisten oder Ausnahmegenehmigungen, begrenzen im Prinzip die vom GATS i.V. mit der Telekommunikationsanlage angestrebte Liberalisierungswirkung. Sie ermöglichen es, diskriminierende Maßnahmen wie unilaterale Handelssanktionen zur Erzwingung der Marktöffnung, bilaterale Präferenzabkommen und sonstige Reziprozitätserfordernisse beizubehalten. Die (individuellen) Ausnahmen leisten somit ebenfalls einem gewissen Bilateralismus Vorschub[289].

So hat sich zum Beispiel im Bereich der Basistelekommunikation gezeigt, daß einige Staaten, die den Bereich der Grunddienste bereits weitgehend liberalisiert hatten, Ausnahmen zur Meistbegünstigung angemeldet haben, um gegenüber denjenigen Staaten, deren Märkte noch weitgehend abgeschottet sind, ein größeres Maß an Reziprozität erreichen zu können bzw. um ihre Verhandlungsposition, ihren "negotiating leverage"[290], zu verbessern. Die USA haben beispielsweise zu erkennen gegeben, daß sie ihre Ausnahmen von Artikel II GATS für "basic long distance domestic and international telecommunications services" so lange aufrechterhalten wollen, bis die Haupttelekommunikationsmärkte der Welt liberalisiert werden[291].

Weitreichende Ausnahmen zur Meistbegünstigung, daran ließ auch das Regulatorische Kolloqium in Genf, 1995, keinen Zweifel "signal a return to bilateral reciprocity"[292] – und zwar mit allen negativen Auswirkungen auf die Entwicklungsländer[293].

Hinzu kommt, daß einige Ausnahmen zur Meistbegünstigung so abgefaßt sind, daß sie auch künftige Maßnahmen abdecken. Nach der Anlage zu Ausnahmen von Artikel II, die spezifiziert, unter welchen Bedingungen ein Mitglied zum Zeitpunkt des Inkrafttretens des GATS von Art. II:1 MFN befreit ist, wird die Verlängerungsmöglichkeit der Ausnahmen nicht hinreichend klar geregelt. Die genannte Zehn-Jahresfrist in der Anlage Ziff. 6, ist nicht abschließend; es fehlen klare Kriterien. Daraus erklärt sich, daß im Jahre 1994 von 28 Ausnahmen der EU-Seite ganze 26 mit unbefristeter Dauer eingegangen wurden, während sogar alle Ausnahmen der USA zeitlich unbegrenzt gelten[294].

---

288 Vgl. BHF-Bank, Wirtschaftsdienst Nr. 1772, 7. Januar 1995; ähnlich die Kritik eines Weltbankmitarbeiters.
289 Näher zu der diesbezüglich formulierten Arbeitshypothese im 1. Kap. 3 b) und bereits in diesem Kapitel.
290 UNCTAD, Report by the Secretariat, (Anm. 43), S. 155.
291 Dazu *UNCTAD, Report by the Secretariat*, (Anm. 43), S. 172 unter Hinweis auf GATT Doc. MTN.GNS/W/145 (US-Position).
292 Report of the Fifth Regulatory Colloquium, (Anm. 74), S. 31.
293 Siehe bereits das 3. Kap. 2 g).
294 UNCTAD, Report of the Secretariat, (Anm. 43), S. 173.

Von dieser in zeitlicher Hinsicht wenig konkreten Limitierung abgesehen, fehlen außerdem objektive Kriterien für die Rechtmäßigkeit von Ausnahmen. Es heißt lediglich, daß der Rat für den Handel mit Dienstleistungen alle Ausnahmen überprüfen wird, ebenso, ob die Bedingungen, die Anlaß für die Ausnahme waren, noch bestehen. Es wird jedoch kein Anhaltspunkt dafür gegeben, *wie* der Rat diese Eingangsprüfung vornehmen soll.

Infolge des Fehlens multilateral vereinbarter Kriterien besitzen die Parteien im Ergebnis nahezu unbegrenzte Möglichkeit, Ausnahmen zur Meistbegünstigung zu machen. Mißbrauch ist nicht auszuschließen. Ausnahmen könnten aus taktischem Kalkül und hauptsächlich mit dem Ziel gemacht werden, Vorteile in den Verhandlungen zu erzielen. Dies wiederum – und darin liegt eine gewisse Gefahr – könnte mittelfristig sowohl die Funktion als auch die Glaubwürdigkeit des GATS als verläßlichen Liberalisierungsrahmen in Frage stellen.

e) Fazit

Insgesamt scheint die Liberalisierungswirkung des GATS ungewiß, allerdings verhindert das Abkommen auch Rückschritte[295].

---

295 Vgl. Art. XXI GATS, wonach eine Änderung von Listen nur unter erschwerten Bedingungen möglich ist; Art. XXI wurde bereits oben im 5. Kap. 3 b) behandelt.

6. Kapitel: Kritische Würdigung und Perspektiven

Im folgenden soll danach gefragt werden, welche Reaktionen die erzielten Verhandlungsergebnisse hervorriefen.

1. Der GATS-Abschluß: Erste Reaktionen der Entwicklungsländer

Bereits zu Ende der Uruguay Runde Anfang 1994 hatte es erste Reaktionen seitens der Entwicklungsländer und der Entwicklungsexperten auf die Verhandlungsergebnisse gegeben. Zum Teil wurde ostentativ Desinteresse zu Tage getragen, offenbar, weil man befürchtete, wenig Einfluß auf die Verhandlungsergebnisse gehabt zu haben[1]. Einige Regierungen vermochten sich nicht des Eindrucks zu erwehren, daß die Verhandlungsresultate vor allem kapital-, wissens- und technologieintensive Dienstleistungsbereiche betreffen, in denen die Industriestaaten komparative Vorteile besitzen, während die für den Süden wichtigen arbeitsintensiven Dienstleistungen nur minimale Berücksichtigung gefunden hatten.

Da sich die Entwicklungsländer gegen Ende der Liberalisierungsverhandlungen in einer schwachen Verhandlungsposition – nach *Hamilton/Whalley* "vulnerable" und als "minor players"[2] – sahen, schien manchen von ihnen die Annahme der Verhandlungsergebnisse wohl eher ein Mittel, das "Schlimmste" (also eine Verschlechterung ihrer eigenen Situation durch verstärkten unilateralen, bilateralen oder regionalen Druck[3]) zu verhüten, denn ein echtes politisches Anliegen zu sein.

a) Die Beteiligung der Entwicklungsländer an der Uruguay Runde

Immer wieder war bereits während der laufenden Uruguay Runde zu hören gewesen, daß die Entwicklungsländer eine positive und aktive Rolle in den Verhandlungen spielten[4]. Auffallend war die im Vergleich zu früheren GATT-Runden größere Beteiligung mit zeitweise immerhin 33 LDCs – wenngleich die Verhandlungen zur Basistelekommunikation gezeigt hatten, daß die Gebiete mit der schwächsten Telekommunikationsinfrastruktur, vor allem im südlichen Afrika, am wenigsten aktiv waren[5]. Es hieß, daß

---

1   So *C. Hamilton/J. Whalley*: Evaluating the Impacts of the Uruguay Round Results on Developing Countries, in: The World Economy 18 (1995), S. 39 sprachen von "seeming disinterest."
2   *C. Hamilton/J. Whalley*, (Anm. 1), S. 40; allgemein zur Verhandlungsmacht der Entwicklungsländer siehe bereits die Ausführungen im 3. Kap. 3.
3   Die Gefahren einer Abkehr vom Multilateralismus für die Entwicklungsländer behandelt das 2. Kap. 1 f).
4   Vgl. nur *T. Stewart*: The Uruguay Round, The Negotiating History (Manuskript), S. 158: "active and vital roles in the negotiations"; *N. Kirmani*: Die Uruguay-Runde: Wiederbelebung des Welthandelssystems, in: F+E (März 1989), S. 7; *C. Hamilton/J. Whalley*: Coalitions in the Uruguay Round, in: Weltwirtschaftliches Archiv 125 (1989), S. 548: "far more active and more pluralistic than in previous rounds"; ähnlich *J. Whalley*: The Uruguay Round and Beyond (1989), S. 41.
5   Vgl. das Schaubild 3 "Countries with Lowest Teledensity Were Less Active in WTO Negotiations" bei *C. A. P. Braga*: Liberalizing Telecommunications and the Role of the World Trade

365

ein Einstellungswandel zu verzeichnen sei, denn um eine derart aktive Rolle spielen zu können, mußten etliche Widerstände überwunden werden:

"Powerful forces of inertia, tradition, and perceived needs for solidarity had to be overcome before developing countries could start to move in this direction"[6].

Der Vertreter Kanadas hob hervor, die Entwicklungsländer hätten eine "leading role" in den Uruguay Verhandlungen gespielt; die "determined and forceful leadership" der Entwicklungsländer hätte sich auch in den Verhandlungsergebnissen ausgewirkt[7]. Der ehemalige Generaldirektor des GATT, *Sutherland*, meinte sogar, die Entwicklungsländer seien "enthusiastic supporters" des multilateralen Handelssystems und der Uruguay Runde geworden, auch wenn nicht alle ihre Forderungen von den Industriestaaten erfüllt worden seien[8].

Dieses positive Bild ergab sich insbesondere aus einem Vergleich der Uruguay Runde mit früheren Verhandlungsrunden. Die Beteiligung der Entwicklungsländer ist besser gewesen als in jeder anderen GATT-Verhandlungsrunde in den Jahren zuvor und könnte als Indiz für deren Unterstützung des zu reformierenden multilateralen Handelssystems gesehen werden[9]. Insbesondere die asiatisch-pazifischen Staaten, die sog. Asia-Pacific Telecommunity (APT)-Mitglieder, wurden zu den aktivsten Teilnehmern an den Dienstleistungsverhandlungen gerechnet. Von den 28 APT-Mitgliedern zeichneten 70 Prozent die Schlußakte, was zeige, daß "the Asia-Pacific countries are playing an increasingly active role in shaping global economic policies"[10].

Während China geteiltes Lob aussprach – zwar hätten zahlreiche Entwicklungsländer aktiv an den Verhandlungen teilgenommen und wichtige Beiträge geleistet, die Chancen für eine effektive und gleichberechtigte Teilnahme sollten in Zukunft jedoch verbessert werden[11] –, äußerte sich der Vertreter der Europäischen Union geradezu euphorisch:

"The participation of developing countries in the Uruguay Round was a major historic evolution towards a more balanced world, resulting in new perspectives of partnership"[12].

Organization, in: *The World Bank Group (Hrsg.):* The Information Revolution and the Future of Telecommunications, June 1997, S. 25.

6   *J. Whalley*, (Anm. 4), S. 41.
7   Der Vertreter Kanadas in der Debatte des Draft Report of the Trade and Development Board on the Second Part of its Fortieth Session (Distr. limited), TD/B/40(2)/L.2/Add.3, 27 April 1994, S. 8.
8   *P. D. Sutherland*: Global Trade - The Next Challenge, Address by Peter D. Sutherland to the World Economic Forum, Davos, 28 January 1994, in: NUR 082, 28 January 1994, S. 4.
9   *Representative of Jamaica*, Draft Report of the Trade and Development Board on the Second Part of its Fortieth Session (Distr. limited), TD/B/40(2)/L.2/Add.3, 27 April 1994, S. 18; "Wie in keiner anderen Verhandlungsrunde" hätten sich die Entwicklungsländer bereits in die Vorverhandlungen eingebracht, meint *B. Engels*: Das GATT und die Entwicklungsländer - Was brachte die Uruguay-Runde?, in: Jahrbuch Dritte Welt (1995), S. 35; dies habe ihrem veränderten Gewicht im Welthandel und innerhalb des GATT entsprochen, ebenso wie ihren neuen entwicklungspolitischen Leitbildern und einem neuen Interesse an der Schaffung offener Märkte.
10 *L. Tuthill*: The Uruguay Round and the GATS: Implications for the Role of Telecommunications in: Asia-Pacific Telecommunity, Report of the Seminar on Telecommunications' Support for Trade in Services (APT/SEM/UNCTAD/94), Male, Republic of Maldives, 14-17 May, 1994, Doc. No. TELTRADE-32, S. 577.
11 *Representative of China*, Draft Report of the Trade and Development Board on the Second Part of its Fortieth Session (Distr. limited), TD/B/40(2)/L.2/Add.3, 27 April 1994, S. 15.
12 Draft Report of the Trade and Development Board on the Second Part of its Fortieth Session (Distr. limited), TD/B/40(2)/L.2/Add.3, 27 April 1994, S. 20.

Es gab jedoch auch andere Stimmen, die meinten, insbesondere im Telekommunikationssektor seien die Entwicklungsländer von den Industriestaaten überstimmt, zurückgewiesen oder in den Gesprächen ignoriert worden[13] und mit Abschluß der Uruguay Runde seien sie vor ein "fait accompli"[14] gestellt worden.

b) Die Klage über die Kompliziertheit des technischen Regelwerks

Der Direktor der International Trade Division kritisierte das GATS als ein Labyrinth – ein "labyrinth of review mechanisms, special safeguard clauses, notification requirements, thresholds, trigger points, enforcement requirements, Committees and working parties, as well as programmes for reviews and future negotiations". Die Folge davon sei, daß viele Entwicklungsländer Schwierigkeiten hätten, damit umzugehen. Vor allem fehlendes Fachwissen sowie schlechtes Informationsmanagement würden ihnen Probleme bereiten:

"Many developing countries would be faced with serious challenges with respect to institutional capacity, human resource development and information management"[15].

Die Klage über die Kompliziertheit des technischen Regelwerkes gehörte zunächst zu einer der Hauptsorgen der Entwicklungsländer auch in Hinblick auf ihre künftige Position in der Welthandelsorganisation (WTO); bereits die Vorbereitung einer Länderliste sei eine "komplizierte Übung"[16]. Der Sprecher Jamaicas betonte während einer UNCTAD-Debatte 1994, daß die Entwicklungsländer die Unterstützung der internationalen Gemeinschaft benötigten, um von den Chancen zu profitieren, die das reformierte multilaterale Handelssystem ihnen biete. Hilfe benötigten sie insbesondere, um mit den im GATS niedergelegten neuen Instrumenten und Mechanismen umzugehen, aber auch, um an den weiteren Verhandlungen teilnehmen zu können[17].

c) Die unterschiedliche Beurteilung der Marktzugangsregelung

Die ersten Reaktionen im Anschluß an die Unterzeichnung von Marrakesch 1994 ließen eine unterschiedliche Bewertung der Regelung des Marktzugangs in dem neuen Dienstleistungsübereinkommen erkennen. Für den aus Ägypten stammenden Sprecher der afrikanischen Gruppe waren Dienste im Rahmen seines vor der UNCTAD abgegebenen

---

13 *M. Jussawala*: Is the Communications Link Still Missing?, in: *R. G. Pipe (Hrsg.):* Eastern Europe: Information and Communication. Technology Challenges, TIDE 2000 Club, Telecommunications, Information and InterDependent Economies in the 21st Century (1990), S. 84; zur Verhandlungsmacht der Entwicklungsländer vgl. bereits die Ausführungen im 3. Kap. 3.
14 *C. Hamilton/J. Whalley*, (Anm. 1), S. 48.
15 *Director of the International Trade Division* in der Diskussion in UNCTAD, Trade and Development Board, (Distr. limited) TD/B/40(2)/L.2/Add.3, 27 April 1994, S. 2.
16 *ITU, Telecommunication Development Bureau and the UNCTAD and UN-DDSMS Coordinated African Programme of Assistance on Services*, The Development of Telecommunications in Africa and the General Agreement on Trade in Services (1996), S. 38 als Ergebnis einer Untersuchung der Auswirkungen von GATS auf 10 afrikanische Staaten.
17 *Representative of Jamaica*, Draft Report of the Trade and Development Board on the Second Part of its Fortieth Session (Distr. limited), TD/B/40(2)/L.2/Add.3, 27 April 1994, S. 19; näher zu den geforderten Hilfsinstrumenten siehe unten Abschnitt f).

Statements zur Beurteilung des GATS kein Thema[18]; der Sprecher der Asian Group (Malaysia) hob hingegen die Vorteile der Verhandlungsergebnisse auf dem Dienstesektor, speziell den Marktzugang, hervor[19].

Positiv äußerten sich auch Mexiko[20], Brasilien[21] und sogar Peru, das, wie erwähnt, mit einigen progressiven Vorschlägen zur Telekommunikationsanlage, etwa in der Frage der Reinvestition von Gewinnen in die LDCs, gescheitert war[22]. Die Ergebnisse der Uruguay Runde seien zufriedenstellend ("satisfactory") hieß es auch hier, und das GATS lasse erwarten, daß der Marktzugang in diesem Sektor verbessert werde[23]. Zufrieden zeigte sich insgesamt auch der Vertreter Argentiniens[24], allerdings kritisierte er das Gefälle zwischen den Zugeständnissen der Entwicklungsländer und den Angeboten der Industriestaaten:

> "(...) the main shortcoming of the results of the Round was the lack of correlation between the developing countries' contribution to trade liberalisation and the new trade opportunities deriving from industrial countries' offers"[25].

Stärkere Skepsis ließ der Sprecher der "Group of 77 and China" erkennen[26]. Seit Abschluß der Uruguay Runde im Dezember 1993 hätten die Entwicklungsländer eine Art Bestandsaufnahme gemacht, die ergebe, daß einige der ärmsten Länder in keiner Weise von der Uruguay Runde profitierten. Entwicklungsländer hätten bereits einen hohen Preis bezahlt, da sie die neuen Welthandelskonditionen angenommen hätten, ohne im Gegenzug zufriedenstellende Marktzugangsbedingungen von den Industriestaaten erhalten zu haben. So sei zweifelhaft, ob die Schlußakte von Marrakesch wirklich ein Sieg für die Entwicklung sei.

Diese Zweifel trafen auch für den Telekommunikationssektor zu. Wie der südafrikanische Post- und Telekommunikationsminister feststellte:

> "The debate on free market competition as a way of building information highways has been of no use to the developing countries"[27].

---

18 Vgl. *Spokesman for the African Group, (Egypt)*, Draft Report of the Trade and Development Board on the Second Part of its Fortieth Session (Distr. limited), TD/B/40(2)/L.2/Add.3, 27 April 1994, S. 5-7, der die Dienstleistungen gar nicht erwähnte.
19 *Sprecher der Asian Group*, Draft Report of the Trade and Development Board on the Second Part of its Fortieth Session (Distr. limited), TD/B/40(2)/L.2/Add.3, 27 April 1994, S. 7.
20 *Representative of Mexico*, in: UNCTAD, Trade and Development Board, 40th session, Addendum: Item 3, Uruguay Round (Distr. limited), TD/B/40 (2)/L.2/Add. 4, 27 April 1994, S. 2: "The successful outcome of the Uruguay Round offered the most promising prospects for the expansion of (...) services".
21 Ebd. (Distr. limited), TD/B/40 (2)/L.2/Add. 4, 27 April 1994, S. 2-3.
22 Zu den von Peru erhobenen Forderungen siehe bereits das 4. Kap. 5 a).
23 *Sprecher von Peru*, UNCTAD, Trade and Development Board, 40th session, Addendum: Item 3, Uruguay Round, (Distr. Limited), TD/B/40 (2)/L.2/Add. 4, 27 April 1994, S. 8.
24 Vgl. *Representative of Argentinia* in der Debatte um Draft Report of the Trade and Development Board on the Second Part of its Fortieth Session (Distr. limited), TD/B/40(2)/L.2/Add.3, 27 April 1994, S. 4.
25 Ebd. S. 4.
26 General Debate zu Draft Report of the Trade and Development Board on the Second Part of its Fortieth Session (Rapporteur Marcel van der Kolk), General Debate (Distr. Limited), TD/B40 (2)/L.2, 21 April 1994, S. 8.
27 *Mr. Z. P. Jordan*, Minister for Post, Telecommunications and Broadcasting of South Africa: ITU News 1/96, S. 4.

So wurde bereits prognostiziert, daß der Widerstand der Entwicklungsländer gegen das Prinzip der offenen Märkte auf der Basis der Meistbegünstigung künftig weiter wachsen werde; jedenfalls biete es keine kurzfristige Lösung für ihre Entwicklungsprobleme[28].

d) Der Eindruck von den LDCs als den Verlierern der Uruguay Runde

Neben Zuspruch zum Gesamtregelungswerk von westlichen Beobachtern, gab es auch einige, die befanden, die Ergebnisse der Uruguay Runde würden "vor allem den Industriestaaten zugute kommen", da diese – mit ca. 70 Prozent – den Großteil des Welthandels abwickelten und deshalb von den Verbesserungen im Welthandel stärker profitierten als viele Entwicklungsländer[29]. Wenig Widerspruch regte sich hinsichtlich der Prognose, daß die ärmsten Entwicklungsländer, insbesondere in Afrika, den geringsten wirtschaftlichen Nutzen aus der Uruguay Runde ziehen werden; die Liberalisierung des Handels mit Dienstleistungen werde einseitig die angebotsstarken Industrie- und Entwicklungsländer begünstigen[30]. Ins Negative gewendet könnte dies bedeuten, daß einige GATS-Regelungen den LDCs zum Schaden gereichen[31]. Für die ärmsten Entwicklungsländer könnte "es sogar Nachteile geben"[32].

Es bestanden Bedenken, daß die am wenigsten entwickelten Staaten die Verlierer der Uruguay Runde seien. Als typisch kann die Reaktion des Sprechers von Bangladesch gelten, der noch vor der endgültigen Unterzeichnung des Abkommens kritisierte, die Entwicklungsländerbelange seien nicht hinreichend in die Diskussionen einbezogen worden:

"in the area of (...) services, the LDCs' concerns had not been duly reflected (...)"[33].

Die Interessen der Entwicklungsländer seien trotz ihrer aktiven Mitarbeit in der Uruguay Runde nicht adäquat berücksichtigt worden. Zwar habe man in Marrakesch einige Sonderregelungen für die am wenigsten entwickelten Länder anerkannt[34] und bemühe

---

28 *Strategic Planning Unit*: International Telecommunication Union, Trade of Telecommunications Services: Implications of a GATT Uruguay Round Agreement for ITU and Member States (R. G. Pipe, Director, Telecom Services Trade Project, Amsterdam, May 1993), S. 28.
29 Vgl. nur *B. May*: Die Uruguay Runde (1994), S. 113; grundlegend die Studien von *OECD*: Assessing the Effects of the Uruguay Round, Trade Policy Issues Nr. 2 (1993); *T. Nguyen/C. Perroni/R. Wigle*: The Value of a Uruguay Round Success, in: World Economy 14 (1991), S. 359-374; vgl. bereits *T. Nguyen/C. Perroni/R. Wigle*: An Evaluation of the Draft Final Act of the Uruguay Round, in: The Economic Journal 103 (1993), S. 1540-1549; auch *P. Madden/J. Madeley*: Winners and Losers, The Impact of the GATT Uruguay Round on Developing Countries, in: Nord-Süd aktuell (1994), S. 89 sind skeptisch: "African countries stand to lose nearly $3,000 million a year by 2002 from the changes the Uruguay Round will introduce"; auch wenn ein Entwicklungsland insgesamt von der Uruguay Runde profitiert, ist es möglich, daß die ärmsten Bevölkerungsschichten in eben diesem Land Nachteile erfahren.
30 Pointiert *F. Nuscheler*: Lern- und Arbeitsbuch Entwicklungspolitik (1996), S. 293.
31 Zu derartigen Annahmen in der Literatur: *Th. J. Dillon Jr.*: The World Trade Organization: A New Legal Order for World Trade?, in: Michigan Journal of International Law 16 1995), S. 351 m.w.N.
32 *B. May*, (Anm. 29), S. 116.
33 *Representative of Bangladesh*, in: GATT, Sub-Committee on Trade of Least-Developed Countries, 6 May 1993, Restricted COM.TD./LLDC/15, 10 June 1993 (Distr. limited), S. 2 f.
34 Gemeint ist die *Decision on Measures in Favour of Least-developed Countries*, Teil III Schlußakte; die dort von den Teilnehmern beschlossenen Sondervereinbarungen für die ärmsten Entwicklungsländer betreffen Umfang und Zeit bei der Umsetzung der GATS-Beschlüsse; näher zu diesem Beschluß im 5. Kap. Anm. 4 und 6. Kap. 2 e).

sich, diesen beim Ausbau der Handels- und Investitionschancen behilflich zu sein; trotzdem sei das Ergebnis wenig zufriedenstellend[35].

Weiter sagte der Vertreter von Bangladesch im Namen der übrigen LDCs, es sei enttäuschend, daß der Inhalt der Punta del Este-Erklärung, vor allem hinsichtlich des "special treatment", nicht hinreichend Berücksichtigung in der Schlußakte gefunden habe[36]. Aus diesem Grund verlieh er der Hoffnung Ausdruck, daß die Bedürfnisse von Ländern, die sich in einer ähnlichen Situation wie sein Staat befänden, in der späteren Implementierungsphase mehr Beachtung fänden[37].

Allgemein herrschte bei den Vertretern des "Südens" der Eindruck, daß die LDCs keine konkreten Vorteile aus der Uruguay Runde erhalten würden. Der argentinische Vertreter bemängelte das Fehlen konkreter Ergebnisse zugunsten der LLDCs "for which further liberalization meant less possibilities for receiving special or preferential treatment"[38]. Zwar stehe zu erwarten, ergänzte der Sprecher Chiles, daß der Abschluß der Uruguay Runde den internationalen Handel in globaler Hinsicht stärke, doch seien die Resultate für viele Entwicklungsländer unergiebig, ja sogar zum Teil nicht vorhanden: "non-existent for some of them"[39].

Trotz einer insgesamt positiven Bewertung der Verhandlungsrunde kam auch der Sprecher Uruguays zu dem Schluß, daß angesichts der in der Punta del Este-Erklärung gesetzten Ziele die Erwartungen der Entwicklungsländer eindeutig enttäuscht worden seien:

"(...) satisfaction of some of their needs had been delayed and their expectations disappointed"[40].

Der Sprecher der 'Group of 77 and China' faßte die Meinung des Südens während der 40. Sitzung der General Debate des Trade and Development Board schließlich zusammen: "some of the poorest countries had not gained at all"[41].

In bezug auf die Telekommunikation mag die auf einer Überprüfung der gesamtwirtschaftlichen Situation des Landes beruhende Einschätzung Koreas als typisch gelten. Es gebe kaum kurzfristige Vorteile, da der koreanische Mehrwert-Markt mit rund sechs Prozent Marktanteil ein geringes Volumen aufweise; jedoch würden die *langfristigen* Folgen den koreanischen Telekommunikationsunternehmen Probleme bereiten, da mit Beendigung der Uruguay Runde künftig mehr ausländische Firmen auf den koreanischen Markt drängen würden[42]. Dies werde der in technologischer Hinsicht nicht wettbewerbsfähigen inländischen Industrie Probleme bereiten:

---

35 *Sprecher von Bangladesh*, in: UNCTAD (Hrsg.): Trade and Development Board, 40th Session, Addendum: Item 3, Uruguay Round, (Distr. limited), TD/B/40 (2)/L.2/Add. 4, 27 April 1994, S. 7.
36 *Representative of Bangladesh*, in: GATT, Sub-Committee on Trade of Least-Developed Countries, 6 May 1993, Restricted COM.TD./LLDC/15, 10 June 1993 (Distr. limited), S. 2.
37 Sprecher von Bangladesh, (Anm. 35), S. 7.
38 Vgl. *Representative of Argentinia*, TD/B/40(2)/L.2/Add.3, 27 April 1994, S. 4.
39 *Representative of Chile*, (Distr. limited), TD/B/40(2)/L.2/Add.3, 27 April 1994, S. 8.
40 *Representative of Uruguay*, in der Debatte um: Draft Report of the Trade and Development Board on the Second Part of its Fortieth Session (Distr. limited), TD/B/40(2)/L.2/Add.3, 27 April 1994, S. 16.
41 General Debate zu Draft Report of the Trade and Development Board on the Second Part of its Fortieth Session (Rapporteur Marcel van der Kolk), General Debate (Distr. limited), TD/B40 (2)L.2, 21 April 1994, S. 8.
42 C.-B. *Yoon*: The Current Status and Future Prospect of the Korean Telecommunications Industry, in: Asia-Pacific Telecommunity, Report of the Seminar on Telecommunications' Support for

"Under such circumstances, it is expected that the domestic providers with limited technology competitiveness may have to confront some difficulties"[43].

Auch Auswirkungen auf den Hardware-Markt Koreas seien zu erwarten. Zusammenfassend hieß es, zu den negativen Auswirkungen ("adverse effects") der GATS-Liberalisierung rechne man[44]:
- das Vordringen ausländischer Diensteerbringer auf den koreanischen Markt;
- Schwierigkeiten beim Ausbau des künftigen Netzes, aber auch
- Schwierigkeiten beim effizienten Betrieb des bestehenden Netzes sowie
- unvermeidbare Veränderungen in der koreanischen Telekommunikationspolitik.

Ähnlich begründete der Vertreter Indiens die Probleme seines Landes mit den getroffenen GATT/WTO-Regelungen. Zu den negativen Gesichtspunkten des Wettbewerbs für sein Land rechnete er die zu erwartende Gewinnorientierung von miteinander im Wettbewerb stehenden Diensteerbringern, die eine Unterversorgung insbesondere ländlicher Regionen erwarten lasse[45], aber auch steigende Kosten für lokale Dienste.

e) Die Sorge vor einer Verengung nationaler Entwicklungsoptionen

Die Verhandlungspositionen der Entwicklungsländer während der Uruguay Runde, dies haben obige Ausführungen ergeben, waren darauf gerichtet, ein hohes Maß an nationalem Handlungsspielraum zu bewahren[46]. So drängten sie beispielsweise darauf, Verpflichtungen nur insoweit akzeptieren zu müssen, wie sie auch fähig sind, diese zu erfüllen und wiesen darauf hin, daß es notwendig sei, ihren Entwicklungsstand zu berücksichtigen. Zudem lag ihnen sehr am Aufbau der nationalen Telekommunikationseinrichtungen, um in die Lage versetzt zu werden, von der Liberalisierung des Weltdienstehandels zu profitieren. Ziel der LDCs in der Uruguay Runde war es – darauf wurde mehrfach hingewiesen – flexible, ihnen ein Höchstmaß an souveränem Ermessen lassende Regelungen[47] zu schaffen.

Eine der ersten Reaktionen bei Abschluß der Uruguay Runde bestand darin, zu monieren, die geschlossenen Vereinbarungen hätten – entgegen der ursprünglichen Absichten – dazu beigetragen, daß sich der Handlungsspielraum des Südens anders als derjenige des Nordens, deutlich verengt habe; in der Folge würden bestimmte Entwicklungsoptionen der Dritten Welt ausgeschlossen[48]. Den größeren Handelspartnern sei es gelungen, so der Sprecher von Third World Network, ihre Strategie der Liberalisierung im

---

Trade in Services (APT/SEM/UNCTAD/94), Male, Republic of Maldives, 14-17 May, 1994, Doc. No. TELTRADE-20, S. 413.
43 *C.-B. Yoon*, (Anm. 42), S. 414.
44 *C.-B. Yoon*, (Anm. 42), S. 416.
45 Director (Customer Service), Department of Telecommunications, Government of India, *A. K. Mittal*: Trade and Telecommunications. Views from India on Sector Opening, in: Asia-Pacific Telecommunity, Report of the Seminar on Telecommunications' Support for Trade in Services (APT/SEM/UNCTAD/94), Male, Republic of Maldives, 14-17 May, 1994, Doc. No. TELTRADE-4, S. 157; zur Problematik der universellen Dienste siehe bereits das 2. Kap. 3 d).
46 Zum Versuch der Entwicklungsländer, ihre souveränen Rechte im GATS-Entwurf zu stärken, siehe die Ausführungen im 4. Kap. 3.
47 Zu diesen Entwicklungsländerforderungen siehe nur das 4. Kap. 3 e).
48 *Sprecher von Third World Network*, in: UNCTAD, Trade and Development Board, 40th session, Addendum: Item 3, Uruguay Round (Distr. limited), TD/B/40 (2)/L.2/Add. 4, 27 April 1994, S. 11; im Ergebnis ist ungeachtet dieser Kritik davon auszugehen, daß die GATS-Regeln ein hohes Maß an Elastizität aufweisen, siehe nur das 6. Kap. 5.

Ausland unter Beibehaltung nationaler protektionistischer Maßnahmen durchzusetzen. Dies sei ihnen insbesondere im Dienstleistungsbereich gelungen, wo sie mit Erfolg auf Reziprozität bestanden und die Entwicklungsländer des Marktzugangs wegen, vor allem im Bereich Textilien, darin eingewilligt hätten[49].

Auch der Direktor der International Trade Division wies darauf hin, daß die Entwicklungsländer bereits mehrere Zugeständnisse gemacht hätten, von denen vor allem die Industriestaaten profitieren würden. Eine Folge davon sei, daß sich der Spielraum der Entwicklungsländer für die Wahl eigener Entwicklungspolitiken und Handelsinstrumente verengt habe[50].

f) Forderungen nach Sondermaßnahmen für die Entwicklungsländer in der Post-Uruguay-Phase

Fraglich ist, inwieweit die vertraglichen Regelungen "das Wohlfahrtsziel der Nutzenmehrung" oder das der "gerechten Nutzenverteilung" erreicht haben[51].

Bereits vor der Unterzeichnung der Schlußdokumente in Marrakesch 1994 wurden Forderungen nach Sondermaßnahmen zur Unterstützung der Entwicklungsländer in der Post-Uruguay-Phase erhoben. Eine Marginalisierung der LDCs im Welthandelssystem könne nur durch Regeln vermieden werden, die "special and differential treatment" verbrieften. Unterblieben Schritte in diese Richtung, dann würde die Zahl der Wirtschaftsflüchtlinge deutlich zunehmen, eventuell würde sogar die Weltsicherheit bedroht sein. Um zu erreichen, daß konkrete Maßnahmen in das Schlußdokument aufgenommen werden, hatte Bangladesch deshalb 1993 die Einrichtung einer "High-Level-Gruppe" vorgeschlagen[52]. Einen Teilerfolg konnte man schließlich mit der Decision on Measures in Favour of Least-developed Countries, Teil III der Schlußakte, verbuchen[53].

Die Hilfe der internationalen Gemeinschaft bei der Implementierung des GATS, internationale Organisationen eingeschlossen, sei unerläßlich. Ausdrücklich genannt wurden Hilfsmaßnahmen in den folgenden Bereichen[54]:
- development of natural endowments to add more local value to exports, expand the export base and diversify their exports;
- strengthening of their technological capacities;
- promotion of subregional and regional trade;
- promotion of foreign and domestic private direct investment.

Dies impliziere, daß zusätzlich zu der den LLDCs gewährten Sonder- und Spezialbehandlung, von der internationalen Gemeinschaft ergänzende Maßnahmen ("complementary measures") getroffen werden müßten.

---

49 Sprecher von Third World Network, (Anm. 48), S. 11.
50 *Director of the International Trade Division*, in: UNCTAD, Trade and Development Board (Distr. limited) TD/B/40(2)/L.2/Add.3, 27 April 1994, S. 1.
51 Skeptisch diesbezüglich *V. Rittberger*: Internationale Organisationen. Politik und Geschichte (2. Aufl. 1995), S. 188; zweifelnd auch *P. Vincent*: L'impact des négociations de l'Uruguay Round sur les pays en développement, in: Revue Belge de droit international (1995), S. 510, der von einigen "lächerlichen" Zugeständnissen an die Entwicklungsländer im Dienstleistungsbereich spricht und "des accords ultérieurs" fordert.
52 *Representative of Bangladesh*, in: GATT, Sub-Committee on Trade of Least-Developed Countries, 6 May 1993, Restricted COM.TD./LLDC/15, 10 June 1993 (Distr. limited), S. 3.
53 Zum Inhalt dieses Beschlusses siehe bereits das 5. Kap., (Anm. 4).
54 *UNCTAD (Hrsg.)*: Report of the Secretariat, The Outcome of the Uruguay Round: An Initial Assessment, Supporting Papers to the Trade and Development Report (1994), S. 24.

Ziel solcher Maßnahmen solle es sein, erstens die Fähigkeit der Länder zu steigern, aus dem Diensteabkommen Vorteile zu ziehen, zweitens schädliche Wirkungen desselben abzumildern und drittens die Last der Anpassung an das neue Welthandelssystem zu erleichtern[55]. Zu diesem Zwecke sollte die internationale Gemeinschaft auch entschiedenere Schuldenerleichterungsmaßnahmen erwägen[56], des weiteren sollten internationale Geber- und Finanzorganisationen den Entwicklungs-, Finanz- und Handelsbedürfnissen der LDCs in ihren Entwicklungsprogrammen mehr Beachtung schenken. Damit solle sichergestellt werden:

"(...) that the economic and trade policy reforms of the latter are socially and economically sustainable through an appropriate blend of adjustment and external financing"[57].

Wenn sich erweise, daß die aus der Uruguay Runde entstehenden Vorteile ungerecht verteilt seien, müsse zudem an eine Art Ausgleich gedacht werden. Als Beispiel erwähnte man im Rahmen der International Trade Division, UNCTAD, zusätzliche Handelspräferenzen und Entwicklungshilfe[58]. Der Sprecher von Bangladesch hatte im Namen der übrigen LDCs bemängelt, daß das GATS keine Entschädigungsregeln für die mit den veränderten Marktzutrittskonditionen verbundenen wirtschaftlichen Einbußen enthielt[59]. Chile schlug ebenfalls "economic compensation" vor[60] – eine Forderung, die im übrigen von Nichtregierungsseite mit Nachdruck vertreten wurde[61]. Auch der Delegierte Argentiniens vertrat in der Diskussion im Trade and Development Board im Jahre 1994 die Ansicht, die internationale Gemeinschaft müsse Mechanismen für wirtschaftlichen Ausgleich suchen; diese Verbindung zwischen wirtschaftlichen und sozialen Elementen könnte jene Form der Hilfe schaffen, die die Uruguay Runde vielen Entwicklungsländern versagt hätte[62]. Man müsse sich darauf verständigen, daß sich kein Land aufgrund der Verhandlungsergebnisse schlechter stelle. "Konkrete Programme" sollten ins Leben gerufen werden, um einzelnen Staaten dabei zu helfen, kurzfristig nachteilige Auswirkungen zu neutralisieren und substantielle Vorteile aus dem Handelssystem der Post-Uruguay Runde zu ziehen[63].

Von einer "kollektiven Verantwortung" der Industriestaaten ging schließlich der Sprecher Indonesiens aus. Die wirtschaftliche Liberalisierung in den Entwicklungs-

---

55 *UNCTAD*, (Anm. 54), S. 26.
56 Vgl. nur *Director of the International Trade Division*, in: UNCTAD, Trade and Development Board, (Distr. limited) TD/B/40(2)/L.2/Add.3, 27 April 1994, S. 2; *UNCTAD*, (Anm. 54), S. 26.
57 *UNCTAD*, (Anm. 54), S. 26.
58 *Director of the International Trade Division* in UNCTAD, Trade and Development Board, (Distr. limited) TD/B/40(2)/L.2/Add.3, 27 April 1994, S. 2.
59 *Representative of Bangladesh*, in: GATT, Sub-Committee on Trade of Least-Developed Countries, 6 May 1993, Restricted COM.TD./LLDC/15, 10 June 1993 (Distr. limited), S. 2.
60 *Representative of Chile* (Distr. limited), TD/B/40(2)/L.2/Add.3, 27 April 1994, S. 9.
61 Vgl. nur die *NGO-Stellungnahme für das 3. Vorbereitungstreffen zum Weltsozialgipfel*, "Eckpunkte für den Weltsozialgipfel", in: Dokumentation, epd-Entwicklungspolitik 1/95, b): Ziff 4: "Low income countries should receive compensation for losses experienced as a result of the Uruguay Round, so that resources are made available for social development."
62 Vgl. *Representative of Argentinia*, in der Debatte um: Draft Report of the Trade and Development Board on the Second Part of its Fortieth Session (Distr. limited), TD/B/40(2)/L.2/Add.3, 27 April 1994, S. 9.
63 *Officer-in-Charge* während der General Debate zu Draft Report of the Trade and Development Board on the Second Part of its Fortieth Session (Rapporteur Marcel van der Kolk), General Debate (Distr. limited), TD/B40 (2)/L.2, 21 April 1994, S. 5.

ländern könne leicht zu einer verheerenden Umkehrentwicklung führen, wenn diese von den Industriestaaten nicht bei der Schaffung von günstigen globalen Entwicklungsbedingungen unterstützt würden. Es bestehe eine gemeinsame Verantwortlichkeit, sicherzustellen, daß die Interessen der Entwicklungsländer in der sich wandelnden Weltordnung angemessen reflektiert würden[64]. Abgesehen von diesen Forderungen nach konkreter (wirtschaftlicher) Unterstützung, insbesondere der LDCs, wurde unterstrichen, die Entwicklungsländer benötigten sowohl Zeit als auch technische Hilfe, um die Ergebnisse der Uruguay Runde zu implementieren[65].

Zusammenfassend läßt sich feststellen, daß ein wesentliches Bestreben der Entwicklungsländer dahin ging, zumindest *nach* Abschluß der Uruguay Runde diejenige (materielle) Unterstützung zu erhalten, die ihnen durch die im Vertragswege erzielten Resultate (GATS) versagt geblieben war. Dabei scheinen die Forderungen der Entwicklungsländer eine gewisse Wirkung gezeigt zu haben, denn UNCTAD, UNCTC und WTO kündigten am 26. April 1996[66] ein integriertes technisches Hilfsprogramm für afrikanische Staaten an. Zunächst auf acht Länder ausgerichtet (Benin, Burkina Faso, Tansania, Uganda, Elfenbeinküste, Ghana, Kenia und Tunesien), soll dieses Programm die Integration in das multilaterale Handelssystem erleichtern. Der von UNCTAD IX in Midrand, Südafrika, lancierte Programmplan sah die Entwicklung menschlicher Ressourcen und das institutionelle "capacity building", aber auch die Stärkung der Exportkapazitäten als prioritär an.

2. Der Einfluß der Entwicklungsländer auf die Verhandlungsresultate

Die Entwicklungsländer hatten, wie dargelegt, im Verlauf der Kodifikation des General Agreement on Trade in Services die Berücksichtigung zahlreicher Sachverhalte gefordert[67]. Dazu gehörten, neben einigen konkreten, die Struktur und den Aufbau des GATS i.V. mit der Anlage betreffenden Forderungen, vor allem Postulate wie
- die Auswirkungen des Dienstleistungshandels auf die Dritte Welt zu berücksichtigen;
- die Möglichkeit der Dritten Welt, ihre Marktanteile im Dienstleistungsbereich auszubauen;
- den Technologietransfer auszuweiten;
- die Rolle der multinationalen Konzerne zu überdenken;
- den Zugang zum Markt der Industriestaaten zu verbessern;
- Fragen der Ausbildung, der Forschung, der technischen Hilfe sowie
- der Mobilität der Arbeitskräfte stärker zu berücksichtigen.

Das UNCTAD-Sekretariat ging in einer ersten Bewertung davon aus, daß der Einfluß der Entwicklungsländer, insbesondere einiger afrikanischer und asiatischer Staaten, auf

---

64 *Representative of Indonesia*, Draft Report of the Trade and Development Board on the Second Part of its Fortieth Session (Distr. limited), TD/B/40(2)/L.2/Add.3, 27 April 1994, S. 16.
65 *Representative of Bangladesh*, TD/B/40 (2)/L.2/Add. 4, 27 April 1994, S. 7.
66 Vgl. die gemeinsame Note von *ITC/UNCTAD/WTO* "Technical Cooperation for Africa in the Multilateral Trading System Resulting from the Uruguay Round", December 1995.
67 Einzelheiten zu den materiellen Verhandlungspositionen der Entwicklungsländer enthält das 4. Kapitel.

die gegenwärtige Struktur und die Schlüsselbestimmungen des GATS stark gewesen sei[68].

Von anderer Seite hörte man jedoch, in der Uruguay Runde des GATT hätten die Industrieländer "ihre Ordnungspolitik der Deregulierung, Liberalisierung und Privatisierung auch im Bereich der Dienstleistungen durchgesetzt"[69].

Wie es zu solch unterschiedlichen Beurteilungen kommen konnte und wie groß der Einfluß der Entwicklungsländer auf die Verhandlungsresultate tatsächlich gewesen ist, versuchen die folgenden Abschnitte zu erhellen.

a) Der universelle Anwendungsbereich des GATS

Eine wichtige, im frühen Verhandlungsstadium noch ungelöste Frage betraf, wie bereits ausgeführt[70], den Anwendungsbereich des GATS. Es herrschte Uneinigkeit darüber, ob das Rahmenabkommen alle Dienste einschließen sollte, oder ob bestimmte Dienstesektoren ausgeklammert bleiben sollten[71]. Der sog. "sectoral approach" hätte den Parteien das Recht gegeben, zu bestimmen, welchen Dienstleistungssektor sie der Liberalisierung unterwerfen wollen und welchen nicht[72].

Vor allem die Europäische Union und die USA waren für einen universellen Anwendungsbereich des GATS, allerdings mit der Möglichkeit, Ausnahmebestimmungen zur Meistbegünstigung zu erlassen und die besonderen Charakteristika einzelner Dienstleistungssektoren in speziellen "sectoral annexes" (der späteren Anlage zur Telekommunikation) zu berücksichtigen.

Im Ergebnis zogen die meisten Parteien den universellen Ansatz vor. Zu ihnen gehörten auch zahlreiche Entwicklungsländer, die aufgrund der im GATT gemachten Erfahrungen, etwa im Bereich Landwirtschaft und Textilien, von der Ausklammerung bestimmter Sektoren negative Auswirkungen befürchteten. Außerdem schien es ihnen insgesamt wichtiger, auf eine Verlangsamung des Liberalisierungsprozesses zu drängen. Zugeständnisse in Richtung auf einen universellen Anwendungsbereich hin würden sie, so eine Überlegung[73], der Erreichung dieses Ziels einer Reduktion der Liberalisierungsgeschwindigkeit unter Umständen näher bringen. So schlugen die lateinamerikanischen und karibischen Staaten schließlich vor, daß das Rahmenabkommen "*all* traded services" abdecken sollte[74].

Wie Art. I:1 GATS im Ergebnis erkennen läßt, findet das Dienstleistungsabkommen allgemein auf Maßnahmen der Mitgliedstaaten Anwendung, die den Dienstleistungshandel behindern. Da bei dem universellen Ansatz, auf den man sich letztlich verständigte, von Anbeginn an *alle* Dienstesektoren in den Anwendungsbereich des GATS-

---

68 UNCTAD, (Anm. 54), S. 152.
69 *F. Nuscheler*: Globale Telekommunikation: Faszination und Schrecken, in: epd-Entwick-lungspolitik 14/96, S. 25.
70 Vgl. das 4. Kap. 1 und das 5. Kap. 1 b).
71 Noch bei Abfassung des *Draft Multilateral Framework for Trade in Services*, GATT Doc. No. MTN.GNS/35 July 23, 1990, (= sog. "Juli-Text") waren einige Parteien der Ansicht, daß ihnen das Recht zukommen solle, bestimmte Sektoren auszuschließen (ebd. S. 2).
72 Zu den von den Entwicklungsländern diesbezüglich vertretenen Verhandlungspositionen vgl. das 4. Kap. 1.
73 Näher *Strategic Planning Unit*, (Anm. 28), S. 17.
74 Communication from Brazil, Chile, Colombia, Cuba, Honduras, Jamaica, Nicaragua, Mexico, Peru, Trinidad and Tobago and Uruguay, Structure of a Multilateral Framework for Trade in Services, GATT Doc. No. MTN. GNS/W/95 (February 26, 1990), Art. 1:2.

Rahmenabkommens eingeschlossen wurden, konzentrierten sich die Verhandlungen folglich – wie von den Entwicklungsländern erhofft – stärker auf das Ausmaß und die Geschwindigkeit, mit der die Parteien Verpflichtungen eingehen und den Handel liberalisieren[75].

b) Die Trennung des GATS vom GATT/WTO-System

Eine mit besonderem Nachdruck in den Vorverhandlungen von den Entwicklungsländern erhobene Forderung betraf das Verhältnis des neu auszuhandelnden Dienstleistungsabkommens zum GATT-System. Die Entwicklungsländer hatten gefordert, daß das neue Rahmenabkommen rechtlich unabhängig vom GATT gestaltet werden solle[76]. Die Punta del Este-Erklärung hatte demgemäß vorgesehen, daß die Diensteverhandlungen parallel zu den Warenverhandlungen geführt werden sollten, aber organisatorisch abgetrennt[77]. Dies sollte dazu dienen, Verknüpfungen zwischen dem Waren- und dem Dienstleistungssektor zu verhindern, von denen insbesondere die Entwicklungsländer Nachteile erwarteten[78].

Im Ergebnis machte man das GATS zu einer der drei Säulen der neu gegründeten Welthandelsorganisation (WTO)[79]; verbunden wurde das GATS dabei mit dem GATT 1994 lediglich durch den integrierten Streitbeilegungsmechanismus. Es scheint so, als ob die Entwicklungsländer in dieser Frage – der Trennung des GATS vom GATT/WTO-System – einen Verhandlungserfolg erzielt hätten.

Das Verhandlungsergebnis ist dennoch kein uneingeschränkter Erfolg für die Entwicklungsländer, zumal eine gänzliche Trennung des Dienstleistungsabkommens vom GATT, wie ursprünglich angestrebt, nicht erreicht wurde. Dies zeigt insbesondere eine Überlegung zu der unter gewissen Bedingungen erlaubten "cross-retaliation" und der damit entstehenden Verknüpfung des Warensektors mit dem Dienstleistungssektor, die von den Entwicklungsländern gerade *nicht* intendiert war. Art. XXIII:3 GATS betreffend "Streitbeilegung und Durchsetzung" sieht vor, daß sich ein Mitglied, sollte es der Auffassung sein, daß ihm ein Handelsvorteil, den es vernünftigerweise aufgrund einer spezifischen Dienstleistungsverpflichtung eines anderen Mitglieds hätte erwarten können, als Ergebnis einer GATS-widrigen Maßnahme zunichte gemacht oder geschmälert wird, auf die Vereinbarung über Streitbeilegung berufen kann. Stellt das Streitbeilegungsgremium dann fest, daß die GATS-widrigen Maßnahmen einen den Dienstleistungshandel betreffenden Vorteil tatsächlich zunichte gemacht oder zumindest geschmälert haben, hat das betroffene Mitglied Anspruch auf einen für beide Seiten befriedigenden Ausgleich auf der Grundlage des Artikels XXI:2 GATS[80]. Möglich sind somit Ausgleichsmaßnahmen auf der Grundlage der Meistbegünstigung; falls die Mit-

---

75   Dazu näher unten Abschnitt e).
76   Siehe näher das 3. Kap. 1 c) und e).
77   Zum "two track approach" siehe bereits das 3. Kap. 1 e).
78   Explizit *M. Rom*: Some Early Reflections on the Uruguay Round Agreement as Seen from the Viewpoint of a Developing Country, in: JWTL 28 (1994), S. 24.
79   Das *Agreement Establishing the World Trade Organization* ist die vertragliche Grundlage für die Organisation der WTO, die basiert (1) auf GATT 1994 (Waren), (2) GATS (Dienstleistungen) und (3) TRIPS (geistiges Eigentum).
80   Art. XXI:2 GATS sieht vor, Verhandlungen aufzunehmen, um eine Einigung über notwendige Ausgleichsmaßnahmen zu erreichen; diese werden dabei auf der Grundlage der Meistbegünstigung getroffen.

glieder sich nicht einigen können, soll Artikel 22 der Vereinbarung über die Streitbeilegung Anwendung finden. Dieser sieht vor:

"If that party considers that it is not practicable or effective to suspend concessions or other obligations with respect to other sectors under the same Agreement, and that the circumstances are serious enough, it may seek to suspend concessions or other obligations under *another* Covered Agreement"[81].

Damit wurde im Zusammenhang mit einem vertragswidrigen Verhalten der Vertragsparteien eine gewisse Verbindung zwischen dem Waren- und dem Dienstleistungssektor geschaffen, und zwar dergestalt, wie sie die Entwicklungsländer ursprünglich hatten vermeiden wollen. Wenngleich nicht auszuschließen ist, daß der zu konstatierende Sinneswandel auch in ihrem Interesse liegt – unter Umständen erkannten sie, daß sie von "linkage deals" größere Vorteile zu ziehen vermögen als von einer sorgfältig durchgeführten Trennung der beiden Verhandlungsebenen[82] – ist dies doch als ein deutliches Nachgeben der Entwicklungsländer zu werten.

Ein weiteres Anzeichen dafür, daß die beiden Abkommen nicht klar getrennt wurden, stellt eventuell auch Art. XVI WTO-Übereinkommen dar. Danach läßt sich die Welthandelsorganisation, sofern in dem WTO-Übereinkommen "oder in den Multilateralen Handelsübereinkommen" nichts anderes vorgesehen ist, von den Beschlüssen, Verfahren und üblichen Praktiken der VERTRAGSPARTEIEN des GATT 1947 sowie der im Rahmen des GATT 1947 eingesetzten Organe leiten. Damit könnten unter Umständen auch die aus der Zeit vor dem Abschluß des GATS 1994 angenommenen Beschlüsse der Vertragsparteien, beispielsweise Präferenzen betreffend, immer noch gültig sein, da die Ausnahmen zur Meistbegünstigung nicht ausdrücklich im GATS ausgeschlossen wurden[83] und somit im Sinne von Art. XVI WTO-Übereinkommen "nichts anderes vorgesehen ist". Diese Verknüpfung zwischen GATS und der WTO widerspricht ebenfalls den ursprünglichen Absichten der Entwicklungsländer.

c) Die Anerkennung der Doppelrolle der Telekommunikation ("dual role")

Die insbesondere von Kamerun, Indien, Ägypten und Nigeria geforderte[84] Anerkennung der "Doppelrolle" der Telekommunikation, also der Rolle, die diese einerseits als ein eigener Wirtschaftssektor und andererseits als grenzüberschreitendes Kommunikationsmedium für andere wirtschaftliche Tätigkeiten besitzt, fand Eingang in die Anlage zur Telekommunikation (Ziff. 1). Durch diese Unterscheidung sollte nach Bekunden der LDCs berücksichtigt werden, daß der Zugang zu und der Gebrauch von nationalen Informationsverteilungssystemen ein dem Marktzugang immanenter Aspekt ist. Wer

---

81 Art. 22.3.c des Understanding on Rules and Procedures Governing the Settlement of Disputes; (Hervorhebung durch die Verf.)
82 In diese Richtung *M. Rom*, (Anm. 78), S. 25; *F. V. Kratochwil*: Globalization and the Disappearance of the "Publics", in: *J.-Y. Chung (Hrsg.):* Global Governance. The Role of International Institutions in the Changing World (1997), S. 116 sieht in der WTO-Konzeption, Dienste gleichzubehandeln wie Waren, einen Ausdruck dafür, daß nunmehr der Markt als die geeignete Organisationsform angesehen wird.
83 Vgl. Art. II:2 GATS.
84 Vgl. *Communication from Cameroon, Egypt, India and Nigeria*, Sectoral Annotation on Telecommunication Services (GATT Doc. MTN.GNS/TEL/W/1, 9 July 1990), Art.1.1.2; *Communication from Cameroon, Egypt, India and Nigeria*, Annex on Telecommunications Mode of Delivery (GATT Doc. MTN.GNS/TEL/W72, (9 July 1990), S. 2, Explanatory Note, Ziff. 1.

Bank-, Finanz-, Versicherungsdienstleistungen exportieren wolle, sollte nicht aufgrund fehlenden Zugangs zu Telekommunikationseinrichtungen daran gehindert werden.

"The purpose of the separation between them was to ensure that the issue of the conditions of use of telecommunication services as a mode of delivery did not affect the market access commitments made in schedules, naturally to the extent of the existing telecommunication capabilities"[85].

Damit wurde der strategischen Bedeutung, die der Telekommunikation in modernen Volkswirtschaften zukommt, Rechnung getragen.

d) Die Trennung der Verpflichtungsebenen (Wahl sog. Positivlisten)

Die im GATS realisierte strukturelle Differenzierung zwischen verschiedenen Verpflichtungsebenen (Teil II und Teil III GATS) geht ebenfalls auf das Betreiben einiger Entwicklungsländer zurück; es läßt sich deutlich die Handschrift des afro-asiatischen Entwurfs[86] erkennen, der klar zwischen *allgemeinen,* für alle Parteien und alle Dienstleistungssektoren geltenden Vorschriften mit verbindlichem Charakter (z.B. zunehmende Beteiligung der Entwicklungsländer, Meistbegünstigung, Transparenz) und den gesondert auszuhandelnden *sektoriellen* oder *sub-sektoriellen* Marktzugangs- und Inländerbehandlungspflichten (sog. spezifische Verpflichtungen) unterscheidet[87].

Die Entscheidung, daß Inländerbehandlung und Marktzugang als spezielle Verpflichtungen verhandelbar sein würden und somit nicht zu den allgemeinen GATS-Verpflichtungen rechneten, so daß eine Vertragspartei folglich nur zu einer Liberalisierung der in ihrer (Positiv-)Liste ausgehandelten Dienste verpflichtet würde, wurde von einzelnen Delegierten aus der Dritten Welt durchaus als Verhandlungserfolg verbucht[88]. Denn dieses Vorgehen erlaubte:
- die spezifischen Verpflichtungen in Übereinstimmung mit dem Entwicklungsniveau und den nationalen Politikzielen auszuwählen; die Entwicklungsländer waren nicht gezwungen, Sektoren zur Liberalisierung anzubieten, wenn sie dies als unvereinbar mit ihren Entwicklungszielen und -bedürfnissen ansahen;
- durch geschickte Verhandlungsführung Konzessionen der Gegenseite auszuhandeln.

Diese Lösung ist auch deswegen als Vorteil für die Entwicklungsländer zu bewerten, weil es ihnen aufgrund der allgemeinen Rückständigkeit des Telekommunikationsdienstesektors schwerlich möglich gewesen wäre, bereits zum damaligen Zeitpunkt detaillierte Angaben über die aus der Liberalisierung (vorerst) ausgeklammerten Bereiche zu machen. Hätte man sich nicht für den Positivlistenansatz entschieden, wären Blankovorbehalte" die Folge gewesen, und damit voraussichtlich ein erheblicher Druck der Industriestaaten, die "Ausnahmen" in den Negativlisten zu reduzieren.

Auf der anderen Seite sollte nicht übersehen werden, daß es der westlichen Seite ebenfalls gelang, einige Elemente des von ihr favorisierten "Negativ-Listen-Ansatzes"

---

85 *UNCTAD,* (Anm. 54), S. 149.
86 *Cameroon, China, Egypt, India, Kenya, Nigeria, and Tanzania,* GATT Doc. MTN. GNS/W/101, 4 May 1990; Einzelheiten zu diesem Entwurf oben im 4. Kap.
87 Zu dieser Regelung siehe bereits das 5. Kap. 1 d).
88 Vgl. *Ambassador and Permanent Representative of India to GATT,* Annex p, APT/UNCTAD Seminar on Telecommunications' Support for Trade in Services, 14-17 May 1994, Male, Republic of Maldives 1994, S. 88.

in das GATS einzubringen; hierzu zählt die Anlage zu Ausnahmen von Artikel II (Meistbegünstigung). Auch war es, wie bereits dargelegt, möglich, in den Listen selbst "negative" Beschränkungen und Ausnahmen zu Marktzugang und Inländerbehandlung vorzunehmen[89], also im Wege des Negativ-Listen-Ansatzes Ausnahmebereiche zu schaffen.

Im Ergebnis handelt es sich bei der GATS-Regelung also um einen Kompromiß zwischen Positiv- und Negativlisten-Ansatz, oder auch – wie kritisch angemerkt wurde – um eine "hybrid solution"[90].

e) Vorkehrungen gegen einen "Liberalisierungsautomatismus"

Wiederholt hatten Vertreter aus Entwicklungländern auf die Schwierigkeit einer raschen Implementierung der GATS-Verpflichtungen hingewiesen. Aus diesem Grund plädierte man für "maximum flexibility", um genügend Zeit zu haben, den Aufbau des nationalen Dienstleistungssektors voranzutreiben[91]. Stellvertretend mag der Sprecher Tansanias zitiert werden:

"... in order to grow and become competitive, LDCs needed a longer period of time before undertaking new commitments in the multilateral trading system"[92].

Einem von den Entwicklungsländern gefürchteten "Liberalisierungsautomatismus", der sie zu Zugeständnissen wider Willen zwingen würde, suchte bereits die in Punta del Este vorgenommene Verständigung auf eine "fortschreitende Liberalisierung" vorzubeugen[93]. Der Draft Multilateral Framework for Trade in Services[94] (sog. "Juli-Text") hatte dies insoweit konkretisiert, als nach Inkrafttreten des GATS mehrere Verhandlungsrunden mit dem Ziel beginnen sollten, *fortschreitend* ein höheres Liberalisierungsniveau zu erreichen. Art. XX des sog. Dunkel-Entwurfs[95] entsprach bereits dem im GATS gefundenen Endergebnis.

Im Verhandlungswege ist nunmehr nur diejenige Marktöffnung zuzugestehen, die dem betreffenden Land ökonomisch verkraftbar erscheint. Dieser von den Entwicklungsländern gewünschte Weg einer schrittweisen Liberalisierung hat allerdings unter Umständen "einen recht langsamen Liberalisierungsrhythmus zur Folge"[96].

---

89   Details zum Aufbau der Listen enthält das 5. Kap. 3 b).
90   *M. Rom*, (Anm. 78), S. 26.
91   *Representative of Tanzania*, in: GATT, Sub-Committee on Trade of Least-Developed Countries, 6 May 1993, Restricted COM.TD./LLDC/15, 10 June 1993 (Distr. limited), S. 4: "provide maximum flexibility to these countries to promote their domestic services sector."
92   *Representative of Tanzania*, in: GATT, Sub-Committee on Trade of Least-Developed Countries, 6 May 1993, Restricted COM.TD./LLDC/15, 10 June 1993 (Distr. limited), S. 5.
93   Näheres zu diesem Grundsatz enthalten die Ausführungen im 3. Kap. 2 a).
94   *Draft Multilateral Framework for Trade in Services*, GATT Doc. No. MTN.GNS/35, July 23, 1990, S. 13 ("Juli-Text").
95   Draft Final Act Embodying the Results of the Uruguay Round of Multilateral Trade Negotiations, GATT Doc. No. MTN.TNC/W/FA, December 20, 1991, S. 23.
96   *F. Blankart*: Das Ergebnis der Uruguay-Runde: ein historischer Markstein, Schlusstein oder Startblock, in: Aussenwirtschaft 49 (1994), S. 22; das GATT beläßt grundsätzlich den Staaten die Entscheidungen, ob sie Handelsbeschränkungen einführen oder abbauen wollen; es sieht auch keine Pflicht vor, ein bereits erreichtes Liberalisierungsniveau zu halten, m.w.N. *P.-T. Stoll*: Freihandel und Verfassung. Einzelstaatliche Gewährleistung und die konstitutionelle Funktion der Welthandelsordnung (GATT/WTO), in: ZaöRV 57 (1997), S. 116 f.

Der Forderung, einem Liberalisierungsautomatismus vorzubeugen, entsprach auch die Anlage zur Telekommunikation. Es sollte, wie bereits dargelegt[97], keine Verpflichtung eines Mitgliedes geben, Diensteerbringer eines anderen Mitgliedes zu ermächtigen, Telekommunikationsnetze und -dienste bereitzuhalten, sofern dies nicht in der betreffenden Länderliste ausgehandelt worden war; das Angebot an Telekommunikationseinrichtungen sollte nicht über die allgemeinen, der Öffentlichkeit bereits angebotenen Einrichtungen hinausgehen. Dies waren Anliegen der auf ihre souveränen Rechte bedachten Dritten Welt gewesen.

Es gelang den LDCs allerdings nicht zu verhindern, daß "initial commitments" zu einer Voraussetzung für den GATS- bzw. WTO-Beitritt gemacht wurden. Zwar hatte die Dritte Welt gefordert, den am wenigsten entwickelten Ländern sollten die initial commitments als Beitrittsvoraussetzungen erlassen werden: "LDCs should not be required to make any initial commitment as a condition for acceeding to the General Agreement on Trade in Services (GATS)"[98] – dies sei aufgrund der Schwierigkeiten der LDCs, Verpflichtungen im Dienstleistungssektor zu übernehmen, notwendig, doch wurde dieser Forderung nicht entsprochen.

Was man unter dem Aspekt der Vermeidung eines Liberalisierungsautomatismus vor allem erreichte, war die Gewährung von Übergangsfristen. Vor allem die bereits erwähnte, von den Ministern anläßlich der Unterzeichnung in Marrakesch angenommene Decision on Measures in Favour of Least Developed Countries von 1994[99] enthält einige Ausführungsbestimmungen zum GATS; den LLDCs werden Flexibilität beim Eingehen von Verpflichtungen und Konzessionen zugestanden, und zwar mit Blick auf ihre individuelle Entwicklung, ihre Finanz- und Handelsbedürfnisse oder ihre verwaltungsmässige und institutionelle Leistungsfähigkeit[100].

Auf dieser Basis gewährte die Decision on Measures in Favour of Least Developed Countries den LLDCs außerdem eine zusätzliche Frist von einem Jahr (beginnend ab 15. April 1994), um ihre gemäß Art. XI des WTO-Übereinkommens erforderlichen Listen spezifischer Verpflichtungen vorzulegen[101]. Zudem sah sie eine Überprüfung der zugestandenen Übergangsbestimmungen durch die jeweils zuständigen WTO-Organe vor[102]. Eine Abweichung von den vorgesehenen Übergangsfristen, etwa im Falle von Implementierungsschwierigkeiten, müßte im Wege des Konsenses angenommen werden.

Ungeachtet dieses zeitlichen Entgegenkommens besteht ein im Prinzip für alle Staaten, das heißt Industrie- wie Entwicklungsländer, einheitlicher Verpflichtungsgrad. Die eingegangenen Verpflichtungen sind für alle Staaten die gleichen; lediglich die Übergangszeit für LDCs ist etwas länger:

---

97 Siehe das 5. Kap. 2 a).
98 *Representative of Tanzania*, in: GATT, Sub-Committee on Trade of Least-Developed Countries, 6 May 1993) Restricted COM.TD./LLDC/15, 10 June 1993 (Distr. limited), S. 4.
99 Vgl. außerdem die Ausführungen im 5. Kap. (Anm. 4).
100 Ziff. 1, S. 1 der *Decision on Measures in Favour of Least-Developed Countries*; vgl. in diesem Kontext auch Art. XI des *WTO-Übereinkommens*, wonach die LDCs Verpflichtungen und Zugeständnisse nur insoweit zu übernehmen brauchen, "als diese mit ihren jeweiligen Entwicklungs-, Finanz- und Handelserfordernissen oder ihrer administrativen und institutionellen Leistungsfähigkeit vereinbar sind."
101 Ziff. 1, S. 2 der Decision on Measures in Favour of Least-Developed Countries.
102 Ziff. 2 (i) Decision on Measures in Favour of Least-Developed Countries.

"The least developed countries have been granted longer transitional periods before assuming obligations for those agreements where the level of obligations is the same for all members"[103].

f) Der Verzicht auf eine kostenbasierte Tarifierung

Von zu hohen Tarifen für Telekommunikationsdienste gehen handelshemmende Wirkungen aus. Eine kostenorientierte Tarifierung der von einem Monopol erbrachten Telekommunikationsdienste, wie sie von den Industriestaaten gefordert wird, könnte hier Abhilfe schaffen: Tarife müßten so gestaltet werden, daß nationale Nutzungen nicht gegenüber internationalen Nutzungen bevorzugt werden, und Quersubventionierungen – vorgenommen etwa zur Unterstützung defizitärer Dienstleistungen im Kommunikationsbereich (z.B. Paketpost) oder zur Herstellung einer flächendeckenden, tariflich einheitlichen Versorgung eines Landes mit bestimmten Telekommunikationsdiensten[104] – sollten abgebaut werden.

Obwohl es sowohl im Dunkel-Entwurf von 1991[105] als auch im Entwurf des Sekretariats vom 28. April 1992 noch geheißen hatte (Ziff. 5.2): "Each Member shall endeavour to ensure that pricing of public telecommunications transport networks and services is cost-oriented", so fehlt eine vergleichbare Vorschrift in der schließlich verabschiedeten Anlage zur Telekommunikation[106]. Auch dies kann als ein vorläufiger Erfolg der Entwicklungsländer verbucht werden, da das von einigen Industriestaaten befürwortete Konzept kostenbasierter Tarifierung aller Voraussicht nach eine Steigerung der inländischen Gebühren in Entwicklungsländern zur Folge gehabt hätte[107].

Ursprünglich sollte also die Tarifgestaltung der öffentlichen Netze (PTTNS) kostenbasiert erfolgen, jedoch wurde nie eindeutig festgelegt "what *cost orientation* means"[108]. Jedenfalls kam es durch den Widerstand der Entwicklungsländer zu einer Abschwächung der ursprünglichen Vorstellungen, im GATS bzw. der Anlage zur Telekommunikation diese neue Kostenregelung zu verankern. Angeführt wurde unter anderem, daß

---

103 *UNCTAD*, (Anm. 54), S. 22.
104 Zur Problematik der Universaldienste siehe bereits das 2. Kap. 3 d).
105 General Agreement on Trade in Services, *Annex on Telecommunications*, prepared by GATT Director Arthur Dunkel and distributed on December 20, 1991, (GATT/MTN.TNC/W/FA).
106 Vgl. hingegen das *North-American Free Trade Agreement (NAFTA)*; in Abs. 3 des Artikel 1302 heißt es:
"Each Party shall ensure that:
(a) the pricing of public telecommunications transport services reflects economic costs directly related of providing such services; and
(b) private leased circuits are available on a flat-rate pricing basis".
107 Einzelheiten bei *J. Hills*: Dependency Theory and its Relevance Today: International Institutions in Telecommunications and Structural Power, in: Review of International Studies 20 (1994), S. 177; allgemein zu diesem Thema *C. Dörrenbächer/O. Fischer*: Handel mit informationsintensiven Dienstleistungen: neue Perspektiven für die internationale Arbeitsteilung und Handelspolitik, in: Vierteljahresberichte Heft 122 (1990), S. 397; zur kostenbasierten Tarifierung der öffentlichen Netze allgemein *R. Ellger/T.-S. Kluth*: Das Wirtschaftsrecht der Internationalen Telekommunikation in der Bundesrepublik Deutschland (1992), S. 214.
108 So eine Stellungnahme der *Strategic Planning Unit*, (Anm. 28), S. 35; vgl. auch *Ambassador and Permanent Representative of India to GATT*, (Anm. 88), S. 101: "No one was clear about what was meant by that, included the proponents of the idea".

auch keine der anderen Anlagen zum GATS "pricing" behandele[109], ferner müsse eine solche Frage nicht eigens geregelt werden, da eine angemessene Behandlung dieser Frage im Rahmen der Inländerbehandlung[110] möglich sei.

Käme eine die kostenbasierte Tarifierung vorsehende Regelung dennoch zustande, bedeutete sie ein ernsthaftes Hindernis für die im Rahmen der Telekomdienste üblichen Quersubventionen[111] und würde die Entwicklungsländer somit aller Voraussicht nach daran hindern, das politische Ziel der Angebotsverbesserung von universellen Diensten[112] zu verfolgen.

Des weiteren bestand Unklarheit darüber, inwieweit eine Verpflichtung zur kostenbasierten Tarifierung mit den in Art. VIII GATS vorgesehenen Disziplinen für Monopole und Dienstleistungserbringer mit ausschließlichen Rechten (etwa hinsichtlich des Mißbrauchs einer Monopolsituation oder der Beachtung der Meistbegünstigung[113]) vereinbar sein sollten. Wie der Vertreter Indiens beim GATT mutmaßte: "The obligation on pricing clause alongwith the disciplines on monopolies would have, at very last, led to harrassment"[114].

Diese und ähnliche Umstände mögen ursächlich dafür gewesen sein, daß mit der Annahme der Abkommen in Marrakesch 1994 schließlich keine kostenbasierte Tarifierung eingeführt wurde.

Allerdings, dies ist zu ergänzen, gibt es in der Frage der Tarifreformen Bewegung. Schon zum Zeitpunkt der Annahme des GATS war absehbar, daß die Preis- und Tarifgestaltung erneut in der Negotiating Group on Basic Telecommunications, in der die Verhandlungen zur Basistelekommunikation über den formellen Vertragsschluß in Marrakesch hinaus andauerten, diskutiert würden[115]. Dies hängt damit zusammen, daß sich die Einnahmen durch Veränderungen im internationalen Tarifsystem der Telefonie verringern. Experten prognostizierten, daß das gegenwärtige Tarifierungssystem sich nicht aufrechterhalten lassen werde:

"(...) the present accounting rate system, is unlikely to survive very long because of the strong pressure on tariffs caused by competitive entry by foreign operators, and the possibility which that competition brings to deliver their own traffic to the destination country and interconnecting at domestic tariff rates"[116].

Aufgrund der Unzufriedenheit der internationalen Dienstenutzer nimmt der Gebrauch von "call-back-services" – unter Umgehung des heimischen Netzes – zu Geschäftszwecken zu; aufgrund dieser Gegebenheiten erkannte man auch in einigen, in dieser

---

109 *H. I. M. de Vlaam*: Liberalization of International Trade in Telecommunications Services (1994), S. 83.
110 Zur Inländerbehandlung siehe oben das 4. Kap. 2 c); 5. Kap. 1 d); 5. Kap. 5 c).
111 Interessanterweise sieht das *North-American Free Trade Agreement (NAFTA)* in Abs. 3 des Artikel 1302 ausdrücklich vor: "Nothing in this paragraph shall be construed to prevent cross-subsidization between public telecommunications transport services."
112 Zur Problematik der universellen Dienste siehe das 2. Kap. 3 d).
113 Näher zu Art. VIII GATS im 5. Kap. 1 c).
114 Ambassador and Permanent Representative of India to GATT, (Anm. 88), S. 101.
115 Zu Einzelheiten siehe das 5. Kap. 4 c); allerdings wurde eine grundlegende Restrukturierung des Tarifsystems auch von der NBGT ausgespart; zu den Gründen *Report of the Fifth Regulatory Colloquium*, The Changing Role of Government in an Era of Deregulation, Trade Agreements on Telecommunications: Regulatory Implications, Geneva, 6-8 December 1995, S. 36 f.; im Ergebnis hat es keine generell akzeptierte Alternative gegeben.
116 Report of the Fifth Regulatory Colloquium, (Anm. 115), S. 37; zum Ganzen auch *C. Dörrenbacher/O. Fischer*, (Anm. 107), S. 398 f.

Frage konservativ argumentierenden Least Developed Countries, etwa Schwarzafrikas, inzwischen die Notwendigkeit "for a measure of tariff rebalancing"[117].

g) Die Berücksichtigung von Entwicklungsländerbelangen durch das GATS-Regime

Die Industriestaaten hatten mehrfach deutlich gemacht, daß sie nicht bereit waren, eine unbefristete Anwendung von Sonder- und Präferenzbehandlung hinzunehmen. Stattdessen bestanden sie darauf, daß die Grundsätze und -regeln auf alle Länder, Industrie- wie Entwicklungsländer, gleichermaßen Anwendung finden sollten, und daß es keine vertraglichen Verpflichtungen zur besonderen Förderung der Entwicklungsländer geben solle. Insbesondere bestanden die Industriestaaten auf für alle Beteiligten gleichermaßen bindenden "commitments", um eine Situation des "free-ride"[118] für Entwicklungsländer auszuschließen. Hingegen hatten die Vertreter der Dritten Welt eine lange Liste von Wünschen, die zum Teil auf eine "differential", also andersartige, zum größeren Teil aber auf eine "more favourable", also günstigere und somit präferentielle Behandlung, hinausliefen.

Im Ganzen gesehen gelang es den Industriestaaten, eine einseitige Begünstigung der Entwicklungsländer insofern abzuwenden, als sie GATT-Regeln, wie etwa die Enabling Clause nach Art. XVIII Teil IV GATT und Waivers nach Art. XXV GATT, *nicht* in das GATS übernahmen. Stattdessen fanden lediglich einige allgemeine Hinweise auf die besonderen Bedürfnisse der Entwicklungsländer in die Präambel und den GATS-Text Eingang. So wurde in den die allgemeinen Verpflichtungen und Disziplinen betreffenden Teil II des GATS das Ziel der Entwicklung verankert, und zwar im Gegensatz zu GATT Teil IV nicht nur mit "exhortative character"[119].

Als weiteren (kleineren) Verhandlungserfolg kann überdies der Hinweis auf die Notwendigkeit des Ausbaus der Telekommunikationsinfrastruktur in Entwicklungsländern (Anlage zur Telekommunikation, Ziff. 6 (a) S. 1) sowie die Aufnahme von Ziff. 5 (g) der Anlage gewertet werden, eine Passage, die die besonderen Interessen der Entwicklungsländer im Rahmen des den ausländischen Dienstanbietern zur Verfügung zu stellenden Zugangs von Netzfazilitäten berücksichtigt wissen will[120].

Eine Sonderbehandlung bzw. gar eine positive Diskriminierung wurde den Entwicklungsländern hingegen nicht gewährt. Das GATS kennt nur eine Art der Mitgliedschaft, und die wirtschaftlich schwächeren Länder genießen keinen besonderen Status, der ihnen eine unterschiedliche Behandlung gewährt, wie dies beim GATT der Fall ist. Wie bereits dargelegt[121], ist der Verpflichtungsgrad für Nord und Süd im wesentlichen gleich – dies verdeutlicht auch ein Blick auf Art. II der Meistbegünstigung. Hierbei handelt es

---

117 Mit Beispielen in Tansania, Uganda und Senegal: *ITU*, (Anm. 16), S. 45 f.; zur Problematik der call back services siehe näher *K. R. Propp*: The Eroding Structure of International Telecommunications Regulation: The Challenge of Call-Back Services, in: HILJ 37 (1996), S. 493 ff.; Propp geht davon aus, daß das call-back-Phänomen ein Zeichen dafür sei, daß das internationale Telekommunikationsregime nur verhältnismäßig schlecht auf den technologischen Wandel reagiere.
118 Zur Problematik des Trittbrettfahrens siehe bereits oben im 4. Kap. 2 a).
119 Positiv die Einschätzung von *UNCTAD*, (Anm. 54), S. 148; vgl. speziell Art. IV GATS.
120 Ziff. 5 g) sieht vor, daß ein Entwicklungsland entsprechend seinem Entwicklungsstand "angemessene Bedingungen" für den Netz- und Dienstezugang aufstellen kann; welche Bedingungen dies sind, wird in der Länderliste des betreffenden Entwicklungslands ausgeführt; Einzelheiten zu den Länderlisten der Entwicklungsländer im 6. Kap. 3 a).
121 Siehe oben Abschnitt e).

sich um eine allgemeine, von Industrie- und Entwicklungsländern *gleichermaßen* anzuwendende Vorschrift, unabhängig davon, ob in einem bestimmten Sektor spezifische Verpflichtungen übernommen wurden oder nicht. Folglich erhalten die Entwicklungsländer weder eine Vorzugsbehandlung, noch können sie eine solche untereinander anwenden[122].

Auch im Falle der zu gewährenden Inländerbehandlung kann nicht zwischen Industrie- und Entwicklungsländern differenziert werden; als Konsequenz ist eine Besserbehandlung von jungen Unternehmen in und durch Entwicklungsländer nicht möglich. Würden inländische Unternehmen gegenüber ausländischen Unternehmen eine Vorzugsbehandlung erfahren, wäre dies eine handelsverzerrende Maßnahme, die eventuell sogar zu Vergeltungsmaßnahmen des betreffenden ausländischen Staates führen könnte. In- und ausländische Firmen, daran läßt das GATS keinen Zweifel, sind gleich zu behandeln. Deshalb wurde vermutet, diese Regelung nütze vor allem dem Norden:

"(...) the deal in the services sector will be beneficial to the North. Many States from the South will find it difficult to succeed in the services industry"[123].

Zwar erlaubt die Anlage zu Ausnahmen von Artikel II die Möglichkeit, Ausnahmen zur Meistbegünstigung aufzulisten, da die meisten Entwicklungsländer jedoch nicht im voraus wissen, welche Sektoren oder Subsektoren in Zukunft "preferential" oder "differential treatment" erfordern, wäre es vermutlich insgesamt gesehen günstiger für sie gewesen, eine reguläre Ausnahme zur Meistbegünstigung, etwa nach dem Vorbild von Art. V (Wirtschaftliche Integrationsräume), innerhalb von Teil II (allgemeine Verpflichtungen) zu vereinbaren.

Festzuhalten ist, daß der GATS-Vertragstext in Art. IV im wesentlichen lediglich eine Absichtserklärung enthält, die erkennen läßt, daß eine verbesserte Teilnahme von Entwicklungsländern am Weltdienstehandel angestrebt wird. Diese soll, so stellt die genannte GATS-Vorschrift klar, durch mit anderen Ländern ausgehandelte Zugeständnisse im Verhandlungswege erleichtert werden. Die Zugeständnisse sollen sich beziehen auf:

- die Stärkung der Leistungs- und Wettbewerbsfähigkeit des Dienstleistungssektors der Dritten Welt (u.a. durch den Zugang zu Technologie auf kommerzieller Grundlage);
- die Verbesserung des Zugangs zu Vertriebswegen und Informationsnetzen;
- die Liberalisierung des Marktzugangs in Sektoren, die von Exportinteresse für die Dritte Welt sind.

Den am wenigsten entwickelten Ländern (LLDCs) soll beim Aushandeln der Zugeständnisse und beim Zugang zu Marktinformationen über Kontaktstellen besonderer Vorrang eingeräumt werden und ihre Probleme sollen angesichts ihrer besonderen Wirtschaftslage und ihrer Bedürfnisse im Entwicklungs-, Handels- und Finanzbereich speziell berücksichtigt werden (Art. IV:3). Dieser Vorschrift liegt nicht mehr "das statische Prinzip der Sonderbehandlung der Entwicklungsländer, sondern die Vorstellung einer

---

122 Gerade "infant industries" der Entwicklungsländer, so die Bedenken, brauchen jedoch bei der Erschließung neuer Märkte zusätzliche, sie einseitig bevorzugende Unterstützungsmaßnahmen; näher bereits das 4. Kap. 3 b).

123 *E. O. Awuku*: How do the Results of the Uruguay Round Affect the North South Trade?, in: JWTL 28 (1994), S. 83, der daher empfiehlt: "The South should, therefore, enter into dialogue with the North, requesting training and employment for local people, and into negotiations with the firms involved to provide access to technology and information on a global business network".

abgestuften und dynamischen Integration in den Welthandel zugrunde"[124] – eine Vorstellung, die die Entwicklungsländer indes weitgehend auf sich selbst zurückwirft. Die Entwicklungsländer können Liberalisierungsverhandlungen in Dienstesektoren beginnen, die auch für Industriestaaten von Bedeutung sind, und in konkreten Bereichen, in denen sie selbst Exportinteressen verfolgen, reziproke Zugangskonzessionen aushandeln. Ihrem Verhandlungsgeschick bleibt es somit überlassen, ob es ihnen gelingt, so erfolgreich Zugeständnisse auszuhandeln, daß sie davon im Hinblick auf ihre gesamtwirtschaftliche Situation profitieren.

Festzustellen ist indes, daß das Kernstück der Dritte Welt-Forderungen, die wachsende Beteiligung der Entwicklungsländer am Welthandel (Art. IV), manches von den Konturen verloren hat, die in den Entwurfsarbeiten noch zu erkennen waren. Hatte es ursprünglich geheißen, die wachsende Teilnahme der Entwicklungsländer sei in den spezifischen Verpflichtungen zu berücksichtigen, spricht der spätere, offizielle Vertragstext davon, daß die wachsende Teilnahme durch *ausgehandelte* spezifische Verpflichtungen ("negotiated specific commitments") zu erleichtern sei. Damit wurde, der Linie des GATS-Abkommens folgend, der Verhandlungsaspekt betont und letztlich, gemäß der Vorstellung "Entwicklung durch Aushandeln von Handelsvorteilen", die Eigenverantwortlichkeit der Entwicklungsländer bei den Konzessionsverhandlungen unterstrichen. Das Problem der "Entwicklung der Entwicklungsländer"[125] wird damit auf die Implementierungsseite verlagert: "*if* Article IV on Increasing Participation of Developing Countries is effectively implemented through the negotiation of commitments on access to technology, distribution channels and information networks, as well as liberalization of markets in sectors and modes of supply of export interest to them, it could help to strengthen the developing countries' domestic services capacity and its efficiency and competitiveness"[126]. Artikel IV:1 GATS sieht demnach vor, daß die LLDCs nur dann eine besondere Behandlung erfahren, *wenn* sie (1) Verhandlungen einleiten und es (2) zu entsprechenden Vereinbarungen in den Länderlisten der Industriestaaten kommt.

Zum zweiten enthält Art. IV:1 lit.(a)-(c) nunmehr einen *abgeschlossenen* Katalog von Aspekten, die für die Entwicklungsländer bedeutsam sind und die in die Konzessionsverhandlungen eingebracht werden können, um ihre zunehmende Beteiligung am Welthandel sicherzustellen (s.o.: Stärkung der Leistungs- und Wettbewerbsfähigkeit, Verbesserung des Zugangs zu Vertriebswegen und Informationsnetzen, Liberalisierung des Marktzugangs in Sektoren von Exportinteresse). Frühere Entwürfe hatten hier Offenheit gezeigt und auf diese Weise theoretisch Verhandlungsspielraum auch hinsichtlich des Einschlusses anderer, für die Delegationen der Entwicklungsländer bedeutsame Aspekte (z.B. Finanzhilfe) eröffnet.

Zum dritten wurde die Chance der Entwicklungsländer, durch das Aushandeln von Zugeständnissen den für sie essentiellen Technologietransfer zu günstigen Bedingungen zu erhalten, geschmälert, da gegenüber früheren Entwürfen[127] eingefügt wurde, daß dies

---

124 So zum Vorläufer von Artikel IV, der Sonderbestimmung über die Teilnahme der Entwicklungsländer im Entwurf für ein multilaterales Rahmenabkommen, GATT Doc. MTN GNS/35 vom 23.7.1990, *C. Bail*: Das Profil einer neuen Welthandelsordnung: Was bringt die Uruguay Runde?- Teil 2, in: EuZW 15 (1990), S. 471.
125 Zu diesem Verhandlungsgrundsatz siehe bereits das 3. Kap. 2 f).
126 *UNCTAD*, (Anm. 54), S. 150.
127 Die Entwicklung von Artikel IV seit der Brüsseler Konferenz im Dezember 1990 beschreibt *UNCTAD*, (Anm. 54), S. 156.

auf einer "commercial basis", also in der handelsüblichen Weise (und nicht etwa unentgeltlich), zu geschehen habe. Daß eine erfolgreiche Verhandlungslösung, speziell im Hinblick auf den vorgesehenen verbesserten Zugang zu Technologie, nicht einfach sein würde, machte eine ITU-Studie deutlich[128]. Im Ergebnis, dies wird die weitere Untersuchung zeigen[129], kam es nicht zu dem erhofften Technologie- und Wissenstransfer: "no specific commitments of this nature were negotiated in the Uruguay Round"[130].

Auch in anderer Hinsicht bleibt Art. IV betreffend die zunehmende Beteiligung der Entwicklungsländer hinter den in verschiedenen Entwürfen gestellten Forderungen zurück. Es wurde weder die Forderung nach Finanzhilfen für den Aufbau von Infrastrukturmaßnahmen durchgesetzt noch der dafür notwendige Ressourcentransfer geregelt. Hinsichtlich des Verhandlungsziels "Entwicklung der Entwicklungsländer" gelang es der Dritten Welt nicht, einige zentrale Forderungen, insbesondere im Bereich des Ressourcen- und Finanztransfers, durchzusetzen, wie sie die Entwürfe der Entwicklungsländer zur Telekommunikationsanlage vorgesehen hatten. Bereits während der Verhandlungen in der Working Group on Telecommunicationss Services wurden die grundlegenden Entwürfe MTN.GNS/TEL/W1 und MTN.GNS/TEL/W/2 zur Verbesserung der Teilnahme der Entwicklungsländer[131] kaum diskutiert. In dem Treffen vom 9.-11. Juli 1990 mahnte der Delegierte Ägyptens zwar, "the working group would need to engage in a substantial discussion on these issues"[132]. Dieser Aufforderung wurde jedoch weder in dieser noch in den darauffolgenden Sitzungen der Working Group entsprochen.

Die Industriestaaten gingen vielmehr davon aus, daß eine Finanzierung der Telekommunikationsentwicklung in der Dritten Welt durch die für solche Fragen zuständigen Organisationen wie ITU, Weltbank oder andere Gremien erfolgen solle. So beklagte schließlich Indien, aber auch Indonesien, Ägypten und Kuba, daß etliche der von den Entwicklungsländern aufgeworfenen Diskussionspunkte nicht im Bericht der Working Group enthalten seien. Vor allem hätte man sich klarere inhaltliche Aussagen hinsichtlich der zunehmenden Beteiligung der Entwicklungsländer am Welthandel (Art. IV GATS) gewünscht[133].

Weitergehende Forderungen, wie etwa diejenige nach einer Reinvestition von Gewinnen der Unternehmen in die Entwicklungsländer[134], wurden ebenfalls nicht aufgegriffen. Soweit die Unterstützung der wirtschaftlich schwächeren Mitglieder der Staatengemeinschaft betroffen ist, wurde eine "Minimalregelung" vereinbart: Die vertragliche Pflicht der Mitgliedstaaten besteht lediglich darin, dann, *wenn* sie Maßnahmen zur

---

128 *Strategic Planning Unit*, (Anm. 28), S. 24 empfahl daher, "MPTs and telecommunications administrations should seek advice from the appropriate ministry to clarify how this may function in practice."
129 Zu den die Telekomdienste betreffenden "commitments" der Entwicklungsländer siehe den nächsten Abschnitt b).
130 *ITU*, (Anm. 16), S. 22.
131 Zu diesen Entwürfen näher im 4. Kap.
132 *Working Group on Telecommunication Services*, Group of Negotiations in Services, Note on the Meeting of 9-11 July 1990, Restricted GATT Doc. MTN.GNS/TEL/2, 30 November 1990, Special Distribution, S. 41, Ziff. 167.
133 Vgl. die *Stellungnahmen von Indien, Indonesien, Ägypten und Kuba*, in der *Working Group on Telecommunication Services*, Group of Negotiations in Services, Note on the Meeting of 15-17 October 1990, Restricted GATT Doc. MTN.GNS/TEL/4, 30 November 1990, Special Distribution, S. 8, Ziff. 32, 33.
134 Zu diesen und ähnlichen Forderungen siehe das 4. Kap. 5.

Stärkung des Telekommunikationsdienstesektors übernehmen, die Teilnahme der Entwicklungsländer anzustreben. Konkrete Hilfszusagen zu Gunsten der Dritten Welt wurden jedoch nicht gemacht.

Bei der Umsetzung des erklärten Verhandlungsziels der "Entwicklung der Entwicklungsländer" kommt eine weitere Vorschrift zum Tragen: Art. IV ist im Zusammenhang mit Art. XIX:2 GATS zu lesen, der näher ausführt, daß der Liberalisierungsprozeß mit gebührendem Respekt auf den Entwicklungsstand einzelner Mitglieder stattfinden soll. Aufgrund der Asymmetrie zwischen Industrie- und Entwicklungsländern ist das Aushandeln reziproker Vorteile, wie bereits ausgeführt[135], kein einfaches Unterfangen. Dieser Tatsache sucht Art. XIX:2 GATS Rechnung zu tragen, indem er festlegt, daß der künftige Liberalisierungsprozeß angemessene Rücksicht nehmen soll, und zwar sowohl

(1) auf die nationalen politischen Zielsetzungen[136] als auch
(2) auf das Entwicklungsniveau der einzelnen Mitglieder.

Wenngleich sich aus dem GATS-Text nicht ergibt, daß daraus rechtliche Vorteile resultieren, wird die politische Bedeutung dieser Vorschrift hoch eingeschätzt. Die Entwicklungsländer sollten nicht zur Übernahme von mit entwicklungspolitischen Zielen konfligierenden Liberalisierungszusagen gedrängt werden; außerdem sollten die tatsächliche Entwicklungen im Dienstesektor zugrundegelegt werden, nicht hypothetische Marktchancen[137]. Eine angemessene Rücksicht auf den Entwicklungsstand, wie sie Art. XIX vorsieht, kann im Einzelfall sogar dazu führen, daß einzelne Entwicklungsländer weniger Sektoren oder aber weniger Transaktionstypen liberalisieren, um auf diese Weise – in Übereinstimmung mit der jeweiligen Entwicklungssituation – den Marktzugang allmählich auszuweiten.

Auch sollte es einzelnen Entwicklungsländern gestattet sein, an die Gewährung von Marktzugang an ausländische Firmen Bedingungen zu knüpfen, die darauf ausgerichtet sind, die in Artikel IV (zunehmende Beteiligung am Welthandel) genannten Ziele zu erreichen. Dies ist insofern bedeutsam, als somit grundsätzlich die Möglichkeit von Maßnahmen der Entwicklungsländer zur Stärkung inländischer Unternehmen anerkannt wurde. Theoretisch können die auszuhandelnden Bedingungen auch den Marktzugang selbst sowie den Technologietransfer betreffen, aber auch Beschäftigungserfordernisse und evtl. sogar die Möglichkeit, den inländischen Dienstesektor in der Dritten Welt zu subventionieren (Art. XIX:2 i.V. IV)[138]. Voraussetzung ist jedoch stets (insofern trifft das oben Gesagte auch hier zu), ein entsprechendes Verhandlungsgeschick der LDCs. Von diesem wird es maßgeblich abhängen, inwieweit das GATS-Regime sich förderlich für die Landesentwicklung auswirkt.

"What they[139] can actually obtain in future negotiations will be a function of the preparedness of governments and the skills of their negotiators"[140].

---

135 Zur Reziprozitätsproblematik siehe bereits das 3. Kap. 2 g).
136 Bereits die *Montreal Ministerial Declaration* hatte in Ziff. (b) Satz 1 "due respect for national policy objectives" vorgesehen (Mid Term Review, GATT Doc. No. MTN.TNC/11, April 21, 1989).
137 *UNCTAD*, (Anm. 54), S. 170 f.
138 Vgl. auch Art. XV GATS, der die Rolle der Subventionen in den Entwicklungsprogrammen der Entwicklungsländer anerkennt.
139 Gemeint sind die Entwicklungsländer (Anm. der Verf.).
140 *UNCTAD*, (Anm. 54), S. 184.

Nichts anderes ergibt ein Blick auf die Anlage zur Telekommunikation. Gemäß Ziff. 5 g) ist es den Entwicklungsländern auch hier gestattet, ausländischen Dienstleistungsfirmen "angemessene Bedingungen" für den Zugang zu öffentlichen Telekommunikationsnetzen und -diensten aufzuerlegen, die ihrer Ansicht nach zur Stärkung der Telekommunikationsinfrastruktur oder für die angestrebte zunehmende Beteiligung am Welthandel notwendig sind. Während also die übrigen Mitgliedstaaten generell nur Konditionen auferlegen dürfen, um die Grundversorgung zu gewährleisten[141] oder um Schaden vom Netzwerk abzuwenden[142], dürfen Entwicklungsländer im Rahmen der Entwicklungsnotwendigkeiten ihres Landes hier stärker reglementierend tätig werden.

Voraussetzung ist aber auch hier – insofern wird die im GATS gewählte Linie fortgesetzt –, daß derartige von den Entwicklungsländern gewählte zusätzliche Beschränkungsmodalitäten in den nationalen Verpflichtungslisten ausgehandelt werden, heißt es doch: "Die Bedingungen werden in der Liste des betreffenden Mitglieds aufgeführt"[143]. Wiederum wird viel von dem Verhandlungsgeschick und der Verhandlungsmacht der Entwicklungsökonomien abhängen[144].

Den aufgeführten Bestimmungen[145] ist gemeinsam, daß sie in erster Linie den Entwicklungsländern einen Anreiz geben wollen, engagiert Konzessionsverhandlungen zu führen, um auf diese Weise – im Austausch von Zugeständnissen seitens der Industriestaaten – spezielle Marktöffnungszusagen einzugehen:

"All of these tenders of assistance and special consideration are of course inducements to developing countries and least developed countries to schedule specific market-opening commitments"[146].

Dieses Resultat weicht deutlich von der während der Kodifikationsarbeiten verfolgten, auf konkrete Unterstützungszusagen gerichteten Linie der Dritten Welt ab. Insgesamt läßt sich feststellen, daß das GATS einer Linie folgt, wonach Entwicklungsländerbelange am besten berücksichtigt werden, wenn sich alle Ökonomien gleichermaßen gegenüber dem Weltmarkt öffnen und in Wettbewerb zueinander treten. Wie *Flory* resümiert: "La clé du développement réside désormais dans l'égalité de tous dans la libre concurrence au sein du marché mondial"[147].

---

141 Ziff. 5 e) (i) Anlage zur Telekommunikation.
142 Ziff. 5 e) (ii); zu den weiteren Regulierungserfordernissen vgl. Ziff. 5 e)-f).
143 Anlage zur Telekommunikation, Ziff. 5 (g) Satz 2.
144 Allgemein zur Verhandlungsmacht im 3. Kap. 3.
145 Weitere die Entwicklungsländer betreffende, zum Teil bereits erwähnte Vorschriften finden sich in Art. V:3 GATS (Wirtschaftliche Integrationsräume von Entwicklungsländern) und Art. XXV:2 GATS (Pflicht des WTO-Sekretariats, technische Hilfe zu leisten), daneben auch in Art. IV:7 WTO-Übereinkommen (Einsetzung eines Ausschusses für Handel und Entwicklung); in Art. XI:2 WTO-Übereinkommen (Übernahme von Verpflichtungen und Zugeständnissen durch LLDCs nur so weit mit den jeweiligen Entwicklungs-, Finanz- und Handelserfordernissen sowie mit der administrativen und institutionellen Leistungsfähigkeit vereinbar). Des weiteren spricht Ziff. 6 b) der Anlage zur Telekommunikation die Förderung der Süd-Süd Kooperation zwischen Entwicklungsländern durch die Mitglieder an, während Ziff. 6 d) vorsieht, daß die Mitglieder die Möglichkeiten prüfen, welche die am wenigsten entwickelten Länder besitzen, um ausländische Anbieter von Telekommunikationsdiensten beispielsweise zu Technologietransfer und Ausbildung anzuregen.
146 ITU, Report of the Fifth Regulatory Colloquium, (Anm. 115), S. 56.
147 *M. Flory*: Mondialisation et droit international du développement, in: RGDIP 101 (1997), S. 625.

h) Die Verwirklichung sonstiger Verhandlungspositionen

Stichwortartig sei auf die Verwirklichung einiger weiterer Verhandlungspositionen der Entwicklungsländer in GATS und der dazugehörigen Anlage hingewiesen.

Im Bereich der besonderen, freiwillig einzugehenden Liberalisierungsverpflichtungen (Teil III GATS), ist eindeutig die Handschrift des afro-asiatischen Entwurfs zu erkennen.

Gleiches gilt hinsichtlich der unbedingten Meistbegünstigung; die Forderung nach unbedingter Meistbegünstigung wurde, wie bereits dargelegt, von den Entwicklungsländern erhoben, um die im Rahmen des GATS erreichten Liberalisierungsschritte zu multilateralisieren. Art. II GATS verwirklichte dieses Ziel, ließ allerdings die Möglichkeit offen, gemäß der Anlage zu Ausnahmen von Artikel II Ausnahmen zu machen. An den Ausnahmeregelungen war, wie bereits erwähnt, den Industriestaaten, insbesondere den USA, sehr gelegen. Insofern läßt sich höchstens von einem Teilerfolg der Entwicklungsländer sprechen.

Was das von einigen Staaten der Dritten Welt wiederholt geforderte "Recht auf Regelung" ("right to regulate") angeht, wonach die Entwicklungsländer sich vorbehalten wollten, auch künftig ihren Telekomsektor ohne Einflußnahme von außen zu regulieren, so ist ebenfalls ein Teilerfolg zu verbuchen. Die GATS-Präambel erkennt das Recht der Mitglieder, die Erbringung von Dienstleistungen in ihrem Hoheitsgebiet zu regeln und neue Vorschriften einzuführen, ebenso an wie das Bedürfnis der Entwicklungsländer, von diesem Recht Gebrauch zu machen[148] – es wurde jedoch im GATS-Text selbst nicht *verbindlich* normiert. Den Staaten wurden lediglich einzelne regulative Befugnisse eingeräumt, wie etwa das Recht, auch künftig Monopolrechte zur Erbringung von Dienstleistungen zu gewähren[149], oder auch das Recht, in ihrem Markt operierenden ausländischen Unternehmen Auflagen hinsichtlich Verbraucher- und Datenschutz zu machen[150].

Der entscheidende Unterschied zu den Forderungen der Entwicklungsländer, wie sie im Verlauf der GATS-Verhandlungen verschiedentlich erhoben worden waren, besteht jedoch darin, daß Art. VI GATS[151] nur dann Anwendung findet, wenn besondere Konzessionen ausgehandelt werden. Dies bedeutet, daß nur bei einer vereinbarten speziellen Regelung bestimmte nationale Maßnahmen (z.B. Standards, Qualifikationsanforderungen, etc.) weiterhin legitim sind. Es gelang nicht, das Recht auf umfassende Regelung, wie es in einer frühen Phase der Verhandlungen noch gefordert worden war[152], als bindende Verpflichtung zu normieren. Lediglich die rechtlich unverbindliche Präambel des GATS, die in Abschnitt 4 ausdrücklich das Recht der Mitglieder anerkennt, bei der Erbringung von Dienstleistungen im eigenen Hoheitsgebiet "neue Vorschriften" einzuführen, um ihre nationalen politischen Ziele zu erreichen, läßt erkennen, worum es der Dritten Welt ursprünglich gegangen war: um einen souveränen Regelungsvorbehalt.

---

148 GATS Präambel, 4. Abschnitt, letzter Hs.
149 Vgl. Art. VIII:4 GATS; dazu näher 5. Kap. 1 c).
150 Vgl. Art. XIV c) GATS; die Ausnahmen im GATS werden im 5. Kap. 1 e) besprochen.
151 Eine Analyse von Art. VI findet sich im 5. Kap. d) (3); gemäß Art. VI gilt es, innerstaatliche Regelungen in einer mit den Liberalisierungszielen des GATS kompatiblen Weise auszugestalten; Art. VI normiert insofern eine Begrenzung der Zulässigkeit innerstaatlicher Regulierung. Damit wurde eine zentrale Forderung der Entwicklungsländer nicht mit der Vollständigkeit umgesetzt, wie es von ihrer Seite gewünscht worden war.
152 Zu den Entwicklungsländerforderungen in dieser Hinsicht siehe das 4. Kap. 3 e).

Das im GATS gefundene Ergebnis führte schließlich dazu, daß der Süden deutliche Abstriche an den ursprünglichen, die souveränen Rechte betonenden Entwurfsvorschlägen hinnehmen mußte.

Anknüpfend an Forderungen der Entwicklungsländer nach Transparenz und technischer Hilfe sieht Art. IV GATS die Einrichtung von "Kontaktstellen" vor. Diese sind dazu geeignet, den Entwicklungsländern wertvolle, den Marktzugang betreffende Informationen zur Verfügung zu stellen, und kommen insofern ihren Wünschen nach erleichterten Exportmöglichkeiten entgegen. Während die Entwicklungsländer jedoch die Transparenzvorschrift in der Anlage für Telekommunikation auf alle – auch private Dienstleistungserbringer von Mehrwertdiensten – angewendet wissen wollten[153], erreichten die Industriestaaten im Ergebnis, daß diese nur für öffentliche Telekommunikationsnetze und -dienste gilt (Ziff. 4 der Anlage zur Telekommunikation).

Was die Forderung nach Schutzklauseln betrifft, wie sie der afro-asiatische Entwurf beispielsweise gefordert hatte[154], sieht Art. X GATS lediglich künftige Verhandlungen auf diesem Gebiet vor.

Anders als von den Entwicklungsländern gefordert[155], enthält das GATS keine Regelung für die Geheimhaltung von international übertragenen Nachrichten. Art. XIV:(c) (iii) GATS betrifft nur den Schutz personenbezogener Daten und Aufzeichnungen von Einzelpersonen (individuelle Ausrichtung). Auch Ziff. 5 (d) der Anlage zur Telekommunikation in seiner endgültigen Fassung ist weniger weitreichend als dies der Vorschlag Kameruns, Ägyptens, Indiens und Nigerias vorgesehen hatte: Datenschutzmaßnahmen, die zur Gewährleistung der Sicherheit und Vertraulichkeit von Informationen erforderlich sind, sollen zwar möglich sein, aber nur unter der Voraussetzung, daß sie nicht willkürlich und ungerechtfertigt auferlegt werden und auch keine versteckten Handelshemmnisse darstellen[156]. Damit konnten sich die Entwicklungsländer im Ergebnis, zumindest hinsichtlich der von ihnen angestrebten umfassenden Datenschutzregelung, nicht durchsetzen.

Gleiches trifft für die Reichweite der Unternehmensaktivitäten zu. Der Süden hatte stets gefürchtet, daß hauptsächlich transnationale Konzerne von den GATS-Bestimmungen profitieren würden. Der Anwendungsbereich des GATS umfaßt im Ergebnis das Recht auf Niederlassung von Dienstleistungsunternehmen und behandelt dieses als Teil des internationalen, zu liberalisierenden Dienstleistungshandels[157]. Dies mußte aus Sicht der Dritten Welt im Prinzip als Niederlage empfunden werden[158].

Auch verschiedene andere während der Liberalisierungsverhandlungen erhobene Forderungen, etwa hinsichtlich der Stärkung von PTOs oder INTELSAT[159], konnten nicht durchgesetzt werden. Die Kooperation mit der ITU wurde hingegen bekräftigt[160].

---

153 Vgl. nur *Representative of Egypt, Working Group on Telecommunication Services*, Group of Negotiations in Services, Note of the Meeting of 10-12 September 1990, Restricted, GATT Doc. MTN.GNS/TEL/3, 12 October 1990, Special Distribution, S. 4, Ziff. 23.
154 Zum afro-asiatischen Entwurf näher im 4. Kap.
155 Siehe Einzelheiten im 4. Kap. 3 c).
156 Diese Einschränkung war in GATT. Doc. MTN.GNS/TEL/W/1, Art. 6.1 nicht enthalten.
157 Vgl. Art I:2 GATS, der vorsieht, daß zum Handel mit Dienstleistungen auch die kommerzielle Präsenz eines Dienstleistungserbringers im Hoheitsgebiet eines anderen Mitglieds zählt.
158 In diese Richtung die Stellungnahme von *E. O. Awuku*, (Anm. 123), S. 82; zu den Vorbehalten gegenüber multinationalen Konzernen siehe bereits oben im 4. Kap. 3 d).
159 Zu den Forderungen der Dritten Welt nach Stärkung dieser Organisationen siehe bereits das 4. Kap. 4 d) und 4 e).
160 Zum Verhältnis von GATT/WTO und ITU siehe in diesem Kapitel Abschnitt 4 b).

In bezug auf restriktive Geschäftspraktiken erkannten die Vertragsparteien in Art. IX GATS zwar die potentiell handelshemmende Wirkung von gewissen Geschäftspraktiken einzelner Dienstleistungserbringer an und vereinbarten Konsultationen[161] sowie Informationspflichten; es gelang ihnen jedoch nicht, wirksame Wettbewerbsbestimmungen auszuarbeiten[162]. Ein Verbot geschäftswidriger Praktiken, wie es von den Entwicklungsländern gefordert worden war[163], wurde nicht normiert.

Zwar bleibt es den Staaten unbenommen, eigene nationale Gesetze zu verabschieden, etwa um zu verhindern, daß ausländische Dienstleistungserbringer eine marktbeherrschende Position aufbauen und ungerechte Tarifvereinbarungen treffen – eine *Pflicht*, solche Verhaltensweisen durch Bestimmungen des innerstaatlichen Rechts zu verbieten, haben sie jedoch nicht. Wie UNCTAD folglich kritisch anmerkte, ist die Vorschrift in Art. IX GATS so abgefaßt, daß sie von Unternehmen als klarer Hinweis verstanden werden könne, daß es von staatlicher Seite keinerlei Entschlossenheit gebe, gegen wettbewerbsbehinderndes Verhalten vorzugehen[164].

Sicherzustellen, daß kleinere und neu auf den Markt kommende Unternehmen gleichberechtigt am Marktgeschehen teilnehmen können, ist jedoch umso wichtiger, da durch die strategische Bedeutung der Telekommunikationsdienste jede Verzerrung in diesem Markt schädliche Auswirkungen auf andere Märkte hat. Wie *Ehlermann* hervorhebt:

"Multilaterale Lösungen sind zweifellos die beste Art, wettbewerbspolitischen Problemen zu begegnen (...). Die WTO sollte auf ihre Agenda gleich ganz oben wettbewerbspolitische Fragen setzen, mit besonderem Schwerpunkt auf restriktiven Geschäftspraktiken und Kartellen. Das Ziel sollte dabei sein, materiell-rechtliche Mindestregeln aufzustellen und Durchführungsverordnungen zur wirksamen Umsetzung dieser Regeln durch die Vertragsparteien festzulegen"[165].

Die (gegenwärtig) stattfindenden Diskussionen darüber, inwieweit wettbewerbspolitische Fragen zu den von der WTO künftig zu behandelnden Themenkreisen gehören[166],

---

161 *E. M. Graham*: Wettbewerbspolitik und die neue handelspolitische Agenda, in: OECD Dokumente, Neue Dimensionen des Marktzugangs im Zeichen der wirtschaftlichen Globalisierung (1996), S. 139 macht für die durchzuführenden Konsultationen den Vorschlag, eine Verfahrensordnung in der WTO zu schaffen "aufgrund derer ein Land, das seine Interessen durch Handelspraktiken im Hoheitsbereich eines anderen Landes beeinträchtigt sieht, zunächst einmal versucht, das Problem in Absprache mit den jeweils zuständigen Behörden der betreffenden Länder zu lösen".
162 Zu klären bleibt, inwieweit wettbewerbshindernde Praktiken unter den Streitbeilegungsmechanismus nach Art. XXIII fallen, näher *E.-U. Petersmann*: Proposals for Negotiating International Competition Rules in the GATT-WTO World Trade and Legal System, in: Aussenwirtschaft 49 (1994), S. 252.
163 Zu diesen Forderungen siehe näher das 4. Kap. 3 d).
164 *UNCTAD*, (Anm. 54), S. 158.
165 *C. D. Ehlermann*: Die Rolle der Wettbewerbspolitik in einer globalen Wirtschaft, in: OECD Dokumente, Neue Dimensionen des Marktzugangs im Zeichen der wirtschaftlichen Globalisierung (1996), S. 151.
166 Vgl. nur *M. Reiterer*: Die erste Ministerkonferenz der WTO: Der Weg nach Singapur, in: Aussenwirtschaft 51 (1996), S. 403 f.; *E. Fox*: Wettbewerbsrecht und kommende Agenda der WTO, in: OECD Dokumente, Neue Dimensionen des Marktzugangs im Zeichen der wirtschaftlichen Globalisierung (1996), S. 207-229; Fox sieht drei mögliche Ansätze (S. 212 f.): 1. Vorschlag eines International Antitrust Code; 2. Vorschlag der Formulierung einer Agenda zum freien Handel im globalen wirtschaftlichen Austausch ("Weltwirtschaftsverfassung"); 3. Kooperation mit nationaler Behörde; zur Frage der Schaffung eines internationalen Wettbewerbsrechtes, das begleitend zur Globalisierung geschaffen werden sollte: grundlegend *E.-U. Petersmann*: International Competi-

aber auch die Behandlung von Wettbewerbsfragen in der Negotiating Group on Basic Telecommunications[167] suchen dem Rechnung zu tragen.

3. Die Bedeutung des GATS-Regimes für den Telekommunikationsdienstehandel der Entwicklungsländer

Welche Bedeutung hat das GATS-Regime für den Telekommunikationsdienstehandel der Entwicklungsländer? Fraglich ist, ob den Entwicklungsländern künftig lediglich "die Rolle der Abnehmer" zugewiesen wird[168], oder ob sie gleichberechtigte Handelspartner sein werden[169]. Eine im Oktober 1988 durchgeführte Umfrage von 502 Experten ergab, daß die Hoffnungen, die in das Dienstleistungsabkommen gesetzt wurden, sich vor allem auf

- erhöhte Chancen für neue Telekomdienste,
- niedrigere Kosten für die Benutzer und eine
- qualitative Verbesserung bestehender Telekomdienste bezogen.

Ein langsameres Wirtschaftswachstum, Arbeitslosigkeit und eine Destabilisierung bestehender Märkte wurden hingegen als zunehmend unwahrscheinlich angesehen[170].
Es wurde seitdem wiederholt, etwa von Weltbankexperten, auf die Schwierigkeiten einer Quantifizierung der wirtschaftlichen Auswirkungen des GATS hingewiesen:

"Calculating the economic impact of trade liberalisation remains an imperfect art form. The task is complicated by the fact that changes in process are more difficult to measure than traditional changes from tariff reductions. (...) few if any studies have developed reliable data on such concepts"[171].

Eine Quantifizierung der Entwicklungsvorteile ist auch nach Ansicht der OECD derzeit nicht oder kaum möglich, und zwar aus technischen Gründen[172].

Die Ermittlung des konkreten volkswirtschaftlichen Nutzens des GATS ist eine ökonomische Frage. In den folgenden Abschnitten soll hinterfragt werden, welche Erwar-

---

tion Rules for Governments and for Private Business, in: JWTL 30 (1996), S. 5-36; vgl. auch *P. Nicolaides*: For a World Competition Authority, in: JWTL 30 (1996), S. 131 ff.; *W. Fikentscher (Hrsg.):* Draft International Antitrust Code: kommentierter Entwurf eines internationalen Wettbewerbsrechts mit ergänzenden Beiträgen (1995); *B. Hoekman/P. C. Mavroidis*: Policy Externalities and High-Tech Rivalry: Competition and Multilateral Cooperation Beyond the WTO, in: LJIL 9 (1996), S. 306 f.

167 Behandelt werden speziell "competition safeguards" und Interkonnektivitätsfragen, näher 5. Kap. 4 c).
168 So Stiftung Entwicklung und Frieden, *I. Hauchler* (Hrsg.), Globale Trends 1993/94 (1993), S. 361.
169 *S. Schultz*: Dienstleistungen und Entwicklungsländer - Positionen der Dritten Welt zur Einbindung des Dienstleistungshandels in den GATT-Rahmen, in: *H. Sautter (Hrsg.):* Konsequenzen neuerer handelspolitischer Entwicklungen für die Entwicklungsländer (1990), S. 79 f. geht davon aus, daß die Entwicklungsländer "keineswegs" der Hauptabsatzmarkt für international gehandelte Dienstleistungen sein werden, mit der Konsequenz, daß die Exporterfolge der Industrieländer nicht notwendig zu korrespondierenden "Verlusten" der Entwicklungsländer führen.
170 Vgl. *Transnational Data Reporting Service*, Postbox 2039 (Washington DC; Amsterdam).
171 *W. R. Cline*: Evaluating the Uruguay Round, in: The World Economy 18 (1995), S. 11.
172 *OECD*: Assessing the Effects of the Uruguay Round (1993), S. 25; nach Ansicht von Ebenroth fehlt es für die Bemessung der weltwirtschaftlichen Effekte der Uruguay Runde "an praxisnahen Schätzungen", vgl. *C. T. Ebenroth*: Visionen für das internationale Wirtschaftsrecht, in: RIW 41 (1995), S. 2.

tungen mit dem Allgemeinen Dienstleistungsübereinkommen (GATS) und der Anlage zur Telekommunikation verknüpft wurden, und welche Auswirkungen auf den Telekommunikationsdienstehandel der wirtschaftlich wenig entwickelten Länder wahrscheinlich sind. Dabei stützt sich die vorliegende Studie im folgenden auf eigene Beobachtungen sowie einige Untersuchungen von OECD, ITU, UNDP, UNCTAD und GATT/WTO.

a) Telekomdienste betreffende "commitments" der Entwicklungsländer

Insgesamt wurden während der Uruguay Runde 48 Verpflichtungslisten im Telekommunikationssektor vorgelegt[173]. Davon stammten knapp die Hälfte von Entwicklungsländern und nur sieben aus dem afrikanischen Raum[174] – mit dem Befund, daß nur ein Bruchteil aller Entwicklungsländer sich an den Konzessionsverhandlungen beteiligten[175].

Von Weltbankseite wurde ermittelt, daß nur sieben Prozent der Entwicklungsländer spezifische Diensteverpflichtungen ohne Ausnahmen zu Marktzugang und Inländerbehandlung übernommen haben[176]. Die meisten speziellen Verpflichtungen betrafen den Tourismus- und Reisesektor sowie Finanz- und Unternehmensdienstleistungen, eine weitaus geringere Zahl die Grund- oder auch die Mehrwertdienste. Die Bereitschaft der Dritten Welt, ihre Telekommunikationsdienstemärkte während der Uruguay Runde zu öffnen, war also "klar begrenzt"[177]. Somit fand lediglich ein zögerlicher Beginn einer multilateralen Liberalisierung des Dienstleistungssektors statt.

Die Entwicklungsländer hatten bereits in der Frühphase der Verhandlungen große Zurückhaltung bei den "initial commitments" bzw. den ersten Angeboten gezeigt; noch im November 1991 hatten 50 Länder, davon die meisten Entwicklungsländer, keine "initial commitments" vorgelegt[178].

Insgesamt schien der Wille zur Selbstbindung gering; dies kann als Ausdruck der über die Eröffnung der Uruguay Runde hinaus fortbestehenden Skepsis des Südens gegenüber dem Dienstleistungshandel[179] interpretiert werden. Die Entwicklungsländer waren offensichtlich unschlüssig, ob es ratsam sei, ihre schwachen, bislang von Post- und Fernmeldeverwaltungen oder maximal einem weiteren ortsansässigen Unternehmen bedienten Telekommunikationsmärkte für ausländische Unternehmen zu öffnen[180].

---

173 Dabei zählt die EU als ein Staat, da sie ein einziges schedule für alle 15 EU-Staaten vorgelegt hat; vgl. WTO Focus, Newsletter October-November 1996, No. 6, S. 7.
174 Es sind dies Kenia, Mauritius, Marokko, Nigeria, Senegal, Südafrika, und Zimbabwe; *ITU*, (Anm. 16), S. 33 ff. faßt den wesentlichen Inhalt dieser Verpflichtungen im Telekommunikationssektor zusammen.
175 ITU, Report of the Fifth Regulatory Colloquium, (Anm. 115), S. 56.
176 *B. Hoekman*: Assessing the General Agreement on Trade in Services, in: World Bank Discussion Papers No. 307, The Uruguay Round and the Developing Economies (1995), S. 328.
177 *ITU, Report of the Fifth Regulatory Colloquium*, (Anm. 115), S. 56; vgl. auch das Schaubild bei *L. Tuthill*: (Anm. 10), S. 595, Attachment 5, "Overview of Commitments in Services by Sector and Country Group".
178 GATT, Uruguay Round Service Negotiations, List of 50 Developing Countries Which Have to Table Initial Commitments (Nov. 3, 1991).
179 Vgl. auch *Representative of India*, Working Group on Telecommunication Services, Note of the Meeting of 9-11 July 1990, GATT Doc. MTN. GNS/TEL/2, 6 August 1990, Special Distribution, S. 41, Ziff. 168.
180 Dies geht auch hervor aus *UNCTAD/UNDP Interregional Project*, Support to the Uruguay Round of Multilateral Trade Negotiations, Telecommunications in the Framework Agreement on Trade in

Ein weiterer möglicher Grund könnte darin liegen, daß die Entwicklungsländer, vor allem die LDCs, den Eindruck gewonnen hatten, bereits durch die Annahme der allgemeinen GATS-Verpflichtungen (Teil II)[181] zahlreiche Zugeständnisse gemacht zu haben. Bereits die Akzeptanz der gesamten GATS-Verpflichtungen als "single undertaking"[182] sei ein Opfer der LDCs, das ihnen hoch angerechnet werden müsse, handele es sich doch um Verpflichtungen, die vor ein paar Jahren selbst noch für Industriestaaten inakzeptabel gewesen seien, führte UNCTAD in einer ersten Einschätzung der Verhandlungsergebnisse aus[183]. Darüber hinaus gehende, freiwillig zu übernehmende "spezifische" Verpflichtungen ("commitments") mögen den Entwicklungsländern, insbesondere den LDCs, daher kaum erstrebenswert erschienen sein.

Des weiteren dürften wirtschaftliche Schwierigkeiten der Entwicklungsländer, insbesondere die im Vergleich zu den Industriestaaten schwächeren Dienstleistungsmärkte, mitursächlich für ihre Zurückhaltung beim Eingehen besonderer Verpflichtungen gewesen sein. So gesehen kann man es durchaus positiv bewerten, daß trotz ernsthafter ökonomischer Bedenken immerhin einige der am wenigsten entwickelten Staaten nationale Verpflichtungslisten vorgelegt haben.

Von Seiten UNCTAD/UNDP wurde im übrigen beim Eingehen von spezifischen Verpflichtungen Zurückhaltung der Entwicklungsländer empfohlen – auch dies mag eine Rolle für ihre geringe Bereitschaft bei der Übernahme von "commitments" gespielt haben. So hieß es in dem Bericht über ein intraregionales Projekt beider Organisationen von 1991 wörtlich, es sei zu diesem Zeitpunkt ratsam, daß die Entwicklungsländer gegenüber den Telekommunikationsdiensten Zurückhaltung an den Tag legten und diese aus den Länderlisten aussparten:

"At this stage of initial commitments it might be prudent that developing countries adopt a rather reserved position toward telecommunications services. This would mean omitting any coverage from their schedules"[184].

Vielleicht nicht ausschlaggebend, aber mitursächlich für die geringe Anzahl von "commitments" der Entwicklungsländer im Telekommunikationssektor mögen überdies antizipierte Schwierigkeiten gewesen sein, einmal eingegangene "commitments" wieder abzuändern. Wie oben ausgeführt, ist eine Abänderung der Listen gem. Art. XXI GATS erst nach Ablauf von drei Jahren und selbst dann nur bei gleichzeitiger Einigung über Ausgleichsmaßnahmen möglich. Eine spezielle Regelung für Entwicklungsländer ist nicht vorgesehen, was theoretisch dazu führen kann, daß ein Entwicklungsland, das aufgrund nicht vorhersehbarer Schwierigkeiten seine eingegangenen Konzessionen abändern möchte, in eine kritische Situation, in einen "particularly difficult state", gerät[185].

Auch in inhaltlicher Hinsicht waren die Telekomdienste betreffenden "commitments" der Entwicklungsländer wenig ergiebig, denn es handelt sich überwiegend um "standstill agreements" für die sektorspezifischen Politiken der Länder[186]. Daß in manchen

---

Services - Considerations for Developing Countries, Report Prepared by R. G. *Pipe*, UN Doc. Restricted, UNCTAD/MTN/INT/CB.22, May 1991, S. 19.

181 Näher zu Teil II GATS im 5. Kap. 1 c).
182 Zum Grundsatz des 'single undertaking' siehe bereits das 3. Kap. 2 e).
183 *UNCTAD*, (Anm. 54), S. 23.
184 *UNCTAD/UNDP Interregional Project*, (Anm. 180), S. 19; an dieser vermeintlich "liberalisierungsfeindlichen" Rolle von UNCTAD war wiederholt Kritik geübt worden, vgl. 3. Kap. 1 a).
185 *M. Rom*, (Anm. 78), S. 28.
186 *B. Hoekman*, (Anm. 176), S. 327.

Fällen keine echten Zugeständnisse erfolgten, sondern vielmehr der Status Quo perpetuiert wurde, verdeutlicht ein Blick auf die "commitments" der afrikanischen Staaten[187], aber auch ein Bericht Koreas. Mit dem Abschluß der GATS-Kodifikation hatte Korea zwar der Liberalisierung von sieben Bereichen des koreanischen Mehrwertmarktes mit Wirkung zum Januar 1995 zugestimmt, *de facto* wurden diese Bereiche jedoch bereits im Jahr 1994 aufgrund bilateraler Verhandlungen zwischen Korea und den USA für den Wettbewerb geöffnet[188], also ein Jahr, bevor die GATS-Konzessionen überhaupt Wirkung entfalteten (!). Das bedeutet, daß Korea zwar eine Liberalisierungszusage in der Uruguay Runde gemacht hat, diese aber nichts anderes als den staatsintern bereits hergestellten Status Quo wiedergibt. Damit bestätigt sich eine von Experten grundsätzlich geäußerte Befürchtung[189].

Die Wirkung der von den Entwicklungsländern eingegangenen speziellen Verpflichtungen ist mangels geeigneter Kriterien zur Bewertung von Zugeständnissen[190] schwer zu bemessen; insbesondere die Beurteilung ihrer Wirkung auf den Handel ist problematisch. Die Wirkung der Zugeständnisse solle daher, so eine UNCTAD-Empfehlung, einmal in "overall terms" evaluiert werden und zugleich auf sektorieller Basis unter Berücksichtigung der vom GATS verfolgten Ziele[191]. Dabei fällt auf, daß der Verpflichtungsgrad zwischen den Entwicklungsländern recht unterschiedlich ist: so haben etwa Hongkong, die Republik Korea, Thailand und die Türkei zahlreiche spezifische Dienstleistungsverpflichtungen ausgehandelt, während andere Staaten, vor allem aus dem afrikanischen und karibischen Raum, sich an der erforderlichen Untergrenze (mindestens ein "commitment") orientierten[192].

Fast alle Staaten, die Telekommunikation in ihre Länderlisten aufgenommen haben, sind, und das ist ebenfalls bedeutsam, wirtschaftlich stärkere Staaten[193]. Etwas liberalisierungsfreudiger zeigten sich die Entwicklungsländer in anderen, nicht die Telekommunikation betreffenden Sparten. So ergab sich das etwas widersprüchliche Bild, daß nur wenige Entwicklungsländer spezifische Verpflichtungen im Telekommunikationssektor übernahmen, daß sie andererseits aber sehr wohl Liberalisierungszusagen in tele-

---

187 Näher *ITU*, (Anm. 16), S. 35, wo festgestellt wird, daß Kenia, Nigeria und Zimbabwe eindeutig den "existing level of domestic liberalization" festgeschrieben haben.
188 *C.-B. Yoon*, (Anm. 42), S. 413.
189 Vgl. nur *R. G. Pipe*, Services Trade Growth in Asia and the Pacific Through Telecommunications, in: Asia-Pacific Telecommunity, Report of the Seminar on Telecommunications' Support for Trade in Services (APT/SEM/UNCTAD/94), Male, Republic of Maldives, 14-17 May, 1994, Doc. No. TELTRADE-23, S. 496; ähnlich auch *G. Koopmann/H.-E. Scharrer*: Vom GATT zur WTO, Der internationale Handel nach der Uruguay Runde des GATT (1995), S. 13; *B. Hoekman*, (Anm. 176), S. 352.
190 Die Evaluierungsprobleme skizziert das 5. Kap. 3 c).
191 UNCTAD, (Anm. 54), S. 82; genannt werden u.a. speziell Artikel IV:1 (Teilhabe der Entwicklungsländer) und Artikel XIX:3 (Aushandeln spezifischer Verpflichtungen) sowie die Punta del Este-Erklärung.
192 Zwischen einem und 20 commitments gaben ab Algerien, Bahrein, Bangladesch, Barbados, Belize, Bolivien, Burkina Faso, Kamerun, Kongo, Zypern, Dominika, Fiji, Grenada, Indonesien, Madagaskar, Malta, Myanmar, Namibia, Neukaledonien, Niger, Santa Lucia, Sri Lanka, St. Vincent and the Grenadines, Surinam, Swaziland, Tansania, Uganda, vgl. *L. Altinger/A. Enders*: The Scope and Depth of GATS Commitments (Manuskript 1995), Table 2, S. 8; nach Ansicht der Autoren spiegeln diese Unterschiede zwischen Entwicklungsländern weniger die Stärke des Bruttosozialprodukts als die Zuversicht wider, die in die Wirkungen der Liberalisierung gesetzt würden (ebd. S. 8).
193 Explizit *R. G. Pipe*, (Anm. 189), S. 490 f.

kommunikationsabhängigen Bereichen, etwa der Baukonstruktion, übernahmen. Offenbar wurde der Zusammenhang zwischen den Strukturen des inländischen Telekom-Marktes und den übrigen ausgehandelten, auf Telekommunikation als Kommunikationsmedium angewiesenen Dienstleistungskonzessionen, teilweise verkannt.

Fazit: Festzustellen ist, daß nur wenige spezifische Verpflichtungen ("commitments") von den Entwicklungsländern übernommen wurden, und daß diesen zunächst auch nur begrenzte Bedeutung zukam. Mit Blick auf die Zukunft wird noch viel Überzeugungsarbeit nötig sein, um von den Entwicklungsländern substantielle Liberalisierungszusagen zu erhalten.

b) Die Teilnahme der Entwicklungsländer in der Negotiating Group on Basic Telecommunications (NBGT)

Von den insgesamt 48 Teilnehmern an den Verhandlungen über Basistelekommunikation in der Negotiating Group on Basic Telecommunications waren insgesamt 17 Entwicklungsländer; nur ein verhältnismäßig kleiner Prozentsatz der Teilnehmer stammte aus der Dritten Welt[194].

Die Teilnehmer in den WTO-Verhandlungen repräsentierten gemeinsam etwa 93 Prozent des globalen Telekommunikationsdienstemarktes[195], der 1994 auf 513 Mrd. US-Dollar geschätzt wurde, und verfügten Ende 1995 über vier Fünftel der technischen Einrichtungen des globalen Telefonnetzes mit ca. 690 Millionen Leitungen. Aus diesem Grund stellte sich das Problem der Partizipation des – in der NBGT nicht vertretenen – "Restes der Welt".

Für diese übrigen Entwicklungsländer, die aufgrund ihrer WTO-Mitgliedschaft grundsätzlich in der Lage gewesen wären, an den NBGT-Verhandlungen teilzunehmen, ergaben sich im wesentlichen folgende Optionen:
(1) Ein Unterzeichnerstaat des WTO-Übereinkommens, der keine NBGT-Verpflichtungen bis zum angesetzten Ende dieser Verhandlungsrunde (April 1996) übernehmen wollte, konnte (und kann) dies jederzeit zu einem späteren Zeitpunkt tun, ohne den offiziellen Beginn einer neuen Verhandlungsrunde, die spätestens im Jahr 2000 stattfinden soll[196], abwarten zu müssen. Er hatte jedoch auf diese Weise keine Möglichkeit, den Verhandlungsprozeß zu beeinflussen. Allerdings konnte er, und dies mag für die Entwicklungsländer vorteilhaft gewesen sein, auch ohne die Übernahme eigener spezifischer Verpflichtungen zur Basistelekommunikation im Wege der Meistbegünstigung von den seitens anderer Regierungen gemachten Konzessionen profitieren. Seinerseits muß jeder Unterzeichnerstaat Meistbegünstigung auf alle späteren, von ihm ergriffenen Liberalisierungsmaßnahmen anwenden – es sei denn, er hat eine Ausnahme[197] registrieren lassen.
(2) Ein Unterzeichnerstaat des WTO-Übereinkommens, der eigene NBGT-Verpflichtungen übernommen, jedoch Beschränkungen in seine Länderliste aufgenommen hat, kann diese jederzeit aufheben, und auf diese Weise den Grad der eingegangenen Verpflichtungen erhöhen. Allerdings reduzierte er bei dieser Option ebenfalls die Möglichkeit, den bis April 1996 laufenden Verhandlungsprozeß aktiv mitzugestalten, etwa in-

---

194 ITU, Report of the Fifth Regulatory Colloquium, (Anm. 115), S. 56.
195 WTO Focus Newsletter, No. 11, June-July 1996, S. 9.
196 Vgl. Art. XIX:1 GATS.
197 Zum Problem der Ausnahmen siehe bereits das 5. Kap. 1 d) und das 5. Kap. 5 d).

dem er seine eigenen Konzessionen benutzte, um seine Verhandlungsposition zu stärken.

(3) Als dritte Option bestand theoretisch die Möglichkeit einer umfassenden Teilnahme in der NBGT und einer vollen Übernahme von Verpflichtungen im Bereich der Basistelekommunikation – eine Option, die in dieser Form von den Entwicklungsländern so gut wie nicht ausgeübt wurde, denn die Bereitschaft der Entwicklungsländer zur Abgabe von bindenden Liberalisierungszusagen war gering. Von den insgesamt 33 abgegebenen Angeboten stammten lediglich vier von Entwicklungsländern[198]; angesichts dieser schwachen Resonanz wurde gewarnt, daß den Regierungen zahlreicher Drittweltstaaten womöglich die Bedeutung der über die in Marrakesch erzielte Einigung hinaus fortgesetzten Verhandlungen zur Basistelekommunikation nicht bewußt geworden sei[199].

Um die Entwicklungsländer von der Nützlichkeit einer Liberalisierung auch der Basistelekommunikation zu überzeugen, wurden ihnen die potentiellen Vorteile von erfolgreichen Verhandlungen in diesem Sektor verdeutlicht. Zu ihnen sollten gehören:
- mehr Benutzer: bis zu fünf Millionen neue Benutzer könnte ein Telefonnetz pro Jahr erhalten;
- niedrigere Preise: in den OECD-Staaten sanken die Preise während der Jahre 1990-1994 um ca. 9 Prozent, in "non-competitive markets" hingegen nur um ca. drei Prozent;
- eine Ausweitung des internationalen Telefonverkehrs: NBGT commitments könnten für eine Ausweitung des internationalen Verkehrs von bis zu 30 Prozent sorgen[200].

Woran mag die zögerliche Haltung der Entwicklungsländer gegenüber einer Liberalisierung der Basistelekommunikation gelegen haben – fraglich ist, ob die bekannten Vorbehalte[201] ausschlaggebend waren, oder ob es einige sektorspezifische Gründe gab. Letzteres ist nicht auszuschließen:

Jedes Land mußte im Vorfeld der NBGT-Verhandlungen entscheiden, ob seine nationalen Regulatoren bzw. die Akteure, an die sich die Regeln zur Basistelekommunikation richteten, künftig in der Lage sein würden, die GATS-Verpflichtungen zu erfüllen. Dies war besonders im Bereich der Basistelekommunikation keine einfache Entscheidung, weil es sich um *zusätzliche*, zu den allgemeinen Verpflichtungen des GATS hinzutretende Veränderungen handelte. Es wurde deshalb empfohlen, daß die Entwicklungsländer keine zusätzlichen Verpflichtungen im Bereich der Basistelekommunikation übernehmen sollten, wenn ihre Regierungen weiterhin regulatorisches Ermessen ausüben wollten:

"Should the national regulator wish to preserve its ability to exercise regulatory discretion regarding competitive supply of basic telecommunications services in ways that are inconsistent with those existing obligations of the GATS that apply to 'specific commitments' (but not otherwise), (e.g. provisions requiring objective, transpa-

---

198 ITU, Report of the Fifth Regulatory Colloquium, (Anm. 115), S. 56.
199 Im *Report of the Fifth Regulatory Colloquium*, (Anm. 115), S. 43 hieß es: "The governments of many developing countries are not fully aware of the significance of the negotiations underway."
200 WTO Focus Newsletter No. 11, June-July 1996, S. 9 unter Berufung auf ITU-Quellen.
201 Zu den grundsätzlichen Vorbehalten der Entwicklungsländer gegenüber einer Liberalisierung des Dienstleistungssektors siehe ausführlich das 3. Kap. 1 c).

rent and non-discriminatory rulemaking in Article VI), then it should *not* schedule GATS commitments on the basic telecommunications services concerned"[202].

Die aus Sicht der Dritten Welt entscheidende Frage war, ob die Entwicklungsländer genügend Nutzen ziehen würden, wenn sie sich der Gruppe derjenigen Staaten anschlössen, die ihre Basistelekommunikationsmärkte für einen stärkeren Wettbewerb öffneten. Als "Pro", also für eine aktive Teilnahme an den Liberalisierungsverhandlungen zur Basistelekommunikation, wurde angeführt, daß die im Zuge der Marktöffnung erfolgenden Investitionen, neue Technologien sowie Managementerfahrungen, vital für die Entwicklung *aller* Industriezweige in den Entwicklungsländern seien[203], als "Contra", also gegen eine volle Teilnahme der Entwicklungsländer am NBGT-Prozeß, das "infant industries"-Schutzargument und Überlegungen, die Erbringung der Universaldienste für unterversorgte Gebiete[204] sei auf diese Weise nicht gewährleistet.

Um Bedenken der letztgenannten Art auszuräumen, wurde den Entwicklungsländern der Vorschlag gemacht, ihre Marktöffnungszusagen im Bereich der Basistelekommunikation zunächst, zumindest für einen begrenzten Zeitraum, hinsichtlich des Prozentsatzes ausländischen Eigentums zu begrenzen. Zum zweiten sollten sie die Möglichkeit einer Bedingung zur Erfüllung einer Universaldienstverpflichtung oder eine Beteiligung von Firmen an einer Fondslösung erwägen[205].

Offenbar schienen diese und ähnliche Empfehlungen den meisten Entwicklungsländerregierungen nicht plausibel genug gewesen zu sein, um sie zu einer umfassenden Teilnahme an den Liberalisierungsbemühungen im Bereich der Basistelekommunikation zu bewegen.

c) Die Reform der regulatorischen Regime

Wie in einer ersten Bestandsaufnahme nach Unterzeichnung der Marrakesch-Abkommen festgestellt wurde, gebe es derzeit wenig Anhaltspunkte dafür, daß sich die Telekommunikationspolitiken der Länder geändert hätten, doch seien derartige Veränderungen mit Wirkung für die Zukunft durchaus wahrscheinlich:

> "There is little to indicate that telecommunications policy in any country has yet changed in any major way since the Marrakesh Agreement was signed in April 1994. Nevertheless, it is likely that such changes will take place"[206].

Dem WTO-Generaldirektor *Renato Ruggiero* zufolge wird die Anwendung der Handelsprinzipien, insbesondere der Meistbegünstigung, der Inländerbehandlung und des Marktzugangs, auf die Dienstleistungen wesentliche regulative Effekte haben; er

---

202 *Report of the Fifth Regulatory Colloquium*, (Anm. 115), S. 23; dieses "Zurückstehen" sei deswegen nicht problematisch, weil die Entwicklungsländer immer noch Handelsvorteile im Wege der Meistbegünstigung erhielten. Nichtdestotrotz - würden sich die Entwicklungsländer dennoch dazu entschließen, ihre Basistelekommunikation zu liberalisieren und die Märkte zu öffnen, würde dies von den Industriestaaten begrüßt werden, hieß es auf einer Veranstaltung der Internationalen Fernmeldeunion (ITU): "this may be viewed very favourably by the developed industrial countries": *ITU, Regulatory Colloquium No. 5*: The Changing Role of Government in an Era of Telecommunications Deregulation. Trade Agreements on Telecommunications: Regulatory Implications. Briefing Report, *M. Tyler/W. Letwin/R. G. Pipe*: Geneva, 1996, ES13.
203 ITU, Regulatory Colloquium No. 5, (Anm. 202), ES15.
204 Zu den Problemen der Sicherung des Universaldiensteangebots siehe bereits das 2. Kap. 3 d).
205 *ITU, Regulatory Colloquium No. 5*, (Anm. 202), ES15; zur Fondslösung näher im 2. Kap. 3 d).
206 Report of the Fifth Regulatory Colloquium, (Anm. 115), S. 98.

prognostizierte "important implications for both traditional and newly evolving regulatory practices, technical requirements and public policy objectives"[207].

Fragt man, inwieweit durch das GATS konkret eine Reform der regulatorischen Regime in den Entwicklungsländern zu erwarten ist, so ergeben sich im wesentlichen drei Anknüpfungspunkte:
(1) Eine solche Reform könnte sich theoretisch als Folge der allgemeinen GATS-Verpflichtungen[208] ergeben. Wie oben ausgeführt, ist es beispielsweise notwendig, daß nationale Regulatoren ein hohes Maß an Transparenz[209] ihrer Entscheidungen gewährleisten. Auch müssen die Betreiber ausländischer Diensteerbringern denselben Zugang zum öffentlichen Netz gewähren wie inländischen Unternehmen, und zwar selbst dann, wenn sie selbst keine Verpflichtung in Marrakesch übernommen haben. Hierfür zu sorgen, obliegt den Regierungen der Unterzeichnerstaaten bzw. deren nationalen Regulatoren. Auch das Erfordernis, daß nationale Regulierungen künftig in einer GATS-verträglichen Weise vorgenommen werden müssen, wird möglicherweise dazu führen, daß zahlreiche Telekommunikationsbehörden und -stellen ihre Regeln und Praktiken ändern und ihre Arbeit an die neuen rechtsverbindlichen GATS-Normen anpassen werden. Nationale Gesetze müssen unter Umständen nachgebessert oder neu formuliert werden, damit die GATS-Verpflichtungen erfüllt werden können. Es stehen also im Rahmen der Implementierung des neuen völkerrechtlichen Vertrags GATS auch Aufgaben der staatlichen Parlamente in den Entwicklungsländern an.
(2) Eine Reform der regulatorischen Regime in den Entwicklungsländern könnte sich des weiteren aus einer künftig zu erzielenden Einigung im Bereich der Basistelekommunikation[210] sowie aus den im Rahmen der "fortschreitenden Liberalisierung" geführten WTO-Folgeverhandlungen ergeben. Soweit die Verhandlungen zur Telekommunikation noch andauern oder im Rahmen von Folgeverhandlungen fortgesetzt werden, müssen sich die Regulatoren in Zusammenarbeit mit den Verhandlungsführern in der WTO darüber verständigen, in welchem Maße sie mit Wirkung für die Zukunft der Liberalisierung nicht zugängliche, weiterhin staatlicher Regulierung obliegende Vorbehaltsbereiche schaffen wollen (z.B. Begrenzung der ausländischen Investitionen in nationale Unternehmen; Begrenzung der Lizenzen etc.), da dies einen Listeneintrag erforderlich macht.

Strategische Überlegungen der Regulatoren in Entwicklungsländern werden also notwendig, da es zum Teil schwierig ist, *im voraus* die konkreten Begrenzungen zur Erreichung regulatorischer Ziele anzugeben. Normalerweise bleibt den Regulatoren im Entscheidungsprozeß genügend Zeit für eine umfassende Abwägung einzelner Belange; hier jedoch gilt es zu antizipieren, wie sich die eingegangenen Listenverpflichtungen in der späteren Praxis auswirken. Die nationalen Regulatoren müssen dabei stets berücksichtigen, daß alle übernommenen Verpflichtungen später – bei Nichterfüllung – Gegenstand des Streitbeilegungsverfahrens werden können.
(3) Damit sei bereits auf einen weiteren Aspekt hingewiesen: Eine Reform der regulatorischen Regime in den Entwicklungsländern könnte auch durch den neuen WTO-

---

207 Preface by the Director-General of the WTO, *Renato Ruggiero*, in: *Report of the Fifth Regulatory Colloquium*, (Anm. 115), S. 9.
208 Die Analyse von GATS Teil II findet sich im 5. Kap. 1 c).
209 Näher zur Transparenz im 5. Kap. 1 c) und 2 e).
210 Die Verhandlungen in der Negotiating Group on Basic Telecommunications behandelt das 5. Kap. 3 d) und das 5. Kap. 4 c).

Streitbeilegungsmechanismus[211] gefördert werden. Es steht zu erwarten, daß vor allem praktische Probleme, die sich aus einer Umsetzung der GATS-Verpflichtungen für die nationalen Regulatoren ergeben, auf diesem Wege geklärt werden. Ferner ist denkbar, daß ausländische Unternehmen, die sich in der Folge der eingegangenen spezifischen "commitments" vergeblich um Marktzugang bemühen, Verfahren im Rahmen der Streitbeilegung anstrengen werden, deren Ausgang ebenfalls Auswirkungen auf die regulatorische Situation der (Entwicklungs-)Länder haben kann.

Die sich abzeichnenden regulatorischen Veränderungen werden voraussichtlich größere Anforderungen an die Entwicklungs- als an die Industrieländer stellen[212], da erstere sich zeitgleich sowohl internen Restrukturierungsproblemen auf dem Telekommunikationssektor[213] als auch den regulatorischen Anforderungen gegenübersehen, die sich aus der in GATT/WTO eingeleiteten Liberalisierung der Telekommunikationsdienste ergeben. Die Industriestaaten haben hingegen die Deregulierung der nationalen Telekommunikationsmärkte bereits weitgehend abgeschlossen.

Welche Entwicklungsvorteile erhofften sich nun die Entwicklungsländer aus der mit dem GATS-Regime in die Wege geleiteten Öffnung ihrer Telekommunikationsmärkte?

d) Verbesserte Exportmöglichkeiten für Dienstleistungen

Als wichtigsten aus dem Allgemeinen Dienstleistungsabkommen fließenden Vorteil nannte das Regulatory Colloquium, Genf, Dezember 1995, den erleichterten Dienstleistungsexport der Entwicklungsländer in eine Reihe von Industriestaaten, sowie möglicherweise auch in eine Reihe anderer Entwicklungsländer[214]. Es gebe bereits heute für die Dienstleister einiger – und künftig unter Umständen für die vieler – Entwicklungsländer reelle Möglichkeiten, grenzüberschreitend Dienstehandel zu betreiben[215]. Eng mit der erhofften Steigerung der Exportchancen verbunden ist die Aussicht auf eine verbesserte Handels- bzw. Zahlungsbilanz[216].

---

211 Zur Streitbeilegung siehe näher das 5. Kap. 4 d).
212 Hier macht sich im übrigen auch das Problem menschlicher Ressourcen bemerkbar: "specialized professional skills of the kinds used in telecom regulation are a very scarce resource", *ITU, Regulatory Colloquium No. 1*, The Changing Role of Government in an Era of Deregulation (1993), S. 1.
213 Zu den Reformbemühungen der Entwicklungsländer siehe bereits im 2. Kap. 2 b) und in den darauffolgenden Abschnitten.
214 *ITU, Report of the Fifth Regulatory Colloquium*, (Anm. 115), S. 57; vgl. auch *J. Whalley*, (Anm. 4), S. 57; zu den größeren Exportchancen siehe auch *UNCTAD, The World Bank*, Liberalizing International Transactions in Services, A Handbook (1994), S. 148; auf den Zusammenhang zwischen der Telekommunikationsinfrastruktur und der Ausweitung des Handels wies auch Art. 9, Working Group on Telecommunication Services, *Communication from Cameroon, Egypt, India and Nigeria*, GATT Doc. MTN.GNS/TEL/W/2, 9 July 1990, hin: "The improvement of the telecommunications infrastructure in developing countries is an essential precondition for the expansion of their trade in services".
215 ITU, Report of the Fifth Regulatory Colloquium, ebd. S. 57.
216 Auf einem Workshop für die Verhandlungsführer der *Group of Negotiations on Services* wurde zwischen "direkten" und "indirekten" Auswirkungen auf die Zahlungsbilanz unterschieden, vgl. *United Nations Centre on Transnational Corporations*, Workshop for GNS Negotiators on the Activities of Transnational Corporations in Services, 11-12 November 1989, Hotel Eurotel Riviera, Montreux, Switzerland, Telecommunication Services, Paper 3, S. 17.

Dagegen wurde der Einwand erhoben, daß nicht jeder Staat, der dies beabsichtige, ein gewichtiger Exporteur von Dienstleistungen werden könne[217], da die Industriestaaten ungleich höhere Exportchancen besäßen:

> "Die Struktur und Entwicklungstendenzen des Dienstleistungshandels lassen vermuten, daß die künftigen Exportchancen deutlich stärker auf Seiten der Industrieländer liegen - ein Reflex der kapital- und ausbildungsintensiven Erbringung 'moderner Dienste'"[218].

Zahlreiche Entwicklungsländer haben in absehbarer Zeit kaum exportierfähige Telekommunikationsdienste oder auch Dienstelieferanten, die wettbewerbsfähig genug sind, um auf anderen Märkten konkurrieren zu können[219] – ein Einwand, den das eingangs genannte Kolloquium im Prinzip anerkannte[220], aber mit dem Hinweis zu widerlegen suchte, daß die Post- und Fernmeldeverwaltungen einiger Entwicklungsländer bereits heute effizient genug seien, Telekommunikationsdienste in eine Reihe benachbarter Staaten zu liefern, nämlich zum Beispiel durch den Betrieb von Satellitensystemen. Außerdem hätten sich bereits einige Telekommunikationsfirmen aus der Dritten Welt in anderen Staaten niedergelassen; Südkorea, Hongkong, Indien oder Pakistan seien bereits seit Jahren "major exporters of key information services including computer programming, engineering and key punching"[221]. Auch Brasilien, Taiwan und Singapur (die Liste ist nicht abschließend) sind weitere positive Beispiele dafür, daß zumindest wirtschaftlich fortgeschrittenen Entwicklungsländern eine Steigerung des Exports von informationsintensiven Dienstleistungen gelingen kann.

Neben verbesserten Exportmöglichkeiten für Telekommunikationsdienste wurden den Entwicklungsländern außerdem noch eine Reihe anderer Entwicklungsvorteile in Aussicht gestellt, falls sie ihre Telekommunikationsmärkte öffnen sollten.

e) Effizienz- und Produktivitätssteigerungen im Inland

Die umfassende Nutzung des Computers als Basistechnologie der Informationsverarbeitung erlaubt einfach zugängliche Telekommunikationsverbindungen, und sie ermöglicht den zügigen Austausch von Informationen, deren Speicherung und Weiterverarbeitung sowie die zeitgleiche Nutzung von Informationen an unterschiedlichen Orten. Mehrwertdienste können sowohl im Waren- als auch im Dienstleistungshandel Transaktionskosten senken, indem sie Informationen über Hersteller und Märkte verbilligen oder Vertragsverhandlungen beschleunigen[222]. Auf diese Weise bewirkt die Telekommunika-

---

217 *J. C. Grant*: Global Trade in Services, in: *P. Robinson/K. P. Sauvant/V. P. Govitrikar (Hrsg.)*: Electronic Highway for World Trade (1989), S. 111.
218 *S. Schultz*, (Anm. 169), S. 79.
219 So bereits früher die Bedenken von *M. Gibbs/M. Hayashi*: Sectoral Issues and the Multilateral Framework for Trade in Services: An Overview, in: *UNCTAD (Hrsg.)*: Trade in Services: Sectoral Issues (1989), S. 5; kritisch auch *M. Bonder/B. Röttger*: Eine Welt für alle? Überlegungen zu Ideologie und Realität von Fraktionierung und Vereinheitlichung im globalen Kapitalismus, in: Nord-Süd aktuell (1993), S. 69.
220 Report of the Fifth Regulatory Colloquium, (Anm. 115), S. 41.
221 *G. Feketekuty/J. D. Aronson*: Meeting Challenges of the World Information Economy, in: World Economy 7 (1984), S. 84.
222 *C. Dörrenbächer/O. Fischer*, (Anm. 107), S. 394; zur Effizienzsteigerung auch *C. Dörrenbächer/O. Fischer*: Telecommunications in the Uruguay Round, in: Intereconomics 25 (1990),

tion Rationalisierungseffekte und Produktivitätssteigerungen – auch in Entwicklungsländern.

Wesentliche, durch die Liberalisierung des Telekommunikationssektors entstehende Verbesserungen des internationalen Dienstehandels sah UNCTAD (jeweils belegt durch Beispiele) neben der Ausweitung der Märkte in der Erhöhung der "trade efficiency"[223], einer zu erwartenden besseren Marktorganisation und einer Verringerung der Transaktionskosten[224]. Ein weiterer, aus den Marktöffnungszusagen folgender Vorteil für die Dritte Welt sollte auch in einer zu erwartenden Effizienzsteigerung der etablierten Telekommunikationsunternehmen liegen:

> "There are significant potential benefits to developing countries from a fuller participation in market-opening measures negotiated through WTO, especially in terms of (...) challenging and energizing the incumbent telecommunications operator to enhance its performance"[225].

Wie aus einer Untersuchung Südkoreas zu der Situation der Telekommunikationsbranche des Landes hervorging, rechnete man zu den aus dem GATS fließenden günstigen Wirkungen unter anderem die Senkung der Telekommunikationsgebühren und die Verbesserung der Wettbewerbsfähigkeit der koreanischen Telekom-Dienstleister[226]. In einem internen Papier der Group on Negotiations on Services hieß es zum Thema Effizienzsteigerungen, daß die Unternehmen größere Produktivität, verbesserte Innovationsfähigkeit sowie Personaleinsparungen erwarten könnten[227].

Die Effizienz- und Produktivitätssteigerungen sollen, so die Vorstellung, im Wege einer "Kettenreaktion" über den Telekommunikationssektor hinausgreifen; indirekte "kick-on effects"[228] auf andere Teile der Wirtschaft werden prognostiziert. Weltbankexperten hoben hervor, daß Telekommunikation wichtige Verbindungen ("vital links") zwischen den Produzenten, Groß- und Einzelhändlern eines Landes knüpfe, so daß "(m)any of the economic benefits of telecommunications are realized principally through improving the efficiency with which markets operate"[229]. Daran sollten vor allem die wirtschaftlich schwächeren Länder ein Interesse haben.

S. 190; *R. C. O'Brian/G. K. Helleiner*: The Political Economy of Information in a Changing International Economic Order, in: IO 34 (1980), S. 470.

223 *UNCTAD: Recommendations and Guidelines for Trade Efficiency*, United Nations International Symposium on Trade Efficiency, UN-Doc. TD/SYMP.TE/2 (1994), S. 91 ff.

224 UNCTAD, Recommendations and Guidelines for Trade Efficiency, (Anm. 223), S. 93.

225 *Report of the Fifth Regulatory Colloquium*, (Anm. 115), S. 41; Pipe, äußerte die Hoffnung, die Entwicklungsländer würden von den multinationalen Konzernen aufgrund eines "Huckepackeffektes" profitieren: *R. G. Pipe*, Telecommunication Services: Considerations for Developing Countries in Uruguay Round Negotiations, in: *UNCTAD (Hrsg.)*: Trade in Services: Sectoral Issues (1989), S. 52.

226 *C.-B. Yoon*, (Anm. 42), S. 416.

227 *A. M. Rutkowski*: A Primer on Telecommunications: For a GATT-GNS Sectoral Annex (Draft Version 2.0.), 5 June 1990, S. 4.

228 *S. Hansen/D. Cleevely/S. Wadsworth/H. Bailey/O. Bakewell*: Telecommunications in Rural Europe, Economic Implications, in: Telecommunications Policy 14 (1990), S. 208.

229 *P. L. Smith/G. Staple*: Telecommunications Sector Reform in Asia: Toward a New Pragmatism, World Bank Discussion Papers (1994), S. 1 und 5; ähnlich *J. C. Grant*, (Anm. 217), S. 110; *C. A. P. Braga*: Liberalizing Telecommunications and the Role of the World Trade Organization, in: *The World Bank Group (Hrsg.)*: The Information Revolution and the Future of Telecommunications, June 1997, S. 26; zu Produktivitätssteigerungen speziell im ländlichen Raum, der häufig die rückständigste Entwicklungsregion darstellt: *H. E. Hudson/E. B. Parker*: Information Gaps in

f) Die erwartete Zunahme ausländischer Direktinvestitionen

Das WTO-Regime werde ausländische Direktinvestionen zum Ausbau und der Modernisierung der Telekommunikationsinfrastruktur ermutigen, da sich aufgrund der Möglichkeit, nationale Handelspolitiken zu überprüfen und eventuell das Streitbeilegungsverfahren in Anspruch zu nehmen, das Investitionsrisiko verringert habe[230]. Ein signifikanter "potentieller" Entwicklungsvorteil im Falle der Marktöffnung sei der zu erwartende größere Zufluß ausländischer Investitionen[231], speziell im Telekommunikationssektor.

"Die Aufhebung des Netzmonopols ermöglicht den Markteintritt weiterer Anbieter, die zusätzliche Investitionen tätigen. Auf diese Art können Ressourcen von anderen Wirtschaftszweigen in eine produktivere Verwendung im Telekommunikationsbereich gelenkt werden"[232].

Die Spielregeln seien heute überschaubar geworden: "Stable policy provides a favorable environment not only for foreign investors but also for local ones"[233]. Davon vermögen im Prinzip vor allem die kapitalschwachen Entwicklungsländer zu profitieren, da sie, wie aufgezeigt[234], auf Investitionen zur Modernisierung ihres öffentlichen Netzes in besonderer Weise angewiesen sind. Wie das GATT-Sekretariat ausführte:

"(...) the stability and predictability in national policies which the services commitments will engender, among other things help attract inflows of foreign direct investment. This could be particularly important for developing countries and their increasing participation in world trade"[235].

Doch regen sich auch zu dieser Auffassung Zweifel. Nicht ausgeschlossen sind gegenläufige Entwicklungen, da die wachsende Handelbarkeit der Dienstleistungen es nicht mehr erfordert, daß diese wie bisher vollständig durch Tochter- oder Beteiligungsgesellschaften im Ausland hergestellt werden[236]. Durch das vorhandene telekommunikative Potential wird es zunehmend einfacher, von Direktinvestitionen im Ausland abzusehen,

---

Rural America, Telecommunications Policies for Rural Development, in: Telecommunications Policy 14 (1990), S. 197.

230 *Report of the Fifth Regulatory Colloquium*, (Anm. 115), S. 41; ähnlich *OECD*: Assessing the Effects of the Uruguay Round (1993), S. 13.
231 *Report of the Fifth Regulatory Colloquium*, (Anm. 115), S. 49; vgl. auch *S. Reza*: "New Issues" in the Uruguay Round: The LDC Perspectives, in: Journal of Economics and International Relations 4 (1991), S. 26: "Further, expanded trade in services could (...) help attract direct foreign investment critical for a long-term development and modernization"; *S. Schultz*, (Anm. 169), S. 79 f.; *Y. Berthelot*: Plus d'obligations, moins d'incertitudes: les pays au développement et l'Uruguay Round, in: Politique Etrangère (1993), S. 353 f.
232 *A. Picot/W. Burr*: Ökonomische Vorteile des Netzwettbewerbs in der Telekommunikation, in: Jahrbuch Telekommunikation und Gesellschaft 4 (1996), S. 26 mit weiteren Details.
233 ITU, Telecommunication Development Bureau and the UNCTAD and UN-DDSMS Coordinated African Programme of Assistance on Services, The Development of Telecommunications in Africa and the General Agreement on Trade in Services (1996), S. 30.
234 Zu den finanziellen Engpässen auf dem Telekommunikationssektor der Dritten Welt siehe das 2. Kap. 2 c).
235 *GATT-Secretariat*: The Results of the Uruguay Round of Multilateral Trade Negotiations, Market Access for Goods and Services, Geneva, November 1994, S. 39.
236 Zu den Möglichkeiten grenzüberschreitender Erbringung von Telekommunikationsdiensten siehe bereits das Einführungskapitel.

und der Produktionsprozeß, der bisher weitgehend durch die Konsumtion örtlich und zeitlich bestimmt war, kann arbeitsteilig organisiert werden[237].

Ferner besteht das Risiko, daß Investitionen, die von ausländischen Anbietern informationsintensiver Dienstleistungen in die Tekommunikationsinfrastruktur getätigt werden, unter Umständen lediglich punktuelle Verbesserungen zur Folge haben. Denn:

> "Zusätzliche ausländische Direktinvestitionen durch liberale Investitionsbedingungen sind höchstens in Entwicklungsländern mit ausreichend lukrativen Märkten für informationsintensive Dienstleistungen zu erwarten. Hier besteht jedoch die Gefahr, daß nationale Anbieter verdrängt werden"[238].

Auch von ITU-Seite wurde zu bedenken gegeben – und dies scheint insbesondere mit Blick auf diejenigen unterentwickelten Länder bedeutsam, die zu einem relativ späten Zeitpunkt mit der Marktöffnung für ausländische Investoren beginnen –, daß selbst bei vorgenommener Marktöffnung ausländische Investoren nicht in jedem Fall angezogen werden. Selbst wenn ein Land seinen Markt weit öffnet, bleiben die Investitionsbedingungen für ausländische Unternehmen oft wenig attraktiv:

> "However widely a particular country may open its market to entry by foreign facilities-based service suppliers, the commercial realities of that market may be too unpromising to attract such foreign entities"[239].

Verkehrsbedingte Standortvorteile können auch mit modernen Telekommunikationsnetzen nicht immer wett gemacht werden. Insgesamt betrachtet ist die Hoffnung der LLDCs, durch die Marktöffnung weltweit Investitionskapital anzuziehen und Standortnachteile auszugleichen, von großem Optimismus getragen; dies gilt auch für die damit verbundenen möglichen Beschäftigungseffekte.

g) Beschäftigungseffekte

Veränderungen in der internationalen Arbeitsteilung führten dazu, daß das Beschäftigungswachstum seit 1965 schwerpunktmäßig in der Dritten Welt stattfand; ein Trend, der Schätzungen zufolge noch bis 2025 anhält[240].

Es bestehe wachsender Konsens, hieß es bereits zu Beginn der Uruguay Runde, daß der Dienstesektor wesentlich ist "for employment creation, economic development and general social reasons"[241]. Insbesondere in arbeitsintensiven Bereichen, wie zum Beispiel der Dateneingabe und der Software-Entwicklung, hoffen Entwicklungsländer,

---

237 C. Dörrenbächer/O. Fischer, (Anm. 107), S. 395.
238 C. Dörrenbacher/O. Fischer, (Anm. 107), S. 399, 401.
239 *ITU, Report of the Fifth Regulatory Colloquium*, (Anm. 115), S. 58; ähnlich *ITU, Telecommunication Development Bureau*, African Regional Telecommunication Development Conference (AFRTDC-96), Abidjan (Côte d'Ivoire), 6-10 May 1996, International Telecommunication Union, Documents Vol. II.2., S. 492.
240 *J. Betz*: Arbeitslosigkeit und Beschäftigungsstrategien in der Dritten Welt, in: Jahrbuch Dritte Welt (1996), S. 81.
241 *J. F. Rada*: Information Technology and Services (Manuskript 1986), S. 2; bis zum Ende des Jahrtausends werden nach Schätzungen allein in der Europäischen Union 60 Millionen Arbeitsplätze wesentlich von den Informations- und Kommunikationstechnologien abhängig sein (Grünbuch, KOM (87) 290 endg., Einführung S. 3).

komparative Kostenvorteile zu nutzen[242]. Wie *Neyer* am Beispiel Indiens darlegte, befindet sich die Computerindustrie dieses Landes seit nunmehr zehn Jahren in einer Phase rapiden Wachstums mit Steigerungsraten von dreißig bis fünfzig Prozent und einem für 1997 veranschlagten Exportanteil von achtzig Prozent[243]. Auf diese Weise streben Länder wie Indien an, sich zu "telecommunication hubs"[244] bzw. regionalen Diensteexport-Zentren zu entwickeln und neue Arbeitsplätze zu schaffen:

"The creation of jobs in many industry sectors in developing countries can be greatly accelerated through the use of telecommunications. Advanced business telecommunications capabilities, which will allow jobs to be created in the services sector, are critical to the economies (...)"[245].

Im Zusammenhang mit der Liberalisierung von Telekommunikationsmärkten beschäftigt das Thema "Schaffung von Arbeitsplätzen" seit Jahren die OECD. Es wurde Vertrauen geäußert, daß durch liberalisierte Märkte neue Arbeitsplätze entstehen: "liberalised markets are best able to capture growth in new jobs", hieß es beispielsweise in einer 1995 veröffentlichen Untersuchung ausgesuchter Länder[246]. Der Mobilfunkmarkt wird in besonderer Weise positiv erwähnt, denn dieser habe unzweifelhaft neue Stellen geschaffen[247] – wie viele Menschen zum aktuellen Zeitpunkt in Unternehmen beschäftigt

---

242   Als informationsrelevante Felder, in denen die Entwicklungsländer komparative Vorteile besitzen oder zumindest erreichen könnten, nennt Sauvant u.a. Software, Informationsspeicherung und elektronische Buchhaltung: *K. P. Sauvant*: Services and Data Services, in: *P. Robinson/K. P. Sauvant/V. P. Govitrikar (Hrsg.)*: Electronic Highway for World Trade, Issues in Telecommunication and Data Services (1989), S. 6; andere Autoren nennen 'remote data processing', Software-Entwicklung, online Datenbanken, Dateneingabe; zum Ganzen auch *G. Feketekuty/J. D. Aronson*, (Anm. 221), S. 84 f.; *S. Reza*, (Anm. 231), S. 26; *S. Schultz*, (Anm. 169), S. 80; von der Gefahr, daß die gegenwärtige internationale Arbeitsteilung sich zum Nachteil der Entwicklungsländer entwickle, mit der Folge, daß diese ihre Vorteile durch niedrige Lohnkosten verlieren, spricht hingegen *H. Hohmann*: Freier Handel mit Kommunikations-Dienstleistungen im Rahmen des GATT-Regelungswerkes, in: ZvglRWiss 90 (1991), S. 192 f.

243   *J. Neyer*: Chancen und Gefahren der neuen Kommunikationstechnologien, in: epd-Entwicklungspolitik 14/96, S. 27 mit weiteren Beispielen, etwa zur Datenproduktion transnationaler Konzerne in Steuerfreihandelszonen oder zur Tätigkeit sog. "Off-shore Büros", ebd. S. 27 f.; vgl. auch *J. Neyer*: Entwicklung auf der Infobahn?, in: E+Z 36 (1995), S. 108; zum erfolgreichen Beispiel Indiens *J. Neyer*: Die Dritte Welt am Netz, Chancen und Gefahren der neuen Kommunikationstechnologien, in: Internationale Politik 6/1996, S. 30 f.; zum Erfolg Indiens, insbesondere den dort erledigten Auftragsarbeiten für Swissair und Singapore Airlines siehe auch *R. G. Pipe*, (Anm. 189), S. 488; detailliert zum Online-Outsourcing in Indien, Jamaika und Osteuropa *J. Becker/D. Salamanca*: Globalisierung, elektronische Netze und der Export von Arbeit, in: APuZ, B 42/97, 10. Oktober 1997, S. 31 ff.

244   Begriff bei *K. Ducatel/J. Miles*: Internationalization of IT Services and Public Policy Implications (University of Manchester 1992, Manuskript), S. 16.

245   *R. G. Pipe*, (Anm. 189), S. 498 m.w.N.; von positiven Beschäftigungseffekten aufgrund der von ausländischen Firmen unternommenen Ausbildung lokaler Arbeitskräfte gehen *M. Gibbs/ M. Hayashi*, (Anm. 219), S. 37 aus.

246   *OECD*: Telecommunication Infrastructure. The Benefits of Competition, Information Computer Communications Policy 35 (1995), S. 6: den Schwerpunkt der Studie stellen Australien, Neuseeland, Japan, GB und USA dar; vgl. bereits *OECD*: Assessing the Effects of the Uruguay Round (1993), S. 15: "trade liberalisation has the potential to result in net job creation. It would also seem that the new jobs would, in general, be in higher value activities, and therefore better paid".

247   *OECD*, Telecommunication Infrastructure. The Benefits of Competition, Information Computer Communications Policy 35 (1995), S. 23.

sind, die auf der Grundlage privater Netze operieren, ist allerdings schwer einzuschätzen. Doch auch hier gibt es gegenläufige Eindrücke, denn es gibt Anzeichen dafür, daß es parallel zur Schaffung neuer Arbeitsplätze zur Vernichtung bestehender Jobs, vor allem innerhalb der Fernmeldeunternehmen (PTOs), kommt. Die OECD stellte fest:

"In those Member countries with the longest experience with liberalisation it is demonstrable that telecommunication employment, by new services suppliers and users, has largely offset jobs shed by incumbent PTOs"[248].

Die Befürchtung, bei größerem Wettbewerb würde es zu einer Rationalisierung der Produktion und damit kurzfristig zu einem Verlust von Arbeitsplätzen kommen, konnte bislang nicht ausgeräumt werden. Zu einer ambivalenten Beurteilung kam schließlich auch ein Workshop der Group of Negotiations on Services: zum einen wurde auf positive Beschäftigungseffekte hingewiesen, zum anderen hieß es, Netzwerke verringerten die Schreibtischarbeit (paperwork) und damit auch die Anzahl von Schreibkräften und Büroangestellten[249].

Allen Anzeichen nach reichen die neu entstehenden Arbeitsplätze, etwa im Bereich der Software-Entwicklung und des Marketing, jedoch nicht aus, um einen Ausgleich für die weggefallenen Arbeitsplätze zu schaffen:

"Die im Industriesektor wegrationalisierten Arbeitskräfte können im Dienstleistungssektor nicht absorbiert werden, weil auch dieser von Rationalisierung nicht verschont bleibt (...) In diesem Sinne kann man (...) vom 'Ende der Arbeit' sprechen"[250].

Kein Trost ist es, daß die Industriestaaten von diesen Entwicklungen im Prinzip gleichermaßen betroffen sind wie die Entwicklungsländer[251].

Ein weiteres, und im vorliegenden Kontext gewichtiges Gegenargument lautet, daß selbst wenn Arbeitsplätze entstünden, aus den neuen Produktionsstätten kaum echte Entwicklungsvorteile flössen. Das entwicklungspolitische Potential der neugeschaffenen Stellen ist vielfach gering:

---

248 *OECD*, (Anm. 247), S. 6; vor einer Übertragung der in den Industriestaaten gemachten Erfahrungen zur Arbeitsplatzsituation auf die Dritte Welt warnte indes grundsätzlich *Asia-Pacific Telecommunity*: Telecommunications Sector Reform, Summary Report, APT-World Bank Seminar on Telecommunications Sector Reform in the Asia-Pacific Region, 4-6 August 1994, Bangkok, Thailand (1994), S. 7: "developing countries should be very careful in transferring these experiences to their situation".
249 *UNCTC*, (Anm. 216), S. 20; vgl. auch *J. Becker/D. Salamanca*, (Anm. 243), S. 37, die zu bedenken geben, daß durch die Auslagerung von nicht zum Kernbereich eines Unternehmens gehörenden Tätigkeiten in Entwicklungsländer (Outsourcing) die Töchter der Unternehmenszentralen in den Entwicklungsändern zu "Rumpfunternehmen" reduziert werden.
250 *L. Brock*: Historische Ausgliederung? Die Dritte Welt im Umbruch der Weltwirtschaft, in: E+Z 36 (1995), S. 111 unter Verweis auf *J. Rifkin*: The End of Work (1995); im Ergebnis ebenso *OECD*: Telecommunication Infrastructure. The Benefits of Competition, in: Information Computer Communications Policy 35 (1995), S. 23: "New jobs are being generated inside incumbent PTOs, in areas such as software development and marketing, but generally not in amounts which equal redundancies."
251 Die tendenziell sinkenden Beschäftigungszahlen im Herstellerbereich Deutschlands zeigten, "daß sich der lang anhaltende Trend des Arbeitsplatzabbaus fortsetzt": *H. Kubicek/P. Berger*: Was bringt uns die Telekommunikation?, ISDN - 66 kritische Antworten (1990), S. 91; Kubiceks Einschätzung der Arbeitsmarktlage teilend *P. Seeger*: Die ISDN-Strategie. Probleme einer Technikfolgenabschätzung (1990), S. 39.

"Bei den Arbeitsplätzen handelt es sich zumeist um arbeitsintensive Tätigkeiten ohne weiterführende Qualifikationen, die lediglich alphabetisierte Arbeitskräfte abschöpfen und kaum oder gar nicht in die nationale Ökonomie integriert sind. Oftmals stellen sie nicht mehr als dar als eine bloße Ansammlung von Terminals, an denen niedrig bezahlte Arbeitskräfte einfache Tätigkeiten vollführen, während diejenigen mit hoher Wertschöpfung in den Konzernzentralen verbleiben. Selbsttragendes Wachstum ist von weltmarktorientierten Produktionsstätten, die ausschließlich auf niedrigen Lohnkosten basieren, genauso wenig zu erwarten, wie eine breitenwirksam werdende Einbindung in die nationale Ökonomie. Sie bleiben nur so lange vor Ort, wie die Löhne niedrig bleiben"[252].

An dieser Stelle, der Prüfung der entwicklungspolitischen Implikationen von Beschäftigung, müßten weitere kritische Untersuchungen zur Telekommunikation einsetzen – eine Arbeit, die an dieser Stelle nicht geleistet werden kann.

h) Kritische Stimmen zu den weltmarktorientierten Entwicklungsstrategien

Galten die 80er Jahre als das Jahrzehnt des Aufbruchs in einen "neue" weltumspannende Moderne, als ein globaler Aufbruch zur Weltinformations- und (Weltdienstleistungs-)gesellschaft[253], so sind die 90er Jahre von einer neuen Nachdenklichkeit gekennzeichnet. Insofern unterscheidet sich die Phase der GATS-Kodifikationsarbeiten deutlich von der Implementierungsphase; dies gilt vor allem für die Einschätzung des Marktes.

Ausgehend vom Leitbild des nutzenmaximierenden Individuums gehen (neo-)liberale Ökonomen wie *Frey*, *Olson* oder *Freytag* im Rahmen der Ökonomischen Theorie der Politik[254] davon aus, daß die Rolle des Staates auf die Garantie der inneren und äußeren Sicherheit und die Setzung der Rahmenbedingungen auf den Faktormärkten zu beschränken sei. Während hier das Vertrauen in die wohlfahrtschaffende Kraft des Freihandels ungebrochen scheint, legt die "krisenhafte Entwicklung der Weltwirtschaft seit 1991"[255] nach anderer Ansicht ein Überdenken der auf Weltmarktintegration gerichteten, neoliberalen Entwicklungsstrategien nahe. Marktlösungen werden als unfähig angesehen, das Auftreten von sozialen und politischen Widersprüchen zu verhindern; die Legitimationsgrundlage des Neoliberalismus ignoriere, "daß der Markt seinem Wesen nach diese Widersprüche lediglich reproduzieren und zuspitzen kann"[256]. In den meisten westlichen Ländern herrsche eine Sinn-, Identitäts- und Fortschrittskrise[257], eine weltmarktorientierte (neoliberale) Entwicklungsstrategie sei folglich zum Mißlingen

---

252 *J. Neyer*: Entwicklung auf der Infobahn?, in: E+Z 36 (1995), S. 108.
253 Zur Unbestimmtheit dieses Begriffs siehe das 6. Kap. 4 a); zur Orientierung der Entwicklungsländer an "orthodox-free market principles during the 1980s" *J. M. Katz*: Market Failure and Technological Policy, in: CEPAL-Review 50 (1993), S. 83 f.
254 Vgl. nur *B. S. Frey*: Internationale politische Ökonomie (1985); *M. Olson*: The Logic of Collective Action (1965); *A. Freytag*: Die Ursachen des Staatsversagens, in: E+Z 36 (1995), S. 143-145.
255 Explizit *M. Bonder/B. Röttger*, (Anm. 219), S. 63.
256 *S. Amin*: Die neue kapitalistische Globalisierung. Die Herrschaft des Chaos, in: epd- Entwicklungspolitik 15/94, Dokumentation j); ähnlich *M. Bonder/B. Röttger*, (Anm. 219), S. 69; kritisch auch *W. Hein*: Die neue Weltordnung und das Ende des Nationalstaats. Thesen zur globalen Neuordnung politischer Institutionen in kurz- und langfristiger Sicht, in: Nord-Süd aktuell (1993), S. 53.
257 *W. R. Vogt*, Weltgesellschaft und Weltinnenpolitik, in: Loccumer Protokolle 21/93, Auf dem Wege zur Weltinnenpolitik (1994), S. 27.

verurteilt. Das Scheitern einer globalisierten und liberalisierten Weltwirtschaft zeichne sich auch ab, weil der projizierte Modernisierungsprozeß nicht im erhofften Umfang einsetzte[258]. Und kritisiert wird:

"Aus überregulierten wurden 'untersteuerte' Gesellschaften. Zu rasche Liberalisierung und Deregulierung führte nicht selten statt zur Anpassung an Weltmarktbedingungen zum Zusammenbruch der zuvor übermäßig geschützten Unternehmen"[259].

An der skizzierten, von zahlreichen Stereotypen geprägten Liberalismuskritik der 90er Jahre fällt auf, daß sie die Weltmarktintegration als schädlich geißelt, ohne echte Alternativen aufzuzeigen[260] – vielleicht deshalb, weil es solche derzeit nicht gibt. Wichtig erscheint im vorliegenden Kontext der Vorwurf, daß die Marktorientierung vor allem den strukturellen Problemen des Südens nicht gerecht werde[261]. Der Markt erzeuge Ungerechtigkeit und eine ungleiche Kosten- und Nutzenverteilung, weil sich auf ihm nur die Starken behaupten[262]. Hinsichtlich der Telekommunikationsentwicklung wurde die Sorge geäußert, der Markt könne "nicht alleine zu einem multimedialen Universal Service für das 21. Jahrhundert führen"[263]. Telekommunikation führe zu ungleicher In-

---

258 *M. Bonder/B. Röttger*, (Anm. 219), S. 63.
259 *D. Messner/J. Meyer-Stamer*: Staat, Markt und Netzwerke im Entwicklungsprozeß, in: E+Z 36 (1995), S. 131 mit dem Beispiel Chile.
260 Eine Ausnahme stellt das Entwicklungskonzept der systemischen Wettbewerbsfähigkeit dar, das am Deutschen Institut für Entwicklungspolitik in Berlin in Zusammenarbeit von Politikwissenschaftlern und Ökonomen konzipiert worden ist und sich als Gegenentwurf zur herrschenden, neoliberal geprägten Wirtschaftslehre begreift, vgl. *D. Messner*: Die Netzwerkgesellschaft. Wirtschaftliche Entwicklung und internationale Wettbewerbsfähigkeit als Probleme der gesellschaftlichen Steuerung (1995); vgl. auch *K. Eßer/W. Hillebrand/D. Messner/J. Meyer-Stamer*: Systemische Wettbewerbsfähigkeit und Entwicklung, in: E+Z 36 (1995), S. 256-260; dazu *R. Tetzlaff*: Theorien der Entwicklung der Dritten Welt nach dem Ende der Zweiten (sozialistischen) Welt, in: *K. v. Beyme/C. Offe (Hrsg.)*: Politische Theorien in der Ära der Transformation, PVS Sonderheft 26/1995, S. 74 f.
261 *J. Brohman*: Universalism, Eurocentrism, and Ideological Bias in Development Studies: From Modernisation to Neoliberalism, in: Third World Quarterly 16 (1995), S. 136; ähnlich *J. Hills*, (Anm. 107), S. 173; vgl. auch UNCTAD: The Least Developed Countries 1993-1994 Report, Doc. TD/B/40(2)/11, UNCTAD/LDC(1993), (1994), S. 66: "Insufficient attention was paid to structural conditions in LDCs, including their low level of development, small or non-existent industrial base, and an unfavourable external environment in the 1980s and early 1990s."
262 *F. Nuscheler*, (Anm. 30), S. 287; nur eine "ausgewogene, symmetrische (wirtschaftliche) Machtverteilung zwischen den Kooperationspartnern" erlaube die Entfaltung einer stabilitätsfördernden Wirtschaftskooperation: *M. Zielinski*: Der Idealtypus einer Friedensgemeinschaft Teil II: Die Bedeutung des internationalen Systems, in: Jahrbuch für Politik 5 (1995), S. 126; zur fehlenden Ausgewogenheit wirtschaftlicher Macht auch *M. Zürn*: Die ungleiche Denationalisierung, in: *J. Calließ/B. Moltmann (Hrsg.)*: Jenseits der Bipolarität, Aufbruch in eine "Neue Weltordnung", in: Loccumer Protokolle 9/92 (1992), S. 197; zur "Legende vom Standort und der gerechten Liberalisierung": *H.-P. Martin/H. Schumann*: Die Globalisierungsfalle. Der Angriff auf Demokratie und Wohlstand (8. Aufl. 1996), S. 220 ff.; *E. Altvater*: Operationsfeld Weltmarkt oder: Vom souveränen Nationalstaat zum nationalen Wettbewerbsstaat, in: Prokla 24 (1994), S. 535: "Gerechtigkeit hat als Kriterium im reinen Marktdiskurs nichts zu suchen".
263 *H. Kubicek*: Keine Zeit zum Lernen? Paradoxien der deutschen Telekommunikationspolitik im Lichte der aktuellen Entwicklung in den USA, in: *W. Hoffmann-Riem/T. Vesting (Hrsg.)*: Perspektiven der Informationsgesellschaft (1995), S. 93; zum Problem der künftigen Sicherung des Universaldiensteangebots siehe das 2. Kap. 3 d).

tegration, da sie "only involve some, not all classes, communities, and companies"[264]. Aus diesem Grund erlangen verdrängte Distributionsprobleme neue Aktualität:

"Das freie Spiel der Marktkräfte in einer liberalen Wirtschaftsordnung verteilt den kollektiven Nutzen nur dann an alle beteiligten Akteure gleich, wenn alle über vergleichbare materielle Voraussetzungen verfügen. Ist diese Prämisse nicht erfüllt - und das ist eher die Regel als die Ausnahme - so wohnt der Verteilungsleistung des Marktes eine Tendenz zur Ausweitung des Wohlstandsgefälles inne"[265].

Die vorherrschend neoliberale Ausrichtung auf den Weltmarkt liege, so ein weiterer Kritikpunkt an den weltmarktorientierten (neoliberalen) Entwicklungsstrategien, vor allem im Interesse der Eliten. Mit dem "Siegeszug des Neoliberalismus" erübrigten sich für die herrschenden Eliten "Theorien, die über die ökonomischen Mechanismen des (Welt-)Marktes hinausgehen"[266]. Es gebe Interessen mächtiger Eliten, die das Marktgeschehen, besonders in autoritären Systemen des Südens, beeinflussen. Die neoliberale Theorie vernachlässigt jedoch derartige Zusammenhänge weitgehend:

"Little if anything meaningful can be understood about the effects that such power relations can produce on economic development (e.g. restrictions on market participation by some classes and social groups, limitations on aggregate demand rooted in societal polarisation) by using the neoclassical adding-up approach of methodological individualism that neglects people's social and political make-up"[267].

In der neoliberalen Konzeption der Marktwirtschaft, die die Rahmenordnung des Marktes rein ökonomisch, etwa im Sinne der "Constitutional Economics" *Buchanans*[268] begründet und die internationale Wettbewerbsfähigkeit als oberstes Kriterium zugrundelegt, finde im Namen des "ökonomischen Imperialismus" eine "grenzenlose Ökonomisierung des Lebens, der Welt und des Denkens" statt[269]. Die internationale Wettbewerbsfähigkeit einer Ökonomie werde zum "kategorischen Imperativ jeglicher wirtschaftlicher Strategie", was bedeute, daß ganze Gesellschaften den Handlungszwängen des Weltmarktes subordiniert würden[270].

---

264 *T. M. Shaw*: The South in the 'New World (Dis)Order': Towards a Political Economy of Third World Foreign Policy in the 1990s, in: Third World Quarterly 15 (1994), S. 20.
265 *V. Rittberger*, (Anm. 51), S. 191; die Telekommunikation als ein Problem der distributiven Gerechtigkeit sieht das 6. Kap. 5.
266 *M. Bonder/B. Röttger*, (Anm. 219), S. 61; zur politischen Kultur der Machteliten als Ursache der Blockierung gesellschaftlicher Dynamik *R. Tetzlaff*, (Anm. 260), S. 75; zu den theoretischen Defiziten der neoliberalen Theorien betreffend die Machtverhältnisse *J. Brohman*: Economic and Critical Silences in Development Studies: A Theoretical Critique of Neoliberalism, in: Third World Quarterly 16 (1995), S. 300.
267 *J. Brohman*, (Anm. 266), S. 301.
268 Vgl. nur *J. Buchanan*: Freedom in Constitutional Contract. Perspectives of a Political Economist (1977); zum "Rationalitätskonzept des methodologischen Individualismus" *J. M. Buchanan*: Die Grenzen der Freiheit. Zwischen Anarchie und Leviathan (1984).
269 *P. Ulrich*: Die Zukunft der Marktwirtschaft: neoliberaler oder ordoliberaler Weg? Eine wirtschaftsethische Perspektive, in: ARSP Beiheft 62 (1995), S. 38.
270 *M. Bonder/B. Röttger*, (Anm. 219), S. 63; es wird außerdem bezweifelt, ob es tatsächlich sinnvoll ist, "von der Wettbewerbsfähigkeit eines Standortes zu sprechen, da nur einzelne Unternehmen und ihre Produkte, nicht aber ganze Volkswirtschaften miteinander konkurrieren": *A. Heise*: Der Mythos vom "Sachzwang Weltmarkt". Globale Konkurrenz und nationaler Wohlfahrtstaat, in: Politik und Gesellschaft 1/1996, S. 18; *E. R. Krugman*: Competitiveness: A Dangerous Obsession, in: Foreign Affairs 73 (1994), S. 28 ff., speziell S. 41, wo Krugmann warnt, daß die "obsession

Richtig ist, daß, während in der Wirtschaft die Wettbewerbsfähigkeit im Prinzip nur *eine* Facette des Verhaltens von Wirtschaftsakteuren ist, sie heute zum Hauptziel aller Beteiligten geworden zu sein scheint. Unternehmen, Staaten, Behörden, Gewerkschaften, die gesamte Gesellschaft, sie alle haben überwiegend nur ein Anliegen, nämlich günstige Arbeitsbedingungen für Unternehmen zu schaffen, um deren Wettbewerbsfähigkeit im "Weltwirtschaftskrieg" zu sichern[271]. Eine einseitige Orientierung am Kriterium der Wettbewerbsfähigkeit führt jedoch leicht zur Vernachlässigung von soziokulturellen Einflußgrößen im Entwicklungsprozeß. Immer mehr Autoren kommen daher zu dem Schluß, daß neoliberale Theorien die Analyse abstrakter wirtschaftlicher Faktoren überbetonen, und dabei andere Aspekte vernachlässigt haben[272] – ein Vorwurf, der auch für das Allgemeine Dienstleistungsabkommen und die Anlage zur Telekommunikation zutreffen könnte.

i) Replik

Ausgehend von seiner Zielsetzung, das *Wirtschafts*wachstum aller Handelspartner zu fördern (Präambel, Abschnitt 2 GATS), kann sich das Allgemeine Dienstleistungsübereinkommen mit der Anlage zur Telekommunikation des Vorwurfs, der neoliberalen Konzeptionen vielfach anlastet[273], es würden sozio-kulturelle und politische Faktoren vernachlässigt, schwerlich erwehren. Allenfalls läßt sich der Verweis auf die geplante Zusammenarbeit mit anderen internationalen Organisationen (Art. XXVI GATS; Ziff. 7 b) der Anlage) als Absichtserklärung dergestalt interpretieren, daß man durchaus bereit ist, künftig in stärkerem Maße nicht-ökonomische Belange bei der Implementierung der WTO-Vereinbarungen zu berücksichtigen.

Das GATS geht ebenso wie die Anlage zur Telekommunikation davon aus, daß es den Entwicklungsländern im Zuge einer nachholenden Entwicklung in absehbarer Zeit gelingen wird, mit den technologisch führenden Staaten gleichzuziehen (Stichwort: fortschreitende Liberalisierung). Sie sollen später als die Industriestaaten, aber in gleicher Weise, Telekommunikationsinfrastrukturen und den Zugang dazu bereitstellen, um auf diese Weise nach dem Vorbild der wirtschaftlich entwickelten Welt eine "Stärkung der Kapazität, Leistungs- und Wettbewerbsfähigkeit ihrer inländischen Dienstleistungen zu erleichtern" (GATS Präambel Abschnitt 5).

Dabei läßt die Diktion des GATS eine Orientierung an westlichen Vorbildern erkennen; der mit der neoliberalen Schelte häufig verknüpfte Eurozentrismus-Vorwurf ge-

---

with competitiveness will lead to trade conflict, perhaps even to a world trade war"; vgl. auch *E. Altvater*, (Anm. 262), S. 538 ff.
271 *R. Petrella*: The Quest for Competitiveness and the Need for Economic Disarmament, in: Politik und Gesellschaft 1/1996, S. 7; Petrella spricht von einer "Ideologie", einem "Kult" der Wettbewerbsfähigkeit.
272 Vgl. nur *S. Bitar*: Neo-conservatism versus Neo-Structuralism in Latin America, in: CEPAL Review 34 (1988), S. 45-62; *S. Chakravaty*: Development Strategies for Growth with Equity: The South Asian Experience, in: Asian Development Review 8 (1990), S. 13-159; *S. Rashid*: Economics and the Study of its Past, in: World Development 16 (1988), S. 207-218; *P. Steidelmeier*: The Paradox of Poverty: A Reappraisal of Economic Development Policy (1987); vgl. bereits *R. K. Stamper*: Re-Think the Problem Before Importing the Information Assumptions of the Advanced Economies, in: *R. G. Pipe/A. A. M. Veenhuis (Hrsg.):* National Planning for Informatics in Developing Countries, Proceedings of the IBI International Symposium, Baghdad, 2-6 November 1975 (1986), S. 38-49.
273 Siehe im vorangegangenen Abschnitt h).

winnt an Kontur. So wird beispielsweise der Begriff "Erbringung einer Dienstleistung" wiedergegeben mit "Produktion, Vertrieb, Vermarktung, Verkauf" (Art. XXVIII b GATS), also durchweg mit marktwirtschaftlichen Instrumentarien. Darüber hinaus wird deutlich, daß das westliche Rechtssystem Pate gestanden hat, etwa wenn "kommerzielle Präsenz" als "Errichtung, Erwerb, Fortführung einer juristischen Person" definiert wird (Art. XXVIII d) oder aber der Begriff "Person" als "natürliche oder eine juristische Person" spezifiziert wird (Art. XXVIII j) GATS). Auch die Anlage zur Telekommunikation ist "indeed expressed in a very 'European' language"[274].

Nachholende Entwicklung, also ein Aufschließen des Südens mit den technologisch fortschrittlichen Industrieländern, ist jedoch zumindest in absehbarer Zeit nicht zu erwarten, da zum einen unterstellt wird, daß in anderen Kulturkreisen die gleichen Rahmenbedingungen wie in den "Vorbildern" Europa und Nordamerika herstellbar sind, und zum anderen davon ausgegangen wird, daß ein genügend großes Entwicklungspotential für den inneren Wandel in den Entwicklungsländern vorhanden ist. Des weiteren muß die Logik der Zielerreichung ("Anpassung") im Rahmen der nachholenden Entwicklung (entsprechend dem Hase-Igel-Modell[275]) kritisch hinterfragt werden:

> "Da die Erste Welt die mächtigere ist und damit über die Definitionsgewalt verfügt, bleibt in der Logik der Unterscheidungen nur die Sisyphus-Arbeit der Anpassung an sie. Aber sie ist vergeblich, weil – in der Terminologie der Evolution – immer dann, wenn sie einen Punkt erreicht hat, die Erste Welt schon weiter ist"[276].

In bezug auf das telekommunikative Gefälle zwischen Nord und Süd suggeriert "die Charakterisierung des Informationsgefälles als (technische sowie arbeitsmarkt- und ausbildungsbedingte) Mangelsituation (...), es handele sich um einen Rückstand, der mit der Zeit und unter massiver finanzieller und technischer Hilfe der Industrienationen aufzuholen sei; diese Überlegung erweist sich bei näherem Hinsehen jedoch als falsch"[277]. Während der nächsten Jahre werden Entwicklungsländer weiterhin in hohem Maße von ihren nördlichen Vorbildern abhängig bleiben, insbesondere in technologischer Hinsicht[278].

Bei der Umsetzung des GATS und der Anlage zur Telekommunikation sollten derartige Zusammenhänge künftig stärker berücksichtigt werden, als dies während der GATS-Kodifikationsarbeiten der Fall war.

---

274 *G. Pogorel*: Private Enterprises, Trade and Foreign Investment, in: Improving Quality of Life in Asia with Information Technology and Telecommunications, Proceedings of the Conference on Improving Quality of Life with Information Technology and Telecommunications, Bangkok, Thailand, October 27-30, 1992 (TIDE 2000, Amsterdam 1993), S. 128.
275 Im Märchen treibt der Igel den Hasen beim Wettlauf zur Verzweiflung, weil diesem an der Zielmarke stets der Ruf entgegenschallt, "ich bin schon da". (Was der Hase nicht bemerkt hatte: der Igel hatte geschickterweise das Igelweibchen in den Wettlauf eingespannt.)
276 *R. Knieper*: Nationale Souveränität. Versuch über Ende und Anfang einer Weltordnung (1991), S. 25.
277 *J. Scheller*: Rechtsfragen des grenzüberschreitenden Datenverkehrs (1987), S. 60; ähnlich *J. Becker/D. Salamanca*, (Anm. 243), S. 37.
278 Vgl. nur *ITU*, Telecommunication Network Development in Africa. The State of Development and Operation of African Telecommunication Networks, Document No. ATDC.90/1-E, S. 25, wo man zu dem Ergebnis kam: "Developing countries, particularly those in Africa, will continue to depend totally on the technological designs developed to meet the different needs of the industrialised countries."

4. Perspektiven

Es stellt sich die Frage, was sich durch die in GATT/WTO eingeleitete Liberalisierung von Telekommunikationsdiensten verändert hat, oder ob, wie es im Einleitungskapitel thesenartig formuliert wurde, "Alles beim Alten" blieb[279].
Hat die viel beschworene "Informationsgesellschaft"[280] bereits den Weg zur Weltgesellschaft[281] geebnet – und falls ja, ist dies überhaupt wünschenswert[282] oder bleibt ohnehin alles Utopie?

a) Von der Weltinformationsgesellschaft zur Weltgesellschaft - Utopie oder rechtspolitisches Desiderat?

Was den Begriff der Weltgesellschaft[283] betrifft, so herrscht kreatives "Chaos" im Sinne mangelnder begrifflicher Klarheit, was auch mit der Komplexität der Probleme zusammenhängt. Fest steht, daß es eine im Candide'schen Sinne "bessere Welt" sein

---

279 Zu den Arbeitshypothesen siehe das 1. Kap. 3 b).
280 *J. Rüttgers*: Telekommunikation und Datenvernetzung - eine Herausforderung für Gesellschaft und Recht, in: Computer und Recht 12 (1996), S. 52 zufolge gibt es bisher "noch keine etablierte Definition, was unter Informationsgesellschaft zu verstehen ist"; vgl. auch *H. Mowlana*: The Myths and Realities of the "Information Age": A Conceptual Framework for Theory and Practice, in: Telematics and Informatics 1 (1984), S. 427 ff.; *J. Becker*: Internationale Kommunikation. Monographien und Sammelwerke zum Thema "Informationsgesellschaft", Institut für Auslandsbeziehungen, Literaturrecherchen 6 (1996).
281 Zu den Konzepten und Dimensionen von "Weltgesellschaft" vgl. *Forschungsgruppe Weltgesellschaft, (M. Albert/L. Brock/H. Schmidt/C. Weller/K. D. Wolf*: Weltgesellschaft: Identifizierung eines Problems, in: PVS 37 (1996), S. 7 ff.; vgl. auch den Beitrag von *M. Albert/ L. Brock/H. Schmidt/C. Weller/K. D. Wolf* abgedruckt in epd-Entwicklungspolitik 18/96, S. d1-d11; dazu kritisch: *K. P. Tudyka*: Ein Phantom zwischen Vergesellschaftung und Vergemeinschaftung, in: epd-Entwicklungspolitik 18/96, S. 226; vgl. bereits *K. Tudyka*: Weltgesellschaft - Unbegriff und Phantom, in: PVS 33 (1989), S. 503-508; *R. D. Lippschutz*: Reconstructing World Politics. The Emergence of Global Civil Society, in: Millenium 21 (1992), S. 389-420; *M. Shaw*: Global Society and Global Responsibility. The Theoretical, Historical and Political Limits of "International Society", in: Millenium 21 (1992), S. 421-434; das "movement towards a global society" in rechtlicher Hinsicht behandelt *U. Fastenrath*: Relative Normativity in International Law, in: EJIL 4 (1993), S. 339 ff.
282 Zur "usefulness of a world order perspective" *F. Kratochwil*: Of Law and Human Action: A Jurisprudential Plea for a World Order Perspective in International Legal Studies, in: *R. Falk/F. Kratochwil/S. H. Mendlovitz (Hrsg.):* International Law. A Contemporary Perspective (1985), S. 645 ff.
283 Zum Begriff "Weltgesellschaft": *M. List*: Was heißt "Weltgesellschaft"? Versuch einer Bestimmung des Begriffs für den interdisziplinären Gebrauch, in: *B. Moltmann/E. Senghaas-Knobloch (Hrsg.):* Konflikte in der Weltgesellschaft und Friedensstrategien (1989), S. 29-62; vgl. auch: *N. Luhmann*: Die Weltgesellschaft, in: *ders. (Hrsg.):* Soziologische Aufklärung 2. Aufsätze zur Theorie der Gesellschaft (1975), S. 51-71; *B. Moltmann*: Weltgesellschaft, Rettung in der Not. Zur Problematik einer sozialwissenschaftlichen Kategorie, in: *W. Hein (Hrsg.):* Umbruch in der Weltgesellschaft (1994), S. 45-57; *E. Richter*: Weltgesellschaft und Weltgemeinschaft. Begriffsverwirrung und Klärungsversuche, in: PVS 31 (1990), S. 275-279; "Weltgesellschaft" solle definiert werden "als das die gesamte Menschheit umfassende Sozialsystem, d.h. als globale Sinn-, Interaktions- und Organisationseinheit": *W. R. Vogt*, (Anm. 257), S. 22; *K. Tudyka*: Der Ausdruck Weltgesellschaft täuscht, in: Loccumer Protokolle 21/93, Auf dem Wege zur Weltinnenpolitik (1994), S. 33-34 stellt "vier Varianten bei der Verwendung des Begriffs "Weltgesellschaft" fest, näher ebd., kommt allerdings zu dem Ergebnis, das Glied "Welt" an Gesellschaft füge dem Begriff "keine neue Qualität" hinzu.

soll, eine auf "Gerechtigkeit" aufgebaute Ordnung, die faire Austauschbeziehungen ermöglicht. Der Begriff "Weltgesellschaft" entwickelt sich trotz (oder gerade) wegen seiner Unbestimmtheit zum Sammelbegriff von Globalisierungstendenzen[284], transnationalen Austausch- und Kooperationsprozessen sowie Orientierungen und Normen einer als universal verstandenen Wertegemeinschaft. Die Entstehungs- und Entwicklungsbedingungen einer "Weltgesellschaft" sind komplex; Voraussetzung sei in jedem Fall, "daß die Menschheit durch globale Funktions- und Interdependenzgeflechte vernetzt" sei und "daß das Bewußtsein vom gemeinsamen 'Raumschiff' Erde überall auf der Welt zu einem handlungsbestimmenden Sinngehalt" werde[285]. Gefördert werden könnte die Entstehung einer Weltgesellschaft durch einige, auch im Rahmen der Diensteliberalisierung in GATT/WTO relevante Parameter. Zu nennen sind hier zum Beispiel
- der Ausbau von Kommunikations- und Verkehrssystemen;
- erdumspannende Informationsflüsse und die Herstellung von Weltöffentlichkeit;
- internationale Arbeitsteilung und Tauschbeziehungen der Weltwirtschaft;
- Kapitalverflechtungen multinationaler Konzerne;
- die Ausbreitung moderner Wissenschaft und Technik.

Die Intensivierung transnationaler Verflechtung hat zu gemeinsamen neuen Werten, zu einer Zunahme der transnationalen Kontakte (v.a. im Bereich der Kommunikation) und neuen, grenzüberschreitenden Zusammenschlüssen geführt. Angesichts der Tatsache, daß es immer neue Gebiete gibt, die eine Behandlung im Weltinteresse erfordern, kann man durchaus Bedarf für eine sinn- und ordnungsstiftende Organisationsform der Menschheit, wie sie die Weltgesellschaft theoretisch darstellt, sehen[286]. Wie aber steht es um die Chancen ihrer Verwirklichung?

List geht von der Annahme aus, daß das "Geflecht der globalen sozialen Beziehungen" bereits heute ein Ausmaß erreicht hat, das es ermöglicht, "von weltweiter Vergesellschaftung als Prozeß bzw. von Weltgesellschaft als deren Resultat zu sprechen"[287]. Dabei sieht er vor allem drei Dimensionen der Weltgesellschaft: die biologische Existenz, ein weltweit soziales Handlungsgeflecht und weltweit geteilte kognitive sowie normative Vorstellungen. Eine wichtige Rolle nehme dabei der Weltmarkt ein, denn weil neben seinen unmittelbaren ökonomischen Funktionen auch als "Transmissionsmechanismus von Anpassungs- und Entwicklungsdruck" auf die einzelnen, nationalen Gesellschaften wirke, trage er zugleich substantiell zur transnationalen Vergesellschaftung bei[288].

Eine klare Absage an die Weltgesellschaft erteilt demgegenüber *Altvater*, der insofern die Gegenposition besetzt: Die Globalisierung erweise sich als "sozialer Sprengsatz und möglicherweise als Entwicklungsbahn in die soziale und ökologische Katastrophe". Durch die ökonomische Globalisierung sei keine Weltgesellschaft entstanden. Im Gegenteil:

---

284 Zur Globalisierung siehe oben das 1. Kap. 1 e) und 2.
285 *W. R. Vogt*, (Anm. 257), S. 23.
286 Vgl. nur *D. Messner*: Neue Herausforderungen in der Weltgesellschaft: Konturen eines Konzepts von "Global Governance", in: epd-Entwicklungspolitik 10/11 (1996), d11; *F. Kratochwil*, (Anm. 282), S. 647; *D. Senghaas*: Global Governance. How Could this be Conceived?, in: Loccumer Protokolle 21/93, Auf dem Wege zur Weltinnenpolitik (1994), S. 114.
287 *M. List*: Recht und Moral in der Weltgesellschaft, in: *K. D. Wolf (Hrsg.)*: Internationale Verrechtlichung, Zeitschrift für Rechtspolitologie (1993), S. 39; "rein zeitlich gesehen" sei die Weltgesellschaft aber erst "im Werden" begriffen: *W. R. Vogt*, (Anm. 257), S. 22.
288 *M. List*, (Anm. 287), S. 41.

"(...) eine Weltgesellschaft ist schon wegen der durch die Globalisierung erzeugten globalen Ungleichheiten zwischen hoch entwickeltem Norden und wenig entwickeltem Süden, zwischen (...) Armen und Reichen überall eine fata morgana"[289].

Obgleich *Elsenhans* in der Zunahme internationaler und transnationaler Interaktionen mögliche Ansätze für eine Weltgesellschaft sieht, gibt auch er zu bedenken, daß angesichts der Marginalität der "Unterschichten des Südens" der "kapitalistische Vergesellschaftungsmechanismus" auf Weltebene schwach bleibt[290].

Ohne die Meinungsdivergenz an dieser Stelle zu überbrücken, ist als Minimalkonsens festzuhalten, daß eine Weltgesellschaft, unabhängig von ihrer Beschaffenheit keinen Weltstaat repräsentiert[291]. Wie *Messner* hervorhebt:

"Einen Weltstaat und damit eine souveräne und zentrale Steuerungsinstanz wird es ebenso wenig geben, wie eine Revitalisierung der absoluten inneren und äußeren Souveränität des Nationalstaates"[292].

Die Herausbildung eines Weltstaates wird behindert durch die Existenz von Einzelstaaten, die weiterhin an ihrer Souveränität und Autonomie festhalten[293]. Auch mit Blick auf die Zukunft ist kaum zu erwarten, "daß sich alle Staaten in einem großen Gründungsakt freiwillig einem Weltstaat ein- und unterordnen werden"[294] – von der Legitimitätsproblematik ganz abgesehen.

Zu den Hindernissen, also Kräften und Tendenzen, die den Entstehungsprozeß einer Weltgesellschaft behindern, zählen neben der nationalstaatlichen Souveränität und der Erstarkung kommunaler sowie regionaler Integrationsebenen auch die wachsende globale, sozio-ökonomische Ungleichheit (sog. "widenig gap", Wohlstandsgefälle). Die beiden erstgenannten Größen sind, dies sollte bei der Diskussion um die Chancen und den Sinn einer Weltgesellschaft nicht vergessen werden, im Gegensatz zu der letztgenannten gewollt, an ihnen wird von der breiten Mehrheit der politisch Verantwortlichen festgehalten. Daran haben auch die telekommunikative "Revolution" und die Entwicklungen hin zu einer Weltinformationsgesellschaft nichts geändert.

Es bleibt aber festzuhalten, daß infolge der Herausbildung globaler Kommunikation und mannigfaltiger sozio-kultureller Globalisierungsprozesse, wie sie auch im Rahmen

---

289 *E. Altvater*: Grenzen der Globalisierung, Wegmarken einer Re-Regulierung globaler Prozesse, in: epd-Entwicklungspolitik 17/96, S. 41; *E. Altvater/B. Mahnkopf*: Grenzen der Globalisierung (1996).
290 *H. Elsenhans*: Mythos Weltgesellschaft, in: epd-Entwicklungspolitik 18/96, S. 23.
291 Anderer Ansicht *N. Ropers*: Auf dem Wege zur Weltinnenpolitik, Ziele, Ebenen und Aufgaben, in: *J. Calließ (Hrsg.)*: Loccumer Protokolle 21/93, Auf dem Wege zur Weltinnenpolitik. Vom Prinzip der nationalen Souveränität zur Notwendigkeit der Einmischung (1994), S. 97: "Aus meiner Sicht entspricht dem Konzept der Weltgesellschaft auf der politischen Seite am ehesten das Konzept des Weltstaates"; zur Modellvorstellung vom Weltstaat: *V. Rittberger*, (Anm. 51), S. 249.
292 *D. Messner*, (Anm. 286), d13.
293 *H. Arnold*: Weltinnenpolitik - Weltordnung - Vereinte Nationen, in: Loccumer Protokolle 21/93, Auf dem Wege zur Weltinnenpolitik (1994), S. 139; skeptisch auch *A. Bleckmann*: Allgemeine Staats- und Völkerrechtslehre. Vom Kompetenz- zum Kooperationsvölkerrecht (1995), S. 98; *R. Knieper*, (Anm. 276), S. 27; Hein fordert vor dem Hintergrund globaler Probleme "eine zumindest partielle Verlagerung von Souveränität an effektive, demokratisch legitimierte Entscheidungsinstanzen auf globaler Ebene mittel- bis langfristig": *W. Hein*, (Anm. 256), S. 56; kritisch zur Notwendigkeit eines Weltstaates auch *M. Zürn*, (Anm. 262), S. 197; näher zur Souveränitätsproblematik bereits im 1. Kap. 2 a).
294 *V. Rittberger*, (Anm. 51), S. 249; somit sei anzunehmen, daß die Bändigung "widerspenstiger" Staaten nur unter Anwendung militärischer Gewalt möglich sein würde.

dieser Studie thematisiert wurden, die Weltgesellschaft bereits heute mehr ist als die Summe der Einzelstaaten. Technischer Fortschritt führt zu gesellschaftlicher Pluralisierung und läßt die Gemeinsamkeiten sozio-ökonomischer und kultureller Lebenssituationen klarer erkennen; über Staatsgrenzen hinweg werden neue funktionale Zusammenhänge geschaffen.

Einen rudimentären Nukleus der Weltgesellschaft bilden internationale Institutionen wie die UNO mit ihren Sonderorganen und -organisationen[295], die WTO als neue Organisation in der Peripherie des UN-Systems eingeschlossen. Greift man den "Nukleus-Gedanken" auf, sollte dies indes nicht dazu verleiten, das globale Handelsregime (in Gestalt der WTO) als die institutionelle Verankerung einer Art Weltgesellschaft weiter aufwerten zu wollen. Derartige Versuche[296], auch wenn sie zunächst plausibel erscheinen mögen, greifen zu kurz: Ein institutionell und kompetenzrechtlich weiter gestärktes Welthandelsregime repräsentiert niemals die Weltgesellschaft, sondern allenfalls eine wichtige ökonomische Säule derselben.

Bleibt somit, um mit *von Beyme* zu sprechen, nur eine "vage Hoffnung auf eine Weltgesellschaft, die nicht nur als Teilphänomen vom 'Weltkrieg' bis zum 'Weltmarkt'"[297] existiert – solange eine ausreichende Gesellschaftstheorie fehlt, mag dies so scheinen.

Geht man allerdings davon aus, daß in der Herstellung von Erwartungsverläßlichkeit und Verhaltenssicherheit eine wesentliche Entwicklungsbedingung der Weltgesellschaft liegt[298], dann hat die mit den General Agreement on Trade in Services vorgenommene Kodifizierung die Menschheit auf der zivilisatorischen Wegstrecke zumindest ein Stück voran gebracht.

b) Das Verhältnis GATT/WTO zur Internationalen Fernmeldeunion (ITU)

Über 100 Jahre hinweg war Telekommunikation Regelungsgegenstand einer überwiegend von der Internationalen Fernmeldeunion (ITU) geprägten internationalen Ordnung[299], die als "quasi-corporatist framework" konzipiert[300], auf den Säulen Standardi-

---

295 *M. List*, (Anm. 287), S. 51: List sieht das "weltweite System von Staaten und ihrer Organisationen (UNO u.a.)" als ein mehr "schlecht als recht" funktionierendes politisches System der Weltgesellschaft; zu den internationalen Organisationen als "Vorboten eines sich herausbildenden Weltstaates": *V. Rittberger*, (Anm. 51), S. 249; auch die Verdichtung des Netzes internationaler Organisationen sei allerdings "kein unumstößliches Indiz für einen Prozeß der Ausbildung eines Weltstaates" (ebd. S. 249); zum Auf- und Ausbau übernationaler Institutionen als eine Entwicklungsbedingung der Weltgesellschaft: *W. R. Vogt*, (Anm. 257), S. 23.

296 Von Hart wird beispielsweise die Zuversicht geäußert, die Völkergemeinschaft könne "die Welthandelsorganisation zum Herzstück eines Regimes machen, das eine neue Ära eines auf festen Spielregeln fußenden wirtschaftlichen Internationalismus einleitet und global zu sozialem und wirtschaftlichem Wohlergehen führen wird": *M. Hart*, Der nächste Schritt: Aushandlung von Regeln für eine globale Wirtschaft, in: OECD Dokumente, Neue Dimensionen des Marktzugangs im Zeichen der wirtschaftlichen Globalisierung (1996), S. 293; allerdings bezweifelt er selbst, ob Handelsübereinkommen das geeignete Instrument für eine Lösung der Globalisierungsprobleme sind (ebd. S. 282).

297 *K. v. Beyme*: Theorie der Politik im Zeitalter der Transformation, in: *K. v. Beyme/C. Offe (Hrsg.)*: Politische Theorien in der Ära der Transformation, PVS Sonderheft 26/1995, S. 27.

298 Explizit *W. R. Vogt*, (Anm. 257), S. 22.

299 Der Begriff der (Telekommunikations-)"Ordnung" in dem hier gebrauchten Verständnis ist nicht gleichzusetzen mit "Regime"; während Regime als normative Regelwerke für ein begrenztes Politikfeld interpretiert werden, ist der auf ein wiederkehrendes Akteursverhalten abstellende

sierung, regulativer Politik (insbesondere der Zuweisung von Radiofrequenzen) sowie dem Ausbau von Telekommunikationsnetzen und -diensten basierte.

Es hatte angesichts der GATS-Liberalisierungsverhandlungen eine gewisse Verunsicherung auf seiten der Fernmeldeunionsexperten gegeben, was man von der Behandlung der Telekommunikation in einer Organisation (GATT/WTO) erwarten solle, die bisher noch nie – bzw. nur in engen Grenzen[301] – mit diese Frage befaßt gewesen war. Obwohl die Notwendigkeit der Kooperation zwischen GATT und Fernmeldeunion auch organisationsintern betont[302] und eine aktive Beteiligung der ITU-Experten an den Verhandlungen angemahnt worden war[303], übten die ITU-Offiziellen ihrerseits eine gewisse Zurückhaltung gegenüber den laufenden GATS-Verhandlungen. Ein Beobachter beschreibt die Situation folgendermaßen:

> "(...) the ITU's stance towards the trade in services issue was initially cautious and reactive. From Secretary-General Richard Butler down through virtually all the administrative staff in Geneva, but also more importantly among the representatives of most member governments and the predominantly monopoly providers of international telecommunications services, there was concern and some annoyance at the increasing involvment of trade policy officials in what had traditionally been regarded as the reserve of the Union"[304].

Von ITU-Seite hatte man Schwierigkeiten sich vorzustellen, daß die Erbringung von Telekomdiensten, speziell im Bereich der Basistelekommunikation, künftig auf Wettbewerbsbasis erfolgen könne.

In der GATT-Group of Negotiations on Services gab es offenbar Erwägungen, die ITU-Experten stärker an den Diensteverhandlungen der Uruguay Runde zu beteiligen, andererseits wollte man einen zu großen Einfluß der Regulatoren auf die Verhandlungen vermeiden. Aus diesem Grund behielten Vertreter der ITU im Ergebnis lediglich ein "watching brief"[305] bezüglich der Verhandlungen und trugen inhaltlich nur bei, sofern sie darum gebeten wurden. Eine Beobachtung der Dienstleistungsverhandlungen,

---

Ordnungsbegriff nicht notwendig normgeleitet, näher *M. Zürn*: Gerechte internationale Regime (1987), S. 109; zum Regimebegriff siehe bereits oben im 1. Kap. 2 c).

300 So *P. F. Cowhey*: The International Telecommunications Regime: The Political Roots of Regimes for High Technology, in: IO 44 (1990), S. 173.

301 Die Kompetenz des GATT in der Telekommunikationsmaterie schildert das 2. Kap. 1 d) und e) sowie das 3. Kap. 1 a).

302 Vgl. nur *G. Feketekuty*: Convergence of Telecommunications and Trade, Implications for the GATT and the ITU, March 8, 1988, S. 6; ähnlich *M. N. Epstein*: One American's Perspective, Paper anläßlich: Defining Telecommunications Services Trade, An International Briefing, ITU Headquarters, Geneva, May 3, 1989, S. 3: "need for effective consultation and coordination between trade negotiators, the telecom providers, and the ITU bodies."

303 *R. G. Pipe*: International Views on the Tradeability of Telecommunications, in: *P. Robinson/ K. P. Sauvant/V. P. Govitrikar (Hrsg.):* Electronic Highway for World Trade (1989), S. 126; *R. B. Woodrow*: Tilting Towards a Trade Regime, in: Telecommunications Policy 15 (1991), S. 328; *B. Lanvin*: Participation of Developing Countries in a Telecommunication and Data Services Agreement, in: *P. Robinson/K. P. Sauvant/ V. P. Govitrikar (Hrsg.):* Electronic Highway for World Trade (1989), S. 85.

304 *R. B. Woodrow*, (Anm. 303), S. 329.

305 *R. B. Woodrow*, Trade in Telecommunication and Data Services, in: *P. Robinson/K. P. Sauvant/ V. P. Govitrikar (Hrsg.):* Electronic Highway for World Trade (1989), S. 27.

eine Reihe informeller Kontakte sowie Arbeitskontakte auf Sekretariatsebene[306] sorgten für ein Minimum an Kooperation[307], brachten aber nicht die grundsätzlich erforderliche "sinnvolle Abgrenzung und Koordination zwischen beiden Organisationen und Regelungskompetenzen"[308]. So kam es beispielsweise vor, daß wichtige Tagungen parallel und ohne Abstimmung beider Organisationen stattfanden: Im Dezember 1989, als die GATT Verhandlungspartner ihren multilateralen Rahmenentwurf im Centre William Rappard am Genfer Seeufer fortentwickelten, traf sich die "community" der globalen Netzarchitekten und -planer der ITU, um einen vergleichbaren Rahmen zu entwickeln, der offenen Zugang zu den Telekommunikationsnetzen und -märkten gewährleisten sollte (sog. "Intelligent Network Baseline"). Die Teilnehmer beider Veranstaltungen nahmen jedoch keine Notiz der Gegenseite, obwohl sie nur ein paar hundert Meter voneinander entfernt tagten.

Auch noch Jahre nach Verhandlungsbeginn standen sich die beiden Lager – die Telekomoffiziellen der ITU auf der einen und die Handelsexperten im GATT auf der anderen Seite – reserviert, zum Teil auch ohne Verständnis für die Anliegen der anderen Seite gegenüber: "Discussions between telecommunication experts and trade-policy experts have revealed a wide gap in understanding the terms and concepts of each other's field"[309].

Ein Teil der Spannungen resultierte daraus, daß die ITU seit Jahren intensiv an Fragen arbeitete, die auch in den GATT/WTO-Verhandlungen über Telekommunikationsdienste Gegenstand der Erörterungen waren, u.a.
- Vereinbarungen über Interkonnektivität;
- Vereinbarungen für die Diensteerbringung, Tarife und Abrechnungsregeln;
- Numbering;
- technische Standards;
- Frequenzmanagement.

Ein wesentlicher Unterschied zwischen der Internationalen Fernmeldeunion und GATT/WTO[310] besteht jedoch darin, daß die Aktivitäten der ITU, anders als die von

---

306 Eine Erneuerung der Zusammenarbeit zwischen der ITU und der Group of Negotiations on Services auf Sekretariatsebene wurde auch für den Zeitraum nach Abschluß der Uruguay Runde als begrüßenswert angesehen, vgl. *Strategic Planning Unit*, (Anm. 28), S. 43.
307 Bereits die Fragebogenerhebung (*"Telecommunications Services Trade Project"* 1988) ergab, daß die Einrichtung fester Beratungsgremien in den Telekomdiensteverhandlungen der Uruguay Runde von den meisten Experten nicht gewünscht war; 70 Prozent der Befragten befürworteten informelle Treffen ("informal meetings and exchanges of views with trade policy-officials at the national level and with Uruguay Round negotiators"). Nur 36% waren der Ansicht, daß "formal advisory bodies" eingerichtet werden sollten; zu den Ergebnissen der Umfrage *R. G. Pipe*, (Anm. 303), S. 126.
308 So grundsätzlich *M. Bothe*: Grenzüberschreitende Telekommunikation, in: *J. Scherer (Hrsg.)*: Telekommunikation und Wirtschaftsrecht (1988), S. 252.
309 *R. G. Pipe*: (Anm. 303), S. 122.
310 Immerhin 40 Prozent der 1988 befragten Experten (Anm. 307) gingen damals von einer Überschneidung der Jurisdiktionen beider Organisationen aus ("blurring of jurisdictional lines"), vgl. die Ergebnisse des Telecommunications Services Trade Project 1988, innerhalb dessen 502 Personen aus 48 Staaten aus allen Bereichen der Wirtschaft und des öffentlichen Lebens (Geschäftsleute, Beamte internationaler Organisationen, Personen aus Forschung, Journalismus und Beratung) von Russel Pipe und Brian Woodrow befragt wurden; 29 Prozent erwarteten hingegen keinen größeren Einfluß auf die Standardisierungsaktivitäten der ITU; 53 Prozent waren der Ansicht, daß "ITU should adopt measures in anticipation of a multilateral trade regime covering telecom." (vgl. die Auswertung des Fragebogens in Hinblick auf das Verhältnis ITU/GATT, durch: *Trans-*

GATT/WTO, überwiegend auf technische und Verwaltungsaspekte ausgerichtet sind[311] und das Regelwerk der ITU im Kern - von gewissen Neuerungen abgesehen[312] – von der Existenz nationaler, ihre Märkte gegenseitig respektierender Telekommunikationsmonopole ausgeht, die zur Erbringung internationaler Telekomdienste ihre Netze miteinander verbinden[313].

Das General Agreement on Trade in Services und die Anlage zur Telekommunikation akzeptieren hingegen ausschließliche und besondere Rechte in den Mitgliedstaaten, insbesondere bei Netzerrichtung und -betrieb, gehen aber prinzipiell von wettbewerbsorientiert strukturierten Telekommunikationsmärkten aus und setzen den freien Zugang ausländischer Diensteerbringer zu den inländischen Telekommunikationsmärkten voraus.

Vereinfacht ausgedrückt: Die ITU wurde nicht für Zwecke des Handels mit Telekomdiensten geschaffen, sondern um das Vorgehen ihrer Mitglieder zu koordinieren und Interessen zum Ausgleich zu bringen[314] – wodurch sie sich den Vorwurf einhandelte, sie habe in einem mit Handelsfragen befaßten System unter Umständen keinen Platz[315].

Aus den genannten Gründen sahen zahlreiche Beobachter konfliktuelle Tendenzen zwischen beiden Organisationen als im Zunehmen begriffen an und warnten vor einer Doppelzuständigkeit beider Organisationen. Sie würde dazu führen, daß jede Organisation die Interessen "ihrer" Mitglieder wahrnehme; im Falle der ITU könne dies zu einem sehr weitgehenden Schutz der von den Monopolen erbrachten Grunddienste führen und im Falle des GATT zu einer positiven Diskriminierung zugunsten von Mehrwertdiensten und großen Benutzergruppen[316]. *Ellger/Kluth* warnten, Konflikte zwischen den ITU-Regelungen und GATS seien wegen des "gegensätzlichen Ansatzes bei der Lösung der Probleme grenzüberschreitender Telekommunikationsdienste vorprogrammiert"[317]. Und *Engels* sprach von "intense battles" zwischen der "kartellunterstützenden" ITU und GATT[318].

---

national Data Reporting Service, Postbox 2039, Washington D.C.; Amsterdam, "Trade in Services and Telecommunications, Questionnaire Results", October 1988, S. 4.

311 Vgl. *Constitution of the International Telecommunication Union*, Geneva 1992, Art. 1 Abs. 1 a)-g), in: Final Acts of the Plenipotentiary Conference (1992); dazu näher Union Internationale des Télécommunications, *Plan stratégique pour la période 1995-1999, Annexe de la Résolution 1*, in: Actes Finals de la conférence de plénipotentiaires, Kyoto 1994 (1995), Ziff. 5 f., S. 92.

312 Zum Wandel innerhalb der ITU, insbesondere der WATTC'88, siehe bereits das 3. Kap. 1 a).

313 Die traditionelle Regelungssituation beschreibt das 2. Kap. 1 a).

314 Art. 1 Abs. 1 d) der ITU-Verfassung spricht davon, daß es Ziel der ITU u.a. sei "to harmonize the actions of Members".

315 *H. I. M. de Vlaam*, (Anm. 109), S. 103; ähnlich *G. Feketekuty*: International Network Competition in Telecommunications, in: *P. Robinson/K. P. Sauvant/V. P. Govitrikar (Hrsg.)*: Electronic Highway for World Trade (1989), S. 285.

316 *P. F. Cowhey/J. D. Aronson*: Global Diplomacy and National Policy Options for Telecommunications, (Manuskript), S. 28.

317 *R. Ellger/T.-S. Kluth*, (Anm. 107), S. 215 m.w.N.; kein Problem im Verhältnis zwischen GATT und ITU sah offenbar W. Kleinwächter; er siedelte, wenig nachvollziehbar, eine Trennlinie an zwischen "UNESCO und UN versus ITU und GATT": *W. Kleinwächter*: Verkehrsregeln für die 'elektronische Autobahn', Information und Kommunikation als Gegenstand multilateraler Verhandlungen im Verband der Vereinten Nationen, in: VN 3/1991, S. 91.

318 *C. Engel*: Is Trade in Services Specific?, in: *T. Oppermann/J. Molsberger (Hrsg.)*: A New GATT for the Nineties and Europe '92. International Conference held in Tübingen 25-27 July 1990 (1991), S. 216.

Anstatt die Gräben weiter aufzureißen, entschloß sich die Internationale Fernmeldeunion zu einer Art "Komplementärstrategie", und hob wiederholt hervor, daß die Arbeit der ITU diejenige von GATT/WTO in einigen wesentlichen Punkten ergänze[319]. Vor allem der Ende der 80er Jahre neu ins Amt gekommene ITU-Generalsekretär *Tarjanne* war es, der die Losung ausgab: "We have no turf or territory problems. The WTO has its own mandate and we have our own, and they don't overlap"[320] - eine Meinung, die im übrigen von einigen Autoren[321] geteilt wurde und die die ITU auch in der Working Group on Telecommunication Services vertrat[322]. Komplementarität sah *Tarjanne* im übrigen auch im Hinblick auf die Behandlung von Entwicklungsländern durch beide Organisationen. Wörtlich sagte er:

> "The GATT draft framework places considerable emphasis on the difficult national environments of developing countries, and the need for possible special measures. On a fairly limited basis, the ITU has on a technical level been providing such special measures since the early 1950s"[323].

Die Einschätzung des ITU-Generalsekretärs, daß die Ziele von GATT/WTO und ITU nicht konfligieren, wurde auch von dem in Genf 1995 stattfindenden "Regulatory Colloquium" geteilt: Es gebe "eine wachsende Konvergenz" zwischen den Zielen von GATT/WTO und ITU[324]. Inhaltlich gesehen sollte das Konzept der Komplementarität, wie aus den meisten Stellungnahmen deutlich wurde, auf eine Art Arbeitsteilung zwischen ITU und GATT hinauslaufen. Die GATT/WTO-Seite sei am besten dafür geeignet, die kommerziellen Aspekte der Telekommunikation zu behandeln, während die ITU-Seite die Verbindung nationaler Telekommunikationssysteme, also primär technische Fragen, behandeln solle.

Welche Lösungen halten nun die Marrakesch-Vereinbarungen mit Blick auf das künftige Verhältnis von GATT/WTO und der Internationalen Fernmeldeunion bereit?
- Eine für die künftige Beziehung zwischen GATT/WTO und der ITU wichtige Bestimmung ist Artikel XXVI GATS; der Allgemeine Rat soll geeignete Vorkehrungen treffen, um mit den Vereinten Nationen und ihren Sonderorganisationen

---

319 Art. 39 der ITU-Verfassung, Nizza 1989, sprach allgemein davon, daß die ITU mit internationalen Organisationen zusammenarbeiten solle, "having related interests and activities"; der Bericht des High-Level Committee in der Nizza Bevollmächtigtenkonferenz 1989 wurde deutlicher: "There is no reason, therefore, why the ITU and GATT should not continue to proceed along compatible paths", *Final Report of the High-Level Committee*: Tomorrow's ITU: The Challenge of Change, Document 145-E, 26 April 1991.

320 Vgl. das *Interview von Pekka Tarjanne* auf der Telecom 95, nachzulesen in Telecom Daily 3. Okt. 1995; bereits Anfang der 90er Jahre hatte Tarjanne in einer Reihe von Reden versichert, die ITU unterstütze die GATS-Verhandlungen und das Verhältnis beider Organisationen sei "komplementär."

321 Vgl. nur *E. Gonzales-Manet*: The ITU's Role: A Developing Country's Perspective, in: Reforming the Global Network, The 1989 ITU Plenipotentiary Conference (1989), S. 66; *R. B. Woodrow*, (Anm. 303), S. 335; *H. I. M. de Vlaam*, (Anm. 109), S. 103.

322 Der *Representative of the ITU*, Working Group on Telecommunication Services, Note on the Meeting of 5-6 June 1990, Group of Negotiations on Services, Restricted, MTN.GNS/TEL/1, 27 June 1990, Special Distribution, S. 13 unterstrich, es sei "... important that the GATT-GNS and ITU work proceed in *a complementary manner*, allowing even a sharing of concepts, labour and expertise" (Hervorhebung durch die Verf.).

323 *Address by the Secretary-General of the ITU*, "Open Frameworks for Telecommunications in the 90s" Washington DC., 11 January 1990: Access to Networks and Markets", S. 3.

324 Report of the Fifth Regulatory Colloquium, (Anm. 115), S. 15.

(die ITU eingeschlossen) zu "Konsultationen" und "Zusammenarbeit" zu gelangen[325].
- Artikel V:1 des WTO-Übereinkommens sieht ergänzend vor, daß der Allgemeine Rat Vorkehrungen dazu trifft, daß es zur Zusammenarbeit mit anderen zwischenstaatlichen Organisationen kommt, deren Aufgaben mit denen der WTO im Zusammenhang stehen; dazu zählt grundsätzlich auch die Internationale Fernmeldeunion.

Obgleich diese Bestimmungen wichtig sind, weil das neue WTO-Organ mit der ITU im Bereich der Telekommunikation kooperieren muß und weil sichergestellt ist, daß die Parteien initiativ werden, um zu geeigneten Vereinbarungen zu gelangen[326], findet sich hier nur eine Art "Minimallösung": Der Allgemeine Rat, also ein WTO-Organ – jedoch nicht der zur Durchführung des GATS i.V. mit der Telekommunikationsanlage speziell eingesetzte Rat für den Handel mit Dienstleistungen – soll künftig zu einer ihm geeignet erscheinenden Fühlungnahme mit der ITU kommen (Art. V:1 GATS). Weiterführende Überlegungen, wie sie im Vorfeld des GATS-Abschlusses zu finden waren, etwa eine aktive Beteiligung der ITU an der Umsetzung des Allgemeinen Rahmenabkommens (GATS) und seiner dazugehörigen Anlage zur Telekommunikation[327], fanden keinen Eingang in den Vertragstext. Zwar wird die Rolle der ITU als Standardisierungsorgan[328] seitens der WTO anerkannt[329], doch fehlt es sowohl an einem Konfliktlösungsmechanismus für den Fall, daß sich aus der Koexistenz von ITU-Recht und GATS auf dem Gebiet der internationalen Telekommunikation Konflikte ergeben, als auch an einer gesicherten Rechtsgrundlage[330], die gewährleisten würde, daß die ITU künftig

---

325 Artikel XXVII "Beziehung zu anderen Internationalen Organisationen"; der ursprüngliche Entwurf vom 28. April 1992 hatte noch vorgesehen, daß die *Ministerkonferenz* in dieser Hinsicht tätig werden solle; es kam insofern zu einer Änderung der Zuständigkeit.
326 Strategic Planning Unit, (Anm. 28), S. 27.
327 Vorstellungen, die ITU werde aktiv zur Implementierung des GATS-Abkommens herangezogen, finden sich u.a. bei *R. G. Pipe*: Telecommunication Services: Considerations for Developing Countries in Uruguay Round Negotiations, in: *UNCTAD (Hrsg.): Trade in Services: Sectoral Issues* (1989), S. 106; er ging davon aus, die ITU sei das ideale Gremium für die Implementierung des GATS-Rahmenabkommens, "because technical as well as regulatory and financial matters are likely to be involved"; "the ITU is the privileged body in the United Nations system for such assistance and collaboration"; ähnlich *H. I. M. de Vlaam*, (Anm. 109), S. 71.
328 Die ITU hatte stets Wert auf ihre unangefochtene Rolle als Standardisierungsorgan in den Vereinten Nationen gelegt, vgl. nur *Res. No. 15 Role of the International Telecommunication Union in the Development of World Telecommunication*, in: Final Acts of the Plenipotentiary Conference, Nice 1989, S. 237-238, wo es in Ziff. 2 heißt, die ITU sollte "ensure that all its work reflects the position of the ITU as the authority responsible within the United Nations system for establishing in a timely manner technical and operational standards for all forms of telecommunication(...)"; zu den Berührungspunkten zwischen ITU und GATT betreffend Standards vgl. auch *G. Feketekuty*: International Network Competition in Telecommunications, in: *P. Robinson/K. P. Sauvant/ V. P. Govitrikar (Hrsg.):* Electronic Highway for World Trade (1989), S. 285; vgl. auch *Strategic Planning Unit*, (Anm. 28), S. 44; *R. B. Woodrow*, (Anm. 303), S. 334; der *Representative of Mexico*, Working Group on Telecommunication Services, Note on the Meeting of 5-6 June 1990, Group of Negotiations on Services, Restricted, MTN.GNS/TEL/1, 27 June 1990, Special Distribution, S. 21 hatte die Sorge geäußert, im Verhältnis ITU/GATT komme es zu Belastungen, da die ITU schon lange mit Tarifen, Technologien und Standards umgehe.
329 Ziff. 7 der Anlage zur Telekommunikation; dazu näher das 5. Kap. 2.
330 Dies bestätigt ein Blick auf die Dokumente der Generalbevollmächtigtenkonferenz in Kyoto 1994: In dem *Annex zur Resolution 1 der Kyoto-Konferenz 1994*, Rdnr. 26, sprechen die Teilnehmer vage davon, daß es gelte, "strategische Allianzen" mit anderen internationalen Organisationen zu schmieden, wobei der neugegründeten WTO Priorität einzuräumen sei.

tatsächlich in die Arbeit der neugegründeten Welthandelsorganisation einbezogen wird – und das, obwohl bereits erkennbar ist, daß die WTO in wachsendem Umfang auch Regelungskompetenzen in ursprünglich der ITU zugerechneten Gebieten in Anspruch nimmt.

Beispiel: Die Verhandlungen zur Basistelekommunikation; obwohl man von ITU-Seite stets befürchtet hatte, eine Einbeziehung der Telekommunikation in ein internationales Handelsabkommen könne dazu führen, daß der Grundsatz des freien Marktzugangs nicht nur für Mehrwert-Dienste, sondern auch für Grunddienste und die dazu gehörigen Netze gelte, ergriff die ITU im Zuge der über den GATS-Abschluß hinaus stattfindenden Verhandlungen zur Basistelekommunikation[331], nicht anders als während der GATS-Verhandlungen selbst, wiederum kaum Eigeninitiative, sondern begnügte sich mit der Rolle eines Beobachters (von insgesamt 36) in der NBGT[332]. Andererseits widmete sich im selben Zeitraum die für Basistelekommunikation in der WTO zuständige Verhandlungsgruppe (NBGT) in wachsendem Umfang regulatorischen Aspekten[333]. So ist bereits heute absehbar, daß das neue WTO-Regime enorme Auswirkungen auf die Tarifpolitik der ITU haben wird, nicht anders als auf ihre Tätigkeiten im Bereich des Frequenzspektrums, um nur zwei Beispiele zu nennen.

Die Behandlung von regulatorischen Fragen in der WTO, speziell in der Negotiating Group on Basic Telecommunications, die bisher ausschließlich in die ITU-Domäne fielen, stellt die ungefochtene Stellung, die die ITU lange Zeit auf dem Telekommunikationssektor genoß, weiter in Frage – folglich sind Anzeichen dafür, daß die WTO-Arbeit zu einem Bedeutungsverlust der ITU-Aktivitäten führen wird, unübersehbar. Die skizzierte Passivität, die freiwillige Beschränkung der ITU auf eine Beobachterrolle, aber auch die Ignoranz der GATT-Kodifikationsarbeiten[334], verschärfen diese Tendenz. Selbstkritisch hieß es inzwischen von ITU-Seite:

> "Even though the ITU has not yet been openly challenged, it stands to loose its preeminence if it continues to follow the negotiations merely as an observer"[335].

Daß die bereits begonnene Bedeutungsverschiebung von der ITU hin zur WTO nicht ohne Folgen für die Entwicklungsländer bleiben wird, ist leicht vorstellbar, denn eine der drei wichtigen Säulen der ITU-Arbeit (neben Radiokommunikation und Standardisierung) ist die Telekommunikationsentwicklung speziell des Südens[336]; allgemein gesprochen arbeitet die ITU "entwicklungsländernäher" als GATT/WTO.

---

331 Näher 5. Kap. 3 d) und 4 c).
332 ITU Newsletter 7/95, S. 14.
333 Illustrativ das 5. Treffen der NBGT im Februar 1995 (Inside-Info, ITU Newsletter 7/95, S. 6) und die 6. Sitzung im April 1995 (Inside-Info, ITU Newsletter 7/95, S. 6); einen Überblick über die Wirkung des WTO-Regimes auf "specific regulatory areas" gibt das von der ITU veranstaltete *Fifth Regulatory Colloquium* (Anm. 115), S. 29 ff.
334 So spricht *Resolution No. 5, "Buenos Aires Initiative"*, Non-Discriminatory Access to Modern Telecommunication Facilities and Services, World Telecommunication Development Conference, Buenos Aires, 21-29 March 1994, Final Report, S. 67 ganz allgemein von im Rahmen des Zugangs zu Telekommunikationsnetzen und -diensten vorhandenen "international commitments within the competence of other international organizations", ohne das GATS und die Anlage zur Telekommunikation explizit zu erwähnen.
335 Inside-Info, ITU Newsletter 7/95, S. 6.
336 Vgl. nur Art. 21-24 der Constitution of the International Telcommunication Union; Buenos Aires Action Plan for the Global Development of Telecommunications, Work Programme of the Telecommunication Development Sector for the Period 1994-1998, World Telecommunication Development Conference, Buenos Aires, 21-29 March 1994, S. 9 ff. speziell Kapitel III "Special

Das Problem im Verhältnis beider Organisationen auch heute noch ist, wie der ITU-, einräumte, daß der Punkt noch nicht erreicht wurde, wo die auf Ergänzung beider Organisationen angelegte "Komplementärstrategie" Früchte trägt. Noch immer seien die beiden "communities", die Handelsexperten des GATT und die Telekomexperten der ITU, einander fremd:

> "(...) we have not yet reached the point where we have achieved synergy (...) (T)he process is also suffering because nationally, in almost all countries in the world, there are trade experts and there are telecommunication experts and they don't know each other and they don't talk to each other and they have different views on the things. (...) We haven't achieved a very good connection between these two worlds"[337].

Es gebe ein überraschend großes Unwissen der Telekomgemeinde darüber, was die WTO und ihre Abkommen betreffe[338] – und dies auch noch nach Abschluß des jahrelang verhandelten Allgemeinen Dienstleistungsabkommens.

So werden mit Blick auf die Zukunft weiterhin Empfehlungen allgemeiner Natur zur Verbesserung des Verhältnisses ITU und WTO ausgesprochen, etwa dahingehend, den Informationsaustausch zu intensivieren oder gemeinsam regionale Workshops abzuhalten[339]. Ferner soll, darauf drängte der ITU Council mehrfach, die Verantwortung von ITU respective WTO geklärt werden; ein "cooperation agreement" soll dabei hilfreich sein.

Ob dies jedoch ausreichen wird, Doppelarbeit und Konflikte künftig zu vermeiden, mag bezweifelt werden.

Programme for the Least Developed Countries" (ebd. S. 23 ff.); Buenos Aires Declaration on Global Telecommunication Development for the 21st Century, World Telecommunication Development Conference, Buenos Aires, 21-29 March 1994, S. 5 ff., speziell Ziff. 9; Resolution No. 1, Special Programme of Assistance for the Least Developed Countries (LLDCs), World Telecommunication Development Conference, Buenos Aires, 21-29 March 1994, Final Report, S. 29-31; auch die Ergebnisse der Study Group 1, ITU, Telecommunications Development Bureau and the UNCTAD and UN-DDSMS Coordination African Programme of Assistance on Services (Anm. 233), S. 50 zur künftigen Rolle der ITU ergaben, daß das Zentrum der ITU-Aktivitäten auf den Entwicklungssektor gerichtet sein wird.

337 Positiver *C. Hüttig*: Grenzüberschreitender Datenverkehr. Ansätze zu einem Regime des internationalen Dienstleistungshandels, in: *B. Kohler-Koch (Hrsg.):* Regime in den internationalen Beziehungen (1989), S. 217, der von ständigen, sehr engen Kontakten zwischen dem GATT-Sekretariat, der Group of Negotiations on Services und dem ITU-Sekretariat ausgeht.

338 Explizit Report of the Fifth Regulatory Colloquium, (Anm. 115), S. 15.

339 *Report of the Fifth Regulatory Colloquium*, (Anm. 115), S. 46; z.B. sollten das ITU Sekretariat und die ITU-Mitglieder liefern:
a) specific information concerning such matters as national and international (respectively) spectrum management policies and processes;
b) specific information on accounting rates;
c) expert advice requested by WTO panels in connection with DSU proceedings, to the extent such service could be consistent with the time limits of the DSU; die WTO hingegen sollte "consider providing to the telecommunications community comparable information about its procedures and processes" (ebd.); vgl. auch ITU News, 10/96, S. 20: "The BDT must continue to monitor the process"; zur Prüfung dieser Vorschläge wurde die Gründung einer High-level Group empfohlen, *Report of the Fifth Regulatory Colloquium*, (Anm. 115), S. 46.

c) Weichenstellungen für die Zukunft der Entwicklungsländer

Das zusammen mit dem Beschluß zur Gründung einer Welthandelsorganisation 1994 angenommene General Agreement on Trade in Services und sein integraler Bestandteil, die Anlage zur Telekommunikation, sind das erste multilateral verbindliche Regelwerk für den internationalen Handel mit Telekomdiensten. Hierin wird eine entscheidende, mit der Neugründung des GATT nach dem Zweiten Weltkrieg vergleichbare Weichenstellung für die internationalen Wirtschafts- und Handelsbeziehungen gesehen:

"Das Jahr 1994 kann als ein ganz entscheidender Meilenstein in der Geschichte der internationalen Wirtschaftskooperation angesehen werden. In zwanzig oder dreißig Jahren wird man rückblickend wohl feststellen, daß das Jahr 1994 ebenso bedeutend war, wie das Jahr 1948, als sich 23 Länder zum GATT zusammenschlossen (...). Zusammengenommen könnten diese Ereignisse den Beginn einer neuen Ära der Schaffung von Regeln für eine globale Wirtschaft signalisieren"[340].

Was haben die Entwicklungsländer insgesamt von den Neuregelungen auf diesem innovativen und wichtigen Bereich der Weltwirtschaft, den Dienstleistungen,[341] zu erwarten?

Die ausgearbeitete Regelung ist umfassend und in struktureller Hinsicht mit dem GATT vergleichbar, wenngleich sie einige Fragen, deren Regelung den Entwicklungsländern sehr am Herzen gelegen war, wie die Arbeitskräftemobilität, keiner ausgedehnten Regelung unterzog. Der Annex on the Movement of Natural Persons sieht lediglich vor, daß das Ausmaß, in dem die Verkehrsfreiheit von Dienstleistungserbringern erlaubt wird, von den in den "Schedules" vorgenommenen Konkretisierungen abhängt[342].

Die ganz wesentliche Frage, ob GATT-Prinzipien und Regeln sinnvoll auf den Telekommunikationssektor angewendet werden können, wurde im Prinzip mit den in Marrakesch 1994 getroffenen Vereinbarungen positiv beantwortet. Die von den Entwicklungsländern ursprünglich abgelehnte Ausdehnung des "alten GATT" auf neue Gebiete, darunter die Telekomdienste, fand – entgegen ihren ursprünglichen Wünschen – statt[343]. Die Geltung der herkömmlichen GATT-Prinzipien (z.B. Grundsatz der Meistbegünstigung und der Inländerbehandlung, aber auch der Grundsatz, daß turnusmäßig Verhandlungen über einen Abbau von Handelshemmnissen zu führen sind), wurde für die Zukunft festgeschrieben.

Weitgehend außer Zweifel steht aufgrund dieses Umstandes, daß die Kodifikationsarbeiten zu einer größeren handelspolitischen Disziplin führen werden. Durch die rechtliche Bindung an die genannten (und seien es auch nur einige wenige) fundamentalen Grundsätze wird das Handeln aller Mitglieder in dem neuen Bereich des Dienstleistungshandels transparenter und voraussehbarer, wodurch eine Stabilisierung der Rahmenbedingungen erwartet werden kann. Dies mag man als Gewinn für den Welthandel

---

340 *M. Hart*, (Anm. 296), S. 269.
341 Statistiken des GATT nach Abschluß der Uruguay Runde 1994 bezifferten den weltweiten Zuwachs des Bruttoinlandsprodukts durch die vereinbarte Liberalisierung des Welthandels ab dem Jahr 2005 auf über 500 Milliarden US-Dollar jährlich.
342 Zum Widerstand der Schweiz gegen eine weiterreichende Regelung siehe auch *C. Häberli*: Das GATT und die Entwicklungsländer, in: *T. Cottier* (Hrsg.): GATT-Uruguay Round (1995), S. 163.
343 Näher 3. Kap. 1 c) und e).

werten[344], von dem aller Voraussicht nach auch die Entwicklungsländer profitieren werden:

> "What smaller countries (...) get from the Round is mainly a guarantee of the continuation of GATT discipline, and of a strengthening of GATT rules"[345].

Allerdings gibt es auch Stimmen, die vor zu großem Optimismus warnen. Zwar sei der Abschluß des GATS im Ergebnis günstiger für die Entwicklungsländer, als ein Scheitern der Dienstleistungsverhandlungen es gewesen wäre, doch sei der Gesamtnutzen, der aus der Stärkung des multilateralen Systems für sie resultiere, gering:

> "One can argue (...) that developing countries are better off with this particular conclusion of the Round than none at all, since a further weakening in the multilateral system of trade rules would leave them even more exposed than they are in the current rule regime. (...) Combined with increased risks of regional fragmentation in the trading system and increasing competition between them for developed country markets, the Round, even in its most generous interpretation, may be of *only limited benefit* to them"[346].

Ein Charakteristikum der neuen Weltdienstleistungsordnung stellt der Reziprozitätsgrundsatz dar: Verhandlungen sind stets, auch künftig, auf der Grundlage der Gegenseitigkeit zu führen. Damit wurde ein wesentliches Grundprinzip der GATT-Handelsordnung übernommen und auf den grenzüberschreitenden Verkehr mit Telekomdiensten ausgedehnt. Auf die Schwierigkeiten, die die Anwendung des Reziprozitätsgrundsatzes für Entwicklungsländer birgt, wurde bereits mehrfach hingewiesen: Auch in Zukunft werden wirtschaftlich starke Nationen eine größere Verhandlungsmacht[347] besitzen als die wirtschaftlich schwächeren und deshalb bei einem auf reziproke Zugeständnisse abstellenden Vorgehen profitieren. Reziprozität impliziert keine materielle Gegenseitigkeit – mit all den daraus folgenden Nachteilen für die weniger entwickelten Staaten.

Eine Weichenstellung wurde auch insofern vorgenommen, als in der neuen Handelsordnung alle Mitgliedstaaten der Welthandelsorganisation das General Agreement on Trade in Services und die Anlage zur Telekommunikation für sich als verbindlich anerkennen müssen; ein free-ride der Entwicklungsländer im früher möglichen Umfang wird es künftig nicht mehr geben. Aus diesem Grund besteht nicht länger die Gefahr, daß zwischen Mitgliedern und Nichtmitgliedern, vor allem Entwicklungsländern, in Kernbereichen wie Meistbegünstigung und Inländerbehandlung gänzlich unterschiedliche Regelungen gelten.

---

344 So *F. Blankart*: Das Ergebnis der Uruguay-Runde: ein historischer Markstein, Schlusstein oder Startblock, in: Aussenwirtschaft 49 (1994), S. 21; *W. R. Cline*, (Anm. 171), S. 1; *B. Engels*: Was bedeutet Marrakesch für Entwicklungsländer?, in: Nord-Süd aktuell (1994), S. 61; *ITU, Telecommunication Development Bureau and the UNCTAD and UN-DDSMS Coordinated African Programme of Assistance on Services*, (Anm. 233), S. 30.
345 *T. Nguyen/C. Perroni/R. Wigle*: A Uruguay Round Success, in: The World Economy 18 (1995), S. 29; vgl. auch *S. Reza*, (Anm. 231), S. 27.
346 *C. Hamilton/J. Whalley*, (Anm. 1), S. 48 (Hervorhebung durch die Verf.); ähnlich *W. R. Cline*, (Anm. 171), S. 1; auch von *G. Koopmann/H.-E Scharrer*: Der internationale Handel nach der Uruguay Runde des GATT, in: Politik und Gesellschaft 2/1995, S. 163, wurde ein Scheitern der Uruguay Runde "wegen möglicher negativer Handels- und Einkommenseffekte" als negativer angesehen als die geringen Resultate, die sie hervorgebracht hat.
347 Zum Problem der Verhandlungsmacht näher das 3. Kap. 3.

Wesentlich ist in diesem Zusammenhang nicht nur, daß die gesamten Ergebnisse der Uruguay Runde uneingeschränkt für alle WTO-Mitglieder gelten[348], sondern auch, daß diese dafür sorgen müssen, daß ihre nationalen Gesetze und sonstigen Vorschriften mit den multilateralen Handelsregeln vereinbar sind. Eine gewisse Harmonisierung nationaler und internationaler Vorschriften im Bereich des Handels mit Telekomdiensten steht zu erwarten, von der auch die regulatorischen Regime der Entwicklungsländer betroffen sein werden.

Was die Souveränitätsbedenken der Entwicklungsländer – lange ein Hemmnis für breit angelegte Liberalisierungsverhandlungen[349] – betrifft, so wurde diesen im Kern Rechnung getragen. Durch das Konstrukt der "specific commitments" stehen selbst so grundlegende Liberalisierungsentscheidungen wie die Inländerbehandlung oder eine Öffnung der Märkte für ausländische Unternehmen im Ermessen der Vertragsparteien. Diesen bleiben zum Teil weite Gestaltungsspielräume erhalten, um den Handel mit Telekomdiensten zu beschränken. Dies war zwar von den Entwicklungsländern gewünscht[350], ist aber mit Blick auf das Gesamtregelwerk nicht ohne Risiken, da die Entscheidung, wie weit die Liberalisierung erfolgen soll, weitgehend den Mitgliedern überlassen bleibt:

"Dadurch entsteht die Gefahr, daß sich kurzfristig zwischen den GATS-Mitgliedstaaten ein Liberalisierungsgefälle und langfristig eine gegenseitige Marktöffnung nur auf dem kleinsten gemeinsamen Nenner ergibt. Die Ursache dafür liegt in dem Umstand, daß das GATS-Übereinkommen seine Mitgliedstaaten nicht zu einer identischen Liberalisierung der Dienstleistungsmärkte zwingt"[351].

Weder das General Agreement on Trade in Services noch sein integraler Bestandteil, die Anlage zur Telekommunikation, haben zum heutigen Zeitpunkt eine weltweite Öffnung der Telekommunikationsmärkte herbeigeführt, so daß die den Süden beunruhigende Vision einer überstürzten, universaldienstbedrohenden globalen Telekomliberalisierung etwas von ihrer angstauslösenden Wirkung verlor. Stattdessen wird mit längerfristigen Wirkungen der neuen Regelungen gerechnet. Wie das Regulatorische Kolloquium 1995 in Genf bemerkte, "their full effect is felt only over an *extended period of time*"[352].

Entwicklungsländer können künftig auf verschiedenen Wegen zu einer weiteren Öffnung der Märkte gelangen:
- durch eine breite Implementierung der von ihnen übernommenen allgemeinen Verpflichtungen (GATS Teil II);
- durch das Aushandeln neuer "commitments" im Bereich der Basistelekommunikation;
- dadurch, daß andere Mitgliedstaaten ihnen gegenüber das Streitbeilegungsverfahren in Gang setzen,
- und schließlich durch neue Verhandlungsrunden.

Da das GATS unter dem organisatorischen Dach der WTO einen Rahmen für künftige, regelmäßig stattfindende Verhandlungen über den Abbau von Handelshemmnissen bie-

---

348 Die möglichen Auswirkungen des Paketlösungsansatzes sind im 3. Kap. 2 e) dargestellt.
349 Siehe näher das 3. Kap. 1 c).
350 Die diesbezüglichen Forderungen der Dritten Welt behandelt das 4. Kap. 3 e).
351 *R. Ellger/T.-S. Kluth*, (Anm. 107), S. 215, Fn. 133.
352 *Report of the Fifth Regulatory Colloquium*, (Anm. 115), S. 79, (Hervorhebung durch die Verfasserin).

tet, leitet es in längerfristiger Perspektive einen multilateralen Liberalisierungsprozeß des Dienstleistungshandels ein. Die WTO dürfte dabei zum Zentrum für die Behandlung aller wesentlichen, den Handel mit Telekomdiensten betreffenden Fragen avancieren[353]. Von besonderem Interesse für die künftige Liberalisierung des Handels mit Telekomdiensten dürften insbesondere die in der WTO geplanten Arbeiten zum Thema Handel und Wettbewerb sein, die zur Entwicklung einer internationalen Wettbewerbsordnung führen sollen. Darauf, daß die Sicherung fairer Wettbewerbsbedingungen ganz besonders im Interesse der Entwicklungsländer liegt, wurde bereits hingewiesen[354]; insofern wird die künftige Arbeit der WTO für die Dritte Welt auch unter diesem Gesichtspunkt wichtig sein.

Kritisch beurteilt werden muß mit Blick auf die Implementierung die Kompliziertheit des Regelwerkes, und zwar in erster Linie wegen der möglichen Ausnahmen und Sonderbestimmungen. Dieser Umstand dürfte, wie bereits dargelegt, vor allem den Entwicklungsländern Probleme bereiten[355]; jedenfalls bedarf es wohl auch in Zukunft eines enormen Kraftaktes der Entwicklungsländer, um hinsichtlich der laufenden Entwicklungen in der WTO "à jour" zu bleiben und die für ihr Land jeweils geeignetsten Optionen auszuhandeln.

Für eine abschließende Beurteilung, welche konkreten Vorteile aus dem neuen Regelwerk für die Entwicklungsländer fließen[356], ist es noch zu früh – Experten schätzen, daß der Verhandlungsprozeß im Bereich der Dienstleistungen noch mindestens 50 Jahre weitergehen wird, das derzeitige GATS also nicht mehr als ein "umbrella concept" für den Handel mit Dienstleistungen ist[357]. Fest steht bisher nur, daß die Marktzugangsverpflichtungen für Telekomdienste bislang eher bescheidene Resultate erbracht haben. In der Konsequenz dürften die unmittelbaren Handelseffekte daher zunächst gering ausfallen. Aufgrund der Ergebnisse verschiedener Studien ist zudem zu erwarten, daß, je höher das Einkommensniveau der Länder ist, desto größer auch der wahrscheinliche Nutzen aus der Uruguay-Runde für sie ist. Umgekehrt gilt:

"Je geringer in der Ausgangssituation ihr eigenes Produktionsniveau ist, desto geringer sind (...) die positiven Wirkungen, da sie nur noch von der Exportseite her, aber nicht mehr von den positiven Allokationswirkungen der eigenen Liberalisierung profitieren können"[358].

Im Ergebnis muß das Allgemeine Dienstleistungsabkommen (GATS) als kleinster gemeinsamer Nenner des zur Zeit im Nord-Süd-Verhältnis Möglichen gelten; als eine

---

353 Zu dem Problem, daß es auf diese Weise zu einem Bedeutungsverlust der ITU kommen kann, siehe bereits oben Abschnitt 4 b).
354 Vgl. nur das 4. Kap. 3 d).
355 Zu Klagen der Entwicklungsländer über die Kompliziertheit des Regelwerkes siehe das 6. Kap. 1 b); die Komplexität der neuen Welthandelsordnung könnte im Extremfall dazu führen, daß diese letztlich selbst zu einem "nicht-tarifären Handelshemmnis" wird, meinte *R. Senti*: Die neue Welthandelsordnung, in: ORDO 45 (1994), S. 313.
356 Der Versuch, die Bedeutung des GATS-Regimes für den Telekommunikationsdienstehandel der Entwicklungsländer einzuschätzen, wurde oben im 6. Kap. 3 unternommen.
357 *J. H. Jackson*: From GATT to the World Trade Organization: Implications for the World Trading System, in: *T. Cottier (Hrsg.)*: GATT-Uruguay-Round (1995), S. 31.
358 *R. J. Langhammer*: Nach dem Ende der Uruguay-Runde: Das GATT am Ende?, Kieler Diskussionsbeiträge 228 (1994), S. 16 unter Verweis auf einige Studien, unter anderem die bereits erwähnte OECD-Studie von *T. Nguyen/C. Perroni/R. Wigle*: The Value of a Uruguay Round Success, in: World Economy 14 (1991), S. 359-374.

Regelung, die allenfalls in der Perspektive und längerfristig in die Richtung eines offenen Globalmarktes weist. Sein Kompromißcharakter, deutlich ablesbar an den ursprünglich hohen Erwartungen und den tatsächlich vereinbarten "Minimalregeln"[359], mag manchen Befürworter einer dezidierten Liberalisierungslinie enttäuschen, kann indes den an einer allmählichen und vor allem entwicklungsverträglichen Marktöffnung interessierten Entwicklungsländern durchaus zum Vorteil gereichen.

d) Gedanken zur internationalen Solidarität

Die Entwicklungsländer hatten die Chancen einer GATT-Verhandlungsrunde über Dienstleistungen im Lichte möglicher "trade offs" zur Lösung ihrer drängendsten Probleme gesehen[360]. Hierzu zählten beispielsweise eine durchgreifende, nachhaltige Entwicklung, die Beendigung der Schuldenkrise und die Entfernung der Handelsschranken für ihren Warenexport. Den Industriestaaten lag vor allem an einer Ankurbelung der Weltwirtschaft durch freien Handel.

Ein guter Teil der Enttäuschung von Drittweltvertretern[361] wurde vor dem Hintergrund geäußert, daß es trotz der Neugründung einer internationalen Welthandelsorganisation (WTO) nicht gelungen war, eine strukturell veränderte Welthandelsordnung zu entwerfen. Systemkritisch gesehen hat es den Anschein, als bliebe "Alles beim Alten"[362], denn nach wie vor dominiert das westliche, auf staatliche Autonomie gegründete liberal-marktwirtschaftlich orientierte Modell, allenfalls ergänzt durch einige neue kooperative Mechanismen der WTO, wie etwa das neue Streitbeilegungsverfahren. Auf Systemveränderung zielende Forderungen, wie sie in der Vor- und Frühphase der Uruguay Runde noch erhoben worden waren[363], traten in den Hintergrund. Wie *Rittberger* es ausdrückte:

"Die alte liberale Wirtschaftsordnung gestützt auf GATT (...) wurde erhalten, die von der 'Dritten Welt' geforderte 'Neue Weltwirtschaftsordnung' verschwand wieder von der Tagesordnung der internationalen Politik"[364].

Die Notwendigkeit, daß die ökonomisch einflußreichen Staaten einer Veränderung des Handelssystems prinzipiell zustimmen müssen, hatte entscheidende Neuerungen – "significant movement towards new institutions and new law"[365] – verhindert. Zusätzlich kam es durch die Einführung eines stärkeren Wettbewerbs zur Schwächung derjenigen

---

359 Ein Kompromiß (von. lat. compromittere = miteinander absprechen) setzt ein schrittweises Zurücknehmen von Ausgangsforderungen in einem bestimmten Konfliktfeld voraus, vgl. *A. Benz*: Mehrebenen-Verflechtung: Verhandlungsprozesse in verbundenen Entscheidungsarenen, in: *A. Benz/F. W. Scharpf/R. Zintl*: Horizontale Politikverflechtung. Zur Theorie von Verhandlungssystemen (1992), S. 154, Fn. 14.
360 Skeptisch hinsichtlich des Ergebnisses derartiger "trade-offs" zeigte sich *C. Raghavan*: Recolonization. GATT, the Uruguay Round & the Third World (1990), S. 78: "(...) there was no such trade off and, in terms of the negotiating mandate, the Third World lost on the old issues too."
361 Die Reaktionen der Entwicklungsländer sind beschrieben im 6. Kap. 1.
362 Zu dieser Arbeitshypothese vgl. das Einleitungskapitel 1. Kap. 3 b).
363 Siehe speziell das 4. Kap. 3 und 5.
364 *V. Rittberger*, (Anm. 51), S. 210.
365 *L. Henkin*: International Law: Politics and Values (1995), S. 107.

Organisation, die man bislang als "Garanten internationaler Solidarität"[366] angesehen hatte, nämlich der Internationalen Fernmeldeunion[367].

Eine Bezugnahme auf die Interdependenz zwischen dem Wohlstandsmodell des Nordens und der Verschlechterung von Lebensbedingungen im Süden, wie sie für die Nichtregierungsseite ein zentrales Thema ist[368], oder aber Hinweise auf notwendige Beiträge des Nordens zu einer größere Gerechtigkeit bietenden Weltordnung, sucht man vergebens. *Roessler* bringt es auf den Punkt:

> "The purpose of the GATT negotiations, and the legal framework embodying their results, is therefore certainly not to ensure a fair distribution of economic sacrifices"[369].

Die Appelle, solidarisch zu den großen Entwicklungsaufgaben der Dritten Welt beizutragen, die Forderungen nach Ausgleich für erlittene Nachteile und die Hoffnungen auf größere distributive Gerechtigkeit, wurden nicht umgesetzt. Die Vorstellung einer gemeinsamen Solidarität wich dem Konzept des freien Wettbewerbs, wie *Flory* kritisiert: "l'idée d'une solidarité communautaire a disparu sous l'effet de la libre concurrence qui doit s'imposer à tous"[370].

Soweit es völkerrechtliche Ansätze zur Kooperation gibt, stehen Vorstellungen zur grenzüberschreitenden Wohlfahrt hintan. *Nuscheler* nennt die Defizite beim Namen: "Wir haben zwar mit der WTO ein umfassendes Handelsregime, aber noch keine internationale Wettbewerbsordnung, kein internationales Insolvenzrecht zur Regelung der Schuldenkrise und keine internationale Währungsordnung, die z.B. die Turbulenzen der Dollar-Leitwährung auffangen könnte" (...)[371]. Damit bleiben wesentliche Entwicklungsprobleme ungelöst[372].

Der Grund hierfür ist darin zu sehen, daß diese Postulate keine Rechtsgrundlage besitzen, sie sind weder universell akzeptiert noch rechtlich bindend, kurzum: sie sind moralischer Natur. Wird ihnen entsprochen, dann allenfalls auf der Basis zwischenstaatlicher Solidarität[373], also auf der Basis von Mitverantwortlichkeit, die in gemeinsamen Interessen (Interessensolidarität) oder gemeinsamen politischen Überzeugungen (Gesinnungssolidarität) begründet sein kann. Eine Rechtsverpflichtung läßt sich nicht

---

366 In diese Richtung *UNCTAD, Recommendations and Guidelines for Trade Efficiency*: United Nations International Symposium on Trade Efficiency, UN-Doc. TD/SYMP.TE/2 (1994), S. 102.
367 Zum Bedeutungsverlust der ITU siehe oben Abschnitt b) dieses Kapitels.
368 Vgl. nur die Kritik der NGOs in Vorbereitung des Weltsozialgipfels in Kopenhagen: *Stellungnahme des deutschen NRO-Forums zum Weltsozialgipfel*, August 1994, S. 12, Kap. III.3, Ziff. 2.
369 F. *Roessler*: The Scope, Limits and Function of the GATT Legal System, in: The World Economy 8 (1985), S. 295.
370 M. *Flory*, (Anm. 147), S. 625.
371 F. *Nuscheler*, (Anm. 30), S. 40.
372 Auch die WTO mißt den Problemen der LDCs allerdings Priorität zu, vgl. den von der ersten WTO Ministerkonferenz angenommenen "*WTO Plan of Action for the LDCs*", der seinerseits die Organisation eines High Level Meeting vorsah; letzteres fand am 28. Oktober 1997 in Genf unter Zusammenwirken von WTO, UNCTAD, ITC, IMF, Weltbank und UNDP statt; dabei wurde ein "*Integrated Framework for Technical Assistance to the LDCs*" entwickelt, näher Web: http://www.wto.org, Focus Newsletter, November 1997.
373 Allgemein dazu: G. *Elfstrom*: Ethics for a Shrinking World (1990); R. *van den Berg*: "Humane Internationalism" in a North-South Perspective, in: Development and Change 23 (1992), S. 169-204; T. *Nardin*/D. R. *Mapel* (Hrsg.): Traditions of International Ethics (1992).

herleiten[374], wenngleich dies vereinzelt versucht wird. *Knieper* etwa möchte den Grundsatz der Solidarität "im juristisch-technischen" Sinne als genuinen Anspruch verstanden wissen, der die Staatengemeinschaft verpflichtet, schwache Staaten über die Schwelle "staatlicher Funktionsfähigkeit" zu heben[375]. Eine "Pflicht der Weltstaatengemeinschaft zum Ausgleich", im Sinne von politischer und administrativer Handlungsfähigkeit, soll auch die Errichtung von Infrastrukturen und die Schaffung von allgemeinen Produktionsbedingungen umfassen[376]. Gäbe es eine solche Pflicht, so könnte man im Rahmen einer wissensbasierten Entwicklungsstrategie[377] argumentieren, daß Telekommunikationsnetze im ausgehenden 20. Jahrhundert ein wesentliches Element im (Überlebens-) Kampf um Wettbewerbsvorteile und somit ein von der Staatengemeinschaft auf der Grundlage der Solidarität zu fördernder Teil der Grundausstattung von Entwicklungsländern sind.

Das Bild einer solidarischen Telekommunikationsgemeinde entwarf der Präsident Südafrikas, *Nelson Mandela*, auf der Telecom 95 in Genf. Seine Vision umfaßte[378]:
- The expansion of the global information infrastructure should be based on partnership and rule of fair competition and regulation, at both the national and international levels;
- The information revolution should be geared towards enhancing global citizenship and global economic prosperity;
- A diversity of paths towards the achievements of national information societies should be respected;
- The evolution of policy for the development of an equitable global information society should be coordinated internationally to ensure the sharing of information and resources.

Die Industriestaaten bestehen jedoch weiterhin darauf, daß die Hilfe zum Aufbau von Telekommunikationsstrukturen freiwillig erfolgt. Rechtsverpflichtungen werden abgelehnt, und zwar zum Teil mit dem Argument, daß es eine Überforderung sei, eine solche Solidarität jenseits der eigenen Regionen und Bezugsgruppen aufzubringen[379].

Es wird übersehen, daß Solidarität zu üben, auch im wohlverstandenen Eigeninteresse liegen kann: Eine telekommunikative Abkopplung einiger Teile der Welt, wie sie mittelfristig droht, wenn es nicht zu einem öffentlich geförderten Ausbau der telekommunikativen Infrastruktur und der verbesserten Fähigkeit zur Nutzung neuer Informationsströme kommt[380], wird sich aufgrund der Verflechtung der Telekommunikation mit anderen Wirtschaftszweigen und des Einflußpotentials der Telekommunikation auf die

---

374 Abwertend zur internationalen Solidarität *O. Kimminich*: Das Völkerrecht und die neue Weltwirtschaftordnung, in: AVR 20 (1982), S. 14 f.: etwas "juristisch Substanzloses"; vgl. auch *E.-J. Mestmäcker*: Staatliche Souveränität und offene Märkte, in: RabelsZ 52 (1988), S. 210: "politische Forderungen (..), für die völkerrechtliche Verbindlichkeit gefordert wird."
375 *R. Knieper*, (Anm. 276), S. 178; zum Ganzen *R. Schütz*: Solidarität im Wirtschaftsvölkerrecht: eine Bestandsaufnahme zentraler entwicklungsspezifischer Solidarrechte und Solidarpflichten im Völkerrecht (1994).
376 *R. Knieper*, (Anm. 276), S. 168.
377 Gedanken um eine wissensbasierte Entwicklungsstrategie finden sich im folgenden Abschnitt dieses Kapitels.
378 ITU News 1/96, S. 5.
379 Zu derartigen Einwänden näher *N. Ropers*, (Anm. 291), S. 99.
380 *J. Neyer*: Chancen und Gefahren der neuen Kommunikationstechnologien, in: epd-Entwicklungspolitik 14/96, S. 30.

Gesamtsituation dieser Länder höchst negativ auswirken – ein Umstand, der destabilisierend für den gesamten Wirtschaftsraum sein kann.

Festzuhalten ist: Globale Telekommunikation ist eine Chance, aber die Chancengleichheit der Nutzung muß zunächst *solidarisch* hergestellt werden, das heißt, auch ohne rechtlich "zwingendes" Fundament. Ein Ausgleich der Interessen zwischen Nord und Süd, eventuell sogar ein "struktureller Beitrag zum internationalen Sozialausgleich"[381] kann nicht durch die Schaffung neuer Regelwerke alleine bewerkstelligt werden. Insofern greifen die eingangs genannten Steuerungsebenen (Staat, Regime, Netzwerke etc.)[382] zu kurz.

Gedanken zur internationalen Solidarität können durchaus hilfreich sein, so weit sie die regelorientierte Perspektive des General Agreement on Trade in Services erweitern und darauf hinweisen, daß vor allem der politische Wille in den nächsten Jahren darüber entscheiden wird, ob die global werdende Telekommunikation einen Beitrag zur Armutsbekämpfung leisten wird. Das internationale Recht darf den Ausbau der sozialen Dimension nicht versäumen, will es den sozialen Frieden und den Respekt der Menschenrechte auch in Zeiten der Globalisierung gewährleisten.

e) Der Weg zu einer wissensbasierten Entwicklungsstrategie

Zur fortschreitenden Verwirklichung der Freiheit gehören auch Fortschritte im Wissen. Das Grundprinzip der Telekommunikation heißt "*tele*" (griech. weit, fern)[383], also Entfernung, Verkürzung bzw. Beschleunigung. Die Zielorientierung in die "Ferne" ist das immanente Wesen der Telekommunikation, und die historische Entwicklung zeigt, daß die telekommunikativen Herausforderungen, denen wir uns heute gegenübersehen, das Ergebnis einer inzwischen über hundertjährigen Serie von Medienentwicklungen ist[384]. *Löwith* sieht den technischen Fortschritt, der der Befreiung von Naturzwängen dienen soll, unaufhaltsam fortschreiten: "wir können ihn nicht mehr aufhalten und umkehren"[385].

Was wäre die Folge, wenn der telekommunikative Fortschritt, anstatt Freiheit zu ermöglichen, bestehende Zwänge perpetuiert und neue schafft? Die Situation, in der sich die Entwicklungsländer heute befinden, weckt Zweifel, ob die Entwicklungschancen der Telekommunikation so umgesetzt werden können, daß sie davon realen Nutzen ziehen werden. Der ITU-Generaldirektor, *Pekka Tarjanne*, hob auf der Telecom 95, Genf 1995, hervor, daß die Situation sich in Lateinamerika und Asien verbessert habe, jedoch in den ärmsten Staaten schlechter geworden sei: "in the least developed countries, the situation has gotten worse"[386]. Die Situation habe sich seit 1991 sogar kontinuierlich verschlechtert (sog. "widening gap"):

---

381 *M. List*, (Anm. 287), S. 46.
382 Näher das 1. Kap. 2.
383 Wie bei *Tele*fon, *Tele*graph, *Tele*vision etc.
384 Vgl. nur die Entwicklung in Deutschland: 1836 Telegraf; 1876 Telefon; 1923 Radio; 1926 Telex; 1930 Faksimileübertragung; 1931 erste Fernsehübertragung; 1967 Farbfernsehen; 1977 Markteinführung des Videorecorders etc.
385 *K. Löwith*: Das Verhängnis des Fortschritts, in: *H. Kuhn/F. Wiedmann (Hrsg.):* Die Philosophie und die Frage nach dem Fortschritt (1964), S. 28.
386 *P. Tarjanne*, Telecom 95 Daily, 3. Okt. 1995; (vgl. auch ITU World Telecommunication Report 1995); das größte Problem bestehe darin, so Tarjanne daß die ärmsten Länder wirklich gelitten hätten.

"So, there is a much bigger gap today and in the near future between the 'information rich' and 'information poor', the information 'haves' and the information 'have-nots' than we had in 1991"[387].

Eine wissensbasierte Entwicklungsstrategie zu entwerfen[388], die es erlaubt, zum Nutzen der wirtschaftlich am wenigsten entwickelten Staaten auf dem Pfad der ("Tele-) Entwicklung" voranzuschreiten, also das seit Jahrzehnten bestehende Entwicklungsdilemma[389] mittels telekommunikativer Potentiale zu lösen oder zumindest damit zu beginnen[390], ist folglich eine große Aufgabe in den nächsten Jahren.

Ein wesentliches Element einer wissensbasierten Entwicklungsstrategie ist zweifelsohne der Zugang der Entwicklungsländer zu globalen Telekomnetzen; hier hat das GATS die Entwicklungsländer ein Stück vorangebracht. In der Folge der Abschlüsse von Marrakesch 1994 ist bereits eine Zunahme des weltweiten Telekommunikationsvolumens zu verzeichnen, und die Entwicklungsländer erhielten einen erleichterten Zugang zu Informationsquellen.

Dennoch sind einige grundlegende Probleme weiterhin ungelöst. Eine wesentliche Vorbedingung für die Stärkung des endogenen Wissenpotentials in Entwicklungsländern ist der Aufbau moderner Forschungsinstitutionen in Schlüsselregionen der Dritten Welt und, damit in Zusammenhang stehend, verbesserte Arbeitsbedingungen für Wissenschaftler[391] in ihren eigenen Ländern. Im Prinzip gibt es "keine wichtigere Priorität für die Entwicklung der 3. Welt im nächsten Vierteljahrhundert als die Schaffung von Bedingungen für die Erhöhung des Qualifikationsniveaus ihres menschlichen Produktionsfaktors"[392]. Denn:

---

387 P. Tarjanne, Telecom 95 Daily, 3 October 1995.
388 Im Rahmen einer stärker wissensbasierten Entwicklungsstrategie müßte man schließlich auch (nach Möglichkeit in interdisziplinärer Zusammenarbeit mit den Kommunikationswissenschaften) überdenken, ob es wirklich sinnvoll ist, Telekommunikationsdienste wie andere Dienstleistungen zu behandeln, oder ob es nicht vielmehr Besonderheiten gibt, die eine singuläre Behandlung erfordern; es gibt auch Argumente dafür, daß Information und Kommunikation Erfahrungsgüter sind, Güter mit besonderen Produktions- und Konsumptionsbedingungen, die eine davon abweichende Behandlung erfordern.
389 Näher zum Entwicklungsdilemma: R. Tetzlaff, (Anm. 260), S. 61.
390 Lernen und Wissen wird von Haas als Triebkraft für (kognitiven) Fortschritt verstanden, der nur über "systematic research and scholarship" zu erreichen ist: E. B. Haas: Reason and Change in International Life: Justifying a Hypothesis, in: Journal of International Affairs 44 (1990), S. 220; vgl. auch E. Adler: Cognitive Evolution: A Dynamic Approach for the Study of International Relations and their Progress, in: E. Adler/B. Crawford (Hrsg.): Progress in Postwar International Relations (1991), S. 46, der die Bedeutung von "learning" "on the collective understanding of political choices, which depend on how we think about nature and culture" hervorhebt; vgl. auch H. F. Spinner: Die Wissensordnung. Ein Leitkonzept für die dritte Grundordnung des Informationszeitalters (1994).
391 Neyer schätzt, daß pro Jahr etwa 10.000 Forscher allein aus den nordafrikanischen Staaten Ägypten, Marokko und Tunesien nach Westeuropa und in die USA abwandern, weil sie keine wissenschaftliche Perspektive in ihrer Heimat sehen: J. Neyer: Chancen und Gefahren der neuen Kommunikationstechnologien, in: epd-Entwicklungspolitik 14/96, S. 28; zu den Chancen, die das Internet den Wissenschaftlern aus unterentwickelten Staaten bietet, da es ihnen erlaubt, "aus dem ganzen Informationsreichtum der besten Universitäten und Forschungseinrichtungen zu schöpfen" Neyer, ebd. S. 29.
392 M. Castells: Hochtechnologie, Weltmarktentwicklung und strukturelle Transformation, in: Prokla 71 (1988), S. 138 f.

"Notwendige Bedingungen für die Realisierung von binnenwirtschaftlichen Entwicklungspotentialen ist (...) in allen Fällen ein begleitender Prozeß des Transfers von Wissen und Kapital von den transnationalen Unternehmen in das jeweilige Gastland sowie eine unterstützende Funktion des Staates, die notwendigen Anreize hierfür zu schaffen"[393].

Der Erwerb von Wissen, Fähigkeiten und Erfahrungen ist eine wesentliche Voraussetzung für eine erfolgreiche Entwicklung des Telekommunikationssektors in Entwicklungsländern[394] und deshalb auch unter Wettbewerbsaspekten bedeutsam. Der schlechte Zustand afrikanischer Netzwerke wurde beispielsweise unmittelbar auf den Mangel an spezialisierten und qualifizierten Arbeitskräften zurückgeführt[395]. Ausgebildete und motivierte Fachkräfte sind, darauf wurde in UNCTAD-Kreisen wiederholt hingewiesen, auch deswegen nötig, damit die Entwicklungsländer die notwendige Präsenz auf ausländischen Märkten behaupten können[396].

Ein Teil des Wissens der Menschheit ist in Maschinen und Datenbanken verkörpert, aber "der größte Teil des technologischen Know-How befindet sich in den Köpfen der Menschen, in Haltungen und Organisationsstrukturen"; dieses Wissen kann nicht "von der politischen Dimension, von Marktstrukturen (...) und sozialen Rahmenbedingungen, vor allem nicht von der Qualität des Erziehungssystems und den arbeitenden Menschen" abstrahiert werden, schreibt *Grewlich*[397]. Dabei gilt es, auch psychologische und kulturelle Barrieren der Nutzung von modernen Kommunikationssystemen, wie sie in weiten Kreisen der Bevölkerung verbreitet sind, zu überwinden.

Die Frage des Wissens- und Know How-Transfers in die Entwicklungsländer ist bis zum heutigen Tage ebenfalls nicht zufriedenstellend gelöst[398]. Eventuell bieten sich den Entwicklungsländern hier neue Chancen durch das Überspringen von technologischen

---

393 *J. Neyer*: Entwicklung auf der Infobahn?, in: E+Z 36 (1995), S. 109.
394 Zur Bedeutung näher *UNCTAD, Trade and Development Board*, Committee on Transfer of Technology, Eighth Session, Geneva, 22 April 1991, Transfer and Development of Technology in a Challenging World Environment: The Challenges of the 1990s, Report by the UNCTAD Secretariat, Distr. general, UN Doc. TD/B/C.6/153, 25 January 1991, S. 22 f.; allgemein zum "gesellschaftlichen Kompetenzenniveau": *U. Menzel/ D. Senghaas*: Europas Entwicklung und die Dritte Welt. Eine Bestandsaufnahme (1986); vgl. auch die Theorie der Bielefelder Schule von den strategischen Gruppen: *H.-D. Ever/T. Schiel*: Strategische Gruppen. Vergleichende Studie zu Staat, Bürokratie und Klassenbildung in der Dritten Welt (1988); vgl. auch die drei Beiträge von *J. Hebenstreit/Peter Freeman* und *D. N. Reilly*, in: *R. G. Pipe/A. A. M. Veenhuis (Hrsg.)*: National Planning for Informatics in Developing Countries, Proceedings of the IBI International Symposium Baghdad, 2-6 November 1975 (1986); die geplante Schaffung einer Global Telecommunication University soll dem Mangel an Fachkräften im Telekommunikationsbereich abhelfen, *Programme No. 2 des Buenos Aires Action Plan* (1994) der ITU sprach die Möglichkeit der Errichtung einer solchen Organisation an; ihre Aufgabe würde darin bestehen, "to contribute to the development of human resources in the telecommunication sector in developing countries, in engineering and management topics"; vgl. in diesem Zusammenhang die Einzelheiten des Round Table-Gesprächs vom 29.-31. Mai 1995 in Genf (Infodevelopment, ITU/Newsletter 4/95, S. 24).
395 Dazu näher das 2. Kap. 2 c).
396 *M. Gibbs/M. Hayashi*, (Anm. 219), S. 12.
397 *K. W. Grewlich*: Der technologische Wettlauf um Märkte, in: Aussenpolitik 42 (1991), S. 383.
398 Wie das frühere Jugoslawien in der GATT *Working Group on Telecommunication Services* bereits während der Kodifikationsarbeiten äußerte, ist es keineswegs eine Selbstverständlichkeit, "that training, transfer of technology or development of the telecommunication sector would naturally flow from a liberalized environment": *Working Group on Telecommunication Services*, Group of Negotiations in Services, Note of the Meeting of 10-12 September 1990, Restricted, MTN.GNS/TEL/3, 12 October 1990, Special Distribution, S. 22, Ziff. 140.

Generationenfolgen, sog. "leapfrogging". Diesem Konzept zufolge sollte die Dritte Welt nicht versuchen, im Wege der Nachahmung der entwickelten Staaten zu einer größeren technologischen Reife zu gelangen[399], sondern stattdessen einige Entwicklungsstufen "überspringen" und sogleich in das 21. Jahrhundert eintauchen – zum Beispiel indem sie, statt auf aufwendige landgebundene Telefonnetze (Kabel oder Richtfunk) zu setzen, unmittelbar drahtlose Kommunikationstechnologien verwenden. Feste Funkverbindungen bei Ortsgesprächen ("fixed wireless networks for local phone service"), wie sie bereits in Brasilien, Chile, China, Ghana, Kolumbien, Malawi, Mexiko, Sri Lanka und Zambia im Einsatz bzw. geplant sind, werden zu denjenigen technologischen Lösungen gezählt, die am vorteilhaftesten für die Entwicklungsländer sind[400].

Neue Telekommunikationstechnologien, vorrangig drahtlose, können die Entwicklungsanstrengungen der Dritten Welt enorm unterstützen. Der Generaldirektor der ITU hob mit Blick auf die Entwicklungsländer hervor, es gebe Anlaß zu Optimismus:

> "Investments are less expensive today than five years ago, so it is easier for developing countries to get ahead. Also, the truth is that it's much easier to leapfrog over a few generations of technology than it was earlier. Countries starting from the scratch can invest in state-of-the art technology today - wireless in particular"[401].

Insbesondere technologisch rückständige Staaten wie die Afrikas, könnten diesen Weg einschlagen und davon profitieren. Der technologische Wandel soll neue Möglichkeiten auch "für Spätkommende" eröffnen[402].

Negativ zu Buche schlägt im Rahmen des Entwurfs einer wissensbasierten Entwicklungsstrategie derzeit noch – und dies ist angesichts der Notwendigkeit privatwirtschaftlichen Engagements bei der Implementierung von "leapfrogging"-Technologien gravierend –, daß in zahlreichen Ländern kaufkräftige Nutzer von Telekommunikationsangeboten fehlen. Die Nachfrage gehört neben dem Angebot und dem Preis einer Dienstleistung zu den konstitutiven Merkmalen des Marktes; fehlt sie, wird dies negativen Einfluß auf Konjunktur und Wirtschaftswachstum eines Landes haben. Gerade in den ärmeren Entwicklungsgesellschaften hat jedoch vielfach nur die Oberschicht, *Nuscheler* spricht von "kleinen Eliten"[403], Zugang zu modernen Informationstechnologien. Die große Bevölkerungsmehrheit verfügt nicht über eine adäquate Bildung, das Wissen und die erforderlichen Ressourcen, um an der Telekommunikation teilhaben zu können. Zur effektiven Nutzung der telekommunikativen Potentiale gehören nicht nur ein Anschluß, sondern auch adäquate Hard- und Software sowie Kenntnisse über die Telekommunikationsnutzung.

Sowohl in Industriestaaten als auch in den Entwicklungsländern ist die jeweilige Oberschicht am besten informiert. Nur selten sind Informationssysteme zudem auf die Bedürfnisse der unteren Schichten zugeschnitten.

---

399 Zu den Problemen der nachholenden Entwicklung siehe bereits das 6. Kap. 3 i).
400 Communications Week International, 26 June 1995, S. 31 ff.
401 *P. Tarjanne*, Interview, abgedruckt in: Telecom 95 Daily, 3 October 1995.
402 *K. W. Grewlich*, (Anm. 397), S. 384; vgl. auch *D. Riddle*: Services-Led Growth: The Role of the Service Sector in World Development (1986), S. 122, die davon ausgeht, daß ein "leap-frogging effect" für die Entwicklungsländer eintrete "with developing economies able to move directly from paper-based to micro computer based management and service delivery system"; vgl. auch *U. V. Reddi*: Leapfrogging the Industrial Revolution, in: *M. Traber (Hrsg.)*: The Myth of the Information Revolution: Social and Ethical Implications of Communications (1986), S. 84 ff.
403 *F. Nuscheler*, (Anm. 69), S. 22.

"Most information systems (...) are decision support or information retrieval systems created to serve the needs of professionals or other specialized workers. We find very few examples of information systems which have been designed specifically with the information underclass in mind. When we do, however, we generally find that their use results in a narrowing of the knowledge and information gaps"[404].

Die im Rahmen einer wissensbasierten Entwicklungsstrategie zu lösende Herausforderung ist somit im Kern auch ein Klassen- und Elitenproblem[405].

f) Ausblick

Den Veränderungen im Telekommunikationswesen wird vielfach, dies wurde im Verlauf der vorliegenden Untersuchung deutlich, ein revolutionäres Veränderungspotential beigemessen. Ein von UNESCO, ITU und UNIDO im Jahre 1990 verfaßter Bericht verglich die Entwicklung auf dem Telekommunikationssektor mit der landwirtschaftlichen und industriellen Revolution; der Einschnitt sei ebenso bedeutend wie die Erfindung der Schrift:

"Though silent upheaval, nonetheless, it has the potential of being as radical as the invention of writing by the extension it provides for our memory, the transformation it is making in our information systems, the enhancement it is according our intellectual capacity, and by the modifications that it heralds in our modes of organisation and communication"[406].

Das zweifellos vorhandene telekommunikative Veränderungspotential konstruktiv für die Entwicklung der wirtschaftlich rückständigen Regionen dieser Welt und zum Nutzen der dort lebenden Menschen einzusetzen, ist eine der großen Herausforderungen des nächsten Jahrtausends[407]. Dies als Notwendigkeit zu erkennen, war ein wesentliches Anliegen der Verfasserin der vorgelegten Studie. Ob sie dieses Ziel (wenigstens zum Teil) erreicht hat, mag dem Urteil des geneigten Lesers überlassen bleiben.

---

404   O. H. Gandy: Inequality: You Don't Even Notice it After a While, in: *J. Miller (Hrsg.)*: Telecommunications and Equity, Policy Research Issues (1986), S. 12.
405   Wenn der Abstand zwischen den "Informationsklassen" sowohl auf internationaler Ebene (zwischen Nord und Süd) als auch innerhalb der Gesellschaften (binnenstrukturell) weiter wachsen sollte, wird es tatsächlich zu dem kommen, was Ferdowsi (in anderem Zusammenhang) für die 90er Jahre prognostizierte: dem "Ende der Illusionen", vgl. *M. A. Ferdowsi (Hrsg.)*: Die Welt der 90er Jahre - das "Ende der Illusionen?
406   *Economic and Social Council*, Distr. General, UN Doc. E/19980/86, 22 May 1990, International Co-operation in the Field of Informatics, Note by the Secretary-General, Annex "International Co-operation in the Field of Informatics", Report prepared by the United Nations Educational, Scientific and Cultural Organization in Consultation with the International Telecommunication Union and the United Nations Industrial Development Organization, S. 2, Ziff. 2.
407   Nicht ausgeschlossen scheint, daß es andernfalls – in Fortführung des von *Samuel Huntington* in "The Clash of Civilizations" 1993 beschriebenen Gedankens des Aufeinanderprallens unterschiedlicher Kulturen – zum konfliktträchtigen Aufeinandertreffen unterschiedlicher Informations- und Kommunikationsstrukturen kommt; zu den neuen gesellschaftlichen Klassenkämpfen im Kommunikationsbereich vgl. auch *P. Noack*: Medien und Gesellschaft, in: Internationale Politik 11/1996, S. 13; *J. Becker*: Dreizehn Thesen zur Informatisierung der Weltgesellschaft, "Kulturalisierung" als schwerwiegendste Konsequenz, in: Das Parlament Nr. 33-34, 9./16. August 1996, S. 4 geht davon aus, daß es durch die zunehmende Informatisierung zu kulturellen Abwehrmechanismen kommen kann, die ethnischen und nationalistischen Ausbrüchen Vorschub leisten können.

5. Thesenartige Zusammenfassung und rechtspolitische Schlußfolgerungen

Im folgenden sollen einige der wichtigsten, im Laufe der Untersuchung gewonnenen Eindrücke, und darauf aufbauend, rechtspolitische Schlußfolgerungen stichwortartig wiedergegeben werden.

Bereits im Einleitungskapitel zeichnet sich der Widerspruch ab, der die gesamte Untersuchung wie ein roter Faden durchzieht:

Die Telekommunikation ist eine der wachstumsstärksten Branchen überhaupt. Die Telekommunikation als Transportmittel für Daten und Informationen wird Prognosen zufolge das "Auto" des 21. Jahrhunderts sein. Ihre Benutzung scheint jedoch wohlhabenden Ländern (2. Kap. 2 g), und in ärmeren Ländern zumindest wohlhabenden Schichten (6. Kap. 4 e), vorbehalten zu bleiben. Es gibt Anzeichen dafür, daß die am wenigsten entwickelten Staaten Schwarzafrikas am Verkehr auf den Daten-Autobahnen nicht, oder nur bei deutlich erhöhten privatwirtschaftlichen Investitionen (2. Kap. 2 f) in Telekommunikationsnetze und -dienste, teilnehmen werden. Insofern ist die Globalisierung der Telekommunikation im Kern ein Problem distributiver Gerechtigkeit (6. Kap. 4 d).

Die Analyse der telekommunikativen Ausgangssituation der Entwicklungsländer, also des derzeitigen Ist-Zustandes des Telekommunikationswesens in der "Dritten Welt" (zu diesem Begriff näher 2. Kap. 2 a) ergab, daß die Rückständigkeit der Telekommunikationsnetze und -dienste quantitativ und qualitativ enorm ist. Die fehlende oder nur unzureichend vorhandene Telekommunikationsinfrastruktur, insbesondere in den LLDCs, droht die mit GATS und der Anlage zur Telekommunikation angestrebte Teilnahme der Entwicklungsländer am Weltdienstehandel ins Leere laufen zu lassen. Wo keine Marktstruktur existiert, dort kann keine Liberalisierung stattfinden, so kann die derzeitige Situation charakterisiert werden (2. Kap. 2 b). Diesem Aspekt schien man in den laufenden GATS-Verhandlungen allerdings wenig Rechnung getragen zu haben. Dies dürfte sich in der Implementierungsphase, wenn die Marktzugangsverpflichtungen umgesetzt werden, voraussichtlich ändern.

Über die bloße Charakterisierung der telekommunikativen Mangelsituation hinaus, fragte die vorliegende Untersuchung nach den möglichen Gründen für die schleppende Telekommunikationsentwicklung des Südens (2. Kap. 2 c). Einige der Ursachen für die zögerliche Telekommunikationsentwicklung sind von den LLDCs selbst zu verantworten; hierzu zählen interne Faktoren, wie zum Beispiel eine Regierungspolitik, die der Telekommunikation über Jahre hinweg niedrige Priorität einräumte, fehlerhafte Planungsverfahren und schlechtes Management. Für andere sog. externe Faktoren (wie zum Beispiel die schleppende Lösung der Verschuldungskrise) tragen die Entwicklungsländer keine unmittelbare Verantwortung.

Gravierend scheint sich im letztgenannten Zusammenhang die Rückführung der externen Mittelzuflüsse für die Telekommunikationsentwicklung des Südens auszuwirken. Die Rolle der Weltbank, die sich heute in erster Linie als "Katalysator" für die Mobilisierung anderer Hilfsquellen sowie als Berater für regulatorische Reformen in der Dritten Welt sieht, wurde in dieser Hinsicht kritisch gewürdigt (2. Kap. 2 c). Seitens der multilateralen Geberinstitutionen wird verstärkt auf die Notwendigkeit einer internen Restrukturierung in den Entwicklungsländern Wert gelegt. Um den Investitionsanforderungen zu genügen, müssen die Entwicklungsländer zum Teil erhebliche Verbesserungen auf dem Gebiet der Telekommunikationspolitik und -regulierung vornehmen, ohne daß die möglicherweise daraus folgenden politischen Risiken von der Geberseite hinreichend reflektiert werden.

Es zeigte sich zudem, daß eine rein technisch orientierte Erfassung der Probleme in den LDCs zu kurz greift. Die besondere Situation dieser Länder, insbesondere das auf dem Telekommunikationssektor anzutreffende starke Nord-Süd-Gefälle, erklärt sich auch aus Problemen im Bereich menschlicher Ressourcen, nämlich dem Fehlen qualifizierter Arbeitskräfte (2. Kap. 2 c).

Bemerkenswert scheint im Hinblick auf die Telekommunikationsentwicklung in der Dritten Welt der Befund, daß – eingedenk aller Probleme, die eine solche Zusammenarbeit in der Vergangenheit mit sich brachte und auch heute noch mit sich bringt – einige positive Ansätze zur "Süd-Süd-Kooperation" erkennbar sind. (2. Kap. 2 f). Es ist durchaus möglich, daß hier ein Potential schlummert, das künftig stärker ausgeschöpft werden kann.

Auch gibt es einige Reformansätze, die losgelöst von Ausgaben der öffentlichen Hand, die Telekommunikationsentwicklung durch privatwirtschaftliche Investitionsvorhaben (z.B. Africa One; WorldTel, vgl. 2. Kap. 2 f) voranbringen sollen – wenngleich unter dem Aspekt der "nachholenden" Entwicklung (näher 6. Kap. 3 h) und i) und des Fehlens einer breiten Schicht kaufkräftiger Konsumenten in den LLDCs (6. Kap. 4 e) im Prinzip näher hinterfragt werden sollte, inwieweit ein solches Vorgehen längerfristig erfolgversprechend ist.

Das Thema "Liberalisierung von Telekommunikationsdiensten" erforderte einige grundsätzliche Betrachtungen zum Handel mit Dienstleistungen (2. Kap. 1). Die Telekommunikation hat einen wesentlichen Beitrag dazu geleistet, Dienstleistungen handelbar zu machen (2. Kap. 2 e). Viele Dienstleistungen galten früher als nicht oder kaum gehandelte Güter, da sie weder lager- noch transportfähig waren und deshalb an Ort und Stelle produziert und genutzt werden mußten. Die wenigen international ausgetauschten Dienste standen zumeist in Zusammenhang mit Warenexporten. Die Studie zeigt, daß sich diese Situation erheblich verändert hat: Zum einen werden schon früher ausgetauschte, traditionelle Dienste heute verstärkt weltweit angeboten, zum anderen entwickelt sich ein rasch expandierender Markt für neu gehandelte Dienste, z.B. online-Dienste (1. Kap. 1 a); 2. Kap. 1 a).

Es entsprach einer verbreiteten Ansicht, die Unterschiede zwischen Waren und Diensten als so gravierend einzuschätzen, daß der Handel mit ihnen jeweils anderen Handelsregeln folgen müsse (zur Anwendung von GATT-Handelsprinzipien auf den Dienstleistungssektor siehe 5. Kap. 1 a). Die Herstellung und der Konsum von Waren und Dienstleistungen gehen jedoch zunehmend ineinander über, und eine klare Trennlinie ist kaum zu ziehen. Mit der Errichtung des Allgemeinen Dienstleistungsabkommens (GATS) als eines selbstständigen, neben GATT existierenden Abkommens, verfuhr die Uruguay Runde *dennoch* nach dem Prinzip der Trennung von Waren und Diensten. Dieser Umstand kann, so die Einschätzung der Verfasserin, möglicherweise zu neuen Wettbewerbshindernissen führen.

Künftige Liberalisierungsbemühungen sollten, so die rechtspolitische Schlußfolgerung, den Bereich der Waren und Dienstleistungen gemeinsam erfassen; es gilt in dieser Hinsicht einen einheitlichen "unified, broad based approach" zu entwickeln, und dies umso mehr, als die nicht-tarifären Handelshindernisse der beiden Bereiche (Waren und Dienste) sich ähneln[408].

Betrachtet man die internationale Rechtsentwicklung, so läßt sich feststellen, daß – nachdem über Jahre hinweg die rechtliche Situation nur mühsam mit den raschen technologischen Entwicklungen Schritt halten konnte und in bezug auf die neuen Telekommunikationsdienste sogar ein "rechtliches Vakuum" zu entstehen drohte (1. Kap. 1 c) – mit dem Abschluß des neuen völkerrechtlichen Vertrags im Jahre 1994, des General Agreement on Trade in Services und der Anlage zur Telekommunikation, "Terrain gutgemacht" wurde. Man hatte erkannt, daß sich ein ungehinderter Handel mit internationalen Telekomdiensten aufgrund der besonderen Natur der Hindernisse, die sich in diesem Handelssegment ergeben (nicht-tarifäre Handelshemmnisse), schwieriger gestaltet als im Warenverkehr. Da es im Rahmen des Dienstleistungshandels zahlreiche regulatorische Hindernisse zu beseitigen gilt bzw. galt, gewann die rechtliche Handlungsebene, auch unter Steuerungsaspekten (1. Kap. 2 e), an Bedeutung.

Der Einschluß von Telekomdiensten in die Uruguay Runde spiegelt auch die Realität einer Weltwirtschaft wider, in der Telekommunikation sich inzwischen zum unentbehrlichen "Rückgrat" entwickelt hatte. Der Druck der Unternehmen auf die Regierungen wuchs, weltweit kostengünstige und funktionierende Telekommunikation (zu den Akteurs- und Interessenebenen 1. Kap. 1 b) zur Verfügung zu haben.

Die Entstehung und der Inhalt des völkerrechtlichen Dienstleistungsabkommens mit samt der Anlage zur Telekommunikation zeugen dabei von einem hohen Grad an Pragmatismus; anstelle "starrer" Rechtsprinzipien wurde ein flexibles, auf Interessenausgleich angelegtes Rechtsinstrument geschaffen. Während das Völkerrecht einst überwiegend von der Vorstellung der Abgrenzung staatlicher Souveränitätsbereiche geleitet war, wird es durch den Abschluß des verbindlichen Dienstleistungsabkommens in GATT/WTO, aber auch durch das völkerrechtlich verbindliche Instrument der auf der WATTC-88 angenommenen International Telecommunication Regulations in der ITU (näher 2. Kap. 1 d) im Sinne einer wachsenden Verflechtung einer steigenden Anzahl von Sachgebieten fortentwickelt. Bei insgesamt unterschiedlicher Regelungstiefe zeigen die Regelungsaktivitäten dieser Organisationen das Bemühen, der politischen und ökonomischen Lebenswirklichkeit Rechnung zu tragen und das Völkerrecht der Kooperation in einigen zukunftsrelevanten Bereichen zu vervollständigen.

Setzt man die in GATT/WTO geführten Debatten um eine Liberalisierung der Telekomdienste in Bezug zu den die Informationssysteme betreffenden Diskussionen um eine "Neue Weltinformations- und Kommunikationsordnung" (etwa in der UNESCO der 70er Jahre), so fällt auf, daß die aktuellen Debatten sachbezogener, sachnäher und weniger "ideologisch" geführt wurden, als dies früher der Fall war. Die Entwicklungsländer haben zwar, insbesondere während der Vorverhandlungen der Uruguay Runde zu Beginn der 80er Jahre, "altbekannte" Vorbehalte – etwa Souveränitätsbedenken, Furcht vor einer Dominanz der "Multis", infant industries-Schutzargumente – geäußert (3. Kap. 1 c), doch traten diese Vorbehalte nach Beginn der offiziellen Verhandlungsrunde, im wesentlichen zeitgleich mit dem Wandel in Osteuropa, in den Hintergrund und machten einer sachorientierten, pragmatischen Zusammenarbeit in GATT/WTO Platz. Ohne diesen Wandel in der Haltung der Dritten Welt wäre das General Agreement on Trade in Services wohl nicht zustandegekommen.

---

408 B. *Hoekman*: Conceptual and Political Economy Issues in Liberalizing International Transactions in Services, in: Aussenwirtschaft 48 (1993), S. 227.

Es zeigte sich, daß einige Verhandlungspositionen der Entwicklungsländer (näher 4. Kap.) einen strategischen Richtungswandel erfuhren. Hatten sie noch im Vorfeld der Uruguay Runde den Einschluß des Dienstleistungshandels in GATT kategorisch abgelehnt, so fand das Dienstleistungsabkommen schließlich mehrheitlich ihre Unterstützung (3. Kap. 1 e). Diese Akzeptanz war zu Beginn der Uruguay Runde noch nicht absehbar.

Bei der Suche nach den Gründen für diesen Meinungsumschwung im Lager der Entwicklungsländer (zunächst Widerstand gegen eine Behandlung der Dienstleistungsfrage im GATT (3. Kap. 1 b) bei gleichzeitiger Bevorzugung von UNCTAD (3. Kap. 1 a) bis hin zu konstruktiver Mitarbeit an den Kodifikationsarbeiten) ergab sich im Verlauf der Untersuchung, daß neben der beratenden Funktion von UNCTAD (3. Kap. 3 d) und der technischen Kooperation des GATT (3. Kap. 3 e), das Wirken eines Expertenzirkels bzw. einer epistemischen Gemeinschaft im "GATT-Umfeld" von Relevanz war (3. Kap. 1 d). Dabei dürfte insbesondere die Existenz des letzteren zur Zersplitterung der sich für eine gemeinsame Entwicklungsländerposition einsetzenden G-77 beigetragen haben (3. Kap. 1 e).

Weitere Gründe waren bilaterale Vertragsinitiativen, die von den großen Handelsnationen, allen voran die USA, ausgingen (2. Kap. 1 f). In diesen – reziproke Vorteile einfordernden – Vertragsschlüssen sahen einige Regierungen von Entwicklungsländern eine Gefährdung des multilateralen Systems und damit – in der Perspektive – eine Schwächung ihrer Position. Auch um dies zu vermeiden, haben sie schließlich in die Aufnahme von Verhandlungen über eine Liberalisierung der Dienstleistungen im GATT eingewilligt (3. Kap. 1 e).

Dem Sujet "globale" Telekommunikation folgend, zeichnete die Untersuchung in groben Umrissen die Tendenzen der Globalisierung nach (1. Kap. 1 e). Es ergab sich, daß die im Wege der Standardisierung zu erreichende Durchgängigkeit von Telekomdiensten (siehe auch 2. Kap. 3 c) eine wesentliche Voraussetzung für die Globalisierung der Lebensumwelt darstellt. Es wurde außerdem deutlich, daß "Globalisierung" als Schlagwort für eine Vielzahl unterschiedlicher Sachverhalte, überwiegend ökonomischer Natur, benutzt wird. Bereits früher hat es "Globalisierungsschübe" gegeben; dies wurde als ein Indiz dafür gewertet, daß die Globalisierungsdebatte zumindest in Teilbereichen überschätzt wird (1. Kap. 1 e).

Gleiches gilt für die mit der Globalisierung in Verbindung stehenden Spekulationen über einen Verlust zwischenstaatlicher Souveränität. Einer verbreiteten Annahme zufolge führt die telekommunikative "Entgrenzung des Raums" zu einer Aufhebung von territorialstaatlichen Grenzen, und damit zu dem Verlust eines wesentlichen Bestandteils im zwischenstaatlichen Souveränitätsgefüge (1. Kap. 2 a). Mitursächlich für die Erosion des Souveränitätskonzepts wird der zunehmende Einfluß privatwirtschaftlich geführter, grenzüberschreitend operierender Unternehmen gemacht, aber auch der "Steuerungsverlust", dem sich Staaten in einer modernen Lebensumwelt gegenübersehen, in der immer zahlreichere staatliche Funktionen (z.B. Standardisierung, Grenzkontrollen etc.) vom Staat weg verlagert werden. Der Annahme eines rechtlich relevanten Souveränitätsverlusts wurde u.a. mit dem Argument entgegengetreten, daß es, soweit die Tätigkeit multinationaler Konzerne betroffen ist, um die Neuauflage alter, im wesentlichen bereits gelöster Probleme geht (1. Kap. 1 a).

Auch was die Entwicklung hin zu einer Weltinformations- bzw. Weltgesellschaft betrifft, wie sie aufgrund der revolutionären Neuerungen der Telekommunikationstechnologien greifbar geworden zu sein scheint und im 'mainstream' derzeit diskutiert wird

(6. Kap. 4 a), bleibt die zwischenstaatliche Souveränität, so die Ansicht der Verfasserin, weiterhin eine "Hürde" auf dem zivilisatorischen Weg, die echte Fortschritte in Richtung auf Formen höherer Integration verhindert.

Im Rahmen der eingangs genannten Arbeitshypothesen (1. Kap. 1 b) wurde im Kontext "Souveränität" außerdem zu bedenken gegeben, daß diese als rechtliches Gestaltungsprinzip der internationalen Beziehungen ein Hindernis für eine weltumgreifend globale Telekommunikation darstellen könne, da – solange Staaten sich ein Recht auf Regelung vorbehalten und entsprechend keine unmittelbaren, multilateral vereinbarten Marktöffnungsverpflichtungen eingehen – national kartellisierte Telekommunikationsmärkte schwerlich zu einem globalen Markt zusammenwachsen können. Diese Annahme hat sich im Verlauf der Untersuchung, jedenfalls soweit es die im GATS normierten Regelungen betrifft, *partiell* bestätigt. Das von den Entwicklungsländern angestrebte souveräne "right to regulate" (4. Kap. 3 e) hat zwar nicht in dem von ihnen gewünschten Umfang Eingang in das Allgemeine Dienstleistungsabkommen gefunden (5. Kap. 1 d); 6. Kap. 2 h), jedoch gibt es, wie von den Entwicklungsländern verlangt (4. Kap. 2 b); 6. Kap. 2 e) keine unmittelbaren Marktöffnungsverpflichtungen, sondern lediglich – im Wege von eigens zu führenden Verhandlungen – individuell zugestandene, spezifische Marktöffnungsverpflichtungen ("commitments"), die in der jeweiligen Länderliste eines Landes aufgeführt werden (5. Kap. 1 d); 5. Kap. 3 und 5). Auf diese Weise liegt ein Liberalisierungsentscheid im Ermessen jedes einzelnen Staates und eine automatische, etwa mit Ratifikation des GATS einsetzende Liberalisierung erfolgte nicht. Damit aber ist über das Zusammenwachsen der bislang national fragmentierten Telekommunikationsmärkte (zur ursprünglichen Regelungssituation 2. Kap. 1 a) zu einem "Globalmarkt des 21. Jahrhunderts" noch keineswegs entschieden.

Diese Annahme wird durch ein weiteres Untersuchungsergebnis erhärtet: Die Ausnahmen zur Meistbegünstigung (dazu 4. Kap. 2 a); 5. Kap. 1 e); 5. Kap. 5 d) zeigen, daß der Liberalisierungserfolg des GATS auf "tönernen Füßen" steht, und zwar zum einen wegen der für Präferenzzonen zulässigen Abkehr von der Meistbegünstigung, zum anderen wegen der individuellen Ausnahmen zur Meistbegünstigung. Letztere wurden von den Staaten zum Teil so abgefaßt, daß sie auch künftige Maßnahmen abdecken. Auch das Verfahren für ihre Rückführung (vorgesehen ist eine Zehnjahresfrist) durch den Rat für den Handel mit Dienstleistungen ist nicht stringent ausgestaltet (5. Kap. 5). Damit aber findet ein für den Erfolg des GATT-Systems in der Vergangenheit maßgebliches Grundprinzip, die Meistbegünstigung, nur eingeschränkt Anwendung auf das System des Dienstleistungshandels. In der Konsequenz erhalten die vertragsschließenden Teilnehmer, die Entwicklungsländer eingeschlossen, künftig nicht die gleiche Stellung wie das in der Vergangenheit oder Zukunft meistbegünstigte Land. Darin kann man eine wesentliche "Sollbruchstelle" in dem auf dynamische Weitergabe multilateraler Handelsvorteile gerichteten GATT-System sehen.

Ein weiterer Untersuchungsschwerpunkt betraf die Verhandlungsmacht speziell der Entwicklungsländer in der als "Markt" charakterisierten (3. Kap. 3 a) Verhandlungsrunde. Zunächst wurden die dafür entscheidenden Parameter, die bei Beginn der offiziellen Verhandlungsrunde in Punta del Este 1986 angenommenen Verhandlungsgrundsätze, hinsichtlich der Bedeutung, die sie speziell für Entwicklungsländer haben, untersucht (3. Kap. 2). Dabei ergab sich im wesentlichen, daß der Grundsatz der "fortschreitenden", also allmählichen Liberalisierung ebenso zu ihren Gunsten zu wirken vermochte, wie der eine gleichberechtigte Teilnahme aller Staaten ermöglichende Grundsatz der Globalität der Verhandlungen sowie das Verhandlungsziel der "Entwicklung der Entwicklungsländer" (siehe 3. Kap. 2 a), d) und f), wenngleich es angesichts des offenen Wortlautes der Punta del Este-Erklärung galt, letzteres noch genauer auszugestalten.

Als problematisch müssen hingegen, so ergab die Untersuchung, die Auswirkungen der übrigen, für die GATS-Kodifikation maßgeblichen Verhandlungsgrundsätze gelten. Die Anwendung des Konsensusprinzips beispielsweise vermochte die überlegene Verhandlungsmacht der großen Handelsnationen nur notdürftig zu kaschieren und konnte im Einzelfall den reformatorischen Absichten der Dritten Welt zuwiderlaufen (3. Kap. 2 b). Der sog. Paketlösungsansatz – um einen weiteren Verhandlungsgrundsatz zu nennen –, zwang die Entwicklungsländer zu einer integralen, das Gesamtregelungswerk akzeptierenden Vorgehensweise, das ihnen ein "opting out" nur mehr sehr bedingt erlaubte und auf diese Weise einen Verpflichtungsgrad der gesamten WTO-Abkommen ermöglichte, der ansonsten nur schwer erreichbar gewesen wäre (3.Kap. 2 e).

Kritisch hinterfragt wurde unter dem Aspekt der Verhandlungsmacht auch die Anwendung der Reziprozität im GATS-Gefüge. Reziprozität ist der GATT-Tradition folgend ein geltender Verhandlungsgrundsatz, der Liberalisierungszugeständnisse der Handelspartner an entsprechende Leistungen der übrigen Handelspartner bindet. Dabei ergab sich, daß der Wandel der Reziprozitätsvorstellungen, wie er bereits seit den 60er Jahren auf US-Seite erkennbar war (Stichwort: aggressive Reziprozität), auch in das GATS-System Eingang gefunden hat (3. Kap. 2 g), und zwar mit allen daraus folgenden Problemen für die Entwicklungsländer. Diese sehen sich zunehmend einem Drängen der führenden Industrienationen nach gleichen, in diesem Sinn "reziproken" Marktzutrittsbedingungen ausgesetzt, dem sie – aufgrund der Schwäche ihrer Volkswirtschaften und ihrer schwach ausgeprägten Organisations- sowie Konfliktfähigkeit (zur Definition von Verhandlungsmacht näher 3. Kap. 3 b) - wenig entgegenzusetzen haben.

Der Einfluß der Dritten Welt auf die Kodifikationsergebnisse, dies ergab ein weiterer Untersuchungsschwerpunkt (6. Kap. 2), war dennoch nicht unerheblich. Anhand der von den Entwicklungsländern in die Verhandlungen eingebrachten Entwurfsvorschläge (4. Kap.) wurde detailliert nachgezeichnet, welche Verhandlungspositionen sie festigen konnten bzw. welche sie aufgeben mußten. Zum einen gelang es ihnen, Vorkehrungen gegen einen "Liberalisierungsautomatismus", eine der Hauptforderungen in der Uruguay Runde, zu treffen (6. Kap. 2 e), zum anderen konnten sie vermeiden, unmittelbare Marktzugangsverpflichtungen einzugehen und daneben glückte es ihnen, so umstrittene Themen wie eine die Einkünfte der staatlichen Telekomunternehmen im Süden reduzierende, "kostenbasierte Tarifierung" vom GATS fernzuhalten (6. Kap. 2 f).

Auch von dem den Multilateralismus verbürgenden, neu geschaffen WTO-Streitbeilegungsmechanismus (5. Kap. 4 d) werden die schwächeren Staaten aller Voraussicht nach profitieren. Hingegen vermochten sie nicht, die vollständige Trennung des Dienstleistungübereinkommens (GATS) vom GATT-System – so eine der grundlegenden Forderungen der Dritten Welt in den Vorverhandlungen – durchzusetzen (3. Kap. 1 e; (6. Kap. 2 b).

Hinsichtlich der Verankerung des Ziels der "Entwicklung der Entwicklungsländer", wie auch in einigen anderen Gebieten (6. Kap. 2 h) mußten die Drittweltstaaten ebenfalls Abstriche machen. Eine unbefristete Sonder- oder Präferenzbehandlung der Entwicklungsländer nach dem Vorbild von Teil IV GATT wird es künftig ebensowenig geben, wie eine selektive Übernahme allgemeiner Verpflichtungen "à la carte"; die allgemeinen GATS-Verpflichtungen gelten generell, unabhängig davon, ob es sich um einen Staat aus der Dritten Welt oder um ein OECD-Mitglied handelt. Lediglich für die Least Developed Countries (LLDCs) gelten hinsichtlich der Übernahme von GATS-

Verpflichtungen einige Sonderregelungen (vgl. die Decision on Measures in Favour of Least-Developed Countries, 5. Kap. Fn. 4; 6. Kap. 2 e).

Frappierend erschienen der Autorin die auf mehreren Ebenen wiederkehrenden, sich in gewisser Weise über Jahre hinweg perpetuierenden Forschungsdefizite, also Defizite an Erfahrungswissen, gesicherter Information und statistischem Material. Bereits der Blick auf den Stand der Entwicklungsländerforschung zu Beginn der Vorverhandlungen im GATT, Anfang der 80er Jahre (1. Kap. 1 d) zeigte, daß der konkrete Zusammenhang zwischen der Telekommunikation und der Entwicklung eines Entwicklungslandes diffus war - ein Befund, an dem sich im Prinzip bis zum heutigen Tag wenig geändert hat (2. Kap. 2 e).

Wohl werden, etwa in einigen OECD-Studien und ITU-Studien, eine ganze Reihe von liberalisierungsbedingten Entwicklungsvorteilen genannt (z.B. wachsende Beschäftigung, Zunahme ausländischer Direktinvestitionen etc. (siehe 6. Kap. 3 d)-i), doch ist offen, ob sie in den am wenigsten entwickelten Staaten tatsächlich eintreten, bzw. wie der Ursache-Wirkungszusammenhang beschaffen sein muß, damit dies der Fall ist. Es wurde der "Schattenseite", also den potentiellen Nachteilen einer Liberalisierung der Telekomdienste, in der Wissenschaft und Forschung wesentlich weniger Beachtung geschenkt als den möglichen Entwicklungsperspektiven. Die Inaussichtstellung von Entwicklungsvorteilen war für die Regierungen der Entwicklungsländer ein wesentlicher Anreiz für eine aktive Teilnahme an den GATT-/WTO-Verhandlungen. Dies gilt im Prinzip bis zum heutigen Tag (zu den fortgesetzten Verhandlungen zur Basistelekommunikation 5. Kap. 4 c).

Auch hinsichtlich der von den Vertragsparteien übernommenen Verpflichtungen im Bereich der Marktöffnung und Inländerbehandlung des GATS mangelt es an statistischem Material und an Informationen, beispielsweise darüber, welche restriktiven Maßnahmen auch künftig aufrechterhalten werden (5. Kap. 3 c).

Die vorliegende Untersuchung versuchte des weiteren, unter "Governance-Aspekten" eine Art Standortbestimmung der Telekommunikation vorzunehmen (2. Kap. 3). Die Ausführungen ergaben, daß es in einer ersten Phase primär darum ging, die Grundversorgung der Bevölkerung (Telekommunikation als "public utility") zu sichern; eine Aufgabe, die auch heute noch im Zentrum des Bemühens der meisten Entwicklungsländer steht.

In einer zweiten, mit den 60er Jahren einsetzenden Phase, begannen die Industriestaaten aufgrund technologischen Wandels und einer quantitativ wie auch qualitativ gestiegenen Marktnachfrage (näher 1. Kap. 1 b), stärkeren Wettbewerb zuzulassen und ihre Telekommunikationsmärkte zu deregulieren. Aus dieser Zeit stammt in ideeller Hinsicht das General Agreement on Trade in Services samt der Anlage zur Telekommunikation, wobei letztere den erleichterten Marktzutritt für ausländische Unternehmen zu verwirklichen sucht (sog. "users' bill of rights" (5. Kap. 2 a).

In einer dritten Phase, die bereits begonnen hat, gilt es im Wege korrigierender Regulierungen die Anwendung der Handelsprinzipien in sozial verträglicher Weise auszugestalten, um auf dem Boden der eingeleiteten Liberalisierung die Früchte derselben "gerecht" (s.o. distributive Gerechtigkeit) zu verteilen. In diesem Kontext wurde dafür plädiert, Wettbewerb nicht als "Antipode" zu Regulierung anzusehen (2. Kap. 3).

Es ist abzusehen, daß zu den wesentlichen regulativen Herausforderungen, denen sich die Verantwortlichen in der Dritten Welt unter Governance-Aspekten in Zukunft gegenübersehen, (2. Kap. 3) unter anderem Interkonnektivität und Interoperabilität,

Datenschutz und Informationssicherheit, Verbraucher- und Konsumentenschutz sowie die Schaffung von Transparenz und Rechtssicherheit zählen.

Die Bewahrung der kulturellen Vielfalt der Menschheit wurde als eine weitere wesentliche Herausforderung der "Global Governance" erkannt (2. Kap. 3 f), ein Gedanke der im Rahmen kritischer Überlegungen zu weltmarktorientierten neoliberalen Entwicklungsstrategien (6. Kap. 3 h) noch einmal aufgegriffen wurde. Kulturelle Aspekte wurden als Einflußgrößen im Rahmen der Liberalisierung von Dienstleistungen bislang eher vernachlässigt (2. Kap. 3 f), wenngleich die Angst vor kultureller Überfremdung auf dem Gebiet der eher technisch orientierten Telekommunikation weniger stark ausgeprägt ist als auf dem Gebiet meinungsbildender Medien, etwa des Rundfunks und Fernsehens. Eine Hinwendung breiter Bevölkerungsschichten zu den neuen Informationstechnologien wird jedoch nur Wirklichkeit werden, wenn diese den kulturellen Besonderheiten eines Landes Rechnung tragen. Welchen besonderen Stellenwert kulturspezifische Aspekte für die Entwicklungsländer haben, machen beispielsweise Forderungen deutlich, daß Informationstechniken am jeweils landesspezifischen Bedarf (z.B. Landessprache) auszurichten seien.

Die Sicherung eines benutzerfreundlichen und kostengünstigen Angebots universeller Telekomdienste für breite Bevölkerungsschichten der Dritten Welt (insbesondere in ländlichen Regionen) in einem zunehmend liberalisierten Umfeld erfordert, so eine wesentliche Schlußfolgerung (2. Kap. 3 d), unter Governance Aspekten einen planerischen Steuerungsentscheid. Ein solcher hat zu beantworten, wer künftig zum Angebot universeller Dienste verpflichtet sein soll; er muß die Modalitäten der Finanzierung klären und drittens definieren, was vom Sortiment eines Universaldienste-Angebots künftig umfaßt sein soll; daneben sind die Kontroll- und Überwachungsbefugnisse zu regeln. Die Sicherung der universellen Dienste kann als exemplarisch für die oben skizzierte "dritte Phase" der sozialverträglichen, korrigierenden Regulierungen angesehen werden.

Das internationale System ist aufgrund der Revolutionierung der Telekommunikation fundamentalen Veränderungen unterworfen; die entwicklungspolitischen Parameter bleiben jedoch – so lautet eine andere Arbeitshypothese – *weitgehend* unverändert (These vom fortgesetzten Entwicklungsdilemma). Die Untersuchung ergab, daß tatsächlich die Gefahr besteht, daß telekommunikative Fortschritte existente Ungleichheiten im Staatensystem perpetuieren, ja sogar verstärken ("widening gap") (2. Kap. 2 g). Mit Blick auf die Zukunft sollte sorgfältig hinterfragt werden, wie in formeller und in materieller Hinsicht Vorkehrungen geschaffen werden könnten, um diesen Ungleichheiten zu begegnen – eventuell auch unter Rückgriff auf Solidaritätsüberlegungen (6. Kap. 4 d).

Lenkt man in diesem Kontext den Blick auf multilaterale Verhandlungsrunden in GATT/WTO, können diese als eine auf Zeit angelegte Institutionalisierung von Kooperationsmechanismen und somit als ein adäquates Mittel angesehen werden, um der Dynamik des Wandels zu begegnen und Ungleichheiten zu filtern. Obwohl der Gleichheitssatz an sich gebietet, daß die Verhandlungskonditionen für alle Staaten gleich sein müssen, sind die materiellen Verhandlungsbedingungen für Industrie- und Entwicklungsstaaten jedoch häufig sehr unterschiedlich. Diese Unterschiede wirken sich auf die Verhandlungsmacht (Bargaining Power; 3. Kap. 3) aus.

Um mit Blick auf die in der WTO künftig stattfindenden Folgeverhandlungen eine gleichmäßige Verteilung von Nutzen und Lasten zu erreichen, wird es notwendig sein, vermehrt an Gerechtigkeitsvorstellungen orientierte Kriterien für die künftige Verhandlungsführung zu entwickeln und diese in stärkerem Maße als bisher transparent zu machen. In diesem Kontext sollte vor allem der Grundsatz der sektoralen Reziprozität überprüft werden.

"Globale Telekommunikation und Entwicklungsländer": dieses Thema kann nicht behandelt werden, ohne zumindest am Rande die Tätigkeit der Internationalen Fernmeldeunion zu streifen, jener UN-Sonderorganisation, deren Satzungsziel seit Jahren die Telekommunikationsentwicklung der "Dritten Welt" ist, und die einen guten Teil ihrer Ressourcen auf dieses Ziel verwendet. Dabei suchte die vorliegende Studie zunächst einmal zu erhellen, warum GATT/WTO und nicht die Fernmeldeunion selbst zum Forum der Dienstleistungsverhandlungen gewählt wurde (3. Kap. 1 a); ein Umstand, der wesentlich mit der "Krise" erklärt wurde, in der die ITU in den 80er Jahren steckte, sowie mit dem schlechten Image, das sie in der Öffentlichkeit genoß, des weiteren aber auch damit, daß man ihr – ebensowenig wie UNCTAD (3. Kap. 1 a) – eine energische Liberalisierung zutraute.

Es hat sich gezeigt, daß die Differenzierung zwischen "Telekommunikationsrecht"[409] und "Handelsrecht" bislang im wesentlichen entlang der Linie ITU und GATT verlief, daß diese Grenzlinie jedoch zunehmend weniger scharf zu ziehen ist (2. Kap. 1 d). In wachsendem Maß finden im Rahmen der ITU handelsrechtliche Überlegungen Eingang, während GATT den klassischen Fragen der Telekommunikation, z.B. Tarifpolitik und Frequenzzuteilung, stärkere Aufmerksamkeit schenkt (6. Kap. 4 b). Dieser Umstand kann in der Perspektive zu erhöhten Spannungen zwischen beiden Organisationen führen.

Des weiteren wurde analysiert, welchen Beitrag die ITU zu den nur wenige hundert Meter entfernt am Genfer See stattfindenden GATS-Kodifikationsarbeiten leistete. Das Resultat war verblüffend (6. Kap. 4 b), zieht man die langjährige Erfahrung der ITU im Telekommunikationswesen in Betracht: der Beitrag geriet, obwohl etwa seitens des ITU-Generalsekretärs guter Wille vorhanden war, zur "quantité negligeable". Die ITU findet sich, was die Liberalisierung der Telekomdienste angeht, seit Jahren in der Rolle des grundsätzlich wohlwollenden, hinsichtlich einzelner Aspekte jedoch skeptischen Betrachters. Es wurde vermutet, daß diese Zurückhaltung einem schleichenden Bedeutungsverlust der Organisation Vorschub leistet und für die stark auf die technische Kooperation mit der ITU angewiesenen LDCs kein gutes Omen ist.

Würde sich die ITU – so die Alternative – für eine künftig aktivere Rolle entscheiden und der von ihr selbst propagierten "Komplementärstrategie" eine stärkere Dynamik verleihen, wären allerdings, dies ergab die Untersuchung der einschlägigen GATS/WTO Regelungen weiter, Konflikte und Doppelarbeit im Verhältnis von ITU und WTO nicht ausgeschlossen (6. Kap. 4 b).

---

409 Zum Telekommunikationsrecht gehören im wesentlichen multilaterale Verträge wie die ITU-Verfassung und Vertrag, das Übereinkommen vom 20.8.1971 über die Internationale Fernmeldesatellitenorganisation (INTELSAT), das Übereinkommen über die Internationale Seefunksatellitenorganisation (INMARSAT), das Übereinkommen vom 15.7.1982 zur Gründung der Europäischen Fernmeldesatellitenorganisation (EUTELSAT), sowie das Übereinkommen zur Gründung einer europäischen Organisation für die Nutzung von meteorologischen Satelliten vom 24.5.1983 (EUMETSAT).

Literaturverzeichnis

I. Dokumente

1. GATT

Annex on Article II Exemptions, GATS, The General Agreement on Trade in Services and Related Instruments, April 1994.

Annex on Negotiations on Basic Telecommunications, GATS, The General Agreement on Trade in Services and Related Instruments, April 1994.

Annex on Telecommunications, GATS, The General Agreement on Trade in Services and Related Instruments, April 1994.

Basic Instruments and Selected Documents 33rd Supplement, GATT 1987, S. 19 ff.

Committee on Trade and Development, Seventy-sixth Session, 16 and 23 November 1993, Technical Cooperation with Developing Countries in the Context of the Uruguay Round, Restricted, COM.TD/W/505, 26 October 1993 (Limited Distribution).

Committee on Trade and Development, Seventy-sixth Session, 16 and 23 November 1993, Restricted, COM.TD/W/507, 25 October 1993, Limited Distribution, Annotated Provisional Agenda.

Committee on Trade and Development, Seventy-sixth Session, 16 and 23 November 1993, Restricted, COM.TD/W/508, 15- Nov. 1993, Limited Distribution, Technical Assistance to Developing Countries in the Context of the Uruguay Round, Communication from UNCTAD.

Communication du Cameroun, de la Chine, de l'Egypte, de l'Inde, du Kenya, du Nigeria et de la Tanzanie, GATT Doc. MTN.GNS/W/101, 4 mai 1990.

Communication from Brazil, Chile, Columbia, Cuba, Honduras, Jamaica, Nicaragua, Mexico, Peru, Trinidad and Tobago and Uruguay, GATT Doc. MTN.GNS/W/95, 26 February 1990, Structure of a Multilateral Framework for Trade in Services.

Communication from Korea, The Korean Position Paper for the Telecommunications Services Negotiations, Restricted, GATT Doc. MTN.GNS/W/103, June 1990, Special Distribution.

Communication from Peru, Elements of a Framework Agreement on Trade in Services, GATT Doc. MTN.GNS/W/84, 20 November 1989, Special Distribution.

Communication from the United States, Annex, Access to and Use of Services of Public Telecommunications Transport Services, Restricted, GATT Doc. MTN.GNS/W/97, 23 March 1990, Special Distribution.

Decision on Institutional Arrangements for the General Agreement on Trade in Services, in: GATS, The General Agreement on Trade in Services and Related Instruments, April 1994, S. 38.

Decision on Negotiations on Basic Telecommunications, in: GATS, The General Agreement on Trade in Services and Related Instruments, April 1994, S. 45.

Déclaration de la Présidence au nom de la Communauté économique Européenne et de ses Etats membres à la commission sur le transfert de technologie de la CNUCED (8ème session, Genève, 22 au 30 avril 1991), Genève, le 23 avril 1991.

Draft Multilateral Framework for Trade in Services, GATT Doc. No. MTN.GNS/35 (July 23, 1990) (sog. Juli-Entwurf).

Draft, Interim Conclusions of the 113 Committee on Sectorial Negotiating Objectives for Telecommunications and Informations, Brussels, 23 April 1990 (/u/gdw/113/teleconcl), Comité 113, Doc. seance 144/90.

Explanatory Note, Communication from Cameroon, Egypt, India and Nigeria: Annex on Telecommunications Mode of Delivery, GATT Doc. MTN.GNS/TEL/W/2, 9 July 1990.

GATT-Sekretariat, The Results of the Uruguay Round of Multilateral Trade Negotiations, Market Access for Goods and Services (Geneva, November 1994).

General Agreement on Trade in Services (Draft prepared by GATT Director Arthur Dunkel and distributed on December 20, 1991) (GATT Doc. MTN.TNC/W/FA).

General Agreement on Tariffs and Trade, Memorandum from M. Marconini to G. P. Sampson (Director of the Group of Negotiations on Services), Geneva, 3 February 1989 UNCTAD-Committee on Transfer of Technology (20 January - 1 February).

General Agreement on Trade in Services: Guide to Reading the Schedules of Specific Commitments and the List of Article II (MFN) Exemptions, (Non-Paper, 1994).

General Agreement on Trade in Services, GATS/SC/16, April 1994, Canada, Schedule of Specific Commitments.

General Agreement on Trade in Services, GATS/SC/31, April 1994, European Communities and Their Member States, Schedule of Specific Commitments.

General Agreement on Trade in Services, GATS/SC/90, April 1994, The United States of America, Schedule of Specific Commitments.

Group of Negotiations on Services, Services Sectoral List, Note by Secretariat, Restricted, GATT Doc. MTN. GNS/W/120, 10 July 1991, Special Distribution.

Group of Negotiations on Trade in Services; Working Group on Telecommunication Services, Synoptic Table, Draft 5.9.90 (nicht klassifiziert; ohne Datum).

Internes Papier, GATT 15.2.1989, A Note on WATTC-88 and its Possible Implications for the GNS (nicht veröffentlichtes Dokument).

Memorandum from Mr. Gary P. Sampson (Director of the Group of Negotiations on Services) to Mr. M. G. Mathur, Trade in Telecommunications Services (GATT, 22 February 1990).

Memorandum from P. Sauvé, World Communications Seminar, Brussels, 13-15 February 1990, (10 February 1990).

Memorandum from P. Sauvé to G. P. Sampson (Director of the Group of Negotiations on Services), USTR Briefing on a Draft Telecommunications Annex, (GATT, 7 March 1990).

Minsterial Declaration 1982, BISD, 29th Session (1983), S. 9; deutsche Fassung in: Europa-Archiv 1983, S. D 121.

Ministerial Declaration on the Uruguay Round, Declaration of 20 September 1986 (Min. Dec.), Part II, Negotiations on Trade in Services, Basic Instruments and Selected Documents 33rd Supplement, GATT 1987, S. 19 ff.; und abgedruckt als Appendix I in: UNCTAD (Hrsg.): Trade in Services: Sectoral Issues (N.Y. 1989), S. 477-478.

Note by the GNS Division Secretariat Providing Background for Delegations to Examin Telecommunications Services in the Context of Draft Principles and Rules for the GATS (GATT Doc. MTN.GNS/W/52, May 19, 1989).

Statement by the Chairman of the Ministerial Meeting, anläßlich der Ministerial Declaration on the Uruguay Round, 20. Sept. 1986, Basic Instruments and Selected Documents 33rd Supplement, GATT 1987, S. 19 ff.

Sub-Committee on Trade of Least-developed Countries, 6 May 1993, Note on Proceedings of the Fourteenth Meeting, Prepared by the Secretariat, Restricted COM.TD/LLDC/15, 10 June 1993, Limited Distribution.

Trade Negotiations Committee, MTN. TNC/W/113, 13 July 1993, Special Distribution, Report on the Uruguay Round (GATT Secretariat UR-93-0031), (Stellungnahme der Minister von USA, Kanada, EG und Japan).

Uruguay Round Mid Term Review, Results adopted by the Trade Negotiations Committee in Montreal (5-9 December 1988) and Geneva (5-8 April 1989), abgedruckt als Appendix II in: UNCTAD (Hrsg.): Trade in Services: Sectoral Issues (N.Y. 1989), S. 479-483.

Working Group on Telecommunication Services, Group of Negotiations in Services, Note on the Meeting of 5-6 June 1990, Group of Negotiations on Services, Restricted, MTN.GNS/TEL/1, 27 June 1990, Special Distribution.

Working Group on Telecommunication Services, Group of Negotiations in Services, Note on the Meeting of 5-6 June 1990, Restricted, GATT Doc. MTN.GNS/TEL/1, 27 June 1990.

Working Group on Telecommunication Services, Group of Negotiations in Services, Note on the Meeting of 9-11 July 1990, Restricted GATT Doc. MTN.GNS/TEL/2, 6 August 1990.

Working Group on Telecommunication Services, Group of Negotiations in Services, Note on the Meeting of 15-17 October 1990, Restricted GATT Doc. MTN.GNS/TEL/4, 30 November 1990, Special Distribution.

Working Group on Telecommunication Services, Group of Negotiations in Services, Note of the Meeting of 10-12 September 1990, Restricted, MTN.GNS/TEL/3, 12 October 1990, Special Distribution.

Working Group on Telecommunication Services, Group of Negotiations in Services, Communication from Cameroon, Egypt, India and Nigeria, Sectoral Annotation on

Telecommunication Services, Restricted, GATT Doc. MTN.GNS/TEL/W/1, 9 July 1990, Special Distribution.

Working Group on Telecommunication Services, Group of Negotiations in Services, Communication from Cameroon, Egypt, India and Nigeria, Annex on Telecom-munications Mode of Delivery, Restricted MTN.GNS/TEL/W/2, 9 July 1990, Special Distribution.

2. World Trade Organization

Communication from the European Communities and Their Member States, Response to Questionnaire on Basic Telecommunications, Revision, World Trade Organization, S/NBGT/W/3/Add.15/Rev.1, 27 March 1995.

Decision on Measures in Favour of Least-Developed Countries, abgedruckt als Part III der Ministerial Decisions and Declarations, in: ILM Vol. XXX. No. 1, III. January 1995, S. 138-140.

Informal Summary of NBGT Basic Telecommunications Offers, 2 May 1996.

Negotiating Group on Basic Telecommunications, Communication from the European Communities and Their Member States, Response to Questionnaire on Basic Telecommunications, Revision, WTO Doc. Restricted, S/NBGT/W/3/Add.15/Rev. 1.

Negotiating Group on Basic Telecommunications, Report of the Negotiating Group on Basic Telecommunications, Restricted, S/NBGT/18, 30 April 1996.

Negotiations on Basic Telecommunications (Background Paper Mai 1996).

Non-Attributable Background Paper for Media, Data on Telecommunications Markets of Participants in the WTO Negotiations on Basic Telecommunications, 24 April 1996.

Reference Paper, Proposed Regulatory Principles (1996).

Singapore Ministerial Declaration of 13 December 1996, WTO, WT/MIN(96)DEC/W, 18 December 1996

WTO Telecom Services Talks, Press Backgrounder on Critical Mass and Other Country Offers, Summary (1996).

3. ITU

Annex on Certain Terms Used in this Convention and the Administrative Regulations of the International Telecommunication Union, (CV/An.1001), Final Acts of the Plenipotentiary Conference, Nice 1989, S. 139-140.

Annex, Definition of Certain Terms Used in this Convention and the Administrative Regulations of the International Telecommunication Union, Final Acts of the Additional Plenipotentiary Conference, Geneva 1992, Constitution and Convention of the International Telecommunication Union, (CV/An.), S. 153-154.

Buenos Aires Action Plan for the Global Development of Telecommunications, Work Programme of the Telecommunication Development Sector for the Period 1994-1998, World Telecommunication Development Conference, Buenos Aires, 21-29 March 1994, S. 9-26.

Buenos Aires Declaration on Global Telecommunication Development for the 21st Century, World Telecommunication Development Conference, Buenos Aires, 21-29 March 1994, S. 5-8; abgedruckt in: ITU Newsletter 5/94, S. 10-13.

Butler, Richard E., Secretary-General, International Telecommunication Union, Contribution of Telecommunications to the Earnings/Savings of Foreign Exchange in Developing Countries, Geneva, April 1988, Foreword, iii-iv).

CCITT, The International Telegraph and Telephone Consultative Committee, GAS 11, Handbook, Strategy for the Introduction of a Public Data Network in Developing Countries, Geneva 1987.

CCITT, The International Telegraph and Telephone Consultative Committee, Supplement to the Handbook on Rural Telecommunications, Volume IV, Handbook on Economics and Financing of Telecommunication Projects in Developing Countries, Geneva 1989.

CCITT, The International Telegraph and Telephone Consultative Committee, GAS 12, Handbook, Strategy for the Introduction of New Non-Voice Telecommunication Services in Developing Countries, Geneva 1992.

Centre for Telecommunications Development, Restructuring of Telecommunications in Developing Countries, An Empirical Investigation with ITU's Role in Perspective, Geneva, May 1991.

Communiqué de Presse, UIT/90-4, 9 mars 1990, Journée mondiale des télécommunications, 17 mai 1990, Les télécommunications et le développement industriel.

Communiqué de Presse, UIT/90-5, 20 mars 1990, Intensification des activités du CTD en faveur du développement des télécommunications.

Communiqué de Presse, UIT/89-34, 10 novembre 1989, L'UIT octroie des contrats pour des services de consultants dans le cadre du projet RASCOM.

Contribution of Telecommunications to the Earnings/Savings of Foreign Exchange in Developing Countries, Geneva, April 1988.

Constitution of the International Telecommunication Union, in: Final Acts of the Additional Plenipotentiary Conference, Geneva, 1992, S. 1-67.

Draft Final Act Embodying the Uruguay Round of Multilateral Trade Negotiations, Geneva, December 20, 1991, Ministerial Decision on Institutional Arrangements for the General Agreement of Trade in Services (GATS), (=Annex III in Strategic Planning Unit, ITU, Trade of Telecommunications Services: Implications of a GATT Uruguay Round Agreement for ITU and Member States (von G. Russell Pipe), Geneva, May 1993, S. 55.

Final Acts of the Additional Plenipotentiary Conference, Resolution COM5/5, Consideration of the Need to Establish a Forum to Discuss Strategies and Policies in the Changing Telecommunications Environment, Geneva 1992.

Final Acts of the Plenipotentiary Conference, Constitution and Convention of the International Telecommunication Union, Optional Protocol, Decisions, Resolutions, Recommendations and Opinions, Geneva 1990.

Final Acts of the World Administrative Telegraph and Telephone Conference Melbourne, 1988 (WATTC-88), Geneva 1989.

ITU/CTD Questionnaire Replies on Telecommunication Sector Restructuring, in: International Telecommunication Union, Centre for Telecommunications Development, Restructuring of Telecommunications in Developing Countries, An Empirical Investigation with ITU's Role in Perspective, Geneva, May 1991.

PANAFTEL Project No. RAF/87/011, PANAFTEL - Operation and Extension, abgedruckt als Dokument, Doc. ATDC-90/18-E, in: African Telecommunication Development Conference (ATDC-90), Harare, Zimbabwe, 6-11 December 1990, Vol. II (ITU, Geneva, March 1991), S. 255-262.

PANAFTEL Project No. RAF/87/085, PANAFTEL - Rehabilitation and Maintenance, abgedruckt als Dokument, Doc. ATDC-90/18-E, in: African Telecommunication Development Conference (ATDC-90), Harare, Zimbabwe, 6-11 December 1990, Vol. II (ITU, Geneva, March 1991), S. 262-267.

Plan stratégique pour la période 1995-1999, Résolution 1, in: Actes Finals de la conférence des plénipotentiaires, Kyoto 1994 (Genf 1995), S. 85-122.

Regulatory Colloquium No. 1, The Changing Role of Government in an Era of Telecommunications Deregulation, Briefing Report: Options for Regulatory Processes and Procedures in Telecommunications, Geneva, Switzerland – February 17-19, 1993.

Regulatory Colloquium No. 5, The Changing Role of Government in an Era of Telecommunications Deregulation. Trade Agreements on Telecommunications: Regulatory Implication, Briefing Report, Michael Tyler/Professor William Letwin/ Russel Pipe (Putnam, Hayes & Bartlett, Geneva 1996).

Report of the Independent Commission for Worldwide Telecommunications Development (Geneva, ITU, December 1984): The Missing Link Report.

Report, Secretary General Butler, Addresses the 44th Session of the Administrative Council, in: Telecommunication North America Ed. Norwood MA (USA) - May 1989, Teleclippings ITU No. 852, 2 June 1989, S. 1.

Report on the Activities of the International Telecommunication Union in 1991 (Geneva 1992) und fortlaufend.

Report of the Fifth Regulatory Colloquium, The Changing Role of Government in an Era of Deregulation, Trade Agreements on Telecommunications: Regulatory Implications, Geneva, 6-8 December 1995.

Resolution No. 2, Cooperation of the Members of the Union in Implementing the International Telecommunication Regulations, in: ITU, Final Acts of the World Administrative Telegraph and Telephone Conference Melbourne, 1988 (WATTC-88), International Telecommunication Regulations, Geneva 1989, S. 81 (RES-2-1).

Resolution No. 3, Apportionment of Revenues in Providing International Telecommunication Services, in: Final Acts of the World Administrative Telegraph and Telephone Conference Melbourne, 1988 (WATTC-88), International Telecommunication Regulations, S. 82-83.

Resolution No. 15, Role of the International Telecommunication Union in the Development of World Telecommunication, in: Final Acts of the Plenipotentiary Conference, Nice 1989, S. 237-238.

Resolution No. 23, Apportionment of Revenues in Providing International Telecommunication Services, in: Final Acts of the Plenipotentiary Conference, Nice 1989, S. 257-259.

Resolution No. 16, Regional and World Telecommunication Development Conferences, Final Acts of the Plenipotentiary Conference, Nice 1989, S. 239-241.

Resolution No. 18, Budgetary and Organizational Aspects of Technical Cooperation and Assistance of the Union, Final Acts of the Plenipotentiary Conference, Nice 1989, S. 243 -247.

Resolution No. 1, Special Programme of Assistance for the Least Developed Countries (LLDCs), World Telecommunication Development Conference, Buenos Aires, 21-29 March 1994, Final Report, S. 29-31.

Resolution No. 5, "Buenos Aires Initiative", Non-Discriminatory Access to Modern Telecommunication Facilities and Services, World Telecommunication Development Conference, Buenos Aires, 21-29 March 1994, Final Report, S. 67-68.

Resolution No. 2, Establishment of Study Groups, World Telecommunication Development Conference, Buenos Aires, 21-29 March 1994, Final Report, S. 33-51.

Socio-Economic Benefits of Improved Telecommunications in Developing Countries, Results of a Research Study in Vanuatu, Geneva, August 1988.

Strategic Planning Unit, International Telecommunication Union, Trade of Telecommunications Services: Implications of a GATT Uruguay Round Agreement for ITU and Member States (von G. Russel Pipe, Director, Telecom Services Trade Project, Amsterdam, Mai 1993).

Telecommunication Development Bureau and the UNCTAD and UN-DDSMS Coordinated African Programme of Assistance on Services, Geneva 1996.

4. Weitere UN-Organisationen

Département de l'information, Droits de l'homme et progrès de la science et de la technologie, Nations Unies, 1983.

Economic Commission for Africa, Annual Report, 18 April-19 May 1990 (ECOSOC, Official Records, 1990, Supplement No. 13, UN Doc. E/1990/42, E/ECA (CM.16/41).

Economic Commission for Africa, Resolution 679 (XXV), Improving Information Flows in the African Region, Annual Report, 18 April 1989-19 May 1990, ECOSOC, Official Records, Supplement No. 13.

Economic Commission for Africa, Resolution 693 (XXV), Proposal for Interregional Co-operation in the Area of Trade Facilitation, and in Particular the Phased Application of the EDIFACT whenever appropriate, Annual Report, 18 April 1989-19 May 1990, ECOSOC, Official Records, Supplement No. 13, UN Doc. E/1990/42, E/ECA/CM.16/41.

Economic Commission for Africa, Resolution 689 (XXV), 19 May 1990, Strengthening of Capacities in Africa for the Development and Application of Science and Technology in the 1990s, Annual Report, 18 April 1989-19 May 1990, ECOSOC, Official Records, Supplement No. 13, UN Doc. E/1990/42, E/ECA/CM.16/41.

Economic Commission for Europe, Annual Report (22 April 1989-27 April 1990), ECOSOC, Official Records, 1990, Supplement No. 12, UN Doc. E/1990/41/Add.1, E/ECE/1224 Add.1.

Economic Commission for Latin America and the Caribbean (ECLAC), Biennial Report (28 April 1988-11 May 1990), ECOSOC, Official Records, 1990, UN Doc. E/1990/43, L.C./G.1630-P., Supplement No. 14.

Economic and Social Commission for Asia and the Pacific, Resolution J (45), EDIFACT, 27 April 1990, Annual Report, 6 April-13 June 1990, ECOSOC, Official Records, 1990, Supplement No. 11, UN Doc. E/1990/40, E/ESCAP/748.

Economic and Social Council, General Discussion of International Economic and Social Policy, Including Regional and Sectoral Developments, Main Research Findings of the System in Major Global Economic and Social Trends, Policies and Emerging Issues, Distr. general, UN Doc. E/1990/81, 14 June 1990.

Economic and Social Council, International Co-operation in the Field of Informatics, Distr. General, UN Doc. E/1990/110, 24 July 1990, Report of the First Committee, International Co-operation in the Field of Informatics.

Economic and Social Council, Distr. General, UN Doc. E/1990/86, 22 May 1990, International Co-operation in the Field of Informatics, Note by the Secretary-General, Annex, International Co-operation in the Field of Informatics, Report prepared by the United Nations Educational, Scientific and Cultural Organization in Consultation with the International Telecommunication Union and the United Nations Industrial Development Organization.

Opinion PL/A, International Telecommunication Regulations, abgedruckt in: Russell Pipe, Telecommunications Services: Considerations for Developing Countries in Uruguay Round Negotiations, Annex II, S. 110-111, in: UNCTAD (Hrsg.): Trade in Services: Sectoral Issues, (UNCTAD/ITP/26.

Second United Nations Transport and Communication Decade for Africa (1991-2000), abgedruckt als eigenes Dokument, Doc. ATDC-90/18-E, S. 261 in: African Telecommunication Development Conference (ATDC-90), Harare, Zimbabwe, 6-11 December 1990, Vol. II (ITU, Geneva, March 1991), S. 267-325.

UNCTAD, Division on Transnational Corporations and Development, Karl P. Sauvant (Hrsg.): Transnational Corporations, Vol. 2, No. 3 December 1993.

UNCTAD, The Least Developed Countries 1992 Report, prepared by the UNCTAD Secretariat, TD/B/39 (2)/10, UNCTAD/LDC 1992, (N.Y. 1993).

UNCTAD, The Least Developed Countries 1993-1994 Report, Doc. TD/B/40(2)/11, UNCTAD/LDC 1993, (N.Y. 1994).

UNCTAD, Press Release, TAD/INF/2170, 25 April 1991, Group of 77 Submits Omnibus Draft Resolution on Transfer and Development of Technology.

UNCTAD, Recommendations and Guidelines for Trade Efficiency, United Nations International Symposium on Trade Efficiency, UN-Doc. TD/SYMP.TE/2 (N.Y., Genf 1994).

UNCTAD, Services in Asia and the Pacific: Selected Papers, Volume One, UNCTAD/UNDP Technical Assistance Project for Support to Asia-Pacific Development Countries in Multilateral Trade Negotiations, United Nations, N.Y., 1990, UNCTAD/ITP/51.

UNCTAD, Services in Asia and the Pacific: Selected Papers, Volume Two, UNCTAD/UNDP Technical Assistance Project for Support to Asia-Pacific Development Countries in Multilateral Trade Negotiations, United Nations, N.Y., 1991, UNCTAD/ITP/51 (Vol. II).

UNCTAD, Trade and Development Board Committee, Draft Report of the Committee on Transfer of Technology on its Eighths Session, held at the Palais des Nations, Geneva, April 1991, Rapporteur: Mr. Jean-Louis Tordeur (Belgium), Distribution Limited, UN Doc. TD/B/C.6/L.104, 29 April 1991.

UNCTAD, Trade and Development Board Committee on Transfer of Technology, Eighths Session, Geneva, Draft Resolution submitted by the Chairman, Distr. limted, UN Doc. TD/B/C.6/L.105, 30 April 1991.

UNCTAD, Trade and Development Board Committee on Transfer of Technology, Rapporteur: Mr. Jean-Louis Tordeur (Belgium), Draft Report on Transfer of Technology on its Eighths Session, held at the Palais des Nations, Geneva, April 1991, Distr. Limited, UN Doc. TD/B/C.6/L.104/Add.1, 29 April 1991.

UNCTAD, Trade and Development Board Committee on Transfer of Technology, Rapporteur: Mr. Jean-Louis Tordeur (Belgium), Draft Report on Transfer of Technology on its Eighths Session, held at the Palais des Nations, Geneva, April 1991, Distr. Limited, UN Doc. TD/B/C.6/L.104/Add.2, 29 April 1991.

UNCTAD, Trade and Development Board Committee on Transfer of Technology, Rapporteur: Mr. Jean-Louis Tordeur (Belgium), Draft Report on Transfer of Technology on its Eighths Session, held at the Palais des Nations, Geneva, April 1991, Distr. Limited, UN Doc. TD/B/C.6/L.104/Add 3, 29 April 1991.

UNCTAD, Trade and Development Board Committee on Transfer of Technology, Eighth Session, Geneva, 22 April 1991, Transfer and Development of Technology in a Changing World Environment: The Challenges of the 1990s, Draft Resolution submitted by Mexico on behalf of the States Members of the Group of 77, Distr. Limited, UN DOc. TD/B/C.6/L.103, 24 April 1991 (withdrawn).

UNCTAD, Trade and Development Board, Committee on Transfer of Technology, Eighth Session, Geneva, 22 April 1991, Transfer and Development of Technology in a Challenging World Environment: The Challenges of the 1990s, Report by the UNCTAD Secretariat, Distr. general, UN Doc. TD/B/C.6/153, 25 January 1991.

UNCTAD, Trade and Development Board, Committee on Transfer of Technology, Eighth Session, Review of the Work Programme of the Committee, Implementation of Decisions Relating Thereto and Proposals for Further Work, Report by the UNCTAD Secretariat, Distr. General, UN Doc. TD/B/C.6/155, 27 November 1990.

UNCTAD, Trade and Development Board, Review of the Work Programme of the Committee, Implementation of Decisions Relating Thereto and Proposals for Future Work, Activities of the Advisory Service on Transfer of Technology, Report by the UNCTAD Secretariat, Addendum, Committee on Transfer of Technology, Eighth Session, Geneva, Distr. General, UN TD/B/C.6/155/Add.1, 26 November 1990.

UNCTAD, Trade and Development Board, Draft Report of the Trade and Development Board on the Second Part of its Fortieth Session (Rapporteur Marcel van der Kolk), General Debate Distr. Limited, TD/B40 (2)/L.2, 21 April 1994.

UNCTAD, Trade and Development Board, 40th Session, Draft Report of the Trade and Development Board on the Second Part of its Fortieth Session (Rapporteur: Mr. Marcel van der Kolk (Netherlands), Addendum: Item 3, Uruguay Round), Distr. Limited, TD/B/40 (2)/L.2/Add. 4, 27 April 1994.

UNCTAD, Trade and Development Board, Draft Report of the Trade and Development Board on the Second Part of its Fortieth Session, Distr. Limited TD/B/40(2)/L.2/Add.3, 27 April 1994.

UNCTAD, Report by the Secretariat of the United Nations Conference on Trade and Development, The Outcome of the Uruguay Round: an Initial Assessment, Supporting Papers to the Trade and Development Report 1994 (Genf 1994).

UNCTAD/UNDP Interregional Project, Support to the Uruguay Round of Multilateral Trade Negotiations, Telecommunications in the Framework Agreement on Trade in Services - Considerations for Developing Countries, Report Prepared by G. Russel Pipe, UN Doc. Restricted, UNCTAD/MTN/INT/CB.22, May 1991.

UNCTAD/The World Bank, Liberalizing International Transactions in Service, A Handbook (N.Y., Geneva 1994).

United Nations Centre on Transnational Corporations, Workshop for GNS Negotiators on the Activities of Transnational Corporations in Services, 11-12 November 1989, Hotel Eurotel Riviera, Montreux, Switzerland, Telecommunication Services, Paper 3 (= UNCTC, Workshop Montreux, 11.-12. Nov. 1989).

World Bank, Telecommunications Development, Investment Financing and Role of the World Bank, in: ITU, Document PP-89/77 E, Plenipotentiary Conference, Nice 1989, 71-220.

5. Sonstige Gremien und Organe

Address by the Secretary-General of the ITU, Pekka Tarjanne, Centre for Strategic and International Studies, Open Frameworks for Telecommunications in the 90s: Access to Networks and Markets, Washington DC, 11 January 1990.

The American Society of International Law, "What's Needed for the GATT After the Uruguay Round?" (Berichterstatter: Matthew Schaefer), Proceedings of the 86th Annual Meeting, Washington D.C., April 1-4, 1992, S. 69-87.

The American Society of International Law, Proceedings of the 89th Annual Meeting, April 5-8, 1995 New York, "Broadening Access to International Law Resources Through New Technology", S. 1-18.

The American Society of International Law, Proceedings of the 89th Annual Meeting, April 5-8, 1995, New York, The Impact of the Media on International Law and Relations, S. 119-127.

Asia-Pacific Telecommunity, Telecommunications Sector Reform, Summary Report, APT-World Bank Seminar on Telecommunications Sector Reform in the Asia-Pacific Region, 4-6 August 1994, Bangkok, Thailand (1994).

Asia-Pacific Telecommunity, Telecommunications Sector Reform, Secretariat Report on Panel Discussion on the Role of International Organizations (Session 8, Saturday August 6, 1994), APT-World Bank Seminar on Telecommunications Sector Reform in the Asia-Pacific Region, 4-6 August 1994, Bangkok, Thailand (1994).

Asia-Pacific Telecommunity, Draft Resolution for World Telecommunication Development Conference, The Role of the Asia-Pacific Telecommunity (Doc. No. MC-17/11, rev. 2), abgedruckt in: APT, Working Documents of the 6th Session of the General Assembly and the 17th Session of the Management Committee of the Asia Pacific Telecommunity (APT/GA-6/MC-17/93), Vol. II, Bali, Indonesia, 22-30 November 1993, S. 341-342.

Asia-Pacific Telecommunity, Report of the Management Committee on the Activities of the APT During 1991-93, in: Working Documents of the 6th Session of the General Assembly and the 17th Session of the Management Committee of the Asia-Pacific Telecommunity, (APT/GA-6/MC-17/93), Vol. II Bali, Indonesia, 22-30 November 1993, S. 17-32.

Attachment, USTR Outlines Country-Specific WTO Telecom Offers, 3 May 1996.

Bericht der Süd-Kommission (sog. Nyere-Bericht), The Challenge to the South (Genf 1990).

Empfehlungen zur Reform der ITU von unabhängigen Experten, abgedruckt in: Telecommunications Policy 15 (1991), S. 269-270.

Europäische Gemeinschaften, Stellungnahme des Wirtschafts- und Sozialausschusses zu folgender Vorlage: "Europas Weg in die Informationsgesellschaft: Ein Aktionsplan" (Mitteilung der Kommission an den Rat und das Europäische Parlament sowie an den Wirtschafts- und Sozialausschuß und den Ausschuß der Regionen) (Dok. KOM (94) 347 endg.)

Genscher, Hans-Dietrich, "Aufbruch ins Informationszeitalter", Rede des Bundesministers des Auswärtigen in Düsseldorf am 23. Mai 1991, in: Presse- und Informationsamt der Bundesregierung, Bulletin Nr. 54, 8. Febr. 1991.

Japan-United States: Exchange of Letters Containing Telecommunications Procurement Agreement, October 1, 1994, in: ILM 34 (1995), S. 125 ff.

Keynote Address by H.E. Mr. Y. K. Silwal, Secretary-General SAARC, Annex 8, APT/UNCTAD Seminar on Telecommunications' Support for Trade in Services, 14-17 May 1994, Male Republic of Maldives, 1994, S. 69-74.

Keynote Address by H.E. Mr. B. K. Zutshi, Ambassador and Permanent Representative of India to GATT, Annex 9, APT/UNCTAD Seminar on Telecommunications' Support for Trade in Services, 14-17 May 1994, Male, Republic of Maldives, 1994, S. 77-114.

Leutwiler Report, 1983, GATT: Trade Policy for a Better Future, abgedruckt in: Journal of World Trade Law 19 (1985), S. 301-304.

Liberalisation of Trade in Services Committee (LOTIS) of the British Invisible Exports Council, February 1986, International Information Flows, A Report by the LOTIS Committee.

Non-Attributable Background Note for the Press, What Can Telecommunications Service Providers and Users Expect from a Successful Conclusion to the WTO`s Negotiations on Basic Telecommunications, Data Source: International Telecommunication Union, 30 April 1996.

North-American Free Trade Agreement, Text prepared September 6, 1992, Chapter Thirteen, Telecommunications, Article 1301-1310 (abgedruckt in: Strategic Planning Unit, International Telecommunication Union, Trade of Telecommunications Services: Implications of a GATT Uruguay Round Agreement for ITU and Member States (von G. Russel Pipe, Director, Telecom Services Trade Project, Amsterdam, Mai 1993), S. 63-69.

OECD, The Internationalization of Software and Computer Programmes, Paris 1989.
OECD, Main Development Trades, Paris 1995.
OECD, Neue Dimensionen des Marktzugangs im Zeichen der wirtschaftlichen Globalisierung, Paris 1996.
OECD, Price Caps for Telecommunication, Policies and Experiences, Information Computer Communications Policy Bd. 37, Paris 1995.
OECD, Trade in Services and Developing Countries, Paris 1989.
OECD, Trade Policy Issues, Assessing the Effects of the Uruguay Round, Paris, 1993.
OECD, Telecommunication Infrastructure. The Benefits of Competition, (Information Computer Communications Policy, Bd. 35, Paris 1995.
OECD, Universal Service Obligations in a Competitive Telecommunications Environment, Information Computer Communications Policy, Bd. 38, Paris 1995.
Office of the United States Trade Representative, Executive Office of the President, Washington D.C., April 30, 1996, Statement of Ambassador Charlene Barshefsky, Basic Telecom Negotiations, April 30, 1996.

Pan-African Telecommunication Union, Technical Cooperation Needs, Doc. ATDC-90/24-E, in: African Telecommunication Development Conference (ATDC-90), Harare, Zimbabwe, 6-11 December 1990, Vol. II, ITU, Geneva, March 1991, S. 419-430.

Richtlinie 95/62/EG zur Einführung des offenen Netzzugangs (ONP) beim Sprachtelefondienst, ABl.Nr. L 32 vom 30.12.1995, Stellungnahme des Wirtschafts- und Sozialausschusses zu der "Mitteilung der Kommission an den Rat, das Europäische Parlament, den Wirtschafts- und Sozialausschuß und den Ausschuß der Regionen: der Universaldienst in der Telekommunikation im Hinblick auf ein vollständig liberalisiertes Umfeld - ein Grundpfeiler der Informationsgesellschaft" (Dok.KOM (96) 73 endg.), Dok. CES 1075/96, Berichterstatter Alexander-Michael von Schwerin.
Ruggiero, Renato, Preface by the Director-General of the WTO, in: Report of the Fifth Regulatory Colloquium, The Changing Role of Government in an Era of Deregulation, Trade Agreements on Telecommunications: Regulatory Implications, Geneva 6-8 December 1995, S. 9-10.

Sutherland, Peter D., Consolidating Economic Globalization, Address by Peter D. Sutherland to the Canadian Club, Toronto 21 March 1994, NUR 083, 22 March 1994.
Sutherland, Peter D., Global Trade - The Next Challenge, Address by Peter D. Sutherland to the World Economic Forum, Davos, 28 January 1994, NUR 082, 28 January 1994.
Stellungnahme des Wirtschafts- und Sozialausschusses zum "Vorschlag für eine Richtlinie des Europäischen Parlaments und des Rates über die Zusammenschaltung in der Telekommunikation zur Gewährleistung des Universaldienstes und der Interoperabilität durch Anwendung der Grundsätze für einen offenen Netzzugang (ONP), Dok. KOM (95) 379 endg.-95/0207 COD)"; Dok. CES 249/96-95/0207 COD), Berichterstatter Bernardo Hernandez Bataller.

Tarjanne, Pekka, Interview, Telecom 95, in: Telecom 95 Daily, 3.Okt. 1995.
Transnational Data Reporting Service, Postbox 2039, Washington D.C.; Amsterdam, Trade in Services and Telecommunications, Questionnaire Results, October 1988.
United States Telecommunications Annex Proposal (GATT Doc. MTN.GNS/W/97), 1st June 1990.
US Annex, Access to and Use of Services of Public Telecommunications Transport Networks, February 27, 1990, angefügt an: Memorandum from P. Sauvé to G. P. Sampson, USTR Briefing on a Draft Telecommunications Annex, (GATT, 7 March 1990), S. 3 ff.
US Council for International Business, Excerpt from the Document "US Industry Proposed Approach for a General Agreement on Trade in Services (GATS) Applicable to the Telecommunications Services Sector, November 1989, abgedruckt in: o.V., Telecom Central to Services Negotiations, in: Transnational Data and Communications Report, Dec. 1989, S. 5 ff.

II. Monographien und Lehrbücher

Akwule, Raymond: Global Telecommunications, The Technology, Administration, and Policies (Boston, London 1992).
Altinger L. /Enders A.: The Scope and Depth of GATS Commitments (unveröff. Manuskript 1995).
Altvater, Elmar/Mahnkopf, Birgit: Grenzen der Globalisierung (Münster 1996).
Aronson, Jonathan D./Cowhey, Peter F.: When Countries Talk, International Trade in Telecommunications Services (Cambridge, Massachusetts 1988).
Aronson, Jonathan D./Cowhey/ Peter F.: Global Diplomacy and National Policy Options for Telecommunications (Manuskript 1989).
Arrow, Kenneth J.: Social Choice and Individual Values (N.Y. 1951).
Axelrod, Robert: The Evolution of Cooperation (N.Y. 1984).

Bartlett, Christopher A./Ghosal, Sumantra: Managing Across the Borders: The Transnational Solution (London 1989).
Bauer, Brigitte: Quality and Quality Regulation of Reserved Telecommunication Services, (Wissenschaftliches Institut für Kommunikationsdienste), Diskussionsbeitrag Nr. 75, Bad Honnef, Dezember 1991.
Becker, Jörg/Bickel Susanne: Datenbanken und Macht, Konfliktfelder und Handlungsräume (Opladen 1992).
Benedek, Wolfgang: Die Rechtsordnung des GATT aus völkerrechtlicher Sicht (Berlin 1990).
Berger, Peter/Kubicek, Herbert: Was bringt uns die Telekommunikation?, ISDN - 66 kritische Antworten (Frankfurt a.M. 1990).
Bertrand, Maurice: Für eine Weltorganisation der dritten Generation. DGVN-Texte 38 (Bonn 1988).
Bertrand, Maurice: Les défis conceptuels de la mondialisation, texte de la leçon inaugurale le 24 octobre 1994 lors de la séance d'ouverture de l'année académique 1994-95 de l'Institution universitaire d'études du développement (IUED), Genève 1994.

Bleckmann, Albert: Allgemeine Staats- und Völkerrechtslehre. Vom Kompetenz- zum Kooperationsvölkerrecht (Köln u.a. 1995).
Bronckers, Marco C.E.J./Larouche, Pierre: Telecommunications Services and the World Trade Organization, in : Journal of World Trade, Vol. 31 (1997), S. 5-48
Buchanan, James: Freedom in Constitutional Contract. Perspectives of a Political Economist (London 1977).
Buchanan, James M.: Die Grenzen der Freiheit. Zwischen Anarchie und Leviathan (Tübingen 1984).
Buchanan, James/Tullock, G.: The Calcus of Consent (Ann Arbor 1962).
Braun, Gerald: Nord-Süd-Konflikt und Dritte Welt (5. Aufl. Paderborn 1994).

Cardosa, F. H./Faletto, E.: Dependency and Development in Latin America (Berkely 1979).
Carpentier, Michel/Farnoux-Toporkoff, Sylviane: Telecommunications in Transition (1992).
Chan, W. K.: Secretary General Hong Kong Coalition of Service Industries, Trade in Computer Services and the Role of Telecommunications: The Hong-Kong Case. A Report prepared for UNCTAD/UNDP Project RAS/92/034 "Institutional Capacity for Multilateral Trade", UNCTAD/MTN/RAS/CB.19, 4 November 1994.
Chan, W. K.: Trade in Computer Services and the Role of Telecommunication, The Hong Kong Case (Hong Kong, Hong Kong Coalition of Services 1994).
Clarke, D..G./Laufenberg, W.: The Role of Telecommunications in Economic Development, with Special Reference to Rural Subsaharan Africa (ITU Geneva, May 1981).
Cline, William R.: "Reciprocity": A New Approach to World Trade Policy?, Policy Analyses in International Economics 2, Institute for International Economics (Washington DC, 1982).
Cowhey, Peter F./ Aronson, Jonathan D.: Global Diplomacy and National Policy Options for Telecommunications (Manuskript, o. Datum).
Cox, Robert W./Jacobson, Harold K.: The Anatomy of Influence, Decision-Making in International Organization (New Haven, London 1973).

D'Amato, Anthony: International Law: Process and Prospect (N.Y. 1995).
Decaux, Emmanuel: La réciprocité en droit international (Paris 1980).
Delbrück, Jost/Wolfrum, Rüdiger: Völkerrecht Band I/1: Die Grundlagen. Die Völkerrechtssubjekte (1989).
Dicken, Peter: Global Shift. The Internationalization of Economic Activity (London 1992).
Diner, Dan: Weltordnungen. Über Geschichte und Wirkung von Recht und Macht (Frankfurt a.M. 1993).
Dizard, Wilson P.: The Coming Information Age: An Overview of Technology, Economics, and Politics (N.Y., London 1982).
Doron, Gideon/Sened, Itai: Political Bargaining, Special Issue, Journal of Theoretical Politics 7 (1995).
Dreyfus, Hubert L.: Was Computer nicht können. Die Grenzen künstlicher Intelligenz (Königstein, TS. 1989).
Dubret, F.: Telecommunications and Their Impact on the Fishing Industry (ITU, Geneva 1980).

Ducatel, Ken/Miles, Jan: Internationalization of IT Services and Public Policy Implications (University of Manchester 1992) (unveröffentlichtes Manuskript).
Elfstrom, G.: Ethics for a Shrinking World (London 1990).
Elkins, David: Beyond Sovereignty: Territory and Political Economy in the Twenty-First Century (Toronto 1995).
Ellger, Reinhard/Kluth, Thomas-Sönke: Das Wirtschaftsrecht der Internationalen Telekommunikation in der Bundesrepublik Deutschland (Baden-Baden 1992).
Elster, Jon: Subversion der Rationalität (Frankfurt a.M., N.Y. 1987).
Epstein, Marc N.: One American's Perspective, Paper zu: Defining Telecommunications Services Trade, An International Briefing, ITU Headquarters, Geneva, May 3, 1989.
Ever, Hans-Dietrich/Schiel, Tilmann: Strategische Gruppen. Vergleichende Studie zu Staat, Bürokratie und Klassenbildung in der Dritten Welt (Berlin 1988).
Eward, Ronald: The Deregulation of International Telecommunications (Dedham MA 1985).

Feketekuty, Geza: Convergence of Telecommunications and Trade Implications for the GATT and the ITU, March 8, 1988 (Paper).
Feketekuty, Geza: International Trade in Services: An Overview and Blueprint for Negotiations (Cambridge 1988).
Fisher, Roger/Uri, William: Getting to Yes, Negotiating Agreement Without Giving In (Boston 1981).
Francis, John: Director of External Relations, ITU, Paper, "The ITU - Its Responsibilities and Functions, anläßlich: "Defining Telecommunications Services Trade - An International Briefing at the ITU Headquarters", Geneva, May 3, 1989.
Franck, Thomas: The Power of Legitimacy Among Nations (N.Y., Oxford 1990).
Frey, Bruno S.: Internationale politische Ökonomie (München 1985).
Friedman, Irving: Toward World Prosperity: Reshaping the Global Monetary System (Lexington, Mass. 1987).

Galtung, Johan: Self-reliance, hrsg. von Mir Ferdowsi (München 1983).
Gavanon, Isabelle: Commerce international des télécommunications: une libéralisation progressive - International Telecommunications Trade: A Progressive Liberalisation, in: Revue de droit des affaires/Journal of International Business Law 6 (1997), S. 711-724
Genschel, Philipp: Standards in der Informationstechnik, Institutioneller Wandel in der internationalen Standardisierung (Frankfurt a.M., N.Y. 1995).
Giarini, Orio/Stahel, Walter R.:. The Limits to Certainty: Facing Risks in the New Service Economy (Dordrecht 1987).
Gilpin, Robert: U.S. Power and the Multinational Corporation (N.Y. 1975).
Goldin, Ian/Knudsen, Odin/van der Mensbrugghe, Dominique: Trade Liberalisation: Global Economic Implications (OECD, Paris; World Bank, Washington 1993).
Golt, Sydney: The GATT Negotiations 1986-1990: Origins, Issues & Prospects (London 1988).
Grande, Edgar: Vom Monopol zum Wettbewerb? Die neokonservative Reform der Telekommunikation in Großbritannien und der Bundesrepublik Deutschland (Wiesbaden 1989).

Grüske, Karl-Dieter/Recktenwald, Horst Claus: Wörterbuch der Wirtschaft (12. Aufl. Stuttgart 1995).

Gruhler, Alexander K.A.: Ein staatsfreier Raum? Freie Informationsbeschaffung und Zensur im Internet, in: Internationale Politik und Gesellschaft 3/1998, S.310-323

Haas, Ernst B.: The Uniting of Europe, Political, Social and Economical Forces (London 1958).

Haas, Ernst B.: Beyond the Nation State, Functionalism and International Organization (Stanford 1964).

Habermas, Jürgen: Erkenntnis und Interesse (Frankfurt a.M. 1968).

Habermas, Jürgen: Faktizität und Geltung. Beiträge zur Diskurstheorie des Rechts und des demokratischen Rechtsstaats (Frankfurt a.M. 1992).

Hammarskjöld, Knut O. H. A.: (Director General, International Institute: Information & Communication), Towards One World, A Paper Presented to the TDR Conference on the International Information Economy, Williamsburg, VA, U.S.A., October 30-November 1, 1985.

Hammer, V.: Die Sicherungsinfrastruktur für offene Telekooperation (Berlin u.a. 1995).

Hanson, Jarice/Uma Narula: New Communication Technologies in Developing Countries (London 1990).

Hardy, A.: The Role of the Telephone in Economic Development. Institute for Communication Research (Stanford, May 1981).

Hardy, A./Hudson, Heather: The Role of Telephone in Economic Development: An Empirical Analysis, Keewatin Communications (Washington DC, May 1981).

Hatanaka, Takazumi: "Structure of the Telecommunications Market in Japan", Paper zu "Defining Telecommunications Services Trade" - an International Briefing, ITU Headquarters, Geneva, May 3, 1989.

Hauser, Heinz/Schanz, Kai-Uwe: Das neue GATT. Die Welthandelsordnung nach Abschluß der Uruguay-Runde (2. Aufl. München, Wien 1995).

Hayek, Friedrich A.: Individualismus und wirtschaftliche Ordnung (Wien 1976).

Herdegen, Matthias: Internationales Wirtschaftsrecht. Ein Studienbuch (2. Aufl., München 1995)

Hirschmann, Albert O.: Exit, Voice, and Loyalty. Responses to Decline in Firms, Organizations and States (Cambridge Mass. 1970).

Henkin, Louis: International Law: Politics and Values (1995).

Higgins, Rosalyn: Problems and Process, International Law and How We Use it (Oxford 1995).

Hobson, Chris: How Telecommunications Services Are Provided, Paper zu: Defining International Telecommunications Services Trade - an International Briefing, ITU Headquarters, Geneva, May 3, 1989.

Hoekman, Bernard/Kostecki, Michel: The Political Economy of the World Trading System. From GATT to WTO (Oxford 1995).

Hollingsworth, J. R./Schmitter, Philippe/Streeck, Wolfgang: Governing Capitalist Economies: Performance and Control of Economic Sectors (N.Y., Oxford 1993).

Hudson, Heather/Hardy, A./Parker, E.: Projections of the Impact of Installation of Telephones and Thin-Route Satellite Earth Stations on Rural Development (Keewaatin Communications, Washington 1981).

Hummer, Waldemar/Weiss, Friedl: Vom GATT '47 zur WTO '94 (Wien 1997).

Ipsen, Knut: Völkerrecht (3. Aufl. München 1991).
Ipsen, Knut/Haltern, Ulrich: Reform des Welthandelssystems? (1991).
Jackson, John Howard: Restructuring the GATT System (N.Y. 1990).
Jacobson, Harold K.: Networks of Interdependence. International Organisations and the Global Political System (2. Aufl. 1984, N.Y.).
Jequier, Nicolas/Hudson, Heather: Les télécommunications au service du développement, principaux résultats; présentation détaillée du Rapport UIT/OCDE, Genève ITU 1983 (document AMC/TELDEV/15-F).
Jones, R. J. Barry: Globalization and Interdependence in the International Political Economy (London, N.Y. 1995).

Kahn, K. M.: Self-reliance als nationale und kollektive Entwicklungsstrategie (München, London 1980).
Kakabadse, Mario A.: International Trade in Services: Prospects for Liberalisation in the 1990s (Kent 1987).
Kamal, A. A.: A Cost-Benefit Analysis of Rural Telephone Service in Egypt (Cairo University, June 1981).
Kaul, S. N.: India's Rural Telephone Network, Ministry of Communications (New Delhi, May 1981).
Kennedy, David: International Legal Structures (Baden-Baden 1987).
Keohane, Robert O./Nye, Joseph S.: Power and Interdependence. World Politics in Transition (Boston Mass. 1977).
Kindermann, Gottfried-Karl, The Munich School of Neorealism in International Politics (München 1985).
Kluth, Thomas-Sönke/Ellger, Reinhard: Das Wirtschaftsrecht der Internationalen Telekommunikation in der Bundesrepublik Deutschland (Baden-Baden 1992).
Knieper, Rolf: Nationale Souveränität. Versuch über Ende und Anfang einer Weltordnung (Frankfurt 1991).
Knieps, Günter: Phasing Out Sector - Specific Regulations in Competitive Telecommunications, in KYKLOS 50 (1997), S. 325-339.
Köbele, Bernd: Fernmeldewesen und Telematik in ihrer rechtlichen Wechselwirkung (Berlin 1991).
Köndgen, Johannes: Selbstbindung ohne Vertrag (Tübingen 1981).
Kopke, Alexander: Rechtsbeachtung und -durchsetzung in GATT und WTO. Der Erklärungsbeitrag der Ökonomik zu internationalen Rechts- und Politikprozessen. Eine neue Synthese mit der Theorie des kommunikativen Handelns von Habermas (Berlin 1997).
Koopmann, Georg/Scharrer, Hans-Eckart: Vom GATT zur WTO. Der internationale Handel nach der Uruguay Runde des GATT (Januar 1995).
Koskenniemi, Martti: From Apology to Utopia: The Structure of International Legal Argument (Helsinki 1989).
Krasner, Stephen D.: Defending the National Interest (Princeton, N.J. 1978).
Kratochwil, Friedrich V.: Rules, Norms and Decisions. On the Conditions of Practical and Legal Reasoning in International Relations and Domestic Affairs (Cambridge, N.Y., New Rochelle, Melbourne, Sydney, 1989).
Kratochwil, F. V.: Peace and Disputed Sovereignty. Reflections on Conflict Over Territory (N.Y., London 1985).

Kubicek, Herbert/Berger, Peter: Was bringt uns die Telekommunikation?, ISDN - 66 kritische Antworten (Frankfurt a.M., N.Y. 1990).

Langhammer, Rolf J.: Nach dem Ende der Uruguay-Runde: Das GATT am Ende?, Kieler Diskussionsbeiträge 228 (1994).

Lantzke, Hugh/Mody, Ashoka/Bruce, Robert: Telecommunications Reform in India: An International Perspective. An Informal Discussion Paper, January 27. 1992.

Latzer, Michael: Manuskript des Vortrags "Paradigmenwechsel in der Telekommunikationspolitik", (Wien, IHS, Tagung Paradigmenwechsel in der Technologiepolitik?).

Lesser B./Osberg L.: The SocioEconomic Development Benefits of Telecommunications (Halifax; March 1981).

Long, Oliver: Law and its Limitations in the GATT Multilateral Trade System (London, Dordrecht, Boston 1987).

Luhmann, Niklas: Ausdifferenzierung des Rechts (Frankfurt a.M. 1981).

Luhmann, Niklas: Gesellschaftsstruktur und Semantik. Studien zur Wissenschaftssoziologie der modernen Gesellschaft (Frankfurt a.M. 1995).

Machlup, Fritz: Würdigung der Werke von Friedrich A. von Hayek (Tübingen 1977).

Mai, Manfred: Die technologische Provokation. Beiträge zur Technikbewertung in Politik und Wissenschaft (Berlin 1994).

Malanczuk, Peter/de Vlaam, Helene: International Trade in Telecommunications Services and the Results of the Uruguay Round of GATT, (Manuskript, 5. September 1994)

Matthies, Volker: Süd-Süd-Beziehungen, Zur Kommunikation, Kooperation und Solidarität zwischen Entwicklungsländern (München 1982).

March, James G./Olson, Johan P.: Rediscovering Institutions, The Organizational Basis of Politics (N.Y. 1989).

Marin, Bernd: Generalized Political Exchange. Preliminary Considerations, in: Bernd Marin (1990), Generalized Political Exchange. Antagonistic Cooperation and Integrated Policy Circuits (Frankfurt a.M. 1990).

Martin, Hans-Peter/Schumann, Harald: Die Globalisierungsfalle. Der Angriff auf Demokratie und Wohlstand (8. Aufl., Reinbek bei Hamburg 1996).

Martin, Will/Winters, A. Alan (Hrsg.): World Bank Discussion Papers No. 307, The Uruguay Round and the Developing Economies (Washington DC. 1995).

Masuda, Yoneji: The Information Society as Post-Industrial Society (Bethesda, MD, 1981).

May, Bernhard: Die Uruguay-Runde. Verhandlungsmarathon verhindert trilateralen Handelskrieg, Forschungsinstitut der Deutschen Gesellschaft für Auswärtige Politik (Bonn 1994).

Mayer-Tasch, Peter Cornelius/Jean Bodin: Sechs Bücher über den Staat, eingeleitet und herausgegeben von P. C. Mayer-Tasch, Buch I-III (München 1981), Buch IV-VI (München 1986).

Menzel, Ulrich: Das Ende der Dritten Welt und das Scheitern der großen Theorie (Frankfurt a.M. 1992).

Menzel, Ulrich: Geschichte der Entwicklungstheorie. Einführung und systematische Bibliographie (Hamburg 1995).

Menzel, Ulrich/Senghaas, Dieter: Europas Entwicklung und die Dritte Welt. Eine Bestandsaufnahme (Frankfurt a.M. 1986).
Messner, Dirk: Die Netzwerkgesellschaft. Wirtschaftliche Entwicklung und internationale Wettbewerbsfähigkeit als Probleme der gesellschaftlichen Steuerung (Köln 1995).
Mitrany, David: A Working Peace System (Chicago 1966).
Mody, Ashoka/Dahlman, Carl: Performance and Potential of Information Technology: An International Perspective, The World Bank (Manuskript, o. Datum).
Morgenthau, Hans: Macht und Frieden (Gütersloh 1963).
Mosco, Vincent: The Pay-per Society. Computers and Communication in the Information Age. Essays in Critical Theory and Public Policy (Norwood, New Jersey 1989).
Moussa, Antoun/Schware, Robert: Informatics in Africa: Lessons From World Bank Experience, The World Bank (unveröffentlichtes Manuskript, o. Datum).
Mulgan, G. J. (sic): Communication and Control, Networks and the New Economies of Communication (Cambridge 1991).

Nicelson, R. L./Tustison, G. F.: An Earth Station Design for Rural Telecommunications (ITU, Geneva July 1981).
Noll, Roger/Bruce M. Owen: The Political Economy of Deregulation: Interest Groups in the Regulatory Process (Washington 1983).
Nuscheler, Franz: Lern- und Arbeitsbuch Entwicklungspolitik (4. Aufl. Bonn 1996).
Nussbaumer, Jacques: The Services Economy: Lever to Growth (Boston 1987).
Nussbaumer, Jacques: Services in the Global Market (Boston 1987).

Ohlman, H.: Certain Aspects of Telecommunication-Transport Tradeoffs (ITU, Geneva May 1981).
Olson, Mancur: The Logic of Collective Action (Cambridge, Mass., 1965).
Olson, Mancur: Die Logik des kollektiven Handelns, Kollektivgüter und die Theorie der Gruppen (Tübingen 1968).
Olson, Mancur: An Approach to Public Policy that Transcends Outdated Ideologies, IIM/LMP 83-27, Wissenschaftszentrum Berlin (1983).
Onuf, Nicholas Greenwood: World of Our Making. Rules and Rule in Social Theory and International Relations (Columbia, South Carolina 1989).
Owen, Bruce M./Braeutigam, Ronald: The Regulation Game: Strategic Use of the Administrative Process (1978).

Parsan, E.: South-South Trade, Options and Development (London 1990).
Petrazzini, Ben A.: The Political Economy of Telecommunications Reform in Developing Countries. Privatization and Liberalization in Comparative Perspective (Westport, Connecticut, London 1995).
Pierce, William/Jéquier, Nicolas: Telecommunications for Development, Synthesis Report of the ITU-OECD Project on the Contribution of Telecommunications to Economic and Social Development (Manuskript, ohne Datum).
Porter, Michael: The Competitive Advantage of Nations (1990).
Pipe, G. Russel: Telecommunications Services: Considerations for Developing Countries in Uruguay Round Negotiations, prepared for UNCTAD, May 1989.

Rada, Juan F.: Information Technology and Services (Manuskript, Januar 1986).

Raghavan, Chakravarthi: Recolonization. GATT, the Uruguay Round & the Third World (London, New Jersey, Penang 1990).
Riddle, Dorothy I.: Services Led-Growth: The Role of the Service Sector in World Development (N.Y. 1987).
Rittberger, Volker: Internationale Organisationen - Politik und Geschichte. Europäische und weltweite zwischenstaatliche Zusammenschlüsse (2. Aufl., Opladen 1995).
Robins, Kevin/Webster, Frank: Cybernetic Capitalism: Information, Technology, Everyday Life, in: *Vincent Mosco/ J. Wasko (Hrsg.):* The Political Economy of Information (London 1988), S. 44-75.
Ronald, Eward: The Deregulation of International Telecommunications (Dedham, MA 1985).
Rosenau, James N./Czempiel, Ernst-Otto: Governance without Government: Order and Change in World Politics (Cambridge 1992).
Rothstein, Robert L.: The Weak in the World of the Strong, The Developing Countries in the International System (N.Y. 1977).
Rutkowski, Anthony M.: A Primer on Telecommunications: For a GATT-GNS Sectoral Annex (Draft Version 2.0., 5 June 1990).

Saunders, R. J./Warford, J. J. B./Wellenius, Björn: Telecommunications and Economic Development (Baltimore 1983).
Sauvé, Pierre: On the Sectoral Testing of Telecommunications Services in the Context of the Uruguay Round, A Briefing on Telecommunications Coverage in a Uruguay Round Services Agreement, Telecommunications Services Trade Project, 15. Febr. 1990.
Savage, James: The Politics of International Telecommunications Regulations (Boulder, San Francisco, London 1989).
Schanz, Kai-Uwe/Hauser, Heinz: Das neue GATT. Die Welthandelsordnung nach Abschluß der Uruguay-Runde (2. Aufl. München, Wien 1995).
Scheller, Jürgen: Rechtsfragen des grenzüberschreitenden Datenverkehrs (1987).
Scherer, Joachim: Telekommunikationsrecht und Telekommunikationspolitik (Baden-Baden 1985).
Schiller, Dan: Telematics and Government (Norwood, New Jersey 1982).
Schmidt, Manfred G.: Wörterbuch zur Politik (Stuttgart 1995).
Smith, Peter/Staple, Gregory: Telecommunications Sector Reform in Asia: Toward a New Pragmatism, Worldbank Discussion Papers (Washington 1994).
Schneider, Volker: Technikentwicklung zwischen Politik und Markt: Der Fall Bildschirmtext (Frankfurt a.M. 1989).
Schütz, Raimund: Solidarität im Wirtschaftsvölkerrecht: eine Bestandsaufnahme zentraler entwicklungsspezifischer Solidarrechte und Solidarpflichten im Völkerrecht (Berlin 1994).
Seeger, Peter: Telematik (1988).
Seeger, Peter: Die ISDN-Strategie, Probleme einer Technikfolgenabschätzung (Berlin 1990).
Senti, Richard: GATT-WTO. Die neue Welthandelsordnung nach der Uruguay-Runde (Zürich 1994).
Senti, Richard/Weber, Rolf H.: Das allgemeine Dienstleistungsabkommen (GATS), in: *Thürer, Daniel/Kux, Stephan (Hrsg.):* GATT 94 und die Welthandelsorganisation.

Herausforderung für die Schweiz und Europa (Zürich, Baden-Baden 1995), S. 129-156.
Senti, Richard/Weber, Rolf H.: Das allgemeine Dienstleistungsabkommen (GATS), in: Thürer, Daniel/Kux, Stephan (Hrsg.): GATT 94 und die Welthandelsorganisation. Herausforderung für die Schweiz und Europa (Zürich, Baden-Baden 1995), S. 129-156.
Shelp, Ronald, u.a: Services Industries and Economic Development: Case Studies in Technology (N.Y. 1984).
Simma, Bruno: Das Reziprozitätselement im Zustandekommen völkerrechtlicher Verträge. Gedanken zu einem Bauprinzip der internationalen Rechtsbeziehungen (Berlin 1972).
Simma, Bruno/Verdross, Alfred: Universelles Völkerrecht. Theorie und Praxis (3. Aufl. Berlin 1984).
Simon, Herbert: Homo Rationalis, Die Vernunft im menschlichen Leben (Frankfurt a.M. 1993).
Sindelar, Martin: Das GATT - Handelsordnung für den Dienstleistungsverkehr, Diss. (Bayreuth 1987).
Smith, Peter L./Staple, Gregory: Telecommunications Sector Reform in Asia: Toward a New Pragmatism, World Bank Discussion Papers (Washington 1994).
Snow, Marcellus/Jussawalla, Meheroo: Telecommunication Economics and International Regulatory Policy, An Annotated Bibliography (N.Y., Westport, Connecticut, London 1986).
Spinner, Helmut F.: Die Wissensordnung. Ein Leitkonzept für die dritte Grundordnung des Informationszeitalters (Opladen 1994).
Steidelmeier, P.: The Paradox of Poverty: A Reappraisal of Economic Development Policy (Cambridge 1987).
Stewart, Terence P.: Uruguay Round Negotiations: A Negotiating History (1986-1992), (Deventer, Boston 1993), Vol. I: Commentary; Vol. II: Commentary; Vol. III: Documents.
Stoll, Peter-Tobias: Freihandel und Verfassung. Einzelstaatliche Gewährleistung und die konstitutionelle Funktion der Welthandelsordnung (GATT/WTO), in: ZaöRV 57 (1997), S. 83-146
Stone, Alan: Public Service Liberalism: Telecommunications and Transition in Public Policy (Princeton 1991).

Tchikaya, Blaise: La première Conférence mondiale pour le développement des télécommunications - la transcription juridique du développement au sein de l'UIT, in: Revue générale de droit international public 99 (1995), S. 71-93
Teske, Paul Eric: After Divestiture: The Political Economy of State Telecommunications Regulation (Albany 1990).
Todd, Daniel: The World Electronics Industry (London 1990).
Tumlir, Jan: Weltwirtschaftsordnung: Regeln, Kooperation und Souveränität, Kieler Vorträge, gehalten im Institut für Weltwirtschaft an der Universität Kiel (1979).
Tyler, Michael, et al: The Impact of Telecommunications on the Performance of a Sample of Business Enterprises in Kenya, Communications Studies and Planning International (London, January 1982).

Verdross, Alfred/Simma, Bruno: Universelles Völkerrecht. Theorie und Praxis (3. Aufl. Berlin 1984).
Vlaam, Helene I. M. de: Liberalization of International Trade in Telecommunications Services, The UE and US Participation in the Game of GATT (Doktorarbeit, Universität Amsterdam, 3. Dezember 1994).
Voelzkow, Helmut: Private Regierungen in der Techniksteuerung. Eine sozialwissenschaftliche Analyse der technischen Normung (1996).
Wallenstein, Gerd: Setting Global Telecommunication Standards, The Players and the Process (1990).
Waltz, Kenneth N.: Theory of International Politics (Reading, Mass. 1979).
Weiss, Ernst O.: Defining Telecommunications Services Trade, Industry and Users Perspective, Paper, "Defining Telecommunications Services Trade - an International Briefing", ITU Headquarters, Geneva, May 3, 1989.
Weizenbaum, Josef: Die Macht der Computer und die Ohnmacht der Vernunft (Frankfurt 1977).
Welfens, Paul J. J./Graack, Cornelius: Telekommunikationswirtschaft. Deregulierung, Privatisierung und Internationalisierung (Berlin, Heidelberg, N.Y. 1996).
Wellenius, Bjorn and others: Telecommunications. World Bank Experience and Strategy, World Bank Discussion Papers 192, (Washington D.C. 1993).
Werle, Raymund: Telekommunikation in der Bundesrepublik. Expansion, Differenzierung, Transformation (Frankfurt 1990).
Westreicher, Eduard: Der Grundsatz der Gegenseitigkeit in den Handelsbeziehungen unter besonderer Berücksichtigung des GATT, der Vereinten Nationen und der EWG-AKP-Beziehungen (Berlin 1984).
Whalley, John: The Uruguay Round and Beyond, The Final Report from the Ford Foundation Supported Project on Developing Countries and the Global Trading System (Ann Arbor 1989).
Williamson, Oliver E.: Markets and Hierarchies: Analysis and Antitrust Implications, A Study in the Economics of Internal Organization (N.Y., London 1975).
Willke, Helmut: Ironie des Staates. Grundlinien einer Staatstheorie polyzentrischer Gesellschaft (1992).
Witte, Eberhard: Restructuring of the Telecommunications System: Report of the Government Commission for Telecommunication (Heidelberg 1988).
Wolfrum, Rüdiger/Delbrück, Jost: Völkerrecht Band I/1: Die Grundlagen. Die Völkerrechtssubjekte (1989).
Woodrow, R. Brian: Telecommunications Services - Why They are Being Considered for a Trade Agreement, Paper zu: Defining Telecommunications Services Trade - an International Briefing, ITU Headquarters, Geneva - May 3, 1989.

Zürn, Michael: Gerechte internationale Regime (Frankfurt a.M. 1987).
Zürn, Michael: Interessen und Institutionen in der internationalen Politik. Grundlegung und Anwendung des situationsstrukturellen Ansatzes (Opladen 1992).

III. Herausgeberschaften

Adler, Emanuel/Crawford, Beverly (Hrsg.): Progress in Postwar International Relations (N.Y. 1991).

Athorpe, Raymond/Kráhl, András (Hrsg.): Development Studies: Critique and Renewal (Leiden 1986).

Bedjaoui, Mohammed (Hrsg.): International Law: Achievements and Prospects (Paris 1991).

Bernhardt, Rudolf (Hrsg.): Fünftes Deutsch-Polnisches Juristen-Kolloquium, Bd. 2, Die Bedeutung der Resolutionen der Generalversammlung der Vereinten Nationen (Baden-Baden 1981), S. 45-76.

Bernhardt, Rudolf (Hrsg.): Encyclopedia of Public International Law 9 (1986).

Beyme, Klaus von/Offe, Claus (Hrsg.): Politische Theorien in der Ära der Transformation, PVS Sonderheft 26/1995.

Boyle, James (Hrsg.): Critical Legal Studies (Dartmouth, Aldershot, Hong Kong, Singapore, Sydney 1992).

Calließ, Jörg (Hrsg.): Loccumer Protokolle 21/93, Auf dem Wege zur Weltinnenpolitik. Vom Prinzip der nationalen Souveränität zur Notwendigkeit der Einmischung (Loccum 1994).

Calließ, Jörg/Moltmann, Bernhard (Hrsg.): Jenseits der Bipolarität: Aufbruch in eine "Neue Weltordnung", Loccumer Protokolle 9/92 (Loccum 1992).

Chung, Jin-Young (Hrsg.) : Global Governance, The Role of International Institutions in the Changing World (Seoul, 1997).

Cottier, Thomas (Hrsg.): GATT Uruguay Runde 1995.

Czada, Roland/Windhoff-Héritier, Adrienne (Hrsg.): Political Choice: Institutions, Rules and the Limits of Rationality (1991).

Evan, W. M. (Hrsg.): The Sociology of Law (London, N.Y. 1980).

Falk, Richard/Kratochwil, Friedrich/Mendlovitz, Saul H. (Hrsg.): International Law. A Contemporative Perspective (Boulder, London 1985).

Featherstone, Mike (Hrsg.): Global Culture, Nationalism, Globalization and Modernity (London 1990).

Ferdowsi, Mir A./Opitz, Peter J. (Hrsg.): Macht und Ohnmacht der Vereinten Nationen. Zur Rolle der Weltorganisation in Drittwelt-Konflikten (Köln 1987).

Ferdowsi, Mir A./Opitz, Peter J. (Hrsg.): Arbeitspapiere zu Problemen der internationalen Politik und der Entwicklungsländerforschung (München 1991).

Finger, J. Michael/Olechowski, Andrzej (Hrsg.): The Uruguay Round. A Handbook on the Multilateral Trade Negotiations. A World Bank Publication (Washington D.C. 1987).

Fikentscher, Wolfgang (Hrsg.): Draft International Antitrust Code: kommentierter Entwurf eines internationalen Wettbewerbsrechts mit ergänzenden Beiträgen (Baden-Baden 1995).

Fox, Hazel (Hrsg.): International Economic Law and Developing States (London 1988).

Fürst, Walther/Roman Herzog/Dieter C. Umbach (Hrsg.): Festschrift für Wolfgang Zeidler (Berlin, N.Y. 1987).

Gayle, Dennis J./Goodrich, Jonathan N. (Hrsg.): Privatization and Deregulation in Global Perspective (London 1990).
Giarini, Orio (Hrsg.): The Emerging Services Economy (N.Y. 1987).
Gormley, William T., Jr. (Hrsg.): Privatization and Its Alternatives (Madison, Wisconsin 1991), S. 3-16.
Grant, Wyn (Hrsg.): The Political Economy of Corporatism (London 1985).
Grimm, Dieter (Hrsg.): Wachsende Staatsaufgaben - sinkende Steuerungsfähigkeit des Rechts (1990), S. 51-68.
Greenbaum, Joan/Kyng, Morten (Hrsg.): Design at Work: Cooperative Design of Computers Systems (Hillsdale, New Jersey 1991).
Haas, Peter (Hrsg.): Sonderheft International Organization 46 (1992), Knowledge, Power, and International Policy Coordination.
Habermas, Jürgen (Hrsg.): Stichworte zur "Geistigen Situation der Zeit", Bd. 2, Politik und Kultur (1979).
Haferkamp, Hans/Schmid, Michael (Hrsg.): Sinn, Kommunikation und soziale Differenzierung: Beiträge zu Luhmanns Theorie sozialer Systeme (Frankurt a.M. 1987).
Hauchler, Ingomar (Hrsg.): Stiftung Entwicklung und Frieden, Globale Trends 93/94. Daten zur Weltentwicklung (Frankfurt a.M. 1993).
Hein, Wolfgang (Hrsg.): Umbruch in der Weltgesellschaft (Hamburg 1994).
Héritier, Adrienne (Hrsg.): PVS Sonderheft 24/1993, Policy-analyse, Kritik und Neuorientierung.
Hoffmann-Riem, Wolfgang/Vesting, Thomas (Hrsg.): Perspektiven der Informationsgesellschaft (1995).

Kaiser, Wolfgang (Hrsg.): Integrierte Telekommunikation/Telematica 86 (1986).
Keohane, Robert O. (Hrsg.): Neorealism and its Critics (N.Y. 1986).
Kratochwil, Friedrich/Edward D. Mansfield (Hrsg.): International Organization. A Reader (N.Y. 1994).
Krohn, Wolfgang/Küppers, Günter (Hrsg.): Die Entstehung von Ordnung, Organisation und Bedeutung (Frankfurt a M. 1992).
Kubicek, Herbert (Hrsg.): Telekommunikation und Gesellschaft, Kritisches Jahrbuch der Telekommunikation (1991) und fortlaufend.

Luhmann, Niklas (Hrsg.): Soziologische Aufklärung 2. Aufsätze zur Theorie der Gesellschaft (Opladen 1975).
Lyons, Gene M./Mastanduno, Michael (Hrsg.): Beyond Westphalia, State Sovereignty and International Intervention (Baltimore, London 1995).

Machlup, Fritz (Hrsg.): Economic Integration, Worldwide, Regional, Sectoral, Proceedings of the Fourth Congress of the International Economic Association held in Budapest, Hungary (London 1986).
Machlup, Fritz/Fels, Gerhard/Müller-Groeling, Hubertus (Hrsg.): Reflections on a Troubled World Economy, Essays in Honour of Herbert Giersch (N.Y. 1983).
Mapel, D. R. (Hrsg.): Traditions of International Ethics (Cambridge 1992).
Martin, Will/Winters, A. Alan (Hrsg.): World Bank Discussion Papers No. 307, The Uruguay Round and the Developing Economies (Washington DC. 1995).

Mayntz, Renate/Scharpf, Fritz W. (Hrsg.): Gesellschaftliche Selbstregulierung und politische Steuerung (1995).
Messerlin, Patrick/Vellas, François (Hrsg.): Conflits et négociations dans le commerce international, l'Uruguay Round (Paris 1989).
Mestmäcker, Ernst Joachim (Hrsg.): The Law and Economics of Transborder Telecommunications (1987).
Mestmäcker, Ernst-Joachim (Hrsg.): Kommunikation ohne Monopole II. Ein Symposium über Ordnungsprinzipien im Wirtschaftsrecht der Telekommunikation und der elektronischen Medien (Baden-Baden 1995).
Miller, James (Hrsg.): Telecommunications and Equity; Policy Research Issues (North-Holland 1986).
Moltmann, Bernhard/Senghaas-Knobloch, Eva (Hrsg.): Konflikte in der Weltgesellschaft und Friedensstrategien (Baden Baden 1989).
Mytelka, Lynn (Hrsg.): Strategic Partnerships: States, Firms and International Competition (London 1991).

Nohlen, Dieter (Hrsg.): Pipers Wörterbuch der Politik, Band 6 (München, Zürich 1987).
Nohlen, Dieter/Nuscheler, Franz (Hrsg.): Handbuch der Dritten Welt (Bd. 1), Grundprobleme, Theorien, Strategien (Bonn 1993).
Nohlen, Dieter (Hrsg.): Politische Theorien, in: Lexikon der Politik, Bd. 1 (1995).
Noll, Roger (Hrsg.): Regulatory Policy and the Social Sciences (Berkely 1985).

Onuf, Nicholas (Hrsg.): Law-Making in the Global Community (Durham, North Carolina 1982).
Opitz, Peter J. (Hrsg.): Grundprobleme der Entwicklungsregionen. Der Süden an der Schwelle zum 21. Jahrhundert (München 1997).
Opitz, Peter J./Ferdowsi, Mir A. (Hrsg.): Macht und Ohnmacht der Vereinten Nationen. Zur Rolle der Weltorganisation in Drittwelt-Konflikten (Köln 1987).
Opitz, Peter J./Ferdowsi, Mir A. (Hrsg.): Arbeitspapiere zu Poblemen der internationalen Politik und der Entwicklungsländerforschung (München 1991).
Oppermann, Thomas/Molsberger, Josef (Hrsg.): A New GATT for the Nineties and Europe '92. International Conference held in Tübingen 25-27 July 1990 (Baden-Baden 1991).

Porter, Michael E. (Hrsg.): Globaler Wettbewerb. Strategien der neuen Internationalisierung (New York 1989).
Pipe, G. Russell (Hrsg.): Eastern Europe: Information and Communication. Technology Challenges, TIDE 2000 Club, Telecommunications, Information and InterDependent Economies in the 21st Century (1990).
Prittwitz, Volker von (Hrsg.): Verhandeln und Argumentieren. Dialog, Interessen und Macht in der Umweltpolitik (Opladen 1996).

Rada, Juan F./Pipe, G. Russel (Hrsg.): Communication Regulation and International Business, Proceedings of a Workshop held at the International Management Institute (IMI), Geneva, Switzerland, April 1983 (North-Holland 1984).
Ramamurti, Ravi (Hrsg.): Privatizing Monopolies, Lessons From the Telecommunications and Transport Sectors in Latin America (Baltimore, Maryland 1996).

Riddle, Dorothy (Hrsg.): Toward an International Service and Information Economy (Bonn 1987).
Rittberger, Volker (Hrsg.): PVS Sonderheft 21/1990, Theorien der internationalen Beziehungen.
Rittberger, Volker with the Assistance of *Peter Mayer (Hrsg.):* Regime Theory and International Relations (Oxford 1993).
Roberts, Adam/Kingsbury, Benedict (Hrsg.): United Nations, Divided World. The UN's Roles in International Relations (Oxford 1988).
Robinson, Peter/Sauvant, Karl P./Govitrikar, Vishwas P. (Hrsg.): Electronic Highway for World Trade. Issues in Telecommunication and Data Services (Boulder, San Francisco, London, 1989).
Ruggie, John Gerard (Hrsg.): The Antinomies of Interdependence, National Welfare and the International Division of Labour (N.Y. 1983).

Sapolsky, Harvey/Neuman, W. Russel/Noam, Eli/Crane, Rhonda (Hrsg.): The Telecommunications Revolution: Past, Present and Future (N.Y. 1992).
Sautter, Hermann (Hrsg.): Konsequenzen neuer handelspolitischer Entwicklungen für die Entwicklungsländer (Berlin 1990).
Scherer, Joachim (Hrsg.): Telekommunikation und Wirtschaftsrecht (Köln 1988).
Schiwy, Peter/Schütz, Walter J. (Hrsg.): Medienrecht, Lexikon für Wissenschaft und Praxis (2. Aufl. 1990).
Schmandt, Jürgen/Williams, Frederick/Wilson, Robert H. (Hrsg.): Telecommunications Policy and Economic Development, The New State Role (N.Y. u.a. 1989).
Schmidt, Manfred G. (Hrsg.): Staatstätigkeit. Internationale und historisch vergleichende Studien, PVS Sonderheft 19 (1988).
Schuurman, Frans J., (Hrsg.): Beyond the Impasse. New Directions in Development Theory (London, New Jersey 1993).
Schwarz-Schilling, Christian/Florian, Winfried (Hrsg.): Jahrbuch der Deutschen Bundespost 37. Jg. (1986).
Scott, Michael S. (Hrsg.): The Corporation of the 1990s: Information Technology and Organizational Transformation (Oxford, N.Y. 1991).
Simma, Bruno (Hrsg.): Charta der Vereinten Nationen. Kommentar (München 1991).
Smith, Elmer V./Keenan, Stella (Hrsg.): Information, Communications and Technology Transfer, Proceedings of the forty-third FID Congress held in Montreal, Québec, Canada, 14-18 September 1986 (Amsterdam, N.Y., Oxford, Tokyo 1987).
Spiegel, Steven (Hrsg.): At Issue: Politics in the World Arena (N.Y. 1981).
Streißler, Erich (Hrsg.): Verhandlungen auf der Arbeitstagung der Gesellschaft für Wirtschafts- und Sozialwissenschaften in Graz vom 21.-23. September 1981, Information in der Wirtschaft (Berlin 1982).
Suleiman, Ezra N./Waterbury, Jon (Hrsg.): The Political Economy of Public Sector Reform and Privatization (Boulder, Westview 1990).
Summerton, Jane (Hrsg.): Changing Large Technical Systems (Boulder, Colorado 1994).

Thürer, Daniel/Kux, Stephan (Hrsg.): GATT 94 und die Welthandelsorganisation. Herausforderung für die Schweiz und Europa (Zürich, Baden Baden 1996).
Todd, Daniel: The World Electronics Industry (London 1990).

Traber, Michael (Hrsg.): The Myth of the Information Revolution; Social and Ethical Implications of Communications (London 1986).
Voigt, Rüdiger (Hrsg.): Recht als Instrument der Politik (Baden-Baden 1986).
Voigt, Rüdiger (Hrsg.): Abschied vom Staat - Rückkehr zum Staat (Baden-Baden 1993).
Weiler, Joseph H. H./Cassese, Antonio/Spinedi, Marina (Hrsg.): International Crimes of States (1989).
Wolf, Klaus Dieter (Hrsg.): Internationale Verrechtlichung, in: Zeitschrift für Rechtspolitologie (Pfaffenweiler 1993).
Wolfrum, Rüdiger (Hrsg.): Recht auf Information. Schutz vor Information, menschen- und staatsrechtliche Aspekte, Referate und Diskussionsbeiträge eines Symposiums des Instituts für Internationales Recht vom 21. bis 24. November 1984 in Kiel (1986).
Wolfrum, Rüdiger (Hrsg.): Handbuch Vereinte Nationen (München 1991).

IV. Artikel und Aufsätze

Abbate, Janet: The Internet Challenge: Conflict and Compromise in Computer Networking, in: *Jane Summerton (Hrsg.):* Changing Large Technical Systems (Boulder, Colorado 1994), S. 193-210.
Abbot, K. W.: The Trading Nations Dilemma: The Functions of the Law of International Trade, in: Harvard International Law Journal 26 (1985), S. 501-532.
Abdalla, Ismail: Heterogeneity and Differentiation. The End of Third World, in: Development Dialogue 2 (1978), S. 3-21.
Abdalla, Ismail: The Inadequacy and Loss of Legitimacy of the International Monetary Fund in: Development (Society for International Development, Rome) 22 (1980), S. 46-65.
Abugattas, Luis: Services as an Element of Co-operation and Integration Among Developing Countries: Implications for the Uruguay Round of Multilateral Trade Negotiations, in: United Nations Conference on Trade and Development (Hrsg.): Trade in Services: Sectoral Issues (N.Y. 1989), S. 431-483.
Adadja, G. D.: Benin's Experience in Improvement of the Telecommunication Network and Telecommunication Services, Doc. No. ATDC-90/14-E, African Telecommunication Development Conference (ATDC-90), Harare, Zimbabwe, 6-11 December 1990, Vol. II (ITU, Geneva, March 1991), S. 191-199.
Adeyemi, N. M., (sic): Information and Technology Transfer from the Advanced to Third World Countries of the West African Subregion, in: *Elmar V. Smith/Stella Keenan (Hrsg.):* Information, Communications and Technology Transfer (Amsterdam, N.Y., Oxford, Tokyo, 1987), S. 433-439.
Adler, Emanuel: Cognitive Evolution: A Dynamic Approach for the Study of International Relations and Their Progress, in: *Emanuel Adler/Beverly Crawford (Hrsg.):* Progress in Postwar International Relations (N.Y. 1991), S. 43-88.
Akwule, Raymond U.: Telecommunications in Nigeria, in: Telecommunications Policy 15 (1991), S. 241-247.

Albert, Hans: Erkenntnis, Recht und soziale Ordnung, in: ARSP Beiheft 44, Rechts- und Sozialphilosophie in Deutschland (1991), S. 16-29.

Albrecht, Ulrich/Hummel, Hartwig: "Macht", in: *Volker Rittberger (Hrsg.):* PVS Sonderheft 21/1990, Theorien der internationalen Beziehungen, S. 90-109.

Allott, Philip: Reconstituting Humanity - New International Law, in: European Journal of International Law 2 (1992), S. 219-252.

Altshuler, Alan: The Politics of Deregulation, in: *Harvey Sapolsky/W. Russel Neuman/Eli Noam/Rhonda Crane (Hrsg.):* The Telecommunications Revolution: Past, Present and Future (N.Y. 1992), S. 11-17.

Altvater, Elmar: Die Ökologie der neuen Welt(un)ordnung, in: Nord-Süd aktuell (1993), S. 72-84.

Altvater, Elmar: Operationsfeld Weltmarkt oder: Vom souveränen Nationalstaat zum nationalen Wettbewerbsstaat, in: Prokla 24 (1994), S. 517-547.

Altvater, Elmar: Grenzen der Globalisierung, Wegmarken einer Re-Regulierung globaler Prozesse, in: epd-Entwicklungspolitik 17/96, S. 40-47.

Amendola, Giovanni/Ferraiuolo, Angelo: Regulating Mobile Communications, in: Telecommunications Policy 19 (1995), S. 29-42.

Amin, Samir: Die neue kapitalistische Globalisierung. Die Herrschaft des Chaos, in: epd- Entwicklungspolitik 15/94, Dokumentation h-j.

Ammon, Peter: Internationale Politik und Revolution an der Wendemarke, in: Aussenpolitik 43 (1992), S. 115-121.

Antonelli, Cristiano: Technological Change and Multinational Growth in International Telecommunications Services, in: Review of Industrial Organization 10 (1995), S. 161-180.

Apety, Kouassi: Reflections on Investment, Doc. No. ATDC-90/5-E, African Telecommunication Development Conference (ATDC-90), Harare, Zimbabwe, 6-11 December 1990, Vol. II (ITU, Geneva, March 1991), S. 93-101.

Araki, Ichiro/Gabrielle Marceau: GATT/WTO and Managing International Trade Relations, in : *Jin-Young Chung (Hrsg.) :* Global Governance. The Role of International Institutions in the Changing World (1997), S. 187-252.

Arnold, Hans: Weltinnenpolitik - Weltordnung - Vereinte Nationen, in: *Jörg Calließ (Hrsg):* Loccumer Protokolle 21/93, Auf dem Wege zur Weltinnenpolitik. Vom Prinzip der nationalen Souveränität zur Notwendigkeit der Einmischung (Loccum 1994), S. 137-154.

Aronson, Jonathan D./Feketekuty, Geza: Meeting the Challenges of the World Information Economy, in: The World Economy 7 (1984), S. 63-86.

Asante: International Law and Investments, in: *Mohammed Bedjaoui (Hrsg.):* International Law: Achievements and Prospects (Paris 1991), S. 667-690.

Asfaw, Fikru: Management of Telecommunications in Ethiopia. Doc. No. ATDC-90/13-E, African Telecommunication Development Conference (ATDC-90), Harare, Zimbabwe, 6-11 December 1990, Vol. II (ITU, Geneva, March 1991), S. 175-189.

Atinc, Tamar: International Transactions in Services and Economic Development, in: Trade and Development 5 (1984), S. 141-214.

Austin, Ray: A View From Industry, in: *Juan F. Rada/G. Russel Pipe (Hrsg.):* Communication Regulation and International Business, Proceedings of a Workshop held at the International Management Institute (IMI), Geneva, Switzerland, April 1983 (North-Holland 1984), S. 175-191.

Awuku, Emmanuel Opuku: How do the Results of the Uruguay Round Affect the North South Trade?, in: Journal of World Trade 28 (1994), S. 75-93.

Axtmann, Roland: Kulturelle Globalisierung, kollektive Identität und demokratischer Nationalstaat, in: Leviathan 23 (1995), S. 87-101.

Ayish, Muhammad I.: International Communication in the 1990s: Implications for the Third World, in: International Affairs 68 (1992), S. 487-510.

Azzedine, A.,(sic): A Case for the Reform of Arabic Printing, in: *G. Russel Pipe/ A. A. M. Veenhuis (Hrsg.):* National Planning for Informatics in Developing Countries, Procedings of the IBI International Symposium, Baghdad, 2-6 November 1975, organized by National Computers Centre of Iraq-NCC (North-Holland 1986), S. 462-466.

Bachinger, Benedikt: Vom neuronalen Netz zum synergetischen Computer, Read my lips..., in: CeBIT 94, Beilage der Süddeutschen Zeitung Nr. 61, 15. März 1994, S. IX.

Bail, Christoph: Das Profil einer neuen Welthandelsordnung: Was bringt die Uruguay Runde? - Teil 1, in: EuZW 14/1990, S. 433-444; Teil 2, in: EuZW 14/1990, S. 465-475.

Bail, Christoph: What's Needed for the GATT After the Uruguay Round, Remarks, in: The American Society of International Law, Proceedings of the 86th Annual Meeting, Washington D.C., April 1-4, 1992, S. 69-77.

Balassa, Bela: Interest of Developing Countries in the Uruguay Round, in: The World Economy 11 (1988), S. 39-55.

Balassa, Bela: L'enjeu des négociations commerciales multilatérales pour les pays en développement, in: *Patrick Messerlin/François Vellas (Hrsg.):* Conflits et négociations dans le commerce international, l'Uruguay Round (Paris 1989), S. 35-54.

Balassa, Bela/Michalapoulos C.: Liberalizing Trade Between Developed and Developing Countries, in: Journal of World Trade Law 20 (1986), S. 8-10.

Balasubramanyam, V. N.: International Trade in Services, The Issue of Market Presence and Right of Establishment, in: *Peter Robinson/Karl P. Sauvant/Vishwas P. Govitrikar (Hrsg.):* Electronic Highway for World Trade. Issues in Telecommunication and Data Services (Boulder, San Francisco, London, 1989), S. 131-153.

Baldwin, David: Interdependence and Power. A Conceptual Analysis, in: International Organization 34 (1980), S. 471-506.

Baldwin, Robert: Toward More Efficient Procedures for Multilateral Trade Negotiations, in: Aussenwirtschaft 41 (1986), S. 379-394.

Baldwin, Robert E.: Multilateral Liberalization, in: *J. Michael Finger/Andrzej Olechowski (Hrsg.):* The Uruguay Round. A Handbook on the Multilateral Trade Negotiations. A World Bank Publication (Washington D.C. 1987), S. 37-44.

Ball, Stephen/Christopherson, Susan: Media Services: Considerations Relevant to Multilateral Trade Negotiations, in: *United Nations Conference on Trade and Development (Hrsg.):* Trade in Services: Sectoral Issues (N.Y. 1989), S. 249-308.

Ballreich, Hans: Wesen und Wirkung des Konsensus im Völkerrecht, in: Völkerrecht als Rechtsordnung. Internationale Gerichtsbarkeit. Menschenrechte. Festschrift für Hermann Mosler (1983), S. 1-24.

Bates, Benjamin J.: Information Systems and Society, Potential Impacts of Alternative Structures, in: Telecommunications Policy 15 (1991), S. 151-158.

Bayer, Joszef: Werte, Weltbilder und Lebensverhältnisse, in: *Jörg Calließ (Hrsg.):* Loccumer Protokolle 21/93, Auf dem Wege zur Weltinnenpolitik. Vom Prinzip der nationalen Souveränität zur Notwendigkeit der Einmischung (Loccum 1994), S. 41- 48.

Beaird, Richard C.: APEC After Seattle, in: Transnational Data and Communications Report (March/April 1994), S. 23-25, Paper presented at the Pacific Telecommunications Conference in Honolulu, January 16-20, 1994.

Becker, Dietrich: Die technische Realisierung von Interkonnektivität, in: Jahrbuch Telekommunikation und Gesellschaft 4 (1996), Öffnung der Telekommunikation: Neue Spieler - Neue Regeln, S. 151-161.

Bedjaoui, Mohammed: Poverty of the International Order, in: *Richard Falk/Friedrich Kratochwil/Saul H. Mendlovitz (Hrsg.):* International Law. A Contemporative Perspective (Boulder, London 1985), S. 152-163.

Bedjaoui, Mohammed/Thierry, Hubert: Future of International Law, in: *Mohammed Bedjaoui (Hrsg.):* International Law: Achievements and Prospects (Paris 1991), S. 1233-1244.

Beer, Barbro: Informatics in International Trade, in: Journal of World Trade Law 19 (1985), S. 570-578.

Bellers, Jürgen/Häckel, Erwin: Theorien internationaler Integration und internationaler Organisationen, in: *Volker Rittberger(Hrsg.):* PVS Sonderheft 21/1990, Theorien der internationalen Beziehungen, S. 286- 310.

Benedek, Wolfgang: The Future of Multilateralism in the GATT Legal Order - Selective versus Global Approaches, in: *Thomas Oppermann/Josef Molsberger (Hrsg.):* A New GATT for the Nineties and Europe '92. International Conference held in Tübingen 25-27 July 1990 (Baden-Baden 1991), S. 397-406.

Benedek, Wolfgang: Die neue Welthandelsorganisation (WTO) und ihre internationale Stellung, in: Vereinte Nationen 43 (1995), S. 13-19.

Bengoetxea, Joxerramon: Legal System as a Regulative Ideal, in: ARSP Beiheft 53 (1994), Praktische Vernunft und Rechtsanwendung, S. 65-80.

Benz, Arthur: Mehrebenen-Verflechtung: Verhandlungsprozesse in verbundenen Entscheidungsarenen, in: *Arthur Benz/Fritz W. Scharpf/Reinhard Zintl:* Horizontale Politikverflechtung. Zur Theorie von Verhandlungssystemen (1992), S. 145-205.

Benz, Steven F.: Trade Liberalization and the Global Service Economy, in: Journal of World Trade Law 19 (1985), S. 95-120.

Berg, Terrence G.: Trade in Services: Toward a "Development Round" of GATT Negotiations Benefiting Both Developing and Industrialized States, in: Harvard International Law Journal 28 (1987), S. 1-30.

Berg, R. van den: "Humane Internationalism" in a North-South Perspective, in: Development and Change 23 (1992), S. 169-204.

Berndt, Wolfgang: Die Bedeutung der Standardisierung im Telekommunikationsbereich für Innovation, Wettbewerb und Welthandel, in: *Christian Schwarz-Schilling/Winfried Florian (Hrsg.):* Jahrbuch der Deutschen Bundespost 37. Jg. 1986, S. 87-117.

Bergsman, Michael: Special Report, Inside U.S. Trade, April 30, 1996.

Berke, Jürgen: Monopole unter sich, in: Wirtschaftswoche Nr. 12, 18.3.1994, S. 88-91.

Berthelot, Yves: Plus d'obligations, moins d'incertitudes: les pays au développement et l'Uruguay Round, in: Politique Etrangère 1993, S. 351-366.

Besen, Stanley M.: The European Telecommunications Standards Institute, A Preliminary Analysis, in: Telecommunications Policy 14 (1990), S. 521-530.
Besen, Stanley M./Farrell, Joseph: The Role of the ITU in Standardization, in: Telecommunications Policy 15 (1991), S. 311-321.
Betz, Joachim: Arbeitslosigkeit und Beschäftigungsstrategien in der Dritten Welt, in: Jahrbuch Dritte Welt (1996), S. 81-101.
Betz, Joachim: Ressourcentransfer und externe Verschuldung, in: *Opitz, Peter J. (Hrsg.):* Grundprobleme der Entwicklungsregionen. Der Süden an der Schwelle zum 21. Jahrhundert (1997), S. 206-224.
Beyme, Klaus von: Theorie der Politik im Zeitalter der Transformation, in: *Klaus von Beyme/Claus Offe (Hrsg.):* Politische Theorien in der Ära der Transformation, PVS Sonderheft 26/1995, S. 9-29.
Bhagirath, L.: The GATT Ministerial Meeting 1982, in: Journal of World Trade Law 18 (1994), S. 3-15.
Bhagwati, Jagdish: Splintering and Disembodiment of Services and Developing Nations, in: The World Economy 7 (1984), S. 133-144.
Bhagwati, Jagdish: Why are Services Cheaper in the Poor Countries, in: Economic Journal 94 (1984), S. 279-286.
Bhagwati, Jagdish N.: Trade in Services and the Multilateral Trade Negotiations, in: The World Bank Economy Review 1 (1987), S. 549-569.
Bhagwati, Jagdish: Services, in: *J. Michael Finger/Andrzej Olechowski (Hrsg.):* The Uruguay Round. A Handbook on the Multilateral Trade Negotiations. A World Bank Publication (Washington D.C. 1987), S. 207-216.
Bhagwati, Jagdish N.: International Trade in Services and Its Relevance for Economic Development, in: *Orio Giarini (Hrsg.):* The Emerging Service Economy (Oxford 1987), S. 3-34.
Bhaskar, Venkataraman: Privatization in Developing Countries: Theoretical Issues and the Experience of Bangladesh, in: UNCTAD Review No. 4 (1993), S. 83-98.
Bishop, Veronique/Mody, Ashoka: Den Wettbewerb im Bereich der Telekommunikation nutzen, in: Finanzierung und Entwicklung (Juni 1995), S. 39-42.
Bitar, S.: Neo-conservatism versus Neo-structuralism in Latin America, in: CEPAL Review 34 (1988), S. 45-62.
Bizer, Johann: Schutz der Vertraulichkeit in der Telekommunikation, in: Kritische Justiz 28 (1995), S. 450-465.
Bizer, Johann: Telekommunikation und innere Sicherheit, in: Jahrbuch Telekommunikation und Gesellschaft 4 (1996), Öffnung der Telekommunikation: Neue Spieler - Neue Regeln, S. 387-390.
Blackman, Colin R.: Comment: Universal Service: Obligation or Opportunity?, in: Telecommunications Policy 19 (1995), S. 171-176.
Blankart, Franz: Das Ergebnis der Uruguay-Runde: ein historischer Markstein, Schlusstein oder Startblock, in: Aussenwirtschaft 49 (1994), S. 17-29.
Blanke, Thomas: Verrechtlichung von Wirtschaft, Arbeit und sozialer Solidarität, in: Kritische Justiz 21 (1988), S. 190-200.
Bocker, Peter: "Added Values" in offener Kommunikation, in: Münchner Kreis, Dokumentation der Fachkonferenz "Value Added Services" am 18. Juli 1986, S. 126-142.
Bodemer, Klaus: Süd-Süd-Beziehungen, in: Pipers Wörterbuch der Politik (hrsg. von *Dieter Nohlen*), Band 6 (München, Zürich 1987), S. 569-575.

Boeckh, Andreas: Entwicklungstheorien: Eine Rückschau, in: *Dieter Nohlen/Franz Nuscheler (Hrsg.):* Handbuch der Dritten Welt (Bd. 1), Grundprobleme, Theorien, Strategien (Bonn 1993), S. 110-130.

Böhret, Claus/Wever, Göttrik (Hrsg.): Regieren im 21. Jahrhundert. Zwischen Globalisierung und Regionalisierung (Opladen 1993).

Börnsen, Arne: Zur Diskussion des neuen Telekommunikationsgesetzes – Liberalisierung und Universal Services: Widerspruch oder Zukunftsperspektive, in: Jahrbuch Telekommunikation und Gesellschaft 4 (1996), Öffnung der Telekommunikation: Neue Spieler - Neue Regeln, S. 223-226.

Bogdandy, Arnim von: Eine Ordnung für das GATT, in: Recht der internationalen Wirtschaft 37 (1991), S. 55-61.

Bohm, Jürgen: Mehrwertdienste heute in der Bundesrepublik Deutschland, in: Münchner Kreis, Dokumentation der Fachkonferenz "Value Added Services" am 18. Juli 1986, S. 91-114.

Bonder, Michael/Röttger, Bernd: Eine Welt für alle? Überlegungen zu Ideologie und Realität von Fraktionierung und Vereinheitlichung im globalen Kapitalismus, in: Nord-Süd aktuell (1993), S. 60-71.

Borchmann, Michael: GATT: Uruguay-Runde in entscheidender Phase, in: EuZW 11 (1990), S. 339-341.

Bortnick, Jane: International Information Flow: The Developing World Perspective, in: Cornell Law Journal 14 (1981), S. 335-337.

Bortnick, Jane: Information Technology and the Developing World: Opportunities and Obstacles, in: The Information Society Journal 2 (1983), S. 157-170.

Bothe, Michael: Grenzüberschreitende Telekommunikation, in: *Joachim Scherer (Hrsg.):* Telekommunikation und Wirtschaftsrecht (Köln 1988), S. 221-255.

Bothe, Michael/Heun, Sven-Erik/Lohmann, Torsten: Rechtsfragen des Errichtens und Betreibens von Fernmeldeanlagen, in: Archiv PT1/95, S. 5-31.

Bouzaher, Ms.: Procurement Policy for Informatics, in: *G. Russel Pipe/A. A. M. Veenhuis (Hrsg.):* National Planning for Informatics in Developing Countries, Proceedings of the IBI International Symposium, Baghdad, 2-6 November 1975 (North-Holland 1986), S. 113-117.

Boyle, James: Ideals and Things: International Legal Scholarship and the Prison House of Language, in: Harvard International Law Journal 26 (1985), S. 333-336.

Branscomb, Anne W.: Legal Rights of Access to Transnational Data, in: *Peter Robinson/Karl P. Sauvant/Vishwas P. Govitrikar (Hrsg.):* Electronic Highway for World Trade. Issues in Telecommunication and Data Services (Boulder, San Francisco, London 1989), S. 287-304.

Braun, Dietmar: Steuerungstheorien, in: *Rainer-Olaf Schultze/Dieter Nohlen (Hrsg.):* Politische Theorien, in: Lexikon der Politik Bd. 1 (München 1995), S. 611-618.

Braun, Gerald/Rösel, Jakob: Kultur und Entwicklung, in: *Dieter Nohlen/Franz Nuscheler (Hrsg.):* Handbuch der Dritten Welt (Bd. 1), Grundprobleme, Theorien, Strategien (Bonn 1993), S. 250-268.

Bressand, Albert: Access to Networks and Services Trade: The Uruguay Round and Beyond, in: *United Nations Conference on Trade and Development (Hrsg.):* Trade in Services: Sectoral Issues (N.Y. 1989), S. 215-247.

Briesemeister, Jane/Horrigan, John: Conclusion: Perspectives on the New State Role, in: *Jürgen Schmandt/Frederick Williams/Robert H. Wilson (Hrsg.):*

Telecommunications Policy and Economic Development, The New State Role (N.Y. u.a. 1989), S. 267-282.
Brock, Gerald W.: Universal Service with Extensive Competition, in: *James Miller (Hrsg.):* Telecommunications and Equity; Policy Research Issues (North-Holland 1986), S. 205-212.
Brock, Lothar: Umrisse einer neuen Weltordnung. Wie verändert sich die politische Weltkarte?, in: *Calließ, Jörg/Moltmann Bernhard (Hrsg.):* Einführung, in: Jenseits der Bipolarität: Aufbruch in eine "Neue Weltordnung", Loccumer Protokolle 9/92 (Loccum 1992), S. 31-43.
Brock, Lothar: Historische Ausgliederung? Die Dritte Welt im Umbruch der Weltwirtschaft, in: Entwicklung und Zusammenarbeit 36 (1995), S. 110-111.
Brock, Lothar/Mathias, Albert: Entgrenzung der Staatenwelt. Zur Analyse weltgesellschaftlicher Entwicklungstendenzen, in: Zeitschrift für internationale Beziehungen 2 (1995), S. 259-285.
Brohman, John: Economic and Critical Silences in Development Studies: A Theoretical Critique of Neoliberalism, in: Third World Quarterly 16 (1995), S. 297-318.
Brohman, John: Universalism, Eurocentrism, and Ideological Bias in Development Studies: From Modernisation to Neoliberalism, in: Third World Quarterly 16 (1995), S. 121-140.
Bronckers, Marco C.E.J./Larouche, Pierre: Telecommunications Services and the World Trade Organization, in : Journal of World Trade, Vol. 31 (1997), S. 5-48.
Brophy, Theodore F.: Towards a National Telecommunications Policy: Bypass, End-user Charges and Intercity Competition, in: *James Miller (Hrsg.):* Telecommunications and Equity, Policy Research Issues (North-Holland 1986), S. 87-91.
Brown, Drusilla/Deardorff, Alan V./Fox, Alan K./Stern, Robert M.: Computational Analysis of Goods and Services Liberalization in the Uruguay Round, in: *Will Martin/A. Alan Winters (Hrsg.):* World Bank Discussion Papers No. 307, The Uruguay Round and the Developing Economies (Washington DC. 1995), S. 365-380.
Brown, Walter: Telecommunication Network Development in Africa. The State of Development and Operation of African Telecommunication Networks, Document No. ATDC.90/1-E, S. 1-38.
Brunner, Karl: The Perception of Man and Justice and the Conception of Political Institutions, in: *Fritz Machlup/Gerhard Fels/Hubertus Müller-Groeling (Hrsg.):* Reflections on a Troubled World Economy, Essays in Honour of Herbert Giersch (N.Y 1983), S. 327-355.
Brusick, Philippe/Gibbs, Murray/Mashayekhi, Mina: Anti-Competitive Practices in the Services Sector, in: United Nations Conference on Trade and Development, Uruguay Round: Further Papers on Selected Issues, UNCTAD/UNDP MTN Technical Assistance Project for Developing Countries in the Asia-Pacific Region (N.Y. 1990), S. 129-156.
Bryant, John: The Need for Equity in Telecommunications, in: *James Miller (Hrsg.):* Telecommunications and Equity, Policy Research Issues (North-Holland 1986), S. 93-99.
Büllesbach, Alfred/Müller, Roland: Schutz weltweiter Corporate Networks, in: Jahrbuch Telekommunikation und Gesellschaft 4 (1996), Öffnung der Telekommunikation: Neue Spieler - Neue Regeln, S. 187-193.

Bülow, Dieter: "Zauberwort" für Supercomputer, in: CeBIT, Beilage der Süddeutschen Zeitung Nr. 61, 15. März 1994, S. IX.

Bulajic, Milan: Commercial Relations, in: *Mohammed Bedjaoui (Hrsg.):* International Law: Achievements and Prospects (Paris 1991), S. 633-642.

Butler, Richard E.: The International Telecommunication Union and the Formulation of Information Transfer Policy, in: *Juan F. Rada/G. Russel Pipe (Hrsg.):* Communication Regulation and International Business, Proceedings of a Workshop held at the International Management Institute (IMI), Geneva, Switzerland, April 1983 (North-Holland 1984), S. 71-91.

Butler, Richard E.: The Role of ITU: Future Co-operation, in: Telecommunications Journal 55 (1988), S. 263 ff.

Calließ, Jörg/Moltmann, Bernhard: Einführung, in: Jenseits der Bipolarität: Aufbruch in eine "Neue Weltordnung", Loccumer Protokolle 9/92 (Loccum 1992), S. 9-26.

Carty, Anthony: Critical International Law: Recent Trends in the Theory of International Law, in: European Journal of International Law 2 (1991), S. 66-96.

Castells, Manuel: Hochtechnologie, Weltmarktentwicklung und strukturelle Transformation, in: Prokla 71 (1988), S. 118-143.

Chakravaty, S.: Development Strategies for Growth with Equity: The South Asian Experience, in: Asian Development Review 8 (1990), S. 13-159.

Chaput, Gilles/Amon, Benjamin: Y-a-t-il analogie entre le transfert des données et le transfert de la technologie?, in: *Elmer V. Smith/Stella Keenan (Hrsg.):* Information, Communications and Technology Transfer (Amsterdam, N.Y., Oxford, Tokyo, 1987), S. 427-432.

Christopherson, Susan/Ball, Stephen: Media Services: Considerations Relevant to Multilateral Trade Negotiations, in: *United Nations Conference on Trade and Development (Hrsg.):* Trade in Services: Sectoral Issues (N.Y. 1989), S. 249-308.

Clark, Peter/Burn, Peter: Canada-United States Free Trade Agreement and Its Impact on Developing Countries, in: UNCTAD/UNDP Uruguay Round, Further Papers on Selected Issues (N.Y. 1990), S. 261-316.

Clegg, John M.: A Proposed New Service for Residential Customers, in: Telecommunications Policy 19 (1995), S. 61-68.

Cline, William R.: Evaluating the Uruguay Round, in: The World Economy 18 (1995), S. 1-23.

Codacovi, Lawrence: WATTC: Impact on Services, in: Transnational Data & Communication Report (Springfield VA) USA), June/July 1989 (Teleclipping ITU, No. 856, September 1989, S. 10-12).

Codding Jr., George A.: The Glodom Alternative, Domestic Satellites Systems for Developing Countries, Space Policy, Guildford, Surrey (UK), August 1989 (Teleclippings, No. 856, 4 Sept.1989, S. 18-23).

Codding, George A.: The ITU Structure, in: The 1989 ITU Plenipotentiary Conference, Reforming the Global Network (Genf 1989), S. 17-24.

Codding Jr., George A.: The Nice ITU Plenipotentiary Conference, in: Telecommunications Policy 14 (1990), S. 139-149.

Codding Jr., George A.: Evolution of the ITU, in: Telecommunications Policy 15 (1991), S. 271-285.

Codding Jr., George A.: Introduction, in: Telecommunications Policy 15 (1991), S. 267.

Codding, George A./Gallegos, Dan: The ITU's 'Federal' Structure, in: Telecommunications Policy 15 (1991), S. 351-363.
Cohen Michael/Morante, Thomas: Elimination of Nontariff Barriers to Trade in Services, Recommendations for Future Negotiations, in: Law and Policy in International Business 13 (1981), S. 495-519.
Collins-Williams, Terry/Salembier, Gerry: International Disciplines on Subsidies, in: Journal of World Trade Law 30 (1996), S. 5-17.
Compaine, Benjamin: Shifting Boundaries in the Information Marketplace, in: Journal of Communication 31 (1981), S. 132-142.
Conford, Andrew J.: Some Notes on Proposed New International Regimes for Foreign Investment and Services, in: UNCTAD Review 1989, Vol. 1, S. 17-28.
Conruyt, Pierre-Yves, D.: Télécommunications audiovisuelles, in: Encyclopedia Universalis 17 (1985), S. 824-829.
Cooper, Richard N.: Worldwide versus Regional Integration: Is there an Optimum Size of the Integrated Area?, in: *Fritz Machlup (Hrsg.),* Economic Integration, Worldwide, Regional, Sectoral, Proceedings of the Fourth Congress of the International Economic Association held in Budapest, Hungary (London 1986), S. 41-53.
Cooper, Richard: Why Liberalization Meets Resistance, in: *J. Michael Finger/Andrzej Olechowski (Hrsg.):* The Uruguay Round. A Handbook on the Multilateral Trade Negotiations, A World Bank Publication (Washington D.C. 1987), S. 22-28.
Courrier, Yves: Besoins, Stratégies et objectifs de formation dans le domaine des technologies de l'information pour les pays en développement, in: *Smith, Elmer V./Keenan, Stella (Hrsg.):* Information, Communications and Technology Transfer, Proceedings of the forty-third FID Congress held in Montreal, Québec, Canada, 14-18 September 1986 (Amsterdam, N.Y., Oxford, Tokyo 1987), S. 21-31.
Cowhey, Peter F.: The International Telecommunications Regime: The Political Roots of Regimes for High Technology, in: International Organization 44 (1990), S. 170-199.
Cowhey, Peter F.: Telecommunications and Foreign Economic Policy, S. 289-358 (Manuskript).
Cowhey, Peter/Aronson, Jonathan D.: The ITU in Transition, in: Telecommunications Policy 15 (1991), S. 298-310.
Cox, Robert: The Crisis in World Order and the Problem of International Organization in the 1980s, in: International Journal 35 (1980), S. 385-424.
Croll, Jutta: Zum Stand der Debatte über den Universal Service in der Europäischen Kommission, in: Jahrbuch für Telekommunikation und Gesellschaft 4 (1996), Öffnung der Telekommunikation: Neue Spieler - Neue Regeln, S. 253-256.
Cronin, Francis J./Parker, Edwin B./Colleran, Elisabeth K./Gold, Mark A.: Telecommunications Infrastructure and Economic Growth, An Analysis of Causality, in: Telecommunications Policy 15 (1991), S. 529-535.
Curzon Price, Victoria: Treating Protection as a Pollution Problem or How to Prevent GATT's Retreat from Multilateralism, in: *Thomas Oppermann/Josef Molsberger (Hrsg.):* A New GATT for the Nineties and Europe '92. International Conference held in Tübingen 25-27 July 1990 (Baden-Baden 1991), S. 21-32.
Curzon, Gerard/Curzon, Victoria: Defusing Conflict between Traders and NonTraders, in: The World Economy 9 (1986), S. 19-35.

Czempiel, Ernst-Otto: Die Intervention, Politische Notwendigkeit und strategische Möglichkeiten, in: PVS 35 (1994), S. 402-422.

Danzin, André: Techniques de l'information et comportements nouveaux de l'homme, in: CADMOS 49 (1990), S. 63-75.

Das, B. L.: Introduction, in: United Nations Conference on Trade and Development *(Hrsg.):* Trade in Services: Sectoral Issues (N.Y. 1989), S. xxi-xxx.

Decornoy, Jaques: Aux ordres du Nord, l'ordre de l'information, in: Le monde diplomatique, Mai 1991, S. 12-13.

De Dreu, Carsten K. W.: Coercive Power and Concession Making in Bilateral Negotiation, in: The Journal of Conflict Resolution 39 (1995), S. 646-670.

Dell, Sidney: Services: National Objectives, in: *Peter Robinson/Karl P. Sauvant/ Vishwas P. Govitrikar (Hrsg.):* Electronic Highway for World Trade. Issues in Telecommunication and Data Services (Boulder, San Francisco, London 1989), S. 43-70.

Delli Carpini, Michael X./Singh, Indu B.: Telematics and the Political Process, in: Telematics and Informatics 1 (1984), S. 281-294.

Dewitz, Wedige von: The Legal and Economic Problems of Making GATT Rules Applicable to Telecommunications Services, in: *Ernst-Joachim Mestmäcker (Hrsg.):* The Law and Economics of Transborder Telecommunications, A Symposium (Baden-Baden 1987), S. 317-346.

Dholakia, Ruby Roy/Dholakia, Nikhilesh: Deregulation Markets and Fast-changing Technology, in: Telecommunications Policy 18 (1994), S, 21-31.

Dicke, Klaus: Völkerrechtspolitik und internationale Rechtsetzung. Grundlagen-Verfahren - Entwicklungstendenzen, in: Zeitschrift für Gesetzgebung 3 (1988), S. 193-224.

Dillon, Thomas J. Jr.: The World Trade Organization: A New Legal Order for World Trade?, in: Michigan Journal of International Law 16 1995), S. 349-402.

Dizard, Wilson: Reforming the CCIs, in: The 1989 ITU Plenipotentiary Conference, Reforming the Global Network (Genf 1989), S. 40-41.

Dizard, Wilson P.: U.S. Competitiveness in International Information Trade, in: The Information Society 2 (1984), S. 179-216.

Dörrenbächer, Christoph/Fischer, Oliver: Handel mit informationsintensiven Dienstleistungen: neue Perspektiven für die internationale Arbeitsteilung und Handelspolitik, in: Vierteljahresberichte Heft 122 (1990), S. 393-402.

Dörrenbächer, Christoph/Fischer, Oliver: Telecommunications in the Uruguay Round, in: Intereconomics, Review of International Trade and Development 25 (1990), S. 185-192.

Dolata, Ulrich: Ein staatlich geschützter Irrtum weltmarktorientierter Modernisierungspolitik, in: *Herbert Kubicek (Hrsg.):* Telekommunikation und Gesellschaft, Kritisches Jahrbuch der Telekommunikation (1991), S. 181-200.

Doll, Roland: Wirtschafts- und ordnungspolitische Entscheidungen im Bereich der Telekommunikation in Deutschland 1995, in: Jahrbuch Telekommunikation und Gesellschaft 4 (1996), S. 366-372.

Dolzer, Rudolf: The Philosophy of the Declaration of Punta del Este, in: *Thomas Oppermann/Josef Molsberger (Hrsg.):* A New GATT for the Nineties and Europe '92. International Conference held in Tübingen 25-27 July 1990 (Baden-Baden 1991), S. 33-41.

Donges, Juergen B.: Nach der Uruguay-Runde: Alte und neue Bedrohungen für den freien Handel, in: Zeitschrift für Wirtschaftspolitik 44 (1995), S. 209-230.

Dordick, Herbert S.: The Origins of Universal Service, History as a Determinant of Telecommunications Policy, in: Telecommunications Policy 14 (1990), S. 223-231.

Drake, N.: Ideas, Interests and Institutionalization, in: International Organization 44 (1992), S. 37-100.

Drake, William J.: WATTC-88, Restructuring the International Telecommunication Regulations, in: Telecommunications Policy 12 (1988), S. 217-233.

Drake, William: The CCITT: Time for Reform?, in: The 1989 ITU Plenipotentiary Conference, Reforming the Global Network (Genf 1989), S. 28-43.

Drake, William/Nicolaidis, Kalypso: Institutionalization: "Trade in Services" and the Uruguay Round, in: International Organization 46 (1992), S. 37-100.

Dunning, J. H.: The Global Economy, Domestic Governance, Strategies and Transnational Corporations: Interactions and Policy Implications, in: Transnational Corporations 1 (1992), S. 7-45.

Dupont, Alain: Télécommunications, C. Téléinformatique, in: Encyclopedia Universalis 17 (1985), S. 820-824.

Ebenroth, Carsten Thomas: Visionen für das internationale Wirtschaftsrecht, in: RIW/AWD 41 (1995), S. 1-11.

Efinger, Manfred/Rittberger, Volker/Wolf, Klaus Dieter/Zürn, Michael: Internationale Regime und internationale Politik, in: *Volker Rittberger (Hrsg.):* PVS Sonderheft 21/1990, Theorien der internationalen Beziehungen, S. 263-285.

Egan, Bruce L.: Building Value Through Telecommunications, Regulatory Roadblocks on the Information Superhighway, in: Telecommunications Policy 18 (1994), S. 573-587.

Egan, Bruce L./Wildman, Steven S.: Funding the Public Telecommunications Infrastructure, in: Telematics and Informatics 11 (1994), S. 193-203.

Eger, John M.: The Global Phenomenon of Teleinformatics: An Introduction, in: Cornell International Law Journal 14 (1981), S. 203-236.

Ehlermann, Claus Dieter: Die Rolle der Wettbewerbspolitik in einer globalen Wirtschaft, in: OECD Dokumente, Neue Dimensionen des Marktzugangs im Zeichen der wirtschaftlichen Globalisierung (Paris 1996), S. 147-153.

Eicher, Lawrence: Technical Regulations and Standards, in: *J. Michael Finger/Andrzej Olechowski (Hrsg.):* The Uruguay Round. A Handbook on the Multilateral Trade Negotiations, A World Bank Publication (Washington D.C. 1987), S. 137-142.

Elixmann, Dieter: Internationale Konsortien als neue Spieler in einem liberalisierten Telekommunikationsmarkt, in: Jahrbuch Telekommunikation und Gesellschaft 4 (1996), Öffnung der Telekommunikation: Neue Spieler - Neue Regeln, S. 50-64.

Elsenhans, Hartmut: Globalisation: Myth and Real Challenges, in: Journal of the Third World Spectrum Vol. 4 (1997), S.1-22.

Elsenhans, Hartmut: Mythos Weltgesellschaft, in: epd-Entwicklungspolitik 18/96 September, S. 15-23.

Engel, Christoph: Das Völkerrecht des Telekommunikationsvorgangs, in: Rabels Zeitschrift für ausländisches und internationales Privatrecht 49 (1985), S. 90-120.

Engel, Christoph: Is Trade in Services Specific?, in: *Thomas Oppermann/Josef Molsberger (Hrsg.):* A New GATT for the Nineties and Europe '92. International Conference held in Tübingen 25-27 July 1990 (Baden-Baden 1991), S. 213-219.

Engels, Benno: Was bedeutet Marrakesch für Entwicklungsländer?, in: Nord-Süd aktuell (1994), S. 55-62.

Engels, Benno: Das GATT und die Entwicklungsländer - Was brachte die Uruguay-Runde?, in: Jahrbuch Dritte Welt (1995), S. 30-46.

Epstein, Gary: Wortbeitrag zum Symposium: Telecommunications in the '90s - From Wasteland to Global Network, Boston University School of Law, April 2, 1993, S. 158-164.

Ernberg, Johan: Development and Management of Human Resources in Africa, Doc. ATDC-90/19-E, Doc. ATDC-90/15-E, African Telecommunication Development Conference (ATDC-90), Harare, Zimbabwe, 6-11 December 1990, Vol. II (ITU, Geneva, March 1991), S. 327-347.

Escarabajal, Georges: Télécommunications, télégraphe, téléimprimeur, télex, in: Encyclopedia Universalis 17 (1985), S. 816-820.

Estache, Antonio: Die Kommerzialisierung öffentlicher Infrastruktureinrichtungen, in: Finanzierung und Entwicklung (September 1994), S. 22-25.

Ewing, A. F.: Why Freer Trade in Services is in the Interest of Developing Countries, in: Journal of World Trade Law 19 (1985), S. 147-169.

Farkas-Conn, Irene S.: Policies, Practices and Prejudices, Human Aspects of Information and Technology Transfer, in: *Elmer V. Smith/Stella Keenan (Hrsg.):* Information, Communications and Technology Transfer Amsterdam, Proceedings of the forty-third FID Congress held in Montreal, Québec, Canada, 14-18 September 1986 (N.Y., Oxford, Tokyo 1987), S. 337-342.

Fastenrath, Ulrich: Relative Normativity in International Law, in: European Journal of International Law 4 (1993), S. 306-325.

Faure, Guy-Olivier: Théories de la négociation: l'état présent, in: *Patrick Messerlin/François Vellas (Hrsg.):* Conflits et négociations dans le commerce international, L'Uruguay Round (Paris, Economica 1989), S. 129-145.

Feigenbaum, Harvey B./Henig, Jeffrey R.: The Political Underpinnings of Privatization, in: World Politics 46 (1994), S. 185-208.

Feketekuty, Geza: International Network Competition in Telecommunications, in: *Peter Robinson/Karl P. Sauvant/Vishwas P. Govitrikar (Hrsg.):* Electronic Highway for World Trade. Issues in Telecommunication and Data Services (Boulder, San Francisco, London 1989), S. 257-285.

Feketekuty, Geza/Aronson, Jonathan D.: Meeting the Challenges of the World Information Economy, in: World Economy 7 (1984), S. 63-85.

Feketekuty, Geza/Aronson, Jonathan David: Restrictions on Trade in Communication and Information Services, in: Michigan Yearbook of International Legal Studies, Regulation of Transnational Communications (1984), S. 145-167.

Feketekuty Geza/Hauser, Kathryn: A Trade Perspective on International Telecommunication Issues, in: Telematics and Informatics 1 (1984), S. 359-369.

Ferschl, Franz: Entscheidungstheoretische Grundlagen der Informationsökonomik, in: *Erich Streißler (Hrsg.):* Verhandlungen auf der Arbeitstagung der Gesellschaft für Wirtschafts- und Sozialwissenschaften in Graz vom 21.-23. September 1981, Information in der Wirtschaft (Berlin 1982), S. 35-78.

Finger, Michael/Holmes, Paula: Unilateral Liberalization and the MTNs, in: *J. Michael Finger/Andrzej Olechowski (Hrsg.):* The Uruguay Round. A Handbook on the

Multilateral Trade Negotiations, A World Bank Publication (Washington D.C. 1987), S. 52-58.
Finlayson, Jock A./Zacher, Mark W.: International Trade Institutions and the North/South Dialogue, in: International Journal (Canadian Institute of International Affairs) 36 (1981), S. 732-765.
Fischer, Wolfram: Markt- und Informationsnetze in der (neuzeitlichen) Wirtschaftsgeschichte des atlantischen Raums, in: *Erich Streißler (Hrsg.):* Verhandlungen auf der Arbeitstagung der Gesellschaft für Wirtschafts- und Sozialwissenschaften in Graz vom 21.-23. September 1981, Information in der Wirtschaft (Berlin 1982), S. 337-359.
Flory, Maurice: New GATT and New International Economic Order, in: *Thomas Oppermann/Josef Molsberger (Hrsg.):* A New GATT for the Nineties and Europe 92 (Baden-Baden 1991), S. 387-395.
Foley, Theresa: LEO Satellites Projects, Hopes Soar, in: Telecom 95 Daily, 5. Okt. 1995.
Forner, Helmut: Value Added Services - Eine Erweiterung der Computer-Anwendungen, in: Münchner Kreis, Dokumentation der Fachkonferenz "Value Added Services" am 18. Juli 1986, S. 115-121.
Forschungsgruppe Weltgesellschaft, (Mathias Albert/Lothar Brock/Hilmar Schmidt/ Christoph Weller/Klaus Dieter Wolf): Weltgesellschaft: Identifizierung eines Problems, in: PVS 37 (1996), S. 5-26.
Fowler, H. H.: International Economic Relations and the Rule of Law, in: American Society of International Law, Proceedings 61 (1967), S. 239.
Fox, Eleanor: Wettbewerbsrecht und kommende Agenda der WTO, in: OECD Dokumente, Neue Dimensionen des Marktzugangs im Zeichen der wirtschaftlichen Globalisierung (Paris 1996), S. 207-229.
Franck, Thomas: Legitimacy in the International System, in: American Journal of International Law 82 (1988), S. 705-759.
Frank, Andre Gunnar: The Development of Underdevelopment, in: Monthly Review 9 (1966), S. 17-30.
Freeman, Peter: Training Software Designers: Lessons From a Development Project, in: *G. Russel Pipe/A. A. M. Veenhuis (Hrsg.):* National Planning for Informatics in Developing Countries, Proceedings of the IBI International Symposium Baghdad, 2-6 November 1975 (North-Holland 1986), S. 232-251.
Freeman, Harry L.: A User's View of International Communications, in: *Juan F. Rada/ G. Russel Pipe (Hrsg.):* Communication Regulation and International Business, Proceedings of a Workshop held at the International Management Institute (IMI), Geneva, Switzerland, April 1983 (North-Holland 1984), S. 193-203.
Freytag, Andreas: Die Ursachen des Staatsversagens, Zum Verhältnis von Markt und Staat im Entwicklungsprozeß, in: Entwicklung und Zusammenarbeit 36 (1995), S. 143-145.
Frieden, Rob: Universal Personal Communications in the New Telecommunications World Order. Access to Wireline Networks, in: Telecommunications Policy 19 (1995), S. 43-49.
Frieden, Robert M.: Can the FCC's Carrier Concept Gain International Acceptance, in: Telematics, The International Journal of Communications Business and Regulation 6 (1989), S. 8-15.

Friman, H. Richard: Side-Payments versus Security Cards: Domestic Bargaining Tactics, S. 387-410.
Frowein, J. A.: Die völkerrechtliche Kontroverse zwischen Informationsfreiheit und der domaine réservé, in: Berichte der Deutschen Gesellschaft für Völkerrecht 19 (1979), S. 1-38.
Frowein, Jochen Abraham: The Internal and External Effects of Resolutions by International Organizations, in: Zeitschrift für ausländisches und öffentliches Recht und Völkerrecht 49 (1989), S. 788-790.
Fuchs, Gerhard: Telekommunikation - Der Weg von nationaler zu internationaler Regulierung, in: *Klaus Dieter Wolf (Hrsg.):* Internationale Verrechtlichung, in: Zeitschrift für Rechtspolitologie (Pfaffenweiler 1993), S. 207-225.
Fuhr, Joseph P.: Telephone Subsidization of Rural Areas in the USA, in: Telecommunications Policy 14 (1990), S. 183-188.

Gabel, Peter/Harris, Paul: Building Power and Breaking Images: Critical Legal Theory and the Practice of Law, in: *James Boyle (Hrsg.):* Critical Legal Studies (Dartmouth, Aldershot, Hong Kong, Singapore, Sydney 1992), S. 363-405.
Gallarotti, Giulio M.: The Limits of International Organization: Systematic Failure in the Management of International Relations, in: International Organization 45 (1991), S. 183-220.
Galtung, Johan: A Structural Theory of Imperialism, in: Journal of Peace Research 2 (1971), S. 81-94.
Gandy, Oscar H.: Inequality: You Don't Even Notice it After a While, in: *James Miller (Hrsg.):* Telecommunications and Equity (North-Holland 1986), S. 9-19.
Garfinkel, Lawrence: The Transition to Competition in Telecommunication Services, in: Telecommunications Policy 18 (1994), S. 427-431.
Garstka, Hansjürgen: Datenschutz bei Telekommunikation und Medien, in: Jahrbuch Telekommunikation und Gesellschaft, Öffnung der Telekommunikation: Neue Spieler - Neue Regeln 4 (1996), S. 379-381.
Gassmann, Hans Peter: Vers un cadre juridique international pour l'informatique et autres nouvelles techniques de l'information, in: Annuaire Français de droit international 31 (1985), S. 747-761.
Gassmann, Hans Peter: Multinational Corporations and PTTs: Co-operation or Conflict?, in: *James Miller (Hrsg.):* Telecommunications and Equity: Policy Research Issues (North-Holland 1986), S. 161-164.
Gavanon, Isabelle: Commerce international des télécommunications: une libéralisation progressive - International Telecommunications Trade: A Progressive Liberalisation, in: Revue de droit des affaires/Journal of International Business Law 6 (1997), S. 711-724.
Gehring, Thomas: Probleme und Prinzipien internationaler Zusammenarbeit, in: Aus Politik und Zeitgeschichte B 46/92, 6. November 1992, S. 39-46.
Gehring, Thomas: Der Beitrag von Institutionen zur Förderung der internationalen Zusammenarbeit, in: Zeitschrift für internationale Beziehungen 1 (1994), S. 211-242.
Gehring, Thomas: Regieren im internationalen System. Verhandlungen, Normen und internationale Regime, in: PVS 36 (1995), S. 197-219.
Gehring, Thomas: Arguing und Bargaining in internationalen Verhandlungen, in: *Prittwitz, Volker von (Hrsg.):* Verhandeln und Argumentieren. Dialog, Interessen und Macht in der Umweltpolitik (Opladen 1996), S. 207-238.

Genschel, Philipp: Dynamische Verflechtung in der internationalen Standardisierung, in: *Renate Mayntz/Fritz W. Scharpf (Hrsg.):* Gesellschaftliche Selbstregulierung und politische Steuerung (1995), S. 233-265.

Genschel, Philipp: Variationen des Wandels, Institutionelle Evolution in der Telekommunikation und im Gesundheitswesen, in: PVS 37 (1996), S. 56-79.

Georgiev, Dencho: Politics or Rule of Law: Deconstruction and Legitimacy in International Law, in: European Journal of International Law 4 (1993), S. 1-14.

Gerpott, Torsten J.: Alternative Carrier im deutschen Telekommunikationsmarkt - Strategische Gruppen zwei Jahre vor der Marktliberalisierung, in: Jahrbuch Telekommunikation und Gesellschaft, Öffnung der Telekommunikation: Neue Spieler - Neue Regeln 4 (1996), S. 34-49.

Gershon, Richard A.: Global Cooperation in an Era of Deregulation, in: Telecommunications Policy 14 (1990), S. 249-259.

Ghebali, Victor-Yves: L'UIT et le rapport de la Commission indépendante pour le développement mondial des télécommunications, in: Annuaire Français de droit international 31 (1985), S. 671-685.

Ghebali, Victor-Yves: Télécommunications et développement: Mission impossible?, in: Revue Française d'administration publique, No. 52, Octobre-Décembre 1989, Télécommunications: La nouvelle donne, S. 681-688.

Ghebali, Victor-Yves: L'UIT après les décisions de la Conférence de Plénipotentiares de Nice (1989), in: International Geneva Yearbook 4 (1990), S. 51-63.

Gibbs, Murray: Continuing the International Debate on Services, in: Journal of World Trade Law 19 (1985), S. 199-218.

Gibbs, Murray: Work on Fostering Competitive Services Sector in Developing Countries under UNCTAD Committee on Developing Services Sector, in: Asia-Pacific Telecommunity, Report of the Seminar on Telecommunications' Support for Trade in Services (APT/SEM/UNCTAD/94), Male, Republic of Maldives, 14-17 May, 1994, Doc. No. TELTRADE-30, S. 551-560.

Gibbs, Murray/Hayashi, Michiko: Sectoral Issues and the Multilateral Framework for Trade in Services: An Overview, in: *United Nations Conference on Trade and Development (Hrsg.):* Trade in Services: Sectoral Issues (N.Y. 1989), S. 1-48.

Gibbs, Murray/Mashayekhi, Mina: The Main Issues in the Negotiations of a Multilateral Framework for Trade in Services, in: UNCTAD/UNDP, Services in Asia and the Pacific, Selected Papers, Vol. I, UNCTAD/UNDP "Technical Assistance Project for Support to Asia-Pacific Developing Countries in Multilateral Trade Negotiations" (N.Y. 1990), S. 427-441.

Gibbs, Murray/Brusick, Philippe/Mashayekhi, Mina: Anti-Competitive Practices in the Services Sector, in: *United Nations Conference on Trade and Development:* Uruguay Round: Further Papers on Selected Issues, UNCTAD/UNDP MTN Technical Assistance Project for Developing Countries in the Asia-Pacific Region (N.Y. 1990), S. 129-156.

Gillick, David: Competition or Chaos?, Conference Report, 5th International Conference on Telecommunications Policy and Regulations, London 24-25 May 1994, in: Telecommunications Policy 19 (1995), S. 73-80.

Gillis, Malcolm/Jerkins, Glenn/Leitzel, Jim: Social Goals and Basic Needs: Telephone Access, in: *James Miller (Hrsg.):* Telecommunications and Equity, Policy Research Issues (North-Holland 1986), S. 213-229.

Gilhooly, Denis: What Price the ITU?, in: The 1989 ITU Plenipotentiary Conference, Reforming the Global Network (Genf 1989), S. 52-57.

Girman, Ingidayehu: The PANAFTEL Project, Doc. ATDC-90/15-E, African Telecommunication Development Conference (ATDC-90), Harare, Zimbabwe, 6-11 December 1990, Vol. II (ITU, Geneva, March 1991), S. 201-240.

Globerman, Steven: Foreign Ownership in Telecommunications, in: Telecommunications Policy 19 (1995, S. 21-28.

Goerke, Laszlo/Holler, Manfred J.: Voting on Standardization, in: Public Choice 83 (1995), S. 337-351.

Göhler, Gerhard/Schmalz-Bruns, Rainer: Perspektiven der Theorie Politischer Institutionen, in: PVS 29 (1988), S. 309-349.

Gold, Philip: Liberalization of International Trade in the Service Sector: Threshold Problems and a Proposed Framework under the GATT, in: Fordham International Law Journal 5 (1981-82), S. 371-409.

Gold, Philip: Legal Problems in Expanding the Scope of GATT to Include Trade in Services, in: International Trade Law Journal 7 (1982-83), S. 303.

Gonzales-Manet, Enrique: The ITU's Role: A Developing Country Perspective, in: The 1989 ITU Plenipotentiary Conference, Reforming the Global Network (Genf 1989), S. 66-69.

Gormley, William T., Jr.: The Privatization Controversy, in: *Gormley William T., Jr. (Hrsg.):* Privatization and Its Alternatives (Madison, Wisconsin 1991), S. 3-16.

Gottlieb, Gidon: The Nature of International Law: Towards a Second Concept of Law, in: *Richard Falk/Friedrich Kratochwil/Saul H. Mendlovitz (Hrsg.):* International Law. A Contemporative Perspective (Boulder, London 1985), S. 187-204.

Gottlieb, Gidon: Global Bargaining: The Legal and Diplomatic Framework, in: *Richard Falk/Friedrich Kratochwil/Saul H. Mendlovitz (Hrsg.):* International Law. A Contemporative Perspective (Boulder, London 1985), S. 210-236.

Gottschalk, Arno: Wem nützt ISDN?, Fernmeldepolitik als Industriepolitik gegen IBM, in: *Herbert Kubicek (Hrsg.):* Telekommunikation und Gesellschaft, Kritisches Jahrbuch der Telekommunikation (1991), S. 155-172.

Graham, Edward M.: Wettbewerbspolitik und die neue handelspolitische Agenda, in: OECD Dokumente, Neue Dimensionen des Marktzugangs im Zeichen der wirtschaftlichen Globalisierung (Paris 1996), S. 129-145.

Grande, Edgar: Entlastung des Staates durch Liberalisierung und Privatisierung? Zum Funktionswandel des Staates im Telekommunikationsbereich, in: *Rüdiger Voigt (Hrsg.):* Abschied vom Staat - Rückkehr zum Staat (Baden-Baden 1993), S. 371-392.

Grande, Edgar/Schneider, Volker: Reformstrategien und staatliche Handlungskapazitäten, Eine vergleichende Analyse institutionellen Wandels in der Telekommunikation in Westeuropa, in: PVS 32. Jg. (1991), S. 479-496.

Grant, James C.: Global Trade in Services, A Corporate Perspective on the Telecommunication and Data Services, in: *Peter Robinson/Karl P. Sauvant/Vishwas P. Govitrikar (Hrsg.):* Electronic Highway for World Trade. Issues in Telecommunication and Data Services (Boulder, San Francisco, London 1989), S. 101-120.

Grassmugg, B.: Adapted Technology - A Policy Approach for Developing Countries, in: *G. Russel Pipe/A. A. M. Veenhuis (Hrsg.):* National Planning for Informatics in Developing Countries, Proceedings of the IBI International Symposium Baghdad, 2-6 November 1975 (North-Holland 1986), S. 57-60.

Greenaway, David/Sapsford, David: What Does Liberalisation Do For Exports and Growth?, in: Weltwirtschaftliches Archiv 130 (1994), S. 152-174.

Grewlich, Klaus: Wirtschaftsvölkerrecht kommunikationstechnisch gestützter Dienstleistungen, in: Recht der internationalen Wirtschaft 34 (1988), S. 694-700.

Grewlich, Klaus W.: Der technologische Wettlauf um Märkte, in: Aussenpolitik 42 (1991), S. 383-389.

Grey, Rodney de C.: "1992", Service Sectors and the Uruguay Round, in: *United Nations Conference on Trade and Development (Hrsg.):*Trade in Services: Sectoral Issues (N.Y. 1989), S. 407-430.

Grieco, Joseph M.: Cooperation Among Nations: Anarchy and the Limits of Cooperation: A Realist Critique of the Newest Liberal Institutionalism, in: International Organization 42 (1988), S. 485-507.

Grossmann, Gene M./Shapiro, Carl: Normative Issues Raised by International Trade in Technology Services, in: *R. M. Stern (Hrsg.):* Trade and Investment in Services: Canada/U.S. Perspectives (Toronto, Ontario 1985), S. 83-113.

Gruhler, Alexander K.A.: Ein staatsfreier Raum? Freie Informationsbeschaffung und Zensur im Internet, in: Internationale Politik und Gesellschaft 3/1998, S. 310-323.

Gundlach, Erich: Humankapital als Motor der Entwicklung, in: Entwicklung und Zusammenarbeit 36 (1995), S. 261-266.

Günther, Klaus: Der Wandel der Staatsaufgaben und die Krise des regulativen Rechts, in: *Dieter Grimm (Hrsg.):* Wachsende Staatsaufgaben - sinkende Steuerungsfähigkeit des Rechts (1990), S. 51-68.

Gurry, Francis: Institutional Aspects, in: *P. Robinson/Karl P. Sauvant/Vishwas P. Govitrikar (Hrsg.):* Electronic Highway for World Trade. Issues in Telecommunication and Data Services (Boulder, San Francisco, London 1989), S. 197-219.

Haas, Ernst B.: Reason and Change in International Life: Justifying a Hypothesis, in: Journal of International Affairs 44 (1990), S. 209-240.

Haas, Ernst B./Ruggie, John Gerard: What Message in the Medium of Information Systems, in: International Studies Quarterly 26 (1982), S. 190-219.

Haas, Peter: Epistemic Communities and International Policy Coordination, in: International Organization 46 (1992), S. 1-35.

Habermas, Jürgen: Wie ist Legitimität durch Legalität möglich?, in: Kritische Justiz 20 (1987), S. 1-16.

Hablützel, Nikolaus: Die Neue Weltordnung der Internetprovider, in: TAZ 10. Okt. 1996.

Haferkamp, Hans: Autopoeitisches soziales System oder konstruktives soziales Handeln? Zur Ankunft der Handlungstheorie und zur Abweisung empirischer Forschung in Niklas Luhmanns Systemtheorie, in: *Hans Haferkamp/Michael Schmid (Hrsg.):* Sinn, Kommunikation und soziale Differenzierung: Beiträge zu Luhmanns Theorie sozialer Systeme (Frankurt a.M. 1987), S. 51-88.

Hahn, Michael, J.: Eine kulturelle Bereichsausnahme im Recht der WTO?, in: ZaöRV 56 (1996), S. 315-352

Hahn, Robert W./Hird, John A.: The Costs and Benefits of Regulation: Review and Synthesis, in: Yale Journal of Regulation 8 (1990), S. 233-161.

Halloran, James D.: The Social Implications of Technological Innovations in Communication, in: *Michael Traber (Hrsg.):* The Myth of the Information Revolution (London 1986), S. 46-63.

Hamilton, Colleen/Whalley, John: Evaluating the Impacts of the Uruguay Round Results on Developing Countries, in: The World Economy 18 (1995), S. 31-49.

Hamelink, Cees J.: Informationstechnologie im Nord-Süd-Konflikt, in: *J. Becker/ R. Steinweg (Red.):* Massenmedien im Nord-Süd-Konflikt (1984), 199 S.

Hamelink, Cees J.: Global Communications: Northern Control & Southern Dependence, in: epd-Entwicklungspolitik 14/15 (1995), Dokumentation d-g.

Hamilton, Colleen/Whalley, John: Coalitions in the Uruguay Round, in: Weltwirtschaftliches Archiv 125 (1989), S. 547-562.

Hanke, Steve H./Walters, Stephen J. K.: Privatization and Public Choice: Lessons for the LDCs, in: *Dennis J. Gayle/Jonathan N. Goodrich (Hrsg.):* Privatization and Deregulation in Global Perspective (London 1990), S. 97-108.

Hansen, Suella/Cleevely, David/Wadsworth, Simon/Bailey, Hilary/Bakewell, Oliver: Telecommunications in Rural Europe, Economic Implications, in: Telecommunications Policy 14 (1990), S. 207-222.

Harris, Jan: Order and Justice in "The Anarchical Society", in: International Affairs 69 (1993), S. 725-741.

Hart, D.: Soziale Steuerung durch Vertragsabschlußkontrolle, Kritische Vierteljahresschrift für Gesetzgebung und Rechtswissenschaft (1986), S. 240 ff.

Hart, Michael: Der nächste Schritt: Aushandlung von Regeln für eine globale Wirtschaft, in: OECD Dokumente, Neue Dimensionen des Marktzugangs im Zeichen der wirtschaftlichen Globalisierung (Paris 1996), S. 269-295.

Hauck, Gerhard: Modernisierung, Dependencia, Marxismus- was bleibt?, in: Peripherie. Zeitschrift für Politik und Ökonomie in der Dritten Welt 39/40 (1990), S. 68-81.

Haufler, Virginia: Crossing the Boundary Between Public and Private: International Regimes and Non-State Actors, in: *Volker Rittberger, with the assistance of Peter Mayer (Hrsg.):* Regime Theory and International Relations (Oxford 1993), S. 94-111.

Hayashi, Michiko/Gibbs, Murray: Sectoral Issues and the Multilateral Framework for Trade in Services: An Overview, in: *United Nations Conference on Trade and Development (Hrsg.):* Trade in Services: Sectoral Issues (N.Y. 1989), S. 1-48.

Hebenstreit, Jacques: Informatics Information in Developing Countries, in: *G. Russel Pipe/A. A. M. Veenhuis (Hrsg.):* National Planning for Informatics in Developing Countries, Proceedings of the IBI International Symposium Baghdad, 2-6 November 1975 (North-Holland 1986), S. 183-197.

Hein, Wolfgang: Globale Vergesellschaftung, Nationalstaat und Formen internationaler Konfliktregelung, in: Peripherie Nr. 42 (1991), S. 74-93.

Hein, Wolfgang: Die neue Weltordnung und das Ende des Nationalstaats, Thesen zur globalen Neuordnung politischer Institutionen in kurz- und langfristiger Sicht, in: Nord-Süd aktuell (1993), S. 50-59.

Hein, Wolfgang: Autozentrierte Entwicklung. Eine notwendige Voraussetzung für "Good governance", in: Entwicklung und Zusammenarbeit 36 (1995), S. 271-274.

Hein, Wolfgang: Der Umbruch der 80er Jahre - entwicklungstheoretische Herausforderungen, in: Peripherie. Zeitschrift für Politik und Ökonomie in der Dritten Welt 39/40 (1990), S. 176-195.

Heinze, Frank: Reformperspektiven der Weltorganisation - Versuch einer theoretischen Fundierung, in: *Jörg Calließ (Hrsg.):* Loccumer Protokolle 21/93, Auf dem Wege zur Weltinnenpolitik. Vom Prinzip der nationalen Souveränität zur Notwendigkeit der Einmischung (Loccum 1994), S. 159-169.

Heise, Arne: Der Mythos vom "Sachzwang Weltmarkt". Globale Konkurrenz und nationaler Wohlfahrtstaat, in: Politik und Gesellschaft 1/1996, S. 17-22.

Herder-Dorneich, Philipp: Entwicklungspolitik als Ordnungspolitik, in: Entwicklung und Zusammenarbeit 36 (1995), S. 137-139.

Hessler, Stephan/Menzel, Ulrich: Regionalisierung der Weltwirtschaft und Veränderung von Weltmarktanteilen 1960-1988, in: *Calließ, Jörg/Moltmann Bernhard (Hrsg.):* Einführung, in: Jenseits der Bipolarität: Aufbruch in eine "Neue Weltordnung", Loccumer Protokolle 9/92 (Loccum 1992), S. 55-83.

Hildenbrand, Werner: Information und Ressourcenallokation: Ein Überblick, in: *Erich Streißler (Hrsg.):* Verhandlungen auf der Arbeitstagung der Gesellschaft für Wirtschafts- und Sozialwissenschaften in Graz vom 21.-23. September 1981, Information in der Wirtschaft (Berlin 1982), S. 9-31.

Hill, Michael W.: The Value and Limitations of Published Information in the Technology Transfer Process, in: *Elmer V. Smith/Stella Keenan (Hrsg.):* Information, Communications and Technology Transfer, Proceedings of the forty-third FID Congress held in Montreal, Québec, Canada, 14-18 September 1986 (Amsterdam, N.Y., Oxford, Tokyo 1987), S. 343-352.

Hills, Jill: Universal Service: Liberalization and Privatization of Telecommunications, in: Telecommunications Policy 13 (1989), S. 129-144.

Hills, Jill: The Telecommunications Rich and Poor, in: Third World Quarterly 12 (1990), S. 71-90.

Hills, Jill: Dependency Theory and its Relevance Today: International Institutions in Telecommunications and Structural Power, in: Review of International Studies 20 (1994), S. 169-186.

Hindley, Brian: Different and More Favorable Treatment - and Graduation, in: *J. Michael Finger/Andrzej Olechowski (Hrsg.):* The Uruguay Round. A Handbook on the Multilateral Trade Negotiations, A World Bank Publication (Washington D.C. 1987), S. 67-74.

Hindley, Brian: Service Sector Protection: Considerations for Developing Countries, in: World Bank Economic Review 2 (1988), S. 205-224.

Hindley, Brian: L'accord général sur le commerce des services, in: Politique Etrangère (1993), S. 333-350.

Hindley, Brian/Smith, A.: Comparative Advantage and Trade in Services, in: World Economy 7 (1984), S. 369-389.

Hippler Bello, Judith: Editorial Comment, American Journal of International Law 90 (1996), S. 416-418.

Hoekman, Bernard: Conceptual and Political Economy Issues in Liberalizing International Transactions in Services, in: Aussenwirtschaft 48 (1993), S. 203-234.

Hoekman, Bernard: Assessing the General Agreement on Trade in Services, in: *Will Martin/L. Alan Winters (Hrsg.):* World Bank Discussion Papers No. 307, The Uruguay Round and the Developing Economies (Washington 1995), S. 327-364.

Hoekman, Bernard M./Mavroidis Petros C. : Policy Externalities and High Tech Rivalry : Competition and Multilateral Cooperation Beyond the WTO, in : Leiden Journal of International Law 9 (1996), S. 273-318.

Hoffmann, Lutz: Institutionelle Möglichkeiten einer multilateralen Handelsliberalisierung, in: *Hermann Sautter (Hrsg.):* Konsequenzen neuer handelspolitischer Entwicklungen für die Entwicklungsländer (Berlin 1990), S. 38-47.

Hoffmann, Ute: "Request for Comments": Das Internet und seine Gemeinde, in: Jahrbuch Telekommunikation und Gesellschaft, Öffnung der Telekommunikation: Neue Spieler - Neue Regeln 4 (1996), S. 104-117.

Hofmeier, Rolf: Bemühungen um Konfliktregulierung und Defizite bei der wirtschaftlichen Zusammenarbeit, in: Jahrbuch Dritte Welt 1996, S. 269-276.

Hohmann, Harald: Freier Handel mit Kommunikations-Dienstleistungen im Rahmen des GATT-Regelungswerkes, in: Zeitschrift für vergleichende Rechtswissenschaft 90 (1991), S. 185-227.

Homer, Steve: Still on Hold in the Developing World, in: The Independent, London, 9 October, 1995

Hudson, Heather E.: Telecommunications in Africa, The Role of the ITU, in: Telecommunications Policy 15 (1991), S. 343-350.

Hudson, Heather: Universal Service in the Information Age, in: Telecommunications Policy 18 (1994), S. 658-667.

Hudson, Heather E./Parker, Edwin B.: Information Gaps in Rural America, Telecommunications Policies for Rural Development, in: Telecommunications Policy 14 (1990), S. 193-205.

Hüttig, Christoph: Grenzüberschreitender Datenverkehr. Ansätze zu einem Regime des internationalen Dienstleistungshandels, in: *Beate Kohler-Koch (Hrsg.):* Regime in den internationalen Beziehungen (Baden-Baden 1989), S. 203-222.

Hultzsch, Hagen: Die existierende Informationsgesellschaft - Realität, Chance und Möglichkeiten, in: Informatik Spektrum 18 (1995), S. 75-77.

Hundt, Reed E.: Reform der Regulierung, in: Jahrbuch Telekommunikation und Gesellschaft 4 (1996), Öffnung der Telekommunikation: Neue Spieler - Neue Regeln, S. 230-235.

Hussain, Abdul Majid Fadhil: New Areas for Development of Arabic Characters and Use of Arabic Language in Informatics", in: *G. Russel Pipe/A. A. M. Veenhuis:* National Planning for Informatics in Developing Countries, Procedings of the IBI International Symposium, Baghdad, 2-6 November 1975, organized by National Computers Centre of Iraq-NCC (North-Holland 1986), S. 467-482.

Hveem, Helge: Selective Dissociation in the Technology Sector, in: *John Gerard Ruggie (Hrsg.):* The Antinomies of Interdependence, National Welfare and the International Division of Labour (N.Y. 1983), S. 273-316.

Ickenroth, Bernd: Ökonomische und regulatorische Aspekte von Interconnection, in: Jahrbuch Telekommunikation und Gesellschaft 4 (1996), Öffnung der Telekommunikation: Neue Spieler - Neue Regeln, S. 162-170.

Ikenberry, G. John: The International Spread of Privatization Policies: Inducements, Learning and "Policy Bandwagoning", in: *Ezra N. Suleiman/Jon Waterbury (Hrsg.):* The Political Economy of Public Sector Reform and Privatization (Boulder, Westview 1990), S. 88-110.

Ikenberry, G. John: Conclusion: An Institutional Approach to American Foreign Economic Policy, in: International Organization 42 (1988), S. 219-243.

Ingham, Barbara: The Meaning of Development: Interactions Between "New" and "Old" Ideas, in: World Development 21 (1993), S. 1803-1821.

Ingram, Gregory/Kessides, Christine: Infrastruktur für die Entwicklung, in: Finanzierung und Entwicklung (September 1994), S. 18-21.

Irmer, Theodor: Standards für weltweite Telekommunikation - Möglichkeiten und Grenzen, in: *Wolfgang Kaiser (Hrsg.):* Integrierte Telekommunikation/Telematica 86 (1986), S. 7-14.

Ito, Youichi: Information Technologies and Telecommunications in the Process of Global Change, in: *G. Russell Pipe (Hrsg.):* Eastern Europe: Information and Communication. Technology Challenges, TIDE 2000 Club, Telecommunications, Information and InterDependent Economies in the 21st Century (1990), S. 25-42.

Jackson, John H.: What's Needed for the GATT After the Uruguay Round, Remarks, in: The American Society of International Law, Proceedings of the 86th Annual Meeting, Washington D.C., April 1-4, 1992, S. 69-71.

Jacob, Joachim-W.: Datenschutz in einer multilateralen Welt, in: Recht der Datenverarbeitung 12 (1996), S. 1-4.

Jäger, Bernd: Die Leistungsgüte des Telekommunikations-Übertragungsmonopols in Deutschland auf dem Prüfstand, in: Zeitschrift für Wirtschaftspolitik 43 (1994), S. 301-335.

Jänicke, Martin: Vom Staatsversagen zur Politischen Modernisierung? Ein System aus Verlegenheitslösungen sucht eine Form, in: *Claus Böhret/Göttrik Wever (Hrsg.):* Regieren im 21. Jahrhundert. Zwischen Globalisierung und Regionalisierung (Opladen 1993), S. 63-77.

Jansen, Bernhard: Die neue Welthandelsorganisation (World Trade Organization - WTO), in: EuZW 11/1994, S. 333-337.

Joerges, Bernward: Large Technical Systems: Concepts and Issues, in: *Renate Mayntz/Thomas P. Hughes:* The Development of Large Technical Systems (1988), S. 9-36.

Jones, Thomas B.: Science, Technology, and Human Values: Spring Hill Center, Wayzata, Minnesota, April 13-16, 1980, in: Technology and Culture 22 (1981), S. 598-604.

Johnson, Marguerite: Mobilizing for a War, The $500 Billion Telecommunication Market: a Global Battlefield, in: Time 1 May 1989, (Teleclippings ITU, No 852, 2 June 1989, S. 23-24).

Jonscher, Charles: Telecommunications Investments: Quantifying the Economic Benefits, in: ITU, CCITT, The International Telegraph and Telephone Consultative Committee, Supplement to the Handbook on Rural Telecommunications, Volume IV, Handbook on Economics and Financing of Telecommunication Projects in Developing Countries, Geneva, 1989, S. 41-51.

Junne, Gerd: Neue Technologien bedrohen die Exporte der Entwicklungsländer, in: Prokla 60 (1985), S. 3 ff.

Junne, Gerd: Theorien über Konflikte und Kooperation zwischen kapitalistischen Industrieländern, in: *Volker Rittberger (Hrsg.):* PVS Sonderheft 21 (1990), Theorien der internationalen Beziehungen, S. 353-371.

Junz, H. B. /Boonekamp, Clemens: Was steht in der Uruguay-Runde auf dem Spiel? in: Finanzierung und Entwicklung (Juni 1991), S. 11-15.

Jussawala, Meheroo: Is the Communications Link Still Missing?, in: *G. Russell Pipe (Hrsg.):* Eastern Europe: Information and Communication. Technology Challenges, TIDE 2000 Club, Telecommunications, Information and InterDependent Economies in the 21st Century (1990), S. 61-88.

Kageyama, Sei: International Cooperation and National Sovereignty - Unchanged Role of National Sovereignty in the Provision of International Telecommunications Services, in: Case Western Reserve Journal of International Law 16 (1984), S. 265-285.

Kakabadse, Mario A.: Trade in Services and the Uruguay Round, in: Georgia Journal of International and Comparative Law 19 (1989), S. 384-391.

Kay, J./Thompson, D.: Privatization: A Policy in Search of a Rationale, in: Economic Journal 96 (1986), S. 18-32.

Kamotho, Joseph: Kenya Government's Policy on Investment, Doc. No. ATDC-90/4-E, (1991), African Telecommunication Development Conference (ATDC-90), Harare, Zimbabwe, 6-11 December 1990, Vol. II (ITU, Geneva, March 1991), S. 87-107.

Kasem, Hishmat M. A.: Vocalization and Computer Handling of Arabic Texts, in: *G. Russel Pipe/A. A. M. Veenhuis:* National Planning for Informatics in Developing Countries, Proceedings of the IBI International Symposium, Baghdad, 2-6 November 1975, organized by National Computers Centre of Iraq-NCC (North-Holland 1986), S. 455-461.

Katz, Jorge M.: Market Failure and Technological Policy, in: CEPAL-Review 50 (1993), S. 81-92.

Kebede, Bekele: Strategies for Development of Telecommunications in Africa During the Next Decade (1991-2000), Doc. No. ATDC-90/27-E, African Telecommunication Development Conference (ATDC-90), Harare, Zimbabwe, 6-11 December 1990, Vol. II, (ITU, Geneva March 1991), S. 471-482.

Kelly, Tim: ITU - Global Regulator, or Policy Forum?, in: ITU Teleclippings No. 920, Oktober 1994, S. 12.

Kenis, Patrick/Schneider, Volker: Policy Networks and Policy Analysis: Scrutinizing a New Analytical Toolbox, in: *Marin, Bernd/Mayntz, Renate (Hrsg.):* Policy Networks. Empirical Evidence and Theoretical Considerations (Frankfurt a.M. 1991), S. 25-59.

Kennedy, David: A New Stream of International Law Scholarship, in: Wisconsin International Law Journal 7 (1988), S. 1-49.

Keohane, Robert O.: Reciprocity in International Relations, in: International Organization 40 (1986), S. 1-27.

Keohane, Robert: International Institutions: Two Approaches, in: *ders.,* International Institutions and State Power. Essays in International Relations Theory (1989), S. 158-179.

Keppler, Horst: Interessen der Entwicklungsländer bei einer zukünftigen vertraglichen Regelung des internationalen Dienstleistungsaustauschs, in: *Hermann Sautter (Hrsg.):* Konsequenzen neuerer handelspolitischer Entwicklungen für die Entwicklungsländer (Berlin 1990), S. 49-68.

Keppler, Horst/Mund, Horst: Die Bedeutung neuer Informations- und Kommunikationstechniken für die internationale Produktion und Distribution von Dienstleistungen, in: Deutsche Bundespost, Wissenschaftliches Institut für Kommunikationsdienste, Diskussionsbeiträge zur Telekommunikationsforschung Nr. 31, November 1987, 60 S.

Kerdoun, Azzouz: Le droit international et la réalisation des droits de l'homme dans le domaine de l'information et de la communication, in: Revue Algérienne des Relations Internationales 15 (1989), S. 62-71.

Kevenhörster, Paul: Gefährdet die Mikroelektronik die Entwicklungschancen der Dritten Welt?, in: Entwicklung und Zusammenarbeit 8/9 (1984), S. 7-10.

Kingsbury, Benedict/Roberts, Adam: The UN`s Role in a Divided World, in: *Adam Robert/Benedict Kingsbury (Hrsg.):* United Nations, Divided World. The UN's Roles in International Relations (Oxford 1988), S. 1-30.

Kiper, Manuel: Die Informationsgesellschaft ökologisch, sozial und demokratisch gestalten!, in: Jahrbuch Telekommunikation und Gesellschaft 4 (1996), Öffnung der Telekommunikation: Neue Spieler - Neue Regeln, S. 227-229.

Kirchlechner, Anja-Susan/Herz, Dietmar: Rechtliche Verallgemeinerung in den internationalen Handelsbeziehungen, in: *Klaus Dieter Wolf (Hrsg.):* Internationale Verrechtlichung, Zeitschrift für Rechtspolitologie (Pfaffenweiler 1993), S. 147-168.

Kirmani, Naheed: Die Uruguay-Runde: Wiederbelebung des Welthandelssystems, in: Finanzierung und Entwicklung (März 1989), S. 6-8.

Klein, Lawrence: A Global Telecommunications Network for Economic Analysis and Policy Formation, in: Journal of Development Planning 17 (1987), S. 186-189.

Kleinwächter, Wolfgang: Verkehrsregeln für die 'elektronische Autobahn', Information und Kommunikation als Gegenstand multilateraler Verhandlungen im Verband der Vereinten Nationen, in: VN 3/1991, S. 88-93.

Kleinwächter, Wolfgang: Who Guarantees Communications Rights on Information Superhighways, in: Transnational Data and Communications Report (March/April 1994), S. 6-7.

Kloten, Norbert: Informationsbedarf der Wirtschaftspolitik, in: Verhandlungen auf der Arbeitstagung der Gesellschaft für Wirtschafts- und Sozialwissenschaften in Graz, 21.-23. September 1981 (1982), S. 387-406.

Knieper, Rolf: Staat und Nationalstaat, Thesen gegen eine fragwürdige Identität, in: PROKLA, Zeitschrift für kritische Sozialwissenschaft 90 (1993), S. 65-71.

Knieps, Günter: Standards und die Grenzen der unsichtbaren Hand, in: ORDO 45 (1994), S. 51-62.

Koebberling, Uschi: The Limits of National Governance, Regulatory Reform of Telecommunications in Canada and Germany, in: International Journal of Political Economy 23 (1993-1994), S. 49-82.

Koekkoek, Ad: Trade in Services, The Developing Countries and the Uruguay Round, in: The World Economy 11 (1988), S. 151-157.

Koekkoek, Ad/de Leeuw, Jeroen: The Applicability of GATT to International Trade in Services: General Considerations and the Interest of Developing Countries, in: Aussenwirtschaft 42 (1991), S. 65-84.

Königshofen, Thomas: Vom Telegraphendraht zum Information Superhighway-Telekommunikation- und Computernetze heute und morgen, in: Recht der Datenverarbeitung 12 (1996), S. 169-177.

Kohler-Koch, Beate: Interdependenz, in: *Volker Rittberger(Hrsg.):* PVS Sonderheft 21/1990, Theorien der internationalen Beziehungen, S. 110-129.

Kohler-Koch, Beate: Zur Empirie und Theorie internationaler Regime, in: *dies.:* Regime in den internationalen Beziehungen (1989), S. 17-85.

Kohler-Koch, Beate: Die Welt regieren ohne Weltregierung, in: *Claus Böhret/Göttrik Wever (Hrsg.):* Regieren im 21. Jahrhundert. Zwischen Globalisierung und Regionalisierung (1993), S. 109-141.

Kohona, Palita T.B.: Dispute Resolution under the World Trade Organization, in: Journal of World Trade 28 (1994), S. 23-47.

Komuro, Norio: The WTO Dispute Settlement Mechanism Coverage and Procedures at the WTO Understanding, in: Journal of World Trade Law 29 (1995), S. 5-95.

Koopmann, Georg/Scharrer, Hans-Eckart: Der internationale Handel nach der Uruguay Runde des GATT, in: Politik und Gesellschaft 2/1995, S. 160-173.

Korany, Bahgat: Hierarchy Within the South: In Search of Theory, in: Third World Affairs (1985), S. 90 f.

Koskenniemi, Martti: The Politics of International Law, in: European Journal of International Law 1 (1990), S. 4-32.

Kostecki, Michel: Le système commercial et les négociations multilaterales, in: *Patrick Messerlin/François Vellas (Hrsg.):* Conflits et négociations dans le commerce international (Paris 1989), S. 7-21.

Kosuge, Toshio: Telecommunications, in: *Peter Robinson/Karl P. Sauvant/Vishwas P. Govitrikar (Hrsg.):* Electronic Highway for World Trade, Issues in Telecommunication and Data Services (Boulder, San Francisco, London 1989), S. 223-237.

Kourouma, Yaka: Proposed Telecommunications Development Bureau (BDT) Technical Cooperation Assistance and Assistance Programme for the African Region for the Period 1991-1994, Doc. No. ATDC-90/3-E, African Telecommunication Development Conference (ATDC-90), Harare, Zimbabwe, 6-11 December 1990, Vol. II, (ITU, Geneva March 1991), S. 389-410.

Kratochwil, Friedrich: On the Notion of Interest in International Relations, in: International Organization 30 (1982), S. 1-30.

Kratochwil, Friedrich: Thrasymmachos Revisited: On the Relevance of Norms and the Study of Law for International Relations, in: Journal of International Affairs 37 (1984), S. 343-356.

Kratochwil, Friedrich: Of Law and Human Action: A Jurisprudential Plea for World Order Perspective in International Legal Studies, in: *Richard Falk/Friedrich Kratochwil/Saul H. Mendlovitz:* International Law: A Contemporative Perspective (Boulder, London 1985), S. 639-650.

Kratochwil, Friedrich: Rules, Norms and the Limits of "Rationality", in: ARSP LXXIII (1987), S. 301-329.

Kratochwil, Friedrich: The Embarassement of Change: Neo-realism as the Science of Realpolitik Without Politics, in: Review of International Studies 19 (1993), S. 63-80.

Kratochwil, Friedrich: The Limits of Contract, in: European Journal of International Law 5 (1994), S. 465-491.

Kratochwil, Friedrich: Sovereignty as Dominium: Is There a Right of Humanitarian Intervention?, in: *Gene M. Lyons/Michael Mastanduno (Hrsg.):* Beyond Westphalia, State Sovereignty and International Intervention (Baltimore, London 1995), S. 21-42.

Kratochwil, Friedrich V.: Globalization and the Disappearance of « Publics », in : *Jin-Young Chung (Hrsg.) :* Global Governance. The Role of International Institutions in the Changing World (Seoul 1997), S. 71-123.

Kratochwil, Friedrich/Ruggie, John Gerard: International Organization: A State of the Art on an Art of the State, in: International Organization 40 (1986), S. 753-775.

Kratochwil, Friedrich/ Ruggie, John Gerard: International Organization: A State of the Art on an Art of the State, in: *Friedrich Kratochwil/Edward D. Mansfield (Hrsg.):* International Organization. A Reader (N.Y. 1994), S. 4-19.

Krommenacker, Raymond J.: Trade-Related Services and GATT, in: Journal of World Trade Law 13 (1979), S. 510-522.

Krommenacker, Raymond J.: The Impact of Information Technology on Trade Interdependence, in: Journal of World Trade Law 20 (1986), S. 381-400.

Krüger, Gerhard: Gesellschaft, Politik und Informatik. Telekommunikation, in: Informatik Spektrum 18 (1995), S. 256-262.

Krugman, Paul: Competitiveness: A Dangerous Obsession, in: Foreign Affairs (1994), S. 28-41.

Kubicek, Herbert: Von der Technikfolgenabschätzung zur Regulierungsforschung, Stand und Perspektiven sozialorientierter Telekommunikationforschung, in: *Herbert Kubicek (Hrsg.):* Telekommunikation und Gesellschaft, Kritisches Jahrbuch der Telekommunikation (1991), S. 13-77.

Kubicek, Herbert: Keine Zeit zum Lernen? Paradoxien der deutschen Telekommunikationspolitik im Lichte der aktuellen Entwicklung in den USA, in: *Wolfgang Hoffmann-Riem/Thomas Vesting (Hrsg.):* Perspektiven der Informationsgesellschaft (1995), S. 90-99.

Kubicek, Herbert: Von der Technikfolgenabschätzung zur Regulierungsforschung, Stand und Perspektiven sozialorientierter Telekommunikationsforschung, in: *Herbert Kubicek (Hrsg.):* Telekommunikation und Gesellschaft, Kritisches Jahrbuch der Telekommunikation (1991), S. 13-77.

Kumar, Udaya: Accessing Information on Service Regulations: UNCTAD's MAST Database, in: Asia-Pacific Telecommunity, Report of the Seminar on Telecommunications` Support for Trade in Services (APT/SEM/UNCTAD/94), Male, Republic of Maldives, 14-17 May, 1994, Doc. No. TELTRADE-19, S. 379-385.

Kur, Annette: Internet Domain Names, in: Computer und Recht 12 (1996), 325-331.

Kwan, Chan Wai: Telecommunications and Trade in Computer Services - The Hong Kong Case, in: Asia-Pacific Telecommunity, Report of the Seminar on Telecommunications` Support for Trade in Services (APT/SEM/UNCTAD/94), Male, Republic of Maldives, 14-17 May, 1994, Doc. No. TELTRADE-22, S. 445-451.

Lanvin, Bruno: Participation of Developing Countries in a Telecommunication and Data Services Agreement, in: *Peter Robinson/Karl P. Sauvant/Vishwas P. Govitrikar (Hrsg.):* Electronic Highway for World Trade, Issues in Telecommunication and Data Services (Boulder, San Francisco, London 1989), S. 70-99.

Lapointe, André: Structure of International Telecommunications Markets - a Canadian Perspective, Paper zu: Defining Telecommunications Services Trade - an International Briefing, ITU Headquarters, Geneva, May 3, 1989.

LeBel, André: The Future of WTAC, in: ITU Newsletter 9/95, S. 10-12.

Lee, Paul S. N.: Dualism of Communications in China, in: Telecommunications Policy 15 (1991), S. 536-544.

Leeson, Kenneth W.: Information Policy: National Strategies, International Effects, in: Telematics and Informatics 1 (1984), S. 395-408.

Lehmbruch, Gerhard: The Organization of Society, Administrative Strategies, and Policy Networks: Elements of a Developmental Theory of Interest Systems, in: *Roland Czada/Adrienne Windhoff-Héritier (Hrsg.):* Political Choice: Institutions, Rules and the Limits of Rationality (Frankfurt a.M., Boulder/Colorado 1991), S. 121-158.

Leive, David M.: Trade and Telecom Issues at Regulatory Colloquium, in: ITU News 1/96, S. 7-8.

Lemper, Alfons: Führen die ökonomischen Globalisierungsprozesse den Nationalstaat ad absurdum, in: *Jörg Calließ (Hrsg.):* Loccumer Protokolle 21/93, Auf dem Wege zur Weltinnenpolitik. Vom Prinzip der nationalen Souveränität zur Notwendigkeit der Einmischung (Loccum 1994), S. 49-55.

Lesser, Barry: When Government Fails, Will the Market do Better? The Privatization/Market Liberalization Movement in Developing Countries, in: Canadian Journal of Development Studies 12 (1991), S. 159-172.

Letellier, Gaston: Télécommunications, A. Téléphone, in: Encyclopedia Universalis 17 (1985), S. 802-816.

Lifchus, Ian M.: Standards and Innovation: The Hidden Synergy, in: *James Miller (Hrsg.):* Telecommunications and Equity, Policy Research Issues (North-Holland 1986), S. 179-184.

Lipp, Ernst-Moritz: Die Zukunft der Weltwirtschaft, in: Internationale Politik 51 (1996), S. 45-56.

Lippschutz, Ronnie D.: Reconstructing World Politics, The Emergence of Global Civil Society, in: Millenium 21 (1992), S. 389-420.

List, Martin: Recht und Moral in der Weltgesellschaft, in: *Klaus Dieter Wolf (Hrsg.):* Internationale Verrechtlichung, Zeitschrift für Rechtspolitologie (Pfaffenweiler 1993), S. 39-58.

List, Martin: Was heißt "Weltgesellschaft"? Versuch einer Bestimmung des Begriffs für den interdisziplinären Gebrauch, in: *Bernhard Moltmann/Eva Senghaas-Knobloch (Hrsg.):* Konflikte in der Weltgesellschaft und Friedensstrategien (Baden-Baden 1989), S. 29-62.

Lloret, Polen: Télécommunications, F. Economié des télécommunications, in: Encyclopedia Universalis 17 (1985), S. 835-837.

Low, Patrick: Marktzugang durch Marktpräsenz. Ein thematischer Überblick, in: OECD Dokumente, Neue Dimensionen des Marktzugangs im Zeichen der wirtschaftlichen Globalisierung (Paris 1996), S. 59-73.

Low, Patrick/Nash, John: Der schwierige Weg: Zu einem freieren Welthandel, in: Finanzierung und Entwicklung (September 1994), S. 58-61.

Luhmann, Niklas: Die Weltgesellschaft, in: *ders. (Hrsg.):* Soziologische Aufklärung 2. Aufsätze zur Theorie der Gesellschaft (Opladen 1975), S. 51-71.

Lusweti, Patricia: Shaping the Future of Telecommunications, in: ITU Newsletter 3/94, S. 3-5.

Lynch, Karen: LDC numbers still come up short, in: Communications Week International, (Paris, 26. Juni 1995), S. 31-33.

Lynch, Karen: Telecoms Funding Body Set, in: CommunicationsWeek International (Paris), 6. Februar 1995.

MacLean, Don: Global Policy and Multimedia Telecommunication. So You Have Reorganized. So What?, in: ITU Newsletter 4/95, S. 26-30.

Mahmoud, Mohamed Salah Mohamed: Mondialisation et souveraineté de l'Etat, in: Journal du droit international 123 (1996), S. 611-662.

Maitland, Donald: Forging the Missing Link, in: The 1989 ITU Plenipotentiary Conference, Reforming the Global Network (Genf 1989), S. 66-69.

Maitland, Donald: A Decade After The Missing Link, Some Links are Still Missing, in: Intermedia, London, November/December 1993 (ITU Teleclippings No. 911, January 1994, S. 1-4).

Maitland, Donald: The Missing Link Revisited, in: Improving Quality of Life in Asia with Information Technology and Telecommunications, Proceedings of the Conference on Improving Quality of Life with Information Technology and Telecommunications, Bangkog, Thailand, October 27-30, 1992 (TIDE 2000, Amsterdam 1993), S. 29-34.

Malanczuk, Peter: Telecommunications, International Regulation, in: *Rudolf Bernhardt (Hrsg.):* Encyclopedia of Public International Law 9 (1986), S. 367-371.

Malanczuk, Peter: Das Satellitendirektfernsehen und die Vereinten Nationen, in: ZaöRV 44 (1984), S. 257-289.

Malanczuk, Peter: Information and Communication, Freedom of, in: *Rudolf Bernhardt (Hrsg.),* Encyclopedia of Public International Law 9 (1986), S. 14-16.

Malmgren, Harald B.: Negotiating International Rules for Trade in Services, in: The World Economy 8 (1985), S. 11-26.

Mansell, Robin: European Telecommunication, Multinational Enterprises, and the Implication of "Globalization", in: International Journal of Political Economy 23 (1993-94), S. 83-104.

Mansell, Robin: Strategic Issues in Telecommunications, Unbundling the Information Infrastructure, in: Telecommunications Policy 18 (1994), S. 588-600.

Mansell, Robin: The Networked Economy: Unmasking the "Globalisation" Thesis, in: Telematics and Informatics 11 (1994), S. 25-43.

March James G./Olsen, Johan P.: The New Institutionalism: Organizational Factors in Political Life, in: American Political Science Review 78 (1984), S. 734-749.

March, James G./Olson, Johan P.: Popular Sovereignty and the Search for Appropriate Institutions, in: Journal of Public Policy 6 (1986), S. 341-370.

Marin, Bernd: Generalized Political Exchange. Preliminary Considerations, in: *Bernd Marin:* Generalized Political Exchange. Antagonistic Cooperation and Integrated Policy Circuits (Frankfurt a.M. 1990).

Marin, Bernd/Mayntz, Renate: Introduction: Studying Policy Networks, in: *Marin, Bernd/Mayntz, Renate (Hrsg.):* Policy Networks. Empirical Evidence and Theoretical Considerations (Frankfurt a.M. 1991), S. 11-23.

Mashayekhi, Mina/Gibbs, Murray/Brusick, Philippe: Anti-Competitive Practices in the Services Sector, in: *United Nations Conference on Trade and Development:* Uruguay Round: Further Papers on Selected Issues, UNCTAD/UNDP MTN Technical Assistance Project for Developing Countries in the Asia-Pacific Region (N.Y. 1990), S. 129-156.

May, Bernhard: Weltweiter Freihandel - nur ein Lippenbekenntnis?, in: Internationale Politik 51 (1996), S. 23-36.

Mayntz, Renate: Politische Steuerung und gesellschaftliche Steuerungsprobleme - Anmerkungen zu einem theoretischen Paradigma, in: *Thomas Ellwein u.a. (Hrsg.):* Jahrbuch für Staats- und Verwaltungswissenschaften (1987), S. 89-110.

Mayntz, Renate: Zur Entwicklung technischer Infrastruktursysteme, in: *Renate Mayntz/ Bernd Rosewitz/Uwe Schimank/Rudolf Stichweh:* Differenzierung und Verselbständigung, Zur Entwicklung gesellschaftlicher Teilsysteme (Frankfurt a.M. 1988), S. 233-259.

Mayntz, Renate: Modernisierung und die Logik von Netzwerken, in: Journal für Sozialforschung 32 (1992), S. 19-32.

Mayntz, Renate: Policy-Netzwerke und die Logik von Verhandlungssystemen, in: PVS Sonderheft 24/1993, Policy-analyse, Kritik und Neuorientierung *(Hrsg. Adrienne Héritier),* S. 39-56.

Mayntz, Renate: Politische Steuerung: Aufstieg, Niedergang und Transformation einer Theorie, in: *Klaus von Beyme/Claus Offe (Hrsg.):* Politische Theorien in der Ära der Transformation, PVS Sonderheft 26/1995, S. 148-168.

Mayntz, Renate/Marin, Bernd: Introduction: Studying Policy Networks, in: *Bernd Marin/Renate Mayntz (Hrsg.):* Empirical Evidence and Theoretical Considerations (Frankfurt a.M. 1991), S. 11-23.

Mayntz, Renate/Scharpf, Fritz W.: Steuerung und Selbstorganisation in staatsnahen Sektoren, in: *Renate Mayntz/Fritz W. Scharpf (Hrsg.):* Gesellschaftliche Selbstregelung und politische Steuerung (Frankfurt a.M. 1995), S. 9-38.

Mayntz, Renate/Scharpf, Fritz W.: Der Ansatz des akteurzentrierten Institutionalismus, in: *Renate Mayntz/Fritz W. Scharpf (Hrsg.):* Gesellschaftliche Selbstregelung und politische Steuerung (1995), S. 39-72.

Mayntz, Renate/Scharpf, Fritz W.: Die Entwicklung technischer Infrastruktursysteme zwischen Steuerung und Selbstorganisation, in: *Renate Mayntz/Fritz W. Scharpf (Hrsg.):* Gesellschaftliche Selbstregelung und politische Steuerung (Frankfurt a.M. 1995), S. 73-100.

Mbaye, Cheikh Tidiane: Case Study: 1985 Restructuring of Telecommunications in Senegal: Creation of the National Telecommunication Agency (SONATEL), Doc. No. ATDC-90/3-E, African Telecommunication Development Conference (ATDC-90), Harare, Zimbabwe, 6-11 December 1990, Vol. II, (ITU, Geneva March 1991), S. 57-86.

McCarren, Louise: Social Equity: The Evolving Role of State Regulatory Commissions, in: *James Miller (Hrsg.):* Telecommunications and Equity (North-Holland 1986), S. 197-204.

McClennen, Edward F.: Rational Choice and Public Property, A Critical Survey, in: Social Theory and Practice 9 (1983), S. 335-379.

McDonell, James M.: Changing the Rules, in: The 1989 ITU Plenipotentiary Conference, Reforming the Global Network (Genf 1989), S. 4-9.

McPhail, Thomas/McPhail, Brenda: The International Politics of Telecommunications: Resolving the North-South Dilemma, in: International Journal 12 (1987) (Canadian Institute of International Affairs, The Politics of International Telecommunications), S. 289-319.

Menou, Michel J.: Specific Cost-Benefit Aspects in the Design of Information Systems in Less Developed Countries, in: Proceedings of the American Society for Information Science (ASIS), Vol. 10, Innovative Developments in Information Systems: Their Benefits and Costs (Westport, Connecticut), S. 145-146.

Menzel, Ulrich: Das Ende der "Dritten Welt" und das Scheitern der großen Theorie. Zur Soziologie einer Disziplin in auch selbstkritischer Absicht, in: PVS 32 (1991), S. 4-33.

Messner, Dirk: Neue Herausforderungen in der Weltgesellschaft: Konturen eines Konzepts von "Global Governance", in: epd-Entwicklungspolitik 10/11 (1996), Dokumentation d10-d15.

Messner, Dirk/Meyer-Stamer, Jörg: Die nationale Basis internationaler Wettbewerbsfähigkeit, in: Nord-Süd aktuell (1993), S. 98-111.

Messner, Dirk/Meyer-Stamer, Jörg: Staat, Markt und Netzwerke im Entwicklungsprozeß, in: Entwicklung und Zusammenarbeit 36 (1995), S. 131-133.

Mestmäcker, Ernst-Joachim: Staatliche Souveränität und offene Märkte, Konflikte bei der extraterritorialen Anwendung von Wirtschaftsrecht, in: Rabels Zeitschrift für ausländisches und internationales Privatrecht 52 (1988), S. 205-251.

Mestmäcker, Ernst Joachim: Wiederkehr der bürgerlichen Gesellschaft und ihres Rechts, in: Rechtshistorisches Journal 10 (1991), S. 177-184.

Mestmäcker, Ernst Joachim: Der Kampf ums Recht in der offenen Gesellschaft, in: Rechtstheorie 20 (1989), S. 273-288.

Meyer-Stamer, Jörg: Die Differenzierung der Abhängigkeit: Mikroelektronik und Dritte Welt, in: Aus Politik und Zeitgeschichte, B35/86, 30. August 1986, S. 15-27.

Meyerhoff, Henry: Privatization of Telecommunication Services: A Never-Ending Debate, in: ITU Newsletter 10/94, S. 17-22.

Michaely, Michael/Choski, Armeane/Papageorgiou, Demetris: Die Liberalisierung des Außenhandels, in: Finanzierung und Entwicklung (März 1989), S. 2-5.

Michalet, Charles-Albert: Strategic Partnerships and the Changing Internationalization Process, in: *Lynn Mytelka (Hrsg.):* Strategic Partnerships: States, Firms and International Competition (London 1991), S. 35-50.

Michalski, Hans-Jürgen: Deregulierung der Telekommunikation in Entwicklungsländern, in: Blätter für deutsche und internationale Politik (1995), S. 1135-1137.

Mittal, A. K.: Trade and Telecommunications. Views from India on Sector Opening, in: Asia-Pacific Telecommunity, Report of the Seminar on Telecommunications' Support for Trade in Services (APT/SEM/UNCTAD/94), Male, Republic of Maldives, 14-17 May, 1994, Doc. No. TELTRADE-4, S. 155-170.

Mohammed, Aziz Ali: Das Zusammenspiel von Industrie- und Entwicklungsländern, in: Finanzierung und Entwicklung (September 1994), S. 50-53.

Mokhtarian, Patricia L.: The Information Highway: Just Because Were on it Doesn't Mean We Know Where We're Going, in: World Transport Policy and Practice 2 (1996), S. 24-28.

Moltmann, Bernhard: Weltgesellschaft, Rettung in der Not. Zur Problematik einer sozial-wissenschaftlichen Kategorie, in: *Wolfgang Hein (Hrsg.):* Umbruch in der Weltgesellschaft (Hamburg 1994), S. 45-57.

Montigny, Philippe: Avance technologique - progrès économique, in: L'Observateur de l'OECD juin/juillet 1991, S. 9-12.

Morant, Adrian: Asiatelecom Shows the Future and How to Get There, in: Telephone Engineer & Management, Geneva IL (USA), 1. 5. 1989, (Teleclippings ITU No. 9852, 2 June 1989, S. 2).

Morice, Alain: Corruption, Loi et Societé: Quelques Propositions, in: Revue Tiers-Monde XXXVI (1995), S. 41-65.

Mosdorf, Siegmar: Neue Informationstechnologien nutzen, den Standort Deutschland stärken - Bundestag setzt Enquête-Kommission "Zukunft der Medien in Wirtschaft und Gesellschaft - Deutschlands Weg in die Informationsgesellschaft" ein, in:

Jahrbuch Telekommunikation und Gesellschaft 4 (1996), Öffnung der Telekommunikation: Neue Spieler - Neue Regeln, S. 301-304.

Mowlana, Hamid: The Myths and Realities of the "Information Age": A Conceptual Framework for Theory and Practice, in: Telematics and Informatics 1 (1984), S. 427-438.

Mozet, Peter: Kartellrecht und Entwicklungsländer, in: Zeitschrift für Rechtspolitik Heft 1 (1992), S. 8-10.

Müller-Using, Detlev: Telekommunikationsrecht, in: *Peter Schiwy/Walter J. Schütz (Hrsg.):* Medienrecht, Lexikon für Wissenschaft und Praxis (2. Aufl. 1990), S. 319-323.

Müller-Using, Detlev/Lücke, Richard: Neue Teledienste und alter Rundfunkbegriff, in: Archiv PT 1/95, S. 32-45.

N'Zengou, E.: Contributions of Project RAF/87/085 (PANAFTEL - Rehabilitation and Maintenance) To the Improvement of Networks and Services, Coordinator, Project RAF/87/085, Doc. ATDC-90/15-E, African Telecommunication Development Conference (ATDC-90), Harare, Zimbabwe, 6-11 December 1990, Vol. II (ITU, Geneva, March 1991), S. 221-240.

Nahamowitz, Peter: Effektivität wirtschaftsrechtlicher Steuerung. Ein Beitrag zur Autopoiesis-Debatte, in: Kritische Justiz 20 (1987), S. 411-433.

Nakajima, Misaki: A New "Global Deal", in: Journal of Development Planning 17 (1987), S. 191-197.

Narasimhan, R.: The Socioeconomic Significance of Information Technology to Developing Countries, in: The Information Society Journal 2 (1983), S. 65-79.

Nau, Henry, R.: Bargaining in the Uruguay Round, in: *J. Michael Finger/Andrzej Olechowski (Hrsg.):* The Uruguay Round. A Handbook on the Multilateral Trade Negotiations, A World Bank Publication (Washington D.C. 1987), S. 75-80.

Newman, E.: IVANS: Agreements in the Asia-Pacific Region, in: Telecommunications 28 (1994), S. 17-14.

Neyer, Jürgen: Entwicklung auf der Infobahn?, in: Entwicklung und Zusammenarbeit 36 (1995), S. 108-109.

Neyer, Jürgen: Chancen und Gefahren der neuen Kommunikationstechnologien, in: epd-Entwicklungspolitik 14/96, S. 26-30.

Neyer, Jürgen: Die Dritte Welt am Netz, Chancen und Gefahren der neuen Kommunikationstechnologien, in: Internationale Politik 6/1996, S. 29-34.

Nguyen, Trien/Perroni, Carlo/Wigle, Randall: A Uruguay Round Success, in: The World Economy 18 (1995), S. 25-30.

Nguyen, Trien/Perroni, Carlo/Wigle, Randall: An Evaluation of the Draft Final Act of the Uruguay Round, in: The Economic Journal 103 (1993), S. 1540-1549.

Nicolaides, Phedon: For a World Competition Authority, in: Journal of World Trade Law 30 (1996), S. 131-145.

Noam, Eli M.: Value Added Networks and Services in the United States, in: Münchner Kreis, Dokumentation der Fachkonferenz "Value Added Services" am 18. Juli 1986, S. 8-54.

Noam, Eli: Network Tipping and the Tragedy of the Common Network: A Theory for the Formation and Breakdown of Public Telecommunications Systems, in: Communications and Strategies 1 (1991), S. 43-72.

Noam, Eli M.: Privacy bei Telekommunikationsdiensten, in: *Herbert Kubicek (Hrsg.):* Telekommunikation und Gesellschaft, Kritisches Jahrbuch der Telekommunikation (1991), S. 112-135.

Noam, Eli M.: Beyond Liberalization, From the Network of Networks to the System of Systems, in: Telecommunications Policy 18 (1994), S. 286-294.

Noam, Eli M.: Beyond Liberalization II: The Impending Doom of Common Carriage, in: Telecommunications Policy 18 (1994), S. 435-452.

Noam, Eli M.: Beyond Liberalization III: Reforming Universal Services, in: Telecommunications Policy 18 (1994), S. 687-704.

Noam, Eli: Beyond Liberalization: From the Network of Networks to the System of Systems, in: *Wolfgang Hoffmann-Riem/Thomas Vesting (Hrsg.):* Perspektiven der Informationsgesellschaft (1995), S. 49-59.

Noam, Eli M.: Zur Reform des Universaldienstes, in: Jahrbuch Telekommunikation und Gesellschaft 4 (1996), Öffnung der Telekommunikation: Neue Spieler - Neue Regeln, S. 236-242.

Nohlen, Dieter/Nuscheler, Franz: "Ende der Dritten Welt?", in: *Dieter Nohlen/Franz Nuscheler (Hrsg.):* Handbuch der Dritten Welt, Bd. 1, Grundprobleme, Theorien, Strategien (Bonn 1993), S. 14-30.

Noyelle, Thierry: Business Services and the Uruguay-Round Negotiations on Trade in Services: *United Nations Conference on Trade and Development (Hrsg.):* Trade in Services: Sectoral Issues (N.Y. 1989), S. 309-363.

Nunnenkamp, Peter: The World Trading System at the Crossroads: Multilateral Trade Negotiations in the Era of Regionalism, in: Aussenwirtschaft 48 (1993), S. 177-201.

Nunnenkamp, Peter: Nach der Uruguay-Runde: Triebkräfte und Sprengsätze für die Weltwirtschaft, in: Zeitschrift für Wirtschaftspolitik 43 (1994), S. 251-269.

Nusbaumer, Jacques: Some Implications of Becoming a Services Economy, in: *Juan F. Rada/G. Russel Pipe (Hrsg.):* Communication Regulation and International Business, Proceedings of a Workshop held at the International Management Institute (IMI), Geneva, Switzerland, April 1983, (North-Holland 1984), S. 23-37.

Nuscheler, Franz: Globale Telekommunikation: Faszination und Schrecken, in: epd-Entwicklungspolitik 14/96 (Juli 1996), S. 22-25.

Nuscheler, Franz: Entwicklungspolitische Bilanz der 80er Jahre - Perspektiven für die 90er Jahre, in: *Nohlen, Dieter/Nuscheler, Franz (Hrsg.):* Handbuch der Dritten Welt (Bd. 1), Grundprobleme, Theorien, Strategien (Bonn 1993), S. 156-178.

O'Brian, Rita Cruise/Helleiner G. K. : The Political Economy of Information in a Changing International Economic Order, in: International Organization 34 (1980), S. 445-470.

Offe, Claus: Unregierbarkeit, Zur Renaissance konservativer Krisentheorien, in: *Jürgen Habermas (Hrsg.):* Stichworte zur "Geistigen Situation der Zeit", Bd. 2, Politik und Kultur (Frankfurt a.M. 1979), S. 294-318.

Olechowski, Andrzej: Nontariff Barriers to Trade, in: *J. Michael Finger/Andrzej Olechowski (Hrsg.):* The Uruguay Round. A Handbook on the Multilateral Trade Negotiations, A World Bank Publication (Washington D.C. 1987), S. 121-126.

Ono, Ryota Improving Development Assistance for Telecommunications, in: Telecommunications Policy 14 (1990), S. 476-487.

Onuf, Nicholas Greenwood: Global Law-Making and Legal Thought, in: *Nicholas Greenwood Onuf (Hrsg.):* Law-Making in the Global Community (Durham, North Carolina 1982), S. 1-81.

Onuf, Nicholas: Do Rules Say What they Do? From Ordinary Language to International Law, in: Harvard International Law Journal 26 (1985), S. 385-410.

Oppermann, Thomas: The World Trade Order in the Nineties - Introduction to the Conference, in: *Thomas Oppermann/Josef Molsberger (Hrsg.):* A New GATT for the Nineties and Europe '92. International Conference held in Tübingen 25-27 July 1990 (Baden-Baden 1991), S. 11-17.

Oppermann, Thomas/Beise, Marc: GATT-Welthandelsrunde und kein Ende?, in: Europa-Archiv, 1/1993, S. 1-11.

Omorogbe, Yinka: The Legal Framework and Policy for Technology Development in Nigeria, in: African Journal of International and Comparative Law 3 (1991), S. 156-171.

Osiander, Andreas: Interdependenz der Staaten und Theorie der zwischenstaatlichen Beziehungen. Eine theoriegeschichtliche Untersuchung, in: PVS 36 (1995), S. 243-266.

Ostrihansky, Rudolf: The Future of Dispute Settlement Within GATT: Conciliation v. Adjudication?, in: Leiden Journal of International Law 3 (1990), S. 125-137.

Ostry, Sylvia/Gestrin, Michael: Foreign Direct Investment, Technology Transfer and the Innovation-Network Model, in: UNCTAD, Division on Transnational Corporations and Development, Transnational Corporations, Vol. 2, No. 3, December 1993, S. 7-30.

Pahre, Robert: Multilateral Cooperation in an Interated Prisoner's Dilemma, in: The Journal of Conflict Resolution 38 (1994), S. 326-354.

Pappi, Franz Urban: Policy-Netze: Erscheinungsform moderner Politiksteuerung oder methodischer Ansatz?, in: PVS Sonderheft 24/1993, Policy-analyse, Kritik und Neuorientierung *(Hrsg. Adrienne Héritier)*, S. 84-94.

Pappi, Franz Urban: Zur Anwendung von Theorien rationalen Handelns in der Politikwissenschaft, in: *Klaus von Beyme/Claus Offe (Hrsg.):* Politische Theorien in der Ära der Transformation, PVS Sonderheft 26/1995, S. 236-251.

Parkhill, D. : Computers and Telecommunications, in: *G. Russel Pipe/A. A. M. Veenhuis (Hrsg.):* National Planning for Informatics in Developing Countries, Proceedings of the IBI International Symposium Baghdad, 2-6 November 1975 (North-Holland 1986), S. 428-438.

Parson, Talcott: The Law and Social Control, in: *W. M. Evan (Hrsg.):* The Sociology of Law (London, N.Y. 1980), S. 60-68.

Parton, Peter: Riding the Information Highway is Essential to Success in 21st Century, in: International Herald Tribune, 17. Mai 1995.

Patterson, Éliza: L'Uruguay Round et l'élaboration de la politique commerciale des Etats-Unis, in: *Patrick Messerlin/François Vellas (Hrsg.):* Conflits et négociations dans le commerce international, l'Uruguay Round (Paris 1989), S. 23-33.

Patterson, Gardner/Patterson, Eliza: Objectives of the Uruguay Round, in: *J. Michael Finger/Andrzej Olechowski (Hrsg.):* The Uruguay Round. A Handbook on the Multilateral Trade Negotiations, A World Bank Publication (Washington D.C. 1987), S. 7-13.

Pavlidou, Maria T.: The Widening Information Gap, in: *G. Russel Pipe/A. A. M. Veenhuis (Hrsg.):* National Planning for Informatics in Developing Countries, Proceedings of the IBI International Symposium, Baghdad, 2-6 November 1975 (North-Holland 1986), S. 158-164.

Perl, Lewis J.: The Consequences of Cost-Based Telephone Pricing, in: *James Miller (Hrsg.):* Telecommunications and Equity, Policy Research Issues (North-Holland 1986), S. 231-244.

Petersmann, Ernst-Ulrich: Internationales Recht und neue Internationale Wirtschaftsordnung, in: AVR 18 (1979/1980), S. 17-44.

Petersmann, Ernst-Ulrich: Proposals for Negotiating International Competition Rules in the GATT-WTO World Trade and Legal System, in: Aussenwirtschaft 49 (1994), S. 231-277.

Petersmann, Ernst-Ulrich: The Dispute Settlement System of the World Trade Organization and the Evolution of the GATT Dispute Settlement System Since 1948, in: Common Market Law Review 31 (1994), S. 1157 ff.

Petersmann, Ernst-Ulrich: The Transformation of the World Trading System Through the 1994 Agreement Establishing the World Trade Organization, in: European Journal of International Law 6 (1995), S. 161-221.

Petersmann, Ernst-Ulrich: International Competition Rules for Governments and for Private Business, in: Journal of World Trade Law 30 (1996), S. 5-36.

Petrella, Riccardo: The Quest for Competitiveness and the Need for Economic Disarmament, in: Politik und Gesellschaft 1/1996, S. 7-16.

Picot, Arnold/Burr, Wolfgang: Ökonomische Vorteile des Netzwettbewerbs in der Telekommunikation, in: Jahrbuch Telekommunikation und Gesellschaft 4 (1996), Öffnung der Telekommunikation: Neue Spieler - Neue Regeln, S. 19-33.

Piontek, Eugeniusz: The Principles of Equality and Reciprocity in International Economic Law - Mere Concept or Legal Reality?, in: *Hazel Fox (Hrsg.):* International Economic Law and Developing States (London 1988), S. 79-111.

Pipe, Russell G.: Telecommunication Services: Considerations for Developing Countries in Uruguay Round Negotiations, in: *United Nations Conference on Trade and Development (Hrsg.):* Trade in Services: Sectoral Issues (N.Y. 1989), S. 49-111.

Pipe, G. Russell: International Views on the Tradeability of Telecommunications, in: *Peter Robinson/Karl P. Sauvant/Vishwas P. Govitrikar (Hrsg.):* Electronic Highway for World Trade, Issues in Telecommunication and Data Services (Boulder, San Francisco, London 1989), S. 121-127.

Pipe, G. Russell: Services Trade Growth in Asia and the Pacific Through Telecommunications, in: Asia-Pacific Telecommunity, Report of the Seminar on Telecommunications` Support for Trade in Services (APT/SEM/UNCTAD/94), Male, Republic of Maldives, 14-17 May, 1994, Doc. No. TELTRADE-23, S. 455-505.

Pogorel, Gerard: Telecommunications: Multilateral Cooperation and National Sovereignty, in: *G. Russell Pipe (Hrsg.):* Eastern Europe: Information and Communication. Technology Challenges, TIDE 2000 Club, Telecommunications, Information and InterDependent Economies in the 21st Century (1990), S. 89-103.

Pogorel, Gerard: Private Enterprises, Trade and Foreign Investment, in: Improving Quality of Life in Asia with Information Technology and Telecommunications, Proceedings of the Conference on Improving Quality of Life with Information

Technology and Telecommunications, Bangkog, Thailand, October 27-30, 1992 (TIDE 2000, Amsterdam 1993), S. 127-132.

Porges, Amelia: The New Dispute Settlement: From the GATT to the WTO, in: Leiden Journal of International Law 8 (1995), S. 115-133.

Porter, Michael E.: Der Wettbewerb auf globalen Märkten. Ein Rahmenkonzept, in: *Michael E. Porter (Hrsg.):* Globaler Wettbewerb. Strategien der neuen Internationalisierung (1989), S. 17-68.

Powell, Walter W.: Neither Market Nor Hierarchy: Network Forms of Organization, in: Research in Organizational Behavior 23 (1990), S. 295-336.

Preuß, Ulrich K.: Entwicklungsperspektiven der Rechtswissenschaft, in: Kritische Justiz 21 (1988), S. 361-376.

Prittwitz, Volker von: Verhandeln im Beziehungsspektrum eindimensionaler und mehrdimensionaler Kommunikation, in: *ders. (Hrsg.):* Verhandeln und Argumentieren. Dialog, Interessen und Macht in der Umweltpolitik (Opladen 1996), S. 41-68.

Puchala, Donald J.: American Interests and the United Nations, in: *Steven L. Spiegel (Hrsg.):* At Issue: Politics in the World Arena (N.Y. 1981), S. 426-444.

Purvis, Nigel: Critical Legal Studies in Public International Law, in: Harvard International Law Journal 32 (1991), S. 81-127.

Rahman, Kazi A.: Promotion of Telecommunications and Informatics Capabilities for Development and Regional Cooperation, in: Asia-Pacific Telecommunity, Report of the Seminar on Telecommunications' Support for Trade in Services (APT/SEM/ UNCTAD/94), Male, Republic of Maldives, 14-17 May, 1994, Doc. No. TELTRADE-12, S. 293-305.

Rajagoplan T. S./ T. N. Rajan: Technology Information Base for India: A Development Perspective, in: *Elmer V. Smith/Stella Keenan (Hrsg.):* Information, Communications and Technology Transfer (Amsterdam, N.Y., Oxford, Tokyo 1987), S. 441-450.

Randhawa, P. S.: Punta del Este and After: Negotiations on Trade in Services and the Uruguay Round, in: Journal of World Trade Law 21 (1987), S. 163-171.

Ras-Work, Terrefe: Revised Modalities of Providing Technical Cooperation, Doc. ATDC-90/23-E, African Telecommunication Development Conference (ATDC-90), Harare, Zimbabwe, 6-11 December 1990, Vol. II (ITU, Geneva, March 1991), S. 411-417.

Ras-Work, Terrefe: ITU Gave Birth to Healthy Child, in: ITU Newsletter 8/95, S. 13-15.

Raubold, Eckart: Wem gehört die Netzintelligenz? in: Jahrbuch Telekommunikation und Gesellschaft 4 (1996), Öffnung der Telekommunikation: Neue Spieler - Neue Regeln, S. 14-18.

Rauschning, Dietrich: Der Zugang zu dem internationalen Informationsverteilungssystem als Forderung des Völkerrechts, in: *Rüdiger Wolfrum (Hrsg.):* Recht auf Information. Schutz vor Information, menschen- und staatsrechtliche Aspekte, Referate und Diskussionbeiträge eines Symposiums des Instituts für Internationales Recht vom 21. bis 24. November 1984 in Kiel (1986), S. 129-147.

Raveendran, Laina: WATTC-88, in: The 1989 ITU Plenipotentiary Conference, Reforming the Global Network (Genf 1989), S. 25-27.

Reddi, Usha V.: Leapfrogging the Industrial Revolution, in: *Michael Traber:* The Myth of the Information Revolution: Social and Ethical Implications of Communications (London 1986), S. 84-98.

Reddi C. K./Rao M. K. (sic): Technological Change and the Future of the ITU, in: The 1989 ITU Plenipotentiary Conference, Reforming the Global Network (Genf 1989), S. 22-23.

Redstone, Sumner M.: Keynote Address, Symposium: Telecommunications in the 90s - From Wasteland to Global Network, Boston University School of Law, April 2, 1993, in: Boston University International Law Journal 11 (1993), S. 133-157.

Reilly, David N.: Determining Criteria for Managerial Acceptance of Informatics Systems in Decision Making, in: *G. Russel Pipe/A. A. M. Veenhuis (Hrsg.):* National Planning for Informatics in Developing Countries, Proceedings of the IBI International Symposium Baghdad, 2-6 November 1975 (North-Holland 1986), S. 147-156.

Reiterer, Michael: Die erste Ministerkonferenz der WTO: Der Weg nach Singapur, in: Aussenwirtschaft 51 (1996), S. 383-416.

Renaud, Jean-Luc: North, South and the CCITT, in: The 1989 ITU Plenipotentiary Conference, Reforming the Global Network (Genf 1989), S. 58-65.

Reynolds, Glenn Harlan: Speaking With Forked Tongues: Mercantilism, Telecommunications Regulation, and International Trade, in: Law and Policy in International Business 21 (1989), S. 119-140.

Reza, Sadrel: "New Issues" in the Uruguay Round: The LDC Perspectives, in: Journal of Economics and International Relations 4 (1991), S. 21-40.

Richardson, John B.: What Really Happened at Punta del Este, in: *Dorothy Riddle (Hrsg.):* Toward an International Service and Information Economy (Bonn 1987), S. 202-213.

Richter, Emanuel: Weltgesellschaft und Weltgemeinschaft. Begriffsverwirrung und Klärungsversuche, in: PVS 31 (1990), S. 275-279.

Richter, Walther: Economic Justification for Telecommunications Investment in Developing Countries, Doc. No. ATD-90/8-E, African Telecommunication Development Conference (ATD-90), Harare, Zimbabwe, 6-11 December 1990, Vol. II, (ITU, Geneva, March 1991), S. 117-133.

Riddle, Dorothy: Fostering the Growth of New Service Exports From Developing Countries, in: *UNCTAD/UNDP (Hrsg.):* Services in Asia and the Pacific, Vol. Two (N.Y. 1991), S. 292-340.

Rieß, Joachim: Neuregelung des Telekommunikationsdatenschutzes, in: Recht der Datenverarbeitung 12 (1996), S. 109-114.

Rigaux, François: Transnational Corporations, in: *Mohammed Bedjaoui (Hrsg.):* International Law: Achievements and Prospects (Paris 1991), S. 121-132.

Rinderle, Peter: Die Idee einer wohlgeordneten Staatengemeinschaft, in PVS 35 (1994), S. 658-698.

Rittberger, Volker: Internationale Organisationen, Theorie der, in: *Rüdiger Wolfrum (Hrsg.):* Handbuch Vereinte Nationen (München 1991), S. 363-372.

Roche, Edward Mozley/Blaine, Michael James: The Faustian Bargain: How Cuba is Financing a New Telecommunications Infrastructure, in: Prometheus 13 (1995), S. 72-89.

Rochester, Martin: The Rise and Fall of International Organization as a Field of Study, in: International Organization 40 (1986), S. 753-775.

Röhrich, Wilfried: Horizonte einer Weltinnenpolitik, in: *Jörg Calließ (Hrsg.):* Loccumer Protokolle 21/93, Auf dem Wege zur Weltinnenpolitik. Vom Prinzip der nationalen Souveränität zur Notwendigkeit der Einmischung (Loccum 1994), S. 127-135.

Roessler, Friedrich: The Scope, Limits and Function of the GATT Legal System, in: The World Economy 8 (1985), S. 287-298.

Roessler, Frieder: The Rationale for Reciprocity in Trade Negotiations Under Floating Currencies, in: Kyklos 31 (1978), S. 258-274.

Rogoff, Martin A.: The Obligation to Negotiate in International Law: Rules and Realities, in: Michigan Journal of International Law 16 (1994), S. 141-185.

Rom, Michael: Some Early Reflections on the Uruguay Round Agreement as Seen from the Viewpoint of a Developing Country, in: Journal of World Trade Law 28 (1994), S. 21-30.

Ropers, Norbert: Auf dem Wege zur Weltinnenpolitik, Ziele, Ebenen und Aufgaben, in: *Jörg Calließ (Hrsg.):* Loccumer Protokolle 21/93, Auf dem Wege zur Weltinnenpolitik. Vom Prinzip der nationalen Souveränität zur Notwendigkeit der Einmischung (Loccum 1994), S. 95-101.

Roßnagel, Alexander: Institutionell-organisatorische Gestaltung informationstechnischer Sicherungsinfrastrukturen, in: Datenschutz und Datensicherheit 5 (1995), S. 259-269.

Roßnagel, Alexander: Vertrauensinstanzen im elektronischen Rechtsverkehr: neue Spieler, neue Regeln, in: Jahrbuch Telekommunikation und Gesellschaft 4 (1996), Öffnung der Telekommunikation: Neue Spieler - Neue Regeln, S. 171-177.

Rosza, Gyorgy: Models for the Information Infrastructure of Developing Countries, in: *Smith, Elmer V./Keenan, Stella (Hrsg.):* Information, Communications and Technology Transfer, Proceedings of the forty-third FID Congress held in Montreal, Québec, Canada, 14-18 September 1986 (Amsterdam, N.Y., Oxford, Tokyo 1987), S. 15-19.

Rottleuthner, Hubert: Grenzen rechtlicher Steuerung - und Grenzen von Theorien darüber, in: ARSP Beiheft 54, Theoretische Grundlagen der Rechtspolitik (1992), S. 123-139.

Rudolf, Walter: Informationsfreiheit und Satellitenrundfunk im Völkerrecht, in: *Walther Fürst/Roman Herzog/Dieter C. Umbach (Hrsg.):* Festschrift für Wolfgang Zeidler (Berlin, N.Y. 1987), S. 1869-1883.

Rüttgers, Jürgen: Telekommunikation und Datenvernetzung - eine Herausforderung für Gesellschaft und Recht, in: Computer und Recht 12 (1996), S. 51-56.

Ruggie, John Gerard: International Responses to Technology: Concepts and Trends, in: International Organization 29 (1975), S. 557-584.

Ruggie, John Gerard: Introduction: International Interdependence and National Welfare, in: *ders. (Hrsg.):* The Antinomies of Interdependence, National Welfare and the International Division of Labour (N.Y. 1983), S. 1-39.

Ruggie, John Gerard: Political Structure and Change in the International Economic Order: The North-South Dimension, in: *ders. (Hrsg.):* The Antinomies of Interdependence, National Welfare and the International Division of Labour (N.Y. 1983), S. 423-487.

Ruggie, John Gerard: Continuity and Transformation in the World Polity, in: World Politics 35 (1983), S. 261-285.

Ruggie, John Gerard: Territoriality and Beyond: Problemizing Modernity in International Relations, in: International Organization 47 (1993), S. 139-174.

Ruggiero, Renato: Overview of WTO's First Year, in: WTO Focus Newsletter, December 1995, No. 7, S. 5-17.
Ruggiero, Renato: Growing Complexity in International Economic Relations Demands Broadening and Deepening of the Multilateral Trading System, in: WTO Focus Newsletter, October-November 1995, S. 9-13.
Ruggiero, Renato: Ansprache auf der Telecom 95; gekürzte Fassung in: WTO-Focus, August-September 1995 No. 5, S. 8.
Ruggiero, Renato: Africa's Trade is Top WTO Priority, in: WTO Focus Newsletter, July 1995, No. 4, S. 4-5.
Russ, Christian: Urheberrecht und digitale Revolution: Wer definiert die neuen Spielregeln?, in: Jahrbuch Telekommunikation und Gesellschaft 4 (1996), Öffnung der Telekommunikation: Neue Spieler - Neue Regeln, S. 178-186.
Rutkowski, Anthony M.: The ITU at the Cusp of Change, in: Telecommunications Policy 15 (1991), S. 286-297.
Rutkowski, Kathleen: Growing Up in a Networked World, The Cyberspatial Learner, in: ITU News 2/96, S. 13-18.

Sabatier, Paul A.: Knowledge, Policy-Oriented Learning, and Policy Change, in: Knowledge: Creation, Diffusion, Utilization 8 (1987), S. 649-692.
Salter, Liora: Have we Reached the Information Age Yet?, in: International Journal of Political Economy 23 (1993-94), S. 3-25.
Salter, Liora: The Housework of Capitalism, Standardization in the Communications and Information Technology Sectors, in: International Journal of Political Economy 23 (1993-94), S. 105-133.
Samake, Souleymane: Human Resource Management in African Telecommunications Development, Doc. No. ATDC-90/20-E, (1991), African Telecommunication Development Conference (ATDC-90), Harare, Zimbabwe, 6-11 December 1990, Vol. II (ITU, Geneva, March 1991), S. 349-365.
Sampson, Gary P./Snape, Richard H.: Identifying the Issues in Trade in Services, in: The World Economy 8 (1985), S. 171-181.
Sapir, Andre: Trade in Services, Policy Issues for the Eighties, in: Columbia Journal of World Business 17 (1982), S. 77-83.
Sapir, André: North-South Issues in Trade in Services, in: The World Economy 8 (1985), S. 27-42.
Sapir, André: Les transactions internationales de services: aspects positifs et normatifs, in: *Patrick Messerlin/François Vellas (Hrsg.):* Conflits et négociations dans le commerce international (Paris 1989), S. 7-21.
Saunders, Robert: Information Policy in the Developing World: The Infrastructure Constraint, in: Telematics and Informatics 1 (1984), S. 371-382.
Sautter, Hermann: Einführung, in: *Hermann Sautter (Hrsg.):* Konsequenzen neuerer handelspolitischer Entwicklungen für die Entwicklungsländer (Berlin 1990), S. 7-18.
Sauvant, Karl P.: Trade in Data Services: The International Context, in: Telecommunication Policy 10 (1987), S. 282-298.
Sauvant, Karl P.: Services and Data Services, in: *Peter Robinson/Karl P. Sauvant/Vishwas P. Govitrikar (Hrsg.):* Electronic Highway for World Trade, Issues in Telecommunication and Data Services (Boulder, San Francisco, London 1989), S. 3-12.

Savage, James: The High-Level Committee and the ITU in the 21st Century, in: Telecommunications Policy 15 (1991), S. 365-371.

Savage, James: The Road to Nice, in: The 1989 ITU Plenipotentiary Conference, Reforming the Global Network (Genf 1989), S. 10-16.

Scharpf, Fritz W.: Does Organization Matter? Task Structure and Interaction in the Ministerial Bureaucracy, in: Organization and Administrative Sciences 8 (1977), S. 149-168.

Scharpf, Fritz W.: Verhandlungssysteme: Verteilungskonflikte und Pathologien der politischen Steuerung, in: *Manfred G. Schmidt (Hrsg.):* Staatstätigkeit. Internationale und historisch vergleichende Studien in: PVS Sonderheft 19 (1988), S. 61-87.

Scharpf, Fritz W.: Politische Steuerung und politische Institutionen, in: PVS Jg. 30 (1989), S. 10-21.

Scharpf, Fritz W.: Die Handlungsfähigkeit des Staates am Ende des Zwanzigsten Jahrhunderts, in: Politische Vieteljahresschrift (1991), S. 621-634.

Scharpf, Fritz W.: Koordination durch Verhandlungssysteme: Analytische Konzepte und institutionelle Lösungen, in: *Arthur Benz/Fritz W. Scharpf/Reinhard Zintl:* Horizontale Politikverflechtung. Zur Theorie von Verhandlungssystemen (1992), S. 51-96.

Scharpf, Fritz W.: Einführung: Zur Theorie von Verhandlungssystemen, in: *Arthur Benz/Fritz W. Scharpf/Reinhard Zintl:* Horizontale Politikverflechtung. Zur Theorie von Verhandlungssystemen (1992), S. 11-27.

Scharpf, Fritz W.: Positive und negative Koordination in Verhandlungssystemen, in: PVS Sonderheft 24/1993, Policy-analyse, Kritik und Neuorientierung (Hrsg. von *Adrienne Héritier*), S. 57-83.

Scheele, Jonathan: Telecommunication Services, the Uruguay Round and the European Community, S. 149-165.

Scheffler, Dietrich: Juristische Aspekte der Subventionsproblematik im GATT, in: RIW 5/1993, S. 401-409.

Scheithauer, Ingrid: Gilt für Metzger im Internet das Lebensmittelrecht?, in: FR, 22. Mai 1996.

Schellhaas, Holger/Rösch, Erich/Dieterle, Gerhard: Open Systems Interconnection, Technologien und Standards für die 90er, in: PC Woche, 8. April 1991, S. 22-24.

Scherer, Joachim: Postreform II: Privatisierung ohne Liberalisierung, in: *Wolfgang Hoffmann-Riem/Thomas Vesting (Hrsg.):* Perspektiven der Informationsgesellschaft (1995), S. 72-89.

Scheurle, Klaus-Dieter: Was versteht man künftig in Deutschland unter Universal Service und wie soll er von wem festgelegt werden?, in: Jahrbuch Telekommunikation und Gesellschaft 4 (1996), Öffnung der Telekommunikation: Neue Spieler - Neue Regeln, S. 217-222.

Schiller, Herbert I.: The Erosion of National Sovereignty by the World Business System, in: *Michael Traber (Hrsg.):* The Myth of the Information Revolution: Social and Ethical Implications of Communication Technology (London 1986), S. 21-34.

Schirm, Stefan A.: Entwicklung durch Freihandel ? Zur politischen Ökonomie regionaler Integration, in : *Peter J. Opitz (Hrsg.):* Grundprobleme der Entwicklungsregionen. Der Süden an der Schwelle zum 21. Jahrhundert (1997), S. 240-259.

Schläger, Rudolf: Datenschutz in Netzen, in: Datenschutz und Sicherheit (1995), S. 270-275.

Schmitter, Phillipe C.: Neo-Corporatism and the State, in: *Wyn Grant (Hrsg.):* The Political Economy of Corporatism (London 1985), S. 32-62.

Schneider, Beate: Internationale und supranationale Kommunikationsbeziehungen, in: *Peter Schiwy/Walter J. Schütz (Hrsg.):* Medienrecht, Lexikon für Wissenschaft und Praxis (2. Aufl. 1990), S. 142-149.

Schneider, Volker: Multinationals in Transition: Global Technical Integration and the Role of Corporate Telecommunications Networks, in: *Jane Summerton (Hrsg.):* Changing Large Technical Systems (Boulder, Colorado 1994), S. 71-91.

Schneider, Volker/Grande, Edgar: Reformstrategien und staatliche Handlungskapazitäten, Eine vergleichende Analyse institutionellen Wandels in der Telekommunikation in Westeuropa, in: PVS 32. Jg. (1991), S. 479-496.

Schneider Volker/Werle, Raymund: Policy Networks in the German Telecommunications Domain, in: *Bernd Marin/Renate Mayntz (Hrsg.):* Policy Networks, Empirical Evidence and Theoretical Considerations (Frankfurt a.M. 1991), S. 97-136.

Schomerus, Lorenz: Die internationale Entwicklung im Bereich der Telekommunikation: Tendenzen, Herausforderungen und Konsequenzen, in: Liberale Texte, Telekommunikation: Neue Herausforderung- neue Anforderungen, Dokumentation einer Veranstaltung des Politischen Clubs der Friedrich-Naumann-Stiftung am 26. März 1987 in Königswinter, S. 11-18.

Schott, Jeffrey J.: Protectionist Threat to Trade and Investment in Services, in: The World Economy 6 (1983), S. 195-214.

Schott, Jeffrey J./Mazza, Jacqueline: Trade in Services and Developing Countries, in: Journal of World Trade Law 20 (1986), S. 253-273.

Schrogl, Kai-Uwe: "Weltraumvorteile" - Ein neuer Aspekt globaler Politik, in: Aussenpolitik 42 (1991), S. 373-382.

Schultz, Siegfried: Dienstleistungen und Entwicklungsländer - Positionen der Dritten Welt zur Einbindung des Dienstleistungshandels in den GATT-Rahmen, in: *Hermann Sautter (Hrsg.):* Konsequenzen neuerer handelspolitischer Entwicklungen für die Entwicklungsländer (Berlin 1990), S. 69-81.

Schultz, S.: Trade in Services: Its Treatment in International Forums and the Problems Ahead, in: Intereconomy Nov.-Dec. 1984, S. 267-273.

Schuppert, Gunnar F.: Markt, Staat, Dritter Sektor - oder noch mehr? Sektorspezifische Steuerungsprobleme ausdifferenzierter Staatlichkeit, in: *Thomas Ellwein (Hrsg.):* Jahrbuch zur Staats- und Verwaltungswissenschaft 3 (1989), S. 47-87.

Schuurman, Frans J.: Introduction: Development Theory in the 1990s, in: *Frans J. Schuurman (Hrsg.):* Beyond the Impasse. New Directions in Development Theory (London, New Jersey 1993), S. 1-22.

Scott, Shirley V.: International Law as Ideology: Theorizing the Relationship Between International Law and International Politics, in: European Journal of International Law 5 (1994), S. 313-32

Sebenius, James K.: Negotiation Arithmetic: Adding and Subtracting Issues and Parties, in: International Organization 37 (1983), S. 281-316.

Segal, Brian: ITU Plenipotentiary and Beyond, a Case for Serious Foreign Policy, in: Telecommunications Policy 7 (1983), S. 326-334.

Sen, Amartya: International Consistency of Choice, in: Econometrica 61 (1993), S. 495-521.

Senghaas, Dieter: Weltordnung, aber welche? Weltökonomie und denationalisierte Staatlichkeit in der Perspektive Rolf Kniepers, in: Blätter für deutsche und internationale Politik 9 (1992), S. 1069-1077.

Senghaas, Dieter: Zwischen Globalisierung und Fragmentierung - ein Beitrag zur Weltordnungsdebatte, in: Blätter für deutsche und internationale Politik 1 (1993), S. 50-59.

Senghaas, Dieter: Global Governance. How Could this be Conceived, in: *Jörg Calließ (Hrsg.):* Loccumer Protokolle 21/93, Auf dem Wege zur Weltinnenpolitik. Vom Prinzip der nationalen Souveränität zur Notwendigkeit der Einmischung (Loccum 1994), S. 103-125.

Senti, Richard: Die Stellung der Entwicklungsländer im GATT, in: *Hermann Sautter (Hrsg.):* Konsequenzen neuerer handelspolitischer Entwicklungen für die Entwicklungsländer (Berlin 1990), S. 19-38.

Senti, Richard: Die neue Welthandelsordnung, in: ORDO 45 (1994), S. 303-314.

Senti, Richard/Weber, Rolf H.: Das allgemeine Dienstleistungsabkommen (GATS), in: *Thürer, Daniel/Kux, Stephan (Hrsg.):* GATT 94 und die Welthandelsorganisation. Herausforderung für die Schweiz und Europa (Zürich, Baden-Baden 1995), S. 129-156.

Shapiro, Carl: Consumer Information, Product Quality and Seller Reputation, in: Bell Journal of Economics 13 (1982), S. 20-35.

Shaw, Martin: Global Society and Global Responsibility. The Theoretical, Historical and Political Limits of "International Society", in: Millenium 21 (1992), S. 421-434.

Shaw, Timothy M.: The South in the "New World (Dis)Order: Towards a Political Economy of Third World Foreign Policy in the 1990s, in: Third World Quarterly 15 (1994), S. 17-30.

Simai, Mihaly: Globalization and Fragmentation in the World Economy, in: Improving Quality of Life in Asia with Information Technology and Telecommunications, Proceedings of the Conference on Improving Quality of Life with Information Technology and Telecommunications, Bangkog, Thailand, October 27-30, 1992 (TIDE 2000, Amsterdam 1993), S. 35-56.

Simma, Bruno: Reflections on Article 60 of the Vienna Convention on the Law of Treaties and Its Background in General International Law, in: Österreichische Zeitschrift für öffentliches Recht 20 (1970), S. 5-83.

Simma, Bruno: Grenzüberschreitender Informationsfluß und domaine réservé der Staaten, in: Berichte der Deutschen Gesellschaft für Völkerrecht 19 (1979), S. 3-82.

Simma, Bruno: Zur völkerrechtlichen Bedeutung von Resolutionen der UN-Generalversammlung, in: *Rudolf Bernhardt/Jost Delbrück/Ingo von Münch (Hrsg.):* Fünftes Deutsch-Polnisches Juristen-Kolloquium, Bd. 2, Die Bedeutung der Resolutionen der Generalversammlung der Vereinten Nationen (Baden-Baden 1981), S. 45-76.

Simma, Bruno: International Crimes: Injury and Countermeasures, in: *Joseph H. H. Weiler/Antonio Cassese/Marina Spinedi (Hrsg.):* International Crimes of States (1989), S. 283-318.

Simma, Bruno/Brunner, Stefan: Art. 27, in: *Bruno Simma (Hrsg.):* Charta der Vereinten Nationen. Kommentar (München 1991), S. 396-435.

Simon, Herbert: Bounded Rationality and Organizational Learning, in: Organization Science 2 (1991), S. 125-134.

Simonis, G.: Autozentrierte Entwicklung und kapitalistisches Weltsystem - Zur Kritik der Theorie der abhängigen Reproduktion, in: Peripherie Nr. 5/6 (1981), S. 32-48.

Slaughter, Anne-Marie: International Law in a World of Liberal States, in: European Journal of International Law 6 (1995), S. 503-538.

Slaughter Burley, Anne-Marie: International Law and International Relations Theory: A Dual Agenda, in: American Journal of International Law 87 (1993), S. 205-239.

Smeets, Heinz-Dieter/Hofner, Günter/Knorr, Andreas: A Multilateral Framework of Principles and Rules for Trade in Services, in: *Thomas Oppermann/Josef Molsberger (Hrsg.):* A New GATT for the Nineties and Europe '92 (Baden-Baden 1991), S. 191-211.

Smith, Anthony E.: The Information Revolution of the 1990s, in: The Political Quarterly 54 (1983), S. 187-191.

Solomon, Jonathan: The Future Role of International Telecommunications Institutions, in: Telecommunications Policy 8 (1984), S. 213-221.

Solomon, Jonathan: The ITU in a Time of Change, in: Telecommunications Policy 15 (1991), S. 372-375.

Snow, Marcellus S.: Evaluating Intelsat's Performance and Prospects, Conceptual Paradigms and Empirical Investigations, in: Telecommunications Policy 14 (1990), S. 15-25.

Spacek, Thomas R.: Wieviel Interoperabilität braucht eine Nationale Informations-Infrastruktur?, in: Jahrbuch Telekommunikation und Gesellschaft 4 (1996), Öffnung der Telekommunikation: Neue Spieler - Neue Regeln, S. 144-150.

Spector, Phillip L.: Emerging Opportunities in International Telecommunications, in: Telematics, The National Journal of Communications Business and Regulation 4 (1987), S. 1-5.

Stagliano, Domenico: Privatization of Telecommunication Services: A Never-Ending Debate, in: ITU Newsletter 10/94, S. 17-22.

Stahl, Tycho H.E.: Liberalizing International Trade in Services: The Case for Sidestepping the GATT, in: The Yale Journal of International Law 19 (1994), S. 405-453.

Stammler, Dieter: Neue elektronische Kommunikationstechniken, in: *Peter Schiwy/ Walter J. Schütz (Hrsg.):* Medienrecht, Lexikon für Wissenschaft und Praxis (2. Aufl. 1990), S. 197-203.

Stamper, Ronald K.: Re-Think the Problem Before Importing the Information Assumptions of the Advanced Economies, in: *G. Russel Pipe/A. A. M. Veenhuis (Hrsg.):* National Planning for Informatics in Developing Countries, Proceedings of the IBI International Symposium, Baghdad, 2-6 November 1975, (North-Holland 1986), S. 38-49.

Starr, Paul: The Case for Scepticism, in: *William T. Gormley, Jr. (Hrsg.):* Privatization and Its Alternatives (Madison, Wisconsin 1991), S. 25-36.

Stavenhagen, Rodolfo: Ethnodevelopment: A Neglected Dimension in Development Thinking, in: *Raymond Apthorpe/András Kráhl (Hrsg.):* Development Studies: Critique and Renewal (Leiden 1986), S. 71-94.

Stern, Robert/Hoekman, Bernard: The Codes Approach, in: *J. Michael Finger/Andrzej Olechowski (Hrsg.):* The Uruguay Round. A Handbook on the Multilateral Trade Negotiations (A World Bank Publication, Washington 1987), S. 59-66.

Stern, Robert M./Hoekmann, Bernard M.: Issues and Data Needs for GATT Negotiations on Services, in: The World Economy 10 (1987), S. 39-60.

Stevenson, Tony: Telecommunications Development in Asia-Pacific, The Case for a New Australian Role, in: Telecommunications Policy 15 (1991), S. 485-490.

Stevers, Ester/Wilkinson, Christopher: "Appropriate Regulation" for Communication and Information Services, in: *Peter Robinson/Karl P. Sauvant/Vishwas P. Govitrikar (Hrsg.):* Electronic Highway for World Trade, Issues in Telecommunication and Data Services (Boulder, San Francisco, London 1989), S. 155-180.

Stigler, George: The Theory of Economic Regulation, in: The Bell Journal of Economics and Management Science 2 (1971), S. 3-21.

Stoll, Tobias: Recht auf Information/Schutz vor Information - menschen- und staatsrechtliche Aspekte, Berichte über ein Kieler Symposium, in: Media Perspektiven 1/85, S. 45-49.

Stoll, Peter-Tobias: Die WTO: Neue Welthandelsorganisation, neue Welthandelsordnung. Ergebnisse der Uruguay-Runde des GATT, in: ZaÖRV 53 (1994), S. 241-339.

Stoll, Peter-Tobias: Freihandel und Verfassung. Einzelstaatliche Gewährleistung und die konstitutionelle Funktion der Welthandelsorganisation (GATT/WTO), in: ZaÖRV 57 (1997), S. 83-146.

Strange, Susan: Wake up, Krasner! The World has Changed, in: Review of International Political Economy 1 (1994), S. 209-214.

Streeck, Wolfgang/Schmitter, Phillipe C.: Gemeinschaft, Markt und Staat - und die Verbände? Der mögliche Beitrag von Interessenregierungen zur sozialen Ordnung, in: Journal für Sozialforschung 25 (1985), S. 133-158.

Streeten, Paul: Markets and States: Against Minimalism, in: Journal für Entwicklungspolitik 4 (1994), S. 413-430.

Streit, Manfred: Dimensionen des Wettbewerbs - Systemwandel aus ordnungsökonomischer Sicht, in: Zeitschrift für Wirtschaftspolitik 44 (1995), S. 113-134.

Sweeney, Gerry P.: Telematics and Devolopment, in: The Information Society 1 (1981), S. 113-133.

Sweeney, Gerry P.: Information Technology and Development, in: The Information Society Journal 2 (1983), S. 1-3.

Szibbo, Alexander R.: The Regulation and Control of Transborder Data Flow, in: *Elmer V. Smith/Stella Keenan (Hrsg.):* Information, Communications and Technology Transfer, Proceedings of the forty-third FID Congress held in Montreal, Québec, Canada, 14-18 September 1986 (Amsterdam, N.Y., Oxford, Tokyo 1987), S. 367-372.

Taake, Hans-Helmut: Die Integration der Entwicklungsländer in die Weltwirtschaft, in: Europa-Archiv 8/1994, S. 223-230.

Tang, Puay K.: Supercarriers and the Unbundling of Export Controls, in: Telecommunications Policy 18 (1994), S. 506-521.

Taplin, Grant B.: Neubelebung der UNCTAD, in: Finanzierung und Entwicklung (Juni 1992), S. 36-37.

Tarjanne, Pekka: The Missing Link, Still Missing?, in: Transnational Data and Communications Report (March/April 1994), S. 10-17.

Tarjanne, Pekka: On the Threshold of Telecom 95, in: ITU Newsletter 8/95, S. 4-8.

Taylor, A. O.: Information Document on the Feasibility Study of the Regional African Satellite Communication System (RASCOM), Doc. No., ATDC-90/17-E, African Telecommunication Development Conference (ATDC-90), Harare, Zimbabwe, 6-11 December 1990, Vol. II (ITU, Geneva, March 1991), S. 241-249.

Tchikaya, Blaise: La première conférence mondiale pour le dévelopement des télécommunications, La transcription juridique du développement au sein de l'U.I.T., in: Revue générale de droit international public 99 (1995), S. 77-93.

Tetzlaff, Rainer: Theorien der Entwicklung der Dritten Welt nach dem Ende der Zweiten (sozialistischen Welt), in: *Klaus von Beyme/Claus Offe (Hrsg.):* Politische Theorien in der Ära der Transformation, PVS Sonderheft 26/1995, S. 59-93.

Teubner, Günther: Die vielköpfige Hydra: Netzwerke als kollektive Akteure höherer Ordnung, in: *Wolfgang Krohn/Günter Küppers (Hrsg.):* Die Entstehung von Ordnung, Organisation und Bedeutung (Frankfurt a M. 1992), S. 189-216.

Teubner, Günther: Regulatorisches Recht: Chronik eines angekündigten Todes, in: ARSP Beiheft 54 (1990), S. 140-161.

Thanner, Robert: Datennetze - nur für die Oberschicht?, in: CeBIT 94, Beilage der Süddeutschen Zeitung Nr. 61, 15. März 1994, S. XVIII.

Theobald, Robert: Who Said We Wanted an Information Superhighway?, in: World Transport Policy & Practice 2 (1996), S. 59-61.

Thiel, Reinhold E.: Globalisierung und Entwicklung bilden doch keine Gegensätze, in: Das Parlament 46, 8. Nov. 1996, S. 1.

Thiombiano, Justin: Contribution of Burkina Faso, Doc. No. ATDC-90/4-E, (1990), African Telecommunication Development Conference (ATDC-90), Harare, Zimbabwe, 6-11 December 1990, Vol. II (ITU, Geneva, March 1991), S. 367-387.

Thomas, Frank: Korporative Akteure und die Entwicklung des Telefonsystems in Deutschland 1877 bis 1945, in: Technikgeschichte 56 (1989), S. 39-65.

Thomson, Janice E.: State Sovereignty in International Relations: Bridging the Gap Between Theory and Empirical Research, in: International Studies Quarterly 39 (1995), S. 213-233.

Tollison, Robert D./Willett, Thomas D.: An Economic Theory of Mutually Advantageous Issue Linkages in International Negotiations, in: International Organization 33 (1979), S. 425-449.

Trien, Nguyen/Perroni, Carlo/Wigle, Randall: The Value of a Uruguay Round Success, in: World Economy 14 (1991), S. 359-374.

Trien, Nguyen/Perroni, Carlo/Wigle, Randall: An Evaluation of the Draft Final Act of the Uruguay Round, in: The Economic Journal 193 (1993), S. 1540-1549.

Tudyka, Kurt: Weltgesellschaft - Unbegriff und Phantom, in: PVS 33 (1989), S. 503-508.

Tudyka, Kurt: Wirtschaftspolitik zwischen Globalisierung und Regionalisierung, in: *Jörg Calließ/Bernhard Moltmann (Hrsg.):* Loccumer Protokolle 9/92, Jenseits der Bipolarität: Aufbruch in eine "Neue Weltordnung" (Loccum 1992), S. 339-351.

Tudyka, Kurt: Der Ausdruck Weltgesellschaft täuscht, in: *Jörg Calließ (Hrsg.):* Loccumer Protokolle 21/93, Auf dem Wege zur Weltinnenpolitik. Vom Prinzip der nationalen Souveränität zur Notwendigkeit der Einmischung (Loccum 1994), S. 33-39.

Tudyka, Kurt P.: Ein Phantom zwischen Vergesellschaftung und Vergemeinschaftung, in: epd-Entwicklungspolitik 18/96 (September 1996), S. 24-26.

Tunis, Albert A.: in: *Elmer V. Smith/Stella Keenan (Hrsg.):* Information, Communications and Technology Transfer, Proceedings of the Forty-third FID Congress held in Montreal, Québec, Canada, 14-18 September 1986 (Amsterdam, N.Y., Oxford, Tokyo 1987), S. 317-325.

Tuthill, Lee: The Uruguay Round and the GATS: Implications for the Role of Telecommunications, in: Asia-Pacific Telecommunity, Report of the Seminar on Telecommunications' Support for Trade in Services (APT/SEM/UNCTAD/94), Male, Republic of Maldives, 14-17 May, 1994, Doc. No. TELTRADE-32, S. 577-602.

Tuthill, Lee: User's Rights? The Multilateral Rules on Access to Telecommunications, in: Telecommunications Policy 20 (1996), S. 89-99.

Tyler, Michael/Letwin, William/Roe, Christopher: Universal Service and Innovation in Telecommunication Services, in: Telecommunications Policy 19 (1995), S. 3-20.

Ul Haq, Mahbub: Beyond the Slogan of South-South Cooperation, in: World Development 8 (1980), S. 743-751.

Ulrich, Peter: Die Zukunft der Marktwirtschaft: neoliberaler oder ordoliberaler Weg? Eine wirtschaftsethische Perspektive, in: ARSP Beiheft 62 (1995), S. 33-52.

Utsumi, Yoshio: Toward a New Framework, in: Transnational Data and Communications Report (March/April 1994), S. 21-23.

Vaitsos, Constantine V.: Radikale technologische Veränderungen und die neue "Ordnung" der Weltwirtschaft, in: Prokla 74 (1989), S. 134-159.

Vaubel, Roland: Coordination or Competition Among National Macro-Economic Policies, in: *Fritz Machlup/Gerhard Fels/Hubertus Müller-Groeling (Hrsg.):* Reflections on a Troubled World Economy, Essays in Honour of Herbert Giersch (London 1985), S. 3-28.

Vaubel, Roland: Privatisierung als wettbewerbspolitische Aufgabe, in: ORDO 42 (1991), S. 253-271.

Vaubel, Roland: A Public Choice Approach to International Organization, in: Public Choice 51 (1986), S. 39-57.

Vincent, Philippe: L'impact des négociations de l'Uruguay Round sur les pays en développement, in : Revue Belge de droit international 1995, S. 486-513.

Vogt, Wolfgang R.: Weltgesellschaft und Weltinnenpolitik, in: *Jörg Calließ (Hrsg.):* Loccumer Protokolle 21/93, Auf dem Wege zur Weltinnenpolitik. Vom Prinzip der nationalen Souveränität zur Notwendigkeit der Einmischung (Loccum 1994), S. 21-32.

Voigt, Rüdiger: Grenzen rechtlicher Steuerung. Zur Brauchbarkeit des Rechts als Steuerungsinstrument, in: *ders. (Hrsg.):* Recht als Instrument der Politik (Baden-Baden 1986), S. 14-34.

Waelbroeck, Jean: Les causes du protectionnisme: du déterminisme économique au déterminisme historique, in: *Patrick Messerlin/François Vellas (Hrsg.):* Conflits et négociations dans le commerce international, l'Uruguay Round (Paris 1989), S. 97-111.

Wallace, John B./Ogang, Martin: The Procurement of Hardware, Software and Services in Developing Countries: A Survey, in: *G. Russel Pipe/A. A. M. Veenhuis (Hrsg.):* National Planning for Informatics in Developing Countries, Proceedings of the IBI

International Symposium, Baghdad, 2-6 November 1975 (North-Holland 1986), S. 76-83.

Wallerstein, Immanuel: The Rise and Future Demise of the World Capitalist System: Concepts for Comparative Analysis, in: Comparative Studies in Society and History 16 (1974), S. 387-415.

Waltz, Kenneth N.: Reflections on "Theory of International Politics": A Response to My Critics, in: *Robert O. Keohane (Hrsg.):* Neorealism and its Critics (N.Y. 1986), S. 322-345.

Waltz, Kenneth N.: Realist Thoughts and Neorealist Theory, in: Journal of International Affairs 44 (1990), S. 21-37.

Walz, Stefan: Datenschutz bei Telematikdiensten, in: *Joachim Scherer (Hrsg.):* Telekommunikation und Wirtschaftsrecht (Köln 1988), S. 205-220.

Warskett, George: Bringing the Market into the World, Rupture and Stability in the Emergence of a New Industry, in: International Journal of Political Economy 23 (1993-94), S. 27-47.

Weisman, Dennis L.: The Proliferation of Private Networks and Its Implications for Regulatory Reform, in: Federal Communications Law Journal 41, S. 331-367.

Werle, Raymund: Staat und Standards, in: *Renate Mayntz/Fritz W. Scharpf (Hrsg.):* Gesellschaftliche Selbstregelung und politische Steuerung (1995), S. 266-298.

Werle, Raymund: Verbände im Politikfeld Multimedia - Akteure, Rollen, Aufgaben, in: Jahrbuch Telekommunikation und Gesellschaft 4 (1996), Öffnung der Telekommunikation: Neue Spieler - Neue Regeln, S. 201-216.

Werly, Richard: L'ancien Premier ministre retourne à Bangkok pour répondre aux accusations, in: Journal de Genève, 6. 8. 1991, S. 2. 2. Spa.

Westbye, Karl B.: ITU Possibilities and Impact of Telematics in Trade, in: Asia-Pacific Telecommunity, Seminar on Telecommunications` Support for Trade in Services (APT/SEM/UNCTAD/94), Male, Republic of Maldives, 14-17 May, 1994, Doc. No. TELTRADE-11, S. 271-289.

Westendoerpf, Dietrich: Telecommunications Development, Restructuring and the Role of the CTD, in: *G. Russell Pipe (Hrsg.):* Eastern Europe: Information and Communications, Technology Challenges (TIDE 2000 Club Telecommunication, Information and InterDependent Economies in the 21st Century (1990), S. 335-342.

Whalley, John: Developing Countries and System Strengthening in the Uruguay Round, in: *Will Martin/L. Alan Winters (Hrsg.):* World Bank Discussion Papers No. 307, The Uruguay Round and the Developing Countries (Washington DC. 1995), S. 304-326.

White, Robert/McDonnell, James: Priorities for National Communication Policy in the Third World, in: The Information Society 2 (1983), S. 5-34.

Whitford, Elaine M.: A Rainy Day for the GATT Umbrella: Trade Negotiations on Services, in: North Carolina Journal of International Law and Commercial Regulation 14 (1989), S. 121-133.

Wiarda, Howard J.: Toward a Nonethnocentric Theory of Development: Alternative Conceptions From the Third World, in: Journal of Developing Areas 17 (1983), S. 433-452.

Wiesenthal, Helmut: Rational Choice, in: Zeitschrift für Soziologie 16 (1987), S. 434-449.

Wildenmann, Rudolf: Probleme des Informationsflusses im politischen Prozeß, in: *Erich Streißler (Hrsg.):* Verhandlungen auf der Arbeitstagung der Gesellschaft für

Wirtschafts- und Sozialwissenschaften in Graz vom 21.-23. September 1981, Information in der Wirtschaft (Berlin 1982), S. 365-384.

Wildhaber, Lucius: Multinationale Unternehmen und Völkerrecht, in: Berichte der Deutschen Gesellschaft für Völkerrecht 1978, Internationalrechtliche Probleme multinationaler Kooperationen (1978), S. 7-65.

Williamson, Oliver E.: The Economics of Organizations: The Transaction Cost Approach, in: Administrative Science Quarterly 26 (1981), S. 548-577.

Winham, Gilbert R.: The Prenegotiation Phase of the Uruguay Round, in: International Journal 44 (1989), S. 280-303.

Winsbury, Rex: Why Liberalisation is Not a Universal Panacea, in: Intermedia, London, June/July 1995, S. 28-29.

Winters, L. Alan: The Road to Uruguay, in: The Economic Journal 100 (1990), S. 1288-1303.

Winters, L. Alan: Reciprocity, in: *J. Michael Finger/Andrzej Olechowski (Hrsg.):* The Uruguay Round. A Handbook on the Multilateral Trade Negotiations, A World Bank Publication (Washington D.C. 1987), S. 45-51.

Witt, Detlev: The Impact of National Deregulation Policies on the Structure and Activities of the ITU, in: *Ernst Joachim Mestmäcker (Hrsg.):* The Law and Economics of Transborder Telecommunications (1987), S. 353-372.

Witt, Peter: Vom GATT zur WTO, in: Nord-Süd aktuell (1994), S. 51-55.

Wolf, Klaus Dieter: Was sind "nationale Interessen"?, in: *Jörg Calließ/Bernhard Moltmann (Hrsg.):* Die Zukunft der Außenpolitik (Loccum 1995), S. 248-268.

Wolf, Klaus Dieter/Zürn, Michael: Macht Recht einen Unterschied? Implikationen und Bedingungen internationaler Verrechtlichung im Gegensatz zu weniger bindenden Formen internationaler Verregelung, in: *Klaus Dieter Wolf (Hrsg.):* Internationale Verrechtlichung, Zeitschrift für Rechtspolitologie (Pfaffenweiler 1993). S. 11-28.

Wolf, Martin: Why Trade Liberalization is a Good Idea, in: *J. Michael Finger/Andrzej Olechowski (Hrsg.):* The Uruguay Round. A Handbook on the Multilateral Trade Negotiations, A World Bank Publication (Washington D.C. 1987), S. 14-21.

Wolsing, Theo: Verbraucherschutzrelevante juristische Entscheidungen im Bereich der Telekommunikation, in: Jahrbuch Telekommunikation und Gesellschaft 4 (1996), Öffnung der Telekommunikation: Neue Spieler - Neue Regeln, S. 381-386.

Woodrow, R. Brian: Trade in Telecommunication and Data Services in: *Peter Robinson/Karl P. Sauvant/Vishwas P. Govitrikar (Hrsg.):* Electronic Highway for World Trade, Issues in Telecommunication and Data Services (Boulder, San Francisco, London 1989), S. 15-41.

Woodrow, R. Brian: Tilting Towards a Trade Regime, The ITU and the Uruguay Round Services Negotiations, in: Telecommunications Policy 15 (1991), S. 323-342.

Woodrow, R. Brian: Sectoral Coverage and Implementation within a Uruguay Round Services Trade Agreement: Paradox and Prognosis, in: *Thomas Oppermann/Josef Molsberger (Hrsg.):* A New GATT for the Nineties and Europe '92 (Baden-Baden 1991), S. 221-244.

Wright, David/Taylor, Shola: A Policy and Regulatory Framework for the Mobile Satellite Services, in: Telecommunications Policy 20 (1996), S. 549-555.

Yoon, Chang-Bun: The Current Status and Future Prospect of the Korean Tele-communications Industry, in: Asia-Pacific Telecommunity, Report of the Seminar on

Telecommunications' Support for Trade in Services (APT/SEM/UNCTAD/94), Male, Republic of Maldives, 14-17 May, 1994, Doc. No. TELTRADE-20, S. 389-424.

Yoon, Chang-Bun: IT&T as Tools for Social and Economic Development, in: Improving Quality of Life in Asia with Information Technology and Telecommunications, Proceedings of the Conference on Improving Quality of Life with Information Technology and Telecommunications, Bangkog, Thailand, October 27-30, 1992 (TIDE 2000, Amsterdam 1993), S. 25-28.

Yusuf, Abdulqawi Ahmed: Transfer of Technology, in: *Mohammed Bedjaoui (Hrsg.):* International Law: Achievements and Prospects (Paris 1991), S. 691-705.

Zampetti, Americo Beviglia/Sauvé, Pierre: Die Neuen Dimensionen des Marktzugangs: Ein Überblick, in: OECD Dokumente, Neue Dimensionen des Marktzugangs im Zeichen der wirtschaftlichen Globalisierung (Paris 1996), S. 15-28.

Ziegler, Andreas R.: Erste Erfahrungen mit der Berufungsinstanz der WTO. Anmerkungen zum WTO-Streitschlichtungsverfahren "United States - Standards for Reformulated and Conventional Gasoline", in: Aussenwirtschaft 51 (1996), S. 417-432.

Zielinski, Michael: Der Idealtypus einer Friedensgemeinschaft Teil II: Die Bedeutung des internationalen Systems, in: Jahrbuch für Politik, Yearbook of Politics 5 (1995), S. 117-140.

Zintl, Reinhard: Kooperation und Aufteilung des Kooperationsgewinns bei horizontaler Politikverflechtung, in: *Arthur Benz/Fritz W. Scharpf/Reinhard Zintl:* Horizontale Politikverflechtung. Zur Theorie von Verhandlungssystemen (1992), S. 97-146.

Zürn, Michael: Die ungleiche Denationalisierung, in: *Jörg Calließ/Bernhard Moltmann (Hrsg.):* Jenseits der Bipolarität, Aufbruch in eine "Neue Weltordnung", in: Loccumer Protokolle 9/92 (Loccum 1992), S. 179-230.

Rudolf Gridl

Datenschutz in globalen Telekommunikationssystemen

Eine völker- und europarechtliche Analyse der vom internationalen Datenschutzrecht vorgegebenen Rahmenbedingungen

Die globale Telekommunikation präsentiert sich heute in der Form moderner, digitaler Kommunikationssysteme wie Euro-ISDN, Mobilfunk, Online-Dienste und Internet. In diesen Netzen, die nicht vor Staatsgrenzen halt machen, werden an vielen Stellen besonders sensible Daten der Nutzer verarbeitet, die von staatlichen oder privaten Interessenten zu differenzierten Persönlichkeitsprofilen zusammengesetzt werden können.

Der Verfasser zeigt – ausgehend von der Globalität der Problematik – die durch das geltende Völker- und Europarecht vorgegebenen Rahmenbedingungen für die Verarbeitung personenbezogener Daten in solchen Systemen auf. Schutzlücken im internationalen wie im bundesdeutschen Recht werden identifiziert und Lösungsvorschläge erarbeitet. Ein besonderes Augenmerk richtet sich dabei auf die einschlägigen Regelungen internationaler Menschenrechtsinstrumente (insbesondere Art. 8 und Art. 10 EMRK), die beiden Datenschutzrichtlinien der EU, die Datenschutzkonvention des Europarates, die dazugehörige Telekommunikations-Empfehlung sowie auf die Arbeiten von OECD und UNO.

1999, 308 S., brosch., 89,– DM, 650,– öS, 81,– sFr, ISBN 3-7890-5948-X
(Frankfurter Studien zum Datenschutz, Bd. 12)

◆ **NOMOS Verlagsgesellschaft**
76520 Baden-Baden

Dieter Frey

Fernsehen und audiovisueller Pluralismus im Binnenmarkt der EG

Das Fernsehen ist am Ende des Jahrhunderts der wichtigste Multiplikator von Meinungen und Informationen. Es spielt im Prozeß der demokratischen Willensbildung eine herausragende Rolle. Durch die Liberalisierung der Medienordnungen in den meisten Staaten Europas hat es sich aber gleichermaßen zu einem bedeutenden Wirtschaftsfaktor entwickelt und ruft somit die europäische Gemeinschaft, die die grenzüberschreitende Wirtschaftstätigkeit sicherstellt, auf den Plan. Vor diesem Hintergrund untersucht Frey, ob und in welcher Weise das europäische Binnenmarktrecht die Medienvielfalt im Bereich des Fernsehens gewährleistet. Die Analyse erhellt, daß auch die EG dem audiovisuellen Pluralismus als einem allgemeinen Rechtsgrundsatz verpflichtet ist. Dieser eigenständige, verfassungsbildende Wertmaßstab schlägt sich sowohl im Rahmen der Grundfreiheiten und des Wettbewerbsrechts als auch im Bereich der Rechtsangleichung nieder. Die Arbeit zeigt anhand EuGH-Rechtsprechung und Kommissionspraxis, inwieweit diese Rechtsmaterien dem audiovisuellen Pluralismus Rechnung tragen. Schließlich legt sie die Zuständigkeitsgrenzen für die seit langem diskutierte Richtlinie zur Verhinderung von Medienkonzentrationen dar.

1999, 284 S., brosch., 85,– DM, 621,– öS, 77,50 sFr, ISBN 3-7890-5780-0
(Schriftenreihe Europäisches Recht, Politik und Wirtschaft, Bd. 212)

**◆ NOMOS Verlagsgesellschaft
76520 Baden-Baden**